希特勒传

从乞丐到元首

[美] 约翰·托兰 著
郭伟强 译

ADOLF HITLER

- 上 -

浙江出版联合集团
浙江文艺出版社

作者序

也许,阿道夫·希特勒是20世纪撼动历史的最具影响力的人物之一。在我们这个时代,毫无疑问,谁也没有像他那样毁灭了如此众多的生灵和招来如此巨大的仇恨。他曾博得过广泛的尊敬,也曾是数以百万计人民的希望和理想。在他死后的三十多年间,无论是敌人还是朋友,对他的看法都没有多大的改变。今天,我们对与他同时代的其他领袖人物——罗斯福、丘吉尔、墨索里尼、斯大林——的看法已经不同了,比较客观了,但希特勒的形象仍与从前一样。在希特勒的某些追随者看来,他是一个英雄,一个失败的救世主;在其他人眼中,他仍然是个疯子,在政治上和军事上是个蠢材,是个不可救药的杀人犯。他的某些"成就",纯系通过罪恶的手段取得。

与许多人一样,我本人的生活也曾受过希特勒的破坏,在写他时,我尽力压抑自己的感情,把他当作百年前的古人来写。我会见过许多深刻了解希特勒的人物——有崇拜者,也有嘲笑者。许多人对不幸的过去侃侃而谈,且谈得很详尽。数年前的那种一谈到元首及其行径便因害怕观点会遭到歪曲而表现出来的吞吞吐吐的情形,现在已不复存在了。我与希特勒的副官们(普特卡默、贝罗、恩格尔、根舍、温舍和舒尔兹)、秘书(特劳德尔·容格、格尔达·克里斯蒂安)、飞机驾驶员(波尔)、医生(吉辛、哈塞尔巴赫)、第一个新闻发布官(汉夫施坦格尔)、军事领导人(曼斯坦因、米尔契、邓尼茨、瓦尔利蒙)及他最崇拜的女人(里妮·莱芬斯达尔、特鲁斯特教授夫人、赫仑纳·汉夫施坦格尔)等会见的次数不下250次。这些会见做录音的就有几十次，录音带现保存在国会图书馆内。会见时的谈话，已列入本书的，谈话对象本人均读过有关章节。他们不但作了修改，还提出许多有益的建议。

为了解开希特勒之谜，我还查阅了大量文件、报告和专题研究文章：美军反情报部的档案，包括一位特工人员与希特勒的妹妹保拉的会见记录；国家档案局未发表过的文件，例如 1918 年对希特勒的精神病作的秘密报告；英国政府档案馆未公布过的文件；新近发现的戈林与纳格莱里 1924 年至 1925 年的通信，这些信件为纳粹与法西斯的关系提供了新的证据；希姆莱的秘密讲话；相关人物未公布的日记、记录、回忆录等，包括希特勒的最年轻的秘书特劳德尔·容格的回忆，该回忆对希特勒其人其事作了不少披露。

我这本书没有主题，书中若有什么结论，那都是在写作过程中得出的，其中最有意义的也许是这点：希特勒比我所想象的复杂、矛盾得多。格拉汉姆·格林笔下的一个人物说过："最伟大的圣人，历来是那些具有超凡作恶能力的人，最凶恶的人有时也难免有点圣洁之情。"由于天堂被剥夺，希特勒选择了地狱——说实话，他是知道这两者的区别的。因为受到要将犹太人从欧洲大陆上荡涤净尽的执念的折磨，到头来，他仍不外乎是个丐骑士，一个变态的天使长；是普罗米修斯和魔鬼撒旦的混合体。

约翰·托兰

目录
CONTENTS

序幕：背后插刀   I

第一部 "我，幻想家"

  1 根深蒂固 1889—1907   003
  2 "生活就是我的学校" 1907.12—1913.5   029
  3 "欢喜若狂" 1913.5—1918.11   054

第二部 "混沌萌芽中，道已存在"

  1 一个政党的诞生 1919—1922   095
  2 "如此疯狂又如此通情达理的人" 1922—1923   125
  3 啤酒馆起义 1923   150

第三部 锻炼成长

  1 在兰茨贝格狱中 1923—1924   185
  2 希特勒的秘密著作 1925—1928   210
  3 家人去世 1928—1931   239

第四部 褐色革命

  1 "真像一场梦" 1931—1933.1.30   267
  2 失足 1933—1934.6   302
  3 二次革命——"所有革命都吞噬自己的儿女" 1934.2—1934.8   338
  4 意志的凯旋 1934—1935   368

第五部　戴假面具的战争

    1　"带着梦游者的保证"　1936.3—1937.1　　　　　　　　397

    2　"如此渺小的人虫"　1937.2—1938.2　　　　　　　　　422

    3　回归故里　1938.2—1938.4　　　　　　　　　　　　　443

    4　"踩着锋刃"　1938.5—1938.10　　　　　　　　　　　　471

第六部　"铤而走险"

    1　"水晶之夜"　1938.11—1939.3　　　　　　　　　　　　515

    2　狐狸与熊　1939.1—1939.8.24　　　　　　　　　　　　536

    3　"史无前例的灾难"　1939.8.24—1939.9.3　　　　　　566

第七部　诉诸武力

    1　西线的胜利　1939.9.3—1940.6.25　　　　　　　　　　597

    2　"连胜利者也被胜利毁灭"　1940.6—1940.10.28　　　　635

    3　"全世界都将屏息"　1940.11.12—1941.6.22　　　　　658

    4　"通向漆黑的房间的门"　1941.6.22—1942.12.19　　　690

第八部　第四位骑手

    1　"阴曹地府也随着他"　1941—1943　　　　　　　　　　717

    2　与家人在一起　1943　　　　　　　　　　　　　　　　　750

    3　"与人间野兽一起"　1943.4—1944.4　　　　　　　　　775

第九部　坠入深渊

    1　陆军的爆炸计划　1943.11—1944.7.21　　　　　　　　797

    2　最后一次反攻　1944.7.21—1945.1.17　　　　　　　　844

    3　"这一次,我们切不可在午夜前五分钟投降"
       1945.1.17—1945.4.20　　　　　　　　　　　　　　866

    4　午夜后五分钟,或"船长与船一起下沉"
       1945.4.20—1945.4.30　　　　　　　　　　　　　　887

尾　声　　　　　　　　　　　　　　　　　　　　　　　　　　916

序幕：背后插刀

1918年10月中旬,一列满载伤兵、车身两边贴满了革命口号的火车缓缓驶过德国,朝东部边界安全地带驶去。在车内的数百名伤兵中,不少是在比利时的一次毒气战中被毒瞎了双眼的伤员。13日晚,英军以毁灭性的炮火猛轰德军前沿阵地,然后便施放毒气。这次炮击,系三个月前战局急转直下以来德军所承受的一系列无情打击中最猛烈的一次。德军虽在后撤,战线也在收缩,但并未崩溃。在这次战役中,首当其冲的是巴伐利亚第十六后备步兵兵团,他们蜷缩在山间和田野间的战壕里,抬不起头来。战场已被打得到处是弹坑,简直成了沼泽地。士兵们个个筋疲力尽,英军的炮弹在他们四周一颗颗爆炸,将地面撕裂。德军阵线上谣言四起,传说不少德军业已哗变,这又使他们没精打采,士气低落。老兵们已然麻木,新兵们则吓得魂不附体。

猛然间,一阵被炮弹掀起的尘土,带着刺鼻的气味涌进战壕。不知谁高喊了一声:"毒气!"这是他们首次碰到芥子气。有人闻着,它是香气;有人闻着,它却辛辣刺鼻。不论哪种情况,它都不利于人。士兵们慌忙戴上防毒面具,弯腰曲背,一动不动地靠着战壕的土墙。几小时过去了,防毒面具里的空气已变得浑浊不堪。有个新兵因喘不过气来,将面具取下,以图吸取新鲜空气,但吸进的却是致命的毒气。"毒气一进他的喉咙,他便仰面倒地,口吐白沫,喉咙里咕噜作响,慢慢死去。"

黎明时分,毒气才慢慢消散,可炮击又重新开始。士兵们扯下面具,大口大口地吸着清晨的空气,"空气中还带着芥子味,"有个人写道,"还充满了火药味。但对我们说来,这已算是天堂了。"这阵间歇却是短暂的。这是英军旨在使敌人疯狂的一种残酷的、无从预测的战术——喘息未了,空气中又充满了毒气和硝烟。来不及戴面具的,像死去的新兵那样,立即翻身倒毙。那些幸免一死的士兵,个个成了瞎子——只有一人除外,他仍有一点模糊的视力。他向众人建议,大家彼此抓住衣尾,由他领路逃生。这样,士兵们排成单行,跌跌撞撞地前行,半瞎的领着全瞎的,一直来到第一个急救站。这些从死亡边缘被营救出来的士兵里,就有一名年仅29岁的下士,名叫阿道夫·希特勒。

列车带着希特勒东行时,他仍是个瞎子,且身心处在全面崩溃的边缘。与其他受害者一样,他双眼红肿,脸鼓鼓的,像个皮球。这些士兵说话的声音像鬼似的,有气无力,非常可怕。若有护士前来照料,他们往往大发雷霆,予以拒绝。他们不吃不喝,不准人们去治疗他们发炎的双眼。不管医生怎样说他们的视力很快可得到恢复,都无济于事——他们受欺骗的时间太长了。他们所需要的,是一动不动地躺着呻吟,将痛苦解除,即使靠死亡来解除也好。

这个身体受伤、意志消沉、15年后竟成为帝国元首的下士,此时尚不明了德国失败到了何种地步。4年前,当德军首次发动强大攻势,使比利时军、法军和英军无法招架时,希特勒所在的兵团,曾在同一地区经历首次血战,在不到一星期的时间里,德军竟不可想象地损兵折将达80%。对血气方刚的希特勒来说,这些损失并不令人沮丧,相反,这正是德军之战斗精神的明证。在给慕尼黑房东的一封信中,他写道:"……我可以骄傲地说,从第一天起,我兵团就英勇无比——军官几乎全部战死,我们连仅存两名中士。战斗至第六天,我兵团3600名官兵仅存611人。"

在那些日子里,许多德国人都兴高采烈地认为,这是德国式的英雄气概。然而,时间一月月地过去,战争成了僵持不下的阵地战。两军对峙,中间是焦土遍野的无人地带,只在一方企图突破对方防线时发生冲突,前进数英里甚至数码,都要付出伤亡百万的代价。早期的乐观情绪慢慢消失了。失败主义和失望情绪使像老鼠一样躲在战壕里的士兵们士气低落。在国内,随着英国人的封锁,主要生活用品的供应被切断,饥饿和痛苦在德国人民中蔓延开来。战争进入第三年后,德军的思想已从胜利转向活命。士兵们常常斥责高级指挥机关的愚蠢,他们明知再战也无益。也有少数官兵对这种失败主义的议论嗤之以鼻,希特勒就是其中之一。尽管他一再表现英勇,他仍是个下士。不过,尽管未被重视,他也不觉得沮丧。他常常大声呵斥同伴,特别是对新兵,因为他们带来了"内地的毒素"。如有人与他相争,据他的一位战友说:"他便会大发雷霆,双手往口袋里一插,来回踱步,破口大骂悲观失望的人们。"

也许,是悲观主义者错了。随着1918年的到来,4年来一直处于守势的德军,摆好架势,再次发动攻势,除了西线处于僵局,在其余战场上,德军均取胜。塞尔维亚、罗马尼亚,最后是俄国,均已屈服——俄国在德军的进攻面前屈服,一如它对革命之屈服。与新生的苏维埃政权签订的和约,使德国人得到了乌克兰的大片平原——欧洲的面包篮。由于东线敌人已土崩瓦解,德军从东线抽调了一百多万人马,开赴法国,以求打破僵局,在西线进行决战。"皇帝之役"——如德军高级指挥机关内职位最低却又是关键人物的埃里希·鲁登道夫将军所说——即将开始。

那年春天,德军发动了4次强大攻势,迫使英国、法国先后撤退。由于"势成背水",英军被命令战斗至最后一兵一卒。7月15日,决战在莱姆斯市(Rheims)附近开始,双方都明白,此仗一过,胜负即见分晓。"如我在莱姆斯进攻得手,"鲁登道夫说,"此次战争我们便赢了。"联军总司令福煦元帅对此看法表示同意。据报道,他曾说过:"如德军进攻莱姆斯得手,此次战争我们便输了。"但德军进攻失败了,德国已无后备兵源。而联军不但有美国军队为之加强实力,武器和粮饷还源源不断从美国运来。

在德军内部,逃兵大量增加。无论何处,人们都在议论叛乱和起义。8月初,英军在亚眠(Amiens)附近发动突袭,德军几乎一枪未发便全线崩溃。有时候,恺撒的大兵竟集体向孤零零的一名联军步兵投降。后撤的部队常对开赴前线的援兵大喊:"破坏者!"然而,事情并未就此了结。德军后撤了,但阵地仍在。如果说失败主义者只有一个,愿意履行军人职责者就数以百计。不过,国内的胜利信念也渐渐消失了。罢工事件此起彼伏,在城市里激进的社会主义者都在谈论革命。在像希特勒这样的强硬派人物看来,安全的、未受骚扰的后方,以及那里的落伍者、投机钻营者、装病逃避责任者、卖国者,还有对德国既不热爱也不尊敬的犹太人,在最严峻的时刻出卖了战斗的前方。事实上,真正丧胆的是鲁登道夫本人,极力催促政府文官签订和约的也是他。

即使为时已晚,像希特勒那样的强硬派人物依然坚信,只要坚持抵抗,胜利并非不可得,解决的办法总还是有的。毕竟前线并未崩溃,后撤也进行得井井有条嘛。失败来自内部,而带来失败的正是那些投机钻营者、装病逃避责任者,还有——犹太人。

希特勒是个盲目的见证者,他目睹了原本拥有毫无争议的尊重的权威的崩塌,这一悲剧将最终开启他令人震惊的权力崛起之路。他所认识的世界是受古代皇室的后裔即贵族统治的世界;所有高级的职务、外交职务以及军界的显赫职务,统统由具有古代贵族血统的人物、具有高级教养和教育经历的贵族担任。战争改变了这一切。在战壕里,出身高贵和出身低贱的人们并肩作战,该由贵族军官担任的肥缺也逐渐由一般人物填补。

全欧洲的皇族所把持的权力都是徒有虚名的权力。在毫无名望的普通人中,出现了像希特勒那样即将铸造实权的人物。这些人物,始时平凡甚至庸俗,但他们驾驭着民众反战的无情巨浪,滚滚前来。他们之所以能驾驭民众,是因为民众反对一场没有明确目标,只会造成无谓牺牲的战争。

当火车拉着希特勒前往设在波默拉尼亚省的小城帕斯瓦尔克的医院时,自身的痛苦与失望使他将崇高愿望全抛到九霄云外了。但是,经过几个星期的治疗,希特勒恢复了视力。角膜炎已消去,双眼也已退肿,眼眶的剧痛也开始减轻,"慢慢地,我看清了周围事物的轮廓"。视力一恢复,沮丧的情绪消失了,原来需要柏林大学精神病院主任、精神病专家埃德蒙·福斯特教授专门治疗的精神恍惚症也随之痊愈。由于对芥子气知之甚少,福斯特医生诊断,希特勒的失明系歇斯底里所致。希特勒的视力何以能恢复,原是无法解释的;但业已康复这一事实,反倒证明医生诊断之正确。事实上,希特勒曾有过芥子气轻微中毒的一般症状:发热、红肿、呻吟、沮丧,但这可在数星期内治愈。

视力的恢复还给希特勒带来了希望,使他重新对目前的各种事件产生兴趣。柏林实际上已被包围，而新任总理又敦促德皇退位，以便签订停火协议。希特勒曾听人说过，在德国国内，叛乱事件此起彼伏，但他却认为这些传闻纯属谣言。11月间的一天早晨，一群"赤色水手"拥进他的病房，企图说服病人去参加革命。这使他相信传闻了。希特勒原就讨厌布尔什维主义，又见水手的领头人中有三名是犹太青年，他们无论谁都未上过前线，这就使他更加讨厌布尔什维主义。"现在，他们却在国内高举红旗。"愤怒令他休克，他不得不再次卧床。"我卧床不起，痛苦万分，却又道不出真正的感觉如何。当你觉得德国行将崩毁时，一想到哭泣，我就反感。"不久，11月9日，一位威严的老牧师前来医院探望他。这位牧师证实，叛乱消息确凿，连慕尼黑也发生了革命。

据希特勒回忆，当时病人们聚集在小厅里，"当牧师提到，霍亨佐伦市议会不再悬挂德国皇冠，德国已成为'共和国'时，众人好像全气得周身发抖"。而当这位年老的牧师在称颂霍亨佐伦所做的贡献时，他"不禁轻声哭了起来，在这个小厅内，人人心头沉郁万分，谁也止不住泪水"。牧师接着说，战争必须立即结束，一切均已失去，人们不得不拜倒在获胜的"盟国"脚下求饶。在希特勒看来，革命是无法容忍的。"我无法再安坐，哪怕是一分钟。一切又在我眼前重现。我摇摇晃晃地摸路回到宿舍，一头扑在床上，把头蒙进毛毯和枕头下。"

自11年前站在母亲的坟前（她痛苦地死于癌症），站在奥地利里昂丁村的坟地里哭泣以来，这是他——希特勒首次哭泣。他曾在"麻木的沉默中"忍受双目失明的恐惧和失去众多同志所带来的痛苦。"现在，我无法控制自己。我才看清，与祖国的不幸相比，个人的痛苦是如何烟消云散的。"就在这极端的失望中，他下定了决心。"是步入政界呢，还是继续当建筑师？我一直摇摆不定。现在我再也不摇摆了。当晚，我便下定决心，如视力得以恢复，便步入政界。"希特勒二度失明，在医学上找不到解释；福斯特医生更加坚信他初期的诊断，即他的病人"是带有歇斯底里症状的精神病"患者。然而，希特勒本人则坚信，他永远失明了。

11月11日，德国在康比恩森林投降。投降所带来的耻辱使他痛苦万分。生活似乎是无法忍受的。但是，到了当晚，或者次晚，当他在绝望中静静地躺在小床上时,一种"超自然的幻影"(或许是福斯特医生故意招来的)①将他从痛苦中解救出来。与圣女贞德一样,他听见许多声音在向他呼唤,要他拯救德国。突然间,"奇迹发生了"——笼罩在希特勒周围的黑影消失了。他重见光明了!如同他允诺过的一样,他庄严地宣誓,他要"成为一位政治家,用毕生的精力,去实现他得到的命令"。

当晚,在帕斯瓦尔克冷清的医院病房里,20世纪一股最凶残的势力出世了。政治委身于希特勒,而不是希特勒投身于政治。

---

① 希特勒的幻觉,可能是福斯特医生的催眠术所致。一本书名叫《目击者》的小说相信此说。这本小说是写希特勒与福斯特的,作者是福斯特的朋友埃恩斯特·威斯。他原是个医生,后来改行写小说。小说中有这样一个情节:1918年,一位名叫"A.H"的士兵,来到了帕斯瓦尔克陆军医院,宣称自己为毒气所伤。有位精神病医生,即故事叙述者,为他做出了诊断,认为他之失明系歇斯底里所致。医生还用催眠术招来幻觉。

第一部 "我,幻想家"

1 根深蒂固
　1889—1907

2 "生活就是我的学校"
　1907.12—1913.5

3 "欢喜若狂"
　1913.5—1918.11

1 根深蒂固

1889—1907

希特勒很少谈及自己的家事,但对其少数心腹,他也承认,自己无法与父亲相处,因为父亲独断专行。他母亲是个性格安静而温柔的女人。希特勒虽然极尊重母亲,但家庭的主宰是父亲。他的父母都是瓦尔德维尔特尔人。瓦尔德维尔特尔是个奥地利的农村,位于维也纳西北部,离现今的捷克斯洛伐克边境不远。据希特勒族中人说,他的家族有摩拉维亚人①的血统。在奥地利,希特勒是个很普通的姓氏,有可能是从捷克人的姓"希德拉"或"希德拉切克"演变而来。1430年以来,瓦尔德维尔特尔村姓希德勒的,其姓氏有过许多拼法,从"Hydler"变为"Hytler"再变为"Hidler"②。1650年,阿道夫·希特勒母亲的直系祖先有位就叫格奥尔格·希德勒(Georg Hiedler)。他的后裔有时也将其姓拼成"Hüttler"或"Hitler"。在那个时代,像莎士比亚时代的英国一样,拼写既无关紧要,也不规律。

瓦尔德维尔特尔的风景平淡,地处丘陵地带,多树林。斜坡上长满了整齐的林子,也有勤劳节俭的农民世世代代开发出来的耕地。希特勒的父亲于1837年6月7日出生在斯特隆斯村,其母生他时是个42岁的未婚女人,

---

① 摩拉维亚人是居住在捷克摩拉维亚地区的一群人。5—6世纪斯拉夫人西迁到今天的捷克和斯洛伐克地区,于公元830年在该地区建立了大摩拉维亚帝国。摩拉维亚在中世纪时是大摩拉维亚帝国的中心,1848年革命后成为奥地利皇室的领地,1918年又变成捷克斯洛伐克的一个省。——译注

② 这三个字拼法不同,读音却极相似,不同者只是"德"与"特"而已。——译注

名叫玛丽亚·安娜·施克尔格鲁勃。因为村子小，斯特隆斯还不能独立成为教区。所以，这个新生儿便在多拉萨姆登记，名叫阿洛伊斯·施克尔格鲁勃，"非婚生子"。父亲姓名一直是个空白。于是，便产生了至今仍待揭开的谜：他可能就是邻近村子的。希特勒的祖父也有可能是位有钱的犹太人，名叫弗兰肯伯格或弗兰肯雷德。玛丽亚·安娜曾在名为格拉兹的这位犹太人家里当过用人，使她怀孕的可能是主人年轻的儿子。

阿洛伊斯快5岁时，邻村希皮塔耳，一个名叫约翰·格奥尔格·希德勒的游动磨坊工与玛丽亚成了亲。但她与小儿子的生活依旧很艰苦；5年后她便去世，继父又开始流浪。此后，阿洛伊斯便由希德勒的兄弟约翰·奈波穆克（住希皮塔耳时，门牌36号）抚养成人。这间农舍以及邻近的一间，在阿道夫·希特勒的少年时代的生活中，起着重要的作用，因为希特勒曾在这里度过五六个暑假。

后来，希皮塔耳的情形变得使阿洛伊斯无法忍受，于是在13岁那年，他"打起小小的背包，逃出家门"。这段插曲（如果属实），后来在他儿子阿道夫·希特勒所著《我的奋斗》一书中成了一段感人的故事。"他在绝境中做出了决定，上了路，身上只带着几枚左尔登①做路费，投身于吉凶未卜的未来。"一路上，他东打零工，西打零工，一直到了这个冒险青年心目中的圣城——维也纳。在维也纳，他当上了鞋匠的学徒。5年后，他学会了做鞋的手艺，却又决心"干点像样的活"，于是，他便入伍，成了边防军。这样，他成了一名公仆，比神职还高出一头。他勤奋用功，通过了特别考试，到24岁时，已升为监管之类的职位。这种级别，对瓦尔德维尔特尔村人说来，是一种超凡的荣誉。雄心勃勃的阿洛伊斯，此后定期得到提升。1875年，他当上了设在多瑙河上的与德国隔江相望的布劳瑙海关的督察。

对阿洛伊斯的平步青云，最感骄傲的莫过于将他抚养成人的人——约翰·奈波穆克·希德勒。希德勒之族人，从未有居此高位者。由于没有男嗣得以继承希德勒之姓氏，奈波穆克遂于1876年春末决定采取一些措施。（他可能另有动机。村里的闲话说，阿洛伊斯是由他所生。写过青年时期的

---

① 德奥两国以前的银币。——译注

希特勒的作家弗朗兹·耶钦格说,希德勒或许是想通过将阿洛伊斯合法化的办法,确保他的职业。"如他的父亲是个犹太人,这是个很强有力的动机。")6月6日,他的女婿和另外两名亲戚,经过一段旅途后,便到了维特拉镇,在公证人面前作了假证,伪称"希德勒的哥哥"——他们将他称为"希特勒"——曾数次当面对他们说过,并在他死前(1857年)所立的不可更改的遗嘱中称他曾有过一个私生子,名叫阿洛伊斯。他要求将他合法化,并立他为嗣。

"希德勒"被改为"希特勒",这可能是出于疏忽,但更可能是农民之狡计使然,目的是故意将此事弄得含混不清。次日,约翰·奈波穆克·希德勒与三名亲戚一同来到多拉萨姆——阿洛伊斯出生时就在该地登记。在查验了由三位证人签署的文件后,年老的教区牧师查阅了该区的婚姻登记册,并证实,在1842年确有一名叫格奥尔格·希德勒的男人与一名叫施克尔格鲁勃的姑娘结婚。于是他便同意更改出生登记。但是,要么因为迟疑,要么因为暗中有所提防,他在将"不合法"改成"合法",并将婴儿姓名"施克尔格鲁勃"画掉时却未将另一个名字补上。在最后一栏里,他密密麻麻地写道:"签字人证实,本栏所登记为'父名'的格奥格·希德勒,与签字人甚熟,据称,他根据孩子母亲的意见,同意接受阿洛伊斯,承认系孩子之父,并希望本区将孩子列入洗礼名册。"三名证人的签字是由牧师代劳的,由三人依次画押——各自画了个十字架。

登记册修改一事,既没有日期押脚,又没有签名,那位牧师会生疑,不是没有道理的。他将父名写成"希特勒",而不是婚姻登记册上的"希德勒",而且他也明白,这套手续从头到尾都是不合法的,原因有二:第一,除非通过法庭,否则已故之人是不能被承认为父亲的;第二,做母亲的需将事实予以证实。

这件事中,还有一处含混的地方——阿洛伊斯·施克尔格鲁勃是否同意接受新名。对他,不合法之私生子身份并不十分难堪;在奥地利南部,此事已不足为奇,在遥远的山区,私生子的出生率高达40%。在农村,孩子就是命脉,任何一个身强力壮的男人都是受欢迎的。而特别令他难堪的是更改姓名,因为"施克尔格鲁勃"业已多少做出了一些成绩。

不管出于何种动机,约翰·奈波穆克·希德勒确曾诱使阿洛伊斯改名(村里人议论说,老人曾答应更改遗嘱,借以规劝他改名。希德勒死后半年,阿洛伊斯以五千弗罗令①之巨款购买了一农庄,这多少证实了村里人的闲话)。不管怎样,他决定接受"希特勒"之名一事,确系事关重大。很难想象七千万德国人同声高呼"施克尔格鲁勃万岁"是个什么样子!

在希皮塔耳的姑娘们看来,身穿制服,梳着军式短发,浓眉大眼,留着八字胡,刮得干干净净的双颊旁边各有一撮浓发的阿洛伊斯,定然是英俊潇洒无疑了。而他也向姑娘们送秋波。与他的合法父亲一样,他已是一个私生女的父亲。他虽然已娶了帝国烟草垄断公司里一个稽查员的女儿为妻,但对一个喜欢寻花问柳的人来说,这并没有多大节制作用。毕竟,她瘦弱多病,且比他年长4岁。

在希皮塔耳村,最诱人的姑娘是约翰·奈波穆克·希德勒的外孙女克拉拉·波尔兹尔。她才16岁,性情温存,长有一副甜蜜的脸孔。她身材苗条,身高差不多与身材结实的阿洛伊斯相等。她很匀称,又长着一头棕色头发。是出于一见钟情呢,还是单纯出于为病妻找个女佣的愿望,这均无关紧要。事实是,他说服了家人,将她带至布劳瑙。她与阿洛伊斯的家人一同住在客栈内——在那里,阿洛伊斯已与厨房女帮工弗兰西斯卡·马佐尔斯伯格(客人称她"法妮")有所勾搭。

这种情形是希特勒夫人无法忍受的。她离开了阿洛伊斯,与他合法分居。现在,在希特勒的家庭舞台上该轮到法妮出台了。她俨然以合法夫人的身份,而不是情妇的身份出现。她非常明白,一个漂亮的女佣对易动感情的阿洛伊斯来说,具有多大的引诱力。她的第一招就是将克拉拉弄走。两年后,即1882年,法妮产下一男孩——与他的父亲一样,是个私生子。

次年,希特勒已出走之妻死于肺痨。于是他便正式娶了法妮。婚礼是非常及时的——不到两个月,第二个孩子安吉拉便出世了。这样,阿洛伊斯终于有了个合法婚生子,尽管是在不合法的情形下受孕的。他还承担了取名叫阿洛伊斯·希特勒的第一个男孩的法律责任,而法妮呢,虽然身份已经

---

① 当时奥地利之货币名,一弗罗令约值两先令。——译注

合法,却也不见得更加幸福,因为老阿洛伊斯又有朝三暮四的迹象。与她的前任一样,也染上了严重的肺病,不得不离开布劳瑙,到空气新鲜的邻近的乡间去。阿洛伊斯带着两个小孩,又住在波马客栈的顶层,他会求助于漂亮的侄女,这也是合情合理的。克拉拉同意了,再次住进波马客栈。这一次,她是女佣、保姆和情妇。阿道夫·希特勒未来的母亲是个心地善良的姑娘。她经常探望法妮,尽力帮她恢复健康。奇怪的是,法妮竟欣然接受情敌的照料。

1884年夏,可怜的法妮去世了。不出所料,希特勒家的下一任夫人已身怀六甲。阿洛伊斯要娶克拉拉,因为她可照顾他的两个孩子,而孩子们也是真正喜欢她。但当地的教堂禁止他们结合,原因是,根据那个假证,他父亲与克拉拉的祖父是兄弟关系。阿洛伊斯向牧师投诉,要求罗马按特殊情况处理。不到一个月,申请获准。很明显,这是因为克拉拉已怀孕的缘故。于是,1885年1月7日,阿洛伊斯和克拉拉在波马客栈正式结婚。婚礼时有两个孩子在场,即小阿洛伊斯和安吉拉,还有三个证人:克拉拉的妹妹约翰娜和两个海关官员。婚礼的一切准备工作都是新女佣做的。由于她把客厅烧得过热,在整个婚礼过程中,阿洛伊斯都拿她寻开心。新婚夫妇并没有度什么蜜月,在简单地吃了一顿饭后,阿洛伊斯便回海关去了。据克拉拉后来回忆,还不到中午,"我丈夫就上班去了"。

难得的是,尽管阿洛伊斯在私生活上不检点,他的业务工作却未受影响。他依旧是个忠诚老实、办事效率高的公仆,受到了上司和同僚的尊敬。虽然在地方上他的名声不好——在这样一个小镇里,婚外的桃色事件必然会成为人们茶余饭后的话柄——可他觉得自己实在不错。在众多谣传中有一条是,他的第一个妻子还在世时,他就给她买了一口棺材。

克拉拉成了家庭主妇后,可说是万事如意。论管家,她是个典范;对小阿洛伊斯和安吉拉,她真是全心全意,把他们当作亲生子女看待。婚后四个月,她便产下一个儿子;不到两年,她又生了一个女儿和另一个儿子。小儿子出世后几天便夭折了。此后不久,另外两个孩子相继染上了白喉,也夭折了。这个悲剧是克拉拉难以忍受的。幸运的是她可在小阿洛伊斯和安吉拉身上倾注她的母爱,但与丈夫的关系却很不自然。从一开始她就将丈夫看得高人一等,而自己从女佣到情妇再到妻子的道路,对希皮塔耳的一个普通姑娘来说又是如此复杂,以致在婚后她仍称丈夫为"叔叔"。

3个孩子的相继夭折,很明显,影响了她的受孕率,一直到1889年4月20日,第4个孩子才出世(奥匈帝国皇太子鲁道夫不久前在梅耶林自杀身亡)。就血统而论,他是四分之一希特勒,四分之一施克尔格鲁勃,四分之一波尔兹尔,四分之一不明。在洗礼登记册上,他的名字叫"阿道夫·希特勒"。后来,克拉拉说,阿道夫是个瘦弱多病的孩子,她总怕失去第四个小孩。但,据她家的女佣回忆说,阿道夫"很健康,很活泼,发育很正常"。

不管如何,希特勒太太宠爱自己的孩子。在波马客栈,日子过得倒也平静。做父亲的常与朋友相聚,又嗜好养蜂,在这些方面花的时间比在家的时间更长,但在性生活方面,很明显,他已不再朝三暮四了——至少谨慎多了。女佣对她的印象很好,说他"对人严厉,但很好相处",对下人很体贴。例如,有一天,为了不弄脏刚擦拭干净的地板,他竟高高兴兴地脱去靴子。但是,海关新任监察认为,阿洛伊斯·希特勒为人冷漠。"他严格,说一不二,性情古怪,难以接近……穿上制服得意扬扬,常穿着它照相。"

阿道夫3岁零4个月时,父亲又受提拔,全家便迁至巴索。巴索这城不小,在波马客栈下方,位于河对岸的德国境内,海关督察的办公室就设在那里。生活在德国的城市里,又与德国孩子们玩耍,这在年轻的希特勒身上留下了永世不灭的痕迹。例如,巴伐利亚南部的方言成了他的母语。他回忆说,这种方言常令他"忆起我的少年时代"。

很长时间希特勒太太未再怀孕。有人说,她为了好好补一补"瘦弱多病"的阿道夫,一直在给他吃奶。直到阿道夫快5岁时,下一个孩子埃德蒙才出生。阿道夫终于挣脱了母亲的管教,几乎自由了。因为孩子刚出生,阿洛伊斯举家搬迁的计划搁置,其家眷仍旧留在巴索。这样,5岁的阿道夫便与德国的孩子们东游西逛,玩个没完没了。

这样自由自在的生活他整整过了一年。1895年春,他们全家迁至哈菲尔德。这是个小村子,坐落在林嗣西南约30英里的地方,他们住的是农舍,位于占地面积约9英亩的斜坡上。一个月后,阿道夫满6周岁,进了一所小学。小学设在弗希拉姆,离家有数英里路程。这样,阿道夫便又离开了母亲。入学几星期后,父亲退了休。上学本来就受管教,现在,父亲的管教又非常严格,这就使阿道夫加倍受管。

他家的房子虽小,但很漂亮,坐落在小斜坡上,几乎被果树所淹没。屋旁有条小溪,被人工修直。溪内水清如镜,终日水声潺潺。在这样美好的环境里生活,虽然受到严格的管教,阿道夫肯定还是快活无比的。邻近也不乏孩子,并且常来与他做伴。

上学,阿道夫和他同父异母的姐姐得走上一个多小时。对一个小孩子来说,这路程实在是太遥远了。学校的"既破旧又原始"的建筑,被分成两间教室,一间供男生用,另一间供女生用。希特勒家的两个孩子给校长留下了良好的印象。据他回忆,阿道夫"思维敏锐,服从师长,又很活泼"。还有,这两个孩子的书包"里边叠得整整齐齐,可说是楷模"。

"我的第一个理想就是在这个时期形成的,"希特勒在《我的奋斗》(这是希特勒的一本自传,叙述一般都被夸大)中写道,"野外的玩耍,上学时的长途跋涉,尤其是与那些'野'孩子的来往,使我在家根本待不住。"即使是在这个年龄,他已能高声表达自己。不久后,他居然成了"一个小头目"。

尔后几个月,阿道夫在家中的处境变得越来越困难。由于不懂耕作,阿洛伊斯退休后的生活变得很沉闷。1896年初,另一个孩子保拉出世,使景况更加恶化。一家五个孩子,包括一个只知道哭的在内,挤在一起,或许会使阿洛伊斯喝酒更加厉害。可以肯定的是,他变得喜欢吵架,容易发火。他的主要目标是小阿洛伊斯。父亲与儿子不时拌嘴,因为父亲要儿子绝对听话,而儿子又不听父亲的。后来,小阿洛伊斯痛苦地抱怨说,父亲常常用马鞭无情地鞭打他。不过,在那个年代的奥地利,打孩子的事情司空见惯,被认为是于孩子有益的。有一次,为了做一艘玩具船,小阿洛伊斯逃学三天。曾对这种手工爱好给予鼓励的阿洛伊斯,居然狠狠地揍了小阿洛伊斯一顿,还"抓住他的颈背,将脑袋往树上撞,直至他昏了过去"。还有一个说法:虽然他不再如此经常挨打,那个家庭霸主却"常常打狗,打得它屁滚尿流";据小阿洛伊斯说,甚至连温顺的克拉拉也对它施暴。如属实,这肯定给阿道夫留下永不磨灭的印象。至于年轻的阿洛伊斯呢,他再也无法忍受哈菲尔德的生活了。他不但觉得父亲虐待了他,后母也对他不闻不问,而且对阿道夫也产生了厌恶感。"他傲慢专横,从小就爱发怒,谁的话也不听",1948年他对一个会见的人说——事隔52年后,他仍耿耿于怀。"我的后母总是袒护阿道夫。他常常想入非非,却又能逃脱惩罚。如果不按他的想法行事,他就会大发雷霆……他没有朋友,他对谁都不喜欢,冷酷无情。为一点儿小事,他都会暴跳如雷。"

由于觉得自己受到虐待和遭到抛弃,小阿洛伊斯步了父亲的后尘,于14岁那年离家出走,在父亲的有生之年从未回来过。父亲心存报复,将儿子要继承的遗产减到法律所能允许的最低限度。哥哥一走,阿道夫便成了父亲发泄怒气的主要对象。父亲给儿子增加了不少额外负担,要是阿道夫不能达到要求,就必然会挨揍。几个月后,这位爱唠叨的乡绅不满现状,将成了负担的农场变卖,带着全家跑到6英里外的朗巴赫过城里的日子去了。全家在雄伟的本尼狄克修道院对面的格斯托夫·兰加纳旅馆三楼住了半年。由于摆脱了农场琐事的纠缠,阿道夫的生活变得愉快些了,他在现代学校里的学习成绩也很优秀。在1897—1898学年的大考中,得了12个"优"——最高的学分。他的嗓子也很好;他有时利用下午时间,跑到修道院的圣歌班学唱歌,指导教师是本哈德·格罗纳神甫。在他回家的路上有座拱桥,上边刻有修道院的盾形纹徽——最突出的是个卐字。

那些下午,庄严而又灿烂辉煌的教堂里,浓郁的节日气氛,能立即把他"陶醉了"。修道院的长老成了他的偶像,而他也希望自己能步入教会。奇怪的是,这种愿望居然得到了父亲的支持——父亲是反教人物。后来,阿道夫对赫仑纳·汉夫施坦格尔夫人说过:"还是在孩童时,他最热切的愿望就是当一名牧师。他常常把厨房女佣的围裙借来,披在肩上当作神衣,往椅子上一趴,便久久地、热心地讲起道来。"虔诚的母亲当然赞同儿子的这一想法,但阿道夫对教堂事务的兴趣产生得快,消失得也快。不久,他在抽烟时给人抓住了。

此时,全家已住在二楼。房子宽敞、舒适,与一家工厂相连。对一个事事爱冒险的男孩子来说,这是个再理想不过的司令部了,为他提供了做他最喜欢的游戏"牛仔和印第安人"的各种各样的场所。在工厂的主人(一对夫妇)看来,阿道夫是个"小流氓",难得在家,"哪里有事,哪里就少不了他",且常常带头进攻梨树或搞其他恶作剧。若是回家,"这野孩子"的裤子也总是被撕破,手上、脚上也总是伤痕累累。

对不得安宁的阿洛伊斯来说,朗巴赫的生活就跟乡间的一样乏味。于是,1899年,他便在林嗣郊区的里昂丁村购买了一座舒适的房屋。这座房子坐落在当地坟地的围墙一边,虽然不比一般的屋子宽敞,但其地点正合阿洛伊斯的口味。里昂丁有居民3000人,由于居住在紧靠剧场、戏院和巍峨的政府大楼的林嗣城,因而也有些文明的气派。另外,当地居民都相处和睦。

小阿洛伊斯一走,阿道夫便成了父亲管教的主要对象了。据保拉·希特勒的回忆,是阿道夫"惹我父亲发火的,他每天挨揍。他是个不受管教的小流氓,不管父亲如何打他,怎样教训他,要他热爱国家的官职,统统都无济于事。另一方面,我母亲又是那样的溺爱他,想尽量用慈母之心去弥补因父亲的粗暴而使他没有得到的东西"。

为了表示反抗,阿道夫决定离家出走。阿洛伊斯得悉了这个计划,便把阿道夫锁在楼上。晚上,阿道夫企图从窗户的铁栏中间挤出去。因为够不着窗户,便将衣服脱下。正当他爬向自由时,忽听得父亲上楼声,便连忙退下,用台布遮住赤裸裸的身体。这次,阿洛伊斯并未用鞭打来惩罚他。相反,他放声大笑,高声呼叫克拉拉快上楼来看看"这个穿宽袍的孩子"。比起鞭打,这种讥讽伤害阿道夫更深。后来,他私下对汉夫施坦格尔夫人说,他花了"好长时间才总算将这件事忘掉"。

多年后,他对一个秘书说,曾在一本冒险小说中读到,不怕痛是有勇气的表现。"我于是便下定决心,父亲打我时我永不再哭。几天后,我便有了一个考验我意志的机会。我母亲吓得跑到门外躲了起来。我呢,则默默地数着屁股上挨了多少棍。"希特勒宣称,打那天以后,他的父亲便再未碰过他。

虽然年仅11岁,在阿道夫消瘦的面容上就有些与众不同的东西。在那年,里昂丁小学的全班合照中,他站在顶排的中央,比同学们高出数英寸。他脸孔朝上,双手交叉在胸前。他富有造反精神,又骄傲自负,毫无疑问,他是个聪明的孩子。论功课,他费不了多少力气,同时他还发现了另一种才能——绘画。从1900年3月26日画的一幅关于瓦伦斯坦①的画中可看出，他作为画家的天才又初露锋芒。在课堂上，他会利用学习时间偷偷作画。有一次，一个名叫温伯格的男孩子，见他凭记忆便将"邵姆堡城堡"画了出来，不禁目瞪口呆。

课间休息或放学后，他仍是同学们的领袖。他住过的地方比大多数同学一生中能去到的地方还多，因此，同学们都将他看成是大人物。在玩耍中，他常常受到弗尼摩·库伯及其仿效者德国作家卡尔·梅依的历险小说（他在拼命阅读）的启发和鼓励。卡尔·梅依从未去过美国，但他写的关于高贵的印第安人和身强力壮的牛仔的故事，却在德国和奥地利被一代一代的男孩子看成是福音书。阿道夫对老萨特汉和他的同伙的冒险简直着了魔。他不厌其烦地带领同学们演出这些故事，年纪大些的孩子失去热情后，他便找年纪小些的来演，有时甚至也把女孩子找来。

大概就在此时，他在两本描写1870年普法战争的杂志里找到了更有意义的刺激。他孜孜不倦地阅读里边的文章和插图。"不久，这个具有历史意义的伟大计策，便成为我内心最伟大的经历。""打那以后，对凡是与战争或因此而从军相关的东西，我都越来越热心。"（见《我的奋斗》——这部书，出于政治目的，有时会扭曲事实。）

一年前爆发的布尔战争，不但激发了他作为日耳曼人的爱国主义，而且也给他提供了玩耍的材料。一小时又一小时，他率领着他的"布尔军"，与那些不幸要扮演英军的孩子进行"激战"。他经常玩得流连忘返，害得父亲要等上一个钟头——他原以为阿道夫已去烟铺为自己取烟叶。据温伯格的回忆，其结果是，希特勒在家里受到"热忱"的欢迎。这些冒险的岁月，也许与希特勒未来生涯的形成有关。"树林和草地，"他写道，"是在生活里随时随地均存在的'冲突'中决定胜负的战场。"

1900年，6岁的埃德蒙死于麻疹。4个孩子的死亡，几乎使克拉拉难以忍受，而小阿洛伊斯已离家出走，能继承姓氏的孩子就只有阿道夫一人了。虽然阿道夫很快便可完成小学学业，家庭的悲剧却又加剧了父子之间的冲

---

① 瓦伦斯坦，1583—1634年，三十年战争期间神圣罗马帝国军队的统帅。——译注

突。阿洛伊斯的要求是让孩子走他的路,并常用自己当公仆的切身体会来启发儿子。儿子呢,是一心想当画家,暂时将其革命计划深埋心中。在未与父亲争论的情况下,他便接受了下一步的上学计划。阿道夫既可进预科学校(是大学预科,重点在对学生进行古典教育),也可进技工学校(着重进行科技教育)。讲究实际的阿洛伊斯选了后者。阿道夫默然同意,因为这种学校里也有绘画课。

离家最近的技工学校在林嗣。1900年9月17日,阿道夫背上绿色的软背包,首次出发了。由于路途长,有3英里多,他边走边看,到了半途,他便看到了横卧在他眼前的林嗣城和多瑙河。对一个生长在农村和小镇上的孩子来说,眼前的景色肯定是可怕而又具有魔力的。远处,在高地上,耸立着举世闻名的昆伯堡,据说《尼伯龙根之歌》①就是在那里创作出来的。眼前是一排排的教堂尖塔和一座座巍峨的大楼。他沿着陡峭的山坡,弯曲的道路,走进位于市中心的技工学校。学校是座四层楼的建筑物,很黑,坐落在一条狭窄的街道上。看上去,它更像是一座办公楼,而不是一所学校。

从一开始,阿道夫的成绩就很糟。他已不再是领袖,不再是最聪明、最有天才的孩子;周围的环境令他不安。其他同学都瞧不起郊区农村来的学生;他在较小的学校里所得到的关注和重视,在这样一个大型的学校里是得不到的。在那年的全班同学的合照中,他还是站在顶排,但傲慢的阿道夫已不见了,代替他的是一个愁眉苦脸的失神的年轻人。

慢慢地,他变得羞怯和沉默,对功课越来越失去兴趣。"我想,我父亲一旦看到我在技工学校无所进步,就会让我去实现我的梦想,不管他喜欢还是不喜欢。"希特勒对其因算术和自然、历史不及格而不能升级在《我的奋斗》里作的这一解释,既可说是个借口,也可说是个理由。诽谤他的人就认为那是因为他天生懒惰,但同样也可能是其对父亲进行报复的一种方式,是感情用事问题,或者仅是因为对不合口味的课程不肯下功夫所致。

次年,阿道夫改变了战术,成绩大有长进。因年纪比同学们大,他又成了领袖。"我们都喜欢他,上课时玩耍时都喜欢他。"约瑟夫·凯普林格说,

---

① 《尼伯龙根之歌》,德国中世纪之叙事诗。——译注

"他有'神'。他头脑并不发热,比许多人都通情达理。他表现出一种性格的两个极端,很难统一。他是个安静的'狂热者'。"

放学后,因为阿道夫已有了自己的小团体,大家便在他的领导下到多瑙河旁的草地上玩"牛仔与印第安人"。休息时,阿道夫也是主宰,他给同学们讲布尔战争,还把他画的布尔勇士给他们传阅,甚至还说他想加入布尔人的队伍。这次战争,在年轻的希特勒心里,唤起了对德国爱国主义的向往。这种感情是大多数男孩子所共有的。"对我们来说,俾斯麦是我们的民族英雄,"凯普林格回忆说,"赞扬俾斯麦的歌曲,以及许多同类性质的歌曲都是禁唱的(系海顿所作之奥地利国歌,与德国的流行歌曲《德意志高于一切》之主题相同。在奥地利,崇德者均唱德国的抒情歌曲,私下里彼此问候均是德国的'万岁!')。保存一张俾斯麦的画都是犯罪。虽然私下里老师们觉得我们这些孩子都是对的。但是,谁要是唱这些歌曲或动摇我们对奥地利的忠贞,我们就会受到老师的严厉惩罚。"

出于某些原因,阿道夫·希特勒比其他人更认真地接受日耳曼主义。这或许是为了背叛他的父亲,因为父亲是哈布斯堡政权的忠实支持者。一次,凯普林格陪阿道夫回家,沿着陡峭的卡普津纳大街走去。到了山顶,希特勒在一座小教堂前停住了脚步。"你不是日耳曼人(古德国人),"他直言不讳地说,"你的头发是黑的,眼睛也是黑的。"他骄傲地注意到,他自己的眼睛是黑的,头发(据凯普林格说)是淡棕色的。

此时,德国神话中的英雄人物业已令他着迷。年方12岁的希特勒,就在林嗣剧院观看瓦格纳的歌剧《罗恩格林①》。该剧中的日耳曼感情,以及歌剧本身的音乐,"立刻使他入迷"。剧中激动人心的台词——例如亨利王对武士说的那段话——首次唤醒了他内心对种族和民族主义感情的冲动:

  让帝国之敌立刻出现,
  我们准备好短兵相见。
  从东部沙漠到平原,

---

① 罗恩格林,德国传说中的圣杯武士。——译注

敌不敢蠢动分毫。
德国地靠德国刀，
帝国威力不动摇！

这一次，他成功地结束了学业，课程全部及格，操行成绩和勤奋程度还得了"良"和"优"。然而到二年级，他几乎从学期一开始便赶不上，数学再次不及格，勤奋程度也降为"中"。到圣诞假期结束时，家祸掩盖了他在学校里的危机。

1903年1月3日，与往常一样，阿洛伊斯一早便离家去了斯泰弗勒酒楼。他刚在桌旁坐定，便说身体不舒服。片刻后，他便与世长辞——死于胸膜出血。

两天后，他便在离希特勒家不远的教堂公墓入土。墓碑上镶的是这位前海关官员的椭圆形的遗像——目光坚定地望向远方。林嗣《每日邮报》称颂死者的讣闻中说："他偶尔发出的锋利的言辞，并不能抹杀其隐藏在粗鲁外表下的热心。他历来是法律与秩序的得力维护者，他见识广博，对事物之见解，历属权威。"

与人们的看法相反，阿洛伊斯遗留给家人的并不是贫困的生活。在他去世时，他领取的养老金是2420克朗。这个数字比一个小学校长所领到的要高。他的遗孀所得的，除半数养老金外，外加约等于年养老金四分之一的津贴，一次付清。此外，每个孩子每年可领到240克朗，直到"满24岁，或得以自立，视何种情况为先"时止。

小屋里最大的变化是紧张气氛消失了。当年阿洛伊斯投下的独裁的阴影已一去不复回。快满14岁的阿道夫成了家庭的主宰。关于儿子的前程，克拉拉原想执行丈夫的遗训，但她唯一的武器就是祈求。不消说，这对阿道夫的梦想，并没有什么威慑力量。不管谁何时问他将来干什么，他的回答总是一样："伟大的画家。"

为了避免每天长途跋涉，在春季学期开始时，阿道夫获准在林嗣寄宿。这样，母亲仅有的一点微弱影响也缩小了。在林嗣，他与其他5个孩子一起寄宿在一个名叫塞琪拉的老太太家里。在这里，他变得彬彬有礼，不只是对房东老太太,就是对他的同窗,他都使用"您"。环境的变化虽然未提高他的在校成绩,却也给了他较多的绘画和读书的时间。据塞琪拉太太反映,他常在晚间用功,耗去的蜡烛无数。一次,她发现他弯着腰看地图,还用有色铅笔在画道道。"喂,阿道夫,你在搞什么名堂呀?"她问。他简短地答道:"研究地图。"

散漫的学年结束了,阿道夫的数学又不及格。希特勒太太得到通知,除非秋天补考及格,否则阿道夫要留级一年。这给家庭带来了暂时的阴影,不过,那年夏天全家受到邀请,前往希皮塔耳度假。全家乘火车前往乡下时,带有两只老式大木箱,里面盛满了衣服和盘子。到威特拉火车站迎接他们的是克拉拉的妹夫安东·施密特——他用牛车将希特勒一家拉至希皮塔耳这个小村。这是个愉快之夏。克拉拉有家人做伴,又获得同情;阿道夫呢,他逃脱了田间的操作,偶尔也跟施密特家的孩子们一同玩耍。一次,他给他们糊了个风筝,"尾巴长长的,五颜六色,是用不同的色纸糊的",放起来,"飘在空中,漂亮极了"。然而,他花在读书和画画上的时间更多。这两项追求业已表明,他是个与众不同的少年:他宁愿在自己的梦想世界中生活。每逢下雨,阿道夫便待在孩子们的屋里。"每在此时,"表妹玛丽亚·施密特回忆说,"他便在室内来回踱步,或在那里画个不停。若是受到打扰,他便生气。他把我推出门外。我要是在外边哭,他就叫他母亲给我一点儿糖或什么的。我们常拿阿道夫·希特勒寻开心。他在里边,我们就往窗户上扔东西,这时他就会跑出来追赶我们。"

回到里昂丁后不久,家里又发生了变化。"生性快活、善于享受人生乐趣、爱笑"的安吉拉与林嗣城里的税务员里奥·拉波尔结了婚。阿道夫非常不喜欢里奥,说他又喝酒又赌博,但是,他之所以反对新婚的姐夫,更有可能是因为姐夫完全不同意他把画画当作职业。

阿道夫数学补考是及格了,但还在为升三年级做准备工作。对他,最困难的课程是法语。事隔多年后,他还对学法语进行谴责,说"完全是浪费时间"。法语老师休谟教授对于年轻的阿道夫真是百感交集。"他确有天才,但面太窄,"他回忆说,"他缺乏自我修养,是个有名的好斗分子。他任性、傲慢、易怒。显然,他功课赶不上。另外,他也很懒,否则,凭他的天分,成绩会好得多。在绘画方面,他的风格是流畅的;科学课程他也学得不错。但是,他对艰苦工作的热情顷刻便烟消云散了。"休谟博士也是阿道夫的德文教师和班级顾问,所以,他对阿道夫的兴趣绝非一时。"若受到规劝或斥责,阿道夫便暗怀敌意。与此同时,他又自做领导,要同学们对他盲从,还肆无忌惮地搞恶作剧,当然,这些戏谑行为并无大害,在不成熟的青年中也司空见惯。"然而,这位"面黄肌瘦"的青年却也有使休谟教授高兴的东西,而他也尽力去引导阿道夫。但是,所有的努力都无济于事。虽则年轻,阿道夫已经定型,我行我素。若有人想打进他的私人天地,他便立即缩了回去。

历史老师里奥波德·波希也在内向的阿道夫脑中留下了印象。在讲解古代条顿人的历史时(老师使用了彩色幻灯片),阿道夫简直给迷住了。希特勒在《我的奋斗》中写道:"即使在今天,一想到这位灰白发老人,我还怀有友善的感情。他讲课时所带的炽烈感情,有时竟使我们忘却了现在;他好像具有魔力,将我们带回到古老的年代。他用数千年迷茫的历史面纱,结成牢固的历史事实,灌进活生生的现实。每当出现这些时刻,我们端坐在那里,常常热血沸腾,有时甚至感动得流泪。"

然而,一到课余,经常使希特勒不安的却是沉闷。到1904年春,学校生活已变得枯燥无味。同年5月,在圣神降临节那天,他在林嗣教堂行了坚信礼。这同样令他厌烦。在埃玛努尔·卢加特所提名的男孩子中,"没有一个像阿道夫·希特勒那样,脸色阴沉、坐立不安。他的话几乎要我去拽才能说出来……他对坚信礼的整个过程好像都非常反感,他是在极勉强的情况下才行完坚信礼的。"行坚信礼的人群一回到里昂丁,阿道夫马上便找他的玩伴去了。接着,卢加特太太回忆说:"他们在屋前后跑来跑去,玩什么'红印第安人'——闹翻了天!"

那年,阿道夫的法文不及格。秋天的补考刚及格——有个条件,他不能再回林嗣学校念最后一年级。最近的一所中学在斯狄尔,离家约25英里。阿道夫再次被迫离家。希特勒太太陪着15岁的儿子,一同到斯狄尔,在西希尼家给他找了一间小屋。从一开始阿道夫就不高兴,他讨厌这个城市,窗外的景物又是那样令人恶心。"我经常在窗口练习射老鼠。"阿道夫花在射老鼠和绘画上的时间要比花在功课上的时间多得多。结果,第一学期的成绩就很差。他的体操课得了个"优",绘画得了个"良"。他最喜欢的两门课程历史和地理,只得了个"中"。数学和德文不及格。逃学,他已到了荒唐的地步。一天早晨上学,他脖子上围了一条大围脖,谎称嗓子坏了。结果,他被送回家了事。(那年春天,在参观邻近的一个小镇时,他在留言簿上写下了一首诗,透露了他的心事。有四个字无法辨认:

一

人们端坐在空气充足的室内,
啤酒、葡萄酒尽情欢饮,
吃呀、喝呀,放纵无度,
□后全都醉卧地板。

二

他们登上高山,
□骄傲的面孔,
一个筋斗翻下山来,
连站都站不稳。

三

回家了,他们板着面孔,
时间呀,全部忘记,
老婆□了,(可怜的?)人呀,
竟用鞭打医治伤口。

他还画了一张漫画,画的是一个矮小的男人正在挨板子,打他的是个胸脯饱满的女人。这幅画,连同那首诗,是相当出色的,因为它们系出自一个15岁的孩子之手,而且竟如此奇怪地写进留言簿。)

尽管如此,他的分数后来还是有所上升。学校通知他,如果秋天他回来补考，就准予毕业。1905年7月的一天，天气闷热，阿道夫把这个好消息（相对而言）告诉了母亲。在此之前，她已将里昂丁的农庄卖掉——这是个多么混乱、多么不幸的地方呀——搬进了坐落在林嗣市中心的汉波尔德大街31号。这是一座阴暗的楼房，她在里面租了一套房子。离开时刻关心和保护他的母亲，一年后，阿道夫在外表上已发生了显著的变化。他已不再是一个孩子，而是个头发蓬乱的青年，胡子已依稀可见。他已是个面带梦想般的表情、举止颇浪漫的波希米亚人了。在斯狄尔的一个名叫斯通伯格的同班同学，把他的这一切用钢笔画了下来。这幅画满可称为"画家青年时期之肖像"。

克拉拉大喜，简直把儿子当成英雄，母子二人的关系又变得那样亲密。不久，他们又带着保拉去希皮塔耳度暑假。在这里，阿道夫染上了肺炎（家中有患呼吸道疾病的病史）。这一病，母子的关系更加亲近了。阿道夫虽然被"放逐"至斯狄尔，这个夏天出了一点儿问题，但是对母子二人来说，这个假期肯定还是愉快的。

到希特勒一家离开乡下时，阿道夫的身体已经康复，可以回斯狄尔参加9月16日的补考了。他补考及格了。当晚，他与几个志同道合的同学，秘密地开了个小酒会，以示庆祝。结果，阿道夫喝得烂醉如泥。"晚上的事我已忘得一干二净。"他只记得，凌晨有个送牛奶的人把他从公路上叫醒。他发誓将永远不再蒙受此辱。他喝醉酒，这是第一次，也是最后一次。

尽管拿到了证明，但希特勒无法应付毕业考试。事实上，一想到去技术学校继续学习，他就反感。他以肺不好为借口——"猛然间，疾病前来帮忙"——说服了克拉拉，不让他继续求学。后来，诽谤者攻击说，关于身体不好的问题，希特勒在《我的奋斗》中撒了谎，但保拉证实，他确实患有出血症。希特勒童年时代的一个朋友记得，"他咳得很厉害，又患鼻膜炎，特别是在潮湿和有雾的日子，咳得更凶"。有个邻居也证实："他身体很坏，因为肺有问题，不得不辍学。肺不好，后来还咯血。"

由于不再有父亲或学校来管教，这位16岁的年轻人成了一个自由自在、到处游逛、藐视权威的人。他过的是一种出逃者的生活。他如饥似渴地看书，速写本里画满了各种画。他上博物馆，进剧场，还去蜡像馆。有一次，他在火车站附近看了一场电影,使他的道德观念大受震惊("多可怕的电影!")。他再也不寻人交往,他再也不是儿戏的领袖。他独自在林嗣街道闲逛,但并不感到孤单,未来的梦想在他心中猛烈地搅动。他已讨厌与人交往。1905年深秋,他终于遇上了一个可以容忍的人——奥古斯特·库比席克。库比席克是个装修商的儿子,也抱有幻想:他要成为世界著名的音乐家。他已会拉小提琴和大提琴,还会吹小号和低音大号,且正在德索埃教授的音乐学校学习乐理。一天晚上,两人在剧院里见了面。库比席克注意到,希特勒寡言少语,穿着考究。"他脸色苍白,骨瘦如柴,与我的年龄相差无几,随着演出的进展,他眉飞色舞。"库比席克本人则外表敏锐,宽额,头发卷曲,好像注定要当艺术家。

阿道夫和库斯特尔(希特勒不称他新结交的朋友"奥古斯特")几乎每晚都结伴上剧场。若不看戏,两人便沿兰德大街闲走。每逢此时,阿道夫手中总有一根以象牙作柄的黑手杖。一天,库比席克鼓足勇气,问他的沉默寡言的朋友是否有工作。"当然没有。"阿道夫粗鲁地回答说,"糊口的工作"是不适合他干的。

因为希特勒不喜欢谈论自己,他们谈的多是音乐和艺术。一天,希特勒突然拿出一本黑色的笔记本,向库比席克朗诵了他刚写好的一首诗,随后又将几幅画和设计稿交给他看,承认自己想当画家。在这个年龄便有这种决心,这使库比席克印象不浅("看到如此闪光的东西,我大为兴奋")。打那以后,他几乎把希特勒当成英雄崇拜。他后来对希特勒的回忆虽常常夸大其词,有时甚至臆造,但是,没有一个人能像他那样深刻了解年轻时的希特勒。

虽然两人具有许多共同之处,但性格截然相反。库比席克自认为是"善于适应环境,时刻愿意作出让步";希特勒呢,则是"非常暴躁,高谈阔论"。然而,性格上的差异反而加深了他们之间的友谊。库比席克善于倾听,甘心扮演被动的角色,"因为它使我明白,我的朋友是多么需要我"。库比席克的热心倾听,令阿道夫感到温暖。于是,他便常常高谈阔论,"且打着生动的手势,完全是讲给我听"。这些高谈阔论,通常是在田间散步,或穿过渺无人踪的山路时发表的。它使库比席克觉得,这简直像是火山爆发,又像是舞台上的一幕。"我只能张口结舌,一动不动,连鼓掌都忘记了。"过了好久,库比席克才醒悟到,他的朋友并非在演戏,而是"万分认真"。他还发现,希特勒只允许你同意,不允许你反对。库比席克常被怔住是因为希特勒的口才,而不是他谈的内容。因此,对希特勒的话,库比席克时时都表示赞同。

在这个时期,他俩常到图姆莱顿维克去。在那里,阿道夫或读书,或画速写,或画水彩画。有时,两人也会到多瑙河岸边的石阶上去闲坐。在此幽僻之地,希特勒常常会倾吐他的希望和计划,甚至想入非非。当然,这也不是单方面的。阿道夫非常清楚库比席克的思想。"我需要什么,缺少什么,他都一清二楚。有时候我甚至觉得,他既过他的生活也过我的生活。"

阿道夫过的虽然是一个波希米亚花花公子式的无忧无虑的生活,但他的住所相当简陋。汉波尔德大街三楼的那套住房,若不是小了一点儿,本来是蛮舒服的。厨房只有一扇窗户,朝院子开。厨房虽小,但颇舒适,保拉和克拉拉睡在客厅里,那里挂有一幅阿洛伊斯这位傲慢公仆的画像。第三个房间并不比洗手间大,由阿道夫住着。与先前的家不同,现在的这个家很安静,一家人和睦相处。实际上,这个家是为阿道夫这位少爷安设的。每逢圣诞节,阿道夫送给母亲的礼物总是一张戏票。在克拉拉眼中,阿道夫是一位年轻的王子,其天才尚未苏醒,将来注定要成名。亲朋曾建议让阿道夫学点实用的手艺,以便为家庭增加收入,但都遭到克拉拉的拒绝。

1906年春,阿道夫的梦想之一实现了:母亲允许他去维也纳这个艺术、音乐和建筑学的圣地。在这个古老而罗曼蒂克的城市里,他游玩了整整一个月(他大概是住在他的教父母约翰和约翰娜·普林斯家里),完全被迷住了。他一直与库比席克有书信往来。"明天我要去看歌剧《崔斯坦和伊索德》①,后天看《漂泊的荷兰人》等。"5月7日他在一张明信片上这样写道:"尽管这里的一切都很美好,我还是想回林嗣。今日去国立剧场。"同一天,他发出的第二张明信片里,描述了皇家歌剧院的情况,认为里面的设施平平。"只有当巨大的声浪滚过大厅,当风的呼啸声被可怕的声浪吞没时,人们才感到崇高,才忘却厅内之金碧辉煌和绫罗绸缎之满溢。"这些话典型地代表了这个正在萌芽的画家——语法不通,却混杂着富有诗意的想象力:浮

---

① 《崔斯坦和伊索德》,瓦格纳于1859年创作的一部歌剧,于1865年首次演出。——译注

华,但敏感。

回到林嗣后,阿道夫更是专心致志于绘画与建筑。他坚持要库斯特尔同操此业,库比席克不从,但阿道夫终于说服了他,与之合伙购买10克朗国家发行的彩票。希特勒滔滔不绝地讲述应如何使用赚来的钱。他说,要在多瑙河彼岸找一座大楼,将二楼全部租下,两人各占一间,距离要远,这样,库比席克的音乐声才不致令他分心。房间由阿道夫本人装饰,墙画由他来画,家具亦由他设计。他还梦想将他们的房子变成业余艺术爱好者的大本营。"在那里,我们可以学音乐,搞研究和读书,但最重要的还是学习。德国艺术领域宽广,我的朋友说,怎么也研究不完。"还有一条规定,此规定虽令人高兴,却也泄露了天机:"这个家应由受过良好教育的姑娘来掌管,由她当'城主之妻'。这位姑娘必须性格文静,以防惹来某些不受我们欢迎的奢望或意图。"这个幻想,与大多数幻想一样,在现实中成了泡影:他们的彩票并未中奖。

阿道夫又在希皮塔耳度过了一个夏天,未发生什么大事,高潮也不过是他给施密特家的孩子们买了个幻灯而已。从乡下回来后,他依旧过着一个萌芽画家和幻想家的生活。10月初,他开始学钢琴,由库比席克的老师执教。保拉回忆说:"母亲给他买了一架海兹曼牌的大钢琴,他在钢琴前一坐就是几小时。"有这样一个孩子,花钱再多也不为过。大概就在此时,希特勒在库比席克跟前暴露了一件令后者吃惊的事。此事发生在他们首次观看《黎恩济》时,主角是罗马的保护人,他的人生起伏在阿道夫的身上产生了奇怪的后果。平常,大幕一落,他便指手画脚地批评演员或音乐。这晚呢,他不但啥也没说,反而"用一种奇怪的,甚至是敌对的目光",把库比席克盯得哑口无言。希特勒脸色比平常更惨白,他竖起衣领,一声不吭,大步走上大街。时值11月,天气寒冷。他"脸色阴恶",领着他那摸不着头脑的同伴,爬上了一座陡峭的山峰。突然,他紧紧抓住库比席克的双手,双眼"激动得狂热"。他说话时声音沙哑。库比席克觉得,他的朋友好像变成了另外一个人——"完全是欣喜若狂。尽管没有听他说剧中主角是他的楷模或榜样,他利用幻想力将主角黎恩济变成了自己的雄心壮志的楷模。"那时库比席克依然相信,他的朋友的真正目标是要当个画家或建筑师。此刻的阿道夫完全是个陌生人,他口出狂言,"好像他身负重任,终有一天,人民将会将此重任赋予他"——人民向他呼唤,要他领导他们去取得自由。这幕情景可能是库比席克的杜撰,但它确实反映了他的浪漫之友的心情。当他们下山返回库比席克的住地时,已是凌晨三时了。两人庄严地握别后,阿道夫并未回家。他再次上山,理由是"我要独自待一会儿"。他们家人成了他的幻想经历的受益者——但持有怀疑。保拉回忆:"他常用抑扬顿挫的语调给我们讲历史和政治。"

山上的事发生后不久,他便消沉了下去。在这个时期,他觉得自己像陀思妥耶夫斯基①笔下的主人公一样,心灵受到创伤并遭人唾弃。他甚至能从"青春"中步入人世。钢琴课只上了4个月便停了。库比席克认为,这是因为"乏味单调的手指动作一点儿也不适合阿道夫",但更可能是克拉拉·希特勒之身体状况恶劣使然。1907年1月14日,即阿道夫停止学钢琴之前两星期,他母亲去看了爱德华·布洛克医生——是位犹太医生,在当地有"穷人的医生"之称。她镇静地告诉医生,她胸痛,整晚整晚地不能成眠。诊断表明,希特勒太太"胸中长有一个大肿瘤"。布洛克医生并未告诉病人,她已得了癌症。次日,医生将阿道夫和保拉召去。他们的母亲"重病缠身",唯一的希望就是外科手术。阿道夫的反应使医生甚为感动:"他那长长的蜡黄的脸歪了,双眼滚出了泪珠。他问,他母亲没有办法了吗?只有在那时,我才意识到他们母子间的爱是何等的深。"

全家决定冒险让克拉拉开刀。1月17日,克拉拉·希特勒进了林嗣城的"姐妹慈善医院"。次日,卡尔·乌尔班医生为她切除了一个乳房。此时,约翰娜婶婶——驼背,易怒,但随叫随到——从希皮塔耳赶来为孩子们管家。克拉拉在三等病房里,3克朗一天,休养了19天。克拉拉不是出不起价钱住较舒适的病房,而是为了省钱——这是她的特点。由于汉波尔德大街那幢房子有三座楼梯,而克拉拉爬楼梯又有困难,于是,全家便于同年春末迁至多瑙河彼岸的乌尔法尔郊区布鲁登加斯9号。新住居是石块砌的屋子,外观引人注目。他们住在二楼,共三间。这里很安静、舒适。只要坐上

---

① 陀思妥耶夫斯基,1821—1881年,俄国小说家。——译注

电车,跨过大桥,便到了阿道夫最喜欢出没的地方。

阿道夫有了另一桩心事:他坠入了情网。一直到此时,他与姑娘们的关系都是微不足道的。比方说,一次在希皮塔耳度假,他在牲口圈里与一个挤奶的姑娘邂逅。当这位姑娘表示愿意再深一步时,他却掉头跑了,还打翻了一桶鲜牛奶。当他与库比席克在兰德大街散步时,他们碰上一个"外表庄重,身材苗条的高个子"姑娘,她有一头漂亮的浓发,梳成发髻;她是个年轻的"瓦尔基里"①。阿道夫激动地抓着同伴的胳膊,坚定地说:"我告诉你,我爱上她了。"她的名字叫斯特芬妮·詹斯坦,也住在乌尔法尔。他为她写了许多情诗,其中一首叫《献给爱人的歌》,阿道夫还将这首诗给忠诚的库斯特尔朗诵过。他承认,他从未与她说过话,但,"用不着说一句话,一切都会清楚的"。希特勒说,他们是美妙的一对,彼此靠眉目就可传情。"这些事是无法解释的,"他说,"我心里有的,斯特芬妮心里也有。"库比席克催他赶快向斯特芬妮和她无时不在的母亲作自我介绍,但希特勒拒绝这样做。他说,若自我介绍,必然要介绍自己的职业,而他还不是个职业画家。另外,他还在埋头研究挪威和德国神话;他发现,神话里的女人都是非凡的,而他自己对性的概念或许是浪漫的、骑士般的。没有必要向这位年轻的齐格飞②做平淡无奇的介绍! 幻想成了狂想。一切均失败,他将趁库比席克与她母亲谈话之机,将她绑架!

斯特芬妮继续对他不予理睬。他猜她是在生他的气(此时,她即将与一个中尉订婚。多年后,如她得悉希特勒曾全心全意地爱过她,肯定会觉得万分惊奇的)。在失望之余,他立誓不再受这番罪。"我要将此事结束!"他决定跳河,从桥上跳进多瑙河——不过,斯特芬妮要与他一起殉情。他订出了一个详尽的计划,包括大家应说些什么话在内。库比席克应作为这个悲剧的见证人。

这个爱情事件是与一个具有幻想、感情又容易冲动的年轻人相称的。成功将导致他们结合,而以绘画为职业的幻想也将告终;失败,则会增加又

---

① 瓦尔基里,北欧神话中奥丁神之婢女。——译注
② 齐格飞,德国传说中的英雄。——译注

欢喜又痛苦的幻想。由于有更要紧的事情,斯特芬妮很快便退出了阿道夫的视野。阿道夫的创作欲已从绘画转入建筑。他虽然仍孜孜不倦地画水彩画,但他的作品——虽显示出某些天才——却不能满足沸腾在他胸中的理想和感情。"阿道夫从未认真作画,"库比席克说,"他具有更严肃的愿望,作画不外乎是他理想之外的爱好而已。"但在另一方面,他的建筑设计却表现出了他的不可抗拒的创作欲和明确的条理性。受理想之驱使,他居然要改变林嗣的面貌。他常常站在新教堂前,一边称赞其某些特点,一边又在评头品足。为了改良该教堂,他竟将它重新设计,一鼓作气地画了又画。"他把一切都献给了他想象中的建筑物,完全被它迷住了。"当他与他的唯一听众一起逛街时,希特勒常常指出街头建筑必须改变之处,并详细阐述应如何修改。市政大楼不够威武雄壮,他便想用一座现代化的雄伟建筑予以代替。城堡太难看了,他要重新设计,以恢复它原来的壮观。新建的博物馆确令他兴奋,回来后还一再夸奖用大理石砌成的横饰带——它们描画了某些历史场面。即使是这些,他都认为应该改掉——他要将它的长度增加一倍,使它成为全欧最长者。

他建造新火车站的计划,反映了他对市政规划的热情。由于林嗣在不断扩大,他要拆除既难看又妨碍交通的铁轨,把车站建于城沿,将铁轨深埋地下。公园必须扩建至旧火车站。他的想象力是无边无际的。他计划将铁路通至里兹顿维克的顶端,在那里,他要建造一个宽敞的旅馆和一座高达300英尺的铁塔,铁塔又须俯瞰架设在多瑙河上的高水平的桥梁。

他的生活几乎与众隔离。晚上,他睡得很晚;白天,他又全天待在屋子里,或看书,或画画,或搞设计。楼下的邻居是邮政局长的老婆,她常见希特勒于傍晚6时后外出,在与库比席克闲逛回来后,他又在起居室内不停地踱步至凌晨。一天,她丈夫建议他步入邮政界,但阿道夫回答说,终有一天他会成为一位伟大的画家。当邮政局长向他指出他缺乏必要的途径和人事关系时,他只简短地回答:"马卡特和鲁本斯发迹前也很贫寒。"

阿道夫生性好动。林嗣再也没什么可以给他了。他渴望外部世界,特别是维也纳。他设法使母亲相信,他能进入美术学院。另一方面,克拉拉又受到女婿和孩子们的监护人约瑟夫·梅洛福的劝说和逼迫。两人均坚持说，现在该是孩子选择一个像样的职业的时候了。梅洛福甚至还找到一个愿意收阿道夫为徒的面包师。

然而，克拉拉又无法拒绝儿子的热切请求。同年夏天，他被允许从"奥地利抵押银行"中取出约700克朗的继承财产。这笔款项够他在维也纳花费一年，包括支付美术学院的费用。阿道夫的胜利却又受到母亲身体状况恶化的影响，所以，他恐怕是带着悔恨、内疚而又兴奋的心情离开家的。美术学院的入学考试将在10月上旬举行，如他现在不去维也纳，他的职业又得后推一年。1907年深秋的一个早晨，库比席克出现在布鲁登加斯9号。克拉拉和保拉都在哭泣，连阿道夫的眼睛也是湿的。他的皮箱很重，是由他跟库比席克两人抬下楼梯并抬上电车的。

在他第一次去维也纳时，他曾不断给库比席克寄明信片。这次呢，人走了10天却连一个字也没有。库比席克暗自猜想，阿道夫恐怕是生了病，或遭了车祸，甚至可能已死亡。于是，他便决心向希特勒太太打探消息。一见库比席克，她劈头就问："阿道夫有消息吗？"她的脸上更显得饱经风霜，眼睛缺乏生气，说话更是有气无力。阿道夫一走，她似乎也随他而去。变成了一个"苍老而病魔缠身"的老妪。她又开始唠叨他曾多次听过的惋惜之词：阿道夫为何不选择一个适当的职业？靠画画或写故事，他是挣不来什么钱的。他为何要把继承得来的财产浪费在"无谓的维也纳之行"上？为什么对抚养小保拉他一星半点责任都不负？

阿道夫住在斯通帕大街29号二层楼，靠近维斯巴诺夫，房东是一位名叫查克雷斯的波兰妇人。入学考试前阿道夫满怀信心，结果却令他大为震惊："应试画作不能令人满意。"这使他精神萎靡不振，目瞪口呆。当他要求院方做出解释时，校长对他说，他的画"表明，或不适宜于绘画或能力很明显是在建筑方面"。

阿道夫垂头丧气。几天后他才明白库比席克早就猜中过的——他的画不外乎是业余爱好之作，他的真正命运是当一名建筑师。前途之困难又似乎无法克服：进建筑学院需要建筑学校的毕业文凭，而进入建筑学校又要普通中学的毕业证书。他有决心取得成功，但种种困难又令他沮丧。于是，在之后的几星期内，他的生活毫无目的，只关在小屋内看书，晚间则去看戏，或在街头转来转去,欣赏街头建筑。

在乌尔法尔,克拉拉·希特勒已生命垂危。邮电局长太太连忙飞书阿道夫。他急忙赶回。10月22日,他再访布洛克医生。为了挽救病人的生命,医生说,必须采取激烈的治疗手段。克拉拉的手术似乎已为时过晚。"病毒已转移至胸膜。"布洛克医生继续说,治疗的方法不仅危险——伤口需上大剂量的碘酒——而且花钱也极多。阿道夫对花钱多少毫不在意,同意先向布洛克医生支付碘酒钱,治疗费则随后付清。

阿道夫突然出现在家里,使库比席克吃了一惊。阿道夫脸色惨白,双目无光。在向库比席克说明从维也纳回来的原因后,希特勒破口大骂做医生的。他们怎敢说他母亲已不可救药?只不过是他们无能罢了!他说,他要待在家里侍候母亲,因为他的同父异母的姐姐安吉拉马上就要生第二个孩子了。库比席克对阿道夫之未提及斯特芬妮觉得奇怪。在此后一段时间内他也未提及她,他"已全神贯注"在母亲的病体上了。

到11月6日,克拉拉几乎每天都得用碘酒了。上碘酒的过程是很痛苦的。首先要将纱布泡在碘酒里(它具有令人恶心的、久久不散的"医院里"的臭味了,然后将它叠好,敷在伤口上。不光是碘酒浸入肌体时疼痛难忍;一旦它进入内脏后,病人便不能吞咽。克拉拉的喉咙干得冒火,但又不能喝水,因为任何液体尝来都像毒药)。

希特勒不但全心照料母亲,还要与邮电局长的老婆、保拉和约翰娜婶婶分担家务。克拉拉被安置在厨房里,因为那里才全天有火。碗橱已被抬走,换上了一张卧榻。阿道夫就睡在这里,以便随时照料母亲。白天,阿道夫还要帮忙做饭;希特勒太太骄傲地对库比席克说,她的胃口从未这么好过。一说到这些,她的苍白的脸便泛起血色。"儿子回来后的快乐,以及儿子对她的无微不至的照料,使她那饱经风霜的、毫无笑容的脸大大改观。"

在此后寒冷而潮湿的日子里,库比席克简直不敢相信希特勒身上所起的变化,"没有一句粗话,没有一点怨言,不再粗暴地坚持要自行其是"。阿道夫"只为母亲活着",甚至接管了家庭,当了家长。保拉在校成绩不好,他就会斥责她。一天,他让她发誓,日后要做个勤奋好学的学生。希特勒的这些非其本人的表现使库比席克产生了深刻的印象。"希特勒或许想在母亲面前有所表现,以表明他对自己的缺点已有所醒悟。"

只要醒来,克拉拉就痛苦万分。"她很能忍耐,"布洛克医生回忆说,"不屈不挠,毫无怨言。但,这却折磨坏了她的儿子。看到母亲脸上痛苦的表情,他脸上也很痛苦。"12月20日晚间,库比席克发现希特勒太太靠着阿道夫坐在床上以减轻痛苦,她嘴唇紧闭,双眼深陷。希特勒朝他的朋友打了个手势,让他离开。他刚要走,克拉拉便小声对库比席克说:"库斯特尔,"通常她是叫他库斯特尔先生的,"我不在时,继续做我儿子的好朋友吧。他没别人了。"

到了午夜,很明显,她的末日已经来临,但全家决定不再去打扰布洛克医生,因他已无法帮助克拉拉了。12月21日凌晨——据希特勒说,是在点燃的圣诞树的光芒照耀下——她安静地离开了人世。天亮后,安吉拉把布洛克医生叫到家里,以签署死亡证书。他发现阿道夫坐在她的身旁,脸色惨白地在一本速写本上画一张克拉拉的像,算是最后的记忆。为了减轻希特勒的痛苦,布洛克医生说,在这种情况下,离开"才是救星"。但此话并不能安慰希特勒。"在我的整个生涯中,"曾经目击过许许多多死亡情景的布洛克医生回忆说,"从未见过有谁像阿道夫·希特勒那样悲痛的。"

2 "生活就是我的学校"

1907.12—1913.5

1907年12月23日早晨,天气潮湿,大雾弥漫。盛在一口"坚硬、光滑、四周用金属镶紧的木棺"里的克拉拉,被抬出了布鲁登加斯9号。灵车沿着泥泞的街道,缓缓地朝教堂驶去。在简短的仪式后,小小的送葬队伍——一辆灵车和两辆客车——又缓缓越过多瑙河,翻过一座山,朝里昂丁驶去。遵照她的遗愿,她被安葬在丈夫的身旁,名字则刻在丈夫的墓碑上。全家人披黑,默默地站在雾茫茫的坟场里——离他们先前住过的舒适的小屋不远。阿道夫身穿黑大衣,手托一顶黑色高顶帽。库斯特尔觉得,他的脸色更苍白,"严峻而镇静"。

对希特勒一家而言,圣诞之夜是悲哀之夜。为支付医药费,全家正式拜访了布洛克医生。医药费共计359克朗,其中59克朗已预付。这笔款项确实不小,约占克拉拉资产总额的十分之一,但又很合理,因为它包括了77次问诊(到家或在办公室)和47次的治疗费用(大部分治疗都用了碘酒)。余额是在感谢声中付清的。说话的都是姐妹俩,阿道夫穿着一套黑色外衣,领带打得不紧,双眼盯着地板,一缕头发披在前额。后来,他抓住医生的手,目光直落在医生的脸上。"我将永远感谢您。"他一边说,一边深深鞠一个躬。"不知道今天他是否仍记得这一情景,"35年后,布洛克医生在他的《煤矿工人》一书中写道,"我确认他仍记得,因为在某种意义上说,阿道夫·希特勒恪守了他的诺言。他给我的好处,我觉得,在全德国和奥地利,他都未给过任何一个别的犹太人。"

当日，拉波尔一家邀请阿道夫和保拉到他家过节，但阿道夫拒不接受邀请。面对姐夫里奥，他觉得越来越不安，因为姐夫会抓住一切机会劝说他放弃当画家这个愚蠢的梦想。他对库比席克说过，事实上所有亲戚都在纠缠他，他才逃到维也纳去。他一定会成为画家的，他要向心胸狭窄的家族证明，正确的是他，而不是他们。

他也同样坚决地认为，库比席克应离开他父亲的装潢商店去当职业音乐家。前一年秋天，库比席克一家曾反对让库斯特尔到维也纳去。尽管如此，希特勒仍旧话重提，又恳求又争论，用维也纳的美事——歌剧、音乐会，还有学音乐的无穷无尽的机会——去激发库斯特尔和他母亲的想象力。要说服库比席克老先生就更困难了，因为他把阿道夫看作是"一位连学校都考不上的小伙子，把自己看得过高，学不了手艺"。但是，即使是这个年龄的希特勒，其说服力也是异乎寻常的。讲究实际的父亲于是便答应让儿子到首都去试一段时间。说服了他的论点之一是，库斯特尔将与一个真诚学艺术的学生住在一起。

为了将去维也纳后永不再回来的决定告诉他的监护人，希特勒再次去了里昂丁。这次，没有一点儿争论。梅洛福先生虽然有点勉强，却也满口答应——他对女儿说，这样做是他的责任。此后几个星期，阿道夫与安吉拉和约翰娜婶婶住在一起，将家事做了最后的安排。至此时，所有债务均已清算完毕，包括丧葬费 370 克朗在内。阿道夫也谢过了各位邻居，感谢他们在他母亲病中所给予的帮助。他尤其感激邮电局长夫妇，还赠给他们一张自己画的画。一切债务还清后，由于克拉拉生前省吃俭用，其遗产尚能结余 3000 多克朗。由于安吉拉承担了照料 11 岁的保拉的责任，她所得到的有可能超过三分之二。后来，小阿洛伊斯·希特勒告诉他的儿子，他曾说服阿道夫"将他们应得的遗产转给女孩子们"，因为拉波尔一家缺乏资金，阿道夫立即将他那份给了安吉拉，阿洛伊斯则将他的给了保拉。这如果属实，那么，阿道夫在维也纳开始其生涯的钱就很少了：孤儿津贴加他继承的遗产的剩余部分。

2月初，维也纳出乎意料传来消息说，有个邻居已说服了皇家剧院的舞台设计师阿尔弗里德·罗勒教授，他已同意看看阿道夫的画，并为他的职业提出咨询。这大大鼓舞了希特勒,也有助于他将家人的反对意见压下去。希特勒做出了去维也纳的计划。1908年2月10日,他填写了自己和保拉领取孤儿津贴的表格。三天后,表格被退了回来,还附来一份通知,说表格还应由他们的监护人签署。阿道夫把表格转给了梅洛福先生,但阿道夫未等津贴办公室的答复,便迫不及待地打点行装(包括衣裳、书籍和绘画材料)告别了家人,永远离开了布鲁登加斯9号。

库斯特尔到火车站为他送行——大概是2月17日。候车时,希特勒谈到了斯特芬妮。他说,他还未向她作自我介绍,但可能会给她写信。火车开动后,阿道夫将头伸出窗外,喊道:"快点跟我来呀,库斯特尔。"不知这个年轻人是否读过荷拉西奥·阿尔杰的激动人心的作品,如果读过,毫无疑问,他肯定会觉得阿尔杰笔下的主人公与他相似。他坐的是三等车厢,票价是五个半克朗。5小时后,18岁的阿道夫·希特勒第三次来到了维也纳这座魔术般的城市。从维斯巴诺夫至斯通帕加斯29号查克雷斯太太家只需步行5分钟,但由于他带着大件行李,这段路肯定是很难走的。那个季节,天气虽然沉闷,阿道夫却神采奕奕。2月18日,他给库比席克寄了一张热情洋溢的明信片:

"亲爱"的朋友:

  焦急地等待着你前来的消息。你一定要来,并快点写信告诉我,以便我做好准备,好好地迎接你。全维也纳都在等待……正如我们说过的,你先与我住在一起,以后再看情况如何。在所谓的政府当铺里,只要花50—60弗罗令便可买到钢琴。特向你和你的双亲致意。我再次请你快来!

你的朋友
阿道夫·希特勒

5天后,那是个大雾弥漫的星期天,库斯特尔身背一个"盛满了食物"的棕色帆布袋,来到了维斯巴诺夫。正当他站在候车室被车站的繁忙景象弄得不知所措时,他瞥见业已成为维也纳市民的阿道夫向他走来。"他身穿高级黑大衣,头戴黑帽,手中拿着那根象牙柄手杖。看上去,他真是风度翩翩。"阿道夫见朋友前来,高兴极了,连忙亲吻朋友的面颊。两人各执布袋一耳,消失在喧腾的闹市中。那时天色已黑,但弧光灯将车站广场照得"如同白昼"。

他们跨进威武雄壮的斯通帕加斯29号的宽敞大门,走过一个小小的院落,来到了一座较破旧的楼前。他们艰难地沿着黑暗的楼梯走上二楼。房内,到处是画稿:阿道夫在桌上铺好一张报纸,将自己仅有的食物——牛奶、香肠和面包——放在桌上。库比席克将这些食品推在一旁,像魔术师似的从帆布口袋里将烤肉、烤好的面包、奶酪、果酱、咖啡等一件一件取出来。"是呀,"据说阿道夫曾喊过,"这才叫有母亲哪!"

吃完饭后,希特勒坚持要带已经疲倦不堪的朋友出去看看市容。"不看看马戏场,库比席克你怎么能睡得着呢?"首先,阿道夫带他参观了辉煌的歌剧院——"我只觉得,自己好像置身于另一颗行星,印象真是深刻,简直使我倾倒"——然后去了雅致的圣斯特凡大教堂。之后,阿道夫又坚持让他见识见识"特别的东西"——小巧玲珑的圣·玛丽亚·格斯特拉德教堂。但是,由于雾色迷茫,库比席克看不见多少东西,巴不得早点回去,但一直到深夜过后他们才回到家。库比席克连忙爬进房东老太太给他收拾好的地铺。

因为房间太小,放一架大钢琴后便住不下两个人,善于言辞的阿道夫说服了查克雷斯太太,将她的大屋换给他们。他们同意增加一倍的租金,即每月20克朗。没想到钢琴占地太大,而踱步又是阿道夫之必需,所以,室内的家具便又被重新安排了一番,给阿道夫腾出了三步长的空地。

不到两天,库斯特尔便在音乐学院登记上了,还通过了入学考试。"我没想到我的朋友这样聪明。"希特勒简短地评论说,对此后几星期内库比席克所取得的进步他也不感兴趣。一天,库斯特尔的一个年轻漂亮的女同学来访,他竟大闹了一通。她走后,希特勒一边踱步,一边大放厥词,说:"女人求学,那是胡闹。"库比席克觉得,"阿道夫神经错乱。因为一点点小事,竟大发雷霆"。无论库比席克做什么,总不合希特勒的口味。"使我们很难在一起生活……他与世不合,在挣扎。在他看来,处处都存在不义、仇恨和敌对情绪。"

其实,希特勒自己的落第才是根本的原因。一天,他突然大声痛斥美术学院。这样,他仇世的原因便昭然若揭了。"……都是些头脑僵化的老顽固,官僚!都是些不通情达理的蠢货!整个学院都该炸掉!"他脸色铁青,双眼("有些凶恶")放射着仇恨的光芒。后来,他终于泄露了真情,原来他被赶出来了,落选了。"现在怎么办?"库比席克关心地问。希特勒在桌旁坐下,开始看书。"没有关系。"他平静地回答说。

尽管他侈谈有决心取得成功,他仍不得不依靠罗勒教授的帮助。几次,他手中提着皮包,前往这位名扬四海的舞台设计师的画室,却没有胆量去敲门。最后,他把介绍信撕得粉碎,"省得日后再受它的引诱"。他这一举动,可能是怕自己的作品不够水准所致,也可能是内心之失败感使然,或者完全是因为罗勒名望过高而不敢去求见。

在希特勒离开林嗣后约一星期,梅洛福先生得到津贴办公室的通知,得知保拉和阿道夫·希特勒每人每年将得到 300 克朗,一直领到年满 24 岁。津贴办公室授权梅洛福先生全权处理每年应领的 600 克朗,而他则决定每月分给每个孤儿 25 克朗。

这笔定期款子(相当于现时的 6 美元),毫无疑问,给希特勒带来了新的希望。但是,假定遗产中的 650 克朗仍大部归他所有,其生活仍是相当艰苦的。他的同室后来说,希特勒常常挨饿。"一连 5 天,他都靠牛奶、面包和黄油度日。"库比席克从不知道希特勒究竟有多少钱。他猜想,"希特勒一定为钱少而暗暗含辱。有时候,他一生气便高声怒喊'真是牛马不如的生活'!"

希特勒一星期要去伯格戏院或歌剧院几次,所需费用都是靠省吃俭用得来的——例如,裤子是放在席子底下"熨"的。希特勒也不愿与女孩子们坐在一起,因为"她们所追求的不外乎是打情骂俏"。在不准女人进去的舞场里,他花两克朗的高价,硬要库比席克与他同行。较长的歌剧,他们总是未看完便离场的,因为他们必须于晚上 9 时 45 分离开,赶在斯通帕加斯 29 号关门前到家,否则就要给看门人小费。回房后,希特勒便强迫库比席克将未看完的部分用钢琴弹出来给他听。

瓦格纳的作品希特勒是百听不厌的。即使库斯特尔要去看威尔第[①]作

---

① 威尔第,1813—1901 年,意大利歌剧作曲家。——译注

品的首轮演出,希特勒也要拉他去皇家剧院看瓦格纳作品的第二轮演出。瓦格纳的音乐使他心旷神怡,"使他遁进他所需要的神秘世界,以忍受他那狂乱的天性所带来的紧张"。阿道夫最喜欢的《罗恩格林》,他们就在一起看了 10 次。"诗歌会①"同样使他入迷,他常常援引第二幕里的几行诗:

> 我仍不能成功。
> 感觉到了,但我不能明了,
> 不能留住,亦不能忘怀,
> 若执之,又不能衡量。

有几次,库比席克诱他去看了威尔第的歌剧,但希特勒只赞同《阿伊达》。他对虚假的舞台效果大加反对。"如果没有刀,这些意大利人该怎么办?"一天,他听见街头手风琴手在演奏《贵妇与庶民》,便喊道:"那就是你的威尔第!你想想,罗恩格林的故事能用手风琴演奏吗?"

多少个夜晚,两个年轻人都一起参加音乐会——因为库比席克是音乐学院的,他能搞到免费票。阿道夫居然也开始"嗜好交响乐",这使库比席克感到惊奇。希特勒特别喜欢浪漫主义作曲家——韦伯、舒伯特、门德尔松和舒曼。他所喜欢的作曲家还有布鲁克纳、贝多芬和格里格——他们的 A 小调钢琴协奏曲常常使他感动。

缺乏金钱,这并未使他们的维也纳的光辉变得黯淡。那时正是歌剧和音乐的黄金时代。古斯塔夫·马勒刚退出皇家剧院,并加盟纽约市的"大都市乐团",但留下了许多辉煌之作,其中许多是罗勒设计的。尤其著名的是他们合作的作品《黎恩济》以及《尼伯龙根的指环》的第一、第二部分。新任导演费力克斯·文加纳,由于删去了马勒的某部作品里的某些情节,招来了某些愤怒。但他仍在完成他的前任未完成的《尼伯龙根的指环》,由罗勒重新进行舞台设计。顺便提一句,两位导演都是犹太人。在维也纳文学艺术界有成就的人物中,许多都是犹太人,例如,雨果、冯·霍夫曼斯达尔、阿瑟·施

---

① 诗歌会,14—16 世纪时在德国主要城市兴起,其成员多为劳工阶层。——译注

尼茨勒、理查德·比尔·霍夫曼，以及赫尔曼·巴尔都是犹太人。

那时的维也纳，正是奥匈帝国全盛时代末期的首府，是个没有统一语言的城市；人口来自奥匈帝国的四面八方，是个光辉夺目的大都会；在那里，生活的乐趣与城市的没落并存。从传统上说，哈布斯堡王朝是德国式的，但其城市是独特的。维也纳不仅是财政金融的首府，也是时装和文化的首府。与德国不同，它是彼此不相协调的民族的熔炉。"由于多少世纪以来，斯拉夫人、马札儿人（匈牙利人）和意大利人都拥向这里，"有位同时代的记者评论道，"他们说，这座城市已没有一滴德国血液了。"城内有一家波希米亚剧场，一家意大利歌剧院；有法国的歌星，也有波兰人的俱乐部；在某些咖啡馆里，你会读到捷克文、斯拉夫文、波兰文和匈牙利文的报纸——就是没有德文的。你可能"是个纯血统的德国人，但你的妻子可能是加里西亚人或波兰人，厨师是波希米亚人，保姆是伊士特里亚人或达尔马西亚人，男仆是塞尔维亚人，车夫是斯拉夫人，理发师是马札儿人，老师是法国人……不是的，维也纳不是真正意义的德国城市"。

那些像阿道夫一样，离开了奥地利其他城市和乡村来到维也纳的人们，也许是因为它有着令人不安的矛盾，竟也拜倒在这座城市的魔力之下。维也纳是座魅力和贫民窟混杂的城市；既具有铁一般的传统习惯，又有知识分子们激进的试验；既有自由思想，又有强烈的民族偏见。阿道夫虽然被吸进了闪闪发光的维也纳，但是，随着时光的流逝和希望的破灭，"这个值得怀疑的、魔术般的民族熔炉"（他后来这样描述它）也开始令他反感了。

他和库比席克常常空着肚子走出斯通帕加斯的那间房子，穿过居住着中产阶级的昏暗的街道，走向"林立着辉煌的大楼和华丽的旅馆，门前还站着衣着炫目的仆人的"市中心。阿道夫变得越来越叛逆，常常没完没了地诅咒由不劳而获的财富所表现出来的缺乏正义的社会。比饥饿更令他讨厌的是到处爬满臭虫的斯通帕加斯的那间房子。库比席克回忆说，希特勒"对与身体疾病有关的东西尤其敏感"。

他对维也纳的这种感情并不是独一无二的。"维也纳既给人们提供取得最高成就的巨大潜力，同时又具有阻碍实现这些成就的最顽固的反抗力。在这种奇特理智环境下成长的人，一旦成名，也就会在对维也纳爱恨交织的辩证的混合体中生活。"这段话是布鲁诺·瓦尔特在自己的自传中写到瓦格纳时说的。在此后5年内,希特勒几乎每月都要看一次马勒的鼓舞人心的作品《崔斯坦和伊索德》,这部作品由罗勒配上鲜明的彩色布景——橙色的、紫色的和灰色的。总而言之,在维也纳居住的都是些爱鸣不平者,他们有专门攻击杰出公民的传统。他们嘲笑弗洛伊德的心理分析学,嘲笑阿诺尔德·施恩伯格的声学太现代化,嘲笑奥斯卡·科科契卡的色彩太鲜艳,对霍夫曼斯达尔和施尼茨勒的作品,他们也觉得该批评的东西太多。

年轻的希特勒,时而如痴如醉,时而愤世嫉俗,常常想方设法打探这座表面华丽的城市的罪恶。库比席克把希特勒看成是有社会良知的病态伤感者。据他说,希特勒自我教育的计划是极不稳定的。他会跑到梅德林区去"研究"工人的住宅,也会去林格大街和邻近地区考察,一去就是几小时。回到又脏又小的房间后,他便为首都重新设计。这个青年既是市政规划者,又是建筑师。他一边在门与大钢琴间的过道上来回踱步,一边又强迫库比席克听他没完没了地讲解"谨慎的计划"。有一回,他一连失踪3天。回来后,他宣布"住宅区应该铲除",并连夜设计工人模范村。

晚间,唯一的光源是一盏煤油灯。他常在桌旁坐至深夜,在摇曳不定的灯光下写东西。出于好奇,库比席克问他在干什么,希特勒便把书写潦草的几页纸递给他:

后景是"圣山";前景是一块巨大的祭祀石板,四周长满了橡树;两名身强力壮的武士同执一头黑牛,将庞大的牛头按倒在石板的空处。笔直地站立在他们身后的是身穿黑袍的技师,他手执大刀,并将用此刀斩牛头。周围站着许多长着大胡子的人,他们手执长矛,倚着盾牌,全神贯注地看着。

库比席克摸不着头脑。希特勒解释说这是话剧,他激动地将基督教传至巴伐利亚时的情景描述了一番——山里人不愿接受新的信仰,决心要杀掉传教士。这出话剧恐怕压根儿就没写完,而其他呢——例如写画家穆利洛品舞剧——有的只有构思,有的则刚刚开始,情节也多数取自日耳曼人的神话或历史。阿道夫有时会写到黎明,把写好的稿子扔到库比席克的床上,或朗读一两页。演出这些戏需要花费巨金,因为它们的场景从天堂排到地狱。库比席克建议他写些简单点的东西——例如,写一部不矫饰的喜剧。

这个形容词激怒了希特勒,于是,他便把心思转到一项更雄心勃勃的项目上去。这件事是库比席克无意中提到另一件事后引起的。库比席克说,瓦格纳死后,在整理他的文件时,发现了他写的关于维兰和史密斯的音乐剧的提纲。

次日中午,库比席克吃完午饭回来,发现希特勒坐在钢琴旁。"我要把维兰写成一部音乐剧。"他说。阿道夫计划将音乐剧写成后,用钢琴弹给库比席克听,让他把"写成的曲谱,作必要的修改,再写出总谱"。数晚后,希特勒把前奏曲弹出来,焦急地等待着库比席克的意见。库比席克觉得,这是瓦格纳的二等货,但基本的主题是好的,并主动提出将它写成诗的格式。希特勒对他的朋友所作的修改不满,便夜以继日地继续谱曲,还设计场景和服装,甚至还用木炭将主人公画了出来。晚间阿道夫一边写歌词一边注意库比席克,一发现他在作曲时打瞌睡,便把他弄醒,小声地——因为是在深夜——朗读他的手稿。然而,过了几星期,希特勒便把歌剧一事束之高阁,这也许是因为有某些事情要他去处理,或者是因为创作的烈焰业已熄灭。对此未竟之事业,他初时很少谈到,后来便索性闭口不提了。

那年春天,库比席克回家过复活节。他写信回来说,他患了角膜炎,大概是因为在煤油灯下用功过度之故,他还说,回到维斯巴诺夫后,他也许要戴眼镜了。对阿道夫来说,复活节那个星期天,既乏味又孤单。那年(1908年)的复活节是4月19日,即他19岁生日的前一天。在给库比席克的复信中,希特勒显得心情沉重,但又有幽默感:"听到你双眼要失明的消息,本人满腹哀愁,你弹错的音键会越来越多,你也会读错音符,最终变成瞎子,而我则变成聋子。呸!"

在林嗣的农村住了些日子后,库比席克觉得,斯通帕加斯的那间屋子,好像变得越来越黯淡无光了。他劝说希特勒到乡间去旅行。在温煦的春光中,他们在"维也纳森林"里度过了几个星期天,还坐着汽轮沿多瑙河顺水而下。一般人认为,在这样的季节里,年轻人往往会思情怀春,但在他们的生活中,性却起着很小的作用。在散步时,姑娘们常狡猾地向他们递送秋波。起初,库比席克还以为秋波是递给他的,后来他很快发现,她们的目标是阿道夫,他冷冷地置她们的目邀于不顾。他们没有与女人发生性行为,但晚间谈论女人、爱情和婚姻，一谈就是几小时。当然，与通常一样，谈话总被阿道夫垄断。他一再坚持说，他必须保持"生命的火焰"的纯洁性，就是说，他认为——根据他之天主教的教养——不论是男人还是女人，在结婚前都得保持肉体和灵魂的贞洁，只有这样才能为民族繁殖健康的后代。

然而，性的黑暗面却也常常萦绕在他心头。他会"一小时一小时地"谈论"堕落的(性)风俗"。他猛烈攻击娼妓，不但谴责妓女和她们的"顾客"，而且也谴责社会。对此，他几乎着了迷。一天晚上，在看完常迭金特的《春天的觉醒》后，他抓住库比席克的胳膊说："咱们一定要去看一次'罪恶的阴沟'。"于是，他们转身沿着一条又窄又黑的小街走去——那是施皮特尔伯格街。街道两旁是一排排小屋，室内灯火通明，连里面的姑娘都可以看得清清楚楚。"姑娘们坐在屋里，衣着不整，并且穿得很少，"库比席克回忆说，"有的在涂脂抹粉，有的在梳头，有的在照镜子，但她们无时不在注意街上走过的男人。"偶尔也会有个把男人在房前止步，与姑娘说上一两句话——然后，灯火便灭了。当他俩走到小街的尽头时，转过脸来又久久地看着这一可怕的情景。回房后，阿道夫又对娼妓问题大发议论，"冷漠而客观，似乎与肺痨做斗争与否，将之焚毁与否，是他个人的态度问题"。

在竞试中，库比席克成绩优异，期终音乐会还由他指挥。他作的歌曲有三首得到演唱，弦乐六重奏作品有两乐章得到演奏。在演员休息室里，阿道夫骄傲地站在他身旁。向他道贺的不但有指挥学校的校长，还有音乐学院的院长。

7月上旬，库比席克该回林嗣去了。他要回去与父母一起消夏，待秋天再回来，但他坚持要付一半房租。关于自己的计划，希特勒只字未提；而当库比席克立誓要当维也纳交响乐团的一名提琴手以便支付高于一半的房租时，希特勒勃然大怒。善于忍让的库比席克，因为早已习惯了阿道夫的坏脾气，且仍陶醉在自己的成功中，对此也未表现不悦。在维斯巴诺夫车站，阿道夫"一百次"告诉他，自己孤零零地住在斯通帕加斯将会多么无聊，未明显地动情（"他越受感动，就越变得冷静沉着"）。之后，他突然表现特殊：他使劲地抓住库比席克的双手，然后头也不回地匆匆走了。

在林嗣，库比席克给希特勒寄了一张明信片和一封信。他也收到一封回信,希特勒说"工作一直很努力,经常干到凌晨两三点钟"。阿道夫答应,在去希皮塔耳度假前再给他写信,还试探着说:"如我姐姐前来,我就不去了。"他大概是指安吉拉,因为她与她丈夫在他的生活中占有极重要的地位。但两个星期过去了,阿道夫一个字也没写。到了7月20日左右,信终于到了。从信里说的和没说的来看,希特勒的生活是很奇特而孤单的。

亲爱的朋友:

你也许已经猜到我许久没给你写信的原因,回答很简单:我想不出有什么可告诉你的,也想不出你对什么会有兴趣。我仍在维也纳,不打算走了。这里只有我一人,因为查克雷斯太太在她兄弟家。我过的是隐居者的生活,但过得相当不错。我所担心的只有一件事:我早晨起床,历来都是靠查克雷斯太太叫的。为了工作,我早已习惯早起,现在呢,我得自己管自己了。林嗣没有什么消息吗?

他要库比席克给他寄一份林嗣指南和多瑙河轮船时刻表来。

……否则,我便什么消息也听不到了。今天早晨,我抓到一长串臭虫,它们在"我的"血中游泳淹死了。现在呢,我的牙齿"热"得打战。我觉得,像今年夏天这样冷的天气是罕见的。

当月,他就住在那间空气沉闷、满是臭虫的房子里。8月,他再次给库比席克写信说,他的生活依然乏味。信中,与通常一样,充满了自怜。尽管满是语法和拼写错误,在不爱挑剔的库比席克看来,这封信"写得很漂亮"——"也许是他写给我的所有信中最有内容的一封。"确实有内容,也富于感情,一开头便称"好友!"首先,他请求库比席克原谅,因为最近没给他写信。没写信,"是有正当,或者说,不正当的理由。我想不出有什么消息可写的。现在,我突然给你写信,这本身恰恰说明,为了找几件消息来向你报告,我花了很长的时间去找。现在,我写了。"他将房东老太太收到房租后的感谢转达给了他。希特勒粗枝大叶地将她称为"查凯斯"和"查克莱斯",虽然在前一封信里他未将她的名字拼错。他透露说,他"患了支气管炎",刚刚康复;还拿天气开心——"眼下天气良好,就是说,大雨滂沱。在天气酷热的今年,这真是谢天谢地了。"他注意到,林嗣的当局不是去重建剧场(是他喜欢的工程项目之一),而是决定"将破烂的房子重新修补",他攻击说,他们"要是有修剧场的想法,河马都会拉小提琴了"。

阿道夫和他的兄弟姐妹们感情是有的,但彼此间了解肤浅,也没有多少共同爱好。先前与安吉拉和小阿洛伊斯是这样,现在与保拉也是如此。那年夏天发生在希皮塔耳的不愉快的事情标志着希特勒青春期的结束。家人劝他考虑一个比较实际的职业,遭到他的拒绝,这就使他断绝了与家人的联系。此后,给他的童年带来诸多欢乐的希皮塔耳,便不再是他的安全所了。他第四次去了维也纳,这一次是真正按自己的意志行事。

9月中,希特勒再次申请进艺术学院。然而,他所呈交的画,这一年来孤军奋战的劳动成果,却被人不屑一顾,连考试都不准他参加。第二次遭到拒绝所带来的打击,使他面临着能否生存下去的问题。他居住的斯通帕加斯的那间房子,很可能已耗尽了他所继承的财产。即使他也分得了母亲的一份遗产——这是值得怀疑的——那也不够维持他在维也纳再住一年的费用。他的第一个选择是另租一间较便宜的房子。11月中旬,他通知查克雷斯退房,付清了当月他应付的一份房租。尽管他等候了库比席克片刻,但最后连一张条子也没留便搬进了坐落在维斯巴诺夫另一端的一座阴暗的大楼内——地点在费尔伯大街,大楼俯瞰铁路场。

11月18日,他到警察局登记了新住址(这是奥地利和德国的规矩,搬家需登记),所填职业是"学生",而不是"画家"。几天后,库比席克来到维也纳。在希皮塔耳时,希特勒曾寄一张明信片给库比席克,上边只有一句话:"为你之命名日特致最良好的祝愿。"虽然此后库比席克未曾收到信,但由于他已习惯了希特勒的长时间沉默,抵达维也纳时,他还以为希特勒会到月台上来接他。但月台上根本就没有什么希特勒,在检查了自己沉重的箱子后,他便匆忙赶到斯通帕加斯29号。他不明白,希特勒搬了家为何连一张条子也不留。他将自己的新地址交给了查克雷斯太太。时间一星期一星期地过去,但希特勒仍只字不来。库比席克不解。若说是得罪了他,而自己却一无所知,分别时,他们是好朋友呀,而且后来的信也没有冷淡之感。

再次去林嗣时,库比席克见了阿道夫的姐姐,他向安吉拉要希特勒在维也纳的新地址,她粗暴地说她不知道,他没给她写信。接着,她便批评库比席克,说她弟弟逃离现实也有他一份责任。他"强硬地"为他的朋友辩护,认为她只不过是鹦鹉学舌,重复里奥的意思而已。两人话不投机,库比席克转身便走。

阿道夫与库比席克断绝了关系,连一切会引起他想起林嗣和家乡的事物也一概不理。他对库比席克的感情并不像库比席克对他那样强烈,就希特勒而言,他们的关系已告一段落——至少在目前是。另外,库比席克取得了成功,自己则遭失败。1909年4月20日,希特勒在费尔伯大街那座可怕的大楼里孤零零地庆祝了自己的20岁生日。一月又一月,他忍受着周围毫无生气的环境,继续过着他在林嗣过的那种梦想生活。他孤独地、安静地打发着日子,可谓是深居简出。邻居们记得,他对人彬彬有礼,但与人疏远。邻近饭馆里(叫库巴达自助饭店)有个掌柜对希特勒的印象极其深刻,"因为他性格孤僻,很安静,又喜欢读书,好像很严肃,与别的年轻人不同"。她非常尊敬他,常额外给他一大块夹肉煎饼。

到了夏末,希特勒又面临另外一个危机。除了每月25克朗津贴外,他已穷途末路了。他又从费尔伯大街迁至维斯巴诺夫南边的一个较小的楼内,地址是塞斯奥塞大街58号,21号房——一个小房间。这里与先前的住地一样嘈杂,狭窄的街道上电车来来往往。8月22日,希特勒重新在警察局登记了地址,这次他称自己是"作家"。但是,不到一个月他又离开了较像样的住所,消失在穷困的底层社会中。他未留下片言只语,警察局表上"将来住址"一栏是空白;"何时迁出"一栏里填的是"未定"。他身无分文,又不能或不愿工作,在之后3个月内,他到处流浪,成了一名流浪汉。他睡在公园里或门廊下。在一段时间内,他的家就是普拉特——多瑙河彼岸一著名的游乐场。若遇大雨,他就在园厅的拱桥下躲避,以外衣当枕。那年严冬来得早,1909年10月底,他被迫在室内寻找栖身地,他睡在酒吧间里、脏室里或宿于价钱便宜的低级客栈内。他还在恺撒大街一家咖啡馆里睡过,也在埃尔伯格大街一犹太慈善家开办的"热室"里宿过。一次,他在一个劳工营里找到了一席之地——此地肮脏不堪,还得与其他无家可归的人们共宿。他无法入眠,因为空气恶臭,孩子们又不断哭闹,还有醉汉打老婆。

"即使现在,"他后来写道,"一想到那些可怜的窝,那些避难所和栖身地,那些龌龊、恶臭的可怕图景,我就全身发抖。"那曾是《一千零一夜》里出来的令人销魂的城市"维也纳,现已摇身一变成了不幸的丛林,并成了"抱歉地说,我生活中最苦难的时期的活记忆"。他转而求助于教堂,每早9时便在坐落于他的老住所斯通帕加斯附近的修道院门口排队领汤。对流浪汉来说,这叫"拜访卡瑟"。卡瑟可能是修道院长的名字,或圣·卡瑟琳修道院的名字。

时至深秋,他差不多已将衣裳变卖净尽,连那件冬天御寒的黑大衣也卖了。这样,大雪和寒冷迫使他进一步蒙受耻辱。在圣诞节前不久的一个黄昏,他缩身于单衣内,急急忙忙赶至城郊的梅德林。他花了两个半小时才抵达目的地——贫民收容所。抵达时,他双脚疼痛难忍,筋疲力尽。这家收容所是某慈善团体兴建的,经济上的主要支柱是爱波斯坦家族。它始建于1870年,后得以重新大力装修,于一年前重新开放。在这里,无家可归的人们——包括全家老小——只需花点小钱,便可住上房间。凡体力上允许的住客,仍需做点家务或打扫卫生之类。这是一座现代化的大楼,孤零零地耸立在一片开阔地上,楼内房间宽敞,空气充足,床铺的排列有如军营内,床号编在金属衣架上。主要的饭堂——那里供应的面包和汤均极充裕——不仅工作效率堪称楷模,气氛也相当愉快。楼内众多的淋浴室、洗碗处,还有厕所,全都一尘不染。

12月,当时天气寒冷,希特勒与其他冻得全身发抖的被抛弃的人们一起,列队站在收容所大门前。大门终于开了。那些无家可归的人列队进了收容所,按性别分开,小孩则跟随母亲。希特勒领了一张卡片,允许他住一星期,且被分配在一间大宿舍里。对一个习惯于独居的年轻人来说,这肯定是一次难受的经历。首先,他得蒙受与众人一起淋浴和将其满是臭虫的衣服进行消毒的耻辱。其次,他所在的小组得排队进饭堂领面包和汤。

除非是受另一个慈善机构照顾的人,否则,谁都很难理解一个平日骄傲惯了的青年,在这样一个机构的大门内第一天所受的耻辱。像这样的收容所,效率虽然高,且还为人们提供住处,但是,一旦人们踏进这个大门,也就意味着不可挽回地加入了赤贫人的行列。收容所里的人们,丧失了独立行动的自由,在某种意义上说,已变成了犯人。新来的人们,由于屈辱,顷刻间也会不知所措。希特勒也不例外。收容所里的人们,大都是过这种集体生活的老将。他们住在军营式的大宿舍里,喋喋不休。在这样一个环境里的第一晚,坐在整洁的小床上的希特勒,肯定是忧郁而沮丧的。

照顾希特勒的是住在邻近小床上的一名流浪仆人。他教给他一个秘诀:想要在收容所待上比规定的一星期时间更长,只需花点钱,将离院者未用完的入院卡买过来就行了。这个仆人——名叫莱茵霍尔德·汉尼希——也曾梦想当个画家。希特勒谈吐的风度给他留下了深刻的印象。同时,希特勒也为他编造的有关德国的故事所迷——汉尼希曾在柏林住过数年。汉尼希("我们每晚必见,虽然困难重重,我们仍打起精神")教他的新朋友如何"观察莱茵河"。他注意到,当希特勒听到"在这个世界上我们德国人除怕上帝外谁都不怕"这句话时,他的眼睛似乎光芒四射。

更重要的是,汉尼希教育他的"学生"说,要在社会的底层度过严冬,任何一个步骤都不能浪费,任何一个机会均不能丧失。清晨,他们离开收容所——阿道夫穿着捉襟见肘的外衣,冻得"发紫,长着冻疮"——步行至"卡瑟",及时赶上喝汤;然后再在某温暖的室内或某医院内待上几小时以避严寒,再喝点汤,于傍晚时分收容所开门时刚好赶回。途中,若有较长时间停留,他们便为人扫雪或在维斯巴诺夫扛行李,以挣得几文钱。然而,希特勒身体瘦弱,干不了多少体力活:每走一步,他的脚都疼痛难忍。一次,他碰上有人要请人挖沟,希特勒有意要去申请。但汉尼希却劝告他,赶快把这个想法打消:"你要是去做这等苦工,你会爬不起来。"

阿道夫想行乞,以碰碰运气。但他既没有行乞的天分,也没有向人伸手的胆量。后来,他成了收容所内一名同仁的客户。这名同仁是专门卖那些"软心肠者"地址的。希特勒同意五五分成,他出去时不但带有地址,而且还有专门指示在身。例如,要是在索登林碰上一个老太太,他就用"赞美耶稣!"一语做问候,然后说,他是教堂的画师,或神像雕刻者,但失业了。一般说来,听了这话她就会打发你两个克朗,但希特勒用这句宗教上的陈词滥调换来的却是麻烦。对于其他，希特勒的运气也差不多坏。于是，他又只好再次求助于教堂——他能得到三块小肉饼。修道院院长在听到"赞美耶稣"的问候语后就给他一个克朗，并叫他日后去找"圣文生协会"。

汉尼希不明白的是，像希特勒那样受过如此好的教育，又有这份天才的人，为何要到处流浪。他问希特勒在等待什么。"我自己也不知道。"希特勒没精打采地回答说。汉尼希从未见过如此痛苦、如此令人同情的脸孔，便决定尽点微薄之力。但他并不是纯粹为了他人。他看出骨瘦如柴，愁肠百结的希特勒身上未来有饭票可取，于是便力劝他去画明信片赚钱。希特勒说，他衣着太破烂，不好在街上卖明信片，也不好挨家挨户去兜售。没问题，汉尼希说，明信片由他去卖，得款对半分。但是，因为没有摊贩证，两人均会遭到警方的骚扰。没有问题，汉尼希会装成瞎子或瘸病者，在小酒店里出售。希特勒还有一个问题：他已把画具连同衣裳一起卖了。善于出谋划策的汉尼希说，这也不成问题，你阿道夫不是有亲戚吗？阿道夫又强调他没有画笔了，这也没有吓倒汉尼希。与西里西亚的一位小贩一起，汉尼希陪阿道夫来到阿德伯餐馆——位于海德林车站对面。希特勒用借来的一支铅笔，按照两位推销员的意思，给家人（大概是约翰娜婶婶）写了一张明信片，要她用平邮寄些钱来。几天后，希特勒在邮局里领到一封信，里边封有一张50克朗的银行支票（"在那些日子里，这是一大笔款子"）。希特勒大喜，于当晚在收容所站队时向众人炫耀。他的狡猾朋友要他将钱藏好，否则，他会遭劫或遭受"借"债的人的"打击"。

那时，希特勒咳嗽日益加剧，所以，眼下之急是买一件冬季大衣。他的朋友建议到犹太区的旧货商店去买，但他拒绝了，理由是，他卖自己的大衣时曾上当受骗。后来，他在政府办的当铺里以12克朗的代价买了一件黑大衣。汉尼希要希特勒立刻开始作画，但他坚持要休息一星期。另外，收容所里也没有适当的地方可以工作。曼纳海姆有座单身汉公寓，房子虽然很小，但每人各占一间，还有公共房间供大家从事自己的爱好，就是说，设备较好。

这座单身汉公寓坐落在多瑙河彼岸。1910年2月9日，希特勒穿过维也纳市中心，长途跋涉来到这里。由于汉尼希宁愿当一般的仆人而不愿当希特勒的侍者，所以并未陪他前往。这个区是维也纳的第20区，叫布里吉特瑙。由于它是工业区,居民混杂,犹太人之多仅次于利奥波德区,它也是个过路区,许多居民用此地作为向上爬的落脚点。曼纳海姆离多瑙河约半英里之遥,是一座大楼,坐落在梅尔德曼大街25—27号,可容纳500名单身汉。

这是座现代化建筑,建成不到5年。由于设备较好,维也纳的某些中产阶级的居民竟然为其"豪华"而感到吃惊。主楼内有一个大型餐厅,灯光明亮;墙的下半部还用绿瓷砖镶嵌,给人以温暖感。食物全在柜台上供应,只要将餐券塞进当时极先进的设备——自动机即可。食物的价格很便宜,质量好,量也足。一碟蔬菜加烤肉只需19个铜币,再加4个铜币便可饱餐一顿。

隔离房间内还有十多个煤气炉,专供付不起饭钱的人使用,客人可免费"用最好的厨具"烹煮自己的便宜的饭菜。主食是马铃薯,人们最喜欢做的是有肉或无肉的马铃薯饼。他们联合起来,无工作的在公寓里烧饭,有工作的则购买原料。

厨房外,只三步楼梯远,便设有一个阅览室,里边放有十多张阅览台。此外还有许多阅览室、娱乐室;还有一个图书馆和一间"写作"室——在那里,十多个人可同时从事自己的事业:一个匈牙利人将硬纸板切成明信片,并在游艺场的各酒厅出售;一个老人将报上登载的已订婚的夫妇的姓名抄录下来,卖给商店。

宿舍有好几座,与收容所一样整洁;但是,大多数单身汉都喜欢独占一间小房——长约7英尺,宽5英尺,仅能容纳一张小桌、一个衣架、一面镜子、一个夜壶和一张很窄的小铁床。床上用品包括一张分成三段的床垫,马鬃充填的枕头,两张毯子。床单一星期换两次——对任何一个在此居住的下层人说来,这都是奇迹中之奇迹。这些小房可不是毫无生气的牢房,除了足够的人工照明外,每间房皆有窗户。每层楼均有许多洗碗台、洗脚槽和洗手间;在地下室内还有十多个淋浴室。公寓里还有裁缝店、理发馆、补鞋铺和洗衣间。此外,还有长长一排干净的物品箱,供需要存放衣物的住客租用。

公寓的总管以严明著称。他坚持住客应严格遵守规章制度:白天必须离室；娱乐室内只能玩跳棋、象棋和骨牌；大声吵闹或喧哗者，不管是争论还是欢笑，均可能被开除；公寓内可饮葡萄酒或啤酒（毕竟，这里是维也纳），但烈性酒则一律严禁；必须爱护市府的财产（"不准在床上站立"）。公寓内的住客违反纪律者很少，大部分住客均真诚地努力工作，以期有朝一日重新受人尊敬。

阿道夫·希特勒就是在1910年2月来到这座专供无家可归的人居住的住宅的。他缴费后（每天半个克朗，若以星期计则更便宜），经消毒和淋浴，便住进了一个小室（据现在的住客讲，是在三楼）。收容所的设备虽然不错，但由于这个慈善机关不像收容所那样正规化，他觉得自己较像个人。

希特勒入住后不到一星期，汉尼希便来到了曼纳海姆，因为一星期当四天仆人便足够了。于是，他又重新照管希特勒，令他在"写作"室内靠窗的长台前坐下——当然是带着作画的各种材料。很快，希特勒便画成了不少与明信片一般大小的画。他画得很慢，但很用心，将画中或照片中的维也纳市景描摹下来。汉尼希没费多大气力便将这些画在游艺场的酒厅里卖了出去，并将半数收入归己。但是，他很快发现，大画卖价更高。于是，希特勒便转画水彩画，画的是维也纳景色，每天一幅，画幅约等于两张明信片大小。

几个星期后，两人合伙所得的果实，以及曼纳海姆的较舒适的生活条件，便拯救了这两位青年，使他们免受寒冷和穷困的折磨，也使他们不再带着咕咕叫的肚子上床。希特勒满心欢喜，因为他可在用瓷砖砌的淋浴室里洗得干干净净。由于只有一件衬衣，他每隔几天便在洗澡时将它洗干净。他虽然较先前富裕，但仍买不起衣裳，穿的依旧是沾着消毒剂的破衣。加上长发和胡子，他的外表还是很不体面的。

温暖和食物使他对政治产生了某种兴趣。他常把"写作"室变成争论或演讲的场所。这里是曼纳海姆的知识阶层，就是说，那些对文学、音乐和艺术稍为熟悉的人，一般是高中层阶级的知识分子（15—20人）常常聚首的地方。"举止正派"的工人也可进去。阿道夫成了这群人的领袖，他长篇大论地抨击政治上的腐败，就像世界各地住在贫民街上潦倒的人们之所为，这些演讲（有时蜕变为叫骂比赛）有时也在工作日里举行。如果在公寓的另一尽头的房间内发生政治争论，尽管希特勒在工作，他也不能抗拒这一战斗号召,会挥舞着丁字尺或画笔像武士一样前来参战。每逢此时,若汉尼希卖画回来,他便会将希特勒缴械,用好言将他哄回小屋。然而,只要汉尼希一走,阿道夫便又起身,大声谴责社会民主党人的丑恶行径,或称赞卡尔·卢格这个反犹太人的基督教社会党领袖——他对群众的兴趣给希特勒留下了深刻的印象。"只要一激动,"汉尼希回忆说,"希特勒便控制不住自己。他大喊大叫,坐卧不安,两手不停挥动。但是,只要安静下来,他就大不一样了,他很能节制自己,行动威严。"

阿道夫对政治兴趣之浓,常令他在"众议院"里一待就是几小时。他倾听形形色色的辩论,听得如痴如醉,虽然这些辩论常常蜕变为多种语言的混杂声,甚至是叫骂声。此时,他便回到自己的"书房",独自大喊大叫——他的独自演说,实际上是泛德主义与对社会民主党人的无神论的谴责和对他们攻击国家、企图夺取整个国家政权的谴责的大杂烩。

无论是在私下里,还是在这些暴风雨式的辩论中,汉尼希从未听到过希特勒攻击犹太人。他坚信,希特勒(他最喜欢的演员和歌手大都是犹太人)绝不是反犹太人的。相反,阿道夫对犹太人的慈善事业(他自己是受益者之一)表示感激,对犹太人反抗迫害的行动表示钦敬,并曾否认犹太资本家是高利贷者。就汉尼希记忆所及,希特勒只发表过一次诽谤犹太人的言论。当时有人问,为什么在这片国土上,犹太人仍然是外人。希特勒的回答是,他们"种族不同",有"不同的味道"。

他在曼纳海姆结识的朋友中有两位是犹太人——一个是名叫鲁宾逊的独眼锁匠,此人常帮助他;另一个是匈牙利艺术品业余贩卖者,名叫约瑟夫·纽曼,此人对希特勒衣着褴褛深表同情,曾给过他一件长大衣。希特勒对纽曼"深表敬意",曾说过他"是个正经人"。对为他贩卖美术作品的三个犹太人,他也非常尊重,曾不止一次对汉尼希(仍是他的代理人)说过,他"宁愿与犹太人做生意,因为只有他们才愿意冒风险"。

希特勒自己也在《我的奋斗》中宣称,只是在维也纳发现犹太人是"冷酷无情,寡廉鲜耻,斤斤计较的娼妓老板",音乐和艺术阶层均受犹太人控制,最重要的是,当社会民主党的报纸"均受犹太人统治"时,他才死心塌地地反犹。这些说法极可能是后来出现的,而当时他的偏见比一般的维也纳人也不见得多多少。在奥地利的首都,几乎每个异教徒都是反对犹太人的。在维也纳,人们有组织地散布对犹太人的仇恨,而年轻的希特勒成了充斥大小书摊的毫无价值书刊的贪婪读者。

有证据证明,希特勒经常阅读《东方天坛星》杂志。此刊由林嗣的冯·利本弗尔斯创办,此人是个神秘的理论家,其理论和态度与希特勒本人有诸多相同之处。这本杂志是神学和色情的大杂烩,其编辑宗旨是"实际运用人种研究成果,用保持种族纯洁的方法,保持欧洲的优秀种族,使之不致毁灭"。利本弗尔斯喋喋不休宣扬的主题是:通过消灭黑人和混种人的办法,让雅利安人统治世界。前者被谴责成劣等人种,但《东方天坛星》充斥着雅利安妇女屈服于这些满身是毛,像猩猩一样生物的引诱和性能力的淫猥的插图。这份杂志在号称种族优越的同时又显出几分恐惧。请看其刊登的大字标题:

你是金发碧眼白皮肤吗?如果是,那你就是文化创造者、支持者!
你是金发碧眼白皮肤吗?如果是,那危险在威胁你!

《东方天坛星》在读者中煽动对犹太人无穷力量的原始恐惧——他们控制着金钱,他们在艺术界、戏剧界的显达,他们对妇女具有的奇怪的吸引力。《东方天坛星》里刊登的金发碧眼的女郎拥抱黑人的淫猥的照片,肯定令阿道夫火冒三丈!但时至今日,希特勒的这些想法尚未实现,尚未形成观点——随着新想法、新项目将之推进后,他的反犹思想也就减弱了。

后来,希特勒对汉夫施坦格尔太太说,他对犹太人的仇恨是"私事";他对妹妹保拉说,他坚信,他之所以会"在绘画方面失败,完全是因为艺术品的买卖被掌握在犹太人手中"。对希特勒之所云,就是说,他对犹太人的仇恨是"私事"所引起的,我们只能这样猜测:"私事"系指某个艺术品贩子或某当铺老板,艺术学院的某官员,或这些事情的某种综合体,甚至是隐藏在他心灵深处的某件事情。他也可能对布洛克医生产生了萌芽状态的仇恨——即便在克拉拉死后一年,他曾给他寄去贺年卡,签名时还称"永远感激您的阿道夫·希特勒"。丧亲的儿子因亲人之死而埋怨医生是司空见惯的事,何况,这又牵涉一个犹太医生和有争议的危险的治疗方法——理由就更充足了(后来,布洛克本人在谈到给克拉拉·希特勒治疗一事时,压根儿就不提使用碘酒这一细节)。

在维也纳这段未成熟的时期内,希特勒曾致函一友人,信中不仅透露了这种暗中惧怕给肉体上带来的影响("一看见穿长衫大褂的,我就恶心"),而且也可看出他讨厌医生,对自己的命运百感交集:"……不外乎是一点点胃气痛,我也正设法用忌口的方法(只吃水果和蔬菜)治疗它,因为医生反正都是笨蛋。我觉得,说我神经系统有毛病是荒谬绝伦的,因为我其他方面都非常健康。不管如何,我又拿起画笔作画了,而且其乐无穷,虽然油画艺术对我而言仍非常困难。"

"你知道——毋庸夸大其词——我未能考取美术学院去学画,这对世界是个重大损失。或许命运注定我要干别的?"(这封信——以及本书内出现的有关希特勒的信件和文件——源自维也纳的约翰·冯·穆仑·施恩豪逊医生之私藏,真伪仍有争议。他称之为"H. B. H 私人档案"。)

到了1910年春,希特勒对政治和世界形势已非常关心,他已无法再完成汉尼希的订货。遭斥责后,他保证会多下点功夫,但是,只要汉尼希一离开大楼,他又在通读各报。即使他终于开始作画,某项问题的讨论又会吸引他,使他无法安心去画那些他业已厌烦的画。在绝望中,为了逃离汉尼希的纠缠,在夏季一开始,他便与他的犹太朋友、匈牙利人纽曼一同出走了。他俩曾常常议论移居德国的事情,所以便一起出发寻找他们的理想去了。但是,维也纳的奇观,尤其是那些阿道夫最喜欢的博物馆,终使他未能成行——他压根儿就未离开维也纳。他寻欢作乐了5天,后来,6月26日,希特勒几乎身无分文,又回到了曼纳海姆。但是,这短暂的自由却也有其效果。他拼命工作,但挣来的收入仅能维持一个星期。不久,他与汉尼希拆伙。这样,他再次独立。

同年秋天,希特勒再次试图考进美术学院。他背着一大包画,找到了霍夫博物院里切尔教授的办公室。里切尔教授是负责保管和复原各种画的。希特勒恳求他助一臂之力,以进入美术学院。虽然教授承认,从建筑学的角度看,他的画画得很精确,但希特勒的作品未能使他产生深刻印象。阿道夫没精打采地返回曼纳海姆,继续在书房作画。不过,没有汉尼希的合作,他无法出售自己的作品。由于急着要钱,他只好求助约翰娜婶婶——不是写信就是亲身前往希皮塔耳。几年前,他们是在激烈的争吵中分手的;现在,她已是个快死的人,对先前那样粗暴地对待希特勒心存恐惧。12月1日,她将全部存款从银行里提取出来。这笔款数目相当可观,共计3500克朗,她将大部分给了侄儿。

几个月后,即1911年初,她与世长辞,没有留下遗嘱。当安吉拉得悉,阿道夫得到的遗产比谁都多时,便立刻向林嗣法庭提出申诉,要求阿道夫的孤儿津贴归她。这是公平合理的,因为她新寡,不仅要抚养自己的子女,还要抚养保拉。大概是压力或耻辱使然,阿道夫同意放弃数年来使他得以糊口的每月25克朗的津贴。他主动前往林嗣地方法院出庭,声明现在"自己能养活自己","同意将全部孤儿津贴转给妹妹使用"。法庭立即令梅洛福先生以后将阿道夫应得的那份津贴转给保拉。在此之前,孩子们的这个监护人已收到希特勒的来信,信中声明他此后不再需要那份津贴(梅洛福对女儿说,这件事希特勒处理得当,"自己对他没什么可抱怨的,也未听说别人有什么怨言")。

即使没有津贴,希特勒过的安稳的生活也是曼纳海姆里的住客无从梦想的。与此同时,希特勒仍维持以往的生活水准,吃的是自己烧的饭,穿的还是破衣裳——这使他老与管理人员闹别扭。希特勒从约翰娜婶婶那里得来的钱是否全浪费在剧场里,这我们无从知晓;也不知是否损失在他的同伴们所制订的某项计划里——在这里,合法的、不怎么合法的或完全不正当的活动非常活跃;或像从前一样,傻头傻脑地在他人面前炫耀,结果被人抢去。更有可能的是,他将钱藏在别处,然后一点一点地取用;想当艺术家或作家的人们,为了维持生计,常常采用这种策略。

阿道夫自立后,便在自己房间的角落里发奋作画。同伴们尊敬他了,因为他已有那么一股艺术家的风度。他对人彬彬有礼,虽然常帮助工人或提出忠告,但从不卑躬屈膝以求与人相熟。然而,一旦谈起政治,他便立刻激动起来,大喊大叫、指手画脚,连头发也在飞舞。由于他常常如此,在住客中越来越不受欢迎。一天,他在厨房里烧饭,把两个搬运工人给弄火了。这两个工人参加了社会民主党的劳工组织,希特勒骂他们是"笨蛋"。为此"污辱性言论"他得到的报酬是头上一个大疙瘩、作画的手上一块伤疤和鼻青脸肿。

继库比席克和汉尼希后结交的一位新朋友警告他,他挨打是活该,"因为你不听忠告,谁也帮不了你"。几个月前,当希特勒弯腰屈背在画一幅教堂的水彩画时,约瑟夫·格莱纳被吸引住了。格莱纳是个富有想象力的年轻人,常与希特勒一坐就是几个钟头,既谈论经济、宗教,也谈论天文学和神学。他们长篇大论地议论人的易受欺骗性。其中一例是一幅登在报上的广告,广告里画的是一个女人,长发垂地。该广告说:"本人名叫安娜·西拉希,有着莱茵河女妖式的长发。何来此美发?原因是我使用了本人发明的发油。凡欲得此美发者,请给安娜·西拉希去信,你将免费得到一份说明书和一封感谢信。"

"这就是我所指的广告,"希特勒说——据格莱纳说,"宣传,只要人们还相信这种胡说有用,就要宣传。"这种概念令他激动。他说宣传可把怀疑者变成笃信者。他相信,他自己就可将最荒谬的东西,例如保证使窗户打不破的膏药卖出去。"宣传,只需要宣传。愚蠢者比比皆是。"

在1911年剩余的时间里以及在次年,希特勒稍稍稳重些了。他不再长时间地与人进行无谓的争论,而是花更多的时间去作画,作品的质量也提高了。例如,他的水彩画《维也纳明诺科特教堂》在各方面都画得非常精确,简直可说是照片。从技巧上看,他的画可说是出自职业画家之手——这是令人惊奇的,因为他是个未经正式绘画训练的年轻人。画建筑物,希特勒具有天才,但画人物,他却不行了。画中若有人物,这些人物肯定画得很糟,且非常不合比例。他画的许多画都很好看,即使缺乏艺术性。从画中可看出,他有作画的能力,却缺乏专业训练。总而言之,希特勒更是个技师,不是艺术家;更是个建筑师,不是画家。到1912年,他已能用铅笔作画,水彩画也画得不错,油画画得更好。

他稳步地工作着,所画的画通过雅各布·阿尔登伯格和其他画商销了出去。希特勒本人再也不吹嘘自己的才能了。他的同伴们常常聚集在他房内赞赏他的作品,他则轻蔑地说,他是外行,画画还未入门。他认为,他的真正天才在于建筑。后来,他私下对一友人说,他作画是为了赚钱,他真正喜欢的那几幅画都是以建筑为主题的。经济条件稍有改善后,他的外观也有所改善;衣着虽旧,但干净多了,胡子也剃掉了。他已获得人们的尊敬,连曼纳海姆的主管也会跟他聊天了——"这是房客很难得到的荣誉"。

他的举止也端庄多了。他虽然仍继续争论政治,但得到了一次深刻的教训。"我学会了少说多听,多听反对意见。他们的意见异常原始幼稚。"他发现,树敌的办法并不能控制他们的心。

最能显示希特勒成熟程度的莫过于他的书房。为表示对他的崇敬,谁也不想去占他最喜欢的窗前的位子。若有新房客想占这个位子,有人便会说:"那位子有人了,那是希特勒先生的位子。"一位叫卡尔·霍尼希的新房客很快便发现希特勒与众不同。"在那些日子里,我们都糊里糊涂地过日子……在我们当中,唯有希特勒清楚地看到了自己的前程。"他对霍尼希说过,进美术学院他虽遭拒绝,但他不久要到慕尼黑去完成他的学业。

在书房中,希特勒是知识阶层的核心。霍尼希回忆说:"因为他每天都坐在位子上,天天如此,几乎毫无例外。只是去送画时他才离开,但时间也很短,他的性格也古怪。总的来说,希特勒为人和善,也很可爱,对每个同样的命运都有某种兴趣。"希特勒虽然与人和睦相处,霍尼希与他还是有距离的。"谁也不敢去占希特勒的便宜。不过呢,希特勒本人并不骄傲,也不傲慢。相反,他心肠很好,也愿帮助别人。如果某人需要 50 个铜币,以便再宿一晚,他会慷慨解囊,几次我都见他拿着帽子去募捐。"

在一般的政治辩论中,希特勒除继续作画外,偶尔也会插上一两句话。不过,一旦出现"赤色分子""耶稣会会员"这样的字眼,或某人的发言"惹了他",他就会唰地立起来与人争辩,"非常冲动,顾不得言语粗鲁"。然后,他便把手一挥,回到自己的位子上去,"似乎在说,真遗憾,跟你说的每个字都是浪费,你永远也不会懂的"。

在某种意义上,希特勒已与维也纳及其下层人民媾和。他已取得了成绩,得到了别人的承认。至此,维也纳已没多少东西能够给他了。近几月来,他的思想已转向德国这个"祖国"。在他床头的镜框中有这样一句口号:

我们自由和光明正大,我们坚定,
我们仰望祖国!万岁!

在哈布斯堡王朝这个迷人的首都,他度过了五年半的光阴。这五年半中他对维也纳是又爱又恨。关于他生活中的这一章,可以命名为"在维也纳学习与受苦的岁月",这是"苦难"的时期,"是我生活中最悲惨的时刻",也是比任何一所大学更使他定型的时期。他认为,维也纳"是我生活中最艰苦、最全面的学校"。

1913年5月24日,希特勒身背一只盛着全部财产的破口袋,最后一次踏出了曼纳海姆那扇双层大门。汉尼希回忆说,看见他走,大家都很难过。"我们失去了一个好同伴。他理解每个人,能助人时便助人。"

阿道夫·希特勒离开了维也纳,前往慕尼黑去寻找他的前程。"抵达这座城市时,我还是个大小伙子,离开她时我已是成人了。我变得冷静严肃。在那里,我的哲学思想,特别是政治观点,已初步形成。我从未将之抛弃,只在后来详细地加以充实。"

希特勒在单身汉公寓里住了三年零三个半月。这里曾是他的家、他的避难所。他离开这里时的情景,在汉尼希的记忆中是永不可磨灭的。他眼睁睁地看着希特勒与一个同伴——汉尼希怎么也记不起他的名字——徒步上路,心里好生难受。如果这个同伙是他的犹太友人约瑟夫·纽曼(他长期以来也有迁居帝国的理想),那么,这将是绝大的讽刺。

3 "欢喜若狂"

1913.5—1918.11

　　他下了从维也纳开来的火车,爬上楼梯,走进了喧嚣的慕尼黑霍班霍夫区。打从第一分钟起,巴伐利亚首府的一切都是美好的。在维也纳听惯了多种语言的嘈杂声后,在这里,连人们的说话声在他听来都是和谐悦耳的。"这城市对我是那样的亲切,好像我曾在里边住过多年似的。"

　　那时正是春天,春光明媚,阳光普照,被从巴伐利亚部分的阿尔卑斯山吹来的山风荡涤过的空气似乎也比维也纳的空气清新。那天是星期天——5月25日。街上除漫步的游人外,几乎没有什么行人。街上的楼宇和雕像令他瞠目,而他呢,"从我进入这座城市的第一小时起,我就深深地爱上了这座城市,比爱其他城市要深得多。这是座德国城市。"

　　在街上如痴如醉地漫步了半小时后,他来到了施莱斯默大街。他很有可能是从科尼斯广场走过的。那普洛皮兰大拱形建筑,以及远处的广场令他目瞪口呆。之后,他可能是沿着布林恩纳大街走去,来到那座城堡一般的、巍峨的酿酒厂,即罗仑酿酒厂。这里正是施霍宾区,即学生区的边缘,施莱斯默大街由此向北延伸。走过两幢房子后,他便来到34号——这是波普缝衣铺。该店的窗口贴出一张手写的告示:"有房出租,设备齐全,人品端正者可租用。"

　　在这张告示的指引下,希特勒上了三楼。波普太太引他进房,房内有床一张,桌子、沙发、椅子各一只,墙上挂着两幅仿油画之石版画。"这青年与我很快便达成协议,"波普太太回忆说,"他说这房子很合用,还付了预租金。"她让他填一张登记表。他写道:"阿道夫·希特勒,建筑画师,来自维也纳。"

"次日上午,希特勒先生便出去了。不一会儿就回来了,手里拿着一个他在某地捡来的画架,立刻开始画画,一画就是几个钟头。不到几天,我便见他画好了两幅画,很漂亮,放在桌上,一幅是教堂,另一幅是剧院。此后,我的房客一早便夹着皮包外出找顾客。"

希特勒"满腔热情"地来到慕尼黑,想在那里学习三年绘画和建筑。但是,现实却从未让他实现梦想,他也从未进入当地的艺术学院。比起维也纳,想靠绘画谋生,在这里更难。这里商业化的市场并不比维也纳的更大,而他被迫蒙受走街串户或在啤酒馆里卖画的耻辱。但他坚信,尽管困难重重,他终将"达到自己立下的目标"。

1913年的慕尼黑有人口60万。在欧洲,它是个活跃的文化中心,其活跃程度仅次于巴黎。多年来,它一直在吸引许多慕名前来的画家,但这些人,希特勒发现,都是腐朽不堪之辈:瑞士的保罗·克里,以及像坎丁斯基、佐仑斯基和布尔柳克兄弟那样从东方逃来的难民。他们全是"新画家协会"的领导人。这个协会是在4年前创立的,目的在于给其成员更多的自由。希特勒属古典派,与他们的这种观念格格不入,但是,这种理论的推崇者却也在艺术上为慕尼黑带来了发酵剂和激动。这肯定也刺激了年轻的希特勒这个奥地利人。"慕尼黑称这些从东方的俄国和巴尔干半岛逃来的长发者为游牧民族。他们源源不断地拥进施霍宾,即北区。那里,街道笔直……其目的,似乎只是为了保证在多数的画室内能有充足的光线。"尽管希特勒鄙视这些东方难民,但他自己是波希米亚人,也需要他们的自由和传统。在这里,他心目中的偶像曾创作出《崔斯坦和伊索德》《诗歌会》《莱茵河之金》;在这里,居住着诸如斯特潘·乔治、雷纳·玛丽亚·里尔克那样著名的德国诗人;在这里,理查·施特劳斯正在写他的歌剧,托马斯·曼刚在不久前写成《威尼斯之死》这篇小说,而奥斯瓦尔德·斯宾格勒正在与希特勒的房子差不多一样空荡荡的室内疾书《西方的衰落》这部著作之首卷。在邻近的一家名叫"十一个刽子手"的餐馆内,《暴君的幽默》的作者、声名狼藉的天才弗兰克·韦迭金德正在演唱他创作的歌曲;在全德国,他创作的关于性生活和堕落性的话剧,令观众作呕也使他们着迷。

自20世纪初,连最可憎、最荒唐的文艺和政治理论,以及普受欢迎的波希米亚主义之精神,就业已在慕尼黑存在,并吸引了全世界的不墨守成规的人们。在离施莱斯默大街只有几幢房子远的地方,即门牌106号,居住着另一位政治极端者——他从俄国流放出来,已居住年余。他登记的名字是梅尔先生,真名却是弗拉基米尔·伊里奇·乌里扬诺夫,搞地下活动时人称他列宁。十多年前,他曾在这里以马克思的理论为基础著书立说。

现在,希特勒不但在施霍宾的咖啡馆和饭店进进出出,而且也在享受思想自由的轻松舒适的空气。他的叛逆天性和暴躁的神情并不吓人。在这里,他不外乎是另一个怪人而已,他也常常能找到愿意听他发泄怨言和讲述理想的人们。尽管他与施霍宾的波希米亚主义多少有些关系,他的绘画风格却一成不变,与他的烈火性格与激进的政治观点形成鲜明对比。他的手法依旧是学院式的,而不是带有试验性质的,但很大胆,甚至刚劲有力。

在这个文化多元的地域,他对马克思主义的迷恋复活了。在图书馆里,他一待就是几个小时,凡是有关这件"毁灭的理论"的文献他都加以研究。"……我再次埋头钻研这个新世界的理论文献,试图弄清这种理论所能产生的影响,并将它在政治、文化和经济生活中所带来的各种事件与现实的种种现象加以对比。现在,我第一次将注意力集中在掌握这个全球瘟疫上。"

从图书馆回来,他常常一个腋下夹着一两本书,另一腋下夹着香肠和白面包,匆匆走上楼梯,回到自己的小屋。波普先生注意到,他已不再在罗文布劳饭馆或更小些的餐馆就餐。他曾几次请希特勒"坐坐,吃一顿饭无妨",但他从不应邀。在波普太太眼里,他这个"奥地利人很迷人",是个容易相处又乐于助人的青年,但又有点神秘,"你不知道他在想什么"。他常常在家一待就是几天。"他像个隐士,闷在房中,从早到晚都在读他的又厚又沉的书。"热心的房东太太要是叫他上她的厨房去进餐,他总能找到借口推辞。一次,她问他,他读的书与绘画有什么相干。他挽起她的胳膊说:"亲爱的波普太太,有谁知道在生活中什么可用上,什么用不上?"学习完后,他常到啤酒馆或咖啡馆去。在那里,常常有人听他高谈阔论。但是,他一把话匣子打开,马上便有人反对他的看法,七嘴八舌的政治辩论于是便展开。在这种论坛上,在与这些对手的辩论中,希特勒的思想和理论变得更加锋利。

冬天一到,买画的顾客便稀少了,这给希特勒的生活增加了困难。即便如此,据他后来说,这也是他有生之年"最幸福、最心满意足的时期"。在不利的条件下,维也纳令人闷闷不乐,慕尼黑则永远不会失去其魔术般的引诱力。"在今天,如果说,比起世界其他地方来,我更爱慕尼黑的话,"11年后,希特勒在牢房里回忆说,"部分原因是,不仅过去,现在仍同我开拓的生活息息相关。即使在那时我取得了内心满足的幸福,究其原因,完全是因为这个维特斯巴赫人的住地在每个斤斤计较,但又具有丰富感情的人的身上所产生的魔力所致。"

1914年初的一个星期天下午,希特勒尽管艰苦却也有收效的生活突然受到了威胁。1月18日下午3时30分,有人在急切地敲门。开门后,希特勒发现,站在他面前的是一个面目严峻的慕尼黑警察局的刑警。这个刑警名叫赫尔勒,他出示了奥地利的一份官方文件,通知希特勒"于1914年1月20日自动前往林嗣的卡瑟琳·伊丽莎白30号码头报到入伍"。如不按时报到,他有可能被起诉或罚款。更可怕的是他受到警告说,如当局发现他犯有"为逃避兵役而离国"之罪,他将被罚以重款,甚至被监禁一年。

阿道夫百感交集。早在三年前,他还住在曼纳海姆时,曾请求在维也纳服役,但杳无音讯。刑警赫尔勒要求希特勒在入伍通知上签字。希特勒心烦意乱,颤抖着签上了"阿道夫·希特勒"这个名字。之后,刑警赫尔勒逮捕了他,将他押回总部。次早,他被押解至"奥地利领事馆"。此时,连警方都同情他了。希特勒当时的处境如何,不说自明。总领事也怜惜这个面黄肌瘦、衣着褴褛的青年画家,允许希特勒向林嗣发电,要求将入伍时间延至2月初。次日,林嗣打来复电:"务必于1月20日报到。"因为当天即为1月20日,加上对希特勒之惊慌的同情,总领事先生允许他写信向林嗣当局解释。这是一封请求饶恕的信,满是语法错误的句子和错拼的词——它显示出,这个被时运逼得走投无路的青年是何等惊慌和失望。他抱怨说,传票"十万火急",令他无法处理自己的事务,连洗澡都来不及。

在传票中,我被说成是个画家。我有权得到这个头衔,但只是在有限的意义上这种说法才正确。不错,本人是靠出卖自己的画为生。因为本人一无所有(家父生前系一公仆),我卖画是为了能继续学习。作为一个建筑画师,本人仍处在训练阶段,因此,我只能以部分时间作画谋生。我之收入甚微,仅能收支相抵。

他月收入极不固定,眼下正是收入微薄的阶段,原因是,此时慕尼黑的书画市场,"正在冬眠,而在此地生活或设法生活的画家人数几乎达三千"。他解释说,早在1910年就曾向维也纳当局申请入伍,接着,他便描绘了一幅他如何在维也纳挣扎的可怜的图景。

那时,我年轻,缺乏经验,又得不到经济援助,而我又自尊心极强,不愿向人开口求助或行乞。在孤立无援的困境下,只能自食其力,所得的几文钱,也仅能夜求一宿。那两年,我唯一的女友是"忧愁"和"需要",而除了饥肠外,我也没有别的同伴。我从不知"青春"这个美丽的字眼为何物。5年后的今天,我的记忆依然是长满冻疮的手指、手背和脚。然而,当我记起那段岁月时,我不免有点喜悦,因为我已度过了最困难的时刻。虽然我贫困不堪,我周围的人物也常值得怀疑,我却保持了洁白无瑕的名声,在法律面前我也无罪。除未向军方报到外,本人问心无愧,而未报到是因为本人一无所知。我应负责的仅此一项。如要罚款,小额罚款也还足够,本人也情愿支付此款。

他的托词是软弱无力的。但他成功地利用了总领事的同情心。于是,总领事写了一封便笺,随同希特勒的信一同发出。该便笺写道,总领事与慕尼黑警方均可证明,希特勒是诚实可靠的。由于希特勒似乎"急需适当对待",总领事建议希特勒前往萨尔茨堡报到,无须远涉林嗣。待林嗣当局同意后,希特勒遂于2月5日,由领事馆出资,前往萨尔茨堡。当局发现,希特勒"身体太弱,不适宜执行战斗或辅助兵役,无法荷枪"。他瘦弱的体格使他无资格服役。

于是阿道夫又回到了自己的房内,继续靠绘制招贴画和出售画作为生。

然而，到6月28日，他的强行挣扎的画家生活和成为建筑师的希望终于破灭了。那天，他在室内，忽然听见下边的街道上人声鼎沸。他连忙跑下楼梯去看个究竟。途中，波普太太激动地喊道："奥地利的皇位继承人，弗朗兹·斐迪南大公被人暗杀了！"希特勒将她拨开，冲到街上，挤进人群。街上，人们把一块木牌围得水泄不通，木牌上写道，谋杀大公及其夫人索菲亚的凶手是一个年轻的塞尔维亚恐怖主义者，名叫加夫利洛·普林西普。希特勒早年在维也纳首次询访下议院时就产生的对斯拉夫人的一切事物所怀的根深蒂固的仇恨，现在又复活了。

在维也纳，愤怒的人群已开始拥向塞尔维亚租界。有些政界头目感到，这场悲剧将在欧洲导致一种危机。然而，德皇却在秘密地向哈布斯堡王朝施加压力，要他们入侵塞尔维亚。德国已做好战争准备，他对他们说，首先会援救塞尔维亚的国家是俄国，但它却未做好准备。在这种压力下，奥地利于7月28日向塞尔维亚宣战。接着，俄国进行了反对奥地利的全国总动员。有鉴于此，威廉便在皇宫的阳台上宣布："战争威胁迫在眉睫。"接着他又向俄国发出一份最后通牒，要求俄国于次日中午前停止总动员。由于未得到任何回答，德皇便于8月1日下午5时签署了反对俄国的总动员令。

向俄国宣战的消息传到慕尼黑时，聚集在野战军将军大楼前的人群兴高采烈。阿道夫·希特勒当时正站在人群的前边。他没有戴帽，穿着整齐，留着小胡子。没有人比他更希望战争了。"即使在今天，"他在《我的奋斗》书中写道，"我可以不耻地说，由于欢喜若狂，我跪在地上，衷心感谢上苍让我有幸生于此时。"对他说来，这意味着他自幼所怀有的建立大德国的梦想可能得到实现。

战争的狂热席卷了整个德国。这种狂热纯系感情使然，而不是出于理性；人们已处于近乎歇斯底里的状态，急于求得正义，而不顾代价将会如何。人们把战争看作是某种魔术表演。学生们在街上游荡，高唱着《莱茵河卫士》，高喊要采取行动。在卡尔斯广场，一群人将"法利希"咖啡馆夷为平地，原因是乐队拒绝反复演奏国歌。知识分子也同样兴高采烈，因为它意味着人们可从厌烦中解脱，也意味着资产阶级之虚伪的终结。战争将使人们从社会和文化的弊端中解放出来。连数月前被威廉辱骂为蛀食"帝国橡树"之蛀虫的社会主义者也欣然接受了德皇的邀请("现在,我们是兄弟手足"),加入爱国的十字军。

泛德主义的追随者也自动加入了游行队伍。"德皇万岁!"——运动的领导者这样正式地宣称:"我们必须将德语民族组成一个帝国,一个民族。这样,一个永远是最优秀的民族便能指导全人类的进步!"他们简直是说出了阿道夫·希特勒的肺腑之言。他把霍亨佐伦王室看作是在中世纪时期曾在东部斯拉夫人土地上建立殖民地的日耳曼武士的继承人。由此,他深信,德国必须为生存,为"自由和未来"而战斗。

两天后,8月3日,即向法国宣战后一天,希特勒亲自向路德维希三世递交了一份请愿书(巴伐利亚虽系日耳曼帝国的一部分,但其主权独立一直维持至1918年),请求允许自己加入他的部队。当日下午,希特勒便站在惠特尔巴赫宫前的人群里,向这位年迈的君主欢呼。路德维希终于露面了。他演讲时,希特勒在暗自思忖:"国王若是看了我的请愿书,并批准我入伍就好了!"次日,他收到了复信,拆信时"双手发抖"。他被接纳入伍,成为志愿兵。8月16日,他到巴伐利亚国王近卫兵团的兵营报到——希特勒的第一选择。兵营外有块牌子,上面说,该团已满员;但他终于被巴伐利亚第一步兵团接收——这是他的第二选择。

他的最迫切的两个问题解决了:第一,他无须参加他所憎恨的奥地利陆军;第二,他无须再靠自己的努力去度过第二个艰难的冬天。除找到了一个有足够的衣、食、住的家外——他的生活也有了目的。他用不着再去怀疑了,在他的生命史中,首次明确地知道了自己将往何处去和为了什么,他穿上了军装;唯一惧怕的是,在参战前战争便结束了。

几天后,他被调往巴伐利亚第二步兵团,在伊丽莎白广场的一间大型公共学校里开始了基本的训练。这次训练时间虽短,但课目紧凑,除队列操练外,还有拼刺刀训练。一天下来,新兵们累得筋疲力尽。一个星期后,希特勒被正式派往巴伐利亚第十六步兵团,他继续在慕尼黑受训,课目训练比先前更加紧张。阿道夫的一个名叫汉斯·孟德的同伴发现,他首次摆弄步枪时,"像女人观赏自己的首饰一样,兴奋地将它左看右看,使我暗自发笑"。

10月7日,希特勒告诉波普夫妇,他所在的部队要离开慕尼黑。他紧握着波普先生的手说,如果他战死,请他写信通知他妹妹,她也许需要他寥寥无几的遗物,如果她不要,这些遗物就送给波普夫妇。希特勒与房东的两个孩子拥抱告别时,波普太太不禁失声痛哭。拥抱后,希特勒便"转身跑了"。次日,第十六步兵团开进了国王近卫兵团,举行了隆重的开拔仪式。在路德维希三世面前,士兵们宣誓效忠于他和德皇威廉。接着,希特勒与另外数名奥地利籍士兵也向他们自己的君主奥皇弗朗兹·约瑟夫宣誓效忠。关于希特勒对此次值得纪念的仪式的反应,据唯一记载称,他曾对同志们说过,10月8日这天将永远留在他的记忆中,因为在那一天,他们领到了双饷,还吃了一顿特别午餐:烤猪肉和土豆沙拉。

次日清晨,第十六步兵团开出了慕尼黑,前往离慕尼黑约40英里的勒希菲尔德兵营。士兵们背着背包,艰难地步行了11个小时,一路上都在滂沱大雨中行军。"我住在马房里,"他在给波普太太的信中说,"全身湿透了,根本无法入眠。"次日,星期天,他们急行军13小时,还在野外露营。由于天气寒冷,士兵们又度过了一个不眠之夜。待他们抵达目的地时,已是星期一下午了。士兵们虽然"累得要死,随时有可能倒地",但还是在一群法国战俘面前,雄赳赳地开进了兵营。在兵营的头5天是他生活中最艰苦的时刻,"因为训练的时间冗长",晚间还要行军,以配合旅部的训练。第十六步兵团将与另一兵团合并组成一个旅。所有这些行动都是合并的组成部分。由于新兵们疲于奔命,直到10月20日希特勒才得以偷空给波普太太写信。他告诉她,他们将于当晚开赴前线。他说:"我高兴死了。一旦抵达目的地,我会立即给您写信,将地址告诉您。我希望能开赴英国。"当晚,新兵们被装上火车。阿道夫·希特勒这个奥地利来的大爱国主义者,也终于踏上了为德国而战的征途。

当希特勒和他的同伙们被装上火车时,旅部的一名副官,一名叫弗里兹·魏德曼的职业军人,见此情景,不禁百感交集。该团的团长已多年不在役,各连大都由后备役军官指挥,而士兵们所受训练又很马虎。团里的机枪寥寥无几,所用的电话原系纽伦堡一家公司为英军制造的,士兵们甚至连钢盔都没有。他们开赴前线作战,却只有油布帽,如同1812—1813年解放战争时期的志愿兵一样。该旅士兵的热情弥补了装备与训练之短缺。每列火车徐徐出站时,士兵们又唱又笑,就像去参加盛大的晚会一般。英勇而令人激动的战斗将进行数周,在元旦前以胜利告终。

拂晓时分,希特勒所乘的火车正沿莱茵河奔驰。大多数巴伐利亚兵都从未见过莱茵河。随着朝阳透过晨雾缓缓升起,耸立在尼德瓦尔德的象征着日耳曼帝国的巨大的雕像突然出现在人们眼前。整列火车的士兵自发地唱起了《莱茵河卫士》。"我只觉得,我的心快跳出胸膛。"希特勒回忆说。

8天后,希特勒所在连队在伊普列斯附近参战。当士兵们冒着晨雾前去解救受困部队时,英军和比利时军的炮弹不断在前方树林中开花。"此时,一颗颗炮弹在我们头顶呼啸而过,在林子的边缘开花,树木被削倒,好像它们是稻草似的。"在给慕尼黑的一位熟人,恩斯特·赫普助理法官的信中,希特勒这样写道,"我们好奇地观看着。此时,我们尚不知有何危险,我们谁也不害怕。大家都在焦急地等待着'冲锋'的命令……我们匍匐至树林的边沿,头上是呼啸而过的炮弹,四周是被打倒的树木和枝叶。炮弹又在树林边沿爆炸了,顿时硝烟弥漫,泥土石块满天飞,连大树也被连根拔起。我们不能老趴在这里,如果要战死沙场,也要死在外边。"德国人终于反攻了。"我们冲锋四次,都被压了回来,我们这群士兵,除我之外,还有一人生还,而他,最终也倒了下去。一颗子弹打穿了我的右袖,但,如同奇迹一般,我却安然无恙。后来,我们第五次出击。这次,我们占领了树林的边沿和农庄。"

战斗持续了3天。团长战死,中校副团长负了重伤。希特勒此时已是团部的通信员,他冒着猛烈的炮火,找到了一名军医。两人协力将副团长拖到急救站。据希特勒说,到11月中旬,第十六步兵团仅存军官30名,士兵总数不到七百,幸存的士兵只有五分之一,但进攻的命令仍不断下来。新团长恩格尔哈特中校在希特勒和另外一名士兵陪同下,来到前沿视察敌军阵地,被敌人发现,机枪子弹如雨点般打来,两人跃至团长跟前,将他推进战壕内。恩格尔哈特一声不响地与两人热烈握手,表示要授两人以铁十字勋章。到了次日下午,正当他与众人讨论授勋一事时,一颗英军炮弹打中了团部的帐篷,有3人被当场击毙,团长和其他人受了重伤。就在几分钟前,因为有4个连长没有来开会,希特勒和另外3名士兵被迫离开这个帐篷去寻找。这是希特勒一系列九死一生、近乎奇迹的经历的开始。"那是我生命中最可怕的时刻，"他在给赫普助理法官的信中写道，"我们全都像信神一样信奉恩格尔哈特中校。"

德军成功地夺取了伊普列斯，攻势宣告结束，战斗转变为阵地战。这样，在团部工作的人也就相对平静下来。此时，团部设在梅辛纳斯村附近一僻静地区，希特勒也就有时间作画。希特勒身边带有画具，画了几幅水彩画，其中有梅辛纳斯村附近的断壁颓垣一幅、维斯切特村附近的战壕一幅。新团长的副官魏德曼要希特勒画另一种画——为一军官餐室（系一小屋，设在一征用的别墅内）上色。该餐厅内有一幅画，画的是一个垂死的士兵浪漫地横卧在铁丝网上，显得与餐室极不协调。魏德曼叫梅克斯·阿曼中士在团部工作人员中找个善于油漆的人来。结果，阿曼带回来的是希特勒。关于房子的颜色是蓝还是粉红为好，魏德曼拿不定主意。希特勒观察到由于阳光照来，房子呈淡红，于是便建议涂成蓝色。他搬来一个梯子，还找来一把刷子和一些涂料。他边涂边与魏德曼交谈。"我首先注意到的是，"魏德曼回忆道，"他神态不像军人，说话带一点奥地利口音。最主要的是，他很严肃。很明显，他的生活经历很丰富。"

魏德曼中尉和阿曼中士将应获勋章的人员列了个清单，他们建议授予希特勒一枚一级铁十字勋章。由于他是团部人员，名字被列在最后。但最终希特勒被拉了下来，只得了一枚二级勋章。即便如此，希特勒仍万分高兴，于两天后给波普夫妇写信道："这是我生活中最幸福的时刻。不幸的是，获勋章的同志大都牺牲了。"他让波普将描述此次战斗的报纸保存下来。"我要将它们留作纪念——假如亲爱的上帝饶命的话。"他被晋升为班长，不再被蔑称为"系靴带的同志"（系巴伐利亚人惯用的诨名），赢得了官兵们的尊敬。

自在慕尼黑入伍以来，列兵汉斯·孟德就未见过希特勒。在慕尼黑时，他似乎身体太弱小，连背包都难以背动；现在呢，他手持步枪，头上歪戴着钢盔，八字胡子下垂，眼中"放射出生气勃勃的光芒"，到处走来走去，俨然是前线的战士。其他通信兵对他之无畏深表尊敬，却不明白一个奥地利人为何要如此冒险。"他真是个怪人，"有人对孟德说，"自取其乐。不过，在别的方面他倒是不错。"

尽管他滔滔不绝地告诫同志们抽烟、喝酒是恶习，"阿迪"还是博得众人的喜欢，原因是，危险时他很可靠。若遇到有人受伤，他从不将伤兵丢下不管；遇到危险的任务，他也从不装病。另外，在漫长而乏味的战斗间隙中，他又是个好伙伴。由于他是个画家，这使他与士兵们的关系更加亲近。生活中若有笑料，他便将它画成漫画。例如，有一次，有个士兵打了只兔子，准备休假时带回家，但他带走的却是一块砖——有人把兔子偷换了。希特勒给这个玩笑的受害者寄了一张明信片——上面有两幅漫画，一幅是那士兵在家打开包砖头的包袱，另一幅是他的朋友们在前线吃兔子。

希特勒与众不同，他未从家中带来罐头之类的东西。为了满足他那永远满足不了的食欲，他只好向厨子或厨房帮工额外购买食品。这样他便赢得了全团最大的"老饕"的美称。与此同时，他又不好意思分享别人的罐头食品，常拒绝别人的好意，理由是，他无从报答。魏德曼中尉提出，他将在圣诞节从伙食费中抽出10马克给希特勒，这也被希特勒当场谢绝。

休假一结束，全团又重新开赴前线，但仗不够希特勒打。"现在，我们仍在老阵地上，只能袭击法军和英军。"在1915年1月22日给波普的信中他这样写道："天气很坏，常常在敌人的重炮火力下在齐膝深的水中一躲就是几天。我们盼望能有几天的喘息机会，并希望在数天内全线展开总攻。事情总不能永远这样下去。"

就是在这种僵持的时刻，一条小白狗（很明显，是英军送上门来的吉祥之物）为追逐兔子跳进希特勒所在的战壕。希特勒将狗抓住。开始时，那条白狗老想逃跑。"我以巨大的耐心对它（它听不懂德语），慢慢令它习惯与我相处。"希特勒给它取名叫"小狐狸"，并教它诸如爬梯子之类的把戏。白天，"小狐狸"与他从不分离；晚间，它就睡在他身旁。

1月底，希特勒又给波普写了一封信，绘声绘色地描述了战场，而且是恶战的情景：

……由于雨水不断（没有冬季），又近海，地势又低，此地的草地和田野活像是无底的沼泽，街道上到处是黏黏糊糊的泥浆。步兵的战壕、掩体、大炮阵地、交通沟以及铁丝网、"狼窝"、地雷阵等，都设在这样的泥潭里。这真是个奇形怪状的阵地。

2月,他写信给赫普助理法官,描述了他的战斗经历。奇怪的是在信的末尾,他却谈到了政治:

> 我常常想起慕尼黑。我们只有一个希望,那就是,能把账与这伙强盗算清楚,不管代价如何,能尽快与他们交手;待我们中能有幸返回家园的人到家时,能看到德国的外侮得以消灭,国内的国际主义得以打破。这样,成千上万人的牺牲和痛苦才没白费,以及为了反对国际敌人日日流成河的鲜血才没白流。

每当被问起是哪里人时,希特勒总是回答说,他的家是第十六团——不是奥地利——战争结束后他将在慕尼黑生活。然而,他们首先得赢得战争!在这点上,他是疯狂的:如果有人开玩笑说战争永远也不会胜利时,他便变得疯狂,在室内来回踱步,说英国必将失败,如同"祷告时必说阿门"一样。

同志们在谈论食物或女人时,他则专心致志地读书或作画,但是,一旦话题转入严肃的主题上,他便会停下来大发议论。他的同志们大都头脑简单,听到他滔滔不绝的议论,个个都如痴如醉。他们都喜欢听他口若悬河地谈论艺术、建筑等。由于"他眼前常常摊开一本书",他是个知识分子的印象也随之得到加强。他背包中常常有几本书,其中一本系叔本华所著,"我从其中学到许多东西",这位哲学家一再强调的盲目意志的力量,以及这种力量必然取得的胜利,肯定在他脑中引起反响。

到1915年夏末,希特勒已成了团部不可缺少的人物,由于与各营各连指挥所相通的电话线常被敌军炮火打断,通信只好靠通信员联系。"我们很快便发现,"魏德曼中尉回忆道,"最可靠的通信员是哪一个。"(1935年,弗里兹·魏德曼成了希特勒的副官,4年后,因反对元首的外交政策,遭解职。在他所著的书中,他说,希特勒对其战争经历的记忆好极了,"在讲述他的经历时,我从未发现他在撒谎或言过其实"。)其他通信员对他的机智和不平凡的勇气佩服得五体投地——他能像他童年时在书上读到的印第安人一样爬往前线。然而,在希特勒身上也有些东西使某些士兵不安。他太与众不同,责任感太重。"把信送到目的地,"一次他教训另一名通信员说,"比个人的雄心壮志,或为了满足好奇心更加重要。"他常急于上阵,常常不请自来,替其他通信员送信。

六、七月间,战斗的速度加快了,频繁的送信任务开始在希特勒身上产生影响,他的脸变得蜡黄而消瘦。每当天不亮英军开始炮击时,他便从床上一跃而起,拿起步枪,在室内急剧地来回踱步,"像出发前的赛马一样",直到把所有人都吵醒。对别人的笨拙,他变得更加不耐烦。若有人抱怨食品太少,他便厉声驳斥说,1870年时法军吃老鼠!

9月25日,英军加紧进攻。至黄昏时,第十六团全线吃紧,与前线的电话通信突然中断。希特勒与另外一名通信员前往看个究竟。他们"侥幸"回来报告说,电线已被打断。由于敌方强攻在即,希特勒被派往前沿广播,以警告各部队。他再次九死一生,未被猛烈的炮火击毙。

在过去数月中,他多次差点儿送命,却总能化险为夷。他好像有护身符似的。"一次,我在战壕里与几位同志一起吃晚饭,"多年后他对英国记者华德·普赖斯说,"突然,有个声音好像在对我说,'快起来到那边去'。声音清晰,且不绝于耳,我只好机械地服从,好像它是一道军事命令似的。我手里捧着饭盒,立刻起身,沿着战壕行走了约20码。我坐下来继续进食时,心也安定多了。但我还没吃两口,只见火光一闪,接着便从我原来待的地方传来一声震耳欲聋的巨响。一颗流弹在我坐的位置上爆炸了,留在原地的人全被炸死。"

也许,那是常有先知先觉的季节吧。那年秋天的一个晚上,正当秋霜使大地变得灰白时,他写了一首怪诗。此时此刻,他或许感觉到了自己的命运:

> 每当寒夜来临,
> 我便独往宁静的沼泽之橡树旁。
> 用黑暗势力使众志成城——
> 月色以其魔力铸成北欧之古文,

日间轻率无比者,

晚间必被魔法变为渺小!

闪光的钢铁由他们炼造——非用于战争,

却硬成了石笋。

于是,虚伪与真实分道扬镳——

我罗织文字数行,

带着我的祝福和昌隆,

献给正义的好人们!

几星期后,他向同志们作了一惊人的预言:"我会如雷贯耳的,等待我的时代的来临吧!"

那年12月,没有下雪,只是阴雨不断。全团所在的整个弯弯曲曲的战壕都灌满了水,第二个圣诞节较之于第一个更为惨淡。别人都在开拆家中寄来的包裹和慰问信,希特勒则独自昏昏沉沉地坐在行军床上。在为期三天的假期中,他几乎没说过一句话。同志们设法使他高兴,并与他分享家中寄来的圣诞礼物。他一一予以谢绝,回到他私人的小天地里去了。假期一结束,希特勒一反阴郁之态,马上高兴起来,对同志们"安静度假"等讥讽之词,还能报之一笑。

1916年初夏,希特勒所在之兵团开赴南方,刚好赶上关键的松姆之役。战役一开始,英军发动猛攻,第一天就有近两万联军被打死或打伤。7月14日晚,在弗隆美尔一带,第十六团的野外电话线全被打断。希特勒和另一名通信员在"几乎必死","每走一米都挨打"的情况下,被派去查线。他们缩进满是水的弹坑或壕沟内避弹。同行的通信员累倒在地,希特勒无奈,只好将他拖回战壕。

7月20日,弗隆美尔战役打得如火如荼。双方折兵损将无数——但双方都未前进分毫。在以后的两个月中,战斗成了沉闷的阵地战,炮火猛烈,双方前进或后退的长度仅能以码衡量了。也就是这个时候,希特勒失去了一位亲密的战友,汉斯·孟德被调至后方——在战俘营内任翻译。但他仍有两个同志在身边,即恩斯特·施密特和伊格纳斯·维斯登基尔希纳,更加重要的是，还有他的爱犬。"在第一次世界大战中，在弗隆美尔，有多少次我在凝视我的爱犬'小狐狸'呀！"25年后的一个冬夜他回忆说。当谈到他的爱犬"小狐狸"对一只飞舞着的苍蝇所做的反应时，他是何等神往。首先，它全身发抖，好像受了催眠术一般，像老人一样皱起眉头，然后，突然一跃而起，朝它猛吠。"我常常注视着它，好像它是一个人似的——注视着它发怒、咆哮的各个过程。"希特勒吃饭时，"小狐狸"就坐在他身旁，目不转睛地注视着他的每个动作。如果希特勒吃了五六口后还不给它东西，"小狐狸"便会坐立起来，看着主人，好像在说："我怎么办？""我多么喜欢它呀，真有意思！"

三个月后，松姆战役仍打得难分难解。联军不断进攻。在此战役中，双方总共损员61.4万人，但这是无谓的屠杀，因为德军的阵线丝毫未动。一周来，尽管多次执行危险任务，希特勒过的仍是受符咒保佑的生活。10月7日晚，他的幸运结束了——其时，他与其他通信员一起，正坐着睡在一条通往团部的狭窄的地道里。一颗炮弹在狭窄的入口处炸开了，把通信员们打成一堆。希特勒大腿受伤，却仍在与魏德曼争个不休，要求让他留在前沿。"中尉，我伤不重，对吧？"他焦急地说，"我还能留在你身边，我是说，留在团部！不行吗？"

希特勒被送进一所野战医院。他的伤势（第一次）并不重，但在病房内，他患了一种惊骇症，几乎使他"惊"倒。事情是这样的：他躺在病床上，猛然听见一个德国女人——一个护士——在跟他说话。"这是两年来第一次听到这种声音！"不久，他便上了一列开往德国去的救护火车。"运送我们回家的火车越开近边界，每个人内心便越不安。"他终于看到了第一所德国房子——"凭它的高高的屋顶和漂亮的百叶窗就可看出，祖国！"

他进了位于柏林西南的一所陆军医院。在经历了一段战壕生涯后，对他而言，医院里那洁白的病床真是巨大的改变，开始时"我们不敢往上躺"。慢慢地，他习惯了这种舒适的环境，但对某些人身上的犬儒主义看不顺眼。一到他能起身走动时，他便获准在柏林度周末。他看到的是饥饿和赤贫，以及在鼓动人们争取和平的"无赖"。

两个月后，他出院了。他被调至慕尼黑的一个补充营。根据《我的奋斗》，在这里他终于找到了士气为何崩溃的答案。是犹太人！在后方密谋让德国倒台的就是他们！"几乎每个职员都是犹太人,几乎每个犹太人都是职员。这不免使我大吃一惊,不得不将他们与在前线少得可怜的几名犹太人代表作一比较。"他也深信,"犹太人的金融"掌握了德国的生产,"这只蜘蛛正开始慢慢地吸吮人民细胞中的鲜血"。

在前线,他的同志们从未听他这样说过。表面上,他也并不比别人反犹。有时,他也会说上一两句不痛不痒的话,诸如"假若所有犹太人都不比斯坦(电话接线员)聪明,那就不会有麻烦"。每当谈起维也纳和犹太人无所不至的影响,据维斯登基希纳的回忆,希特勒并不带什么"恶意"。事实上,施密特从未听他谈论这一话题;魏德曼中尉也未听说过(说真的,我不相信希特勒对犹太人的仇恨是那时产生的)。

希特勒讨厌慕尼黑了。他觉得,补充营的气氛实在可憎。谁也不尊敬前线下来的士兵,这些人对希特勒在战壕里受过的苦难毫无认识。他渴望回到自己人中间去,遂于1917年1月致函魏德曼中尉说,他已"康复,可再次服役",希望"回到原来的团和原来的同志中间去"。3月1日,他回到了第十六团,受到了官兵们的热烈欢迎。爱犬"小狐狸"欣喜若狂——"它疯狂地朝我扑来"。吃晚饭时,连队的炊事员做了一顿特别的饭菜为他接风,有面包、果酱和糕点。希特勒终于回到了属于他的"家"。当晚,他手持手电筒,对着刺刀大骂叛贼,在外边瞎转了几个小时——后来,有人朝他扔了一只靴子,他才回房睡觉。

数天后,全团开赴阿拉斯地区,准备发动另一次春季攻势。但希特勒仍有闲暇作画,画了不少水彩画,内容皆系对他有意义的战场景象(在他的未出版的日记中,舞台设计家戈顿·克勒格说,希特勒这些战时的画作具有高度的艺术性,他之所以赞赏也可能是出于感激之情,因为希特勒曾把他从饥饿中解救出来。第二次世界大战期间,他住在巴黎,希特勒常买他的画)。那年复活节,他的艺术转向群众。他用石灰将煤球涂成白色,在团长的花园里摆成"1917年复活节快乐"一语。几个月后,第十六团又来了一个新团长弗赖赫尔·冯·图波夫少校。新团长是个少壮派人物,有活力,一到任便重整军纪。他不但使官兵们难堪,还敢让他们批评上级。为了消除受挫折的闷气,图波夫出门狩猎,希特勒是赶兽出林者之一。就在紧挨前沿的林中,希特勒手持长棍爬来爬去,整整爬了两个钟头,又叫又喊,替团长赶野兔出林,供团长射击(16年后,希特勒将团长提升为将军)。

尽管服役时间长,战斗也勇敢,希特勒仍然是班长。据魏德曼说,其中一个原因是,希特勒"缺乏领导才干";另一个原因是他不拘小节,行为草率。他的头老歪向左肩,行走时垂头弯腰。虽然他一有可能就洗澡,并称那些不洗澡的同志为"活粪堆",自己则不喜欢擦皮靴。见军官前来他也不立正。更重要的是,没有让通信员当中士的合法肥缺。如果要得到晋升,希特勒就得放弃其现行职务,这样一来,团部就会失去一名最好的通信员。

那年夏季,十六团回师首战过的比利时战场,准备参加夺取伊普列斯的第三次战役。这次战役仍与第一次一样猛烈。7月中旬,他们连续十天十夜遭敌军炮击。在炮击间隙,他们听到地下可怕的挖掘声——敌人在挖地道。头上,飞机的嗡嗡声不绝于耳,接着便是爆炸声。此外,他们还不断受到毒气的威胁,士兵们有时得连续24小时戴防毒面具。7月的最后一天,守卫者们面临着另一种恐怖——坦克。侥幸的是,滂沱大雨将无人地带变成了泥潭,坦克全深陷其中。

8月,受创的第十六团退出战场,调往阿尔萨斯休整。就在此时,希特勒两度遭惨痛损失。有个铁路官员,由于被"小狐狸"之滑稽倾倒,向希特勒出价200马克购买他的爱犬。"你出20万我也不卖!"希特勒怒气冲冲地回答说。不料,在部队下火车时,希特勒竟找不到"小狐狸"。部队出发了,他只好跟上队伍。"我绝望了。偷我爱犬的猪猡不明白,他之所为对我究竟意味着什么。"大概与此同时,另一个"猪猡"用枪挑开了他的背包,偷走了装有速写画、油画和水彩画的箱子。由于两度受侮辱和心灵受创——第一次是铁路之懒鬼所为,第二次是新入伍的兵痞(在前线,士兵们互相偷)所为——他把画料束之高阁。

那年10月初,施密特终于说服了希特勒去休假18天。这是开战以来希特勒首次休假。他们的目的地是德列斯登——施密特的妹妹住在该地——但他们在布鲁塞尔、科隆和莱比锡均作了停留,以观赏各地风景。希特勒特别欣赏莱比锡。马丁·路德就是在这里的圣·杜马斯教堂首次讲道的——也就是在这个教堂里,巴赫曾演奏管风琴达27年之久,死后也埋葬在此地;还是在这个教堂里,瓦格纳曾接受洗礼。但是,最使他难忘的还是那高达300英尺的"民族之战"的巨型纪念碑。这座纪念碑系为纪念1813年战争之阵亡将士兴建的,它看上去更像个堡垒,而不是个神坛。"这纪念碑与艺术毫无关系,"他评论道,"任它规模宏大,且很漂亮。"在德列斯登,他们观赏了著名建筑物,参观了各种画廊,包括著名的茨文格美术馆在内。他原急于去剧院的,在看了节目单后——很明显,没有上演瓦格纳的作品——他宣称,没有什么值得一看的东西。后来,他独自去了柏林,在一前方战士的家中住了几天。"这城市真了不起,"他在给施密特的明信片中写道,"是个名副其实的世界首都。交通仍然繁忙,我几乎全天外出,终于有机会较详尽地参观各种博物馆。总之,应有尽有。"

那年年底前,十六团战斗任务没有多少,希特勒也就有充裕的时间读书。对小说和杂志,他不屑一顾,把全部精力放在攻读历史和哲学上。"战争迫使人们深刻地思考人性。"后来,他对汉斯·弗兰克说过,"就生活中之各种问题而言,4年之战争等于30年大学之训练。我最恨的莫过于闲聊文学。如果要关心人类的命运,人们只能读荷马的作品和宗教著作。在战争的后期,我读的是叔本华的著作,且反反复复地钻研(他保存的叔本华著作选集被翻烂了)。此后,即使上帝是个真正的战士,不用宗教之道我也能自由行事。但是,左脸挨打后换右脸一说,对前线而言,并不是良方。"

那年冬天,与先前之西线一样,在前线作战之士兵异常艰苦。给养比先前任何时候都缺乏,士兵们被迫用猫狗充饥。希特勒的同伴回忆说,狗与猫相比,他更喜欢猫肉(也许是为"小狐狸"之故),若有食物可得,他最喜欢的是烤面包涂蜂蜜或果酱。一次,他发现了一大坑面包片,为满足辘辘之饥肠,他有条不紊地取了出来,还机敏地从底部一包包地取出。他与同伴们分享这一份特殊所得,他们用面包片换了些砂糖,然后制成了战争前线风味的奥地利点心"施马仑"。

在国内,老百姓也被迫以猫狗充饥。面包是用锯末和土豆皮为原料制成的,牛奶也几乎无处可得。德国的盟友也吃了苦头。在维也纳,由于食品奇缺,奥地利政府被迫向柏林请求粮食援助。在布达佩斯和维也纳,罢工事件不时爆发,其原因不光是饥饿,还有德国与俄国的新布尔什维克政府媾和失败。罢工浪潮波及德国本身，虽然数月来德国本身就受军事独裁管制。1918年1月28日，全德工人实行总罢工。罢工的主要目的是要求和平，但也坚持派出工人代表参与与盟国进行的谈判，要求增加粮食定量，废除军事管制法，在全德建立民主政府等。在慕尼黑和纽伦堡，上街请愿要求不带任何附加条件立即实行和平的工人只有数千名，但在柏林，走出工厂要求成立罢工委员会的工人就达40万。虽然罢工工人不到一周便被驱回工厂，但叛乱的精神在首都蔓延。看来，全面爆发革命只是个时间问题。

总罢工的消息传到前线时，士兵们的反应不一。许多士兵都与后方的百姓一样厌战，但也有许多人觉得被自己的同胞出卖了。希特勒称之为"整个战争中最大的欺骗"。对那些懒鬼和赤色分子，他简直被气疯了。"家里人都不要胜利，军队还在打什么仗？巨大的牺牲和贫困是为了什么？军人是要把仗打胜的，家里人却在闹罢工反对！"

3月3日，柏林终于在布列斯特-利托夫斯克与俄国和谈成功。但是，加在年轻的苏维埃政府头上的条件是如此之苛刻，以致德国的左翼分子宣称，和约的真正目的是要消灭俄国革命。布尔什维克人投降的消息，使像希特勒那样的军人相信，德国肯定会获胜。比之过去任何时候，全面胜利现在看来已在握。总司令部下令大规模反攻，大部分部队对此均忠实地响应，虽然不那么积极。在之后的数月中，希特勒所在的第十六团参加了鲁登道夫的大规模春季攻势的各个阶段：在松姆、在恩河以及最后在马尔纳，希特勒的战斗精神较之前更加高涨。6月间，在前线，希特勒在一战壕里瞥见一种东西，像是法国的头盔。他往前爬去，发现那是4名法国大兵。希特勒拔出手枪——那时，通信兵已将步枪换成了短枪——用德语向他们大声喊话，好像他有一连人马。他亲自将4名战俘交给了冯·图波夫少校，并获嘉奖。图波夫回忆道："没有什么情况会阻碍他执行最困难、最艰巨、最危险的任务。为了祖国和他人，他随时准备牺牲自己的生命和安宁。"8月4日，希特勒获一级铁十字勋章一枚，但这是为表彰其先前所取得的成就，不是为这一次卓越的功勋。嘉奖令只说："为表彰其个人之英勇与各种优点。"（除这次的奖章及1914年所获的二级铁十字勋章外，希特勒还获得过下列勋章：1917年9月17日获三级军事铁十字勋章一枚，外加战刀；1918年5月9日因作战异常英勇获团部勋章一枚；1918年5月18日获伤员奖章一枚；1918年8月25日获三级服役奖章一枚。）这枚勋章是提名让他受勋的营部副官雨果·古特曼上尉，一个犹太人，亲自授予的。

到这个时候，战争形势已明朗，差点儿打到埃菲尔铁塔的强大的鲁登道夫攻势已惨遭失败。西线的失败使人们大受震惊，尤其是这发生在西线取得的历史性胜利之后——在西线，包括高加索在内的辽阔地区均已被征服。因此，士气一落千丈，连老兵也不例外。兵车和休假车士兵的秩序大乱，军官们不得不朝窗外开枪。在每个车站，士兵们四散奔逃。试图维持军纪的军官们遭石块和手榴弹的袭击。列车两侧用粉笔写满了诸如"我们不是为德国荣誉而战，而是为百万富翁而战"的革命口号。

希特勒获铁十字勋章后第四天，联军在亚眠附近冒着大雾发动反攻，突破了德军阵线。鲁登道夫向前线派出一名参谋，并立即向被突破地区派出预备队。当增援部队向前线运动时，退却的士兵向他们高声怒骂："骗子们！你们在延长战争！"

鲁登道夫写道：这天是"这次战争中德军的凶日"！德皇悲伤而镇静地对此做出反应，说："我们只能得出一个结论：我们已山穷水尽了。必须结束战争。"几天后，鲁登道夫和兴登堡与威廉在温泉议事。当德皇下令让外交大臣开始和谈时，兴登堡抗议说，德军仍占领大片敌人领土；鲁登道夫则激动地宣称，必须在国内加强纪律，同时还应"在犹太青年中强行征兵，因为迄今为止他们还未有多少人入伍"。

在国内面临叛乱、前线即将崩溃的情况下，希特勒更常与人争论，并大谈特谈赤色分子如何进行欺骗。然而，希特勒的声音却被后备部队的抱怨声所淹没。据施密特说，在这样的时刻，希特勒"变得怒不可遏，常厉声高喊说，战争败就败在和平主义者和退缩者手里"。一天，有个见习军官说，再继续战争是蠢举，他竟遭希特勒的袭击。两人拳脚交加，最后，在受了不少重击后，希特勒击败了对手。施密特回忆说，打那以后，"新来者都鄙视他，但我们这些老同志却更加喜欢他了"。

4年来，丧失人性的阵地战，如同在许多德国爱国者身上发生的一样，使希特勒无比憎恨国内那些"在祖国背后插刀"的和平主义者和逃避兵役者。他，以及像他那样的人们，都满腔热血，发誓要对这种背叛进行报复，从中也就产生了未来的政治。1914年的希特勒绝不是睡眼蒙眬的志愿兵。4年的战地生活给他带来了归属感，也在一定程度上给了他自信。他曾为德国而战，而且是真正的德国人。他曾被迫光明正大地自食其力，长大成人后有自己的自豪感；入伍时，他还是个不成熟的青年，尽管在维也纳受尽艰辛，但仍非常幼稚；现在，他已是个成熟的人，准备在世间争取一个成熟的人的位置。

9月初，第十六团开回弗兰德斯。由于是后备部队，也就允许士兵休假。他与一名叫阿伦特的同伴一同回到柏林。在首都，不断增长的不满情绪肯定使他厌恶，他也在希皮塔耳老家住了几天。在他回团后几星期，第十六团第三次开进伊普列斯下方，第三次出没在科明尼斯附近的野地和山间。10月14日，在威尔维克村附近，希特勒受毒气进攻而双眼失明，不久，视力得到恢复。但在11月9日听到德国即将投降的消息时，他的视力得而复失。此后几天，他频繁幻听幻视。

在比利时中毒的当天，阿道夫·希特勒对犹太人的恐惧和仇恨究竟有多大、多深，这是无法了解的。然而，在此后一年，对犹太人的仇恨，成为他生活中公开的主导力量。在这个时期，希特勒不过是成千上万对犹太人和赤色分子产生恐惧的"爱国者"之一（犹太人与赤色分子几乎成了同一体）。最近几个月来，马克思主义者鼓动的起义此起彼伏，令人丧胆，威胁着德国人生活的结构。

有意思的是，革命恰好是在希特勒患毒气后遗症的时候开始的。在他乘伤员列车东行时——那是11月6日——巴登的亲王梅克斯，即德国的新任总理大臣，收到了伍德罗·威尔逊总统的一份照会。照会要求，除非废除德皇威廉，否则美国不予签订停战协定。这加速了德国军方的瓦解。两周后，正当舰队受命出海时，叛乱公开爆发了，6艘战舰抗议。在基尔，叛乱爆发后，水手们洗劫了军火库和短武器橱柜，并占领了该市的大部分。在某兵营，有个伙夫竟建立了"基尔水手苏维埃"；在港的舰只仅有一艘未升起革命红旗。士兵抓住军官，扯掉他们的肩章，将他们送进监狱。

11月7日，慕尼黑爆发了另一次起义。这次起义是由一个身材矮小且上了年纪的犹太人库尔特·埃斯纳领导的。此人常懒散地戴一顶大黑帽,帽子虽大,却遮不住他那一头乱发。他衣冠不整,富浪漫色彩,是扔炸弹的赤色分子的活典型。因在战时组织罢工之故,他已在狱中蹲了9个月。时至黄昏,包括许多士兵在内的革命者,业已占领了慕尼黑的所有军事要冲,身在惠特尔巴赫宫的路德维希三世被迫乘车出逃。在市南,车子跑出了路旁,翻进一块土豆地里。这是巴伐利亚君主的恰如其分的结局。

当晚,一卡车一卡车举着红旗的人们从市内经过。埃斯纳手下的人占领了铁路和政府大楼。谁也没有反抗,叛乱分子在战界据点架机枪时,在场的警察把头一转——视而不见。慕尼黑的市民次日一早醒来便发现,他们的巴伐利亚已成了共和国。革命已经来临,是德国式的,且没费多少气力,也没有多大伤亡。人民以同一精神接受了他们的命运,未出现暴力的反应。慕尼黑人闷闷不乐地等待着。

有秩序进行革命的火焰在全德国自行点燃。在弗莱德里希市,卓别林工厂的工人们组成了代表会。斯图加特地区的工人们,包括丹姆勒大型汽车工厂的工人在内,举行了罢工。在与埃斯纳提有相同观点的社会主义者领导下,他们提出了类似的要求。在法兰克福,水手也举行了起义。在卡塞尔,整个卫戍部队,包括一名指挥官在内,一枪未放便叛乱成功。在科隆,仅放了数枪,拥有4.5万名士兵的卫戍部队便成了赤色分子,但市内的秩序却很快得到恢复。在汉诺威,当局虽曾令部队动武,但文官叛乱仍获得成功——士兵们加入了叛乱阵线。在杜塞尔多夫,在莱比锡,在马格德堡,情况都一样。

在德国全境,一个个政府都被工人或士兵代表会接管而垮台。后来,到11月9日,德皇宣布退位,国家权力落入温和的社会主义者手中,其领导人是前鞍马匠弗莱德里希·埃尔伯特。这标志着1871年1月18日在法国的凡尔赛宫"镜厅"中宣布普鲁士国王威廉一世,即威廉二世的祖父,德国的首任皇帝建立的日耳曼帝国的结束。

这件事也表明一个时代的终结。早在48年前,俾斯麦实现了其梦想,统一了德国,为德国和德国人树立了新的形象。一夜之间,东普鲁士容克(地主)和大工业家之安全赖以存在的基础倒塌了;一夜之间,随着帝国国旗的降落，大多数德国人爱国而保守的生活赖以存在的政治哲学也土崩瓦解了。

也许，德国人最大的震动还是在于埃尔伯特登上了总理大臣的宝座。仅仅一天，霍亨佐伦家族的统治便被推翻，而平民中的一员竟取得了发号施令权，这怎么可能发生呢？登上宝座后，埃尔伯特本人也如坐针毡。他明白，他的出现是对帝国主义扶植起来的人们的一种侮辱。而且，他甚至连街头上的激进思想都代表不了。他根本不清楚自己究竟代表谁？黄昏，当梅克斯亲王前来道别时，他竟惊慌失措，连声哀求他留在柏林，代表霍亨佐伦王朝任"行政官"。

两天后，凌晨5时，埃尔伯特政权的一名代表马特阿斯·埃尔斯伯格在福煦元帅的私人车厢里与盟国签署了停战协定，于上午11时停止敌对行动。在那年的11月11日11时，他给一个被打得支离破碎的民族带来了和平，同时，他也无辜地虚构出了所谓"十一月罪犯"的话——是社会主义者出卖了民族。虽然输掉战争的是德皇和德国的帝国主义将军们，但威尔逊总统拒绝与他们签订停战协定，他坚持要与民主人士打交道。用强迫社会主义者去为自己未曾带来的后果负责的办法，威尔逊给了阿道夫·希特勒一种政治工具，使他得以以巨大的破坏力进行支配。

1918年11月末，希特勒离开了帕斯瓦尔克医院，因为病人"除眼膜发烫外，余无他诉"，"适于服役"。后来，希特勒在法庭作证时说，那时他只能看出报纸标题的轮廓，害怕再也不能读书。"医院的病历，"他抱怨说，"是在革命时期写的，几乎谁也得不到照顾，我们是成群成群地出院的。例如，我连士兵的工资簿都未领到。"

他被派到第十六团的预备营报到，营部设在慕尼黑。途中，他肯定经过了柏林。那时，柏林是在"工人士兵中央委员会"手中——这是士兵、工人和"独立和多数社会主义者"的联合体。这个联合政府已经开始进行社会改革，这在几个月前看来是不可设想的。它建立了八小时工作制，允许工人有不受限制地组织工会的权利，增加老弱病残和失业工人的福利，废除报纸审查制度，以及释放政治犯。

希特勒虽然同意这些社会改革，但不信任发起改革的革命党人：执行委员会是布尔什维克的工具，是前线士兵的出卖者；其最终目标是另一个赤色革命。当希特勒前往设在施霍宾地区邻近的图尔肯大街的兵营报到时，他也碰到了同样的叛逆精神。在当月的早些时候，这个兵营已投靠埃斯纳政权，受"士兵代表会"管辖。那里没有一星半点军纪，兵营成了猪圈。人们对从开战的第一天起就在战壕里服役的老兵不表示任何尊敬。许多人的目的只是日求三餐，夜求一宿。这地方比曼纳海姆还糟糕。令希特勒特别快快不快的是委员们的行为。"他们的所有活动都令我反感，我决定尽快离开这个地方。"

幸好，他发现了一个对那个地方同样厌恶的老战友。"士兵中最懒、最厚颜无耻的，不消说，就是那些从未到过战壕附近的人，"希特勒当通信兵时的同事恩斯特·施密特回忆说，"那地方满是懒汉懦夫。"约两星期后，由于特隆斯坦战俘营（设在通往萨尔茨堡的途中，在慕尼黑以东约60英里）需要看守人员，希特勒便向施密特建议两人双双报名前往。看守组的成员大部分是"革命军人"，前来迎接的是一位军官，他下令站队，但士兵们引为笑谈："难道他不知道操练已被取消了吗？"第二天，除几名曾在战壕里服过役的士兵以外，其余全被运回慕尼黑。希特勒和施密特留下来了。

在柏林，极左派团体"斯巴达克斯团"（斯巴达克斯系一奴隶，是反叛罗马人统治的领袖），在起义水兵的协助下，走上街头闹革命。这却不是慕尼黑式的有秩序的起义。到圣诞节前夕，首都已近无政府状态。其他城市也有人揭竿而起，但势头没有如此猛烈。在全德国，军事和警察机构开始崩溃。

由于权威的消失，一股新的势力突然兴起——所谓的"自由兵团"。这个兵团系由部队内的右翼积极分子组成，具有希特勒那种保卫日耳曼帝国不受赤色分子破坏的热情。由出生于希特勒时代的德国的新一代组成的"自由兵团"，为采取今天的行动，曾有过两次准备。其一是战前的青年运动，即所谓的"候鸟运动"。这些年轻人常穿起五光十色的衣服到处游逛，以寻求新的生活方式。他们大都来自富裕阶层，鄙视从他们中产生的自由资产阶级社会。他们坚信："父母的宗教信仰是虚伪，政治是吹牛和微不足道，经济是无耻和欺骗，教育是老一套和缺乏生气，艺术是淡而乏味又多愁善感,文学是虚假和商业化,戏剧是庸俗而千篇一律。"他们认为,家庭生活约束着人,且不真诚;他们也认为,两性关系,不管是婚内婚外,"贯穿着虚伪"。他们的目标是要建立起一种青年文化,以反对资产阶级的家庭、学校和教堂的三位一体制。

这些年轻人常围着篝火,席地而坐,在一个首领指挥下,高唱《自由战士之歌》。有时,他们或无言地注视着篝火,以寻找"林中信息",或倾听某同伴朗读尼采或斯特潘·乔治著作中的激动人心的段落,诸如:"人民与至高无上的智慧渴望着人——行动!……也许,在你的嫌疑人中端坐了多年、在你的狱中昏睡多年的某个人就会一跃而起,完成这一行动!"他们靠神秘主义而昌盛,在理想主义驱使下,渴望行动——任何一种行动。

行动,他们在大战中找到了。也许,这就是他们与希特勒一样,坚信祖国的事业之正义性的原因。战场生活,使官兵关系更加密切,形成一种共患难同流血的手足之情。士兵们对领导他们进行交手搏斗的人佩服得五体投地,"对他们而言,他不是指挥官,而是元首!他们是他的同志!他们对他盲从,如有必要,可跟他下地狱"。他们一同在前线缔造了迄今为止德国尚不存在的民主关系。几英里长的战壕,与世隔绝,事实上成了"以火焰作墙的修道院"。

这些前线来的同志,这些旧日的"候鸟",与希特勒一样,觉得投降是耻辱,对国内阵线不信任,因为它正在堕落为布尔什维主义。军方曾在报上和路牌上宣布"斯巴达克斯团"的危险尚未消除,号召士兵们起来,加入"自由兵团","阻止德国变成全球的笑柄"。对此,老兵们会予以热烈响应,这就可以理解了。

正当这支不法的部队组建时,"斯巴达克斯团"在许多柏林人的赞同下,也在夺取柏林。他们控制了许多公共设施、交通运输设施,以及兵工厂。1919年1月3日,处在绝望中的埃尔伯特政权解除了警察局长的职务,原因是他同情"斯巴达克斯团",不久前还支持水兵叛乱,此时已公开承认自己是共产党的"斯巴达克斯团"为了进行报复,公开号召革命。柏林的工人热烈响应这一号召。6日上午,20万身背武器、打着红旗的工人,从亚历山大广场出发向提埃加登集结。寒冷与大雾并未使他们的情绪低落,他们将社会民主党的报纸《前进报》的工作人员以及乌尔夫电信局的工作人员抓来，总理府大楼也被愤怒的人群包围——埃尔伯特及其同僚就躲在里边。

到次日上午，共产党人已端坐在布兰登堡大门上的雕像旁。在文特登林登，在科尼希大街，在萨洛登伯格大街，他们的步枪已是铺天盖地。除有战略意义的火车站已被占领外，政府印刷大楼和波佐酿酒厂也被占领。不到24小时，仍在政府手中的市内主要建筑物已是寥寥无几了。

若不是"自由兵团"干预，柏林——最终是全德国——恐怕已陷入共产党之手。不到一周，部队从城外开来，将赤色分子的抵抗中心一一粉碎。"斯巴达克斯团"的领导人，包括身材娇小的"红色玫瑰"罗莎·卢森堡在内，都被捕并惨遭杀害。

在"红色玫瑰"死后4天，新共和国举行了首次全国选举。那天是星期天，天气晴朗而寒冷。自德国有史以来，妇女首次被允许参加选举，在3500万选民中，3000万人为国民议会的423名候选人投了票。结果虽令人惊奇，但在预料之中。表面上假装不要，实则希望霍亨佐伦卷土重来的两个右派政党，得到了约15%的席位；赞同实行共和的两个中间派政党，与埃尔伯特的"社会主义多数派"一样，得到40%的席位；极左派"独立社会主义者"仅得席位7%。选举的结果，既是反革命的胜利，也是赞成共和的胜利。它注定是社交性质的。

因为刀枪林立的柏林不安全，首都西南150英里外的魏玛便成了国民议会的所在地。这个选择除有地理上的原因外，还有文化上的原因：魏玛是歌德、席勒和李斯特的故乡。2月6日，国民议会在新国立剧院举行会议。会议没有霍亨佐伦王朝开会的那种豪华气派和仪式。没有乐队，没有马队，也没有耀眼的制服。

5天后，一个工作政府成立了，埃尔伯特凭多数选票被任命为帝国的第一任总统。他任命了一个总理大臣，由总理大臣组阁，由意志坚强的诺斯克（他称自己为"警犬"）出任国防大臣——这是最有意义的选择。这意味着"自由兵团"在魏玛共和国的支持下，将开始活动并继续保卫国家，不致使它赤化和产生暴乱。

巴伐利亚人讨厌普鲁士人及与之相关的一切事物，这是个传统。因此，慕尼黑对魏玛所发生的一切,大都置之不理。对埃尔伯特政权企图在全德国建立民主政权的尝试,慕尼黑市一个世人尚未认识的知识界领导人奥斯瓦尔德·斯宾格勒嗤之以鼻。1918年春,这个既厌世又厌恶女人、孤单而又贫困的光棍,终于出版了《西方的衰落》一书的第一卷。书评虽尚未出来,但书已在全德国产生了影响。"与1789年的法国人一样,在不幸中我们必须走到底。我们需要一种惩罚,与之相比,四年来的战争根本算不了什么惩罚。"他在给友人的信中写道,"……到头来,恐怖必将如此之激动和失望发展到这样一个程度,以至像拿破仑之独裁一样的独裁竟被大家认为是救星。"

自认是为政治而生并必然从事政治的希特勒,此时正准备返回慕尼黑。由于特隆斯坦战俘营即将关闭,他与施密特同时被分配在第二步兵团,该团兵营设在施霍宾。另一个有同样理想的同志已经在慕尼黑扎根,此人叫阿尔弗莱德·罗森堡,是个疯狂反犹和反马克思主义的爱沙尼亚人,他是取道俄罗斯前来此地寻找其真正的家。与希特勒一样,他也是画家和建筑师;与希特勒一样,他比土生土长的德国人更日耳曼化。他离开故土的目的是要为自己找到一个祖国。另外,他决心警告他的祖国要谨防曾破坏他的故土的布尔什维克的恐怖,并为祖国不致落入犹太共产主义之手而斗争。

当听说有位名叫埃卡特的德国作家与他有许多共同观点时,罗森堡便决定前去结识这位作家。迪特里希·埃卡特——诗人、剧作家、咖啡室知识分子——是个身材高大魁伟,头顶秃发的怪人,他常在咖啡馆和啤酒厅出没,同样喜欢喝酒和议论。他是巴伐利亚国王的参事的儿子(曾因"神经有病"做过某医院的病人),因而有机会打入古老贵族的圈子。他古怪放荡,多少有点才华(他译的《贵族晋特》一书,译文出众,被认为是标准译本);他亲德,反犹;他自己出钱出版周报,发行量达3万份。

罗森堡未经介绍便出现在埃卡特房内。罗森堡还在走廊里,埃卡特就有了深刻的印象:那是个热诚而极端严肃的青年。罗森堡劈头就问:"阁下是否有反对耶路撒冷的战士?"埃卡特笑了,"当然有!"问他是否写有什么东西,罗森堡立即拿出一篇文章——关于犹太主义和布尔什维主义在俄国产生破坏力的文章。他们之间,一种将影响希特勒生涯的关系就这样开始了。

埃卡特把罗森堡看成是"共同反对耶路撒冷的战士"。此后不久,罗森堡关于俄国的文章不但出现在埃卡特自编的报纸上,而且也出现在慕尼黑的周刊《德意志共和国》上。这些文章的主题是,犹太人为世界万恶之源;世界大战和赤色革命都是复国主义者策动的,他们现正与共济会密谋,企图接管全世界。

在许多巴伐利亚人看来,库尔特·埃斯纳是革命的典范,很多人相信,他是靠莫斯科的金钱资助才闹革命的。恰恰相反,在11月那历史性的一天,他口袋中才有18个马克。事实上,他是残酷而实用主义的俄国布尔什维克的反面。他虽是在管理巴伐利亚社会主义共和国,但他仍像在他最喜欢的咖啡室里一样。埃斯纳企图建立的并不是共产主义,甚至连社会主义也不是,而是一种独有的激进民主。他是政治家里的诗人,期望一个美的、光明的、理性的统治。他更像雪莱而不像马克思,他正沿着被人遗忘的道路走下去。1月的选举为中产阶级的政党带来了巨大胜利,以及让他辞职的普遍要求。

在醒悟到自己的事业已无望后,他于2月21日清晨草拟了一项声明,宣布辞职,但在前线兰塔克递交辞呈的半途,遭安东·阿科瓦利公爵暗杀。阿科瓦利公爵是个青年骑兵军官,因母亲是犹太人,遂被反犹集团打了下去。埃斯纳本可在一小时内卸职,其统治也可被走中间路线的政府代替的。暗杀带来了阿科瓦利最恐惧的后果:另一次往左走的浪潮。不久前还几乎遭到所有人鄙视和反对的埃斯纳,顷刻间便成了烈士和无产阶级的圣人,革命也随之被暗杀而苏醒。工人士兵中央委员会宣布戒严,并任命了以阿道夫·霍夫曼(曾当过教师)为首的完全社会主义的政府,还宣布进行总罢工,晚7时开始宵禁。由于学生们在为他们的英雄阿科瓦利欢呼,慕尼黑大学被关闭。

两星期后,第三国际在莫斯科举行大会,一致通过了建立共产国际的决议。在接踵而来的欢庆胜利的活动中,列宁号召各国工人起来,强迫他们的领导人从俄国撤军,恢复外交和商业关系,并用大量派遣工程技术人员和指导员的办法,协助重建这个刚长羽毛的国家。

那时,柏林正响应世界革命的号召。前一天,柏林工人置共产党之命令于不顾，全部出动至市中心，进行示威游行。在"红色水兵联盟"和其他激进军事集团的参与下，他们占领了当地30个警察局；水兵们包围了位于亚历山大广场的警察总署，该署由"自由兵团"的几个步兵连守护。次日，"工人委员会"的1500名代表，以压倒性的票数，赞成总罢工的号召。首都动弹不得，无电，无交通运输。

革命者全集结于东城，他们在主要的关卡架起机枪。为了进行反扑，国防大臣诺斯克使用了新近才赐给他的专制权力，于3月5日从"自由兵团"调遣了3万名官兵进城挨座楼房驱逐叛乱者；柏林的酒吧间、舞厅和酒馆等，则仍正常开业。

柏林在进行激烈的巷战。一方用的是大炮、机枪和飞机扫射，另一方用的是步枪和手榴弹。经4天激战后，诺斯克宣布，"凡持武器反抗政府军者就地枪决"。于是，数以百计的工人依墙而立，未受审判便被处决。有1500多名革命者被打死，至少有1万人受伤。然而，叛乱情绪继续在全德国蔓延。在萨克森，政权由激进派掌握；鲁尔盆地处于被包围状态。芝加哥《每日新闻》代办处的记者本·赫希特发电称："德国正患神经病，没有精神健全的东西可报。"

慕尼黑也处在另一次革命的边缘，这次革命是在布达佩斯一次政变的鼓舞下发生的。3月22日，有消息传来说，社会主义和共产主义人民阵线，以工农兵委员会的名义，已夺取了匈牙利的政权，成立了以不知名人士贝拉·昆为首的匈牙利苏维埃共和国。贝拉·昆本人是犹太人，在32名委员中，有25名也是犹太人。因此，伦敦的《泰晤士报》便将这个政权称为"犹太黑手党"。贝拉·昆的胜利，使慕尼黑左翼分子的胆子壮起来了。4月4日傍晚，委员会的代表们踏着厚达20英寸的大雪（多年未见的大雪），艰难地行走在街道上。他们的目的地是离希特勒战前住所仅两座房子开外的罗文布劳大厦——在这里，人们大声宣读决议："消灭党派，团结全无产阶级，宣布成立苏维埃共和国，与俄国和匈牙利的无产阶级结成兄弟关系。这样，世界上便没有任何力量可阻止我们全面实行社会化。"

这是个咖啡室革命，是血腥现实的幼稚的翻版。革命的领导人是诗人恩斯特·托勒。他的主张包括要求改革戏剧、绘画以及建筑的艺术形式，使人类精神得以自由。内阁由一群怪人组成。例如住房委员下令,此后各家的起居室,须一律建在厨房和卧室上方。然而,这群怪人最奇葩的还要算是弗朗斯·里普——他被挑选为外交委员(即使在精神病院住过一些时候),理由是,他胡子修剪齐整,又穿一件灰色大衣,是外交家的形象。里普给莫斯科发了一份措辞激愤的电报,攻击埃斯纳的继承人偷了部里的厕所钥匙;并向伍尔登堡和瑞士宣战,"因为这些猪狗未立即租给我60辆机车"。

4月13日,棕榈主日,当原总理大臣,即那位社会主义教师霍夫曼试图用武力夺取慕尼黑时,革命也就到此告终。即使拥有像希特勒等那样战功卓著的军人,他也从未有机会起事。其中一个原因是,为了阻止第二团士兵赤化,他曾站在椅子上大声疾呼:"说我们应保持中立这话的人是对的!毕竟,我们不是为一伙漂泊不定的犹太人站岗的革命卫士!"虽然希特勒等人曾使慕尼黑卫戍部队保持中立。到黄昏,"霍夫曼起义"被粉碎,政权落入了赤色职业分子手中——由欧仁·莱维纳领导,他是圣彼得堡人,父亲是犹太商人。他们是共产党派往慕尼黑去组织革命的。在逮捕了诗人托勒后,他们立刻将政权变为真正的苏维埃。然而,他们违反了"即使能在局部或暂时取得胜利的情况下都要避免动武"的严格的党令,以巴伐利亚苏维埃共和国的名义,派出相当一部分力量去与霍夫曼为重新夺取慕尼黑而仓促纠集起来的8000名士兵对垒。那时,霍夫曼的部队正向离城只有10英里的达豪集结。

红军的总司令恰好是刚被共产党逮捕的诗人恩斯特·托勒。他从狱中一出来,便跃上一匹借来的马,赶赴战场,像旧时的武士一样,决心"为革命而战斗"。4月18日,这位红色的骑士指挥部队向霍夫曼发动进攻。但由于他是个人道主义者,又是个个人主义者,坚持置慕尼黑的命令于不顾。首先,他拒绝炮击达豪,企图通过谈判避免冲突。其次,当战斗打响时,他率领士兵进行战斗,几乎未流血便取得了胜利。霍夫曼的部队慌忙后撤。苏维埃领导人下令枪毙他所俘获的军官。不用说,他又把他们放掉了,而他自己也再次入狱。

达豪一役失利后,霍夫曼被迫接受国防大臣诺斯克之"自由兵团"的援助。他们以出奇的速度拟就了一份征服慕尼黑的计划,并执行得卓有成效。

到4月27日,慕尼黑已被完全包围。为报仇雪恨,被围困的红军把苏维埃共和国在全慕尼黑的敌人都抓了起来。水兵们抓了反犹的"图里会"的7名成员,包括一名漂亮的女秘书。共约100名人质被监禁在留波尔德中学。

4月29日,征服慕尼黑的包围圈不断紧缩,城内的革命者惊慌失措。有人谎报说,白军已占领了主要的火车站,顿时,红军指挥部的人员便走散一空——除托勒(他获释,以进行最后抵抗)和红军的指挥官外。红军的指挥官决定对白军进行最后的报复,因为不久前,"自由兵团"曾在一石场里处决52名俄国战俘并枪杀十多名手无寸铁的工人,他下令将关在学校里的人质全部处决。托勒吓得魂飞魄散,慌忙前去阻止这次屠杀。但待他赶到时,至少有20人已被杀害。

有个学生从红军残存的阵线溜了出去,将这一暴行情况向"自由兵团"的指挥官做了报告。于是,他们决定拂晓进城。5月1日,晴朗而温暖。"自由兵团"从几个方向朝城内涌来。除在霍普班诺夫和施霍宾地区遭到一些抵抗外,他们没费多大工夫便把零星的革命力量解决了。"自由兵团"的部队受到被解救出来的市民们的欢呼,在马里恩广场还举行了群众集会。红旗降落了,换上的是巴伐利亚的蓝白国旗。

正当列宁在红场上向大型的"五一"节群众集会宣布共产主义的胜利时("不仅在苏维埃俄国,而且也在苏维埃匈牙利和苏维埃巴伐利亚,获得解放的工人阶级正在自由地、公开地庆祝周年解放。"),"自由兵团"正在慕尼黑消灭抗拒分子的老巢并逮捕红色领导人。慕尼黑的大街小巷已属于"自由兵团"。很快,他们便在路德维希大街大踏步前进,在经过弗尔德赫仑大厅时,还操起正步。埃尔哈特旅的士兵,头戴卐字钢盔,高唱着"头戴卐字盔,黑白红袖章……"

到5月3日,慕尼黑已全被夺取,"自由兵团"所付出的代价是68条生命。当然,此仇也得报。属圣约瑟夫会的30名信仰天主教的工人在一酒店内商讨演出话剧的事情时被捕。他们被押进惠特尔巴赫宫的地下室,其中21人被当作危险的赤色分子枪杀或被刺刀挑死。数以百计的人在类似的情况下被杀死,数以千计的人被押赴"自由兵团"所属各部示众"以示警诫"。另外,他们还颁布一系列苛刻的告示,继续进行镇压。有些告示是根本无法执行的,例如,有告示规定,必须立即交出武器,否则枪毙。在法律和秩序的名义下,市民们被逐出家门,或受侮辱,或挨鞭打,或被杀害。"自由兵团"把慕尼黑从苏维埃共和国的铁蹄下解救出来,共和国做得虽然过分,但若与解救的方法相比,却又相形见绌了。

"要叙述白军的暴行,非有厚厚的一本书不行,"法国驻慕尼黑武官报告说,"……肆无忌惮而又有组织的野蛮行为……野蛮的屠杀,无法形容的胡闹……"英国的官员们要不是没有看见这些暴行,要不就是视而不见,宣布这些暴行是"从目前所掌握的情况看,慕尼黑苏维埃插曲之结果",英国外交部政治情报局报告说,"是在全德加强了法律与秩序,使斯巴达克斯主义和布尔什维主义在群众中名声扫地。"共1000多名所谓的"赤色分子"被"自由兵团"处决。在慕尼黑,如此短暂的时间内堆起如此多的尸体,使人们的健康受到了威胁。对那些无法辨认的尸体,只好抛入堑壕。

以理想为目标的万德沃格尔的青年,曾把他们的崇高理想带进战壕;现在,作为"自由兵团"的士兵的他们,又把这些理想带上了德国街头。"这是一代新人,是突击队战士,是中欧的精华。"他们的桂冠诗人恩斯特·容格写道,"这是一个崭新的种族,坚强、有智慧,又满怀目标。"他们将是为拯救德国而战斗的军人。"我们必须用鲜血铸造新的形式,用铁拳夺取政权。"

容格这一席话,可说是代表希特勒讲的。慕尼黑之赤色政权使积压在希特勒心头的憎恨苏醒了。在慕尼黑获得解放后不久,便发生了一件将改变希特勒的生活、扭转世界历史进程的事件。1919年6月28日,获胜的盟国签署了《凡尔赛和约》,德国政府没怎么拖延便批准了和约的条款。条件很苛刻,德国被迫独自承担引起战争的责任,并赔偿战争造成的所有损失。大片大片的帝国领土被夺走:阿尔萨斯-洛林地区落入法国之手,马尔梅蒂地区割给了比利时,波森之大部以及西普鲁士割给了波兰。德国还丢失了它的殖民地。丹吉克成为一个自由邦;萨尔、施莱维希和东普鲁士将拥有公民投票权。更有甚者,盟国将占领莱茵河15年之久,莱茵河右岸30英里宽的地带将被划为非军事区。条约还规定,德国不得拥有潜艇或军用飞机,军队数目仅限10万。这样,德国蒙受之耻辱达到了顶点。

这支新的力量,即德国国防军,几乎立即开始行使比其本身力量大得多的权力。为使部队不受布尔什维主义的影响,他们成立了一个部门,专门在部队中调查以颠覆为目的的政治活动,还向工人组织渗透。在负责这个单位的卡尔·梅尔上尉所挑选的人员中就有希特勒。希特勒原是最适合干这一行当的,但梅尔之所以挑选他,是因为他在战时有过模范记录,也可能是出于怜悯。"我第一次碰见他时,他像是一条寻找主人的、疲倦的丧家犬。"梅尔所得之印象是,希特勒"随时将命运投入他人之手,只要此人对他表示友善",他"对德国人民和他们的命运漠不关心"。

实际上,由于革命这个传染病,希特勒正处在酝酿和混乱的状态中,他从未像现在那样对他所投奔的国家之命运表示关切。不久前,他曾得到一本宣传种族主义的小册子——或许是埃卡特编写的,这立刻使他想起他在维也纳读过的类似小册子。"这样,我不自觉地发现,我自己的发展又重新展现在眼前。"他在慕尼黑街头之所见所闻,使压抑在他心头的对犹太人的仇恨活跃起来了。犹太人处处都在掌权:先是埃斯纳,继而是像托勒那样的无政府主义者,末了是像莱维纳那样的俄国赤色分子。在柏林是罗莎·卢森堡,在布达佩斯是贝拉·昆,在莫斯科是托洛茨基、季诺维也夫和加米涅夫。希特勒原先怀疑是阴谋的,如今在他眼里正变为现实。

在就职前,希特勒及其他政治奸细被送往慕尼黑大学受专门训练。政治教导员中有像卡尔·亚历山大·冯·米勒教授那样满肚子是激进右派学问的保守派。"对我,"希特勒写道,"这件事的价值就在于,我现在有机会见到思想与我相似的同志,可与他们详尽地讨论目前的形势。我们都多少坚信,犯下了11月罪恶的各党派,各中心也好,社会民主党也好,均无法将德国从未来的崩溃中拯救出来。而那些所谓的'资产阶级民族主义的组织'尽管愿望良好,但也无法对已发生的事件进行弥补。"

在战争期间,希特勒曾对维斯登基尔希纳说过,在和平时期,他将成为画家或步入政界;他的同志问他喜欢加入哪个政党时,他回答说:"哪个都不。"受训者中其他圈里人的结论也是,只有一种崭新的运动才能满足他们的需要。他们决定将这个组织称为"社会革命党","因为这个新组织的社会观点确实要进行革命"。

冯·米勒教授的妹夫戈特弗雷德·弗德尔讲师,为这一运动加油打气。

弗德尔是为"打破利息奴役"而组织的"战斗联盟"的创始人,以工程师为职业,实则是个经济学家。他给训练班的学员讲述证券交易所和借贷资本的投机性和经济性质。对希特勒而言,这是具有刺激性的启示。"在听完弗德尔的第一课后,我便想,我已找到了建立一个新的政党的最主要的基础之一的方法。"在弗德尔要求结束利息奴役的思想鼓舞下,他重新研究了马克思主义,"首次真正了解了卡尔·马克思这个犹太人终生为之努力的著作的内容"。他终于读懂了马克思的《资本论》。

一次讲课后,冯·米勒教授发现一群人在进行生动活泼的讨论。"人们好像着了魔似的。原来,有个人用深沉的喉音在高谈阔论,越讲越起劲。我有个奇怪的感觉,这些人的激动是他高谈阔论所致。我看到的是一张苍白的小脸。他头发蓬乱,不像军人,胡子修得整整齐齐,蓝色的大眼中放着狂热的光芒。"

"你是否知道,你的学生中有个天生的演说家?"米勒教授指着那个脸色苍白的士兵问梅尔上尉。梅尔喊道:"希特勒,你过来。"希特勒"带着某种目中无人的窘态,笨拙地"走了过去。由于他有演说的天才,他终于被分配在慕尼黑的一个团里当上了训诫员。"我以最大的热情和爱开始工作,因为,猛然间我便得到了向大群听众演讲的机会,我历来纯粹凭感觉而不是凭直觉所假设的东西,现在证实了:我能'讲'。"随着每一次演讲,希特勒变得越来越自信,那就是,他的声音已发达到如此的地步,以至营房内的任何一个角落,都可听清他的演讲。

由于开始时与他友好相处的许多人都认为他是个奸细,所以,他的社会生活并没有如此成功。有个名叫荻埃尔的矮个子兵,公开蔑视先进者。希特勒紧跟不舍,一直追到街上,口中在不断阐述德国的真正任务。他的话猛然被打断了:"告诉我,"荻埃尔说,"是不是他们灌进你脑中,你忘了冲洗?"据一位目击者说:"这位长途演说家,大吃一惊,瞪了他一眼,一声不响地走了。"

希特勒甚至与同屋住的两名奸细无法相处。他们就他的"体格习惯"向梅尔上尉抱怨。另外,"他说梦话,还梦游,非常令人讨厌"。于是,他便搬进了二楼的一间小屋。这里原是个小仓库,窗户全钉上了栓,但希特勒"似乎为有一间小屋而感到高兴"。

尽管在社交中希特勒有这样或那样的缺点，梅尔上尉对他的演讲才能仍很是看重，遂派他到慕尼黑城外去执行一次特别任务——住在勒茨弗尔德战俘营的，被遣送回家的德国战俘，由于表现出有斯巴达克斯观点，于是便组织了一个"教化团"，以便将他们改造成为反社会主义的爱国者。

7月12日，宣传队从慕尼黑出发。5天后，希特勒本人得到了一次实际政治的教育。遣返的战俘满腹怒气，说话尖酸刻薄。他们的青春和希望都受到欺骗，被迫在战壕里像牲口一样生活，回来后之所见又是混乱和饥饿。希特勒激昂地向他们讲述"凡尔赛耻辱""十一月罪人"和"犹太主义-马克思主义世界阴谋"，把他们的仇恨引向这些目标。在一系列的表彰报告中，希特勒对这项工作的热情均有提及。"如果可以这样说的话，希特勒先生，"一个观察家评论说，"是天生的人民演说家。他以他的狂热和魅力，使听众聚精会神，并相信他之所云。"

返回慕尼黑后，他还在兵营里从事演说。他的另一个任务是对新近在慕尼黑产生的约50个激进组织进行调查。这些人包括种族主义分子、共产主义分子、激烈民族主义分子、无政府主义者和超级爱国主义者；其组织包括诸如"革命学生集团""共产社会主义协会""奥斯塔拉同盟""新祖国"等一系列政治派别。

那年秋初，希特勒参加了自称为"德国工人党"的一个小政治团体的一次会议。尽管在讨论时——据参加会议的24人中之一人说——他发了言，且"讲得很好"，但对那晚的会议印象淡薄，在《我的奋斗》一书中，他未有提及。这个党是由慕尼黑铁路工厂的一个工匠——安东·德莱克斯勒于当年早些时候创建的。关于这点，希特勒是否曾屑于调查还是个疑问。该党的纲领是社会主义、民族主义和反犹主义的奇怪的结合，党的本身披着一件神秘的外衣，似乎只是由一小撮美其名曰"工人政治小组"组成——这是鲁道夫·弗莱赫尔·冯·塞波登道夫的主意。塞波登道夫本人就是个神秘人物，身材又矮又胖，双眼有点凸出，"是个画家，而不是个卖弄学问者；更喜奢侈享乐，不是个柏拉图主义者"；"有点嗜好武器，却又不公开表现出来"。

与希特勒一样，他相信未来肯定会掀起日耳曼浪潮，于是便在建立"日耳曼秩序"之巴伐利亚分支机构方面费了不少精力。成员严格限于日耳曼人，且必须能证明三代人之"血统纯正"；每个成员均须保证积极参加"反对国际主义和犹太民族的斗争"。全国的革命浪潮迫使塞波登道夫给他的组织标上一个无辜的名字"图里会"作为掩护。到此时，他已决定将其多年来的愿望付诸实施：把工人吸引到他的"人民①"事业这方面来。他指示一个图里会员——彻头彻尾的体育专栏作家，要他建立"工人政治小组"。此人将安东·德莱克斯勒(他已为"良好和平"组织了一个有名无实的工人小组，叫作"自由劳动委员会")找来，两者于是合并组建了一个新的政治组织。"德国工人党"的预备会议于那年1月初在一小饭店(福尔斯坦弗尔德·霍夫)内召开。参加会议的约25人，大都系德莱克斯勒所在工厂的铁路工人。德莱克斯勒向与会者扼要地阐述了该党的双重目标：结束阶级斗争，把工人从马克思的国际主义中解放出来；让上层阶级明白他们对工人所负的责任。德莱克斯勒说，他们真正需要的是"接受德国人的统治"。德莱克斯勒建议将小组称作"德国国家社会主义党"(与一年前在波希米亚建立的、目标大致相同的党同名。顺便提一句，该党的党徽是卐)，但有人反对说，"社会主义"一词会被误解。

德莱克斯勒废寝忘食地草拟党纲。技术工人不得认为自己是无产阶级，而是中产阶级市民。中产阶级呢，必须以牺牲"大资本主义为代价"加以扩大和加强。纲领还小心谨慎地宣布反犹，"国家不应支持与德国之道德与伦理标准相违背的宗教信仰教育"，更不能在事实上容忍。两个星期后，成立大会便在图里会的总部召开。没精打采的体育专栏作家卡尔·哈尔雷被选为主席，德莱克斯勒则是他的副手。

这很难说是一个政党，因为除6人委员会外，便再没有什么。"因为存在着赤色威胁，我们的会是秘密召开的，"德莱克斯勒(说这话时已是个严肃的、毫无名望的、疾病缠身的人)回忆说，"除讨论和学习外，我们没有多少可为。我将我的想法写进了一本名叫《我的政治觉醒》的小册子中。是从一个

---

① Völkisch 一词难以用一对等词翻译。从字面上讲，它是"人民的"，但它又有种族主义的味道。如将之译为"种族主义的"，其"人民民族主义"的含义又将失掉。因此本书均用人民。——译注

工人的日记中挑选出来的。"他的梦想是能找到一个既精力充沛又有胆量的人，从其小册子中得到一些教益，"并为我们找到原动力。反正需要一位杰出的人物，一个具有强烈信念的人物，一个独眼龙，一个绝对无畏的人物，一个能为此采取行动的人物"。

9月12日，希埃尔少校令他前去参加小小的"德国工人党"的另一次会议。如果说有什么强烈信念的"独眼龙"，希特勒就是一位。当晚黄昏，希特勒踏进了位于赫仑大街的一家小咖啡馆——斯特纳卡布劳咖啡馆。里边已有约40名工人。主讲人原定系诗人埃卡特，但他因病缺席，主讲人换成了经济学家弗德尔，他的题目是"如何，并用何种手段才能消灭资本主义"。

因为在受训时期曾听过弗德尔的课，希特勒才能集中精神听下去。他的印象是不好不坏。很明显，这不外乎是另一个"从地下冒出来，很快便销声匿迹"的组织，他的创建人并不知如何才能将其俱乐部变成一个真正的政党。当晚的会议令他厌烦；弗德尔一讲完，希特勒便轻松了。一宣布自由讨论，希特勒便要离会，但某种东西"驱"他留座。几分钟后，希特勒在痛斥一个教授——因他主张巴伐利亚从普鲁士分离出来。希特勒以干练的口才，精辟的论点讲了15分钟，使这个教授"……在我把话说完前，像一条落水狗似的离开了大厅"。

希特勒的发言及其逻辑，使德莱克斯勒产生了深刻的印象。他对秘书耳语说："此人有种，可以利用！"他找到了希特勒，自我介绍了一番。但希特勒连这个戴着眼镜、其貌不扬的先生的姓名都未记住。像一个宗教狂一样，德莱克斯勒将自己的小册子，一本只有40页、封面为粉红色的小书，硬塞到希特勒的手中，口中唠叨着"你必须好好读一读，请你再来"之类的话。

希特勒回到兵营二楼的小房里后，与通常一样，又患了睡不着觉的毛病，便开始往地板上撒面包屑和吃剩的饭菜——喂老鼠。他已养成了这样一种习惯，即在天亮前，"观看这些小东西在美食周围转来转去。在生活中，我曾经历过许多贫困，我完全能想象出饥饿是什么滋味，因而也能体会这些小东西的快活。"

那天清晨5时左右，他仍双眼大睁。他躺在小床上，眼巴巴看着老鼠的滑稽动作，想起了德莱克斯勒硬塞给他的那本小册子。希特勒本人也觉得奇怪：第一页就把他吸引住了。"我不自觉地发现，自己的发展竟在眼前展开。"次日，书中的思想和语句不断闯进他的脑海。"国家社会主义"一词和"新的世界秩序"一词，以及它的预言，即新的政党不只必将把丢掉了幻想、遭受剥夺的工人吸引过来，连公务员和中等阶级的下层也吸引过来。这令他久久不能忘怀。

然而，他的兴趣很快便淡薄了。后来，他收到一张明信片，通知他已被接纳为"德国工人党"的党员，这使他很是惊奇。他被邀请参加将于下星期三召开的委员会。因为他想自己建党，无意参加任何现成的党派，便拟作出愤怒的拒绝。但"出于好奇"，他又决定前往，再看看这个古怪的小组。

此次会议在赫仑大街的另一家低级咖啡馆（阿尔特斯·罗森巴德）内举行。通过灯光昏暗、空无一人的餐厅，希特勒来到后面，发现四人围桌而坐。其中一人就是那本小册子的作者。德莱克斯勒热情地欢迎了他，祝贺他成为"德国工人党"的党员（"现在，我们有一个长着大嘴的奥地利人了！"他曾对一名委员说过）。德莱克斯勒解释说，他们正在等候全国组织的主席哈尔雷先生。

体育作家终于来了。哈尔雷生就一副罗圈腿，样子难看，穿着不整。会上，他首先宣读了前次会议的记录；接着会计便报告说，现手头只有 7 马克 50 芬尼克；而后又宣读了信件，还进行了冗长的讨论。这比希特勒想象的还糟，"可怕，可怕！这是俱乐部生活之最糟者！我要参加这个组织吗？"讨论新党员问题时，希特勒从党组织的现实角度提出了许多问题。他发现，党没有纲领，没有传单，连一个橡皮图章也没有，有的只是良好的愿望。他飞快地扫了几个委员一眼。他们心中无数，思维模糊。

他之所见令他怏怏不快，但仍拿不定主意是否参加。这是他生活中"最大的难题"。而后两天内，他内心不断在打架。理性告诉他应该拒绝，但感情又令他接受。他曾立誓进入政界，而这个荒唐可笑的小组又有一个卓绝的优点——它还未"凝成'一个组织'，使个人有机会施展个人活动"。由于它很小，他能按自己的需要左右它。

希特勒将发现的情况向梅尔上尉作了汇报。梅尔上尉又将情况转报给了一群高级军官和资本家，他们每周在"四季饭店"碰头一次，讨论重建德国军事力量的各种办法。他们的结论是，只有靠德国工人的支持，目标才能达到。

可把小小的"德国工人党"作为一个开端。据梅尔上尉说，一天，鲁登道夫将军出现在梅尔的办公室，允许希特勒参加这个党，并协助它的建设。

新军的成员参加某一政党，这本来是非法的。但"为使鲁登道夫高兴（他的愿望在军队中仍受到尊重），我便下令让希特勒参加工人党并助它成长。为此，开始时他每周拿到了相当于现时贬值后的 20 金马克"。所以，在某种意义上说，希特勒是被命令做自己已经决定要做的事情的。他成了"德国工人党"党员，并登了记，领到了一份党证。

希特勒在投身政治的同时，在思想上也取得了重大的进步——这也是梅尔上尉一道命令的成果。教育部门有个学员来信询问，关于犹太威胁问题，是否有资料可提供；希特勒被命令对此做出回答。在斯特纳卡布劳会议后 4 天，希特勒拿出了一份冗长的答案。答案披露了希特勒在解决犹太问题上所取得的令人惊奇的进展。它通篇都是对犹太人的攻击之词——这是后来大家都很熟悉的："它钻进民主，吸吮着群众的良知；它在人民尊严面前爬过，但只懂得金钱的尊严……它活动的结果，是人人染上种族的肺痨。"他的结论是，反犹的纲领必须以它是外国种族为由，从法律上剥夺犹太人的某些特权着手。"但是，毫无疑问，最终的目标是要坚定不移地将犹太人 Entfernung（Entfernung 一词可译为'铲除'，意味着从德国驱逐出去，但更有可能是'斩断'，就是说，把犹太民族除掉）。"

这是已知的希特勒的第一份政治文件，而他也第一次成功地将他对犹太人的仇恨变为一部实实在在的政治纲领。

第二部 "混沌萌芽中,道已存在"

1 一个政党的诞生
  1919—1922

2 "如此疯狂又如此通情达理的人"
  1922—1923

3 啤酒馆起义
  1923

1 一个政党的诞生
1919—1922

"当我步入这一小群人的圈子里时,关于政党或运动,是不会有什么问题的。"但是,那年秋天,工人党真正给予希特勒的却是宣传他的思想的讲台。就像在曼纳海姆的小书房里他曾首次发泄他的仇恨和披露他的愿望一样,这一小撮心怀不满的人给了他所需要的动力。

他的第一个任务,是要把基本上是个辩论性质的社团变为一个政治机构。"代表全党的委员会实际只有7人,它不外乎是个小俱乐部的领导机构而已。"在报纸描述那些日子的故事连载中,希特勒风趣地回忆说,"1919年的慕尼黑日子很不好过。昏暗的灯光,垃圾成堆,骚动,穿着破旧的人们,穷困的士兵,总之,这是4年战争和革命丑闻恶果的图景。"

在罗森巴德后屋的会议室里,每逢开会,会议的用灯都是一盏昏暗的煤气灯。"我们集会时……是个什么样子?可怕,军短裤,染过的外衣,戴得发亮的、五花八门的帽子,脚穿改制的破靴子,手持木棍做'手杖'。"在那些日子里,这是显赫的象征,证明他属于人民。

"我们总是那么几个人……首先是兄弟般的问候;之后,大家便报告说,各地的'种子'已经播下,甚至生根了;末了,他们便问,我们是否也可作同一汇报。我们常常强调要以一个单位行动。活动费一般仅有5马克,而一次活动竟达17马克的高峰。"

希特勒最终说服了委员会用召开较大型会议的办法增加党员人数。在兵营里,他利用连队的打字机,亲自打出了邀请人们参加首次会议的请帖;

他还用手写。在首次会议的当晚，7名委员在等候"预计前来赴会的群众"。一小时过去了，谁也没有来。"我们还是7人，原来的7人。"希特勒改变了战术，请帖是油印的。这次，来了几个人。慢慢地，赴会人数从11人增至13人，最后达到34人。

会议的捐款被用作广告费。他们在一家民间的反犹报纸上刊登广告，宣布于10月16日在霍夫布劳斯酒馆的地下室里召开群众大会。

如果到会人数如前，这次的费用恐怕已使工人党破产。哈尔雷很悲观，但希特勒坚持说，会有许多人来的。到下午7时，烟雾弥漫的室内已集合了77人。对当晚之主要演讲人是如何接待的，现已无案可查；但我们知道，几乎就在希特勒踏上安放在主台上的、粗糙的讲经台时，听众如同"触电一般"。他原定发言20分钟，可一讲就是半个钟头，谴责、威胁和保证之词，有如流水，从他口中喷射出来。他失去控制，大动感情；当他在热烈的掌声中就座时，已是满脸汗水了。他虽然精疲力竭，却满心欢喜，"我历来纯粹凭感觉而不是凭直觉所假设的东西，现在证实了：我能'讲'！"

这不仅是他生涯的转折点，也是"德国工人党"的转折点。热情的听众当场捐赠了300马克；现在，他们有钱刊登更多的广告和印刷标语口号了。11月13日，第二次群众大会召开了。这次大会是在埃伯尔布劳啤酒厅举行的，130多人（大部分是学生、小店主和军官）参加了大会，大会发言人共有4人。入场券每张50芬尼——这是当地政治活动中的一件新鲜事物。吸引众人的主要是希特勒。演讲至中途，一些乡巴佬开始高声怪叫，扰乱会场。幸好希特勒早与军队内的朋友打好招呼，所以，不到几分钟，扰乱分子"便抱着流血的脑袋，滚下楼去"。会议的中断反而激得希特勒更加慷慨激昂。在演讲结束时，他强令大家起来反抗："德国的惨境必须用德国的钢铁打破。那样的时刻必然到来。"

希特勒再次令听众倾倒。他演讲时用的是原声，感情又奔放，这就使他与专讲理论的知识分子有很大的不同。有个在场的警察，在蔑视希特勒是个商人后报告说，他"火候掌握得非常好"，必将成为一个"职业的演讲宣传家"。他的呼吁是他的肺腑之言——爱祖国，憎恨带来1918年失败的犹太人。这种演讲方法，以及他所使用的街道和战壕语言，使老兵们认识到，他也曾分享过机枪、铁丝网和肮脏的民主,能体现前线的、神圣的同伴的手足之情。

不到两星期,另一次热烈的群众大会又召开了,参加人数达到170人。12月10日,他们使用了一个更大的酒馆——"德意志帝国"酒馆。尽管曾宣布大厅内有暖气,群众还是纷纷离场。这时,几位委员便说,会议开得太勤了。一场激烈的辩论展开了。希特勒争辩说,在一个有70万居民的城市里,别说两星期开会1次,就是每周10次也开得起。他说,他们所走的道路是正确的,胜利必然到来。他的坚持果然得到了报答。群众大会的新址坐落在达豪埃大街,靠近兵营。开会时,士兵们蜂拥而来,使参加人数突破了200人。

希特勒的飞黄腾达,使其他委员深感不安。他们反对他那火山爆发式的、轻松活泼的风格。另外,由于吸引了大量粗鲁的军人,他正在改变整个组织的面貌。他们害怕党被毁灭。德莱克斯勒虽然也同样忧虑,但他坚信,希特勒是党的希望。在他的支持下,希特勒当上了党的宣传部门负责人。受提拔后的希特勒,对党务之低效提出了更严厉的批评。没有办公室和设备,党怎样办公?他亲自动手,在他被介绍入党的地方即斯特纳卡找了一间办公室。这间房子很小,做过酒室;房租也便宜,每月才50马克。房东将木隔板拆除使它"更像殡葬大厅而不像办公室"时,委员会并未抱怨。他用梅尔上尉给的钱和党的基金,在室内装了电灯和电话,还配备上桌椅、书橱、碗橱等家具。希特勒的下一个措施是雇请经理,全天办公。他在兵营找到一个中士,此人"正直、绝对忠诚老实"。上班时,他把自己的艾德勒牌的手提打字机也带来了。

那年12月,希特勒要求对党的组织进行全面改革,将一个辩论性质的社团改造成一个真正的政党。由于他们满足于一个极右的小组,大多数委员均反对改革。他们不像希特勒那样能看清宣传本身并不是目的,而是推翻魏玛共和国的手段。辛勤操劳的德莱克斯勒再次支持希特勒。在德莱克斯勒家里,两人积极草拟党的计划和纲领,一讨论就是几小时。他俩的关系主要是靠对犹太人的不信任和仇恨来维持的。据德莱克斯勒说,因为犹太人和工会的关系,他几度失业,后来成了"激进的反犹主义者和反马克思主义者"。他住在舒适的尼姆芬区,希特勒常坐电车去他那里。两人常埋头工作,连吃晚饭都得德莱克斯勒太太几次三番来叫。"我的小姑娘常趴在希特勒的膝上,"德莱克斯勒回忆说,"她知道她是受欢迎的。"对她,他是阿道夫叔叔。

1919年末的一个晚上,希特勒"夹着一大捆手稿"来到德莱克斯勒家里。这是党的纲领草稿。两人埋头工作了几小时,将它"压缩"到尽可能简单。"告诉你吧,我们绞尽了脑汁!"德莱克斯勒回忆说。直到次日早晨才搞完。希特勒跳了起来,以拳击桌。"我们的这些意见,"他喊道,"可与惠登伯格门上的路德的牌子相抗衡!"

纲领包括了25点。希特勒要求在群众大会上予以公布。

可以预见,委员会是持反对意见的。他们不但反对里边的许多观点,而且还反对召开群众大会。德莱克斯勒起初也表示怀疑,后来终于同意了希特勒的意见,再次开会时全力支持了他。反对派的意见被否决,于是开会日期便定了下来:1920年2月24日。

用醒目的红字印制的标语口号、路牌等遍布慕尼黑。此时的希特勒倒害怕起来了,他怕自己的演讲会使"群众打哈欠"。大会定在晚上7时30分开始。7时15分,当希特勒步入霍夫布劳斯酒馆的宴会大厅时,他发现,厅里挤得满满的,约有2000人。他高兴得"心都快跳出来了"。尤其令他高兴的是,与会者半数以上是共产党人或独立社会主义者。他相信,敌对听众中真正有理想的人是会转到他这边来的,而他也欢迎他们捣乱会场。

大会开始了,会场很安静。主讲人是个富有经验的"民间"演讲者丁格费尔德。他拐弯抹角地攻击了犹太人。他引用了莎士比亚和席勒的话;其攻击之柔和,甚至连共产党人也未被激怒。之后,希特勒站起身来。没有人高声怪叫。他穿的是一件老式的蓝色外衣,很破旧,看上去他一点儿也不像演说家。开始时,他讲得很平静,没有什么加重语气之类。他扼要地讲了近10年来的历史。然而,一旦讲到战后席卷德国的革命时,他声音中便充满了感情;他打着手势,眼睛放射出光芒。愤怒的喊声从人厅的每个角落传来。啤酒瓶在空中飞舞。用橡皮棍和马鞭武装起来的士兵们——希特勒在军内的支持者——"像猎犬一样迅猛,像牛皮一样坚韧,像克虏伯公司的钢铁一样坚硬",急忙投身战斗。捣乱者被逐出门外。厅内的秩序有所恢复,但讥笑的喊声仍不断。希特勒恢复演讲,喊声并未令他目瞪口呆。在曼纳海姆的经历使他习惯了这类捣乱,而他似乎还从里边吸取了力量。他的精神,还有他的话,令听众感到温暖。听众开始鼓掌了,掌声淹没了怪叫声。他严厉谴责当局正在成吨成吨地印刷纸币的行为,指责社会民主党人只会迫害小市民。"如果不姓汉梅尔伯格或伊西多尔巴赫,这样的小市民又有什么办法呢?"这句反犹的行话一出,支持者与反对者的喊声几乎旗鼓相当;但是,当他把攻击矛头转向东方犹太人时,掌声便淹没了喊叫声。不少人在喊:"打倒犹太人!"

由于不习惯在如此多的听众面前演讲,他的声音时高时低。但,即使他经验不足也引起了人们的兴趣。他的真情深深地打动了一个名叫汉斯·弗兰克的年仅20岁的学法律的学生。"他首先感到的是,这个人讲得很真诚,把自己感受到的东西讲出来,而不是在故弄玄虚,把自己还没有绝对把握的东西告诉听众。"在第一个演讲者辞藻华丽的讲演后,希特勒的演讲产生了爆炸性的效果。他的话常常讲得很粗,但具有丰富的表达力,连前来捣乱的人也不得不洗耳恭听。他深入浅出,声音清晰,连坐在最远座位的听众也能听清。令弗兰克印象最深的是,他"能使脑筋最糊涂的人也能明白事理……他能抓住事物的本质"。

最后,他将纲领的25个要点交给了听众,要他们逐条地"判断"。这个纲领几乎对每人都给了一点儿什么——犹太人除外。给爱国者的是全体德国人联合起来,组成一个大帝国;解决人口过剩的办法是殖民地;在世界民族之林中德国应享受平等权利;废除《凡尔赛和约》;创建一支人民的军队;对犯罪分子进行"无情的斗争",以加强法律与秩序。给工人的是废除不劳而获,战争利润归公,无偿地没收土地为社会所有,在大型企业内利润分享。给中产阶级的是,对大百货商店立即实行社会化,以低廉的租金租赁给小商小贩;"大力提高"全国老年人的健康标准。给有"民族"思想者的是,要求将犹太人当外国人对待,剥夺其公开开办办公室的权利,当国家发现无法养活全民时则将他们驱逐出境,对1914年8月2日后移民入境的犹太人,立即驱逐出境。

每念完一个要点,希特勒便停下来问听众是否明白,是否同意。大部分听众都高喊同意,但也有有组织的讥笑声;一反对者还跳上椅子和桌子,以示抗议。手持棍子、鞭子的弹压队一次又一次投身行动。希特勒整整讲了两个半钟头,待他讲完时,大家几乎一致同意他讲的每一个字。大会结束时,掌声雷动,而年轻的弗兰克则相信,"如果有人能掌握德国的命运,此人就是希特勒"。

对希特勒而言,那晚的大会,包括反对派的捣乱在内,是个完全的胜利。当人们列队离开会场时,希特勒觉得,通向自己的未来的大门终于打开了。"当我宣布散会时,不止我一人在想,狼已经出世了。这个狼是注定要冲进拐骗人民的骗子群的。"他是名副其实的,因为阿道夫——名源于日耳曼"幸运的狼"一词。从那天起,"狼"一字对他便有了特殊的意义——在亲友中它是外号;对他和妹妹保拉,它是假名;在部队大多数的指挥部里,它是他的名字。

希特勒的崛起并未引起慕尼黑报纸的多大注意,但这次群众大会对德国工人党而言却意味着前进了一大步,吸收了100名新党员。在希特勒的坚持下,工人党造了党员的花名册,还颁发了党员证。为给人以大党的印象,第一份党证的编号是501,以后便按党员名字的字母顺序编号。"画家"希特勒的党证号是555。

他开始了新的生活。

他交往的圈子大了,来往的人各式各样,但都有一个共同之处,就是热爱日耳曼的任何事物和恐惧马克思主义。慕尼黑有位内科医生,他相信星宿的摆动,还宣称,这给了他在任一人群中辨认出犹太人的能力。更有意思的是恩斯特·罗姆上尉,他是个同性恋者,曾当过连长。罗姆是个模范军官,是在危险中可以信赖的同志,他长得又矮又胖,头发剪得整整齐齐,笑起来很是逗人。他是战争的活纪念碑:他的鼻尖被打掉,脸上还有一道深深的弹痕,现在在国防军里当军官。他曾说过:"因为我是个恶人,又不成熟,所以,更令我感兴趣的是战争和骚乱,而不是你们市民的平淡无奇的生活。"从两人首次在一民族主义小组("铁拳")的秘密会议上见面时起,罗姆便坚信,这个勇于献身的下士是领导"德国工人党"最合适的人选,由于罗姆带来了许多军人,他实际上已改变了德莱克斯勒-哈尔雷之组织的工人阶级性质。在吵闹的会上维持秩序的正是这些军人。鲜血和苦难把希特勒和罗姆两人紧密连在一起,因为两人同为建立前线战士的手足之情立下过汗马功劳。虽然在不久前罗姆接替了梅尔上尉的职务成了希特勒的指挥官,他坚持让希特勒对他使用昵称"你"。这样亲密的关系也导致希特勒被其他军官接受。

希特勒与作家迪特利希·埃卡特的关系更加亲密无间。埃卡特曾说过,新一代的政治领袖必须有能力承受机枪的咆哮声。"我宁愿要一只微不足道的猴子,只要他能对赤色分子做出辛辣的回答,并在群众向一群学问高深的教授扔桌子腿时不逃跑就行。"另外,此人应是个光棍。"这样我们便能吸引妇女!"尽管两人年龄有差距(相差21岁),背景又不相同(埃卡特是个大学生,有文化),但他们结成了好友,并不只是政治上的相识。两人均是波希米亚人,能讲下层社会的语言;两人均是民族主义者,都憎恨犹太人。埃卡特认为,凡娶日耳曼女人为妻的犹太人都应监禁3年,如再执迷不悟,继续犯罪,则予以处决。

埃卡特是个浪漫的革命者,善于进行咖啡馆争论的大师。他多愁善感,冷眼看待人生;是个真心实意的江湖术士,常出现于舞台;若有机会演讲,不管是在家中、在街头,还是在咖啡馆,他都津津乐道,讲得非常出色。他吸毒成瘾,又是个酒鬼,他的庸俗系由其社会背景之痕迹使然。希特勒热衷于与这位热情的、口若悬河的知识分子海盗相伴,而他则在慕尼黑淫猥的夜晚世界中为希特勒的亨利王子扮演福尔斯达夫①的角色。埃卡特成了希特勒的导师。他给了希特勒一件军大衣,纠正他的语法,带他逛高级的饭馆和咖啡馆,并将他介绍给名人文士("这是终有一天要解放德国的人")。两人常在一起谈论音乐、文学艺术和政治,一谈就是几个钟头。与这位粗暴的作家的关系,在希特勒身上留下了难以磨灭的印迹。

霍夫布劳斯群众集会后几星期,两人同往柏林冒了一次险。霍尔德·冯·卢特维兹将军率领的"自由兵团",被魏玛社会主义政府下令解散后,不但没有

---

① 福尔斯达夫,莎士比亚戏剧中的人物,系吹牛之代表。——译注

解散，反而开赴首都，占领了柏林，并安插了自己的总理大臣——由一个名叫卡普的普通官员担任。希特勒和埃卡特两人看到，卡普右派集团的起义具有巨大的潜力，二人自愿前往柏林，以便决定是否有可能在巴伐利亚共同采取革命行动。罗姆上尉批准了这一计划，把他们送上一架运动教练机。这是希特勒的飞机。驾驶员罗伯特·利特·冯·格莱姆中尉是战时的一流飞行员，很年轻，曾获"飞行大奖"，后来成了希特勒的空军之最后一个统帅。那天气候很坏，尽管格莱姆的飞行技术高超，希特勒还是不断呕吐。由于中转机场被罢工工人占领，此次的任务险些破产。后来，希特勒急中生智，给自己粘上一道山羊胡子，埃卡特则化装成小贩，这样，他们一行才获准前往柏林。飞机在柏林着陆后，希特勒脸色惨白，发誓日后再不坐飞机。

虽然柏林于3月13日一枪未放便献出了城门，但他们的胜利却是空有其名。凡有地位者，谁也不愿在卡普"总理大臣"的内阁任职。这次仓促计划进行的起义，从一开始便是个大失败，而使之失败的并不是反攻或破坏活动。与全国人民一样，柏林人反对军方的高涨情绪，也诱发了反对他们的浪潮。柏林人觉得，再搞革命不行了。所以，当埃尔伯特政府号召举行总罢工时，工人们全力支持，使卡普政权无法施政。电力被切断，电车和地下交通停顿；全城无水，垃圾在街上腐烂；商店和办公室关门，只有在黑暗中或在烛光中进行的柏林的夜生活未受影响。这种腐败的现象系由一部拍得过分的电影所致；该电影写的是一群11岁的小妓女，浓妆艳抹，与穿着高筒皮靴的亚马逊人争风吃醋的故事。城内仍有供各种口味、各种"嗜好"的人享用的咖啡馆和餐馆——有男同性恋者、女同性恋者、裸体成癖者、虐待狂和被虐待狂。裸体已成为艳事，而艺术所追求的又是淫猥、幻想和厌世之最。柏林是达达派艺术家的活动中心，该派诗人霍尔特·梅林用辛辣的讽刺口吻和俚语写了一首诗，为柏林人描绘出一幅可怕的未来的图景：

　　快来呀，孩子们，
　　让我们欢快地赶赴屠场，
　　勒紧裤带，赶走犹太狼。
　　带好毒气和卐字章，

到人群中去杀一场！

埃尔伯特政府的大罢工竟成了弗兰肯斯坦的妖怪。卡普的力量被粉碎了，却为左派的另一次叛乱浪潮开辟了道路。共产分子在德国全境掀起的混乱已达到这种程度，以致埃尔伯特总统不得不出面恳求数天前从政府拂袖而去的冯·塞克特将军担任全体武装力量的总指挥，以粉碎赤色分子的叛乱。他的第一个行动就是重新纠集刚被解散的"自由兵团"。事件与发展确实令人哭笑不得：昨天的叛军今天却被召来加强法律的秩序。这也是一场只有达达派剧作家才写得出来的闹剧：埃尔伯特发给"自由兵团"的奖金，恰好是卡普政权曾答应奖给他们去推翻他的政府的奖金。

摆在改组后的"自由兵团"面前的任务是艰巨的。在萨克森，苏维埃共和国已夺取了政权；至3月20日，一支拥有5万名工人的红军已占领了鲁尔区的大部分地域。同一天，德国共产党的《鲁尔回声报》宣布，胜利的红旗必在全国飘扬。"德国必须成为苏维埃共和国，与苏俄联合，成为世界革命和世界社会主义胜利的跳板。"

4月3日，"自由兵团"横扫鲁尔区，消灭了红军的据点，残酷地对待未被消灭的红军。"如果告诉了你们，""自由兵团"一名青年士兵在家书中写道，"你们会说我在撒谎。决不饶恕……我们甚至枪杀了10名红军的红十字会护士，原因是，她们身上带有手枪。我们将这些小姑娘杀了，杀得很开心——她们是怎样喊叫，怎样哀求饶命的呀！绝对不行！带枪的就是敌人！"

但是，为了见到他们心目中的英雄鲁登道夫，他们还是到了首都。其时，鲁登道夫正准备乔装南逃，并与许多观点相同的北德人磋商，其中包括"钢盔"党人，由老军人组成的超级民族主义集团成员，以及大量得到工业家资助的"民间"组织的领导人等。埃卡特还将他的学生介绍给钢琴制造商的夫人赫仑·贝希斯坦主办的沙龙。一见面，她立刻为"年轻的德国救世主"所倾倒，并答应将他介绍给她圈子内其他有影响的人物。

3月31日，希特勒回到了慕尼黑。同一天，他成了一名平民。这可能是出于自愿，但更有可能是授权这样做的。他打起背包，领取了50马克的退伍费,以及一件大衣、一顶帽子、一件外衣、若干条短裤、一套内衣、一件衬衣、若干双袜子和鞋。他在提埃希大街41号向人转租来了一间小房。这是个中产阶级的居住地,靠近易萨尔河。这里大都是三四层楼的建筑物,楼下是商店或办公室,楼上是小单元房或单身房。希特勒的房子很小,长15英尺,宽只有8英尺,比他在曼纳海姆住的房子大不了多少。这是本楼最冷的房子,据房东埃尔兰格说,"租这间房的客人有些人住病了。我们现在用它做杂物间,谁也不会再租它。"

希特勒选择的住房离慕尼黑观察家报社只有一箭之遥,这绝不是偶然的。这家报纸已易名为《人民观察家报》,继续充当反犹反马克思主义者的喉舌。希特勒的反犹思想大都由这家报纸反映出来。例如,不久前,这家报纸在头版头条刊登的标题是"给犹太人一点颜色瞧瞧!"作者认为不管措施如何残酷,都应把犹太人全部从德国清除出去。这些文章大都出自俄国逃亡者之手,希特勒从中获得了不少有关共产主义越来越危险的情况。

他自己的首要目标却是犹太人及和平条约,其次才是反马克思主义的斗争。对于德国共产党人的献身精神,他和埃卡特均多少表示钦敬,恨不得把他们争取过来。在一篇题为《日耳曼与犹太布尔什维主义》的文章中,埃卡特甚至推荐他干脆称之为"日耳曼布尔什维主义"。一次,在演讲时(希特勒坐在他身旁),他对参加党内会议的人说,德国的共产党人是有理想的,他们不自觉地在为拯救德国而斗争。

俄国的逃亡分子极力反对这一妥协。无论在文章中还是在谈话中,他们关于布尔什维主义危险之说,对希特勒的影响越来越大。在这些来自东方的"末日信徒"中,最善于说服人的要算是阿尔弗莱德·罗森堡,即那位来自爱沙尼亚的青年建筑师兼画家。他们首次相见时,彼此对对方的印象均不甚深刻。"如果我说他令我倾倒,那我是在撒谎。"罗森堡回忆说,只是在听了他的公开演说后,他才对希特勒入了迷。"这里,我看到了一个前线的老战士是如何以一个自由人的勇气,赤手空拳地、明确地、令人信服地进行这一斗争的。在听他演讲15分钟后,引起我注意的原因就在于此。"

在之后的几个月里,随着罗森堡的文章在埃卡特的周刊和其他民族与种族主义的刊物上的相继出现,两人便互相亲近,彼此倾慕。令希特勒印象特别深刻的是,罗森堡说,布尔什维主义不外乎是犹太人征服世界之庞大的全球战略的第一步而已。最后的"证据"是在具有历史意义的霍夫布劳斯大会后一天拿到的。那天,《人民观察家报》发表了《复国长者之议定书》。这份议定书被认为是"复国长者"在瑞士的巴塞尔举行的旨在阴谋征服世界的24次秘密会议的书面报告(这份《议定书》是在反犹主义的温床法国草拟的,草拟人是沙皇的奸细,几年后即在19世纪末发表于俄国。在德国首次发表的时间是在停战协定签订后一年,发表在一俄国移民杂志上,未产生重大影响。它原是业余的伪造文件,却被威廉二世和尼古拉二世奉为福音。在俄国皇室被屠杀后,在埃卡特林堡沙皇之住地发现了一本《议定书》、一本《圣经》和一本《战争与和平》)。《议定书》是希特勒对犹太人存在偏见和恐惧之佐证,也是他与罗森堡的关系的转折点。此后,希特勒便将罗森堡关于警惕布尔什维主义之说牢记在心,而迄今为止仍属枝节的共产主义问题,也逐渐在党的信条中加重了分量。

接受《议定书》的也绝不止希特勒一人。那年5月,伦敦的《泰晤士报》发表一篇长文,该文声称,此《议定书》系犹太人为犹太人而写的真实文件,应认真对待。反犹主义原系主张信奉基督教的人们首先鼓吹的;《议定书》不仅在全欧各国流传,而且流入并发表在南北美洲,这就加剧了心怀恶意的反犹主义。几个世纪以来,天主教徒们所受的教育是,耶稣是被犹太人杀害的;第一个新教徒马丁·路德也攻击说,犹太人不仅把上帝变成了魔鬼,其本身就是"瘟疫、流行病、不折不扣的灾难"。总之,犹太人是基督教和全世界的大敌,必须用断然措施予以对付。

希特勒对犹太人之仇恨,主要来自他自己在战争的末期以及之后的革命时期所做的观察(具有讽刺意味的是,希特勒此时的房东埃尔兰格竟是个犹太人,而他也有愉快的回忆:"我常在楼梯和门口碰到他——他总在往本子里写什么……他从未使我感到他因为我是犹太人而抱持异样的眼光。"),而他从罗森堡、图里会,或从戈比诺、路德以及其他著名的反犹主义者那里得到的东西,仅仅支持了他自己的结论而已。从这些人那里,他不过是取自己之所需罢了。或许,给他影响更深的还是那些小册子和满嘴喷毒的、反犹的低级右派报刊。自早年(在维也纳)以来,他对这些低级下流的文章就生吞活剥。这些低级文学所播下的种子，终于在1920年8月13日在慕尼黑著名的霍夫布劳斯群众大会上结出了果实。

他以"我们为何要反对犹太人"为题，滔滔不绝地讲了两个小时。一开头他就明确宣布，只有他的党"才能将你们从犹太人的权力中解放出来"。他详细地阐述了犹太人如何自中世纪以来就在污染社会。他的演讲虽没有什么独创和韵律，宣传效果却非常显著。他的反犹思想原是出自他个人的东西，并非是历史使然，但他却有将历史事实与眼下发生的事件巧妙地结合起来、恰到好处地煽动仇恨情绪的天才。他的话常被表示赞同的掌声和笑声所打断，听众十几次为他热烈鼓掌。当他把犹太人视作游牧民族，专干"拦路抢劫"的勾当时，听众的反应尤其狂热。

与精心策划的谴责相比，希特勒早年对犹太人的攻击简直是小巫见大巫。他首次公开攻击说，犹太阴谋具有国际性，他们所主张的各民族一律平等以及国际团结，不外乎是瓦解其他民族的士气的阴谋。先前，他称犹太人为卑鄙、不道德的寄生虫；今天呢，在他的口中，犹太人成了破坏者、强盗和企图"破坏所有民族"的害人虫。希特勒号召全面顽强奋战，东西方的犹太人，不管是好是坏，也不管是贫是富，统统都一样，毫无区别，因为这是反对犹太种族的战斗。"全世界无产者联合起来！"这一口号已不再适用。战斗口号应该是"全世界反犹的人们联合起来！""欧洲人民求解放！"总之，希特勒所要求的是"彻底解决"。这点他虽提得模糊，但很凶恶："把犹太人从我们人民中间清除出去！"在反犹道路上，希特勒早已迈出了一大步。当年早些时候，《慕尼黑邮报》对希特勒模仿并嘲笑犹太人一事觉得好笑："阿道夫·希特勒活像个喜剧演员，他的演说像杂耍。"而这次的演说使这家报纸清醒一些了，它承认了希特勒在讲坛上的魔力。"你们必须相信，如果说希特勒有件事是值得一提的，那就是，在慕尼黑，鼓动暴民最有能耐的就是他。"

然而，他远不只是个捣乱者，也不只是对种族主义者发出号召。对他之采取积极行动反犹的号召感兴趣的，还有那些以建立大帝国为最终目标的人——受人尊敬的中产阶级的中年市民们。早在1913年，这些人对"泛德团"总裁汉利希·克拉斯所讲的一席话就深信不疑。"犹太民族是一切危险之源。犹太人与日耳曼人水火不相容。"克拉斯声言,会有人起来领导他们反犹的,"我们在恭候元首!耐心!耐心!他会来的。要坚持,好好工作,团结起来!"

希特勒这一时期的演讲提纲表明,他是何等畏惧犹太人。"嗜血成性的犹太人!斩断人民的精神领导。俄国的停尸场。""犹太人作为独裁者与今日之德国、民主与独裁之战斗——不,是犹太人与日耳曼人之战。这有谁明白?""通过股票市场和投机产生的和平(通货膨胀)时期之饥饿,对奢侈品之需求,等等。谁得利?犹太人……为大规模疯狂所做的灭绝种族之准备可由大规模之需要——饥饿——加以证明。饥饿历来就是武器。饥饿为犹太人服务。""世界革命意味着全世界向世界交易所的主人——犹太人——之独裁投降。"

从这些引语中可看出,希特勒之恐惧与仇恨正在发展成为一种政治哲学。与此同时,他尚处于朦胧状态的外交政策概念也在形成。那年9月,他对听众说:"我们的手脚被捆住了,嘴巴也被堵住了。即使丧失了抵抗能力,我们也不惧怕与法国交战。"此外,他还考虑了与外国结盟问题。不久他宣称:"对我们说来,敌人端坐在莱茵河彼岸,不是在意大利或别处。"还有,他首次公开攻击了犹太人的国际主义——这也许是受罗森堡和《议定书》的启发的结果。他把犹太人与国际主义等量齐观,选择意大利为盟国以反对法国;这些虽是初步的概念,但却也表明,他正为制定一个既合乎逻辑又行得通的外交政策而呕心沥血。他从硝烟弥漫的战场上带来的是前线战士固有的信念与偏见;从一系列给人们带来创伤的红色革命中得出的是老百姓的固有的信念与偏见。现在呢,他终于在梳理自己的系统了。但是,他的首要目标,即自从他在维也纳的苦难岁月中挣扎时就时隐时现的、对犹太人的仇恨,却完全不是固有的。

在实际政治领域内,阿道夫·希特勒在加快步伐。几乎是赤手空拳,他就扩大了党的基础——这个党现在已以"德国国家社会主义工人党"命名。他希望,这个名字将给人们以鼓舞和激励,吓倒胆小鬼,吸引那些愿为自己的梦想而流血的人。

出于同样的精神,希特勒坚持自己的党旗要能与共产党鲜红的旗帜并驾齐驱。"我们所需要的旗帜要红得超过他们。"德莱克斯勒回忆说,要超过赤色分子,但"又大不相同"。最后,有个来自斯坦伯格的牙医交来一面旗帜,是当地党建立时使用过的一个卐字,背景是黑、白、红三色。卐字——在梵文中其意为"包罗万象"——长期以来就是条顿武士的标记,兰斯·冯·莱本弗尔斯使用过,"图里会"使用过,"自由兵团"许多单位也使用过。多少世纪以来,它不但代表欧洲人,而且也代表北美一些部落的日轮或生命之始末。此后,也许是永远,卐字将得到某种罪恶的含义。

卡普起义,以及德国中部共产政权之被消灭,使社会主义事业摇摇欲坠。埃尔伯特及其"社会主义多数派",由于采取机会主义的立场,利用"自由兵团"的部队去反对普尔区的工人,使他们与左翼"独立社会主义者"之间的鸿沟加深了。1920年秋初,叛逆者——内部又分裂为亲共和反共两派,两派旗鼓相当——在哈勒集会5天,目的在于决定"独立社会主义党"未来之发展方向以及该党与第三国际的关系。大会的发言者,最鼓舞人心的是第三国际的领导人、来自莫斯科的格利戈里·季诺维也夫。苏维埃派他前来的目的,是要把人数几乎达90万的德国社会主义者推向极左。在长达数小时的发言中,他讲的"是有点结结巴巴的德语,其结果却提高了他的讲话效果"。他的演讲,博得亲共分子的热烈掌声。

接着,左右两翼展开了激烈的辩论。有些观察家觉得,后者的论据比较充足,但世界革命的思想却又令人兴奋,无法抗拒。会上,237票赞成加入按列宁的条件组成的第三国际。投票反对的有156人,投票后,他们集体退场。未退场者,大多数变成了共产主义分子。

有个代表带着惊诧和觉醒离开了哈勒。此人名叫奥托·斯特拉塞。在听季诺维也夫演讲时,他越听越烦,越听越担心。他说,"听来像是新的救世论",由莫斯科统治德国。斯特拉塞及其一个兄长格里戈尔曾长期抱有社会主义梦想,两人均准备毅然承受激烈的改革——但不是受外国左右的改革。他们所追求的是德国式的社会主义。这点,奥托觉得,只有在革命的"独立社会主义党"人中才能找到。

在哈勒大会后,奥托成了无党派人士。他心烦意乱,决定前往兰舒特与其兄长磋商。格里戈尔组织了一支"自由兵团"式的私家军,拥有步兵、炮队和一个机枪连。格里戈尔承认,没有什么比俄国人更危险,但又没有哪个政党能成功地反对他们。"光说一点用也没有,"他说,"只有行动。"关于这个问题,马上有两个重要的客人前来讨论。

据奥托·斯特拉塞说,次日上午,一辆大轿车在他哥哥的药店前停了下来。车内出来两个男人。奥托认出了第一个,是所有民族主义者心目中的英雄鲁登道夫。在他身后不远处,有一个脸色苍白的青年,他留着一把又粗又短的胡子,身穿一套不合身的蓝外衣,"像营长的通信员"。此人就是希特勒。"我们必须把所有民族主义的团体团结起来",鲁登道夫将军宣称。政治训练嘛,由希特勒先生负责。鲁登道夫本人则接管这些民族主义组织的军权。他要格里戈尔本人及其突击队"服从我的指挥,并加入希特勒先生的党"。

希特勒答应让格里戈尔担任全国第一个区党部领导人,并将下巴伐利亚交给他,奥托对希特勒却不以为然。他插嘴问道,德国国家社会主义工人党的纲领是什么?"问题不在于纲领",希特勒说,唯一的问题是权力。奥托对此反驳说,权力不过是实现纲领的手段罢了。"这些都是知识分子的意见,"希特勒简略答道,"我们需要权力!"很明显,希特勒并不喜欢奥托,片刻后便指责他与赤色分子同流,反对卡普政权。

奥托立即予以反驳。自称为国家社会主义者的人,怎么能支持像卡普那样的反动分子?他解释说,他作为一个社会主义者曾在柏林奋斗,就像希特勒曾在慕尼黑反对苏维埃统治一样。各自的道路似乎都是正确的,他才是真正的国家社会主义者。

鲁登道夫插话了。"民族主义反对派的政治不可能是共产主义政治,"他说,"也不可能是资本主义政治。"他这一席惊人话语顿时使原本沉闷的会场氛围为之一新,会晤也就在友好中结束——但格里戈尔未作肯定的答复,他要思考一番。当晚,格里戈尔对弟弟说,他已下定决心与鲁登道夫和希特勒会师,即使他对希特勒的印象不深。"将军会恰到好处地安排他的,"他说,"在这方面,我信任鲁登道夫。"

希特勒拒绝向奥托·斯特拉塞透露党纲,其原因不在于他难以启齿,而是因为他太顽固,不愿与曾反对过卡普的"卖国贼"讨论这一问题。还有,希特勒此行的目的是要争取格里戈尔和他的部队。在分别时,他感到,这两者最终肯定会加入他的阵线。格里戈尔·斯特拉塞与他同属一种人,都是上过前线的下级军官;与他一样,也曾获得一级铁十字勋章;很明显,他也是个有信念的人;是个炽烈的民族主义者,既反对马克思主义也反对资本主义,且认识到,犹太人是这两者的"脊骨和大脑"。

自他加入小小的德国工人党以来,争取格里戈尔·斯特拉塞不过是希特勒完成的一项业绩而已。不到一年时间,他不但改变了党的性质,而且还将党员人数提高到近3000人。他把所有时间都奉献给了德国国家社会主义工人党。他到处游说,使他本人和党均相当出名。他曾作为主讲人出席过约80次群众集会,在卡普起义期间曾与埃卡特一同前往柏林,曾在国家社会主义者萨尔茨堡大会上讲过话。

讲坛上所取得的成功并未冲昏希特勒的头脑。其实,他常在自己室内踱来踱去,不断向他的警卫乌尔里希·格拉夫(原是个屠夫)抱怨自己无能,"不能出去,把自己所知道的告诉人民,把自己想做的事情告诉他们。能演讲就好了!能演讲就好了!"他常常这样高喊。由于对自己的演讲方法和群众大会的掌握方法均不满意,他便顽强地对这两者实行改革。为此,他参加过对手的群众集会,并发现对方的主讲人在演讲时,"其风格有如妙语连珠的报刊文章,又有如科学论文,没有激烈的言辞,还不时有些小笑话"。这种冗长的集会使他懂得了该忌讳的是什么。他把自己的演讲搞得既生动活泼又具有鼓动力,气氛也因实事求是而亲切,常有免费的啤酒、香肠之类供与会者享用;有时,若党的经费许可,还有手风琴演奏和民歌助兴。然后,心理上的火候一到,希特勒本人便在奏乐声中和舞动的卐字旗群中出场。通常,他开讲时总是心平气和。然后,如同一个演员一样,他善于觉察听众的感情,按听众的需要调整演讲方法与内容,使会议达到高潮,使听众情绪失控。

群众集会的成功并未使希特勒满足,他需要一个更广阔的论坛——一份自己的报纸。原来那份《人民观察家报》由于诽谤言论太多,早已处于破产边缘。这份报纸正是他所需要的,而财政危机也正是他期待已久的时机。12月17日清晨两点钟,希特勒突然闯到埃卡特的住处,激动万分地宣称,观察家报社由于债务过多,必须将《人民观察家报》卖掉,但有落入外人之手的"危险"。有个分裂主义者企图将它买来作为宣传自己的纲领的论坛。党必须将它买过来。出价是便宜的——仅18万马克。希特勒确信,埃卡特肯定能在有钱的朋友中凑足这笔钱款。

次日上午8时,德莱克斯勒出现在埃卡特的门前。对一个具有后者生活习惯的人来说,这是个有苦也难言的时刻。"起初,"德莱克斯勒回忆说,"他发了一通脾气。后来,我们便一同外出。"至中午时分,他们已从冯·埃普将军处(埃普的"自由兵团"各部曾于1919年协助推翻了慕尼黑的苏维埃政权)募得6万马克,从其他捐款人中(包括一名反犹的医生在内)募得3万马克,德莱克斯勒本人承担了该报10万多马克的债务。当日下午4时,购买《人民观察家报》之登记手续便办理妥当。到此时,希特勒及其德国国家社会主义工人党——主要是靠了一个行为古怪的作家和一个工具制造者的帮助——已为下一步的跃进做好了准备。

一个月后,即1921年1月22日,德国国家社会主义工人党在慕尼黑召开了第一届年会。在一年多一点的时间里,在巴伐利亚的右派政治力量间,工人党已发展为一股具有相当实力的势力。这主要是因为希特勒具有磁铁一般引人的个性和迷人的魅力。还有,希特勒之演讲才能,把原来的组织从清谈引向行动。大多数党的创始人,包括德莱克斯勒在内,对这一转变都备感关切。他们虽然感激希特勒为毫无生气的党带来了活力,但又觉得这是否值得。在极短的时间内,罗姆、斯特拉塞兄弟、罗森堡他们带来的,可以肯定,是暴力的预兆。希特勒的许多私交和同人,对这些老兵都非常反感,他们觉得,他的波希米亚同僚太多了。还有,哪一个真正的社会主义者会与银行家、企业家以及像贝希斯坦那样的社会主义者保持如此亲密的关系?

表面看来,第一届年会似乎是希特勒发动叛乱,公开夺权。权力对他而言唾手可得是合乎逻辑的。因为只有411名代表响应前往慕尼黑的号召,希特勒耐住了性子;另外,关于政策和策略方面的越来越大的分歧,普通党员也不甚了解。因此,表面上大会似乎仍很团结,但知情人却明白,大会在明争暗斗。于是,大家便齐心协力,准备12天后让希特勒在济尔库斯-克罗纳成功地露面。

那年冬天,日子特别难熬。在德国全境,抢粮事件此起彼伏。巴黎"盟国最高军事委员会"向德国索取巨额战争赔款更加剧了社会混乱,处于破产边缘的德国,需支付1340万金马克的战争赔款。许多人已在寒冷中生活,饿着肚子。据说,年工资额仅够工人糊口,连中产阶级也得过苦日子。

由于群情激愤,各主要政党均在考虑是否在科尼希广场举行联合抗议示威。这一行动因害怕赤色分子将他们分裂,后来被取消了。2月1日,希特勒要求做出最终决定。行动委员会因组织不充分,答复他们"拟"在一周内举行大会。"听到这点,我已忍无可忍,决定独自举行抗议示威大会。"当日中午,希特勒便在皇冠马戏院订好了次日晚上的大会场地——马戏院经理是党员,据说,他向希特勒收费低廉,甚至免费——之后便口述了一份华而不实的海报内容。许多忠实的党员都为之作呕。马戏院可容纳观众6000名,由于时间紧迫,不可能有更多听众前来。

海报直到星期四上午才张贴出去。当日雨雪交加,希特勒本人也为之发愁,匆匆口述了传单内容,便派人送去付印。下午,他们坐上两辆租来的卡车,张灯结彩,打着卐字旗,在城里游荡。每辆车上有十多个党员,他们一边喊口号,一边撒传单。在慕尼黑街头出现非马克思主义者的宣传彩车,这还是首次。在某些工人住宅区,他们受到的"欢迎"是举起的拳头和愤怒的喊声。

7时左右,希特勒收到了从皇冠马戏院打来的、令人沮丧的电话:大厅里听众寥寥无几。10分钟后,情况稍好;至晚上7时45分,厅内四分之三的座位已被坐满,票房门口还排着一条长龙。希特勒进入演讲大厅时,与一年前的霍夫布劳斯一样,他"满心欢喜"。"大厅里挤满了成千上万的人。它像一颗巨型炸弹,横卧在我跟前。"整个马戏院都黑压压地挤满了人。

"前途或毁灭"——这是他演讲的主题。他满心欢喜,坚信自己的前途就寓于眼前的人群中。开讲半小时后,他已与听众沟通,知道听众是属于他的。"自动爆发的掌声"开始打断他的演讲。之后,会场一起沉寂,极为庄严。"在这巨大的人群中,你所能听到的,莫过于呼吸声。最后一句话一完,场内立刻爆发了雷鸣般的掌声。人们用最人的热情高唱《德意志土地》,大会就在合唱的歌声中结束。"使人们的感情像洪水般倾泻出来的希特勒,自己也被此情此景陶醉了。他在讲台上呆呆地站立了20分钟,目送着人们退场。之后,他兴高彩烈地出门步入雨雪中,回到自己又黑又冷的小屋内。

希特勒在皇冠马戏院的表演,在慕尼黑报界既受到嘲笑,也受到赞扬。辱骂和褒奖同样令他高兴。他觉得他遭受反对和猛烈攻击的情况也表明,他已触动了人们的内心。尽管骚乱由他而起,希特勒却成了颇受尊敬的民族主义势力的宠儿。民族主义者当时正把慕尼黑变成其首府,且得到警察局长及其下属即政治处主任的秘密支持。平时,人们纷纷向警方投诉说,当警方未能预先下手时,党破坏了和平,要求保护纳粹,等等。这两名官员尽力将这些暴怒压了下去。"我们明白,这个运动,即国家社会主义工人党……是不该被镇压的。"3年后当希特勒受审时,他们出庭作了证。"我们确实那样做了。我们有意克制自己,因为我们在党内看到了德国再生的种子。我们一开始便坚信,这个运动最有可能在深受马克思主义之害的工人中生根,并把他们争取到民族主义的营垒中来。我们保护国家社会主义工人党和希特勒先生的原因就在于此(保护激进右派势力的还不止这些人。即使希望遏制希特勒的军人,以及法官、警官、国家和地方官员,对卷入暴力的民族主义者也表现得相当公正。从1919年1月至1922年6月,发生在德国的376宗政治谋杀案件中,22宗系左派所作,354宗为右派所作。左派平均监禁达15年之久,而右派却只监禁14个月。10名左派分子被处死刑,右派却一个也没有)。"

巴伐利亚政府也多少给了他一些官方承认。希特勒和其他党的领导人受到了右派总理古斯塔夫·里特·冯·卡尔的接见。这位总理致力于维持巴伐利亚的奇特的地位,使之免受魏玛政权的侵犯。巴伐利亚仍保持许多自治权(例如,它有自己的邮政系统)并继续抵制愚昧的北方佬发来的任何指示。在这件事上,希特勒与卡尔找到了共同的基础。虽然卡尔在许多问题上与这个"狂暴的奥地利人"有分歧,但他感到在自己与魏玛的斗争中,德国国家社会主义工人党的这个领导人是有用的宣传工具。

卡尔的友好接待使公众注意到,希特勒现在已代表一股政治势力。希特勒是欢迎的,因为他与"老头子"的分歧现正向白热化发展。由于希特勒本身的吸引力颇强和群众对他们的兴趣颇浓,他已变成了知名人物。这情况表明,他不但改变了党原来的目标,而且也有意夺取党权。因此,他的政敌便利用他在柏林之机（他拟在该处加强与保守分子、民族主义分子和右翼激进分子的联系），与奥格斯堡的一群社会主义者结盟。这似乎并无害处，但希特勒意识到，这是狡猾的一招，目的在于削弱他的影响。他急忙赶回慕尼黑，乘其不备，发动反攻。7月11日，他宣布退党。3天后，他将退党原因以最后通牒的形式提交给全体党员。他提出，除非他出任党的主席并被授予独裁的权力，否则不再返回党内。"我之所以提出这些要求，"他说，"不是因为我对权力如饥似渴，而是因为近日的事件使我加倍相信，如果没有铁一般强硬的领导……党便会在短期内失去其原来的性质：一个国家社会主义的德国工人党，不是西方的某个协会。"这是希特勒从战争中带回的思想——领导原则，对指挥官绝对服从——首次明确出现。

希特勒让行动委员会在18天内采取行动。德莱克斯勒怒不可遏，拒绝妥协。由于当时党内又在散发一本匿名的小册子，形势便更加严重了。这本小册子名叫《阿道夫·希特勒——叛徒？》，是事实与幻想混为一谈的捏造，旨在中伤。但是，大部分内容——例如，希特勒称自己为"慕尼黑之王"，在女人身上浪费了大笔金钱，是犹太人花钱雇用来的之类——都太荒唐可笑，连作者本人也不会相信。

18天的期限过去了，德莱克斯勒和委员会仍继续拒绝行动。看来，希特勒的讹诈是要失败了，但是，在最后一次的秘密会议上，埃卡特劝说德莱克斯勒妥协奏效。德莱克斯勒继而说服了其他执行委员，理由是，除希特勒外，他们仍可组成一个小组。于是，他们便正式通知希特勒，答应赋予他所要求的独裁权，并用华丽的辞藻，请他出任党的主席，以表彰"您之异乎寻常的学识，您为本党之成长做出的不平凡牺牲和光荣的贡献，以及您之不平凡的雄辩口才"。

为让希特勒正式就任党的主席，行动委员会决定于7月29日召开一次特别大会。大会由一名叫赫尔曼·埃塞的巴伐利亚人主持。尽管希特勒比较年轻，但埃塞还是成了元首的心腹顾问之一。埃塞喜欢与女人交往，并以此著称，希特勒称他是一条"必须拴链的猎犬"。会上，他将希特勒介绍给听众。接着，希特勒便宣称，为使本党不致蜕变为茶馆，他曾反复进行斗争。"我们并不希望与其他组织联合，"他说，"我们坚持让他们合并起来，这样才能保持领导权。谁不接受,可以走。"这话是针对奥格斯堡小组和其他城外人说的。"我们的运动源于慕尼黑,也要在慕尼黑进行下去。"在结束讲话时,他再度重申与德莱克斯勒的友谊,并说,他准备就任党的主席。投票结果是:543票赞成,1票反对。

希特勒及其武装的波西米亚人掌握了德国国家社会主义工人党的绝对权力后,德国工人党的所有传统全被抛进大海,因为党的精英完全同意,在旧的基础上是无法建立新秩序的。党内不允许再出现议会式的辩论和民主的秩序。此后,他们将恪守绝对服从原则。

与此同时,希特勒用不显示权力的办法,极力抚慰"老头子"。他未颁发总令,也未加强纪律。相反,他于当年夏天在慕尼黑忙着加强党内的支持力量,并悄悄地将原用来维持政治大会秩序的那个招之即来且手段凶狠的小组,扩充为一支组织严谨、身穿制服的编外部队。这支编外部队于8月初建立,名曰"体操运动师"。据党内一份公告称,建立该师的目的"是要将青年党员纳入一强大的组织,利用他们作为进攻力量,供党指挥"。两个月后,它获得了一个较能说明问题的名字:冲锋队。就希特勒而言,冲锋队不外乎是维持秩序的一种政治工具。同时,由于他们身穿制服在街上巡逻,可在热爱纠察的市民面前,炫耀一番。但是,冲锋队队长罗姆却将它看作是一支真正的武装力量,是自己的私家军。冲锋队的核心是"自由兵团"各部,他们对早期的战歌也略作修改:

> 头戴卐字盔,
> 臂戴黑白红袖章,
> 希特勒冲锋队,
> 我们的名字多响亮!

由于建立了一支私家军,党这个工具又完全受他控制,希特勒便准备将党引上一条新的、更加"革命"的道路。在之后数月内,他调唆起一系列的公开挑衅事件。这次骚动开始时,从表面上看,所有行动都是无意的:街上某犹太人受袭击,不满地挥舞旗帜,散发小册子,还有一些小的争吵,等等。然而,继这些小小的扰乱治安行为后,1921年9月14日却发生了一件大事,事情发生在"巴伐利亚团"在罗文布劳酒店召开的会议上。"巴伐利亚团"是个联邦主义者的组织,它接受魏玛政府的社会纲领,却反对其集权主义。正当该团的领导人,被希特勒看成是其"最危险的反对派"的工程师巴勒斯特开始演讲时,希特勒大踏步进场。在此之前,大批便衣冲锋队员已被安插在前排听众中。见希特勒进来,他们全体起立,高声喊叫,为他助威。数以百计的安插在听众中的党的追随者也加入了助威的行列。赫尔曼·埃塞登上一把椅子,大声呼喊说,巴伐利亚目前之落后状态完全是犹太人造成的。此话一出,听众便同声高喊,要求巴勒斯特"将发言权让给"希特勒。为了防止争吵,有人关上了电灯,结果却是混乱。灯火重新亮后,冲锋队涌上讲台,将巴勒斯特团团围住,将他痛打一顿,并抛进听众席里。

在警方调查此次扰乱事件时,希特勒毫无悔改之意。"没有什么,"他顽固地说,"我们达到了目的。巴勒斯特没有讲话。"事情并未就此结束。希特勒与埃塞二人得到通知,他们将因扰乱治安而受到审判。对他俩审判所激发的却是暴力。11月4日,当希特勒在慕尼黑的霍夫布劳斯酒馆演讲时,暴力事件爆发了。晚7时45分,希特勒进场时,大厅里挤满了800多人。妇女们被通知坐在前排,尽量远离太平门。这番警告并未把马格达莲娜·施威耶太太吓走。她是希特勒住所对面一家蔬菜水果店的老板娘,也是希特勒的忠实追随者。"我十分激动,并不真正害怕。麻烦就在眼前,这是明显不过的。厅内多数人都是赤色分子。"事实上,来自马非工厂、伊萨利亚仪表厂和其他工厂的怀着敌意的工人,在人数上远远超过了希特勒的追随者。另外,党也不再享受巴伐利亚政府的暗中保护,因为总理冯·卡尔已被迫辞职,让位给了更温和的温和派。

希特勒发现,社会民主党人比他来得更早,且占了大部分位子,便下令把所有门关闭。他对冲锋队员们(约有50人)说,他们效忠运动的机会到了,"除非死后被抬出去,否则,我们谁都不准离开大厅"。他们的理论是,进攻是最佳防守,所以,一发现暴力的迹象,就立刻袭击。"回答是三声'万岁!'一声比一声粗。"希特勒这段带浪漫色彩的叙述,在他的追随者的回忆中也得到反映。如同希特勒毫无疑问是这样看待自己一样,他的追随者们也是这样看待他的：必须靠战壕里出来、具有钢铁般意志的战士,才能为祖国恢复荣誉和光荣。

正当希特勒朝讲台走去时,工人们高声喊叫,以示威胁。希特勒置之不理,继续前行。此时,赫尔曼·埃塞已站在前边的一个讲台上,叫大家安静,准备开会。他跳下台,希特勒登台开讲。开始时,会场上传来"呸"声,但是,即使前来讥笑的人们也不得不洗耳恭听。这样,他便在不受干扰的情况下,讲了半个多小时。不过,他的对手们正在等待时机下手——他们把不计其数的啤酒瓶子藏在桌下,以充当武器。猛然间,某人打断了他的演讲,希特勒大声反驳。大厅内,愤怒的喊声此起彼伏。有个男人跳上椅子,高喊:"自由!"有个啤酒瓶朝希特勒脑袋飞去,接着又有七八个飞将过来。"蹲下!"前排的小伙子们朝妇女们喊道。施威耶太太应声蹲下。"除了怪叫声,啤酒瓶的乒乓声,扭打声,被推翻的橡木桌椅声和木椅的折断声,你什么也听不见。厅内,他们大打出手。"出于好奇,她抬头一望,只见希特勒仍站立不动,尽管啤酒瓶在他周围四散乱飞。数量上处于劣势的冲锋队员们大显身手,凶狠扭打,不到半小时,敌人全被赶下了楼。看上去,厅内好像刚挨过炸弹似的,桌椅全被打翻,到处都是啤酒瓶。在嘈杂声中终于传来了赫尔曼·埃塞的声音:"继续开会。请发言人继续演讲!"

希特勒继续演讲时,他的冲锋队员们有的在包扎伤口,有的被抬了出去。希特勒讲毕,掌声四起。就在这时,一位警察急急忙忙跑了进来,大声喊道:"散会!散会!"

霍夫布劳斯的争吵向希特勒证明,只有不惧怕使用武力者才能取得成功。那晚的胜利使希特勒及其德国社会主义工人党威震四方。但是,随着党员人数的增加,诚实善良的市民们便要求结束这些不文明的行为。巴伐利亚新政府也急于遏制希特勒,但又需要确实抓住希特勒挑衅的把柄。新政府发给希特勒一张携带手枪的许可证,以示公平较量。

炫耀武力是全德国的民族主义者和民众对他表示不满的先兆。那年早些时候,德国拒绝了盟国增加战争赔款的要求,法军和比利时军占领了杜伊斯堡和杜塞尔多夫,以示制裁。两个月后,盟国发出最后通牒,要德国每年支付20亿马克,连同德国出口总额的25%作为赔款。通牒还同时威胁说,若不答应，他们便将鲁尔区全部占领。

温和而保守的内阁决意不从，但此时已由政府控制的"中央党"却屈从于盟国的要求。这个投降行动激怒了像希特勒那样的民族主义分子。他们发动了一系列暴力行动，包括暗杀"中央党"的领袖、签署停战条约的"罪犯"马西阿斯·埃尔茨伯格等。那些要求维护法律与秩序的德国人，许多都把杀人凶手当作英雄来致敬。

1921年底，"国联"宣布波兰将收回上西里西亚（五分之四的矿山和重工业均在该处）。这又成了激怒民族主义分子的新的原因。冬季来临和马克贬值，以及由此带来的种种困难，都加剧了德国人的不满情绪。1922年的复活节，外交大臣霍尔德·拉德诺突然转向东方，在拉巴洛与苏联签订了条约。这又使暴力的气氛加剧。反布尔什维克的希特勒之流，由于不懂得这一联盟对他们振兴帝国的事业所带来的好处，对此举愤怒万分。德国从政治孤立中振兴，对西方盟国是个严重打击。对此，他们硬是视而不见。

俄国同意与德国恢复外交关系，放弃彼此向对方提出的赔款要求，并恢复贸易。如事先未与对方商量，一方不得与第三方签订会影响对方的经济协定。俄国需要现代技术；德国则决心违背《凡尔赛和约》限制军事力量的条款而又不引起设立在其领土上的国际限制委员会的怀疑。列宁早已要求德国协助苏联改组红军，而国防军的领导人汉斯·冯·塞克特将军也巴不得同意。于是，两国的军方便加紧联系，来往密切。小小的德国军队开始训练红军，还从中学到了使用特种武器的知识。

这种合作的范围多广，影响又有多大，批评拉德诺的人是无法计算出来的。尽管他与苏联签订的条约给德国的重新武装带来了巨大的推动力，他自己却被要求德国必须拥有一支强大的军队的德国人说成是个赤色分子，原因是他与苏维埃勾结。这是在给他脸上抹黑。事实上，由于他决心遵守在《凡尔赛和约》中许下的大得可怕的经济诺言，他早已成了对西方奴颜婢膝的象征。另外，他是个有钱的犹太人，纳粹又攻击他暗中为犹太人统治世界出谋划策。6月4日，这位天才的爱国者被两名"自由兵团"前成员用强盗式的办法暗杀。

同一天，巴伐利亚最可怕的行动分子交上了厄运，被捕入狱。希特勒对其追随者说:"约 2000 年前,耶路撒冷的一群暴徒也是这样将一个人拖赴刑场。"话刚说完,他就被抛进斯达德廉监狱,罪名是煽动暴乱。狱卒领他进了一间带洗手间的牢房,"友善地"指出,这间房子曾有许多名人住过,例如巴伐利亚著名戏剧家路德维希·托马,革命家库尔特·埃斯纳。拉德诺被害的消息并不使希特勒特别高兴。这种孤立的报复行动,在他看来,是微不足道的;此次的行动却给他上了一堂安全课。此后,他的车后装上了探照灯,使任何跟踪车辆的司机"睁不开眼"。

由于此次暗杀,魏玛政府仓促制定了一部《共和国保护法》。这是一部严酷的法令,旨在阻止激进右派的恐怖主义。它遭到了巴伐利亚形形色色的民族主义分子的强烈反对。就在吵得不可开交时,希特勒从斯达德廉出狱。在与狂暴的政治舞台的隔绝期间,他不得不重新检讨其沸腾的思想。在约五星期的监狱生活中,除看书和思考外,别无他事。这使他得以将他对犹太人的憎恨和恐惧变成比较系统、目的性比较明确的理论。一出狱,他便不失时机地参与攻击《共和国保护法》。出狱当天,他便作了一次生平最锋利的演讲,题目叫"自由国家还是奴役"。表面上,这是针对新法的,实际上却是对犹太人及其独霸世界阴谋的痛斥。对犹太人为什么及如何取得了这样的权力,他使用的材料从未如此丰富,效果从未如此强烈,也从未如此"合情合理"地解释过。

在布尔格布劳酒店,他对听得津津有味的听众说,在民族主义和民间力量的理想与国际犹太主义的理想间,一场激烈的斗争正在全欧洲猛烈展开。社会民主和共产主义的奠基者就是犹太人,控制股票交易所和工人运动的还是犹太人。说到这里,希特勒模仿舞台上的犹太人,做了一个耸肩的姿势,博得了一阵会心的掌声。他继而宣称,犹太人是破坏者,是强盗,是剥削者。还有,布尔什维克的犹太主义正准备决战,且怀有两个伟大的目标:"使国家解除武装,使人民解除精神武装。"(1922 年时的希特勒,其反犹主义之深入与恶毒,在当年他与熟人约瑟夫·赫尔的一次谈话中就泄露了出来。赫尔问希特勒,如果他有对付犹太人的全权时,将做些什么?希特勒顿时失态。"他的视线移开了我,"赫尔回忆道,"他望着某处,说话声渐渐增大。他全身抽搐,大声喊叫,好像我是一大群听众似的。'如果有朝一日我真正掌了权,我的第一项也是最重要的一项工作就是消灭犹太人。我一旦掌权,就会大竖特竖绞刑架,例如,在慕尼黑的马里安广场——只要交通允许,就尽量多竖,将犹太人一个个绞死,把他们吊到发臭,能吊多久就吊多久,只要不妨碍卫生。这群解下来后,再吊另一群,如此不断下去,直到慕尼黑最后一个犹太人被消灭为止。其他城市也将如此效法,直到全德国的犹太人都被洗刷净尽!")为此,犹太人就得把敢于公开抗议的人的嘴堵上。在如此这般地斥责犹太人达一个多小时后,希特勒才转入正题。"我们知道,今天从柏林传来的所谓《共和国保护法》,不过是压制批评、不让人讲话的手段而已。"但是德国社会主义工人党的嘴是封不住的。他公开号召直接采用暴力。"所以,在本人结束讲话前,希望你们中的年轻人做点事情。这有特别的理由。原来的党只是训练年轻人的口才,我则要训练他们使用体力。我告诉你们:凡是找不到通向人民命运的道路的青年,在使用了最后的手段后,就会真正找到。如果只研究哲学,在这样的时刻一味埋头于书本,或在家中炉火旁闲坐,他就不是一个德国青年!我号召你们,加入冲锋队!"

他警告说,他们的命运将会十分艰难,赢得的东西没有,失去的却是一切。"与我们一起战斗的人们,得不到什么桂冠,尤其得不到什么物质好处,更有可能在牢房里了却一生。今天当领袖的,必然要有理想。如果只是为了领导谁去反对谁,那么,一切就好像是不谋而合。"他之为理想而牺牲的号召使听众欣喜若狂。

在此后的两个星期里,希特勒继续不断攻击新法,到8月16日,他成了科尼希广场群众示威集会的明星人物,这次大会原系由"祖国联合阵线"召开,有慕尼黑各爱国社团参加联合抗议魏玛政府的新法令的大会。在希特勒一群人到会之前,会场比较安静。突然,远处传来了两个吹奏乐团的动人的乐声。接着,一队队带卐字臂章的人们列队正步进场。他们共排成6个纵队,打着15面社会主义工人党的旗帜。不到几分钟,广场上便挤满了激动的人群,共有1.5万人之多!

希特勒走上讲台时,掌声并不热烈。他沉默地站立了片刻。之后,他开始演讲。起初,他讲得心平气和,也不怎么动人。炽烈的民族主义者库尔特·卢德克(那天他首次看见希特勒)回忆说:"不一会儿,他的声调提高了,几乎到了声嘶力竭的地步。他的声调使人感情紧缩,具有超凡的效果。"他似乎是另一个狂人——他摆动一双小手,闪着一双钢蓝色的眼睛,似在威胁恐吓,又似在恳求。卢德克不知不觉便被希特勒迷住了。他如痴如醉,似乎中了催眠术。猛然间,希特勒这个"狂人",在他眼中成了一位爱国英雄,成了另一位路德。"他在德国男人身上产生的魅力,像是让他们拿起武器的号召,像是他赖以宣传神圣真理的福音。"希特勒又得到了一个不加挑剔的皈依者。

当晚,卢德克又听了希特勒的一次演讲,这次是在济尔卡斯-克罗纳。演讲结束后,卢德克经介绍与希特勒相见——希特勒头发蓬乱,满头大汗。肩上披着一种战壕里使用过的又破又脏的大衣。然而,卢德克所看到的,却是一个有性格、有勇气的人物。次日,卢德克便"毫无保留地"带着他的事业投奔了希特勒。他们畅谈了四个多小时,然后,庄严地握手。"我连灵魂都给了他。"

关于《共和国保护法》的辩论,以及魏玛和巴伐利亚之间不断加深的裂痕,孕育了另一次政变的计划。政变的策动者是慕尼黑一个不知名的保健官员奥托·彼庭格医生。他计划依靠德国国家社会主义工人党和其他民族主义组织的援助,推翻巴伐利亚政府,代之以前总理冯·卡尔的独裁政权。

于是,库尔特·卢德克,即希特勒新近收留的皈依者,便受命前往柏林地区向可能合作的密谋者传达最后的指示。他越过北德,以"德国的保罗·里维尔的面目出现",把民族主义者们从床上揪起来——后来得悉,巴伐利亚并未发生任何情况。他乘火车返回慕尼黑——1922年9月底——立刻驱车赶到彼庭格的总部,刚好遇上这个医生。"这就叫政变吗?"卢德克指责说。但是,"戴着眼镜,神态高傲"的彼庭格对他置之不理,坐上"麦塞蒂斯"牌轿车,到阿尔卑斯山度假去了。他的起义销声匿迹了。只有社会主义工人党准备继续前进,而他们的领袖却又被迫躲藏起来。

卢德克在一间破阁楼里找到了希特勒,与他做伴的是一条巨犬和卫兵格拉夫。"我已做好了准备——我的人也做好了准备!"他怒气冲冲地对卢德克说,"从此以后,我要独自行事了。"即使无人跟随,他单枪匹马也要自己干了。"再不要什么彼庭格之流了,再不要什么祖国社了。一个党,只有一个党。这些君子先生，这些公爵爷和将军——他们什么也干不了。我干，我一个人干！"

那年早些时候，希特勒曾向阿瑟·摩勒·布拉克（他正在写一本名为《第三帝国》的书）承认："你有的一切我都没有。你为德国的复兴创造精神食粮，我不过是个鼓手、一个召集人而已。让我们合作吧。"摩勒拟议中的是一个民族主义的、社会主义的自治国，因而拒绝了希特勒的要求。他对一同事说："那家伙永远也掌握不了它。我宁愿自杀也不愿看见他在办公室里。"

从彼庭格丢脸的起义中得到的教训使希特勒坚信，他必须作为元首自行其是。这个想法使卢德克非常兴奋，并建议党采用墨索里尼的技巧——墨索里尼正力图使自己成为意大利的领袖。他的法西斯运动是民族主义的，也是社会主义的和反布尔什维克的；他的黑衫党新近还占领了拉维纳和意大利的其他城市。卢德克毛遂自荐，愿代表希特勒前往意大利，看看墨索里尼是否能成为有价值的盟友。

在米兰，墨索里尼隆重地接待了卢德克，即使他从未听说过希特勒其人。关于《凡尔赛和约》和国际金融问题，他同意希特勒的看法，但在对付犹太人的措施上，他却支支吾吾。卢德克印象最深的是，当墨索里尼被问到假如意大利政府不屈服于他的要求，他是否会动武时，他作了最肯定的回答。"我们将成为国家，"他的口气强硬，似乎他是君主，"因为这是我们的意志。"

卢德克热情地向希特勒做了汇报。他说，墨索里尼有可能在几个月内夺取意大利。他还证实，法西斯主义与国家社会主义有惊人的相似之处。两者都是炽烈的民族主义，都是反马克思主义和反议会主义的，两者都是为建立一个崭新的秩序而献身的。另外，两个领袖也很相似，两人都来自人民，都是久经沙场的老将。

最令希特勒感兴趣的是墨索里尼拟使用暴力夺取政权。卢德克回忆说："当他听到黑衫党开进并占领被布尔什维克化的城市，当地守军保持中立，有些地方甚至还宽宏大量安排黑衫党住宿时，他好像若有所思。"它证明了靠胆略能取得多大的胜利！

在墨索里尼的成功的鼓舞下，加上巴伐利亚全境给他的支持越来越大，希特勒便决心于当年秋天显示其武力。他选择了上巴伐利亚一个叫科堡的小城为起义地点,该城位于慕尼黑以北约160英里处。那天,当地的几家民间协会组织活动,庆祝"德国日",主宾是科堡公爵和公爵夫人。两人均系公开的民族主义者,公爵夫人还是已故沙皇的一个亲戚。

他们邀请希特勒前来参加,并带"若干随从"。出发前他广义地解释了这一邀请,于1922年10月14日(星期六)上午,率领近600名冲锋队员(许多人是自费)前往,冲锋队员每人带了两天的干粮,像过节似的,踏着由42人演奏的吹打乐的节拍,列队登上火车,离开了慕尼黑。

这群人说说笑笑,像是出发旅行,连希特勒的车厢内也充满了节日的气氛。与他一起的共有7人,都是他内层的知交和左右手:一个前军士(梅克思·阿曼),一个摔跤手(格拉夫),一个马贩兼酒吧间保镖(克里斯汀·韦伯),一个前共产党人兼小册子作者(埃塞),一个建筑师(罗森堡),一个作家(埃卡特)和一个自封的老世故(卢德克)。卢德克最感兴趣的有两人:一是热情奔放的埃卡特,"此人之杰出才能与常识,令他人黯然失色";另一个是罗森堡这个"冰块"!此人一直目光迟钝地看着他,好像他不在场似的。

列车在纽伦堡停车半小时,以便让更多的随从上车。乐队再次奏乐,车上的人又叫又喊,还向窗外挥舞卐字旗。好奇的路人都前来围观,想看看是什么马戏团。停在旁边的另一辆列车内的犹太人,忙向卐字旗做鬼脸。后来将成为希特勒的司机的尤利乌斯·施列克"跳进犹太人群,四面厮杀",这场热闹才得以告终。

列车开进科堡车站时,冲锋队人数已达800人。希特勒脸色严峻,走下火车,他之所以要把科堡选为战场,是因为这里社会主义者和共产主义者人数甚众,他要效法墨索里尼将他们从营垒中赶走。才当了两年巴伐利亚人的科堡人民,见这群人吹吹打打,还打着红旗,跟着希特勒走上讲台,都大吃一惊。乐队奏起进行曲,冲锋队操起正步,开进城里。走在最前面的是8名只穿短皮裤衩的巴伐利亚粗汉,他们身背铁锹手杖,接着是打红旗和黑旗的队伍。希特勒和7名随从步行在旗队后边。最后是那800人的队伍,他们或持橡皮棍,或持大刀。其中有些人身穿褪了色、打了补丁的灰军装,有的则穿着最好的衣裳,唯一共同的标志是左臂戴着卐字袖章。希特勒本人与众人无太大不同,只不过他穿的是军大衣,扎着皮带,头戴垂边帽,脚穿惹人发笑的牛犊皮高筒靴。

一群工人从两旁拥过来,嘴中高喊:"杀人狂!强盗!江洋大盗!罪犯!"社会主义工人党的党徒们对此置之不理,依旧操着正步。当地的警察将队伍引至市中心的霍夫布劳斯酒馆,然后将大门锁上,但希特勒却坚持让他的人马在射击场住宿。于是,冲锋队员们又踏着鼓点,重新穿过敌对的人群,朝市郊走去。这时,鹅卵石如雨点般打来;希特勒把鞭子一挥,冲锋队员们立即用橡皮棍朝进攻者没头没脑地打去。人群慌忙后退,队伍这才继续前进。他们趾高气扬,俨然像初战得胜的部队。最自豪的是事事考究的卢德克,他觉得自己已被下层百姓接纳。"不管衣着好坏,人人皆英勇奋战。看到这点,他们也就原谅了我的裁缝。"

次日上午,星期天,左派分子举行群众示威,"把纳粹赶出去"。抗议队伍预计一万人,将在广场上集合,但是,反对派队伍之大,反而使希特勒破釜沉舟。他决心"一举永远铲除赤色恐怖",便命令此时人数已达1500左右的冲锋队,取道广场,朝科堡城堡挺进。中午,希特勒率领突击队通过广场,发现场上只有数百名抗议者。昨天,市民们曾站在人行道上,以沉默为反抗,眼巴巴看着冲锋队开了过去;今天,窗台上挂出了数以百计的帝国国旗,路上站立着一排排友好的群众,向戴着奇怪的标记的社会主义工人党的党徒们欢呼。今天,他们成了英雄,因为他们结束了赤色分子在科堡城市大街小巷的统治。"这是你们的资产阶级的典型,"希特勒对行进在他身旁的人说,"危险之际是懦夫,事后是吹牛家。"

科堡向希特勒证明,他和他的冲锋队可与墨索里尼并驾齐驱。在两个多星期后,墨索里尼又树立了另一个榜样。10月28日,墨索里尼的黑衫党开赴了罗马(他自己则乘火车),夺取了该城。

4天后,与通常一样,埃塞以希特勒之介绍者的身份在霍夫布劳斯酒馆的宴会厅里宣布:"德国的墨索里尼名叫希特勒!"

2 "如此疯狂又如此通情达理的人"
1922—1923

到了1922年,希特勒已在自己周围集中了各个阶级的人士,他们的文化程度与职业也大相径庭。尽管程度有所不同,但所有人都与他一样,赞同民族主义,恐惧马克思主义。其中有两个飞行员:赫尔曼·戈林,此人曾是一流的战斗机飞行员,是赫赫有名的"里希特霍芬飞行团"的最后一名指挥官;另一名是鲁道夫·赫斯,此人在战争初期是希特勒所在团的一名军官,战争结束时成了一名飞行员。虽然两人都出身富裕家庭,都坚信希特勒是德国之前途的答案,但两人在外貌上、性格脾气上都显著不同。

戈林为人轻浮,装腔作势,性格外向,易与人交友,且常常能左右友人。他的父亲曾当过区法官,后被俾斯麦委任为帝国西南非委员。他结婚两次,有8个孩子。戈林排行倒数第二,是个学者,但他对学术研究毫不在乎,意在从戎为国效劳。通过他的教父的关系,他加入了"普鲁士皇家青年军",在战斗中出了名,在参加了第27次空战后,获得了一枚最高军事奖章"功勋奖章"。停战后,他成了瑞典航空公司的一名飞行员,与一有夫之妇卡琳·冯·坎佐订了婚。卡琳的父亲出身瑞典的贵族,母亲则出身于爱尔兰一个酿酒家庭。一俟她最后办妥离婚手续,他俩便立即结婚。

戈林原可在瑞典安生度日的,但他急欲返回德国,以"洗雪凡尔赛的耻辱,洗雪失败之耻,铲除通过普鲁士心脏的长廊"。他考进了慕尼黑大学,学的是历史和政治学,但更使他感兴趣的却是现实中的政治。为此,他曾拟在经沙场考验的军官中建立自己的革命政党。"我记得,他们曾开会讨论为这些军官提供膳宿的问题。'你们这些笨蛋!'我对他们说,'难道你们认为,一个干练的军官会找不到一张床来睡觉吗?连一个漂亮姑娘的床也找得到!他妈的,眼下还有更紧要的事情呢!'不知谁老着脸皮,我在他头上给了一下子。当然啰,大家哄堂大笑,会议也就结束了。"他领导革命的企图也就到此告终。直到1922年秋天的一次群众大会上,他才找到一个值得追随的人。

这次大会在科尼希广场召开,目的在于抗议盟国让德国交出所谓战犯的要求。各党派的发言人纷纷上台。后来,群众在高喊,"希特勒!"事有凑巧,原来希特勒正站在戈林和卡琳的附近(他们已在年初结婚),他们偶然听到他说,他根本不想"给这些驯服的资产阶级海盗讲话"。那时,希特勒身穿军大衣,腰间扎着皮带。他身上的某种东西感染了戈林,于是,戈林便在纽曼自助餐馆参加了一次党的会议。"我在后边坐着,不敢冒昧。我记得,那次会议有罗森堡。希特勒对为何未作发言作了解释。他说,那样不痛不痒地讲,哪个法国人也不会失去睡觉的机会的。你必须用刺刀支撑你的威胁。是的,这才是我要听的。他要建立的是一个能使德国富强、能粉碎凡尔赛条约的政党。'不错,'我对自己说,'这才是适合于我的党!打倒《凡尔赛和约》!他妈的,这才合我的胃口!'"

在党的总部,他填了一张入党申请表。这样一位战争英雄竟出现在这样一个破旧的办公室里,肯定引起了轰动。他回忆道,"反正有人告诉我说,希特勒想立刻见我。"风度翩翩的戈林,希特勒只要看上一眼就足够了。站在他跟前的是这样一个北欧人:闪闪发光的碧眼,又高又细的身材,粉红中带白的皮肤。"他告诉我,正当他要找人来管理冲锋队时,我正好去找他。这完全是运气。"他们同意一个月后再宣布,但戈林却立即投入了冲锋队的训练工作,且将其作为一个军事组织进行训练。"'军队!'我对众人说,'这是军队!'"

看上去,他是不折不扣的日耳曼人,但是,按希特勒的标准,他还不是一个种族主义者。事实上,他的许多朋友都是犹太人。戈林之所以加盟德国国家社会主义工人党,"是因为它是革命的,不是因为其意识形态。其他党派也搞革命,所以,我想我怎么也能参加上一个!"他是一个热衷于行动的人物,被一个热衷于行动的组织所吸引,也正是当时希特勒所需要的人物。他与容克军官和社会各界人士有着宝贵的联系,又是在游行时、在会议上可供炫耀的人物。在必要时,他也不会在乎正面斥责某些领导人。

若与戈林相比,鲁道夫·赫斯就黯然失色了。他出生于埃及的亚历山大港,父亲是个有钱的批发商和出口商。父亲要他从商以继承家业,但他却愿当个学者。他曾就读于巴德戈德斯伯格寄宿学校,后在瑞典考进了高级商业学校。战争迫使他辍学;战后,他怎么也不想以商为业。与戈林一样,他也进了慕尼黑大学,学的是历史学、经济学和地理政治学。他也觉得被"11月罪犯"出卖,但他并未从事自己的革命,而是加入了"图里会"。他参加示威游行,也在街头演讲(虽然他很害羞)。作为"自由兵团"的一个成员,他曾参与推翻巴伐利亚苏维埃政权的斗争。

他也在寻找一位领袖。在大学时期,他的论文《怎样的人才能领导德国恢复其旧日的光辉?》曾获奖。他写道,此人应是独裁者,善于使用口号、上街游行和煽动民众。他必须来自人民,但又与群众毫无共同之处。与所有伟人一样,他必须具有"完整的人格","不因流血而畏缩,大是大非总是靠铁和血来解决的"。为达此目的,他必须准备"践踏自己的挚友","铁面无私地"施行法律,"小心谨慎而机敏地"对待人民和国家,必要时"可用骑兵的马靴将他们踩在脚下"。

赫斯在希特勒身上找到了其理想,并作为希特勒的亲信和心腹在他身边待了一年多。与此同时,他还效忠于另一人(其妻为犹太人),卡尔·豪斯霍弗将军。此人曾在东京任武官3年,能讲一口流利的日语,于1911年回国。回国后,他热衷于亚洲事务,并坚信,国家的存亡有赖于其所控制之疆域。战争就是他这一理论的证明。德国之所以受包围,受扼制,最后蒙受战败的耻辱,其原因就在于它缺乏生存空间。停战后,他出任慕尼黑大学的地理政治学教授。他告诫学生,救国之途在于自给自足,为此,德国不仅需要自给自足(国民经济独立),还需要生存空间。对豪斯霍弗教授和希特勒,赫斯均佩服得五体投地,希望能将二人凑在一起。可其中有个障碍:豪斯霍弗太太的父亲是个犹太商人。赫斯虽然遵从种族主义的理论,但他又是个有血有肉的人,既对教授先生忠心耿耿,也对教授夫人不怀二心。

赫斯当时风华正茂,既谦虚又不独断专行。他虽曾在战场和街头英勇奋战，其获奖的论文也颇具血腥味，但他远不是个嗜血成性者。他爱书本与音乐甚于激烈辩论，但在咖啡厅论战中也不难见到他，而他也正是在霍夫布劳斯的血战中博得了希特勒的赏识。他面目方正，眉毛又黑又浓，两眼炯炯有神，嘴唇严紧，俨然是"准备践踏挚友"之人。只是在微笑时赫斯才露其真容——一个机智灵敏、青面獠牙的青年理想主义者。伊尔塞·赫斯（当时叫伊尔塞·普洛尔）回忆道："他笑得很少，不抽烟，不喝酒，对战争失败后还在跳舞和社交的年青人缺乏耐心。"除了深知他的人以外，对其他人来说他是个谜。他是个理想的信徒。他不屑于争权夺利，准备跟随希特勒走遍天涯海角。

　　希特勒还有一个盲目追随者是尤利乌斯·施特莱彻。在反犹方面，赫斯与戈林均大大逊色于他们的领袖；而施特莱彻语言之恶毒却远远超过了希特勒。此人很世故，矮胖，秃顶，肥头大耳，给人以粗壮的感觉。无论是在餐桌旁，或在床上，他的胃口都是过人的。他有时直率而亲善，有时又狂暴而残忍。他可以不费吹灰之力从伤感跃至残酷无情。与希特勒一样，只要一公开露面，他手中是很少不拿鞭子的。不同的是，希特勒的鞭子，像一条狗链子似的，套在手腕上，而他的却作为武器予以炫耀。年轻时，他"身上背着装满了反犹书籍和小册子的背包，到处游逛"。他的演讲，通篇充满了虐待狂的想象，对于政敌则用最污秽的语言进行攻击。由于他相信犹太人阴谋反对雅利安人，他的舌尖上挂满了无穷无尽谩骂的言辞。

　　施特莱彻加入了德国国家社会主义工人党。1922年，该党纽伦堡支部一建立，他便创办了一份专门谴责犹太人的报纸《冲锋队员》。若与维也纳那份曾给年轻的希特勒以重大影响的杂志《东方天坛星》相比，这份报纸在污秽和仇恨方面已大大前进了一步，并业已成了使希特勒的许多亲信惊愕的源泉。希特勒本人对色情文学极反感，不赞成施特莱彻纵欲无度，对这个古怪的信徒唆使的党派之间的不断争吵表示关切。但是，与此同时，他又佩服施特莱彻的充沛的精力与疯狂的忠诚。"迪特里希·埃卡特不止一次告诉我，施特莱彻当过中学教员，而且，从许多方面看，又是个怪人。他还常说，如果不支持像施特莱彻这种人，国家社会主义要取得胜利是毫无希望的。"施特莱彻在《冲锋队员》里常常言过其实，因而常招人斥责，对此，希特勒的回答是出乎人们意料的："人们说,他把犹太人理想化了。其实却相反。犹太人比施特莱彻描述的更加穷凶极恶。"

希特勒的亲信就是这种人。他的运动贯穿着社会的各个阶级,因而也把各种各样的人拉拢在他身边——有知识分子、街头斗士、各种怪人、理想主义者、流浪汉、雇佣兵队长、守纪律和不守纪律的、劳工和贵族。既有文质彬彬者,也有残酷无情者;既有流氓无赖,也有善良的人们。有作家、画家、短工、店主、牙医、学生、士兵,还有牧师。他的魅力是广泛的,而他也心胸开阔,既能容忍像埃卡特这样的吸毒者,也能容纳像罗姆那样的同性恋者。对许多人说来,他就是一切,而他也时刻准备接纳忠实地为反对犹太人、马克思主义和为德国的复兴而战斗的人们。

"我最愉快的回忆就是这个时期,"19年后的一个冬夜,他动了感情,作了一系列的回忆,他高兴地谈起了早年的支持者,"今天,当我偶然遇见他们中某个人时,我非常感动。他们真心诚意地爱护我,真是动人。小小的市场摊贩会跑着追来看我,'给希特勒先生送几个鸡蛋'……我实在喜欢这些真心实意的人们。"

不管他的追随者多么卑贱,他从不批评他们。也许是为了纪念在维也纳的那些悲惨的日子,他在卡尔尼留斯大街开辟了党的新总部。总部地方比较宽敞,是专为那些穷困潦倒需要一席之地避寒的追随者而设的。"冬天一到,"菲利普·波勒回忆说,"接待室便成了失业党员和支持者暖身的地方。他们在那里吵吵嚷嚷地打牌,非常热闹。你常常听不见自己的说话声。主管克里斯汀·韦伯常常要用长马鞭才能将他们轰走。"

1922年秋,阿道夫·希特勒的活动引起了盟国的兴趣。在美国驻德国大使的建议下,美国指派杜鲁门·史密斯——耶鲁大学学生,西点军校毕业生,驻柏林副武官——前往慕尼黑,"对据称正不断发展的国家社会主义运动的力量做出估价"。史密斯被指示去见希特勒,"对他的性格、人格、能力和弱点"做一估计。他也要对德国国家社会主义工人党的力量和潜力做一调查。更具体点说,史密斯必须设法为下列问题找到答案:"巴伐利亚是否有可能宣布从德国独立出去?慕尼黑是否存在再次爆发共产党起义的危险?希特勒的国家社会主义工人党是否有可能夺取巴伐利亚的政权?驻扎在巴伐利亚的国防军第七师是完全忠于帝国呢,还是分别忠于柏林和巴伐利亚?如果发生右派或左派骚乱或叛乱,它是否可用来镇压他们?"

11月15日中午之前,史密斯上尉抵达慕尼黑。在玛利安巴德饭店安顿好后,他立即前往设在雷德勒大街的美国领事馆,拜见了代领事罗伯特·墨菲。28岁的墨菲(后来出任驻比利时大使)告诉史密斯,巴伐利亚的新总理"并不是个强硬人物",因为他仅是前总理卡尔的"一个工具而已"。他说,国家社会主义工人党的力量正在迅速增长,其领袖虽"是个单纯的冒险家",但仍不愧"是个真正的人物,正在挖掘潜在的不满"。希特勒了解巴伐利亚人的心理状态,但是否"足以领导德国的民族运动",这还是值得怀疑的。

在此后的数天里,他与陆军将领、政府官员、继位王子卢普科希特("他肯定没有天才,但有些政治能力")、一个自由派报纸编辑,以及梅克斯·埃文·冯·施勃纳·里希特(德国血统,从波罗的海国家逃来的难民,借用其妻之爵位)进行了交谈。施勃纳·里希特是罗森堡之密友,已开始对希特勒产生一定程度的影响。他向史密斯保证说,党的反犹主义"纯粹是为了宣传"。之后,他便邀请史密斯到党的新总部前参观冲锋队的检阅。

"确实壮观,"当晚史密斯在旅馆的客房内作了这样的记录,"1200名我从未见过的壮汉打着旧帝国国旗,戴着鲜红的卐字臂章,操着正步,从希特勒跟前走过,接受他的检阅。检阅完毕后,希特勒发表了讲话……然后高呼'让犹太人死亡!'等口号。人们疯狂地欢呼。我一生都未见过这种场面。"

次日,星期六,史密斯在鲁登道夫家里与他进行了交谈。这位将军承认,他曾认为,"首先要在俄国将布尔什维主义消灭,然后才能在德国消灭"。他宣称,盟国"必须支持一个能与马克思主义对垒的强大的政府",而这个政府永远不能"在现有的、混乱的议会条件下产生出来","只能靠爱国人士去组织"。他坚信,"法西斯主义运动是欧洲反动势力觉醒的开始",墨索里尼对德国的民族事业真正抱有同情。

星期一下午4时,史密斯在会见施勃纳·里希特的地方会见了希特勒。会谈室"单调乏味得不可置信,与纽约破旧的出租公寓里后边的卧室相似"。会见后,史密斯在笔记本里一开头便写道:"一个杰出的在野党领袖。我很少倾听一个如此疯狂又如此通情达理的人发表议论。他控制群众的能力肯定是巨大的。"希特勒将他的运动描述为"体力脑力劳动者之联合,反对马克思主义"。还说,"如果要将布尔什维主义镇压下去,目前对资本之谩骂就必须停止"。议会制必须被取代。"只有专制主义才能令德国站稳脚跟。"他写道,"我们的文明与马克思主义的决战,与其在美国或英国土地上进行,不如在德国土地上进行,这对美国和英国更为有利。我们(美国)若不支持德国的民族主义,布尔什维主义就将征服德国。这样一来,赔款便不复存在,而俄国和德国的布尔什维主义,出于自恃之动机,必然会进攻西方国家。"

希特勒还谈到了其他话题,但对犹太人他连提都未提。后来,还是史密斯一针见血地提出反犹主义问题。希特勒答道,他只是"同意取消其公民权,排除他们参与公共事务"。这便把史密斯顶了回去。史密斯离开这间黑暗的屋子时,他已坚信,在德国的政治中,希特勒将是一个重要的因素。希特勒将于11月22日发表演讲;史密斯接受了一张入场券,但由于他出乎意料地被召回柏林,便将入场券转给了恩斯特·汉夫施坦格尔。此人个子高大,长着一副又瘦又长的下巴,性格古怪,是哈佛大学毕业生。汉夫施坦格尔会费神看看希特勒这家伙,并把结论转给他吗?"我的印象是,他会起很大的作用,"史密斯说,"不管你喜欢不喜欢他,他当然明白自己需要什么。"

他敢于相信汉夫施坦格尔的判断力,原因是后者的背景很不寻常。他母亲出身于新英格兰名门,即聂德维克斯家族;他祖上有两人是南北战争时期的将军,其中一人还曾为林肯扶棺。汉夫施坦格尔家族里,有两代人曾在萨克森-科堡-哥达公爵府任过枢密顾问官职,他们还是艺术品的鉴赏家和主顾。这个家族在慕尼黑开有自己的艺术出版社,并以其精美的艺术复制品而著称。汉夫施坦格尔本人是在艺术和音乐的环境中长大的,他的家是黑利·雷赫曼、威廉·布什、理查德·施特劳斯、菲力克斯·文加纳、威廉·巴克豪斯、弗里特佐夫·南森和马克·吐温等人的会见场所。他本人的钢琴也弹得极有神韵。在巴伐利亚最有名的沙龙里,人们也常常可看到他那伏于琴键上方高达6.4英尺的身躯。他的外号叫"小家伙"。

22日那天,汉夫施坦格尔乘电车来到金德酒馆,这是一间L形的大啤酒馆,里边挤满了人。听众中有少数退伍军官和小官吏,也有些小店主,多数是青年和工人。许多人穿起了巴伐利亚的民族服装。汉夫施坦格尔想从记者席中找个熟人,却白费了力气。他不知道希特勒在何处;幸好有个记者将台上的三人一一指给他看。个子矮小的是梅克斯·阿曼,戴眼镜的是安东·德莱克斯勒,第三个就是希特勒。希特勒穿着一双齐脚踝的鞋,又笨又重,身穿一套黑衣,浆过的白领。汉夫施坦格尔不由得想起,他这身打扮活像是某火车站餐厅里的跑堂。但是,当德莱克斯勒将他介绍给听众,他迅速地、满怀信心地从记者席前走过时,他"毫无疑问是个穿便衣的军人"。

掌声震耳欲聋。希特勒叉开双腿,双手反剪在身后,活像个哨兵。他以平静、有节制的语调,回顾了过去几年来所发生的事件。他巧妙地把矛头对准政府,却又不使用挖苦或庸俗的语言。他讲得很仔细,用的是文质彬彬的高腔德语,有时也带上一点儿维也纳口音,离希特勒只有十多英尺远的汉夫施坦格尔,对希特勒那双真诚的碧眼印象尤为深刻。"他眼中既有诚实、真诚的神情,又有苦难和无言的请求的尊严。"开讲10分钟后,希特勒完全掌握了听众的感情。此时,他放松了自己的姿态,像训练有素的演员一样,打着手势,开始用维也纳咖啡馆的方式,以狡猾的恶意,旁敲侧击。汉夫施坦格尔注意到,坐在邻近的妇女,听得津津有味。后来,有个妇女竟喊出声来:"一点也不错。讲得好!"正在此时,希特勒的声调突然提高了,好像对她们表示感谢似的。他还大幅度地打着手势,极力谴责发国难财的人们。

希特勒抹干了脑门上的汗水,伸手接过一个大胡子递过来的啤酒。在慕尼黑的啤酒爱好者看来,这是很具有戏剧性的。恢复演讲后,他的手势更有力了。听众席中经常有人叫骂,此时,他便镇静地微微抬起右手,好似接球一般,或双手往胸前一叉,简单地作答,将叫骂者的进攻粉碎。"他的技巧很像击剑运动员的冲刺和招架术,也像走钢丝绳运动员之娴熟的平衡动作。有时候,他也令我想起一位琴艺高超的小提琴手,他永远也不会将弓拉完,只留下轻轻的余音——某种不用语言的技巧去表达的思想,一种弦外之音。"但是,一旦他猛攻他的敌人——犹太人和赤色分子时,谨小慎微之举便烟消云散了。"我们的座右铭是——如果你不想当德国人,我就敲破你的头颅。这是因为,不斗争,我们就不能成功。斗争,我们用的是思想,不过,如果需要,也要用拳头。"

汉夫施坦格尔听得入了神,清醒后,往四周瞧了瞧,听众的态度完全改观,这使他大吃一惊。"一小时前还在吵吵嚷嚷,把他推来推去的群众和那些高声怒骂的人们,现在变得鸦雀无声,深受感动。他们屏息倾听,早就忘却了伸手去取啤酒瓶,似乎把演讲者的每一个字都喝了进去。""邻座的一个年轻姑娘,目不转睛地注视着希特勒,好像沉浸在爱的喜悦中。她已忘却了自己,完全被希特勒对未来德国之伟大的信仰迷住了。"演讲达到高潮时,他已成了"语言的有机体"。猛然间,演讲结束了。听众敲打桌凳,疯狂地欢呼。希特勒已筋疲力尽,在汉夫施坦格尔看来"就像一个伟大的艺术家在结束一场筋疲力尽的音乐会时"的景况一样。他的头发和脸都浸透了汗水,连上过浆的衣领也软下来了("在作完一次重要的演讲后,我总是全身湿透,体重减轻四至六磅")。

汉夫施坦格尔乘兴走到主席台边,在那里,希特勒面带自信的笑容,一点儿也不傲慢地接受着群众的恭维。"杜鲁门·史密斯上尉要求我转达他对你的最良好的祝愿。"汉夫施坦格尔说。史密斯这个名字激起了希特勒的兴趣,忙问汉夫施坦格尔对他的演讲有何感想。"哎,我同意你的意见,"他小心地回答着,以免伤了希特勒的感情。"你讲的有95%我赞同,其余5%嘛,我们以后再谈。"他所反对的,自然是希特勒的反犹主义。

"对此小小的5%,我相信我们是不会吵架的。"希特勒温和地说。他边说边用一块满是褶皱的手巾揩脸上的汗水,显得既谦虚又友好。他清了清嗓子,咳嗽了几声,然后伸出手来。他的手"又硬又粗",握起来"像前线战士的手一样"。

当晚,汉夫施坦格尔辗转难眠。"当晚的印象老留在我心间。所有保守的政客和演讲家都不能与普通听众的心灵沟通,这是他们惨败之处。但是,希特勒这个自学成才者,却成功地将非共产主义的要领交给了人们,而这些人的支持恰恰是我们所需要的。"汉夫施坦格尔下决心辅佐他。

在柏林,史密斯上尉向上司呈交了一份慕尼黑之行的报告。12月5日,使馆的领事罗宾斯便向副国务卿呈交了一份私人报告。该报告称:"对巴伐利亚之组织的总的态度,本人的结论是,早晚定会出现严重的分裂。在战时为德国作战的奥地利青年下士,现在在领导一场法西斯运动即所谓'褐衣党'的希特勒,正沿墨索里尼所走的道路缓慢地、高效能地前进。曾前往该地的我们的工作人员告诉我,他是个非凡的演说家,其道德水准虽不是最高,却是一个伟大的领袖人物。一如墨索里尼之所为,他获得了企业界的巨额资助,但进展缓慢。他对曾前往该处之我武官助理杜鲁门·史密斯说过,他拟在下月,甚至在两个月内,发动大规模的运动,他正在募集资金和装备,一切均进展顺利。"

在当时正忙于其他更紧迫事务的国务院里,这份报告并未引起什么震动,而被束之高阁。但是,在德国,国家社会主义工人党党员人数的增加及冲锋队之增长,却引起了越来越严重的关切。12月中旬,巴伐利亚州内务部提交了一份令人不安的报告。该报告声称,希特勒所领导的运动,"毫无疑问将危及政府,不仅危及现政权形式,而且危及任何政治制度,因为其对犹太人、社会民主党人以及银行资本家之罪恶看法一旦得逞,就会出现大流血事件和混乱。"

几乎与此同时,帝国新任总理大臣威廉·古诺也收到了一份紧急报告。这份报告很奇怪,竟出自保加利亚驻慕尼黑领事之手,它系保加利亚领事与希特勒进行的坦率的谈话。希特勒说,德国的议会政府即将崩溃,原因是议会领袖得不到群众的支持。右派或左派的专政是不可避免的。虽然北德的大城市大都受左派控制,但他的德国国家社会主义工人党每星期都有几千人入党,肯定会在巴伐利亚取得胜利。还有,在慕尼黑的秘密警察中,75%的人是工人党党员,在该市的普通警察中,百分比更高。希特勒预言,布尔什维克将在北德获得控制权。为拯救民族,巴伐利亚必须组织反革命,为此,他们需要一位铁腕独裁者,即"在必要时,随时准备踏着满是鲜血和尸体的田野前进"的人物。

这是对未来事件所做的令人丧胆的预测,特别是它预言,希特勒粉碎布尔什维主义和反对法国占领鲁尔区的计划,将获得巴伐利亚大部分爱国的民族主义者的欢呼。他们曾忍受"赤色统治"时期的可怕的岁月,并随时准备采取无情的行动,反对任何敢于宣扬"左派教条"的人们。

1923年初,英法两国在"赔款委员会"内发生争吵,英国代表团退出了该委员会。这便给了法国用武力解决赔款问题以可乘之机。1月11日,法军与比利时军以德国未履行义务为借口开进了鲁尔区。这一行动不但激起了全德的民族主义精神,而且也加速了马克的贬值。不到两星期,马克对美元的比价便从6750∶1跌至50000∶1(1918年"停战协定日"之比值为7.45∶1)。为一次柏林之行,魏玛政府支付给"保证委员会"的火车票款就"需用数个大字纸篓装满面额为20马克的纸币,由7个办公室人员抬着,从办公室一直抬到火车站"。现在呢,它需要49人才能抬动。

鲁尔区被侵占,通货膨胀,以及失业的增加,不但拓宽了民族主义的基础,而且也为希特勒带来了更多的追随者。希特勒不屑与包括"社会主义多数派"在内的其他党派合作,独自组织抗议集会,还宣布要在1月27日,即德国国家社会主义工人党的第一个生日,举行7个公众集会。

虽然巴伐利亚的警局局长早已通知他这些集会将会遭禁,但希特勒全然不惧。他高喊说,如果警方想开枪,那就请便,反正他就坐在第一排。他果然未食其言。到了那一天,他坐上车子,匆匆从这一会场赶赴另一会场。"无论是在战时还是在革命时期,我都未经历过如此激愤之群情。"曾在罗文布劳酒店参加集会的历史学家卡尔·亚历山大·冯·米勒回忆道:当希特勒大步走进过道时,全场起立,高喊"万岁!""他走过时,我离他很近。我看得出,此时的他,与我在私宅内见到的,完全不同。他苍白的脸上显出了内心的狂热。他的双眼横扫左右,似乎在寻找要征服的敌人。是不是群众给了他这一奇怪的力量呢?这力量是否从他身上流进群众?我连忙写道:'带有残酷意志的狂热而歇斯底里的浪漫主义'。"

次日,他们再次置警方之禁令于不顾。6000名冲锋队员,打着旗帜,来到马斯弗尔德。他们站在雪中,全身冻得发抖。有些人头戴清一色的滑雪帽,身穿棕色夹克,打着绑腿,其他人则穿商人服。他们打的旗帜各式各样,卐字也有大有小。这群人衣着虽然五花八门,但立正口令一下,他们一个个笔直地站着,好像他们是德皇的精锐师团似的。警察虽然做好了应付捣乱的准备,却没有出现混乱情形。事实上,这两天的集会并不令人触目惊心。没有暴力事件,也未出现公开的骚乱,但其反响却是重大的。希特勒对警方的蔑视,使许多持中立态度的领袖倒向他的一边,并驱使慕尼黑大学的学生们沿着更加激进的道路走下去。更重要的是降低了巴伐利亚政府的威信。在与当局的首次严重对垒中,得胜的是希特勒。

"他是个非凡人物，"几天后参加了希特勒的集会的美国记者卢德威尔·丹尼报道说，"他的演讲简短而强烈。他不停地攥紧拳头，攥了又放，放了又攥。在与我单独在一起的简短的时间里，他似乎很不正常；奇异的双眼，神经质的双手，奇怪地摆动着的头。"他的私生活当然是不正常的。他依旧住在提埃希大街那幢昏暗的楼房里，房子虽然大了些，也不像先前那间那样冷，但家具与先前一样少。这间房子最宽不过10英尺。高出床头，还有室内唯一的又小又窄的窗户。地板上铺的是价钱便宜的旧油毡。在床对面的墙上有简易的书架，墙上挂满了画幅和插图。书柜的上方堆满了各种各样的书籍，有描写世界大战的，有德国历史，有一本带插图的百科全书，一本克劳塞维茨写的弗里德里克大帝的传略，一本豪斯顿·司徒·张伯伦所著的《瓦格纳传》，一本斯文·赫定的《我的探险生涯》，一本约克·冯·华尔登堡的《世界史》，若干本神话英雄故事，一本名叫《地貌图》之类的书。据汉夫施坦格尔说，书柜下方放的全是小说，其中有埃杜阿德·伏希斯（系一犹太人）所著的半色情书籍，还有一本《色情艺术史》。

希特勒的房东赖彻特太太发现，他的房客阴沉得异乎寻常。"有时候，他一连几星期脸色阴森，不跟我们说一句话。他连看也不看我们一眼，好像我们压根儿就不存在似的。"他虽然按时或提前交付房租，却"是不折不扣的波希米亚式的人物"。因为他很好，她谅解了他，还让他使用过道——那里有一架大钢琴。他的生活异常简朴，常与一条名叫"乌尔夫"（狼）的巨犬形影不离。自战时与"小狐狸"建立亲密关系以来，他就需要在狗身上找到那种忠诚，而他对它们的了解也是独一无二的。"有些狗很愚蠢，有些则聪明得令人痛苦。"住在这样阴暗的小屋里，他肯定会想到他母亲及其惨死的情景——大概就在那年，他写了一首题为《想想吧！》的诗。若剥去其业余气味，这首诗还是蛮有内容的：

> 当你母亲已老迈年高，
> 而你也年岁不小；
> 当昔日之轻而易举，
> 今朝成了重挑；

当她忠诚而亲切的双眼，

已不再与昔日一般看待人生；

当她的双脚已软弱无力，

不能再带动她那身躯——

伸出你的双手将她扶住，

兴高采烈地将她陪伴，

那悲痛的时刻终会来临；

当你伴着她走完她的最后旅程，

回答她吧，假如她向你发问；

再回答她吧，假如她再次问你！

再次回答她吧，

假如她再次问你；

切不可大发雷霆，

而是轻声轻气！

她若听不明白，

高兴地给她解释；

悲痛的时刻终将来临，

当她再不能启口！

  希特勒自己承认，年轻时他是个遁世者，不需要与人交往，但在战后，他"再不能忍受孤独"。虽然他的小屋是孤独的避难所和牢房，但他在慕尼黑的自助餐馆里、沙龙里、咖啡馆里和啤酒馆里过着另一种生活。他是威查德餐馆（与人民戏院相邻）、卡尔顿茶馆（在布里安纳大街，是上层人物的会面场所）和赫克餐馆（位于加勒利大街）的常客。他常在赫克餐馆留座，在僻静的角落里一坐就是几小时。他就是这样观察他周围的生活的。

  每逢星期一，他总是在纽迈埃尔餐馆与他的心腹会面——该餐馆是个老式的咖啡馆，位于彼得广场拐角处，与维克图阿利安市场相邻。这是个长形的屋子，墙上镶有木板，凳子是固定的。在这里，在留给常客的座位上，他常将自己的最新想法告诉他的追随者（许多是中年夫妇），听听他们的反应。

也是在这里,他们一边吃着经济的晚餐(有些是他们带来的),一边闲聊和说笑。

其他的夜晚,他总是在弗朗兹·约瑟夫大街迪特里希·埃卡特的家中度过。"他家的气氛多和睦呀!他是怎样照顾他的小安娜的呀!"安娜,其实叫安纳尔,是埃卡特的管家。自与妻子分居以来,他一直与她同居。在这些日子里最常与希特勒在一起的也许是他的新助手汉夫施坦格尔。他常将希特勒介绍给诸如威廉·巴雅德·哈勒(威尔逊总统在普林斯顿大学时的同班同学,赫斯特报业欧洲之主要记者)和威廉·冯克(他的沙龙吸引了许多民族主义富商)那样的重要人物。他常与汉夫施坦格尔一起,参加埃尔莎·布鲁克曼太太的晚会。她出身于匈牙利的一家豪门,嫁给一出版商为妻,对希特勒这位政界的新秀印象极深。她的生活水平使希特勒头晕目眩。在拜访贝希斯坦的居室(在慕尼黑一家旅馆内)后,他对汉夫施坦格尔说,他穿的那身蓝衣裳使他很不好意思。贝希斯坦先生穿的是晚宴服,仆人们皆穿制服,晚宴前喝的全是香槟酒。"你还没看见他的浴室呢,连水温都可调节。"

汉夫施坦格尔成了提埃希大街那间小房子的常客。一天,希特勒叫他到过道上去(那里有一架钢琴)弹点儿什么,好"让他安静安静"。汉夫施坦格尔发现这架老掉牙的大钢琴尽走调,但还是弹了巴赫的一首遁走曲。希特勒不住地点头,其实是心不在焉。之后,汉夫施坦格尔弹奏了《诗乐会会员》的前奏曲,他一边弹奏,一边希望这架老钢琴别在他的重击下散了架。他弹奏时,"满带李斯特的架势,还带着浪漫的姿态"。希特勒听得兴奋起来,在狭窄的过道上走来走去,还在那里比比画画,好像在指挥管弦乐队。"这首曲子弹起了他的精神,待我将终曲弹完时,他已兴高采烈,一切愁闷全都无影无踪了。"

汉夫施坦格尔发现,希特勒能将《诗乐会会员》"倒背如流,还能用奇特的震动音吹口哨,将每个音符吹出来,且音调和谐"。在这小小的过道上,几乎天天都在开音乐会。希特勒不喜欢巴赫和莫扎特的作品,比较喜欢舒曼、肖邦的作品,还有理查德·施特劳斯的某些作品。他最喜欢的是贝多芬和瓦格纳的作品。他"能真正理解和欣赏"瓦格纳的作品。对汉夫施坦格尔演奏的《崔斯坦和伊索德》和《罗恩格林》的各种多姿多彩的版本,希特勒真是百听不厌。

由于受汉夫施坦格尔作风的感染,希特勒把他当作值得炫耀者介绍给他社交圈里的所有人。"他将其他人关在水泄不通的房内,不告诉他们他去何处或与谁谈过话,"在他未发表的回忆录中汉夫施坦格尔回忆道,"而把我拉出去,走街串户,把我当作他的乐师,让我演奏钢琴。"一次,在摄影家海因里希·霍夫曼家中,他演奏了哈佛大学足球进行曲。他解释说,啦啦队的头头们和奏进行曲的乐队能使群众激动,甚至令他们歇斯底里地呼喊。希特勒的兴趣很快便起来了。于是,汉夫施坦格尔便用钢琴示范,说明德国的进行曲可以根据美国音乐快活的节拍进行改编。"不错,"希特勒一边喊,一边上下比画,活像是个鼓乐队指挥,"眼下我们就需要这点。好极了!"汉夫施坦格尔用这种体裁给冲锋队的乐队写了几首进行曲,但他最重大的贡献还在于将哈佛之《打,打,打》改成《万岁,万岁!》。

汉夫施坦格尔住在施霍宾,与1914年希特勒求学的那所大型学校遥遥相望。希特勒是他的常客。或许,最吸引他的是汉夫施坦格尔的老婆赫仑纳。她是德国血统的美国人,高个子,头发、皮肤、眼睛均为褐色,非常引人注目。希特勒来时,穿的是最好的衣服,就是那套蓝哔叽。"他很庄重大方,甚至有点谦虚,"汉夫施坦格尔回忆道,"说话时很拘泥于下层。对受过较高的教育、爵位较高的人士,或学术上取得成就的人士的谈话形式,则是当时仍盛行于德国的形式。"很明显,从一开始,赫仑纳的热情、魅力和美貌就吸引了他。他对她很尊敬,几乎崇拜她。在10年后她写的、未发表过的回忆录中,赫仑纳描述了1923年初在慕尼黑街道与希特勒相遇时的情形:"那时,他是个消瘦、羞怯的年轻人。他的碧眼带着恍惚的神情。他穿着破旧——一件价格便宜的白衬衣,一条黑领带,一身旧蓝外套,一件不合身的深棕色皮衣,外加一件几乎无法再穿的灰棕色军大衣,一双廉价的黑鞋,一顶浅灰色的旧软帽。他的外表甚是可怜。"

她邀请了衣冠不整的希特勒到她家吃晚饭。"打那天以后,他便是我家的常客,享受着我家的舒适气氛,跟我的儿子玩耍,谈论让日耳曼帝国复兴的计划和希望。许多人也邀请他,但他好像最喜欢我们家,因为与我们在一起时,不会像别人那样,用一些离奇古怪的问题去打扰他,也不会向别人介绍说他是'未来的救星'。如果他喜欢,他就可安静地坐在角落里读书看报或做笔记。我们未把他当成'名人'。"她只把希特勒看成是一个热心肠的人,他对她两岁的儿子埃贡的感情令她感动。"很明显,他喜欢孩子,要不,他就是个出色的演员。"一天,孩子朝门边跑去迎接希特勒,却一头撞在椅子上,哭了。"希特勒假装捶打椅子,骂椅子'伤了小宝贝埃贡'。这使孩子又高兴又惊奇。打那天以后,每当他前来,他都要重复这一动作。埃贡就催促他:'阿道夫叔叔,请打这张顽皮的椅子的屁股。'"

到春天,希特勒与汉夫施坦格尔一家相处已轻松自如多了。为使他们高兴,他常模仿其他追随者(例如挚爱他的戈林一家)的动作,或在地板上与埃贡玩耍。他会一边喝加了巧克力的咖啡,一边闲聊,一聊就是几个小时。有时候,他也喝"约翰尼斯伯格酒",还要加上"满满一匙的糖"。他们常一起公开外出,某晚还一起观看了电影《弗里德里卡斯·烈克斯》的第一部分。希特勒最喜欢的一场戏是,年迈的君主发出威胁,要砍继位王子的头。"多有风度呀,为了加强纪律,老国王竟要砍亲生儿子的脑袋,"在回家路上他评论道,"德国的法律就应该这样执行,不是释放就是砍头。"

从多愁善感到残酷无情的闪电般的转变,使汉夫施坦格尔夫妇惴惴不安,对他的私生活也就议论得很多。比方说,他与女人的真正的关系是什么?一天,他告诉他们说,"对我说来,群众、人民,就是一个女人。"他也把他的听众比作女人。谁若是不懂得群众之内存在女性,他就不能有效地演讲。你问问自己,女人希望男人身上有什么?干脆、利落、决心、权力、行动力……假如能妥善地与她交谈,她就会骄傲地为你做出牺牲,因为,哪一个女人都不会认为,她毕生的牺牲已经足够支持自己的挚爱。又有一天,他宣称他永不结婚。"我的父国是我唯一的新娘。"他所指的是众人认为的"父国"①。汉夫施坦格尔开玩笑地问他:为什么不找个情妇?"政治是个女人,"希特勒回答说,"你要是不高高兴兴地爱她,她就会把你的头都咬掉。"

希特勒的某些伙伴有把握地认为,他的一个司机的妹妹詹妮·霍希是他的情妇。她对他很忠诚,据说她腋下的小包里藏有一支小手枪——她自

---

① "父国"指德国。——译者

愿当他的保镖。赫仑纳·汉夫施坦格尔不相信此说。"去!"她说,"告诉你吧,他是个中性人物!"

希特勒这一时期的好友之一又不同意此说。"我们一起追求姑娘,我与他形影不离。"希特勒的另一名司机埃米尔·莫里斯回忆说。他俩常到艺术学院或画室去观看裸体模特。有时,希特勒自称是"乌尔夫先生",与莫里斯一起于晚间在街头巷尾游逛,寻找姑娘。由于莫里斯对姑娘有吸引力,他便充当中间人。据莫里斯说,希特勒常在自己房内款待"通过代理得来的征服物"。"即使身无分文,他还常常送花。我们也常去欣赏芭蕾舞演员。"

为国家社会主义工人党工作实际上已成了汉夫施坦格尔的全职。从劝说希特勒将小胡子弄大一点、时髦一点("现在不时髦,将来会时髦的,因为我留了它!"),到鄙视他的顾问罗森堡(为的是他的"欺骗哲学"之故),他都大胆地提出咨询意见。虽然希特勒拒绝接受他的意见,但他仍向汉夫施坦格尔借款1000美元,还不给利息——汉夫施坦格尔刚从他家在纽约开设的艺术品商店得到一份分红。这笔款子,在换成已贬值的马克后,是一笔巨款。希特勒用此款购买了两架美制轮转印刷机,把《人民观察家报》从周报变为日报。

汉夫施坦格尔的慷慨大方,却使他所憎恨的人走了红运。希特勒让罗森堡替下了埃卡特,当了《人民观察家报》的编辑,原因是埃卡特常常几星期不去办公室。这个职务不但使罗森堡成了东方问题的党内专家,还加强了他在诸如施勃纳·里希特那样的俄国逃亡者中的影响。里希特是一个神秘人物,与德国企业界和高层社会有着联系,除作为鲁登道夫的中间人外,已逐渐成为希特勒的主要顾问之一。所有俄国逃亡者都狂热地致力于消灭布尔什维主义,大部分人脑中也塞满了沙皇对粉碎犹太阴谋的方法——使用恐怖手段和暴力。在这些狂热者看来,用社会和经济手段反犹,已属无效,只有大规模的屠杀才能奏效。

1923年春天,希特勒忙得不可开交。他最迫切需要的是钱。于是,希特勒便四处奔走,为党筹集经费。4月初,希特勒与汉夫施坦格尔两人坐上希特勒"塞尔夫"牌的老爷车,由莫里斯驾驶,前往柏林。他们取道萨克森,因为该处许多地区均受共产党的控制。在莱比锡北面一小镇的市郊,他们碰到了路障,受到赤色民兵的拦阻。威武雄壮的汉夫施坦格尔把他的瑞士护照一挥,然后操着带美国口音的德语宣称,他是外国的造纸商,是前来参加莱比锡博览会的,车内的人一个是司机,另一个是随从。他果然得计。开车后虽然希特勒声称"他们会把我的脑袋砍下来的",但是很明显,对他之被称为随从,心中是老大不快的。

在柏林,他们不仅到处讨钱,还于星期天参观了军事博物馆和国家艺术馆。在国家艺术馆内,希特勒站在伦勃朗的《戴金头盔的男子》的画前,特别注意画中人之军人般的英勇的表情。他说,它证明了这位伟大的画家"虽然在阿姆斯特丹的犹太区作过许多画,但在内心,他仍是一个真正的雅利安人和德国人"!之后,他们在露娜公园观看了女子拳击比赛。希特勒面无表情,却坚持再看几场再走。他说:"这怎么也比在德国进行的大刀决斗要好嘛。"

次日,他们离开了柏林,避开了萨克森,绕道回家。一路上,为了驱除长途跋涉的烦闷,希特勒整段整段地用口哨吹奏瓦格纳的歌剧,并指手画脚地进行表演,以飨其同行旅伴。他甚至背诵了一首以"依特勒"结尾的对偶长诗,借以嘲笑自己。"高兴时,"汉夫施坦格尔回忆道,"希特勒就会反复朗诵经他加工后的这首诗,使我们全笑出了眼泪。"

他们在理查德·瓦格纳的家乡白莱特做了逗留,还进了节日剧院,是看门人带他们进去的。舞台上的布景仍是为《漂泊的荷兰人》而设的。自1914年宣战以来,此剧一直在此上演。看见此布景,汉夫施坦格尔乘机指出,此剧最初的布景是他的曾祖父费尔迪南·海涅设计的。这里的一切都使希特勒着迷,特别是瓦格纳的书房——书房的墙上仍挂着他对艺术家和职员们的教诲之词。

在那次旅程的最后一天,在中午野餐时,希特勒提起了莱比锡城外他们所见的那座纪念"各国反拿破仑战役"的纪念碑。他对此所做的评论使汉夫施坦格尔深感不安。他说:"在下次战争中,最重要的一点是,我们要保证控制俄国西部的粮食补给线。"这话表明,罗森堡及其俄国朋友们又在向希特勒宣传。汉夫施坦格尔反驳说,与俄国交战是徒劳无益的,需要考虑的倒是具有巨大工业潜力的美国。"如果你把他们推向另一边,那么,未来的战争你还未发动就已经输掉了。"希特勒支支吾吾,未作回答。很明显,这个论点"他并未听进去"。

一回到慕尼黑,他便立即投身于攻击法国占领鲁尔区的运动,但他经常拐弯抹角,似乎更令他感兴趣的是动员他的听众去反对犹太人。例如,在4月13日,他直接谴责他们,说他们应对鲁尔之被占领,对战争的失败以及对通货膨胀负责。他攻击说,"所谓的世界和平主义"其实是犹太人的发明;无产阶级的领袖是犹太人("又是犹太人!");共济会是犹太人的工具("还是犹太人!");其实,犹太人是在阴谋征服世界!所以,他喊道:"为了证实古代的预言,俄国和德国都必须被推翻!所以全世界才义愤填膺!所以每个谎言宣传机关才大肆开动,反对最后一个——德国的——理想主义者的国家!这样,赢得世界大战的就是犹太人!或者说,你们希望法国人、英国人和美国人赢得战争?"在结束演讲时,希特勒感情冲动,大声疾呼要为死于世界大战中的200万德国人,以及数以百万计的孤儿寡母、残疾者伸张正义。"为了这数百万的人,我们必须建立新德国!"

由于对犹太人又恨又怕,希特勒已超出了现实。他们的反犹主义,虽然是用合乎逻辑的语言表达的,其实已超越了逻辑的一切界限。他把世界颠倒了:法国、英国和美国才真正是输掉了战争。最终取得胜利的是德国,因为德国正在摆脱犹太人的控制。如果希特勒是在欺骗自己,那么,他也成功地欺骗了他的听众。希特勒巧妙地向原始的感情呼吁,而当听众离开会场时,他们记忆所及的细节已寥若晨星;他们只记得要加入希特勒的十字军,以拯救德国;法国必须被逐出鲁尔区,最重要的,犹太人必须去到他们该去的地方。

过去一年来,希特勒的演讲技巧大有改进。他使用的手势已与他的论点一样复杂多变。尤其令汉夫施坦格尔印象深刻的是他的手臂的突然高举。"他具有一个真正伟大的管弦乐队指挥的品格。一个伟大的指挥家,不只是用手势向下打出节拍,还能向上挥动其指挥棒,将内在的节奏和意义指挥出来。"希特勒在演讲中使用了音乐知识和感觉,使自己的演讲具有音乐的节奏。开始的三分之二是"进行曲节奏",然后加快速度,使最后的三分之一变成"狂热"。他的仿声技巧也得到熟练使用。他善于模仿某想象中的反对派,"常常以反论中断自己,在完全粉碎了假想之敌后,再回到原来的思路"。

尽管他的演讲的结构很复杂,但因为主要目的是要引起感情共鸣,因此并不难跟上。这样,他便能轻而易举地从一个题目转向另一个题目而又不会失去听众,因为题目与题目之间的桥梁沟通了某种感情——愤怒、恐惧、爱或恨。尽管演讲曲曲折折,他仍像一个才华出众的演员引导观众看懂某出戏里的复杂情节一样,牵着听众向前。

希特勒还具有将听众卷入演讲内容的罕见的才能。"当我向人们发表演讲时,"他对汉夫施坦格尔说,"特别是对非党员,或对那些因这种或那种原因行将脱党的人讲话时,我常常讲得好像国家的命运与他们的决定息息相关似的。他们应为许多人做出榜样,毫无疑问,这意味着打动了他们的虚荣心和雄心。一旦我达到了这一目的,其余的就好办了。"他说,所有人,不论贫富,其内心都有义务尚未履行之感。"在某处沉睡意味着将某种为建立新的生活形式而作的最后牺牲或某种冒险置于险境。他们会将最后一分钱花到彩票上去。我的任务就是将那种欲望转向政治目的。从实质上讲,每个政治运动都是以其支持者——不管是男人还是女人、不管是为自己还是为其子女或别人得到更美好的东西的愿望为基础的……人们的地位越低贱,对参与某项比他们高贵的事业的欲望就越强烈,如果我能说服他们,令他们相信德国的命运已危在旦夕,那么,他们就会成为某项不可抗拒的运动的一部分,这运动还可以包括所有阶级。"

对希特勒之华丽而精湛的异端的军事表演,听众历来都是有所准备的。除了扣人心弦的音乐和迎风飘扬的旗帜外,现又增加了新的色彩——希特勒亲手设计的罗马式的旗帜和罗马式的敬礼。也许,这两者都是通过墨索里尼从恺撒那里借鉴得来的,但他宣称,直臂礼是德国式的。"我曾读到过有关'昆虫国会'开会情形之描写。在此期间,人们就是用这种德国礼向路德致敬的。它向他表明,人们并非要与他兵戎相见,而是和平相见……大概是在1931年,在不来梅的拉施酒店我首次看见这种直臂举手礼的。"不管源于何处,在乐声和旗海中,这种在震颤的"万岁"声中行的举手礼,确也向听众保证,他们即将听到的是德国的真正的声音。

在希特勒公开声言反法和反犹的当天,他又一次公开与巴伐利亚政府对抗。他拜会了巴伐利亚总理。随同他前往的是一个前军官,即"战斗组织工作组"的一支私家军的司令。这个"工作组"其实是右派激进集团的大杂烩。两人向总理递交了一份最后通牒,要求政府自身废除《共和国保护法》。如果魏玛政府拒绝这一要求,那么,巴伐利亚就等于公开违背法律。

这天是 3 月 30 日,星期五,而希特勒要求于星期六得到答复。由于未有答复,右派的激进军事集团便于星期天举行"军事演习"。这天是复活节。希特勒站在敞篷车内,当冲锋队和其他追随者列队走过时,希特勒伸手检阅。从戈林的私家车内望去,赫仑纳·汉夫施坦格尔注意到,希特勒双眼"放射出胜利和满意"的光芒。检阅完毕后,希特勒带上"一束鲜艳的玫瑰花",来到汉夫施坦格尔家中,作为他夫人生日的礼物献给了她。之后,他们"高高兴兴地喝了一小时茶",希特勒谈笑风生。不久之后,在他自己的生日那天,他却闷闷不乐,偏执地警告汉夫施坦格尔,不准吃用卐字装饰的生日蛋糕——与其他礼物一起,这种蛋糕几乎堆满了他的小屋。"别忘了,"他说,"这座大楼是属于犹太人的,为了搞掉对手,让毒汁沿着墙壁流下,这已经是小孩的玩意儿了。"

星期一,总理终于给希特勒作了回答:他本人是反对《共和国保护法》的,但是,由于它已成为巴伐利亚的法律,他只好执行。希特勒号召于 5 月 1 日举行群众游行,以示抗议。这是爆炸性的,因为"五一"不仅是劳工和马克思主义者的神圣的节日,还是慕尼黑从苏维埃共和国统治下解放出来的周年纪念日。4 月 30 日晚,右派激进势力便向慕尼黑主要火车站以北数英里的奥贝威森弗尔德军事训练场蜂拥而去。至拂晓,已有近千人集结在那里。为了防止左派的袭击,他们还派出了岗哨。时间一小时一小时地过去,但仍未见行动。"6 时,"希特勒回忆说,"一伙伙赤色分子前来与我们对垒。我派了些人去试探他们,但他们未做出反应。"

9 时许,城外的各队人马纷纷前来,希特勒的队伍壮大至 1300 余人。他们持枪站在温暖的阳光下,等得又烦又急。恶狠狠的希特勒,手里提着一个钢盔,问道:"赤色分子都在哪里?"快到中午时,突然来了一支军队和身穿绿色警衣的警察,将武装示威者团团围住。与他们一起前来的是满脸怒气的罗姆上尉。他对希特勒说,他刚从当地驻军的将军那里回来,将军要求希特勒立即缴械,否则,希特勒要对后果负责。

希特勒大怒,但又只好撤销格里戈尔·斯特拉塞等人的请求——他们请求与政府对垒,让士兵发起冲锋。缴械的决定肯定是很痛苦的。但是,如果希特勒发动进攻,他的部队肯定会被消灭,而这场无谓的流血也许会意味着他作为政界领袖,甚至作为一个人的终结。在奥贝威森弗尔德的撤退中,他取得了成功。在施霍宾,他的部队与共产党的先遣队相遇,他把他们打得四散逃走,还放火焚烧了他们的旗帜。这是希特勒得意扬扬的时刻,他即席发表了简短的讲话。他说,这场烈火是布尔什维克的世界传染病的标志,它不过是国社党人夺取政权的小小的前奏而已。他这极富煽动性的讲话,提高了他部下的士气,把一件大错事变成了胜利。然而,他们的狂喜只不过瞬息即逝。傍晚,希特勒的革命行动已彻底失败。这一失败令他失去了许多坚定的追随者。"我完全唾弃希特勒!"一个前"自由兵团"的指挥官喊道,"5月1日他遭到了惨败,他永远会失败!"

在奥贝威森弗尔德事件中失败的,绝不止希特勒一人,对巴伐利亚政府而言,这是更大的失败和难堪。官方指控希特勒危害了公共安全,传他出庭受审。希特勒傲慢地一一作答,使检察官无法招架。希特勒不屈不挠,从灾难中捞到了政治资本。反败为胜正成为他的模式。

然而,不少外国观察家却预言,这是他的落败的开端。罗伯特·墨菲就是其中之一。他在报告中说,纳粹运动的势头"正在减弱"。他写道,人民"已对希特勒的煽动性行为感到厌烦,因他既没获得什么成果,也提不出任何建设性的东西。他的反犹运动树敌甚众;他的年轻的追随者之近乎捣乱的行径使许多热爱秩序的社会成员痛苦万分"。

墨菲所反映的,不过是巴伐利亚地方官员的印象而已。这些官员误把"五一"后的政治沉寂当作脱离希特勒及其运动的必然的表现。这种政治上的不活跃一直在延续,中间只发生过一次短暂的骚乱。这次骚乱是由德国一个名叫阿尔伯特·里奥·施拉格特因的民族主义分子在杜斯堡附近炸毁铁路以抗议法国占领鲁尔区被处决而引起的。他以破坏罪名受审,于5月26日被枪决。

当汉夫施坦格尔听说,许多爱国组织将于下周在科尼希广场举行抗议示威时,他觉得,正在山中度假的希特勒应赶回来参加。他乘火车到贝希特斯加登——是一个美丽的疗养胜地,位于德奥边境——并找到了希特勒("我爱上了那里的风景")。希特勒当时化名乌尔夫先生,住在"莫里茨公寓",该公寓建筑在一座名叫奥贝萨尔斯伯格的陡峭的山上。起初,希特勒对向示威者发表演讲并不热心,原因是听讲的什么人都有;但汉夫施坦格尔一再坚持,希特勒只好答应。于是,两人便草拟了一份讲稿。

当晚,与汉夫施坦格尔同时下榻的埃卡特抱怨说,希特勒常常挥舞犀牛皮鞭,到处虚张声势,在公寓经理夫人跟前炫耀。"希特勒的这种做法我看不惯,"他说,"很明显,这家伙已疯了。"他还谈到,希特勒用言过其实的辞藻谴责柏林,借以在这位夫人跟前卖弄自己:"……那奢华,那荒淫无度,那种不公平,那华丽摆设以及犹太人的财富,使我讨厌至极,叫我几乎不敢相信。我几乎觉得,我就是来到了上帝之庙,发现以兑换金钱为业者的耶稣。"埃卡特说,于是,希特勒便挥舞他的皮鞭,高喊他的神圣任务是像耶稣降临首都,鞭笞那些贪污腐化的人们。

次日,希特勒陪同汉夫施坦格尔前往火车站。走下奥贝萨尔斯伯格时,他说,新近被撤换的党报编辑埃卡特,已变成"一个老迈的悲观主义者,一个老朽无能的弱者"。叔本华把他变成了疑心重重的托马斯。"假若听从了他那些含混不清的胡言,我将走向何处?多妙的高论啊!把人们的愿望与意志降到最低限度!意志一丧失,一切也就完了。这一生就是战争。"说完,他便"以奇怪的颤音"吹起口哨,奏着《罗恩格林》里的天鹅曲。

安东·德莱克斯勒和妻子也不赞成希特勒在奥贝萨尔斯伯格的表演。希特勒之越来越高涨的革命热情,同样令他们惊慌失措。那些反对希特勒没有在工人阶级中建立真正社会主义者的牢固基础,而是与工业家、富人和银行家打得火热的人们,对此也惶恐不安。希特勒心里必定明白,他正面临党内的另一次反叛——一次从那些开始时就对希特勒怀着最崇高的希望、尊他为德国之新生的领袖的人们的不满和惊愕产生出来的反叛。

那年9月初,希特勒试图用公开露面的方式去支撑其正在下降的威信。那是在9月1日和2日于纽伦堡举行的庆祝"塞丹战役"一周年的"德国日"

的纪念大会上。那天,十余万民族主义分子拥向这座古老的城市,在大街上举行示威游行。据该市的警方报告称,此次活动产生的"热情,是1914年以来从未见过的"。街道上到处是纳粹和巴伐利亚旗帜的海洋,人们高喊"万岁",向鲁登道夫及游行部队挥动手绢和投掷花束。"那些战败的、悲惨的、背井离乡的、被粉碎了家庭的人们,看到了一线希望,看到了一丝从被奴役和穷困下解放出来的光芒。这次庆祝活动就是这种情感的无拘无束的表达。许多男人和女人都哭了,他们压抑不住自己的感情。"

大多数游行者都是国社党徒。大会开始后,希特勒在其中的一个会场上发表了讲话。他看上去比在科堡更加潇洒:穿的是熨得平平整整的衣裳,头发剪得整整齐齐,鞋也不再是高筒的了。"用不了几个星期,骰子就要滚动了,"他预言家似的宣称,"今天正在形成的东西将比世界大战更加伟大,它将在德国土地上为全世界树立一座丰碑。"

次日,"德国战斗同盟"成立了。从表面上看,这是民族主义者的联合,实际上却是国社党的发明:它的秘书长是施勒纳·里希特,军事头目是希特勒的另一个左右手,其中一个主要组织则受罗姆统辖;它的第一个公告(由弗德尔执笔)听来像是出自希特勒之口。它宣布反对议会主义、国际资本、阶级斗争、和平主义、马克思主义和犹太人。

纽伦堡的"德国日"和"德国战斗同盟"的成立,标志着希特勒公开重返其革命之政治舞台。这一点在一个月后变得更为明显了——他正式成为这个新组织的政治领袖。它的"行动纲领"公开号召夺取巴伐利亚政权。有谣言说,希特勒正在部署另一次革命。事实上,他确曾宣布,他有意采取行动,不让赤色分子再次夺取政权。"我们的运动的任务,与过去一样,就是为帝国的崩溃做好准备。这样,在老的树干倒塌时,幼树已经长起。"

巴伐利亚的总理欧仁·冯·尼林虽然赞同希特勒的某些主张,但却被希特勒的煽动暴民的战术搞得忍无可忍。9月26日,尼林对内阁说,由于情况紧急,必须立刻指定一名邦委员。此委员虽属内阁领导,"但可放手行使执行权"。他提议让前总理卡尔出任,理由是,他得到了几个民族主义团体的支持,且受到保守的君主政体派人士和天主教会的尊敬。

卡尔以法律与秩序的名义接受了这一繁重的职务。他所采取的第一个行动就是下令禁止即将于次日举行的 14 个纳粹集会。对阿道夫·希特勒而言,这一行动既是威胁,又是一次机会(他刚从瑞士募捐回来)。如果他俯首帖耳,可能意味着毁灭;如果他反抗成功,他就有可能成为全国重要的政治家之一。人们认为党还不够强大,不宜采取行动,劝他退却,他日东山再起。但是,接近普通党员的人们却敦促他行动。"如果现在还没有什么表示,战士们就会溜走。"冲锋队慕尼黑团的团长说。"为使士兵们保持团结,"施勃纳·里希特说,"我们必须干点儿什么,否则,他们会变成左派激进分子。"

这些敦促的言辞引起了希特勒的注意。这种冲动行为使他走上了革命的道路,并着手在慕尼黑及其四周寻找行动的盟友。他天天忙于会见和探访各种各样有影响的人物:军界头目、政客、工业界人士和官员。他还与党的中坚分子和动摇分子谈话——许诺,威胁,甜言诱惑。他常说的一句话是:"我们必须向这些人妥协,他们才会与我们一起前进。"

"他一旦下定决心,谁也不可能让他回心转意,"赫仑纳·汉夫施坦格尔回忆说,"许多时候,当他的追随者试图强迫他时,我注意到,他眼中表现出一种遥远的、不予理睬的神情。好像他的脑子已经封闭,除自己的意见外,谁的都听不进去。"那年秋天,他眼中的那种遥远的、不予理睬的神情有着一种特殊的含义。他觉得自己正与墨索里尼比试——而他进军的目标是柏林。这也不只是仅向亲信透露的幻觉。在右派军方头目的一次会议上,他号召全巴伐利亚倾全力进攻柏林。"现在,拿破仑的和救世主的思想已根深蒂固。"曾出席该次会议的一员回忆说,"他宣称,拯救德国的号召正在他胸中响起,而这个任务迟早要落在他身上。之后,他将自己与拿破仑作了一系列的对比,特别是拿破仑从厄尔巴岛回到巴黎之后。"

3 啤酒馆起义

1923

1923年9月的最后一天,希特勒收到了一封令他心神不宁的信。这封信是"你们党的一个老党员、一个狂热的党员"写的。写信人指出,在著名的占星学家埃尔斯伯特·埃伯汀太太所著的年鉴里,载有一条令人吃惊的预言。"一个出生于1889年4月20日的行动家,"书中说,"由于行动过于不谨慎小心,可能会出现人身危险,并非常可能触发一场无法控制的危机。"星象表明,此人确需认真加以对付;在未来战斗中,他注定要扮演"元首的角色";他也注定要"为日耳曼民族牺牲自己"。

她虽然未指名道姓,很明显,她之所指是希特勒。她未提及哪一天,但她提出了警告,就是说,如果在近期行动过于鲁莽,他可能危及自己的生命。另一个占星学家威廉·乌尔夫(多年后,他成了希姆莱的秘密警察的占星顾问)也对希特勒那年夏末的命运占了一卦,并特别指出了具体日期。他的预言也是凶多吉少:在1923年11月8日至9日,如对某事"采取暴力,必产生灾难性结局"。

这些预言,许多人均认真地看待。几个德国精神病医生和心理学家业已考虑"心理占星术"问题。不久前,O. A. H. 施密茨博士——瑞士精神病医生C. G. 容格的热心门徒——指出,占星学或许就是心理学所需要的。但是,希特勒对埃伯汀的预言的评语是:"女人和星象究竟与我何关?"

不管是否相信占星术,希特勒确实相信,他自己的命运终将引导他走向胜利;并且,如同赫仑纳·汉夫施坦格尔所注意到的,除肯定的声音外,其余他一概不听。在收到埃伯汀的占星警告的同一天,他意外地听到了这样的声音,那是在瓦格纳的老家,白莱特的万弗里德别墅里——他正在该处拜访瓦格纳的86岁的遗孀科西玛。瓦格纳的儿子齐格菲的英国夫人威尼弗雷德·瓦格纳对希特勒及其国社党早已佩服得五体投地。她热烈地欢迎他前来;她的6岁的女儿弗莱德莱茵觉得,穿着巴伐利亚皮短裤、厚厚的毛袜、红蓝花格衬衣、鼓鼓囊囊的蓝短外套的希特勒很是有趣可笑。"他的颊骨高高凸起,脸色灰白,眼睛蓝得不自然。看上去,他好像半饥半饱似的,但又有别的什么,是一种狂热的光泽。"

希特勒很不自然,在音乐室和书房里羞怯地、笨拙地来回走动。他蹑手蹑脚地走动,好像置身于教堂似的。后来,在花园里,他向瓦格纳一家谈起自己的未来计划时,"他说得有板有眼,声音也越来越深沉。后来,我们围成一个小圈,像着迷的小鸟听音乐似的,但他说的话我们连一个字都没有听进去"。他走后,瓦格纳太太说,"你们不觉得他注定要成为德国的救星吗?"齐格菲大笑不止。在他看来,希特勒明显地是个"骗子",也是个暴发户。

希特勒来到街道的另一边,拜访业已瘫痪在轮椅里的、年迈的豪斯顿·司徒·张伯伦。张伯伦是一位英国海军上将的儿子,是看到德国的民族是最优秀的民族才被吸引到德国来的。他天赋异禀,过于神经质。人们普遍认为,他是他所处时代的最优秀的文人之一。他是瓦格纳的崇拜者,与瓦格纳的女儿爱娃结了婚。这个英国种族主义预言家对希特勒之印象是如此之深刻,以至在当晚"他睡的时间更长,睡得更香"——自1914年8月受打击以来最甜最香的一觉。几天后,在写给希特勒的信中,他说:"只此一击,我的灵魂之状况业已改观。在最需要的时刻,德国产生了希特勒——这正是德国活力之证明。"

张伯伦的这一番话,肯定加深了希特勒之自我感觉,即他是掌握命运的人。约一个星期后,希特勒与罗森堡和汉夫施坦格尔夫妇坐车在巴伐利亚的山间奔驰时,由于公路被笼罩在大雾中,他们的红色"麦塞蒂斯"开进了沟里。回慕尼黑时,一路上谁也没有开口说话。后来,他对赫仑纳说,"我注意到在这次失误中,你一点儿也没有害怕。我知道我们是不会受伤的。伤害不了我的事故决不会就这一次。我会安全脱险,成功地实现我的计划的。"

以通货膨胀为伪装面目出现的命运的另一方面,似乎也有利于希特勒及其向柏林进军的计划。到10月初,战前的1马克已值当时的6014300马克。一个鸡蛋的价格约值1913年的3000万个。许多城市和工商企业都自行印制"紧急货币"以应付支出。帝国银行无法拒绝接受这种紧急货币,或以与他们的货币等值处之。政府印刷自己的货币成了大笑话:去年12月印的平面额为1000马克的纸币,现在给打上了10亿马克的红印;巴伐利亚州银行几个星期前发行的平面额5亿马克的钞票,现被盖上了200亿马克。这200亿马克,假定当时能兑换800美元,但是,待这张带天文学数字的、不怎么漂亮的钞票的持有者来到兑换处时,它只值一个零头了——假定有人愿将硬通货兑换给他的话。人们疯狂了。他们不敢持有钞票一小时。要是错过一辆去银行的电车,一个人的月薪便可能减至原值的四分之一或更少。在巴登,一个年轻跑堂对美国记者欧内斯特·海明威说,他省下了足够购买一座旅馆的钱。现在呢,却连四瓶香槟酒都买不了。"德国将货币贬值,为的是要欺骗盟国,"跑堂说,"不过,我能从中得到什么呢?"

通货膨胀的重担自然而然地落到了不能用钞票支付的人们身上——工人和老年人。工人们已处于饥饿的边缘,而老人们则在一夜之间成了穷光蛋。靠养老金过活的人们,以及靠债券或人寿保险之利息维持生计的人们,已成了赤贫。用保值的黄金购买的股票现在却用钞票支付,而钞票一过手便又马上贬值。

唯一感到高兴的,大概只有债务缠身的人们,因为他们可用毫无价值的废纸去偿还债务。但是,最大的受益者还是交易所的大亨、投机倒把者以及能把握时机的外国人——他们用低得可笑的价格购买珠宝首饰和产业。只要花上几百美元,大型产业和大厦便成了这些贪婪的家伙的财产。传家宝换来的也只够一家人维持数星期的生活。有些事情是无法令人相信的:有个妇女,将一篮子钞票遗忘在街上。片刻后她回来时发现,钞票被倒入污水沟,篮子却被人偷走了;一个每星期工资达20亿马克的工人,只能买马铃薯给家人度日。基本食物的供应中断后,向来守法的德国人到田里掠抢马铃薯的事件比比皆是(这时期最尖锐的电影并不是由德国人拍摄的,而是由美国的D. W. 格里菲斯摄制。这部电影其名叫《生活难道不美好?》,由尼尔·

汉密尔顿和卡洛尔·德姆斯特扮演未来就靠一小块土豆地的德国夫妇。高潮是这样的：这对夫妇于深夜偷偷地将土豆收起，将自己像马似的套在车上，驱车穿过森林时，路遇一群土匪，土豆被洗劫一空。当时最好的德国电影是《没有欢乐的街道》，由首先担任主要角色的格丽泰·嘉宝扮演维也纳一资产阶级家庭的女儿。由于股票市场操纵者兴风作浪，这家人被搞得穷困不堪，只好忍饥挨饿。电影中有人们在肉铺前整夜排队买肉的真实镜头。影片是以疯狂的人们进攻靠苦难发财的屠夫结束的）。

自1月以来，希特勒吸收了约3.5万名新党员。到10月中旬，希特勒更加相信，人民已做好了进行另一次革命的准备。"当我的狂想和对整个德国人民的热爱要我这样做的时候，"希特勒对纽伦堡的听众说，"我只能采取行动。"演讲时，他从未这样动过感情。"你真无法想象，这个人开始演讲时，听众有多安静。"那年10月，一个炽热的追随者在她的家书中写道，"全体听众好像不能呼吸似的。有时候，我几乎觉得，为了取得男女老幼的无条件的信任，希特勒使用了符咒。"另一个入迷的听众离希特勒之近，几乎看清了他如何唾沫横飞。"对我们说来，此人是个旋风式的苦行僧。但他知道如何燃起人们胸中的火焰。他不是用辩论的方法，因为这种方法在煽起仇恨的演讲中是不灵的，而是用狂热地高声喊叫的方法，但主要的还是震耳欲聋的重复和在一定程度上富有感染力的节奏。这种方法能强有力地鼓动人心，且具有原始的、野蛮的效果，他学会了。"

在巴伐利亚，这种煽动性演讲所带来的压力，使冯·卡尔无法执行其公务，尽管他有独裁的权力。虽然上司要他遏制希特勒的暴力，但巴伐利亚的许多领导人都向他施加压力，要他温和地对待希特勒。巴伐利亚人的脾气原是民族主义的和保守的，对希特勒之粗暴行径和激愤言论，虽然许多人表示遗憾，但他们也与他一样，梦想德国强大和恢复青春。"一些原是受人尊敬的感情，却误将人们引上纳粹的歧途，"巴伐利亚民主党一个自由派党员说，"这些人原也想真诚地为国为民服务。"出于这个原因，巴伐利亚警方人士虽然满腔怒火，却未怎么干预希特勒的暴力。巴伐利亚的陆军司令奥托·冯·洛索夫将军，在柏林来令要制裁希特勒并封闭其报纸时，抗拒了这一要求。由于洛索夫继续违令，遂被解职，但这一行动激怒了巴伐利亚政府，他反而被政府任命就任巴伐利亚州国防军司令。

次日,全巴伐利亚驻军集体违令,几乎等同于叛乱。他们向巴伐利亚政府宣誓与魏玛共和国脱离关系,"待巴伐利亚与帝国的关系重新得到调整时,本人才恢复服从上级军官的原则"。这是合法的、正式的、没有暴力的反叛——尽管如此,它仍是不折不扣的反叛。"不会发生国内战争的,"巴伐利亚一名内阁成员私下对罗伯特·墨菲说,"只不过是国家这条航船太偏向左边罢了。纠正这种情形,过去是,现在仍是巴伐利亚的责任。"

冯·卡尔委员本人也发表文章攻击联邦政府。在《慕尼黑日报》上,他为巴伐利亚之违令开脱,并号召推翻古斯塔夫·斯特莱斯曼总理的新政府。斯特莱斯曼靠自己的力量成功,笃信自由和政治权利。斯特莱斯曼自身也是民族主义者。他攻击说,在普鲁士,有3.2万名马克思主义者占据了各种官职,"因此,国内的政治纯粹是马克思主义的,就是说,他们是与事物发展的自然规律背道而驰的。他们的目标是强迫、鼓动、煽动和街头打架。外交政策正变得国际化,而那些控制外交大权的人们却处心积虑,不让德国再次强盛。"这些思想和言论,与希特勒的,可说如出一辙。

数天后,冯·洛索夫将军——尽管被魏玛共和国解职,此时仍指挥其部队——据报道,作了一次演讲,宣称只有三种可能性:一切如常,"依旧老牛拉破车";巴伐利亚与帝国脱离;向柏林进军,宣布对全国实行专政。希特勒全力支持最后一个建议。把巴伐利亚从联邦政府中游离出来,这是不合希特勒的口味的,因为一旦独立,巴伐利亚又可能建立以皇太子卢普科希特为国王的君主政体。为了说明希特勒内层之不和谐,罗姆上尉曾两度试图与卢普科希特皇太子合作。第一次,他跪在卢普科希特跟前,合掌哀求他与希特勒合作;他被"不怎么友好地"斥退。第二次,罗姆建议,由希特勒、鲁登道夫和皇太子共同统治巴伐利亚,以此州为基地,由各爱国组织共同起义,武装入侵北德,将之并吞。"我对他说,这是胡说八道。"卢普科希特的政治顾问回忆道。然而,如果巴伐利亚不宣布独立,他是否能迫使冯·卡尔委员和冯·洛索夫将军加入他的阵线向柏林进军?罗森堡和施勃纳·里希特对此作了回答。他们的计划是,在11月4日庆祝"德国纪念日"那天,绑架卢普科希特皇太子和卡尔。用数百名冲锋队员去封锁弗尔德赫仑大厅附近的通道,因为所有要员都集合在大厅里。之后,希特勒便要客气地对他的阶下囚说,为了阻止赤色分子夺权,阻止巴伐利亚脱离帝国,他已将政权夺取。按罗森堡的说法,这次起义将"费时很短,且不痛苦",因此卡尔与卢普科希特只好被迫合作。

汉夫施坦格尔认为,这是"妄想"。他争辩说,对皇太子的任何攻击,肯定会迫使陆军出来报复。在强调这一行动如何不通、如何缺乏头脑的同时,汉夫施坦格尔转而对罗森堡进行人身攻击。他说,如果希特勒老对这些波罗的海之出谋划策者耳软,党就将灭亡。希特勒同意将绑架一计否决,但又不立即对罗森堡一事做出承诺。(希特勒对其同盟者说话常常不一。就像他对汉夫施坦格尔说的那样,他可能是随口将绑架计划放弃的。然而,罗森堡却依旧相信,起义在继续进行。直到"德国纪念日"那天,罗森堡发现那条通道上有大批军警,他才通知希特勒说,政变只好放弃。赫仑纳·汉夫施坦格尔一直注意到,希特勒有个习惯,就是将他的顾问们蒙在鼓中。"他从不同时将某个计划、某次出访或结交了什么新人告诉一或两个以上的追随者。这常常产生不快,因为不同的党员突然发现,他们并不全都知情。这是他个人要全盘控制计划的策略。")"我们得首先考虑向柏林进军,"汉夫施坦格尔记得希特勒曾说过,"待我们处理了当务之急后我再给罗森堡换个工作。"

到此时,在总理冯·尼林监管下的巴伐利亚政府已由三个"冯"政治巨头治理:卡尔、洛索夫和汉斯·里特·冯·赛塞尔上校。赛塞尔是巴伐利亚州警察局长,他周围聚集了一批干练而年轻的参谋。这些人年轻,不用担心自己的职位。从古罗马看守人意义上说,这三位政治巨头倒像个专制政府。虽然三人代表了各式各样的超保守主义人物和右派激进人物,但他们却一致认为,希特勒的革命策略并不是为了大众的利益,需加以适当引导或绳之以法。10月30日,分裂爆发。那天,希特勒在济尔卡斯-克罗纳向狂热的听众明确宣布,他准备向柏林进军。"就我而言,只有在柏林宫上空飘扬着黑白红三色的卐字旗帜时,德国问题才算解决!"他喊道,"我们全都觉得,这个时刻已经到来。像战场上的军人一样,我们决不会推卸作为德国人的责任。我们将听从命令,以整齐的步伐,向前迈进!"

为了在三位政治巨头中制造分裂,希特勒要求会见冯·赛塞尔上校。

11月1日,他们在一个兽医家里见了面。这个兽医是个名叫"奥伯兰联盟"的仿军事的民族主义组织的领导人。希特勒试图让赛塞尔相信,卡尔不外乎是巴伐利亚政府的走卒而已。他接着建议,如同他在一周前建议过的那样,赛塞尔和洛索夫与他自己和鲁登道夫联合起来。但是,赛塞尔再次宣布,他不愿与世界大战的崇拜者发生任何关系,陆军的高级军官也不会这样做的。希特勒承认,将军们固然反对鲁登道夫,但少校军阶以下的军官都会不顾上司的眼色而支持他的。采取行动,"现在正是时机",希特勒警告说,"我们的人民承受着巨大的经济压力,我们必须采取行动,否则,他们就会倒向共产党人一边。"

虽然赛塞尔与卡尔两人都认为纳粹不外乎是"废物一堆",但二人都采取了行动。11月6日,三位政治巨头与各民族主义组织的代表开会磋商。卡尔说,最紧迫的任务是建立一个新的全国政府。他们一致同意推翻魏玛政府,但必须大家同心协力将之推翻,不能像某些组织那样,自行其是。他虽然没有指名道姓,但大家心里明白他指的是希特勒。卡尔说,用正常的办法是否能把斯特莱斯曼赶下台,这还是值得怀疑的。"必须准备一种特殊的方法。准备工作已经做了。不过,如果采取一种特殊的方法,大家就得合作。大家必须按照考虑周到、准备充分的计划去执行,且需同心协力。"

接着发言的是洛索夫。他支持卡尔及其用武力镇压任何起义的决心。"如果有可能成功,本人准备支持右派专政,"这位将军说。若成功的希望有51%,他就参加。"不过,如果只从骚乱变成起义,不到五六天便会以失败而告终,那我就不合作。"结论是,他与冯·赛塞尔上校将着重要求"战斗同盟"合作——或干点儿别的。

当晚,希特勒在施勒纳·里希特家里会见了他的几个顾问,以便草拟自己的行动计划。大家一致同意于星期天,11月11日,举行全国起义。选择这天作为起义日有两个原因:历史的与现实的。那天是德国投降五周年;又是个假日,各办公室全部关门,军警也少,市内交通相对而言不太繁忙,冲锋队可不受阻碍地前进。

次日上午,密谋者们再次会面,参加会面的有"战斗同盟"年迈的领袖。鲁登道夫或许也出席了会见,但后来他矢口否认。肯定地说,希特勒、戈林和施勒纳·里希特是在场的。他们为起义做了最后的安排:占领巴伐利亚各主要城市的火车站、邮电局、电话局、广播电台及公共设施、市政厅和警署;逮捕共产主义和社会主义的领导人、工会头目和商店管事。在慕尼黑,希特勒占优势:4000名武装起义人员对2600名军警。

当晚早些时候,希特勒召开第二次会议。参加者还有两人:警察署前署长波纳及希特勒前助手威廉·弗里克——他仍在警察局,暗中保护希特勒及其追随者。密谋者们讨论了一项新的事态的发展,这要求必须尽快改变原计划。原来,卡尔委员突然宣布于次日晚在贝格勃劳酒馆举行群众"爱国示威"大会。其目的表面上是要阐明其政权的主要目标。但很有可能的是,他企图未雨绸缪,阻止国社党人在政府要员中、军方将领以及德高望重的公民中搞联合行动。希特勒被邀请参加这一大会,但很明显,这一邀请可能是个陷阱。也许,三政治巨头准备宣布巴伐利亚脱离柏林,恢复维特尔斯巴赫王朝。

希特勒争辩说,这是天赐良机。三政治巨头,冯·尼林总理,以及其他政府要员都将同集于一主席团。为什么不能将他们引入一室,说服他们就范,参与政变,或者若他们冥顽不灵,将他们监禁?毫无疑问,希特勒谈论的是效果。他心里非常明白,倘若没有三政治巨头的全力支持,他是不能成功地进行起义的。他并无意夺取巴伐利亚政权,只是企图以猛烈的行动去唤起巴伐利亚人,以便卓有成效地与柏林抗衡。实际上,他并没有长篇纲领,只想碰运气,听天由命。

他的同谋者却不愿听天由命。争论持续了几小时,希特勒岿然不动。这样,11月8日凌晨3时,大家勉强接受了希特勒的建议:当晚在贝格勃劳酒馆举行起义。当客人们走进寒冷的晨风中后,施勒纳立刻交给仆人一大沓写给重要的出版商的信件——办公室一开门就交给他们。

次日,天气寒冷透骨,又兼刮风。那天,巴伐利亚极冷,市南山区已飘起了雪花。在希特勒生活中最重要的一天,他却头痛起来,牙也痛得钻心。他的同事曾劝他去医院看牙,但他回答说,他"没有时间,一切全盘改观的革命在即"。他必须听天由命。汉夫施坦格尔问他,如果他的病加重,他们的事业会怎样?希特勒回答说:"如果真是这样,或者我病死了,这只说明,我的星辰已终其天年,我的任务也已完成。"

时近中午,给冲锋队的命令发布了——或用电话,或用书信,或派人前往,叫冲锋队员人人做好行动准备。没有详情,也没有解释。另外,就连希特勒的众多亲信对计划已改变一事仍蒙在鼓里。中午时,罗森堡(身穿紫色衬衣,打一条红领带)正在他粉刷一新的小办公室里与汉夫施坦格尔讨论当天的《人民观察家报》。该报头版刊登了普鲁士大军倒向俄国一边和拿破仑在托洛根对垒的照片。照片说明称:"在紧急时刻,吾人是否能找到另一位约克将军?"两人虽互相鄙视,却在一起讨论这幅照片可能产生的后果。此时,他们听见有人在外边跺脚,并用沙哑的声音问:"戈林上尉在哪里?"门被推开了。希特勒身穿军大衣,扎着皮带,手中拿着鞭子出现在门口。他冲了进来,"激动得脸色铁青"。

"你们发誓不将此事向任何人提起,"希特勒紧迫地说,"时间到了。我们今晚行动!"他请这两个人当他的私人陪同,要他们带上手枪,于晚7时在啤酒馆外会面。汉夫施坦格尔匆匆返家,叫妻子将儿子埃贡带至刚在乡间兴建的别墅。之后,他通知许多外国记者,包括尼卡博卡在内,说"无论如何"都不能错过当晚的大会。

下午,希特勒已控制住了自己的兴奋,坐在赫克餐馆,与他的老友摄影师海因里希·霍夫曼闲聊,好像这不过又是平凡的一天罢了。突然,他建议去看看身患黄疸病的埃塞。当霍夫曼在外边等待时,希特勒向埃塞透露,他当晚要宣布进行全国革命,他需要帮助。晚9时整,埃塞打着一面旗帜,冲上罗文布劳酒馆的讲台——那里将举行民族主义会议——宣布国社党要进行全国革命。

希特勒出来后,对霍夫曼说,埃塞已感觉好多了。于是,两人便漫无目的地在施林大街散步。片刻后,戈林走上前来。希特勒将他拉到一边,两人谈了一阵。回来后,他说,他牙痛得很厉害,必须马上走。此时,霍夫曼如堕五里雾中,他问希特勒究竟要搞什么名堂,希特勒鬼鬼祟祟地回答道,他"很忙很忙,是忙一件非常重要的工作"。说完,他便返回国社党总部去了。

此时,冲锋队员们正在脱去工作服,穿上冲锋队的制服——腰间和袖口装有松紧带的灰皮夹克,卍字袖章,灰色的滑雪帽,以及挂手枪的皮带。他们即将奔赴集合地点。二连的卡尔·凯斯勒需按指示前往阿兹伯格酒馆报到；鞋匠约瑟夫·里希特则被派往霍夫布劳斯。"奥贝兰联盟"的成员也在出动。他们戴的不是卐字袖章，而是薄雪罩，头上还戴着钢盔。关键的部队，即元首的百人卫队，则在托布劳集合。他们的领队，一个好抽烟叶的头头儿，正在大声训话："谁不是全心全意的，现在就走。"他说，不管当晚在贝格勃劳酒馆会发生什么情况，他们的任务是冲在前面。"我们要将政府赶下台！"

天黑后，一辆小汽车在施勃纳·里希特的门前停了下来。从车内出来的是鲁登道夫。他与施勃纳·里希特交谈了几分钟便走了。片刻后，里希特与他的仆人也飞车而去。"汉斯尔，"施勃纳·里希特说，"今天进展若不顺利，明天我们全会进监狱。"他们在党的总部见到了希特勒和党的其他领导人。经过一阵磋商，一群人便坐上两辆小车，前往贝格勃劳酒馆。那时是晚8时左右。那间啤酒馆坐落在伊萨尔河岸，离慕尼黑市中心约半英里。这是个凌乱不堪的大楼，左右两边各有一座花园，里边有众多的餐厅和酒吧间。主厅是市内除"济尔卡斯""克罗纳"以外最大的，里边放置着许多结实的圆木台，可容3000人就座。官员们知道可能会有麻烦，早从市内调来125名警察，以控制人群。此外，在听众中还安插了一队骑兵和不少军官。一旦发生紧急情况，440码外的兵营里还有一连身穿绿色制服的州警在那里待命。

待希特勒的车队过得伊萨尔河来，大厅的大门已经关闭，除要员外，谁也不准进去。因为全部座位被占，汉夫施坦格尔竟无法将一小批外国记者带进场去。八时零几分，希特勒的红色轿车"麦塞蒂斯"以及跟在后边的施勃纳·里希特的车驶抵了啤酒馆。人群在团团打转，这使希特勒颇为担心：他的卡车队能从这人群中通过吗？两辆小车缓缓驶近前门。此门由一群警察把守。为使马上就抵达的部队通过，希特勒忙劝说警察离去。之后，他便率众人走进啤酒馆的大门——赫斯在把门。由于发生争端，希特勒一进，门便被关闭，把领着一名美国女记者的汉夫施坦格尔关在门外。他警告警察说，如果把外国记者关在门外，那就会出乱子。但，实际上给他开道的就是叼着美国香烟——德国之罕物——的美国记者。在客厅旁，希特勒站在一根大柱子附近,注视着讲台附近的密集的人群。台上,卡尔正在讲话,声音单调。他谴责马克思主义,号召为德国的复兴而奋斗。他的神态像个老学究,似乎不是在演讲,而是在讲课。听众客气地听着,不时以啤酒解乏。

汉夫施坦格尔暗想,希特勒也得喝啤酒才更能与环境吻合。于是,他便花了30亿马克在服务台买了三瓶啤酒。希特勒不耐烦地等待他的褐衣卫队,不时呷上一口啤酒。满载其他冲锋队员的卡车业已在外边等待,做好了一切准备,只待八点半后动手。头戴钢盔的卫队终于抵达了——这是行动的信号。卡车空了,武装纳粹将大楼团团围住。数量上处于劣势的警察,见此情景,一个个被弄得目瞪口呆。由于对政治战毫无准备,他们一筹莫展。

戈林率领的卫队,带着连发手枪拥进大楼。希特勒的保镖乌布里希·格拉夫正在衣帽间里等待卫队前来。此时,他走近希特勒身旁。希特勒已脱去身上的军大衣,只穿着巴伐利亚式的长尾黑晨衣。格拉夫在希特勒耳旁嘀咕了几句。据一旁观者说,就像顾客求大班给找张好桌子一样。二十多名警察堵住了去路。卫队队长喝道:"别挡道——到那边去!"警察乖乖地向后转,像美国的警察老兄那样,迈着整齐的步伐,从前门出去了。

希特勒把手中的啤酒撂在一边,拔出他的勃朗宁手枪。在冲锋队"希特勒万岁"的喊声中,希特勒率领曾当过屠夫的格拉夫、施勃纳·里希特(他在烟雾弥漫的室内斜着近视眼),他的忠实的奴仆、哈佛大学毕业生汉夫施坦格尔、前警察局奸细、现当上了商业经理的梅克斯·阿曼,以及地理政治系学生、积极的理想主义者鲁道夫·赫斯,走进大厅。这群衣着混杂的好汉,挥舞着手中的武器,从人群中推开一条路,径直朝讲台走去。此时,褐衣党徒已封锁了太平门,另一群党徒已架好了机枪,准备扫射听众。在混乱中许多桌子被打翻。一名内阁成员钻到桌子底下藏身。有些内阁成员被吓得目瞪口呆,连忙朝太平门拥去,但被警告回去。反抗的,都遭到鞭打或挨了踢。

希特勒一伙被挡住了去路。在混乱中,他爬上一张椅子,一边挥舞手枪,一边喊道:"安静!"但秩序仍然大乱。他朝天花板打了一梭子弹。人们吓得不敢作声。希特勒说:"国社党革命爆发了!大厅已被包围!"谁都不准离开大厅。在他苍白的脸上,汗如雨下。在某些人看来,他像是疯了或喝醉了酒;另外一些人却觉得好笑——这个挥舞手枪的革命者穿的是这样不合身的晨衣。虽然看来可笑,但希特勒却异常严肃。他命令三政治巨头跟他到邻屋去,保证他们的人身安全。三人却一动不动。当希特勒越过一张桌子朝讲台前去时,卡尔倒退了一步。赛塞尔的副官,一位少校,走上前来。他一手插进口袋,似乎要掏手枪。希特勒将手枪对准他的脑门,说:"把手拿出来!"

希特勒向三政治巨头和听众保证,所有事情均可在10分钟内解决。这时,三政治巨头,外加两名副官,跟着希特勒进屋。"装装样子,"洛索夫小声对同僚说。一到室内,希特勒更加激动了。"请原谅我们这种做法,"他说,"但本人没有别的法子。"赛塞尔指责他食言,因他曾保证不搞起义。希特勒向他表示歉意,说这是为了德国的利益。他告诉他们,前警察局长波纳将出任巴伐利亚总理;以右派激进组织"战斗同盟"为基础的新国民军将由鲁登道夫指挥,而鲁登道夫将率军向柏林挺进。希特勒保证,在起义军取得政权后,三政治巨头将会行使更大的权力:卡尔将为巴伐利亚摄政,洛索夫为帝国陆军部长,赛塞尔为帝国警察部长。

三人不答应,希特勒便拔出手枪(后来他作证说,这全是开玩笑)。"里边有五梭子弹,"他粗声粗气地说,"四梭给卖国贼吃,一梭供我自己吃——假如我失败的话。"他把手枪递给格拉夫——他已有一支机枪。在这种情况下,生死已毫无意义,卡尔冷冷地回答说,使他感兴趣的倒是鲁登道夫将军在此事中所扮演的角色。希特勒无计可施,急忙喝了几口啤酒,连声向卡尔道歉,然后便大步流星走出房子。外边,听众已秩序大乱,眼看无法控制。有人喊了一声:"演戏!"另一人喊道,这是墨西哥式的革命。大厅里响起了刺耳的口哨声和讥笑声,直到戈林仿效其主子的做法,朝天花板放了一枪,大厅才安静下来。他呼喊道,他们这次行动的矛头并不是对准卡尔、帝国国防军或警方。辩解失败后,他搬出了幽默,"你们不是有啤酒吗?"他喊道,"还愁什么?"

大厅里的混乱并未使希特勒泄气。尽管人们在高声怪叫和怒骂,希特勒推开人群,朝讲台走去。厅内仍嘈杂不堪。他怒气冲冲地喊道:"如果再不静下来,我就命令阁楼上的机枪开火!"突然间,他已不再是被人们取笑的对象。"紧接着,"保守的历史学家冯·米勒教授回忆说,"希特勒发表了一次杰出的演讲,这篇演讲令任何一位演员妒忌。他平静地开讲,没有一点儿怨天尤人。"似乎胜利在即似的,他向听众保证,他充分信任卡尔,将让他出任巴伐利亚的摄政王。他也保证,军队将交由鲁登道夫指挥;洛索夫出任陆军部长;赛塞尔出任警察部长。"德国临时国民政府的任务是向罪恶的巴别①——柏林——进军,拯救德国人民!"

汉夫施坦格尔回忆说,从讲第一句话开始,这个穿着可笑的小人物,这个活像陈列在巴伐利亚乡间照相馆满是灰尘的橱窗里的"省城新郎"的希特勒,便成了一个超人。"这活像是斯特拉迪瓦利小提琴放在盒中,它不过是几块木板,几根肠线;若让名师演奏,它便产生美妙的乐声。"在他整整一生中,冯·米勒教授再也回想不起来,"在几分钟,甚至是几秒钟内,群众态度的转变有如此神速"的情形了。他肯定地说,"许多人还未完全转变过来,但大多数人的感觉却全盘改观。希特勒只用几句话便把他们完全翻转过来,就像人们将手套翻转过来一样。几乎有点像念咒,又像变魔术。接着便是满堂喝彩,反对之声再也听不见了。"

"卡尔、洛索夫和赛塞尔在外边,"希特勒真诚地说,"他们正在努力做出抉择。我能不能对他们说,你们支持他们?"

"可以!可以!"群众吼叫着。

"在一个自由的德国里,"希特勒满腔热情地说,"是容得下自治的巴伐利亚的!我可以这样对你们说:不是今晚开始德国革命,就是明天拂晓时我们全部死亡!"由于赢得了群众,希特勒便返身回房,叫起了三政治巨头。

能将问题解决的人,坐着希特勒的"麦塞蒂斯",正朝贝格勃劳酒馆奔来。此人便是鲁登道夫将军。他与他的继子(是个炽烈的起义者),还有施勃纳·里希特,正坐在后座上。虽然大雾弥漫,他的车子仍以惊人的速度从内城开出,驶过了大桥。鲁登道夫将军在啤酒馆门口一出现,人们便高喊"万岁"。鲁登道夫发现事情竟做得如此过火,惊愕得"目瞪口呆,极不高兴"。希特勒连忙从客厅出来与他握手。他们简单地交谈了几句话后,鲁登道夫皱着眉头,答应去说服三政治巨头。他们消失在侧屋里。

---

① 巴别,《圣经·创世记》中的城名。——译注

希特勒的单方面行动虽然令他愤怒,鲁登道夫还是在他的两个同僚身上使用了他的地位和人格的力量。"好啦,先生们,"他对他们说,"与我们一起干吧。把手伸出来。"首先响应的是将军。洛索夫伸出手来,说:"好。"接着,上校也把手伸给了鲁登道夫。文官卡尔是最后一个屈服的。但一等大家回到讲台上时,第一个讲话的就是他。他笔挺地站着,脸部毫无表情。他宣布,他将以摄政王的身份为巴伐利亚王朝效劳。据一在场的警察说,打断这一清醒的讲话的掌声是"狂热的"。

希特勒见听众如此热烈,心中大喜。他充满感情地说:"5年前,我是陆军医院的一名失明病人。我曾向自己发誓,十一月罪人不推翻,不在今天支离破碎的德国的废墟上重新建立一个强大的,既自由又富丽堂皇的德国,我就决不罢休。看来,我正在实现这个誓言。"

接着,脸色苍白而阴沉的鲁登道夫认真地发表了简短的讲话。冯·米勒教授所得的印象是,鲁登道夫是明白"这是个攸关生死甚至是死多于生的问题"的人。完全控制了局势后,希特勒便在一阵阵欢呼声中与众人一一握手告别。由于激动,加上啤酒在作怪,听众禁不住高兴起来。早些时候的讥笑甚至愤怒已被忘得一干二净。听众全场起立,高唱《德意志高于一切》。许多人泪流满面;有些人甚至感情大动,无法唱歌。但是,站在一名州警察旁边的人转过身去说:"唯一缺少的是一名精神病医生!"

在伊萨尔河彼岸的罗文布劳酒馆,也出现了高昂的情绪。主厅里,除两支乐队的演奏声在回响外,还挤满了2000名"战斗同盟"的成员和冲锋队员。听众里只有小部分才是脸上带着伤疤的罗姆上尉的狂热的追随者,但罗姆却是吸引人们的主要人物。他"号召人们复仇,并对卖国者和掠夺我们的人民的蟊贼进行报复……"

接着,从病榻上拖着身子起来的埃塞走上讲台。由于计划有所改变,他并未打着旗子冲过通道,也并未立即宣布革命。他正在等待希特勒政变成功的消息。晚8时40分,即在他讲话中间,贝格勃劳酒馆打来一简短的电话:"已安全执行!"罗姆有意识地走上讲台,打断了埃塞的讲话。他喊道,卡尔政权已被废黜,阿道夫·希特勒已宣布了全国革命。国防军士兵撕下了共和国的帽徽,跳上桌椅,大声欢呼。冲锋队员们互相拥抱。乐队高奏国歌。待喧器声沉寂后，罗姆大声叫众人朝贝格勃劳酒馆进发。人们争先恐后地列队走出罗文布劳酒馆，好像它已着火似的。士兵们呼喊着、欢呼着走上街道，朝伊萨尔河走去。迎面来了一辆摩托车，将队伍拦住——原来，他带来了希特勒的命令：罗姆带队伍前往慕尼黑大学，占领设在施恩弗尔德大街的冯·洛索夫将军的司令部。冲锋队则前往圣·安娜广场，取出藏在寺院地下室里的3000支步枪，并在吉辛布设阵地。只有"奥贝兰联盟"的成员前往贝格勃劳酒馆。

正当罗姆的队伍在其中一个乐队的陪同下，走下布里恩纳大街时，人们聚集起来，朝他们欢呼。靠近队伍的前列，有个炽热的青年民族主义者，骄傲地打着一面帝国的国旗。他之所以到那里，是因为他忠于罗姆和格里戈尔，而不是效忠希特勒。此人名叫海因里希·希姆莱。兴高采烈的观众们的热情令人心醉；士兵们像征服者那样继续沿宽阔的路德维希大街前进，来到军区大楼的大门前。罗姆令部队停止前进，自己大步走进大门——他在里边工作了多年。哨兵们以开枪来威胁，但罗姆盛气凌人，置他们于不理。径自入内，走至二楼值班军官室内。值班军官宣称，他只向暴力屈服，并下令开门放暴乱者进来。罗姆布好了岗哨，在各窗户前架好了机枪，还在大楼周围安上了铁丝网。一切已差不多就绪，只差占领电话总机。令人不能相信的是，他竟将电话总机交给值班军官看管，而此人又没有革命意识。

在啤酒馆内，赫斯把"人民的敌人"扣押起来充当人质。他站在大厅的椅子上，将官员一一点名叫出来，包括总理尼林、警察局长曼特尔，以及皇太子卢普科希特的政治顾问在内。被点名的人乖乖地站了出来，就像不守规矩的小学生似的——法官根特纳除外，他慌忙出逃，却被抓了回来。起初，赫斯将他们关进楼上的一间小屋，后来上边决定让赫斯将人质转移至慕尼黑南面的特根西湖附近的一所房子里去，严加看管。

希特勒的内层人物各有各的任务：梅克斯·阿曼，即那个身材矮小但极可怕的街头打手，领着一班人马，夺取了一家银行作为新政府的中央办公楼。施勃纳·里希特、埃塞和汉夫施坦格尔则带领各自的人马，在街头巡视，检查革命的进展情形。他们发现，市内已混乱不堪。许多人高兴，许多人迷惑不解，有些人怒火满腔。很少有人知道发生了何事——包括与行动有关的人在内,因为贝格勃劳酒馆不断发出自相矛盾的命令。

使这次起义开始时得以成功的主要人物是慕尼黑警察局主席团的弗里克。他说服了值班警察不对起义部队发动反攻,自己则守候在电话机旁,让不断打电话前来询问情况的、迷惑不解的警官们保持镇静,拭目以待,不采取行动。有鉴于此,被废黜的前警察局局长波纳,便来到警察局,在未诉诸武力的情况下,夺取了警察局。他采取的第一个行动是召开非马克思主义的各主要报纸的记者招待会。由于控制了警方,罗姆又占领了军区司令部,身在贝格勃劳酒馆的希特勒,正陶醉在幸福中。后来,工兵营地传来报告说,起义部队正与工兵们争论不休。希特勒当即决定离开其指挥岗位,亲自前往该地解决问题。这是严重失策;接着又犯了一次策略性错误:让鲁登道夫将军指挥起义。希特勒一走,冯·洛索夫将军便说,他必须回办公室去下达命令。鲁登道夫觉得此要求合理,便允许洛索夫走出啤酒馆——卡尔和赛塞尔在不远处跟着。希特勒刚到兵营门口,一点作用也没起,便被驱走。一小时后,他回到了啤酒馆,发现三政治巨头已被允许脱逃,大吃一惊,将鲁登道夫呵斥了一番。他怎么能做出这等事来?洛索夫会将革命破坏的!鲁登道夫冷冷地看着这位前下士。他说,一个德国军官是永远不会违背其誓言的!

上午11时,随着千名大军开赴前来,希特勒的精神又振奋起来了。这是步兵学校的援兵,是精锐的学生军。原来,"自由兵团"的老兵格尔德·罗斯巴赫中尉已被说服,率领他们集体参加起义(只有少数人未参加)。这批青年军扣押了他们的司令,接受了罗斯巴赫(与罗姆一样,也是个同性恋者,一个打手)的领导。他们吹吹打打,迈着整齐的步伐,戴着卐字袖章,打着国社党的旗帜,开至啤酒馆。他们立正站着,接受了军需将军鲁登道夫和前下士希特勒的检阅。接着,学生军便前去占领卡尔委员的办公大楼;起义部队的领导人则乘车前往军区司令部。在罗姆的指挥所——冯·洛索夫的办公室——他们讨论了革命的未来进程。坐在舒适座椅上的鲁登道夫建议,立即打电话找洛索夫或赛塞尔。电话打了不少,但谁也找不到。施勃纳·里希特说,他觉得事情有点不妙。洛索夫曾说过,他要来办公室发令。他到哪里去了?卡尔和赛塞尔又在何方?鲁登道夫再次抗议说,这三位君子曾在众目睽睽之下起过誓,不太可能变心。

此时,巴伐利亚军军官梅克斯·施万德纳少校正步入大楼。原来,他曾听到起义的谣传,便前来寻找值班军官。值班军官说,"这件事非常肮脏,非常可疑。""我们正在说话,"施万德纳回忆说,"穿着老式军服、胸戴所有奖章的罗姆冲进室内,气冲冲地问洛索夫在哪里。我立即对他说,这次起义是直接违反昨天与洛索夫达成的谅解的。罗姆声音中带着真诚说,一切进展顺利。冯·洛索夫、冯·卡尔和冯·赛塞尔均曾宣布,他们同意这一切,并即将去军区司令部与希特勒会合。我只说,那就不同了。"

罗姆走后,值班军官示意让施万德纳前来,对他耳语说:"起义吹了。"他说,洛索夫和卡尔与巴伐利亚军指挥官一起,在十九步兵团兵营,"肯定不到这里来"。片刻后,迄今仍未受管制的电话总机转来了洛索夫从其新指挥部(十九团团部中心大楼)打来的电话,下令对他新近保证支持的起义军发动反攻,并让奥格斯堡、英格尔斯达特、雷根斯堡、兰舒特及邻近一带的忠诚部队各营立即乘火车赶赴慕尼黑。施万德纳立刻打电话找到了运输军官,将洛索夫的命令转达给了他,并答应亲自给半数部队去电话。这间房子在部署起义,隔壁房间则在预谋破坏。时至深夜,密谋者才最终想起应将电话总机的线路仅限于与起义办公室相通,但是,洛索夫的镇压命令却早已传了出去。

虽然部队在街道上开来开去,乐队也在吹吹打打,大多数慕尼黑人却不知道革命已再次在他们的城市爆发。元首最亲密的朋友之一、海因里希·霍夫曼,就在弗莱德旁的酒吧里,却不知一个不平常事件业已发生,直到深夜才发现革命正在进行。此时,一群群兴高采烈的年轻人正在闹市区的旅馆里做客,又唱又喊,欢庆胜利。

在美国领事馆内,代总领事罗伯特·墨菲,正在草拟一份发给国务卿的电报(当墨菲未获准用密码发电时,他要求亲自会见希特勒。"经数小时舌战后,我终于于凌晨3时见到了希特勒。他心平气和地对我说,我不能发电。那时,我提出了抗议,但也是个形式而已,因为我已派人坐车至斯图加特拍发此电。"):

……据希特勒说,这届政府的任务是向柏林进军,于12时发动进攻;他宣称,至拂晓,若不是新国民政府的建立便是他的死亡……

对那些反对政变、被从家里拖出来充当人质的人们来说,这是个恐怖之夜。有些人因姓名像犹太人的姓氏(从电话号码本里找出来的),家里也受到了褐衣党徒的光顾。一支部队开进了慕尼黑《时报》(属社会主义者),不由分说便捣毁印刷机。希特勒大怒,立即下令停止,因为他要利用印刷厂。

在军区司令部里,很明显,三政治巨头已自食其言(好像谁也不记得誓言是在胁迫下立的),事态已无法控制。施勃纳·里希特带着仆人埃格纳外出寻找赛塞尔,却无法找到他。回来后,他们发觉希特勒"有些沮丧"。

埃格纳被令带罗森堡前往一印刷厂,印刷由主要人物们签署的新政府的告示。完成这一任务后,罗森堡便前往《人民观察家报》,为次日的报纸赶写社论。在这篇题为《对德国人民的号召》的社论中,他要公众将埃尔伯特及其他社会民主党人"不管是死是活",交给"全国人民政府"。

埃格纳回到军区司令部后,他的雇主便令他回家取香槟酒和食品,并转告施勃纳·里希特太太,"一切进展顺利,不用担忧"。形势正在恶化。罗姆终于对隔壁房间起了疑心,逮捕了值班军官。随后他下令逮捕大楼内的所有军官,却漏走了诡计多端的施万德纳少校——在完成了调兵至慕尼黑的任务后,他得一文职人员的警告,就在警戒圈布设前,溜出了大楼。

在冯·卡尔委员办公楼里,起义部队进展也不顺利。从啤酒馆脱逃出来后,卡尔曾来过办公楼,发现粉碎起义的机器业已开动。可以理解,他并未着手阻止这些措施,(他刚收到愤怒的皇太子卢普科希特的命令:"不惜一切代价,粉碎此次运动。必要时可用兵。")而是在协助指挥大楼的防务,尽管罗斯巴赫及其千名步兵学校学生军不断进行威胁恐吓。本来革命军是可以轻而易举地执行鲁登道夫"不管代价如何"拿下大楼的命令取得重大胜利的,但是,士官生与警方只在那里对峙,双方都在等待对方首先开火。谁都不愿流血。士官生不想朝警察开枪,而众多的警察也与学生军一样,相信希特勒。他们不时进行谈判。后来,主张采取行动的罗斯巴赫不耐烦起来,朝士官生喊道:"什么?还在这里谈判?你们明明知道鲁登道夫的命令是什么,为什么还举棋不定,下令部队开火!"

最后,学生军进入阵地,伏击队则以半圆形阵势,在机枪队的掩护下,向前推进。警方建议,请三名叛军进楼议事。学生军接受了这一建议,但提出,如三人在10分钟内不出来,他们便开始进攻。10分钟过去了。学生军正准备进攻,突然传来一道命令:"各连,后撤!"

学生军连忙后撤,包围告吹。由于执行命令不力,原本可以取胜的战斗失败了。究其原因,主要是希特勒的部队不太愿意向原想争取过来成为同盟军的警方开火。学生军之所为,不外乎是将冯·卡尔在关键的几小时内围困起来罢了,学生军一撤,卡尔便离开了大楼,前往十九团驻地与洛索夫和赛塞尔会合。

当军区司令部里的人们获悉,冯·洛索夫将军于凌晨2时55分向"德国所有无线电台"发出下述通电后,原来所抱的一线希望,即三政治巨头不会公开反对起义,也就破灭了。电云:

> 冯·卡尔州委员、冯·赛塞尔上校和冯·洛索夫将军业已镇压希特勒起义。枪口下发表的支持无效。请勿误用上述人名。
>
> 　　　　　　　　　　　　　　　　　　　　　冯·洛索夫

在十九步兵团团部,卡尔正伏身在扶手长椅上,草拟将在全城张贴的公告。他终于草就了一份人人满意的告示。他说,欺骗,将德国的觉醒变成了令人作呕的暴力。"若让盲目的反叛得逞,巴伐利亚将与德国一起,被抛入深渊。"他下令解散国社党和其他右派组织。他宣布,起义的负责人将"毫不留情地受到应有的惩罚"。对卡尔委员而言,这是个漫长而痛苦的夜晚。

直到清晨5时,三政治巨头镇压起义的消息才得以证实,并传到了军区司令部。消息是由被废黜的步兵学校指挥官送来的。他遗憾地告诉希特勒,三政治巨头并未遵守誓言,因为那誓言是在枪口下立的。冯·洛索夫将军将武力镇压起义。如果希特勒确曾大吃一惊,他也未溢于言表。他对同伙发表了长篇演说,结束时,他宣布,如果需要,他决心战斗到底,与事业共存亡。在征得鲁登道夫的同意后,他命令施勃纳·里希特带上其仆人(他已取香槟酒和食品回来),寻找他们委派的新总理波纳,令他带上一支"奥贝兰"部队,前去夺取警察总部。波纳高高兴兴地率部出发,且信心百倍。他只与一名同伴步入警察总部。当他们走进主事少校的办公室时,令他们目瞪口呆的是,他们被捕了("如遭棍击")。波纳先前的助手弗里克早已被扣押。

此时,希特勒、鲁登道夫与其他参谋人员,正在返回啤酒馆的途中,只留下罗姆及其部下镇守军区司令部。希特勒虽被搞得丧了胆,但仍未放弃起义。"如能成功,很好,"他阴沉地说,"否则,我们自己上吊。"那时,天还黑。希特勒下令让未据守据点的起义人员到啤酒馆大厅集合。当部队从四周涌进贝格勃劳酒馆时,下起了寒冷的雨夹雪。士兵们明白,情况已经不妙,却又不了解详情。即使如此,至少有一队冲锋队唱起了埃卡特写的《斯通里德》:"醒来吧,德国!挣断你的锁链!"

天亮了,阴森、潮湿而寒冷。刺骨的雨夹雪时下时停。起义部队人人脸上愁云密布;贝格勃劳酒馆大厅内,烟雾弥漫,又阴又湿。没有刮脸,也没有洗脸,士兵们便在里边吃早餐——咖啡、奶酪和面包。昨晚的兴奋和狂喜已烟消云散。有人宣布,三政治巨头已公开谴责革命,陆军不参加起义。另一人走上讲台,走上这一记忆犹新的戏剧性事件的发生地,高声斥责所有卖国贼——资产阶级和将军们。"向柏林进军!"他喊道。厅里响起了零星的掌声。希特勒的律师汉斯·弗兰克觉得,这一建议"高度罗曼蒂克,非常不具政治性"。

起义的领导人全坐在楼上的密室里。鲁登道夫"脸上无一丝表情,稳如泰山,安静得怕人",一边呷红葡萄酒,一边吃早餐。他身穿旧粗呢射击夹克,样子依然威武。然而,当他得悉洛索夫已公开谴责新政府时,他的信心也就消失了。"我永远不再相信德国军官的话。"他喊了一声,之后便缄默不语。

午夜时看来如此成功的政变,在日间的寒光中便成了泡影。希特勒的下一步计划表明他是何等的绝望。他令"战斗同盟"的一支部队前去夺取警察局,并营救被囚禁的波纳。他继续做出似乎还有希望的样子,派出一支冲锋队前往犹太人开的"帕卡斯"印刷厂,将一堆堆刚印好的贬值后的纸币全部没收(在德国,每个革命者都要领薪)。总数为14605百万兆马克,根据德国人的做法,帕卡斯兄弟得到了一张收条。

到此时,更大量的起义部队坐着卡车从外地赶来。他们又湿又冷,筋疲力尽,但精神抖擞,根本不知道事态已转变。兰舒特来的人最多;在开往慕尼黑的半途,他们碰上了一车警察,彼此还互喊"万岁"。他们的领导人是吸毒者格里戈尔·斯特拉塞。他坐在首车的驾驶室内,沿着平静、繁忙的街道前进。不知谁喊了一句,说大家跟平常一样工作。"这不是革命。不对劲。"

"看看再说,"格里戈尔说。到酒吧间后,戈林上尉告诉他,"那些家伙"自食其言,不遵守对元首所做的保证,但人民却仍支持元首。"我们要整个儿重来。"接着,一个身材又矮又胖,头顶光得发亮的男人——尤利乌斯·施特莱彻——突然闯进啤酒馆,代表希特勒向众人说明情况。他手持鞭子,指手画脚,用肮脏的语言和洪亮的声音向众人讲话,企图给大家打气,激发众人的热情。没有武器的人领到了武器。于是,众人再次上车,奔赴各自的岗位。

此时,受希特勒之命前去夺取警察局的"战斗同盟"所属部队,业已开回军区司令部大楼——他们未完成任务。为了避免交火,在离开警察局前,他们曾与警方争论了几分钟。希特勒又将营救波纳的任务交给了他忠实的卫队。这支身强力壮的部队于上午9时30分抵达警察总部后,立即架起机枪,对准大楼,好像要发动猛攻似的。但是,叛乱者还是不想流血。他们奔回啤酒馆——任务依然未完成。几分钟后,他们又被分配去执行另一项较容易完成的任务:逮捕拒绝在市政厅上空升起卐字旗的、马克思主义市政议员们。

他们冲开一条路,进了旧议会大厦。他们的领导人,即那位抽烟斗的人物,把议会室的门推开。他手持武器,高声喊道,所有社会民主党人和共产党人将被逮捕。外面,在马里恩广场上,据他自己说,一大群人"以讥讽和谩骂迎接议员们的出现。事实上,他们是靠我们这些军人的保护才免受群众的袭击的,否则,伤亡在所难免。经过我们诸多帮助后,他们才得以安全上车"。

当这些卡车朝啤酒馆开去时,演讲者开始向人群演讲。听讲的人越来越多,致使开往森德林的六路电车竟无法行驶。主要的演讲人是施特莱彻。事实证明,他比议会大厦大钟上的旋转数字更具有吸引力。此时,广场上卐字旗林立,党旗也在市政大楼上空飘扬。

这次起义的特点是,双方都混乱不堪和犹豫不决。在市内的某些地方,市警在撕毁起义军的标语口号和逮捕叛军;在内城,叛军却在逮捕市警和撕毁政府谴责起义、宣布解散纳粹党的告示。希特勒的部队占领了闹市区伊萨尔河上的大部分桥梁,包括连接市中心和啤酒馆的路德维希大桥在内。在博物馆大桥附近,市民们在盘问年轻的起义者。"你们在街上玩弄如此危险的把戏,你们的父母同意吗?"有个工人大声问道。十人小分队便腼腆地奔回啤酒馆去了。

在伊萨尔河另一座桥头,在兰舒特来的人中,谣言四起,说"情况不妙了,肯定有人搞出卖"。他们的恐惧是不无道理的:上午10时,身穿绿色制服的士兵,坐卡车赶到了。他们是邦国防军,一到便架起了两挺重机枪。由于上司的命令是不要开火,所以起义部队没有动手。邦国防军的上司也有令,叫他们原地待命。这样,双方便在那里对峙。

啤酒馆里,叛军的头目们在争论不休。曾在鲁登道夫手下服役的赫尔曼·克里贝尔上校主张将部队撤至德奥边境的罗森海姆,因为在那里他们有可能将当地的右翼激进分子争取过来。戈林同意这一意见。因为那是他的家乡,他保证说,大家都强烈地支持希特勒,他们可在那里补充兵员,重整旗鼓。"运动不能在某条黑暗的乡间小巷里的沟内结束,"鲁登道夫讽刺地反驳说,"这该由希特勒做决定。"他犹豫了片刻。由于他生性就是个赌徒,长期游击战这个前景并不使他感兴趣。他要的是一举成功或失败。所以,他否决了克里贝尔的计划。

街上的形势更加恶化了,但他们仍在争论不休,一直拖到近中午。军区司令部里的罗姆上尉,也被陆军和警察包围。面对占绝对优势的敌军,"战斗同盟"里较老的成员并不急于开火,但罗姆手下的150名士兵却求战心切。

政府军攻打罗姆的消息传至贝格勃劳酒馆后,争论便结束了。很明显,起义部队如不立即动手,就得可耻地投降。据鲁登道夫说,将部队开至慕尼黑内城去营救罗姆的主意是他首先想到的。"我们步行！"他说。假如说主意是鲁登道夫出的，那么，主意的实施则是希特勒式的——宣传性质的游行，显示威力，动员市民支持起义。"我们进城的目的，"希特勒后来作证说，"是要把人民争取到我们这边来，看看公众舆论的反应如何，然后再看看卡尔、洛索夫和赛塞尔对公众舆论作何反应。毕竟，这些先生还不致傻到向人民的总起义放机关枪的程度。"向城内进军的决定就是这样做出来的。

鲁登道夫坚信，陆军士兵是不会阻碍游行队伍前进的。不久前，他曾向一位友人保证："巴伐利亚国防军要是反对我，那天都会塌下来。"希特勒也同样坚信，无论是国防军还是邦警察，都不会向鲁登道夫那样的战争英雄开火——游行时，他将在前排率众。于是，希特勒便做出了决定（"这是我一生中最绝望、最大胆的决定"），向镇守各座桥梁的部队仓促下达了命令。与此同时，在啤酒馆外，职业军人克里贝尔上校开始集合游行队伍。11时30分许，正当希特勒要起身离开会议室时，埃卡特从外面走了进来。从前，他们是心腹之交；现在呢，希特勒"脸色难看，生硬地说了一声'你好'"。在会议室外，这位受冒犯的作家，彬彬有礼地问候鲁登道夫时又受到了冷遇。将军只朝他"漠不关心地歪了歪帽子"。

游行队伍迅速地组成了。由于当日上午到啤酒馆报到的乐师们既没有吃早餐又没领到工资，在履行公事似的演奏了战时希特勒所在团的进行曲《巴登威勒》后一个个都走了，所以，游行队伍没有乐队开路。为首的是挑选出来的尖兵和另外八名士兵，他们打着卐字旗和黑白红三色旗。跟着旗手的是起义领导人：希特勒在中间，施勃纳·里希特在旗右，鲁登道夫在左边。旁边是慕尼黑冲锋队的指挥官克里贝尔上校与其卫兵格拉夫和赫尔曼·戈林上尉——他头戴涂一白色大卐字的钢盔，身穿一件漂亮的黑皮衣，敞胸以显示其"荣誉奖章"，看上去，既威武雄壮又罗曼蒂克。他心中有点闷闷不乐，因为他提出把俘获的议员带去作人质的主意被否决了。元首拒绝了这个计谋，他不想要什么烈士。

跟在领导人后边的是排成四列纵队的三支部队，彼此并肩而行。左方是希特勒的百人卫队，他们头戴钢盔，手持卡宾枪，身上还挂着手雷；右边是"奥贝兰联盟"；中间是经过战斗考验的慕尼黑冲锋队兵团。接着便是穿着五花八门的队伍——有的穿制服或世界大战时期的又破又旧的军服,有的穿工作服或商人服。步兵学校的士官生,既潇洒又斗志昂扬,夹在学生、店员、中年商人和脸孔严峻的流氓中间。队伍的唯一共同标志是左臂上的卐字臂章。大部分人都手持步枪,许多还上了刺刀。其他人,特别是冲锋队,则持手枪。

戴着夹鼻眼镜的施勃纳·里希特执着罗森堡的手说:"情况看来很不妙。"之后,他阴郁地向希特勒预言。这将是他们最后一次一同游行。元首本人也脸色苍白而严峻,在寒冷中,他手持睡帽,身上穿的是那件人们所熟悉的军大衣。鲁登道夫身穿狩猎夹克,外加一件大衣,他镇静自若,令仆人回家,以免受伤。

中午时分,散兵游勇式的队伍出发了。15分钟后,2000人的队伍来到了路德维希大桥,碰上了一小队警察。当起义部队的尖兵缓缓前来时,警察的指挥官迎上前去,下令他们停止前进,否则就开枪。他转过身去,令手下子弹上膛。他正在说话,那边传来号角声。精选的尖兵端着刺刀,朝警察四下围了上来。喊道:"别向自己的同志开枪!"警察犹豫了一阵。这样,在一枪未发的情况下,起义部队便通过了。过桥后,他们一直前行。兹威布鲁肯大街两旁站满了人群;许多人在欢呼,并在挥舞卐字旗。旁观者开始加入游行行列。人们的热情鼓舞了游行队伍,他们不由得唱起了歌。虽然没有乐队伴奏,他们自动唱起了最喜欢唱的《冲锋之歌》。当队伍来到伊萨托尔时,作家埃卡特站在左门旁的人群中。他发现了行进在第一排的脸孔严峻的希特勒。四目相遇,"他目不转睛地瞧着我,似乎在说,'你在哪儿呢?'"

寒冷的人们,口中吐着白气,继续前行,未再受阻。15分钟后,拥进了马里恩广场。因刚开完群众集会,广场上依然飘扬着众多的卐字旗。市政大厅上空的纳粹旗依旧在迎风招展;一大群人在唱着爱国歌曲。此时,游行人群中出现了混乱。有些人觉得应反身回啤酒馆;其他人则认为应继续朝市内前进,以拯救罗姆。克里贝尔上校发现,鲁登道夫领着队伍向右走,进了威因大街,朝奥德昂斯广场走去。上校觉得奇怪,但又对自己说:"鲁登道夫那样走,我们当然与他一块儿去。"鲁登道夫将军原未作此筹谋。"在生活的某些时刻,人们只凭本能行动,而不知其所以然……我们只想到罗姆那里去,把他弄回来。"

身披深棕色大衣、体格魁伟的鲁登道夫,出于一时冲动,向右走去,却把起义部队带至与政府军劈面相遇的地方。不到几分钟,游行队伍便来到了慕尼黑最森严的地方之一——议会大厦。这里,他们被一队警察拦住了去路。但是,起义部队高唱着《啊,德国荣誉歌》,勇往直前。

威尼弗里德·瓦格纳太太从窗上俯望,发现她崇拜的偶像希特勒正与鲁登道夫并肩沿狭窄的帅府街走去,觉得很是惊奇。前面,在奥德昂斯广场,一小群一小群身穿绿色军衣的士兵,正争先恐后进入阵地,拦阻游行队伍。街道只能容纳8人并肩前进。希特勒挽着施勃纳·里希特的胳膊,准备赴难。鲁登道夫则单独昂首阔步,坚信无人敢向他开枪。正前方,麦柯尔·弗莱赫尔·冯·戈丁中尉指挥的邦警,封锁了去路。面对正在前来的队伍,戈丁喊道:"二连,跑步,走!"邦警慢跑向前,但起义队伍并未散开。他们停住脚步,端起刺刀或举起手枪。戈丁用步枪将两把刺刀拨开,"高举的枪把他们后边的人打倒了"。突然一声枪响。戈丁听见,子弹从他头顶飞过,打倒了一名下士。"我的连队立时惊呆了,一动不动地站住。接着,我还来不及下令,我手下的人开枪了,一排子弹扫了过去。"

起义部队立即还击。接着,游行队伍和旁观者四散奔逃,秩序于是大乱。第一批倒下去的有施勃纳·里希特——他肺部中弹。另一个倒下去的是格拉夫——他中弹前跃至希特勒跟前,挡住了射向他的五六颗子弹。倒下去时,格拉夫还抓住希特勒,猛地把他拉倒在地,造成后者左膀脱臼。在另一旁,施勃纳·里希特也尽力协助将希特勒拉至人行道上。鲁登道夫的忠实仆人(曾被令回家),正躺在柏油路上流血。他的朋友埃格纳,即正在死亡的施勃纳·里希特的仆人,连忙朝他爬去。他已丧生。有人从他身上跨了过去——那是鲁登道夫将军。他一手插进衣袋,昂首阔步,朝交火线前进(多数报告都把鲁登道夫描述成一个无畏的勇士,说他是站立着,而希特勒则是个贪生怕死之徒,原因是他跌倒在地——即使他脱臼之臂可以说明他是被拉倒在地的。毫无疑问,希特勒原可以就地卧倒的,因为他是身经百战的军人。罗伯特·墨菲作证说:"鲁登道夫与希特勒两人的行动一模一样,像千锤百炼的战士。两人同时卧倒,避开了雨点般打来的子弹。"另一个目击者,一个守夜人称,他也看见鲁登道夫卧倒在地,"以一具尸体或伤兵"作掩护。另一个守夜人证实,一排枪响后,无人还站立着)。

希特勒躺倒在地,以为左臂已中弹。同志们纷纷前来掩护他。18人被射杀在街上,其中,14人是希特勒的追随者,4人是警察。这18人,顺便提一句,都在不同程度上同情国家社会主义。只有走在前排的人才知道发生了什么事情。拥挤在后边的人们只听见前边响起了枪声。接着便传来谣言说,希特勒和鲁登道夫已双双被射杀。起义者争先恐后地后逃。

鲁登道夫大步走过封锁线,与一中尉迎面相遇。中尉逮捕了他,将他押至统帅府。一进入大楼,片刻前还像小说里的英雄的鲁登道夫,此时却成了一个被惯坏了的小孩。有个上校提出,是否可通知将军的家人将军很安全,他暴躁地予以拒绝,并禁止人们称他"阁下"。此后他是"鲁登道夫先生",只要冒犯他的警官仍穿制服,他将永不再穿戎装。

希特勒痛苦地挣扎起来,托住受伤的左臂。他忍着伤痛,缓缓地离开了战场。他脸色惨白,头发散落在脸上。陪同他的是慕尼黑冲锋队医务团的医生瓦尔特·舒尔兹,一个高个青年。在人行道上,他们碰到一个小男孩,正在大量流血。希特勒想把他背走;舒尔兹连忙将他妻子的表兄弟(是个学植物的学生,名叫舒斯特)叫来,让他将孩子背走。在梅克斯·约瑟夫广场,他们终于找到了希特勒的旧"塞尔夫"——车内装满了医疗器械和药品。一个年长的急救人员林兰克尔与司机一起坐在前排,希特勒与医生则坐在后排。舒斯特抱着受伤的孩子站在踏板上。他让司机将车子开至贝格勃劳酒馆,因为他要看看那里的情形如何。在马里恩广场,他们碰到了密集机枪火力网,只好多次改变方向。路德维希大桥也被封锁,他们只好返回。此时,孩子已苏醒过来,舒斯特连忙下车,以便送孩子回家。车子继续朝森德林格托尔广场开去,途中他们又在南方公墓附近遭枪击。由于无法前去啤酒馆,他们只好南行,朝萨尔茨堡奔去。

戈林并未幸免于难,他大腿中弹,躺卧在人行道上。人们将他抬至帅府街25号的院子里。一个起义者拉响了门铃。他们问房子的主人罗伯特·巴林是否愿意收留伤员。"当然,我们愿意抢救并收留伤员,不过,请注意,这里住的是犹太人。"于是,戈林便被抬上楼。经抢救后,戈林被允许留下,直至他的朋友们前来将他转移至安全地带。犹太人可怜了他,他才得以逃离铁窗。

在马里恩广场,以战斗姿态开始的运动却以人们疯狂地四散奔逃而告终,好像某种自然灾害袭击了该地似的。一群起义者躲进一所青年女子中学,有钻床底的,有躲进厕所的。另一群人闯进一家厨房,四下藏匿武器,或藏在灶下,或藏进面粉口袋里,或藏进咖啡桶里。警察到处搜捕叛乱分子,数以百计的人在街上被缴械。留守啤酒馆指挥部的,被这一灾难吓得魂飞魄散,一枪未发便向警方投降,把武器堆好后,回家悔过去了。在军区司令部里的罗姆上尉,因省悟到顽抗已属无益,遂缴械投降。起义虽告结束,但从啤酒馆得胜回朝的警察部队却遭到市民们的唾骂。他们高喊:"去!犹太保护者!卖国贼!猎犬!希特勒万岁!打倒卡尔!"

在统帅府前,当惨败的消息传来时,兰舒特的冲锋队仍在坚守阵地。谣言传开了:鲁登道夫已死,希特勒受了重伤。格里戈尔·斯特拉塞尔收拾了残部,队伍"在痛苦中,在对卡尔的出卖的失望中"离开了战场。在一座林子里,他们发现一支慕尼黑的冲锋队竟往树上摔枪。格里戈尔下令停止这种行为。枪将来还是有用的。兰舒特冲锋队团结一致,高唱着换了新词的《卐字旗与钢盔》,趾高气扬地朝霍班诺夫前进。他们唱道,我们被出卖了,但仍忠于祖国。

公路上还有另一群冲锋队。他们乘小车押送着抓来的慕尼黑市议员——他们坐的是卡车。在通向罗森海姆的公路旁的林子里,车队停下来了。队长把俘虏领进林子,他们吓得脸色惨白。他们觉得"最后的时刻已经来临",但他们所蒙受的耻辱只不过是与冲锋队换穿衣裳而已。这样,冲锋队员便可扮作市民返回慕尼黑。冯·尼林总理及其他主要人质也获释。赫斯成功地将他们运至特根西的一间别墅里,但当他在给慕尼黑打电话询问情况时,看守他们的青年战士竟被说服,用车送他们回家。赫斯不但丢了人质,还把交通工具丢了。

藏好武器后,施勒纳·里希特的仆人穿上借来的便装,潜回屠杀地,探听主人的情况。到统帅府他即被拦住;埃格纳向一名警官说明了身份。"经我多方求情,他才领我进去。在进口处附近,摆着一具具尸体。我简直快疯了,我得在死尸堆中寻找他。"埃格纳发现,主人躺在他的好友鲁登道夫的仆人身旁。"我伤心极了,希望完全破灭。于是我便回到维登梅尔大街的寓所。"施勃纳·里希特太太问她丈夫在哪里。埃格纳连忙撒谎,却瞒不过她。"我还记得她的话:'太可怕了,可我为什么要做军官的妻子。'"

汉夫施坦格尔失掉了一切行动的机会。他在家里。妹妹来电话说,起义部队正开进慕尼黑中心。在街上,他碰到一个熟识的、筋疲力尽的冲锋队员。那人说,希特勒、鲁登道夫和戈林均已牺牲,国社党已经完了。正当汉夫施坦格尔转身回家准备逃跑时,一辆敞篷小车呼啸着在他身旁停住了。车内坐着阿曼、埃塞、埃卡特和霍夫曼。他们一同前往摄影师家中,经大家讨论,一致同意他只身前往奥地利。

希特勒从未想过到乌夫因乡间别墅藏身,但由于所发生的不幸之事,使他被迫这样做了。在离慕尼黑10英里左右的地方,希特勒打破了长时间的沉默,突然说,他的左臂肯定中了弹。"发烧吗?"舒尔兹大夫问,"不发烧。或许里边有颗子弹,要不就是什么被打断了。"他们在林子里停住了车子。医生困难地将希特勒的皮夹克、两件毛衣、领带和衬衣解下来。舒尔兹发现,他的左膀严重脱臼,可又无法将它复位,因为无帮手,且又是在车内。他用一块手巾将希特勒受伤之手固定在身上,并建议逃往奥地利。希特勒否决了这一意见。于是,他们继续南行。快到慕尔瑙时,希特勒说,汉夫施坦格尔在乌夫因的别墅就在数公里外。他令司机将"塞尔夫"藏好。之后他便与医生、急救员一同步行前往乌夫因。

他们于下午4时许来到了汉夫施坦格尔的别墅。这是个用石块砌成的小建筑,离该村的教堂不远。赫仑纳将三个筋疲力尽的来客领至楼上的客厅。这时,希特勒开始痛惜鲁登道夫和他的忠实的格拉夫之死——他曾目击两人倒地。他越来越激动。他说,正因为鲁登道夫可靠,他才付出了自己的性命;正因为格拉夫之忠诚,他希特勒才失去了一个十全十美的副官。接着,他便谴责三政治巨头的出卖行为,并"发誓说,只要他一息尚存,他就要继续为自己的理想而战斗"。

赫仑纳建议他先睡一睡,因为他很可能被发现,需要力气拒捕。舒尔兹医生和急救员扶他进了楼上的一间卧室,试图帮他将脱臼的膀子复位。因为膀子肿得厉害,第一次尝试失败了。再次复位时,希特勒脸呈痛苦神色——这次成功了。接着,急救员将他的胳膊和肩膀绑上了纱布。透过房门,赫仑纳听见希特勒在呻吟。

关于慕尼黑起义,外国报纸纷纷做出歪曲的报道:在纽约市,它被说成是武装起义,希特勒起着次要的作用;在罗马(库尔特·卢德克再次代表希特勒与墨索里尼磋商),午间各报均说,皇太子卢普科希特已加入了革命党。

11月10日上午,起义者不是被捕就是在逃。被搁在特根西的赫斯,虽然没有车,最终还是给他的未婚妻伊尔塞·普罗尔打通了电话,把走失人质的事告诉了她,问她能否给他找辆车来,将他送到豪斯霍弗家里去。伊尔塞骑着自行车从慕尼黑出发了。由于该地离慕尼黑有三十多英里,与赫斯一起回城的行程是异常艰苦的。一人骑车先行一段,然后将车靠在树上,继续步行;另一人赶上来后,骑车追上前者,然后再重复这一过程(这是他的主意)。他们终于到了巴伐利亚的首府,找到了豪斯霍弗教授的家。虽然教授认为这次起义"荒唐可笑",但还是同意收留这位逃亡者。尽管赫斯能力有限——"他的优点不在于他的聪明才智,而在于他的心肠和性格"——教授仍然喜欢他。赫斯非常沮丧;人质若未走失,起义就不一定会失败。他想自杀。但豪斯霍弗教授据理力辩,打消了他这个念头,却让他去投降。这个忠告赫斯是不会接受的。几天后,他离开了豪斯霍弗教授的家,到城外与友人一起藏身去了。不久后,他便常骑自行车回城照料伊尔塞——她病了。

在乌夫因,那是个焦急的不眠之夜。汉夫施坦格尔未回家,而为了减轻痛苦将主人的英国式的旅行毯紧紧地裹在身上的希特勒,却又无法成眠。希特勒把赫仑纳·汉夫施坦格尔找来,告诉她,他已派急救员回慕尼黑去寻找贝希斯坦,希望能把他的车子弄来送他去奥地利。舒尔兹医生也进了城,为了确保将希特勒的膀子治好,他要把他的同事名医沙尔勃鲁赫的细心的助手带回来。

翌晨,时间似乎永无止境似的,连女仆们也紧张得无法进餐,只有不足三岁的埃贡与平常一样。人们将埃贡严格地看管起来,以免他朝墙外高喊阿道夫叔叔在这里。快到中午时,舒尔兹医生将沙尔勃鲁赫的助手带来了。

他们一起检查了希特勒的肩膀,发现情况良好,便只更换了绷带。希特勒指示舒尔兹转告德莱克斯勒,在他不在的期间,由他代表自己。他还让舒尔兹将此事转告赫斯等人和鲁登道夫——如果他仍在世的话。

两个医生走后,希特勒一再对他的女主人说,她的丈夫很安全。接着,他便坐立不安,心里老惦念着同志们,不知道他们的情况如何。如果他当晚确曾睡了一会儿,那么,次日清晨邻近教堂里响起的震耳欲聋的钟声也把他的精神粉碎了。那天是 11 日,星期天。希特勒直到午饭时才出现。由于吊着夹板,他无法穿衣,只披了一件汉夫施坦格尔的深蓝色的提花浴巾。他那蜡黄的脸上泛起了一丝微笑。他觉得自己着实像一位假罗马参议员。他还告诉赫仑纳,他父亲如何讥笑他是"穿办公礼服的孩子"的。

下午,希特勒更是坐立不安,在客厅内不断来回踱步。贝希斯坦的车子是否能来?他越发心烦意乱了。为什么还不来?用不了几小时,甚至在几分钟内,警察就可能跟踪至乌夫因的。黄昏,他让赫仑纳将百叶窗放下,并将窗帘拉上。之后,他又在房内来回踱步。5 时一过,电话铃响了——是赫仑纳的婆婆打来的,她就住在邻近的别墅里。正当汉夫施坦格尔老太太的电话中说警察在搜查她的房子时,某位官员突然客气地阻止她说话。接着,他便直接与赫仑纳通话:他将带他的部下马上到她的别墅去。

她缓缓地上楼。希特勒身上依旧披着那件过大的浴巾,站在走廊里,期望着好消息。她小声告诉他,警察很快就要来了。"霎时间,他惊慌失措,失声喊道:'现在,一切都完了——再继续下去也徒劳!'"他从柜子里取出一支手枪。

"你到哪里去?"赫仑纳说。她抓住他的手,没怎么费力气便把手枪夺了过来。"你怎么能一受挫折就灰心丧气?"她训斥他。"想想跟着你的人们吧,他们相信你、信任你。现在,你若将他们抛弃,他们会丧失对你的一切信任。"她镇定自若地说,"你怎么能离开追随并相信你之救国思想的人们而——自杀?"他一屁股坐在椅子上,将头埋在手里。她偷偷溜了出去藏手枪。在隔壁房间,她首先瞥见一只盛面粉的大箱子,便把手枪插进白花花的面粉里。她匆匆赶回房,发现希特勒仍闷头坐在那里。

她对他说,他入狱后,党应如何活动?他该把指示写出来,交给最亲密的同事。他只需在若干空白纸上签字,内容由她以后再一一填写,然后由她转交给他的律师。希特勒感谢她提醒他的责任,口述了指示内容。首先,他要求阿曼把商业来往事务以及党内的财务搞好;罗森堡要"照顾好"党报以及——与先前向舒尔兹医生发出的指示相反——"这场运动此后由你领导"。汉夫施坦格尔要通过国外的关系协助办好《人民观察家报》。埃塞和其他领导人则继续搞政治。希特勒签署了这些指示后,赫仑纳便将文件藏进面粉箱里。

片刻后,车声响起。接着便传来简短的喝令声和——最令人吃惊的——警犬的吠叫声。又过了片刻,敲门声响了。来人是个年轻的警察中尉和另外两名警官。中尉客气地作了自我介绍,抱歉地问是否能搜查她的屋子。赫仑纳领警官上了楼,把客房门打开。希特勒身披睡衣和浴巾,一动不动站在室内。希特勒出乎意料的出现,使警官们吓了一大跳,竟不敢靠近他。她招呼叫他们前来。众人进房后,希特勒不但完全恢复了平静,"且放声谴责政府及其官员。他口若悬河,声色俱厉"。刚才还萎靡不振的希特勒,此时已完全恢复常态。他突然停住了口,叫中尉勿再浪费时间。他与中尉握了握手,说他准备与他一起上路。

那天天气很冷,他却没有大衣。他拒绝了穿上汉夫施坦格尔的大衣再走的建议,只在蓝色的浴巾外加了他那件军衣。中尉允许他在军衣上别上"铁十字勋章"。正当一行人走下楼梯时,埃贡蹦蹦跳跳地进了大厅。"你们这些坏蛋,捉阿道夫叔叔干什么?"他问。希特勒深受感动,拍了拍孩子的脸蛋儿,一声不吭地与赫仑纳和女仆们握手告别,转身大步出门。赫仑纳从窗口望去,只见警车朝区首府威尔海因驶去。她看了他最后一眼:他脸色惨白。

他于晚9时45分左右抵达那里,在区办公室受到正式传讯。之后,他便被匆匆送进慕尼黑以西约40英里的兰茨贝格监狱。此时,天已下起了滂沱大雨,并刮来阵阵大风;风雨交加,令车身晃动。一路上,道路弯弯曲曲,杳无人影。希特勒情绪低落,愁眉苦脸。除问了一声鲁登道夫的情况如何外(此时,鲁登道夫已获释。他向当局保证说,他不外乎是个旁观者而已),他再也没有开口。

在兰茨贝格监狱,典狱长业已准备采取措施,以防起义分子前来劫狱。但是,满处是铁钉的铁栅将希特勒接纳到里面时,前来站岗的卫兵尚未抵达。他被关在堡垒区的7号牢房。这是唯一有"客厅"的牢房,"客厅"仅能容下一个哨兵。这间牢房的前任,谋杀埃斯纳的凶手阿克罗·瓦利,刚被移进另一间牢房。

看管希特勒的弗朗兹·赫姆利希,还常帮他脱衣。"他不吃也不喝,往床上一躺。把他锁好后我被打发出去了。"在北德的孤单的小床上,希特勒双眼失明,一直住到幻觉令他恢复视力;在南德,与他做伴的是空墙与天花板。从北德到南德,这刚好是一圈。

当不久前发表了《第三帝国》一书的作者莫勒·万·登·布鲁克得悉起义消息后说:"要说希特勒的坏话,有许多可说。但,人们可这样说:他是狂热地为了德国……令希特勒毁灭的是他的无产阶级的原始性。他不明白应如何给他的国家社会主义打下理智的基础。他可说是狂热的化身,一点儿也没有调和的分寸或概念。"

人们谈论希特勒时已开始使用过去时了。人们一般认为,他再不能被认为是德国的一股政治力量。他的骰子已经甩了出去,输得精光了。"我国的历史已走上歧途,"莫勒写道,"在地球上,我们的一切都没有成功。昨天没有,今天也没有。如果我们回忆一下,一代人以来,没有一样是成功的……我们的事业,从一出世就是死的……一切都好像有些不对之处。我们想加以纠正,却发现一切都被粉碎……在帝国的身上悬挂着某种罪恶的符咒。"

然而,在慕尼黑,一道藐视当局的命令正在发给纳粹:"民族革命的第一阶段已告结束。它已按原设想净化了'空气'。我们敬爱的元首阿道夫·希特勒再次为德国淌了血。通过希特勒的鲜血和卖国贼反对我慕尼黑诸同志的钢铁,我爱国之'战斗同盟'不管前途是凶是吉,业已团结起来。民族革命的第二阶段开始了。"

年轻时,希特勒受过两次重大打击:被维也纳艺术学校拒之门外,以及母亲的去世。后来,他又经历了两次重大危机:他中毒气倒卧沙场到德国投降,以及在统帅府前蒙受灾难。在蒙受最后的一次打击后,只有具有不平凡的意志的人才能东山再起,吸取自身所犯错误的教训,重新踏上注定要走的道路。在过去几个月里,作为吹鼓手的希特勒,已让位给作为元首的希特勒。

第三部　锻炼成长

1　在兰茨贝格狱中
1923—1924

2　希特勒的秘密著作
1925—1928

3　家人去世
1928—1931

1 在兰茨贝格狱中

1923—1924

在希特勒被捕后的当天清晨,赫仑纳·汉夫施坦格尔接到了美国记者休伯特·尼克博克打来的电话。他问是否可与他的妻子多洛绥·汤普逊一同前来乌夫因采访她一次。赫仑纳勉强表示同意,于是便给她婆婆——其父系美国内战时期的一位将军——挂了个电话。

"她喜欢各种各样的刺激,历来如此。此次参与时事的机会实在难得,她是不会让它溜过去的……于是,妈妈兴奋极了,提出各种各样的问题,还谈了自己对时局的看法。由于我一言未发,多洛绥·汤普逊大概误认为我是典型的'德国家庭主妇'。"这可在她不久后发表的一篇文章中看出(赫仑纳·汉夫施坦格尔的审时度势,以及她婆婆和小姑子的喋喋不休,给几位历史学家造成误解)。他们写道,在乌夫因时,希特勒是由汉夫施坦格尔的母亲和妹妹照料的。

会见后,一行人回到汉夫施坦格尔的别墅。趁尼克博克给房间拍照之机,赫仑纳将希特勒的手枪和文件偷了出来,放入手提箱,然后陪尼克博克去了慕尼黑,会见了希特勒的律师。"这是他的文件,"她对他说,"请你转交。让我们看看有什么情况发生。"

近 500 年来,兰茨贝格这个小镇在外表上并没有改观。它龟缩在莱希河谷,两边是丛林密布而陡峭的山冈。自中世纪以来,它一直是反对斯华比亚人入侵的堡垒。因此,它还保留着不少古老的城垣和岗楼。若从慕尼黑前往监狱,人们必须通过莱希河上的一座木桥。所谓的莱希河,其实不过是一条小溪而已,兰茨贝格监狱就坐落在前面的山头上。这是一座由许多灰白色的建筑物组成的监狱,四周有又高又大的石墙围绕。它分成两部分,一部分用来关押普通罪犯,另一部分则用来囚禁政治犯。

在政治犯区,7号牢房的犯人拒绝进食。在牢房内,希特勒蜷曲着身子,一言不发。这倒不是因为房子小或不舒适。在曼纳海姆时,他的居室还不及这间牢房的一半,在提埃希大街的那间房子也比它阴暗得多。牢房内的白色铁床,虽然窄,但按其僧侣式的标准,却也够舒服的;而那扇加了双重防护的窗户不但给室内提供了充足的光线,通过它,还可看到树木和灌木林等景致,比慕尼黑要好看多了。

希特勒左臂疼痛难忍,令他难以成眠。狱医布里斯坦纳发现,"他左膀脱臼,上臂骨折,引起外伤神经痛"。对他的治疗虽然未中断,但按照布里斯坦纳的看法,他可能"终生左肩局部僵硬和疼痛"。

然而,令他精神萎靡的却不单纯是疼痛,甚至也不单纯是因为醒悟到向柏林进军已在灾难中结束。同样令他痛苦的是,他觉得自己已被出卖——被三政治巨头,被陆军,甚至被命运出卖。还有,统帅府前的溃败又被报界嘲笑为"渺小的酒吧间革命""小学生式的'红皮'袭击"。外国记者把他描述成"鲁登道夫的吵吵闹闹的小副官",是皇家政变的爪牙。《纽约时报》还在头版刊登了他的政治死亡的消息:"慕尼黑起义肯定消灭了希特勒及其国家社会主义的追随者。"倘若是饥饿和皮肉之苦,尚可忍受,而嘲笑从来能深深地伤害希特勒。

他的外表使前来探监的人震惊。他既消瘦又面无血色,几乎认不出来。"我看见他坐在铁窗前,纹丝不动,像冻僵了似的。"安东·德莱克斯勒回忆说。两周来,希特勒几乎粒米未进。狱医警告德莱克斯勒说,如他继续绝食,就会死亡。德莱克斯勒决心拯救这位曾试图夺取党的领导权的人物,便反身回到7号牢房,"我说,不管环境看来何等恶劣,他没有权利认为事业业已失败而放弃一切。全党都在看着他,要他有朝一日东山再起。但我的话被当作耳旁风。他完全绝望了。这使我自己也几乎绝望。末了我说,如果没有他一起前进,我们毋宁死。"德莱克斯勒整整谈了1小时45分钟,直至相信自己已"使他回心转意"。

或许,希特勒真的故态复萌,因为几个人都声称是他把希特勒从饥饿中解救出来了。其中一人是捷克斯洛伐克国家社会主义工人党的创始人汉斯·尼尔希。当他前去探望时,骨瘦如柴、精神不振的希特勒与他打了招呼。尼尔希也责备他不该抛弃业已赢得如此众多追随者的事业。没有他,事业便可能从此失败,党也可能解体。起初,希特勒不住地摇头,后来,他胆怯地问"谁还会再跟随一个遭此惨败的人呢"？尼尔希回答说,起义在事实上已唤起了群众的热情,希特勒自己不能失去自我信任;大多数伟大的领袖都是通过失败才取得成功的。尼尔希说,他这一席话说服了希特勒;希特勒听从了狱医的劝告,吃了一碗饭。他吃得很香,"之后,他便保证记住尼尔希的忠告"。

拯救希特勒的可能是尼尔希,可能是德莱克斯勒(卢德克说),也可能是贝希斯坦太太,甚至可能是赫仑纳·汉夫施坦格尔。赫仑纳曾写信给希特勒道,她在乌夫因阻止他自杀,并不是要让他在兰茨贝格狱中将自己饿死;这正是他的宿敌求之不得的事情。"她的劝告扭转了形势,"躲避在奥地利的汉夫施坦格尔说,"希特勒对她崇拜得五体投地。起义失败后希特勒在乌夫因的出现,肯定是借助于她的某种潜意识欲望的组成部分,而她也与他的这种压抑着的欲望紧密配合。还有,在他所组织的起义被镇压后,乌夫因的那间别墅也肯定获得了一个治外法权避难所的光环。"赫仑纳的一席话,毫无疑问,在希特勒身上产生了巨大的效果。曾为他做过许多事情的贝希斯坦太太,其对希特勒的探访所起的作用也同样重大。这样,希特勒当时的情绪,已使头脑简单的德莱克斯勒得以用言语将他打动,使尼尔希最终能将他说服。不管是何种情况,在希特勒同意进食之前,他已不准备绝食至死——虽然,他不是主动这样做的。

希特勒虽停止了绝食,却不愿出庭受审。开始时,他同意受审,但一旦审问者到来时,他又拒不开口。在绝望中,首席检察官派了他的助手汉斯·埃哈德前往兰茨贝格,"看是否能从希特勒口中套点东西出来"。与他的先行者一样,他也徒劳无功。后来,他与希特勒对面而坐,耐心地与他交谈,"语调之友好,如同与一匹病马交谈"。希特勒愁眉苦脸,一声不吭,"目光空虚,有如一只绵羊"。之后,他突然指着堆在桌上的文件尖酸刻薄地说,所有这些官方报告均不能"妨碍我未来之政治工作"!

"好,希特勒先生,"埃哈德沉思片刻后说,"你也许讨厌书记员。"于是,他便令监狱雇用的书记员退场,并把惹人讨厌的文件带走。室内只剩下他们二人时,埃哈德便改变战术,说他只是履行公事而已。希特勒先生是否愿意与他讨论一下此事?由于被埃哈德的非官方态度解除了武装,希特勒一改常态,滔滔不绝地将一肚子话全倾泻了出来。他不但将起义的计划如何制订、如何执行和盘托出,而且还解释了为何要采取如此激烈的行动的原因。他说话时,声调高昂,脸色铁青。埃哈德觉得,他好像是在对一大群听众演讲似的。助理检察官偶尔也给他提出问题。若问题令他难堪,他就闷头不作答,但几乎就在同时,另一肚子话又爆发出来。回慕尼黑后,埃哈德向他的上级和格奥尔格·尼特哈特(他将是主持审判的法官)作了书面汇报。前者对报告印象深刻,但后者却说:"希特勒还未把话说完,也许他要把话留在审判时说。"但埃哈德并不这样认为。他怀疑7号牢房的犯人是否会有更多的话要说。他忽然想起希特勒话多,便又警告法官说,这样一个人是无法"将他闷死的"。

阿道夫·希特勒复活的消息,由希特勒同父异母的姐姐安吉拉于次月初证实。她"于12月初一个天色阴沉、大雾弥漫的晚上"前去探监。她原以为他会意志消沉的。"在我有生之年我永不会忘记这个时刻,"她在给他们的兄弟小阿洛伊斯的信中说,"我与他交谈了半个小时,他的精神又跟先前一样高涨,身体也很好。他的胳膊虽然还会给他找麻烦,但他觉得已复原了。这些日子来,人们对他的忠诚是何等令人感动!例如,在我到此前片刻,有位公爵探视了他,还从B城万弗里德别墅给他捎来一包圣诞节礼物。他所取得的成就稳如泰山。目标与胜利不外乎是个时日问题。愿上帝让这一时刻早日到来吧。"这包礼物是瓦格纳家送来的。几天后,威尼弗雷德·瓦格纳又送来一包,里边还有一本诗歌。瓦格纳太太一点儿也未失去对他的信任。"请相信我吧,"据报道,她曾对一群听众说过,"不管发生什么事情,希特勒是未来之伟人。为了这一切,他将从德国的橡树中拔剑出鞘。"

他的种族主义的盟友,对最后胜利仍充满信心,并将队伍进行了改组。他们所采用的名称极不惹人注目:"人民歌咏俱乐部""人民拓荒先遣队""德国忠实妇女团""德国步枪步行团",诸如此类。旧"战斗同盟",在罗姆的领导下,更名为"前线社",也得到了复活(罗姆与另一群起义者一起,被关在斯达德尔海姆监狱)。其目的是要变成一"保护伞组织",为正在改组希特勒和鲁登道夫的领导集团的各种族主义运动组织提供保护。希特勒不喜欢这个主意,但仍把自己看成是希特勒下士的上级的罗姆,对他的抗议置之不理。

希特勒的政党,虽依法被解散,却仍在暗中活动,活动的中心在慕尼黑。为了继续进行纳粹活动,罗森堡在慕尼黑建立了委员会,但其进程却因私人争吵和思想分歧而受阻。罗森堡自认是希特勒的政治继承人,被放逐至萨尔茨堡的一群人——埃塞、施特莱彻、阿曼和汉夫施坦格尔——却将他看成是骗子,不喜欢他,当然也不尊敬他。然而,这也许又是希特勒为何选他的原因。他并不是企图永久控制党的那种人,也没有追随者。另外,也没有别的人选。戈林仍在奥地利避难,慢慢养伤;施勃纳·里希特已死;从兰茨贝格狱中获释后的埃卡特,正在贝希特斯加登病得半死;而德莱克斯勒又不同意希特勒给党所做的指示。有一点希特勒是有把握的:罗森堡非常忠诚。

一天晚上,"通过大雪覆盖的森林",罗森堡偷越到奥地利,与萨尔茨堡那群人磋商。"我与同志们一一交谈,力图给他们以新的勇气并戳穿各种愚蠢的谣言。"几天后,在自以为已说服了逃跑者的情况下,罗森堡滑雪越过边境返回慕尼黑。然而,他们却更加强了自卫的信念:他是个无能之辈。他们开始制订自己的计划,包括用制造伪钞或武装偷运的办法重建党的财政,和携带机枪越境以袭击兰茨贝格监狱等。没有一个计划行得通,包括派遣卢德克前往美国为希特勒筹款在内。"每当我说希特勒是未来的执政者时,"卢德克报告说,"我就遭人耻笑。"

在慕尼黑,人们仍相当器重希特勒。那年圣诞节,参加了运动的一群施霍宾的画家,在布鲁特咖啡馆放映了活动画《阿道夫·希特勒在狱中》,以庆祝节日。帷幕拉开:那是一间牢房,小铁窗外飘着雪花,书桌前坐着希特勒,低着头,双手捂着脸,伴以男声合唱《沉静的夜晚,神圣的夜晚》。接着,一个天使将一株五光十色的圣诞树放在桌上。那人缓缓地转过身来,露出了脸孔。"许多人认为那真是希特勒本人,"海因里希·霍夫曼(假人是他提供的)回忆说,"整个大厅都在抽泣。"灯光亮后,放幻灯的人注意到,许多男人和女人的眼睛湿润,慌忙将手绢移了开去。

1924年元旦那天,新任负责全国货币改革的帝国督察赫加尔玛·沙希特,与英格兰银行行长蒙大久·诺尔曼在伦敦举行会议,德国的财政问题一举获得解决。业已将紧急货币废除的沙希特,一开始便坦率地将德国的财政困境告诉了对方。他说,一俟鲁尔区危机获得解决,"德国的工业便有可能再度发展"。为此,德国必须有外国贷款的援助,并建立"除帝国银行外的第二个信贷银行,即完全以黄金为基础的银行"。他说,他可在德国本土筹建这个金本位银行所需的一半外汇资本。"其余的一半本人拟向英格兰银行贷款。"

在他的名叫《老术士》的回忆录中,沙希特写道,诺尔曼对此并不感兴趣。后来,沙希特宣布,新银行的黄金资本值两亿马克,他拟发行银行支票。"我拟发行英镑支票,"他说。当诺尔曼在考虑这一不平凡的主意时,沙希特继续说道,"想想吧,行长先生,这样一个措施在加强大不列颠全球帝国和德国的经济合作方面会产生什么样的前景吧。假若我们想建立欧洲和平,我们就必须从会议决议和大会宣言的局限性中解放出来。欧洲各国必须在经济上更加紧密地联系在一起。"

在48小时内,诺尔曼不仅以5％的特低利息正式批准了这笔贷款,而且还说服了伦敦的一群银行家,"只要金本位银行承兑",便可接受比贷款数额高得多的支票。大笔只挥了几挥,这位自命为"老术士"的沙希特,便剥夺了希特勒最有潜力的政治武器之一——经济灾难。

狱医证明,在体力上希特勒是能承受审判的。在1月8日呈报给典狱长的特别报告中,布里斯坦纳医生斩钉截铁地说,他的病人没有精神紊乱或精神病的症状。这位似乎曾受过精神病治疗训练的医生的结论是:"希特勒任何时候均能自控,其意志及思维能力并未受其疾病之损害,即使他声称起义的目标是有不足之处的。"

两年前,希特勒曾在斯达德尔海姆监狱短期囚禁,这使他受益不浅。同样,在兰茨贝格的强化囚禁中,他不得不重新检讨其过去。在安静的小牢房里,他终于认识了过去的一些错误。例如,他曾拟将起义变成向柏林进军的开端,并效法墨索里尼,以迅雷不及掩耳之势夺取政权。"从起义的失败中,我吸取了教训。为民族振兴,每个国家必须采取自己的方式和方法。"

他使自己相信,是惨痛失败的命运拯救了他。"这次起义的溃败是我们国社党人最大的幸运",后来,他这样写道。他列举了三条理由:与鲁登道夫合作,这本来是"绝对不可能的";由于党未做好准备,在全德迅速夺取政权必然会导致"最大的困境";统帅府前14位同志的"流血牺牲",最终证明"是最有效的宣传国家社会主义"。

在过去几星期内,他所做的不只是面对现实,他几乎通读了所能读到的书籍:尼采、张伯伦、兰克、特莱斯克和马克思的著作。他泛读了俾斯麦的回忆录和许多有关世界大战的回忆录。"兰茨贝格是国家出钱供我受高等教育的地方",他对弗兰克说——而且是没有大学教授在那里"装腔作势地使人知识化"的地方。"反正,意志力量胜过知识。如果上帝只'认识'世界,而不是'用意志造出世界',今天仍是混沌未开。"

初入牢房时,希特勒只怪自己交了厄运;现在,通过条理化的分析,他认识到,是命运拯救了他。据汉夫施坦格尔(他已回到巴伐利亚)称,那年1月间,列宁去世,希特勒也重新确立了自己和德国的命运。列宁之死令希特勒狂喜,他对汉夫施坦格尔说,历史正在重复自己。1762年,腓特烈大帝(希特勒希望能与他相比)听到俄国女皇伊丽莎白之死的消息时,也是欢天喜地的。他说:"一切都是金色的阳光的时刻到了。"苏联将屈服,共产主义的整个结构都将崩溃。

不到10个星期,希特勒便从绝望的深渊中站立起来。他深信自己将成为德国的领袖,长时间地在考虑国家的经济问题,甚至想出了(他曾私下对弗兰克说过)一条让许多失业工人就业的妙计:建立公路网,使全国更加紧密地联成一体;大规模生产小型经济汽车,让小人物也有能力购买。2月12日,当他和同伴们一起被押出牢门转至慕尼黑拘留所时,无论在精神上和肉体上他都做好了受审的准备。审判将于4天后开始,它将决定希特勒之未来。

那时,曾预言此次起义必将失败的埃伯汀太太,刚好也在慕尼黑写一篇占星文章,他为希特勒作了新的预言:他的惨败不会使他一蹶不振,相反,他将成为一只凤凰而飞起。"近日的事件,不单为希特勒此次运动带来内在力量,也会带来外在的力量。它将给予世界历史的钟摆以巨大的推动力。"

2月26日上午,如果不是全世界的话,至少全德国都在注视慕尼黑,因为对希特勒、鲁登道夫以及另外8名被告所指控的叛变罪行的政治意义远远超过了个人命运的范围。德国的新生和民主,也与德国最受崇敬的一位战争英雄、一位来自奥地利的狂热者一样受审。

卡琳·戈林从因斯布鲁克给她母亲的信中写道:"……此时此刻,审判正在慕尼黑举行……啊,让上帝保佑他一切顺利,平安无事。"此时,她所关心的人正穿着最好的衣裳,胸佩铁十字勋章,泰然自若地坐在一座红砖结构的旧建筑物——被遗弃的步兵学校的大礼堂里。希特勒准备以高昂的精神和巨大的决心迎接战斗。他要成为歌德的"铁砧或铁锤"。

在指控中,第一个被点名的就是鲁登道夫。然而,很明显,从审判一开始,希特勒就成了众目所视的中心人物。第一个被叫上被告席的就是他。从开口辩护时起,很明显,他就想当铁锤;他出庭是想当原告而不是当被告。如同在狱中对埃哈德讲话时那样,他以浓重的男中音阐述了迫使他发动这次起义的原因。他谈到了游行,血腥的袭击,他到乌夫因的出逃,以及他入狱至兰茨贝格的情况。唯一使他后悔的是,他并未与被屠杀的同志们一样,遭受同样的命运。

他承担了这次起义的一切责任("那位先生仅与我合作"),但矢口否认他是罪人。他活着的任务是要率领德国重获旧日的荣誉,重新确立德国的世界地位;他怎么能被作为罪人对待?他这一番话表达了一个虔诚信徒的信念,其效果在主持审判的矮个子法官和检察长的脸上反映了出来。两人谁也未对希特勒之原告的态度提出抗议,或试图以任何方式阻止他滔滔不绝的演讲。助理检察长埃哈德对法官和检察长阻止希特勒发言也不抱多大希望:尼特哈特法官是个热切的民族主义者,与他一样,坚信这次起义是"国民的行动",决心判鲁登道夫无罪;因就任此职遭学生攻击而烦恼的检察长觉得,他不得不小心翼翼地进行这次审判。

如果说法庭上的这些官员受到了希特勒的影响,奥斯瓦尔德·斯宾格勒则不然。在当天举行的一次演讲中,他嘲笑纳粹喜欢旗帜、游行和口号。"毫无疑问,这些东西可使感情得到满足,但政治却与此不同。"他把此次审判描绘成为"不足道的希特勒案"。它仅证实了他的观点:希特勒是潜在的恺撒。

次日,大部分时间都消耗在对其他被告进行讯问上,但到了2月28日,希特勒再次左右了审判。在闭庭后的一次讯问中,他放肆地描述了柏林和慕尼黑是怎样受红色政权腐蚀的。"在慕尼黑,你就可找到一个典型的例子。如果不是健康群众的觉醒,我们就永不能从红色时代中解放出来。"他的话引起了强烈的反响,这更促使他大声地为其提出向柏林进军一事进行辩护。

随着审判的发展,希特勒继续以其滔滔雄辩和精明战术左右着法官们。与此同时,鲁登道夫成了这出戏中的次要人物,他对其他被告的怨恨也越来越明显。"希特勒将我引入歧途,"在审判后他向汉斯·弗兰克抱怨说,"他向我撒谎。在他的发疯的起义前夕,他告诉我陆军百分之百支持起义……他不过是个演讲家和冒险家而已。"他怨恨的也许是,这位演讲家和冒险家,这位可鄙的下士,其行动比这位将军更像一个传统的大丈夫军官。希特勒承担了一切责任,鲁登道夫则不断地逃避责任。他举止傲慢,不时谩骂律师和法官,好像这是个军事法庭,而他是主宰者似的。"他用操场上的语调,斥责法庭,"英国记者G. 霍德·普顿斯回忆道,"每个字都严厉粗鲁。当他把蛮横的语调升高时,坐在中间位子上的小个子首席法官全身发抖,山羊胡子也抖动得很厉害,不得不用手将它按住。"

报界越来越反对这位逆来顺受的法官,有些外国观察家觉得很难相信他们是在审判。3月4日,在巴伐利亚州部长会议上,人们异口同声地批评尼特哈特。州部长施威耶说,被告对陆军和州警的公开污辱,已构成对州警的人身攻击。另一位部长怀疑尼特哈特是否有能力进行审判。此时,第三位部长宣称,在上层,尤其是在柏林,人们对审判的方法表示忧虑。第四位部长透露说,他曾亲身对首席法官允许希特勒一连讲话4小时一事提出指责——而尼特哈特仅回答说:"无法阻止希特勒讲话。"

每天闭庭后,希特勒便被押回同一楼房的囚室内。就是在这里,那两个死对头——罗森堡和汉夫施坦格尔探访了他。罗森堡给他带来了不愉快的消息:地下党的一股强大势力坚持要作为联合的民间组织的一部分参加春季大选。这个主意对像格里戈尔·斯特拉塞(兰舒特来的吸毒者)那样的人来说是很具吸引力的,因为这似乎可以把党的活动扩展到德国北部。格里戈尔说服了罗森堡,党应该参与全国的政治,希特勒却嘲笑了这一主意。他觉得,在国社党处在非法时期并濒于解体边缘的情况下,联合尤其危险。另外,如果这样做,他就得从狱中授权。狡猾的希特勒明白,他所授予的权力很容易丢失。最安全的办法莫过于让党停止活动,待他出狱后再说。希特勒的反对意见是以讽刺的形式表达的:如果党以民间组织的名义参加大选,那是多大的降格!"我告诉他,"罗森堡回忆说,"如果用国社党的名义,准备工作就来不及。我们只需等待,到时再在合法的基础上将党改组。"罗森堡离去时,认为希特勒已勉强同意,为党的一次危险的分裂铺平了道路。

汉夫施坦格尔的探访是很亲切的:他把3岁的儿子也带来了。"小心呀,孩子,"在前往原步兵学校的大楼途中,他教训儿子说,他们到牢房里去看阿道夫叔叔,不过,某一天他会成为德国的领袖,并把他从目前的痛苦中解放出来的。孩子原以为希特勒是睡在水泥地上,只有老鼠和他做伴。但现实却令他失望。阿道夫叔叔的牢房俯瞰着一个花园般的后院,非常普通。两个大人谈话时,孩子就坐在一张小桌子上。他们谈得非常热烈。孩子只记得,阿道夫叔叔的嗓门很响,有回音,连小桌子也在颤动。希特勒登上一把椅子,从一个大棕色衣柜的顶端摸出一盒小甜点,请来访者喝茶。

尽管官方和非官方的抗议不少,审判继续成为希特勒的讲坛。在3月11日和14日的审判中,希特勒大显身手。与英国对手的制度不同,在这种时刻,法律规定可让被告发表长篇讲话并自由向证人提问。于是,希特勒便把政治三巨头当作罪人对待。当冯·洛索夫将军就位时,希特勒跳了起来,高声向他发问。身材高大、光头的将军也不示弱,大声反驳,还用细长的食指,活像一支手枪,指着前下士希特勒。希特勒只好坐下,不吱声。片刻后,他又起立,指责曾保证加盟于他的三位先生。

冯·洛索夫将军鄙夷不屑地宣称,希特勒仅堪扮演政治吹鼓手的角色。希特勒大声辱骂洛索夫,声音之大使法官不得不叫他放低声音。他果然放低了音量,但是,当洛索夫说他一半感情用事,一半是残暴时,他又按捺不住了。这次,他像益智盒里的小人一样,从椅子上跳出来。"你的金言跑到哪里去了？这就是感情用事和残暴的希特勒吗？"

洛索夫双眼盯着希特勒，冷冷地回答说："不，坏了良心的是希特勒。"此话一出，又招来了一阵辱骂，洛索夫只好转向首席法官。由于法官未斥责希特勒，这位将军便起身鞠了躬，离开了法庭。只在此时，尼特哈特法官才迟迟宣布，希特勒此举是人身攻击，是不容许的。"本人接受这一指责。"希特勒讽刺说。

"一想起此次畸形的审判我就感到悲愁和痛苦。"一位德国记者回忆说。那里所发生的一切，不禁使他想起慕尼黑的大政治狂欢：不时允许被告长篇发言的法庭；在希特勒首次长篇发言后，竟宣布（他亲耳所闻）说，"这位希特勒，是个大丈夫"的外行法官；一位让一个人（希特勒）嘲笑帝国的最高官员（例如"殿下，弗里兹·埃伯特先生……"之类）的首席法官；一位官员高声对一位正与其同事用英语交谈的美国记者喊道："在本官面前要讲德语！"由于有个被告觉得自己是某报漫画家的题材，首席法官竟禁止该记者进入法庭——"所有这些，难道不是慕尼黑画册里的大政治狂欢节里才有的吗？"

狂欢气氛一直持续到审判结束，希特勒的滔滔雄辩在最后一次讲话中也达到了高峰。他的最后一次发言，一部分是训示，一部分是勉励，一部分是谩骂，但自始至终都引人入胜，且特别有效；因为，按照德国法律，被告是有最后发言权的。希特勒，对仅称他为民族主义运动中的一名政治吹鼓手和其动机仅出自野心之说断然否认。说他想当部长的指控是荒唐可笑的。"从一开始，我的目标就比当一名部长高出一千倍。我要的是粉碎马克思主义。我要完成这一大业，部长这个头衔与之相比是何等荒唐可笑。"片刻后，希特勒暴露了他内心深处的愿望："生来是个独裁者的人是强迫不了的。他自觉自愿，他不是被人驱赶向前，他驱使自己前进，这是没有什么可谦虚的……觉得自己是被召唤来统治人民的人是无权这样说的。如果你们需要我或召唤我我就合作，不行，我有我的责任！"

他对法庭说，11月起义虽然败北，但他们必须尊他为德国未来的领袖，因为军队和支持起义者的理想的人们是注定会和解的。"我相信，今天在街上举起卐字旗的群众与向他们开枪的人们团结一致的时刻肯定会到来的。我坚信，这次的流血不会永远将我们分开。当我得悉是市警首先开火时，我很高兴,首先开火的至少不是邦国防军;军队一如既往,未受玷污。军队,不管是官是兵,与我们站在一起的时刻,终有一天会到来的。"

"希特勒先生,"尼特哈特法官抗议说,"你说市警受到玷污。我不许这样说。"

希特勒不顾法官的驳斥,继续抑扬顿挫地高声说完了最后几句话:"我们建立的军队正日渐强大,迅速地与日俱增。即使在此时此刻,本人仍骄傲地希望,终有一天,我们的原始新兵将会由连发展为营,营发展为团,团发展为师,昔日的帽徽将会从泥潭中拾起,昔日的旗帜将在我们面前飘扬;到那时,我们就将在'审判的法庭'——'上帝的法庭'——获得和解;到那时,我们准备出庭;到那时,唯一有权审判我们的法庭的声音,将从我们的残骸中,从我们的坟墓中响起。因为,先生们,对我们宣布判决的不是你们;只有永恒的历史法庭才有权对我们的起诉做出判决。"

在唇枪舌剑中,希特勒取胜了。法庭休庭考虑判决时,许多观察家都认为,他会被判无罪。尼特哈特法官,不顾证人所做的证词,坚持要开释鲁登道夫。其余3名外行法官,包括1名在整个审判过程中不断以阴郁的目光偷看希特勒的法官在内,也一致同意开释主要被告。"以我的辩护词为依据,"在审判过去很久后希特勒评论说,"他们深信,卡尔、洛索夫和赛塞尔与我一样有罪。人们将反对意见通知他们,如若开释,案子有可能被转至莱比锡法庭的危险。这就使陪审团不得不深思。他们的结论是,判我有罪比较保险,尤其是他们也得到保证,在判决后6个月内将我赦免。"

4月1日,助理检察官埃哈德赶来参加宣判时,发现法庭内挤满了为她们的偶像佩花的妇女。他下令将花除掉。其他追随希特勒的女人竟要求准许她们在希特勒的澡盆里洗澡。上午10时过后,被告一伙被带到大楼前集体拍照。全身军服、头戴钢盔的鲁登道夫怒容满面。希特勒身穿军大衣,未扎皮带,手执丝绒帽,站在他的左边。希特勒的军大衣洗得干干净净,熨得平平展展,看上去像是新的。他的胡须剪得整整齐齐,头发下垂,看上去,他很镇静,充满信心,身体也很好,像是一个成功的商人。有生以来,他首次大肚皮——体重达170磅。

被告被押进法庭时,大楼外聚集了一大群人。宣读判决书几乎达一小时；当希特勒（与波纳、克里贝尔和韦伯一起）被判在兰茨贝格监狱服刑5年时，法庭内未出现骚动。刑期减少半年，因为审判前已拘留6个月。如预想的一样，鲁登道夫被无罪开释。对他的高地位所做的照顾，他再次以意气作答。"这次开释，我将它看作是耻辱，不是我的戎装和勋章所挣来的。"否认起义责任的鲁登道夫说。他的猛烈抗议既使首席法官尼特哈特恼怒又令他难堪，因为他是开释的主要负责者。

即使被判有罪，希特勒仍受法庭的尊敬。它拒绝将希特勒作为一个不受欢迎的外国人押解回奥地利。"希特勒是德国化的奥地利人。本庭认为，像希特勒那样连思想、感情都是德国式的人，一个在战时志愿在德军中服役4年，在敌人面前英勇不屈且赢得了崇高荣誉的人，一个在战争中受伤、健康受到损害的荣誉军人……《共和国保护法》是不适用于他的。"法庭对希特勒的3位敌人表示蔑视。它宣称，如果卡尔、洛索夫和赛塞尔"对希特勒要求他们参加起义明确地说'不行'，或者，在11月8日晚，被告反复要求澄清事实时，如果得到某种合作"，这个悲剧是可以阻止的。

对希特勒的判决是第一个被宣布的。在宣读别人的判决书时，他被匆忙押上等候在外边的小汽车，为的是要避免示威游行。黄昏时分，希特勒被押回7号牢房。在他不在期间，牢房重新进行了装修，显得更加引人注目。但是，早些时候的信心已不复存在了。狱卒朗斯·赫姆利希注意到，他"看上去比先前更加愁苦"。阴郁的情绪很快便过去了。过了不久，他从皮箱中取出一本新日记本。在扉页的右上角，他写道："座右铭：世界灭亡时，全球都会抽搐，对正义事业的信念却巍然耸立。"在其下方，他写下了：

> 心胸狭隘和个人憎恨的审判业已结束——今天开始了我的斗争。
> 　　　　　　　　　　　　　　1924年4月1日于兰茨贝格

只有起义者才需要的审判结束了。希特勒虽然赢得了一场宣传战，自己却被抛回牢笼。他知道，他要在那里服刑4年半。在德国一大部分公众和西方世界看来，对叛国罪和武装叛乱罪的判决，已轻到了荒谬的地步。伦敦的《泰晤士报》评论说："无论如何，此次审判表明，反对帝国宪法的阴谋，在巴伐利亚并不被认为是个严重的罪行。"

在看守监狱的楼上关着两名希特勒的同志。克里贝尔上校被关在 8 号牢房，"奥贝兰联盟"的领导人、兽医韦伯则被关在 9 号牢房。虽然希特勒天天都在抱怨铁窗，这里的生活还是过得去的。每天清晨 6 时，值夜班的狱卒下班，牢房门便可打开。希特勒穿好衣裳、洗好脸后便在等候（"他非常小心他的牙和嘴。这是因为在战时他曾中过毒气的缘故"）。一小时后，得到信任的犯人便在公共室内为政治犯开早餐——有咖啡和面包或稀饭。8 时，院子和花园开门，允许犯人到那里去摔跤、打拳或练习双杠和跳木马。由于膀子有伤，希特勒"只好充当裁判"。

半小时后，犯人们便沿着又窄又长的花园散步。花园的一旁是监狱大楼，另一旁是一道 20 英尺的高墙。希特勒喜欢沿着一条砂石小路散步。他常与他的司机埃密尔·莫里斯一起，在这条砂石小道上来回踱步，口中叨念着刚写进日记中的政治理论问题。"有时候，"看守赫姆利希回忆说，"从前参加过冲锋队的犯人，一边走一边唱党歌。开始，我们对此未加注意，至少未予反对。后来，站在他们一边的犯人一同高声齐唱，影响了周围的安静，我们才予以禁止。"

上午 10 时左右，犯人被带回各自的牢房，然后便分发邮件。民族主义的许多组织和个人崇拜者寄来许许多多的食品包裹。希特勒特别盼望收到罂粟籽做的薄面卷——这是奥地利的一种特产，由国社党的一群女党员每星期送来。但是，韦伯医生回忆说，领袖把烤肉、香肠和火腿送给他的同伴们，特别是因在一楼的伙伴们，"与他一起住在楼上的是精英分子。不错，即使在监狱里也分等级制度。在法律面前他们不平等，成了犯人也不平等。"

快到中午时，政治犯便在公共室内进午餐——通常是盛在一个罐里。其他人全站在椅子后等待，希特勒一进来，有人便喊一声"立正！"希特勒站在桌旁，"其他人挨个来桌前行礼"。他们很少讨论政治。希特勒通常与人聊的是戏剧、艺术或汽车。午餐后，他们常趁收拾桌子之机抽烟和闲谈 15 分钟左右。之后，希特勒便退席回房（在最高的一层楼），或看书看信，或写日记。下午 4 时左右是喝茶或喝咖啡的时间，地点还是在公共室。4 时 45 分，花园门又开了，希特勒或独自，或与莫里斯一起散步一个多小时。6 时，犯人各自在牢房内进晚餐——青鱼、香肠或色拉。有需要的还可买半升啤酒或葡萄酒。又运动或活动一小时后,犯人先在公共室内集合,然后才各自回房。晚10时熄灯。

有时候,希特勒也会改变他的作息制度,一吃完早饭便回房学习或会客。据很快便对希特勒崇拜得五体投地的赫姆利希回忆,他对他的同志们具有巨大的影响力。由于他"具有军人的纪律性",监内未出现过犯人集体大吵大闹的情况。"他能指挥他们,对我们的工作和服务有很大帮助。"

通常,他"很高兴",但一旦坏消息传来,他便"有点儿沉默寡言和焦急"。特别令他不安的是党内的争吵不休。纳粹党分裂成两派的趋势越来越明显了,而引起分裂的主要原因又是他对他的左右发的指示含混不清。罗森堡已加盟格里戈尔,支持民间团体参加巴伐利亚州的大选。更有意思的是,在鲁登道夫的协助下,两人不但组织了"国家社会主义自由运动",而且还列入了32人的候选人名单。

巴伐利亚的大选于4月首先举行,杂牌的民间团体意外获得了胜利,赢得了19.19万张选票,仅次于巴伐利亚人民党。这一胜利使戈林夫妇非常高兴。卡琳在奥地利给她父亲写信说:"……它也意味着对我们这些在外国生活的人的赦免。我真不敢相信,我高兴极了。这些日子来,我们的处境很困难。据我们估计,在北德,希特勒和他的党能得到更多的选票,希特勒最终必将上台。你知道吗,亲爱的父亲,我是多么相信他呀!他这人好极了,是个天才,我相信,他是上帝赐给人间的难得的天才!"

一个月后,全国的选举像预期的那样成功,新成立的"国家社会主义自由运动"几乎获得了200万张选票。34名候选人中,有32位——包括格里戈尔、罗姆、弗德尔、弗里克和鲁登道夫在内——获选。具有讽刺意味的是,曾反对这一基本概念的希特勒,却是这次成功的主要因素。他在法庭上的演说,把"国家社会主义"这个概念介绍给了许多投票人。希特勒强有力的神情及其卓有成效地阐明的思想,给这些投票人留下了深刻的印象。但是,为这次成功做出贡献的,还有其他更深刻、更持久的力量——在全国,爱国主义和种族主义的思想皆在发展。只是,通货膨胀虽然由于在全国实行了激烈的货币改革而得到克服,但失去了家庭和财产的中产阶级与工人阶级中的失业工人一起,对投票也不十分热心。

可以理解,选举并不令希特勒十分高兴。鲁登道夫将选举成功一事归功于自己。还有,由于他已获释,又可以为自己捞到资本。希特勒呢,一方面被迫加入鼓掌欢呼的行列,另一方面又惧怕新的组织会将他的不合法的党吞掉。他的恐惧并不是没有理由的。当时,有一本小册子在各人民团体中流传。它虽然承认国社党人是人民运动的"开路先锋和先驱",却又挖苦地宣称,"他们并不是救星"。这表明,希特勒的政治权力已受到了威胁。对希特勒而言,整个事件是一个痛苦却又是宝贵的教训。他发誓,除非他确信自己有权加强自己的权力,否则,他永不采取这种立场。

希特勒又遭到来自自己营垒中的攻击。在起义后被查封的《人民观察家报》的办公室里,德莱克斯勒和弗德尔二人,正在开展反对希特勒的运动。"他们称希特勒为独裁者和带神经质的演员,并宣布,如果要重建党,就必须更严格地控制他。"汉夫施坦格尔回忆说。一天,德莱克斯勒在慕尼黑的一个小公园里碰见了汉斯·弗兰克,滔滔不绝地抱怨他们的被囚的党魁。"他耍阴谋诡计害我,不遵守所有的诺言,排挤我;现在呢,他又搞这个狂妄的起义,永远毁灭了党!"希特勒一旦重获自由,褐衣暴徒又会走上街头的。"德国未来的日子非常可怕。希特勒出卖了我。我到处反对他的原因就在于此。"

那年5月,库尔特·卢德克从国外募捐回来,发现地下纳粹党混乱不堪。"各派之间,各派内部,都在争吵。他们的敌对行动也不限于私下里的丑闻——敌对各方竟在街头大打出手,根本不怕在吃惊的旁观者面前出丑,也不在乎给自己带来的损失。"他从汉夫施坦格尔、阿曼和埃塞处获悉,罗森堡是党变坏的根源。但罗森堡的说法又是另外一套。他说:"他们攻击我,原因是我代表希特勒。希特勒虽然一筹莫展,他们却不敢攻击。若是铲除了我,他们便向最高领导前进了一步。"

卢德克决定亲自去兰茨贝格,向希特勒请示怎样采取最好的方法将危险驱除。根据卢德克的说法,希特勒宣布,党必须采取一条新的行动路线。党的前途不在于武装政变,而在于投票箱。"我相信,这是我们的最佳行动路线,因为国内形势发生了根本的变化。"对党内的争吵,希特勒似乎一点儿也不垂头丧气。"确实,他对最后胜利充满了信心,连我自己的疑虑也解除了。他的情绪具有感染力。"然而,党的裂痕继续扩大。几星期后,格里戈尔与鲁登道夫一起,建议为国家社会主义自由党奠基,建立一个统一的人民党,国社党只是其中的一部分。这加剧了党内的斗争,也迫使希特勒采取断然措施。7月7日,《人民使者》宣布,他已"放弃对国家社会主义运动的领导,在服刑期间不参与任何政治活动。他请求他的追随者勿前来探视,因为他工作繁忙,且正致力于著作"。

在某些圈子里,人们猜测,希特勒以著书立说为借口,来躲避互相残杀的政治斗争。但是,早在被捕之前,他已在酝酿写一本《犹太史》。现在,他已有一个更好的主意。这个主意一直缠绕着他,使他在政治上来个休假,以便将自己的想法付诸笔墨。除了在日记本里随时将想法记下外,他还向莫里斯口述。然后,在牢房的安静环境中,用从典狱长那里租来的打字机,吃力地用两个指头将手稿打出来。

赫姆利希看守回忆道:"当他一部分、一部分地写完后,便于晚间集会时向大家朗读。"这本书并不都是在良好的条件下写成的。例如,下大雨时,窗户会漏水。一天,当他在擦地板时,竟放声大笑。原来,"在杂物和水潭中间",有只监狱饲养的猫,"蹲在矮凳上舐凳子,舐得津津有味"。他的最得力的助手是顶楼的一位新来者——鲁道夫·赫斯。在希特勒被捕后,赫斯听从了豪斯霍弗教授的劝告,自首了。赫斯帮希特勒出主意、想办法,记录希特勒的口述,还帮他打字。瓦格纳太太也给他提供大量打字纸、复写纸、铅笔、墨水和橡皮等等。

起初,这部书原定是一本普通的历史著作,但是,在第一卷里——题目冗长,叫《四年半来与谎言、愚蠢和怯懦斗争的情况》——却包括了对希特勒童年,在维也纳的岁月,赤色革命,以及党在慕尼黑的初期活动的叙述。于是,它便成了一个苦孩子受政治教育的故事,同时也给他提供了一个良好的机会,不仅使他能讲述三个他最拿手的题目——犹太人、马克思主义和种族主义——而且可以畅快地论述议会政府的无用性、梅毒的毒害、艺术的衰落、君主政体以及战争失败的责任等等。

将政治理论付诸笔墨,本身就是一个自我教育的过程。"在我坐牢期间,我有时间去为我的哲学思想提供一个自然的、历史的基础。"当局将他打进监狱,本身就犯了一个错误。"假若他们老让我演讲,不给我喘息的机会,这种做法会明智得多!"

希特勒争取狱卒的工作做得也是很出色的。他已将狱中大部分工作人员争取到国家社会主义方面来,连典狱长也允许希特勒房中的灯光亮到午夜以后。看守工作变得松弛,犯人们竟发行打印的地下报纸。报纸办得既轻松又严肃。头版头条文章一般均由希特勒撰写,他也常为它画讽刺漫画。地下报纸本来不会被发现的,后来,有人不慎在家书中提到它才暴露。但是,当赫姆利希到1号牢房搜查编辑部时,却什么也未查到。

赫姆利希的职责之一是侦察晚间的集会,以确保不会有人密谋革命。但是,偷听者却受到希特勒讲话宣传的影响,不久便被完全迷住了。他与他的助手们常集合在门外,"全神贯注地听着,尤其要听听他对与我们切身利益相关的问题是怎么说的。他的演讲给我们留下了极深刻的印象。"

希特勒总是用"万岁!"结束会议。此时,人们便不约而同地唱起在起义那天格里戈尔·斯特拉塞那组改编的歌词:

即使他们将我们出卖,
或将我们当牲口虐待,
我们深知我们的事业,
忠诚祖国,责无旁贷。
胸怀希特勒精神,
永不磨灭,
永不磨灭,
希特勒冲锋队,
东山再起终有期!

由于希特勒把主要精力转入他的著作,他的人马便经常拿他开玩笑。一天晚上,十多个人逼他做了一次老式的农民恶作剧游戏。他们用锅灰涂黑了脸,用床单裹住身子,拿着火钳和扫把,开进7号牢房。他们挥舞着他们的武器,强迫希特勒受审。接着,他们以巴伐利亚的喜剧形式,重现了慕尼黑审判的情景。据赫姆利希记载,希特勒参加了这次游戏,接受了他们的审判——在"全德国"自动游街——然后,"一边摇头,一边笑着回去工作了"。

较不道貌岸然的来访者之一的汉夫施坦格尔注意到,希特勒的体重增加了。他建议希特勒多参加狱中的运动,少吃甜食。对每个劝告,希特勒都有自己的回答:"在体育运动中,一个领导人是输不起的。讲话能去掉多余的体重。"汉夫施坦格尔给他带来几本书,但最能打起他的精神的是新近一期的讽刺周刊《愚蠢》。该期周刊的封面刊登一幅漫画,画的是身穿铁甲的希特勒骑着白马进入柏林,好像他是加拉哈德爵士①似的。"你瞧,"他说,"他们尽可以讥笑,但柏林我是要进的!"

他接见了许多女客,83岁高龄的卡罗纳·霍夫曼太太(与摄影师霍夫曼非亲非故)也在其列。他称她为"亲爱的和忠实的祖母"。她个子矮小,却仍有几分姿色。在过去几年中,霍夫曼太太,一位退休中学女教师,主动为希特勒洗衣裳,照顾他的穿着。她让他吃糕点和奶油。若是他吃了糖,她就像一位善良的母亲那样,滔滔不绝地训示他在高层社会中自己举止应如何检点,作为对甜食的抵偿。一次,卡琳·戈林前来借钱求助,但只得到一张元首的画像外加如下题词:"赠给我冲锋队司令之光荣之妻。"

赫斯的未婚妻伊尔塞·普罗尔是一个常客。一到星期天,她便从慕尼黑骑自行车前来兰茨贝格。一次,她偷带进来一部照相机。希特勒与赫斯常在楼梯口候她。她一来,希特勒便以维也纳式的潇洒风度吻她的手,然后领她到公共室进午餐。一次,她领母亲坐火车前来,她母亲并不怎么喜欢赫斯,尤其是他现在成了犯人。但希特勒给她的一吻却使全盘改观。"我母亲是完全不问政治的,但一回到慕尼黑她便参加了党——全是那次手吻之故。"

豪斯霍弗也曾来探望赫斯,给他带来了政治书籍、政治地理的书籍和文章,包括哈尔福特·马金德的著作在内。他有时也去看希特勒,但从不单独

---

① 加拉哈德爵士,传说中英王亚瑟时代的圆桌骑士,意为高洁之士。——译注

前往。"我是有意这样做的,"他后来说,"我总有这样的感觉:'他有受过教育不多的人对受过科学教育的人的不信任感。'"也许,这是因为豪斯霍弗教授曾表示过,赫斯不应步入政界,而应该继续其学术生涯所引起的,也可能是因为教授曾公开视起义为悲剧式错误之故。他知道希特勒在写自己的政治自传,也知道他曾与赫斯讨论过生存空间问题和地理政治问题,"但我有这个印象,也完全相信,希特勒对这些问题毫无所知,连理解它们的正确观点也没有"。了解到赫斯和希特勒谁也不懂地理政治后,豪斯霍弗教授便向他们讲解拉扎尔著作第二版的基础,但毫无用处。希特勒只从地理政治中取其所需。

赫斯虽然崇敬这位教授,但已拿定主意要当希特勒的贴身秘书,并把一生献给国家社会主义。时至今日,他已是领袖的心腹。他证实,希特勒确实厌恶有损于党的争吵,且正忙于写书。7月16日,赫斯致函一位大学朋友说,希特勒先生不想过问现实政治。"他暂时公开脱离对运动的领导。原因是,他不想承担他一无所知的、发生在外边的事情的责任。也许是因为与他们高见相违,他也没能力解决没完没了的争吵,至少在此处他无能为力。他认为没有必要去介入如此渺小的分歧。另一方面,他也坚信,一旦他重新取得自由,他能将一切都转入正轨。"

德国北部的纳粹左翼坚决反对所谓的民间合并。他们谴责种族主义者,称他们为工人阶级的"敌人"。有位学生领袖警告说,若与他们合作,"真正的国社党人,尤其是工人",将被迫脱离国社党。北方的左派分子虽然同意埃塞的看法,即合并是不可能的,却不愿与他来往。在魏玛会议后两天,有人曾写过信,很明显,信是写给元首看的。该信希望希特勒出狱便前来北德,但勿带赫尔曼·埃塞,北方是不能容忍这种人的。"我们不会像1923年时在慕尼黑那样,在希特勒周围筑起一道万里长城。生活在这里的是流着北方血液的人,他们反对政治上的奴颜婢膝,他们绝不是懦夫。我们不是演说家,也不是唯利是图之辈……只要求与元首取得联系……只想献身于事业。"

由于这些人对基本问题的分歧加剧,希特勒更加下定决心脱离政治。7月29日,他再次向《人民使者》发出一封谢客的声明。"由于本人目前所从事之工作不容打扰",除书面确认者外,他此后不再会客。虽然他厌烦政治与会客,当日他确曾会见一位日耳曼-波希米亚血统的党员库格勒。库格勒向他提出了一个关键的问题:"你对犹太人问题的立场是否有某些改变?"这是个几乎刺痛肺腑的问题。"是的,是的,"他告诉库格勒说,"关于反犹太人的方法问题是有改变。我现在才醒悟到,时至今日,我对他们太软了!在写书时我才明白,如果要取胜,将来必须采取最严厉的反犹办法。我坚信,这不但是与我国人民,而且也是与所有民族的生死存亡有关的问题。犹太人是全世界的害人虫。"

整个夏季,希特勒在"快活的寓所"里过着舒适的生活,准备迎接新的战斗。他把大部分精力放在著作上,期待能早日宣布获释。9月18日,典狱长雷波尔德给巴伐利亚司法部打了一份极有利于希特勒的报告,获释一事似乎也成定局。该报告称服刑数月来,希特勒"严守纪律和秩序","历来合作,谦虚谨慎,对人彬彬有礼,特别是对本机关之官员"。在报告末尾,雷波尔德预言,释放后,希特勒不会再从事暴力或非法活动。"毫无疑问,在监禁期间,与先前相比,他变得更加沉静,更加成熟,更加深思熟虑。他并未考虑反对现行政府的行动。"

开始,雷波尔德的强烈要求似乎肯定能使希特勒于初秋获释。但是,巴伐利亚州警察局于9月22日密报内务部,提出勿于10月1日释放希特勒;若他被"意外"释放,为安全起见,他应被押解出境。他一旦获释,暴乱必然会由他而生,"因为他有能量"。刑法一处对此建议不予理睬,宣布希特勒可宣誓出狱。但是,司法部长提出申诉,理由是,犯人肆无忌惮地违反了来访条例。这一申诉得以维持,出狱宣誓遂遭否决。

希特勒大失所望,但与从前一样,他很快便克服了沮丧情绪,重新致力于著书的工作。"从早到晚,"赫姆利希回忆说,"一直到深夜,人们都可以听到他屋里的打字机声,和向赫斯口述的声音。"他也未忽视其元首的责任。在慕尼黑起义周年纪念日,他"深情地"向集合在公共室的政治犯发表演讲。他一方面"全盘承担责任",另一方面又向他们解释失败的历史原因。"领袖的真诚和崇高的道德深深地打动了听众。"

11月已过,但仍未有近期内出狱宣誓的迹象。他与先前一样坚韧不拔。

与此同时,希特勒的一位最有声望的追随者戈林,正住在威尼斯旅馆,设法向墨索里尼借一笔款子,以应急需。戈林虽然伤体未愈,尚需重剂服药,但仍竭尽全力,效忠元首。他的联系人是墨索里尼的一位代理人——雷奥·纳格雷里。戈林曾与他通信,希望能从法西斯手中借到200万里拉,并取得墨索里尼答应在希特勒一出狱便与之会见的承诺。作为报答,国社党将公开支持意大利对第洛尔南部提出的领土要求——此举将失去众多的追随者,尤其是在巴伐利亚。

很明显,法西斯头子怀疑一个在学习"向罗马进军"中遭到惨败的政党是否能归还这笔贷款。戈林的请求变成了呐喊。"从前,法西斯也很弱小,遭到耻笑,"他辩解说(1924年至1925年间戈林与纳格雷里的通信新近才发现,由本·埃·斯维林根译成英文。它不但为现今尚不甚明了的戈林在这一时期的生涯提供了新的线索,而且为纳粹与法西斯的早期关系提供了新的材料),"人们不应该相信国社党没有前途。"用不了几年,它就会执政。他详细地说明了纳粹党由于支持像第洛尔南部那样失去民心的事业必然会面临的窘境;他也指出,仅仅用200万里拉墨索里尼将会获得多大的好处。"为此,你可在我们的报纸上大吹大擂。另外,这200万里拉最迟在5年内便会被归还。"

几天后,戈林要钱要得更加迫切。"如两个最伟大的民族运动能彼此更加了解,这确实是很好的……在某种意义上说,反犹主义具有国际性。所有国家都应该反犹。"

11月已悄悄过去了,但墨索里尼仍拒绝做出承诺(恐怕从未借出过200万里拉),元首也仍在狱中。12月中旬,有几名同志获释。"关于重获自由,他屡次失望,但他却理智地泰然处之。"赫姆利希回忆说,"留在狱中的人尽力准备庆祝圣诞节。"他们将公共室布置一新,还支起一株圣诞树。但是,在他们装饰圣诞树前,州议会阻止希特勒出狱宣誓的努力最终宣告结束。12月19日,巴伐利亚最高法院——或许是受到那三位参加希特勒审判的外行法官要公开呼吁的威胁的影响——下令立即将他释放。

消息是雷波尔德典狱长亲口告诉希特勒的。次日下午,在狱中服刑年余后,希特勒向同志们作了告别,将身上所有的钱(282 马克)给了他们。他与赫姆利希握手告别,并感谢他为他做的一切。之后,他与雷波尔德挥泪而别。"我离开兰茨贝格时,"希特勒回忆说,"大家都哭了(典狱长及其他工作人员)——我可没哭!我们把他们全争取到我们的事业一边来了。"

那天,天色阴沉。希特勒简短地问候了前来接他回家的两个人——出版商阿道夫·米勒和摄影师霍夫曼。然后,他轻松地踏上了那辆旅行车——帆布已被支起以御寒。由于在狱中不准拍照,霍夫曼未给希特勒照相。此时,希特勒叫霍夫曼给他拍照,希特勒在古城门前照了一张,因为城门有点儿古堡的气氛。霍夫曼问希特勒,今后怎么办,想干点儿什么。"我重新开始,从头做起。"他说。在乘车前往慕尼黑的途中,希特勒心旷神怡("多高兴呀,又坐上车了!"),他让米勒把车子开快些。"不行,"米勒答道,"我还想再活 25 年!"

车至帕辛,遇上了一群开摩托车前来的纳粹,于是,他们便护送希特勒进城。一群忠实的党员已在他住处外边迎候。在楼梯口,希特勒差点儿被他的兴高采烈的狗撞倒。室内放满了鲜花和月桂花环。邻居早就给他送来了一桌子食品和饮料,还有一瓶葡萄酒。牢房并未使他自怜。他并不悔恨在兰茨贝格度过的岁月,相反,他认为牢房生涯对他的发展起了决定性的作用。"入狱时,对许多问题我只有本能的认识,刑期加深了我对这些问题的认识。也就是服刑期间我获得了那种无畏的信仰,那种乐观精神和那种对我们的命运的信心。今后,什么也动摇不了这些。"

希特勒离开监狱时,逆境锤炼了他,对自己的信念也更加坚定。党内的争吵及其政治野心的明显受挫,并未使他脸红或难堪。返回慕尼黑后,他决心走上一条新的政治道路。他永不再犯以往的错误。先前,他是个有名无实的元首,为别人建立的党奔波操劳。此后,他要做名副其实的元首,朝着长远的目标,用自己的方法,实行自己的纲领。

他的第一个任务是对形势做出估价。在 12 月大选中,国家社会主义集团丢掉了半数以上的席位,选票也从 191.8 万张下降至 90.7 万张。还有,纳粹党依然不合法,只能在地下活动。积极的一面是,他不但重获自由,将他押解出境的上诉也被新近为他的出狱而奔波的人取消:奥地利拒绝接收希特勒,这毫无疑问影响了司法部长古尔特纳。在许多民间组织的眼中,出狱后的希特勒是个敢于为主义而献身的圣人,他的种族主义运动,尽管在12月选举中受挫,但仍在蓬勃发展。具有讽刺意味的是,这个发展系产生于那次起义。许多原来在爱国运动中的温和派和激进派中间摇摆不定的人们,由于对那次流产的起义怀有好感,也转到极端主义一边来了。

在某种意义上,纳粹党的基础比先前更加雄厚了。党内的两派虽然裂痕甚大,互相厮杀,但希特勒有信心设法诱使他们超越分歧而忠实于他。他要成为领袖,而他的追随者也不得不将人民的目标与他个人政治上的成功等同起来。阿道夫·希特勒这个敢于以身殉义的全国形象,也将成为旗帜、自由和种族纯洁的化身。

在宁静而孤独的牢房中思考出来的东西,在尚未适应的慕尼黑的自由中,又大相径庭了。在获得自由后的当晚,他竟不知怎么办才好。"我有这个印象,即在任何时候都会有人来拍肩膀。不管做什么,我都得请假。这个想法仍在缠绕着我!"但希特勒毕竟是个聪明人。他明白,只有时间才能恢复他与"现实的联系"。于是,他决定沉寂几星期,然后再去完成"使仇家兄弟握手言和"的任务。

为了重新取得一个平常人的沉静,他所采取的第一个步骤,就是于圣诞之夜访问汉夫施坦格尔夫妇。他们已迁至伊萨尔河彼岸,房子比先前的宽敞多了。这个区靠近赫尔佐希公园,环境可爱,住有像托马斯·曼那样的声名卓著的名人。希特勒走进钢琴室后,神情紧张地四下张望,然后几乎恳求般地说:"汉夫施坦格尔,给我演奏《利贝斯托德》吧。"在汉夫施坦格尔使劲地演奏完经李斯特加工后的《崔斯坦和伊索德》里的名曲后,希特勒才开始放松。赫仑纳将新添的女儿赫尔达带了进来。希特勒朝婴儿哼唱了一阵,然后为发生在乌夫因的事情表示歉意。"你是我熟人中最封建的,"他一边说,一边环视琴室。话说到一半,他突然转头后望。"对不起,"他解释说,"监狱给造成的,不论何时何地,总他妈的有狱卒站在身后监视你。"他解释道,在兰茨贝格,总有人透过门洞在察看他。"那真可怕!我确信,他们在寻找借口将我送进疯人院。你知道,我绝食了两个星期。他们想以此作为指控我发疯的理由(这也许是他结束绝食的原因)。"

晚饭后,他们分发了藏在点着蜡烛的圣诞树下的礼物。之后,赫仑纳、希特勒和4岁的埃贡围着钢琴而坐。汉夫施坦格尔用"斯坦威"弹了一曲又一曲。一首《军队进行曲》鼓舞了希特勒。他倒背着双手,像军人似的,在室内来回踱步,脑中想起了大战中的情景。他还为埃贡模仿战场的情况,有火箭炮声,75厘米口径的大炮声和机枪声。有时单项模仿,有时所有声音一齐来。

接着,他谈论了政治,慢慢地又演变为反犹的长篇大论。汉夫施坦格尔认为,他的反犹主义已取得了更具体的种族味道。他相信,华尔街,甚至全美国,都受犹太人的控制。接着,他的思想——他的话——猛然转到兰茨贝格他最亲密的朋友那里。"啊,我的卢迪,我的赫斯,"希特勒满怀深情地喊道,"想到他还在那里,多可怕啊!"

在他离开前,他与赫仑纳单独在琴室内待了片刻。她坐在长沙发上。突然间,他双膝跪在地上,一头埋在她的怀里。"要是有人照顾我就好了。"他说。

"喏,这样不行,"赫仑纳说。她问他为什么不结婚。"我永远不结婚,因为我已奉献给了国家。"她想,他的行动真像个小孩子。几乎是在17年前的这天,她母亲去世了。"若那时有人进来,那可糟了,"赫仑纳回忆说,"他会感到羞耻的。他在冒险,确实是冒险。事情就这样完了,我装作什么事也没发生。"

2 希特勒的秘密著作

1925—1928

圣诞前夕,霍夫曼邀请希特勒到他家欢度圣诞之夜。希特勒拒绝了。晚会开始后,一个姑娘叫这位摄影师再给元首打个电话试试。出乎霍夫曼的意料,希特勒竟答应前来,"但只待上半个钟头"。人们焦急地等待他前来,尤其是女宾们,因她们谁也没见过他。果然不失所望。"他穿着长礼服,非常潇洒,"霍夫曼写道,"那时,他的头发尚未下垂前额,头发虽然不浓,却更加深了他的魅力。"女宾们特别赏识他的小胡子。

一个漂亮姑娘将希特勒引到槲寄生树下,吻了他①。"我永远忘不了希特勒脸上惊慌和恐怖的神色!这位妖艳的姑娘也感到,自己过于不慎,便周身不舒服,一声也不敢吭了。他目瞪口呆,像孩子一样,一筹莫展,咬着嘴唇,强忍怒气。此事的发生,使室内本来就有点拘谨的气氛此时立刻冷了下来。"霍夫曼试图一笑了之,让气氛活跃起来。"好在不是发生在岁数较大的客人身上。不过呢,希特勒先生,你会与女士们交好运的!"此语并未使希特勒高兴。于是,他便与众人客气地、冷冷地告别。

从兰茨贝格监狱被释放以来,他就生活在半孤独中。无论是在政治上还是在社交场合,他都感到很难适应。他下决心将自己的活动局限在与埃塞和波纳进行幕后讨论的范围内,拒绝透露自己的新打算,尽量推辞与前来

---

① 按欧洲风俗,槲寄生树被用作圣诞的装饰品,圣诞节那天,凡走过槲寄生树下的女人,谁都可与她接吻。——译注

讨教和祝福的崇拜他的人们会见。与此同时,他也避免错误地给普通的追随者泼冷水。这样,他的沉默反而使他们更急于听到他出狱后的首次演说。

为了更快熟悉近来政治上和经济上的急剧变化,他需要集中精力和不受干扰。在法国,曾要求占领鲁尔的统治集团业已下野,上台的是一个较有妥协性的政府。关于战争赔款问题,不久前,盟国已通过决议,同意让德国较公平地赔偿。在经济战线,由于稳定了马克,经济不致再急剧地出现混乱情形。与法国和平解决问题以及经济的恢复这个双重的前景,意味着希特勒的政治资本已被剥夺。

另一方面,社会也发生了变化,这给他提供了在全国范围内重新步入政界的机会。技术的迅速发展、都市化、人口的分散,以及过去十年来的工业化,使中产阶级土崩瓦解。小商贩、自食其力的商人和农场主,也处在风雨飘摇中。在通货膨胀期间,遭遇最惨的是中产阶级。这些人比工人阶级优越富裕,但其富裕却又连同他们的节省和资本一起全被消灭净尽。许多人将其不幸归咎于赤色分子和犹太人,他们正将痛苦转化为仇恨。这样,他们对希特勒的反犹主义便易于接受了。

新的一年给他带来了众多的机会和困难。他的政治前途如何,就要看他对付这两者的能力如何了。作为第一个行动,他于1925年1月4日做出了与新任巴伐利亚总理海因里希·赫尔德休战的姿态。他单独与赫尔德谈了半小时,保证忠诚于新政府并提出与他合作,共同反对赤色分子。他保证在未来的政治斗争中仅使用合法手段。他给赫尔德留下了如此良好的印象,以至赫尔德于当晚便称"这头野兽已给制住,我们可松松链子了"。

在这一准备阶段和与世隔绝的阶段,常与希特勒一起的只有少数几个人,而阿尔弗莱德·罗森堡却不在其列。他知道,希特勒与埃塞、阿曼、霍夫曼和汉夫施坦格尔等人,常一起乘车到乡下兜风。对自己被排斥在这一精选出来的圈子之外的举动,他是很反感的。"他很倚重我,但不喜欢我。"罗森堡在后来抱怨说。一来是因为生气,二来也是对党的分裂表示关切。罗森堡力谏他的友人卢德克撰写文章提出警告,除非立即停止互相攻击,否则,党就非灭亡不可。

在给希特勒送去文章的一份副本后,卢德克求见希特勒。会见是在提埃希大街那间小屋内进行的。在攻击了鲁登道夫一顿,接着又大谈特谈犹太人后,希特勒才转而谈文章的问题。他说,卢德克不可能知道起义的内情,也不知道审判的详情,因为他在国外。他讥笑了罗森堡离间他与埃塞的关系的企图("那家伙指尖上的政治感比他们的一伙指控者屁股上的政治感还强")。然后尖酸刻薄地向卢德克提出劝告,要他告诉罗森堡,"赶快回头,停止对受损害的无辜者玩弄花招"。

表面上,希特勒似乎拒绝接受卢德克关于停止党内争吵的劝谏。事实上却接受了——他是要按自己的办法行事。关于医治党的创伤的决心,以及他对赫尔德总理所做的保证,很快便见了成效。2月16日,巴伐利亚政府解除了紧急状态,取消了对纳粹党的限制。10天后,《人民观察家报》又见诸报摊。希特勒撰写了一篇题为《新的开端》的冗长的社论。他保证,此后他将按照组织和政策行事,绝不听从个人的或宗教的分歧,并号召党内各人民派别以和为贵,停止争吵。他说,他们必须团结起来去打败共同的敌人——犹太人和马克思主义。这是新阿道夫·希特勒在行动;为党的团结,他决心采取合法行动,也愿意妥协。与此同时,他又要按自己的办法去办党。虽然他曾保证在政府的框框内行事,但却未缓和对他的首要敌人犹太人的斗争。

2月27日,希特勒公开返回政界。他参加了在贝格勃劳凯勒——他发动起义的地方——举行的党的会议。他讲,他定于晚8时开始演讲;但从下午开始,这间啤酒馆门前便开始排队。下午6时警察关门时,大厅内已挤满了4000名听众,而门外还有1000人不能进场。全国的国社党人都来了——只有3名要员未来:罗姆、格里戈尔和罗森堡。"我不愿参加这次闹剧,"那天下午罗森堡对卢德克说,"我知道希特勒要搞的那种兄弟相亲、握手言和的把戏。"罗森堡自尊心强烈,不愿与他觉得已将他抛弃的人握手。

大厅内慷慨激昂的情绪几乎与起义前夕的情况相差无几。当希特勒沿着过道走上讲台时,热情的追随者纷纷挥动啤酒瓶,向他欢呼,还互相拥抱。他的眼光超越了党的领导人,向远处的广大党员呼吁。他的话是激烈的,但并不开罪任何一方。他并未详尽地列举1924年争吵的谁是谁非;他故意闭口不谈。他称鲁登道夫是"运动的最忠诚、最无私的朋友",敦促"还向着老国社党的"人们,在卐字旗帜下团结起来,粉碎他们的头号敌人:马克思主义和犹太人。前者是向像埃塞那样的革命者发出的呼吁,后者是向德莱克斯勒和较保守的民间追随者。

在发出振兴国家的激动人心的呼吁后("认为有6000万到7000万人口的伟大民族是毁灭不了的看法,是疯子见识。一旦失去了自恃的动力,它就要灭亡。"),他便把注意力转向坐在前排的党的干部们。他一不要求他们忠诚和支持,二不向他们表示妥协。他命令他们,若不参加扑灭犹太人运动,就请他们出党。"若有人向我提出条件,那我就告诉他:'朋友,等着瞧,看我会给你们提出什么条件吧!'我不会到外边去动员群众的。党员同志们,一年后你们再判断吧,如果我做得对,那很好;如果做得不对,我就把党权交回你们手中。然而,在那一时刻到来前,我将独自领导这场运动,只要我全盘负责,谁也不得向我提出条件。我无条件地为运动发生的一切承担责任。"

他的狂暴感染了听众。"万岁"的喊声顿时在大厅爆发。妇人们在哭泣;人们从后厅往前拥去,有的从桌椅上爬过。曾经是誓不两立的仇人,此刻像潮水一样,拥上讲台互相握手,不少人热泪盈眶。梅克斯·阿曼喊道:"必须停止互相倾轧!人人拥护希特勒!"德国国社党的鲁道夫·布特曼满怀激情地宣布,他的怀疑"随着元首的演讲,全部烟消云散了"。布特曼所用的"元首"头衔,迄今还是用于私下;它说明了希特勒取得的成功何等重大。此后,他将变成公开的元首。他不但统一了纳粹党,而且还建立了党的领导原则:一人统治,不准怀疑。

精疲力竭的希特勒,当晚与威尼弗雷德·瓦格纳一同离开了慕尼黑。他与几名鼓手在她家住了一晚。由于是密宿,孩子们在多年后才知道有这回事。

希特勒东山再起后的翌日,德国发生了一起重大政治事件。在由埃尔伯特之去世引起的全国大选中,78岁高龄的陆军元帅冯·兴登堡被选为共和国的第二任总统。很明显,这位右派英雄并不同情共和,在试图保持中立的同时,并未大力加强共和势力。内阁危机依旧丛生,而且常常是由于小事引起。例如,保守派建议向霍亨佐伦家族提供高额财政赔偿,遭到社会主义派的强烈反对,但获得通过;接着又提出向被废黜的王公贵族提供赔款的新法案。社会主义派提出进行公民投票,但法案仍获通过。甚至连德国国旗应采用何种颜色的问题也导致内阁危机。为这点小事,汉斯·路德总理竟被迫辞职。

国内政治的变化似乎不可避免地将为希特勒的权力膨胀提供新的动力。但是,他重返啤酒馆的政治行动来得太突然,胜利也过大,使巴伐利亚政府无法容忍。它只证明,他的口才对巴伐利亚州有多大的危险。他给党注入了新的生机,但搞得太快、太过分。这样,巴伐利亚州警察局便以希特勒在贝格勃劳酒馆用"不是按中产阶级的标准,而是以踏着尸体的方式去反对马克思主义和犹太人"的激烈言辞煽动听众为由,禁止他在原定3月初举行的五个群众集会上发表讲话。

希特勒亲口对此提出了抗议。"想跟我们干架的不妨来试试。"他对警察局官员说,"谁进攻我们,谁就会被捅得稀巴烂。我要领导德国人民为取得自由而斗争,用不成和平方式就用武力,但一定要成功。这句话我要给警探们着重地讲,省得流言蜚语到处传。"这些话,从一个宣誓出狱的人口中说出来,是很有分量的;其结果是,在全巴伐利亚都禁止他演讲。公开的纳粹集会可以,但只要有元首演讲就不行。不久,禁令几乎扩展到德国的每个州;这样,希特勒的主要政治武器便被剥夺。他被迫将讲坛移至巨富的支持者家里。据海因茨·豪斯霍弗的回忆——他父亲曾领他去过慕尼黑的某沙龙——希特勒说话时犹如在皇冠马戏院里一样,不同的是,他是坐着讲的。"非常可怕……又喊又叫,还挥动手臂。没有人打断他。他讲呀,讲呀,像放唱片一样,一讲就是一个钟头或一个半钟头,直讲得他筋疲力尽……讲得他气喘呼呼。讲完后一坐下来,他又是个普通人,好人……好像他换了一个挡一样,中间没有什么间歇。"

禁令使希特勒将自己的精力集中在党的重新建设上来。他不辞劳苦,一次又一次地参加会议,不停地劝告人们,就像在贝格勃劳凯勒时一样。他的基层工作技巧——与男人握手致意,吻女人的手,与数不清的人们亲密地交谈——使他与市内的党员建立了联系。这样,他不但成功地增强了他对普通党员如磁铁般的吸引力,而且完全控制了党的组织。与此同时,埃塞和施特莱彻也运用希特勒的战术,走遍了巴伐利亚,把当地的组织团结在元首的周围。

到了3月底,希特勒几乎完全控制了地方组织。但是,在德国北部,他不得不将党的命运交给格里戈尔·斯特拉塞和奥托·斯特拉塞。格里戈尔是个出色的组织家和天才的演说家。作为国会代表,他可以免费乘火车出入。在贝格勃劳酒馆发表了鼓舞人心的演讲后,他保证效忠希特勒。但是,奥托,一位年轻有为的记者,却持有保留态度。他想,与希特勒"共度蜜月"的时间能维持多久?

与被监禁时期一样,希特勒深居简出,很少抛头露面,且很好地利用了这一机会。在两名工作效率很高但没有什么名气的党的工作人员的协助下,希特勒利用闲暇时间,建立起了一个牢固的党的机构。这两人是菲利普·波勒和弗朗兹·埃克萨瓦·施霍茨。波勒长得像猫头鹰,对希特勒开口说话前必先鞠躬。他虽当上了党的执行秘书,却为工作细节发愁。曾在慕尼黑市政厅当过会计的施霍茨,现在是党的出纳,掌管财政。工作起来,他像个计算机,又能发扬吝啬鬼的精神,精打细算。这两人完全臣服于元首,成了党的机构中不可缺少的人物。

波勒和施霍茨把党的内部组织搞得井井有条,效率极高,这便使希特勒能集中精力研究党的长远政治战略,撰写文章,并到德国北部到处旅行,亲自出席党的秘密会议。他也有闲暇时间去修补破裂的友谊,开导顽固分子,使敌对者握手言和,以及处理私人问题。他恢复了罗森堡在复刊后的《人民观察家报》里的编辑职务,并致函给他,赞扬他的气节并将他称为"最宝贵的合作者"。

数天后,希特勒又写了一封信,解决了一个令他头痛的问题——驱逐他回奥地利。他单刀直入,要求林嗣当局吊销他的奥地利国籍,因为他要做一名德国公民。3天后,上奥地利省政府向他发出了一份移民通知,取消了"他对奥地利国家的忠诚"。只花了7.5先令,希特勒便解除了被驱逐出境的威胁。虽然,他此时尚不是德国公民,没有选举权,也不能任职。但他相信,一旦需要,他是能解决这个问题的。

比较迫切的问题倒是那位既不听命令又自私自利的罗姆上尉的行动。从一开始,他就有意要把冲锋队变成自己的私家军而不是希特勒的政治工具。当元首尚在狱中时,他纠合了冲锋队的残余势力,重新搞了个组织,叫"前锋会"。罗姆相信,如要将前锋会置于党的管辖之下,那么,自起义以来所做的一切就将失去。于是,他便于4月16日向希特勒递交了一份备忘录。他提出,有3万名战员的前锋会可作为全国政治组织的基础,但它必须置于罗姆的绝对领导之下。在请求的同时,他还提到过去的友谊,并立誓忠于希特勒。

希特勒早就知道,要依靠一个他无法控制的组织,这是多大的灾难。他决心把新冲锋队变成完全是自己的工具,遂即要求"前锋会"立即接受他的领导。罗姆明目张胆地施加压力,递交了辞去"前锋会"的职务的辞呈,并要求元首书面承认他这一行动。罗姆等了一阵,等不到希特勒的答复,遂于4月30日再次致函于他。"为了纪念我们在一起共同度过的美好而困难的日子,"他在信的末尾写道,"我趁此机会对你的同志之情表示感谢,并请求你勿将我排斥在你个人的友情之门外。"由于再次未得到答复,罗姆遂于翌日宣布正式辞职,退出政坛。希特勒用沉默的办法,迫使罗姆成为无党派人士,并退出了"前锋会",而他自己则可自由自在地按自己的目标去建立一支重新充满活力的冲锋队。

罗姆大吃一惊,感情也受损。据卢德克说,罗姆大发牢骚。"他虽然常常按我们的建议行事,当着我们也笑容满面,但干起事来好像一切都是他自己的主意、自己的发明创造似的。我从未见过有人像他那样厚颜无耻地借人衣裳来打扮自己。因为他摇摆不定,优柔寡断,对问题往往待其发展到无法容忍、情况紧急时才在最后一分钟突然做出处理。原因是,他的行动不像他的思维和演讲那样条理清晰和合理……希特勒做事喜欢自行其是,若碰到有人坚决反对,尽管理由再充足,他也暴跳如雷。但他不明白人家会怎样讨厌他,也不知道他是在欺骗自己和他周围那些吹牛拍马的人。不过,谁也不会完美无缺,他也有不少伟大之处。很明显,谁也不会比他干得更好。"对一位微不足道的下士曾宽宏大量地施以昵称"你"的罗姆,可以说是在钦佩和鄙视间进退维谷。

那年春天,希特勒个人的梦想至少有两个已得到实现。首先,他好歹算是搞到了一辆红色的新"麦塞蒂斯",乘坐着它,与心腹同伴一起,在巴伐利亚乡间度过了许多美好的时光。其次，他在山村贝希特斯加登建立了一个辅助总部。他常在景色令人赞叹不已的地方养神和寻找精神刺激。简朴的生活令他迷恋，他常穿起皮裤外出散步。"穿长裤真是受罪。从前就是在零下10℃的气温里也常穿皮短裤走来走去，它给你一种妙不可言的自由感。"

起初，他住在莫里茨公寓（在奥伯萨尔茨贝格）的一间小屋里。该屋坐落在主楼的上方。在这个安静的环境里，他写完了他的著作的首卷。他的主要"试音板"是当了他的私人秘书的赫斯（每月工资300马克）。在写社论时，他还常请教一位并不积极反犹的前编辑本哈特·斯坦普弗勒神甫和汉夫施坦格尔。汉夫施坦格尔常把他文中的"最"字砍掉，也极力"使他免除"受诸如赫斯和罗森堡等人的地方观点的影响。但希特勒总是将删去的东西复原，不理睬汉夫施坦格尔的苦口婆心。"除非你看了世界，"汉夫施坦格尔说，"否则你就建不起自己的世界观。"他建议希特勒趁演讲遭禁之机到国外去走一走，花上3至4个月时间便可走遍美国、日本、印度、法国和英国。

"假若我这样做，运动会发生什么情况呢？"他坐牢时，党的组织便四分五裂，现在不得不重建。汉夫施坦格尔说，你回国后"对未来便会有许多新的筹谋"。这也打动不了希特勒。"你的主意多新鲜！"他说，"你想想，我能从他们身上学到什么？我干吗要学别人的语言？我岁数太大了，没有兴趣，也没有工夫。"

汉夫施坦格尔主动提出教他学英文，便于他日后能看懂英、美的报纸，更多地了解国外的情况。希特勒从不拒绝汉夫施坦格尔的好意，可就是下不了决心。就连赫仑纳的影响力也逐渐减小了。她建议希特勒学跳华尔兹舞，以应付社交场面。他拒绝了，理由是，这与政治家的身份不符。她丈夫指出，华盛顿、拿破仑、腓特烈大帝等都喜欢跳舞。希特勒反驳说，这是"傻瓜，浪费时间。另外，维也纳人的华尔兹舞也太女性化，不适合男人跳。他们的帝国之衰落，这绝不是最小的因素。我恨维也纳的原因也在于此"。

他对赫仑纳之拒绝，或许与前一年圣诞节她对他之拒绝有关。此时，他正转向别的女人身上寻求安慰。在贝希特斯加登，在他租赁的房子对面，有一间花店，是赖特姐妹开的（在贝希特斯加登居住时，用他自己的话说，他像个"好斗的公鸡"）。姐妹的名字分别叫安妮和米茨。希特勒邀请米茨去参加音乐会,但她姐姐不同意,说希特勒比她16岁的妹妹大20岁。希特勒大失所望地走了。不久,希特勒便邀请姐妹俩去参加党的会议。多年后,米茨宣称,希特勒之所为超出了调情:他称她米茨尔,说她的眼睛与他母亲的一样漂亮,还要吻她,她拒绝了;他便宣布,此后两人不要再见面了。但是,不久两人便在湖边散步。在一处偏僻的地方,他两手扶住她的肩膀,吻了她。"他说,'我要把你压扁'。他欲火上升。"不久后,他们便成了情侣;她要求结婚,但他只答应在慕尼黑租一间房子,以便同居。

在威尼弗雷德·瓦格纳家中,他寻找的是另一类型的女性刺激——在那里,人们从不对他进行挑剔。在这家人眼里,他是英雄,而他也很高兴地扮演一个一心要暗杀他的敌人的神秘人物的角色。他常于深更半夜偷进万弗里德别墅。"夜虽然深了,"弗里德林·瓦格纳回忆说,"他总要跑到孩子们的屋里来,给我们讲他冒险的吓人的故事。我们……听得毛骨悚然。他还让我们看他的手枪。枪,他当然是随身携带的——很小,可藏在巴掌里,但能装20发子弹。"然后,他就对孩子们说,他眼皮下的那两个疤痕是打仗时被毒气伤的。

在万弗里德,人们叫他"乌尔夫"。大家都喜欢他,连新买来的、见生人就吠的刚毛猎犬也喜欢他。特别是孩子们,他们全爱他。"他好像有特殊魅力……不花什么力气就能将他们吸在身边。对我们说来,他的生活是迷人的,因为与我们的生活不同——好像是故事似的。"

7月18日,他的著作第一卷由埃赫尔出版,在慕尼黑问世了。根据阿曼的建议,书名被改成《我的奋斗》,即他给自己的日记取的名字。销路是好的,至1925年底,已售出10万册。但出版时以及此后,《我的奋斗》却遇到批评,被认为写得很糟,既华而不实又过于夸张,读起来像有政治味道的荷拉西奥·阿尔杰的小说。甚至连它的副标题"算账之时"也是小说式的。即使如此,对一个青年个人政治信念的第一人称式的详尽阐述(虽然为自我服务),却也使读者洞察了席卷德国全境的人民运动的浪潮。

自出狱以来,由于忙于党的政治事务,希特勒的反犹谩骂暂时被掩盖了。这本书是阐述这种感情的渠道,而他也将这主题发展到了新的高度。他开诚布公地讲明,他个人生活及其政治生涯的中心就是对犹太人的仇恨和恐惧。在描述他在帕斯瓦尔克双目失明那一章的末尾,他提出了挑战:"对于犹太人,除了给一个斩钉截铁的回答'不是、就是'外,无可讨价还价的。不过,我决心做个政治家"等。一旦当上政治家后,他的任务就是用残酷的方法解决犹太人的问题——且以上帝的名义。"所以,本人相信,本人击退犹太人的行动是代表造物主的,本人干的是上帝的工作。"由于德国种族主义在军队的增长,《我的奋斗》的有关章节在军队中备受赞赏,而本书的作者就是反对国内外敌人的斗争的化身。

希特勒肯定明白,让格里戈尔·斯特拉塞在德国北部全权组织纳粹党是危险的;他越是成功,便越是一个危险的政治对手。格里戈尔虽然反犹,却不反动,他的政治哲学可追溯至斯宾格勒及战时前线的社会主义,其基础是无产阶级的领袖必须是军人这个中坚原则。他是国社党左派的典型,这就使他在重新组织革命力量方面的作用特别突出。他身强体壮,为人友善,既能调动群众,又能动员个人;所以,到那年夏末,他给运动带来的繁荣已超出了希特勒之所料。在某些地区,支部的数目已增加了一倍甚至两倍。这大都由于格里戈尔对工人阶级的吸引力及其不受慕尼黑之独裁领导者控制。

9月初,反南方的斗争在哈根举行的党的会议上公开化了。会议是由格里戈尔·格里戈尔召开的,其目的在于南北联合以反对慕尼黑的官僚政府。会议参加者天真地希望,他们能把元首从反动的巴伐利亚顾问手中挖出来领导德国,使德国永远成为革命的人民国家。格里戈尔的纲领获得通过。代表们投票赞成联合,以求得组织上和在宣传工作中的高效能。代表们也批准发表一系列的文章以阐述具有纲领性的政策——包括近乎国家布尔什维主义的经济改革在内。编辑则由一名才华横溢的29岁青年约瑟夫·戈培尔担任。戈培尔替下了做事慢条斯理的希姆莱,当上了格里戈尔的秘书。他身高只5英尺多一点儿,体重也只百磅余。此外,他细小的身躯又遭小儿麻痹症的摧残,有只脚变了形。幸而戈培尔有各种天才:他的文章文笔流畅;体格虽然弱不禁风,但在讲台上却是一代枭雄:诱人的男中音,富有表达力的手势,一双吸引人的黑黑的眼睛。

戈培尔出身于莱茵河上一个信奉天主教的小资产阶级家庭,身上打的烙印是学术而不是家庭或教堂。形成他的性格最重要的地方是慕尼黑大学，就是战后许多丢掉了幻想的军人成群拥去的那所大学。由于有一只脚畸形，他免服兵役，但他心目中的英雄却是身材高大、人才出众的理查德·弗里斯格斯——此人是个和平主义者和无政府主义者，他给戈培尔灌输的理想却在他之后的生活中起着重要作用。弗里斯格斯还将他介绍给了多斯托耶夫斯基，后者的神秘主义思想也鼓舞了年轻的戈培尔。

戈培尔被调往海德堡。1921年，戈培尔获哲学博士学位，并离开了该地。在此后几年中，他写了一本名为《麦凯尔》的自传体小说、几出话剧和许多抒情诗。为谋生故，他曾在银行里干过活，在科隆证券交易所当过巡视员，当过家庭教师，也当过业余图书管理员。在这段潦倒的岁月中，他与弗里斯格斯分道扬镳了，原因是，他厌恶马克思主义的国际主义。他转向人民社会主义后，在希特勒（"是我们的信仰和理想的化身"）身上他找到了受他崇拜的第二个弗里斯格斯。与此同时，他也与格里戈尔·斯特拉塞打得火热。这种分裂的忠贞及其不可避免的终结决定了纳粹党发展的方向。

思想上的进退维谷使这种斗争更加复杂化了。在许多方面，戈培尔仍是个革命者，他力图把共产党人转到国社党人一边来。他决心创造一种理论，一种桥梁，"让他们从左到右使那些愿意牺牲自己的人们走在一起"。与格里戈尔·斯特拉塞一样，他也认为，党应该维护工人阶级的事业，特别是工会的事业。希特勒与戈培尔的主要分歧就在于此。他希望下次南下时能影响希特勒，并向他证明，共产党与纳粹的不同之处在于，共产党奉行国际主义。

11月4日，两人终于在不伦瑞克会面了。希特勒握了戈培尔的手，这使戈培尔大喜。"像一位老友，"他在日记中写道，"那双碧眼，就像是星星。看见我，他很高兴。我如置身天堂。"这次相见，是戈培尔迷信元首的开端。几个星期后，两人又在普劳恩相见，戈培尔之迷信程度更加强烈了。"太高兴了！他像老友一样问候了我，还照顾我。我多么热爱他呀！"

然而，不到24小时，戈培尔又回到北方参加地方长官会议，公开反叛党的中央组织。他被派往北方的目的，是要协助格里戈尔草拟党的纲领，以便把元首从"反动的"慕尼黑集团的手中解放出来，使他向左派靠拢。纲领要求将土地收归国有,把大农庄分配给无地的农民,对各公司实行国有化。这份纲领于1926年1月24日至25日呈交给了在汉诺威举行的两天长官会议。会议开得非常激烈,这主要是由于希特勒的代理人戈特弗里德·弗德尔的突然出现引起的。在戈培尔看来,他是"资本和利息的奴仆,是通货升值的骗子,又是运动的主要纲领的起草人"。据格里戈尔的弟弟说,这些地方长官,除罗伯特·莱伊孤零零一人外,都对新纲领一章一节地进行了投票。对一切均持反对态度的弗德尔最终说:"无论是希特勒还是我本人,都不会接受这个纲领。"与会者提醒他,他不过是个客人,但他仍坚持己见。当他宣布希特勒反对马克思主义者关于将皇室财产予以没收的要求,说它是"犹太人的欺骗"时,他被轰了下去。戈培尔猛地站了起来,愤怒地攻击了慕尼黑领导集团。他要求将希特勒开除出党,除非他摆脱他们的影响。这个最后通牒竟出自不久前还称"我多么热爱他!"的人口中,这似乎是件怪事,但,它也可能正是"热爱"的产物,因为他坚信,慕尼黑那帮官僚正把希特勒引向毁灭之途。

不管是何种情况,弗德尔关于这次分裂大会所做的汇报,却最终使希特勒采取行动。2月14日,星期天,他将党的领导人全部召至班贝格。坐在这次秘密会议席位上的北方代表,颇有不安之感。在数量上,南方代表占绝对优势,而希特勒一踏上讲台,就主宰了大会的进程。他前来班贝格时,思想上就有所准备。他明白党面临的问题是什么,也知道自己的领导权已受到威胁。所以,他一开始便开诚布公地说明,他是元首,是运动的核心。在纳粹党内不允许存在议会式辩论,不再搞什么民主程序。他不允许有分裂派别存在。每个地方长官,每个党员都必须保证效忠元首,而且只效忠元首一人。

他未攻击格里戈尔或戈培尔,他未犯这种错误。也许,是他的直觉告诉他——两人都对他忠诚,他们只不过是想将他从施特莱彻和埃塞之流身边引开罢了。他来班贝格的目的,并不是要羞辱北方干部,而是将他们引上正轨。他用左派的语言圆滑地攻击了左派,然后为矛盾的双方提出了一个新概念,作为折中。他让党跳出政治圈子,将它纳入迷信领袖的神话。他说,党原来的纲领,"是我们的信仰和意识形态的基础。对它进行篡改,将(意味着)背叛对我们的思想怀着信仰死去的人们"。换言之,国家社会主义是宗教,希特勒是它的耶稣。在统帅府前被钉上十字架致死、从兰茨贝格监狱被释放后得到复活的希特勒,再次崛起,领导党和国家达到振兴的目标。

北方干部未料到希特勒的演说会如此犀利,都吃惊不小。戈培尔前来班贝格时,原以为可将希特勒诱入左派,现在,他既不赞成他们的立场,也不对此进行辩论。相反,在党的领袖问题上他只有一种选择:反对或接受希特勒为元首。希特勒若被否定,那将意味着党的末日,格里戈尔简短地、神情紧张地作了回答。他失败了。戈培尔呢,除喊了几句口号外,一句话不说,只在日记里写道:"我心痛呀!"

希特勒坚信,班贝格的创伤的愈合只是个时间问题,而党也会变得更加强大、更加团结,于是,他便起程寻找财政援助。2月的最后一天,他获准在汉堡颇有名气的"大西洋饭店"的"1919年国家俱乐部"发表讲话——因为这不是公开的群众集会。他的话——表明他在兰茨贝格学到了很多东西——不是针对狂热分子,而是针对德国的公民。他放弃了在皇冠马戏场使用过的风格,以心平气和的规劝开始演说。他说,德国在大战中之所以会失败,原因在于马克思主义;赤色分子企图夺取国家政权,现在,他们仍继续主宰德国的政治。不到一小时,他便赢得了听众,他靠的不是感情或煽动术,而是哲理;不是种族主义,而是爱国主义、财富和繁荣。

然而,一谈到马克思主义,他的风格便变得强有力了。"在斗争中,总有一方屈服——若不是马克思主义被废除,就是我们被废除。"他号召举行群众运动,无情地对赤色分子进行攻击。"正如人们只能用解毒剂解毒一样,这种运动只能依靠人们的拳头,只能坚决地按照这种办法行事。胜利只能靠谁的头壳较硬,谁的决心较大,谁的理想较伟大来决定。"对上层社会的听众而言,这番话虽是一块难于消化的硬肉,却博得了"暴风雨般的掌声"。

他说,为了取得胜利,这个运动必须像马克思主义那样不容分说。"这是毋庸置疑的:我们认识到,若马克思主义取得胜利,我们便被毁灭,不会有别的结果;但是,若我们取胜,我们便毫不留情地将马克思主义连根毁灭。若不将其最后一份报纸摧毁,不将其最后一个组织瓦解,不将其最后一个训练中心关闭,不将最后一个马克思主义者改造过来或铲除掉,我们绝不罢休！对于我们,中间道路是绝不存在的!"

这是异常出色的演讲。它表明,在夺取国家政权的激烈的合法斗争中,希特勒终于开始寻找具有最广泛基础的支持。他也没有忘记,尽管召开了班贝格会议,但他并未完全控制住自己的党。他开始将自己的魅力转向反对派的两位首脑——格里戈尔·斯特拉塞和戈培尔。3月初,格里戈尔投降了(虽有严重的保留),他致函他的追随者,将其纲领全部收回。

4月,希特勒专程前往慕尼黑,为的是争取戈培尔。在做了两天元首的贵客后,戈培尔兴奋得晚上睡不着觉。第三天,希特勒领他参观了党的总部,然后单独与他谈了3个小时("妙极了"),重新论述了班贝格会议的各个论点。戈培尔听得津津有味,一步一步转向希特勒的信仰一边,最后一举投降。

> 我们提出问题。他作了绝妙的回答。我热爱他。社会问题、相当新的前景,他全考虑出来了……在所有问题上他都使我安下心来。无论在哪一点上、哪一方面,他都是一条汉子。他如此炽烈,堪为我的领袖。我向比我伟大的人物、向政治天才臣服!

他兴高采烈地离开了慕尼黑("再见吧,慕尼黑!我非常爱你!"),不但原谅了他过去的罪过,而且誓做鲁尔区的地方长官。

在使格里戈尔和戈培尔归顺后,希特勒再次北上寻求经济援助和巩固其在北方左派党员中的地位。"五一"节那天,他在什未林位于汉堡东面约60英里的市政厅内向一群秘密前来听讲的热情的听众发表了演讲。到下午2时,大厅内已挤满了来自阿尔托纲、汉堡、不来梅、吕贝克和吕纳堡等地的国社党人。《汉堡新闻报》报道说,在希特勒抵达时,那里响起了"足令墙壁倒塌的"乐声。

希特勒在此之前已学会了使用体姿。据米勒恩·施安豪森说,这是欧洲最负盛名的预言家兼星宿学家埃利克·丁·哈努森传授的结果。据说,两人曾在柏林一社会名流家中会过面。哈努森开口便说:"如果您真的想步入政界,希特勒先生,那您为何不学会演讲?"哈努森是身体语言大师;他向希特勒解释说,希特勒并未利用动作加强他的语势。据米勒恩·施安豪森说,在此后几年,他们常作简短的会见,哈努森不但将演讲技巧传授于他,还教他如何选择同仁。然而,直到1932年底,他才首次为希特勒占卜——他自己也一命呜呼。

1926年春,希特勒提出了一条原则,那就是,运动的枢纽是慕尼黑的地方党组织,它应领导全国。这样,他便完全控制了纳粹党。这条原则在5月22日贝格勒劳全体党员大会上得以通过。在这里,作为至高无上的元首希特勒,被赋予这样一种权力,那就是,他有权挑选或罢免任何一个地方长官或下级领导人。这就意味着民主程序的全部终结和对元首原则的完全盲从。为以防万一,希特勒坚持宣布,原来党纲中的25点是不可修改的。他如愿以偿了——现在,党的意识形态由他一人统管。

在内心深处,戈培尔已完全倾向希特勒一边,但在表面上,他仍忠诚于格里戈尔——此人对元首仍抱有怀疑。6月10日,戈培尔在日记中写道,如他仍能保持"绝对独立",作为希特勒的代表,他只愿前往柏林。然而,只过了两天,他便愿意接受任何邀请了。"那时,我就不会虚掷光阴了。现在,一切以他的决定为准。他要我吗?"待他们再次会晤时,戈培尔已使自身处于欣喜若狂的对英雄崇拜的心境中了。

希特勒仍是一个亲爱的同志。他是一条汉子,你无法不喜欢他。此外,还有他那至高无上的思想。在他那颗执拗的脑袋中,你常常可发现某些新东西。作为一个演说家,他将手势、动作和语言绝妙而和谐地融于一体。天生的鼓动家!与他共事,你能征服世界。只要让他自由行事,他就能动摇腐败的共和国的根基。上次演讲他最妙的警句是:"为我们的斗争,上帝够保佑我们的了。他的最美的礼物就是对我们的敌人的仇恨——我们也全心全意地仇恨他们。"

7月份,在魏玛举行的党代会上,他几乎使所有的敌对派别和解了。会址之所以选在这里,是因为图林根是希特勒被允许公开演讲的少数几个州之一。他的主要演讲是在代表大会的最后一天(7月4日)作的,而且更富于感情而不是政治。"深奥而神秘,"戈培尔写道,"几乎像福音。与他一起,我们胆战心惊地从生活的深渊边沿走过。讲的无所不包。谢谢上苍给了我这样一条好汉!"希特勒走下台时,掌声雷动,欢呼声持续了好几分钟。然后,希特勒身穿不合身的军衣,打着绑腿,站在敞篷小车的后部,检阅了3500名(殷勤的戈培尔将这个数字扩至1.5万)冲锋队员。冲锋队员们右手行着举臂礼,列队走过——步伐有点不整。

尽管怨声未绝,而纳粹党党员人数尚不足4万,这次值得纪念的代表大会这样结束,也是够威武雄壮了。此时此刻,数字并不使希特勒发愁。在德国,此时的纳粹党是最小的政党之一,但它是铁拳,希特勒的铁拳。此后,他便回到贝希特斯加登,一方面为完成《我的奋斗》的第二部,另一方面也是为完成建党的最后任务重整旗鼓:将他在魏玛抛出的咒符变成对全国各地党的组织武断地控制。

在这一努力中,有一个人他是想起用的:约瑟夫·戈培尔。希特勒退居深山后,戈培尔曾进山探访,更深地为希特勒所迷。"他像个孩子:和气、善良、仁慈。像一只猫:多谋、聪明、灵巧。像一头狮子:咆哮、雄伟、高大。一个伙伴,一条汉子。"7月25日,即他在贝希特斯加登的最后一天,最终的转变来到了。"再见吧,我的奥贝萨尔茨贝格!"当晚,戈培尔写道:"这些日子是我道路上的里程碑!一颗明亮的星星救我出了苦海!我永远是他的。我最后一丝疑云消失了。德国将生存下去。希特勒万岁!"

希特勒让他焦急地苦等了两个月。后来,当他证实自己要去柏林时,戈培尔兴奋得挥笔写道:"定局了!柏林!万岁!"就阿道夫·希特勒而言,这多少是个胜利。表面看来,在将格里戈尔接纳进党的高层组织后,希特勒已与他握手言和,然而,格里戈尔的才干与能量依然是对元首原则潜在的威胁。格里戈尔在柏林是设有总部的;把戈培尔派往柏林,希特勒实际上是把格里戈尔的前贴身秘书变成了他的对手。

11月7日,戈培尔启程前往柏林,朝通向权力的走廊前进。无论对于他个人还是在政治上,他都是朝新生活前进——他撕毁了与一名叫埃尔塞的姑娘的婚约;与她的恋情曾如疾风暴雨。在国社党星座中徐徐升起的一颗新星,怎么能与一半是犹太血统的姑娘结发,或同床共枕?

到那年年末,党员人数几乎达到5万。由赫斯任秘书、施霍茨任司库、波勒任秘书长的党的工作机关,效率颇高(这一时期的党员数字是不可靠的。施霍茨故意将党员按顺序编号,使由于退党或开除出党所带来的损失含混不清)。另外,地方长官和领导人也不断呈交令人迷惑的报告,这样便无须将全部党费上缴给总部。党的工作机关开始时只有3辆汽车和25名工作人员,现在呢,它正在迅速壮大。这是个国中之国,设有外交部、劳工部、工业部、农业部、经济部、内务部、司法部、科技部和新闻部。党的辅助组织也已建立或准备建立:希特勒青年团、妇女同盟、教师同盟、律师同盟以及医生同盟。

党的最重要的肢体是冲锋队。在魏玛代表大会期间又新建了8个支队,借以证明冲锋队是纳粹党不可分割的部分。与此同时,在元首的直接指挥下,地方和区域的冲锋队进行了协调。为了适应他的合法的新政策,希特勒挑选了"天生的组织家"和严于律己者弗朗兹·普弗费尔·冯·苏罗门负责主持这一合法的非军事性组织的工作。"为了从一开始便使冲锋队不具任何秘密组织的性质,"希特勒写信给普弗费尔说,"不应该将它隐藏起来,而应该在光天化日之下游弋,以粉碎它是个秘密组织的种种神话……这样,我们今天反对政府的斗争就不致具有某个社团在采取复仇行动的性质;它是个世界范围内的伟大运动,是反对马克思主义及其结构和幕后操纵者的一场战争。我们并不需要一二百名忠心耿耿的密谋者;我们需要的是千千万万为我们的世界事业而战斗的狂热的斗士……我们必须向马克思主义者表明,未来之主人是国家社会主义,就像国社党某一天终将变成国家的主人一样。"冲锋队的正式制服是褐衫褐领带。采用这种颜色纯属偶然;这种制服原是为德国在东非的驻军缝制的,因未被采用,所以可以大量买到。

1926年末,《我的奋斗》第二卷出版了。本卷的副标题是"国家社会主义运动",是以党向慕尼黑起义提交25点纲领那天以来的历史为基础写成的。它有点像历史,而不是自传。自马基雅维利①以来,关于政治,很少出现过如此实用的论述。而希特勒关于宣传和组织的观点,对只具有街头斗争水平的人们来说,是颇有实用价值的。他对群众心理的分析表明,他是研读过几年前在德国出版的弗洛伊德的《群体心理学与自我的分析》一书的。

---

① 马基雅维利,1469—1527年,意大利政治家和著述家。——译注

"集团极易轻信,"弗洛伊德写道,"也易受影响。它缺乏批判能力,对它,未决是不存在的。集团之感觉总是极简单和被夸大,所以,它不知何谓怀疑,何谓未决。"威廉·麦克杜戈尔和古斯塔夫·勒庞也曾表述过类似的原则,但他们的著作尚未译成德文。具有讽刺意味的是,希特勒竟要维也纳的一位犹太人指教:演讲者如欲左右群众,他必须"夸张,将同样的观点反反复复地重复"。弗洛伊德也指出,群众是"偏执的,但服从权威……它对其英雄提出的要求是力量甚至暴力。它要求受人统治和压迫,要求惧怕它的主人"。希特勒从他的同胞那里取其所需可说是典型的。他把弗洛伊德的理论与他的思想联系起来,铸造出一种可怕的武器。

希特勒的这本书也表明,他已严重地改变了其对外政策。战争结束时他深信,法国是德国的主要仇敌,在1920年7月的一次演讲中,他甚至曾说过,一旦犹太人被逐,就与苏联结盟。现在,过了6年后,在第二卷的倒数第二章中,他承认把法国当作主要敌人是错的,完全反对重新再战。国社党的对外政策必须改变,他说,就是说"要在这个地球上为德国人民取得有权得到的土地"。几页后,他把话说得更加露骨:"我们要继续600年前未竟之业,停止德国人无止境地南迁西走,将目光朝上转移,盯住东方的土地。"所谓东方,主要指苏俄。他攻击说,苏俄"在犹太人桎梏下"业已沦陷,命运已把德国挑选出来,征服这块以犹太人为患的土地。

扩张主义历来是德国的梦想。1906年,克劳斯·瓦格纳写道:"每个伟大的民族都需要新的领土。它必须向外国领土扩张。它必须用刀剑的威力驱逐外国人。"希特勒的贡献在于他将此与反犹主义联系起来。他说,民族的疆界已不再由皇室决定。今天的情况是,"冷酷无情的犹太人正为统治各民族而斗争。除非使用刀剑,否则,没有一个民族能将犹太人的黑手从其脖子上除开"。所以,靠了刀剑,他便能消除犹太人的威胁,消灭法国、俄国和马克思主义,把德国和日耳曼人的理想推向前列。自从在帕斯瓦尔克医院里看见幻影以来,靠其特殊的、无系统的、几乎具有灵感的方法,经过7年的探索,他终于得出了这个结论。

赫斯带着这本书去见豪斯霍弗教授,问他是否可在他的刊物上评论一下。豪斯霍弗看了这本书后"颇不高兴",尤其是(因为他妻子是犹太人)希特勒书中对种族主义的恶骂。他也看不出他的生存空间理论与希特勒的征服东方论有何联系。"我那时觉得,"他后来回忆道,"它好像是专为蛊惑人心而写的、转瞬即逝的许多书籍中的一种。非常明白,本书的来源与我无关。"

希特勒对全书作了深思熟虑后,向弗兰克承认,他不是一个作家。"写作时,我常常想不起来。"他承认,《我的奋斗》仅是他为《人民观察家报》写的主要文章的集子。"有一点是确信无疑的,如果在1924年我就知道将来会当总理的话,我是不会写这本书的。"

在《我的奋斗》第二卷出版后几天,希特勒将在霍夫布劳斯酒馆举行的纳粹圣诞庆祝活动变成了对犹太人的恶毒攻击。"基督,"他说,"是早期反对世界敌人犹太人的斗争中最伟大的战士。"(希特勒并未将耶稣看成是个犹太人,而是一个不遵循犹太宗教,因而没有犹太毒素的半犹太人,其荒谬的理由是,他有纯洁的思想,只不过有犹太祖父母而已。)他不是和平的使者。他的生活目的和毕生的教导都是要为反对资本主义的权力而战斗,为此,他便被他的头号敌人犹太人钉死在十字架上。"基督之未竟事业,我阿道夫·希特勒将把它完成。"

几个月后,自命为弥赛亚的希特勒之最强大的政治武器得到归还。1927年3月5日,不准在巴伐利亚公开演讲的禁令被撤销。4天后,他在皇冠马戏院向一大群兴奋的听众发表了讲话。晚8时3分,外边响起了"希特勒万岁!"的喊声。接着,乐队奏起了激动人心的进行曲。希特勒穿着军衣进来了,身后跟着一群随从。在听众的欢呼声和顿足声中,他迅速地沿夹道大步走去。希特勒一上讲台,厅内顿时鸦雀无声。200名褐衫党徒,在两名鼓手和一面旗帜引导下步入会场。"万岁"声顿时雷动,听众一律举臂行法西斯礼。台上,希特勒脸色严峻,伸出右臂。在乐声中,旗手们打着罗马兵团式的闪闪晶晶的花环老鹰卐字旗,走上主席台。冲锋队员们在台下就座,在台上的,则一动不动地立正站在演讲人身后。

开始,希特勒讲得很慢,不慌不忙。接着,他便滔滔不绝。据警方说,他激动得前后跳来跳去,不停地打着手势,"令1000名听众着了迷。当他的演讲被掌声打断时,他便向前伸出双手,极富戏剧性。在演讲的后半部分常出现的'不'字,也像演戏似的被故意加重"。这是哈努森式的演讲。在两个半小时里,希特勒大谈德国的危机;他的结论是,在如此混乱的世上,只有犹太人才是胜利者。这是个激动人心的演讲,引人注目的并不是他说了些什么,而是他演讲的方法。只有一点他是深信不疑的:这一次,他将合法地,并最大限度地使用其迷人的魅力,以达到其目标。

在类似的重要演讲过程中,希特勒常常要喝 20 小瓶矿泉水,他的衬衣也常被汗水湿透。有时,特别是在夏季,他坚持要在讲台上放置一块冰,以供凉手。每次演讲完毕,他便立即到附近的房间(这是会议举办者提供的)去洗澡。

在这次及之后的多次演讲中,希特勒好像在遵循格里戈尔·斯特拉塞的社会主义路线;在攻击资本主义和腐朽的资产阶级时,他甚至使用了左派的语言。但是,他却把将城市工人争取到国社党一边来的战斗锋芒留给了一位更有资格的人去承担。约瑟夫·戈培尔早已去了柏林。走时,他肩背一个旧书包(里边只有两套外衣,几件衬衣,几本书和一沓手稿),买的是三等火车票。抵达后,他发现,柏林区的党组织混乱不堪。他后来写道,"在那些日子里,柏林的所谓党组织根本名不副实,五花八门的人凑在一起,具有国家社会主义思想的人只有几百名。"他的说法虽然比他在日记中所记载的要不符合实际得多,但这绝不是夸大其词。在首都,党的会议常常变成叫骂比赛,互抽耳光之举成了家常便饭。一次,格里戈尔·斯特拉塞与一名叫哈格曼的人发生争吵,两人吵得面红耳赤,最后竟以提出决斗而告终。

摆在戈培尔面前的任务,很明显,是极端困难的。在他所管辖的近千名党员中"除了彼此不和外",在街道,还遭到数量上占压倒优势的共产党人和社会民主党人的反对。当时的区党部设在波茨坦大街一座大楼内的"肮脏的地下室里"。"简直乱透了。财政被弄得乱七八糟。柏林党区那时啥也没有,有的只是债务。"这种情况不但没有令戈培尔泄气,反而使他备受鼓舞。他将总部迁至一个较好的地方,开始正常办公,还健全了财会制度——由他亲自管理。到 1927 年 2 月,区党部不但偿还了全部债务,而且还有 1 万马克左右的固定资产,还拥有一辆旧车。

戈培尔觉得,现在该是壮大党的组织的时候了。为此,他就得引起厌倦的公众的注意。"柏林人需要耸人听闻的东西,就像鱼需要水一样,"他写道,"他们靠此过日子。若不认识这点,任何政治宣传都是无的放矢。此后,或写文章,或发表演讲,他都尽量迎合柏林人的口味。文章和讲稿都写得干脆利落,生动活泼。他的冲锋队则在街头找赤色分子寻衅——尤其是在他们有理时。"他的理论是"能征服街道者,定能征服群众;征服了群众也即征服了国家"。

据房东太太说,凡作演讲,他必先在大镜子前练习姿势,一练就是几小时。上台后,他果然大有长进;不久,他便熟练地掌握了各种各样的风格,在会议开始前,他总要问清听讲的对象是什么人。"我该用什么风格?民族的,社会的,还是感伤的?当然,这一切我样样具备。"

他常用生动活泼的语言,争取听众。他是个出色的演员,能立即从幽默转向伤感再转向谩骂。他常常故意挑动赤色分子,让他们高声抗议,从而为其所用。"制造喧哗,"一次他说过,"是反抗的一种有效的武器。"在他看来,宣传是一种艺术,而他又是掌握这种艺术的高手——他用美国式的招徕术兜售国家社会主义,好像它是世界上最佳的货物似的。

戈培尔在工人住宅区维丁区参战的方式,是用醒目的大红字竖起路牌,宣称"资产阶级国家快完蛋了"。1927年2月11日,他邀请许多工人参加群众集会。此次大会是在共产党人常举行集会的法鲁士大厅举行的。这是公开宣战。主席刚宣布大会开始,一位马克思主义的工人便高声喊道,议程中有一点希望得到澄清。主席对他置之不理;那人再次重复他的要求时,被冲锋队轰了出去。一场斗争开始了。83名赤色分子遭到毒打;十多名纳粹分子受伤。戈培尔此时大显身手,下令将这些人抬上主席台,让他们在那里呻吟——这样效果才更好。这一招显示出戈培尔作为宣传家的才能。法鲁士大厅一战使纳粹党的名字上了报纸的头版。这样,原来对希特勒及其运动知之甚少的柏林人便明白了,原来城内还有一股新的政治势力。这宣传原是诽谤性的。不料,在而后的几天内竟有2600人申请加入纳粹党,其中500人还申请加入冲锋队。

参加大会的人数一次比一次多。待希特勒出现在克罗饭店时,听众人数已达5000人。这次大会是为纪念马克思主义者的节日"五一"节而举行的；元首开讲时俨然像列宁："我们是社会主义者，是今天资本主义经济制度的敌人。他们通过不公平的工资以及财富和财产的多寡，而不是用责任之大小和功劳之大小，不适宜地评价人的价值的办法，剥削穷苦百姓。不管在何种条件下，我们都决心摧毁这种制度。"接着他便大谈特谈所谓生存空间的问题，极力向党员灌输这种概念。他说，德国有6200万人口，面积却只有45万平方公里，何等拥挤！"若考虑到当今世界上其他国家的面积时，这个数字是何等荒唐可笑。"解决办法有两条：用"驱逐最好的人种出境"的办法减少人口，或"使领土与人口大小相协调，即使要用战争也在所不惜。这是上帝制定的最自然的方法"。

戈培尔原希望赤色分子捣乱，但一切都很平静，连主要的报纸都未对此次演讲作任何报道。为了使党留在公众的视线内，3天后，戈培尔在"退伍军人协会大厅"组织了另一次集会。为此，他提出了一个挑衅性的反犹口号（"苦难的人民！谁会拯救我们呢？雅各布·戈尔德施密特？"），印刷了数千份，在柏林全市张贴。戈尔德施密特，德国的大银行家，也被邀出席这次大会。他原拟应邀的，但在最后一分钟董事会劝他不要前往，改由他的私人秘书出席。

戈培尔彬彬有礼，又冷嘲热讽，令听众大为开心。"欢迎！柏林的工人！"他说，"热烈欢迎雅各布·戈尔德施密特年轻漂亮的私人女秘书前来！请不必把我讲的每个字都记录下来，你的老板可在明日各报上读到我的讲话。"接着，他便鄙夷不屑地大谈"犹太刊物"和"报界犹太会堂"。一位捣乱分子喊道："你自己也不怎么样！"喊话人是个年长的牧师，他不停地打断戈培尔的话。戈培尔无奈，只好示意让冲锋队给他治罪。牧师被重打受伤，被抬到医院。报纸说，受害者是新教的一位"头发雪白，受人尊敬的"牧师（其实，他是个酒鬼，被赶下讲坛，后来成了纳粹党的一名积极分子）。这便激起了公愤，警察局于是下令，宣布柏林的纳粹党为非法党。

禁令使戈培尔感到惊奇和怏怏不快。与此同时，他又用"遭禁而未死"之类的口号，尽力减轻局势的严重性。由于党被打入地下，他只好打出一些天真无邪的旗号，例如"平静的湖泊""美丽的橡树""1927年步行团"等，以掩盖其组织。警方施行反击措施，发布了另一个禁令，禁止纳粹在普鲁士全境发表演说。

戈培尔并未惊慌失措。他办起了周刊,恰当地取名《进攻报》,于纪念美国独立日当天出刊,但是,现实却与其梦想大相径庭,第一期便令他震惊。刊物失败了。"多惨的一份省刊啊,"他承认。"胡说八道的刊物!"订阅的只有几百名党员,报摊上只售出几份。但是,戈培尔相信,他的基本想法是好的。于是,他便抄袭共产党报纸的装潢和内容,使之生存了下去。

戈培尔和格里戈尔互相激烈的争吵使柏林问题更加严重,这为7月下旬举行的慕尼黑年会带来了清醒的现实主义的气氛。党在城市里的发展是令人失望的。希特勒并未在会上谈论这种危机,只泛泛而谈,而将其矛头对准贝格勒劳内一个谁也不会为之辩护的目标——犹太人。

对党的低潮,希特勒似乎漠不关心,好像他胸中有更大的事情似的。他在近月来所做的演讲表明,他关心的是自己的意识形态。他反反复复地向听众灌输种族主义思想和德国的未来在于征服东方土地的思想。他一而再,再而三地传播他的假达尔文主义的自然法则:弱肉强食。

在纽伦堡召开的党的3周年纪念大会上,他这个纲领又向前跨出了一步。约2万名党员,其中8500人身着制服,拥进这个古老的城市。与通常一样,会场非常壮观。在激动人心的军乐伴奏下,与会者打着旗帜,正步入会场。8月21日,星期天,即庆祝会的最后一天,希特勒把生存空间的概念与反犹主义联系起来。由于他含糊其词,绝大部分人都不明白这桩下贱婚姻有何意义。他重申了让德国人民得到更大的生存空间的要求;然后,他指出,权力,只有权力,才是取得新的领土的基础。但是,他说,德国已被三种可怕的力量剥夺了权力因素:国际主义、民主、和平主义。接着,希特勒又将这三位一体与种族主义联系在一起。国际主义、民主与和平主义难道不是犹太人的发明创造吗?确实,希特勒已将生存空间论和反犹主义合为一体了。希特勒对新概念之不系统的摸索已接近成功了。

希特勒仍居住在提埃希大街的那个小房子里。虽然,在德国的某些最豪华的家庭里,他受到好像英雄一样的上宾接待,但他的生活标准仍是苦行僧式的。邻里间传说,他还将自己仅有的几件衬衣和几双袜子与别人共用。在这间陋室里,他接见了来自全国各地的崇拜者,有穷人也有富人,表现出他审时度势,和蔼待人。他给女人们的手吻,赢得了她们对他终身的忠诚;强有力的握手,实事求是和平等待人的态度,则赢得了男人们的信任。

他的演讲也成了政治敏锐的典范。那年秋天在汉堡的一次演讲中,地方长官埃尔伯特·克列普斯注意到,希特勒是严格按照提纲讲的——提纲上写着关键的字句,甚至连看来像脱口而出的字句都是预先写好的。希特勒并不像许多人,特别是反对派认为的那样,是个直观的演讲家。他的讲稿写得很有条理,他确切地知道自己要求什么效果和如何取得这种效果。克列普斯不了解的是,希特勒是在大庭广众之下检验他的世界观,但他却也深知元首胸中在酝酿雄谋大略。"他很清楚,只有避免使用陈词滥调,只有使用新词和新概念,他才能引起群众的注意。他的思想具有驱使力,使持有不同政治目标的人们均可接受。所以,当他首次在汉堡公开出现时。他能在短短的1小时内,使怀有疑心或保留意见的听众鼓掌,而且掌声越来越响,到结束时,掌声成了满堂喝彩的掌声。后来,连头脑最清醒的听众也宣称,虽然他们仍反对希特勒及其纳粹党,但,很明显,希特勒本人却比他们想象的更通情达理。"

他也正在学习如何才能满足一般德国人的基本需要。他再不是慕尼黑起义期间的吓人的革命者,也不是民间的狂热者;而是个专为祖国谋求福利的通情达理的人。他的"基本价值和目标"既令人有信心又可接受。他的听众不可能知道的是,那些"通情达理的话",不外乎是人类历史上最激进的纲领的假面具而已。这个纲领将改变欧洲地图,这样或那样地影响地球上大多数人的生活。那年秋天,希特勒在柏林作短暂停留,亲自解决戈培尔与格里戈尔之争。据奥托·斯特拉塞的说法,希特勒来到他的办公室,要求停止争吵。"那你就去对戈培尔说吧,"他没好气地说,"他才是咄咄逼人。"奥托的与己无关的表现,绝不能反映其兄长对希特勒的态度。元首是专门前来表示他对格里戈尔的信任的。除了让他重返党内外,元首还拟让他担任较高的职务。在巴伐利亚首次公开露面时,是他,格里戈尔,与希特勒一起出现在讲台上;主持最后一次年会的,也是他,格里戈尔。弟弟一再警告说,希特勒的权力已大到有点危险了,但他就是不听。"喂,"他争辩说,"和我一样,你也知道希特勒并不是领袖,而是受欢迎的人民讲坛。他还是可以对付的。"希特勒像一匹顽固的马。"不应该让他把我们摔下,应将他勒住,领他走上正道。"

奥托说,希特勒不是一匹马,而是一只虎,"一旦把你摔下,他就会永远将你除掉"。格里戈尔反驳说,他能驾驭元首,因为希特勒毕竟"是个软弱的人,性情好,又忠诚老实。你不知道他多重视我的话,他经常对我说,格里戈尔,你又对了。若是没有你,我会变成什么人呢?你以为他会对施特莱彻讲这些话吗"?

到了1927年底,从表现看,希特勒在处理人的问题上,不但能个别处理,也能集体处理;在重新建党的问题上,很明显,他的兴趣在于长远目标。进而言之,有些东西他已看到,而他的顾问们却没有:在发动大规模运动以扩大党的基础前,他必须抓住某件公众急于解决的事件,在这基础上再动员工人和市民给予支持。同样重要的是,他也需要某种明确的世界观作指引。这,他在一年后便得到了;但,他所需要的事件都在两年后才产生,且产生在纽约市的华尔街。

新春到了,柏林的党禁也已解除,接着,戈培尔的政治能量爆发,企图在行将到来的国会大选中大显身手,取得大胜。虽然他的主要兴趣在于工人,但他也号召国家主义者和社会主义者埋葬他们的分歧。"国家主义与社会主义是互为补充的,而不是互相矛盾的。互相反对则亡;团结一致则能革命,能进步。"

5月20日的全国大选,对戈培尔个人说来,是个胜利,因他被派往国会;但对于元首,却是个失败,因为党只选出另外11名代表。在过去两年中,纳粹丧失了10万张选票和两个席位。这个损失既不是希特勒的责任,也不能怪罪组织不善,而是由于经济状况良好和缺乏一个关键事件使然。只提《凡尔赛和约》和"十一月罪人"再也赢不了选民了。政客们常常是在最后才能看出某种新趋势;当晚集合在慕尼黑党总部里准备庆祝政治大突破的纳粹精英,被惨败的数字搞得垂头丧气——数字是由通信员骑自行车送来的。

希特勒于深夜前后才到达。他置沮丧的气氛于不顾,向他的追随者发表了一篇富于哲理的,几乎是超然的演说,使大家好生惊奇。老政客们原以为,他们将听到的不外乎是个失败的领袖的评论。但希特勒却大谈其他两个工人阶级的政党——社会民主党和共产党——所取得的健康的成就。他既不贬低他们的胜利,也不把它看作是纳粹党的失败,相反,他对这两个"敌"党击败了德国温和的中间派和右派政党一事,好像很高兴,虽然高兴得有点奇特。与他的同志们不同,元首觉得,政治前途甚为光明。

大选结束后,希特勒回到了他的灵感源泉地贝希特斯加登。他终于有了自己的地盘——"瓦申费尔德寓所",在奥伯萨尔茨贝格。这是一所简朴的乡舍,具有上巴伐利亚山区的风格:屋子四周为一圈木走廊;屋顶上用大石压住木瓦,以免大风掀起。首次看到这个别墅时,他"被完全迷住了"。幸运的是,房主(某工业家的遗孀)是个党员,月租才收他 100 马克。"我立刻给在维也纳的姐姐挂了个电话,把这件事告诉了她,并恳求她前来当屋子的女主人。"安吉拉带着两个女儿(费莱德尔和安吉拉·玛丽亚)前来。安吉拉·玛丽亚,又名吉莉,是个生性活泼、满头浅棕发的姑娘,年方 20 岁。"她并不是真的那样漂亮,"不久前已与赫斯结婚的伊尔塞·普罗尔回忆道,"她倒是有维也纳姑娘那种著名的魅力。"几个评头品足者(包括汉夫施坦格尔在内)说,她"是个头脑空虚的小荡妇,既没有头脑也没有性格,有的是一位女仆般的粗俗的青春",但是,大多数人,包括赫仑纳·汉夫施坦格尔,都喜欢吉莉。赫仑纳认为,她"是个相当严肃认真的好姑娘",绝不是个喜欢打情骂俏的女人。摄影师霍夫曼说她"是个逗人喜爱的姑娘,她那副天真烂漫、无忧无愁的神态,令所有人倾倒"。另一方面,他女儿亨利埃特·霍夫曼又觉得她"粗俗,好搬弄是非,还有点爱吵嘴",但,与此同时,霍夫曼又深信,"娇媚得极诱人"的吉莉,是元首的唯一解语花。"若吉莉要去游泳……对希特勒,这比重要的会议还重要。带着盛得满满的野餐篮,我们便开车到湖边去。"连吉莉也无法让元首下水。他说,没有一个政治家愿意在游泳池里被人照相。

他们的年龄相差 19 岁,与元首先前的情妇米茨·莱特的年龄差距不大。据米茨自己说,出于一时嫉妒,前一年夏天她曾试图自杀。她自杀的方法是颇奇特的:她将晒衣绳一头系在门上,另一头绕着脖子,企图将自己勒死。在她失去知觉后,她姐夫救了她。

在与吉莉谨慎小心地发生的桃色事件中（很可能从未有过性行为），吃醋的倒是希特勒。一天，赫斯太太回忆说，吉莉将下一次"法兴"狂欢会上她想穿的衣裳画了出来让他看。"穿这种衣裳，你还不如光着身子去好了！"他一边怒气冲冲地说，一边把合适的衣裳画出来。那时，她更生气，比他还生气。她拾起那幅画，跑出门外，砰的一声关上门。希特勒很是懊丧，不到半小时便又找她去了。

新书的出版，倒也弥补了爱情生活的失意。这本书体现了他的人生哲学，他的政治信念与个人信念的统一。表面上看，这本书没有什么系统，但他的直觉力却是极匀称的；从过去4年来他的演讲和谈话看，为了寻找这种思想，他在自己心灵的莽林中有条不紊地砍杀出一条通路。

从写给梅克斯·阿曼的头几行文字看（"政治是形成中的历史"），很明显，他已开始冒大险。在这本书中，希特勒的一条主要结论是，从达尔文那里得来的信念也许是对的。这使他将自我保存与生存空间论紧紧地联系起来。"生存空间的局限迫使人们进行生存斗争；然而，为生存空间而进行的毕生斗争却又包含进化的基础。"结果是，各民族之间永不停息地斗争，而斗争的胜利，只能归于一个严格地、专心不二地献身于种族、人民和血的价值的民族。标准一旦降低，纯血若与劣血相混合，灭亡也就近在眼前了。"到那时，犹太人便可用任何形式登记，这个国际放毒者和腐蚀者就会不遗余力地将这种民族连根拔掉，腐蚀掉。"这是希特勒首次阐明其术语，也是首次将种族、人民和血缘的价值与对犹太人的仇恨交织在一起。

在《我的奋斗》中，他不过是攻击犹太人是全世界的敌人，并有力地阐明东进以求得生存空间的原委而已。现在，他终于做好了把他的政治与个人信念的头绪合并在一起，使之变成一个连贯的（虽是歪曲的和偏执狂的）新思想的准备，但这是在新书的最后几页才完成的。"本人的任务不是在此处讨论犹太人的问题"，他试探着说。犹太人"本身有其特点，使其与地球上生存的其他民族分开"；它不是"一个疆界国家"里有宗教信仰的民族；它是寄生性的，而不是生产性的。这些，他曾用激烈得多的语言重复过多少次，但是，此时，他突然想出了一个新的主意。"每个民族都具有自保的狂热，并以此为动力。这种狂热是该民族在地球上的一切行动的基本趋势。犹太人也正是如此。"

奇怪的是,希特勒竟继续使用这种非论战式的语言。他写道,犹太人也正是在求生存的你死我活的斗争中,与所有人一样,受这种动机驱使的;唯一不同之处是目的不同。此时,希特勒笔锋一转。"犹太人的最终目标是非民族化,使其他民族变劣,降低高等民族的种族水平,以及通过铲除某一民族的知识阶层并用其成员予以代替的办法,统治混种的民族。"这种不同的目标(用较冷静的语言表达)使犹太人成了人类的威胁。由于他们的最终目的是要征服全世界,那么,希特勒的反犹斗争就不单是为了德国而且也是为了全世界的利益了。

到1928年夏,希特勒终于明白了,他的两个最迫切的信念——来自犹太人的危险和德国对较大的生存空间的需要——原来是交织在一起的。若得不到至关重要的生存空间,帝国就会灭亡;若不铲除犹太威胁,就不可能有生存空间斗争,不会有文化,因而,民族就会腐烂。

很可能,希特勒的极限点就是以此为标志的;这也是希特勒的世界观之精髓。现在,他正面临一项双重任务:在东方征服新的生存空间和消灭犹太人。先前看来是分开的但不是平行的两条路,现在是一条路了。这好像是几个月来他在奥伯萨尔茨贝格的别墅里看那双峰一样:两个山峰都想攀登——直到现在他才明白,通向双峰的路原来是一条!他已看到了光明。希特勒的前人马丁·路德等反犹前辈,仅在口头上谈论消灭犹太人;现在手中拿着未来蓝图的希特勒,希望能够实现他们的梦想——变成比哈曼更伟大的屠犹者!

这本希特勒自己也禁止出版的书,后来被称为"希特勒的秘密著作",在他死后32年才首次面世。或许,他觉得这本书太深奥,不适于其追随者,对头脑复杂些的人来说,它又太露骨了;也许,他并不想泄露藏在字里行间的大规模屠犹计划。在字里行间还可找到其种族灭绝的动机的线索。通篇都充满了可泄露其动机的说法:犹太人是"国际放毒和种族腐蚀的大师",也是"用罪恶的和平主义液体肥料去毒害敢于自保的人们的思想"的鼓吹者。他也说,俄国在培植"病毒";他将德国拥挤的工人区(是生存空间不足的结果)称为"国家躯体上的脓疮","混血和使种族变劣、降低种族水平的滋生地"。

结果,在这些流脓的中心里,国际犹太人的野草在繁衍滋长,最终造成进一步的破坏"。

书中对犹太人放毒和腐蚀的恐惧,曾两次以人身攻击的形式出现。他错误地将签署1918年停战协定的可恨的埃尔茨伯格称为"犹太老板与一女仆的私生子"。他可能是在说他的父亲。"如果某人长了癌并注定要死亡,即使开刀也是毫无意义的,因为成功的可能性极小。"他这样写时,心里肯定想着他母亲。

对父亲或许有部分犹太血统的恐惧(这可能是他不要孩子的重要原因),母亲痛苦地死于癌症给他带来的身心痛苦、愤恨和罪恶感,以及对那位犹太医生的复杂的感情——在他的同意下,医生曾用碘酒激进地为他母亲施行治疗——所有这些,都渗透于"希特勒的秘密著作"。在写完此书后不久,希特勒曾主动找过一位精神病医生;这也许不是偶合。他找了慕尼黑的一位党员,阿尔弗莱德·施文宁格医生,求他驱除"癌恐惧"。现在尚未找到治疗的记录;不过,这位精神病医生失去了阻止希特勒实现其罪恶目标的黄金机会;施文宁格也未能驱除希特勒之癌恐惧。癌恐惧,以及消灭犹太人的思想,一直伴随他到他生命的最后一天。

3 家人去世

1928—1931

希特勒贯彻其新思想初期的努力是由他的代理人作的。在新近竞选中失败后,在柏林,约瑟夫·戈培尔正全力以赴,力求使党重获青春。1928年夏,他一连为《进攻报》写了几篇文章,企图讨好投票赞成左派的工人。他用共产党的语言攻击说,资本主义的工人"已不再是活人,不再是创造者。他们已变成了机器,变成了号码,变成了没有知觉或目标的工厂里的机器人"。只有国家社会主义才能给他们带来尊严,使他们的生活有意义。在短得出奇的时间内,戈培尔就取代了格里戈尔在北方作为招募工人的主要人物的地位。这样一来,很明显,便给元首除掉了一名政治对手。希特勒对戈培尔此举非常高兴,批准了他的社会主义路线,将《进攻报》改为双周刊,还让编辑当了党的宣传部长。

在政治上,希特勒有时能谅解人。如果先前的对手有悔改之意,元首便有可能奖赏他。这是他将债务变为资产的方法。在粉碎了格里戈尔·斯特拉塞尔改变国家社会主义的企图后,希特勒让他负责党的重建工作;而斯特拉塞尔成功地集中了治理权,成了纳粹党最有权势的人物之一。由于他和戈培尔的努力,到年底,党员人数增至十万左右。

为了巩固在北方取得的成果,希特勒于1928年11月16日来到了柏林,并在体育馆就民族和国家的复兴问题发表演说。由于赤色分子可能扰乱会场,希特勒加强了对自己的防卫。他的卫队由经过挑选的青年组成。这些青年年龄在18岁至20岁,个个誓死保卫元首。他们称自己为党卫军,简称为"SS"。听众约有1万人,大部分人从未听过希特勒演讲。开始时,他的话并未产生多大反响。问题出在新扩音系统上。例如,站在后厅的英国记者塞夫顿·德尔默就听不清希特勒在说些什么。德尔默只听见,希特勒在劝德国人勿吃柑子。在写下了"狂想分子"四字后,他便离开了大厅。由于扩音器的噪音太刺耳,希特勒只好将麦克风关掉,大声演讲。几分钟后,他平息了赤色捣乱分子的喊叫,完全掌握了会场,控制了广大听众。"谁要是在德国人民面前挥舞拳头,我们就强迫他当我们的兄弟。"他说。接着,他又提起了民族堕落这个妖怪。"伟大国家的民族劣化已经开始了。文化和风俗习惯——不仅是血统——的黑人化正在大步发展。世界已被平民化。个人的价值正在下降;群众意识已明显地战胜伟大领袖的思想。只要人数多就是新上帝。"

希特勒觉得喉咙发紧。一个多小时来,他的声音都是逼出来的。他觉得自己已筋疲力尽,"眼看就要倒下",便连忙结束演讲,"我们反对数字的主义,也反对群众的狂语。我们要让优秀的人物去掌管政府。投票对有些人是毫无意义的,这样的人在我们中就有10万。只有领袖一人的权威才有意义。这10万人也明白,民主本身就是欺骗。"这是一次对于物质的胜利。"希特勒演讲时,"戈培尔在评论这次演讲中说,"他的话有如磁铁一般的效果,一切反抗都垮了。人们只能成为他的朋友或敌人……他的力量之秘密在于:他对运动,也是对德国的狂热的忠贞信赖。"

一个月后,在柏林大学与学生的一次座谈会上,美国记者路易斯·罗兹纳也目击了同样的现象。"我对他的第一个印象是,他是个完美的演员。当摄影机镜头对准他时,他装作没有看见似的,认真地与和他形影不离的鲁道夫·赫斯交谈;随着摄影机继续转动,他便煞有介事地动笔挥写,好像在写演讲提纲似的。演技真是出色。"罗兹纳注意到,希特勒的年轻的追随者们,一个个听得如痴如醉。"我离开会场时,心里在想,这个人的演讲绝不是完美无缺的,他既夸口说大话,又慷慨激昂,还捶胸顿足,可他如何能使这些青年知识分子如此着迷?我想,这么多人中,总有人能发现他的逻辑上的明显缺憾的。"

这些着迷的青年知识分子中有一个叫埃尔伯特·施佩尔,此人是工学院的助教。他原是不太想参加的,无奈学生们一再敦促,只好前来。他原以为希特勒会身穿军装,臂戴卐字章的。"可是呢,他穿的是一套蓝西服,显出一副绅士派头。他的一切都说明,他既通情达理又谦逊可亲。"使施佩尔印象深刻的是,他的演讲有点不太流畅,他也有点胆怯,好像在讲历史课一样。"在我看来,他有些吸引人的地方;尤其是他的反对派的宣传曾使我相信,他是个歇斯底里的煽动家,是个演讲起来又喊又叫,还指手画脚的狂热的军人。听众的掌声并未诱使他头脑发热。"希特勒的胆怯消失后,他的演讲变得既吸引人又具有说服力。与众人一样,他觉得周身热乎乎的,完全给迷住了。"任何怀疑和保留都被一扫而光。"

党的效能如果不高,希特勒本人的方法也是不会有效果的。从表面上看,1929年纽伦堡党代会证明党已恢复元气,也是献身于元首及其理想的感情上的证据,但是,在工作会议上,党的组织却需要撑持。那年秋末,希特勒用吸收大学生和资产阶级代表人物加入党的官僚机构的办法,取悦德国的中产阶级,成功地建立了一个职能机构。在允许戈培尔和格里戈尔将工人争取过来的同时,他将主要精力集中在老军人和资本家商人身上。因为他明白,没有这些人的支持,他是永远不能上台的。他的第一招是很富于戏剧性的——他公开与极端民族主义的老军人们,即钢盔团和右派的德国国家人民党的主席,德国电影和报纸大王艾尔弗雷德·胡根贝格联合,反对接受美国人宽宏大量的战争赔款新方案("青年计划")。从表面上看,希特勒这一着棋是自杀性的,因为他可能失去所有左派的新追随者,但他相信,他能制伏对方,而且他又指望在即将到来的关于"青年计划"的全国公民投票中能取得成功,以证明其判断之正确。

与此同时,他和党都在享受与工业界"联姻"所带来的经济好处。希特勒在布里恩纳大街购置了一座三层楼房——"巴洛宫",作为党的全国总部;9月初,他从那间苦行僧式的房子迁至伊萨尔河彼岸慕尼黑最时髦的街区。房子共有9间,整整占了二楼一层楼,地址是普令斯雷根坦广场16号。他还将提埃希大街的房东赖彻特太太和她的母亲达希斯太太带了过来。

他姐姐安吉拉留在贝希特斯加登看管房子(现已成为他的财产),但她却允许女儿吉莉(已21岁)在阿道夫舅舅的新住地住宿——她在慕尼黑学医。他对吉莉的感情未变,但关系已变了。一方面,他在扮演舅舅的角色;另一方面,他却在公开追求她——但小心谨慎。偶尔,人们可以看见两人公开出没在剧院或他最喜欢的赫克餐馆——傍晚他常在此处开会。

据汉夫施坦格尔说,他对吉莉是如此迷恋,以至"常常围着她的屁股转,眼中含着痴情,装出热恋的样子"。她常诱使他与她一起上街购物。他向霍夫曼供称,他讨厌"吉莉又试帽子又试鞋,一捆一捆地挑选料子,还认认真真地与女售货员聊天,一聊就是半个多钟头,然后,觉得没她中意的,便空手步出店门"。希特勒明知每次购物必然会发生此种情况——但"每次都像一头温顺的羔羊跟着她"。

与此同时,希特勒又是一位严格的舅父。他将这位生性活泼爱动的姑娘的社交活动局限于饭馆、啤酒馆内;偶尔也让她上剧场。在她的苦苦哀求下,即使让她参加忏悔节舞会,条件也是苛刻的:必须由梅克思·阿曼和霍夫曼陪同,且必须按指示于晚11时前回来。霍夫曼警告说,这些限制使她极不高兴,但元首却回答说,他有责任对外甥女严加看管。"我爱吉莉,我可与她结婚。"可是,他又决心终身不娶。他说,吉莉认为是限制,其实是明智之举。"我决心不让她落入投机者或骗子之手。"

在两性问题上,希特勒是失意的。这大概可由他企图与海因里希·霍夫曼的17岁的女儿接吻遭到拒绝来证明。一天,希特勒发现只有亨利埃特一人在家。据她说,他态度认真地问她:"吻我好吗?"通常,希特勒称她"您",今天却用了"你"("我喜欢他,他总是那样体贴我。我向父亲要点什么时,例如要钱买网球,或要出去滑雪,他总能帮助我。……不过,要吻他?")。她客气地拒绝了。沉默片刻后,希特勒用鞭子往手上一抽,便缓缓地走开了。

更有意思的,倒是希特勒与另一位17岁姑娘的约会。她叫爱娃·勃劳恩,在霍夫曼的照相馆里工作。她父亲是个教员,母亲是修女。与吉莉一样,她也是个现代女郎,活泼可爱,像个运动员,喜欢爵士乐甚于歌剧,喜爱美国音乐喜剧甚于恺撒和韦迭金特的舞剧。与吉莉不同的是,她有点发胖,而且有一头美发。"她是班里的捣乱分子,说真的,人人都怕她,"冯·海德纳贝小姐(一位教师)回忆说,"但她很聪明,一下子便能抓住课程的要点,又善于独立思考。"

他们是在10月初的一个星期五下午认识的。黄昏,爱娃仍在照相馆里整理照片。当时,她站在梯子上,从柜顶上取相片夹之类。"就在那时,"她后来对妹妹说,"老板进来了。同行的还有一位男人,那人的胡子很是可笑。他穿着一件浅色的英国式大衣,手里拿着一顶大毡帽。他俩在对面坐下,刚好面对着我。"她意识到,新来者正在看她的大腿。"那天,我刚好把裙子剪短了,我有点不太好意思,因为裙边没有怎么弄齐。"

她下梯后,霍夫曼便将她介绍给了新来者。"乌尔夫先生,这是我们的好姑娘爱娃小姐。"几分钟后,三人便坐在一起喝啤酒吃香肠了。"我饿极了。我大口大口地吃香肠。出于礼貌,我也喝了点啤酒。那位较年长的先生夸奖了我。我们谈论音乐,还谈到了斯达茨剧场上演的一出话剧。我记得,他一直目不转睛地注视着我,好像要用眼睛将我吞下去。后来,因为天快黑了,我便匆匆离去。他想用他的'麦塞蒂斯'送我,我谢绝了。要是送了,想想我爸爸会作何反应呢!"但是,在她出门之前,霍夫曼将她拉到一边,问她:"你没猜到他是谁吗?是希特勒!阿道夫·希特勒!""啊?"爱娃回答道。

此后,希特勒便常常带着鲜花和糖果前往照相馆,"送给霍夫曼照相馆里我那位可爱的女郎"。他难得带她出去;他不再到卡尔顿咖啡馆的黑暗的角落里去喝茶,也不再到施霍宾去看电影。到年底,他已很少涉足霍夫曼的照相馆了。也许,这是因为爱娃曾向几个同事吹嘘她是希特勒的情妇,他要跟她结婚。霍夫曼确信,她从未去过希特勒的住地,他将她叫到办公室。爱娃哭了一场,承认自己撒了谎。他威胁她,如果她再胡说,就将她解雇。

1929年底举行的有关"青年计划"的公民投票的结果,是斯特勒斯曼总理及其温和的计划取胜。虽然,在清点票数前他已死去。为了击败这一温和措施,希特勒与胡根贝格的国家人民党结成的不稳固的联盟需要2100万票,而他们获得的票数却只是600万。对胡根贝格,这是个致命的失败,但希特勒却巧妙地将失败变成某种胜利。希特勒是个从不拥护某种业已失败的事业的人,他转而向胡根贝格寻衅,与他断盟,其不可预测,就跟他建立此联盟时一样。此时,他已在暗中纠集力量——关于公民投票一事的宣传扩大了这一力量——为行将到来的全国选举做好准备。但是,高度评价纳粹的观察家却极为罕见。英国驻柏林前大使达伯农勋爵在他的回忆录的一个脚注中提到元首时写道:"自1924年以来希特勒已渐渐被人遗忘。"柏林政治学校校长阿诺尔德·乌尔弗斯博士和历史学家阿诺尔德·托恩比两人均同意这一说法。

希特勒想到的却是胜利,而他也觉得,如果能将工人重新争取到他的事业上来,取胜是可能的。为此,他必须采取新的激烈的宣传策略。1930年初,有个法律系学生死于柏林,而希特勒的机会也随之到来。这个学生叫霍斯特·韦塞尔,21岁,父亲是个牧师,也是共济会会员。韦塞尔背叛了他的资产阶级家庭,成了一名忠贞的褐衫党徒,在与赤色分子的街头血战中丧生。他曾写过一首诗,发表在《愤怒》杂志上,后来还配上了曲。汉夫施坦格尔写道:"曲子与19世纪末20世纪初维也纳的酒吧音乐雷同。"原歌词大意如下:

> 你我眼色相遇,
> 你我嘴唇相贴,
> 你我情意绵绵。

韦塞尔不外乎将"曲调加温至进行曲"罢了。这首诗叫《高举旗帜!》,系为纪念牺牲的同志——"被'红色阵线'和反动派枪杀的"——而作的。韦塞尔和前妓女埃娜热恋,与她同居。为了将二人赶走,房东太太求助于共产党人。结果,一群赤色分子冲进这对情人的居室。据报道,这群人的领队、埃娜的好友之一,喊道:"你明白这是为什么!"然后将韦塞尔射杀。为了从这一可悲的事件中捞到政治资本,共产党诬称韦塞尔为拉皮条老板——实则不是。戈培尔则将韦塞尔摇身一变,变成工人阶级的耶稣——实则也不是。"他抛弃了家庭和慈母,"不成功的小说家戈培尔写道,"来到鄙视和唾弃他的人们中生活。在那里,在无产阶级的住宅区,在租来的一间小阁楼里,这个年轻人开始建立起充满青春气息的、朴素的生活。他是社会主义的耶稣!是一个以贫困引起人们注意的人物!"

当奄奄一息的韦塞尔躺在一家医院里时,戈培尔将这私人间的小争端变成政治上的谋杀。在体育馆举行的会议结束时,他竟让与会者唱韦塞尔的歌:"彩旗飘,战鼓响,笛声扬,千万人民齐歌唱,歌唱德国革命,歌唱旗帜高高飘扬!"2月23日,韦塞尔终于死了。"他的精神不死,他仍继续活在我们中间。"戈培尔写道。他"仍在我们的队伍中前进"。为了把这一宣传运动推向高峰,戈培尔决定为他举行隆重而豪华的葬礼,让希特勒最后发表演说。然而,对这种过分的渲染,元首是持保留意见的。戈林也一样——为争取被选进国会,在瑞典治疗毒瘾后,他已赶回德国。他争辩说,柏林的局势已够紧张,元首的安全无法保证。据汉夫施坦格尔回忆,"若有不慎,后果不堪设想。毕竟,议会中我们才有12人,势单力薄,无法从中捞取资本。希特勒若前来柏林,那么,对共产党之牛而言,他就是一块斗牛士的红布。后果我们是担当不起的。"

由于希特勒诡称有病,葬礼便在他缺席的情况下举行。戈林是正确的。吊唁者遭到赤色分子的袭击,送葬的队伍成了与赤色分子搏斗的队伍。当戈培尔站在墓前煞有介事地喊着"霍斯特·韦塞尔!"冲锋队员喊"在!"时,石头从墙外飞来,打在坟上。宣传家戈培尔的高兴莫过于此了。"棺材入土时,"他写道,"这些家伙在门外高声喊叫……已故的亲人,依旧与我们在一起,伸出一只疲倦的手,在阴暗的远方向我们召唤:跨过坟墓,前进! 德国就在道路的尽头!"

从这些话中,人们永远无法猜到,普通的赤色分子与纳粹之间的真正关系是什么。他们虽然无情地互相殴斗,却又感到互相之间有着某种独一无二的同志之情。在酒吧间或啤酒馆中殴斗受到警察的干涉时,若他们团结起来,这并不是件怪事。双方均为某种事业的热情所驱使;双方均相信,只要目标正确,方法也就正确。他们均有相似的社会主义目标,同样对议会制嗤之以鼻。前一年的"五一"节,他们曾手挽手沿着柏林的街道游行,共同抗议对游行队伍的镇压,还喊着同一的口号:"要自由,要工作,要面包!"还有,他们同样憎恨那个犹太警察局长本哈德·维斯(戈培尔称他为"伊西多尔"),都认为警察是"伊西多尔"的部队,是所有革命者的残暴的敌人。

在戈培尔从霍斯特·韦塞尔事件中榨干了宣传油水后的两个月,希特勒与奥托·斯特拉塞之争公开化了。自他哥哥前往慕尼黑担任党的要职以来，奥托便成了格里戈尔创办的3家报纸社论的主要撰稿人。它们虽然仍挂着国家社会主义的招牌，实际上却是宣扬奥托破除偶像崇拜的观点的论坛，而这些观点却常常是与希特勒的看法背道而驰的。4月间，奥托·斯特拉塞全力支持了萨克逊金属工厂工人的罢工，使他们之间的分歧达到了顶点。工业家们，例如联合钢铁厂的弗里茨·狄森之流，坚持让希特勒开除格里戈尔——如果他还需要领津贴的话。

开始时，希特勒采用了威胁手段，但无济于事。于是，他便亲赴柏林，以使用其私人的影响力。两人在"山淑西饭店"两度相见。在7个小时里，希特勒竭尽阿谀奉承、威胁利诱、坑拐哄骗之能事，然而，两次会见的结果，却只是暴露了分歧而已。两人均寸步不让；希特勒提出让奥托当党的宣传部长，遭到后者的拒绝。尽管两人未能达成协议，奥托及其左右却未立即与党分裂，"因为还存在着希望，希特勒是受讨论影响的"，希特勒甚至有可能放弃"罗森堡路线"。他们也不愿把分裂搞成一个公开事件，因为这可能损害党在行将到来的萨克森州大选中获胜的机会。然而，奥托·斯特拉塞却也醒悟到，他和他的社会主义追随者是不可能再留在纳粹党内的。这是因为，希特勒曾承认，他拟采用墨索里尼的法西斯主义的原则，并与工业界打交道。会谈还暴露出，希特勒决心使其新思想含混不清和"可作无穷无尽的解释"，以便使用绝对权威这个手段达到完全控制党的目的。他本能地明白，一旦国家社会主义变成了具体的纲领，元首原则也将被危及。

年轻的奥托竟敢肆无忌惮地公开与他顶撞，这，希特勒肯定觉得受到污辱。然而，当他驱车回到慕尼黑后，他既没有发表评论，更没有公开进行攻击。他也未对奥托进行威胁，尽管"一切手段均供我支配"。他只在报上宣布（一如格里戈尔·斯特拉塞之所为），在柏林未发生任何争执，他与奥托两人意见一致。希特勒所采取的做法，不是公开惩罚叛逆者，而是将支持奥托的党员一一开除出党。6月底，他才向戈培尔发出遮遮掩掩的指示，让他将奥托·斯特拉塞尔及其追随者清洗出党。"只要由我领导，"他写道，"我就不允许国社党变成根基甚浅的文人和沙龙里的布尔什维克辩论的俱乐部；它将一如既往，是个有纪律的组织。它的创立不是为了愚蠢的纯理论研究，不是政治上的候鸟协会,而是为德国的前途而斗争——到那时,德国将不复存在阶级差别,新的德国人民将自己决定命运!"于是,他指示戈培尔,要"无情地将柏林的那些异见分子清洗出党"。戈培尔在几星期内便这样做了。后来,奥托公开号召社会主义者总退党,但只有24人响应,连奥托的亲兄弟也反对这样做。格里戈尔与另外两名左派党员共同发表声明说,"他们将在希特勒的领导下团结起来,严格遵守党的纪律。"格里戈尔曾对友人说过:"我弟弟永远是个逃兵,他的出走及其向党发动的进攻纯属疯狂愚蠢之举。"

奥托·斯特拉塞与希特勒公开分裂一事,引起了报界的轰动,但在党内却几乎无声无息。在南北双方长期的分裂斗争中,希特勒极力充当仲裁人,一心只想要双方妥协;得胜后,他是很宽宏大量的。他让格里戈尔·斯特拉塞在党内身居高位,甚至在奥托当着证人的面让他难堪时,他也尽力将他们的分歧减小到最低限度。他把事情弄得好像是奥托迫使自己出手似的。现在,互相残杀的战斗已经结束,希特勒可将其精力全部集中在将于9月举行的全国选举上去了。

1930年,希特勒几乎给每个选民都带来点什么——农民、工人、学生、爱国者、种族主义者,以及中产阶级的市民。他广泛兴趣的共同点集中在全球的经济萧条上。这次危机是1929年华尔街的冲突引起的,使德国显著的复苏立时告吹。到那年夏末,德国的失业人数已达300万,而勃鲁宁总理的减少开支的经济政策又使事情变得更糟。希特勒暗想,使他能在政治上控制德国的紧迫形势终于出现了。他向工人们发出的呼吁是用共产党人的辞藻表述的。"德国的工人们,觉醒吧!挣断你们的锁链!"——戈培尔的《进攻报》报是这样宣布的。对农民们(由于世界农产品价格的下降,他们的利润正化为乌有),希特勒提出了调整税收和进口关税的主张。没有工会撑腰的中下层阶级所得到的是希望,以贫困为耻的中产阶级所得到的是自尊;对大学内外的青年理想主义者而言,他们获得的是一个理想的新世界。

青年理想主义者的人数虽不多,但他们是希特勒未来斗志昂扬而又忠贞的干部。当希特勒宣扬反对唯物主义和自私自利、保证建立社会大同和一支为实现社会主义、使德国永葆青春而斗争的十字军的尖兵队伍时,他们一个个听得着了迷。他们相信,希特勒将创立一个真正的社会主义政权;他们在大城市的街道上游荡,高呼着与他们的共产党敌手们共用的口号:"要自由!要工作!要面包!"新兴起的一代"觉察到,事物正在发展,可怕的停滞不前的状况业已结束"。有个追随者回忆道,"要真正理解它,你就得在其中生活。"现在正是这样的时刻,去为吸引大多数青年理想主义者呼吁,而希特勒是唯一能理解这一呼吁的力量的政治家。

不少知识分子、社会名流,甚至皇室,都被他吸引过来。那年春天,德皇的稚子奥古斯特·威廉("奥威")给他的亲爱的战友希特勒写了一封信,"从心底里愿意"告诉他,他刚被吸收入党。"这是我深受感动的时刻,我自然而然地想到了您,并向您表示效忠。"王子害怕共产主义会传播开来;他的转变也影响了菲利普·冯·赫森亲王——德皇的侄儿,维多利亚皇后的孙子。后者也转而支持希特勒。

1930年,希特勒也为德国人带来了某些新的东西——团结的感情。他欢迎人人都加入远征,没有阶级界限;唯一的条件是,他必须自觉自愿地跟随希特勒,在反对犹太人和赤色分子的战斗中,在为生存空间和德国利益的斗争中,殊死战斗,直至最后一息。"我们感觉到的,"一位早期的党员写道,"也是我们的心迫使我们想的是:希特勒,你是我们的人。你讲话时,就像是个曾经上过火线的人,曾与我们一样经历过艰难困苦的人,不是坐软席的人,而是像我们一样,是个不为人所知的军人。"正是这个超自然的呼吁才把形形色色的投票者的感情调动起来。除了对人民团体和工人外,希特勒并未坚持反犹——特别是"清除"犹太人的问题。对文化水平较高者和理想主义者,这个问题只在耳语中或者若无其事地谈上几句。

那年夏天,希特勒为了推行其包罗万象的计划,不辞劳苦,到处奔波,在最后6个星期内,竟发表了20次重要的演讲。希特勒是个生就的政治家。他发现,与群众在一起,与人们握手,亲婴儿的脸蛋,向妇女鞠躬,这不但是自然的,而且还能受到鼓舞。他更常与工人阶级或中下层阶级的追随者一起吃饭,而不是与上层人物一起就餐,他的平等待人的态度对小职员、小商人和劳工均具有吸引力。

为了接近每一种人,希特勒所采用的虽然是分别发信的方法,但他从未忘记他在兰茨贝格的教训:他必须把群众争取过来。所以,在小事上,他不允许自己采取咄咄逼人的立场。对百万富翁、赤色分子、马克思主义分子，以及带来失业、使农产品价格下降、将中产阶级的节余洗劫一空的那个"制度"，希特勒则反反复复地进行抨击。他不是以阶级去对抗阶级，他能将他们全团结在一起。

德国——在此事上可说是全世界——从未如此服从过这种引诱。戈培尔组织了 6000 个集会——在大厅内，在能容纳万人的帐篷下；在露天，还有火把游行；无论是城市还是乡村，到处都贴满了醒目的红色口号标语。纳粹发行的报纸，常常发行某一运动的专刊，且一印就是数百万份，在全德国可说是铺天盖地；若是卖不出去，他们便免费散发。

在大选当天上午对工人们的最后一次训示中，戈培尔就如何操纵选举的问题，对他们提出了忠告——虽可笑，却是可靠的忠告。"开玩笑地做，认真地做！要像人们通常对付他们的办法去对付你们亲爱的同仁！要刺激他们，让他们发火，然后牵着他们的鼻子走！"当天，全国的投票站前排满了长长的队伍。投票总数为 3500 万，比 1928 年多出 400 万。希特勒于午后来到慕尼黑的选举中心。迎接他的是纳粹党的出版商阿道夫·米勒。米勒兴奋地说："我们赢了！能得到 66 个席位！"自 1928 年以来，他们只占有 54 个席位，若与此相比，增加的席位当然是惊人的，但希特勒却说，如果德国人民能正确地思考，数字可能会更高。"我内心在说：'有 100 个席位才好呢！'"实际上，他们得到 107 个席位。"那时的心情我该怎样表达呢？我们的席位从 12 个增加到 107 个！"

使国社党人惊奇的东西，对他们的反对派却是令人作呕的震惊。为避免差错，官员们一而再，再而三地核对选票，在核对无误后才宣布：纳粹得票637.1 万张，占总票数的 18% 以上。不到两年，希特勒的党便从得票 81 万张一跃成为帝国的第二大党。在宣布希特勒在政治上已死亡后，社会民主党错误地将斗争的矛头集中对准赤色分子。

共产党也取得了得票 132.6 万张的伟大胜利，而社会民主党人却失去了 6 万张票。这表明，希特勒的胜利是以中产阶级政党的失利为代价的。纳粹的得票，增加最多的是来自农民和农村的中下层阶级，以及德国北部的新教徒区。在天主教徒中得票也为数不少。在啤酒馆起义前，希特勒几乎全在叛徒中、在觉醒者中和在绝望者中争取选票。现在,他得到了希望他能为他们带来好日子的人们的支持。吸引投票者的是希特勒的弹性吸引力及其富有力量的演说,但是,使他们走上投票站的却是党的高效能垂直机关中的成千上万的支部领导人和支部领班的不倦的工作。

过去一年多来,汉夫施坦格尔的尖酸刻薄的讲话曾使希特勒疏远,但在选举中取得的惊人的胜利却使汉夫施坦格尔重新受宠。赫斯在电话中对他说,元首急于要见他。半小时后,希特勒便到了汉夫施坦格尔的家里。希特勒问他是否愿意出任党的外国新闻部主任,"我们的前途事业极伟大,用不了几个月,最多一两年,我们便要全面掌权,这是不可阻挡的。你的联系很广,能为我们做出伟大贡献。"

汉夫施坦格尔接受了。几天后,他陪同希特勒前往莱比锡——在那里,3名年轻军官因被指控在军队内进行纳粹宣传而受审。9月25日,希特勒亲自出庭作证,作了一次聪明的、模棱两可的讲话,几乎吸引了每一个人。他保证将用和平的方法即投票取得政权,还向部队表忠,并答应与可耻的《凡尔赛和约》作斗争,即使要用"非法的手段"也在所不惜。在演讲结束时,他向党内的革命者宣誓,一旦取得政权,他就要建立国家社会主义的法庭。"到那时,1918年的十一月革命之仇便能得报,人头将会落地!"希特勒再次表现出了他的政治灵活性,几乎使市民和革命派同时得到满足;对前者,他许诺的是和平愿望,给后者的是血腥的复仇。他讲话的效果远远超出了德国的范围,因为他是德国第二大党的发言人,他的关于《凡尔赛和约》的煽动性言论已不再是一个政客的毫无意义的高调。

汉夫施坦格尔受到外国记者的包围,他们纷纷提出要采访德国的新现象。希特勒匆匆为伦敦的《星期天快报》草拟了一篇文章。"这次大选,"他写道,"活像是为德国人民量体温。全世界吃惊地发现,德国在发烧——发高烧。这个温度必然会继续上升——以反对现存的条件与无法承受的重负。"他不但要求修改《凡尔赛和约》和"青年计划",而且还要求"归还波兰走廊,因为它像从我们身上割下的一块肉"。然而,他却矢口否认德国是挑起战争的罪魁祸首,指责威尔逊总统违背了自己向帝国许下的庄严的诺言。"如果德国人民仍需像今天一样受苦,明天仍要受苦,"在结束演讲时他警告说,"那就让我们在'不行'声中受苦,而不是在我们的'可以'声中让别人将苦强加给我们。"

几天后,希特勒改变了他的步伐。他向伦敦的《泰晤士报》记者说,他将严格地在合法范围内活动。"所以,倘若我们像你们那样活动——如果处在我们的位置上——请你们别谴责我们。我希望,英国永不致像德国那样,但是,如果她像德国的处境那样,在最困难的时刻,遭到背后插刀,那么,英国一旦重新站立起来,她会采取什么态度?英国的爱国者对他们的民族中那些企图破坏国计民生的人会采取什么态度?"

两星期后,10月13日,107个身穿褐衫的纳粹代表,列队进入国会以参加开幕式。点名时,人人都高声回答:"有!希特勒万岁!"社会主义者的代表托尼·山德对此大吃一惊。"这是'雅利安'民族的精华!——这帮吵吵闹闹,大喊大叫,身穿制服的家伙!我仔细地观察了他们的面孔。我越观察,所见的东西便越使我震惊:许多人的面孔都是犯人和堕落分子的面孔。与这伙歹徒同坐一堂,这是多大的堕落!"

格里戈尔·斯特拉塞在国会的讲话是比较稳妥的——"让我们就此止步吧。只要民主依然存在,我们就按旧制度行事好了……只要适合我们的需要,我们现在拥护魏玛共和"——然而,在首都街头发生的事情,却为未来的事件投下了不祥的阴影。数以百计的冲锋队便衣业已在捣毁犹太人的商店、咖啡馆和百货商店的橱窗。

对希特勒而言,紧跟着9月大选的国际宣传,既好又不好。随着希特勒声望的提高,他的侄子,与母亲一起居住在英国的威廉·帕特里克·希特勒,便慕名来访。1909年,在都柏林当侍者的小阿洛伊斯,与爱尔兰姑娘布里吉·伊丽莎白·道林结了婚。由于阿洛伊斯不断变更谋生的方法,他们的日子过得既紧张又忙碌。阿洛伊斯在利物浦开过小饭馆,将它变卖后又买了一所供出租的公寓。他当过旅店老板,破产后,成了出售刀片的小贩。布里吉过不惯这种艰苦的生活,曾几次出走。威廉·帕特里克出世后,夫妻争吵得更加厉害了,原因是,阿洛伊斯遵循他父亲的教条,认为对孩子们从小就得严加管教。他趁布里吉不在家,几次毒打了婴儿。威廉·帕特里克长到3岁时,家庭便破裂了。据布里吉说,阿洛伊斯抛弃了他们,自己只身返回德国；但阿洛伊斯则对亲友们说，他的妻子与一工程师私奔，还把孩子带走了。

当布里吉与她的儿子在报上看到希特勒在大选中获胜时，他们认为，"这是搞钱的好机会，便同意让赫斯特报纸的记者采访。"阿洛伊斯毕竟从未寄钱来养家！于是，他们便在伦敦开始与赫斯特报纸的代表谈判。10月上旬，威廉·帕特里克的照片便在美国的报纸上相继出现。照片的解说词说："在伦敦工作的小职员威廉·帕特里克·希特勒，是德国的新政治首脑阿道夫·希特勒的侄子。他生于利物浦，对叔父的目标知之甚少。"事实上，他的确知之甚少，不得不写信给父亲，询问这位新政治首脑的生平。"父亲回信了，"多年后他对战略情报处的采访人说，"信中说，阿道夫要求开家庭会议，现随函将车票寄去。"一到慕尼黑，母子二人便发现，希特勒"怒火满腔"。在有安吉拉·拉波尔和阿洛伊斯参加的家庭会议上，希特勒说他的"名声越来越大，你们休想爬在我背上，白白骑着我出名"。他说，由于小阿洛伊斯未与布里吉离婚便又重婚，把家事泄露给赫斯特的报纸，这种做法会毁灭他在政治上获得成功的机会。"我历来是多么小心谨慎，不把自己的私事泄露给报界！"他说，（据威廉·帕特里克9年后在《巴黎晚报》上发表的一篇文章称）"我的身世切不可让这些人知道，切不可让他们知道我是什么地方人，是什么家庭出身……即使在我的书中，关于这些事情，我都只字未提，确实只字未提，现在呢，我的侄儿偶然被发现了。他们在搞调查，还派出间谍去挖掘我的身世。"据《巴黎晚报》的那篇文章说，说到这里时，希特勒愤怒地宣布，威廉·帕特里克连一位亲属都不是，因为他的父亲小阿洛伊斯（他在场听到了这些，未发表评论）是大阿洛伊斯·希特勒收养的义子。他与他母亲（据战略情报处的采访人称）应立即返回伦敦并通知赫斯特的报纸，纳粹党的领袖是另一个阿道夫·希特勒，不是他们的亲属。这种解决办法使希特勒"很高兴"，在敦促母子二人"尽快返回英国，现在和将来均断绝一切关系"后，希特勒给了阿洛伊斯2000美元，作为母子二人在慕尼黑的费用和返家的路费。阿洛伊斯支付了费用，买好了车票，并答应将余额如数邮寄出去，因为这样做"安全得多"。威廉·帕特里克发誓说，钱压根儿就未收到（奇怪的是，在此后不久，纽约的赫斯特刊物《美国人》便发表了由小阿洛伊斯·希特勒署名的关于阿道夫·希特勒的报道。文章中，小阿洛伊斯称他的弟弟是个既讨人喜欢又慷慨大方的孩子，还是个梦想家，其梦想与现实的距离有如天地。在他母亲死后，阿道夫曾将妹妹带至维也纳，在那里，兄妹二人与无情的穷困作了艰苦的斗争。阿洛伊斯写道，为了养活保拉和他自己，阿道夫不得不去扫街和干其他体力活。后来，他便去了慕尼黑，当了房屋油漆工和装修工）。

在威廉·帕特里克与母亲回英国后不久，希特勒将其律师召至普令斯雷根坦广场的寓所。希特勒指着眼前的一封信说"这封信与一桩'可恶的'讹诈案有关，是他的一位最讨厌的亲戚搞的，还涉及他的祖宗"。据汉斯·弗兰克的回忆，希特勒指的是威廉·帕特里克·希特勒。此人"暗示"，报界对希特勒的祖先的某一方面很感兴趣——就是说，他有部分犹太血统。于是，元首便令弗兰克秘密调查此事。

他从"所有可能得到的来源"收集的报告是最令人不安的：希特勒的父亲看来是"林嗣城附近的里昂丁村一个姓施克尔格鲁勃的厨娘的私生子，她受雇于格拉茨的一家人家"。这位厨娘"为犹太人弗兰肯伯格工作时生下了一个儿子。19世纪30年代末，弗兰肯伯格代表他19岁的儿子给姓施克尔格鲁勃的女人的儿子支付了一笔从出生起至14岁止的'父道津贴费'"。弗兰肯伯格与厨娘（希特勒的祖母）还长期通信，"通信中谈的大致是，当事人心里都明白，施克尔格鲁勃怀这个孩子的时间、地点，使弗兰肯伯格不能不付出这笔津贴"。弗兰克的报告得出了遗憾的结论：希特勒的父亲是半犹太人的可能性无法排除。

元首激烈地对弗兰克的推论提出了挑战。他狠狠地解释说，他祖父贫困不堪，伪称弗兰肯伯格有父道之嫌，成功地敲诈了一笔津贴。希特勒发誓，这情况是他父亲和祖母亲口告诉他的。弗兰克的证据肯定使希特勒胆战心惊，否则，他怎会撒出这个弥天大谎来：他出生时他祖母已去世40年，更重要的是，他承认祖母确曾收过犹太人的钱，这样一来，他的血统不纯便大大有可能了。阿道夫·希特勒有部分犹太血统的机会是极小的。格拉茨大学的尼古拉·普里拉多维奇所做的研究对弗兰克的证据提出了某些怀疑。在格拉茨（奥地利）的犹太人会员登记册中，他未找到有弗兰肯伯格或弗兰肯雷德的记载。这些登记册由1856年,即希特勒的父亲出生后19年开始记载。但,那是因为犹太人于1496年被逐出斯苔尔马克,于1856年才获准返回该地之故。据普里拉多维奇说,在此之前,格拉茨"无一犹太人"。重要的是,他自己生怕有犹太血统。为了确信,他此后至少调查了两次。据从1917年起便认识希特勒的内科医生舒赫回忆,他"一生都在痛苦地怀疑他有没有犹太血统,他常与我们谈及此事"。希特勒要求别人拿出雅利安人的证明文件来,而自己却拿不出。这便可说明他为何要对威廉·帕特里克说:"切不可让他们知道我是什么地方人,是什么家庭出身。"

尽管私事如此烦恼,希特勒1931年的预兆是好的。他一夜之间成了一本畅销书的作者。自出版以来,《我的奋斗》年销量不过6000余本,到了前一年,销量猛增至54086本。这给他带来一笔可观的收入,而且似乎未有尽期。另外,党的新总部"褐色大厦"又于新年的第一天开放。这座用特种捐款、希特勒集会的收入、赠款及党费购买和装修的大厦,代表了纳粹党的实体和义务。希特勒、赫斯、戈培尔、格里戈尔和党卫军的办公室设在二楼。元首的办公室很宽敞,红棕色,相当漂亮。窗户通至天花板,俯瞰科尼希广场。办公室内有一座墨索里尼的半身大塑像,墙上挂着许多画,其中之一是腓特烈大帝,另一幅是元首所在的兵团首次进攻弗兰德时的情景。"希特勒不常在办公室。"弗兰克回忆说。他的工作方法是毫无系统的。他可能"像一阵风似的进来",但还没有坐下,"又像一阵风似的出去了"。若被堵在办公室里,他会仓促地把事办完,然后便会"来上一小时的长篇大论"。

他喜欢在楼下的小餐室的角落里消磨他的时间。那里有张"元首"台,上边挂着一幅迪特里希·埃卡特的照片,不久他对这里也乏味了。在"褐色大厦"里坐办公室的生活对他是不适合的。他的欲望是动,是为自己和党取得人民的支持,或与在政治上或经济上支持他的人们进行高级谈话。1931年希特勒所面临的问题确实是艰巨的。这些问题大都是由于党的队伍迅速扩大所致。党的发展,使党的官僚机构的每个部门也膨胀起来。其结果是,各部门互相摩擦,互相嫉妒。

最头痛的是党卫军,因为许多党卫军的成员对希特勒要守法之说不以为然。他们常将暴力传统引为自豪,不明白为什么要对慕尼黑的文官俯首帖耳。这些人都是理想主义者,许多人心里想的是社会主义,与他们的共产党对手一样,具有革命热情——这正是使元首难堪的。从一开始,他便与冲锋队的领导人意见不和;前者要把冲锋队变成党的一支武装力量,而他却坚持己见,认为它的主要任务是保护群众集会,以及宣传政治忠诚。首先闹别扭的是罗姆上尉。他因为与希特勒意见不和,自愿流放到南美去了;后来是普弗费尔·苏罗门——他也提出要加强冲锋队的要求,因得不到满足,不久也洗手不干了。

领导之间的不和使下边的士兵也产生不和。不久前,柏林的褐衫党徒造反,理由是,他们挨饿,工作负担过重,在与警察和赤色分子的殴斗中,常常受伤或遭逮捕。他们不愿只为党的集会站岗放哨,在他们的 7 项要求中,包括增加经费的合理要求,被戈培尔否决后,这一支部队气得发疯,袭击了由冲锋队把守的地方党部。希特勒出面干预后,叛乱才告平息。在武装的冲锋队员陪同下,他视察了党卫军的各个开会据点,号召大家和解。他像一位病人和一位容忍的父亲那样,又是恳求,又是许诺,又是斥责。他很少谈到褐衫党徒的 7 项要求,只把它当作个人问题处理,号召人们忠诚于他。然后他便宣布,他自己是党卫军的总指挥。这一宣布博得了党卫军的高声喝彩,同时也象征着这次短暂的叛乱业已结束,希特勒可以回到竞选上去了。

他答应领导党卫军,但这却是一张空头支票。他既没有时间也没有心思去承担这一职务。时至 1931 年初,党卫军仍缺乏有效的领导。1 月 4 日,党宣布,罗姆上尉(新近才从玻利维亚召回,在那里,他曾协助共和国与巴拉圭作战)将出任党卫军的参谋长。由于希特勒同意让罗姆在拥有 6 万名士兵的党卫军组织内部自由行事,他才答应返回德国。在同意暂时将冲锋队只作为受纪律约束的游行部队后,这位能干的组织家和干练的领袖便着手按自己的形象去重建党卫军。

然而,效能并不是解决积怨已久的组织的灵丹妙药。不久,首都便酝酿着另一次严重的叛乱。柏林褐衫党徒的困苦境况基本如故。组织内部的不平等令他们的领导人瓦尔特·斯登尼斯怒不可遏。他再次要求,组织系统应以"知识"而不是"人事"为基础。他公开抱怨说,希特勒"每隔几个月便改变主意,发布新命令",在这种情况下,他们无法行动。斯登尼斯的手下对此迷惑不解，忧心忡忡。一方面他们同意他的看法，另一方面却又不可抗拒地倾向元首。

　　1931年2月20日，在希特勒下令冲锋队和党卫军停止在街头殴打赤色分子和犹太人后，这个问题便表面化了。"我理解你们为何伤心和愤怒，"他对褐衫党徒说，"但你绝不可携带武器。"他们不满地嘟囔不休，却未采取行动，及至次月希特勒屈从于魏玛政府的法令……该法令规定，未来的集会必须获警方批准后方得举行时，斯登尼斯才谴责这一向当局投降的行动，并于3月31日深夜召开党卫军领导人秘密会议。出席会议者异口同声宣布，他们拥护斯登尼斯，反对希特勒。

　　为了不致引起流血和内讧而又能解决问题，希特勒令斯登尼斯前来慕尼黑报到，在"褐色大厦"里担任案头工作。斯登尼斯拒绝前来。于是，希特勒便将冲锋队倾泻在叛军头上。不到24小时，公开抵抗便结束了——这是一次弱不禁风的叛乱。斯登尼斯所要求的无非是纯洁的国家社会主义，为党服务，不是为某个人效劳。"谁跟我一起，谁就会遇到艰难困苦的道路，"在与手下人告别时他说，"然而，为了国家社会主义的理想，我建议你们跟随希特勒，因为我们不想将国家社会主义毁灭。"

　　4月4日，《进攻报》和《人民观察家报》同时刊登希特勒的文章，谴责斯登尼斯的"起义"。他重申，社会主义历来是纳粹党的主要理想；他批判了钻进党内的"沙龙布尔什维主义和沙龙社会主义的小丑们"。他宣称，斯登尼斯就是这样的小丑，此人曾千方百计"将一系列严格说来是属于共产党不断煽动所需要的概念引进党卫军内"。

　　这些文章更引起了柏林离心离德的褐衫党徒的愤怒。希特勒再次前往柏林，扮演了调解人和中间革命派的角色。这次，他把汉夫施坦格尔带在身边。汉夫施坦格尔写道："希特勒无法，只好在郊区来回奔跑，眼中含着泪水，哀求他们，说只有依靠他，他们的利益才能得到保护。"经过诸多周折，他总算恢复了秩序。次日，他与斯登尼斯一同在一家贸易与旅游旅店下榻。斯登尼斯给汉夫施坦格尔留下的印象是，他更像是一位受害者，而不是叛乱的领导人。"我发现，此人很正经。他是科隆的主教舒尔特的侄儿。他将我拉到窗前，我们的谈话声被交通嘈杂声吞没了。他说：'希特勒是否明白，叛乱的真正煽动者正站在他身旁？'——此人是戈培尔，尽管希特勒有令，不准我们殴斗，戈培尔却一再鼓动他们上街游行。现在呢，一切责任都推到我身上来了。"

与通常一样，希特勒的出现（靠冲锋队做后盾）给党卫军带来了团结，而这次的团结是牢不可破了。将斯登尼斯及其一小撮追随者解职并未引起波动。戈培尔安然无事，但是，除斯登尼斯外，许多人都觉得，在此次叛乱中，戈培尔扮演了阴险的角色。"打个比方，若某个母亲有许多孩子，其中一个误入了歧途，"他说，"明智的母亲就会拉着他的手，紧紧抓住他。"

希特勒也明白，将误入歧途的孩子们领回来，他是需要动用武力的。于是，他便用冲锋队的人接替了斯登尼斯在柏林党卫军内的职务。由于作为元首原则保护者的权力得到扩充，冲锋队欣喜若狂。"我们并不是处处都受到热爱的，"在几星期后召开的一次冲锋队领导人的会议上，冲锋队头子海因里希·希姆莱说，"我们履行了职责后，可能会站在角落里，我们不该希望得到感谢。但是，我们的元首知道冲锋队的价值。我们是他的宠儿，是最有价值的组织，因为我们从未令他失望。"

与此同时，作为调停人的希特勒，准备欢迎那些误入歧途或摇摆不定的党卫军返回岗位——但那些太具有独立精神的人却除外，他们必须被清洗，职务必须由忠诚的追随者去接替。人们对希特勒宽宏大量的姿态的反应几乎是一致的。虽然，众多褐衫党徒对希特勒及其坚持合法行动的主张表示失望，但在他的耶稣式的宣言面前，这种想法也烟消云散了。希特勒说："我就是冲锋队和党卫军，你们是冲锋队和党卫军的成员。在冲锋队和党卫军里，我就在你们中间。"

党卫军刚恢复秩序，其领导人罗姆上尉便因据说搞同性恋而遭到猛烈攻击。早些时候，希特勒曾将类似的控告一笔勾销。"党卫军是为达到特定的政治目标而组织起来的。它不是抚育小姑娘的道德机关，而是粗暴的斗士的联合体。"他继而说，某人的私生活是他自己的私事，只要它不干预国家社会主义的任务，就不予理睬。

但是，这件丑闻却正在变成一起党内事件。人们在窃窃私语，许多在斯登尼斯起义中遭到清洗的军官，其职位均被罗姆的同性恋伙伴们接替了。

对这些指责,如同对指责冲锋队犯下了暴行一样,罗姆显得若无其事。"我知道,过去我对冲锋队员们表现粗暴,是急性子,亲爱的德尔默先生,不过,从今以后,请你拭目以待吧!我的部下将安分守己,严守纪律,秩序井然。我的职责是要使千百万易受共产党影响的失业工人不受其影响。我要将他们变成有秩序的公民,保护德国,以反对国内外的布尔什维克敌人。"这番话是罗姆在4月底会见伦敦的《每日快报》的记者德尔默时说的。德尔默反驳说,"苏醒吧,德国!""让犹太人灭亡!"之类的高声怪叫,似乎不像严守纪律和秩序井然。

"啊,你可不能按表面意义去理解这些口号,你只能听一半。"接着,他说了一些引起了记者注意的话。"我正在把一些吵吵闹闹,不守纪律的人从党卫军中清除出去。对这样的军队,搞点大扫除是有些好处的。"他到柏林的目的就在于此。他解释说,首都曾发生过叛乱,领导者是斯登尼斯上尉。此人是"疯子",竟敢向他和希特勒的权威提出挑战。罗姆向德尔默保证说,叛乱分子已被镇压下去,一切都恢复正常。

一个星期后,在罗姆的建议下,德尔默前往"褐色大厦"采访元首。希特勒承认他有两条要求:取消战争赔款债务和"在东方自由行动"。他并不热衷于恢复旧疆界或归还失去的殖民地,只要求允许几百万剩余的德国人扩展至苏联。德尔默问,你希特勒怎样进入俄国而又不侵犯波兰的领土?希特勒简短地回答说:"总会有法子的。"

就在此时,奥古斯特·威廉王子闯了进来,激动地宣布,在1931年的头4个月中,有2400名褐衫党徒在与赤色分子的格斗中受伤或丧生。"我的元首,"他喊道,"这是内战呀!""不错,"希特勒随口答道,"毫无疑问,这是内战。"在确信希特勒是个极端残暴的人后,德尔默便开始撰文。该文于5月3日见报,并预言:"德国正加紧加入欧洲法西斯国家阵营。"

1931年夏季,希特勒忙于巩固党的斗争,并针对斯登尼斯叛乱所暴露出来的弱点,重新整顿党卫军。与此同时,一件私事也使他深感不安。他得悉,他的司机和同伴莫里斯已秘密地与他的外甥女吉莉订婚。吉莉一直住在普令斯雷根坦广场那座楼房里,行动受到限制。具有讽刺意味的是,这个主意是元首这位媒人给莫里斯出的。"你结婚后我每晚都与你一起吃晚饭。"他敦促这位青年说。"我听了他的话,"莫里斯曾对一个会见人说,"决定与吉莉订婚,因为跟别人一样,我非常爱她。她高兴地接受了我的求婚。"一些时候以来,了解内情的人都知道他们是一对情人;莫里斯曾在戈培尔面前对这"不幸的爱情"公开表示悔恨。最后,他鼓足了勇气作了坦白。希特勒大怒,斥责莫里斯对他不忠,解除了他的司机职务。

接近元首的某些人认为,他不过是个操心的亲戚而已。"他的爱是父爱,"管家安妮·文特多年后坚持说,"他只关心她的幸福。吉莉是个朝三暮四的姑娘,谁她都想勾引,包括希特勒在内。他只不过想保护她罢了。"在某种意义上,吉莉成了俘虏。除了自由外,吉莉要什么希特勒都给。即使去上音乐课,他也坚持要派他信得过的人去陪她。她曾对一位亲戚抱怨说:"她的日子很不好过。希特勒不管去哪里,都坚持要她陪同前往。这令她很难堪,特别是她知道格里戈尔·斯特拉塞反对她与希特勒公开同行。另外,这也使她不能与别的年轻人接触。"

一天晚上,汉夫施坦格尔夫妇在雷西登茨剧场碰到了吉莉和希特勒。四人在施瓦茨瓦尔德餐厅一起吃夜宵。汉夫施坦格尔注意到,吉莉"似乎很厌倦,常左顾右盼看其他桌子。他不能不觉得,她与希特勒的这种关系是逼出来的"。汉夫施坦格尔太太也感到,吉莉这姑娘受到压抑,好像"在生活中得不到她所需要的东西"。但是,文特太太却坚信,是吉莉追求希特勒的。"她自然想成为希特勒夫人。他是完全够格的……她对谁都那样轻浮,她不是一个正经的姑娘。"

毫无疑问,吉莉是羡慕舅舅的名望的。每次在赫克咖啡馆饮茶时,他们的桌子总是被爱慕者团团围住,其中许多是女人。她们又是吻他的手又是讨纪念品。同样明显的是,元首喜爱她的程度远远超出了舅舅对外甥女的喜爱。"他爱她,"莫里斯断言说,"但这是一种奇怪的爱,一种不敢表露出来的爱,因为他自尊心极强,不敢承认自己有迷恋女色的弱点。"

也有人说,两人有桃色事件。奥托·斯特拉塞还将听来的街谈巷议写成文章,耸人听闻地说,他们有越轨的两性关系。这当然只有希望听到希特勒最坏消息的人才会相信。他爱他的外甥女,爱得很深,但是,发生两性关系恐怕不太可能。希特勒这个人很保守,不敢公开追求任何一个女性,而他也处处小心谨慎,不敢金屋藏娇,将情妇放在寓所——特别是同父异母的姐姐的女儿——以免毁灭他的政治生涯。

到9月,吉莉又混上了另一个青年,奥地利人,画家。他们一见钟情,据克里斯达·施洛德(希特勒的秘书)说,他立刻便向她求婚。一次,她向霍夫曼太太谈到了她的不幸的浪漫史。在承认自己与一个奥地利画家相恋并感到痛苦后,她突然改口说:"哎,如此而已!你我都无能为力。还是谈点别的吧!"希特勒闻讯后,立刻强迫她与那位画家断绝来往。这很明显,是得到他姐姐安吉拉的默许的。

9月中旬,吉莉打电话给她的声乐老师说,她不再上课了,准备去维也纳。打完电话后她便到贝希特斯加登看她母亲。她刚到那里便收到阿道夫舅舅打来的电话,约请她立刻回慕尼黑去。她觉得自己必须回去,但,当她得悉他即将离开慕尼黑前往参加地方长官和冲锋队的主要领导人的会议时,她"责怪他让她白跑一趟"。希特勒禁止她在他不在期间去维也纳,这样,她便从生气变成大怒。9月17日,两人在进午餐时(吃意大利面条)仍在继续争论。在厨房里的文特太太听见,他们争论的嗓门越来越大。当吉莉冲出餐室时,文特太太注意到,她满脸通红。

吉莉一直待在房里。后来,她听见舅舅走下楼,便跟着他走到过道上。楼下,陪同希特勒前往的霍夫曼正在等候。吉莉左手拿着东西,但赖舍特太太看不清是什么。"再见,阿道夫舅舅!"她朝楼下喊道,"再见,霍夫曼先生!"

希特勒在大门口停住脚步,回头望了望,又重上了楼梯。他爱抚着吉莉的脸蛋儿,还在她耳边说了些什么。但她一动不动,怒气冲冲。后来,她对管家说:"说真的,我与舅舅毫无共同之处。"

当新司机尤利乌斯·施列克驾着"麦塞蒂斯"沿着普令斯雷根坦大街前行时,希特勒沉默不语。突然,他转身对霍夫曼说,"我不知道为什么,觉得非常不舒服。"霍夫曼——其非正式的责任是让元首高兴——告诉他,这大概是阿尔卑斯山特有的南风所致。希特勒没有答话,他们继续朝纽伦堡驶去。

在寓所内,赖舍特太太在厨房里听见有东西被摔破,便对母亲说:"吉莉肯定是取梳妆台上的香水瓶不小心,把它打破了。"这可能是在吉莉掏希特勒的外衣口袋时打破的——她发现一封信，写在蓝纸上。这封信原来是爱娃·勃劳恩写的。几个月前，希特勒恢复了与她的联系，因为很秘密，吉莉竟全然不知。当日晚些时候，安妮·文特亲眼见吉莉将信撕成四片。喜欢寻根问底的管家将信拼在一起。信的内容大致是：

亲爱的希特勒先生：

　　再次感谢您请我看戏。那是值得回忆的夜晚。对您的感情，我着实感激。我急待再次相见。

你的爱娃

吉莉将自己反锁在房内，说不要打扰她，她虽发了脾气，但文特太太并不担心。当晚，她与通常一样离开公寓回家。赖彻特太太与她的女儿睡在公寓里。晚间，她们听见沉闷的响声，但不以为意。她们也习惯了这位"任性的"姑娘。

但是，次日清晨，赖彻特太太发现吉莉的房门仍反锁着，便大吃一惊。她连忙给梅克斯·阿曼和弗朗兹·施霍茨挂电话。二人找来锁匠。吉莉躺在地板上，靠近睡椅，旁边放着一支6.34毫米口径的手枪。她的心脏中弹。

那天上午，希特勒发现有辆车在跟踪他们。他怕遭到袭击，便让施列克加速。后来，他醒悟到，后面是辆出租汽车，坐在司机身旁的是德意志旅馆的一位服务员，那人还在比比画画，示意停车。服务员告诉他，赫斯先生从慕尼黑打来电话找他，电话还没有挂。希特勒便立刻返回旅馆，把帽子和鞭子往椅子上一扔，便进了电话室。由于电话室门未关，霍夫曼听见希特勒在说："我是希特勒。发生了什么事吗？"停顿片刻后，他喊道："啊，上帝！怎么会这样！"接着，他几乎尖声喊道："赫斯，回答我——真还是假——她还活着吗？"很明显，线路不是被切断便是赫斯把电话挂了。

"希特勒的狂乱也感染了别人。"霍夫曼回忆道，"司机将油门踩到底，小车呼啸着疾驰回慕尼黑。从后座镜中我看到了希特勒的面孔。他双唇紧闭，目光迟钝地望着挡风玻璃，眼神空洞。"回到寓所后，吉莉的尸体已被移去。因为是星期六，各报均未作报道，直到星期一此事才见报。有人影射说，是希特勒将其外甥女抛弃的；也有人说，司法部长古尔纳毁灭了证据。社会主义者的日报《慕尼黑邮报》发表长文，详尽地报道了吉莉与希特勒经常争吵的情形。它甚至宣称，她的鼻梁曾被打断过，身上还有受虐待的痕迹。吉莉不可能是希特勒杀害的，因为他身在纽伦堡；也不可能是希特勒或其同僚，为避免丑闻下令将她干掉。倘若是如此，那么，杀害她的地方应是在别处而不是在元首的寓所。希特勒的某些追随者说，吉莉之死纯属偶然：或许是某种声音使她受了惊吓，在惊慌中杀了自己。也有一种理论说，她是玩手枪走火。然而，从证据看，最合乎逻辑的结论是，她自杀了——也许是出于绝望，或出于嫉妒，或出于不明的原因。威廉·帕特里克·希特勒的母亲对汉夫施坦格尔说过："家里人对吉莉自杀的原因都很清楚：林嗣的一位犹太人——绘画教员使她怀了孕。"1931年，在一次会见中，元首的第二个堂弟汉斯·希特勒对此坚决予以否认。

希特勒垂头丧气又受到了羞辱，对弗兰克说，"他无法再看报了，因为那诽谤运动令他无法忍受。他想淡出政界，从此洗手不干，不再抛头露面。"在绝望中，他与霍夫曼逃至乡间——他的出版人阿道夫·米勒在特格恩西的别墅里。抵达目的地后，司机施列克小声对霍夫曼说，他把元首的枪藏起来了，因为怕他自杀。希特勒一进屋，便倒背着双手，在室内来回踱步。霍夫曼问他想吃什么，希特勒摇了摇头。他一小时一小时不停地踱步，直至深夜。天快亮时，霍夫曼轻轻地敲他的房门。没有回答。他径自进房，发现希特勒仍在走来走去，手还是倒背着，双眼望着远方。

霍夫曼给家里挂了个电话，询问意大利面条——元首最喜欢的食物——的做法。但希特勒仍拒绝进食。他不吃不喝，又踱步了两天。他听了一次电话。弗兰克在电话里说，他已采取措施，通过法律阻止报界的下流攻击运动。他用疲倦而微弱的声音说："我谢谢你。我会重新振作起来的。我永远不会忘记你。"

消息终于传到了米勒的别墅：吉莉已在维也纳安葬；在中央公墓出席葬礼的有罗姆、米勒、希姆莱，以及自封为国社党维也纳长官的青年艾尔弗雷德·弗劳恩弗尔德。由于从事政治活动，希特勒被禁止返回故国，但他决定冒被捕的危险。当晚，他便坐在施列克身旁，乘"麦塞蒂斯"汽车前往奥地利。霍夫曼独自坐在后座上。他们无声无息地朝奥地利边境驶去,后边跟着一辆大汽车,坐的是卫兵。抵达时,天已快亮了。

在维也纳城外,弗劳恩弗尔德早已为希特勒备好一辆小车——因为"麦塞蒂斯"太显眼了。他们一声不吭,来到中央公墓。希特勒在墓上搁了鲜花,墓碑上写着:

我们的爱女吉莉在此长眠
她是我们的阳光

生于 1908 年 6 月 4 日
卒于 1931 年 9 月 16 日
拉波尔家族

在前往弗劳恩弗尔德寓所途中,希特勒突然打破了长时间的沉默。他问,他们是否要从剧院前走过。弗劳恩弗尔德说,得绕些道。"啊,请绕吧。"希特勒说,"进不去也不要紧,打旁边过也好。"在弗劳恩弗尔德家中,希特勒好好地吃了一顿早饭。然后,他便平静地开了腔,谈的不是这个悲剧,而是德国的政治前途和他自己。他声音坚定,充满了信心。他对弗劳恩弗尔德说,最迟在 1933 年,在波兰人占领但泽以前,他就会取得德国的政权。一回到自己车里,希特勒又双眼发直,直视前方。后来,好像在出神思考似的,他说:"就这样,现在让斗争开始吧——一定要赢得这次斗争,一定会赢!"

在一两天后,他驱车北上,前去参加长官会议。一行人在一家小旅店里歇息了一晚。次日早餐时,希特勒拒绝吃火腿。"像吃尸体似的!"他对戈林说。此后,他怎么也不肯再吃肉。(这样的话他先前也说过,也曾打算吃素;据赫斯太太说,这次他是说到做到了。她说,打那以后,除了吃肝馅饼外,他未再吃过一块肉。"突然的!在此之前他是吃肉的。这很难理解或解释。")

在汉堡,他发表了演讲。听众很多,也很热情。与先前一样,他的演讲既有力又精彩。与先前两次一样——一次在帕斯瓦尔克,另一次在兰茨贝格——希特勒再次闯过了自杀性的愁苦关。也许,这是一种新生吧,因为,每次他都从深渊中弹回,重新振奋精神,朝新的方向前进。

这是他第三次复活。

第四部 褐色革命

1 "真像一场梦"
  1931—1933.1.30

2 "失足"
  1933—1934.6

3 二次革命——"所有革命
  都吞噬自己的儿女"
  1934.2—1934.8

4 意志的凯旋
  1934—1935

1 "真像一场梦"

1931—1933.1.30

希特勒从吉莉之死带来的悲痛中恢复过来后,参加了在北方召开的党的领导人会议。这一次会议对该党很重要,只准党的地方长官和冲锋队的领导人参加。会议开得很成功,它标志着党的改组已结束。"我们的党,"几天后他说,"今天已团结一致,地方长官和政治领导人本能地做出了正确的决定。"会议的结果之一是,党将"所有懒汉、腐化分子和废物"清洗了出去。精简了党的机构,巩固了党的体制,加强了希特勒的个人权力。

内务得到整理后,希特勒便放开手脚投身全国的政治活动。1931年10月14日,通过兴登堡总统的心腹顾问之一库特·冯·施莱彻尔将军的安排,希特勒会见了"老头子"。在兴登堡跟前,希特勒显得手足无措。兴登堡身高六英尺五英寸,声音洪亮而低沉,是个势不可当的人物。希特勒讲话冗长,令这位陆军元帅好不生气。据说,他后来曾向施莱彻尔抱怨说,希特勒是个怪人,永远也当不了总理,他能胜任的最高职务莫过于邮电部长。此次会晤虽然令人失望,施莱彻尔仍对希特勒抱有希望。令他印象深刻的,不仅是在新近大选中元首所取得的成绩,而且还有他的国家主义纲领。"他是个有趣的人物,具有不平凡的口才。"这是他对希特勒的评价。"按他的计划,他上了天。要让他脚踏实地,你得抓住他的衣尾。"施莱彻尔——在德语中,它的意思是"阴谋家"——是个善于随机应变的人物,但是,热情却有可能将他引入深水潭。他暗自认为,自己有能力左右从前的任何一个下士。

希特勒习惯于被人低估。政府处理日益严重的失业问题的失败,令许多德国人清醒过来，而希特勒在之后数月内便在这些人中建立了群众支持的基础。为了取得国外的支持，他试图直接向美国人民发表讲话——这是空前之举。他拟于12月11日（星期五）晚通过哥伦比亚广播公司向美国人民解释他的党的"道路、意义和目标"。但是，在最后时刻，德国政府取消了这次广播演说，但他的讲稿译文却见诸赫斯特各报。引人注意的是他的极端反共的政策。在演讲稿中，他希望美国人民，出于自卫的内心激情，会在"反对世界瘟疫"，即反对布尔什维主义的斗争中，与他站在一起。

1932年元旦那天，他在慕尼黑作了一次演讲。他对听众说，在为一个较好的世界而斗争的过程中，上帝是站在他一边的。《圣经》不是说过，冷淡者应该被吐出去吗？几乎就在此后，希特勒似乎取得了某种胜利——兴登堡的顾问们邀请他前往柏林。他们请他协助延长兴登堡元帅的总统任期，但这却与希特勒的愿望背道而驰。因为，他说，这样一来他便不得已多少要支持勃鲁宁总理的各项政策。他的拒绝表明即使公开与兴登堡竞争是一种赌博，但仍准备将整个政治前途拿出来冒险，进行总统竞选。"老头子"是个传奇人物。他的保守必然会赢得右派的许多选票，而他公开保护魏玛共和国，反对像希特勒那样的极端主义分子，又必然会将温和派和民主派吸引过来。

戈培尔在日记中写道："……争夺政权的棋局开始了。"他敦促希特勒去冒险。他关心的是如何才能为竞选运动搞到足够的资金。希特勒在德国的钢铁中心杜塞尔多夫的公园饭店作了一次演讲，一举解决了这个问题。根据新近作出的"在有影响的商人中系统地开展工作"的决定，在弗里茨·蒂森的倡议下，他于1月17日在工业俱乐部向一群有影响的人物作了一次演讲。

在杜塞尔多夫演讲前，在秘密谈话中，希特勒已对自己的经济纲领作了重大的修改。他支持解散工会和取消自由管理的主张。他也主张取消一项旨在恢复经济的计划——兴建一批公共工程，重新武装军队，且由大商家的头面人物管理。不到一个小时，他的听众便全神贯注，因为他触及了与这些讲求实际的商人直接有关的问题。例如，他断言，私人占有财产是理所当然的。与此同时，他还描绘了一幅共产主义发展后的可怕图景。"如果不予以阻止，布尔什维主义将完全改变世界的面貌，一如基督教先前之所为……倘使这个运动继续发展，从现在起300年后，人们不只会将列宁看成是1917年的革命家，而且会像供奉菩萨一样崇拜列宁。"他说，经济萧条使数以百万计的失业者和被剥夺的德国人走投无路，他们希望从共产主义者那里找到解除困苦的答案。这是德国今天最迫切的问题，解决这个问题不是靠经济法规，而是靠政权。纳粹党，也只有纳粹党，才准备并愿意阻止红色潮流。没有国家社会主义，德国就不再会有中产阶级；有了它，国家才能统一，才能复兴。

希特勒的演讲效果从未这样好过。他交替使用了感情和逻辑。一会儿他用布尔什维克主义的可怕图景和曾给他们带来安全的制度的结束来恐吓听众；一会儿又求助于他们的自私：假使要让自己的工业生存和发展，他们就需要一位独裁者为政府掌舵和领导德国，最终使德国重新获得其世界强国的地位。听众预感到了50年来的成就和所获财富化为乌有的情景。于是，许多人回到家中后便准备捐款予他——一位答应拯救他们的人。

2月中旬，兴登堡宣布再次竞选总统。这就迫使希特勒摊牌。很明显，要竞选，纳粹党就得推选候选人，而只有希特勒才有这个现实的机会。即便如此，他还下不了决心。"我知道我会上台，其他人全会失败。"一次他对弗兰克说，"我将自己看作总理，也一定会当总理。我未将自己看作总统，也当不上总统。"他的犹豫不是假的。他整整摇摆了两个星期，后来还是戈培尔说服了他。接着，他便迅速地取得竞选资格。他通过纳粹内政部长（在不伦瑞克）的斡旋，取得了德国公民籍，还当上了该州的议员。次日，2月27日，希特勒正式宣布，他将于15天后参加总统竞选。

经济危机和政治怨恨，几乎把德国变成战场。"柏林处于内战状态，"克里斯多弗·伊舍伍德写道，"仇恨雾时从天而降，时时处处均在爆发：在街头巷尾，在大小饭店，在电影院，在舞厅，在游泳池；在午夜，在早餐后，在中午。有刀对刀的，有刺环或啤酒瓶对棍棒的，也有椅子腿对镶铅棍棒的；子弹射穿了广告牌，从厕所的铁房顶上弹了回来。"

仇恨像瘟疫一样在全国扩散。经济危机的受害者把矛头对准了比他们幸运的人。被迫关门大吉的小店主们诅咒大百货商店；数以百万计的失业者仇视仍有工作者和"老板们";数以万计的大学毕业生发现前途被堵,把绝望情绪发泄在各类用人单位上。经济危机几乎打击了每个阶层。农民之税收负担,如牛负重,而农产品价格又低。他们鄙视城里人;而数量庞大的失业"白领",又嫉妒农民——他们有庄稼可收。在许多大城市里,失业工人成群结队地在郊区风餐露宿。在街头巷尾,乞丐比比皆是;至大选时,登记在册的失业者全国已达600万——还有数百万人只有临时工作,或不愿去登记失业。

在众多因经济崩溃而受打击的人看来,出路在阿道夫·希特勒身上。由于希特勒从未向魏玛政权妥协,且开诚布公地反对《凡尔赛和约》和赤色威胁,尽管谣言四起,说希特勒与工业资本家来往甚密,他们也满不在乎。他的口号非常简单:"为了自由和面包。"在全国的一片混乱中,他有如中流砥柱,坚持为德国找到一条最佳出路。兴登堡到处立起牌子,号召选民们念他先日之好处:"他曾相信你,你现在相信他。"戈培尔则用"尊敬兴登堡,选举希特勒"予以反击。

元首的注意力主要集中在被打翻在地的中年人和理想主义的青年身上。他不辞劳苦,到处游说,号召这两种人起来,与他一起和各种用人单位作斗争。戈培尔苦思冥想出来的宣传运动,可说是具有创造性的杰作。没有张贴纳粹口号的墙壁是罕见的;用飞机向百姓散发传单;向尚有留声机的人们寄出了五万张宣传唱片;于晚间在公共广场上放映希特勒和戈培尔演讲的"有声映画"。然而,这项计划的核心却是令人累折腰骨的演讲日程。在3月上旬的十天里,希特勒和戈培尔几乎每天发表重要讲话,通常两次或三次。

与此同时,兴登堡营垒内阵脚大乱。他们一开始就闹分裂,人们又在嘀嘀咕咕,说总统的儿子奥斯卡秘密地成了天主教徒,还当了社会民主党的党员;分裂进一步加深。更加荒谬的是,有人攻击说,兴登堡的两个已步入中年的女儿,是社会主义大学生联盟的领导人。他们花在澄清谣言上的时间,比花在攻击希特勒之政策上的还多,而每次否认都使虚构显得像是事实。兴登堡的支持者们彼此争论不休,而兴登堡本人也未为争取选票作出多大努力。他只在选举前三天公开露面一次,且还宣称,他之所以同意参加竞选,是因为许多带不同政治色彩的德国人都劝他留任,以防止政权落入左派或右派的手中。

至3月13日,选举日前一天黄昏,投票结果表明,兴登堡占了希特勒的上风。像戈培尔一样的党内军人,对大选是满怀信心的:希特勒能登上总统宝座。然而,随着得票数字的距离拉开,他们也显得六神无主了。深夜过后一小时,局势已经明朗。兴登堡以700万张票之巨遥遥领先,离必要的多数只差35万张票。虽然在两个领导人之间仍需进行终选,但戈培尔相信:"取得政权的好梦已暂时做完。"

希特勒却不然。他与心腹们一起,坐在赫克咖啡馆里顽强地等候着。他急忙赶回"褐色大厦",口述了一份声明,令国社党立即着手准备终选,不得延误。"首轮选举已毕,第二轮于今日开始。我得亲自出马,领导这一选举!"希特勒的沮丧情绪已一扫而光,与戈培尔一起,在一周的空隙时间内,对地方长官、国会代表和党报的编辑等,作了多次演讲,大大地鼓舞了斗志。凡出席演讲会者均相信,在下一次选举中,希特勒必胜。

终选的胜利却遭到了威胁。这是由于社会民主党的报纸《慕尼黑邮报》突然发表了罗姆与一个心理专家之间的通信所致。从信中看,他们二人均有两种兴趣——同性恋和占星。在详细审查证据后,汉斯·弗兰克拒绝以污蔑罪对该报提出控告。此时,罗姆只好承认——狼狈地、拐弯抹角地承认,他是同性恋。希特勒的律师勃然大怒,因为他历来认为,同性恋者是不热衷于追求刺激的。"现在呢,"弗兰克回忆道,"他却是个勇敢的、富有进取心的军人的典范。他脸上伤疤累累,走起路来昂首挺胸。从外表上看,他并无什么异样。"

长期以来,对罗姆的同性恋,希特勒漠然处之。在那个年代,这是相当了不起的。但是,在读完书面证据后,他的第一个反应是火冒三丈,好一阵后才平静下来。"一团糟,多可怕!简直不是人!是畜生!连畜生都不如,是畜生也干不出来的事情!"他问罗姆是否"糟蹋"过男青年或男童。律师回答说,找不到这种记录。希特勒这才平静了些。"若有,那是完全不能容忍的,只要是在成年男人之间——罗姆干的那种事——就可以谅解。孩子们不是受害者?"弗兰克重又保证说,找不到一例。"喏,至少我们可考虑是否留他。假如他搞过男童,那就让上帝去惩罚他吧!那样,他就一定得走!"

罗姆的丑闻分散了希特勒的精力。但是,到终选开始时,他已将此事抛到脑后去了。与通常一样,他又是那样精力充沛,那样乐观。离终选只有一个星期了。于是,他便决定用飞机代步,以便每天作三至四次演讲。

在此次演讲旅程中,他邀请了英国记者塞夫顿·德尔默与他做伴同行。尽管气候恶劣,日程又满,希特勒还是如期完成了计划。这给了这位英国记者深刻的印象。每到一个城市,希特勒都被崇拜他的女人们包围得水泄不通。在科布伦茨时,在火车的过道上,两位姑娘把希特勒拦住了。德尔默听见那两位姑娘歇斯底里地在元首的包厢里又哭又叫,希特勒却一声不吭。待德尔默步入包厢时,希特勒在那里发呆。他对德尔默视而不见,径自将窗帘拉在一边,目不转睛地注视着月台上的人群,"他的昏昏欲睡的目光变成了弧光,像探照灯一样,横扫左右,将所看到的人统统暴露在那两位姑娘在他身上激发出来的感情之下,与此同时,他也将这种感情投还人群中"。

在这严峻的竞选运动中,希特勒很少暴露自己的感情。汉堡的地方长官埃尔伯特·克列勃斯目击过一次这样的时刻。他带着一份印有元首前晚的演讲的报纸,来到元首下榻的大西洋旅馆的房间内。希特勒一板一眼地说着"我的汤!我的汤!"对他表示欢迎。这话先是希特勒说的,后来,他的随行人员亦鹦鹉学舌且很随便。待克列勃斯来到元首跟前,早餐时喝的汤已送到了。希特勒屈身喝起汤来,看上去,他又疲倦又满腹忧思。他抬头看了克列勃斯一眼,问他对吃素有何想法。不待克列勃斯回答,希特勒便感慨地发了一通议论,暴露了他对"忧郁症的恐惧"。

希特勒在克列勃斯跟前暴露出他是个人,这还是第一次。(在德语中,"克列勃斯"的意思是癌)希特勒一五一十地对他说,他改变了生活方式:常常盗汗,常常极端激动,四肢发抖,还常常胃痉挛。希特勒坚持说,胃痉挛是癌的预兆,他仅有几年去完成他的事业。"我没有时间去等待了,"他一边喝汤,一边宣布。"假若我有时间,我就不当候选人。'老头子'(兴登堡)活不长了。但我不能丧失时间,一年也不行。我必须尽快掌权,在我有限的年月里,解决大量的问题。我一定要掌权!一定要!"希特勒突然结束了这一议论。"人们可以说,"克列勃斯评论道,"他已振作起精神,这可从他的姿态,他的脸部表情和声音中立刻看出来。沮丧情绪消失了,作为人的希特勒再次变成了元首。"

正当希特勒在公众中树立起一个朝气蓬勃的青年的形象时,兴登堡的势力也在搞一场无声无息的竞选运动。这次,兴登堡未作一次演讲,这便加剧了他快要死的谣传。人们也在窃窃私语,说如他再次当选,退休金和薪金都将减少,失业救济金将被取消。到选举前夕,希特勒看来胜利在握。连嘲笑希特勒的斯宾格勒也决定投票赞成国社党,理由是"希特勒是个笨蛋,但国社党还是要支持的"。4月10日,星期天,希特勒又额外得了200万张选票,总数已达到1341.8051万张。老元帅所得票数只增加不到70万张,但他仍占稳固的多数——53%。共产党所得票数锐减。四分之一的选民,不是听了戈培尔的话,投票赞成希特勒,而是投票赞成兴登堡,拒希特勒于总统府之门外。

在伦敦,《每日电讯报》预言,希特勒在劫难逃;在慕尼黑,破坏偶像崇拜的斯宾格勒和他妹妹则在窗外挂起了卐字旗。"谁有机会使人们难受,"他说,"谁就不要放过这个机会。"

大选后几天,勃鲁宁在别人劝说下,同意颁布法令,宣布党卫军和冲锋队为非法的。这一行动的目的,是要毁灭政治上幼稚的总理,但是,它不但未收到任何效果,反而遭到右派的暴风雨般的抗议。这正是抱有政治野心的冯·施莱彻尔将军渴望已久的时机。他梦想建立一个包括纳粹在内而又不给纳粹权力的右派政权。毕竟在施莱彻尔眼中希特勒下士及其追随者,"不外乎是要大人领着手走道的孩子而已"。

那年5月,他秘密会见了元首,并保证,如希特勒不攻击新的右派政权,他就解除对党卫军和冲锋队的禁令。交易谈成了;5月下旬,施莱彻尔挑选了一位既有钱又温文尔雅的骑师弗兰茨·冯·巴本,作为他的政权的象征性总理。巴本是前参谋总长,又是普鲁士州议员。巴本的第一个反应是令人吃惊的:"我非常怀疑自己是否合适。"但是,只几分钟的劝说,他便成了合适人选。巴本还不知怎么回事,便发现自己已站在兴登堡面前了。

"哎,亲爱的巴本,"陆军元帅慈父般地对他说,"我希望你能助我一臂之力,帮我渡过难关。"他只知道,巴本曾当过骑兵军官,经济上不依赖人家,是跑马场上的名人,在外交事务中有些经验。但他的军人派头和君子风度,却令兴登堡高兴。巴本再次说,他不是个合适的人选。这次,兴登堡只说上几句话,便把他说服了。"你是个军人,在战争中你尽了军人的天职。祖国召唤时,普鲁士人只有一个回答——服从。"

希特勒在梅克伦堡度周末时,戈培尔打来电话说,兴登堡要在当天下午会见他。元首连忙赶回首都。总统告诉他,巴本将被任命为总理(因与施莱彻尔早有协商,对他,这并不是新闻)。他问希特勒是否支持他。"支持。"希特勒说。说完,简短的会见也随之结束。

毫无疑问,施莱彻尔认为自己的行动完全是为了德国人民的最大利益的。他认为,勃鲁宁软弱无力,左右不了希特勒。与许多军人一样,他深信,陆军不但对付得了这样一个激进人物,而且还能利用他去建立一支强大的国家主义的军队。施莱彻尔终于实现了第一个目标,但,如同常常发生在那些试图超过马基雅维利的人们身上的事情一样,他聪明过头了,反而对自己不利。他很快便发觉,希特勒支持新政权的承诺是暂时的。他说,除非巴本言行一致,将国会解散,并取消镇压国家社会主义运动的措施,否则,支持一事他将不予以考虑。巴本果然这样做了,但希特勒仍不予以支持。相反,他重又批准在街头与赤色分子殴斗。暴力的浪潮又席卷了德国全境。仅在7月内,殴斗致死者就达86人,其中有30名赤色分子和38名纳粹分子。双方均同样好斗。在酷暑中,小打发展为大斗。7月10日,星期天,18名警察被打死;7天后,当一群纳粹分子在警察的监护下游行通过阿尔托纳工人住宅区时,一排子弹从房顶和窗口射来,把队伍打散。游行者开枪还击。据报道,在这场冲突中,有19人丧生,285人受伤。

三天后,巴本动用了总统的紧急权力——《魏玛宪法》的第48条。这条宪法条文曾被动用过多次——在1923年的经济危机中,埃尔伯特曾用它取消8小时工作制;勃鲁宁曾数次动用它去关闭报纸。巴本以普鲁士政府已无力对付赤色分子为由,任命自己为普鲁士的帝国总督。这意味着该州的议会、政府业已结束,同时也预示了在每个州,只要坚决果敢地动用宪法赋予的在紧急情况下得以使用的权威,人们便能有所作为。

国会选举的日期定在7月31日。这又是一场旋风式的运动,也是希特勒的二度"飞越德国上空"。希特勒再次租赁了一架飞机,并用了同一个飞行员。经验证明,汉斯·包尔,是个全天候的能干的驾驶员——他们曾几次在暴风雨中和大雾中强行着陆——现在,希特勒拒绝乘坐别人驾驶的飞机。他也有了第二个汽车司机专为他开车——21岁的埃利希·坎姆卡。坎姆卡在德国西部等候希特勒的座机,施列克则在东部恭候。在这次大选中,这两位司机共跑了5万余公里,且大都在土路上奔跑。希特勒对待坎姆卡有如家人。对包尔,他也同样亲热。经一周的苦战后,希特勒领众人在魏玛稍作休息。他带包尔出去逛公园——离他的住地贝尔维德尔旅馆不远。希特勒把其他随行人员甩在后边,仔细地询问包尔在战争期间当战斗机驾驶员时的经历,整整问了一个小时。之后,他令地方长官绍克尔将众人拉进城内,并叫他在下午喝咖啡时找15个姑娘来陪客。此时,希特勒在贝尔维德尔餐厅内用餐的消息已传了出去,于是,穿着漂亮衣裳的妇女们便三三两两前来偷看他。希特勒兴奋地捅了捅坐在他右边的包尔,"你看,包尔,那边有个小姑娘真漂亮,是个美人儿!"包尔对元首表示同情,说元首只能在远处而不能在近处看女人。"你说得对,包尔。"希特勒风趣地说。

　　城里来的15名姑娘到了,但她们全将自己的侣伴抛开,如痴如醉地瞧着希特勒,看得他很不好意思。于是他建议全体到艺术家咖啡馆去。人们列队上了车。除元首外,人人怀中最少搂着一位姑娘。可是,过了不久,这家咖啡馆的女人们又把希特勒团团围住了。一阵骚乱后,希特勒忙令汉夫施坦格尔弹钢琴。但是,只听完两首曲子,希特勒便借口要准备明日的演讲,溜之大吉。

　　在大选的最后两个星期内,希特勒在50个左右城市作过演讲,所到之处,皆激起狂热。一次,在施特拉尔松,他竟让1万名左右听众在雨中等候了整整6个小时——因包尔在黑暗中找地方强行着陆费了时间。听众之所以能如痴如醉地倾听他的冗长的演讲,原因之一是,经济瘫痪症蔓延到了全国。11岁的埃贡·汉夫施坦格尔曾在慕尼黑郊区一个帐篷内听过他对一大群听众作的演讲。"他掌握了人们的全部感情,群众中掀起阵阵狂热。"听众中既有穷人,也有富翁;既有教授,也有工人。开始时,大家都因为有对方存在而觉得周身难受,但是,过了不久,大家便成了一个整体疯狂地鼓掌,高喊着。埃贡看见一对匹配不当的夫妇——一位教授和一位女佣——离开帐篷。"在狂热的欢呼声中，他们兴奋地、亲热地交谈着。阿道夫·希特勒就有这种力量。"后来，埃贡被父亲带至"褐色大厦"。"好啦，孩子，"汉夫施坦格尔说，"找个地方坐下，不要闹，找点东西看看。"通讯员将一捆打字稿交给戈培尔。"是希特勒的演讲记录稿，刚打出来。元首离开了众人，在办公桌前坐下，戈培尔站在他身后，看着他。他们似乎在一同审稿，以便发表。希特勒一边用铅笔做记号，一边在自言自语：'这点好……这很有力……这点得删掉……'不到一小时前，他刚作完一次在他的生涯中最富感情的演讲。他在宣讲，在请求，在发怒，在咆哮。现在呢，他就像我见过的任何一个人一样平静，一样通情达理。"

在竞选运动中，反犹主义并未被当成一个事件。希特勒仇恨犹太人，这是众所周知的；但是，许多人都置此于不顾——只要希特勒将其偏见置于合乎理智的水平上即可。大部分德国人均认为，当律师的犹太人太多了。他们也反对犹太人垄断百货商店和娱乐行业。战后，犹太人如洪水般从东方涌来，带来了东方犹太人的衣着和习俗。许多德国犹太人也为此叫苦不迭。其中，有两位著名的犹太银行家业已向新任劳工部长请求停止东方犹太移民，因为这些人的到来势必加剧潜在的反犹主义。犹太人首先将自己看成是德国人，然后才是犹太人。他们与德国经济血肉相连，愿意忍受依然存在的社会偏见。毕竟，即使在开明的英国和美国，犹太人也是被排斥在最好的俱乐部和旅馆的门外的。容忍国家社会主义的也不只限于德国的犹太人。不久前，一群巴勒斯坦极端主义者曾宣布，除希特勒的反犹主义外，纳粹运动是可以接受的，它将救德国于水火。

7月31日（维也纳一家报纸以"施克尔格鲁勃万岁"为大标题，发行号外，泄露了希特勒的身世。1932年初，奥地利总理陶尔斐斯曾敦促维也纳《星期天与星期一报》的编辑着手调查希特勒的身世。他们发现了证明希特勒的生父是私生子的文件，于是便发了上述的专号，希望对德国的选举有所影响)，纳粹得票1370.2779万张，比两个最大的竞争对手——社会民主党和共产党——得票的总和还超出50万张。在得票数占总投票数37.3%的胜利的鼓舞下，希特勒向党提出建议，由他去竞选总理。

戈林反对。格里戈尔亦然,原因是,这样一来,他与其他右派政党联合夺取政权的政策便全被破坏了。但希特勒急于掌权,无法说服。于是,他们便立即派人送信前往柏林,将希特勒之要求告知施莱彻尔。这个将军并不太相信,因为他认为,兴登堡是绝不会将此荣誉赐给这位前下士的。他抱着让希特勒"回心转意,放弃其计划"的幻想,把他请到梅克伦堡会谈。8月5日,两人在首都附近的弗尔斯登贝格兵营会晤。希特勒不但要求出任总理,而且还要求通过法案,使他有权以颁布条令的形式统治全国——实质上是建立独裁统治。会见很成功,连希特勒也相信兴登堡会回心转意。在兴高采烈之余,他建议在墙上钉一块板,以纪念此次具有历史意义的会见。

他将其幸福感带回了上萨尔茨堡,但戈培尔却不以为然。他怀疑他们是否能如此轻而易举地取得政权。他一心一意要搞行动,不是搞暧昧的妥协,而他的热情感染了纳粹集团。"全党已准备夺取政权,"他在8月8日的日记中写道,"为此,冲锋队已离开各自的单位。"8月10日,当兴登堡离开乡间别墅前往柏林时,首都已处于半包围状态,为了解决这一危机,巴本主动提出辞职,但对希特勒出任总理一事,兴登堡七窍生烟。这位奥地利暴发户自食其言,取消了对施莱彻尔许下的种种诺言;另外,希特勒也无治理政府的经验,连自己党内的头脑发热分子也控制不了。兴登堡总统甚至拒绝邀请希特勒赴会。

次日上午,8月13日,希特勒住进了当作柏林总部的恺撒霍夫旅馆。客厅里的电话几乎终日不断,使这地方更像是战斗指挥所。旅馆的转门从未停转,大厅也炸开了锅。在主楼里,在为元首的副官和参谋开设的紧急办公室内,打字机滴滴答答响个不停;当地和外国报纸的代表们将希特勒的首席新闻发布官奥托·迪特里希,还有汉夫施坦格尔,围得水泄不通,要求希特勒这位风云人物发表意见。

中午,希特勒会见了施莱彻尔。施莱彻尔告诉他,兴登堡只答应让他担任副总理职务。希特勒大怒,指责施莱彻尔不遵守诺言,并怒气冲冲地走了出去。片刻后,他来到巴本总理的办公室,指责政府宽容旧制度。希特勒咄咄逼人的态度令巴本大吃一惊。"总统并不准备让你出任总理,"他说,"原因是,他觉得对你还不够了解。"希特勒是不想吃半块面包的。他说,他将倾全力消灭马克思主义政党。但是，除非他掌握政权，并按自己的办法行事，否则他是无法做到这点的。他接着又说，人们是无法躲避流血的。这是历史教训。在向罗马进军后，意大利国王是否提出让墨索里尼当副总理？

他怒气冲冲地离开总理府后，直奔戈培尔寓所。在这里，他一面怒气冲冲，一面又是无精打采地等候兴登堡召见。下午3时，巴本的国务秘书终于来电话了。希特勒只对一件事感兴趣：兴登堡是否让他当总理？国务秘书只回答说，总统有话对元首讲。会见是在总统府的书房内举行的，简短而正式。兴登堡决心不委派像希特勒那样的人去担任那样一个要职。不过，他愿意让他与巴本合作，"再次满足其爱国主义"之要求。他小心谨慎地说，他欢迎国社党参政。希特勒也同样客气地回答说，这是毫无问题的；作为国内最大的政党的领导人，他坚持要组成新内阁，由他自己出任总理。

"不行！"兴登堡喊道，"无论是在上帝面前或在良心和祖国面前"，他都无法承担"把政府的全部权力交由一党掌管的责任"。希特勒对别无选择表示遗憾。"那，你要当反对派是不是？""我别无选择。"元首说。

兴登堡动了感情，对纳粹与警方近来发生的摩擦表示抱怨。他说，这些事件加深了他的信念，就是说，在国社党内有人是控制不了的。然而，他却准备接纳希特勒进入联合政府。接着，他便将希特勒斥责了一番——是元帅对下士的斥责。"我必须叫你注意，你当反对派要有武士风度，不要忘记你对祖国承担的义务和责任。你热爱祖国，这我一点也不怀疑。但是，如果像冲锋队先前那样，再搞恐怖活动或暴力行动，那我就会使用严厉手段的。"

这话讲得虽然严厉，但兴登堡在会见结束时讲的一番话却又将其严厉程度减轻了。他说："你我都是老军人，也希望共事，因为我们的道路也许会再交叉。所以，我向你伸出一只战友之手。"老元帅的人格使希特勒大惭；但是，书房门一关，他又把火发在巴本头上去了，今日之受辱完全是巴本导致的。希特勒警告说，这一切的结果，也许会导致总统的倒台，对而后发生的事情，他希特勒将不负任何责任。

希特勒回到戈培尔的寓所后，汉夫施坦格尔发现，他"脸色惨白，几乎一声不吭，好一阵子情绪很坏"。之后，很奇怪，他突然打起精神，开始左右权衡是否接受副总理一职。"在某方面说来，与巴本共事是不错的。这我能想象得到。战时他也是个军人,是个相当鲁莽的家伙。"他沉思着说,看来,巴本总理像个真正的同志。"请注意,如果他愿意继续在总理府内与夫人一起虚度年华,把权力真正交给我,那我就不介意。"

大街上,报童在高声呼叫着报纸号外的大标题:《可怕的自负——希特勒自食其言——希特勒遭帝国总统斥责》。报纸说,希特勒要求得到全部权力——这是根据会见后发表的公报写的。公报之发表如此神速,这肯定是早有准备的。此举惹怒了希特勒,也打破了兴登堡抛在他头上的符咒。他觉得,他被军方和政治家"欺骗了"。一位敌对的传记作家同意这一说法。"国社党人已进入了权力的前厅,"鲁道夫·奥尔登写道,"他正在参与政治谈判,却遭到鄙视和欺骗,又被人待之以傲慢,倘若最终不能取胜,他们之愤怒是理所当然的。虽然许多大门朝他们敞开,虽然许多人与他们握手,却没有'受尊敬的人'接见他们。这些'受尊敬的人',并不想利用他们,只想蒙骗他们。"

巴本的公报也使施莱彻尔几乎同样目瞪口呆,因为他依然相信,最好的解决办法莫过于让纳粹参政。他连忙传话给元首说,签订协议的机会还是有的。他还要求与元首会晤。希特勒断然拒绝与他的会晤,此举令原来镇定自若的将军大为震惊。当晚,有位朋友发现,施莱彻尔脸色惨白,心神不定,语无伦次。他的话终于被听明白了。他说:"这个决定是对的。不能将权力交给阿道夫·希特勒。"

在全市,冲锋队早已咬牙切齿,但党又长时期按兵不动;现在,他们再也按捺不住了,吵吵嚷嚷,要求立即行动。此时,希特勒已醒悟过来,恢复了平静。他将冲锋队的指挥官召至戈培尔寓所,据理说服他们,现在还不是夺取政权的时候,此时起义,结局定是灾难无疑。他们居然接受了希特勒的见解,希特勒之魅力由此可见一斑。所有部队均休假两周。

当天晚些时候,希特勒南下,回到上萨尔茨堡。施列克摸黑开车,沿着弯弯曲曲的道路前进;希特勒则一言不发。后来,汉夫施坦格尔听见他在自言自语地说:"等着瞧吧,也许这样更好。""他那昏昏欲睡又听天由命的声音表明,他的一切本色均不翼而飞了。"元首毕竟比其部下精明冷静,不时用诸如"由我们开始的事业只能靠自己去完成""我宁愿围困一个堡垒,而不愿当它的俘虏""日后我们会说，事情就该这样干"的话去鼓励部下。这也许是因为，其他人只看现在，而他则放眼未来。在兴登堡面前虚张声势取胜的赌博已失败了，但希特勒坚信，命运会让他渡过难关的。

不到几天的工夫，希特勒便从逆境中恢复过来，且恢复得很好。但是，凡是在这危急的时刻在贝希特斯加登见过他的人，对他的看法却又不同。其中一人是约希姆·冯·里宾特洛甫。他是巴本的朋友，他的贝希特斯加登之行的目的原是要修补总理和元首之间的关系的。但是，在抵达后不到一小时，他就成了希特勒的信徒。"当时，确没有讨论或谈判的余地，"他回忆说，"他只依实陈述，使在场者人人皆能接受。他不受他人影响，毫不妥协。"前来充当说客的里宾特洛甫，在离开该地时业已坚信，只有希特勒才能将德国从共产主义中拯救出来。于是他便加入了国社党。

数天后，8月17日，数名美国记者会见了希特勒。按原计划，路易斯·洛茨纳、赫·V. 卡尔顿波恩和卡尔·冯·维甘德三人是要一起采访元首的，但是，代表赫斯特报纸的维甘德却坚持要单独采访。15分钟后，维甘德怒气冲冲地回到了他下榻的小旅馆——就在瓦申弗尔德大楼附近。"那家伙不可救药，"他对两位同行说，"每次见他我都觉得他一次比一次糟糕。从他口中我啥也没有掏到。你提一个问题，他便发表一通演说。这次采访完全是浪费时间。"

正当卡尔顿波恩和洛茨纳走向门廊时，希特勒刚好从前门出来。卡尔顿波恩劈头便提了个令人难堪的问题："对于犹太人您是持敌对态度的，请问，您是否将德国犹太人和从其他国家迁徙来的犹太人加以区别？"

希特勒的明亮碧眼，似乎看穿了卡尔顿波恩。"我们相信为德国的门罗主义，"他喊道，"你排除了未来之移民——你们不接受的移民。你们调节移民的数量。你们要求移民者非达到某种身体水准不可。"其他国家的犹太人他毫不操心，只关心他国内反对德国的分子。"我们要求得到用我们认为适当的办法去对付他们的权力。"

洛茨纳把话题拉回到眼下的政治形势上。希特勒先生是否真的曾向兴登堡提出过要建立权力相当于墨索里尼政权的国家社会主义政权？希特勒彻底否认曾有过这种交易，但接着又硬说他有"得到全部权力的权力"。他的谈吐，似乎他已掌权，并谈到了他将在德国建立统治的情形。它必须是某种权力主义的政权。议会制并不是欧洲大陆的产物，也与他们的传统不符。"然而，我们却不能用野蛮的力量予以代替。"政府必须有群众的支持。"你不能在真空中建立专政。力量不是源于人民的政府，一遇外来危机，就会失败。"

在新国会的开幕大会上，国社党的代表们的举止是很得体的。反对派发言时，他们静坐着；在选举议会长官时，他们也充分合作。这种模范行为也得到了报酬——在中央党的支持下，戈林当上了国会总裁。人们在平静而有建设性的活动中度过了几天。德国的政局终于稳定了——多亏了阿道夫·希特勒。然而，不到一星期，他突然又改变方向，很明显，是心血来潮使然。共产党提议向巴本政权投不信任票。希特勒令他的代表们不予反对。

这次会议变成了叫喊比赛。当巴本——他匆忙离场让兴登堡在一份解散议会的文件上签字——回来要求发言时，戈林总裁装作没有看见。巴本大怒，将文件扔在主席台上，戈林对此视而不见，要求投票表决。表决结果是巴本彻底失败——512票对42票。

意外政变之成功，使希特勒得意忘形。他满怀信心地着手准备大选。在讲台上，他又表演了惯用的伎俩。目击这场魔术的有一个是他的敌人——奥匈帝国的最后一位皇帝的儿子。在柏林举行的一次露天大会上，奥托·冯·哈布斯堡与一群一直在咒骂希特勒的共产党人一起，站在人群的边沿。希特勒出台了。他还来不及开口，那些咒骂他的人们便被吸引住了。"在开口前他就将他们抓住了。他有某种磁性天才。"演讲快结束时，年轻的哈布斯堡大为惊讶，因为他周围的共产党人正与其他欣喜若狂的听众一起欢呼。

尽管希特勒有吸引群众的天才，他的竞选运动却进展缓慢。这是因为，党的财力和人力已严重枯竭，几乎到了破产的地步。似乎永无终结的选举也使德国人的情绪一落千丈。戈培尔再也无力掀起先前选举时的那种热情，参加大小会议的人数越来越少。以斯宾格勒为例，永无止境的选举使他怒不可遏；原来对希特勒半心半意的支持此时已变成了讽刺。那年秋天他写道，德国没有真正的恺撒，而货真价实的元首必须"是个英雄，而不是英勇的男高音"。

正当希特勒试图为竞选运动注入生命时，他本人再次遭受不幸。11月1日，数月来一直做他的情妇的爱娃·勃劳恩，也用手枪自杀，一如吉莉·拉波尔之所为。她疯狂地爱着他，后来，随着政治局势的加剧，他们之间连留言也越来越少了。令她更难受的是，有个不怀好意的争风吃醋者，又将元首在竞选时与漂亮女人一起照的相片拿给她看。

万圣节（11月1日）当天午夜后不久，她给希特勒写了一封诀别信，然后朝脖子上开了一枪打断了大动脉。她踉跄着走到电话机前，上气不接下气地对外科医生普拉特大夫说，她朝自己心脏开了一枪。

希特勒顾不上大选一事，带着一束鲜花，赶到私人医院——她在那里养伤。"你觉得，"他问普拉特医生道，"勃劳恩小姐自杀的目的就是为了当你的病人和把我吸引在她身边吗？"医生对元首说，看来她是真心想自杀。她觉得没人理她，不如了却残生算了。医生走后，他转身对同伴霍夫曼说，"你听见了，这姑娘自杀是为了爱我。可我并没有惹她，她没有自杀的理由。"他一边在不安地踱步，一边自言自语地说，"很明显，我得照顾这位姑娘了。"霍夫曼反对。谁会因此事拿他是问呢？"你想想，谁会相信呢？"希特勒说。希特勒对人性是比较了解的。谁又能保证她不再自杀？

竞选运动本来就在恶化，可这个偶然事件却又分散了希特勒的注意力。两天后，他又碰到一个棘手的问题——戈培尔主要与赤色分子一起，搞了一次未经工会允许的柏林运输工人大罢工，要求每小时增加一普芬尼左右的工资。这两个党的目标原有许多共同之处，两党共同战斗，这也不是首次。在而后的数天内，天气阴湿而寒冷，国社党人和共产党人在警戒线上一起风餐露宿。他们肩并着肩，向破坏罢工者投掷石块，拆除电车铁轨，还修筑路障。

希特勒无法公开谴责他的鲁莽信徒所采取的行动，但在私下里，他却为赶跑了如此众多的中产阶级的选民而火冒三丈。他于是便下令结束罢工。"报界在发我们的火，称我们是布尔什维主义。实际上，我们却是出于无奈，"戈培尔在日记中解释说，"对此次罢工，倘使我们置之不理，那么，我们在工人阶级中的地位就会发生动摇。"

戈培尔的鲁莽之举，使资产阶级为竞选提供的资助也减少了。星期日那天，11月6日，希特勒丢掉了200多万张选票，在国会内也丢掉了34个席位。与中央党的简单的联盟再不能为他取得多数了。更重要的是，这表明希特勒洪流业已退去，企图通过投票箱取得政权的战略也已失败。

有议论说，希特勒再次以自杀相威胁。在绝望中他会说这番话，这是非常可能的。然而失败后重整旗鼓的这种方式又再次重演。不到几天，希特勒又从沮丧中脱身出来。待他同意让塞夫顿·德尔默再次采访他时，他似乎已完全恢复了信心。会见是在魏玛的大象旅馆的一个后室里举行的。交谈中，希特勒突然把话题从政治转到一个谣传上——英国希望在德国重建君主制——使这位英国人惊奇不已。德尔默说，这种说法他还是首次听到。"英国政府仅对能使德国建立秩序和稳定的措施感兴趣。"

"很对，很对，"希特勒喊道，"若有人让霍亨佐伦王室复辟，德国将在火焰中复兴。我快要掌权了，一点也不想当一匹赛马，让王室的骑手骑在我背上。"希特勒这番恶语，可能是针对新近受的一次侮辱而发的——在波茨坦，他曾与继位公主塞西里埃会见并受辱。会见结束希特勒准备起程时，他的随员听见公主喊道："快把窗户打开，这里气味不好！"元首无法控制之浮夸继续令他难堪。

希特勒的失败也安慰不了巴本什么，因为在国会中他的得票数远远少于他人。他将个人的不悦搁在一边致函希特勒说，新近的选举为团结全德提供了新的机会。"我们必须将竞选运动中出现的痛苦置于一旁，将你我二人均想方设法为之效力的国家利益放在首位。"8月会晤的回忆太痛苦了；希特勒的答复是一封指责信。以元首讨论会导致误解为由，拒绝了巴本要与之会见的邀请，在最后一次会晤后，你巴本不是公开宣布我希特勒要索取全权，而实际上我只要领导权吗？另外，他也不准备"在任何情况下演8月13日的一出"——你巴本不是坚持要与兴登堡分担责任吗？"不幸的是，劝你承担你应承担的责任，你却不听。我却承担了我那一份。反之，你总理阁下却使用了欺骗的伎俩——不顾我的愿望，也不听我的解释——成功地诱使我与帝国总统单独交谈……我不想让这种把戏重演。"

遭斥责后，巴本于11月17日下午向兴登堡做了汇报。他说，在他的领导下搞任何联合都是不可能的。总统接受了他的辞呈,并于次日向休根堡征询让希特勒出任总理的意见。休根堡已不再信任元首。"我认为,从他处理政治事件的全部方法看,很难将领导权交给他。不管怎么说,我对他有严重的怀疑。"元帅又征求他的顾问梅斯纳的意见,问他,在慕尼黑时希特勒当过油漆匠一节是否属实?未待回答,他又转问白发苍苍的休根堡。"我亲爱的青年朋友,你可算讲出了我的心事!"他说。接着他便着手使这一神话一直延续至今:"我们可不能让油漆匠去坐俾斯麦的这把交椅。"

次日上午,在希特勒的坚持下,两人私下进行了交谈。谈话一开始就很糟。兴登堡斥责希特勒,说纳粹青年在东普鲁士为所欲为。"不久前,他们在坦能堡高喊什么'快醒!快醒!',但我可没睡觉呀!"希特勒解释说,他手下人之此举并无恶意;他们不过是在喊国社党的口号"快醒吧,德国!"而已。

约在一小时后,梅斯纳进来了,谈话更是唇枪舌剑。希特勒拒绝步入非常内阁,除非由他出任总理。"为祖国之利益故,"他说,"我党必须保持,就是说,我必须当总理。"纳粹与共产党搞在一起,在柏林搞运输工人罢工,这又为何?"即使对我手下的人曾有所遏制,"他坦率地解释说,"罢工也同样会爆发,而我却会失去工人的支持。这也不符合德国的利益。"

兴登堡虽然很不信任这位"油漆匠",却在尽力争取与他合作。"我只能将我的要求重述一遍:助我一臂之力。"这是公开号召向他本人尽忠。"我确实很欣赏你本人和贵党的理想,希望你和贵党参政。"但是,他又不能让希特勒出任总理。当然,如果取得了多数,希特勒便可随意去建立他的国社党政府。

希特勒捏紧了放在双膝上的拳头,喊道:"元帅先生!为了与其他政党谈判,首先授权予我,元帅先生,这是合乎逻辑的!"他无法再掩饰愤怒。

兴登堡讥讽地笑了。

室内鸦雀无声,气氛很是紧张。"元帅先生,"希特勒终于开口了,"您似乎认为我会进行独裁统治,其实,我无意这样做。如果您坚持要我在国会内取得多数,那么,我就要向国会提出法案,授权我去处理特殊、紧急的事务。"他能让国会通过这一法令,问题也可获解决。

这,兴登堡是无法接受的。他再次求助于希特勒之军人责任感,试图将问题私下了结。他试图以在战时把他们连在一起的"老战友之情"打动他。

"在这件事上,各自让步一半,使你我能够共事。"希特勒走了,与先前一样毫不妥协,但兴登堡却以为他已打动了这位前下士,他对梅斯纳说:"好,看来这位希特勒已一点一点地明白事理了。"

让希特勒出任总理的请求向兴登堡不断涌来。两天后,他觉得有必要再次见他。这次,希特勒带来了一份经过精心准备的声明。声明说,议会制业已失败,它已不能表达人民的意志。只有国社党人才能阻止共产主义。声明要求兴登堡委任他为内阁总理。

兴登堡再次建议,希特勒需在国会内寻求多数,才能出任总理。希特勒的反应是冷淡的。这次10分钟的会见,再次以总统提出友谊为重而告终。

在而后的数天里,希特勒与梅斯纳交换了冗长的信件,但试图达成协议的努力成了徒劳,因为希特勒一再坚持要出任总理,且要与巴本一样拥有全部权力。这个僵局引起了一群具有影响力的商界头面人物的关注,他们决定向兴登堡元帅直接施加压力。这些头面人物历来是国社党的资助者。他们觉得,国社党上台后,他们能左右其经济政策。例如,希特勒曾向依·格·法尔本保证,他的政府肯定会支持他生产合成煤油。当年早些时候,在向恺撒霍夫一向被称为"友社"的团体发表的一次秘密演讲中,他曾答应取消所有工会和其他政党。

11月底,39名商界名流(包括赫加尔玛·沙希特、前总理古诺,以及像克虏伯、西门子、蒂森、波希、霍尔曼和霍格勒那样的实业巨子在内)联名致函总统,请求他委任希特勒为德国总理。这些实用派人物把赌注压在纳粹党身上了。他们坚信,希特勒的社会主义是个骗局,一旦上台,他就会成为资本主义的工具。(此时,希特勒尚不是受益于德国实业界的主要人物,"在推敲了各种事实后,"赫·埃·图恩纳写道,"我们必须承认,德国实业界的财政津贴之绝大部分是为了反对纳粹的。"纳粹党的财政收入主要是靠党费。)

议会制政府的各种机构给德国带来的是政治上的停滞不前。兴登堡发现,他无法组成能与处于僵局的国会合作的新内阁。"我准备随时卸任,"他向中央党主席——他敦促兴登堡舍弃巴本,他的风度也令兴登堡高兴——抱怨说,"倘使我得不到理应得到的国内外人士的信任,我绝不想将自己强加于德国；对此，我是很自豪的。"由于各方令他沮丧，兴登堡便于12月1日将巴本和新任国防部长施莱彻尔召至他的办公室。他们约于下午6时抵达，与梅斯纳和奥斯卡·冯·兴登堡一起，在总统办公桌前，依次围成半圆形而坐。巴本指出，希特勒只有出任内阁总理，才愿意承担责任：他建议，他的政府仍暂时执政。他明白，他不会获得国会的支持，因此必须中止国会一段时间。这一程序会牵涉到总统违犯宪法的问题，但由于局势严重，采取这一行动是有足够理由的。警方若无法维持秩序，陆军便会出面。

"用刺刀是能办许多事情的，"施莱彻尔尖酸刻薄地说，"但，有件事你是办不到的——长期骑在他们头上。"国防部长说，巴本的计划是行不通的。他提出一项计划：由他自己出任总理，代替巴本。此举将导致纳粹分裂成两部分，而他也能在国会内获得多数。他将让格里戈尔·斯特拉塞及其一两个心腹在新政府内任职，这便能获得纳粹代表的60张选票。社会民主党人和其他资产阶级政党也会支持。

几个星期来，巴本注意到，施莱彻尔"已不像先前那样坦率和襟怀坦荡"，他们之间的关系"已明显地变得冷淡"。即便如此，曾助他上任的将军竟提出让他下台之举，确令他瞠目结舌。对巴本实施的政策，施莱彻尔历来都给予支持，有些政策还是他提出来的。巴本懊丧地辩解说，他的国防部长的计划，意味着放弃总统为改善政府和国会之间的关系所制订的长远规划。

从早晨开始，讨论几乎未中断过，这使兴登堡筋疲力尽。他一言不发地端坐着，到辩论告终。之后，他起身对巴本说："总理先生，我要你立刻开始商讨建立新政府一事，我将让新政府执行你的计划。"

施莱彻尔目瞪口呆。与巴本一起离开总统办公室时，巴本建议他留任数月，以待修改宪法和恢复国会的和平。"那时，我便辞职，由你接管政府。这样，你便会有一开始便万事如意的希望。"

施莱彻尔冷冰冰地进行了反驳，就像路德离开"沃尔姆斯会议"①时那样："小和尚，小和尚，你选了一条险路。"

在次日举行的内阁会议上，此事变得既痛苦又公开化了。巴本将昨晚

---

① 在1521年举行的"沃尔姆斯会议"上，马丁·路德被判为异教徒。——译注

与总统会商的情形作了一番介绍后,他点名叫施莱彻尔起来。施莱彻尔站起身来并宣布,若在巴本领导下建立新政府,必然会使全国产生混乱。若发生内战,警察和陆军也不能维持法律与秩序。他说,在对此事做了一番研究后,总参谋部得出的结论是,像警察和紧急技术部队那样的地方部队已被纳粹分子渗透,陆军无法控制希特勒起义。

由于没有哪位部长对陆军的估计提出异议,巴本连忙跑进总统办公室。被日前各种事件搞得筋疲力尽的兴登堡一言不发,听由巴本抱怨。"亲爱的巴本,"兴登堡的声音已失去了他先前的自信,"如果我现在改变主意,你定会说我是个下流汉。不过,我年事太高了,已到了生命的尽头,不能承担内战的责任。我们只好让施莱彻尔先生以上帝的名义去碰碰运气。"

兴登堡扶着拐杖,缓缓起身并走到巴本跟前,与他握了握手。巴本很受感动,看见"两大滴眼泪"滚下"老头子"的双颊。数小时后,他派人送了一幅照片给巴本,作为诀别的礼物。照片上写着:"我有一位同志!"——这是一首著名军歌的歌名。

当施莱彻尔来到总统跟前,总统叫他组织新政府时,他表示抗议:"我是你马厩里的最后一匹马,理应保留。"兴登堡以自己辞职相威胁,施莱彻尔这才接受委派。他是这样说的,也许他真是很勉强。他淡然一笑,表示祝贺,并引了人家一句话——这次用的是拉丁文:"我们这些垂死者向您致意!"

于是,在1932年12月2日,库特·冯·施莱彻尔便成了自1890年俾斯麦之职被取代以来第一位被任命为总理的将军。他的第一个行动是把格里戈尔·斯特拉塞请到家里(他们曾在一牙医住处相遇),请他出任副总理兼任普鲁士总理之职。这个提议令格里戈尔感兴趣,但他又忠于希特勒。于是,他便说,他要与他的领导磋商后再议。他没提及的是,元首身边有一层保护圈,圈里人都是些阿谀奉承者和溜须拍马者,且控制了元首,而这层保护圈对此问题已有风闻。不久前,他曾在弗兰克跟前抱怨说:"兴登堡是个德高望重的老人,他真心实意地想让他在政府内任职。可是呢,罗恩格林——希特勒周围却站着一群虎视眈眈的家伙。弗兰克,我看事情好不了:戈林是个残酷无情的自私家伙,他要是当上了什么,德国的事情他才不管呢。戈培尔是个瘸脚魔鬼,两面派。罗姆是一头蠢猪。这就是元首的老'卫队'。太可怕了!"

施莱彻尔和格里戈尔会晤的秘密,被巴本办公室的人得悉了。他将此事泄露给了一位记者,记者告诉了汉夫施坦格尔,汉夫施坦格尔又告诉了希特勒。这样,巴本——或曰巴本之同谋——在施莱彻尔问题上便以其人之道还治其人之身。然而,首先受害的却是格里戈尔。他原是代表元首忠实地与施莱彻尔打交道的,他的信念是,使党不至于分裂的最佳办法莫过于立即掌权——即使要以联合政府作代价。

希特勒对格里戈尔原已有怀疑,此怀疑是戈培尔煽起的。可以理解,希特勒自然将此事看成背叛;较温和的顾问们则倾向于考虑施莱彻尔的最新建议——让元首出任副总理。12月15日,党在恺撒霍夫召开了一次领导人会议。在此暴风雨般的会议上,格里戈尔哀求元首接受此职。然而,戈培尔和戈林却强烈反对这桩交易,而希特勒又同意他们的意见。格里戈尔警告说,如国社党不予支持,施莱彻尔就会解散国会。但是,被格里戈尔的"背叛"刺痛了的希特勒,拒绝对此事作进一步讨论。

两天后,格里戈尔在恺撒霍夫再次会见了希特勒。这次,希特勒公开指责了格里戈尔的背叛行径。据称,格里戈尔回答说:"希特勒先生,要说是背叛,我并不比其他任何一位自愿送信者更够格。我的计划是要阻止而不是要使党进一步恶化。"在盛怒下,格里戈尔找不到适当的言辞,转身摔门而去,坐上出租汽车,奔回埃克塞尔西奥旅馆去了。回房后,他独自愤愤不平。次日,12月18日,他致函希特勒,辞去党内的一切职务,理由是,元首已不再信任他。信中,他并未号召公开反叛,而是敦促党的全体官员坚守岗位。格里戈尔不好亲身将信交给希特勒,于是就付邮寄去,然后便守候在电话机旁。

用戈培尔的话说,这封信"像一颗炸弹"投落在恺撒霍夫。希特勒大为震惊,一时竟不知如何是好。他也不好拿起电话向格里戈尔恳求。可以肯定,格里戈尔是让谈判的大门敞开的,但他既不愿交出在国会中的一席之地,也不愿放弃党籍。由丁恺撒霍夫未有消息前来,格里戈尔便打理起行装,往火车站走去。与友人一起喝了啤酒后,他坐上夜车,奔慕尼黑去了。

当晚,希特勒待在戈培尔家里。"我们想高兴也高兴不起来。"戈培尔在日记中写道,"我们全都情绪低落,最主要的原因是,党正在四分五裂,过去的一切工作都成了白费。"凌晨两点,罗伯特·雷伊打来电话说,在党内人士中出现了明显的动摇和不安。他敦促元首立刻赶回恺撒霍夫。希特勒立即赶了回去。但是,早报一到,党部里像开了锅——报上登着有关格里戈尔辞职的大标题! 希特勒坚信,消息是格里戈尔泄露给"犹太报纸"的。他气得结结巴巴地说,格里戈尔"在最后胜利前5分钟在他背后插了一刀"。然后,他流着热泪,沉默了。

"如此卑鄙的行径居然也躲过了我们大家,"戈培尔写道,"背叛! 背叛! 背叛! ……多少个小时呀,元首在旅馆房里踱来踱去! ……一次,他停住脚步说:'党如果分裂,我就在3分钟内用手枪了结一切!'"

后来,有人建议,如今之计,最明智的办法还是把格里戈尔召来,将争吵平息。于是,希特勒便令他的司机施列克,"不惜任何代价",立刻将格里戈尔找来。但,此时他早已在慕尼黑的寓所里了。他匆匆叠起行装,前往意大利休假。那时刚好有个朋友前来探望,他对友人坚决地说:"我是个打上了死亡记号的人。"他告诫他的友人不要再到他的寓所来,"不管发生什么情况,你都要记住我的话:从今以后,德国将落入一个奥地利人之手,此人是个天生的谎言家,当过军官,是个堕落者、畸形者。我告诉你,最糟的是最后一项:他是披着人皮的魔王。"虽然在内层人物中,像格里戈尔那样用此等言辞谴责希特勒这最少是第二次,但对元首他还是崇敬的。不久前,他还对卢森堡说过:"我生是希特勒的人,为他而战斗;我希望有朝一日作为他的人而进入坟墓。"

同日,党的领导人和地方干部在国会总裁的官邸内集会,谴责格里戈尔。希特勒依然感情冲动,抽泣着说,格里戈尔的背叛,令他震惊。据戈培尔说,与会者"自发地向领袖欢呼。人人皆与他握手,并保证战斗到底,不管发生什么,都决不放弃他们的伟大理想。格里戈尔被完全孤立了,成了死人一个"。

格里戈尔的激烈行动并不是反叛。他只试图将元首从像戈培尔那样的人手中解放出来。他不代表任何派别,也没有重要的党员跟着他一同被人遗忘;也没有必要进行清洗。希特勒只宣布:格里戈尔休病假去了,为期三个星期,是经过批准的。但是,一旦党员们得知元首不再信任格里戈尔时,大家也不再信任他了。

即使如此,希特勒仍为台柱的离去而悲伤,极力将格里戈尔从记忆中抹掉。12月中旬,他发出了两份冗长的备忘录,将格里戈尔的行政权力下放。他永不再允许个人在党内拥有如此巨大的权力。格里戈尔的大部分权力落入了赫斯之手,因为赫斯"最熟悉(希特勒的)基本思想……和意图"。

元首虽然重新获得了党的控制权,广大党员仍然忐忑不安,士气低落。他们的政治前途是凄凉的。"要使冲锋队和党的干部们保持明确的航向是困难的。"戈培尔在12月15日的日记中这样写道。在12月24日的日记中他又写道:"我独坐于此,为诸事担忧。困难的过去,黑暗的未来,无望和可怕的孤独令我困窘。一切希望和可能性均已消失。"

希特勒也陷入沮丧。其沮丧情绪,毫无疑问,又被其圣诞节期间通常出现的意气消沉所加剧(后来,希特勒对其仆人说,他无法随俗,搞圣诞装饰。他解释说,他母亲就是在亮着灯的圣诞树附近去世的)。"我丧失了一切希望,"他在给瓦格纳太太的信中对她送来圣诞节礼物表示感谢后写道,"我的梦想什么也实现不了。"他没有什么希望了,他的对手太强大了,"一旦我发觉一切均已失去,你知道我会怎样做的。我历来都决心如此行事。失败,我接受不了。我会遵守我的诺言,用子弹了却此生。"

他的敌人认为他欺骗了自己,正在庆祝他的政治死亡。"希特勒完蛋了——不是作为一个鼓动者或一个具有进取心的少数派领袖,而是作为一个可能的独裁者。"在写给当选总统富兰克林·罗斯福长达11页的报告中,威廉·布里特写道:"希特勒的影响正在迅速减弱,政府已不再害怕纳粹运动的发展。"

据穆伦·施安豪森说,与此同时,希特勒又再次求助于哈努森。这位闻名遐迩的占星家为他算了一次命,且算得很准。他卜出,虽然希特勒的星象在不久的将来对希特勒有利,但要掌权,官途仍受阻。据报道,哈努森曾告诉希特勒,只有一件东西能为他排难,这就是曼陀罗花(其根呈人形),此花在希特勒出生地之小镇的一个屠夫家的院子里,需靠圆月的光辉才能找到。哈努森自告奋勇去完成这一奇特的任务。据说,他于1933年元旦那天返回上萨尔茨堡的瓦申弗尔德大厅,回禀了元首。在庆典上,他将此曼陀罗花和一首诗呈给了希特勒。诗中预言,希特勒将于1月30日开始上台掌权。诗云:

> 通往目标之道尚未畅通,
> 合适的助手尚待集中,
> 有道是三日内,从三国中,
> 通过银行,一切皆变通!
> 在月底前一天,
> 君定达目标——君之转折点,
> 不靠雄鹰通途,
> 只靠白蚁开路!
> 叶飘零,腐叶纷纷坠,
> 桁将坠,吱声已可闻!

如果希特勒相信这一预言——在报上已发表,遭到讥笑——他也不是认真对待此等事的第一个欧洲名人。占星家路易斯·戈力克曾告知罗马教皇里奥五世,他定能登上教皇宝座;诺斯特拉达木斯曾准确无误地预言亨利一世之死;据说,皮埃尔·勒·克勒克曾令拿破仑坚信自己会当皇帝。不管如何,哈努森预言诗之第三、第四句肯定令元首大吃一惊——因为,他刚接受邀请,于3日内秘密会见前总理冯·巴本,地点是银行家库特·冯·施洛德男爵家里——施洛德是请求兴登堡委任希特勒为总理的39人之一。预见之所以能如此明晰,合乎逻辑的解释是,哈努森(如同他的更加玩世不恭的同时代人相信的那样)是个聪明的骗子。他的预言是以从可靠的来源处获得的消息为基础的。请注意,"通过银行"是按"Durch die Bank"逐字翻译过来的。这也是个成语,意思是"全盘",由此,这行字可理解为:"一切均会彻底改观。"也许,狡猾的哈努森故意选用这一含混不清的成语,以包括几种可能性。

当晚,希特勒在慕尼黑参加了"诗歌会",同行的有赫斯夫妇和爱娃·勃劳恩。之后,他们在汉夫施坦格尔家中喝了咖啡。"希特勒非常和蔼可亲,"汉夫施坦格尔写道,"使我们想起了20年代首次见到他时的情形。那晚的乐队指挥是汉斯·克纳伯茨布希。希特勒不喜欢那个节奏和解说,不停地评头品足。他确是评得不错的,许多段落他都能哼出来或用口哨吹出来(歌词他也倒背如流),以表明它们是什么意思。"元首以迷人的姿态回忆过去。后来,在离开剧院前,在留言簿上签了名,还郑重其事地写上了日期。之后,他抬头望了望汉夫施坦格尔,压抑着激动说:"今年是属于我们的。我向你保证这点!"

希特勒依期在库特·冯·施洛德男爵家中会见了巴本。会见原计划是要在秘密中进行的,但是,尽管各方事前曾周密计划,消息却泄露了出去。那天,柏林一家报纸的记者(他买通了希特勒的一名卫士),在希特勒和巴本分别进入施洛德公馆时拍了两人的照片。会谈进行了两小时。开始时,巴本建议成立希特勒-巴本政府,以代替施莱彻尔政权,巴本与希特勒两人则完全平等。对此令他吃惊的建议,希特勒作了冗长的回答:如果他当总理,他就得在实际上成为政府首脑;他将接纳巴本的一些人去当部长,条件是,他们应同意将社会民主党人、共产党人和犹太人从领导职务上铲除出去的政策。据施洛德说,两人"在原则上达成了协议";离开该地时,两人客气地握了手。

施莱彻尔见到两人握手的照片后,怒气冲冲地闯进总统府,告了巴本一状,说他背叛。他要求总统不再接见巴本,除非他也在场。然而,"老头子"却对这个勇敢的前骑兵特别垂爱,不相信他会行骗。相反,他竟授权巴本让他继续与希特勒非正式地进行接触并令他的秘书将谈判情况对冯·施莱彻尔保密。

数天后,兴登堡进一步降低了施莱彻尔的形象。施莱彻尔计划在东德没收破产的容克①的庄园;兴登堡反对这项计划,支持容克。不错,他是被兴登堡作为下级对待的,但他却犯了一个可悲的政治错误——反应过火。他不但拒绝与叛乱的容克再来往,且公开向他们宣战。这样,兴登堡的客厅

---

① 容克即地主。——译注

里便挤满了容克家属的代表,愤怒地要求解散施莱彻尔政府。不仅如此,施莱彻尔还把军方的愤怒招到自己头上。施莱彻尔将军理应记住,共同的事业把容克和军官团紧紧地联系在一起的历史已有两百年了!

施莱彻尔之蠢举的受益人是阿道夫·希特勒。希特勒很巧妙地利用了越来越高涨的不满情绪,在利珀争取选举。他把这次小型的运动当作全国大选,把党的全部力量投了进去,目的在于取得较大胜利,以便靠实力与兴登堡和巴本进行谈判。为了能从11月的失败中东山再起,重新在群众中获得威信,他孤注一掷,几乎在利珀的每个城市和乡村发表演说。所到之处,他都受到热情欢迎。1月15日,他获得了39.6%的民众选票,增加了17%。这证明,他个人的吸引力是相当大的。大选那天,希特勒来到魏玛,"神采奕奕,高兴得像孩子似的"。他称这次成功"是一次其重要性无法估计的胜利"。他满怀信心,竟于次日将他与格里戈尔(他已从意大利度假回来)的矛盾公布于世。在长达3小时对地方长官发表的演讲中,他攻击格里戈尔背叛,还要让众人知道,他不但已与格里戈尔一刀两断,而且还准备"扭断党内所有失败主义者的脖子"。听众的反应是"狂喜"。党内虽有一批分裂主义者准备追随格里戈尔与元首摊牌,但元首本人却无意斗争。由于关系破裂,格里戈尔放弃了在国会内的席位,开车回慕尼黑去了。

格里戈尔最终退出政治舞台后,希特勒觉得安全了。他准备妥协。1月18日晚,他再次与巴本会晤。这次,他们是在柏林郊区时髦的达莱姆的约希姆·冯·里宾特洛甫家里见面的。为了绝对保密,巴本是由里宾特洛甫的司机拉来的,而希特勒的车子则直接开进车房。他,罗姆,还有希姆莱,蹑手蹑脚地从花园里进去。

"希特勒坚持要当总理,"冯·里宾特洛甫夫人在此次会议记录中写道,"巴本再次认为,这是办不到的。他对兴登堡的影响力还不仅于此。希特勒未作进一步会谈的安排。约希姆初步建议,由希特勒会见兴登堡的儿子。"讨论毫无结果便结束了。希特勒的顽固态度令巴本很为难。女主人却不然,与丈夫一样,她对希特勒也产生了深刻印象。她觉得希特勒"这人真了不起,是个正人君子"。

施莱彻尔的地位已日趋无法维持。到1月20日,他几乎敌视每个政党，不管是左派还是右派。他的极端正是巴本的机会。自他辞职以来，这位前总理便定期探视他的邻居——兴登堡父子，把快乐带进他们的阴郁的家门。但是，今天他走过这被大雪覆盖的总统府花园，是有具体目的的。他没让总统开心，劈头便将与希特勒会面的情形详细向他做了汇报，还说各保守党派有可能合并。他劝说似的建议，为何就不能让希特勒当总理呢？——只要政出你手就行嘛！

最大的障碍不是总统本人，而是总统的儿子——他公开鄙视希特勒。但是，奥斯卡的此种感情是出自妄自尊大，而不是意识形态的不同。为了解决他们之间的分歧，奥斯卡接受了邀请，于1月22日星期日晚在里宾特洛甫的富丽堂皇的家里与希特勒会面。

他们决定，由奥斯卡带领他父亲的国务秘书梅斯纳一同前往。为了对冯·施莱彻尔总理保密，当晚，他们首先到普鲁士州立歌舞剧院观看演出——那里正在上演瓦格纳的早期作品《艳遇》。一行人抵达剧院时，刺骨的寒风正沿着"菩提树下"大街吹来。在帷幕升起前，他们的话题之一是数小时前纳粹在共产党总部前举行的示威游行。施莱彻尔准许2万名褐衫党徒游行，却禁止赤色分子的反示威，到后来，自己不得不派出警察部队，用铁甲车和机枪去保护游行者。

幕间休息时，奥斯卡和夫人与许多熟人打招呼，故意把自己搞得很显眼。但大幕落下，为最后一场作准备时，奥斯卡与梅斯纳便从旁门离场，夫人们则留在原地不动。他们叫了一辆出租汽车，上车后才将地址告诉司机。由于未发现有车跟踪，他们便认为已瞒过了施莱彻尔的探子。为以防万一，他们在离里宾特洛甫家还有一段路便下了车，踏着雪步行前往。经一番周折，他们才找到里宾特洛甫的住地。

巴本、希特勒、戈林和弗兰克已在客厅内等候。气氛很紧张。一阵尴尬寒暄后，希特勒突然向奥斯卡建议，两人到隔壁房间去。梅斯纳还来不及开口，两人已双双走了出去，里宾特洛甫已将房门关紧。据小兴登堡说，希特勒垄断了话题：只有他希特勒才能将德国从赤色分子手中解救出来；只有他希特勒才能当强有力的总理，因为没有国社党的支持，任何其他政府都站不住脚。

一小时后，两人返回客厅，脸色庄重。然后，大家便一同步入餐室用便膳；戴着手套的仆人，给每人送上一个银碗，里边盛的是豌豆和腌肉。希特勒喝矿泉水，其他人则喝香槟酒。来得最迟的小兴登堡和梅斯纳走得最早。夜幕中，大雪纷飞。出租汽车上路后，梅斯纳发现他的同伴"异常沉默，只说了一句：没有办法，只好让纳粹参政。我的印象是，希特勒已成功地迷住了他"。事情可能比这更简单。希特勒可能已以一件公开的秘密要在高层人士中制造丑闻相威胁：早在6年前，为了帮助容克保住财产，政府拨出了一笔"东部援助资金"。凭这一法案，冯·兴登堡总统不仅捞到了一大笔油水（据报道，数目是62万马克），而且还将其资产转到奥斯卡名下，以逃避重税，连转让费也未缴付。这些都是构成弹劾的理由，即使被判无罪，兴登堡的名声也会扫地。

巴本已看出了希特勒给奥斯卡留下的印象。奥斯卡走后，巴本便向元首表忠。他答应支持元首当总理，还发誓说，不管在什么情况下，他自己都不接受这一职务。秘密会见结束后，希特勒一行蹑手蹑脚地走进车房。但是，施莱彻尔的探子并未被瞒过。翌晨，施莱彻尔给梅斯纳打来电话，提了一个讽刺性问题：他是否喜欢昨晚一人一碗的晚餐？施莱彻尔将军是搞阴谋诡计的大师，他明白，他必须快速采取行动。他对兴登堡说，为了控制纳粹，他需要实行"军事专政"，并试图说服兴登堡去解散国会和停止大选。但是，对施莱彻尔之没完没了的计划早已厌烦的兴登堡，拒绝采取这种紧急措施。

当施莱彻尔建议实行军事专政的消息泄露出去后，社会民主党和中央党双双说施莱彻尔是人民的敌人。他的计划不仅不符合宪法，而且是"公开的大叛变"。为了抚慰这些唱反调者，他公开发表声明说，他原无意违犯宪法，这不仅徒劳无功，且是个大错。这激怒了休根堡及民族主义党，他们立刻抛弃了施莱彻尔。

鉴于事态突然转而有利于希特勒，他便于1月27日回到柏林。由于首都的阴谋几乎立刻使他大为失意，他便对里宾特洛甫说他要走。"约希姆建议与休根堡联合，组成民族阵线，"里宾特洛甫夫人写道，"希特勒说，该对元帅说的他都说了，不知道还有什么可补充。约希姆劝希特勒，最后那个措施还是要采取的，局势并非完全无望。"

希特勒勉强同意当晚与巴本会谈，但是，待一切均安排好后，他却改变了主意，理由是，他无法自由交谈。他试探着宣布，他真的要离开首都，但又同意由里宾特洛甫代表他与巴本会面。当晚，里宾特洛甫好歹说服了巴本：唯一解决办法是让希特勒当总理。次日上午，巴本将这一意见转达给了兴登堡。元帅拿不定主意。几个月来，让希特勒出任总理的请求如洪水般涌来。不久前，他的儿子也得出了同样的结论。虽然他对这位"捷克下士"——他坚持这样称他——仍与先前一样强烈反感，看来，很明显，"老头子"终于愿意接纳希特勒了。

此时，施莱彻尔正在召开内阁会议：他对阁僚们说，他提议再次请求兴登堡总统发布命令，将国会解散；如果不成，他便不得不辞职。为了会见兴登堡总统，他暂时休会。这次会见只有10分钟。兴登堡是否同意发布解散国会的法令？"不行！"既然如此，施莱彻尔说，唯一的办法只好由希特勒组织政府。兴登堡说，施莱彻尔政府未能得到多数，他自己或许能找到足以令德国稳定的多数。他接受了内阁的辞呈，并怒气冲冲地自言自语说，关于这点他不想再争论了。

兴登堡似乎六神无主。"我即将所为是否正确，亲爱的施莱彻尔，"他说，"我也不知道，不过，我到了上边后，很快便会知道。"他指了指天空。"我已一脚步入坟墓，上天后我是否会对我之所为后悔，我也没有把握。"

"在此次背信弃义后，阁下，"施莱彻尔尖酸刻薄地回答说，"您是否能上天堂，我还不敢肯定。"

天黑前，巴本与奥斯卡和梅斯纳又一起来到总统办公室。兴登堡再次建议由巴本出任总理，但三位顾问一致重申，唯一可能的选择是希特勒。"这么说，尽管令人讨厌，我只好委任希特勒这家伙了？"老头子嘟囔道。不过，他又坚持，新政府必须由瓦尔纳·冯·勃洛姆堡将军（他称他是"一位举止可爱，不问政治的炽烈的军人"）担任国防部长，由巴本担任副总理。现在的问题是，如何设法让希特勒接受这些人选。

次日上午，星期天，巴本会见了希特勒，他同意了——但提出了自己的要求：举行新大选，并发布授权法，授予他超过先前恺撒的权力的总理权力。

时至下午,巴本向兴登堡汇报说,各方已同意这个新政府。只在此时,巴本才提到希特勒之新大选之要求,并说得听起来合情合理。他强调了希特勒的承诺:这是最后一次大选。

戈林闻讯后,大喜,连忙跑到戈培尔家中(希特勒在那里喝咖啡),第一个将此好消息告诉了元首。据戈培尔的日记记载,三人高兴得长时间说不出话来。之后,他们起身,热烈地互相握手道贺。正当三人围成圆圈握手时,玛格达·戈培尔端着一盘刚烤好的果馅饼进来,增加了舒适的气氛。突然,施莱彻尔派人送信来说,如果兴登堡提名让元首当总理,有可能会出现军事起义。庆祝立时结束了。希特勒和戈林顿时惊慌失措。谁也没想到应找波茨坦和柏林兵营内可靠的追随者核实一下,部队是否已处于警备状态。相反,希特勒立即打电话给柏林冲锋队司令,命他马上让当地的全体冲锋队处于警备状态。还应警告谁呢?希特勒问。他自己作了回答:巴本,奥斯卡·冯·兴登堡和梅斯纳。当戈培尔和戈林慌忙出去执行任务时,希特勒给一纳粹警察少校挂了个电话,指示他"用6个营警察部队,准备随时夺取威廉大街"。最后,他通知从日内瓦乘火车前来的当选国防部长勃洛姆堡将军,让他在柏林火车站下车后,立即赶赴总统府宣誓就职——这样便可能随时准备镇压任何叛乱。

军事政变的谣言很快便在政府内部传了开来,使首都整晚惊慌不已。次日上午——星期一,1月30日——在惊慌之余,巴本公馆内又出现了大辩论。民族主义党主席休根堡强烈反对希特勒之举行新大选的要求。看来,新政府又注定要夭折了。休根堡久久纠缠不放,巴本绝望地喊道:"如果到11时新政府还成立不了,军队就要出动了。施莱彻尔可能会建立军事独裁!"休根堡问,消息从何而来?巴本不耐烦地喊道:"是小兴登堡说的!"

就在此时,巴本别墅外传来"万岁"的喊声。希特勒与戈林进来了。那时已是上午10时35分。巴本建议,众人与他一起去总理府。他们踏过被大雪覆盖的总理府花园,上了梅斯纳的办公室。在这里,他们碰见了其他部长候选人。在众人等候进入总统办公室期间,巴本提出了大选的问题。

"大选?"休根堡试探着宣称,他认为此问题已获解决。希特勒把他拉到一边,但,元首的劝说反而惹得休根堡大声反对。希特勒拉起这位老人的手,试图让他息怒,并向他保证,不管选举结果如何,内阁均不再更动。回答还是"不行"。

就在此时,梅斯纳出现了。"先生们,已超过指定时间5分钟了,"他说,"总统是喜欢准时的。"巴本发现,在成功的关头他的联合正在分裂。"内阁大臣先生,"他请求说,"您是否想拿经过千辛万苦的谈判才取得的国家统一去冒险?您大概不会怀疑一个德国人的庄严的保证吧!"

休根堡在继续陈词力辩,直到恼怒的梅斯纳拿着手表匆匆出去时方才住口。"总统请你们再不要让他等待了,"他宣布,"现在是11时15分了。'老头子'随时都可能离开办公室!"

希特勒再次执起休根堡的手。此次,他保证与中央党和巴伐利亚人民党相商,以保证国会多数尽可能有最广泛的基础。休根堡说,这事留给兴登堡作决定吧——大概是梅斯纳手中的表诱使他这样说。希特勒仓促表示同意,但戈林却喊道:"现在,一切就绪。"于是,众人便列队进入总统办公室。

由于厌烦,兴登堡并未亲自委任希特勒总理之职——如此看轻总理,这还是首次。他也未发表欢迎词对新内阁表示欢迎,甚至连未来的任务也未陈述。宣誓仪式极其简短,其风格像强迫的婚礼。然而,希特勒却未让如此具有历史意义的时刻在无声无息中度过,他发表了演讲,令众人很是惊奇。在庄严地宣誓他将维护魏玛宪法后,他保证在国会中找到多数,使总统不必再签署紧急法令。还有,他将解决经济危机问题,以待兴登堡做出恰当的反应。但这位元帅,似乎让部队解散似的,只说:"现在,先生们,与上帝一同前进吧!"

哈努森的预言,如果算是预言的话,实现了。那个连高中都毕不了业的人,那个未能考取美术学院的人,那个在维也纳街头当过流浪汉的人,现在,在1933年1月30日,却当上了德国总理。正当他心神恍惚地离开总统办公室时,希特勒瞥见了霍夫曼——是希特勒带来为宣誓典礼拍照的。希特勒以手击头,喊道:"我的天呀,我把你给忘了,霍夫曼!现在恐怕太迟了!"由于要急忙赶回恺撒霍夫,他未给新阁僚讲话。他站在车内,缓缓通过欣喜若狂的人群——这些追随者把嗓门都喊哑了。

"我们赢了!"他对等候在旅馆的心腹们趾高气扬地喊道。人们蜂拥围了上来;他与女佣男仆,与大亨和富人,热烈握手。

消息传出,德国各阶层人士反应不一。温和派被吓得魂不附体;一般德国人都认为,比去年之国会大混乱,不管怎么说都要好些。青年理想主义者、失去产业者、苦难深重的爱国者以及种族主义者,他们都欣喜万分。他们的梦想正在变成现实。在慕尼黑,埃贡·汉夫施坦格尔冲进教室,高声宣布了这一消息。"库特!"他朝一友人喊道,"我们胜利了!我们掌权了!"之后他才想起,库特是个犹太人。库特淡淡一笑,回答说:"我为你高兴。我真希望我是你们中之一员。"

阿道夫·希特勒突然高升,最惊奇的要算是柏林的褐衫党徒了。多年来,他们过着贫困的生活,在首都街头冒着生命危险,常常又与元首的愿望相违。现在,他们的梦想一举得到了实现。不过,大多数人都是通过报纸才得知当晚要举行火炬游行。

每个身强力壮的冲锋队员和党卫军成员都穿着制服外出。不少人原以为又会与警察发生麻烦的,可他们惊奇地发现,连警察也面带笑容,有些人还佩上了卐字章。冲锋队员们举着火炬,于黄昏从提埃加登出发,踏着军乐,以良好的秩序,列队从布兰登堡大门下走过。数以千计的国防军加入了他们的行列。一小时又一小时过去了,他们仍高唱着《维塞尔森林之歌》和其他战歌,列队沿威廉大街走过。他们首先向兴登堡致意——他站在总统府的一个窗前;片刻后,他们才向希特勒致意。希特勒站在总统府的一个窗前,深情地俯视着他们。

威廉大街两旁的树上爬满了青年小伙子;孩子们则像"一串串葡萄"挂满了铁篱。在寒冬的夜晚,火流照亮了黑夜,令人陶醉;鼓声雷动,震耳欲聋,热烈的气氛越来越浓。所有这一切都是经由表演大师戈培尔排练过的。连希特勒也莫名其妙地问:"在短短几个小时内,他从哪里变来这几千几万支火把?"那个小个子博士也控制了电台。通过现场广播,全德国都欣赏到了火炬游行的壮景。

巴本站在希特勒身后,观看了火炬游行。他发现,当队伍接近兴登堡时,人们向他尊敬地呼喊;一看到希特勒,他们便疯狂地欢呼。"对比是非常鲜明的,似乎突出了从一个垂死的统治向新的革命力量的过渡……"这是一次异乎寻常的经历,那永无止境的欢呼胜利之喊声"有如警钟,在我耳中回响"。希特勒转身与巴本交谈时,声音哽咽。"冯·巴本先生,我们的任务何等艰巨呀,大功未告成,你我永不分手。"

在那个醉人的夜晚,律师汉斯·弗兰克也站在希特勒身后。"只有上帝才知道,那天我们的心灵是多么纯洁,"在他被绞死前不久,他曾说过,"假若有人告诉我们未来会发生的事件,谁也不会相信。最不会相信的是我。那是光荣和幸福的一天。"在窗下,欢庆胜利的人们高兴得泪流满面。"大家的感觉都相同——生活会更好,"一个曾与斯登尼斯一起叛乱的褐衫党徒回忆说,"从现实看,虽然没理由相信生活会改善,但他们却又相信,他们重又有了希望。我认为,德国找不出另一个人,能像希特勒那时一样,给我们带来希望、信任和爱。"

"那晚的奇怪感觉,有些一直伴我至今天,"曾跟随父母参加游行的梅丽达·玛希曼写道,"那非凡的脚步声,那红黑相间的旗帜所构成的盛景,人们脸上跳动的火光,还有那先前是如此活泼,如此多愁善感,今天又是如此悠扬的歌声……"在大多数外国观察家看来,这是个不祥之兆。"火河从法国大使馆前流过,"法国大使弗朗索瓦·本塞写道,"我带着沉重的心情和预感,观看了这个火流。"

希特勒与赫斯、戈林、戈培尔、罗姆和弗兰克在一间小屋里吃夜宵,他禁不住说个不停。"今天,有些外国人说我'反耶稣',"他说,"我唯一'反'的是列宁。"据弗兰克说,希特勒进而说,他希望将兴登堡拉到他那边来。"今天,我对他说,我今天当总理会像当年他是我心目中的英雄,我是他的士兵时一样效忠于他。老头子听了很高兴。"希特勒说个不停,一口气把话题转到了共产主义。"今晚标志着所谓的'红色柏林'的终结。只有在没有出路时,人们才'红'的,那些常依靠所谓人民的智慧的人们,又总是对群众无礼。人民的感情或多或少,像女人的感情。"大家踱过花园时,希特勒还在说个不停。"这座总理府,"他说,"像个雪茄盒。接待客人很不像样子。我们得将它全面改观。"

当晚,满心欢喜的戈培尔在日记中写道:"真像是一场梦……像个神话故事……新的帝国面世了。14年的努力,一朝取胜。德国革命开始了!"那晚,德国人很少醒悟到了这点。也许谁也没有想起,海因里希·海涅在不到一个世纪前写下的一段预言性的话:"德国之雷声是真正德国的;它需要时间。但,它会到来的;雷声响时,它将空前绝后,似乎历史上从未响过。这个时刻定会来临……将演出的一场戏剧会使法国革命看来像即景诗……用不着去怀疑它;这个时刻定会来临。"

2 失足

1933—1934.6

> 无论是一个民族,或是一个女人,失足都是不能原谅的。因为,首先前来的冒险者可将他们打翻在地,并占有他们。
>
> ——卡尔·马克思

翌晨,戈培尔太太给希特勒送来了鲜花。那时,他正在旅馆的房间内,凭窗眺望。他慢慢转过身来,"以庄重的姿态"接过花束。"这是第一束鲜花,你是第一个向我道贺的女人。"他喃喃地说——据她的说法,沉默片刻后,他好像继续在自言自语,"现在,人们应该明白我为何不当副总理了。很长时间,连我的党员都不了解我呀!"好一阵沉默后,她朝门边走去。"是的,"她听见他在轻轻地说,"我得独自待些时候。"

他把发生的事情看成是命运使然,是沿着早已画好的道路迈出的又一步。然而,那些赋予他权力的人们却认为,他不外乎是受他们作弄的对象。例如,巴本就曾对他圈子里的人吹嘘:"他是我们雇来的。"然后他又对爱吹毛求疵的朋友说:"你要什么?兴登堡信任我。用不了两个月,我们就能把希特勒远远挤进角落,让他去吱吱呀呀叫唤!"

由巴本所代表的容克,认为他们已收买了一个独裁政权,但希特勒却无意当他们的傀儡。他立即着手为独裁奠定基础。首先,他将中央党提出的一系列问题和要求一笔勾销。他说,因为与该党的谈判已经失败,新的选举便很必要了。接着,通过巴本,他说服了兴登堡将国会解散。

最初的步骤有何意义，这很少有人明白。资产阶级自由派报纸的社论并未预见到革命性的变更。毕竟，在希特勒内阁中不过是多了两名纳粹分子罢了——戈林与弗兰克。"从内阁的组成看，希特勒先生不得不接受较大的限制，"当日的《法兰克福报》傲慢地说——48小时后它又评论道，"很明显，政府是围着休根堡转，不是围着总理转。"甚至连社会民主党人也不吃惊——人们广泛地相信，希特勒不可能在国会内取得三分之二的多数并进而改变魏玛宪法。

《纽约时报》也抱类似观点："内阁的组成并不为希特勒先生留有余地，他不能为其独裁野心欢欣鼓舞。"英国大使报告说："总的看来，报界对希特勒出任总理一事，保持合情合理的冷静"，而"公众对这一消息反应冷漠"。

正当这些观察家向世界保证希特勒无能时，他却在2月1日向选民发表的广播讲话中，在一连串鼓舞人心却又保守的词句后面，隐藏其革命意图。他明确宣布，他只想恢复过去的旧美德。对他之处置犹太人的计划，他闭口不谈。实际上，凡会伤害或吓住一般公民的东西，他都只字不提。

在希特勒发表广播演说过程中，美国驻柏林的临时代办正与一个人共进晚餐，此人是曾协助希特勒上台的帝国银行的总裁赫加尔玛·沙希特，是有能力让人当国王的人物之一。他透露，他是希特勒朝里的金融和经济顾问；他向这位美国人保证，纳粹"并无实行他们著名的煽动性改革的企图"，所以，"所有大商家都对新政权表示同情"。

最后一语虽属言过其实，但是，没有工业家和军方的支持，希特勒是当不上总理的。军官团的人多数同意卡尔·多尼茨（海军中正在平步青云者）的看法，即这不过是在希特勒和赤色分子之间所做的一种选择罢了。

军方之所以支持希特勒，与工业家们一样，是有其自己的打算的。这希特勒也清楚。他对将军们的评价并不高。"我当总理前，"多年后他承认，"我认为总参谋部像一条猛犬，必须紧紧抓住它，因为它威胁着所有的人。"时至今日，他与将军们打交道的经历都是不愉快的。在慕尼黑时，洛索夫"出卖了"他；施莱彻尔则极力阻挠他当总理。现在，既然掌了权，他就得下决心与军方讲和，并利用他们为德国的振兴效力。

在出任总理后的第4天晚上，他采取了第一个步骤：他应邀到冯·哈麦·施坦因将军家里进晚餐（将军曾公开蔑视纳粹）。这次晚宴是新任国防部长冯·勃洛姆堡安排的，目的在于将元首推荐给军方领导人。晚宴后，他起身发表讲话。在这些人物面前，开始时他有点拘谨。他谈到了国家正面临着的灾难性的经济问题。他的答案并不是扩大出口，因为全球均生产过剩，而德国先前的客户均已发展起了自己的市场。他的结论是，失业和经济衰退将继续下去，直到德国恢复了其先前的世界地位时为止。

室内，人们听得津津有味。这种解决办法是他们中大多数人都希望的。希特勒继而说，和平主义、马克思主义，以及"像癌一样在生长的民主"，必须铲除。德国要振兴，重新武装实力为首；祖国一旦复兴，就"必须征服东部的土地，并无情地将它日耳曼化"。为了不因其为未来制订的蓝图而产生恐慌，希特勒向其听众保证，他们无须为国内外政策操心。他不会动用军队对付国内的骚乱；在今后几年内，军队应致力于"实现其主要目标，好好训练，在遭受侵略时保卫祖国"。关于冲锋队，他再次保证，只有军队"才允许携带武器，其建制不予改变"。

海军元帅埃里希·雷德尔对希特勒的印象良好，认为其他在座者的感觉也相同。然而，瓦尔纳·冯·弗立契将军和弗雷德里希·弗洛姆将军，却惧怕侵略一说，而里特·冯·李勃将军则认为，希特勒试图贿赂他们。"商人的货物要是好，"后来他讽刺说，"就无须像市侩那样大声兜售。"

反应虽不一，希特勒却争取到了一批新的追随者。那些希望将新政府变为军事专政以作为恢复君主政体之第一步的人们，已准备批准国社党的改革；许多带恐惧心理的人们，出于对冯·兴登堡元帅的尊敬，也倾向于听之任之。

希特勒动用了他曾鄙视过的宪法所赋予的紧急权力，强行通过了一项法令（"目的在于保护德国人民"），对政治集会和报纸加以控制。无论是巴本还是其他阁僚，均未对希特勒的条文提出抗议。在此一致意见面前，兴登堡只好屈服，签署了这项法令。不久，另一道紧急法令也被通过了——用其自己的人选代替了普鲁士政权。人们虽有抗议，但希特勒的回答却又是合乎情理的——新任普鲁士总理巴本，定能拿住新任内政部长戈林——但，事实是，希特勒已完成了走向独裁的第二个步骤。

德国出现了新贵。汉堡区总裁是新概念的产物,是中下层阶级中一夜之间便飞黄腾达的数以千计的人物之一。教师、律师和商人也成了领导人。如此众多家境清贫的人们在政治上飞黄腾达,先前是从未有过的,他们都是老纳粹战士,由于对希特勒和党忠心耿耿,现在可分到了红利。

像希特勒那样,把自己看成是元首,为取得领导权充分作好准备的总理,在德国,也许未曾有过。对纳粹党,话却不能这样说了。是靠了他磁性般的吸引力以及实现其权力和地位的梦想,党才得以维持的。不错,新贵们确曾按当地水准进行了国家社会主义革命,但是,这是由于保守派的自命不凡,自由派和左派的混乱使然。

正当普通党员在笨拙地组织村镇城市和省的机构时,他们的元首却在建立对于被击败的对手的权威。在陌生人面前,他很谦虚,甚至有点儿狼狈。起初,许多人对此误认为是软弱。然而,过了不久,他便占了那些低估他的人们的上风。"在内阁会议上,"曾当过罗德兹研究学者的财政部长卢茨·施维林·冯·克罗西克公爵回忆说,"人们不能不承认并钦佩其品格。他能炉火纯青地左右所有的讨论;他的记忆绝对准确,能最确切地回答讨论中提出来的最遥远的问题;在讨论时专心致志、头脑清晰,能将最复杂的问题变为一个简单的——有时是太简单的公式;有能将冗长的辩论结果扼要地予以综合的技巧;以及从新的角度去考察某个众所周知的、经长期讨论而无结果的问题的聪明才智。"

施维林·冯·克罗西克和其他政府官员从未碰到过如此强悍的人,他们会对他佩服得五体投地,这是不足为怪的。当月的《观察画报》刊登了一幅漫画,对他之在权贵中出人头地作了描述。他已不再是衣着不整,身披满是皱褶的军大衣、手持鞭子的人物了。他微笑着,显得信心百倍,身上穿着质地优良、剪裁合身的软大衣——他成了洋溢着自信微笑的偶像。

尽管个人取得了成功,在掌权6个星期后,褐色革命的命运依然是个问号。普鲁士政府被紧急解散,在其他州内引起了严重的关切。2月中旬,戈林对普鲁士警察进行了激烈的清洗,把他不信任的人全部清洗了出去。他下令其警察部队,"不惜一切代价,取缔与冲锋队、党卫军和国防军有敌对情绪的任何事物。因为这些组织里有着对国家最具有建设性的人们……警察的职责是要协助做好任何形式的国家社会主义的宣传。"接着,他又发表文告,大意说,"对敌视国家的各种组织",警察应果敢地采取行动,并可随时动用武力。如果"失职",他们便会受到惩罚。这是在向共产党人、马克思主义者和他们的同情者公开宣战。

　　与普鲁士一样,七个较小的州已在政治上就范,但较大的州——包括国家社会主义的发源地巴伐利亚在内——却拒绝向希特勒政府屈服。与此同时,共产党人又号召群众起来抗拒纳粹。2月21日,《红色战士联盟》又煽动"青年无产者"去解除党卫军和冲锋队的武装。"在未来的红军中,每个同志都是指挥官!这是我们向苏联红军战士所做的誓言。无论是机枪、手枪还是监狱,都破坏不了我们的斗争。我们是明天的主人!"几天后,共产党的官方喉舌《红色水手》公开号召采取暴力行动:"工人们,进入工事吧!朝着胜利前进!子弹上膛!拉开手榴弹的导火索!"

　　这些革命的号召可能纯属口号,但戈林却认真加以对待——或行动。他于2月24日袭击了柏林的"卡尔·李卜克内西大楼"。官方公告说,警察抄到了共产党的起义计划。2月26日晚,哈努森预言,这次革命,将爆发为战火。在有一些首都最有影响的人士参加的一次降神会上,他宣称他已看到了烟……有只老鹰从火焰中飞起……接着,柏林一座大楼便陷入火海。听众中,那些深知前一天确有三宗企图向政府大楼纵火的案件的人们,对这一说法必然印象特别深刻。

　　纵火者是个24岁的荷兰人,名叫马里努斯·范·德·卢勃。他下定决心向国会大厦纵火。此人身强体壮,行动有点迟缓,对资本主义的抗议就是放火烧楼。早在4年前,由于厌恶共产党,他退了党,加入了"国际共产党"——这是个支离破碎的小组,反对莫斯科政策。他是一星期前来到柏林的。他当时的想法是,那里将会有重大事件发生。但是,在参加了社会民主党和共产党的示威游行后,他认为,德国革命只有在惊人事件的推动下才能发生。他希望,政府大楼的熊熊烈火将鼓舞麻木不仁的德国群众起来造反。

　　三次纵火失败后,他未泄气,遂于星期一中午——2月27日——带上4包纵火物来到米勒大街的一家商店里,然后步行去国会大厦。他穿着破旧,裤子奇短,头戴高帽,形象可怜。他在装饰华美、以玻璃做屋顶的大厦周围徘徊,发现从西面进入大厦最为安全——那里的门使用得最少。那天天气奇冷,寒风刺骨。为暖身,他在邮局待了半小时,然后又步行了若干时候,于晚9时许回到国会大厦。西面的通道已无一行人。片刻后,他便攀墙而上,爬到了2楼阳台。

晚9时30分,有个神学院学生回家经过当地,忽然听见国会大厦内有打碎玻璃的响声,接着便见一黑影,手中打着火把。他于是便跑去报警,在大厦的西北角碰见一个下士警察。这个下士发现了被打碎的窗户,还看见窗后有火光,但他只是惊愕地注视着,几分钟后,才找消防队。10时许,第一队消防车才赶到。此时,会议室已烈火熊熊。

汉夫施坦格尔在柏林的寓所,刚好在国会大厦对面。其时,他正生病卧床。是守楼人的尖声喊叫把他吵醒的。他往窗外一望,看见了火光,便连忙往戈培尔家挂电话——在那里,晚宴正酣。戈培尔听到这一消息后还以为是开玩笑。"你要是那样想,那就请亲自前来看看。"汉夫施坦格尔反驳完便把电话挂了。片刻后,电话响了——是戈培尔打来的。"我刚跟元首说了,他问究竟发生了什么事情。别再开玩笑了。"从声音听来,戈培尔似乎不信,且很烦恼。这便把汉夫施坦格尔惹火了。他说,大厦已烈火熊熊,消防车也来了。说完,他便上了床,"养"他的病去了。

希特勒望见提埃加登上空一片通红,便喊道:"是共产党干的!"喊完,他便与戈培尔一起奔赴失火现场了。到现场后,他们在仍冒火的大厦内找到了戈林。他的棕色帽子高高翘起,身穿驼毛大衣,看上去像个庞然大物。他是第一批赶到失火现场的人之一,他的第一道命令是颇具特色的:"抢救壁毯!"他对希特勒说,这是共产党干的,"着火前20分钟光景,一批共产党的代表还在国会内。我们扣押了一个纵火者。"戈培尔连忙问:"是谁?"戈林得意地说:"我们还不知道,但能从他口中掏出来,别操心,博士。"

"其他公共大楼没事吧?"希特勒问。"我全都作了防范。全部警察我都动员了。每座楼房都安排了特别哨。我们准备对付任何不测。"

众人踏着水潭和焦墟,沿着烧坏的地段巡视了一周,然后走进一个浓烟刺鼻的大厅。有个警察举枪警告希特勒说,大烛台随时可能塌下。希特勒总理连忙去找前来采访这次火灾的塞尔顿·德尔默。"让上帝保佑这是共产党干的勾当,"他说——对这位记者而言,这是个信号,说明他还不敢肯定这是共产党干的,他只希望如此。"德尔默先生,你现在看到的,是德国一个伟大历史时期的开端。这场大火是个开端。"他踩上了一条水管,既未失去平衡,也未中断谈话,"如果共产党控制了欧洲,6个月后——我在说什么呀!两个月!——全大陆都会像这座大楼一样陷入火海。"

他们走上楼梯,上了另一层楼,巴本迎面前来。他原在赫仑俱乐部设宴招待兴登堡的,听到出事后匆忙赶来。他身穿灰色粗呢大衣,头戴黑色汉堡帽,一句话也说不出来。"这是上帝赐予的信号呀,副总理先生!"希特勒喊道,"如果这场火是共产党放的,我相信是的!那么,我们便必须用铁拳将这条害人虫砸烂!"看到戈林已抢救了壁毯,巴本松了一口气。希特勒请他前往戈林办公室议事,以决定采取何种措施,巴本客气地、坚决地予以拒绝。他说,他得首先向兴登堡汇报。

这场火灾似乎把希特勒给迷住了。抵达国会总裁的办公室后,他倚着石栏,俯瞰着这场浩劫,似乎被烈火吸引住了。此时,内阁各部长、官员及其他要员(包括柏林市长、奥威王子、警察局长和英国大使)都陆续前来。负责进行初步调查的人走了进来。普鲁士内政部政警主任鲁道夫·狄尔斯向元首和戈林报告说,纵火者是个荷兰人,名叫范·德·卢勃,已在国会大厦内找到——他光着上半身。一个审问者愤然地喊道:"你为什么这样做?"这个激进青年回答道:"为了抗议。"

戈林一边喊口号,一边发号施令:"这是共产党起义的开端。一分钟也不能浪费……"希特勒打断了他的话:"给他们一点颜色瞧瞧!谁敢阻挡我们就把他打倒!"由于激动,他涨红了脸,"德国人民长期以来太软弱了。当官的共产党个个都得枪毙。当代表的共产党今晚通通得吊死。共产党的朋友要全部关起来。这也适用于社会民主党和国家害虫!"

狄尔斯告诉元首,纵火者矢口否认自己与共产党有任何联系,说国会内的火是他一人放的。狄尔斯补充说,他的供词听来可信,纵火者仅是一个疯子无疑。

"这个阴谋很狡猾,是经过精心策划的。"希特勒冷冷地说。接着他又蛮不讲理地进行谩骂:"唯一可能的是,他们没把我们放在眼里,也没把德国人民放在眼里。他们躲在他们的老鼠洞里,听不见群众的欢呼声。现在他们倒想爬出来了!"

狄尔斯说,认为共产党就要起义的想法是荒谬可笑的。数不清的共产党叛逆者曾对他说过,起义不过是纸上谈兵。但希特勒就是不听。他再次勃然大怒,又是谩骂"这些猪猡",又是高喊他不需要任何证据就可相信,共产党"用在德国的守护神身上纵火的拙劣伎俩,作为他们声嘶力竭地宣布要搞的群众行动的信号"。

暴风雨般的会议于晚上11时结束。接着又在普鲁士内务部长家开了另一个会议,研究了保安措施。之后,希特勒便出发前往《人民观察家报》设在当地的办公室,看看他们是如何报道这次大火的。"等了整整半个钟头才让我进去。有几个编辑坐在里边。某个助理编辑终于出来了。他好像困得很。"希特勒立刻把戈培尔找来。为了准备下一篇稿子,两人干到第二天拂晓。他们准备指责赤色分子阴谋趁"众人惊慌失措"之机,夺取政权。

与此同时,戈林也在对为普鲁士之官方报纸写报道的人大发雷霆。草稿只有20行,只提到一个纵火者。戈林草草地看上一眼便喊道:"全是胡说八道!作为肇事报告,这也许是不错的,但它不是我心目中的公报,一点儿也不是!"他抓起一支蓝铅笔,把100磅引火材料改成1000磅。作者反驳说,一个人是扛不动这么重的纵火材料。戈林反唇相讥道:"没有不可能的。为什么要说只有一个人?有10个甚至20个人呢!你难道不明白正在发生的事情吗?这是共产党起义的信号!"戈林重写了公报,指出范·德·卢勃的同谋是国会里的两个共产党议员。原作者要求他签字,因为这不是一份正式报告而是一份政治文件。"只有你正式签字,"他说,"由我交给新闻社,他们才肯接受。"戈林勉强在上面画了个大写G①。此时,所有警方电台都在呼叫,要抓国会里的共产党议员,以及省议会和市议会里的共产党议员。对共产党官员也要捉拿,所有赤色报纸一律封闭。

在那晚事件的刺激下,希特勒的胆子大了,竟把自己最后发的禁令全部抛到九霄云外。次日快到中午时,他公开投身军权的斗争。在内阁会议开

---

① "戈林"之第一个字母。——译注

始前,希特勒总理依各内阁部长的级别高低次序,一一向他们致意(这是开会前的传统规矩)。之后,他便以独断专横的方式主持会议。他说,目前的危机迫使我们"要毫不留情地"与共产党"算账","且不要依靠法律"。所以,他便建议,通过一项保护国家使之不遭"红"害的紧急法令,但必须使它听来纯属防御性质的,且不能太惹人注目。它只能轻描淡写地提一提,"这是个特殊措施,目的在于保护德国人民的文献资料。"然而,弗兰克将草稿宣读后,人们明显地发现这道法令已将一个民主社会所能给予人们的权利大部分取消了。首先,它取消了魏玛宪法所赋予的公民自由权——言论自由,出版自由,家庭的神圣不可侵犯,通信和电话谈话秘密,集会结社自由,以及私人财产不可侵犯等。接着,它又授权帝国内政部长可暂时控制那些无力维持秩序的州政府。没有一个部长反对剥夺公民权;唯有巴本提出,干预各州的事务,将会种下深仇大恨,尤其是在巴伐利亚州。巴本的异议也是一瞬即逝。他同样只作了一点小小修改——有名无实的修改。当晚,希特勒与他一同晋见兴登堡。元首辩解说,为了镇压红色革命,这道法令是有必要制定的。巴本和梅斯纳未发表意见,于是总统便签字画押,没说什么。

于是,《国家紧急法》便代替了保守派所梦寐以求的军事措施,由内阁掌握在军事专政情形下一般只授给总司令的权力。表面上,这些权力并不可怕,因为内阁里占压倒优势的并不是国社党。法令是通过了,但时间之仓促以及感情之强烈,竟使人们谁也搞不清取消公民权,而不是像先前的总理一样减少公民权的主意究竟是谁出的。这也许不是立志要取得独裁政权的希特勒之卑鄙阴谋,而是历史的偶然性吧。很明显,这次大火已使希特勒到了歇斯底里的边沿,而他也确实害怕共产革命。肯定的,希特勒的古怪行为,以及戈林和其他接近他的人的行为,并不是明智的阴谋家的有计划的行动。希特勒的反应,更多的是对其任务之信仰,而不是惊慌。就其而言,这次大火证明了他多年来对赤色分子和犹太人的说法之正确。

而后所采取的旨在镇压一次不存在的叛乱的紧急措施,结果却成了希特勒取得一切权力的道路上的一次跃进。一车又一车的冲锋队和党卫军匆忙宣誓,成了警察的辅助力量,协助他们维护紧急法令的实施。他们突如其来,冲进早已掌握的共产党的房间和酒馆,一车车地将他们投进监狱或地下审问室。被正规警察拘留的共产党人和社会民主党人就有三千多。飞机场、码头等地受到严格监视，火车则在边界上遭到搜查。

戈林可说是出尽了风头。次日，他以普鲁士内政部长的名义发表广播讲话，指责共产党的"罪恶阴谋"。他指责说，许多人计划穿上冲锋队和党卫军的服装，去进行破坏国家统一的罪恶勾当和恐怖行动。他预言，国会大厦之被焚，不外乎是未来许多大火之先声，目的在于转移警察的注意力，使人民任凭革命者摆布。不过，他得出结论说，全国用不着惊慌。"我可以对共产党说，我的精神并未垮台。我觉得自己完全有力量去粉碎他们的罪恶计划！"

他的解释在德国虽被广泛地接受，但国外人士却没那样容易受骗。"共产党与大火有牵连的说法是愚蠢的，"伦敦的《新闻记事报》写道，"在外交界和新闻界，一般人也是持这种观点的。人们越来越感到，国会大厦是纳粹自己焚毁的，作为镇压共产党的借口。"

次日，3月2日，塞夫顿·德尔默拜访希特勒，以求得到答案。希特勒大骂外国人，说他们理应为他反对共同敌人共产党之壮举表示感激，而不应说东道西。德尔默后来插话，说大规模的逮捕使人们产生恐惧，说希特勒计划对其敌人进行血腥的报复。"我不需要圣·巴托罗缪①之夜。"希特勒反驳说，"现已建起了法庭，国敌可由法庭进行审判，法庭可将一切阴谋解决。"德尔默说，据他的理解，希特勒是要用合法手段屠杀他的宿敌；他问，公民权是否永远取消？

"不，"希特勒说，"共产党威胁被铲除后，一切都将恢复正常。我们的法律太温和了，我不能迅速地、有效地对付布尔什维克的地狱。就本人而言，我倒希望正常秩序能尽快恢复。然而，我们得首先铲除共产主义。"

在全欧洲，随着日子一天天过去，人们越来越相信，国会纵火案系纳粹所为。有消息透露，戈林的大楼与国会大厦有地道相通。这使人们大吃一惊，并加强了人们的上述看法。于是，国外呼声四起。然而，这一轩然大波

---

① 巴托罗缪，耶稣十二门徒之一。1572年8月24日晚，法国巴黎之新教徒被大批杀害。此次屠杀一般被称为"巴托罗缪大屠杀"。——译注

却加速了希特勒对范·德·卢勃及其共产党嫌疑犯的审判——虽然警方曾提出客观报告说,"此案无疑系卢勃一人所为。"这一决定是愚蠢的,因为,希特勒原以为审判可速战速决并迅速澄清是非,但实际上审判拖延了数月。这便为他的国内外敌人提供了把柄。

国会大火一案,却也在短期内有利于元首。由于选举日期近在眼前,大火增加了大多数德国人对革命的恐惧。当一队队褐衫党徒将共产党人之竞选宣传路牌拆除并换上他们自己的时,反对者寥寥无几。希特勒并未犯宣布共产党为非法党的政治错误,只决定待选举后再议,以免工人阶级之选票落入社会民主党人之手。纳粹在全国大量散布恐怖消息,说赤色分子在采取严厉措施后必然将国人投入血泊,并号召选民授予国社党统治权。戈林更直言不讳:"同胞们,任何法律上的考虑均无法挫败本人之措施。"3月3日,即大选前两天,他在法兰克福对一群听众说:"任何官僚机构均无法挫败本人之措施。我不为法律而犯愁,我的任务是破坏和消灭。这是一场反对混乱的斗争,我将不动用警察去进行这场斗争。资产阶级的国家可能会这样做。当然,我会最大限度地动用国家权力和警察的,亲爱的共产党人士,所以,千万别得出错误的结论。在这场斗争中,我将领导褐衫党人殊死战斗,我的手,将紧紧卡住你们的喉咙!"

这是直言不讳的供词:在法律外动用残酷的暴力,而这个供词也只有在国会大火后才能做出。纳粹有幸的是,巴本、兴登堡之流,以及工业家们,对这些惊人之词漠然处之,并大力支持希特勒竞选——尽管有时是无声的支持。普鲁士财政大臣对一位奥地利来访者说,只要"讲求实际的、可敬的"诸如施维林·冯·克罗西克等人仍留在内阁,纳粹便无成功之可能。戈林、戈培尔一类的丑角的激烈言论不得认真相信,原因是,"实际主事的是保守派,希特勒只有靠边"。

工业家们自信有能力左右希特勒。在不久前举行的一次会议上,25名工业家竟承包了大选的费用。在克房伯·冯·波仑代表工业家表示一致支持希特勒后,戈林便提议募捐:"如果诸位相信,在此次选举后10年内,或许在百年内不会再有选举,那么,我们所要求的牺牲便较容易承担。"这个对结束民主程序所做的威胁,银行家沙希特却当作是个保证。他说:"先生们,现在请解囊吧!"工业家们接着便交头接耳,窃窃私语。老克房伯代表全鲁尔捐助100万马克(约值25万美元),I. G. 法本的代表认捐了40万马克。其他人也作了认捐,总数达300万马克。

由于有这些钱可供支配,国社党与另外两个联合伙伴,便在全国掀起了大宣传。国社党人的主要演讲都通过电台向全国广播。对没有收音机的人们,他们便在街头和广场上架起喇叭。新政府的承诺和威胁都通过这些喇叭散布了出去。为证明自己合法,希特勒常提到兴登堡的名字。数月前,就是这些人,曾把这位"老头子"称作傻瓜;现在,他却成了威力无穷的英勇人物。

由于预见到在取得压倒胜利后政权便能巩固,党员们便热情地投身于这一有政府支持的运动中。冲锋队与党卫军再不致遭警察镇压了。相反,他们把冲锋队和党卫军视为助手,对他们在爱国主义的名义下所作之过激行为,也视而不见。

在演讲中,希特勒批评反对派没有纲领,自己却又拿不出来。他所要的是4年任期时间,去证明其才干。大选前夕,戈培尔将这天变成了半个假日,称大选日为"民族觉醒日"。看来,人人似乎都支持希特勒。他是青年理想主义者的希望,像爱国者一样高举大旗。害怕莫斯科支持革命的人们,只有两个选择:德国非红则褐,而后者似乎更为悦人。许多先前批评他的人,例如后来成了联邦德国第一任总统的西奥多尔·豪斯,声称已在希特勒身上看到了缓和。"他的狂言少多了。他已不再向犹太人喷火,演讲4小时竟能不提'犹太人'一词。"希特勒甚至得到了一些犹太人的支持;"犹太全国联盟"不但主张元首禁止东部的"犹太小商贩"进入德国,而且还支持他的新政府。

尽管表面文章已做足,且在大选中花费了大量金钱和精力,国社党得票只有43.9%,其盟军也只在国会中给了他微弱的多数。胜利虽然微弱,这却也足以令希特勒伸手向人民要权,重新对未在他统治下的各州实行控制。由于有柏林的支持,巴伐利亚的纳粹便强行摊牌。他们动员了慕尼黑的冲锋队。3月9日中午,在身穿冲锋队制服的罗姆上尉的陪同下,地方长官阿道夫·瓦格纳来到州总理赫尔德的办公室。他们要求赫尔德立刻委任里特·冯·埃普将军为州总督——此人曾在1919年协助粉碎了苏维埃共和国。

赫尔德致电柏林，提出了抗议，但所获答复是，埃普已被任命为总督。他向兴登堡提出抗议。兴登堡的答复表明，"老头子"是何等无能为力：他要求赫尔德将此后所提的意见直接呈送给希特勒。这样，巴伐利亚便最终合法落入纳粹之手。其余各自由州也在同样的程序下——下边进行威胁，由柏林发电干预——也先后就范。

在巴伐利亚夺权当天，希特勒飞赴慕尼黑，受到了盛大的欢迎。他趾高气扬地说："在德国，最贴我心的城市就是慕尼黑，作为一个青年，一个军人，一个政治家，我是在这里发迹的。这个城市是用1923年在这里牺牲的同志的鲜血洗礼的。"他向当地党的领导人发出指示，即使要以吸收非党人士参政为代价，也要建立一个稳固的政权。"先生们，你们的任务，"他说，"是艰巨。但，帝国政权不得再受巴伐利亚的特别运动或分裂分子的骚乱的干扰。这对国家的政治安定是很重要的。我必须完成俾斯麦之未竟事业：只有对帝国之利益有用，州才成其为州。"

后来，有人问希特勒，对在1924年审判他时唯一得力的检察官应作何处置。"那时，他虽严厉，但很客观，也很客气，"希特勒说，"让他留在司法部吧。"

许多外国人都错误地相信，希特勒已在全德巩固了其政权。他虽是个完美无缺的政治家，但也是逐步才取得政权，且得到了人民的同意。"权威，"他对弗兰克说过，"不外乎是个跳板，从这一步跳到下一步。"由之，向德国社会之各阶层人士做出让步便成了他的警言。出于对霍亨佐伦家族和对兴登堡的尊敬，他选择了波茨坦卫戍区教堂作为3月21日新国会开典的地点。这个因出了腓特烈·威廉一世而深感荣耀，且有腓特烈大帝的陵墓的古城，也是具有普鲁士的军人传统的。3月21日，全城被卐字旗和旧帝国的黑白红三色旗帜装饰得喜气洋洋。在隆隆炮声中，陆军、党卫军和冲锋队排起了庄严的队列，在春日的明媚阳光下，官方的摩托车队轰鸣声阵阵，朝那间小教堂驶去。

身穿普鲁士褐色元帅服的兴登堡之高大身躯一出现，全场顿时起立。

兴登堡一手撑着拐杖，另一只手执着元帅棒，威严地缓步前行。行至皇帝的宝座前时，他转过身去，举起元帅指挥棒，向恺撒的空座致敬——皇亲国戚则站立其后。这位元帅完全支配了站在他身旁的身材较小的希特勒。他身穿礼服，周身不安。在法国大使弗朗索瓦·本塞看来，他"像一个胆怯的生人，由一个显赫的保护者向一群陌生的人士作介绍一样"。

两人面对面坐下。兴登堡取出眼镜，开始宣读讲稿。他说，新政府所面临的任务既繁杂又困难重重。他号召重新发扬普鲁士旧日纪律严明的爱国精神。

希特勒的演讲，与其说是针对在家中听广播的平民百姓，不如说是针对拥挤在台下的人群。他说，战争是强加在恺撒和德国头上的；他所继承的不外乎是经济衰退和失业。在扼要地阐述了未来的计划后，他转向兴登堡，似乎他还是他的指挥官似的。他大大颂扬兴登堡，称他是军队的首脑和人民的领袖。"您同意我们为德国的振兴而尽力，这是我们的幸福。"

希特勒走到兴登堡的座椅前，弯下腰去紧握他的手。"老头子"深受感动，缓缓地行至腓特烈大帝和腓特烈·威廉一世的墓前。跟在他身后的是他的儿子和副官。副官向两墓献了花圈。此时，礼炮齐鸣。

由戈培尔一手导演的庆典达到了预期的效果。在场的所有人——军人、容克、君主主义者——均相信，希特勒对兴登堡毕恭毕敬，会遵循普鲁士的理想的。然而，两天后，他便向客观的观察家表明，对谁他都不奴颜婢膝。场地不同了——这次是在柏林克罗尔歌剧院——气氛也大大不同：冲锋队和党卫军在各走廊上游弋，舞台后边悬挂着一面大卐字旗，用以提醒人们谁才是德国的主人。下午2时5分，国会总裁戈林宣布会议开始。在简短地致辞后，他朗诵了《苏醒吧，德国！》一曲的歌词。接着，他便请希特勒谈话。希特勒穿的是褐衫党的朴素的制服。

会场沉静了片刻，接着便是众口一词的喊声"胜利万岁！"。喊声连着疯狂的掌声。希特勒通过臂林，大步上台。这是他首次在国会里露面。他是照本宣科。但是，这份讲稿，若按其措辞之谨慎和调子之温和，是很出色的。他立誓要尊重私人财产和个人的积极性，保证援助农民和中产阶级。他将结束失业，与法国、英国、甚至苏联讲和。但是为了做到这些，他需要国会通过《减轻帝国和人民苦难法》。这个所谓授权法给了他至高无上的权力——即使是暂时的。但他把它弄得听起来温和,且保证"只在执行极端必要的措施非动用不可时"才动用其紧急权力。

在向国会、总统、各州和教会保证不侵犯他们的任何权利后,希特勒却又以强硬措辞结束其讲话,将这些保证一笔勾销。如国会拒绝给予他"友好合作的机会",新政权则准备为其自身的原则而斗争。"议员先生们,是战是和,这就有劳诸君作决定了。"

中间休息时,反对这一措施的敌人动员起来了。会议一恢复,社会民主党领袖便在发自走廊上的褐衫党徒的有节奏的喊声中("我们要授权法——或放火和屠杀!")发言,勇敢地提出抗议。虽有巴本的力谏,希特勒做出了回答,其方式足令人忆起早年慕尼黑啤酒馆起义时之情景。他用讽刺加谩骂攻击了社会民主党人。"我并不需要你们的选票。德国会自由的,但不是通过你们。别把我们误作是资产阶级。德国之星正在上升,你们的确在没落。你们的丧钟已经敲响了。"

希特勒的突然袭击,不但击毁了社会民主党人的徒劳的反叛,而且吓坏了中央党。投票开始了。当戈林宣布选举结果时(441票赞成,94票反对,远远超过了所需的三分之二多数),国社党人同时一跃而起,大声欢呼,好像一场足球赛终场前几秒钟他们的球队踢进了决胜的一球似的。他们伸开双臂,高唱《维塞尔森林之歌》:

> 高举旗帜!
> 紧密地站在一起,
> 冲锋队员向前挺进,
> 步伐稳健,平静……

在几乎未遭反对的情况下,民主便被从德国国会中一笔勾销了。只有社会民主党人投了反对票。其他党派将希特勒誓不放弃的权力拱手交给了他。而交给了对他有用的权力,也很少被放弃不用。

中央党领袖收到了兴登堡的来函,表示支持希特勒。"本人拟告诉您,总理已明确表示,即使在没有正式宪法义务的情况下,也愿意在与本人磋商后,才在授权法的基础上采取措施。"这些话系出自真心诚意,使暂时受到出卖的中央党人恢复了信心。大部分德国人都急于恢复信心,许多人争先恐后加入纳粹党。还有不少人用较隐蔽的方式予以支持。公务员与官员们(与其他国家的公务员和官员毫无两样)坚守岗位,使政权机器得以顺利转动,好像最保守的党已获胜似的。

国会内所获胜利,使许多原来暗中支持希特勒的工业家们公开了身份。钢铁大王克虏伯公开在街头向熟人打招呼。他在写给希特勒的贺信中说,他与他的同事们坚信,德国终于取得了"建立稳定的政府的基础"。作为报答,克虏伯被选为德国工业界的沙皇,从而批准了大企业与国家社会主义联姻。希特勒选择赫加尔玛·沙希特出任帝国银行总裁也非偶然。这位出色的金融家曾协助希特勒与工业界取得联系,与他一样,也憎恨民主和议会主义(希特勒的财政大臣批准了这一人选,因为他认为沙希特是金融界的天才)。"同时,他又是我所知道的人中最适当的谎言家,"施维林·冯·克罗西克回忆说,"他将真理延伸,直到他认为正确为止。"

在这一选择之前,希特勒曾问沙希特,银行能拿出多少钱来支持他的公共工程计划和重新武装德国的计划。沙希特拒绝说出具体数字。但宣布,"将最后一个失业者从街头清除出去"需要多少钱,帝国银行就能提供多少钱。他取得了这个职位,一上任便发行了梅福券——这是由四家军械商联合组成的人像模型公司"金属研究有限公司"的简称——由国家负责其债责。梅福券主要由政府的承包人支取,它实际上与本票无不同之处,系一种短期借贷,期限可延至5年。沙希特计划之本意是无限地为政府提供贷款,使希特勒得以大规模地武装德国。

愿意为元首效劳的不仅有官员和工业家。许多知识分子和文人也在为德国的复兴效劳。这些人中有哲学家克里克和保姆勒,诗人勃隆克和宾丁,以及德国最杰出的戏剧家格尔哈特·豪普曼——不管哪个政府在位,他都拒绝抛弃其荣誉。那年春初,鲁道夫·宾丁写道:"我们应为祖国服务,没有理由因政府的更迭而离开学院。豪普曼同意我的看法,使我由衷的高兴。学院应保护创作而不是研究政治的自由。"出于这种合作精神,豪普曼于数星期后在窗外挂起了卐字旗;又几个月后,他向哈罗德·尼科尔逊保证说,德国将一如意大利之所为,"解放自己"。

革命在进行。但由于表面看来没有流血,许多德国人并不理解——或不想理解,这场"褐色革命"的初期有个很不惹人注目的名字叫"协调"。看来,统一祖国的过程进展顺利,未引起多大恐慌。它之所为,不外乎是将德国的政治、经济和社会生活置于纳粹统治之下,并为独裁统治播下种子。反抗之所以不强烈,主要是因为希特勒坚持法律。由此,反对派相信,他所要建立的是一个类似魏玛共和的政府。在授权法开始实施当天,社会民主党向各地分部发出了一套指示,该指示表明,社会民主党是何等迟钝。关于应如何回答各种问题及其他世俗问题,该指示作了详细的说明,唯独对正在进行的纳粹革命应如何看待,里边只有一段文字。正当纳粹夜间在他们的领导人家里搜查武器时,正当数以千计的共产党人和共产党嫌疑分子被抛进监狱时,原应作为保卫民主的堡垒的社会民主党,却在告诫党员,不要再记错账了!

"全市都处在恐怖的传染病中,人人言行小心谨慎,"那年春天,伊舍伍德在写到柏林时说,"我骨子里感觉到了,像流行性感冒一样。"整个城市"都在窃窃私语,说哪里在晚间非法抓人,还说冲锋队又在兵营内吊打犯人,强迫他们往列宁像上吐口水、吞蓖麻油、吃旧袜子等。它们被政府的愤怒喊声淹没。政府通过其官方舆论渠道进行反驳"。

在首都城外,尤其是在小城镇上,人们被一系列的群众集会、游行和壮观的场景搞得眼花缭乱。群众组织,被自愿"协作"进了国社党的组织。慢慢地,每个公民都发现自己与当局有了牵连。人们熟悉的老街被换上了新名。例如,在赫尔纳,拉道斯广场成了阿道夫·希特勒广场,贝贝尔大街成了赫尔曼·戈林大街。每星期天几乎都有新组织出现:什么母亲乡间学校、母子福利组织、儿童野营团、食品供应福利组织等,真是层出不穷。

在希特勒劝说选民投票选他的努力失败后一个月,他采用渐进协作的方法,暂时赢得了大多数德国人的信任。伊舍伍德看到,这些友善的公民,以赞许的目光注视着年轻的冲锋队员们。这些年轻人"脚穿大皮靴,大摇大摆地穿街走巷,决心推翻《凡尔赛和约》,他们满心欢喜,因为夏季又快到了,因为希特勒曾保证保护小商小贩,因为他们的报纸告诉过他们好日子正在来临……他们像小学生一样,偷偷地快乐和激动,因为他们的买卖对手犹太人,以及被称为少数,与他们毫不相干的马克思主义者,犯有使国家失败和通货膨胀的罪行,且要受到惩罚"。

自政权更迭后,犹太人和马克思主义者都受到了系统的迫害。由于在室内发现有一把面包刀——被武断地说成一把凶器——埃尔伯特·爱因斯坦的银行存款便被没收。在德国,这些都被诬为外国的宣传,而在美国,美国国务卿赫尔则对美国犹太人的领袖保证说,对德国犹太人的人身迫害"实际上已结束"。即使如此,国外自由派人士的呼声仍使希特勒更加烦恼。他宣布,除非英国和美国的犹太人停止他们的恶意宣传,否则,德国的犹太商界就要大吃苦头。

然而,呼声并未终止。4月1日,希特勒用这句话予以抵制:"我认为,本人今天的行动是与上帝的旨意相符的:反对犹太人是为上帝而战。"这仅是一个试探性步骤。希特勒好像在试探,看他的同胞会让他走得多远。在抵制的前夕,意大利大使塞鲁提曾以墨索里尼的名义劝他软化对待犹太人的态度。希特勒回答说,在意大利的犹太人屈指可数,总统并不了解犹太人的问题,而他本人对这个问题"已从各个角度做过多年的研究,谁也没有这样研究过"。他"绝对肯定地"预言,在五百至六百年后,希特勒这个名字将在每个国家受到崇敬,"因为此人一举将犹太人从全球永远消灭"。

在大部分犹太商店和办公室门口都布有褐衫党徒。暴力事件不多;年青的冲锋队员在提醒顾客他们光顾的是一家犹太商店时,也大都彬彬有礼。"围观的一群群行人——觉得有趣,好玩或无动于衷。"伊舍伍德对一家百货商店进行了观察。许多人进了那家百货商店。他自己也走了进去,随手买了一个豆蔻粉碎片,挥舞着包裹,走出门来。有个年青的冲锋队员,向他眨了眨眼,作为对他这种挑衅行为的回答。虽然抵制者得到了某些组织的支持(这些组织号召农民支持他们),却抵制不了大百货商店和银行。不到三天,抵制便结束了。

兴登堡本人对继续采取反犹措施也表示反对。他给总理写了一封措辞强烈的信,谴责对参加过战争的犹太老兵进行歧视。"如果他们值得为德国而战和流血，他们也值得在各自的岗位上为祖国而献身。"然而，"老头子"却不是那人的对手。希特勒回答说，垄断了法律界和医务界80%的犹太人，现正朝政府部门钻。"古老的普鲁士州之所以如此干净，其原因之一是，在公务部门只允许有限的犹太人栖身。军官团几乎是绝对纯洁的。"这个论点使这位老元帅无法不信服。这点，以及他对战争老兵会作某些考虑的含混的许诺，使他得以在4月7日实施法令，解除犹太人在各公务部门的职务，并限制他们在法律部门任职的自由。同一天，希特勒告诉医生联盟，他本人了解他们目前的困难处境，尤其是青年医生。这样一来，他便巧妙地暴露了他的双重的世界观。"恰恰是为了这些年轻人，我们才有必要用强硬的镇压异族的办法，为他们行医就业创造生存空间和可能性……这项正在进行的民族净化工作，也许要几个世纪才能完成。重要的是，我们要为未来的政治发展奠定基础。"

几个星期后，根据《反对德国学校过分拥挤法》，高等学校里的犹太人的数目减少了。在与贝宁主教和天主教要员施泰因曼阁下的一次谈话中，希特勒为此举辩护。他提醒这两位牧师说，教会曾禁止犹太人散居，只允许他们聚居，且不允许基督教徒与他们一起工作。接着，他解释说，在他眼中，犹太人"是国家和教会的恶敌，他要驱逐越来越多的犹太人，特别是将他们从学术部门和公共职业部门逐出"，他不外乎是在有效地做几个世纪以来罗马教会试图要做的事情而已。

许多犹太人离开了德国；其他人则觉得，反犹计划并不是针对他们本人的。多少世纪以来，他们用随大流的方法生存了下来。曾产生过歌德和贝多芬的民族会拿他们怎样呢？另外，希特勒的真正目标是东方的犹太人。

国社党虽然在表面上取得了胜利，本身却不团结和组织涣散。它取得政权时，其干部结构是脆弱的，关键职位上的"老战士"也太多。党在迅速发展，党员人数已达150万，还有100万人申请入党待批。但是，看到党变得如此臃肿，希特勒并不高兴，于是，他便于5月1日令施霍茨停止接受入党申请。

这也标志着他攻击工会的开始。他宣布那天为"国家劳动节"，并把它作为工人与政府之间的团结节日加以庆祝。当晚，在坦贝尔霍夫机场召开了大型群众集会,参加者有数万名工人和劳工领袖。他们倾听元首阐述劳工之尊严和国家团结之必要。除照射元首的灯光外,其余全部熄灭;听众诚惶诚恐,鸦雀无声。他虽泛泛而谈,但其热情却是如此感人,以至在他结束演讲时,工人们热烈欢呼,似乎他已将世界许给了他们似的。工人们还未从他的语言魔力中苏醒过来便又高唱《维塞尔森林之歌》。众人的热情刚刚消失,天空又出现了礼花。"这真是个勇敢的、壮丽的节目,"法国大使回忆道,"离开会场时,无论是德国人还是外国客人都坚信,一阵和解协调的浪潮已席卷了整个第三帝国。"

次日,在警察的协助下,冲锋队和党卫军在全国占领了工会的办公室。昨天还保证支持新政府的劳工领袖,今天却在家里被捕;工会的档案和银行存款被全部没收,劳工的报纸也被封闭。至傍晚,有组织的劳工工会便在全德国被抹掉了。但是,希特勒向劳工们保证,在新的德国劳动阵线的领导下,他们的权利会得到保护,日子也会更富裕。没有起义,也未出现有组织的抗议;至月底,庞大的劳动大军便在卐字旗后边乖乖地前进。他们阵脚未乱便从红变褐。

成功并未使希特勒过激。希特勒变得小心谨慎,使党内的激进分子摸不着头脑。这点,可在5月中旬他对富兰克林·德拉诺·罗斯福呼吁世界和平的答复中看出。希特勒回答说,总统建议让美国介入欧洲关系以作为和平的保证,德国对此可能表示欢迎。上台后的最初日子里所提的好战的要求消失了。"德国政府希望与其他国家的所有困难问题达成和平协议。德国深知,欧洲的任何军事行动,即使完全成功,与可能得到的东西相比,牺牲都是不成比例的。"(希特勒对总统果断地推行新政的做法是真心钦佩的。)"我同情罗斯福先生,"两个月后他对《纽约时报》的一位记者说,"因为他敢于超越国会走廊和国家机构,直接朝自己的目标挺进。"希特勒接着说,他本人是欧洲唯一敢于表示"谅解罗斯福总统的动机和方法"的领袖。

只有完全控制了自己政党的人才敢于如此彻底地改变方向。"在我听过的希特勒的演讲中,这篇是最好的。"罗茨纳给他的孩子们写道,"我常常不解,为何纳粹能一举将其反对派铲除——例如施特莱斯曼和勃鲁宁——而他又敢发表那样一篇抚慰的讲话!反正,这是有关专政的一件有趣的事情：一涉及外交政策，他们便如羔羊一样驯服，如墨索里尼、希特勒、斯大林、毕苏斯基①。因为他们清楚，要在国内巩固其政权，麻烦是很多的，由此，在与外国来往时，凡像是麻烦的事情，他们都设法避免。很明显，希特勒并不想要战争。"

这篇演讲不但抚慰了西方，而且也进一步向兴登堡证明，新总理是可以信任的。至此时，希特勒已能成功地讨好"老头子"了。对"老头子"，他既彬彬有礼又谦逊恭敬；他的论点之力量和逻辑，已把"老头子"对他不信任的最后一点痕迹也抹掉了。"不到三个星期，"希特勒回忆说，"由于我们进展极快，他对我已像慈父一般亲切。"

由于兴登堡已在他的影响之下，在逐步掌握全权的道路上，他已没有什么阻碍了。到初夏，一系列新的法令已确定了纳粹党在德国的统治地位。根据旨在"维护无法解决的血汗关系"的农场限制继承法，首先屈服的是农业组织。结合"以种族为基础的"定居政策，这就为希特勒在征服东部地区后，用只准日耳曼人定居的办法解决这一地区的问题打下了基础。当政府通过在国社党的地区和州政权（不适宜地称作《帝国营养地产》）领导下的农民政治组织，牢牢地控制这块土地时，希特勒本人则致力于征服德国的经济。5月3日，《帝国地产贸易与手工业法》得以通过后，不到一个月，它便起到了"德国工商会"的作用。更有意义的是，6月1日成立了"德国商界阿道夫·希特勒基金会"，使工业界和纳粹党双双受益。这样，由于控制了市场和价格政策又有组织管理，德国的工业便走上了对政府完全奴颜婢膝的道路。

此时，希特勒正准备采取下一个也许是最重要的步骤：消灭政敌。共产党早已被消灭；6月22日，社会民主党被宣布为非法，理由是它"敌视民族和国家"。议会内的社会民主党党员被开除，许多社会民主党领袖则与其他异端分子一起被抛进新近建立的集中营。几天后，民族党自动解散；两个星期后——正当希特勒在对其各帝国总督说"现在，我们必须将民主的最后残

---

① 毕苏斯基，波兰将军及政治家；1918—1922年任波兰总统，1926—1928年及1930年任波兰总理。——译注

余消灭干净"时——德国人民党也解散了。

至此时,希特勒已在内阁内增加了5个纳粹成员,所以,当希特勒提出将德国变成一党专政的国家时,反对者便寥寥无几了。这个新建议不但无视宪法,而且也无视授权法本身,因它剥夺了国会的所有权力,歪曲了国会制度。"我们在内阁讨论这一措施时,几乎未遭反对。"巴本回忆说。希特勒宣布投票——一致通过。在7月14日法国革命纪念日那天,它变成了法律。

与苏联一样,德国成了一党专政的国家,党受一人控制,而控制党的人又梦幻迷心。

在德国的每个村镇,红黑两色的卐字旗与旧帝国的黑白红三色旗帜一起飘扬。希特勒之用兼收并蓄的办法搞革命的概念正在一个需要革命有秩序地、合法地进行的国家内产生作用。现在,人们已把元首的冲锋队看成几乎是政府的左右手;每个关键部门差不多均由纳粹或受它控制的人把持。无论是在课堂上还是在教堂里,褐色革命均受到赞扬和祝福。

希特勒继续在说,动荡是暂时的。"革命并不是永远如此的,"在宣布国家由一党专政的前夕,他对各州总督说,"必须将革命所产生的激流引进安全的进化渠道内。"掌权的唯一标准是才干,不是党员与否。

希特勒并不要流血的起义,也不想搞将普通公民或工业家驱除的全面改革。他给自己的地方长官订下了指导原则。"为了取得权力,我们就得迅速地一举征服它。在经济领域内,我们的行动必须由其他发展原则来决定。在这里,进步只能逐步取得,切不可采取过激行动将现存的条件打碎,这会危及我们的生存基础。"这些话,在他的最强大的支持者即冲锋队员们听来甚为反感,几乎惹起他们动武。其所以如此,是因为多年来他们都在等待,希特勒有朝一日能有个享受战利品的制度。然而,希特勒却做出了惊人之举。他从下而上挫败了这一革命,且完全是靠自己的人格力量。

他宣告经济革命已经结束,并将党员经济专家撤换,换上来的是大商业家代表。希特勒之社会主义是独一无二的,且服从于他的秘密目标。他们有组织的经济概念与真正的社会主义颇为接近,但是,只有当它能为更伟大的目标服务时,他才愿做一个社会主义者。

他对私有财产的蔑视是波希米亚式的,而不是革命式的。他需要的只是足够的资本以重建武装和恢复经济,使德国享受到适当的命运。他是恺撒,不是列宁。他只将社会主义用来调动群众。假如他认为:资本主义能推动群众,他很可能会举起那面大旗。对希特勒说来,只要能拯救德国,可以不择手段。

从表面看来,他好像在创造一个工人的社会。在工人们看来,他既是兵又是劳工;他们还在宣传这一形象。这样,战时因战败而受辱、平时又因经济处于崩溃边沿而受苦的、数以百万计的德国人,便极易与这种既是战士又是工人的英雄一拍即合。越来越多的共产党人——他们的领袖被关在集中营里——在国家社会主义里找到了一个家。接受希特勒关于社会主义与马克思主义之不同的定义是一点儿也不困难的:"德国之社会主义是由德国人领导的;国际社会主义则是犹太人的工具。"

到1933年年中,希特勒已得到了大部分德国人的支持。资产阶级和工人,军界和政界,种族主义者以及国内某些最有头脑的人物,纷纷加入纳粹党,使它庞大起来。权力腐蚀人——这历来都是一条政治原则,但它也能使人变得神圣。一年前还是街头暴徒的希特勒,却也被他的职务带来的权力变得受人尊敬。某些德国人是被贪图方便引诱,但更多的人却是被理想主义的浪潮引诱。改革似乎在席卷全国。再者,经济业已好转;大城市的街头巷角已不再充斥乞丐。

越来越多的知识分子和艺术家追随希特勒,连剧作家格尔哈特·豪普曼也拜倒在元首脚下,虽然程度有所不同。那年7月,斯宾格勒与希特勒交谈了一个半小时;他们对法国的政策展开了争论。两人对新教会领导之平庸均表示鄙视。分别时,希特勒对这位作家说,他认为:"将党外人士争取到某项政策上来是非常重要的。"斯宾格勒同意这一见解。元首虽然平淡无奇,却也"是个很正派的人物"——他是带着这种感觉告别希特勒的。理查德·施特劳斯——他并不是元首最宠爱的作曲家。他宣布,对德国的变更,他是满意的。当《罗生卡瓦利亚》在柏林首演时,元首前往参加,中间休息时在包厢内接见了施特劳斯。这使他喜出望外。

教会的"王子"们更是急于向希特勒献媚取宠。"希特勒知道如何驾驭航船,"新近被宣布为非法的天主党领袖路德维希·卡斯牧师在晋见教皇后宣称,"在他当总理前我就常与他见面。他思维清晰,既坚持崇高的理想,又面对现实。他给了我深刻印象……只要秩序得以维持,谁来统治都可以。"皮乌斯十一世也恪守同样的原则。这点可在 7 月 20 日希特勒与梵蒂冈签的宗教协定中得到证明。教会同意不让牧师和宗教界人士参政;希特勒则同意给予全国的忏悔学校完全自由——这是天主教的一大胜利。教皇陛下对希特勒的代表弗兰茨·冯·巴本表示:"最诚挚的欢迎,并说对德国政府有一位毫不妥协地反对共产主义和俄国形形色色的虚无主义的首脑,他是多么的高兴。"

梵蒂冈对被承认为一个十足的伙伴感恩不尽,祈求上帝保佑第三帝国。更实际的是,他令德国的所有主教向国社党政府表忠。新的誓词是以含义深刻的话结尾的:"在尽本人之神职时,在为德意志帝国的福利而静默时,本人将尽力避免危及帝国的行为。"

在德国社会的每一个阶层,人们均在寻找支持新政府的理由。元首在群众中大受欢迎;人们川流不息地涌向希皮塔耳瞻仰元首的故居便是证明。他们也前往希特勒孩提时代度暑假的农舍。他们爬上房顶拍照,在院子里的木槽内洗手,好像里面盛有圣水似的;他们敲下小块堆谷仓的石头,把一切能带走的东西都带走,以留作纪念。现在的主人从地里回来时,他们常常受到游客们的包围。"简直像赶集一样,"约翰·施图茨回忆说,"他们在牛身上画卐字,一边高唱希特勒的赞歌,一边游村。不久,那个地方便被糟蹋得像废墟。"

1933 年 7 月下旬,希特勒抽空再次拜访白莱特,在理查和科西玛·瓦格纳以及他们的儿子齐格菲的墓前安放了花圈。他还参加了一年一度的节日。自他担任总理以来,这是首次拜谒瓦格纳的故乡。他在设在万弗里德的图书室内漫步,满足之情溢于言表。"十年前您就是在这儿接见我的。"他对威尼弗雷德·瓦格纳说。说完,他便阴郁起来,"那次起义如果不遭失败,一切都会大不相同。那时我的年纪正合适。我现在太老了。我失去的光阴太多了,必须加倍努力。"沮丧情绪来得快也消失得快,一会儿他便预言他将在位 22 年,"到时我就退休,但首先我得掌握更多的权力,省得再找内阁的麻烦。目前,他们认为完全有权过问根本与他们无关的事务。"在进素食午餐时,他透露,一旦得到全权,他就将教堂解散,将他们的财产全部没收。

那年夏季,希特勒大部分时间在上萨尔茨堡的乡间别墅消夏。他邀请汉夫施坦格尔一家前往瓦申弗尔德度假。汉夫施坦格尔脱不开身,便派赫仑纳和埃贡前往(埃贡已12岁)。他们从慕尼黑乘车出发,希特勒坐在司机身旁。车抵罗森海姆附近一偏僻路段时,突然发生急剧的爆裂声,停了下来。7名卫兵,端着自动步枪,立时将抛锚的车子团团围住。司机凯姆卡连忙检查发动机——由希特勒打手电。"元首,又是老毛病,"司机解释说,"不知是哪个共产党分子往油箱里放了糖块。"希特勒令卫兵加强警戒,兴致勃勃地观看司机拆下一个零件。司机又吸又吹,还往地上吐——汽油和糖。

与其他自豪的家长一样,希特勒领着赫仑纳和埃贡参观瓦申弗尔德。他的住房坐落在二楼,正对着上萨尔茨堡,与其他房间一样,陈设简朴。"室内只有一张小小的写字台和好些简易的书架,"埃贡回忆道,"我特别注意寻找,看元首消遣时看些什么书。"令人惊奇的是,大部分是卡尔·梅依所著的描写荒凉的西部的书籍——这些书更适合于埃贡阅读,而不是总理。

汉夫施坦格尔母子是请来的客人,但住在附近旅店里或寄宿公寓里的党员也会来看元首。"戈林与元首形影不离。他们常在花园的小砖路上走来走去,边走边密谈。走来走去都是那块地。若是坐在屋前的走廊上,他们走过时,也可听到一些谈话内容。说话的总是戈林:'我刚签完20份死刑书……'据我记忆所及,他说的大概只是这些。我母亲也听到过。我们俩都觉得奇怪,堂堂皇皇的国家政策后边,竟有如此可怕的事情。"

他们全在一起用餐。餐室设在楼下,简朴大方。埃贡吃不惯安吉拉做的奥地利饭菜,尤其是豆荚,因为这菜要与牛奶、面粉和少许糖一块吃。不过,餐桌旁无拘无束的谈话却令他神往。"他们谈音乐,谈政治,还谈中国艺术——实际上,什么都谈。按其标准,希特勒是够开恩的。我是说,他并不让你老觉得他是个元首。照例,希特勒是不与人交谈的,他不是听就是长篇大论,而他之所云又好像具有天主教的权威。但在这里,在他的'乡村别墅'里,他经常完全与普通的主人一样,举止得宜,是个普通人。他谈得很多的是汽车、发动机、不同型号的船只的性能,以及诸如此类有关技术的事情。"

到此时,元首在瓦申弗尔德别墅的消息已传了出去,全国的旅游者便蜂拥前往上萨尔茨堡。他闭门不出,以免被人看见。一天,一群人将埃贡叫来,问他希特勒是否有可能出来。12岁的埃贡跑到元首跟前,很不自然地说:"希特勒先生,一群虔诚的人在门廊里等您,等得很急。"

希特勒放声大笑,跟着埃贡走出去与众人打招呼。"他们差点儿晕了过去。他进去后,他们大大谢了我一番。有个歇斯底里的女人还把希特勒踩过的卵石拾了一些,放在玻璃药瓶里,欣喜若狂地塞进胸前。"后来,门廊里又来了一群人。埃贡向他们收集了一沓明信片、照片和纸片,一声不响地将它连同一支笔放在元首面前。"我的上帝!孩子,"他笑着喊了一声,"你也不放过我呀,是不是!"

希特勒下山返回柏林后,准备以同样和善的脸孔去面对世人。那年8月,希特勒批准埃贡的父亲出版一本反对希特勒的漫画集,这些漫画系集自德国国内外的报纸杂志。画集书名叫《白纸黑字》,封皮上画着希特勒,他善意地对他的批评家放声大笑。这些漫画是经汉夫施坦格尔精心挑选出来的,有些是讽刺画,有些是恶意中伤的画,是近10年来最好的。汉夫施坦格尔在序言的开头,引了希特勒心目中的英雄腓特烈大帝的一句话:"小册子应挂在低一些的地方。"他在序言中解释说,本书是区分真假希特勒的一个尝试。

这种宣传吓破了戈培尔的胆。汉夫施坦格尔的理由是,这样才能使英、美人获得良好的印象。这便改变了希特勒的形象,使许多外国观察家都觉得,希特勒是寻开心的对象,而不是惧怕的对象。"当领袖的神话在德国迅速传开时,"《文学摘抄》评论道,"欧洲某些独立的日报和周刊却着重强调德国独裁者可笑的方面。他们将希特勒描述成滑稽人物,他的严肃令他更加可笑。"对斗争中处于劣势者历来深表同情的英国人,在元首就赔款与边境问题与法国人打的交道中,帮了希特勒的忙。罗提安勋爵辩解说,国社党人在国内的残暴,"在很大程度上是自世界大战以来德国人受外国迫害的反映"。英国对《凡尔赛和约》的攻击仅次于德国。

希特勒带着这种善意开始修订其对外政策。统治他的对外政策的,是他的双重理论,即种族论和生存空间论。偶尔他也会拐弯抹角,但最终总离不了归结到东方生存空间问题上。希特勒总想诱使英国作为一个沉默的伙伴加入其反对共产主义的十字军。为此，他必须使英国人相信，帝国已放弃了世界贸易和建立全球海上霸权的野心。简而言之，德国将控制欧洲大陆，成为反共的堡垒，海洋则由英国去统治。在东征前，为了巩固自身的地位，希特勒向意大利求援，因为意大利同情纳粹之原则，又由于墨索里尼对地中海存有野心，与德国同样敌视法国。

希特勒从魏玛共和国继承得来的外交人员出身于不同的阶级，对他的外交方法心存恐惧，但是，大多数外交人员却也同意其大多数的基本目标——原因完全不同——并自我解释说，他们可利用他和他的社会主义的招牌去达到自己的目的。"一般人都相信并希望，"职业外交家赫伯特·冯·迪尔克森回忆道，"不可救药的革命党人会被及时消灭，而他们的继承者，在尝到了权力这杯美酒的甜头和享受了权力带来的舒适生活后，会做更有成效的工作，思想也会变得保守些。"于是，想法与迪尔克森类似的同事们都觉得，"在正常化的过程中，我们有责任进行帮助"。

希特勒在操纵外交事务方面，与操纵工业家和军方人士一样狡猾。他允许所有官员留任原职，包括一个犹太人和一个与犹太人结婚的官员在内，并宣布，帝国希望与苏联建立友好关系，只要他们不干涉德国的内部事务。他之反对土生土长的共产运动并不表明他们也敌视俄国，同时，为了表示诚实可靠，他秘密地允许苏联根据在他上台前达成的长期贷款协议，延期付款。

到1933年秋，希特勒觉得，小心翼翼的国际游戏已玩到头了。他决心退出国联——别的不提，国联对重新武装所采取的政策是混乱的。"我们必须退出，"他差不多兴高采烈地对巴本说，"其他考虑均完全无关紧要。"当兴登堡询问退出国联是否明智时，希特勒辩解说，为求得德国的完全平等，这势在必行。"老头子"违心，勉强同意。两块大地产商的礼物——以及希特勒和戈林的口头允诺，即从帝国和普鲁士的资金中给每块地产拨款40万马克以资修缮——可能影响了他。

10月14日，希特勒通过电台正式向世界宣布，德国不参加会议并退出国联。"对一个有6500万人民、热爱荣誉的国家和热爱荣誉的政府来说，在一个没有平等权利的组织内写下自己的名字是个不能容忍的耻辱。"

这个攻击不是没有理由的。在某种意义上说,他之退出一个歧视战败国的组织,是拒绝《凡尔赛和约》的象征,而不是对西方的挑战。他破例向法国人重申其和平愿望,并希望德国与法国和解。

希特勒的闪电战术是赌博——然而,由于声言和平,这又是包赢不输的。不出所料,英国人同情多于谴责。赫特伍德的艾仑勋爵在上议院说:"……我们不得不承认,在过去15年来,我们和其他国家均未将明智的公平正当手段交给德国,而这种手段,当德国从自己的土地上拱手将发动战争的政权交出去时,德国是理应得到的。"

希特勒宣布,他将把自己的决定交给定于在月底举行的公民投票。这是希特勒处理问题,在国内争取广泛支持的典型方法。宣布后几小时,祝贺信便如洪水般朝他的办公室涌来。"天主教行动"组织还拍来电报,"一致"支持他们的元首。"使元首退出国联的并非野心,"德国最伟大的哲学家之一马丁·海德格尔对他的学生们说,"也不是心血来潮,不是盲目的固执,更不是要使用暴力的欲望;它不外乎是要无条件地为掌握我国人民的命运而明确地负责的愿望而已。"(海德格尔那时是个纳粹党员,数月后退党。)

希特勒绝未放弃其两面的外交政策。10月18日,在会见《每日邮报》记者华德·普顿斯时,他的讲话既温和又入情入理。虽然德国人"决不再容忍继续歧视德国之举,但他们绝不要第二次世界大战"。

对新闻记者发表的保证言辞,在外交界却意义甚微。德国驻意大利大使致电外交部说,墨索里尼"对我采取之步骤甚为不安,并感深悔"。墨索里尼不但认为德国之退出国联是对他之威信的一次严重打击,而且"觉得无法摆脱目前局势,也不知道德国将如何动作"。

墨索里尼的愤怒虽然使元首感到关切,但他仍集中全力,为在行将到来的公民投票中获得令人信服的授权而奔波。他处之如同竞选,利用党的财力人力,力图说服人民支持他退出国联。教会再次给予热情支持。巴伐利亚的每个主教均批准红衣主教法拉伯要求投赞成票的声明:"这样,民主教徒们便重新表明他们对人民、对祖国的忠诚,表明他们赞成元首为使德国人民从战争恐怖和布尔什维主义的恐怖下解救出来,使公共秩序得以巩固,为失业者创造就业机会所采取的卓有远见而强有力的行动。"它反映了公众对失败的战争和压抑人心的《凡尔赛和约》的愤慨。希特勒之所以要把公民投票之日选择在12月12日,即停战协定签字后一天,其原因就在于此。

他向各阶级发出呼吁,似乎他们亲如一家似的。"为在世界之林中重新获得你们的地位而斗争之际,内部再闹矛盾,你们是付不起这个代价的。"他在西门子公司的工厂里对工人们说,"要使德国不再甘心做个流浪汉,它就必须坚持权利平等。要做到这点,全体德国人民就必须团结一致。接收我为你们的元首吧。我已表明我能领导,我不属于任何一个阶级或集团,只属于你们。"

在选举前夕,兴登堡与希特勒结成一体——他曾从希特勒处得到巨额报酬。"明天,请拿出你们的民族荣誉感来,与帝国政府结为一体,"在广播讲话中,他告诫全国人民说,"为了平等原则,为了荣誉和和平,请与我和总理一起,发表意见。要向全世界表明,在上帝的帮助下,我们已恢复了德国的统一,而且将维护它。"

这个祈求是爱国者很少能抗拒的。次日,清点后的票数表明,95.1%的人投票赞成元首的外交政策;在议会的选举中,92.2%的选票支持国社党——选票上唯一的党。虽然有些外国观察家嘲笑这一结果(达豪集中营内2242人中,2154人投了元首的票),它却是德国人心的寒暑表。在外交政策问题上,阿道夫·希特勒不但赌赢了,而且还加强了他在国内的地位。他得到的授权压倒了一切。在而后数星期内,他便通过了一项法律,把党和国家合二为一。该项法律说,国社党"是德国国家意志的代表,与国家不可分解地联系在一起"。

在把德国全国人口置于新政权的统治之下后,希特勒的一体化的政策便正式完成了。靠取得同意(和威胁)的办法,元首取得了相当大的权力,但仍不是个真正的独裁者。这是因为,军方甚至正在抱病的兴登堡仍有可能反抗。希特勒已将德国引上了独裁的道路。德国人并不需要用鞭子驱使自己去跟随正在使他们摆脱经济危机和铲除《凡尔赛和约》的耻辱的齐格菲。

当然,没有镇压,这是不可能完成的。集中营(这是英国英布战争时期的外来词)已遍及全国,且人们已习以为常。无论对内还是对外,它都是一种受惩罚的威胁。在没收了马克思主义和社会民主党的报纸和出版社后,报上也会出现严肃认真的抗议。编辑和出版商已双双受到控制。随着帝国新闻局的建立,独立办报的最后痕迹也被一扫而光。与新闻自由一起被扫除的还有文艺、广播、戏剧、音乐、电影和美术。

时至1933年12月,德国已站在极权主义的门槛前了。这样做不是恐怖,而是时代的需要和团结的愿望。因循守旧的精神也不是个阶级问题。它在科学家中存在,在工人中也存在。"我们希望,这样便能与国家之精神相吻合,忠实地与政府合作,"德国数学家协会主席对他的同事们说,"无条件地,高高兴兴地——每个德国人均必然会如此——为国家社会主义运动及其领袖阿道夫·希特勒总理服务。"

于是,在德国社会的每个阶层,在各行各业,都少不了极权和一体。虽然其他国家和民族都在暗自庆幸,这种俯首帖耳是日耳曼人特有的,新政权的镇压性也是条顿式的典型,但这两者却是经济、地理环境和时代要求的同一结果。这些踏着国家社会主义的拍子前进的德国人,在热爱秩序和尚武精神方面各不相同,在残酷性和傲慢方面也各自有异。

在欢呼希特勒的阵阵胜利声中,却也有刺耳的声音——国会纵火案审判之拖延。此案拖至秋季的第一天才开审,但至此时,德国共产党人已令世界大多数人相信,国会的大火是原告纵的。首先,他们在巴黎出版了一本旨在揭露希特勒恐怖的书,但书的内容却是以想象为基础的。"我们没有直接证据,找不到证人,只能暗中与德国通信,"阿瑟·科斯勒后来供称,"事实上,具体情况如何,我们一无所知。"

由于有了这一成功,这些流亡国外的共产党人自己搞了个审判,于1933年9月14日在伦敦开庭,由包括英国的D. N. 皮里特和美国的阿瑟·加菲尔德在内的国际陪审委员会主审。听众席上的名人有乔治·萧伯纳——希特勒很崇拜他的作品,特别是《圣女贞德》。萧伯纳拒绝入陪审席,只以持异议者的身份出现。"要是犯人被用作棍子去打政府时,"他说,"他的命运早就定了。"经过私设法庭6天的审判后,早可料到的法庭结论公布了:"对国会大厦系国社党领导人或他们的代表纵火焚烧一说,存在着严重怀疑的根据。"

翌日，德国的审判在莱比锡开庭了。戈林亲自插手起诉，被4个共产党人被告驳得狼狈不堪。戈林大发雷霆，大声呵斥季米特洛夫（后成了保加利亚总理）："你这个流氓！等我们出了法庭后再收拾你！"戈林有最后的发言权，但胜利却在共产党一边——全部被法庭无罪开释。一而再再而三地说只他自己有罪的范·德·卢勃被判死刑，并被处决。

局外人却认为，那荷兰人不外乎是纳粹的工具，其纵火的目的是要制造消灭共产党的口实。许多历史学者，包括布洛克和希拉，也有同感；但他们的推测都是在弗里兹·托比阿斯的书出版前作的。托比阿斯的书写得很详尽，结论是，共产党和纳粹都与此次大火无关，纵火者只卢勃一人。不少历史学者，包括布拉切尔，对托比阿斯的书提出疑问。尽管如此，他所列举的事实，与汉斯·莫姆森所列举者相同。莫姆森的权威文章，是由当代史研究所发表的，而这个研究所是不大可能同意纳粹的解释的。再者，对卢勃的历史及审判记录所做的审查和研究表明，他的智力在一般人之上，他之纵火是一个喜欢单独行动的流浪汉的行为。

莱比锡审判的判决虽受外国舆论的影响，但它也表明，法庭仍保留了一些独立性。戈林牢骚满腹，说法官的行为丢脸（"你简直可说，受审的是我们，而不是共产党"）。希特勒的回答却泄露了天机："我亲爱的戈林，这只是个时间问题。我们很快就会让那帮老家伙讲我们的话的。反正，他们都该退休了，到那时，再把我们的人安插进去。不过，只要'老头子'还活着，我们就没有多少办法。"

汉夫施坦格尔说，他是在总理府进午餐时偶然听到这番话的。那年秋天，他再次努力，试图让希特勒走上一条西方更能接受的道路。他给美国大使的女儿、娇媚动人的玛尔塔·多德打了个电话，说："希特勒应有个美国女人——一位可爱的女郎能改变欧洲的整个命运。玛尔塔，你就是这个女人！"（与众多元首的心腹一样，汉夫施坦格尔并不知道，希特勒已有一个情妇即爱娃·勃劳恩，但被弃置。）

"这个送上门来的机会"使玛尔塔·多德很是"兴奋"。她同意与元首会面，并"改变欧洲的历史"。在恺撒饭店的茶室里，希特勒吻了她的手，还狼狈地喃喃了几个字。她简直不敢相信，自己正与欧洲最强有力的人物之一面面相觑。"他好像很谦虚,中产阶级,相当不活泼,且很腼腆——但又有一种奇怪的温柔感和令人感兴趣的无可奈何感。"在晚餐时她描述了她对他的印象。父亲"对我的易受感动觉得非常好笑",叫她勿冲洗被这位伟大人物吻过的手。

多德大使对希特勒没有多少印象,但他的英国同行们却认真对付起希特勒来了。关于元首之重新武装的要求,他们愿意做出相当的让步,并急于达成某种协议。这由1934年初,英国掌玺大臣安东尼·艾登勋爵访问柏林时透露了出来。艾登对希特勒的印象是,他绝不仅是政治煽动家。"他知道自己在说些什么。会晤的时间很长,随着会晤的进展,他表明,他完全掌握了会谈的主题。"关于国际保证,德国所要求的只是自我防卫的可能性。如果这种条约得以签订,希特勒答应保证解除冲锋队和党卫军的武装。次日,即2月21日,希特勒做出了一个不平常的姿态,即前往英国大使馆进午餐。这似乎要着重表明他和解的意图。这是元首首次步入一外国使馆。他对饭菜和饮料兴趣不浓,但是,一谈到个人在大战中的经历时,他便"大大的不拘泥了"。艾登说,退伍军人是最不希望再发生一场战争的。希特勒"欣然同意"这一说法。

午餐后,希特勒提出了详细的建议。他要求得到他的邻居的机群总数的30％,并同意,德国的飞机数量永不超过法国飞机数量的60％。他欣然自动提出缩减冲锋队和党卫军的数量,使艾登好生惊奇。他还说,"他的常识和政治本能永不会让他批准在国内建立第二支军队。永远不会！永远不会！"

这是个做让步的季节——希特勒做出了另一个友好的姿态。这次是在3月14日向美国人做的。外交部长冯·牛赖特电告驻纽约的总领事,让他向多德大使——多德大使乘"曼哈顿号"即将抵达纽约——转达下列口信:

帝国总理请多德先生向罗斯福总统转达他的问候。他对总统为美国人民的利益所做的英勇努力表示祝贺。总统为消除经济危机进行了成功的斗争,全体德国人民正满怀兴趣和钦佩予以效尤。总理同意总统的见解,即责任感和纪律等诸美德,应是全民族的最高准绳。总统给每个公民提出的这个道德要求，正是德国哲学的精髓。我国的座右铭"公众利益在先，个人利益在后"正表明了这点。

这个口信远未达到其目的。它不仅措辞刺耳，且时机不对。一周前，"美国犹太人协会"在麦迪逊广场公园举行模拟审判，题为"文明对希特勒主义、希特勒政权之法律和行径之事迹展出"。由著名律师萨姆埃尔·西布里扮演"文明"的律师，证人包括菲奥雷洛·拉瓜迪亚市长、阿尔·史密斯和雷蒙德·莫雷。人们众口一词地宣布，"文明"为胜方。

希特勒关于削减冲锋队和党卫军的承诺，在一定程度上使法国安下心来，但他们的领导人却不相信希特勒之重新武装的计划只是为了防卫。"英国人急于求成，"弗朗索瓦·本塞大使回忆道，"他们一份接一份地给我们发来照会，敦促我们说明，需要什么保证才足以使我们同意让帝国在一定程度上重新武装。"然而，英国人在私下里却感到关切，特别是对德国迅速发展的空军，但对新帝国之处境仍公开表示同情，许多人嘲笑"希特勒正在走向战争"的说法。

弗朗索瓦·本塞大使同意向德国做出让步的意见。"有限的、受控制的重新武装，比无限的、不受控制和压制的重新武装要好！"他觉得，有协议，哪怕是平平常常的协议，总比没有好。于是他便极力争取他的上司。4月初，他亲赴巴黎面呈他的看法。但在与总理杜美尔会晤时，"却不准说一个字"，几次三番想转入话题，都被总理打断。法国的决定是，在东部建立反纳粹集团，以遏制德国的野心。波兰、苏联和捷克斯洛伐克将成为这一长链中的一环，统统由"法国母亲"卵翼。

那年春，苏法达成协议。希特勒害怕这是包围帝国的开端。为了与协议中的集团相抗衡，希特勒需要一个强有力的盟友。最有可能成为这一盟友的是意大利，但它的领导人自1924年拒绝借给希特勒几百万里拉以来就一直对这一联盟没有多少兴趣。求人一事使希特勒很不痛快，但骄傲不得不向需要让步。他再次做出努力。希特勒压住怒火，致函墨索里尼道："……本人既对阁下的具有历史意义的努力表示钦佩，又祈望以真诚友好之精神与阁下合作。两国在意识形态上紧紧相连，若适当地注意一致的利益，两国则为欧洲的稳定做出不可估量的贡献。"他辩解说，由于德国已被解除武装,他有权要求其他国家裁减军备。接着,他便详尽地列举了他通常的论点。为了提高这封信的重要性,他便差戈林前往意大利送信。

数星期后,希特勒的国外新闻秘书和非正式的朝廷弄臣汉夫施坦格尔也往访墨索里尼,并建议他与元首会晤。"你们两人都是瓦格纳的崇拜者,这就给了你们共同的出发点,"汉夫施坦格尔记得曾说过,"想想看,如果您把他请到瓦格纳逝世的地方文德拉明广场,那该有多大意义!从您的长期经历中,他能得到好处,得到迫切需要的从德国国外去观察欧洲问题的洞察力。"墨索里尼并不反对这个想法,发出了邀请。希特勒表面上推辞了一番后,接受了邀请。

这次历史性的会晤从一开始便注定要失败。据意大利新闻社驻柏林代表菲利普·波加诺说,墨索里尼的动机主要是想见见这位全欧都在议论的政治家。"希特勒是个头脑糊涂的笨蛋,"他私下对波加诺说,"他脑子里塞满了政治和哲学的标签,且全是毫无条理的货色。我真不明白他为何要等这么久才把政权拿过来,为何要扮演丑角,搞什么竞选,搞什么合法掌权。真是荒唐!要不是向罗马进军,法西斯意大利就永远不会出现。我们是充满活力的,希特勒先生不外乎是个空谈家。"

由于这一轻蔑态度被传了出去,意大利报界倾巢而出,"看看这位畸形怪人希特勒"。6月14日,当他在里多机场步出"容克"座机时,身穿毛哔叽服,外披旧军大衣的希特勒,看上去像个在作绝望挣扎的推销员。到机场迎接他的墨索里尼则穿一件黑衬衣,一双高筒马靴,还系了闪闪发光的金穗带,身后还有身穿整齐制服的意大利士兵。墨索里尼把胳膊往外一甩,行了个罗马式的欢迎礼。这一甩,刚劲有力,记者 H. R. 尼克博卡想,"他把手都甩掉了"。

希特勒胆怯地侧身出来,将手轻轻一抬,像表示歉意,又像行纳粹抬手礼致谢。很明显,墨索里尼的这一表演着实令他狼狈不堪。在阳光照射下,他眨了眨眼睛,然后便笨拙地走下舷梯,与他理想中的人物握手。"他们离我不过3码远,"尼克博卡写道,"他们的脸部表情让我着了迷。在不得不客套一番的下边,我在墨索里尼的眼中看到的是取笑的神情,希特勒眼中的是愤怒。"当主人领他打那排军队前走过时,他的窘迫感并未减轻,他的举止就像小学生首次参加正式晚会一般。对那顶新软帽他简直不知如何处置。他先是脱帽向意大利国旗致敬,然后想戴,却抓在右手中。与墨索里尼——此时他已开始交谈,讲的是怪腔怪调的德语——一起行进时,他把帽子来回倒手,好像它是个滚烫的马铃薯似的。

去威尼斯时还有一桩笑话。上游艇时,希特勒慌里慌张,谦让墨索里尼先上。但是,善于当主人的墨索里尼却拐到他身后去了,不断挥手让他过跳板,好像赶鸡入笼似的。在旅馆内,他从电梯里跳出来,低着头前行。"墨索里尼风度翩翩出来,他明白他是众目之的。他抬头挺胸,目光四射。他是意大利总理呀。"

一进房,希特勒便破口大骂他的几个顾问,为何竟让他穿便服来,说墨索里尼穿得如此出众。他心绪烦乱,首次与主人交谈时,又碰到一场灾难。墨索里尼主宰了会谈,内容是奥地利问题。他讲的是似通非通的德语,希特勒有时竟听不懂,而墨索里尼也误解了许多希特勒的奥地利德语。

次日,两人在圣马尔科广场检阅法西斯部队。两队士兵争论谁该从检阅台正前方走过。两队各不相让,同时前行。这时,乐队开始像猫叫春似的吹打起来。后来,他问他的新任副官弗里茨·魏德曼,这样的军队军事价值有多大。战时曾在希特勒所在兵团当过副官的魏德曼回答说,战斗力与游行毫无关系。"然而,这句话并未使希特勒产生什么印象。特别是就在那时,他往窗外瞧了瞧,发现有艘军舰,桅杆上挂的不是舰队的旗帜,而是水兵们的五花八门的衬衣和内裤之类,令他目瞪口呆。"

只有傻瓜或喜剧大师才会把独裁者之间的最后一次会谈,也是最重要的一次,安排在里多高尔夫球场。"我注意到,"波加诺回忆说,"希特勒不停地说话,且很激动。墨索里尼则在听着,一声不吭,脸有不悦之色。"在长达两小时的会谈中,波加诺很少看见墨索里尼开口。"希特勒的唾沫横飞令他生厌。当晚,在正式招待会中间,他匆匆起身而去,离开了小湖,宣称他任何人都不见。"

希特勒被刺痛了。他明白,他不但遭到了墨索里尼的冷落,而且在外交上也遭他暗算。元首同意承认奥地利(他将它看作是帝国的一部分)完全独立,但他得到的却是墨索里尼对裁军问题并未做肯定支持的保证。这样,当

外交部长牛赖特向各国使团散发一份通知时,各外交官员都怀着好笑的心情读这份通知:

　　……帝国总理访问威尼斯时,受到了破格的热情接待,气氛和谐,公众对此印象尤深……

　　希特勒与墨索里尼相处甚洽,私人间的同伴之情远甚于相互尊敬。

　　会谈是详尽的,也是在融洽的气氛中进行的。双方谈到了由两种观念之亲密关系所产生的所有问题,达成了远期的协议。正式协议尚未草拟,因而尚未签订……

外交部国务秘书恩斯特·冯·威茨萨克私下对一个瑞士外交官说,他"预见不到两人会更密切地合作"。

3 二次革命——"所有革命都吞噬自己的儿女"

1934.2—1934.8

希特勒对削减冲锋队数量的保证是真心诚意的。多年来，冲锋队表现出来的独立性使他伤透了脑筋。近几个月来，冲锋队的司令官罗姆上尉又一直要求将他的手下改编为部队。自然，军方是反对此举的。

希特勒知道，他生存下去的最好办法，是支持军方领导人，因为没有他们的全力支持，他是无法实现他的最终目标的。于是，他便宣布："在我国，只有国防军才准许持有武器；冲锋队只负责对人民进行政治教育。"这番话使400万褐衫党徒怒火复燃，使他们不禁想起了党内南北两派之间长期斗争的情形。一方面，他们仍忠于希特勒这位精神领袖，另一方面，许多人也觉得他背叛了"褐色革命"，正在卖身投靠右派。他们将自己看作是党内激进主义的象征，对掌权一年来所作的改革不满。数月来，罗姆（"不悲观者才有理想"）一直在鼓吹"二次革命"，只有那样才能得到他们为此战斗过的社会利益和物质利益。"谁要是认为冲锋队的任务已经完成，"在坦贝尔霍夫机场他对8000名褐衫党徒说，"他就得想想，我们还在这里，而且还想继续待在这里，而不管发生什么情况。"虽然大部分党员都有反资本主义和保守主义的情感，但最激进、最热切的还是冲锋队。罗姆反复鼓吹，他和他的手下才是国家社会主义的真正卫士（"我们是完成德国革命的不可腐蚀的保证者"）。

希特勒虽然同情激进派，但他的头脑告诉他，除非德国从经济灾难中恢复过来，并重建起武装部队，否则，进一步革命是行不通的。这点，若没有工业界和军队的全力支持又是做不到的。与此同时，为了息事宁人，他让罗姆在内阁担任不管部长，还答应让他出任国防部长。于是，他便于1934年1月1日书面表扬了他。表扬信很出色，因为通篇用的都是第二人称单数的昵称"你"。希特勒的原意是，一方面称赞他，另一方面要婉转警告他，保卫国家的事情还是要留给军队去做，但罗姆未领会这点。他以为有希特勒撑腰，胆子便大了，竟向国防部发去一份照会，声称保卫国家的安全是冲锋队的特权。

这便使矛盾激化了。冯·勃洛姆堡将军于是便请求希特勒裁决。1934年2月的最后一天，希特勒懊丧地把冲锋队和国防军的领导人请到国防部的用大理石作柱的训导厅里开会。在他的"动人的、揪心的"演讲中，希特勒劝双方妥协。他说，党解决了失业问题，但在8年后，经济又会衰退，唯一的补救办法是为过剩的人口创造生存空间。这可能会有必要先在西方然后在东方采取短暂的、决战决胜的军事行动。然而，罗姆所建议的民兵"一点儿也不适于国防"。解决的办法是建立人民军，对他们进行严格的训练，并用最新式的武器武装他们。冲锋队必须将自己限制在内部政治事务的范围内。

此时，希特勒强迫勃洛姆堡和罗姆当着他的面签署协议。冲锋队得到了两项半任务：沿国境线起警察的作用；18岁至21岁青年的军训由它承担，21岁至26岁未在部队服役的青年则进行"冲锋队体育"训练——这是有组织的军训的代号。

对罗姆，这是个打击，但会后他把大家请到他的家里，共进和解的午餐（他的住家先前是个百万富翁的大厦）。"希特勒没有参加，"冯·维希将军回忆说，"饭菜很好——气氛却冷若冰霜。反正，和平似乎已恢复了。人们当然相信，希特勒在党内的权力很大，他们的决定对冲锋队会有约束力。"

军人一走，罗姆也许是喝了酒的缘故，真实感情便爆发了："那个荒唐透顶的下士说的话算个屁，"他对自己的追随者说，"我根本不想遵守这份协议。希特勒是个叛徒，最少也要去休假……要是有了他，目的便达不到，我们干脆就不要他。"至少有一个听者大吃一惊。在冲锋队大队长维克多·卢泽听来，这是出卖。于是，他便向赫斯告发。元首的副官举棋不定，不敢行动。维克多便亲身前往上萨尔茨堡,将冲锋队高层领导中的严重不满面告希特勒。元首再次无动于衷。"必须让事态发展。"元首不想再讨论下去,好像不愿承认他心爱的冲锋队有近乎暴乱的不满情绪似的。然而,几星期后,他却断然拒绝了罗姆的评论:"灰石(军队)必须被褐色洪水淹没。"他说"新的部队是灰色的,不是褐色的"。

罗姆进行了反击。4月,他在柏林召开记者招待会,出席的除外国记者外,还有各外交使团的官员。他身材又矮又胖,浑身是劲,威风凛凛,讲话的语气也咄咄逼人,好像非服从他不可似的。"冲锋队是德国革命的意志和思想的英勇化身",他对外国人这样说,但下一段话却显然是说给希特勒听的。他说,党内反对冲锋队的人,都是反动分子和资产阶级因循守旧分子。"只有冲锋队才代表国家社会主义革命!"

在党卫军内,罗姆的秘密敌人业已在密谋将他粉碎。为首的是特工部的头子莱因哈德·海德里希,而不是党卫军的首领。这乍看起来是有点奇怪的——一些日子来,希姆莱之所以不愿意支持这一阴谋,也许是因为他怕与冲锋队公开爆发矛盾会导致党的分裂——但是,当得悉戈林也参与这一阴谋时,他便跃跃欲试了。戈林不仅是元首的心腹,而且还能给他一个他垂涎已久的职务——普鲁士州秘密警察①局局长。希姆莱一与这个党魁勾结,他立刻便成了盖世太保的头子。接着,他便向党卫军所有单位暗示,一场与冲锋队的公开斗争已近在咫尺。海德里希报告说,他已收集了不少材料,证明罗姆阴谋背叛。这样,这场斗争便势成定局。其实,罗姆根本无意发动起义。他只想用"一个金笼子"将元首与其心怀叵测的顾问们分开,强压希特勒给冲锋队在帝国内以适当的地位。他发动的是神经战,而不是出卖,但他的威胁性语言却是惊慌的根源。6月4日,希特勒把罗姆召至总理府,根据希特勒的说法,他们的谈话持续了5小时。"我哀求他自动反对这一疯狂行动——同时也让他使用自己的权力去阻止事态的发展。因为不管如何,此事只能以灾难而告终……参谋长向我保证,报告部分失实,部

---

① 秘密警察一词的德语文是 Geheime Staatspolizei。为方便邮递,某邮局为这一新组织刻了印章,将之缩写为 Gestapa,若按此音译为中文则是"盖世太巴",但在口语中,它成了 Gestapo,中文译为"盖世太保"。——译注

分被夸大其词,还有,他将在权限内尽一切努力,纠正事态。之后,他便走了。"

虽然有个目击者,即巴本的副官,发誓说,他听见他们"在大声争吵",在希特勒的说法中却找不到争吵的迹象。罗姆可能是于深夜离去的,他所得的印象是,元首虽同情冲锋队,但在军方的压力下,不得不遏制冲锋队的活动。希特勒自认为已真正与罗姆握手言欢,这也有可能。因为特工部几乎就在同时报告说,元首已在几个问题上与冲锋队司令达成了协议。

双方同意,冲锋队原定全体休假一个月的假期将如期开始。这消息是由德国新闻局于6月7日公布的。次日,德国新闻局公布了令人费解的"罗姆参谋长令"。命令说"几周来,本人身患痛苦的神经系统病,使健康受损。现决定遵医嘱进行治疗,以求康复"。

这两条消息使军方安心了。他们觉察出,这是罗姆陨落的信号。海德里希却大吃一惊——他只需3个星期便可完成其反对冲锋队的计划。这两条消息迫使希特勒采取果断行动。罗姆的弟媳,还有其他人,警告罗姆说,外边谣传戈林、戈培尔、希姆莱在合谋搞掉他。"他也察觉有些不对劲,"她回忆说,"但仍不以为然。他对希特勒从未有过丝毫怀疑。"

在威尼斯会见墨索里尼受辱回国后数小时,一位完全不同的人士的不满便降临在希特勒身上。6月17日,一个愉快的星期天,巴本准备在马堡大学发表演讲。人们对副总理的演讲多少有点兴趣,因为半年前他曾在不来梅俱乐部发表过有争议的演讲。其时,他曾警告,由于新政权践踏了法律原则,并对教会加以诸多限制,德国的局面越来越动荡不安。当他步入大礼堂时——里面坐满了学生和教授,还有稀稀拉拉坐着的身穿制服的纳粹党员——礼堂里充满了期望的气氛。一开始,他便单刀直入,向受控的报界发动进攻,特别是对戈培尔。

这些话出自政府的第二号人物之口,使学生们目瞪口呆。但这还仅仅是开端。在将纳粹盲从者和空谈家连同一党制一起攻击了一番后,他敦促希特勒与支持罗姆的二次革命的人们决裂。"我们搞反马克思主义革命的目的,难道是为了实行马克思主义纲领吗?……一个国家的人民,若要名垂史册,它就承受不起发生在下边的永无休止的叛乱。在某个时候运动就得停止,坚实的社会结构才能出现。"

有几个党员在高声抗议,但他们的喊声却被暴风雨般的掌声淹没。只有《法兰克福报》在下午版中发表了这篇讲话的片段。戈培尔下令将报纸全部扣审,并禁止电台重播(原定要重播)这篇讲话。但是,讲话的全文却走漏了出去,并在国外发表,在国内外掀起一阵轩然大波。当副总理在汉堡跑马场上出现时,人们向他高喊:"欢迎马堡!"

头几天,希特勒没有吭声。摊牌的还是巴本本人。他威胁说,除非解除戈培尔不准重播其讲话的禁令,否则便辞职。希特勒劝副总理冷静。他承认,戈培尔犯了大错误。接着,他便厉声谴责冲锋队不服从命令,好像他批准了讲话的那部分内容似的。他保证将禁令解除,请求巴本暂勿递交辞呈,待两人同去诺伊德克面见兴登堡时再说。

巴本答应等待,但希特勒却自食其言。次日,6月21日,他只身匆匆前往诺伊德克,禁令也未解除。他公布的此行的目的是向兴登堡汇报新近与墨索里尼会见的情况。但更可能的是,他会见"老头子"时不想让巴本参加,免得碍手碍脚。他也许想看看兴登堡的健康状况,看看他还有多长时间可为当他的继任人做出安排。为此,他必须得到军方的支持。有意思的是,在兴登堡庄园的台阶上碰到的第一个人却是国防部长勃洛姆堡——天气虽然炎热,勃洛姆堡却身穿全套制服。

总统之会见元首是有其自己的理由的。他想听听巴本的演讲招来的混乱情形到底如何,但说话的却是勃洛姆堡(他板着脸孔,笔挺地端坐着)。他明确指出,应该首先考虑内部以和为贵。希特勒若不能解除眼前无法容忍的紧张局势,总统就要发布戒严令,并把这一任务交给军队。他未提到罗姆和二次革命,实际上也没有必要提及。会见只进行了 4 分钟便宣告结束。很快希特勒便飞回柏林。在安静的旅途中,他的思潮大概转向了罗姆。"数月来,我之所以反复不能作出决断,"数周后,他向国会解释说,"那是因为有两种考虑。首先,我总不相信,建立在忠诚基础上的关系竟是谎言。其次,我私下里还怀着希望,尽量不让运动和我的冲锋队蒙受不和带来的耻辱,尽量铲除这种恶作剧而又不发生冲突。"

当晚,希特勒便下决心采取行动。翌日清晨,他给数月前就曾警告他要提防罗姆的维克多·卢泽去电,令他立刻前来总理府报到。"他领我进了书房,"卢泽在日记中写道,"拉着我的手,要我宣誓保密,直到把事干完为止。"元首感情有点儿冲动地透露说,由于罗姆决心武装冲锋队以反对军方,所以必须将他搞掉。"元首说,他历来知道,我是不参与这些事情的,因此,我不能接受慕尼黑的任何命令,只能接受他的指示。"

与此同时,海德里希和希姆莱正在千方百计让罗姆自投罗网。同日,希姆莱将党卫军的一位头目弗莱赫尔·冯·爱波斯坦召来,告诉他,罗姆正在密谋叛乱。爱波斯坦应将此事转告各军区司令,自己则让部队处于"谨慎的紧急状态",让他们在兵营候命,以备不时之需。通过部队的渠道,警告便在几小时内传达下去了:军队总办公室主任通知各级军官,由于冲锋队的政变已迫在眉睫,可向支持部队的党卫军发放他们所需的武器。

此时,希特勒已经完全相信罗姆是在密谋叛乱。他对国防部长冯·勃洛姆堡说,他将把所有冲锋队司令召至巴特维塞——这是个温泉,位于特干塞河上,罗姆在该地休养。希特勒继续说,待他们全体集中后,他将亲手逮捕他们,"与他们算账"。部队已做好了行动的准备。首先,国防军总司令瓦尔纳·冯·弗立契将军发布命令,使全军处于战备状态。休假被取消,全军将士回营。

几乎同时,赫斯在电台全国联播节目中发表了一篇出色的讲话。它既是对罗姆的警告,也是对他的请求。"背信弃义者可悲!认为通过叛乱可为革命服务者可悲!"接着,他便说,这些密谋者是"荒诞的理想主义者"。通篇讲话均可说是希特勒的,因为它敦促罗姆放弃他的二次革命,重新归队。次日,赫尔曼·戈林发出了一个更直言不讳的警告:谁要是腐蚀了对希特勒的信任,谁就得"用头颅偿还"。身在巴特维塞的罗姆,虽然与世隔绝,对这些预兆,也本应有所风闻。4月28日,德国军官联合会将他开除出会。这又是个前兆。

在柏林,关于即将摊牌一举,流言四起。同日,塞夫顿·德尔默便从巴本的新闻顾问的助手那里得悉了关于希特勒进退维谷的第一手消息。"为争夺兴登堡的继承权,我们正在作战,"他解释说,以希特勒为一方,以副总理及其保守派为另一方。他预言,下次内阁会议上肯定会摊牌,巴本将迫使希特勒"镇压"罗姆及其二次革命的同伙搞的"恐怖的无政府主义"。倘使元首予以拒绝，巴本集团便会辞职，兴登堡便会解除希特勒的职务，将政权交给军队。"不管事态如何发展，我的老板认为，他已抓住了希特勒的小辫子。如果他接受，他的权力便被剪除；如拒绝，军队便会接管。我希望希特勒拒绝，即使可能意味着火并！"

此时，元首在埃森，还参加当地一地方长官的婚礼，表面上好像在欢度假期。另一个客人卢泽却在犯愁。"我觉得，"他在日记中写道，"趁元首不在柏林，有眼看不见，有耳不能闻，只能靠电话通信的机会，把那件事搞严重，并加快步伐，这是适合某些人的需要的。"

确实，在这一阴谋的发展过程中，电话起了主要的作用。希特勒与戈林一抵达新郎新娘家中进婚礼早餐，希姆莱便从柏林打来电话，念了一系列令人吃惊的报告。当戈林得知想象中的冲锋队的阴谋后，不住地点头称是。希特勒大怒，连忙赶回他设在当地的总部。"在旅馆的房间内，"卢泽说——卢泽也是被匆忙召来者——"电话几乎不断。元首在沉思，但是很明显，他现在不得不采取行动了。"

戈林的秘书带着希姆莱关于褐衫党徒即将起义的进一步消息匆匆赶到。这使会议顿时活跃起来。这份报告，连同海德里希的一个特工人员带来的报告——该报告说，罗姆的冲锋队刚刚辱骂了一个外交官——使希特勒按捺不住。"我受够了，"他说，"我做个榜样给他们瞧瞧。"他令戈林赶回柏林，在收到暗语"蜂雀"后便着手行动。接着，他自己打了个电话给身在巴特维塞的罗姆，对据说骚扰了外国人一事进行批评。他带点儿火气说，这是不能容忍的，并告诉罗姆，将冲锋队领导人全部集中在巴特维塞，他要向他们发表讲话。时间是两天后上午11时。

这次通话并未使罗姆担忧，或者说，他假装不担忧的样子，因为回餐桌旁时他似乎"很是得意"。他对客人们（内中有冯·埃普将军）说，希特勒将于6月30日参加冲锋队领导人大会，还得意地说，这将给他提供一个"撕下戈培尔的假面具"的机会。他知道，冲锋队和军队是可以指望的。这种不现实的言论表明，罗姆要不是在异想天开，就是对斡旋在他周围的阴谋一无所知。

戈林一返回柏林，阴谋便升了级。次日上午，6月29日，星期五，他令普鲁士警察部队和忠于元首的党卫军卫队处于戒备状态。更重要的是，他以希特勒宣布紧急状态为依据，将普鲁士之权力揽于一身，将西里西亚之权力授予冲锋队东南区司令，并令他逮捕一批褐衫党徒领袖，解除冲锋队司令部所有卫兵的武装并占领布雷斯洛警署。

到此时，军队总戒备令业已生效，但许多高级将领仍不相信罗姆有叛乱的企图。当日上午，有个军官飞往柏林，当面向参谋总长冯·弗立契陈述了这一看法。这个持有怀疑者是西里西亚军区司令埃瓦尔德·冯·克莱施特将军。他当着在场的路德维希·贝克将军的面对弗立契说，西里西亚冲锋队的领导人（罗姆的密友）曾向他保证，褐衫党的行动准备不外乎是针对军队反对他们的戒备状态所作出的反应。克莱施特坚信，有第三者——他提到了希姆莱——在挑动冲锋队和军队，令他们互相斯杀。弗立契深表关切，立刻把军队办公室主任冯·莱希瑙将军召来——早在1933年前莱希瑙就是个忠诚的纳粹。他文质彬彬，是个典型的普鲁士将军，他戴着永不离身的单片眼镜，举止永远不慌不忙。他听完克莱施特的陈述后说："这可能是真的，但为时已晚。"

此时，通过军队的渠道，新的证据——无非是谣传，假报告和篡改过的文件——像潮水般涌来，以使这些起了疑心的汤玛斯①相信，起义得手后，罗姆将处决从弗立契算起的所有高级将领或解除他们的职务。捏造的处决名单，被传来传去，假的也好像成了真的。当天的《人民观察家报》刊登了国防部长勃洛姆堡的一篇文章，加重了这个幻影。他宣布，军队忠诚地支持总理。

假使罗姆读了这篇文章，很明显，他也未认识到这是对他本人进行警告。他仍沉浸在巴特维塞的良辰美景中，对冲锋队要员光临他的公寓，他还若无其事地一一施礼问候，对当天上午的与元首会晤还深表满意。当战时的一位老同志现在的一位将军警告他，军队若不向叛乱的冲锋队开枪，他就"犯了个致命的错误"时，他仍泰然自若。罗姆当晚的举止绝不是一个叛乱

---

① 汤玛斯，耶稣第十二个门徒。——译注

者的举止。在懒洋洋地玩完"塔洛克"(这是巴伐利亚的一种纸牌,由3人共玩)后,医生给他打了一支神经镇痛针,他便准备安睡。

希特勒却不然。在巴特戈德斯贝格的德烈森旅馆,希特勒的房间简直成了战斗前夕的军事指挥部,而他却像一个具有首席指挥权却又不果断的将军。午夜前,他令党卫军卫队指挥官狄特里希率领两连人马朝巴特维塞进发。片刻后,由于来了两个电话,一个是柏林来的,另一个是慕尼黑来的,计划便急剧地改变了。第一个电话是希姆莱打来的(希姆莱刚对里宾特洛甫说,"罗姆完蛋了"),说柏林的冲锋队准备于下午5时起事,计划占领政府大楼。在通话过程中,希特勒只作哼哈回答,但一撂下话筒,他便喊道:"这是叛乱!"看来,柏林的冲锋队头子卡尔·恩斯特不但不按计划前往巴特维塞,反而留在柏林指挥叛乱(他在不来梅,准备做蜜月旅行)。

又来了个电话,打断了元首的连声谴责。电话是巴伐利亚的地方长官阿道夫·瓦格纳打来的。他说,吵吵闹闹的冲锋队已上了街头,还在高呼"军队反对我们!"(有些部队确实出动了,原因是有个神秘的小册子说:"冲锋队,冲上街头!元首已不再支持我们!")

希特勒的愤怒变成了惊慌。这就是罗姆叛乱的活生生的证据。"我终于清楚了,"他后来说,"只有一人能反对也必须反对总长(罗姆)。他曾向我表忠,却又自食其言。为此,我就必须找他算账。"

他突然决定:他要前往巴特维塞,亲身去会会"这窝叛徒"。这使他的同志们暗吃一惊。他命他的专机准备起飞,然后便在土台和大厅间来回踱步。他百感交集:罗姆怎么能干出这等事来?他怎么能背叛他的元首?

希特勒颤抖地爬上三引擎的"容克52"。这是一架临时换上来的飞机,因为原来的座机发生了引擎故障。此时是凌晨2时左右。他一屁股坐在位子上,双眼直视漆黑一片的前方。他的新闻主任奥托·狄迪里希"对发生的事一无所知"。后来,有个副官让大家把枪上的保险打开,他才略有所悟。

确知内情的卢泽心中想着罗姆。他暗自吟道:

红霞呀,红霞,
您照耀我们早亡,

> 昨日昂首骑骏马,
> 今朝子弹穿胸膛。

当晚,阴雨连绵。拂晓,飞机在灰暗中在上瓦申弗尔德机场湿漉漉的跑道上降落。这是个空军机场,12年前希特勒就是在这里与警察和军队发生摩擦遭受羞辱的。机场场长很伤心,因为参谋总长曾有过指示,元首的座机 D-2600 快到时,马上通知冲锋队的领导。由于在最后一分钟改变座机,到机场欢迎的只找到稀稀拉拉的几个人——党内的要员和数位军官——"这是我,最生气最不愉快的一天,"他对他们说,"我要亲身到巴特维塞去,给予叛徒们最严厉的处分。"

希特勒乘小车来到巴伐利亚内务部,下了车,巴伐利亚的地方长官兼内政部长瓦格纳紧跟在他身后。元首进楼时,脚步之急促,使皮衣的衣尾都飘了起来。他大步上楼,直奔瓦格纳的办公室。当他步入客厅时,上巴伐利亚冲锋队的头子"唰"地站了起来,向他敬礼,但希特勒却朝他冲去,喊道:"将他关起来!"他破口大骂叛徒卖国贼,尤其是冲锋队的领导人——他们的手下曾被小册子诱上街道。"你,"他喊道,"被捕了。枪毙你!"

清晨6时,元首"依旧激动得怕人",便从大楼里出来。原定带武装增援部队前来的第二架飞机尚未抵达,但元首已迫不及待。他爬进凯姆卡的小车,与通常一样坐在司机身旁,令他直奔巴特维塞。他们上路了,后边跟着施列克的车子。他们一共才八九个男人,外加元首的女秘书施洛德小姐。坐在后边的戈培尔不停地谈论冲锋队的阴谋,希特勒却一言不发,两眼直视前方。此时,太阳正从东方天际的云层里钻出来。看来,今天是"希特勒天气"。

不到一个小时,他们便抵达了巴特维塞——它龟缩在阿尔卑斯山的门廊里,在晨雾中淌着清澈的流水。"到汉塞尔包尔公寓去,"他对凯姆卡说,"眼前有桩肮脏的勾当",所以要使汉塞尔包尔公寓里的人来个措手不及。此时已将近7时,教堂的钟声已敲响,召唤善男信女前去做早晨弥撒。凯姆卡缓缓地、小心翼翼地将车子停在旅馆前。他注意到,有些窗户关着,其他已经打开,门口没有卫哨。希特勒第一个走了进去。首层不见人影,餐厅里也空空如也——准备中午举行宴会。房东太太出来了。一见面前出现的是元首,她大吃一惊,连忙说着"元首驾临,不胜荣幸"之类的恭维话,但他却叫她立刻领他去见罗姆。

一行人分别把守着各扇房门。一个便衣在罗姆的房门上敲了敲。希特勒提着手枪走了进去。站在元首身后的凯姆卡发现,睡眼蒙眬的罗姆,又惊慌失措又摸不着头脑,只在不住地眨眼。床上只有他一人。

"恩斯特,"希特勒说,"你被捕了。"希特勒用的是昵称"你"而不是尊称"您"。说话时,希特勒在内政部里的那一肚子怒气全然没有了。他"有点儿紧张,但不十分激动"。他言简意赅地指控罗姆是个卖国贼,并叫他快穿衣裳。罗姆一边强烈抗议,一边穿上衣服,但希特勒已走了出去。罗姆的这一番话全浪费在留下来的便衣身上了。

元首已在敲对面房间的房门。门开了,一个名叫海因纳斯的大队长睡眼蒙眬地向外张望。他身后站着的是他的同床人,一个潇洒的小伙子——是他的司机。"此情景令我生厌,几乎令我作呕。"戈培尔写道。

希特勒立刻前往隔壁房间,留下卢泽去搜查武器。"卢泽,我啥也没有干!"海因纳斯喊道,"你不能帮帮忙吗?"

"无能为力。"卢泽不是义正词严地,而是难堪地将前话重复了一遍。可能是出于愤怒,或是震惊过度,海因纳斯拒不穿衣。希特勒返身回来告诉他,他若拒捕就当场枪毙,海因纳斯这才穿上衣服。他与罗姆及其同事们一起被关进洗衣房。与他们一起被关闭的有十来个冲锋队的哨兵(元首冲进来时他们仍在睡觉),海因纳斯的司机以及几个当场被捕的面目清秀的青年。

希特勒一面讨论下一步的步骤,一面令凯姆卡前往邻近的一座公寓把罗姆的表弟兼司机梅克斯·沃格尔抓来。沃格尔正与一个姑娘睡在床上——那天早晨这种事只有这一桩。沃格尔是凯姆卡的好友,但他无奈,只得抱歉地宣布,他被捕了。当他们前往车房时,沃格尔提出了一个奇怪的要求:他能否再开一次罗姆的车?凯姆卡表示谅解。于是,凯姆卡便站在踏脚板上,让沃格尔在马路上转了几圈。

正当凯姆卡和他的犯人来到汉塞尔包尔公寓前时,一辆坐有40名左右冲锋队员的卡车开了过来。这群全副武装的冲锋队员来自慕尼黑,是罗姆"司令部的卫兵"。他们的司令仍被关在洗衣房内,对此,他们怏怏不快。威廉·布鲁克纳,希特勒的一位副官,高声令他们立即返回慕尼黑。他们不听,只愤怒地望着那位副官。看来,一场战斗在所难免了。

希特勒走上前来。"布鲁克纳的话你们听见了没有?"他口气虽然软,这却是一道命令。他令这伙卫兵立刻返回慕尼黑。"路上,你们会碰到党卫军,由他们解除你们的武装。"解除他们的斗志的是他的态度,而不是他的话。卡车开走了。

犯人被装上两辆大轿车。在武装人员押运下,车队开始出发。领头开路的是希特勒的"麦塞蒂斯"。那些前往赴宴的冲锋队都被希特勒阻止,并被一一盘问。凡在戈培尔匆匆开列的名单上有名的人物均被缴械,并被令插入车队。

车队不断增大。待车队驶抵"褐色大厦"时,已是上午 9 时左右了。在此之前,军队已在该大厦布下了防线。希特勒对军队前来援助表示感谢,并一再表示,他从不想利用他们去反对冲锋队。一进入大厦,希特勒便令戈培尔用电话将暗语传给戈林。清洗开始了。"我下令向这次叛乱的头目开枪,并继而下令,将在我们家庭生活中往井内下毒的毒手,并在外边下毒的毒手全部杀光,一个不留。"这番话勾起了他对母亲死于毒瘤的回忆,而布洛克医生也透露了希特勒感情上的动乱是何等深刻。

党卫军抓来的冲锋队领导人,已塞满了施塔德尔海姆监狱。仍留在"褐色大厦"的领导人,例如罗姆,要求面见希特勒,遭拒后,又求见戈培尔。戈培尔正忙着与戈林通话,通话未完,最后一个犯人已被押上装甲车,前往施塔德尔海姆。罗姆被关进单人牢房,与啤酒馆起义失败后他坐的牢房相距不远。

在"褐色大厦"内,冯·埃普将军要求对罗姆交付军事法庭审判。这使希特勒大为不安,只好一大早便大发雷霆。他喊道,罗姆是个卖国贼,证据确凿,罪不容诛。他这一通火,使埃普将军大吃一惊,但一时又无话可说。当他步出大厦时,他喃喃地对副官说:"真是疯了!"

片刻后,11 时 30 分,在宽敞的会议室内召开的冲锋队领导人的会议开始了。此时,希特勒尚未恢复平静,对惶惶不安的听众发表的讲话不外乎是对冲锋队的抱怨,但前言不搭后语。在长达一小时的长篇大论中,希特勒的听众都不安地站立着。希特勒唾沫横飞,令其中一个听众着了迷。"因感情缘故,他常常哽咽。"他指责罗姆企图将他杀害,以便拱手将德国奉送给它的敌人。他说,罗姆及其同谋将被枪毙。

枪杀尚未开始,原因是希特勒仍在等待塞普·狄特里希(卫队司令)前来执行。过了不久,他来了,忙向怒容满面的希特勒解释说,迟到的原因之一是,卡车轮胎是旧的,道路泥泞,行驶不快。尽管希特勒因其迟到而恼怒,当天却未发布任何命令。他让狄特里希安心待命,说他还得与顾问们磋商,才能决定被告们的命运。3小时过去了,命令还没有下来。

尽管希特勒仍在犹豫,他的柏林的同事却已开始处决犯人。希姆莱、海德里希、戈林三人集团所需要的就是那句暗语("蜂雀"),等暗语一到,他们便立刻将策划已久的阴谋付诸实施。当巴本前往戈林的办公室报到时,对该地"到处是带着机枪的党卫军步哨"深表厌烦。接着,他又惊奇地得悉,希特勒已授权戈林去处置首都的起义者。巴本连声抗议,理由是,他是副总理,总理不在时,此权理应属他。他坚持让兴登堡发布紧急状态,把国防军调来维护法律与秩序。戈林拒绝。他与希姆莱的党卫军完全能控制局势。巴本一再抗议,但话却不断被戈林打断。戈林令副总理立即回家,为自己的安全着想。巴本还未到家,柏林街头便车声四起,到处逮捕新政权的敌人。一支部队包围了巴本的办公室,枪杀了他的首席新闻官,逮捕了其他工作人员。副总理原本也可能会罹难的;因为,他一进家门,家里便成了监狱。巴本发现,家里的电话线已被切断,客厅里坐着个警官,警官还令他不得与外界联系。

那天是星期六,天气炎热。很少柏林人知道首都已发生了异乎寻常的事件。对许多在提埃加登和菩提树下闲逛的人说来,他们最操心的是,随着太阳的升起,天气会越来越热。然而,记者德尔默却愁肠百结,放弃了上午的采访,匆匆赶回办公室。"还写什么'希特勒独裁政权的险境'的报道,这真是把脑袋伸了出去。"他不断对自己说。如没发生什么事,那又怎么办?但是,当他的车子被警察封锁线拦住去路时,他的担心全消失了。"某件事确实发生了。"头戴钢盔、手提冲锋枪的警察正在包围罗姆的豪华寓所——位于提埃加登大街的一个角落里。

在郊区，冯·施莱彻尔将军的厨子领着两个盖世太保来到了这位前总理的书房。其中一个不速之客问他是否是施莱彻尔时，前总理抬头回答说："是。"话音未落两人便开了枪。在角落里听收音机的施莱彻尔夫人连忙朝中弹的丈夫奔去，中途中弹倒地。施莱彻尔当场被击毙，夫人被送进医院后死亡。

在慕尼黑，对罗姆及其同事们最后应如何判决，希特勒仍拿不定主意。在会议室，讨论之声之大，连站在外屋的塞普·狄特里希隔着双重门都听到了。下午5时左右，会议室的门开了。赫斯的助手马丁·鲍曼从里边出来。他把狄特里希领到希特勒跟前。"回兵营去，"元首指示说。他还下达一道狄特里希觉得是从他身上挤出来的命令："挑一名军官和六名士兵出来，将冲锋队的领导人以叛国罪处决。"

狄特里希检查了一下鲍曼交给他的一份名单。被抓进施塔德尔海姆的全部榜上有名，但希特勒只挑出了其中十二人，包括海因纳斯和上巴伐利亚冲锋队的头子在内——却没有恩斯特·罗姆。希特勒仍不敢做出那种决定。

当巴伐利亚司法部长汉斯·弗兰克得悉，许多冲锋队的领导人被关进施塔德尔海姆时，他决定亲身前往该处，把案子接过来。抵达后，他下令将冲锋队犯人交给该州的警察大队看押，然后亲身前往罗姆的牢房。

"这是什么意思？"罗姆问，"发生了什么事？"

弗兰克知之不多，也不能给多少保证，他只希望一切能按法律手续进行。罗姆回答说，他已做好了最坏的打算。"我已将生死置之度外，请您关照我的亲属。她们全都是女人，完全靠我。"弗兰克将牢门打开时，罗姆紧紧地握住他的手，"所有的革命，"他说，"都吞噬自己的儿女。"

弗兰克刚回到自己的办公室，塞普·狄特里希便与一个同事前来宣布，他奉命前来枪决一批冲锋队领导人。他拿出一份希特勒曾亲自过目的名单。弗兰克目瞪口呆，说在任何情况下这些人都不能处决。狄特里希说，命令是元首亲口下的。弗兰克说服了他，由他再打电话向"褐色大厦"请示。

他首先与赫斯通话。片刻后,狄特里希把话筒递给了弗兰克。"希特勒有话跟你说。"

希特勒一开始便大声疾呼:"你拒绝执行我的命令吗?你是不是同情这些犯罪渣滓?我要把这些家伙连根拔掉!"

弗兰克反驳说,连个书面命令也没有,只有6个名字。"名字上的记号是我亲手做的,"希特勒的话温和了些,"这些先生是反对帝国的罪人。我是帝国总理。这是有关帝国的问题,从来都用不着你管。"

在施塔德尔海姆,首批6名受害者被领至院内,每人由两名警察押送。"元首和帝国总理判处你们死刑,"一个党卫军首领喊道,"现在开始执行。"当上巴伐利亚冲锋队首领奥古斯特·施奈德胡伯醒悟到监斩官原来是狄特里希时,他冲口喊道:"塞普,我的朋友,究竟发生了什么事情?我们完全是无辜的呀!"狄特里希板着脸孔,"唰"地立正说道:"元首判处你死刑!希特勒万岁!"

第一个人被解至行刑队前,他拒绝将眼睛蒙上。枪声在院内回响。此后两人均对蒙上眼睛表示蔑视。狄特里希监斩了几人。当轮到施奈德胡伯时,他只好走开。"我已受够了!"

当希特勒的座车开往机场时,天已黑了。"我已赦免了罗姆,"他对前来送行的冯·埃普将军保证,"念在他做出的服务份上。"希特勒坐在"容克52"的前部。波尔驾着飞机朝柏林飞去。一路上,希特勒闷头坐着,一声不吭。

对一般的柏林人来说,从表面上他们看不出有什么可表明,国家正处在动荡中。不错,城内流言四起;沙洛登伯格·绍塞大街由于布上了警察局的路障和来来往往的军车,也出现过交通堵塞现象。人们也知道房子里在抓人,但暴行却是在暗中进行的。很少人知道冯·施莱彻尔将军和夫人已被杀害。也很少人知道格里戈尔·斯特拉塞在午餐桌旁被抓,并被关进盖世太保的监狱中的第16号牢房。在那里,躲在暗中的杀手们从窗外朝里边射击,格里戈尔则像笼子里的老鼠一样来回躲避,终于被击中受伤。一个杀手走进牢房结果了他。这样,戈培尔和戈林的敌人便被消灭了,而他们临死时还对元首忠心耿耿。

在柏林,这次清洗的总头目是戈林。当天下午,戈林在宣传部向外国记者作了简单的情况介绍。"戈林穿着整齐的制服前来,"一个盖世太保官员写道,"他不是走上台的,而是缓慢地碎步上台的。开始讲话前,为加深印象,他故意作了长时间的停顿。他的身躯稍往前倾,一手托着下巴,双眼在转动,似乎害怕自己披露的情况。"当他提到施莱彻尔与罗姆以及格里戈尔的阴谋有关时,有人问,前总理现在的情况如何?"他太傻了,竟敢反抗。"戈林说话时,脸上泛起一种被一位记录者称之为狼的微笑,"他已经死了。"

当日晚些时候,德国国家新闻局发表了一封元首发给维克多·卢泽的电报,一方面为这次清洗开脱,另一方面则指派卢泽接替罗姆的职务。电报为冲锋队的新司令及其手下各级领导列举了十多条"任务"。第一项任务是:"我要求冲锋队司令无条件绝对遵守纪律。对每个冲锋队员都必须如此要求。"他也对"乘坐高级轿车或篷式汽车做官方旅行"的行为、大吃大喝、酗酒和公开闹事进行严厉的谴责。"本人有个特殊希望,希望每位母亲都能将自己的儿子交给冲锋队,交给党或交给'希特勒青年团'而不担心自己的儿子在那里会道德败坏。"因此,冲锋队领导人若行为不轨,他们将被逐出冲锋队,并开除党籍。"我要求我的冲锋队领导人做人,而不是做荒唐可笑的猩猩。"出自此时此刻的这些话,遭到了大部分外国观察家的讪笑。但一般的德国人却津津乐道,为元首也与他们一样厌恶冲锋队的无法无天的行为而松了一口气。

他更进一步号召,每个冲锋队领导人"必须对国防军忠诚老实,毫无二心",以"证明自己是真正的领袖、朋友和同志"。末了,在颂扬了冲锋队的老战士一番后——"那些曾征服德国的人们,不是迟迟在1933年或而后的年月才加入的聪明分子"——他首次提到了他私人的卫队:"我希望,每个党卫军战士身心都要受到教育,成为受过高度训练的国家社会主义战士。"

至傍晚,被杀害的人数已达到吓人的程度。施莱彻尔的朋友冯·勃多夫将军被射杀在他家的前门。勃列斯劳的代警察局长被人用短枪打得血肉横飞;一个党卫军骑兵军官在吸烟室内被暗杀。巴本新近有争议的演讲之讲稿执笔人僵卧在盖世太保监狱的地牢里——该监狱位于阿尔布列希特王子大街。在党卫军的监督下,里希特弗尔德兵营也在处决犯人。在这里被处决的有交通部长、"天主教行动"组织的主席,以及正在度蜜月却被揪了回来的卡尔·恩斯特。恩斯特的最后一句话是:"希特勒万岁!"

冲锋队处在混乱中。有些单位已作了警戒,发了手枪,还受命去找卖国贼——结果却遭到党卫军的包围,受到拘押。其他人则在街头遭到希姆莱的手下的毒打,有些被当场枪杀。有些人榜上有名,或该捕,或该杀,但因有党卫军中友人为之说情而获得了饶恕。对数以万计觉得自己已为党牺牲了一切的人来说,这是个恐怖之夜,也是丢掉幻想之夜。

直到晚上10时,希特勒的座机才在坦贝尔霍夫机场着陆。在机场迎接他的人寥寥无几——只有戈林、希姆莱、弗立契、数名盖世太保官员,以及一名警察。第一个步出座机的是元首本人,他穿着一件褐衬衣,打着蝴蝶结领带,外穿皮夹克,脚上穿一双军靴。"他没戴帽子,脸色白,没刮脸,有点发黄,又有点发肿。"一个盖世太保官员回忆说。与众人握手后,希特勒把戈林和希姆莱拉到一边,仔细地听取了他们的汇报。希姆莱交给他一份名单。当元首的指头缓缓往下移动时,希姆莱和戈林两人在窃窃私语。三人前往上车时(后边远远地跟着一名警卫),希特勒透露出,罗姆本人不会被处决。他说,他曾向冯·埃普将军做过保证。戈林和希姆莱感到难办。如果叛乱头子得到宽恕,那么,一天来的屠杀便会被人耻笑了。车子上路了,三人还争执不下。

冯·兴登堡总统对处决犯人一事泰然处之。他的第一个反应是暴躁地对梅斯纳说:"我早跟你说过,几个月来,我一直让总理把罗姆这个不道德而危险的家伙关起来。但,很不幸,他就是不听。看看现在流了多少血吧!"

次日,7月1日,天气冷热宜人。柏林人带着孩子在街头闲逛,似乎这是平常的一个星期天。对当局简短地宣布处决了五六个卖国贼,以及继续运送党卫军,等等,其意义有多大,这里很少有人明白。那些赋有接近元首的特权的人们却知道,元首正在经历他暴风雨般的生涯中最惨痛的危机之一。当天下午,危机达到了高潮,他被迫批准处决罗姆。希特勒宣判的死刑甚至还打上了爱怜的记号。他指示塞奥多尔·埃克旅长,给罗姆一个自杀的机会。

埃克带着希特勒的口头命令和两名手下人员,来到施塔德尔海姆。此时天色未晚。开始时,狱长不肯交出罗姆,因为没有手谕。在埃克高声怒喝下,狱长只好就范,令一名狱卒将三名党卫军带至新楼474号牢房。罗姆光着上身,热得大汗淋漓,没精打采地坐在铁床上。

"你把命丢了,"埃克说,"元首又给了你一个去得出正确结论的机会。"他把只装有一发子弹的手枪往桌上一摆,便离开了牢房。埃克在过道上等待了15分钟光景,仍未听见枪声,便拔出手枪,与两名副手一起,冲回牢房。"参谋长,做好准备!"埃克喊道。他发现,他的助手的枪在发抖,便说"镇静,慢慢瞄准"。两声震耳欲聋的枪声在这小小的牢房里震荡。罗姆倒下去了。"我的元首!"他气喘吁吁地喊,"我的元首!"

"你早该想到这点,现在太迟了!"埃克说。此时是下午6时。逻辑上应首先死去的人却在最后被处决。罗姆一死,柏林地区——在里希特弗尔德兵营和哥伦比亚大楼(原是个监狱,后改作党卫军的行刑室)——之死亡名单上有名但仍未被处决者,也准备受死。

由于权势友人和外国人常常驾车缓缓在他家周围出没,巴本尚在人间。星期日那天,多德大使在门口留下一张名片,上边写着:"希望不久能拜候您。"多德觉得,巴本是个不正直的懦夫,但又不免喜欢他。他之所以留下名片,"是要对纳粹的暴行表示抗议"。

对正在发生的事情,人们仍知之甚少,当天晚些时候戈林对屠杀一事所做的冗长的解释,也未达到真正的目的。"清洗将无情地继续下去。"在向全体公民保证全国平静、元首已完全控制局势后,戈林这样宣布。冲锋队内的无法无天的分子将会被消灭。"人民必须明白,我们认真做的一切,都是为了他们。"与任何一国发布的大多数公报一样,它是真理与捏造的大杂烩,给了公众一个去相信他们急于要相信的东西的机会:没有什么值得担忧的,只是做了一件可恶但是必要的工作,其方法又是光明正大的,目的还是为了国家的利益。

公报发表后,紧接着又公布了冯·勃洛姆堡将军给国防军发布的命令,表示完全忠于元首。尽管对独立于"内围政治斗争"以外的说法诸多反对,它却生动地证明,军队已与阿道夫·希特勒血肉相连。

即使在勃洛姆堡向公众保证危机已过去,屠杀却一直延续至7月2日清晨。在哥伦比亚大厦，一个见习军官将队长卡尔·施列耶从牢房中叫了出来。见习军官说："奉元首命令，对你执行枪决。"施列耶曾目击3位同志被拉去处决，每半小时一人。"像别人那样，到水龙头下去洗洗脑袋。这样你会新鲜点儿，给人留下个好印象。"施列耶被押下楼梯，上了一辆小运动车——将被拉至里希特弗尔德处决。正在此时，一辆"麦塞蒂斯"开了过来，里边跳出一名卫队军官。他拼命在打信号。"停下！停下！"他喊道，"不能再有事了！元首已向兴登堡保证，枪决到此结束。"

这是凌晨4时。在没有审判的情况下被屠杀的约有100人，或200人——准确的数字永远无法得知。

星期一，天气炎热。这天在帝国全境内普通的德国人，都在暗自庆幸，那些野蛮的冲锋队终于被降服了。"谁也不爱罗姆及其暴发户军官，"记者德尔默回忆说，"即那些比恺撒时代的普鲁士卫队军官更傲慢、更目中无人、更在普通老百姓头上作威作福的旧日的饭馆跑堂、旅店的大班和深山的樵夫。他们骑着崭新的、款式高雅的摩托车，在街头耀武扬威。德国的小人物对他们，连同他们的摩托车在内，既怕又恨。"铲除了这些流氓的希特勒便成了他们心目中的英雄。

兴登堡却在深思。冯·施莱彻尔将军及其夫人被惨杀令他深为不安，也使他下令调查。官方说，他们是拒捕才被杀的。这，他怎么也无法接受。与此同时，他又无法发泄其愤怒，只得又在纳粹起草的发给希特勒的一封贺电上签字。该电云：

> 从呈交本人的多份报告中本人获悉，由于您的果敢行动及您之勇敢的亲身干预，一桩叛国案已被消灭于萌芽中。您救德国于危难。为此，本人向您表示最深切的谢意和感激。

有这份支持证书在手，希特勒几乎获得了举国上下的支持。

清洗虽然在国内获得了批准，在国外却不然。尖锐的文章或社论纷纷出现。国外的攻击虽然使希特勒畏缩，但其关心的首要问题是，他自己的人中怀疑自己可能受骗之风日甚一日。这些恐慌是人们的交头接耳之音产生出来的:例如,受害者之一是希特勒的宿敌即巴伐利亚州总督冯·卡尔,即啤酒馆起义时期"自食其言"的三巨头之一;音乐评论家威里·施密特是在房内拉大提琴时被捕,后来又被当作当地冲锋队首领的威廉·施密特杀害的。

这些怀疑的种子虽然幼小,但它加剧了希特勒的不安心情。老友和老同志的被清洗确实使他恐惧,使他不敢抛头露面。他私下里让现已成为他之心腹的赫斯对被害者的孤儿寡母和亲属进行抚恤(是后悔使然)。赫斯使出了浑身解数,安慰音乐评论家的寡妇说,她应把丈夫之死看作是为一个伟大事业而献身。他也向她保证,帝国会给她一份养老金。格里戈尔太太和罗姆的母亲也得到了领养老金的许诺,但后者却断然予以拒绝——她不相信儿子是同性恋者(时至今日,他哥哥和嫂子仍断然予以否认)。她不愿要杀害儿子的凶手的一文钱。

希特勒也试图与巴本和好,邀请他参加7月3日举行的内阁紧急会议,好像他从未被扣押似的。希特勒显得和蔼可亲,请副总理在平日的席位上就座。巴本大怒,说这是完全不可能的,要求单独与希特勒谈话。两人移至隔壁房间后,巴本把在他屋内抓人、自己的新闻官被杀一事原原本本地告诉了希特勒。他要求对此事立即进行法定调查,并坚持要立即宣布他辞职。希特勒予以婉拒。于是,他便立即前往本德勒大街去见他的老友冯·弗立契将军。一见巴本,参谋总长竟睁大双眼,好像见鬼似的。"你看到了,我还活着,"巴本说,"不过,该阻止清洗了。"他问,"不是你弗立契首先阻止清洗的吗?"参谋长腼腆地解释说,"没有勃洛姆堡或兴登堡的明确命令",他是无法行动的。前者"严厉地反对干预",后者又找不着。

在内阁会议上,冯·勃洛姆堡将军代表军队,对希特勒如此神速地粉碎了叛国分子表示祝贺。这就给了希特勒一个把他的残酷的行动变为有理的天赐良机。"船上发生叛乱时,"施维林·冯·克洛西克记得他说过,船长不能等到上岸后才采取法律行动,"他必须在起事的时间和地点采取行动"。

内阁成员(包括司法部长在内,他的一个右派朋友被杀害)没有一个是反对的。接着,阁僚便着手去做他们被集合起来要做的事:颁布一项法律,"宣布6月30日、7月1日和2日所采取的措施"为合法,是"保卫国家安全的紧急措施"。

　　要求辞职的官员并不止巴本一人。巴伐利亚司法部长也主动提出下台。"人们在大洋中间就弃船吗？"希特勒刻薄地说，"我跟许多人都吵过架，但我得把一切都紧紧结合在一起。我们是战争中的一支军队。"他辩解说，正义与革命是水火不相容的，"别忘了，每个革命都有它自己的受害者！"希特勒明白，对于清洗，弗兰克是反感的，但现在已无可挽回了。"我的死敌太多了。现在，一切都得靠我的权威。"弗兰克说，警方的权力太大，众多党员又将法律握入自己手心。希特勒回答说："只有把政治需要交给其他机关，法律和监察才能为社会提供最佳服务！"

　　对集中营越来越多一事，希特勒居然也有个答案："如我与莫斯科一样，有广阔无垠的西伯利亚，那我就不需要什么集中营……世界上有谁在谈论布尔什维主义的数以百万计的受害者？世界上的犹太报刊之所以追逐我，是因为我反犹。斯大林先生是他们的心肝宝贝。"弗兰克把辞呈撕成了碎片。

　　巴本却没有如此容易被说服。他坚持要他的新闻官的残骸——骨灰盒——并在施安贝格公墓举行适当的葬礼。希姆莱警告说，这可能会招来公众的游行示威，但巴本置之不理。他不但在葬礼上发表了一篇动人的讲话，而且还不断写信猛轰元首，对继续监禁其4名下级人员提出抗议，并要求对其新闻官之死进行公开调查。希特勒变换手法，装出一副耐心的典型的样子，劝巴本勿操之过急。他说，在48小时内国会将举行特别会议，听取关于清洗的全面解释。到那时，他将以元首的身份对发生的一切承担责任，包括"过分热情"时所发生的不幸事件。

　　7月13日是星期五，克罗尔剧院周围戒备森严。一位老外交家评论说："在其他国家，政府处于水深火热中的情形我见过不少，但是即使在沙皇政府处于最危险的时期，我也未见过这种情形。"从总理府到讲台的路上，两边都有警察和党卫军重兵警戒，剧院的各个休息厅都被反复搜查。大小进口处都由头戴钢盔手执大刀的军队把守，礼堂内则安插了众多的便衣暗探。"美国、法国和俄国大使均拒绝出席——没有人看不出，在缔造政权的人们中，一个狂暴的、既敌对又恐惧的时期开始了。"

上午8时,脸孔严峻的希特勒走上讲台。他扶住讲台,好像要保持平衡似的。他伸出一臂,生硬地行了个抬臂礼,接着便以较往常更严厉的声音开讲,似乎在向听众保证,他希特勒已再次控制了事态。关于清洗,他作了一个冗长而动人的解释。他解释说,清洗之所以必要,是因为各个集团采取了叛国的行动。他将这些集团称为"破坏分子"和"国家的病态敌人"。这可谓是在描述早期的他——以及他现在世界政治中所扮演的角色。他以天生的讲故事者的技巧,描述了事态发展的全过程,一直讲到他如何戏剧性地做出决定,亲手参与平叛。他的表演,把剧院内的每个人都弄得有如吃了符咒——外国观察家除外。在全国,人们围在收音机前倾听他的讲话——同样被弄得神魂颠倒。在美国大使馆,曾发誓不再听德国总理讲话,除公事外不再与他会晤的多德大使("一看见此人,我就有恐怖的感觉")也在听希特勒的讲话,但不相信他所宣称的只有74名策划者——包括数名文官和党员——在这场丑闻中丧生。他也不相信处决了3名曾"不知羞耻地虐待过"在押犯人的党卫军之说。最后一说,显然是要说服巴本,曾屠杀像他的新闻官那样的无辜者的凶手已受到惩罚。这种言归于好的精神也以其提议特赦而延伸至那些曾参与反叛、尚未受到惩罚的人们身上。"德国人民所能得到的珍宝是内部的秩序和国内外的和平。让我们大家都为此承担责任吧。在这一历史关头,本人准备对过去24小时内发生的一切承担责任。在这24小时中,本人做出了生平最痛苦的决定;在焦急地考虑如何牢牢地掌握这个世界所赋予我们的最宝贵的东西——日耳曼人民和日耳曼帝国——的关键时刻,命运再次教育了我!"

仔细挑选过的听众"唰"地站了起来,热情地向他鼓掌。就在高潮迭起的时刻,这次大会的主要目的也立时完成了:国会一致通过提案,把屠杀以"保卫国家安全的紧急措施"的名义合法化了。这样,希特勒便在事后获得了屠杀许可证。连片言只字的反对都没有。立法者将希特勒奉若神明,使他成为法律的唯一来源。

批准希特勒对冲锋队进行残酷的清洗和杀害冯·施莱彻尔及冯·勃莱多夫两位将军的军方人士并不止国防部长冯·勃洛姆堡一人。军官团对两位同志之死竟泰然处之,对希特勒之所为视而不见,理由是,镇压起义是对国内和平的保证。"我们对这一事件的结论,"卡尔·邓尼茨回忆说,"完全受内阁决议的影响。这个决议援引了国家紧急状态条文,从法律上批准了所采取的一切措施。"

军官们的感情感染了普通的士兵。几天后,部队进行了游行。当希特勒的敞篷车打一队士兵跟前驶过时,士兵们高声向他欢呼。"这种自发的游行,"法国武官报告说,"在德国军队中是罕见的。"

敢于开口抗议的军官只有那么一小撮,而他们的领头人又几乎与兴登堡一样年迈。杰出的军官陆军元帅奥古斯特·冯·玛肯森曾数次打电话给总统,希望他能阻止这场血洗运动。但他所得到的回答总是说,"老头子"有病,不能说话。由于屡次受挫,玛肯森便亲身前往希特勒处,请求他重新建立公众生活的正常秩序。他的话打动了元首,使希特勒好一阵才说出话来:"可能是像您说的,元帅先生,但我也没法子。我不能走回头路。"

玛肯森决心将真情告诉兴登堡。他协助草拟了一份备忘录,将施莱彻尔和勃莱多夫两将军被害的经过作了详细的阐述,并要求惩罚肇事凶手。它也敦促总统将勃洛姆堡、戈培尔、雷伊、牛赖特和另外两名纳粹分子逐出内阁,并将国家权力移交给一个看守小组。提名中没有希特勒,大概是在军事专政下仍继任总理。

这份备忘录的结尾是极富感情的:"阁下您曾三次挽救德国于水火;在达能堡,在战后,以及在您当选为帝国总统的时刻。阁下,请第四次挽救德国吧!在本备忘录上签字的将军和高级军官立誓忠于您和祖国,直到最后一息。"玛肯森在总参谋部斡旋,获得了24名将军和高级军官的签字,其中不少人与兴登堡和施莱彻尔同属一兵团。备忘录的押尾日期是7月18日,但于20日才抵达诺伊德克。然而,这个勇敢的行动却无济于事。这份备忘录很可能被他周围的人扣押;倘使他读到了这份备忘录,那他也未能采取任何行动。

看来,德国社会各有影响力的阶层,若不是被吓破了胆,就是被争取了过去;原本是希特勒个人的灾难,最终却变成了他的某种胜利。清洗一举结束了长期来在折磨他的党的分裂主义。只此一举,冲锋队便一蹶不振。

冲锋队之失便是希姆莱之得。在玛肯森的备忘录抵达诺伊德克的同一天,希特勒将党卫军晋升为一独立组织,允许它组织武装队伍。这对军方是个沉重打击。军队曾以其荣誉批准血洗冲锋队,结果却又碰上一个更强大的对手。

党所付出的代价是小的:他丧失了许多最炽烈的党员即冲锋队里的理想主义者。"你必须明白,我们丧失了一切,"海因·卢克说(海因·卢克后来成了最受希特勒宠爱的奥托·斯科尔兹内突击队的中尉,颇受信任),"我们睡在厨房里的席子上,次日我们三人便以只值十文钱的方牛肉块作早餐。"在争夺权力过程中,卢克被捕20次,而他的经历并不是异乎寻常的。"到头来,说明白点儿,我们被出卖了。我们要的是个新社会,但是呢,我们却突然发现,反动派原来在我们这边。万岁!爱国主义!不再搞什么革命了。6月30日是运动的合乎逻辑的结果,而运动现在正受到希特勒的破坏。"像卢克那样的人们,他们坚信,罗姆不过是想把希特勒拉回到革命的老路即社会主义上去罢了。"就是那个希特勒,在自己的营垒内造出了真正的敌人。就我和我的朋友们而言,作为人的希特勒已经完蛋了。"

另一个年轻的冲锋队领导人,维尔纳·诺曼,也丢掉了幻想,且大为恼怒。他后来虽然当上了戈培尔的私人秘书,但这一切他是不会忘记的。"罗姆事件,"不久前他说,"对第三帝国的发展是很重要的,因为这是首次目无法纪的非法行为,是获国防军批准,获全国的国家机构和法人的批准的。这完全是目无法纪的非法行径,但谁也未站起来说,'适可而止,勿再发展'。连教会也不吱声。而这些人都不能说对此事一无所知。谁都知道发生的一切。我认为,这是结束的开端,此后便无可挽回了。"

于是,在希特勒看来是处于受欢迎的顶峰时,在他自己的营垒内却存在着一条痛苦的深痕。数以万计的最活跃的纳粹分子将永远忘不了那个耻辱的周末。那些觉得受到希特勒出卖的冲锋队领导人,宣布了一种地下战争状态。几星期后,他们对党卫军所怀的敌意公开化了。那是在施特汀的普鲁士霍夫的餐厅里。当时,维克多·卢泽和约20个冲锋队员及3名党卫军司令在那里喝啤酒。"总有一天,"冲锋队的新司令酒后吐了真言,"6月29日的非正义的武断行动之仇是要报的。"卢泽公开威胁说,怂恿罗姆的是希姆莱和他的党卫军。"究竟是谁在埋头干所谓罗姆干过的事情?是冲锋队吗？这些兽行不是冲锋队的杰作，至少，不是冲锋队单独干的。另一方要坏得多。要我给你姓名吗？我可立刻把姓名拿出来！"有个党卫军的人想让酒醉的卢泽安静下来，但他却还在说，"我要说，就是明天被开除或送进集中营，我也要说！"

一个月前，早在他的失败的意大利之行期间，元首曾向墨索里尼保证尊重奥地利的独立。这是个相当大的让步。因为将他自己的家乡"联合"进德国以建立大德国是他的最重要目标之一。尽管他做出这个许诺，他自己的党卫军并未停止向奥地利的纳粹提供金钱和道义援助。奥地利纳粹分子搞的是恐怖活动，用德国炸药炸毁铁路和电站，用德国的武器谋杀恩格尔伯特·陶尔斐斯总理的支持者。具有讽刺意味的是，个子矮小的陶尔斐斯却是个民族主义者，又是个独裁的反动派。他用终止议会政府的手段反击纳粹主义和社会主义。当年早些时候，陶尔斐斯镇压了左派的起义，对占领一家地产发展公司大楼的社会主义者进行炮击，直至他们投降。那时以来，他便集中精力消灭当地的纳粹。由于墨索里尼曾保证遏制希特勒，不让他进行报复，陶尔斐斯对纳粹的镇压便火上浇油。

在罗姆事件后，传说纷纭。奥地利的纳粹也许就是在传说的鼓舞下采取直接行动的。更有可能的是，这是希特勒批准的，虽然没有证据予以证明。不管如何，他们突然于6月25日发动起义，其代号为"夏天节日行动"。中午时分，150名身穿奥军军服的纳粹突击队冲进位于巴尔豪斯广场的总理府，企图逮捕陶尔斐斯及其顾问。但由于走漏了风声，内阁成员除两人外全部脱逃，但勇敢的陶尔斐斯却留了下来。他喉咙中弹，子弹是在6英寸距离外射出的。正当他躺在血泊中无人理睬时，其他叛乱分子则在电台广播了他已辞职的谎言。

起义的消息传到柏林后，受到了军官们的欢迎。德国新闻局草拟了一份声明，声明大意说，人民正义凛然地进行了起义。"不可避免的事件发生了。身在奥地利的德国人民揭竿而起，反对他们的压迫者、监禁者和行刑者。"当时正在白莱特参加瓦格纳庆典的希特勒，听到消息后，初则假装无动于衷，后来，到下午，他则担心起义可能会带来的反响。墨索里尼是否会怀疑他自食其言，并动用其优势兵力？（事实是，墨索里尼怒不可遏。这不但是因为希特勒自食其言,而且还有私人的原因:陶尔斐斯夫人和她的孩子们正在他家里做客,陶尔斐斯性命垂危的噩耗要由他转告她。)当晚,希特勒与瓦格纳的家属出现在他的包厢里,观看《莱茵河之金》的演出。但他是否看得开心,这还是值得怀疑的,因为躲在客厅里听电话的绍勃和布鲁克纳老在他耳朵旁传达公报的内容,有份公报使他不安:墨索里尼已下令在边境上集结步兵和飞机,以执行其援助奥地利的许诺。当大幕徐徐落下时,事态已经明朗:维也纳起义正趋于失败。希特勒回到瓦格纳家中时,年轻的弗里德林发现他"坐立不安",说话也有点儿前言不搭后语。他的主要目的似乎是要赶往附近的演员餐馆,与名人混在一起,创造这样一种印象:奥地利纳粹之失败与他完全无关。

当晚晚些时候,柏林传来消息说,陶尔斐斯总理已于下午6时逝世,但叛乱已被平息。希特勒连忙打电话至威廉大街,向国务秘书勃劳询问详情。勃劳回答说,德国驻奥地利代表里特公使正在谈判,要求将被捕的凶手安全地运到德国边境时,希特勒喊道,里特为何充当调停者的角色,此事与他毫不相干。晚11时,元首再次打电话给勃劳,进一步了解被逮捕的起义者的情况。"帝国总理,"勃劳在官方的备忘录中写道,"回答说,可将被驱逐出境的密谋者看管起来,然后再转至某个集中营。"

希特勒走投无路,只好求助巴本(不久前因在他家里抓人而使他蒙受耻辱),请他撤换里特。巴本不同意,但希特勒坚持己见,还用爱国主义的名义向他祈求。巴本至少也可面谈此事嘛。为何就不能乘坐元首的专机飞往白莱特呢?巴本扛不过元首的一再坚持,于次日上午与他的儿子一起从坦贝尔霍夫机场起飞。南飞途中,巴本心烦意乱。这么多人,希特勒为何单单找他?是因为他曾反对奥地利地下纳粹的恐怖活动呢,还是因为陶尔斐斯与他是私交?抵达后,巴本发现元首"烦躁到了歇斯底里的地步,不断谴责奥地利纳粹党的愚蠢和鲁莽,竟把他牵扯进如此可怕的局势里"。开始,希特勒拒绝了巴本的接受条件:解除他派的人任奥地利纳粹党指导员的职务。但是,当巴本提出,"他和我"之间做出选择时,希特勒让步了。巴本接受了这个职务。

在客厅里,他碰上了一位老友,赫加尔玛·沙希特——他是帝国银行行长,是下一个要会见元首者。他也得到了一项重要职务——出任经济事务部部长。沙希特对帝国之进程大为不满,尤其是对新近清洗的扩大化。但与巴本一样,他说服了自己——他后来写道——他应接受此职,以助帝国一臂之力。"只存在一种由里往外工作的可能性,利用政府的每项活动,与这种制度的过分之处做斗争,使它的政策走上正常的轨道。"与巴本一样,他宣布他是暂时任职。他的条件是用提问的形式表达出来的:"在我上任以前,我想知道您想叫我怎样处理犹太人的问题?"

"在经济事务方面,"善于见风使舵的希特勒说,"犹太人可像历来那样干下去。"

在外交方面有了巴本的帮助,在加速军备方面又有沙希特这个高手,希特勒便觉得可以安然渡过由于陶尔斐斯被杀害所带来的国外批评这个难关了。攻击得最厉害的是墨索里尼。他不仅致电奥地利副总理恩斯特·卢迪格·冯·施塔赫姆堡,说意大利将为奥地利的独立而战斗,还亲身前往维也纳去当面表达这种感情。"这个杀人犯的国家若是蹂躏了欧洲,那么,整个欧洲的文明也就完了,"他对施塔赫姆堡说。接着,他又攻击希特勒唆使维也纳叛乱。据施塔赫姆堡说,他激动得连眼珠子都在转动。"希特勒是谋杀陶尔斐斯的元凶。希特勒是罪人,应为此事负责。"他称希特勒是个"恐怖的性堕落者,是个危险的笨蛋";说纳粹主义是"老日耳曼部落在原始森林里与罗马的拉丁文明做斗争的革命"。纳粹主义根本无法与法西斯主义相比。"当然,外表上有相似之处。两者都是专制,都是集体主义的、社会主义的。两个制度都反对自由主义。但是,法西斯主义政权在意大利人民的伟大的文化传统中却是根深蒂固的。法西斯主义承认个人权利,承认宗教和家庭。另一方面,国家社会主义却是残暴的野蛮主义。与野蛮人群相同,它不给个人以权利,酋长主宰他的人民的生死。它所能产生的不外乎是烧杀抢掠和讹诈。"他喊起来了,"希特勒6月30日向世界表演的可怕可憎的一幕,是世界上哪一个国家都不能容忍的。只有准备杀人的这些原始的德国人才能容忍这种事情!"他继而说,陶尔斐斯被杀害,也许会有些好处。各列强或许能认识到德国危险,从而组织反希特勒大同盟。他说,联合阵线是唯一答案。"希特勒将会武装德国并发动战争——也许就在两三年内。

我单独对付不了他。我们得做些事情,且得赶快做。"

墨索里尼对希特勒和德国之反感竟到了这个程度,以至在公开场合他也表露出来。"三千年来的历史,使我们能够以至高无上的特权去看待阿尔卑斯山那边的某些教条。这些教条是恺撒、维吉尔和奥古斯都在罗马繁荣昌盛时期还是完全文盲的人民的后代教给他们的。"在第五届地中海国际博览会开幕时,他站在一辆坦克上面宣布,他私下说的带有污辱性的词句,例如描写德国人时用的"杀人犯""谋杀凶手"等,也开始见诸意大利报刊。

清洗带来的震惊,接着又如此迅速地出现了陶尔斐斯被杀害的事件,在兴登堡身上产生了明显的效果,他的健康迅速恶化,他已经卧床不起了。他的床是简单的铁床,他拒绝睡一张较舒适的床,理由是,他历来是睡行军床的。虽然觉得冷,他也不愿买一件长袍。军人是不穿长袍的,他嘟囔说。他没有钱买这些东西,而且又是个快死的人了。

当元首得悉兴登堡的健康迅速恶化时,他还在白莱特。他于8月1日起至诺伊德克。同行人很少,其中包括两名公共关系专家。一行人受到冷遇。奥斯卡·冯·兴登堡将元首领至总统的卧室。"父亲,"他说,"帝国总理来了。"躺在床上的兴登堡,双目紧闭,没有反应。奥斯卡又将前话重复了一遍。元帅连眼也不睁,说:"你怎么早不来?"

"总统的话是什么意思?"他小声问奥斯卡。

"帝国总理直到现在才抽得开身。"奥斯卡对父亲说。兴登堡只喃喃说:"啊,我明白了。"在沉默片刻后,奥斯卡说:"父亲,帝国总理希特勒有一两件事想与您磋商。"

这次,老头子突然睁开眼睛,瞪着希特勒,然后又双眼紧闭,一声不吭。也许总统原以为是他的帝国总理,他的——巴本。

希特勒打房里出来时,"双唇紧闭",不愿与人谈论所见之情形。当晚,一行人在芬肯斯坦庄园歇宿——那是拿破仑与瓦鲁斯卡伯爵夫人柔情蜜意的地方。主人建议希特勒睡"小下士"的床,但他断然拒绝了这个荣誉。

次日,即使兴登堡尚在人间,希特勒内阁也通过法令,将总统办公室与总理办公室合并。大家投票一致赞成;巴本缺席,名字是委托别人代签的。这一措施于兴登堡逝世之日起生效——其实只在几分钟后。老头子死时嘴皮上挂着的话是："我的恺撒……我的祖国！"他就死在铁床上，双手捧着《圣经》。

谢谢这次合法政变，希特勒现在戴了两个头衔：元首和帝国总理。这意味着，他也是三军的最高统帅。他的第一个行动是把冯·勃洛姆堡将军和三军的总司令召来。"我们到了他的书房，"海军上将埃里希·拉埃德后来作证说，"希特勒叫我们到他的办公桌旁，说不用客气，也不必做作。我们是在那里宣誓的，他以三军最高总司令和国家元首的身份读一句誓词，我们跟一句。"

四人读的誓词是："我在上帝面前宣誓，我将无条件地服从帝国元首和武装力量最高总司令阿道夫·希特勒及帝国的人民。我以勇敢的军人身份，保证誓死遵守誓言。"

这是史无前例的。从前的誓词只要求服从宪法和总统。这个对某人指名道姓的宣誓，在元首与每个海陆空士兵之间建立了私人的联系。然而，却没有哪位军官曾提过一星半点的反对意见，或对此举世无双的措辞提出过疑问。在这天结束前，三军将士人人皆进行了同样的、忠于个人的宣誓。

兴登堡葬礼的第一阶段于8月6日在克罗尔剧院举行。人们抬着兴登堡的灵柩，从穿着灰色、褐色和黑色服装的冲锋队和党卫军的队伍前走过。这些意见分歧的队伍，也在忠于元首的类似的誓言下团结起来了。葬礼上奏的音乐是哥德达马隆的《殡葬进行曲》——这是颇有象征性的。

次日中午，兴登堡入土了，地点不是在兴登堡生前所期望的诺伊德克，而是由于希特勒一再坚持，在元帅取得最大胜利的达能堡。兴登堡的遗体被放置在灵台上，置于战斗纪念碑的正中——这是个庞大的建筑物，上有8座四方塔楼，高达60英尺，每座塔楼上均有一把火炬。这不禁使弗朗索瓦·本塞大使想起了条顿武士建造的城堡。

希特勒迈步上前去迎灵。直到演讲台上，希特勒才发现，他的一名副官把讲稿弄错了。于是，便出现了狼狈不堪的停顿场面。为何会停顿，欧洲各地的无线电听众肯定是百思不得其解的。但希特勒很快便镇定下来，即席发表了一篇讲话。这篇讲话是记者罗茨纳听他讲过的最简短的讲话之一。希特勒在讲话的末尾全面称颂了兴登堡在军事上和政治上取得的成就。他的措辞可说是瓦格纳追随者的英雄,而不是与路德教正统派的身份相吻合的:"现在,让您进入英灵殿!"

葬礼结束后,希特勒吻了兴登堡的女儿们的手。在威严的葬礼——如果不是机会主义的话——感召下,冯·勃洛姆堡将军冲动地建议,此后三军将士在与他说话时,不要像通常那样称"希特勒先生",而称"我的元首"。希特勒接受了这一建议,反身回了柏林。在柏林,为进一步巩固其权力,他打电话给巴本,询问"老头子"是否留有政治遗言。巴本说,他会问问小兴登堡。希特勒说:"若能保证尽速将此文件交到我手中,我将感激不尽。"巴本立刻派一名贴身秘书前往诺伊德克。他带了两封封好的信回来。巴本立刻将信转呈给元首。巴本看得出,希特勒对信的内容是很不高兴的。希特勒冷冷地说:"这两封信是已故总统写给我个人的。是否发表,何时发表我以后再定。"于是谣言四起,说希特勒有意扣押这份遗言。由于在外国记者中闹得满城风雨,汉夫施坦格尔不得不在喝茶时提出这个问题。"告诉你的外国朋友,请耐心等待到我们将它正式发表吧,"希特勒反驳说,"那帮谎言家怎么想,我不在乎。"

8月15日,这份遗言终于发表了。它赞扬了希特勒及其政府所取得的成就,还强调了军队作为新政权的"象征和坚定的支持者"的重要性。首都有人在议论,这份文件是经兴登堡回忆录的编辑篡改过的,说奥斯卡·冯·兴登堡及他父亲的顾问梅斯纳在这一欺骗中是串通一气的。后来,奥斯卡在电台向全国发表讲话,发誓说,他父亲历来是支持希特勒的——这反而使谣言听来有点可信。这虽然很讽刺,但奥斯卡却没有撒谎。尽管兴登堡对希特勒政权的某些方面反感,他却把希特勒看成是自己的继位人。

奥斯卡的讲话是大可不必的,因为此时的希特勒业已得到了德国各社会阶层的强大的支持。连"德国犹太人全国协会"也发表文告支持他。这样,到了8月19日,几乎90%的德国人都自由地投票赞成阿道夫·希特勒成为兴登堡的继位人。他们这样做,也是批准他的纲领和领导,将他朝独裁方向推进一步。

4　意志的凯旋

1934—1935

在公民投票取胜后，正值夏末，希特勒隐居于贝希特斯加登稍作休息。在他心爱的上萨尔茨堡，他常外出散步，一外出就是几小时。他并常与人谈话——这是他喜欢的消遣方式之一。但与此同时，他也为即将在纽伦堡举行的党的生日代表大会作准备，因为这次大会可能会被对罗姆事件清洗的痛苦记忆所破坏。为了阻止这一情况，他决心不再采取通常的做法即威胁、许诺加和解。国家仍动荡不安，而像斯宾格勒那样勉强同意国家社会主义的知识分子，现在又成了敌人。

希特勒担心的另一个问题是，外国记者又急于拿到材料，并可能运用这些材料去谴责或挖苦他的政权。多洛绥·汤普逊已在《哈普市场报》上发表了一篇文章。"这不是一场革命，"据说，一位前来观看在奥贝拉姆默演出的受难剧（这是一出谴责犹太人应对耶稣之死负责的戏①）的美国来访者曾一再对他说过，"而是复活，他们认为希特勒就是上帝。信不信由你，反正看受难戏时有位德国妇女坐在我身旁，当他们把十字架上的耶稣竖起来时，她说，'那就是他。那就是我们的元首，我们的希特勒！'当他们向犹大布施30块银币时，她说，'那就是罗姆，领袖就是他出卖的。'"汤普逊的说法，与多德大使8月23日在日记中描写这出戏的情况的记载几乎一模一样："当耶稣

---

①　到1975年戏文才得以修改，责任才移到失败的罪恶天使路西法身上（路西法Lucifer，又译为撒旦Satan，恶魔之意）。——译注

在愤怒的犹太法庭上受审时,一位衣着考究、面目严肃的德国人对我说:'他是我们的希特勒。'"坐在大厅另一边的我的远亲伊达·霍尔纳在散场时和我说过,"当犹大收起那30块银币时,邻近有位妇女说,'这就是罗姆。'我怀疑,在德国观众中,至少也有一半人认为,希特勒是德国的弥赛亚。"

在众多勉强留在党内的冲锋队员中,看法却完全相反。他们认为,希特勒更像犹大,而不是弥赛亚。在与希特勒讨论行将到来的党的生日时,罗姆生前的部下梅克斯·朱特纳不禁大大夸奖其已故的首脑。希特勒大怒:"你为什么旧话重提?"他喊道,"这件事就算完了。罗姆已被判决。"朱特纳猛吃一惊,反驳说,如果罗姆品格不好,元首是不会挑选他当参谋长的。希特勒摇身一变,拍着朱特纳的肩膀说:"你说得对,但整个过程你是不可能知道的。罗姆和施莱彻尔企图造我的反,我不能不镇压。我原要让法庭将这些事情调查一下,但事态的发展使我没有办法,而许多冲锋队的领导人又是在未征求我的同意下被枪决的。全世界都在宣传此事。我负全部责任。"

希特勒挑选了年轻的埃尔伯特·施佩尔去充当他要在纽伦堡举行的壮观表演的舞台监督。这次表演显然是要巩固其所得,并使党重新团结起来。施佩尔把卓别林体育场的临时看台全部拆毁,在帕加门神坛的启示下,立起了一个长1300英尺,高80英尺的石台,体育场上方安上了一个翅展达100英尺的雄鹰,四周则插满了卐字旗,还有,每隔40英尺便安放一架射程达2.5万英尺的探照灯,共130架。戈林不愿出借这些探照灯,因为这些是战略储备用灯。但希特勒却支持施佩尔。"如果为这样一件事便动用如此大量的探照灯,"他解释说,"别的国家会认为我们多得不得了。"

他的想象力超过了现时的宣传。他计划做一个永恒的记载并将之出口,请了著名女演员兼导演里妮·莱芬斯达尔拍一部纪念性的影片。希特勒很欣赏她的作品,尤其是《蓝色的光》。他向她保证,如她能拍一部纪念1934年党的生日、长度与一部故事片相同的影片,他将给予最充分的合作。她虽然很反感,却只好屈服。但一旦离开他,她便说自己拍不了纪录片。她把这一导演任务交给了她的合作者,自己则跑到西班牙拍片去了。待她回来时,离纽伦堡大会仅还有两个星期。赫斯的信在等她:元首发现她将这一任务交给别人时大吃一惊,并要立刻见她。

意志的凯旋

希特勒并没有生气,只用好言劝解。"你只需花去生命中的 6 天时间。"他说。她反驳说,若加上剪辑,那就是 6 个月。希特勒听后说,"噢,但你还这样年轻呀!"她坚持不干,说拍这样的影片她是最不合适的,"我不是党员,连冲锋队和党卫军都分不清。"

"这正是我要你拍的原因,"希特勒说,"那会给人们以崭新的看法。"她接受了这一艰巨任务。同时,为了给这 6 天的计划带来额外的兴趣,她设计了各种各样的镜头:她动用了飞机、吊车、旱冰鞋,还在最高的旗杆上安装了一个小型的升降平台。大会开幕前一星期,她带了一个 120 人的摄制组(其中有 16 名摄影师)来到纽伦堡。她得到了希特勒答应给的一切帮助。连城内的救火设备和其他公共设施也交给了她。

大会的参加者开始像洪水般涌向纽伦堡。他们是早在数月前就精心挑选出来的。每人都有一个号码,一辆指定的卡车,一个指定的车座,在纽伦堡附近的大帐篷城里还有一张指定的床位。到 9 月 4 日大会正式开幕时,数以万计的党员已排练完毕。那天晚上,元首在旧市政厅致简短的欢迎词后,汉夫施坦格尔发表了冗长的讲话,敦促外国报刊"只报道在德国发生的事情,而不要加以解释"。之后,希特勒下榻的旅馆德意志旅馆被至少 1 万名党员围得水泄不通。他们一再有节奏地高喊"我们要元首";直到希特勒出现在阳台上。他们的狂热的脸孔,使 L. 希拉(当时在《环球报》工作)不禁想起了路易斯安那州"神圣的漫步者"脸上的疯狂的表情。

翌晨,希特勒出现在卢波尔德竞技场上。他更像是受人们崇敬的目标,而不是演讲者。他疾步走了进来,后边跟着戈林、戈培尔、赫斯、希姆莱和数名副官。乐队奏起了《巴登维勒进行曲》。待动人的《埃格蒙前奏曲》奏毕,赫斯走到台前,缓缓地读了 1923 年起义中牺牲的烈士的名单。对 3 万名听众来说——外国记者却不然——这是个动人的经历。最重要的话出自地方长官瓦格纳之口——他宣读了一份希特勒的公报。因瓦格纳的声音酷似希特勒的声音,致使一些收听广播的记者真以为是他。"而后 100 年内的德国生活方式肯定已决定了,"瓦格纳读道,"对我们说来,动荡的 19 世纪业已结束。在今后 100 年内,德国不会再发生革命。"

崇拜者几乎不间断地发出的欢呼,令希特勒如痴如醉,但他仍受焦虑的折磨。前来欢度节日的冲锋队员,许多人是带着悔恨和觉醒前来的。一想到可能发生尴尬甚至危险的场面,他就觉得紧张,有时连自己也悔恨起来。一次,在党的官员常常光顾的饭馆里进餐时,他突然转问汉斯·弗兰克。"6月30日你在慕尼黑迟迟不动手,使我很恼火!"他喊道。当弗兰克再次要求辞职时,他不耐烦地打断了他的话,"用不了几个星期,州法这个笑话就会结束。"帝国将发号施令,巴伐利亚州和其他各州都得服从,他说。在一阵令人周身不适的沉默后,他走了出去。

由于大会越来越激动人心,希特勒重又恢复了兴高采烈的心情。这在7日晚表现得特别明显。是晚,20万忠实的党员打着20多万幅旗帜,把卓别林体育场挤得满满的。他们的队伍之整齐有如军队。施佩尔的130架探照灯,其效果比想象的更令人惊心动魄。"体育场被照得如同白昼,看起来像个由闪闪发光的巨大的白柱围成的大厅,"施佩尔回忆说,"在威武雄壮的光墙上,偶尔也有丝丝浮云飘过,像是半透明的秋牡丹在海上漂泊。"在可怕的寂静中,希特勒的声音通过扩音器响彻全场,产生了可怖的效果。"我们是强大的,将会更加强大!"他说。这既是许诺又是威胁。

里妮·莱芬斯达尔及其摄影师们从十多个角度把这一情景拍摄下来,在拍摄过程中,那些爱管闲事的褐衫党徒,在戈培尔的唆使下,瞒着元首,对她进行干扰。他们不断骚扰摄影师,把他们从最有利的角度推开,甚至拆除了几个摄影站。

希特勒本人也受到了威胁,因为冲锋队有可能做出反应。两天后,5万名冲锋队员在体育场内集合;希特勒对此是有所防备的。"体育场内气氛相当紧张,"希拉回忆道,"我注意到,元首自己的党卫军卫队也大规模集结在元首跟前,把他和冲锋队分开。"他暗想,在如此多的人中不知是否会有人在元首的"胡萝卜加棍棒"的讲话中拔出手枪来。在讲话中,元首赦免了所有与罗姆阴谋有关的冲锋队员。

大会在未发生任何意外事件下结束了。这就保证了次日(9月10日)最后一个节目的成功。这天被定为建军节,为此,用最新式武器装备起来的机动部队,在巨大的草坪上作了完美的表演。自战后以来,在德国,这还是首次向公众展示武装力量。看到这场现实的作战演习,30万名观众几乎到了欣喜若狂的地步。希拉在日记中写道,尚武精神并不是霍亨佐伦家族的产物。"它是根植于所有德国人头脑中的东西。今天,他们的表演活像是孩子们在玩马口铁做的玩具兵似的。"

希特勒也像群众一样沉醉在欢乐中。在他结束最后的演讲后,群众的欢呼声响彻云霄,长时间静不下来。赫斯的声音终于被听见了:他代表纳粹党向元首告别。"党就是希特勒,"他说,"希特勒就是德国,德国就是希特勒。向希特勒欢呼!欢呼胜利!欢呼胜利!欢呼希特勒胜利!"疯狂的人群有节奏地"欢呼胜利",此情此景实在令人兴高采烈,令人欢欣鼓舞,令人热血沸腾。但对那些未受希特勒感染的人们来说,这是令人毛骨悚然的野兽的咆哮,是发自山洞里的尖声怪叫。

元首与军队的婚礼的最佳象征莫过于此了,而他也决定向高级将领们做出和解的姿态。当晚,在他下榻的旅馆前举行了壮观的军队游行后,他邀请他们共进晚餐。"我知道,你们指责我们党内存在着不少错误的东西,"据当时在逐字逐句记录的冯·维希将军的记录,希特勒当时说,"我承认,你们是百分之百正确的。但你们也要记住,在斗争的时刻,知识阶层抛弃了我,所以,与我一起工作的,大都是些质量不高的人员。我一直在努力纠正这个缺点。但是,如同新武装力量里军官团的建设需要花几年时间一样,党要建立起一个好的领导集团则需要更长的时间"。他的话是有效的,因为,据维希记载,"他懂得如何用高超的技巧,使他的讲话适合听众的需要。"

后来,希特勒参观了兵营。在那里,这位老下士与士兵们打得火热,又说笑话又回忆当年。回旅馆后,他轻松愉快,在与心腹们一起吃夜宵时,详细地讲述了与士兵们团聚的情况。一周来的劳累以此作为尾声,这是最合适不过了。

两天后,总统府举行招待会,欢迎希特勒。他神采飞扬。那些一直在躲避他的外交官员,不得不向新总统表示正式的祝贺。多德大使从未见他"如此高兴过,他一一向各国代表致意"。尽管出现过某些令人不快之事,尽管他也有过焦虑的时刻,他还是完成了他原计划在纽伦堡要做的一切。党重新团结起来了,人民和军队站到了他的一边。

尽管有戈培尔的干扰,党的纪念碑也未受到破坏。里妮·莱芬斯达尔及其摄影师们拍摄了数万英尺的不平凡的材料。影片在剪辑期间,抗议像洪水一样朝她劈头盖脸打来。抗议者都是那些未上镜头的党的官员和抱怨宣传不够的人们。她拒绝做出修改,希特勒则提议搞个妥协:想法把满腹牢骚的领导人的照片加进影片中。这是对莱芬斯达尔的艺术原则的冒犯,她拒绝了。希特勒也同样强硬地坚持己见。据她自己说,她当时一边跺脚一边喊:"我不干!""你忘了你是在跟谁说话?"他回答说。然而,她的信念是如此坚定,而希特勒又如此欣赏她的天才。结果,影片出来后,未作任何改动。她将影片命名为《意志的凯旋》,因为她再没有更好的片名。在首映式上,党的官员们对她很是冷漠,但是,就连她的最凶恶的批评家戈培尔也明白,影片取得了卓越的成功。它的手法,比任何其他宣传元首和国家社会主义的影片都更为有力。它获得了当年为最佳影片而设的"五一文化成就奖"。该片也被一致认为是最重要的纪录片。后来,1937年在巴黎举行的"世界影片展览"会上,它以其艺术性而不是内容获得了一枚金质奖章。

街谈巷议出现了,说里妮·莱芬斯达尔是希特勒的情妇。这个攻击,与其他攻击一样,如说他与一些著名女演员诸如奥尔加·特歇绍娃、里尔·达戈维尔和波拉·纳格里睡觉一样,都是缺乏根据的。希特勒在这些娇艳的女人身上寻找的并不是性行为,而是他的被压抑的波希米亚天生所追求的刺激。

里德斯德尔勋爵的女儿尤妮提·密福特刚从英国到来。她在慕尼黑学艺术,刚好碰上了新德国的激动时刻。从希特勒吻她的手的那一刻起,她就成了国家社会主义的全心全意的鼓吹者。她是个生性快活、放荡不羁、满头金发的姑娘,有时会说出最粗鲁、最令人惊奇的话来。她对生活的创见,以及活泼的幽默感(她的5个姐妹也一样)对希特勒说来,都是个崭新的、清鲜悦人的经历。她常在希特勒左右。于是谣言不久后又四起——与其他谣言一样缺乏根据——说她是他的情妇。

希特勒权力上升后,他发现越来越多的女人急于与他为伍。也许是因为他的兴趣越来越广泛,致使他的老关系贝希斯坦太太打翻了她的醋瓶。她公开批评他,对他的某些改革进行斥责。据弗里德林·瓦格纳说,一般说来,她总是先问元首是否疯了,然后破口大骂,令他无法招架。"在凶恶的骂声中,希特勒像行为失检的小学生一样,羞愧地站立着。"

希特勒眼界的不断开阔,使爱娃·勃劳恩尤其悲愁。在希特勒上台后没几天,他给了她一个婚戒、一个耳环和一只镶宝石镯子,作为她21岁生日的礼物。但这并不表明他有意与他的情妇结婚。比诸先前,她更少与他见面了。他偶尔也会从柏林给她打来电话——一般是从公共电话间打来。为了不使她父母得知她与元首的关系密切到何种程度,她说服了父母,在她寝室内装了一架自用电话。只要他到慕尼黑,他就会叫她到他寓所。但在贝希特斯加登,她一般都住旅馆,目的是抛头露面。

到了1934年秋,她常闷闷不乐,且时间很长。希特勒与她结婚的希望已成泡影。他告诉她,作为第三帝国的首脑,他必须把自己奉献给国家,而不能有家庭的累赘。事实上,他像教皇。他对魏德曼上尉说的借口更是直言不讳。一天晚上,他说:是的,他也向往家庭生活,但是,他一旦结婚,他便会失去许多女人的选票。"于是,"他说,"我便在慕尼黑找3个姑娘,供我左右。"希特勒向他的秘书克里斯达·施洛德透露得更彻底。"爱娃非常好,"他说,"但是在我的生命中,只有吉莉才能真正激起我的情欲。我永远不想与爱娃结婚。唯一能使我将我的生命与她联结在一起的女人是吉莉。"

希特勒与他英国的嫂子的关系也变得越来越难堪。他的同父异母的哥哥阿洛伊斯的前妻布里吉德·希特勒,因为经济极端困难,想再次求助其大名鼎鼎的亲属。她带着儿子威廉·帕特里克返回德国,找到了希特勒,希望他"能给她一点钱,以使她安静生活"。希特勒把母子二人请到贝希特斯加登。但是,到那里后,帕特里克大吃一惊(多年后他对战略情报处说),因为他们被元首的姐姐安吉拉"大骂一场",再次说希特勒"连他的叔叔都不是"(威廉·帕特里克与其母最终移居美国,二次大战期间在美国海军中服役。他现住纽约郊区,已改名换姓,生有一子叫阿道夫)。

与此同时,希特勒把许多时间花在外交政策上。因为在外交领域内能否取得成功主要靠实力,希特勒便力求一夜之间重新武装帝国。在日内瓦举行的裁军谈判的烟幕后,他迅速地建立起了德国各级的武装力量。在纽伦堡举行的军事演习中,群众的反应令他受到鼓舞。于是他便在三个星期后密令将只有10万人的陆军扩充两倍。密令发出当天便有7万人入伍。

国防预算增至6.54亿马克。

即使有严格的保密措施,突然增设9个兵团司令部、14个步兵师和7个机械化营,也不能不引起谣传,说这是违反《凡尔赛和约》的。这些谣传,加上英德关系的恶化,实在使希特勒关切。另外,由于德国的军事扩充,很明显,英法两国的军事团结得更加紧密了。另一方面,有证据表明,英国并不准备冒大的风险。"没有一个国家,特别是英国,"英国外交大臣的私人秘书于那年秋对冯·俾斯麦亲王奥托透露说,"愿意为别国的利益出国打仗的。"因为希特勒无意染指大英帝国,而他的全部外交政策又是建立在英国的容忍(不是友谊)的基础上,他便直截了当地重新获得他们的同情。

12月19日举行的正式晚会就是取宠的一个步骤。在25名来宾中,4名是英国人——英德联谊会一著名成员,罗德米尔勋爵及其公子,罗德米尔办的最有影响力的报纸《每日邮报》的编辑华尔德·普赖斯。为这一晚会,希特勒特地穿一身晚礼服,而不是党的制服。当客人就座开始吃简单的饭菜(烤鸡)时,他说:"从兰茨贝格出狱至今天已是10年了。"他告诉人们,狱中的几乎全体雇员,包括典狱长在内,都变成了国家社会主义者。"巴伐利亚政府大怒,把大部分雇员送进警察学校以示惩罚。但不到半年,那地方便成了吸收国社党党员的中心。他们没法子,只好将它关闭。"

晚餐后,希特勒将不抽烟的客人请到另一房间。罗德米尔勋爵和里宾特洛甫及几位女宾一起,与希特勒出去。在此之前,半犹太血统的斯特芬妮·冯·霍亨洛赫公爵夫人已将他介绍给了这位报纸大王。希特勒之所以会吸引罗德米尔,是因为他们同样仇恨布尔什维主义。几个星期后,当萨尔选区,(在天主教的敦促下)90%的选民投票赞成与德国联合时,《每日邮报》大声喝彩欢呼。1935年1月下旬,希特勒又接见了两位更加友好的英国人士:赫特伍德的艾伦勋爵,他带来了英国首相拉姆赛·麦克唐纳的问候信;另一位罗提安勋爵对希特勒和平愿望的印象如此深刻,使他情不自禁向外相约翰·西蒙爵士做说服工作,证明元首是真诚的。

萨尔和平地回归德国,连法国也如释重负,正式向德国提交一个共同建议,以解决包括军备平等和东方罗加诺等问题(10年前在罗加诺签订的协定的主体是一份公约。公约规定,签字国互相保证尊重德国、法国和比利时的疆界——包括非军事区的莱茵兰在内)。希特勒于2月14日谨慎地回答说,他欢迎军备谈判,但要待德国与英国初步讨论后再与法国进行总的谈判是不是会妥当些?

约翰·西蒙爵士同意于3月初前来柏林。他之来访的前景曾在柏林的外国人士中产生乐观的气氛,但在3月5日的日记中希拉写道:"西蒙原定于后天来此与德国人谈判,但是今天早晨牛赖特告诉英国人说,希特勒着了凉,要求西蒙推迟其德国之行。今日下午在威廉大街略作调查发现,这是'外交着凉'。"原来,英国曾发表白皮书,公开谴责德国加速军备。这便惹恼了元首。尤其令英国人惊慌的是,希特勒到萨尔协助庆祝正式占领这块被角逐的土地时,当地居民竟表现出无比的热情。

3月10日,希特勒在他的外交棋盘上又走了一步。他单独向《每日邮报》的普赖斯透露。最近德国空军已正式成为德国武装力量的一个兵种。如同希特勒希望的,无论是英国或法国,官方均未正式发出谴责。相反,可能对此已有所闻的约翰·西蒙爵士,通知下院说,一旦元首感冒痊愈,他仍计划出访柏林。法国所做的反应也仅是由国防部提议,延长部队的服役期。

这种弱不禁风的反应,希特勒未与其将领们磋商便将之击败了。3月15日上午,他令首席副官在慕尼黑的"四季旅馆"与他会面。他指示副官发布重新征兵和扩充武装力量的消息。当晚,国防委员会便举行会议,讨论希特勒之令他们惊慌失措的征兵计划。冯·勃洛姆堡将军对各大国可能做出的反应表示关切。里宾特洛甫认为,这没有什么可忧虑的,把勃洛姆堡的关切不放在心上。"您说的全是胡说八道!"勃洛姆堡生气地反驳说。他整晚都在攻击这一计划,次日早晨,待他与弗立契向希特勒汇报时,他的反对意见被平息了。

那天下午,星期六,约100名外国记者挤在宣传部的会议室里。谁也不明白为何突然把他们找来,所以室内空气有点儿紧张。戈培尔进来了,"看上去既煞有介事又严肃"。他大声宣读了一份新的法令,宣布全面实行兵役,将和平时期的兵力增至30万人。这虽然人人都猜测到了,但它仍令人震惊。罗希纳和几名记者连忙跑进大厅打电话——尽管戈培尔还在回答问题。

就在那时,法国大使正在总理府元首的书房内得到第一手的消息。弗朗索瓦·本塞抗议说,这份通知肆无忌惮地违反了《凡尔赛和约》,对德国事先不与法国接触或讨论便让法国接受既成事实表示遗憾。

希特勒庄严地、坚信地反驳说,他的意图纯粹是自卫性的。法国没什么可害怕的。他的主要敌人是共产主义,他破口大骂俄国人。这样,大使离去时几乎相信,希特勒无意发动反对法国或英国的战争——只决心毁灭苏维埃政权。

法国对德国再次显示武力所做的回答,是向国联提出毫无意义的呼吁。3月25日上午,英国的官方代表团在友好的气氛中会见了希特勒。首次充任元首的翻译的包尔·施密特注意到,当元首向约翰·西蒙爵士、艾登和大使埃力克·菲普斯爵士问候时,他的微笑是"特别友好的"。他们在总理府矮桌旁坐着。在场的有牛赖特和里宾特洛甫。

西蒙宣布,英国政府和人民首先需要的是和平,真诚希望德国与其他欧洲国家合作,朝这一目标前进。英国的决定性因素即英国的公众,他说,对类似德国"退出国联,奥地利及某些单方声明"那样的事件"非常不安"。英国"并不反对德国,但强烈反对任何有可能危及和平的事情"。

知道施密特是个能干的翻译,而自己又精通德语的艾登回忆说,"希特勒的回答特别巧妙,一方面是特意请求,另一方面字里行间又在威胁。"在第二轮会谈中,元首的个性给艾登"一个很不好的印象"。"在我看来",他好像是"消极的,肯定是不令人佩服的",而且,"相当善于随机应变"。同时,艾登又佩服希特勒主持会议的方法,"毫不犹豫,又不做记录,与一个知道自己目标的人完全适应"。

他对他的行动一一做的解释,虽然可信却不能令人折服。例如,他矢口否认违反了《凡尔赛和约》,理由是,他从未在上边签字。他的碧眼盯着约翰爵士补充说,他宁愿死,而不愿这样做。德国也从未违反过和约——除了在滑铁卢一役中,普鲁士军前来援助英军时。而在那一次,威灵顿将军也未提出抗议。"自接触他以来,这肯定是最能令希特勒高兴的,"艾登评论道,"我认为这条提得很尖锐,提出时他脸上没有一丝笑容。"

在上午的会谈中,希特勒镇静而彬彬有礼地进行辩驳,这不仅令英国人吃惊，连他的翻译也吃惊不小。然而，在进午餐后，当牵涉到立陶宛的东方公约被提出来时，他失去了平静。"我们与立陶宛毫不相干！"希特勒喊道。目前，那里正在对德国少数民族进行阴谋审判。他眼睛里射出怒火，声音粗哑，连颤音都出来了。"他们在梅墨尔践踏德国少数民族。不管在什么情况下，我们决不与这样一个国家签订条约！"他怒斥道。片刻后，风暴平静了，他又成了一个彬彬有礼的谈判者。这次，他是据意识形态之理进行辩驳的。"在国家社会主义与布尔什维主义之间，"他平静而有力地说，"任何联系都绝不可能！"

在当晚的宴会上，希特勒心情愉快，热烈地与艾登交谈起战时各自的经历。他们曾在奥塞河两岸面对面厮杀。于是，两人便在菜单后面画起战地地图来。他们的谈话内容有些给弗朗索瓦·本塞偷听到了，所以，吃完饭后他便问艾登，他是否真的与希特勒打过仗。艾登回答说好像是，法国大使便讽刺地说："你想念他吗？你应该枪毙他。"当晚，艾登在日记里写道，"结果很糟，整个调子和脾气与一年前大不相同，很明显，德国重又用普鲁士精神武装起来了或正在武装。俄国现在成了魔鬼。"

翌日上午10时，西蒙爵士建议讨论装备问题。他说，英国最近正与各大国单独进行磋商，为召开大型的海军会议做好准备，因为大会要修改现时的海军条约。他邀请德国到伦敦去参加类似的非正式的磋商。希特勒当场接受了。他重又提出了先前已向菲普斯大使提出过的问题：把德国的吨位限制在英国舰队吨位的35％。与此同时，他看不出"有什么天时或地利"能强迫他"承认法国或意大利的舰队优势"。

此时，希特勒戏剧性地拿出一封电报，并愤怒地读了起来。令人吃惊的是，温和的政治家顿时又变成了狂暴者。这封电报宣布了对那些被控叛国的立陶宛德国人的有罪判决。希特勒生气地问，如果《凡尔赛和约》将英国的一部分土地硬割给像立陶宛那样的一个国家，英国会怎么样？如果英国人只因为像英国人那样行动便遭到严刑拷打和监禁，他们又会怎样？

他的怒容很快便消失了，他又恢复了温和的常态，只要求在军事上与英国和法国保持平衡。中午，他们是在英国使馆吃点心的。这也是元首第二次步入外国大使馆。午餐后，与会者又返回总理府。希特勒对俄国向西推进的企图进行抱怨,说到这里,他辛辣地把捷克斯洛伐克称为"俄国人伸出来的胳膊"。他又重申,在军备问题上,德国要求得到平等权利。西蒙和艾登都在耐心地、心平气和地倾听。这给施密特留下了深刻的印象。"如果是在两年前,德国代表像希特勒现在那样把这个问题提出来,好像是天经地义似的,那么,天都会塌下来。我也不禁怀疑,比诸外交部所采用的谈判方法,希特勒是否已用其造成既成事实的高招走得更远了。"

当晚,希特勒在总理府主持宴会。他原来穿的是褐色外衣,戴红色卐字章,现在却改穿燕尾服。在他的翻译看来,他是个"迷人的主人,在客人中来回穿梭,好像他是在大户人家里长大的似的"。宴会后,希特勒对一群朋友,包括威尼弗雷德·瓦格纳在内,兴高采烈地大谈其外交成就。他像小学生似的,又是拍手,又是拍膝盖。"了不起的人物呀,那些英国人,"他说,"即使撒谎,他们也撒得漂亮,一点不像法国吝啬鬼。"

会谈结束后一天,希特勒把与英国海军之比是35%一事告诉了海军总司令,并指示他按计划建立海军——但"不要大肆宣传,以免使英国对其他大国的困难处境复杂化"。希特勒决心与英国和睦合作,并继续向对德国处境表示同情的有影响力的公民们献媚。4月间,他在慕尼黑寓所为奥斯瓦尔德·莫斯雷爵士举行午餐会。莫斯雷退出了工党,当上了"英国法西斯联盟"的主席。他评论说,希特勒的"迷人的态度完全消失了。也许这是个不合适的话题。反正,他并未试图施展那种效果。他很朴实,整个午餐过程中,他都以温柔得几乎像女性的魅力待我"。

在伦敦,一位极为重要的德国事业的追随者,正在重申其先前的同情。他就是威尔士亲王。在与霍希大使进行的一次长谈中,这位王位继承人"再次对德国的地位和期望表示完全理解"。

在柏林,由于赫尔曼·戈林和女演员埃美·松纳曼准备结婚(他的第一个妻子卡琳,在久病后于1931年去世),繁忙的国际事务也黯然失色了。各组织及企图取宠的个人送的礼物,像洪水般朝他们涌来。博物馆送来的画是"永久借贷"的,其中有两幅克拉纳赫的油画,是无价珍宝。除东方地毯、挂毯、银台和首饰外,还有萨克森的香料饼、黑森林的樱桃酒、奶酪和牛。小礼品在柏林的官邸展出,大件礼品则用卡车运至首都附近的庄园——叫卡琳大厅，是以其前妻的名字取名的。

4月10日举行的婚礼，可说是好莱坞的作品。电台一幕一幕地向全国广播。豪华的婚礼——由一名主教主持，由元首本人当证婚人——由于突然有两只鹳在福音教堂周围盘旋而终止。这原是一位空军飞行员俯冲下来无意中放的，与婚礼完全无关。当新郎新娘从教堂出来时，军乐队奏起了《罗恩格林》的进行曲。教堂外，新郎新娘从伸出的剑搭成的拱门下走过，受到了震耳欲聋的欢呼。群众还集体行了罗马式的敬礼。

次日，戈林邀请罗希纳和另外5名记者前往总裁府参观礼品。"诸位先生，"他对他们说，"我请你们来的目的，是要你们看看我的人民给我送来的礼品。就像陛下一样，一点不错吧？""反正，"罗希纳在给女儿的信中写道，"戈林用不着挨饿。假使他有朝一日受穷，这些礼品起码能当出100万，或更多钱。"

戈林的马戏，由于英国、法国和意大利的会议同一天在斯特莱萨召开而被贬黜了。希特勒原以为法国的建议其他两国是不会接受的，但与其愿望相反。会议发表了一项联合公报，谴责德国的重新武装为不合法，并重申忠实于罗加诺原则。麦克唐纳、赖伐尔和墨索里尼的出席又为公报增加了分量。原想孤立法国的希特勒，发现自己有受孤立的危险。数周后，法国与苏联签订了互助条约，这样便加重了他的危险。由于苏法条约与元首的基本战略格格不入，希特勒便重又竭力向他的朋友罗德米尔勋爵保证，英国没有理由怕德国。5月3日，希特勒写道。从建党早期开始，他就计划要与英国合作。"英国与德国这样的条约，不但对和平有巨大的影响力，而且也代表了世界上1.2亿最宝贵的人民的愿望。英国历史上搞殖民活动的举世无双的天才及其海军力量，将与世界上第一批军国主义之一的国家的力量结合起来。"

罗德米尔是用不着说服的。在他的报纸中，他继续为德国描绘出一副和蔼可亲的形象，但是英国总的反应是恐惧的。当麦克唐纳得悉希特勒将于5月中旬后发表重要讲话时，他表示关切，并决定在演讲发表后让下院辩论军备问题。

这篇令人害怕的演讲是在5月21日作的。希特勒再次让世界吃了一惊。当日早些时候,他颁布了一条秘密防务法律,让沙希特主管战争经济,并改组了武装部队。将国防军正式改组为武装力量,由希特勒任最高总司令;勃洛姆堡的头衔也由国防部长变为战争部长,且得到了武装力量总司令的头衔;贝克之未泄露的军队首脑的头衔也改成了总参谋长。至少在私下里,黑桃可以称作黑桃了①,但是,当希特勒于当晚站在麦克风前时,他轻松而自信,又成了温和的典范。他说,他的主要目标是和平,他也不抱征服的梦想。他宣布,战争所带来的,只是毁灭国家的花朵。在重申"德国需要和平、希望和平"后,他提出与各邻国(背信弃义的立陶宛当然除外)签订双边互不侵犯条约,并保证遵守罗加诺公约。他所需要的无非是相当于英国海军力量的35%的舰队而已。他保证,那将是他的最后要求。"对德国而言,"他发誓,"这个要求是最后的,永远不变的。"

在国外许多有影响力的人士中,他的话被按其表面价值接受了。伦敦的《泰晤士报》说,他的讲话"合理、直率而全面"。只此一举,希特勒便扭转了孤立的局面,为在即将到来的海军会议上同情地接受德国的要求铺平了道路。这次会议刚好于两周后在英国外交部召开,由乔希姆·冯·里宾特洛甫任德国代表团团长。日本驻伦敦的海军武官曾给他提出了极好的咨询意见,因此,他便稳坐在会议桌旁。这位海军武官告诉他的德国同行,1921年日本前往华盛顿参加会议时,错以为可以与英国人搞一桩"交易"。"结果,当英国人挑拨我们的外交官员与海军专家的关系,使他们几乎成了死对头时,我们被打了个措手不及。"他建议,德国集中力量坚持一个明确的要求——例如35%的比例——坚韧不拔地坚持下去,即使有破坏会议的危险也在所不惜。一旦英国人醒悟到德国矢志不渝,他们就会慢慢让步——同时还会对对手更加尊敬。

会议于上午10时开始,由西蒙主持。他与平常一样和蔼可亲。他指出,会议的任务是为即将到来的各海军大国会议铺平道路;否则,各国的军备竞赛就会加速进行。光限制吨位是不够的,对某些危险的舰只应该清除。

遵照日本武官的建议,里宾特洛甫拒绝讨论其他问题,一心要得到那

---

① 直言不讳。——译注

35％的比例。"如果英国政府不准备立刻接受这一条件,"他说,"那就没有必要继续进行谈判。我们坚持立刻做出决定。"他保证,英国一旦接受这个比例,关于建立海军之计划的技术问题便可立刻得到解决。

虽然里宾特洛甫的英语讲得很好,但仍由施密特担任翻译。令施密特吃惊的是,他的上司竟立刻——且又是如此不讲外交辞令!——把日程上最困难的问题提了出来。他不明白,是因为里宾特洛甫缺乏外交经验呢,还是对指示盲从。里宾特洛甫之所为,除按日本武官的狡猾的建议行事外,其实是在执行希特勒多年来成功地使用过的令人惊慌失措的战术。两个星期前的讲话是胡萝卜,现在的是大棒。

施密特将里宾特洛甫的话翻译过去后,他发现,西蒙的脸红了。他生硬地回答说,谈判一开始便提出这样的条件,是很不平常的,对此,他当然无可奉告。他一边说,一边生硬地鞠了一躬,然后便离开了会场。场面一时尴尬起来。片刻后,罗伯特·克莱齐爵士取代了西蒙的位置,代表英国表示坚决反对。但是顽强的里宾特洛甫也毫不让步。下午,他们再次会晤,但毫无进展。施密特觉得,会谈肯定被破坏了。他已开始在想,飞回柏林时的天气不知如何。但是使他奇怪的是,英国人竟提议次日上午再次会晤——这次会谈是在具有历史意义的海军部会议室进行的。

这是一间大会议室,镶着嵌板;室内放一张长桌,长桌四周放着红皮椅子。施密特对此友好之气氛原就觉得奇怪,不料,当令人生畏的克莱齐宣布,英国准备接受冯·里宾特洛甫先生的要求时,施密特的奇怪便上升为吃惊("我真不敢相信我的耳朵")。6月6日,约翰爵士返回会议;他红光满面,好像啥事也没发生过。这样德方便大获全胜。全面的协议友好地达成了,里宾特洛甫之"相当难堪的态度"也不翼而飞,变得彬彬有礼了。英国不但同意德国拥有相当于英国舰队之35％的吨位,而且还做出让步,让德国拥有45％的潜艇。里宾特洛甫回到德国后,成了一名征服英雄。用谈判方式取得了德国海军的全部秘密目标,这便把希特勒从一个实力源变成了政治家。被一所谓盟国单方采取的行动(恰好又是在滑铁卢纪念日那天采取的)搞得目瞪口呆的法国,向伦敦发了一份愤怒的照会。但英国的公众舆论却几乎一致赞成(温斯顿·丘吉尔除外,他谴责这一协定,说它破坏了英国的安全),连对希特勒采取敌视态度的政治家也支持这一协定。

可以预言,这份协议使威尔士亲王满心欢喜。在签字那天,他对霍希大使说(在阿斯科特与王后一起进午餐时),在最近一篇有争议的讲话中,他热烈同意德国人与英国的老手们接触,这"完全是他自己主动提出来的。"(他没有提到的是,为此事他遭到国王一顿斥责:"亲爱的孩子,我经常地告诫你,切不可与政治厮混,尤其是与外交有关的事务。你昨天发表的观点,不管多么敏感,据我所知,是与外交部的意见相反的。"而后,若不与政府商量,他不得再对有争议的问题发表讲话。父亲的斥责,不管多么令他不安,却未能封住王子的口。他立刻又对另一有争议的问题发表讲话,攻击伦敦县议会禁止在他们管辖范围内各学校内的学生团使用武器,包括木枪在内。)威尔士王子补充说,"众所周知,政治家的特点是胆小怕事和犹豫不决。恰当时刻的直言,哪怕超出了正常情况下理应保留的界限,比诸胆小和迟疑,能更快地奏效。"他的这番话被用电报传回威廉大街,在那里,对本来就言过其实的英国亲德情绪又添枝加叶,加深了元首之理由不足的假设,即此后英国的让步不再会有限制了。

对伦敦条约,苏联的反应几乎与法国的一样强烈。它证实了这种怀疑;英国统治阶级内的某些分子,包括继位王子在内,正在帮助德国加强其波罗的海的海军力量以便向苏联发动进攻,在远东则支持日本的野心。尽管忧心忡忡,苏联还是与希特勒签订了贸易协定。希特勒将对苏贷款提高至2亿马克,并准备在10年内,将此数字增至5亿。这并不是放弃其生存空间之梦想,而是在国际外交游戏中的另一着棋。这是因为,在与西方谈和平、与东方做买卖的同时,德国的重新武装则在尽可能秘密的情况下进行,其速度比大多数外国观察家的估计要快得多。

随着阿道夫·希特勒的政治生活的扩展,他的私生活也扩展了。在他周围形成了两个内层——一个是由像戈培尔、戈林、赫斯(及他们的夫人)等组成;另一个则更具有私人性:司机、秘书、仆人及其他亲近者。最内层包括一名建筑师施佩尔,一名飞机驾驶员波尔。同时也包括一些较年轻的军事副官,例如海军中尉冯·普特卡默,陆军代表尼古拉斯·冯·贝罗等水平不同的人们。有些是属于两个圈子的。其中最引人注目的是马丁·鲍曼。此人早年就追随赫斯,现在是赫斯驻柏林代表。由于这个缘故,鲍曼便有机会接近元首,为元首的日常需要孜孜不倦地工作。虽然他不为大多数德国人所知,不知疲倦的鲍曼却与希特勒形影不离,把元首的片言只语都记录在袖口或笔记本里。

希特勒本人则在这两个圈子间来回穿梭,也在众多的高级文武官员中出没。他无法做到的是,他不能一本正经地去完成高级办公室的事务。他是个夜猫子,通常要在中午前几分钟才到办公桌旁。一坐下他便把奥托·狄特里希收集的各报的主要内容浏览一遍,然后匆匆去进午餐。回来后,他便集中精力处理那些他感兴趣的公务。而把令他厌烦的事务往后拖延至下班后处理。他常与施佩尔和吉斯勒讨论柏林、慕尼黑和林嗣等城市重建工作,一讨论就是几小时,而他从兴登堡手里沿用下来的国务秘书汉斯·拉姆斯和奥托·梅斯纳则在一旁不耐烦地等候着只有国家元首才能做出的决定。

他的工作方法常常使魏德曼上尉非常关切。在做出重要决定前,他的私人副官很难让他坐下来看文件。"他认为,"魏德曼写道,"许多事情,只要你不去惹它们,自然会办好的。这点,他是很少错的。问题仅仅是,这些事情应如何办。在选择来访者方面,他也是狂妄不羁的。有些官员需要在客厅里等上数天才能见他。但是,若某个旧日老友来访,他便立刻叫他去进午餐,让他在餐桌上把问题提出来。问题常常就在餐桌旁解决。"

希特勒的工作时间表本来就很不规律,但繁忙的国际事务常常又将它打得更乱。这样,他便几乎抽不开身去看他的情妇。阿道夫·希特勒的爱已变成爱娃·勃劳恩的整个生命,即使他曾明确向她表示,只要他还是帝国元首,他就无法与她结婚。"就我而言,结婚可能会成为我的灾难,"7年后他对内层人士说,"夫妇之间,必然会有误解的时候;当做丈夫的不能把妻子认为自己有权得到的时间全部给她时,误解便会产生。"女人只为自己的丈夫而活着,而她也希望他能那样。男人是她的思想奴隶,受责任左右。"我会享受不到婚后的快乐,只能看到被忽视的妻子的怒容,否则我就得对工作马马虎虎……婚姻之坏处在于它创造出权利。这样,找个情妇比娶妻要好得多。这可减轻负担,可将一切都建立在赠予的权利水平上。"当他发现他的两名中年处女秘书约翰娜·乌尔夫和克里斯达·施洛德把脸孔耷拉下来时,他连忙改口说:"我刚才说的当然只适用于较高级的人物!"

爱娃原是闷闷不乐,但难得前来的情人哪怕只来一次,也能暂时减轻她的痛苦。"昨天,没想到他来了,"她在2月18日的日记中写道,"晚上过得很愉快……他如此爱我,真令我幸福无穷。希望永远如此。"两星期后她又写道:"我又痛苦死了。我没法给他写信。这本日记不得不成为我难言苦衷的贮藏所。"他星期六来了,但与她度过"几小时美妙的时刻"后,他又走了,没说何时再来。"我如坐针毡,觉得他时刻都可能前来。"

一星期后,她又写了日记,但写得杂乱无章,好像是匆匆忙忙写的,或是有极大的感情压力:

> 八天没听到他的消息了,我真希望生病才好。为什么我身上就不发生点儿事情,为什么我要忍受这些。真希望不曾见过他才好呢。我绝望了。现在,我要买安眠药了,至少,我能昏昏沉沉,不再去想这么多了……他为什么要这样折磨我,不把这笔风月债一笔勾销。

几天后,她又为他找借口:他的"政治事务太多"。但当他请她到"四季旅馆"去,她的"耐心等待"的决心便烟消云散了。

> 我在他身旁坐了3个小时,却连一句话也不能说。分别时,与先前一样,他递给我一个装着钱的信封。他要能在里边写上一句问候语或一两个好听的字眼,那该多美呀,它会使我高兴的。但这些事儿他就是想不到。

到月底,当听到闲言碎语说希特勒已另外找了一个外号叫瓦尔库莉的女人时,她的孤独便成了极度的嫉妒。

> ……我觉得,他不告诉我,这是不公平的。他应该了解我,如果他突然发现自己的心已属别人时,我是不会碍手碍脚的。

5月底,在绝望之余,她给他写了一封像是哀求的信,之后便在日记中写道:

……如果到今晚10时还得不到答复,我就吞25粒药丸,轻轻地睡到另一个世界去。

3个月不给我写一句安慰的话,难道这就是他常向我表白的伟大的爱情吗?

就算这些日子来他脑子里装满了政治问题,总能找到一点时间轻松一下吧!去年怎样呢?罗姆和意大利不也给他许多事做吗?但他还有时间给我……

恐怕后边还有点儿别的什么。

不应我负责。当然不。

也许是另外一个女人——但不是瓦尔库莉姑娘,那不像是真的;不过,还有许多别的姑娘呀。

还有什么别的理由呢?找不到。

几小时后,她在日记中最后写了哀怜的几行:

亲爱的上帝,真怕他今天不理我。要有人能帮助我就好了,一切都绝望得可怕。也许我的信到得不是时候。也许我压根儿就不该写。

不管怎样,与其要这样捉摸不定,还不如立刻死了好。

亲爱的上帝,帮助我吧!让我今天能与他说话吧!明天就太晚了。

爱娃·勃劳恩有所不知的是,希特勒收到她的绝望信时,他正在接受手术。几个月来,他一直喉咙发痛。由于演讲多,且又长得没有尽头,他的嗓子沙哑了,而且还发现喉头长有东西。他旧日的恐惧又复活了。据施佩尔说,数月来,他老在谈论腓特烈三世——死于喉癌。喉咙痛不算,又兼胃痛——也许与青年时期在维也纳患的相类似。他一直在服新巴勒斯妥。

很明显,他是服药过度,因为这药含有黏合油。一次,他因此中了毒,惊慌不已,连忙把格拉威茨医生叫来。他诉说头痛、眩晕、耳鸣和重视。5月23日,即元首发表重要外交演说后两天,柏林大学耳鼻喉科主任卡尔·冯·埃肯教授从元首的声带上切除了一块一厘米大小的息肉。这是个小手术(是在总理府进行的),只用了小量吗啡作镇静剂。即使如此,希特勒却甜睡了14个小时。"我那时很担心。"埃肯后来透露说。手术后,埃肯教授劝他在数天内不要大声说话,将来也不要冲动,"不要大声喊叫……"他承认,曾有人这样对他说过,但一演讲又全忘了(引自1938年11月14日的《时代》。该报曾报道说,希特勒曾请世界著名的耳鼻喉专家、维也纳的海因里希·冯·纽曼教授检查他的喉头。纽曼是个正统的犹太人,他拒绝了希特勒的邀请)。

埃肯向他的病人保证,他切除的是一块"简单的息肉",就是说,是一块良性生长物。但希特勒仍在犯愁,生怕像他母亲那样会长癌。他之所以未给爱娃回信或指示其副官打个电话安慰她几句,大概是因为他思想集中在怀疑自己有病上的缘故。

在感到绝望和被抛弃后,爱娃于5月29日凌晨吞下了20粒"瓦诺风"(安眠药)。是她妹妹伊尔塞发现她昏迷不醒的。伊尔塞在一名外科医生手下当接待员,学了一点急救知识。在给姐姐急救后,连忙打电话给她的雇主马丁·马克思医生——她信任他。爱娃的日记是在医生给她治病时被伊尔塞发现的。她决心为姐姐的第二次自杀保守秘密,便把最紧要的几页撕了下来,以免连累马克思医生——他是犹太人。伊尔塞也怕父亲会做出强烈反应,也怕元首会询问他的情人的精神状态是否稳定。所以,她说,姐姐的自杀,部分是演戏。毕竟,爱娃只吞服了药性比佛罗拿要轻的安眠药——她明白,姐妹们回家后,总有一个会向她道晚安的。

马克思医生热心地把病因说成是疲劳过度,是吞服安眠药过量的结果。希特勒接受了这种解释(但伊尔塞·勃劳恩至今仍坚信,元首猜出了真情)。不管是何种情形,这个"偶然事件"也达到了语言未能达到的目的。

那年夏天,爱娃找到了自己的归宿。1935年8月19日,她与妹妹格里特尔迁进了3间一套的公寓房。该公寓房坐落在环境安静的波根豪森住宅区,离元首在慕尼黑的寓所只有一箭之遥。房租是由希特勒通过霍夫曼间接付的。他还买了家具，把房子布置了一番。

希特勒平时很少在那里。他若是来，也是在邻居们入睡以后。即使如此，他与爱娃的约会也很难保密，因为秘密警察在大楼内外暗中保护。另外，由于喉咙依旧在折磨他，他不得不大声清嗓子。在爱娃迁进新居的前夕，他在贝希特斯加登找了个医生，说喉咙里还有东西。他说，有人曾给他送来一束鲜花，接花时指甲里进了刺，他是用牙去咬的。他怕咬刺时不慎将它吞了下去。医生没发现什么，只用2.5％的硝酸银溶液给他洗喉。但希特勒又向冯·埃肯教授表示，他怕里边长癌。医生只好将一系列的标本送给系里的一名同事（埃肯教授称他的病人为阿道夫·米勒）。8月21日，结论下来了："阿道夫·米勒"没什么可担忧的，那块息肉是良性的。

希特勒的不安轻些了——至少是在目前——但还是抽不出多少时间去看爱娃，因为他又在为1935年在纽伦堡庆祝党的生日作准备。另外，他之深夜私访爱娃又引出不少谣言，有可能在政治上给他带来麻烦。爱娃新近得到的自由也带来另外一个问题。她父亲为此暧昧关系，即使是与德国的国家元首，而感到丢脸。9月7日，弗里茨·勃劳恩鼓足勇气致函希特勒，要求他让爱娃回到"家庭的怀抱"。勃劳恩很谨慎，叫霍夫曼将信亲自交给元首。但这位摄影师更加谨慎：他把信交给了爱娃。她撕毁了信，但有意给父亲这个印象：元首读过这封信，但不屑于回答。勃劳恩太太瞒着丈夫，也写过一封类似的信，直接寄给了希特勒。这封信压根儿就未获答复。希特勒在纽伦堡的主要演说是在9月11日作的。它原是呼吁要发展文化，却发展成对犹太人的另一次攻击。他攻击说，犹太人从未产生过，也永远不会产生一种有自己特点的艺术。但攻击是如此之温和，以致外国观察家怀疑，他的反犹纲领，如同他对各大国保证的那样，是否真的有所改变。恰恰相反，西方越来越激烈的抵制德货运动使他深信，将几乎刚好16年前他宣布要采取的某些法律措施付诸实施的时刻已经到了。9月13日，他下令在24小时内拟就一项法律，叫《保护德国血统和荣誉法》。

被分配承担这一任务的人们刚草就一份禁止犹太人与有"日耳曼或有关血统"的公民结婚或婚外性交的法令，希特勒又派人送来了新的命令，要他们起草《帝国公民法》。苦恼的作者们很快便把纸用完了，只好将就着使用旧的菜单。直到 9 月 15 日凌晨 2 时 30 分,众人才一致同意,只有具有"日耳曼或有关血统"的人才能当公民。

其他条款未发生争执。于是,次日上午 9 时,希特勒便在纽伦堡举行的特别会议上发表了讲话。他说,这些法律的通过,实际上是对犹太人有利。这可能"为德国人与犹太人建立可容忍的关系铺平道路",这些温和的言辞后边立刻出现了威胁性的语言:"如果这个愿望得不到实现,犹太人在国内外的煽风点火得以继续,那么,我们的这种立场就得重新检讨。"

希特勒实在有幸。由于本尼托·墨索里尼的蠢举,世界的注意力一下子便从希特勒新近对犹太人的攻击及其非法扩军上移了开去。10 月 3 日,意大利入侵埃塞俄比亚。全球群情激愤。一个文明国家,怎么能迫使原始部落骑在马背上与战斗机和坦克作战?对自己之平息计划健忘的英美两国骂得特别起劲。英国则在国联牵头对意大利实行有限制的经济制裁。尽管德国国内呼声四起,反对意大利而同情埃塞俄比亚者甚众,希特勒仍公开拒绝声援海尔·塞拉西皇帝,暗中则给予军援。与此同时,希特勒又给墨索里尼运送原料,企图拖累意大利(和英国),使德国得到更多的行动自由。他对墨索里尼的援助也是想试试英国会对德国貌视国联之举作何反应。情况很快便表明,英国将不采取报复行动。这肯定加强了希特勒的信念,即英国人准备与他达成协议。

为了重新控制局势和自己,希特勒深居简出。在秋季的最后 4 个星期,他没有公开露面。罗森堡认为元首病了,但有可能是圣诞前之低落情绪又来临。更有甚者,他也面临着一个关键而令人不快的决策,而这决策又与纳粹党的前途和国家社会主义的航向有关。希特勒已到了差不多要破釜沉舟的境地了。他与他的党虽然控制了德国社会生活的各个方面,"褐色革命"却停步不前。他以外交政策为代价,对国内的一切均放任自流。他不是在开创,而是在反动。因此,公众对党的兴趣极低。申请入党的人少了,党员对党的活动也不如从前积极。

1936 年 1 月 3 日,希特勒召开地方长官和帝国长官会议,期望他们能安于已发生的情况。在讲话中,他全盘透露了重新武装德国的计划,并暗示了他心目中的德国之美好前程。然后,他以让人忆起前几年党面临分裂时的情景的绝望神情，请求他的听众明白，除非党的领导阶层"组成一个统一体，并忠诚于他"，否则，要取得这些是不可能的。恳求刚完，他又动用感情，要求绝对忠诚。这些他成功了，所用的方法——如同在1932年那时一样——是以自杀相威胁。听众被吓得目瞪口呆。大会主席赫斯连忙向他保证，他走到哪里，室内的每一个人都将以无可怀疑的忠诚跟他走到哪里。

元首的精神立刻复活了。2月中旬，他做好了采取下一步的准备——占领莱茵兰非军事区。这个地区包括了莱茵河以西的德国领土以及莱茵河东岸长达30英里的较长地带，其中包括科隆、杜塞尔多夫和波恩三城。1月20日晚，英国国王乔治五世逝世。这位君主之死，更令他野心勃勃。乔治死后，由威尔士亲王爱德华八世继位。此人很有个性，善独立自主，对德国之众多要求均表同情。在继位国王的首篇广播演说中，他明确宣布不予改变。次日，来自华盛顿城的消息证实了这点。汉斯·路德致电威廉大使说，美国国务院西欧事务处处长在与新任国王的一次"极坦率的"交谈中得悉，国王"不同意法国复活友善关系和将英国拴在法国大车上所做的努力……"他更反对法国拟将德国强置于其膝下的企图，并宣布，他对德国的困难处境深表同情。在爱德华登基后的第一个月内，科堡公爵与他交谈三次，亲耳听到了爱德华国王的保证。"我提出一个问题：如鲍尔温（首相）与阿道夫·希特勒进行会谈，这是否对未来之德英关系有所裨益？"公爵报告说，"对此，国王的回答是：'这里谁当国王？是鲍尔温还是我？我自己就想与希特勒会谈，在这儿谈或在德国谈。请将此话转告他。'"

有了英国这样的鼓励，加上国联对意大利之侵略行径所采取的措施既半心半意又有气无力，这便加强了元首占领莱茵兰的决心。既然英国不通力阻止墨索里尼，那么，如他效法墨索里尼并步其后尘，英国充其量不过做做公开抗议罢了。2月12日，他召见驻巴黎代办，商讨法国对重新将莱茵兰变为军事区会作何反应一事。同日下午，他对冯·弗立契将军谈到了军事行动问题。陆军参谋长对此一点儿也不热心。为何不举行谈判？希特勒争辩说，谈判要花上几个星期。又说，他只想搞个象征性行动。将9个步兵营及一些炮队开进莱茵兰需多少时间？弗立契说，两天；但警告说，若有一星半点的战争危险，就不该行动。

希特勒原则上同意了,但把驻意大利大使马尔里希·赫塞召回国内,并说,他目前"正在考虑一个具有深远意义的问题"。德国是否应以巴黎批准法苏条约为由谴责罗加诺公约,并在莱茵兰驻军?此时,据赫塞的正式备忘录说,元首透露,他早认为1937年春是占领莱茵兰的恰当时刻。但政治的发展又使他怀疑心理上的时刻是否已经到来。"他在问自己,是否应找墨索里尼,建议他以罗加诺公约受到违反为借口,谴责罗加诺公约,接着他便予以效仿。"

不管是何种情况,希特勒此时正在下决心采取行动,但又向法国人保证他是有和平意图的。"两国保持友好,此非明显地有利于两国吗?"2月21日,他对记者贝特兰·德·尤弗纳尔说,"我希望与法国缓和紧张局势……你仍认为德国有可能侵略,这太离奇了。"听了这番话后便安静下来的法国人,本应注意元首后来对尤弗纳尔批评《我的奋斗》一书时的回答:"你要我修改此书,好像我是个作家准备重版自己的作品似的。我不是个作家。我是个政治家……我将在这部伟大的历史著作中加以修改!"

直到次日,赫塞大使才将希特勒对可能批准法苏条约的严重关切转告墨索里尼。墨索里尼回答说,他是不同意这份条约的,但它与意大利无直接关系。这至少表明,如德国谴责罗加诺公约,墨索里尼将会袖手旁观。于是,元首便下令开始"冬季训练行动"。3月2日,勃洛姆堡向三军司令下达预备令,于"Z一日"将部队开进莱茵兰非军事区。3日后,勃洛姆堡将"Z一日"定在3月7日,星期六。舞台已布置好了,但因某种缘故希特勒丧失了胆量,问他的军事副官弗雷德里希·霍斯巴赫上校,行动日期是否仍可推迟。回答是可以。希特勒接着说的话更有意思:找到能取消"冬季训练行动"的最近日期是哪天。

那天下午,英国外交大臣艾登回到伦敦。当晚,他便向内阁汇报说,法国人拟求助于他们对莱茵兰的权力。"对英国人民来说,这是个值得怀疑的事业,"他在回忆录里评论说,"那时,为反对德国占领莱茵兰而主张与法国一道采取实际行动的人,在英国也难千里挑一。"

的确不错,对元首表示关切的是法国而不是英国,而元首当晚也"彻夜难眠"。"我反复问自己,"他后来向霍夫曼私下透露,"同一个问题:法国会做些什么？会反对我几营小兵力的前进吗？如果我是法国人，我知道该怎么干：我会痛击他，不让一个德国兵越过莱茵河。"

星期五，即"Z—日"前一天，有关人士宣布，国会将于次日中午举行会议。柏林外交界猜测，眼下必然有事。当晚，德国主要报纸的文字记者和摄影记者都被请到宣传部开会。记者们摸不着头脑。戈培尔通知他们，由于他们次日就要秘密出发，只好将他们集中扣押，以待天明。元首又一晚不能成眠，在简朴的小铁床上辗转反侧，脑中不停地在考虑法国将作何种反应。英国并不使他发愁；他之所以选择星期六这天，是因为这日没有一个官员上班。"他们要到星期一才上班，"他对魏德曼说，"到那时激动情绪已成过去！"

星期六一大早，一支特殊先遣队便向坦贝尔霍夫机场进发。那里已有一架"容克"运输机在等候。飞机起飞后记者们仍不知他们飞向何方，连驾驶员也不知目的地在哪里。驾驶员要在规定的时间才能打开锦囊，那时他才知目的地在哪里。

上午10时，德国大使拜会了艾登。在讨论了一阵另一个英德协定后，霍希突然说："我要告诉您一个极重要的消息。消息的前一部分恐怕不适合您的口味，但后一部分却比近年来提的重要得多的建议要好。"他宣读了一份备忘录，攻击法苏条约违反了罗加诺公约。因此，德国便决定收回莱茵兰非军事区。霍希继续读道，希特勒提出与东西方国家分别签订互不侵犯协议。他也愿意重返国联。

艾登对莱茵兰行动深表遗憾，但又说，他将慎重考虑德国的建议。他说，德国对国联的态度如何，这是最重要的。此时，霍希说，德国返回国联是不带任何附加条件的。然后，他又若无其事地说："至于莱茵兰，德国不过是派几支小先遣队到那里去罢了。"霍希一走，艾登便召见法国大使，对德国的行动深表遗憾。艾登说，对罗加诺公约进行谴责，这是"可叹的"，但这需要由英国内阁进行考虑。由于大部分阁僚都在乡间别墅，此事需待星期一。

在与意大利和比利时的外交代表进行简短的会见后，艾登便给首相鲍尔温打了个电话，之后便立刻前往首相官邸向他汇报。"他个人虽然对法友好，"艾登回忆说，"但他心中明白，如法国采取军事行动，英国是不会予以支持的。我只能同意。我告诉他,关于罗加诺问题,希特勒真诚地与我谈过。我不能再相信他了。鲍尔温也不再相信希特勒,但他同意等待,看法国人将作何反应。"

上午11时30分许,载着先遣队的"容克"在科隆着陆。半小时后,记者们便与数以千计的德国爱国者站在横跨在莱茵河上的霍亨佐伦大桥上。18年前,被缴械的德军从法国后撤,垂头丧气地打这里走过。突然间,人群听到了脚步声,铁轮的隆隆声,以及马蹄声。当首批德军上桥时,人群中爆发出一阵又一阵欢呼声。在几架飞机的掩护下,其他部队也至少从5座桥上越过莱茵河。"冬季训练行动"共有19个营的兵力,但只有3个营越过莱茵河。即使如此,这几个小部队带来的热情(对德国人而言)和恐惧(对法国人而言)都是异常巨大的。

在克罗尔剧院内,希特勒正在对国会发表讲话。他受到了热烈的鼓掌欢迎(外交代表席除外)。他讲话时,全场鸦雀无声。合众社记者、新近才从威廉斯学院毕业的学生理查德·赫尔姆斯,"像老鹰一样"盯着希特勒。元首长篇大论地论述《凡尔赛和约》如何不平等后,演讲的速度缓下来了。他神情紧张,在讲台后把手巾在手中换来换去。他脸色苍白,很不自然,好像吃不消似的。之后,他缓缓地,用压抑的声调说:"此时此刻,德军正在前进。"

剧院顿时成了疯人院。

事实上,那3个营德军已跨过莱茵河——但有令在身,即若遭法军挑战,便边打边退。

第五部　戴假面具的战争

1 "带着梦游者的保证"
　　1936.3—1937.1

2 "如此渺小的人虫"
　　1937.2—1938.2

3 回归故里
　　1938.2—1938.4

4 "踩着锋刃"
　　1938.5—1938.10

1 "带着梦游者的保证"

1936.3—1937.1

1936年3月7日,星期六,当德军开进莱茵兰时,伦敦并未认真考虑是否采取行动。弗朗索瓦·本塞则从柏林极力敦促(英国)采取"激烈行动"。也许,这便唤起了法国政府的抵抗精神,因为政府催促总参谋部采取行动。与所有这类人一样,他们保守得几乎到了胆小的地步。甘末林将军警告说,"一个战争行动,不管如何有限,都会带来预想不到的危险。如不发布战争总动员便不能突然采取行动。"他同意派遣十三个师至马其诺防线。

这本是个胆怯的姿态,却吓坏了甘末林的柏林对手。星期天上午,勃洛姆堡将军恳求希特勒至少也要从亚琛、特里尔和萨尔布吕肯撤军。他说,若法国发动进攻,德国势必不战而退,这在道义上和军事上都会遭到重大失败。尽管忧心忡忡,希特勒却纹丝不动。他让勃洛姆堡等待,如有必要可明日撤军。尽管法国总理发表了一篇强烈反对的广播演说,希特勒仍不动摇。法国总理说:只要斯特拉斯堡仍受德国枪炮威胁,法国决不谈判。

星期一,2.5万名德军开进了莱茵兰。牧师们挥舞着香炉为他们祝福。虽然法国人只不过是在动嘴皮子,希特勒却已焦急万分。他后来承认说,这样的压力若要承受十年,他可受不了。在德军开进莱茵兰后的48小时,他对他的翻译说,"这是我一生中最伤脑筋的时刻。"如果法国做出报复,"我们就得夹着尾巴后撤,因为我们兵力不足,连轻微抵抗也做不到。"他趾高气扬地到占领区进行视察,未发生任何意外。在回家的专列上,希特勒心情舒畅。"上帝呀,一切进展如此顺利,真叫人放心!"他一边说,一边又在吹牛:

"不错,世界属于智勇双全的人们。上帝保佑他。"他令左右快放瓦格纳的唱片《帕西法尔》,边听边说,他的信仰就是受这出歌剧影响后建立的。他的观点是:如果英法结成巩固阵线,德国便会不战而降。我们无法接受一个疯狂独裁者所做的估计。

奇怪的是,这种绝望的情绪于次日3月12日,便被压下去了。这天,国联在伦敦举行会议,一致通过决议,谴责德国破坏了条约。3名武官惊慌失措地给柏林拍来电报。勃洛姆堡连忙带着电报去找元首。元首连看都未看便将电报往口袋里一塞。勃洛姆堡求元首妥协,但他断然予以拒绝,并粗暴地对勃洛姆堡说,不准他将来干预政治事务。他说,政策出自帝国总理府,而不是出自战争部。他的外交部长比将领们更加好战。牛赖特反对任何妥协。他告诫元首,应耐心等待,在从莱茵兰撤军前,应看看外国官方有何反应。

元首听从了外长的劝告。接着,希特勒在慕尼黑对一群听众说,"我带着梦游者的保证,按上帝的旨意行事。"几小时后,里宾特洛甫从伦敦传来话说,危机已过,艾登似乎只对谈判感兴趣。

元首大喜。那时,若是别人当德国领袖,那将发生什么情况?后来,元首对其心腹夸口说:"无论是谁,你们说得出来,他都会吓得魂飞魄散。没法子,我只好撒谎。由于我沉着,毫不动摇,我们才得救。我威胁说,除非形势在24小时内有所缓和,否则,我就再派6个师去莱茵兰。其实,我只有4个旅。"

由于最弱的一环在握,希特勒成功地讹诈了英法两国。这证明,若无武力做后盾,只用空话进行国际谴责是无济于事的。与此同时,他也感到,比起他的将军,他的政治本能更为健全。这是具有深远意义的一次胜利,也加强了他对自己之命运的信任感。他已发现,一个意志坚强,敢于动用武力的人,在反对其一想到打另一次世界大战便吓得三魂走了七魄的对手中,究竟能走多远。

希特勒也狡猾地利用莱茵兰事件为其在国内进一步巩固权力服务。他解散了国会,并将这一政策交给公民投票做抉择。这次公民投票并非大选,而是有"兴登堡号"氢气球(画满了卐字)作掩护的在各市穿梭的胜利大游行。"我并未篡权。"他对卡尔斯鲁厄的群众说,"我按良心办事,也是为关心人民故。我明白,我必须保持我国人民的荣誉,领导他们重新在世界上取得光荣的一席。若因为我之故,我国人民再次遭受不必要的忧愁与痛苦,那么,我就祈求万能的上帝惩罚我。"

3月29日,在未动用一枪一弹的情况下,98.8%的选民投票选举希特勒。

世界上,没有一个国家的元首如此受群众欢迎。另外,在3年多一点的时间里,他已把一个要央求别人的国家变成了挑战者。这种地位上升被承认的地方莫过于英国了。威尔士交际极广的知名人士杜马斯·琼斯,以非官方大使的身份来到了德国。他的第一站是达莱姆,在那里,深知他与鲍尔温关系密切的里宾特洛甫敦促他与首相斡旋。

"我想让鲍尔温先生见见希特勒。"据琼斯日记中引里宾特洛甫的话,"谈话时他并不是个独裁者。他很像鲍尔温先生。我们所要讨论的问题将决定几代人的命运……鲍尔温先生应该亲耳听听希特勒的观点,不必通过中间人。希特勒会以绝对的公正与他交谈的。"里宾特洛甫极力把元首说得有声有色:"他内心是个保守派,过着画家般的俭朴生活,酷好音乐和绘画。"里宾特洛甫说:"在外交政策方面,只有希特勒才听冯·里宾特洛甫的建议。"

"总参谋部怎么样?"琼斯问。

"在帝国政府中,容克们已不再有影响了。"外交部长回答说:"重新征兵不是部队的决定,而是希特勒自己的决定。国家社会主义的基本思想不是征服或统治他人,而是要自立。"

次日上午,5月17日,他们飞往柏林面见希特勒,同行的还有译员施密特。星期日中午,四人便在希特勒寓所宽敞的客厅里会面。琼斯觉得,这间客厅是不折不扣的维多利亚式的。"我们真像是在格拉斯哥的苔勒斯公园里,像是在1880年的一家商人的客厅里。"琼斯说,鲍尔温希望与德国合作,但"任重道远"。意大利新近在埃塞俄比亚所取得的胜利,虽然令国联的许多支持者震惊,但众多的英国人深信国联。

希特勒回答说,很明显,英国人也分成两派,一派力主加强现在的国联;

另一派则主张将它改造成保守组织。他自己赞成后一政策,反对承担未予明确的义务,因为这是无法实现的。埃塞俄比亚事件给人的教训是,若没有一个国际组织,问题的解决可能会更好些。他说:"国联的作用是给埃塞俄比亚人带来希望,欺骗其他国家,似乎日内瓦正在采取某些有效措施,同时则让意大利'逃之夭夭'。"这种说法,可谓是在描述他自己在莱茵兰的赌博。不过,如果说琼斯看穿了这点,他在日记中却没有记载。一个半钟头的会见结束了,结果却只是彼此交换了信心。"我指出,鲍尔温先生是个羞怯而谦虚的政治家,对自己当首相颇觉吃惊。时至今日,他还未真正将惊讶压住呢。这句话翻译过去后,元首脱口道:'我也如此呀。'"

这是令希特勒特别难受的时刻。他的司机施列克不久前死于车祸,而他自己则受失眠折磨。在与琼斯会见后数天,他向勃兰特医生诉说,他左耳耳鸣,其音频甚高,有如金属声。勃兰特嘱他在入睡前稍事散步,用热水和凉水交替洗脚,然后吃几粒轻剂量的安眠药。元首确曾服用安眠药片。在按他自己的设计而建造的新总理府内,元首遵守更加严格的生活规律。一到晚间,他便将自己反锁在简朴的寝室内。室内的唯一装饰是他母亲的油画像——是按一张旧照片画的;床的右边放一张床头桌。他曾指示他的一个男仆卡尔·克劳塞,不管他在何处就寝,在床头的同一位置必须为他放一张桌子。早晨,他坚持自己刮胡子,穿衣也不用仆人帮助,只有在穿好外衣后他才出房门,与克劳塞打过招呼后,便径自进入书房进早餐。他的早餐一般是两杯牛奶,十块左右的饼干和几块半甜不甜的巧克力。早饭他通常是站着吃的,且边吃边翻阅新闻局送来的材料。他通常只花五分钟吃早餐,之后,便直接进办公室。

在这繁忙的日子里,他唯一的娱乐就是每晚在宽敞的客厅里看电影。克劳塞通常会给他一张电影名单,列有五六部电影,而他则从中挑选。若某部电影令他厌倦,他便会喊"乱七八糟",然后再要另一部。他最喜欢的女演员是葛丽泰·嘉宝。据伊万纳·克尔克帕特里克爵士说,他"最喜欢的影片之一是《一位孟加拉枪骑手的生活》,这部片子他看了3次。他之所以喜欢这部影片,是因为它描写了几个英国人是如何奴役一个国家的。一个优秀的民族就该如此行动。于是,它便成了党卫军必看的影片"。他更喜欢法国影片,因为,他说,它们忠实地记录了小资产阶级的生活。"不能向公众放映,太遗憾了。"他对弗里德林·瓦格纳说,戈培尔办公室未剪净的影片,都由瓦格纳负责检查。

由于希特勒的健康未有好转的迹象,勃兰特便建议他休养一段时间,且最好到贝希特斯加登去,因为他在那里能睡好。他听了勃兰特的忠告。在尔后数月内,他尽量多住在瓦申弗尔德寓所。那年夏天,他又参加了瓦格纳庆典。由于尤妮提·米福特和妹妹狄亚娜也在那里,瓦格纳太太便邀她们共进午餐,希特勒很高兴。"你知道,尤妮提的生活费每月只有一百个马克左右。"据弗里德林·瓦格纳说,希特勒曾说过:"她父母切断了她的生活来源,企图迫使她返回英国。她回去过一两次,每次都逃了出来。"

7月22日晚,两个居住在国外属纳粹党圈外组织的德国人的突然来访,打乱了白莱特的田园式的生活。来访时,他们带来了西班牙一位名叫佛朗哥将军的信。此人是反对共和政府的起义军首领,急需飞机运送部队至非洲,反对"赤军"。希特勒立即把戈林召来——他刚好在白莱特参加庆典。戈林敦促希特勒支持佛朗哥,原因有二:一则可阻止共产主义扩散,二则可"锻炼我的年轻的空军"。希特勒派出了部分运输机群,还派出了不少战斗机、轰炸机和高射机枪,以做试验——仅此而已。延长西班牙内战,这不但对德国有利,而且还能阻止墨索里尼——业已大量支援佛朗哥——与法国和英国建立进一步的关系,受孤立的墨索里尼必然要转向德国。

里宾特洛甫则告诫希特勒勿插手西班牙事件。那里是得不到什么桂冠的,而且他也怕"又把与英国的关系复杂化,因为英国肯定会对德国的干预不高兴的"。希特勒辩解说,作为一个国家社会主义者,他有责任援助佛朗哥。西班牙若成了共产党的天下(业已由左派统治的),法国必然会被布尔什维克化。"若被夹在强大的东方苏维埃集团和西方的布尔什维克集团之间,一旦遭苏联进攻,我们便会束手待擒。"

那年夏天,奥林匹克运动会在柏林举行。由于德国采取反犹政策,英美法三国曾极力进行抵制,但未能奏效。希特勒急于将此次运动会变成纳粹成就的橱窗,便作了不少让步,允许犹太人中的花剑选手赫仑纳·梅尔、曲棍球明星卢迪·巴尔代表帝国参加此次运动会,而另一个犹太人乌尔夫岗·菲尔斯纳上尉则负责兴建和组织奥运村。更重要的是，公路沿途的反犹标语牌以及禁止犹太人进入疗养地带的公告均被拆除。在柏林，施特莱彻的《前锋报》也从报摊上消失。事实上，反犹运动整个儿停止了。他们对此和解的标志进行了国际性的大肆宣传，致使许多外国人蜂拥至柏林，并受到热情接待。

8月1日举行开幕式时，天空万里无云。当日下午，希特勒领队通过凯旋大街，朝体育馆走去。他的长蛇阵式的车队，在4万名冲锋队员和其他卫队的保护下，沿着十里长街缓缓前行。队伍抵达体育馆后，身穿最朴素制服的希特勒，与两名奥林匹克官员一起，向前走去。跟在他后边的有保加利亚国王、瑞典继位王子、希腊继位王子、意大利继位王子，以及墨索里尼的儿子。他们沿着地道走进这座世界上最大的体育馆，受到了30支喇叭吹奏的铜管乐的欢迎。这支管弦乐队由理查德·施特劳斯指挥，还有一支3000人的合唱队。他们演唱了《德意志高于一切》《维塞尔森林之歌》和施特劳斯为此次运动会创作的《奥林匹克之歌》。希特勒正式就位时，11万观众同声欢呼。有些代表团行的是奥林匹克致敬礼——右手伸直至身旁，令观众大为开心，但奥地利代表团却将之改为纳粹抬臂礼。保加利亚人做得更甚，他们还操了正步。由250人组成的法国代表团进场时，掌声最响。他们行的致敬礼是罗马式的，而不是奥林匹克式的。头戴草帽的英国人进场时仅来了个"向右看"，使许多观众大为不快。获得掌声最少的是美国队，有些观众还无礼地跺脚。经过主席台前时，他们只"向右看"，连旗子也下落而复升。

次日，由于德国人汉斯·沃尔克打破了奥林匹克铅球纪录，希特勒前来祝贺，也对打破万米长跑纪录的三个芬兰人和获得标枪冠亚军的德国女选手表示祝贺。当跳高项目中德国选手全部被淘汰时，天色已晚。希特勒未等到与三名美国选手——其中两名是黑人——握手便离开了运动场。

国际奥林匹克委员会主席通知希特勒，由于他是首席贵宾，应该对全体获胜者祝贺。希特勒接受了后一选择，所以未与获得四枚金牌的杰塞·欧文斯见面。为此，有人便大肆渲染，说元首有意冷落这位伟大的黑人运动员，但欧文斯本人却否认这一说法。他说，希特勒确曾向他祝贺，"我打总理跟前走过时，他站起身来，向我招手，我也朝他挥手回礼。他认为，作者这样批评德国引以为豪的人物是卑鄙的。"

元首几乎观看了每一场田径赛,使他的左右惊讶不已。每当德国运动员竞技时,他总是带着孩子般的热情观看,脸部还在抽搐(在曲棍球比赛时,由于太紧张,不敢看下去,事后才让人向他报告比赛情况)。运动会于8月16日结束,希特勒出席了闭幕式。当乐队奏起《运动会结束》之歌时,运动员们跟着乐曲的节拍欢快地起舞,观众则热情洋溢地与他们告别。场内有人向希特勒——在闭幕式上他没有节目——"欢呼胜利",接着欢呼声四起,全场响起了"欢呼胜利!我们的元首阿道夫·希特勒!欢呼胜利"的欢呼声。

运动会是纳粹的胜利——虽然不怎么够格。德国人获得了大部分的金牌(33枚)和大多数的银牌和铜牌,奇怪的是德国人竟以57分的悬殊比分击败了获亚军的美国人。尤其重要的是,许多观众在离开德国时,对所得到的热情接待表示高兴,对自己所见的希特勒帝国留下了深刻的印象。奥运会上获得的成绩,由于里妮·莱芬斯达尔拍了一部上下集的纪录片而获进一步巩固。尽管戈培尔进行破坏,甚至不让她进场,她还是拍出了一部获得全世界欢呼的影片。

在而后进行的自我祝贺的凯歌声中,却插上了一曲悲歌。负责建造奥运村的菲尔斯纳上尉,由于是犹太人,在最后一分钟被撤换。在参加了为他的继任人举行的宴会后,他便用手枪自杀了。

在莱茵兰政变后,元首更埋头于对外政策。他置国内问题于不顾,任其自流,强行让党和国家接受令人不安的现状。他也开始与党内的老同志们疏远,"除非他亲自派人把他们找来,否则他闭门谢客"。迪特里希回忆道:"同时,他也想方设法在他与同僚之间树立障碍……希特勒已不容忍反对他的主意的任何意见,对怀疑其正确性的任何事物都一概不能容忍。"

那年夏天,《现代史》的一位撰稿人伊格纳狄乌斯·法依雷前来瓦申弗尔德采访元首时,他发现元首在过去一年中已老了许多。对在维也纳那些日子里的生活,对音乐和绘画,甚至对罗姆集团的情况,他均侃侃而谈;但对其政治前景,他却闭口不提。对上萨尔茨堡的美景,他大加赞赏。这里,只有在这里,他才能"呼吸、思考和生活……我想起了过去的我,以及我要完成的事业——假如我还有气力的话。要是上帝和运星能伴我至终就好了!"

与他姐姐安吉拉坐在门廊里欣赏萨尔茨堡的美景时,他也表现过同样阴郁的神情。有人曾说,他曾欺骗过邻近的一个农民,以一件家具骗了那人1000马克。对此说法,他也闷闷不乐。"听着,阿道夫,还没有那样糟糕。"安吉拉说,"几十年后,当你成了'上萨尔茨堡的老头子'时,1000马克,或多点儿或少点儿,都会无关紧要的!"希特勒一时不作声,然后一手搂着她的肩膀说:"首先,1000马克那件事情现在的确是件事儿;其次,我永远也成不了'上萨尔茨堡的老头子'。因为,亲爱的安吉拉,我的时间太少了。"

那年夏天晚些时候,他们的亲密关系变了,这主要是因为她越来越不同意他与爱娃·勃劳恩的那种暧昧关系(私下里,她称爱娃为"那头蠢牛")。但是,她试图让希特勒与其情妇交恶的努力失败了。自爱娃二次自杀以来,他变得更加体贴。不久前,他又在她与妹妹居住地不远处购买了一座舒适的两层楼房,供她居住。3万马克的房钱是霍夫曼支付的。他将房子交给她,表面上是说以此支付姊妹俩为他照的照片。希特勒也常把爱娃带到上萨尔茨堡去。到此时,安吉拉已拒绝与爱娃握手,只冷冷地叫她"小姐",而不是客气点儿的称呼"亲爱的小姐"。安吉拉常常不在瓦申弗尔德给她留房间。爱娃无奈,只好在普拉特旅馆开房。

到秋天,安吉拉与其同父异母的弟弟的关系已变得很紧张。她决定辞去其管家的职务。有谣言说,她是因爱娃被希特勒解雇的。但是据家人说,主要争论之点在于安吉拉有再次出嫁的计划。希特勒要安吉拉继续当瓦申弗尔德的女主人,但她坚持不肯,嫁给了设在德累斯顿的"国家建筑协会"的主任马丁·汉密茨希教授。据元首的第二个堂弟汉斯·希特勒说,另一个争端是,安吉拉坚持要公开抛头露面。"她想把自己变成一个要员……而希特勒又不能容忍这点。"他母亲的一个亲戚,弗里茨·保利,更令人难堪。他不但娶了一个犹太老婆,而且还有一种奇特的幽默感,将这件事公之于世。他将希特勒的家谱印在明信片上,还把他老婆的处女名(罗森绍尔)作为家谱的最后一支,并且说,这就是阿道夫·希特勒的犹太血统的情形。

还有一种谣传,说他虐待自己的妹妹保拉。战后,保拉对此予以否认。当希特勒恶名昭著并传至维也纳时,她改姓乌尔夫。即使如此,她仍被解雇。"我去了慕尼黑,把我生活的境况告诉了我哥哥。他非常谅解我的处境,答应日后的生活完全由他负责。"他每月给她250马克,1938年时增至500马克。此外,每年圣诞节时送她价值3000马克的礼物,还帮她买了一座房子。她偶尔也到上萨尔茨堡去看他,但每次难得住上两个星期。据官方公布的消息说,因为元首"太忙",所以才未参加她的婚礼。

这样,爱娃便成了瓦申弗尔德的无可争议的女主人(当时房子正在全面改建)。作为希特勒夏日官邸,瓦申弗尔德必须加以扩建,使之适于举行高级外交谈判。同时,还给爱娃准备了一间卧室、一间梳妆室和一间洗澡房。这些都与他的卧室与书房相连。建筑这座显赫的房子(改名为贝格霍夫),以及山边兴建豪华设施的工作,全由马丁·鲍曼承担。对此工程,事无巨细,鲍曼全盘予以过问,几乎到了荒唐的地步。一次,希特勒在进午餐时,在食物上加了调味品,但不知它是什么。鲍曼立刻离开餐桌,发狂似的往柏林挂电话。数小时后,他向心不在焉的希特勒宣布:"我的元首,调味品的成分如下……"他对下属的态度可就没有如此有趣了。一天,当他向赫斯的私人秘书希尔德加德·法斯口述指示时,竟令她取下眼镜。她提出抗议,他却把眼镜掰成两半,还说:"不戴眼镜,你要漂亮多了!"

鲍曼的飞黄腾达,令其他人慢慢失宠。埃塞尔光荣地被调去当了小官——旅行代理人,罗森堡被推至后台,连汉夫施坦格尔也遭到冷落。由于汉夫施坦格尔出言不逊,使他在党内受到怀疑,还谣传被列入黑名单。另外,在1936年,由于赫仑纳获准离婚,汉夫施坦格尔与希特勒的最后联系也断了。当希特勒得知离婚消息时,冲口说道:"哎,我得立刻给她发封电报,祝她好运。"但是,他又改口说,"不行,那样做不行。"他最后说:"汉夫施坦格尔太太是德国少有的真正的贵夫人之一。"每逢她的生日,他继续给她送花。

汉夫施坦格尔将其内心的担忧告诉了埃贡——时年15岁。那年夏天,父子二人在施塔恩贝格湖游览,帆船停于湖心。"孩子,我有话跟你说,要牢牢记住,连一个字都不能忘记。情况不妙。先前,我们全相信运动,对不对?现在,我仍在设法相信它。"他说,他发现了许多贪污腐化的情形,希特勒只听信于一帮卑鄙的罪犯和吹牛拍马者。"若按目前的速度下去,我们就要打仗——与英国人和美国人打仗。这将危及德国和全世界。"目前,国内情况一团糟,因为官员们的办公桌后坐着一群无赖。"上帝知道,我已找过希特勒,要他警惕。"但他就是不听。"只说情况不明是无济于事的,他必须知道。如果他知道,就应该拿他负责。"汉夫施坦格尔说,他的宿敌曾试图用侵吞公款的罪名陷害他。"不过,他们失败了,我完全将自己洗刷净尽。但他们仍不甘心,不久我就要为自己的生命而斗争。迟早他们都会将我清洗掉的。"

儿子也不觉得惊奇,因为他也觉得希特勒变了。他不明白的是,父亲为何不立刻逃难。汉夫施坦格尔说,事情没有那么简单。他曾协助党取得政权,曾在政治上和人身上数次帮助元首脱险。"我们全都有责任。"他说:"基础以及95%原来的目标都是好的。还有一线希望。"

与此同时,他们还做好了出逃的计划,暗语是这条船的名字。信的开头若用了"也许"那就是令埃贡坐火车去瑞士。他走时不应同任何人说话,连同母亲说话也不准。既然她与他已离婚,埃贡用不着担心母亲会遭到株连。希特勒肯定比先前更喜欢她"要装出什么也没有注意到,要静静地走开,不要耽搁"。

不到半年,危机便来了。汉夫施坦格尔被令立即飞往西班牙,目的是去保护在西班牙的德国记者的利益。但是,飞机一升空,驾驶员便通知汉夫施坦格尔,他已奉命在巴塞罗那和马德里之间的"红区"跳伞。汉夫施坦格尔喊道,这是死刑。同情他的驾驶员解释说,命令是在快起飞时由戈林签署的。过了不久,一个发动机突然嘎嘎作响。飞行员便呼叫说,飞机有毛病。接着他又意味深长地看了汉夫施坦格尔一眼,补充说,他得找个小机场着陆。着陆后,汉夫施坦格尔便假装要请示柏林。他从电话间出来,对驾驶员说,元首令他赶回乌夫因。他坐上开往慕尼黑的夜班火车,次日一早便换车去苏黎世。在那里,他给儿子发出一封带有隐语的信。埃贡叠了几件衣裳,带着元首的一幅自画像,跳上了前往苏黎世的火车,在车上的厕所里藏了几个小时。午夜前,他便与父亲会合了。直到不久前,人们一般还相信,飞机事故实际上是个玩笑,目的在于对汉夫施坦格尔进行惩罚,因为他发表过对在西班牙作战的德军的士气不利的讲话。但是,在汉夫施坦格尔1970年出版的《Zwischen Weissem und Brawnem Haus》①一书中,作者发表了德国空

---

① 直译为《在白色和褐色的房屋中间》。——译注

军将领冯·舒安贝克将军的一封信。该信表明,那次可能真是一个暗杀阴谋。

私人问题虽然令希特勒意乱神迷,但在谋求德国至上的征途上他却未停步。1936年夏天,他用可怕的语言,就战时经济问题起草了一份冗长的备忘录。该备忘录一式三份,戈林和勃洛姆堡各执一份,另一份由他自己保存。在备忘录中,他写道,德国的潜力有多大,军事力量就应有多大。这是一项紧急任务,不允许"优柔寡断"。德国不但缺乏原料,且人口过剩,靠自己的土地不能养活自己。"老这样说是毫无意义的。我们现在必须将措施付诸行动,才能在将来最终解决问题,在此之前则应暂时松弛一下。解决的办法在于扩大生存空间,或扩大我国人民的原料和食品的来源。"他继续说,最终解决原料短缺的问题是政府的责任。"与其要等待下一次大战,不如在和平时期便着手考虑和解决这些问题。虽然还有其他需要,也必须着手进行经济调查和试验。"必须尽快建立起自给自足的经济,以达到下述目标:"一、德国军队必须在四年内作好战争的准备。二、德国经济必须在四年内作好战争准备。"

与此同时,他又试图巩固与英国的关系,而在对付一位如此富有决心和如此狡猾的领导人时,英国人又一再表现出他们是何等的愚蠢。他们坚信,用让步和谅解的办法,他们定能让希特勒就范,而他则在去年一年利用了英国人的误解,与他们进行妥协谈判,并含混不清地提出签约。带着希望和善意的英国要员继续涌向德国。从德国回来的历史学家阿诺尔德·托因比竟相信希特勒怀有和平意图。《凡尔赛和约》的作者之一、战时的首相戴维·劳埃德·乔治,也有同样看法——尽管他曾极力推行"绞死德皇"的口号。9月4日下午,希特勒在贝格霍夫的台阶上热烈地欢迎了他。"对促进两国间的良好关系本人历来是很感兴趣的。"劳埃德·乔治说,"在战争结束后本人也重新作出了努力。"他说,现在必须采取行动,以便在此后数月内签约,否则,两国便会分离。

"本人衷心同意,"希特勒回答说。年轻时他就有建立这个同盟的幻想。两个民族系同盟,主要是要互相了解。对未来文明构成威胁的是布尔什维主义。他连忙说,这不是幻想出来的恐惧,而是现实的危险。因此,西欧必须团结一致,反对布尔什维主义。他对西班牙内战表示关切,也对布尔什维主义掌握西班牙已到异乎寻常的程度的担忧。"我为何要如此忧心忡忡呢?我并不是怕俄国人进攻我们。但是如果我周围的国家都布尔什维克化了,那么,从经济观点看,我国会成个什么样子?这里的一切,都处在千钧一发中。"

客人走后,希特勒对另一个家人海因斯·林格说,前首相对他说过,在战争期间,英国曾在相当长一段时期内差点投降。"我告诉劳埃德·乔治说,这我同意,但是,德国的灾难是,他是在'十二时差五分投降的'。"他的客人同意,德国投降得太早了。"不过,我告诉他,若德国与英国再战,只要我还是元首,德国就会打到十二时过五分。"

施密特陪同首相返回旅馆。在进口处,劳埃德的女儿讥讽地喊了一声"欢呼希特勒",前首相并未发笑。"自然要欢呼希特勒!"他一本正经地说,"我也这样说,因为他实在是个伟大人物。"

1936年在纽伦堡举行的党的生日纪念,可以预言,给劳埃德·乔治留下了深刻的印象。这次的纪念活动比先前的更加壮观不说,它还以两大运动为标志:为达到自给自足而实行的"四年计划"和以反对"混乱力量"为名,实则反对布尔什维主义的进军。星期天上午,天气晴朗。在纽伦堡庞大的体育场上,希特勒对集结在该处的16万名褐衫党徒和党卫军发表讲话,大谈布尔什维克的威胁。之后,他便乘敞篷小车("麦塞蒂斯")回城,不时向拥挤在狭窄的道路两旁和站立在阳台上朝他喝彩欢呼的人群挥手致意。合众社记者理查德·赫尔姆斯的小汽车紧跟其后。与赫尔姆斯同行的还有五六名各报记者,他们均应邀前往纽伦堡城堡与元首共进午餐。"当我们抵达时,"赫尔姆斯回忆道,"我也有些妄自尊大。我觉得,即使欢呼声不是为我而发,自己的身高也足有10英尺!"

客人们被请到城堡的塔楼上。在那里,他们看到的希特勒已不再神气十足了。给赫尔姆斯留下深刻印象的倒是他平易近人的态度。早些时候的那种炫耀的表演不但已完全消失,相反,他显得手足无措,双脚不停地前后摇摆。很难相信,正是此人片刻前在向疯狂地欢呼的冲锋队挥动胳膊,大声疾呼:"这个时代的奇迹是,你们发现了我——千百万人中的一无名小卒。"

然而,一旦某人提起布尔什维主义,他便口若悬河,滔滔不绝,又再次成了演说家。他攻击说,莫斯科正在想方设法统治欧洲,但德国不答应。"人们不明白,为什么我们如此疯狂反对布尔什维主义。这是因为,我们还有意大利,都是正发生在西班牙的事件的过来人。"下面街道上,人们有节奏地喊着:"我们要见元首!"于是,他只好步出塔楼,向他的慕名者致意。

赫尔姆斯走了。对于他在塔楼之所见,比在体育场所看到的一切,印象更为深刻。他觉得,在这里,他是个"通情达理的人,其计划也是合理的"。

大会的最后一天,人们观看了大型军事表演。在模拟空战表演和最近代化的高射机枪的效能表演后,在体育场上表演了一场真如实战的机械化战斗。党的生日纪念结束了——一方面保证实现和平,宣布新的目标;另一方面又在炫耀可怕的武力威胁。相信元首一贯正确的不但是党的忠实信徒,连劳埃德·乔治对自己在德国之所见所闻也几乎坚信不疑。在《每日快报》的一篇文章中,他写道:希特勒单枪匹马救德国于水深火热。他是天生的领袖,是具有坚强意志和英勇无畏性格的人物,既受老人的信任,也受年轻一代的崇拜。

新踏上的征途使劳埃德·乔治受了愚弄。在此以前,希特勒极力与意大利谋求谅解。他派汉斯·弗兰克前往罗马,邀请他访问德国——不但以意大利独裁者的身份而且也以法西斯创始人的身份来访。此时,墨索里尼真心实意要与德国联系。遂派他的女婿、意大利外交部长加里亚佐·齐亚诺伯爵于10月21日飞赴柏林,为他的出访做初步安排。齐亚诺首先与德国外交部长牛赖特磋商。据意大利人的报道,牛赖特对里宾特洛甫建立有意义的英德友好关系的幻想曾进行过嘲笑。齐亚诺对签订新罗加诺公约也同样表示怀疑,建议意大利留在国联内,以便从事"破坏工作,以达到共同目的"。三天后,齐亚诺会晤希特勒于贝格霍夫。为了迷惑对方,希特勒说:"墨索里尼是世界上的头号政治家,其他人根本无法与他相比。"他进而说,日耳曼人与拉丁人相互了解,若团结一致,结成联盟,在反对布尔什维主义和西方民主中就会所向无敌。

在授予其女婿挑拨英德关系的任务后,墨索里尼将一份落入意大利人之手的文件交给了齐亚诺。这是英国驻柏林大使发给伦敦的电报。电报称希特勒政府为一危险的冒险者。读了这份电报后,元首愤怒地喊道:"在英国人看来,世界上有两个国家是由冒险者领导的,一是德国,二是意大利。不过,英国人在建立起大英帝国时,其领导者也是冒险家。今天的英国,其领导者全是无能之辈。"他向齐亚诺保证,没有必要去为英国操心,因为德国与意大利重新武装的速度要快得多。到1939年,德国将备战就绪,在四至五年内,战备将远远超过就绪程度。

于是,齐亚诺与牛赖特便在柏林签订了一项秘密协定,确立了新的关系,并规定广泛地进行合作。数天后,在米兰的杜阿摩广场发表的一篇讲话中,墨索里尼提到了这点,其所用的语言,在西方人听来,是相当不吉的:"……柏林与罗马之连成一线,这并不是隔板,而是一条轴心,凡有志于合作和维护和平的欧洲国家,均可围绕这条轴心转动。"

1936年秋后,希特勒主要操心的是西班牙。在此之前,元首曾向佛朗哥提供给养,数量虽小,意义却重大。此时,希特勒正考虑给他提供大量援助。11月,一支可供起义部队战斗使用的特种机群业已投入战斗。11月18日,希特勒与墨索里尼终于承认佛朗哥政权为西班牙的合法政府。

正当外交部敦促希特勒要谨慎行事时,现在负责"四年计划"的戈林则把西班牙的内战看成是一场真正冲突的前奏。"我们业已处于战争状态中。"12月2日,他在空军军官会议上说——虽然,第一枪还未正式打响。即使如此,从新年开始,"所有飞机工厂均需全力以赴,就像动员令业已颁布一样"。数日后,在柏林,在对一群工业家和高级官员的讲话中,他也同样直言不讳。他透露,战争已指日可待,德国即将动员。"我们之行将到来的战斗,"他说,"要求我们采取重大措施,提高生产能力。重新武装是不受限制的。可供选择的是非胜则亡。"

戈林这一番话公布后,佛朗哥的新任代表威廉·福贝尔将军便传来令人不安的消息:除非立即派遣一师德军和一名教官,否则,战争便有可能失败。但是,威廉大街对此建议置之不理,福贝尔于是便将此事面禀元首。12月21日,他会见希特勒于总理府。在座的有戈林、勃洛姆堡、霍斯巴赫、弗立契,以及刚从西班牙回国的在佛朗哥总司令部任军事代表的瓦尔特·瓦尔利蒙中校。福贝尔请求希特勒派遣三师援军,以结束旷日持久的战争。

希特勒征求瓦尔利蒙的意见。瓦尔利蒙指出,由于这是一场内战,佛朗哥只能靠自己的力量去赢得这场战争。西班牙和德国两军之间是不能成功地进行合作的。业已给予的军援足以使起义部队免于失败。加之,佛朗哥正在其位,定能力挽狂澜。在座的军人均支持瓦尔利蒙的看法。

希特勒同意众人之所云。他说,德国不准备大规模派遣援军。他的理由并非出于军事,而是出于政治原因。接着,他便坦率地透露,他最不需要的是佛朗哥迅速地取胜。西班牙的长期苦战将使世界的注意力从德国雄心勃勃的重新武装计划上转移开去。但他确曾保证继续援助西班牙以反共;若军事灾难有可能来临,他便会增加军援。他最后说的一段话可说是狡猾的一着。他将大规模军援的荣誉让给了墨索里尼。在西班牙问题上陷得越深,墨索里尼便越有求于德国;如果这场冲突久久的延长下去,他便在口头上和行动上都要对轴心国承担义务。

在外交上,对希特勒而言,1936年是取得成功最大、付出代价最小的一年。英国已被弄得神魂颠倒,而意大利也即将就范,与德国进行不平等的合约。他还说服了日本与之签订《反对共产国际条约》,该条约包含了一项秘密协定(措辞却很模糊),即互相支援,反对苏联。这项协定双方虽然承认并非绝对必须,但就使德国之重新武装合理化的宣传策略而言,却是重要的。

那时的唯一挫折是英国的立宪危机。这场危机是由于英王决定与瓦利斯·瓦尔菲尔德·辛普森夫人结婚而引起的。他对首相鲍尔温说,"若我是以国王身份与她结婚,且一帆风顺则罢,否则,如果政府反对这门亲事"——鲍尔温曾对爱德华表示,政府将反对——"我便准备引退。"公众大都同情爱德华八世,但首相和教堂却一意孤行,坚决不允。

这场危机使里宾特洛甫大伤脑筋,因为在行将到来的谈判中,元首靠的就是英王的支持。"我们最大的希望就是他!"里宾特洛甫对德国在德国使馆任新闻代理的新闻局代表弗里茨·赫塞说。后者被认为是英国事务专家,并充当外交部的特别代表,接受外交部的秘密任务,即非官方地与英国官方人士打交道,尤其是首相的工业顾问霍拉斯·威尔逊。"你是否认为,这件事是个阴谋,目的在于剥夺我们在这个国家的最终的地位?"过了不久,里宾特洛甫又把赫塞找来说。他刚与元首通完电话,元首对引退一说拒绝相信。这是一个烟幕,他已令德国报界对此说只字不提。希特勒的信心给里宾特洛甫提供了保证。"你瞧着吧,"他预言说,"事情将证明元首是正确的。这件事终将烟消云散,英王将对我们如此有策略、如此谨慎地对待这场危机表示感激。"

12月9日晚,爱德华签署了《引退文件》,成了英国历史上第一个自动放弃王位的君主。当晚,在一篇动人的广播演说中,他对他的臣民及全世界说,他觉得"没有我心爱的女郎的支持和帮助,尽管我有心,我也无力挑起作为国王的重担和完成我的责任"。

希特勒不明白,为何竟有人爱美人不爱江山。他打电话给里宾特洛甫,(据赫塞说)闷闷不乐地通知他的大使,他也不如卷铺盖走人,甘心失败,放弃这种游戏。"英王既已逊位,英国肯定不再有人愿与我们来往。将您的活动情况报我,如您无所作为,本人将不加罪于您。"

尽管希特勒大失所望,1936年仍给他带来巨大成功。据他对戈林夫人说,这一年的圣诞节是"多年来"真正使他愉快的一个节日。"我觉得,这是使我最愉快的一个圣诞节。"尽管他患着严重的胃病,且又失眠和患着湿疹,但他们过得很愉快。12月25日,通过霍夫曼即那个摄影师的介绍,他挑选了一个医生作为自己的贴身医生。医生叫德奥·莫雷尔,是位皮肤病专家,在柏林库尔费尔斯坦达姆大街开诊所,生意兴隆。他的病人多系电影界和戏剧界的知名人士。他又黑又胖,长着一副圆脸,眼睛高度近视,戴一副深度近视眼镜。他的手又粗又大,毛茸茸的,指甲常常纳垢。在治疗时,他有时也粗枝大叶。有人说,他曾用一块刚擦完桌子的绷带包扎病人的胳膊;不经消毒便用同一针头给两个病人注射。

德国的医生很多,希特勒为何单挑选了他,其原因也许是莫雷尔太太与爱娃·勃劳恩之间的友谊之故。自退伍以来,希特勒脱掉所有衣服进行体格检查,这还是首次。希特勒的上腹痛,莫雷尔诊断结果是胃和十二指肠溃疡,给他开了母达弗罗和加勒斯托尔两种药。希特勒还身患腹胀气,不停地放屁。由于他吃素,病情逐渐加剧。莫雷尔医生下的药是科氏去毒丸。这种药丸含士的宁,但莫雷尔医生并不明白它含这种成分,竟让希特勒每餐吃2—4片。此外,莫雷尔还让他大量服用维生素,也常常将它与葡萄糖混合进行静脉注射,以增强希特勒的体力。

国内最有威望的两名专家,一是德国红十字会主席格洛维茨医生,一是柏林慈善医院的贝格曼医生兼教授,均未能治愈希特勒的胃痉挛和痛得他无法穿靴子的湿疹。然而,莫雷尔医生却保证在一年内治好这两种病。只一个多月时间,他便给他治好了。于是,希特勒便兴高采烈地宣布,这位医生创造了奇迹,挽救了他的生命。"格格维茨和贝格曼二人都让我挨饿,只许我喝茶和吃饼干……我的身体虚弱到连案头工作都不能支持。后来,莫雷尔来了,使我的身体复了原。"他将身体的康复完全归功于莫雷尔,连牙床情况的改善也是注射母达弗罗所致,而不是他的牙医雨果·布拉希克的处方——勤刷牙勤按摩——使然。

1937年1月30日,希特勒在议会发表演说,纪念他就任总理四周年。他神采奕奕,看上去比实际年龄年轻。他重申了他的神圣职责:"今天,本人必须感谢上苍,是上苍的恩典才使我这样一个战时的无名小卒,得以成功地为我们的荣誉和国家的权力进行斗争。"这是一篇许诺而不是威胁的演说,产生了不小的影响。之所以如此,是因为这次吹嘘却也有些现实基础。在执政的头四年里,希特勒确实取得了相当大的成就。与罗斯福一样,他也为收入较低的人们增加利益铺平了道路;与罗斯福一样,他凭直觉得出结论,那些被传统理论搞得六神无主的经济学家,对经济衰退知之甚少。因此,两位领导人均蔑视传统,大力发展生产和减少失业。("希特勒还预见到了现代的经济政策,"1973年,经济学家J.肯尼斯·加尔布莱斯评论说,"……他认识到,只有同时控制工资和价格,迅速地实现充分就业才有可能发展。一个受经济恐惧压制的国家,会响应希特勒的号召,一如美国人之响应罗斯福,这是不足为奇的。"或许,他并不懂多少经济,不知自己之所为。"但是,在经济方面,如你走上了正道却不知其所以然,这才是了不起的。")希特勒还建起了高速公路网,改变着国家的面貌——平时可将全国连成一体,战时有助于全国动员。为了使普通人能"用轮子走路",他发展了"人民车"。此车坚固耐用,价格便宜,一般人均买得起。他要费尔迪南·波尔希设计一种四座、每40英里耗油一加仑、发动机用空气冷却、冬天不致上冻的小车。他还为未来的其他革新作了设想。在大城市内,必须建造自动化的地下停车场、众多的自由贸易中心、公园、绿化区,以及严格控制污染。出于他个人对清洁的关注(也许与害怕长癌有关),污染问题尤其令他关心;他鼓励工业界做出努力,以完全消除有毒气体。在鲁尔盆地,有些工厂已安装了消除污染的设施;凡新建造的工厂,必须配有防止水源遭污染的装置。

他对城市规划的兴趣甚至延伸至小镇和乡村。他对亲信们说过,最主要的是空间(另一个关切之点),"我们的建筑师们,在制订规划时,考虑到了空间问题,这令我高兴。只有这样,我们才无须兴建更多的、几乎是房上建房的、拥挤不堪的市镇,如同我们在茨维考和格尔申基尔申等地看到的那样。如果我被发配到这样一个毫无美感的市镇,我将大失所望,将失去快乐,如同我被我的祖国发配出来一样。所以,我已下定决心,使哪怕是最简陋的市镇都要多少有点文化和美感,然后一步一步地提高各市镇的舒适水平。"

青年的福利及对青年的培养也享有优先权。教育制度已发生了急剧的变化,高中便专修自然科学,非古典课程与人文主义大学预科课程同等重要。由于相当重视体育,重视种族生物学的必修课程,以及重视德国历史和文学,有些课程,例如古代语言和科学,便受到影响。"我们的教育的目标是形成性格,"有个纳粹教育家写道,"我们并不想把儿童教育成小学究……所以我说,'让我们少十磅知识,多十卡路里性格吧!'"

伴随锤炼性格过程的是将希特勒半神化。在进午餐前,科隆的孩子们必须背诵这段祈祷词:

> 元首,我的元首,
> 上帝赐予我的元首,
> 保护我吧,只要我还活着!
> 您救德国于水火;
> 感谢您呀,我日日能有面包。
> 长保佑我,万勿将我抛弃呀,
> 元首,我的元首,我的信仰和光明!
> 万岁,我的元首!

英国大使菲普斯向伦敦报告说:"……德国的小学生,在智育和体育方面正在得到精心培育以保卫德国……不过,本人生怕,如果本届或之后任何一届德国政府要求他们必须保卫德国,他们将适合并准备在外国领土上前进或牺牲。"这个征兆是从"少年训练"开始的——即为"希特勒青年团"作准备,对10岁至14岁的少年所做的训练。"'少年训练'是新近得到的、永恒的、无情的真理的一个因素,"一本关于这个问题的小册子的作者写道,"对我们说来,服从一道命令或一项指示是最神圣的职责。这是因为,每道命令均发自负责人,而那位负责人正是我们所信任的元首……所以,德国的父老兄弟们,我们是你们的先锋。我们这些德国青年的领导者,将你们的儿女进行训练和教育,将他们塑造成善于行动、善于取得胜利的人们。我们让他们进了严格的学校,锻炼他们的铁拳,提高他们的勇气,培养他们的信心——对德国的信心。"

加入"希特勒青年团"后,每个男孩子都有一把刻有"鲜血和荣誉"字样的匕首。他还被告知说,现在,他不但穿上了褐衣,而且要用武力保护它。"这就是说,我们不能容忍任何人对我们做任何恶意的事情。"不久前,逃往英国的一个"希特勒青年团"团员说:"我们比任何一个非军人都优越,如果他们敢于装腔作势,我们便可毒打他们。"

1933年前,"希特勒青年团"的目的不外乎是将各阶层的青年团结起来,用宣传和说服的办法,一方面让他们与共产党的各种组织决裂;另一方面向他们灌输为权力而斗争的思想。后来,它的任务却成了让他们练好体魄,接受政治教育,训练他们为元首和民族效劳。然而,与民众的信念相反,他们并未进行军训。据希拉希的副官哈特曼·罗特巴舍说,"制服嘛,则是在'希特勒青年团'成立前青年组织的服装,不仅在德国有,在其他国家也有。"

为了在思想上和体格上让全民为未来做好准备,希特勒在四年内把全民的健康水平提高了一大步,连外国人对此也产生了深刻的印象。"婴儿死亡率大大降低,比大英帝国的婴儿死亡率还低。"希特勒当政后,曾七次出访德国的英国国会议员阿诺尔德·威尔逊爵士写道,"肺结核和其他疾病大大减少。审判罪犯的法庭从未如此闲过,监狱也从未如此空过。看到德国青年如此健壮,这确是件快事。连最穷苦的人们的衣着也有改善;他们的笑脸证明,他们的心情也愉快多了。"

工作条件也得到了改善——窗户多了,拥挤程度减小,洗手间也有改进。在"美化每个地方"的口号下,所有办公室和工作室都保持整齐清洁。花草多了,使劳动者能欣赏自己的环境。这些成绩是实实在在的,而不是幻影。工人们从未享受过这样的特权。罗伯特·雷伊的"劳工阵线"倡议"欢喜出力量"计划,还为工人们听音乐会、上剧院观赏表演、参观展览、跳舞、看电影和参加成人班学习提供津贴。最富有革命性的创举要算是旅游津贴。现在,连最卑贱的劳工及其妻儿,均可坐上豪华的旅游船,欢度梦想不到的假日。

"工人们看到,我们是真心诚意要提高他们的社会地位的,"雷伊说,"他们看到,派出去当德国代表的并不是所谓的'知识阶层',而是他们自己,我们向世界显示的是德国工人阶级。"在德国,人们还建造了许多不分等级的船只,雇主和白领们与工人们享受同等待遇,希特勒1月30日在议会演说中说:"德国已发生了根本的变化,且产生了效果。这些效果是最高意义上的民主——如果民主有任何意义的话。"希特勒这番话的意思,正是这种社会民主的精神。

希特勒致力于团结各阶层的人们——犹太人当然不属此列。他的这种旗号的社会主义既不排斥富翁,也不排斥中产阶级。"资产阶级切莫以为自己是教育或资本的某种享受者,切莫以为自己已被马克思的财产观念与工人们分离。"他对一采访者说过,"资产阶级必须像工人一样,适应社会的福利。"在实践中,这种观念使工人们觉得荣耀,强调了希特勒之社会平等的理论。公共媒介宣传他是个建筑工人、画家和学生,是人民中的普通一员,是坐在司机旁边的普通人,他吃的饭菜也很简单。他拒绝接受任何一种名誉学位。在工厂里向工人们发表演说时,他总是使用昵称"我们",向他们吹嘘说,他也是个没有地产、没有股票的人——但他却没提到,《我的奋斗》一书已使他成为百万富翁。

甚至在武装力量中,这种平等的精神也可感觉出来。在常备军中,官兵之间的同志之情比先前要强烈得多；党卫军成了民主的典范。在这里，官阶之间的差别已不复存在，有的是人人为我、我为人人的兄弟手足之情——这是大多数英美军官无法接受的。最能表现平等主义的是"青年劳动服务"——凡17—25岁的男女青年，不分阶级，必须为"人民和祖国"劳动服务一段时间，或当农民，或当劳工。这种做法原是要减少失业，但却远远超过了罗斯福搞的目的相似的"民众维持兵团"，成了社会主义的一种表现形式。在劳工营的墙壁上，常常挂着旗帜、元首和其他领导人的肖像，以及诸如"德国需要你，你需要德国""人民高于一切，你却微不足道""劳动服务是德国青年的光荣职责"等鼓动性的标语口号。在某劳工营中，美国来访者G. S. 科克斯发现了两条很有意思的标语。其一，是希特勒语录："犹太人并非德国人，只是商人，不是公民，而是根除者。"其二，与之并排，系康德语录："勇于使用理智。"科克斯发现，受锻炼者的情绪很高。"他们身体健壮，丰衣足食——这是其中某些人多年来未享受过的奢华生活。他们忙得不可开交，无时间评头品足。"

希特勒在任的头四年里所取得的最大成就，或许是他统一了全国。外交官乔治·肯南警告他的一个上司说，希特勒并未使时光倒转。"德国统一了，完全是如此。在这方面，波拿巴和拿破仑三世之未竟事业，在凡尔赛得到了完成。现在，希特勒正将特殊主义残余及阶级差别连根铲除。鼓吹希特勒是用将一切降低至最低标准以完成这一切之说，是不存在的，是不符合实际的。德国的统一是事实。希特勒可能下台，但团结却依然存在。与此同时，阻止外来干涉之举也将存在——必须存在。嫉妒、不稳定、自卑感，以及随之而来的统治欧洲的贪欲——这些都是大多数德国人真正共有的东西。"

没有一个研究德国问题的客观的观察家能抹杀希特勒所取得的巨大成就。劳工虽然丧失了工会，资方也丧失了在政治上组织起来的权利。事实上，每个人都丧失了权利和自由，国家得到的是平等和繁荣。然而，为希特勒之纲领所付出的代价却不限于公民自由的丧失：他虽然用独创的方式使国家摆脱了经济衰退并结束了失业，但是，由于他坚持不惜一切代价加速重新武装，这便将潜在的灾难性的经济危机强加在德国头上。沙希特这个聪明人物曾使出浑身解数,反对希特勒和军方为使德国经济独立所做的努力。首先,他否决了战争部和L.G.法生产人造橡胶的计划。接着,他又拒绝了勃洛姆堡关于增加燃料油生产的要求,因为他生怕此举会打破和平时期国民经济的平衡。但是,到1936年初,沙希特的影响已逐渐消失。那时,希特勒已下令将陆军扩大至36个师,国民经济被弄得失调。基本原因有两个:进口价格上升了9%,而出口价格却下降了9%;由于农业连续两年歉收,德国农业无力满足本国的需要。原料库存正在减少,市场上已出现令人不安的食品和燃料短缺的情况。由于俄国对这两种商品的出口进行封锁,罗马尼亚又索价甚高,此危机便进一步加剧。供取暖、照明、润滑用的燃料之供应,以及柴油的供应,都维持在低水平上,而本国的生产又无法给予取代。

就是这种紧急情况,促使希特勒于1936年夏提出了上面提到的实行战时经济的计划。他之解决燃料油库危机的答案,多年后,在美国被采用了——自给自足。他自然深知,在德国现存的版图内,是无法生产足够的原料以达到完全的自足。他仍坚持应尽力而为。他坚持说,只要德国向东扩展,绝对自足是可能达到的。他置沙希特的意见于不顾,要求提高合成橡胶、铁矿砂、油脂、纺织品和轻五金产品的产量,并要求在一年半内解决燃料危机。

专家们一再警告,若执行这一计划,生产成本将异常昂贵。他将此当作耳边风。对他之生产武器而不是增加原料生产的主张,工业界怨声四起,但他充耳不闻。相反,他用国家进行干预,对大企业进行反击——假如他们敢于不参与为实现自足而进行斗争的话。他宣布,"财政与经济,以及所有理论,都是为人民的自立之斗争服务的"。对希特勒而言,这不过是个意志力的问题。他要求实行"可与军事和政治动员相比"的经济动员。只要陆军在四年内可供作战,如何将经济动员起来,这他是不管的。

这就是他1936年在纽伦堡大会上宣布的"四年计划"。大会结束后一个月,他挑选了戈林去主管这一计划。有意思的是,在他的合作者人选中,只有一名是老党员,所有高级职务均由愿合作的政府官员、企业界代表和总参谋部的军官担任。这就意味着,除了只忠于自己和希特勒的戈林外,纳粹党已被排斥在为国民经济生活制定决策的范围外。

在一篇号召全国动员的演讲中,戈林宣布,工人和农民必须全力生产,发明家必须随时任由国家支配,商人不能只"考虑利润,只能为建立一个独立而强大的德国经济着想"。他用一代人以后由一位美国总统会加以解释的语言,请求德国全体民众为国家服务。"我们每个人每天都要自问,自己能做些什么,能够为共同努力之成功贡献些什么。"

两个月后,希特勒亲自向一群工业界要员发出强烈呼吁,要他们信任戈林,支持他完成这项重要任务。他说:"戈林是此项工作的最佳人选,具有坚强的决心,是个具有钢铁意志的人物。"在同一次会议上,戈林对工业家们说,现在的问题不再是如何廉价生产,而是必须生产。外汇是如何挣得的,这他一点儿也不管。只有那些犯了法而又未获成功的人才会受到起诉。

"我不得不谴责这些经济上的胡作非为,"沙希特写道,"同时反对这种不负责任的、对法律尽量公开地进行肆意嘲弄的行径。"在他60岁生日那天,他在一篇演说中,是这样讲的。他也批判了戈林之唯一重要者是生产之说。"假如我在某块土地上播种一百磅,收成只有一百磅之四分之三,那么,在经济上,这是难以想象的胡闹。"这是一位失宠官员的战争宣言。不到数月,沙希特被迫辞去经济部长的职务。这便使戈林得以胡作非为,竭力贯彻元首将国民经济变成重新武装——和为战争服务的彻头彻尾的工具的计划。

假如希特勒死于1937年,即他上台四周年之际——尽管碰上严重的经济大危机——毫无疑问,他将被作为一个最伟大的人物之一写进德国史册。在全欧洲,数以百万计的人对他佩服得五体投地。杰尔杜鲁德·斯坦因(他觉得罗斯福令人生厌)认为,希特勒应得诺贝尔和平奖。乔治·萧伯纳在报刊上发表文章,为希特勒和其他独裁者辩护。他发表的关于法西斯主义的演讲,令他的"费边学社①"同人怒不可遏,也遭到被放逐的反法西斯战士的激烈反对,言辞激烈的信件如洪水般涌来。另一名直言不讳的追随者是瑞典著名的探险家斯文·赫定。他写道,希特勒具有为正义而斗争的不屈不

---

① 费边学社,系一主张以和平和渐进的方式实现社会主义之学术团体,1884年创立于英国。——译注

挠的热情、远大的政治目光、准确无误的卓识远见,"他真正关心他的同胞们的福利"。赫定本人有十六分之一的犹太血统,且为此而自豪。他一方面为希特勒的反犹主义辩护,另一方面又反对其严厉的措施。他说,只要你公正地调查一下停战以来犹太人的行径,你就会明白德国人为何讨厌犹太人。"哪里通过了失败主义和奴颜婢膝的政策,哪里的主要支持者肯定是犹太人无疑。共产主义和布尔什维主义的先锋肯定是犹太人。这是一条规律。"他对希特勒之成就的总结可说是出自戈培尔的手笔,"能在短短的四年内将他的人民从最底层提高到自我觉醒、自豪、守纪律而又有权利的人,自然值得他的同胞感激和受全人类尊敬。"

希特勒不仅鼓舞了作为个人的外国人,而且还做出榜样,在整个欧洲刺激了类似的运动的发生和发展。其中最重要的是"英国法西斯联盟",即所谓的黑衣党。不久前,希特勒曾出席黑衣党领导人奥斯瓦尔德·莫斯雷爵士与迪阿娜·密特福特举行婚礼后举办的午餐招待会。在法国——在那里,反犹主义长期以来就是民族主义、忠君主义,有时还是天主教主义的一个方面——查尔斯·莫拉斯领导的"法国行动会"也繁衍起来,它在一部分有天才的作家中影响颇大。此外,在法国还有弗朗索瓦·德拉罗克上校领导的老牌极右分子组织"铁十字架",以及五六个诸如此类的组织。虽然实践中的法西斯主义令这些非因循守旧者反感,但希特勒和墨索里尼所发表的言论和所取得的成就却将他们动员了起来。他们反对自由国家,反对民主和议会政体。

在比利时,后来称自己为希特勒精神之子的青年里昂·德格雷尔组织了"君王党",作为反对共产主义的堡垒。"我们的运动,"多年后他评论说,"是长枪会性质的,不是法西斯的;是精神上的,而不是政治性质的。"在他看来,君王主义是对时弊的一种反动;是政治革新和政治正义的运动;是反对混乱、无能、渎职、动摇以及——这是最重要的——反布尔什维主义的战斗。

法西斯主义的影响波及了美国。在美"德美同盟会",会员们公开穿起纳粹制服:白衬衣、黑领带、高筒靴和卐字章。在中国,蒋介石秘密组织了被称为"蓝衣社"的精华小组。"现在,法西斯主义被认为是落后的,"许多年后,一名会员说,"但在那时,它是振兴中国的极先进的手段。"它的首要目标,很明显,是要维护民族的生存。"法西斯主义是濒临灭亡的民族得以自救的唯一工具,"蓝衣社的刊物《社会新闻》在一章社论中写道,"它拯救了意大利和德国……因之,除效法法西斯暴力斗争的精神外,别无他途,一如意大利与德国之所为。"蒋介石也同样满腔热情。"法西斯主义能否救中国?"他向一群蓝衣社会员提出这个问题,并自己作了回答:"当然可以!法西斯主义系中国目前之急需。"尽管在公开场合他否定西方人士,也厌恶民主,却坚信希特勒之元首原则("数十年来,吾人对民主和提倡思想自由十分陶醉,却一无所得")。"法西斯主义之要旨,"希特勒上台八个月后,蒋介石告诫其党的头目们说,"系对英明领袖之绝对信任。"除非对这样一位领袖完全信赖,否则,民族之复兴实无可能。"所以,毋庸多言,领袖定是有革命精神的伟人,定能做全体党员的表率和楷模。再者,每位党员当需牺牲一切,直接为领袖和党效力,此也即为社会、民族和革命效劳。从吾人参加此革命党之日起,吾人已将自己之权利、生命、自由和幸福奉献给此党及其领袖……为此,吾人才得以被谓为真正的法西斯主义者。"

希特勒上台后四年内所取得的成就,大大地鼓舞了许多有同样思想的人们。法西斯主义不仅吸引着心怀不满或被剥夺公民权利的人们,而且也吸引着那些心怀好意、忧国忧民的人士。它把大批青年和知识界人士吸引过去——他们觉得,比诸资产阶级之自由主义,法西斯主义更为新鲜。尽管各国法西斯主义的牌号不同,法西斯主义的所有推崇者(包括希特勒和墨索里尼在内)都一致相信,无论如何,民族之精神团结定能扫除万难。他们相信,达此目标,任何方式均属正义,无可指责。

2 "如此渺小的人虫"

1937.2—1938.2

希特勒于1937年1月30日发表演讲后,又在三个月后发表了一篇更加泄露天机的演讲。这篇演讲发表于福格尔桑,听众是800名致力于政治教育的地区领导人,是最精锐的骨干分子。这是一篇坦率的内部讲话,是内容一再重复的独白。他的演讲抱着双重目的:一方面是对这些党的骨干进行训导,教他们如何履行职责;另一方面是为庆祝对3000名精心挑选出来的年轻人进行政治训育的大典——他希望内中有一人能继承他的衣钵。

他活像是梅特涅或马基雅维利教导自己的儿子,谆谆教导他们应如何玩弄政治和外交手腕,在实际中应如何左右群众,"一个组织只有在它能自然而然地压制个人的自由使全体受益时,它才会有前途。"他们不能容忍高于民族的权力的原因就在于此,"不管是什么人,连教会也不行。"他将其极权主义与民主作了一番比较,把后者比作一个蚁窝,使人人各自四散奔逃。这些民主分子可以为所欲为,因此,他们是毫无价值的个人,"他们软弱,一文不值,毫无抵抗力。"让一般人去关心会使更高级的人物头痛的问题,这是多么荒谬可笑。想象一下吧,若把最后的决策重担,例如莱茵兰危机的决策重负,加在"如此渺小的人虫"身上会出现什么情况吧?假若不得不把"四年计划"首先提交给一个民主议会,情况会怎样?只有犹太人才想得出这种蠢见。

接着,他便提出了选择未来的领导人的问题。他说,地位和财富是无关紧要的。这可说是在谈论他的童年,"唯一需要的是才能。他们的父母是谁,这是毫无关系的。纯粹的抽象思维是毫无价值的。元首必须与贯彻执行他的计划的人们磋商,但是归根结底,他要能坚持自己的主意并做出决定。决定必须由他来做。"还有什么真正的民主比这更漂亮的呢?

在对一系列问题做出实际指示后,他突然把话题转向犹太人威胁的问题。他的话虽然说得模棱两可和含混不清,但大厅内的每个人都是心照不宣的。"就本人而言,我迈出一步后不得不再抽回来,从而给我们带来损害。你们知道,我常常是铤而走险的,但决不过分一步。我们得问一问:'我能捞到什么?什么都捞不到。'"厅内发出了笑声和掌声。希特勒立时动用感情予以回答,"我不准备立刻向我的对手提出决斗。我说'决斗',并不是单纯要打架取乐。相反,我要说,'我要消灭你。我要动脑筋将你逼入死角。除非一剑穿你心房,否则,我将不动你毫毛!就得这样。'"他最后说的那句话的意思,毫无疑问,是要用屠杀犹太人的方法将问题解决。听众自发的嗜血成性的尖声怪叫把他的话淹没了。这次令人毛骨悚然的狂笑还保存在录音带上,以提醒人类的子孙后代,人类的原始野蛮残暴是什么样子;同时,它也提醒人们,这种狂叫与罗马圆形大剧场内,观众看到格斗者倒毙于地时发出的喊叫声是何其相似!

狂笑声沉寂后,希特勒又变得心平气和,又据理讲了一大堆实用可行的方法,好像刚才讲的一席话要秘密收藏起来似的。演讲结束时,他号召全国全面武装起来:"我所要求的,是让德国人民振兴,成为欧洲最强大的民族,不是第二等或第三等的民族!"厅内响起了一阵又一阵的掌声,"即使是无谓的牺牲,在我看来,这也不是德国历史的最后一章,而是倒数第二章。最后一章将由我们来写!"

除了对他的最亲近的追随者,希特勒从未如此坦率过。演讲方式的随便,以及几乎未动用感情——除了在短时间内,即当他泄露其对犹太人的可怕的计划时——这本身就是可怕的。若抛去其虚伪,这是一篇冷冰冰的、早有预谋的独白演讲,是几乎享有绝对权威的人所做的演讲。

几乎完全是独裁者的希特勒,依然是个画家。对他而言,艺术与政治是不可分的。为了推行纳粹的艺术与建筑,他的第一个步骤是解散包豪斯建筑学派组织。这个组织始于世界大战结束,奠基人是建筑师瓦尔达·格罗皮埃斯，其目的是通过综合利用绘画、雕刻、工业设计和建筑艺术，试行创立一种实用建筑学。这个学派吸引了欧洲最有才能的一些建筑师和画家（例如克利、康丁斯基、费宁格和蒙迪里安等人），是现代派的缩影。因此，对属于古典派和浪漫派的希特勒而言，这简直是十恶不赦。

最受他推崇的建筑师是保罗·路德维希·特鲁斯特教授。"我再也无法容忍在此之前我所画的东西了，"希特勒后来向施佩尔承认，"能碰上他我是多么有幸！"他对教授产生了深刻的印象，曾对特鲁斯特的娇妻私下说过，"一旦他上台并成为德国人民的领袖后"，他一定要去拜访她的丈夫，因为他的杰作"明快、有力、高雅"（在回忆录中，施佩尔说常常陪希特勒去特鲁斯特的工作室，把教授看作是他的"第二个老师"。他说，他们的关系"是非常密切的"。特鲁斯特太太却矢口否认这点。本人1971年采访她时，她说，施佩尔从未见过她的丈夫，只是在她丈夫逝世后，他才被带去过教授在慕尼黑的工作室）。

也许，使希特勒记忆最深的工程是为慕尼黑设计建造的德国艺术馆——所需建筑费用是公众捐献的。希特勒本人曾于1933年秋参加该工程的奠基典礼。盛典开始前，数以万计的冲锋队、党卫军和希特勒青年团沿着普令斯雷根坦大街，一直游行至建筑工地。泥水监工和工人们穿着中世纪的服装迎接元首。乐队奏完《诗乐会》序曲后，希特勒发表讲话，再次宣布其关于德国文化任务的理论，之后便将"德国艺术馆"的雅称赐给了慕尼黑。片刻后，在他为艺术馆奠基时，人们的心凉了半截儿——他用的是银锤，由于用力过猛，锤子断了。人们沉默了，因为按迷信的说法，如果奠基时锤子断裂，建筑师就会死去。戈培尔试图将此事搪塞过去："元首抡锤时，锤得坚定有力。"在希特勒看来，这可不是闹着玩的，因为他相信这是个凶兆。特鲁斯特也心中害怕，不到几天他便因心绞痛而住院。几个月后，他死于肺炎。

特鲁斯特太太继承了丈夫的事业。每次去慕尼黑，希特勒总要去她的工作室看她。他们的关系远远超出了建筑学。她是个自信心很强的女人，说话也直截了当。一天，有人问她对施佩尔有什么看法时，她转身对元首说，如果希特勒先生要她丈夫设计一座高100米的大楼，特鲁斯特教授就会想一想，次日便会向他回禀说，从建筑学和美学观点看，此楼只能高96米。

"但如果你对施佩尔说,'我需要一座高100米的大楼',他就会立刻回答说,'我的元首,200米!'你会说,'我看中你了。'"希特勒不但没有被触怒,反而与众人一起大笑。"他总是喜欢大笑,"她回忆说,"说真的,希特勒真有幽默感——是发自内心的,不像施佩尔说的,是冷嘲热讽。"

特鲁斯特太太的攻击并未使希特勒反感,这使他的副官们颇觉惊奇。与她争论只令他激动——在某次值得纪念的场合却是例外。1937年夏天,德国艺术馆落成了。为庆祝该馆的落成,他们准备在该馆搞一次大型的艺术展览。所用的展品由评判人(包括特鲁斯特太太在内)进行选择。一大批现代画入选了。希特勒认为这些都是堕落的作品,于是,在开幕前一天,他与特鲁斯特太太在展馆内发生了一次激烈的争吵。她争辩说,这些展品都是好的,因为它们代表了德国艺术的典型性。她指着一叠被拒绝的作品说,"这些都是灰色的。我们的祖母就已不接受这些作品。"画的颜色已褪为暗黄。希特勒指着一幅巨画——画的是一个男人在山上拉小提琴——问,这幅为何没有中选?"不可能入选,"她反驳说,"太漂亮了,展览不起。"她问希特勒,为何要在第二次打击后他才接受某个画家?争吵越来越尖酸刻薄,随行人员都往后退缩。希特勒一直未提高嗓门,但态度却很冷淡,且一本正经。她置这些风暴信号于不顾,说她不能背叛自己的艺术信念。"既然您不批准我们的展品,且又有不同的看法,我立刻退出评判团。"元首冷冷地与她道了再见,把选择展品的任务交给了摄影师霍夫曼。然而,几个星期后,希特勒又前往特鲁斯特工作室,好像什么事都未发生过似的。

7月10日展览开幕那天,慕尼黑的大街小巷内都挤满了歌颂德国两千年文化史的游行队伍。胸挂大卐字图案的条顿武士抬着一轮巨大的红日,其他人则抬着用锡箔裹好的大树模型——据传说,这是宇宙树,能将天、地和地狱连在一起。与旧式展览相比,这次的展览并不怎么能让人们唤醒过去。最现代派的画莫过于阿道夫·齐格勒等画家的作品。展品中虽然有不少好的作品,尤其是雕塑作品,但大部分却是异想天开或豪气冲天的作品,不是充满田园诗意就是充满对农家生活的幻想,对战后德国生活的困苦描写得很少。

在当天发表的演讲中,希特勒宣称,德国艺术馆系为德国人民的艺术,不是为国际艺术而设计建造的。他说，画家的责任不是留恋过去，或进行歪曲或丑化，"在今天新的时代里，应该创造新人。男人和女人都应更加健康，更加强壮；对生活应有新的感受，应有新的快乐。"腐朽的现代派搞出了些什么呢？"是畸形的拐子或白痴：若画女人，她们则令人讨厌；若画男人，他们则更像是野兽；若画孩子，他们，若活在人世的话，则肯定是受上帝诅咒的对象。"假若这些"艺术家"果真如此看待事物，"那么，人们只好问一声，你这种视力缺陷从何而来？如果是遗传得来的，那么，内政部长就得负责，不准让这种严重的视力缺陷存在下去——或者，如果你不相信现实，把自己的欺诈强加在全国人民头上，那么，这便是要由法庭来处理的犯罪案件了。"他发出威胁，既要剥夺有视力缺陷的现代派艺术家的生产能力，还要将其他艺术家当作危险的罪犯加以处置。没有什么比这更能表明他对于艺术的重要性的信念了。他把德国最有威望的艺术家列入这个范畴，连同情国家社会主义的表现派大师埃米尔·诺尔德也属此列。与此同时，他已开始对这类画家实行镇压。数以千计的诺尔德、巴尔拉赫、费宁格、科林特和格洛茨等人的作品已被没收；一些外国画家（诸如毕加索、马迪塞、万·戈·布拉克和齐桑纳）的作品也遭同样的厄运。约730幅这类作品同时在慕尼黑被作为"堕落的艺术"展出。这些画不但没有装上镜框，且被胡乱挂在墙上，旁边还被加上"病态心理就是如此看待自然""犹太人眼中的农民"之类的粗暴无理的按语。展览中有一部分是说明黑人艺术的影响的，还有一部分是阐明马克思主义的意识形态，再有一部分是展出犹太画家的作品。

展品还包括疯人画的作品，目的在于表明，现代派所创作的东西更加杂乱无章。科科斯卡创作的两幅肖像素描竟与一疯子画的印象派头像挂在一起。"这些画家应该与他们的作品捆在一起，好让每个德国人往他们脸上吐口水。"一名参观者怒气冲冲地说。虽然，类似的恶意攻击比比皆是，但这次展览——后来还在全国巡回展出——却吸引了二百万参观者，尽管要买门票。这个人数比列队进入德国艺术馆以领略希特勒的德国艺术上品的概念的人数还多出四倍。应该承认，二百万人中，许多人是受到下流广告宣传的引诱而前往的。但是，毫无疑问，许多人是为了对遭查禁的伟大艺术的成果最后看上一眼才前往参观的。

那年的党代会是在9月6日开幕的。希特勒于当天下午抵达纽伦堡。在检阅了他的贴身卫队后,他乘车进城。城内到处旗帜飘扬,教堂的钟声齐鸣,到处是欢呼的人群。次日,在《巴登维勒进行曲》的乐声伴随下,与通常一样,他出现在会议大厅。宣读他的文告的瓦格纳是他的"另一个声音"。在将布尔什维克的暴力和流血与国家社会主义革命的温和作一番对比后,他攻击说,在过去的一年里,曾有过试图在东方和西方散播共产主义混乱的团结一致的行动。有一件事是肯定的,且令人欣慰:"全世界已开始在我们四周放火,但国家社会主义的德国将在大火中屹立,像白金一样。"德国已和平地、公平地解决了它的社会问题,而其他国家则在犹太布尔什维主义的鼓动家掀起的罢工和恐怖主义的打击下摇摇欲坠。

这篇讲话的目的是要使民众扬扬自得,而不是燃起他们的好战精神,而他自己则准备向一盟国献媚——他知道,冲突是不可避免的。本尼托·墨索里尼已同意出访德国,但有两个条件:他不带晚便服前来;应给予他与民众见面的机会。他穿一身崭新的特地为此次出访裁制的法西斯民兵制服,于9月23日离开意大利,随员达100人。两天后,身穿简朴党服的主人在慕尼黑车站迎接了他。希特勒伸出双手向他表示欢迎。此时,鼓声大作,群众高喊"元首"和"总理"。

墨索里尼一行,沿着铺在车站里的红地毯缓缓前行,然后隆重地乘车前往元首的住处——在普令斯雷根坦广场。在这里,他们首次交谈。由于墨索里尼讲德语,译员施密特便有机会将两人加以比较。由于他的头发很乱,希特勒的波希米亚式的外表看来很不整齐。"他的声音很粗,有时甚至沙哑。无论是对我还是对墨索里尼说话,他常发卷舌音。有时候,他双眼突然闪闪发亮,有时又突然变得暗淡无光,好像神不守舍似的。"墨索里尼却迥然不同,"他身体笔直,坚定有力,说话时臀部不停地摆动。① 他的恺撒式的脑袋可说是古代罗马人的翻版。他前额宽阔,嘴巴又大又阔,又方又大的下巴向前突出。当轮到他咒骂布尔什维克或国联时,他的语言比希特勒要生动得多。在他的富于表情的脸上,愤怒、鄙视、坚定和狡猾的神情交替出现。

---

① 原文如此。——译注

他亦富有拉丁人独有的装模作样感。"然而,他的话有恰到好处之妙,一字不多,一字不少。他们的笑之不同也使施密特印象深刻。希特勒的笑中含讥讽;墨索里尼则笑得自如,发自心底。

在长达一小时的会晤中,他们在总体上同意向日本表示友好,支持佛朗哥,挫败英法的野心。这是此次访问的唯一的政治会谈,证明希特勒已开始明白:试图诱使英国去承担其扩张计划,哪怕是秘密进行,希望是微乎其微的。从那时起,墨索里尼便紧张地参与一系列的参观活动,既参加盛典,也公开露面。他还检阅了党卫军操正步前进的大规模游行——这使他终生不忘——参观了陆军在梅克伦堡的演习,还视察了克虏伯设在埃森的大型工厂。9月28日下午,参观达到高潮。当两名独裁者分乘的两列火车快要抵达目的地即奥林匹克运动场附近的火车站时,希特勒的专列沿着另一条轨道,与墨索里尼的专列并排行驶了15分钟。两列火车的司机为此曾排练了多日。所以,这次行动开展得非常顺利和成功,使意大利人和德国人可通过敞开的窗户进行交谈。之后,希特勒的专列便开始加速——几乎看不出来——比墨索里尼的专列先行几秒钟抵达车站。这样,希特勒便有时间走过月台,待墨索里尼的专列一停,便向他伸出手去欢迎他。这是效率之最,加上士兵们的正步操练,产生了希特勒所预期的壮观。

更有甚者。从车站至柏林市中心,沿着凯旋大街的两旁——百万群众——许多人是用专列从邻近各省拉来的——夹道欢迎。市中心挂满了法西斯和国社党的旗帜。长条幅从房顶垂到街上。每个广场都架设了塔楼,交替着出现德国国徽和法西斯的徽记。工作于下午4时停止,以便使当地群众加入欢迎队伍。当局出动了6万名党卫军以维持热情洋溢的群众的秩序——党卫军来自全国。保安措施之严密,安插在群众中的便衣人数之多,在德国历史上是空前的。此外,施普雷河上还有武装大艇巡逻。

两名独裁者肩并肩站在敞篷车上。欢迎队伍自发地朝他们欢呼。此情此景确实令墨索里尼高兴不已。次日的接待尤其隆重热烈——希特勒与墨索里尼二人重返奥林匹克运动场,以便让墨索里尼与群众见面(希特勒许诺过的)。然后,希特勒向"此时此刻正带着深情厚谊分享这一具有历史意义事件的两国一亿一千五百万公民"发表了简短的开场演说。他断言,他们的社会"不仅是个信念社会,而且也是个行动的社会。德国已再次成为世界强国。我们两国的力量是……维护欧洲文明的最强大的保证,是忠诚于其文化的力量,是反对破坏势力的武装力量"。

墨索里尼大步走到麦克风前。由于他坚持要讲德语,如此壮观的场面又令他激动万分,所以,他越讲越快,使听众只能听懂只言片语。"柏林—罗马轴心,"他喊道,"建立于1935年秋天。两年来,这个轴心为我们两国人民的更加团结,为欧洲的和平,起到了极好的作用。"他说,他的来访并非普通的外交或政治访问,而是具有同一目标的两国革命的团结的表现。

猛然间,运动场上空下起了滂沱大雨。墨索里尼的讲稿被淋透了。"当今世界上最伟大的真正民主的国家是德国和意大利,"他说,满是雨水的麦克风和扩音器把他的声音歪曲了,他刚毅地继续演讲,听众一动不动地坐着,坚持到底,"我有个朋友,我将与他同舟共济,患难与共,直到最后。"大会结束后,情况更加混乱不堪。为使群众能再看上他一眼,他不得不独自乘敞篷车缓缓回柏林。他未穿雨衣,回城后,他成了个落汤鸡。他穿着湿透的衣裳回房——却又没有热水洗澡。

他虽然未感冒,晚上却睡得很糟。次日,他精神萎靡,筋疲力尽,直到坐火车离开德国回国时,精神才见好。出访德国时,他是带着对希特勒的轻视而来的。你怎么能信任一个没有结婚,没有孩子,甚至连一个情妇都没有的男人?然而,待他走时,他是带着对他看到的一切所产生的深刻印象离开的。如果说他未曾发现爱娃·勃劳恩,他肯定看到了比他所能梦想到的还要大得多的权力。从那以后,两个独裁者的作用便颠倒过来了:老大墨索里尼受老二希特勒的影响了。瑞士的精神病医生卡尔·古斯塔夫·容克曾目击这两个独裁者,并注意到了他们的天渊之别。与墨索里尼相比,希特勒像个机器人,"他好像是真人的替身,而墨索里尼则是像阑尾一样,故意藏于腹内,目的在于不去扰乱身体的机能。"

在柏林,两人并未签订协定,也未发表最后公报。但是,德国外交部却通知其驻外使团称,两国领导人业已同意,两国的任何一方,若得不到对方同意,不得与英国建立更密切的关系;意大利将在地中海自由行动,德国则可在奥地利享受同等的特权。

对此安排，与墨索里尼一样，希特勒也感到高兴，因为他仍高度尊敬墨索里尼。他们在总理府宴会上的祝酒词要比发表公报有意义得多。希特勒再次断言，两国的政治目标相同，是真诚的友谊使两国关系更加密切；他的客人则回答说，德国和意大利的团结一致是活生生的、积极的，两国"在将他们分开的企图面前，岿然不动"。"轴心"成为现实后，希特勒便可采取下一步行动了。

10月下旬，他对一群地区宣传官员说，他家里的人寿命不长。这就是大问题了。这些问题，特别是生存空间问题，必须尽快解决。那些追随他的人再也不能做到这点了，因为只有他才能这样做。"现在，"他说，"我觉得自己像小驴上了草地一样精神奕奕。"

一个星期后，即1937年11月5日，他召见了军事头目，他的陆军副官霍斯巴赫，以及外交部长牛赖特。表面上，召见的原因是要解决勃洛姆堡和戈林之间越来越严重的争夺原料的问题。作战部长勃洛姆堡对戈林利用其"四年计划"主任的职权偏袒空军大为恼火，曾为此央求元首禁止其之所为。

据戈林证实，会议快要召开时，希特勒私下对戈林说，召开此次会议的主要目的，是要"向冯·弗立契将军施加压力。因为他对国家之重新武装不满。他说，若勃洛姆堡先生也向弗立契将军施加压力，那也不会有什么害处"。当戈林对牛赖特的出席提出疑问时，元首回答说，他"不拟把它开得太像军事会议"，只希望"向总司令弗立契清楚地表明，由于政局吃紧，武装的步子不得不加快"。

类似的话希特勒很可能说过，因为他的特点是，当双方出现争吵时，他历来避免偏袒一方而去开罪另一方。下午4时，会议开始时，希特勒对争吵一事闭口不提，只大谈特谈其对外政策。从其清醒的态度看，很明显，这不是一次普通的会议，他要大家对此次会议保密。这样一来，与会者（戈林可能是个例外）便知事情非同小可。片刻后，他要求与会者"为德国政策的长远利益考虑，万一他身故，将他的此次讲话作为他的遗嘱"。于是，过了一会儿，霍斯巴赫上校便向大家宣读预先准备好的详细要点。接着，希特勒便说，德国政策的目标是要确保民族的安全，维护和扩展民族的生存空间。事实上，德国是否有前途，全看它是否能取得足够的生存空间，而这个空间只能在欧洲找到,"历来就不存在有空间无主人的情况,今天也是如此。进攻者必然要与占有者相争夺。德国碰到的问题是,它在何处才能以最低的代价获得最大的效益。"与会者大吃一惊。接着,他又说,德国的问题"只能用武力解决。这当然不会没有风险",现在的问题是,在什么时候和用何种方法。

他说,德国的力量将在六年左右时间内达到顶峰。打那以后,德国的军事装备将会过时。到那时,其他国家又会重新武装起来。当其他国家仍在准备防守时,德国就应采取攻势,"元首如健在,他将毫不动摇,最迟于1943年至1945年解决德国的生存空间问题"。

希特勒几乎不看提纲。各种事件和数字从他口中出来,滔滔不绝,其记忆之清晰令人吃惊。据称,他的这种天才只有恺撒、拿破仑和列宁可与之相比。冯·牛赖特男爵一动不动地僵坐着,其他将领如坐针毡,不善于记录的霍斯巴赫则在拼命地将元首说的话潦草地记录下来。他继续说,德国的第一个目标是占领捷克斯洛伐克和奥地利,以巩固其东南两翼。毫无疑问,英法两国"已将捷克人暗中一笔勾销",英国本身问题多得难以胜数,无力发动对德战争。他警告说,捷克人的防御措施与日俱增,奥地利的陆军日渐强大。与此同时,他还保证,一旦上述两国被并吞,大量粮食便可源源不断地从两国运往帝国。这也意味着"疆界可以缩短,且更加巩固,也可将部队移作他用",同时也有可能将部队建制提高到12个师的新水平,即每百万居民中有一个师。消灭捷克人,意大利肯定不会反对,但对奥地利,它将采取何种态度,这他就无法估计了——主要是看墨索里尼那时是否仍在人间,"波兰的态度如何,将取决于我们行动的突袭程度和速度(有意思的是,当日早些时候他刚与这个邻国签署了一个关于少数民族的条约)。背后是俄国的波兰将无意与取胜的德国开战"。同样地,若俄国出面干预,德国将用闪电战予以反击。

希特勒讲完时,天色已黑下来了。他问大家有什么意见,勃洛姆堡和弗立契双双反对元首的征服计划。他们告诫他,切勿与英法两国树敌。法军与意大利交战也不会受多大的牵制,依然是德国的强敌。勃洛姆堡抗议说,捷克的防线与马其诺防线一样稳固,要突破它的防线是极其困难的。之后,他又与弗立契一起，将这些论点再次阐述了一遍。弗立契表示关切，竟提出取消其休假——他正计划前往埃及休养，因他刚患扁桃腺炎——但元首告诉他没有必要；战争的可能性是有的，但未紧急到如此程度。

希特勒让戈林去反驳这些论点，自己则在静听。讨论异常热烈，霍斯巴赫几乎无法将讨论内容记录下来，"然而，"他回忆说，"我却也精确地记得，无论在内容或在形式上，双方争论非常激烈。希特勒脸上的表情不断在变。这可看出，他的印象也是深刻的。勃洛姆堡和弗立契的行为的每个细节，都明确地向希特勒表明，他的政策遇到的并不是同意和鼓掌，而是客观矛盾。"牛赖特也同样冷淡。他警告说，法国和意大利并不像元首想象的那样一定会开战。雷德尔海军元帅虽未参与论战，但很明显，他也是持怀疑态度的。

会议于晚8时15分结束。希特勒走后，戈林将雷德尔拉到一旁释疑。奇怪的是，适才还持反对态度的勃洛姆堡，也在祈求海军元帅不必对元首过于认真；元首的那番话，不过是要催一催弗立契，让他加速军备而已。德国根本不会与英国发生海上冲突。离开总理府时，雷德尔如释重负，觉得希特勒并不真是要发动战争。毕竟，海军连一艘服役的舰只也没有，陆军和空军也毫无准备。"我们武装起来，绝不是为了战争；而与英国开战，"他回忆说，"则完全是疯人之举。"

另一方面，牛赖特却对元首的话坚信不疑。但是，直到返回办公室时他才真正明白这是什么意思。他病倒了，不得不叫医生前来。因受良心的驱使，不到48小时，牛赖特（后来为此事几次心脏病发作）便把保密的誓言搁在一边，与贝克和弗立契两名将军相会于本德勒大街，商讨诱使希特勒放弃战争计划的方法。两名将军答应尽力而为；若没有百分之五十以上的必胜权，他们是不想打的。三人一致同意由弗立契再次向元首强调，如发动战争，在军事上是蠢举。然后，牛赖特再与元首辩论政治上的问题。

弗立契确曾于11月9日在贝格霍夫会见元首。会晤结果如何，他虽未曾留下记录，但在当天给他的好友冯·舒茨巴尔男爵夫人的信中说过："新的难题接踵而来，而在我出发之前又必须解决。我真是精疲力竭了，比你在我外表上看到的要严重得多。"几小时后，他便出发前往埃及。他的论点肯定未产生什么效果。希特勒对牛赖特连见都不见。

在那次重要的会议上,希特勒是否言不由衷?是否如同戈林所说,如同勃洛姆堡和雷德尔相信的那样,他是在演戏?或者是,对他的心灵罕见的一瞥?从他的未发表的著作来看,以及从他发表的众多的演说和对生存空间和犹太人的诸多说法来看,他讲的全是真心话。两个星期后,他在宗特霍芬又作了一次演讲,同样认真地警告政治学员,若没有足够的生存空间,德国是不能生存的,为达此目的,必须冒险进行战争。

他在那次决定性会议上讲的那一番话虽然不是战争的蓝图,但它却表明,如果外交威胁失败,他将可能采取何种行动。即使要冒大险,他也决心发动一次外交战。到 1934 年时,采用外交讹诈的手段也好,采取一系列的闪电战也好,他必须清除一些较小的、初步的障碍:首先是捷克斯洛伐克,然后是波兰和法国。他希望能争取英国中立,若做不到这点,他也要在军事上教训英国,强迫它不要过问大陆上的事情。这样,到 1943 年时,他便能扫清道路,发动大战——并将首要的敌人俄国打倒。不管如何,他决心走上好战之途。凭着他的赌徒天性,他准备铤而走险,走上早在 1938 年就计划要走的道路。

在英国,新任首相对德国做出了更加妥协的姿态。"我们的目标,"上任前夕张伯伦首相写道,"是取得我们所需要的政治保证,将问题作一次总的解决;如果商谈破裂,我们也要将破裂的原因搞成是德国拒绝我们在政治领域内提出的合理要求。"张伯伦精力充沛,意志坚强,又很自信。一上任,他便立刻开始将其前任鲍尔温的外交政策变得更加温和。"我认为,既进行武装又与德国和意大利改善关系的双重政治,将引导我们安全地渡过难关。"在一封私函中他这样写道,"只要外交部肯大肆宣传。"由于他像总理一样管理着内阁,制服外交大臣艾登是不成问题的——艾登对是否能在可接受的条款基础上与希特勒达成协议,持怀疑态度。

张伯伦公开宣布愿与德国合作后,德国于那年秋天对其真诚程度做了一次试探。英国议长哈利法克斯勋爵收到了一份烫金请帖,邀请他参加由帝国狩猎协会主席赫尔曼·戈林在柏林主办的狩猎展览。哈利法克斯是米德尔顿猎犬协会主席,有意应邀;张伯伦也完全赞成,因为德国许下诺言,让哈利法克斯会见希特勒。

他离开英国赴德,意在试探元首是否有可能与之取得谅解。但不幸的是,作为使者,他不是一个合适的人选。哈利法克斯虽然为人正直、虔诚而古板,但对德国历史和性格知之甚少,连《我的奋斗》一书也未读过。他觉得戈林"既坦率又有吸引力,像个年纪大的小学生,对自己之所为充满活力和自豪感……他是个现代的罗宾汉,给我们的印象是综合性的:是个电影明星、盗魁、对财产感兴趣的大地主、首相、党魁和切茨维斯狩猎场的看守人",他原以为会极端厌恶戈培尔的——结果却不然,"我想,这肯定是我的某种道德缺憾所致,但事实总是事实。"

这些印象,连同柏林人给予他的友好接待(柏林人给他取的外号叫哈拉利法克斯勋爵。哈拉利是德语的"驷车")为他于11月9日上午在贝格霍夫会见元首做了良好的思想准备。哈利法克斯朝车窗外一瞧,瞥见两条穿黑裤子的腿,误以为是侍者前来扶他上被大雪覆盖的台阶,直到有人在他耳边粗声说"元首,元首"时才明白过来。

这个身材瘦高、形容憔悴的英国人,连忙下车与面带友好笑容的希特勒相见。希特勒坚持要带哈利法克斯和英国驻柏林大使艾·冯·寇克派特里克爵士先参观房屋,然后才在书房内矮得很不方便的桌旁就座。"我并未从伦敦带有什么新的建议,"哈利法克斯说,"本人此行的目的,主要是要搞清德国政府对目前的政治局势持何种观点,并看看是否有解决问题的可能性。"

一听到这些话,元首便生气地皱起眉头。译员施密特暗想,这下元首可能会沉默不语并暗暗愠怒了。其实不然,元首接着便提出了一系列"绝对无条件的要求"。他猛烈地攻击了英国报界,说他们将所谓的德国的要求公之于世,企图破坏哈利法克斯的来访。哈利法克斯生硬地为英国的新闻自由辩护。希特勒对此公开表示厌烦。

哈利法克斯心平气和,异常客气地试图与脾气乖戾的希特勒和解。他称赞主人将共产主义逐出德国,希望两国能与法国和意大利一起,为和平打下坚实的基础。然后,他便犯了一个外交错误。艾登曾告诉他切勿提中欧和东欧的局势问题。但是,为了表示和解,他把此话题提了出来。他幼稚地泄露了英国的意图。于是,希特勒便开始暗自盘算他急需得到之物:与奥地利紧密联盟，结束捷克对苏台德地区德国人的镇压，将经济关系自由地发展至欧洲东南部和东部——因为德国是这些地区的产品的主要进口者。他的论点虽然连贯但不可信，于是，他便张口大骂："西方国家反复在东南欧为我制造障碍，"他喊道，"并将本人从未抱有的政治野心强加给我！"

哈利法克斯机智地重申，英国历来乐于接受任何非武力的解决办法。接着，他又非常不讲策略地补充说："这也适用于奥地利。"他的话好像是触动的警铃。希特勒激动地反驳说，关于奥地利，德国从未考虑动武；与德国合并是奥地利人民自己的要求。

待休会进午餐时，施密特觉得，为和平而战业已失败。"希特勒依然怒气冲冲，"寇克派特里克回忆说，"牛赖特周身不安，而哈利法克斯勋爵只能通过译员交谈。我曾设法让交谈进行下去，但未奏效。希特勒坚持不开口，他们便可怜地崩溃了。"即使开口，希特勒的话又尖酸又刻薄，几乎到了粗暴无理的地步。当将哈利法克斯带至德国的话题——狩猎——打开后，他说："我看打猎没有什么。你带的是完善的现代武器，打的却是手无寸铁的动物。你自己却毫无危险。"他讥讽地建议，大家不如省下打猎的麻烦，到屠宰场去宰牛算了。"总之，"寇克派特里克回忆道，"从头到尾，他的表现就像一个被惯坏了的、动不动便不高兴的孩子。"

一行人到了楼下。希特勒喝的是一大杯巧克力饮料，上边堆了一大块乳酪；其他人则喝咖啡。气氛轻松一些了，特别是当几个党卫队队员向众人表演如何将印有图案的大扇窗户无声地降入地板内，将屋子变成有盖的台地时，气氛尤其轻松。

在开往柏林的夜车上，牛赖特与两位英国客人一起喝茶。遗憾的是，他说，元首累了，身体又不好；不过，他能与外国人见见面，这还是很好的。当室内只有他们两人时，哈利法克斯向寇克派特里克透露，希特勒令他糊涂了，"两个来自不同国家、彼此不懂对方语言的人进行会谈，是否能取得更大的效果，这还是值得怀疑的。"就一个易于轻信的使者来说，哈利法克斯当天在日记中表达的观点是令人惊奇的，"他给我的印象使我觉得，他是在与今日的现实作了艰苦的斗争后才取得政权的。英国政府仍在自身制造出来的世界中，在奇怪的却是受人尊敬的幻觉仙境中过着舒适的日子。它仍死抓住其特有的语言不放——什么'集体安全',什么'总的解决',什么'裁军',什么'互不侵犯条约'等等。所有这些都不能为解决欧洲的各种困难问题提供切实可行的前景。"

回伦敦后(在此之前,他曾与戈林会晤。戈林向他保证,"在任何情况下,我们都不会使用武力"),哈利法克斯相信,自己已对德国了解了——他加入了绥靖阵营。他对同事们说,元首"非常真诚"。他向议会汇报此行时说:"德国人没有立刻进行冒险的政策。他们忙于建设自己的国家。德国仍处在革命状态之中。"

他的私人秘书却摸不着头脑。"我吃了一惊,"他写道,"高教会派原则极强的哈利法克斯,竟对希特勒的这一套不感到更加震惊,而总在设法谅解德国人。在不愉快的事实面前,他极容易视而不见,心中若有突兀,总能聪明地甚至虚伪地予以克服。"

关于说服哈利法克斯一事,希特勒的解释又大不相同,且完全是他所独有的:"我常常说,英国人会与我同穿一条裤子的。在他们的政治中,他们所执行的指导原则与我的完全相同。这就是,必须消灭布尔什维主义。"

像前一个圣诞节那样,对希特勒而言,今年的并不是一个愁眉苦脸的圣诞节。在圣诞节前夕,据他的仆人克劳塞说,他心情愉快,兴高采烈。在慕尼黑寓所,两人跪在地板上捆扎圣诞礼品时,克劳塞不慎在主人的大拇指上打了个结。希特勒笑了,在仆人的颈背上拍了一下,要他去取晚餐外衣。元首一心想在圣诞之夜好好庆祝一番,并要仆人作陪。像阴谋者一样,两人避开了党卫军卫兵,偷偷地下了楼梯,上了等候在外边的出租汽车。"谁也没有发现我们。希特勒松了一口气。我想坐在司机身旁,但希特勒抓住我的胳膊。我只好坐到后边,陪他一起出去。"出租汽车在城内转了两个小时,不断改变方向。最后,希特勒才给了一个地址:卢特波尔德饭馆。

由于不知道乘客是谁,司机为能甩掉乘客似乎大大松了一口气,收了车费后便快快地开走了。"他大概以为我们俩是怪人,"克劳塞回忆说,"这不是完全没有理由的。我自己就觉得此事相当怪。"希特勒没有进饭馆,而是朝科尼希广场走去。看到克劳塞紧张地左顾右盼,他说:"别怕,谁也不会相信阿道夫·希特勒会独自在慕尼黑街头散步。"他说是这样说,但是有人走近时,他还是低下了脑袋。天开始下冰雹了。由于皮鞋打滑,希特勒便挽起仆人的胳膊。他们不停地往前走,一直走回寓所。为能避开卫兵,又能在街上散步而不被人发觉,元首高兴得像个孩子似的。然而,到次日,希姆莱将克劳塞斥责了一番,说他不该参与这个恶作剧。之后,他便下令,日后元首若有计划,即使元首反对,他都必须报告。

年底,首相张伯伦确信,只有采取绥靖政策,欧洲才会有持久和平。连外交大臣艾登(即使怀有疑惧)也在自己的提案《解决德国问题的几项措施》中,表达了这种希望。这份提案于1938年元旦提交了上去。"哈利法克斯与希特勒先生的对话表明,如我们希望一举解决德国的问题,是我们,而不是德国政府,就必须采取行动,拿出一些具体的方案出来……所以,下一步行动在我们这方。假若我们真的急于使新近的会谈所产生的希望不致成为泡影,我们就得有所动作,不应长期拖延,我们必须不断行动。"

艾登提到的"具体方案",其实是将不属于英国的东西——属比利时和葡萄牙所有的一大部分非洲领土——拿来向希特勒行贿。希特勒并非如此廉价可买的。他与哈利法克斯的会谈业已证实,英国将默许任何向东和东南扩张的行动,只要表面上看来合法就行。与此同时,很明显,弗立契、勃洛姆堡以及其他老军事领导人,害怕这一冒险政策将带来灾难,一想到以战争威胁作为外交武器,脸色就发白。这样,与元首对垒看来势在必行。

这场危机又被埃纳·格卢安小姐加速了。她曾当过妓女,现在在勃洛姆堡办公室当打字员。在与她短暂相识后,当了六年鳏夫的陆军元帅便决定娶她为妻。根据军官法典,娶洗衣妇之女为妻都是违反法典的。

1月12日,陆军元帅与打字员,由戈林和希特勒当证婚人,在作战部的一个房间里举行了婚礼。然而新婚夫妇刚外出度蜜月,有关年轻的勃洛姆堡夫人的往事的谣言便四起。从她的档案中,柏林警察局不但找到了她当过妓女的记载,而且还发现她曾照过裸体相。这些发现使希特勒狼狈不堪,又气又恼。他认为,勃洛姆堡诱使他当证婚人的目的,是要强迫他出来消除可能出现的任何谣言。于是,他便令戈林将埃纳的往事告诉陆军元帅。如果他同意解除婚姻,避免将此丑闻公开的办法还是可以找到的。否则,勃洛姆堡将被开除。

他的合乎逻辑的继承人是弗立契——此人更反对元首的政策。考虑到有此可能性，戈林便带着希姆莱和海德里希给他提供的档案文件来到总理府，其目的是要证明，弗立契曾罪恶地与两名"希特勒青年"和一名以"巴伐利亚大兵"而闻名的男妓发生性关系。这是雪中送炭，正好将它作为搞掉最不合作的总司令的借口。于是，希特勒当即用上了它。

戈林走出房间后，他肯定欢喜万分。只此一举，作战部长勃洛姆堡及其最好的继承人便被除掉了，使戈林成了最有希望的继承人。次日上午，他将元首的最后通牒告诉了勃洛姆堡，但元帅却强烈反对宣布他的婚姻无效。

在本德勒大街，将军们不断收到妓女们打来的恶作剧电话——她们为先前的姐妹能有此成功感到开心。对冯·施莱彻尔和勃莱多夫两将军被杀害一事曾睁一只眼闭一只眼的军官们，对此有损他们荣誉之举是不能原谅的。众人一致的意见，是让勃洛姆堡立即辞职，并与他的妻子离婚——除非他希望被军官团除名。众人派弗立契前去向希特勒提出此项要求（刚好元首本人也想这样做），但这件事仍令他闷闷不乐。"他在室内走来走去，"他的私人副官魏德曼回忆说，"双手反剪在背后。他心碎了，不断在自言自语，'假若德国的一名陆军元帅与婊子成亲，那么，在这个世道上便什么都可能发生！'"

他把霍斯巴赫叫了进来，一同讨论人选问题。他的副官不反对弗立契，认为关于他是同性恋者的证据肯定是假造的。两人相争不下，一直争到深夜。临走前，霍斯巴赫请求允许他将此事告知弗立契。希特勒说，绝对不行，并当即命令他不准这样做。霍斯巴赫径直去了弗立契的寓所。将军愤怒地斥责了对他的指控。"希特勒如果要将我搞掉，"他喊了起来，"只要他开口，我就辞职！"

"一个女人对一个国家的历史，对世界的历史，能产生多大的影响呀！且还是在不知不觉中！"约德尔上校在次日即1月26日的日记中写道。当日上午，霍斯巴赫鼓起勇气告诉希特勒，他违背了命令，见了弗立契。令人惊奇的是，元首并未发火。他似乎已接受了弗立契无辜的声明，说现在没有理由不提名让他当作战部长。他例外地称赞了弗立契将军，并发誓说，他没有搞掉他的意思。然而，几个小时后，希特勒又把霍斯巴赫叫了去，将弗立契骂得狗血淋头。霍斯巴赫恳求他勿采取行动,待他与弗立契当面对质后再说。元首勉强同意于当晚会见弗立契。

白天,魏德曼也找了希特勒,提了一个建议,但不受欢迎。原来,戈林说服了魏德曼,让他举荐他当作战部长。希特勒说:"绝对不行!戈林连视察都不会,我懂得还比他多呢!"

当日晚些时候,希特勒又听到了同样的建议。那时,希特勒正遗憾地通知勃洛姆堡,说他已被解职。出于礼貌,希特勒叫他推荐一个继任人。勃洛姆堡提名戈林——一个曾帮助毁灭他的人。这次,希特勒更加直言不讳:戈林此人太没有耐性,又懒。那样的话,勃洛姆堡说,元首本人为何不把作战部长之职接过来?很明显,勃洛姆堡系出于恶意。若让希特勒掌管三军,他便可削弱曾将他出卖的军官团。

希特勒支支吾吾,既不接受也不拒绝,只问谁来掌管三军人员为好?勃洛姆堡提不出人选。希特勒便问,你的人员谁管?勃洛姆堡回答说,由威廉·凯特尔将军统管。接着,他急忙补充说,他女儿未来的公公不适于担任如此重要的职务,"他不过是管管我的办公室而已。"

"他正是我要找的人!"

当日中午,看上去"绝对无精打采、几乎要崩溃"的勃洛姆堡回到自己的办公室,将发生的一切告诉了凯特尔。他承认他完全知道他妻子声名狼藉的往事,"但这却不是将一个女人永远抛弃的理由"。他说,他是与希特勒心平气和地分手的,还向他保证,如果发生战争,他将回到元首的身边。当凯特尔建议他"为他们的孩子们着想"而离婚时,勃洛姆堡抗议说,他们的结合出于爱情,"若要离婚,不如往脑袋里送一颗子弹"。他老泪纵横,冲出了办公室。

下午5时,凯特尔被带进希特勒书房。元首抱怨说,他很孤单,凯特尔务必支持他。他有点激动地说,他对勃洛姆堡很是尊敬,且多亏了他。之后,他又抱怨说,他上了当,被叫去做证婚人。这种不可能成立的婚姻,军官团能接受吗?凯特尔只好说,军官团接受不了。下一个问题问的是谁来继任。凯特尔提谁?与勃洛姆堡一样,他也提名戈林。希特勒再次拒绝。凯特尔的下一个人选是弗立契。元首走到办公台前,拿了一份由司法部长签署的控告书回来。控告书指控弗立契曾与男性发生性关系。希特勒承认，早些时候他曾将另一份类似的控告书压了下来，因为他自己也不敢相信会有此事。现在，由于牵涉到继承军内最高职位的问题，他便不得不将此事搞个水落石出。他将与弗立契进行一次密谈，直截了当地问他是否有罪——然后看他的反应。

这次对垒于当晚在元首的阅书馆里进行。关于与两个"希特勒青年"和"巴伐利亚大兵"发生性关系之详情，弗立契一无所知。他认为元首是在盘问他与另外两个"希特勒青年"一起干的傻事，对将此鸡毛蒜皮的小事小题大做表示愤慨。他解释说，他偶尔也会请这两个小青年吃晚饭，然后教他们看地图。谁若不专心，他就用尺轻轻地打谁的屁股。

希特勒从未听说过这两个小青年的事，武断地将弗立契开除了。弗立契被搞得目瞪口呆。他还未离开总理府，希特勒便向他的私人副官激动地讲述刚才的情景："你想想，魏德曼，突然间与他搞在一起的不是两个而是四个小青年！这件事再也包不住了。"

次日下午，凯特尔向希特勒汇报说，弗立契闭门不出。希特勒仍很不安，话题重又涉及继位人的问题。这次，希特勒说，他已决定将最高指挥权自己拿过来，由凯特尔当他的参谋长。与此同时，发生了一件不愉快的事。由于霍斯巴赫阳奉阴违，背着希特勒给弗立契通风报信，元首不得不将他开除，永远不愿再见他。

霍斯巴赫被解职，魏德曼与霍斯巴赫本人一样，既莫名其妙又生气。他找到了元首——他正在冬季花园内不安地来回踱步。"我的元首，"他冲动地喊道，"今天你冤枉人了！""你魏德曼指的是谁？""霍斯巴赫上校！""不错，魏德曼，"希特勒最终说，"你是对的。今天我才在参谋总部这架'机器'后边看到了作为'人'的霍斯巴赫。告诉他，我对不起他，但现在我无法撤销解职的决定。他应到地中海去，将来与我一起吃晚饭。我给他开一封介绍信，把他的良好品格全写上。"原谅的气氛很快便消失了，他也从未开出介绍信。"那家伙啥也没干，只会向我撒谎，"他常说，"我永远不让他重返参谋部！"（后来，希特勒批准他当了一名陆军的将军，指挥一个军。）

此后一周内，希特勒致力于解决勃洛姆堡和弗立契丑闻所遗留下来的问题。首先,他令盖世太保对弗立契的案子进行全面调查,然后便集中精力挑选总司令。他最终看中了瓦尔特·冯·勃劳希契将军(此人对希特勒佩服得五体投地,但不是纳粹党员),却假装说,他的第一选择是莱希瑙。陆军代表格德·冯·伦斯德将军强烈反对这一人选。在军官团看来,莱希瑙不仅是个狂热的纳粹,还是个军内的激进分子,不适宜担任重要职务。伦斯德遂提名贝克,希特勒不同意。他的下一个选择自然是勃劳希契了。此事发展成了讨价还价。这一次,伦斯德说,元首所提的候选人陆军是可以接受的。

事情到此并未结束。勃劳希契透露,他有件急事,除非这件事获得解决,否则他不能接受此职。原来他正在闹离婚,他的老婆要一笔巨款,而他自己又满身负债。希特勒不但给了他八万马克,而且还说服了冯·勃劳希契太太接受这一条件。对希特勒而言,这是一桩划得来的买卖。他不但得到了一位对他感恩戴德的陆军总司令,而且,据乌尔里希·哈塞尔说,勃劳希契计划娶回来的女人,查洛特·施密特太太,"是个百分之二百狂热的纳粹"。由于希特勒的斡旋和决心,加上大部分老将军的动摇,这次危机终获得解决。

令人惊奇的是,陆军的流产叛乱并未渗透至下层。除了弗立契的密友以及勃洛姆堡和他均被解职的军官,知道这件丑闻的为数极少。所以,当在职的将军们于1938年2月4日来到柏林开会时,大家都多少带有一点神秘感,他们是看了早报后才得知有这等事的。他们被召至总理府的大厅里,希特勒把弗立契的犯罪情形以及为何要将勃洛姆堡解职的原因告诉了众人——勃洛姆堡是因为不幸的婚姻才被解职的。"我们全惊呆了,"海因茨·古德里安回忆说,"我们都了解这两位高级军官,他们都是光明磊落的人。如此严重的控告,实在令我们痛心疾首。这些说法都是不可信的,但是我们的第一个反应是,德国国家的第一号人物不可能无中生有。"

军官们虽然惊愕不已,却乖乖地接受希特勒对陆军进行改组。当晚,在一次内阁会议上,希特勒接管三军的行为合法化。在将凯特尔和勃劳希契介绍给内阁后,他宣布武装力量将由他指挥。这是内阁最后一次会议,内阁阁僚们只好闲坐,予以批准。

午夜前，德国人民从收音机里获悉了元首颁布的重要法令。他们也获悉，勃洛姆堡和弗立契已被解职，16名高级军官被解职，44名高级军官被调任其他职务。为了对戈林未当上作战部长进行安慰，他被授予空军元帅的头衔。这次清洗波及外交领域。外交部长牛赖特被里宾特洛甫取代——此人认为，一小时若不花在准备与英国开战上，德国就损失一小时。不久前，他曾对希特勒说过，由于英国不能容忍德国的强大，英德达成协议的可能性已不复存在了，"到此程度时他们就会打仗"。

这是德国历史上不能忘记的一天。德国陆军中两位最强大的人物已被清除，而另两位军事领导人，即凯特尔与勃劳希契，又对希特勒感恩不浅，成了希特勒无须怎么焦虑的代表。

在对内阁演讲完毕后，希特勒与鲁道夫·施蒙特少校和新任陆军副官格尔哈德·恩格尔一道驱车前往贝希特斯加登。施蒙特少校已取代了霍斯巴赫的职务，当上了军事副官主任。次日上午，当看到《人民观察家报》的标题时，他肯定高兴万分无疑。该报的标题是：

一切权力已集中于元首之手！

他终于成了德意志帝国的至高无上的独裁者。他已做好了登上最后之途的准备。

3 回归故里

1938.2—1938.4

在维也纳，人们几乎立即便感觉到了希特勒的不流血清洗的反响。在德国公使馆，冯·巴本——前总理，现在是出使一小国的微不足道的公使——被叫去听电话。电话是总理府秘书拉马斯打来的。"元首通知你，"他说，"你在维也纳的任务已经完结。我想等你在报上读到这个消息前通知你。"巴本几乎无言以对。是希特勒劝他接受这一微职，以收拾陶尔斐斯被杀害后带来的危险局势的。"看来，我已达到了他们的目的，现在可以滚蛋了。"他痛苦地回忆说。为了"了解正在发生的一切"，他决定立即前往贝希特斯加登。在那里，他发现元首既精疲力竭又忧愁满腹。"他双眼发呆，心不在焉。他试图用空话作借口，解释我被解职的原因。"起初，精神恍惚的元首对谈话内容不加注意。后来，巴本说，只有与奥地利总理库特·冯·许士尼格当面交谈，才能把引起两国分歧的诸多问题解决。这时，希特勒才注意起来。

"这个想法很好。"希特勒说。接着，他便让巴本立即赶回维也纳，安排他们尽快见面。他说："我将高兴地邀请许士尼格先生前来，好把问题谈清楚。"

许士尼格接受了巴本的邀请，但心里有点儿不安。他向外长吉多·施密特承认，他这样做的目的，是"先行采取行动，以防止政变；取得时间，以待国际形势转向有利于奥地利"。他讽刺地补充说，他只希望谈判桌旁在希特勒对面坐的是一名精神病医生才好呢。说实在的，与这样一个残暴的对手对垒,许士尼格却不是个合适人选。他是个虔诚的天主教徒,一个知识分子,又是个不慕虚荣、没有野心的正人君子。与希特勒角逐,他却处于不利地位。

2月11日晚,在吉多·施密特陪同下,他登上了开往萨尔茨堡的夜车。火车一抵达莫扎特的出生地,卧铺车厢便被分开了。次日上午,两人驱车穿过这座古老的城市,经过飞机场,跨过萨尔扎希河,来到了德国边境。巴本已在那里等候,用希特勒式敬礼对他表示欢迎。德国海关官员都潇洒地抬臂敬礼;奥地利客人也以此礼回敬,虽然此举犯法。这是个令人震惊的前兆;片刻后,另一个凶兆也出现了。巴本说,三位将军"非常偶然地"来到了贝格霍夫,相信奥地利客人不会介意。如果他是陶尔斐斯,许士尼格或许会抗议。然而,此人不喜欢令场面难堪,也不想去招惹希特勒。"不会的,"他说,"我不介意。不过,此事颇怪。"

车抵贝希特斯加登郊区时,他们突然折向左边,来到上萨尔茨堡脚下。等候在那里的半履带车,沿着又陡又冷的山路,将他们拉往贝格霍夫。沿途他们从一座座排列齐整、房顶被残雪覆盖的农舍和一座破旧的教堂前走过。接着便是党卫队的营地——有些还正在兴建。半履带车突然猛地拐弯,在贝格霍夫的大台底下停住了。

希特勒伸出一只手,朝他们走过去,俨然是个和蔼可亲的主人。在将他身后的三位将军介绍给了奥地利总理后,他便领众人上了二楼,进了他的书房。在这里,元首突然脸色一变,和蔼的举止立刻消失。他粗暴地指责奥地利为所欲为,就是不执行睦邻政策。德国退出国联后,奥地利仍津津有味地待在国联,这能说是友好吗?事实上,奥地利从未帮助过德国,哪怕是一分一毫,奥地利的全部历史是一部不断叛变的历史,"我现在就可以告诉你,许士尼格先生,我已下决心将这一切结束。德意志帝国是强国之一,如果它要解决边界问题,谁也不敢吭一声。"

许士尼格耐着性子反驳说,奥地利的全部历史曾是德国历史不可分割的一部分,且是主要的一部分,"在这方面,奥地利的贡献是相当大的。"

"绝对是零!我告诉你,绝对是零!"希特勒喊道——听起来,他不像是生在奥地利、长在奥地利的人。后来,许士尼格把贝多芬抬了出来,提醒希特勒,贝多芬是下莱茵兰人。"我再次告诉你,事情再不能这样下去了。我负担着一项历史使命,我将完成这项使命,因为上帝注定我要这样做。我完全相信这项使命。它是我的生命……你好好看看今天的德国吧,许士尼格先生,你会发现德国只有一个意志。"他所走的道路是德国前人从未走过的最困难的道路,而他所取得的成就也是德国有史以来最伟大的,比任何德国人做出的成就都大,且靠的还是武力,"我是靠德国人民的爱前进的。在德国,无论何时,我都可不带卫兵,自由自在地行动。这是因为,德国人民爱我、信任我。"

他指责奥地利在德国边境加强工事,极其荒谬地在破坏通向帝国的桥梁和道路,"你不会真的相信能挡住我,或将我的进军推迟半个小时吧,是不是?也许,某一天一早醒来,你就会发现我们已进了维也纳——像一阵春天的风暴,会给你一些颜色瞧瞧的!我很不想让奥地利遭此命运,因为这种行动意味着流血。"

许士尼格回答说,奥地利并不孤立于世,入侵奥地利也许会意味着战争。希特勒嘲笑了他。谁也不会为奥地利动一个指头——意大利不会,英国不会,法国也不会。"考虑一下吧,许士尼格先生,"说着,他的声音放小了,"好好考虑一下,我只能等待至今天下午。假若我这样说了,你就得这样听,我是说一不二的。我不相信恫吓,本人的历史证明了这点。"

他的策略使许士尼格胆战心惊。他想抽烟,但有人曾警告他,切勿当着元首的面点烟。他问希特勒究竟想要什么。"这点嘛,"说着,希特勒突然宣布会谈结束,"我们下午可以讨论讨论。"他拉了拉门铃,门便从外边无声无息地开了。他们在餐厅进餐,由身穿洁白制服的党卫队员在一旁侍候。在别人面前,希特勒待客彬彬有礼,谈话也轻松了,也只谈一些无关紧要的事。

咖啡是在邻近的冬季花园——四周有墙——里喝的。突然,主人告辞,与里宾特洛甫同去他的书房。他一走,许士尼格便浑身轻松,一根接一根地抽烟。同时,他也得到了与三位将军交谈的机会。说来也怪,这三位将军谁也不明白为何被召至贝格霍夫。时近下午4时,许士尼格才被领进一小房间内与里宾特洛甫相见。里宾特洛甫递给他一份用打字机打好的长达两页纸的协议草案——实际上是一份最后通牒。如果所有被监禁的国社党人,包括谋杀陶尔斐斯的杀手在内,在三天内获释,所有被解职的文武官员也在三天内官复原职,德国就将重新全力支持奥地利的主权。此外,温和的泛德派阿图尔·赛斯·英夸特应出任内政部长,全权地、无限制地控制奥地利的警察部队;另一个"温和的"奥地利纳粹党徒应被任命为国防部长;现任的宣传头目应被解职,作为"顺利地执行报界停火"的一部分。

在许士尼格看来,这些让步等于是结束奥地利的独立。他压住怒火,像一位公平而冷静的律师,对所列各点一一进行抗争。他好容易才从里宾特洛甫那里争得几个小小的让步,不料,外边又传话进来,说元首在楼上等着见他。

希特勒在书房内激动地来回踱步。"许士尼格先生,"希特勒继续不用那个尊称"冯","我决定做最后一次尝试。"说完,他便把另一份协议草案往许士尼格跟前一推,"无须讨论,一星半点儿也不能更动。你就照这样子签,否则,我们的会见便徒劳无功。你若不签,那我晚上再考虑下一步该怎么办。"

许士尼格拒绝签字。他说,即使签了,这也是废纸一张。因为,按宪法规定,只有总统米克拉斯才有权委任内阁成员和宣布大赦。他也无法确保文件中规定的时间限制得到遵守。

"这你得保证做到!"

"我恐怕保证不了,帝国总理先生。"

许士尼格挖空心思的法庭式回答,令希特勒怒不可遏。他冲到门前,高声喊道:"凯特尔将军!"他转身对许士尼格说:"我以后再让人叫你来。"身在冬季花园里的凯特尔,听到希特勒的大声吆喝后,像一条忠实的狗似的,急急忙忙跑上楼去,就在许士尼格快出房时走进书房。凯特尔上气不接下气地问元首有什么吩咐。"什么也没有!你坐下就是了。"凯特尔摸不着头脑,乖乖地在角落里坐下。此后,他的同事们便给他取了个绰号:跟班特尔。

由于不知道希特勒是在恫吓,所以,待许士尼格来到冬季花园时,已是胆战心惊了。他把情况向外长施密特叙述了一遍。施密特说,若"在五分钟内",将他们抓起来,他也不会惊奇。

楼上,另一个奥地利人,一个温和的纳粹分子,又是个文艺评论家,正在对希特勒说,许士尼格为人小心谨慎,遵守诺言。这话使希特勒产生了印象,做了个闪电式的战术转变。这一次,当许士尼格再次走进书房时,希特勒已是宽宏大量的希特勒了。"我已决定改变主意,"他说,"这是我有生以来的第一次。不过,我要警告你,这是你的最后一次机会。我再给你三天时间,到那时协议就生效。"

在经过两次交锋两次受震惊后,希特勒小小的让步似乎变得比实际的更重要了。许士尼格同意签订合约了。当修改的文本被送去打印时,希特勒又变成殷勤的主人了——一个刚以高价出售某件艺术品却声称物美价廉的主人,"相信我,总理先生,这是最好不过的。今后五年内我们可靠这项协议行事了。"

待双方签署这份(一式两份)协议时,已是晚间了。希特勒请许士尼格和施密特两人共进晚餐,但他们却急于要起身回萨尔茨堡。在巴本的陪同下,两人默默地冒着大雾,连夜赶回萨尔茨堡。巴本最终开口了:"总理先生,你现在明白了,与这种反复无常的人打交道是多么困难。"但他又急忙说,他相信,下一次就不会这样了,"你知道,元首有时也会变得非常迷人。"许士尼格暗想,恐怕不会有下一次了。

在贝格霍夫,希特勒又在进行另一个恫吓。他向将军们发出指示,在之后几天内,在德奥边境进行模拟入侵演习。进攻的威胁有希望诱使奥地利总统米克拉斯批准这一协议。如果说许士尼格是在回味这一切,希特勒亦然。"这个许士尼格的骨头比我预料的要硬些,"他在笔记本中写道,"凯特尔的出现似乎怔住了他,但是我并不认为他的签字意味着屈服,必须特别小心谨慎,不得让情绪再有所改变。他那些耶稣会的弟兄是不堪信任的。"

要使协议获得同事们和米克拉斯总统的批准,许士尼格得整整花上三天时间。这位总理回到维也纳时已是星期天了,而星期二下午即十五日协议就要过期。他立即与米克拉斯磋商。总统同意特赦在押的纳粹,却强烈反对委任赛斯·英夸特为内政部长。"我可让他任其他职务,"他说,"绝不能将警察和军队交给他。"

在贝希特斯加登进行秘密会晤的消息,很快便传遍了奥地利的非官方议会——大大小小的咖啡馆。全国出现了不安的情绪。内阁成员之间出现了唇枪舌剑,一部分成员说,许士尼格应将希特勒在贝格霍夫玩弄的野蛮战术公之于世;另一部分人则称赞总理的小心谨慎。在希特勒的最后通牒到期前24小时,由于众说依旧纷纭,便在总统办公室内召开紧急会议。出席此次会议者,除两名主角外,还有维也纳市长、国家银行总裁和一位前总理。在将时局重温一遍后,许士尼格提出了三个解决办法:重新挑选一位总理,这便可不承担在贝格霍夫许下的义务;在新总理领导下执行协议;或者在许士尼格领导下执行协议。

由于从边境不断传来德军入侵的报告,室内充满了绝望的气氛,此后的争论不仅激烈,且变得牛头不对马嘴。连最不可行的建议,包括将希特勒的故乡布劳瑙割让给德国也提了出来。许士尼格确信,若拒绝接受希特勒要求中的任何一点,希特勒就会入侵奥地利。米克拉斯终于在压力面前屈服,勉强同意了总理的第三个建议:让许士尼格留任,接受贝希特斯加登条约。

元首在贝格霍夫打的哑谜,以及他在边境上搞的模拟入侵,把奥地利人吓降了。当晚,新内阁宣誓就职。次日,2月15日,事情的部分真相秘密地传至奥地利驻外各代表机构。通知是用明码电报发出去的,电报称,由于德国将要求一再加码,希特勒又口头施加压力,德奥双方在贝希特斯加登曾有过"尖锐的分歧",只是在经过许多小时的谈判后,才找到协议的基础。奥地利政府生怕上述措辞过于强烈,随即补发电报,令收电人"将上封电报中提到的有关贝希特斯加登会谈困难一事,只作个人参考"。

在维也纳,公众呼声越来越高,要求许士尼格将贝希特斯加登会谈的真相公之于世。但是,由于他已许下诺言,保证在星期天希特勒在国会发表讲话前保持沉默。他恪守了诺言,保持了荣誉。

德国公使馆打电话给柏林称,由于这份协议"在政治上和经济上产生的后果,维也纳产生了相当大的骚动",全城"像蚁穴一样","不少犹太人准备移民"。秘密警察也证实了这一情况。有个特务于2月18日通知海德里希,奥地利总理正遭受来自犹太人和天主教徒双方的强大的压力。"犹太人主要通过证券交易所发动进攻,给货币施加压力。自1938年2月17日以来,资本大量外流,使奥地利在瑞士和伦敦以及其他国家的股票锐跌。大量奥地利货币非法偷越出境,证券交易所自昨晚起就未开市。"

2月20日，希特勒在国会发表了人们期望已久的讲话，该讲话也在奥地利全国转播。在宣称他与许士尼格已为"欧洲的和平事业做出贡献"后，希特勒指责奥地利虐待其境内的"德国少数民族"。他说："一个具有自觉意识的世界强国绝不能容忍自己的同胞，只是因为他们同情整个日耳曼民族及其意识形态并保持与他们的团结，便在自己身旁不断受苦受难。"

他滔滔不绝地大发议论，还援引事实和数字，使皇冠剧院内的大多数听众听得如痴似醉。"在铿锵有力的演讲过程中，他的声调高到了极度兴奋的程度：他是个着了魔连形体都被改变的人。我们面前出现的是奇观。"这些话不是出自德国人之口，而是英国观察家弗朗西斯·伊茨·布朗少校所云。

在维也纳，"在永无止境的演讲过程中"，记者 G. E. R. 格底在街头游荡，看看群众对此有何反应。这是个死人的城市。在最繁华的闹市区，他只看见10个人在认真地听广播。当地的纳粹分子，对希特勒的公开露面表示高兴。希特勒演讲结束后不久，他们便齐声反复高喊："欢呼胜利！欢呼胜利！希特勒万岁！万岁希特勒！"

格底叫了一辆出租汽车，前往德国公使馆。这是个活动的焦点。快到公使馆时，他又听到"欢呼胜利！"的有节奏的喊声，"从远处首先听到的是一阵阵有节奏的震动声，像激烈跳动的脉搏一样；若是再往前走，你听到的是从某个兵营里发出的发音不清却又整齐划一的喊叫声——啊啊，啊啊啊！啊啊，啊啊啊！——最终你不能听清喊的是什么。四年后，堤坝终于被希特勒的演讲挖开了缺口，褐色的血液便从这口子里开始流进维也纳的大街小巷。"

在罗马，人们虽然以某种同情和谅解的心情去看待这次演讲，但是，暗中也表示关切，因为它并未确保奥地利的独立。德国驻罗马的临时代办报告说，希特勒违反了1936年签订的条约，事情又未与意大利商量，意大利人对此很不高兴；如果柏林"继续用这种方法蛮干下去"，这可能意味着"轴心"的结束。

4天后，许士尼格对希特勒作了回答。这个回答是在联邦议会的开幕词中做出的，并向两国作了广播。议会的舞台是按奥地利的色彩红-白-红，用许多萝卜装饰起来的。在讲台的附近放着一尊已故总理陶尔斐斯的半身像。许士尼格虽然抬头挺胸地走向讲台,但他的压抑的神情却是一位耶稣会学者的神情。由于事先早有话传了出去,说他的演讲将充满火药味,所以,他一出现人们便高喊,"许士尼格!许士尼格!""会议唯一的议程是,"他用疲倦的语调说,"奥地利。"这又博得满堂喝彩。许士尼格深受感动,谈到了从女皇玛丽亚·特莱萨至陶尔斐斯等为奥地利的独立而战斗的人们。他的演讲催人泪下,从未如此有力过,也从未如此热烈过。在贝格霍夫受希特勒欺负的知识分子的那种温良恭谦的自我克制,早已不翼而飞了。当他终于提到贝希特斯加登协议时,他的语调刚毅了。"我们做出了让步,且又到了尽头,到了我们必须停下来说,'只能如此,不能再过分了'的地步。"接着,他宣布,"奥地利的口号既不是民族主义,也不是社会主义,而是爱国主义!"民族要自由,为此,奥地利人将不能不战斗到底。他以此战斗口号结束了演讲:"红白红!至死不屈!奥地利!"

内阁全体成员唰地站了起来,拼命朝他鼓掌。他们的欢呼声连外边的人都听到了。有人带头唱起了《上帝保佑》一歌;独唱变成了合唱,成了怒吼。他们还高唱许士尼格家乡霍洛尔的起义之歌《安德里阿斯·霍弗》。街道上的热情延伸至全国,产生了某种希望。甚至连巴黎也受到感染。次日,法国下院进行外交政策辩论时,法国外长宣布,奥地利的独立"是欧洲平衡不可分割的因素";一个议员竟预言"法国的命运将由多瑙河的两岸来决定"。

在奥地利全境,当地的纳粹分子开始示威游行。动乱的中心是格拉茨,那里在许士尼格演讲过程中,市政厅楼顶升起了卐字旗。他们藐视政府关于不准举行政治集会的禁令,宣布了周末举行有全国6.5万名党员参加的集会。许士尼格立刻做出反应,向格拉茨派出了军队、轰炸机和装甲车。纳粹分子只好龟缩一旁,取消了集会,但这也安慰不了许士尼格什么。这次骚乱本应由赛斯·英夸特的警察部队而不应由陆军去平息的。

希特勒对奥地利的威胁恫吓,也激怒了法国人。法国向伦敦建议,由两国共同向德国发出照会,提出抗议。这个提议是于不恰当的时刻抵达伦敦的。那时,安东尼·艾登刚刚辞职,外交部暂时无人领导。奥地利事件尚未激起英国公众的热情,而首相仍在致力于执行对德国的绥靖政策。再者,不断贬低奥地利事件的意义的伦敦《泰晤士报》又在为张伯伦加油打气,"从根本上说,"它发表社论称,"两个德语国家之间所能得到的最自然的东西,莫过于互相谅解。"戈培尔说,"奥地利是绝不反对日耳曼人的。"再没有比他这句话更令人信服的了。

前一年秋,罗斯福曾对所有的侵略者进行谴责。但是,连罗斯福这一行动也分毫未影响张伯伦的绥靖政策。接着,罗斯福总统又提出了各国均对日本、德国和意大利进行"检疫"的具体可行的建议。但这也未使张伯伦有所动作。罗斯福还派遣海军作战计划处处长罗埃尔·英格索尔上尉前往伦敦,按总统的指示探索长期对日本进行海上封锁的可能性。英国海军部深表赞同,对英格索尔说,他们"准备封锁日本的所有海上通道,封锁的海域大致从新加坡起,通过东印度群岛、新几内亚、新希伯来群岛,至澳大利亚和新西兰以东"。然而,1938年初,首相张伯伦拒绝了罗斯福的另一个建议,从而使这一计划化为乌有。那时,罗斯福邀请英国参加一次国际会议,讨论国际法的主要原则——后来,通过这次会议后,美国对被罗斯福私下称为"强盗国家"的真实性质有所醒悟。起初,总统对张伯伦的拒绝出席有点愕然,并未掌握英国此举的全部含意。后来,事情不久便明朗化了:原来,英国之所以拒绝出席这次国际会议,是因为它不愿参与"检疫",不管是在东方还是在欧洲。张伯伦的拒绝对罗斯福是一个重大打击,使他放弃了原来或许能阻止全球发生进一步侵略——因而改变历史进程——的强硬的外交政策。相反,他允许美国恢复原来的孤立状态。

于是乎,到3月初,大不列颠帝国已铁定要执行绥靖政策——已无可挽回。3月3日,英国驻德大使尼维尔·汉德逊爵士拜会总理府,通知希特勒说,英国政府原则上准备与德国商谈所有悬而未决的问题,尽管汉德逊竭力装作友善和绝对正确,"他那副十足的英国绅士派头,"译员施密特回忆说,"总使不能容忍'雅士'的里宾特洛甫和希特勒发怒。"

汉德逊花了整整10分钟才把来访的目的讲清楚:真心诚意地要改善两国的关系。他说,为了解决装备限制和轰炸限制等严肃的问题,以及和平解决捷克和奥地利的问题。英国准备做出某些让步。希特勒准备为欧洲安全和和平做出什么贡献呢?

在这个冗长的阐述过程中,元首弯身坐在扶手椅上,不停地皱眉。汉德逊说完后,希特勒生气地回答说,支持许士尼格的只有一小部分奥地利人。英国为何坚持反对公平合理的解决,干预"日耳曼人的家事"?他突然采取攻势,指责说,毫无疑问,法苏条约和捷苏条约都是对德国的威胁,德国要重新武装的原因就在于此。因此,武装限制的程度要看俄国人如何来定,而这个问题又被下述事实复杂化了:"人们既信任像苏联那样的野蛮家伙的条约,又信任一个野蛮人对某种数学公式的理解。与苏联签订的任何协议都是一文不值的。我们永远不应允许俄国人进入欧洲。"

他东拉西扯了两个小时,最终以"模糊的回答"将奥地利问题搁在一边。次日,希特勒派其主要经济顾问威廉·凯普勒前往奥地利。他是带着新的要求——包括在贝希特斯加登被一笔勾销的东西——前去的,以希特勒的私人代表的身份会见了许士尼格。然而,他的主要兴趣在于经济方面,而他又将德奥合并看作是两国财政上的必需。所以,他的举止更像是个恩人而不是个掠夺者。"元首当时所期望的,"凯普勒回忆说,"是演变。换句话说,是要从奥地利内部去搞掉它。如有可能,尽量不将德国明显地卷进去。"可亲可爱的凯普勒于是便得出结论,加速这一进程的时刻业已到来。

许士尼格对凯普勒的诸如立即任命一名纳粹分子为经济部长,取消对《人民观察家报》的禁令,将国社党合法化等要求,做出了强硬的反应。许士尼格满腹狐疑,问:不过才事隔三星期,希特勒何故又端出一套强加于人的要求?只有在承认奥地利长期独立的基础上,他的政府才会与奥地利的纳粹合作。据许士尼格的回忆,这次会谈"毫无结果",但凯普勒却向国内汇报说,"会晤开始时有如暴风骤雨,结束时和解气氛特浓,"他的印象是,"许士尼格决不向暴力屈服。不过,如果处理得当,不使他丧失威信,他会在很大程度上与我们合作。关于贝希特斯加登条约,我们可依靠他的忠诚。"他进一步报告说,正在奥地利取得巨大进展,特别是在格拉茨,那里的人80%信奉国家社会主义,"目前,我们倾向于刹车,以便将更多的人从许士尼格方面争取过来。"

许士尼格对纳粹所做的让步,只招来新的动乱,把奥地利抛进一种未宣布的内战状态。在维也纳,冲锋队和纳粹同情分子今晚高喊:"欢呼胜利!

欢呼胜利!"明晚高喊:"希特勒万岁!"越过多瑙河,闯进犹太人居住的里奥波德斯达特区。对手们则高喊"许士尼格万岁""红白红,至死不屈"予以对抗。他们经常发生冲突,直到警察挥舞警棍前来,冲突才算告终。一般说来,挨打的总是爱国者,因为警察更多地忠于内务部长赛斯·英夸特,而不是总理许士尼格。

在绝望中,许士尼格于3月7日向墨索里尼提出呼吁,警告说,为了挽救时局,他可能举行公民投票。墨索里尼回话做出保证。由于戈林曾保证不使用武力,墨索里尼声称他相信戈林的保证,敦促许士尼格勿举行公民投票。对一位在国外遭受入侵威胁,在国内因太宽容而受工人攻击、因限制太死而受纳粹攻击的总理来说,这封信是一件令人泄气的事。他决定置墨索里尼的劝告于不顾。

3月9日,他宣布公民投票将在蒂罗尔的因斯布鲁克城举行。他身穿奥地利的传统服装(褐上衣、绿背心)信步走上市内广场讲台,深情地宣布,全国公民将在四天后前往投票站去回答一个问题:"你们是否赞成建立一个日耳曼人的、自由、独立、友善、信奉基督、团结的奥地利?"他作为演讲家而不是学者发表演说,这是第二次,"蒂罗尔和奥地利同胞们,对蒂罗尔说'赞成',对奥地利说'赞成'吧!"他这样宣布后便用蒂罗尔方言以安德里阿斯·霍弗号召志愿军攻打拿破仑的名言结束讲话:"战士们,战斗的时刻到了!"两万名听众同声高喊,坚决抵抗。在收音机前收听广播的人们,大多数也义愤填膺。然而,斯达汉堡亲王却目瞪口呆。"许士尼格完蛋了,"这位奥地利前副总理对妻子说,"希望奥地利不会完蛋。希特勒永远不会允许此事发生。"

如同他所惧怕的,这一场演说令元首采取了强硬手段。为自由和团结的奥地利而进行投票一事意味着——结局可能是这样——合并的推迟,如果不是终结的话。由于与奥地利合并是向东扩展的必要前提,公民投票便可能使希特勒的整个生存空间计划遭到破坏。他是不能容忍这种挑战的。3月10日上午,他对凯特尔将军说,由于奥地利问题如此"严重",他应该做好适当的准备。凯特尔回忆说,总参谋部已做好一个计划,即"奥托战役",防止奥托·冯·哈布斯堡重登奥地利王位。"做准备吧!"元首下令说。

凯特尔连忙赶回设在本德勒大街的参谋总部，发现"奥托战役"不过是纸上谈兵，便大吃一惊，后悔不该急急忙忙地讨好元首。于是，他便把起草是否可能入侵奥地利的报告的任务交给了贝克将军。"我们什么准备也没有，"贝克埋怨说，"什么也没有，一星半点儿也没有。"贝克向希特勒做了汇报，并建议武装入侵奥地利时动用两个兵团，外加第二装甲师。希特勒告诉贝克，这些部队须准备于星期六即12日越过边界。他大吃一惊，对一个职业军人说来，要在48小时内做好这样一个战略部署，是不可想象的。贝克反驳说，这就意味着今天下午6时前要把命令发至各个部队。那就这样办吧——希特勒这个业余战略家说。

元首更加关心的是意大利的反应而不是后勤问题。他连忙口述一函给墨索里尼。他写道，奥地利已接近无政府状态，他不能袖手旁观。"本人系日耳曼帝国的元首和总理，也是这块大地之子。为尽本人之天职……本人决心恢复家乡的法律与秩序，使那里的人民得以按自己的判断，用确实无误的、明确的、光明磊落的方式，确定自己的命运。"他提醒墨索里尼，德国曾在意大利困难时刻，即在埃塞俄比亚的战争中，援助过他。他答应，承认意大利与帝国之间的疆界为布列纳山谷，并以此作为对意大利的支持的报答，"这个决定既不会改变，也不会被怀疑。"中午，希特勒将信封好后交给了菲利普·冯·赫森亲王，吩咐他亲手将信交给墨索里尼。亲王带着一篮花草，准备带回罗马自己的花园里栽植。他坐的是专机，对所携之信的重要程度，他一无所知。

在奥地利全境，路牌上都贴满了海报，宣布进行公民投票。装有大喇叭的卡车，在城镇街道上穿梭，督促公民们星期天投票时应投赞成票。在维也纳，高喊"许士尼格万岁！""自由万岁！"以及"星期天，投票天，大家都投赞成票！"。

群众的热情鼓舞了许士尼格。他继续采取坚决的行动。"我不能也不准备当傀儡，"（内务部长赛斯·英夸特曾指责说，公民投票是违反贝希特斯加登协议的）许士尼格致函回答说，"在国家经济上和政治上被毁灭的时刻，阁下勿以为本人会袖手旁观。"在信的结尾，他紧急请求赛斯·英夸特，作为负责安全的部长,他应采取措施,结束恐怖活动。否则,他便无法阻止反对势力。

虽然,一般人都认为赛斯·英夸特系希特勒的走卒,但,对奥地利的独立,他也是很关切的。他虽同情奥地利纳粹的某些政策,但纳粹并不将他看作是自己人。在意识形态和天性上,他都比较接近许士尼格。两人都认为自己是爱国者;两人均是虔诚的天主教徒;两人都是知识分子,都是酷爱音乐的文人。赛斯·英夸特答应通过广播敦促其追随者于星期天投赞成票,证明他比纳粹更爱国。

当晚,许士尼格"带着极其满意的心情"上床——纳粹对公民投票的威胁已消除了。但,他有所不知的是,此时的赛斯·英夸特在其党内已没什么影响了。奥地利的纳粹死硬派业已排成四列纵队,上了街,朝骚乱的中心德国旅游局拥去——大楼上悬挂着希特勒的巨幅肖像。他们高喊:"一个民族,一个帝国,一个元首!"初时,爱国者(数量上与他们相比为3∶1)对此喊声还颇觉有趣。接着,许多窗户被砸碎了。站在一旁的警察连忙圈起封锁线,以避免更大的损失。纳粹党徒高声喊叫,警察们不但置之不理,反而集中对付爱国者。末了,数量上处于劣势的带卐字章的纳粹竟充斥街头。

3月11日凌晨2时,仍以"奥托战役"为代号的、经修改的入侵计划发出去了。希特勒亲自控制这次战役。"若其他措施不成功,"计划里写道,"我拟武装入侵奥地利,以创立立宪条件,阻止对亲德居民进一步施暴。"有关部队须于12日中午前后做好准备。"我保持决定实际入侵的时间的权力。部队的行动必须给人这种印象,即使我们无意发动战争,反对我们的奥地利兄弟。"

清晨5时30分,许士尼格的床头电话铃响了。电话是警察局长打来的,报告说,萨尔茨堡的德国边境已被关闭,铁路交通全部停顿。他急忙赶至巴尔豪斯广场的总理府,他在那里得悉,慕尼黑地区的德国师已被动员,其目的地是奥地利。德国报纸的电讯稿也同样令人吃惊;例如,它们宣称,共产党的旗帜已在维也纳上空飘扬,暴徒们在高呼:"莫斯科万岁!""许士尼格万岁!"

上午10时,许士尼格的不管部(自由人,负责穿插各个部门搞联络)部长格莱赛·霍斯特瑙带着希特勒和戈林的书面指示来到巴尔豪斯广场。与他一起前来的是赛斯·英夸特(英夸特到阿斯盆机场接他)。赛斯·英夸特大受震动,汇报了柏林的要求:许士尼格必须辞职,公民投票必须推迟两个星期,以待类似萨尔公民投票的"合法投票"得以建立。如戈林在中午前后得不到电话答复,那他就认为赛斯·英夸特受人阻止,无法打电话,而他戈林便采取"相应的行动"。此时已是11时30分,赛斯·英夸特是个通情达理的人,以元首的名义将限期延至下午2时。

许士尼格利用这段时间权衡了反抗的可能性。他给警察局长打了个电话,对方告诉他,维也纳依旧平静。他已在内城筑起了一条警戒线——筑得"尽可能远"——但是,由于许多纳粹警察已复职,政府已不能再依靠警察。在此走投无路之际,他召开了一次"内内阁"——即最亲近的顾问会议,讨论应急措施。他提出三种选择:拒不接受最后通牒,立即向世界舆论呼吁;接受最后通牒,他本人立即辞职;妥协,接受希特勒关于改变公民投票的技术方面的要求,但拒绝其他任何要求。他们决定妥协。

此时已快下午2时。片刻后,那两名末日的使者,赛斯·英夸特和格莱赛·霍斯特瑙回来了。他们不接受妥协之说。这样一来,许士尼格便只好在完全屈服和抗拒之间做出不愉快的选择了。他匆匆地与米克拉斯总统进行磋商,决定取消公民投票。返回办公室后,他将这一决定告诉了"内内阁"。一时间,众人全都哑口无言。在沉默中,人们听见卡车上的广播喇叭在宣布进行公民投票,之后便播放:"啊,你,我的奥地利!"

片刻后,许士尼格总理对赛斯·英夸特和格莱赛·霍斯特瑙说,希特勒关于延期举行公民投票的要求业已获准。与此同时,他们不得不广泛地采取诸如晚8时开始宵禁等安全措施。两位使者表示关切,退身外出,给戈林打电话传消息去了(这次的电话记录,以及此后几天内柏林与各国首都通电话的记录,是盟国当局在帝国总理府发现的)。

"许士尼格总理的这些措施是完全不能令人满意的。"戈林回答说。话一说完,他便撂下电话自己考虑问题去了。他原应与希特勒商议的——据巴本说,希特勒此时差不多已"处于歇斯底里状态"——但他未这样做,只管自行其是。下午3时多一点儿,他又与赛斯·英夸特通话。"柏林绝不能同意许士尼格总理做出的决定。"他说。在愉快的外表下埋藏着阴险的戈林要求许士尼格及其内阁立即辞职。他也重复了这个要求:给柏林发个电报,请求德国援助。

两位部长庄严地返回办公室。阁僚们已在那间大办公室里集合等候。"脸色惨白,心情紧张"的赛斯·英夸特,打开笔记本,传达了戈林的最后通牒。接着,众人便七嘴八舌地向他提问,弄得他无处藏身。"别问我,"他痛苦地回答说,"我不过是鹦鹉学舌,是女电话线务员罢了。"他补充说,在两小时内,如他自己不被任命为总理,德国军队就会开进奥地利。

在维也纳,一切如常,似乎并未发生任何事情。飞机在城市上空盘旋,撒下的传单铺天盖地,敦促公民们星期天投赞成票。街道上,"祖国战线"的卡车队开过时,人们高喊爱国口号,挥动手绢,向它们致意。连素不相识的人们也用"奥地利"彼此问候。一时间,全国团结一致了。猛然间,各家电台播出的快乐的华尔兹舞曲和爱国进行曲全部停止了。代之而来的是宣布一道命令:凡1915年出生的未婚预备役军人立即报到入伍。过了不久,头戴钢盔的士兵坐着卡车,像流水似的开赴德国边境。

在绝望中,许士尼格向伦敦求援。在向伦敦说明他如何屈服于希特勒的要求以免冒流血之险后,他要求"英国政府立即告诉他应如何行动为宜"。具有讽刺意味的是,这封电报被送至张伯伦手中时,他正在唐宁街10号设午宴款待里宾特洛甫夫妇。张伯伦冷冷地将里宾特洛甫请进书房,说他自己和新任外交大臣哈利法克斯勋爵"有句话私下谈谈"。"这次讨论,"里宾特洛甫在向希特勒汇报时说,"是在紧张的气氛中进行的。平常沉得住气的哈利法克斯勋爵比张伯伦更加紧张,而张伯伦至少在表面上显得泰然自若和头脑冷静。"英国首相念完维也纳发来的电报后,里宾特洛甫"声称他对此情况一无所知",还表示怀疑这些报告是否属实。他补充说,如果属实,"和平解决"的办法或许为最佳。

这番话已足以抚慰一个决心与希特勒友好相处的张伯伦了。即使他的外交大臣气愤地指责说,许士尼格"已受到入侵的威胁",张伯伦还是同意里宾特洛甫的看法,说眼下没有德国动武的证据。之后,张伯伦便叫哈利法克斯勋爵发电给奥地利政府——这封电报想必令他畏缩无疑:"英国政府无责任为总理阁下采取任何会将其国家暴露在危险面前的行动提出忠告;英国政府也不能保证保护(奥地利)不遭危险。"

许士尼格并不抱幻想,不指望英国或意大利会予以援助。他约于下午4时提出辞职。米克拉斯总统勉强接受了他的辞呈,但断然拒绝执行关于委任赛斯·英夸特为总理的命令。他挑选警察局长为总理,但遭拒。武装部队总督和前基督教社会党政府总理也婉言谢绝。由于无人肯任此职,米克拉斯总统便劝许士尼格再作考虑。他拒绝了,说他不参与"该隐为再次杀害其弟亚伯作准备,不管是直接还是间接"。① 然而,当米克拉斯惊异地回答说"我明白大家都抛弃我"时,他勉强同意作为退位总理留任,直至委派了新政府首脑时为止。说完,他便退回办公室,开始收拾办公桌。

下午,随着天色慢慢黑下来,总理府内的感情压力也变得几乎无法忍受。柏林的压力,特别是戈林(他倒是如鱼得水)的压力,在不断增加。下午5时,陆军元帅在电话里向一名地下纳粹领导人,奥迪罗·格洛博茨尼克大声疾呼,说新内阁必须在7时30分前组成。戈林说,晚7时30分,赛斯·英夸特必须向元首打电话,说新内阁已组成。接着,他口述了一份包括他妹夫在内的内阁部长名单。数分钟后,赛斯·英夸特亲自与戈林通话,说米克拉斯已接受许士尼格的辞呈,但坚持让一前总理接替他的职务。戈林咆哮着说,告诉米克拉斯立刻接受德国的要求,否则,"业已在国境全线执戈以待的德军,将向前挺进,奥地利将不复存在……告诉他,我们不是在开玩笑!如我们悉知你已在7时30分前被任命为总理,进军令便会停止,德军将留驻在我方一边。"同时,赛斯·英夸特应让全国的国社党人走上街头。他最后说:"若米克拉斯不能在4小时内明了局势,我就让他在4分钟内明白!"

"嗯,好吧!"赛斯·英夸特疑云满腹地说。

不到7时30分戈林便得到了报告。不到一小时,戈林便被通知说,米克拉斯依然拒绝任命赛斯·英夸特就任总理。"你听着,"戈林向赛斯·英夸特喊道,"我愿再等几分钟。我等你的电话,你可使用领事馆的优先电话。不过,你得快一点儿。我负不起这个责任。事实上,人家是不准我再多等一

---

① 据《圣经》,该隐与亚伯系亚当与夏娃的长子和次子。——译注

分钟的。"他给人的印象是,他是奉命行事的。但是,更有可能的是,他在自行其是,因为此时希特勒还不是急着非办不可,"到那时如果他还不任命你,你就用武力夺权,好吧?"

纳粹分子响应柏林的号召,正在将街道夺取过来。一群向内城拥去的党徒边走边喊"希特勒万岁!胜利万岁!绞死许士尼格!"等口号。置身于总理府的许士尼格,不但听见了这些口号声,还听见了前进的脚步声。他认定这就是入侵的前奏,便赶至总统办公室,向总统做最后一次请求。但米克拉斯坚决不同意,顽强地拒绝委派一名纳粹党徒为总理。当许士尼格一再坚持时,总统便说:"你们现在就抛弃我吧,所有的人!"许士尼格仍找不出比赛斯·英夸特更合适的人选。他说,赛斯·英夸特是个天主教徒,又有忠诚可靠的好名声。他于是便提出,由他通过电台,立即向奥地利人民发表演说。

很快地,许士尼格便进了大楼楼梯旁的"隔室"(在总理府一楼)。"隔室"中央立置着一个麦克风,离陶尔斐斯被纳粹杀害的地点还不到5步远。晚7时50分,许士尼格走至麦克风前——室内发出一阵嘘声。他谈到了德国的最后通牒。在奥地利全境,人们都在聚精会神地倾听广播。威廉·希拉将此次演说描述成是他有生以来所听过的最动人的一次演说。

"米克拉斯总统要我转告全体奥地利人民,我们已在武力面前屈服了。因为,不管在什么情况下,即使是在现在的最后关头,我们应无意让日耳曼人流血,我们已指示我们的陆军,若有入侵他们便不战而退,继续待命。"希拉觉得,许士尼格的声音会变成啜泣声,但他控制了自己的感情。"这样,"他在结束演讲时说,"我便用日耳曼人的告别方式,也是能衷心表达本人的愿望的方式:'上帝拯救奥地利!'向奥地利人民告别。"

室内一片沉寂。文化宣传总督——一名叫哈默斯坦·埃夸尔特的人,这是个古老的日耳曼贵族的姓名——挂着拐杖,探身向前,对准麦克风喊道:"奥地利万岁!我今天不好意思做个日耳曼人!"接着,几个技术人员便播送预先录制好的国歌——系海顿所作,几乎与《德意志高于一切》雷同。

赛斯·英夸特想必是从"隔室"跑着出去的。因为7时57分他便与戈林通话了。"这边的政府刚刚宣布辞职了!"他报告说,奥军正从边境后撤,

"这里的诸君决定坐等入侵。"

戈林听说赛斯·英夸特还未被任命为总理,立刻便发火:"那好吧!你定要掌管,这全靠你了。把我现在给你说的迅速传达给各位负责人:谁反抗德军,谁组织反抗,谁就将受到我们的法庭的审判。"赛斯·英夸特半心半意地反驳,却被戈林的喊声压了下去:"好啦,就这样,你已拿到我们的正式命令了。"

聚集在总理府外的爱国者约有10万人。纳粹的男女支持者,一面有节奏地喊着元首的名字,一面在火炬照耀下欢呼雀跃。这使爱国者队伍也喧嚷起来。在内城,一些纳粹支持者更肆无忌惮,一面高歌,一面喊:"打倒犹太人!希特勒万岁!胜利万岁!杀掉犹太人!绞死许士尼格!赛斯·英夸特万岁!"

在两次向维也纳发布最后通牒强行左右时局的间隙中,戈林一直在敦促希特勒入侵奥地利,而不管有什么情况发生。元首一直迟疑至8时15分。后来,当他与戈林一起散步时,一个警官见他在大腿上拍了一下。"现在,行动吧!"他喊了一声。半小时后,希特勒为"奥托战役"签署了"第二号通令",宣布德军于次日拂晓开进奥地利,"以阻止奥地利各城市流血"。

希特勒签署通令后3分钟,戈林在冬季花园内用电话向经济专家凯普勒再次发出命令。赛斯·英夸特必须用奥地利省政府的名义发电前来,急速派兵至奥地利,帮助奥地利恢复法律与秩序。赛斯·英夸特必须立即办理此事,"他不一定真发电报前来,只说他发了就行。懂我的意思吗?"

牛赖特正好偷听到了这句话,便把消息告诉了客厅内的众人。"老天爷,"巴本禁不住喊道,"当心别把它弄成埃姆斯电报第二!"(这系指1870年法国外长发给普鲁士国王威廉的一封不容反抗的电报,那时威廉国王正在埃姆斯河出游。此电报经压缩后由俾斯麦发表。删节后的电报使法国的要求带侮辱性,加速了普法战争的爆发。)巴本很关切,转身问魏德曼上尉:"向奥地利进军能证明什么呢?它只能使全世界反对我们。警察行动一下就够了。"魏德曼同意这一说法,牛赖特却叱责两人,说把事情搞得这样悲哀。他说,多年来,希特勒就梦想将其最精锐的师开进奥地利,"何不让他高兴高兴?"

按戈林口述,以奥地利临时政府的名义发来的,请求德国立即派兵援奥的电报,就是使希特勒高兴的东西。这是另一桩"先斩后奏"的例子。它给了希特勒将其部队戴上解放者这副假面具的机会。他精神振奋,令其部队大张旗鼓地开进奥地利。缺乏的只有一件事:墨索里尼的保证。10 时 25 分,菲利普·冯·赫森打来长途电话。"我刚从维内西亚宫回来,"他告诉希特勒——他的心想必激烈跳动不已,"墨索里尼总理听到消息后反应很好。他向您表示深切问候。"这就算是墨索里尼的保证了。其实,奥地利问题再也不令他感兴趣了。

希特勒欣喜若狂,喊道:"请您转告墨索里尼,我永远不会忘记这件事。"感激之词被倾泻出来了,"永远,永远,永远！不管发生什么！"他再也无法控制自己。"听着——他想签什么协议就签什么协议。我们的处境已不像片刻前那样可怕了。我是说,在军事上,万一我们要与人发生冲突。您可再告诉他:我最衷心地感谢他。我永世不忘他！"话一开始,他便无法不讲下去:"若他需要帮忙或处在危险中,我都与他同舟共济,生死与共——不管发生什么情况,即使全世界都起来反对他,我将会,我一定会……"

在维也纳,新总理的第一个重大行动是请求凯普勒去敦促希特勒取消其入侵令。然后,赛斯·英夸特便把注意力转向许士尼格。他感谢他的前任为奥地利做出的贡献。由于大街小巷满是举行庆祝活动的纳粹,他主动提出与他一起乘车回家,"您是否想到某个大使馆去？或者到街道另一边的匈牙利大使馆去？"

许士尼格想要返回寓所。当他走近总理府一楼的楼梯时,看见两排佩戴着卐字章的非军人。这时,他首次醒悟到总理府已被占领。人们向他行纳粹抬臂礼,但他故意置之不理,继续下楼。楼下,军人们也向他敬礼。他向他们说了一两句感谢和告别的话后,便爬进了赛斯·英夸特的汽车。车子缓缓前行时,年轻的纳粹党徒跳上踏板,保护前总理驶过吵吵闹闹的人群,以防发生意外。

在柏林,赛斯·英夸特关于遏制德军的请求,被用电话传至外交部。接着,凯普勒也提出类似请求。他的请求被传至陆军司令部和总理府。这样,三方的电话辩论便开始了。维也纳请求停止入侵,你这请求有现实基础吗？

是否要将这一请求转给希特勒？——他在两小时前与罗马通话后回到了总理府，至今仍处于兴奋状态。

凌晨2时30分，希特勒被叫醒了。沉思片刻后，他把这项建议顶了回去，反身上床。然而，被入侵这个怪物弄得坐立不安的将领们，仍在左思右想。清晨4时左右，总参谋部第二总参谋长冯·维巴恩将军打电话给凯特尔将军，哀求他给"希特勒做做工作，叫他放弃向奥地利进军"。凯特尔答应照办，但在片刻后他便回电话说（其实他未给希特勒去电话），元首再次拒绝这样做。"元首压根儿就不知道有这回事。"凯特尔后来承认了，"假如他知道，他对陆军将领们的看法可就不得了。我不想让双方都不高兴。"

陆军参谋长勃劳希契和维巴恩不时来电央求，使当晚成了凯特尔的"地狱之夜"。勃劳希契本人也非常沮丧；维巴恩则心神不定，一会儿大声祈祷，一会儿说大难临头，然后便一声不吭。约德尔叫他控制自己，他则将自己反锁在房内，抓起墨水瓶就往门上扔，还威胁说，谁要进来他就开枪打谁。

星期六一大早，希特勒便与凯特尔一起飞往慕尼黑参加进占他家乡的凯旋庆典。出发前，他签署了一项公告，按他自己的说法，历数了导致这场危机的各种事件。"自今日凌晨起，德国武装力量跨过德奥边境。在维也纳新的国社党政府的召唤下，德国的机械化部队和步兵，以及飞翔在蓝天的飞机，将保证奥地利人民早日有机会用真正的公民投票的办法，决定他们自己的未来。"之后，他又加进了点儿个人成分，"本人，帝国元首和总理，将以一个自由德国公民的身份，幸福地漫步在我家乡的土地上。"

早晨8时，德军已像流水似的拥进奥地利。某些边境据点已被当地居民拆除。这次入侵更像是即兴军事演习。例如，第二装甲师是看着《贝的克旅行指南》前进的，还在当地加油站加油。德军开进奥地利后，当地的妇女和孩子兴高采烈地向他们投掷鲜花。纳粹的坦克挂起两国国旗，还用草木予以装饰。"老百姓看到，我们是以朋友的身份来的，"海因兹·古德里安将军回忆说，"所到之处，我们都受到热烈欢迎。"几乎在每个城市和乡村，家家户户都挂起卐字旗，欢天喜地地迎接德国人，"人们互相握手、亲吻，眼睛里还流着喜悦的泪水。"阻止向维也纳快速进军的唯一障碍是，道路上堆满了抛锚的坦克和卡车。

希特勒于中午时分抵达慕尼黑后,车队便开往穆尔多夫(离布劳瑙不到一小时车程)。入侵部队司令部冯·博克将军向希特勒禀报说,他们未遭任何抵抗。由于通往莱茵河的道路上满是车辆和看热闹的人群,希特勒的车队直到下午大半晌后才得以过河。在布劳瑙,希特勒的车子一步步地爬行。欣喜若狂的人们争先恐后地要摸摸他的车子,好像它是某种宗教圣物似的。车子慢慢驶过古老的小城门,朝波默旅店驶去——约在49年前他就出生在这里。在人们的欢呼声伴随下,希特勒一行继续朝他所熟悉的土地驶去。在朗巴赫,在那座破旧的修道院(修道院的制服的两臂挂卐字章)前,希特勒令司机停车——他曾在那里上过音乐课。

在伦敦,内阁召开紧急会议。张伯伦阴郁地判断,合并是不可避免的,"……除非那时各大国说,'如果你向奥地利开战,你就得对付我们'。"但是,此事并不可能发生。"反正,"他得出结论说,"那个问题已时过境迁了。"对此已成事实,他一笔勾销,认为无足轻重。

希特勒的颇有感触的返乡之行,其第一阶段结束于林嗣(多少个夜晚,他曾独自在林嗣街头流浪)。那时,天色已晚。在集市广场上,等候在那里的约10万名市民,欢喜若狂地把希特勒的车队团团围住,令他的随行人员和副官们惊愕得目瞪口呆。当元首和新总理出现在市政厅的阳台上时,群众简直疯狂至极。"整个气氛有如触电一般,热烈兴奋到令人难以置信的地步。"凯特尔回忆说。希特勒泪如泉涌。站在他身旁的古德里安坚信,"他绝不是在演戏"。

在发表了简短的思乡之感后,希特勒回到下榻地文津格旅馆。旅馆老板让出了自己的套房,主屋内堆满了动物标本。讨厌狩猎的希特勒屡次几乎被一只北极熊头绊倒;那张大床——床头上方悬挂着一幅用俗丽的镜框框着的约瑟夫因·贝克尔的肖像——也不对他的口味。在这种不讨人喜欢的环境下,他与赛斯·英夸特议事,合并之事只字未提。

在回乡时,希特勒并未理解合并的全部意义,只觉得它是个松散的联邦,一如昔日的奥匈帝国。但是,一天来所见到的热情,使他的观念变了。他对仆人说:"这是命运,林格。我是注定要当元首,要把全体日耳曼人纳入大日耳曼帝国中去的。"

当晚,赛斯·英夸特便返回首都。在那里,他发现维也纳的纳粹已集合好了,准备欢迎元首。他们准备搞火炬游行,而游行者已欢呼得筋疲力尽。古德里安将军的坦克车队早在天黑前便从林嗣出发,但由于下雪,又在修路,数英里的道路难于行走。所以,在抛下最少50辆坦克后,他的先遣队于午夜后才抵达维也纳。即使已过午夜,古德里安发现,街上仍站满了激动的市民;看到第一群德国士兵后,他们便立刻"疯狂地欢呼"。入侵部队由奥地利军乐队开路,打歌剧院前走过。人们用鲜花和用沙哑的声音表示的友情迎接他们。热情洋溢的市民扭下古德里安将军的大衣纽扣以作纪念,还把他一直抬到住所。令市民们惊奇的是,在日出时分,德国军官蜂拥至食品商店,购买了大量奶油、香肠和其他食品。

星期天上午,戈林与在伦敦的里宾特洛甫通了电话,把希特勒受到盛大欢迎的情况告诉了他。他说,向奥地利或米克拉斯发布过最后通牒之说,是个谎言。里宾特洛甫将此一切都吞了下去。他回答说,对发生在奥地利的事,一般英国人并不真正关心。尽管如此,在高兴之余,里宾特洛甫也多少有点儿关切。他问,假若发生某种威胁或麻烦,元首是否吃得住?

戈林早已派信使坐飞机前往奥地利,敦促希特勒设法超出原来的计划。"如果热情如此之高,"他建议道,"我们何不做得彻底。"或许,希特勒对戈林近日的所为一无所知;但也有可能是,他故意让他的空军元帅自行其是,以便在发生差错时自己可以不负责任。不管是何种情况,他们的心是息息相通的。希特勒业已令内政部的一位官员草拟一项关于德奥合并的法律条文。至中午时,法律条文已草就。通过后,希特勒签发给了身在维也纳的赛斯·英夸特,并令他于当天通过。

起初,赛斯·英夸特大吃一惊。但是,新总理越想越喜欢这项立法。另外,希特勒已答应在一个月内举行无记名自由投票,批准这一立法。在赛斯·英夸特确信这一法令不但必不可免,且"价值连城又有用"时,他便敦促内阁予以通过,理由是德奥合并乃"人民的意志"。内阁一致同意将国家交给希特勒,但是米克拉斯总统再次寸步不让,拒绝在文件上签字,宣称"在行使权力方面受阻",这便给了他职权移交给总理的立宪权。

希特勒虽坚信合并可以立法确立,但心中还有一个突兀的问题。自他与冯·赫森亲王通话以来,他就在等待墨索里尼的正式批准。都几乎过去两天了,但罗马还未有片言只字前来。事实上,德奥合并的消息已将墨索里尼"难倒了"。他喊道:"那个该死的德国人!"最后,他恢复了平静,于星期天发出一封简短的电报:

> 对您解决奥地利问题的方法本人表示祝贺。我曾警告过许士尼格。

元首的喜悦可说是完美无缺了。他怀着感激的心情发了一封更短的电报:

> 墨索里尼,此事我永生不忘。

元首觉得有必要与爱娃·勃劳恩分享其凯旋的快乐,便打电话让她去维也纳。

当日早些时候,他曾到邻近的里昂丁村看了看。他与林格一起,走到父母的坟前——就在老家对面的坟场里。希特勒从仆人手中接过一个花圈,让他与其他随从全部退场,他要致哀。他把花圈靠在墓碑上,默哀了片刻。之后,依旧沉默不语和满腹忧思,这是希特勒孩提时代出没过的地方。他百感交集,却不露声色,即使对亲信也如此。他认出了一个名叫哈格穆勒的同学,与他交谈了片刻。后来,他在林嗣的旅馆内与旧日的朋友团聚,其中包括一名修表匠和他的历史老师休谟博士。

当晚,更像是跟班而不是政府总理的赛斯·英夸特来到希特勒的房中。当得悉将奥地利变成德国一个省的法律业已通过时,他不禁感动得哭了。"不错,"他好容易才开了口,"一个出色的政治行动避免了流血。"这样,奥地利的独立就此告终。3月13日,星期天,即许士尼格希望通过公民投票巩固奥地利独立的日子,也就此告终。

西蒙·弗洛伊德曾向家人答应,一旦纳粹上台,全家便离开奥地利。现在,他对他的英国同事埃内斯特·琼斯医生说:"这是我的岗位,不能离开它。"这使琼斯想起了"泰坦"号船长的故事。人们问船长你为何弃船？他回答道："我从不弃船，是它弃我。"弗洛伊德明白了。他承认，奥地利已不复存在，同意去英国这块"早年梦寐以求的土地"。他未过早逃离。在鲁道夫·赫斯的亲自指挥下，根据国社党关于党和国家关系的思想重建奥地利的工作已经开始了。更为凶恶的还是希姆莱主持的对警方的清洗礼——对政治上的反对派的迫害。盖世太保头子海德里希已到莫尔津广场走马上任，他手下的特工人员已开始检查法令全书以及从奥地利秘密警察局局长那里缴获的档案。最少已有一宗政治谋杀案发生，那就是巴本的心腹顾问德国大使馆领事。

当地的冲锋队已开始迫害犹太人，把他们从家里、办公室里拖出来，强迫他们用酸性溶液洗刷写在墙上和人行道上的（许士尼格的）宣传口号，还有的被抓来冲洗党卫队营房的厕所和清扫街道。这样欺负犹太人，许多德军军官是看不顺眼的。记者格底曾亲眼看见两名军官"将两名年老的犹太人用来擦洗人行道的水桶踢翻，告诉他们可以走了，还把看管他们的纳粹冲锋队员骂了一顿"。

这些情景并未挫伤大多数维也纳人的热情，因为他们还陶醉在过去48小时发生的各种事件中。"这里，人们热烈地欢迎新政权以及昨晚宣布的将奥地利并入帝国的决定。要否认这点是不可能的，"英国大使在星期一发给哈利法克斯勋爵的电报中说道，"希特勒先生若说他的行动受到了奥地利人民的欢迎，那是完全应该的。"这是有理由的。合并或许能结束失业——失业人数达60万，受打击最重的自由职业者，不少医生沿街行乞。

当日上午晚些时候，希特勒出发前往维也纳。由于沿途人群甚众，加上满路是抛锚的卡车和坦克，他平均一小时只行20英里，车队抵达首都市郊已是下午5时了。每座建筑物，包括教堂在内，都悬挂奥地利和德国国旗。希特勒进城时坐的是敞篷车，他笔直地站立着，一只手前伸。列队站在街道两旁的群众，一看到希特勒，便高声欢呼，直喊到声嘶力竭。欢呼是疯狂的，又是自发的。他的车在帝王饭店前停了下来。希特勒进饭店后，只觉得自己的另一个梦想也实现了。年轻时，他是多么想进去呀。现在，饭店用红色条幅装饰，还有他的记号——卐字章。

人们不停地高喊着,喊的是根据古老的日耳曼酒令改的新词:"我们不回家,我们不回家,元首快讲话!"他只好步出房间,走上阳台,群众仍在疯狂地高喊。他向他们敬礼,还挥手向他们致敬。之后,便回屋去了。但是,群众仍在有节奏地高喊,喊了一小时又一小时,迫使他一而再再而三地走上阳台与他们见面。

开始时,他很安静,很少开口,好像那永无终止的欢呼声已令他麻木了。然而,随着夜越来越深(希特勒的亲信是这样对国际新闻社的皮埃尔·赫斯说的),他不禁忆起了当年他是如何在帝王饭店前来回走过的:"我看得见大堂里的灯火和吊灯,但我明白,我是不能进去的。有天晚上,下了一场大雪,地上积雪足有几英尺深。我倒得到了一个铲雪挣钱的机会。够有讽刺性的,我们五六个人恰好就派到帝王饭店前去清除人行道上的积雪。"就在那天晚上,哈布斯堡皇族刚好在里边宴客。"我亲眼看见卡尔和吉达步出御车,踏着红地毯,昂首阔步走了进去。我们这些穷鬼得把四面八方的雪铲掉,每次贵族老爷们光临时我们还得脱帽致意。他们对我们不屑一顾,虽然他们身上的香水味仍留在鼻间。我们差不多像他们那样重要,或就铲雪一事论,对维也纳而言也是重要的。那晚大雪整夜下个不停,但这家饭店连一杯热咖啡也不给送来。"旅馆内欢快的乐声不但使他想哭,且使他为生活的不公平大鸣不平。"当晚,我就下定决心,有朝一日我必定回帝王饭店来,也踏着红地毯,走进灯火辉煌的旅店去,到哈布斯堡皇族跳舞的地方去。那时,我并不知道用什么办法和在什么时候,但我一直在等待这一天。而今晚,我就在这里了。"

星期二早晨他醒来后,他的胃不再像在林嗣时那样痉挛了。在赫尔顿广场上举行的有20万人参加的欢迎会上,他精神抖擞地发表了一篇演说。他说,现在,新的任务已摆在他们的眼前,他们的国家也有了个新的国名,叫"东马可国"。不过,这项任务和国名均源于自己的历史,因为来自东方的攻击在古代的东马可国的边界便被粉碎了。无论是新任务还是新国名都未使听众的热情冷却下来,他们喊叫的热情不比慕尼黑的任何听众差。演讲结束后,希特勒转身小声地对广播员说:"请宣布,帝国奥地利总督赛斯·英夸特讲话。"谁也不像总理那样惊奇:一下子他便变成了一个省的总督!听众应声欢呼,赛斯·英夸特只好接受降格。在这个时刻,阿道夫·希特勒是不会做错的。

接着便开始游行。冯·博克将军骑着马,奥地利的将军们跟在他后边(奥地利军队刚被吸收为德国陆军)。游行队伍打冬宫及其投枪式的铁栏杆前走过。在盛大的游行的间隙中,心地善良的天主教徒巴本对希特勒提出警告,假如这里的教会也像德国教会那样遭受攻击,合并就会烟消云散。

"用不着害怕,"希特勒说,"这我比谁都懂。"

当日晚些时候,红衣主教英尼泽画着十字向希特勒表示问候,并说,只要教会能保持其自由,奥地利的天主教徒们就会"变成大帝国最忠实的儿子。在庄严的今天,他们已被带回大帝国的怀抱"。据巴本的说法,听到这位红衣主教的爱国言论希特勒很是高兴,热烈与他握手,还"保证他要什么给什么"。

爱娃·勃劳恩也享受了胜利时刻的喜悦,给妹妹伊尔塞寄了一张明信片。她写道:"我疯了。"她是由母亲和她最好的女友赫尔达·施奈德陪伴前来维也纳的。她独居一室,房子就在她的情夫的居室对面,仅隔一条走廊。他们幽会的秘密,连希特勒的随从副官都一无所知。当日黄昏,希特勒飞返慕尼黑,但未带爱娃同行。

次日,在柏林,人们把他当作征服英雄加以欢迎。"全城如痴如狂,兴奋万分。"罗希纳给家人写信道,"男孩子和女孩子尤其歇斯底里。"希特勒趾高气扬地大谈德奥合并一举,"德国已成了大德国,将来也仍然如此。"他说,上帝挑选了他去实现与奥地利的大团圆,这使他很高兴——奥地利"这块原来最不幸福的土地现已变成最幸福的了"。

然而,在国内并非一切都顺利。因许士尼格宣布公民投票而推迟的对弗立契进行的军事审判终于开庭了,但很快便发现弗立契无罪。此事令希特勒狼狈不堪。但是,他已发明了一种永不失时髦的政治把戏——用大吹大擂胜利的方法,把注意力从这件事上引开。他匆匆召开国会会议,汇报奥地利的伟大事件。他说,在3天内,"在未放一枪一弹的情况下,全体奥地利人民都在欢迎他"。4月10日,整个日耳曼民族,即大日耳曼帝国,将破天荒地第一次前往投票站,以证明对他的忠顺。他唯一的要求是,他要在四年左右的时间从内部去巩固刚从外部取得的合并。在德国全境,不管元首做过什么或将做些什么,人们立刻全盘同意。就是在这绝对信任的情况下,希特勒于3月25日在柯克希堡举行公民投票大选。"国家社会主义的思想,"他说,"远远超出了小小的一个德国的边界。"

大选前的10天,希特勒是在他的家乡度过的。希姆莱和海德里希差不多已将奥地利的安全系统全盘改组(奥地利的安全机关也在小心谨慎地、孜孜不倦地搜集有关元首个人的一切资料。据传,陶尔斐斯和许士尼格收集了众多的资料。这些资料表明希特勒的祖父可能是犹太人,吉莉·拉波尔可能是被杀害的,他在战时的服务根本不像党的宣传家们吹嘘的那样卓越。如果这些材料,哪怕是以谣传为基础的,在他的政治生涯中的某个危险时期透露出来,都能严重破坏元首的名声。战后对希特勒的某些指控也是缺乏根据的。例如,人们曾广泛地相信,在他夺取奥地利不久,便架起大炮,把他父亲出生地的村庄,连同祖父的墓地和其他可能牵连他的记载一起,炸为灰烬。不错,今天这个村庄是废墟一片,但它不是希特勒毁灭的,而是在战后被俄国人夷为平地的。1941年,德军在该村及其周围建立了军事基地。俄军抵达时,该村的农庄和房舍几乎完整无损)。希特勒大受欢迎的浪潮尚未平息。由红衣主教英尼泽和另外5名主教签署的宣言(被送至新任奥地利总督那里),指示奥地利的天主教徒要去投票:"公民投票日,很明显,既系我神职人员宣布我们为日耳曼帝国的日耳曼人之日,也是我们尽公民的民族责任之日。我们希望,所有基督教徒都能认清他们的责任所在。"

不管走到哪里,希特勒都被当作救星和元首加以欢迎。4月8日,希特勒再次来到林嗣,再次受到狂热的欢迎。文津格旅馆的大厅被挤得水泄不通,市民们个个都吵着要见他。其中之一是他青年时代的密友库斯特尔·库比席克。希特勒的"办公室主任"阿尔伯特·鲍曼告诉他,元首身体不太好,不能在当日见他。明日来吃午饭行吗?9日,一见到库比席克,希特勒便喊道:"库比席克!"库比席克伸出右手,希特勒紧紧地握住它。希特勒说,他已不像往日,再也没有私生活了。他朝窗外望去,看见了多瑙河上那座曾伤害过他的铁桥。"那丑家伙还在那里!但长不了多少啦。相信我好了,库比席克!"接着,他又开始详细说明他先前为林嗣制订的计划,应该建一座新大桥，一座新剧院，一座对得起布鲁克纳的现代化音乐厅。谈到在林嗣建立新的交响乐队时，希特勒想起了库比席克的宏愿。他干什么了？库比席克难堪地回答说，在埃弗丁镇上当小职员。他解释说，战争迫使他放弃了他的音乐抱负，否则就得挨饿。不过，他还指挥一个业余的管弦乐队，他的三个儿子颇有点儿音乐天才。听到这些，希特勒主动提出，他将负责培养他的三个儿子。"我不能让有天才的孩子们像我们那样过苦日子。你最知道我们在维也纳熬的是什么日子。"

他们谈了一个小时后，元首站起身来。库比席克以为会见到此结束，其实不是，希特勒是在叫副官，指示他应如何将库比席克的三个孩子送进布鲁克纳音乐学院去学音乐。会见仍未结束。希特勒详细看了库比席克带来的作品——画、信件以及明信片后，他建议他的老友写一本有关他的书。最后，他握着库比席克的手说，咱们要常常见面。

当日晚些时候，希特勒前往维也纳——年轻时他们充满梦想的城市。在维也纳，他作了这次选举运动的最后一次演讲。他说，他为自己出生在奥地利而感到骄傲，"我相信，把一个孩子从这里送进帝国，让他长大成人，成为民族的领袖以便把他的家乡归回帝国，这是上帝的旨意。"

次日举行的选举，结果超出了意料。在奥地利，99.73%的投票者赞成合并。在德国，赞成联合的，占99.2%，赞成希特勒所提的国会候选人名单的，占99.8%。希特勒的勇敢之举（是戈林施加了相当大的压力的结果），几乎得到了德奥两国人民的一致认可。"对我说来，"他说，"这是我一生中最骄傲的时刻。"它也证实了他的信念，即他走的道路是正确的，他应沿着这条道路朝下一个目标——捷克斯洛伐克——走去。

希特勒传

从乞丐到元首

[美] 约翰·托兰 著
郭伟强 译

ADOLF HITLER

- 下 -

浙江出版联合集团
浙江文艺出版社

4 "踩着锋刃"

1938.5—1938.10

在希特勒向奥地利挺进前,他就曾表示,他再不能容忍捷克斯洛伐克对德国少数民族进行的"严重迫害"。这虽然与他要将失去的人民和土地归还给帝国的誓言相一致,但其主要关心的还是捷克斯洛伐克在地理上和政治上的威胁。他辩解说,捷克是在战后由盟国一手制造出来的国家,这块半岛应纳入昔日帝国的疆土。它一日尚存,一日就是对帝国东部的威胁。

认为捷克是一把尖刀插入德国心脏的并不止希特勒一人。从东西两方同时向帝国拦腰砍来的魔影,使德国人制订了号称"绿色计划"的军事上的措施:突然袭击捷克斯洛伐克。然而,两年来,"绿色计划"只不过是纸上谈兵罢了。但是,轻取奥地利一事却完全改变了这一切。一夜之间,希特勒便获得了打破欧洲力量平衡的大好时机。插进捷克斯洛伐克,摧毁其强大的防御系统,便能令德军进攻波兰或苏联畅行无阻。他所需要的不外乎是找个入侵的借口,而现在他找到了一个现成的:在德奥合并一举的鼓舞下,居住在苏台德地区的350万日耳曼人,也要求做类似的合并,其理由(有争议)是,他们是受残酷压迫的少数民族。他们的喊冤叫屈,以及敌视捷克一切事物的传统,使这个小小的共和国自奠基以来一直备受折磨。近3年来,希特勒秘密地资助由康拉德·汉莱因领导的苏台德纳粹党——到此时,日耳曼少数民族运动全由它控制。1938年3月下旬,元首任命汉莱因为其私人代表,并指使他向捷克政府提出它不能接受的要求。这样,德国对它的援助便更有预兆性了。希特勒希望,这条战略将制造出一个永远动荡不安的局势,最终使德国"有必要"以阻止内战、保护苏台德地区的德国侨民的生命为由，进行武装干涉。

借口虽然有了，但希特勒因为惧怕法国、英国或俄国会反对占领捷克斯洛伐克，所以依然有所克制。面对如此强大的对手，他便有必要取得其唯一的盟友的支持了。于是，在1938年5月2日，希特勒率领包括外交官员、军事将领、安全官员、党的领导和新闻记者在内的500名随从，浩浩荡荡地奔赴罗马去取得他们的支持去了。

离开柏林时，希特勒百感交集。滴血未流地征服莱茵兰和奥地利所带来的喜悦，却又由于波莫雷尔医生用穆达弗罗"奇迹般地"治好了的胃痛的复发而减少。由于怕自己身有不幸，在开赴罗马的火车上，他又花了几个小时去立遗嘱——光《我的奋斗》一书，他就发了大财。（至1943年，埃赫尔·维拉格支付给他的稿费就达552.5万德国马克。他把自己的财产、贝格霍夫别墅、家私和照片全部都给了党，给爱娃·勃劳恩和他的两个姐妹每年每人1.2万马克的生活费，给阿洛伊斯6万马克，对希皮塔耳的诸位亲戚、文特太太和他的仆人，他各有遗赠。他也指示党"好好照顾我的两名副官，布鲁克纳和魏德曼的终身生活"。）

元首一行共用了5节车厢。在布仑纳山谷，他们受到了鲜花、旗帜以及意大利士兵和法西斯军队的列队欢迎。乐队奏两国国歌，由皮斯托伊亚公爵代表国王欢迎他们。之后，德国人的列车开进意大利，铁路两旁站满了仪仗队。家家户户的房顶上，或竖起标语牌，或悬挂旗帜，颂扬元首和德意友谊。代表团快抵达罗马时，希特勒把一名副官找来，并令他——被林格听到了——挨个车厢通知每个人。说到罗马时，一个个子非常矮小的人会出来欢迎我们，说大家的举止应该检点，不准发笑，"这是命令。这侏儒是意大利国王。"

当列车驶抵专为此次来访而建造的圣保罗火车站时，天色已经晚了。火车站上空旗帜飘扬。出来迎接希特勒的是维克多·爱麦虞埃国王而不是墨索里尼，这使他怏怏不乐；而他让国王陛下先行上车却又令国王龙颜不悦。在4匹马牵引下，车子沿旧日的罗马凯旋大道奔驰，从被灯光照亮的喷泉旁边驶过。明亮的探照灯光和火把把夜晚变成了白天；灯火辉煌的罗马圆形大剧场似乎遭了火灾。沿途站满了人群,朝客人们欢呼。车行至一处时,一队非洲骑兵突然朝客人们飞驰而来,好像是从"沙漠之歌"里冲出来似的。然而,希特勒却觉得被小看了,因为坐的是一辆如此古老的车。萨沃依公国的诸公难道就未听说过有汽车?奎林纳尔宫内的房间也一点儿不合他的口味。这宫殿既不舒适,又缺少光线,好像是个博物馆。

从一开始,他与维克多·爱麦虞埃便相处得很差。对于这位君主公开表示出来的冷淡,希特勒也很反感。他不断地抱怨说,你墨索里尼应出来当主人嘛。在奎林纳尔举行的洗尘宴会,也丝毫未缓和这种局势。希特勒神情紧张地转动着眼珠子,胳膊上挽着个子比他高的王后。个子矮小的国王则挽着高个子总督夫人。四人组成了一个滑稽的场面,这点,希特勒心里也明白。王后进入宴会厅时,意大利人不是跪下就是深深地鞠躬,有几个人竟吻了她的裙子。这种难熬的"酷刑"过去后,希特勒私下对其飞机师说,那是个"可怕的时刻。对我,这种仪式很可怕。我永远也习惯不了这些东西"。

进餐时,希特勒与王后没说过一句话。王后脖子上挂的那个大十字架特别令希特勒烦恼。他想,她是故意戴这东西来恼我的。不仅如此,王室还超出了无礼的界限。国王还散布谣言,恶意中伤他的客人。其中一个谣言说,元首到奎林纳尔的当晚就要女人。"无限惊奇,"齐亚诺在日记中写道,"似乎没有女人当着他的面收拾床铺他就无法睡觉。找女人很难,后来找到一个旅馆服务员,问题才算解决了。"如果这一情况属实,这倒也有趣和不可思议,但,是否真有其事?这不是国王的恶意吗?国王不也说希特勒老注射兴奋剂和麻醉剂吗?最后那部分指控是真实的,所谓铺床之事也是准确的——我们有理由相信。尽管如此,这也是国王的恶意。数天后,当希特勒一行在那不勒斯观看《阿伊达》时,这恶意又表现出来了。第一场演完后,观众故意不鼓掌,而让坐在王室包厢里的贵宾首先带头。希特勒很难堪,转身看看国王,以得到一点儿启示。"这位君主鼻子里哼了一声,"路易斯·罗希纳写道,"假装未发现希特勒的不安。"

歌剧演完后,按计划,希特勒将检阅德国殖民地内的纳粹的操练。因为他穿的是燕尾服,便叫林格带一顶军帽和军衣前来应景,但国王的副官却告诉林格,回罗马的火车过几分钟就要开了。为了不使正在等候的党员们失望,他急忙走到街上,像指挥官那样抬臂行礼,沿着队伍往前走。按正规方法,他应将左手大拇指插进皮带后才行礼,但是,由于穿这种裤子不用皮带,他只好一手贴住屁股一手行礼。此情此景煞是可笑——光着脑袋,活像条顿人的格劳桥·马克思,长长的燕尾在摆动着。"德国元首兼帝国总理,"魏德曼写道,"看上去倒像个事业达到顶峰的餐馆领班。他想必也知道自己何等出丑。"一上火车,希特勒便把一肚子气发泄在里宾特洛甫头上。后者则大声斥责礼宾司长对政府和元首不忠。

回罗马后,希特勒已恢复了平静。在5月7日于威尼斯宫举行的宴会上,他发表了一篇有力的演讲。据齐亚诺伯爵说,这篇演讲"非常成功,将他周围的冰雪全融化了"。实际上,他主动提出将霍洛尔作为礼物送给他的主人。这是个最慷慨的礼物。因为这会令他的同胞,特别是巴伐利亚人恼怒。早在1924年当他还在兰茨贝格监牢服刑时,他就曾通过戈林提出过同样的赠予。那一次,为了支持意大利对这块争得面红耳赤的地盘提出的领土要求,他曾向意大利索借200万里拉,但未借得一文,使希特勒愤愤不平。在墨索里尼看来,今晚的赠予是某种信号:这一次,某种大大的报酬是少不了的。

自希特勒抵达意大利以来,这次讲话才是有政治意义的第一个事件。墨索里尼让国王出面当主人,自己退居幕后,把他的客人的日程安排得满满的,让他白天黑夜忙个不停。这安排是很聪明的,因为这便可避免进行严肃认真的讨论。后来,里宾特洛甫向齐亚诺递交了一份建议结盟的条约草案。齐亚诺看了一眼,没有吭声。其实,墨索里尼的女婿已在日记中写下了:"总理希望缔结这个条约,我们一定要缔结的,因为他有千条万条理由不相信西方的民主。"

更重要的是,希特勒终于找机会提出了他最关心的问题——捷克斯洛伐克问题。墨索里尼几乎毫不在乎地给希特勒这种印象:这个小小的国家对他无关紧要,他的注意力在他处。有了这个保证,希特勒过去所受到的现实和想象中的污辱,都一概值得了,而他也觉得可放开手脚去完成下一步计划了。

贝奈斯总统及捷克其他的领导人均抱有幻想,认为希特勒不敢冒险进攻捷克,因为他害怕这会触发一场大战。他若真的进攻,法国、英国和俄国难道不会想法子制止他吗?但是,这三国却无意当保护国。"你只要看看地图便知道,"不久前张伯伦在给他妹妹的信中写道,"德国人若是有意要蹂躏捷克斯洛伐克,不管我们或法国做何努力,都不太可能解救它……所以,我们不打算帮助捷克斯洛伐克——它只会成为导致与德国开战的借口。这我们是不会干的,除非我们有在适当的时间内能将它打得跪在地上求饶的前景。但是,我看不出有此前景。所以,我已放弃了向捷克斯洛伐克做出保证的想法,也不想向法国就其对捷克所承担的义务一事做出保证。"英国首相之三心二意,令法国领导人很是担忧。他们虽然一再发表大胆的声明,但是,目光锐利的观察家们都相信,自莱茵兰被占领以来,外交政策就一直跟着英国的屁股转的法国,是不会很快去保卫捷克的。第三个潜在的保卫者苏联则抓住一切机会,公开敦促英法两国与德国人抗衡,自己暗中却无所事事。斯大林所需要的,是让西方而不是他自己去控制希特勒。5月6日,苏联驻布拉格的代办向美国大使承认,除非法国向捷克斯洛伐克提供军事援助,否则苏联是不会这样做的。另外,他们怎样将军队开到那里去?他们中间隔着波兰和罗马尼亚;这两国均拒绝让红军通过——这可以理解。与此同时,斯大林又私下向贝奈斯保证,"即使法国不给他以军援,即使波兰和罗马尼亚两国不准苏联的军队过境至捷克斯洛伐克",苏联也准备向他提供军事援助。

所有这些都是苏联的企图的一部分:它企图让全世界的自由派人士相信,苏联是这个受到包围的勇敢的小国的真正保卫者,而在实际上,他们与英法两国一样,也不愿迅速地去援救它。希特勒猜透了这些人的心事,加上墨索里尼又默许他将军队开进捷克斯洛伐克,他于是便令戈培尔加紧宣传攻势,反对这个倒霉的国家。由于有了"那一天"就快来临的说法,苏台德地区的日耳曼人便加紧活动。这虽是谣传,但由于5月19日和20日传来希特勒的军队正在捷克边境动员的惊人的消息,它也变得可信了。消息说,希特勒的11个步兵师和4个装甲师正浩浩荡荡地开赴波希米亚边境,德国和奥地利的部队已在西里西亚南部和奥地利北部摆好了进攻的架势。

20日,星期五下午,贝奈斯召开内阁和最高国防委员会紧急会议。晚9

时过后不久,在未与法国盟友磋商的情况下,捷克便下令"局部动员"。星期六拂晓,捷军便占据了边防要塞和苏台德地区。这样,欧洲便出现了1914年以来未有过的炽热化危机。一个小国采取主动反对一强国,并让世人明白,在欧洲强权政治的游戏中,捷克是不当马前卒的。捷克斯洛伐克的这种做法,也迫使它的保护人英国和法国做它的后盾。

结果,法国总理达拉第便召见德国大使,并让他看了放在办公桌上的动员令。"我在不在这份文件上签字,"他说,"阁下,这就要看你了。"在柏林,英国大使汉德逊也向外长冯·里宾特洛甫提出警告说,"法国对捷克斯洛伐克承担着一定的义务,若这些义务不可避免要完成,英国王室政府也不保证,在形势所迫下不被卷入。"里宾特洛甫认为英国是主要敌人,便将大怒降为愤愤然,矢口否认德军威胁捷克边境之说。假若英法两国竟"疯狂"到了武装反对德国的地步,"那么,我们将不得不再次殊死一战。"

当晚,里宾特洛甫便乘专机离开柏林,前往贝希特斯加登与希特勒磋商。希特勒也与他的外长一样气得七窍生烟,因为德国并未有针对捷克斯洛伐克的任何一个较大型的军事调动或集结。谁造的谣?谣可能是共产党造的,也可能是捷克人造的,也可能是反希特勒集团造的——该集团包括自称为金融魔术师的沙希特和德国情报头子卡纳里斯海军上将。更有可能的是惊慌本身使然。

西方的报纸散布消息说,是因为受到外国压力元首才取消入侵的。这样,它便犯了一个羞辱元首的错误。"希特勒并未走上军事道路,"威兹萨克写道,"所以谈不上取消。不幸的是,外国报纸的挑衅却使希特勒真正行动起来了。此后,他强烈赞成用武力解决捷克问题。"

在周末到来前,希特勒迅速地采取了激烈行动。5月28日,他召开了一次特别会议,与会的有两位最高军事领袖、外交部官员和其他重要官员。当大得异乎寻常的人群集合在总理府的冬季花园外时,大家的猜测是,希特勒马上要采取新的军事措施了。心情紧张的戈林把魏德曼上尉拉到一边:"难道元首不明白他在干什么吗?这意味着与法国打仗呀!"他说,陆军还未做好作战的准备,他要将此事告诉参谋长。

希特勒开始讲话了。他讲得心平气和,但他的话却是爆炸性的:"将捷克斯洛伐克从地图上抹掉,这,我矢志不渝……我们将不得不采用的方法或许不能立刻获得你们这些老将的认可。"这次进攻,他解释说,不过是为取得生存空间的、更广泛的战略的一部分。当德国为取得生存空间不可避免地向东挺进时,捷克斯洛伐克就将成为后方的威胁。所以,捷克必须消灭,此刻正是时机,因为英法两国不想打仗,俄国不愿干预,意大利对此也不感兴趣。

希特勒讲完后,戈林两眼闪闪发光,冲到台前,抓住希特勒的手。"我的元首,"一小时前曾发誓要阻止他的戈林冲口喊道,"对您的举世无双的战略,本人表示由衷的祝贺!"没有反对意见,连讨论也无须进行。戈林与希特勒一起朝站在角落里的凯特尔、勃劳希契和贝克走去。"就这样吧,"他说,"我们先碰碰东方(捷克斯洛伐克)的局势。然后,我会给你们三到四年的时间,到那时,我们再去碰碰西方的局势。"

三位将领当时未说什么,但到了次日,贝克写了一份严厉批评的备忘录。他宣称,今日的德国并不比1914年的德国强盛,更易毁于空袭。更有甚者,德国面临着捷克斯洛伐克、法国、英国和美国的四国联盟。"德国的对手,"他得出结论说,"不但有可供其支配的时间和空间,且其人力物力皆远胜于德国及其盟国。"

5月30日,贝克将此阴暗的评价交给了勃劳希契。勃劳希契问凯特尔,如何让元首知道才是上策。凯特尔建议,将有关政治的部分删去,免得希特勒因此连对法国干预时力量对比的分析看也不看便将它扔在一边。勃劳希契采纳了这一建议,并在朱特堡炮兵学校举行的一次会议期间,将删节后的文本呈给了希特勒。元首极力反对:报告不客观,过高地估计了法国的军力。"这是陆军的另一次灾难,"凯特尔写道,"使勃劳希契进一步丧失信心。对此,我是深感遗憾的。但元首并未拿勃劳希契是问,而是拿贝克和总参谋部是问。"

希特勒力排众议,决定以武力对付捷克斯洛伐克,并令陆军于10月1日执行。这样,"绿色计划"的第四个文本便付诸实施了。在法国边境上建造"西壁"防御系统的任务,由建筑高速公路的弗里茨·托特承担,并加速进行。数星期后,近50万人便在加紧修建工事,以便在东线对捷克斯洛伐克发动闪电战的同时,能以最小的兵力抵住法国。与此同时,德国也加紧了它的宣传战。其目的,用元首自己的话来说是"用威胁的办法,吓住捷克人,磨掉他们的抵抗力;另一方面,一定要使我们的民族团体懂得如何支援我们的军事行动,并影响中立派,使之有利于我"。

朱特堡会议期间,德国驻莫斯科大使来文,加强了希特勒东进的决心。冯·德·舒伦堡伯爵报告说,捷克斯洛伐克有意要避免冲突,准备在合理范围内做出让步,"此处的一致看法是,目前苏联将不惜一切代价避免被拖入战争。究其原因乃是,国内情况困难和惧怕两线作战。"

欧洲危机的舞台已布置好了,这舞台将使5月的事件显得微不足道。

"绿色计划"虽已付诸实施,但希特勒的意图还是要用它作为讨价还价的资本。现在的问题是,他应向战争悬崖走多近。对此,希特勒在那年夏初或许连自己也不知道。如同在莱茵兰和奥地利危机时期一样,他靠的是直觉。他遂派他的私人副官魏德曼上尉于7月间飞赴伦敦,与哈利法克斯勋爵进行非正式会谈。这是一项异乎寻常的探索性任务,由魏德曼的私交、半犹太血统的霍亨洛赫公爵夫人暗中安排,完全绕过里宾特洛甫。魏德曼的正式任务是探讨戈林对英国进行国事访问的可能性,但希特勒也亲自指示他通知哈利法克斯:目前的关键问题是苏台德地区的日耳曼人受到虐待,"若在近期得不到满意的解决,我只好用武力解决。把这点告诉哈利法克斯勋爵!"

7月中旬,魏德曼转述了他的警告。但哈利法克斯彬彬有礼地回答说,在限期到来以前,许多问题都可解决。他还在原则上同意戈林来访,还含糊地邀请元首本人作为国王的客人前来。魏德曼满心欢喜地飞回德国。但是,在贝格霍夫,他等着向元首汇报一等就是几个小时,而元首却在外边与尤尼提·密福特一起走来走去。希特勒回来后不耐烦地打断魏德曼的汇报,尽管英国已同意戈林出访伦敦。"不去了!不再去了!"他冲口喊了一声。关于哈利法克斯之事,他连一个字也不愿意听。"我现在也不明白,"魏德曼回忆道,"希特勒的变卦是因为尤尼提·密福特在他耳旁灌输了什么呢,还是因为害怕戈林利用此举取得太大的政治权力。反正,我无法向他汇报他不愿听的东西。"

宴后，威兹萨克将赫斯拉到一边，并提醒他注意，如元首用武力解决苏台德问题，德国势必要与西方开战。赫斯将这一警告传给了希特勒。几天后，财政部长施维林·冯·克罗西克也提出同样的警告。"我与英国和英国人相识多年，"这位牛津毕业生写道，"我认为，从他们反复声明的态度来看——虽然是用小心谨慎的英国方式表达的——非常明显，他们决心干预一事绝不是虚张声势、恫吓。即使哈利法克斯和张伯伦不要战争，但他们身后还站着终将继位的战争贩子丘吉尔和艾登。"

他敦促希特勒要有耐心。他说，时间会为德国效劳的。德国的重新武装和经济发展的速度超过了盟国。再者，法国越来越愿意与捷克斯洛伐克闹翻；美国也有反抗旨在反对帝国之犹太宣传的迹象。"那就是说，只有等待才能取胜。这也是为什么共产分子、犹太人和捷克人现在就疯狂地要将我们推上战场的原因。"

所有这些忠告在希特勒身上都未产生多大效果。他一心要战。那年夏末，在视察陆军的演习后，他用手套拍了一下大腿，对两个副官说，战争是万物之父。"每一代人都要经历一次战争。"他说。

9月3日，他将勃劳希契和凯特尔召至贝格霍夫，讨论"绿色计划"的最后一稿。他惊愕地发现，主攻方向竟选在捷克的防御系统的中央地带，且由第二军担任主攻。他抱怨说，进攻如此森严壁垒的地区将会带来无谓的牺牲，定是凡尔登第二，且正中捷克人的下怀。应该改由第十军进攻波希米亚才对，勃劳希契有气无力地反对，说摩托化部队的景况不好，援军短缺，各级领导又训练不足，等等。但希特勒一概不听，说这是失败主义的论调。他下令给第十军增派摩托师和装甲师。

勇士是前下士希特勒，而不是他的将领。观察家们也生怕希特勒会在即将举行的纽伦堡党代会上公开宣布这点。"无论在德国还是他处，"汉德逊在一封私函中写道，"人们都同样焦虑不安。比诸民主国家的领袖，独裁者会更加独裁，并且开诚布公。"

在那年的纽伦堡党代会期间，纳粹大规模地炫耀其武力和纪律。这次大会是正在日益发展的政治危机的前奏。1938年的节日名称是恰如其分的："大德国首届党代会"，装饰品也一样。在一百四十年后，希特勒又将第我跟你说过,他们知道确切的日期,会不得不在该日进军"。

当被问到是哪一天时,克莱施特笑了。"哎,你当然知道,"凡西塔特费了一番唇舌,说明英国的领导人并未掌握这份情报,他才相信,"若在9月27日后才采取行动,那就太迟了。"他说。阻止战争的时间最迟不能迟于9月中旬。一定要让希特勒明白,英法两国绝不是在虚张声势。英国必须让一名主要的政治家出面讲话,讲话要针对德国公众,要着重指出战争的恐怖。

凡西塔特立刻将会谈情况写成详细汇报,交给了张伯伦。然而,由于张伯伦一心姑息,对凡西塔特所云不以为然。次日,汉德逊从柏林发来电报,进一步加强了他的立场。这位大使的看法是,战争的危险不在希特勒身上(因他拗不过人家),"而在那些加紧备战的势力身上,即德国和捷克的极端分子、共产党人,以及其他有影响的势力和外国普通仇恨纳粹主义的势力。"他奉劝伦敦,"切勿将希特勒先生迫入困境,使其威信扫地,以致不得不向极端分子屈服。"

克莱施特的看法与真实情况相差无几。在国内,希特勒陷入反战派的重围。他的论点仍不能令其将领们信服。反战派主将贝克将军再次提出辞职,勃劳希契不予接受,他就索性不再上班。为解决这一问题,希特勒接受了他的辞呈,但"出于外交政策方面的原因",令他保密,不得让公众知道。作为一个忠实的德国人,贝克同意保密,但仍继续支持反希特勒集团——这个集团在暗中策划,待元首最后下令执行"绿色计划"时,便将他逮捕。如此众多的文官武将一同密谋用武力推翻政府,这在历史上是罕见的。密谋者包括柏林军区司令埃尔温·冯·维茨勒本将军、卡纳里斯海军上将(曾为克莱施特提供护照)、前陆军总司令库特·冯·哈麦施坦因将军,以及代替贝克总参谋长职务的弗朗兹·哈尔德。哈尔德秘密地派出第二个谈判者前往伦敦,将克莱施特的警告重述了一遍——再次无济于事。这项阴谋还牵涉到赫加尔玛·沙希特和其他文官,包括豪斯霍弗的长子以及外交部主要官员——例如西奥多·科尔特,此人在外交使团中散布有关里宾特洛甫的谎言。

与此同时,他们公开对元首施加更大的压力。8月下旬在一次私人夜民皆反战。将领们也同意,陆军的训练和装备或许可打败捷克人,但要打败欧洲强国的联盟,是绝对不行的。会上只出现两条反对意见,但都很温和。不许将军重弹军队不该干预政治的老调,而莱希瑙这个第一个变为纳粹的将军则告诫其同僚,应单独与希特勒辩论,不要集体前往。勃劳希契采纳了他的建议,单独前去面见元首。但是,他是否像对同僚们说话时那样强硬有力地去面对希特勒,这还是值得怀疑的;然而,即使说法比较婉转,它也带来一阵大声呵斥,重使勃劳希契循规蹈矩。

将领们的否定态度使希特勒气馁。8月10日,他将总参谋长等人请至贝格霍夫进午餐。他又历时3小时滔滔不绝地大讲他的政治理论,但他们也同样不以为然。众人的一致反对反倒加强了元首的决心。5天后,在朱特堡附近观察了炮兵演习后,他将高级将领召至饭厅,宣布于秋天用武力解决捷克问题。他向听众保证,只要张伯伦和达拉第仍然在位,就不会出现大战。在结束讲话时,他提醒大家注意,他的预言是会应验的。

两天后,苏联大使迈斯基对哈利法克斯说,德国政策"至少有50%是恫吓","真正危及和平"的是英法两国的暧昧态度,因为无论对德国国内和国外的力量,它都做了过高的估计。次日下午,一个来自波美拉尼亚的农场主又给英国人带来了新的压力。此人名叫埃瓦尔德·冯·克莱施特·施曼津,系伟大诗人克莱施特·施曼津的后代,君主主义者。长期以来,他是希特勒的敌人。他拿着卡纳里斯海军上将搞到的护照,作为德国总参谋部内温和派的代表来到伦敦——这些温和派人士均希望能阻止希特勒的侵略。当日黄昏,他与哈利法克斯的主要外交顾问罗伯特·凡西塔特爵士私下进行了交谈。克莱施特清醒地宣布,除非英国出面阻止,否则战争肯定爆发。他说,德国只有一个极端主义者,"希特勒自己的决心已下。德国陆军中的所有将领都是我的朋友,他们都知道这点,也只有他们才确切知道。他们还知道地雷爆炸的日期。"

"你是说,像戈培尔和希姆莱之流,竟不为希特勒的战争推波助澜?"凡西塔特问道。

"我重复一遍:我不把他们计算在内。这项决定是希特勒一人做的。"所有将领均"死死反对战争,却又无力反对——除非得到国外的鼓励和支持。

数星期后,威廉大街的秘密代表弗里茨·赫塞,被里宾特洛甫从伦敦召回,原因是,他曾发回一份报告说,张伯伦已考虑将苏台德地区割给德国。"给我发回这种东西有什么好处?"据赫塞的说法,外交部长当时这样说道。看来,元首已深信,英国一旦武装完毕,便会将德国打得粉身碎骨。不久前,元首曾对里宾特洛甫说过:"现在已没有什么国际廉耻可言,有什么战利品可抢谁都抢。我要把这点作为教训。"在英国人将他包围前,他将先发制人。

赫塞解释说,张伯伦的私人顾问曾要他非正式地通知元首,伦敦《泰晤士报》那篇说英国准备接受对德国有利的解决办法的社论,系首相亲自安排的。对此心中有数后,希特勒不是不用武力威胁便可为苏台德的日耳曼人取得自治吗?"自治?"里宾特洛甫喊道,"不可能再有什么自治了。"他说,在谎称德军已有所行动前,希特勒或许会满足于自治。现在,这可是不够了。听到这句话后,赫塞"全身都凉了"。他初次醒悟到,战争的危险是迫在眉睫了。他祈求外长去向希特勒保证,他能用和平的方法取得苏台德地区的割让。里宾特洛甫深受感动,答应找希特勒说说。次日,他把赫塞召来,告诉他,元首嘲笑了捷克人会拱手将军事基地交出的想法。"我就是不信,"他说,"他们不会愚蠢到那种地步!"

希特勒的态度是强硬了,但他的将领们却在继续反对他的扩张政策。贝克在公开散布阴郁的预言:在新的战争中,谁是罪魁祸首的问题,与上次大战相比,将更重要;战败的后果将比1918年的失败更为惨重。7月,他为勃劳希契草就了第三份冗长的备忘录。他宣布,他敢肯定,进攻捷克斯洛伐克必将带来另一次大战。"这种战争的后果,不仅仅是军事失败,而且是德国的全面灾难。"他继而说,人民不要这场战争,陆军对此也没有思想准备。

7月16日,当贝克将此文件呈交上去时,他的讲话尤其大胆——他让勃劳希契在军事将领中组织抵制。"倘若军事将领们不按自己的特有的政治见解和良心行动,"讨论纪要说,"历史就会将罪过加在他们头上……若大家行动坚决,战争政策就执行不了……时局特殊,措施也随之特殊。"

8月初,在众人劝说下,勃劳希契召开了一次高级陆军将领会议。在会上,他宣读了这份备忘录——它预言,入侵捷克必将导致一场大战,德国一定打输。为了苏台德,竟拿民族存亡去冒险,这值得吗?众人一致认为,军一帝国的标志——皇冠、帝国宝球、王节和皇剑——从维也纳带了来。在向大会介绍这些帝国主义的象征时,他庄严地发誓,说这些宝物将永远留在纽伦堡。但是,无论是在开幕词中还是在次日下午接见所有外国使团时,他都未提到战争。外国使团的代表弗朗索瓦·本塞在讲话中对他深表感谢,并在结束讲话时说,一个政治家最大的光荣,是达到了其目标而又不使母亲们哭泣。据魏德曼称,希特勒对此报以"一恶笑"。

在纽伦堡大会上因希特勒闭口不谈国际政治问题一事,产生了各种猜测和谣言。其中之一是针对汉德逊的。该谣言说,希特勒已"相当疯了",一心要不惜一切代价发动战争,在之后24小时内,汉德逊对希特勒的不少心腹顾问说,在解决苏台德问题上英德应该合作。戈林说,他计划于月底出门狩猎,并"希望捷克人不会在他狩猎中途捣乱,破坏他的打猎计划"。戈培尔还虔诚地希望,在他的闭幕词中,元首会提到与英国人合作一事。"我觉得他很焦急,"怀有疑心的汉德逊报告说,"我怀疑他是否在纵容希特勒走极端。"

正当汉德逊忙于这些会见时,他收到指示,让他以私人名义向希特勒提出一个警告:若发生总体冲突,英国"不能站在一旁"。汉德逊反驳:元首正处于发疯的边缘,只要出现另一次危机,他便会被推到另一边。后来,此事只好作罢。

希特勒坚信,英国无意在捷克斯洛伐克问题上冒险进行战争。有鉴于此,他便不顾一切继续推行其入侵计划。这个决定是精明的测算、直观和不可抗拒的冲动的结合。"你知道,我像个流浪汉,必须踩着刀刃过深渊,"希特勒对弗兰克说过,"但是,我必须过去,就是要过去。"在英国人决定不提出警告后数小时,他将勃劳希契、凯特尔和哈尔德召至纽伦堡。9月9日午夜前,他们在德意志旅馆会晤,由新任总参谋长扼要地叙述了修正后的"绿色计划"。令人惊奇的是,主攻的任务仍由第二军担任。不过,这份计划却也提出了讨论时未提到的两面夹攻的战术。希特勒承认,这是个聪明的想法,"但是,能否成功仍没有太大把握。从政治观点看,特别需要速战速决。政治上,第一个星期是决定性的,必须大量取得领土。"他指出,德国的榴弹炮是摧毁不了捷克的防御攻势的。更重要的是,本计划未包括突袭的因素。

希特勒滔滔不绝地教训哈尔德和勃劳希契,使凯特尔目瞪口呆——他已同意元首所提出的一切。凌晨3时,希特勒再也按捺不住了,断然令其将领们按其旨意行动,冷冷地、恼怒地打发他们上路。三人在通道上喝饮料时,哈尔德怒问:"他究竟想干什么?"

"假若你真的不明白,"恼羞成怒的凯特尔答道,"我真可怜你!"

两人眼看要争论下去,勃劳希契便插了进来。这三巨头于是便着手按希特勒的要求做准备。当哈尔德在草拟新的命令时,凯特尔将勃劳希契拉到一旁:"你明知仗还没有打便会输,为什么还跟他(希特勒)干架?谁也不认为因此事仗便会打起来,所以,没有必要为此事去大张旗鼓地搞后卫行动。"这些劝告,令其"跟班特尔"的绰号流传得更快。此后,凯特尔便对他的上司抱怨,说他对勃劳希契大失所望。约德尔随声附和,在日记中写道:"陆军内只有一个目无军纪的因素——将军们。归根结底,这是他们的傲慢使然。因为看不出元首的天才,他们既缺乏信心又目无纪律。"他们仍将他看成是大战期间的下士,"而不是自俾斯麦后出现的最伟大的政治家"。

次日,公开宣布对捷克斯洛伐克采取行动的是戈林,而不是希特勒本人。"欧洲的一个微不足道的国家,"他说,"正使人类的生活无法忍受。没有文化的侏儒劣族捷克人——谁也不知他们来自何方——正在压迫一个文明的民族。人们看到,在他们身后,与莫斯科一起站着的,是犹太恶魔永不消失的面孔!"

这番话若是出自希特勒之口,欧洲想必会吓得发抖。然而,甚至连贝奈斯总统都对戈林的咒骂置之不理。"本人坚信,现在所需要的不外乎是道德力量、善意和互相信任。"他在广播讲话中用捷克语和德语说。后来,威廉·希拉在广播大楼的大厅中偶然碰上了贝奈斯总统。这名美国记者警告贝奈斯说,他正与强盗打交道却又没有胆量。他评论说,贝奈斯面孔"严峻,并不真像他的话那样乐观。他知道自己处境恶劣。对此,我是坚信不疑的"。

张伯伦在公开场合表示怀疑。9月11日,首相对一群记者说:"希特勒先生再一次表达其和平愿望。怀疑其是否真诚,这是错误的。"但是,与此同时,在一封私函中,他又表示恐惧:"本人完全明白,若局势最终逆转并发生了侵略,许多人,包括温斯顿在内,都会说英国政府应该承担责任。倘若他们有勇气告诉希特勒:你若动武,我们便立即向你宣战。这就能阻止他。"但是他觉得,让战争与和平这样一个生死攸关的决策权"从我们手中落入另一国的统治者手中,且又是个战争疯子手中",这无疑是错误的。

纽伦堡党代会于9月12日举行闭幕式。这是希特勒发表全世界都害怕他会发表的那篇讲话的最后时机。晚7时前,他来到那座庞大的露天体育场,在"胜利万岁!"的吼叫声中,在聚光灯照射下,他抬起右臂敬礼,目光直视前方,缓缓地朝主席台走去。开始时,他只讲党的斗争。此时,某些外国观察家希望,他不会提到当前的热门话题。猛然间,他开始遣责捷克人了:"本人决不愿在德国的心脏地带出现第二个巴勒斯坦。可怜的阿拉伯人既手无寸铁又遭唾弃。身在捷克斯洛伐克的德国人既不会手无寸铁,也不会遭到唾弃。人们应该注意到这个事实。"

听众中"胜利万岁!胜利万岁!"的咆哮应声而起。这正是一周来全世界都在等待的时刻。人们原以为随此急转直下他会提出最后通牒的,但他只为苏台德地区的日耳曼人伸张正义。结束时,他在吓唬而不是威胁:"如果此事竟影响或破坏我们与欧洲各国的关系,我们表示遗憾,但责任并不在我们这边!"

法国人、英国人和捷克人害怕希特勒讲这番话后会言出必行。人们却一般都认为,希特勒的愤怒和咆哮是给德国的极端分子看的,实际上他要的是和平解决。墨索里尼也有同感。当他从收音机前走开时说:"我原以为他会发表威胁性更大的讲话……什么也未丧失。"

然而,健康愉快之感却又是短暂的。希特勒对非正义的口诛,使苏台德地区的德国人受到了鼓舞,举行了抗议。至上午,埃格尔全城已挂满了卐字旗。一万多名抗议者走上街头,高呼"我们要自决"的口号。州警开枪射击,死1人,伤10余人。不到24小时,流血的骚乱便遍及整个苏台德地区,死亡人数增至21人。在汉莱茵为自由而斗争的号召鼓舞下,苏台德地区的德国人举行了罢工,还拒绝缴税。布拉格宣布对苏台德地区实行包围。在边境地区还实行军事戒严,更多苏台德地区的德国人被枪杀。在全欧洲,又谣言四起,说希特勒又下了最后通牒——或曰立刻入侵。巴黎与伦敦大惊失色。当晚,达拉第紧急致函张伯伦。他说,必须不惜一切代价避免对捷克斯洛伐克的入侵,否则,法国将履行其条约规定的义务。他建议立即邀请希特勒与他们会晤,搞出一个合理的解决办法来。

对此,张伯伦只做了简短的答复,使达拉第几个小时内都摸不着头脑:"不久前,本人做出了决定。我认为这是有益的……眼下,我不能告诉你什么,不过,不久后我会告诉你的。"当晚,张伯伦致电希特勒,建议进行面对面的会谈。希特勒既惊奇不已又暗自高兴,用一句会使密尔顿摸不着头脑、极富文采的话描述了他当时的感觉:"我是从天上掉下来的!"当日下午,他电复张伯伦说,他接受张伯伦的提议,并建议于次日中午在贝希特斯加登会晤。

在英国,人们的第一个反应是松了一口气。随之而来的是喜气洋洋:为了保持和平,他们的首相居然采取了一个如此有创见的行动。在布拉格,报童们在高呼:"号外!大英帝国的大人物向希特勒乞求!"捷克的公民们自发上街示威游行,支持他们的总统抵抗侵略。在罗马,墨索里尼对女婿齐亚诺伯爵说:"战争是不会有了,但英国的威信可是扫地了。"

那天清晨,9月15日,张伯伦在广大人群的欢呼声中,离开了唐宁街10号。在克罗伊登登机前,在哈利法克斯及其他要员的陪同下,他接受了英国广播公司记者的采访,说:"本人的政策历来是维护和平,本人的建议被立即接受这一事实,使我受到鼓舞,并希望今日出访会有所收获。"

晚8时许,"洛克希德·伊莱克特拉"号飞机起飞了。首相时年69岁高龄,坐飞机做如此长途飞行还是首次。所以,他激动得像个孩子。但是,如果认为他是个老小孩,可任人宰割,那就错了。张伯伦是个讨价还价的能手。他说:"我的方法首先是决定合适的可行途径,然后再将其他东西纳入这一途径。"张伯伦的父亲原是个商人,事业很成功,后来一跃成了杰出的政治家。与他父亲一样,他也笃信英国国教,是维多利亚时代社会道德准则的化身。他身材消瘦,道貌岸然,笑容冷漠,令人望而生畏。他的这副仪容,常使许多人联想到一名小学校长。只有他的心腹才知道,他的严酷的外表系因过分审时度势使然,而在铁甲下边却隐藏着热情和敏锐。

现在的问题是,像他这样一个人,且又确信希特勒是半个疯子因而须小勒:和平与否,这问题已置于刀刃上。令施密特惊愕的是,希特勒打退堂鼓了。"在考虑苏台德问题时,"他心平气和地说,"如您承认民族自决权原则的话,那么,我们便可继续讨论,看如何将此原则付诸实施。"

接着又发生了另一件令人惊奇之事。张伯伦未立即表示同意,只说在苏台德地区举行公民投票会碰上巨大的实际困难。令人惊奇的是,希特勒并未因此反驳而发火。施密特暗想,元首大概是被张伯伦吵着要回家的威胁吓唬住了。英国首相说,关于自决的问题,在未与同僚们磋商的情况下,他不好给希特勒做出答复,"因此,我建议此次会谈到此结束,本人立即赶回英国与同僚磋商,然后再与您见面。"

施密特将第一句话译出来后,希特勒显得有点不安。但是,一等他了解到张伯伦愿意再次与他会晤时,他便宽下心来,且喜形于色,立即表示同意。张伯伦问"其间局势,将如何维持"时,希特勒毫不犹豫地保证,除非"发生了特别残暴的行为",否则,他不会下令进军。

话到此,3小时的会谈也就结束了。下楼时,两人客气地交谈,希特勒希望首相在回国前能去游览一下风景胜地。但张伯伦说他抽不出空,"因为生命正在受到威胁"。他对此次会谈表示满意,高高兴兴地离开了贝格霍夫。"我已树立了相当大的信心,而这正是我的目标,"在给妹妹的信中,他这样写道,"就我而言,虽然在他脸上我看到了冷酷和残暴,但我有这个印象,就是说,只要他做出保证,他还是可以信赖的。"回国后,张伯伦受到高度赞扬,英国的桂冠诗人约翰·梅斯菲尔德还特地为他写了一首诗:

  为儿尸,普赖厄姆①会见阿喀琉斯;
  您呀,步入漫漫黑夜,受上帝指使,
  为的是让小伙子未卒身躯,
  幸免沙场——战争虽仍未起!

---

① 普赖厄姆,系特洛伊之最后一位国王。为索取被杀的儿子的尸体,他面见了英雄阿喀琉斯——希腊神话中的刀枪不入的人物。——译注

心对付,是否处理得了这种局势?当飞越伦敦上空时,张伯伦觉得"心有点凉",但一想到自己手中有些硬牌,心头又有点热了起来。他觉得,只要能与元首谈判下去,捷克斯洛伐克便可安然无事。

据一名同机人员说,在飞往慕尼黑途中,他"与历来一样,超然绝俗,沉默不语,泰然自若,坚定自持"。中午12时30分,飞机降落于慕尼黑机场,由汉德逊前来迎接。汉德逊惊奇地发现,他虽然这把年纪,依然神采奕奕。"我的身子骨硬朗、结实。"他解释说。

天虽然下着毛毛雨,在通往慕尼黑火车站的道路两旁,依然站满了人群。他们热情洋溢,不停地喊着"万岁",还抬臂敬礼。下午4时许,张伯伦一行才开始走上通往贝格霍夫别墅的陡峭、弯曲的道路。山头云雾缭绕,天空漆黑一团,接着便下起了滂沱大雨。希特勒这位主人,彬彬有礼地站在通往屋里的台阶下。进屋后,他们一边喝茶,一边不自然地开玩笑。突然,希特勒开口问客人对会晤的日程有何建议。张伯伦说,他希望与他单独交谈。希特勒领着首相和译员施密特上了楼上的书房,把里宾特洛甫抛在后边——外长怒形于色。

在这间几乎毫无装饰、俭朴的小木屋里,希特勒心平气和地历数了导致目前危机的一系列事件。张伯伦聚精会神地听着,带着友好的笑容回答问题。一会儿后,他双目盯着希特勒的脸说,只要你不动武,我便准备讨论为德国人申冤的可能性。

"动武!"这才激动起来的希特勒说,"谁说要动武?在苏台德地区对日耳曼人使用武力的不正是贝奈斯吗?"山风呼啸,雨打窗台,希特勒滔滔不绝地说着。张伯伦只好叫停,以便咀嚼一下他在说些什么。"我再不能容忍了,"希特勒喊道,"我要解决这个问题,这样或那样。"听到这话,施密特大吃一惊——这是元首首次对一位外国政治家说这种话,"我将亲手处理此事。"

张伯伦吃了一惊,但回答得很坚决:"如果我没理解错的话,您准备反对捷克斯洛伐克。果若如此,您为何又让我前来贝希特斯加登?"此行纯系浪费时间。在此情况下,他说,他还不如立即返回英国,"其他均毫无意义"。

希特勒未料到会遭此反击,便迟疑了片刻。施密特暗想,希特勒是否真要大动干戈,现在是考验他的时刻了。这个译员既痛苦又焦虑地盯着希特在华盛顿,罗斯福却很关切。他生怕这类会谈只会拖延不可避免要爆发的战争的时日。于是,在一次内阁会议上,他哀叹英国首相竟"不惜一切代价乞求和平",并尖酸刻薄地对哈罗德·伊克斯说,很明显,英法两国是要使捷克人陷入困境,然后再"洗掉他们的背叛者手上的血迹"。周末结束前,英内阁内部也出现了反对张伯伦的情绪,但他坚持己见。美国驻英大使约瑟夫·肯尼迪给首相送去一份具有预兆性的报告——这份报告系著名的飞行家查尔斯·林德堡根据不久前他视察德国空军所获材料写成的,说明德国空军力量雄厚。与肯尼迪一样,张伯伦也感触尤深。同时,由于备战极差,英国只好继续采取绥靖政策。

9月18日,张伯伦对达拉第率领前来英国讨论这一问题的代表团说:"必须将部分领土割让给德国。但是,我们很难将捷克斯洛伐克拦腰砍开,除非捷克政府自己承认有必要进行边境调整。"

达拉第同意,只要向捷克人施加些小的"友好的压力",他们便可将"苏台德地区的某些部分"割让出去。与此同时,应向捷克人说明,对割让后余留的地区会有某种国际保证,德国必须参与这种保证。张伯伦先是犹豫不决,会谈中间休息结束后,便同意了。法国人回家后仍心惊肉跳,但张伯伦却自鸣得意。"前途虽尤多焦虑,"他在给妹妹的信中写道,"但最使我焦虑不安的事情已不复存在了,因为我觉得没什么可斥责自己的。相反,时至今日,事态是沿我所需要的途径发展的。"

但,与此同时,还有一件不愉快的工作要做:告诉捷克人必须将苏台德地区割让出去。次日午饭后,当英国公使将这一建议通知贝奈斯总统时,贝奈斯大受震动,起初竟拒绝讨论此事。英国公使巴塞尔·牛顿爵士虽觉难堪,但仍着重指出,他必须尽速批准,因为张伯伦拟在48小时内与希特勒重新会谈。贝奈斯愤怒地指责说,他的国家已被抛弃。他说,事实证明,他业已得到的保证仅是一纸空文。他惧怕的是,所提出的解决办法并非就此了结,而只是希特勒最终统治捷克的一个阶段。贝奈斯虽有这话在先,牛顿却向国内汇报称,他认为,贝奈斯"更趋于接受而不是拒绝,对有助于他向他的人民说明为何要接受的理由,他都听得进去"。

星期一,张伯伦整天都在焦急地等待答复;贝奈斯却在拼命地求助于另一方——苏联。星期二,他召见苏联公使并提出两个问题:如法国履行其条约义务,苏联是否也会履行?希特勒若发动进攻,苏联是否会向国联呼吁支持捷克斯洛伐克,即使法国不这样做的话?晚7时,莫斯科终于做了肯定的答复;45分钟后,捷克外长克罗夫塔告诉牛顿,他的政府拒绝接受英法两国的建议。

然而,片刻后,捷克总理霍德查却又将法国公使召去。他请求拉克瓦让巴黎发一封电报前来,声明若发生战争法国将退出条约。"这是拯救和平的唯一办法。"他说。他向拉克瓦保证,他这一行动是得到贝奈斯应允的——这是谎言。

拉克瓦立即将这一消息电告巴黎;牛顿也将其电告伦敦。在电文中,牛顿建议由哈利法克斯出面,向贝奈斯发出一份最后通牒,叫他"立即毫无保留地"接受英法两国的建议,"否则,英国政府将不再关注这个国家的命运"。

虽然夜色已深,哈利法克斯仍立即赶赴唐宁街10号。午夜后,他回到外交部向牛顿发出指示,让他叫贝奈斯重新考虑,否则张伯伦将推迟或取消与希特勒的第二次会晤。

凌晨2时,在他的法国同事的陪同下,牛顿来到赫拉德欣宫晋见捷克总统。处在时睡时醒中的贝奈斯被叫了起来,一听到拉克瓦的话,"便如遭大棍所击",立时瘫了,眼泪夺眶而出,一阵震惊后,被出卖了的贝奈斯答应中午给予最后答复。

首次表示接受英法两国的建议的话是从霍德查口中传来的。他拐弯抹角地通知牛顿,捷克的答复是肯定的,有关此事的正式答复将尽快交给他。但辩论一直延续至黄昏。那时,牛顿和拉克瓦两人被双双召至外交部。这两位公使各自拿到一份照会,该照会说,捷克斯洛伐克政府"难过地"接受英法两国的建议。

当晚,贝奈斯政府发表公告,宣布投降——这给许多西方人带来了耻辱。公告说:

> 凭友邦可能给予的援助,我们曾做出答复。但是,一旦有可能遭武力压服的问题出现时,很明显,欧洲危机的性质已趋于严重。因此,友

邦提出忠告,我们须做出牺牲,购买自由与和平,这也是他们无力相助所致……共和国总统及我国政府已无其他选择,因为我们已孤立无援。

通过代理人,希特勒又赢得了一次胜利。

次日上午,9月21日,张伯伦在登机前对记者说:"捷克斯洛伐克问题的圆满解决是加强英德两国人民之间的友谊的主要前提;而它又是欧洲和平的无可争议的基础。本人的目标是欧洲和平,我也希望此行能打开通向欧洲和平的道路。"

此次,两国领导人将在莱茵河上的戈德斯堡浴场会晤。首相的座机在科隆着陆时,前来迎接的有当地的要员。机场上还有仪仗队;冲锋队乐队高奏《上帝拯救国王》。仪式完毕后,英国人乘车来到下榻地彼得斯堡旅馆。这家旅馆位于河对岸的山上,与戈德斯堡隔河相望。希特勒常于喝咖啡时间来此旅馆,对它周围的景色赞不绝口。此次,他将英国客人安排在此处下榻,目的是要让他们对德拉申弗尔斯乡间的奇风异景产生印象;再者,若沿莱茵河溯河而上不到50英里,便是传说中的女妖大石的所在地。

从阳台上望去,张伯伦可望见隔河的德莱森旅馆;首次会谈将于下午5时在这里举行。半晌后,他乘着车子沿陡峭的山路来到河边,换乘渡船。河两岸站着数以万计的看热闹的人们,他们聚精会神地看着河中的小船。此情此景使汉德逊不禁想起大学时的划船比赛。

德莱森旅馆坐落在西岸。张伯伦一行上船后不一会儿便到了。希特勒历来是个和蔼的主人。他首先询问的是彼得斯堡的住房是否舒适。但是,在铺着羊毛地毯的会议室的长台前刚一坐定,他们便谈正事了。张伯伦一开始便历数了他和法国人从捷克人那里好不容易争到的种种让步。在将领土移交的全面而复杂的计划做了扼要说明后,他提到了英法两国向捷克所做的保证。说完,他便往椅背上一靠,脸上露出满意的神色,似乎在说(施密特想):"这五天来,本人的工作够出色了吧?"

令施密特奇怪的是,希特勒平静地、几乎后悔地回答:"本人非常抱歉,张伯伦先生。我不能再与您讨论这些事情了。经过近日来事态的发展后,这种解决办法已行不通了。"

首相唰地站了起来。施密特注意到,首相的浓眉下的和蔼的眼睛,放射出愤怒的光芒。他怒气冲冲地喊道,"我不明白!"这种解决办法完全符合元首在贝希特斯加登提出的要求。希特勒支支吾吾,诡称在波兰和匈牙利所提要求得到满足前,无法与捷克签订互不侵犯条约。他将英法两国的提议——予以反驳,并断然要求"从此"德国便占领苏台德地区。

张伯伦回答说,希特勒的这种态度既令他失望又令他摸不着头脑。这是一个崭新的要求,远远超过了希特勒在贝希特斯加登所提的要求。他二次访德所带来的计划足以满足元首的一切要求;而他这样做是用其政治生涯冒风险的。此时,艾·冯·寇克派特里克爵士递给首相一张条子,上面说,德军已在埃格尔跨过了边界。张伯伦马上抓住了这点。他说,这种事情的发生双方都不可避免。他敦促元首与他一起"不遗余力地、有秩序地、和平地将问题解决,勿让枪击和事故扰乱和平工作"。他问,希特勒有什么建议能使他们在原则上达成协议?

回答令张伯伦全身凉了半截:德军立刻占领苏台德地区,疆界日后用公民投票办法决定。由于这一要求几乎意味着捷克的彻底投降,两人便唇枪舌剑地交锋。舌战了好一阵子后,埃格尔又传来消息——是给希特勒的——说,有12个德国人质已被枪决。结果,用不着说,希特勒又大发议论,说捷克人如何极度不公平。接着,他发誓说,如果布拉格受布尔什维克的影响,人质继续被枪决,他便立即进行军事干涉。

会谈进行了3个小时,不欢而散,但又约定明日继续会谈。

在渡过莱茵河,乘车上山回旅馆的途中,首相虽不露声色,内心却愤怒万分。只在此时他才想到,他未使会谈破裂并回家是否是个错误。希特勒是处于发狂边缘呢,还是具有善恶两重性?若如此,张伯伦便有责任去打破僵局了。问题是怎样才能做到这点?

在参加会议者中,他并不是唯一怀疑希特勒的神志是否健全的人。在德莱森旅馆,几个新闻记者在散布谣言,说捷克危机令元首如此心烦欲狂以致趴在地板上咬地毯角。这种说法原系出自元首的一名副官。该副官说,元首已怒到"咬地毯"的地步了。"咬地毯"原系一句俚语;某些新闻记者竟按字面去理解。其实,此语应译成"走投无路"才对。如此幼稚无知,使元首的副官们——他们很少见元首发火——觉得好笑。希特勒发火时,一般是大发议论半个钟头;偶尔若大声呵斥,那也片刻即逝。"数次这样'发狂'时我都在场,"魏德曼写道,"我要说的是,他发的火,与那些脾气很坏又无自制力的人发的火没有什么两样。"

有些心腹相信,希特勒的发火是为了效果。若果真如此,那么,那天下午的发火,却使其对手处于守势。那时,张伯伦业已在草拟一封妥协信。信中,他建议由他出面探听捷克人的风声,看是否能做出安排,让苏台德地区的日耳曼人自行维持法律的秩序。

23日早餐后,这封信被送过了河。由于根本不想妥协,希特勒认为这是对他的想法的断然拒绝。在与里宾特洛甫及其他顾问进行长时间的"激烈的"磋商后,希特勒写了一封很不友好的信作为回答。信的内容重复了他在会议桌上说过的话。因为信很长来不及翻译,希特勒便令施密特带着信去见张伯伦,当面进行口头翻译。施密特腋下夹着一个大牛皮纸信封,于下午3时左右离开了德莱森旅馆。快到彼得斯堡旅馆时,施密特发现旅馆门口已围了一群记者。有位记者喊道:"你带的是和平还是战争?"施密特小心谨慎,未走漏风声,连肩也没有耸一耸。那时,张伯伦在凉台上,施密特被立刻带了进去。片刻前,张伯伦与汉德逊还在不安地来回踱步;见施密特前来,首相霎时控制住了自己,似乎他是在偶然踱步。

施密特回来后,希特勒焦急地问:"他说了些什么?他对我的信反应如何?"当他得悉张伯伦既不激动也不发怒时,他明显地松了一口气。不到一小时,张伯伦便派两人渡河,给希特勒送来了答复。这封信既是妥协又是噩兆,是玩弄外交辞令的典范。首先,他答应将希特勒的提议交给捷克人,要求希特勒给他发一份详尽地阐述他的要求的备忘录。他建议,收到元首的备忘录后,他便动身回英国。

他们进行了二次会谈。这想必是张伯伦回国的威胁所致。双方同意,张伯伦于该晚前往德莱森旅馆,一方面去取备忘录,一方面去听希特勒对此所做的解释。会谈于晚10时左右开始。由于参与会谈的人数增多,会议是在一小饭厅内举行的。汉德逊、寇克派特里克、里宾特洛甫和威兹萨克等人,围着希特勒和张伯伦呈半圆形而坐,且坐得很随便。备忘录则由施密特翻译。希特勒要求捷军从地图——该地图系备忘录的附件——上所示的地区撤出。撤军将从9月26日开始，苏台德地区于28日正式割让给德国。

"这是最后通牒！"张伯伦喊道，并举双手抗议。

"是一道命令！"喜欢炫耀其德语的汉德逊用德语附和道。张伯伦拒绝将这样的一份文件转给捷克人。他说，且不谈其内容，其语调就足以引起中立派的愤怒。他怒斥了希特勒，好像元首是他的一个不顺从的阁僚似的。希特勒被迫处于守势的时刻不多，而这是其中之一。接着在所提的日程问题上他又受到三名英国政治家的联合攻击，因为这份时间表给捷克人所留时间实在太短，无法从苏台德地区撤军并移交该地区。由于这份计划既行不通又具有危险性，它有可能导致一场欧战。

谈判因此陷入僵局。此时，有位副官进来了，给元首带来一份电报。元首草草地看了一遍后，将它交给施密特。施密特将它大声译成英语："贝奈斯通过电台刚刚宣布，捷克各武装力量实行总动员。"

最终打破沉默的是希特勒，"即使发生了这一闻所未闻的挑衅，"希特勒用几乎听不见的声音说，"我当然仍将遵守诺言，在谈判期间不反对捷克斯洛伐克——无论如何，张伯伦先生，您在德国逗留期间，我不会这样做。"这段话，因为是在心平气和的状态下说出的，所以好像有点使人糊涂；但元首接着说的话可就不可能被误解了。他言简意赅地说，捷克的总动员把一切问题解决了。张伯伦匆忙地指出，动员不外乎是个预防措施，不见得是进攻性措施；希特勒回答说，在他看来，总动员一事表明，捷克人无意放弃任何领土。张伯伦再次不同意此说。他辩论说，捷克人已原则同意苏台德地区实行自治，他们不会自食其言，出尔反尔。

那么，何故总动员？希特勒紧追不舍。

首相说，首先总动员的是德国嘛。

那你也叫它总动员？元首尖酸刻薄地反驳说。接着，他又再次进行威胁：这次危机不会长期拖延下去了。他引用一句日耳曼的古老的格言：恐怖之目标甚于无目标之恐怖。他说，那份最后通牒，代表了他最后的那句话。

张伯伦说，既然如此，继续谈判便无意义了。因为他亲眼看见他为欧洲和平的一切希望已破灭，他将带着沉重的心情返回英国。但是，他的良心是明如镜的;为了和平,他已竭尽全力。不幸的是,他并未在希特勒先生身上找到回声。

希特勒最怕的是张伯伦拂袖而去,所以,他便急忙向他保证,在谈判期间,他决不会入侵捷克斯洛伐克。此语有如一阵雷雨,使空气变得清新。"为了让您高兴,张伯伦先生,"沉默片刻后,他说,"在日程问题上,本人将做出一个让步。我是很少向人让步的,您是令我做出让步的其中之一。我同意10月1日作为撤退的日期。"

在其他枝节问题上又谈了一阵后,张伯伦答应将此最后通牒转给捷克人。此时已是凌晨1时30分了,众人只好休会。元首对首相为和平而奔波表示感谢,并向他保证:"捷克问题是他不得不在欧洲提出的最后一个领土要求。"

张伯伦在称心如意的"再见"声中离开了德国。目击他步出旅馆大门的人们,并未在他脸上看出他有一丝一毫的不快之感。

在经过数小时必要的睡眠后,张伯伦飞返伦敦,并于次日召开内阁全体会议。他解释道,如果想了解人们的行为,我们就必须了解其动机,看他们是如何思考的。希特勒先生"不会故意欺骗受他尊敬并一直与他谈判的人"。假如这样,他们"失去就两国间存在的种种分歧与德国达成谅解的机会",那将是个大悲剧。

当他沿着泰晤士河模拟德国轰炸机飞行路线返家时,他恐惧地说:"数以千计的家庭出现在轰炸机下。我问我自己,我们能为他们提供多少保护?我觉得,我们今天无力发动一场为了阻止之后会出现的战争的战争。"

在内阁,他从未受到过如此巨大的阻力。首先,海军部的达夫·库柏勋爵根本不相信元首的保证,提议立刻实行总动员。张伯伦力谏他的阁僚,此类决定宜推迟做出。会议决定先与下令实行局部动员的法国进行磋商。

星期天上午内阁再次举行会议时,又出现了新的反对意见。"我总无法驱除心中的疙瘩,"外长哈利法克斯说,"我觉得,希特勒先生什么也未给我们,只在那里发号施令,好像他已不战而胜似的。"只要纳粹主义依然存在,和平就不稳固。

早些时候支持张伯伦的黑尔什姆勋爵,此时同意外长的看法。辩论开始了。斯坦霍普和毛姆两勋爵力主向捷克施加压力以接受希特勒的备忘录,温斯顿勋爵则主张出于道义应拒绝其建议。由于内阁意见大相径庭,张伯伦力图恢复内阁的秩序。他说,此时谈论接受或拒绝希特勒的条款,或觉得受辱,都是错误的。接受或拒绝,主意该由捷克人拿。

内阁会议刚刚在不和中结束,张伯伦又碰见了一件烦心事。捷克大使扬·马萨里克来访,提出了严重抗议。他说,希特勒的备忘录的内容,使他的政府"目瞪口呆"。这份备忘录实际上是最后通牒,剥夺了捷克斯洛伐克保卫其民族生存的任何一个权利,"我的政府反对这些新的残酷的要求,必然会奋起并尽力反抗。我们将这样做,让上帝保佑。"

当晚,法国代表团又返回伦敦,以讨论局势。代表团团长达拉第宣布,法国不承认希特勒有权占领苏台德地区。对张伯伦所提的问题,即"若希特勒出于战略上的考虑,将一边界强加在捷克斯洛伐克的头上,你法国是否会宣战?"他的答复却含混不清。张伯伦催他明确表态,达拉第回答说:"在进行一个时期的集中后",法国可能会"在陆上试图进攻"。

为了让张伯伦与内阁磋商,会谈中止了半个钟头。"对避免战争的可能性,能挖掘的而未挖掘,本人是不会甘心的,"他对其阁僚说,"所以,本人建议,以本人与希特勒先生的会谈为基础,以我私人名义致函希特勒。"这封信建议成立共同委员会以决定如何将捷克业已接受的建议付诸实施,由霍拉斯·威尔逊爵士转交给元首,"若希特勒先生对此信拒不作答,霍拉斯·威尔逊爵士便有权代表本人转达如下意见,即是说,如本呼吁遭到拒绝,法国将参战,若如此,我们似乎也应卷进去。"

次日上午,9月26日,被希特勒称为"对犹太人怀有感情"的威尔逊爵士,带着这封信前往柏林。(1968年,威尔逊对记者科林·克洛斯说,他理解希特勒对犹太人的感情,并问过他:"你是否碰到过你喜欢的犹太人?")元首心平气和地听着,但越来越坐立不安。当他听到他在戈德斯堡备忘录中所提条款使英国公众震惊一语时,不禁喊了起来:"别再说了,再说也没用!"

这并未止住威尔逊爵士——尽管希特勒"不耐烦地叫喊着,还打着讨厌的手势"——他让翻译施密特继续将张伯伦的信读完。当施密特读到"捷克斯洛伐克政府认为,这个建议是完全不能接受的"时,希特勒一跃而起,朝门边走去,嘴里还念念有词:"再说也无用。"

"这种情景是很特别的,"施密特回忆说,"尤其是,当他走到门口时,他似乎醒悟到自己的行为是何等的无礼,又像个不听话的孩子,回到自己的座位上去了。"他好不容易才耐住性子,让施密特将信读完。此时,他已怒不可遏。在外交场合他如此愤怒,译员施密特从未见过。希特勒喊道,日耳曼人所受的待遇,有如黑种人一般,对土耳其人,人们也不会这样对待。"到10月1日,我要捷克斯洛伐克怎么办就得怎么办!"他喊道。如果法国和英国想打,那也请便,他毫不介意。希特勒恢复平静后,表示同意与捷克人谈判。然而,他却坚持要在48小时内接受戈德斯堡备忘录内所列的各条款。他补充说,无论如何,德军将于10月1日占领苏台德地区。

当日下午的愤怒一直延至当晚——且延至体育馆。希特勒少有的如此大放厥词,满口喷毒。他的主攻对象是贝奈斯。"这不是捷克斯洛伐克的问题,而是贝奈斯先生的问题!"一心想毁灭日耳曼民族的是他,让他的国家为布尔什维克效劳的还是他。"他现在掌管大权,和还是战!要么是现在就接受我们的条件,最终将自由归还给日耳曼人,否则,我们将自行取得这种自由!"全体日耳曼人——"与1918年时的情况有天渊之别了!"——都与他团结一致。"我们的决心已下!让贝奈斯先生选择吧!"

希特勒刚坐下,戈培尔便跳了起来:"有一点是肯定的,1918年永不会再重复!"这句话一出,元首又站了起来。他右手猛击讲台,喊了一声"不错!"重又坐下。他的头发沾着汗水耷拉到前额——他筋疲力尽了。

他的谈话使抱有和平希望的人士绝望了。在伦敦,工人们在白金汉宫附近挖掘战壕,还贴出了提防空袭的宣传画。罗斯福的私交布里特大使从巴黎打电话至华盛顿说:"我认为,从星期五午夜起,战的可能是95%。"美国总统从驻伦敦大使约瑟夫·肯尼迪口中听到这些消息后,连忙致电希特勒(两天中的第二封),呼吁继续进行谈判。

张伯伦以在报上发表声明的形式也再次向元首呼吁。他说,只要德国不使用武力,英国将保证让捷克履行其从苏台德地区撤军的诺言。次日上午,他的特使威尔逊带着这个新建议,再次来到德国总理府,但希特勒却拒不讨论。捷克人只有两条路可走:接受或拒绝德国的建议。"如果他们宁愿拒绝,我就将捷克斯洛伐克打得粉碎!"他威胁说,贝奈斯若不于次日下午2时前投降,他就将部队开进苏台德地区。

霍拉斯爵士猛然起身,大声朗读一份声明。施密特译得很慢,且抑扬顿挫,目的是要让希特勒掌握其主要之点:"如法国为了履行其条约义务积极卷入对德的敌对行动中,那么,联合王国认为它自己不得不支持法国。"

希特勒大怒:"英法两国若要打,那就请便。我完全不在乎。我已为一切可能性做好了准备。今天是星期二,到下星期一,我们全在打仗了。"

威尔逊想继续谈下去,汉德逊忙示意他不必。在告别前,威尔逊爵士与元首单独待了片刻。他重申,必须不惜一切代价避免一场灾难。"我设法叫那些捷克人清醒清醒。"他保证说。

"这我是欢迎的。"希特勒说。他再次强调,英国再也找不到第二个像他那样的好友。

昨晚,尽管体育馆内的群众热情洋溢,但据威廉·希拉(站在阳台上广播)在日记中说,体育馆内未出现战争狂热,"群众很和善,好像没听懂他的话是什么意思。"星期三下午快到黄昏时,一师摩托化部队开过柏林城。下班的人们不但没有欢呼,且大都遁入地铁,少数未下地铁者,也只默默地看着。这再次说明未出现战争狂热。

魏德曼上尉也注意到了公众缺乏热情的情况。当步入总理府时,他大声说:"外边简直像是在送葬!""嘘!"一副官小声说,"他就坐在窗前。"希特勒看着队伍,沉思着。后来,有人听见他在自言自语:"我还不能对这个国家发动战争。"也许正是因为有这种想法,他才向张伯伦发出一份照会——就他而言,这是一份妥协照会。

在与德国相比未做战争准备的英国,张伯伦首相正准备向全国发表广播演说。在英国,批评他的绥靖政策的怨声日高,而他自己也受怀疑的折磨。上午8时,就在他走上讲台前——与宣布英国舰队总动员的同时——他说:"我到处乱走,步履蹒跚。"接着,他公开暴露了他的恐惧:"多么恐怖,多么不可思议,多么不可置信!只是因为在一个遥远的国土上,在我们素不相识的人们之间发生口角,我们便想戴上防毒面具!尤其是,一个业已在原则上解决了的口角,竟成为战争的话柄,这更不可能!"接着,他便告诫人们为做出更大的让步做好准备。"在我心灵深处,我是爱好和平的。在我看来,国家间动干戈,是一个梦魇;但是,一旦我确信某个国家已下定决心用武力独霸世界时,我觉得,我们便应抵抗。在这种统治下,相信自由的人们是无法生活下去的。但是,战争却是可怕的,在走上战争道路前,我们对此应有明确的认识。必须是在千钧一发时才能交战。"

两小时后,希特勒的信到了——这便增添了首相的希望。与通常一样,这封信一开头便破口大骂捷克人;之后,它便闪烁其词地建议,让张伯伦继续努力,"叫布拉格在最后时刻回心转意"。在处于绝望中的张伯伦看来,差距似乎缩小了。他于是便匆忙草拟了一份答复,请求再次与元首会见,"本人深信,我们能在一周内达成协议……我不相信只是为解决长期悬而未决的问题而多耽搁几天,您便愿意承担发动一场可能会毁灭文明的世界大战的责任。"

接着,首相又草拟了一封致墨索里尼的私函,把最近一次向希特勒的呼吁告诉了他,"本人相信,阁下将通知德国总理,您愿意充当代表,并敦促他接受本人的建议,因为本建议将令各国人民不致发生战争。"于是,他重新怀着希望,孜孜不倦地工作至深夜,准备次日上午在国会发表的演讲稿——这也是希特勒最后通牒到期的一天。

9月28日,星期三,这是可怕的一天。在危机的核心地区柏林,这天是在狂乱中开始的。早晨8时,法国大使弗朗索瓦·本塞便打电话给威兹萨克,紧急求见元首,说要提出新建议。威兹萨克急忙赶至恺撒霍夫旅馆——他的上司住在那里。然而,"由于自己的一手计划有可能遭到破坏,且是巴黎搞的",里宾特洛甫便大发雷霆。

据威兹萨克的说法,他当时说:"双方的真正分歧很小,且仅牵涉到合并苏台德地区的方法问题。为这一件小事便发动战争,这是荒谬绝伦的。"

"这应留给元首决定!"里宾特洛甫喊道。说完,两人带着情绪,一同去了总理府。

上午10时,即希特勒的最后通牒到期前4小时,弗朗索瓦·本塞给汉德逊去了个电话,说他怕事情不妙。他求见元首之事尚未获准。很明显,元首今日不拟会见各国使节。汉德逊答应从中帮忙。首先,他打电话给戈林说，希特勒拒不见弗朗索瓦·本塞，而本塞却身怀是战是和的新建议。戈林打断了他的话。不久前还是维也纳的侵略者，他现在却充当起调停人的角色来了。"你一个字也用不着再说了，"他说，"我立刻去见元首！"

在总理府，施密特从未见人们这样忙碌过。"匆匆赶来求见元首的部长和将军们，带着各自的党员、随从副官、各级军官或各部门的头目，或坐或立，比比皆是。"希特勒东奔西跑，详细地阐述他的观点，对大家的劝告则一概不听。待戈林前来讲理时，元首已回到了冬园。戈林发现前外长牛赖特也在客厅，便邀他一同去见希特勒。然而，一进入会议室，辩论的重负反落在牛赖特身上了。"我的元首，"他说，"不管情况如何您都要发动战争吗？当然不行！"

里宾特洛甫在冬园外徘徊，希望元首请他入内。戈林从园内出来，怀着敌意朝他大步走去，大声喊道："冯·里宾特洛甫先生，假如战争爆发，本人将第一个告诉德国人民，是你把事情搞到如此地步的！"当着一群副官的面，这两位高级领导便开始唇枪舌剑，又是恫吓，又是辱骂。里宾特洛甫指责对手怕战；戈林吼叫着反驳说，只要元首"进军"一声令下，他将乘坐领头的飞机出发——条件是，里宾特洛甫必须坐在他身后！"若不是局势如此严重，"魏德曼回忆说，"这两个'神经质演员'，如同经常发生在彩排前的舞台上的情况一样，互相攻击，是非常可笑的。"

过了一会儿，上午11时，里宾特洛甫终被召进冬园，以便出席与弗朗索瓦·本塞的会晤。这名法国大使挥舞着地图预言，若向捷克斯洛伐克进攻，战火必然会蔓延至全欧洲。"自然，你有必胜的信心，就像我们有信心打败你一样。不过，你的主要要求无须战争便可得到满足时，你为何要冒险？"

很明显，弗朗索瓦·本塞的一席话，又慢慢地扭转了乾坤，有利于和平了。希特勒已不再火冒三丈，但也不能为这个法国人的逻辑做出回答。突然，一个副官插话说，阿托利科大使在门外求见，说带来了罗马的急信。

一眼瞥见元首从冬园出来，阿托利科老远便不客气地大声呼叫，说他身上带有墨索里尼的急信！"意大利总理通知您，不管您做何决定，元首，法西斯意大利都做您的后盾。"喘匀气后，他补充说："然而，意大利总理的意见是，您还是接受英国的建议为好。他求您勿搞总动员。"

"告诉意大利总理,我接受他的建议。"希特勒说完便进了冬园。他对弗朗索瓦·本塞说,墨索里尼刚询问他是否接受他的建议——却未说明他已同意这样做。两人继续会谈,但希特勒心神不定。很明显,他仍在考虑墨索里尼的意见。一会儿后,他站起身来,表明会晤到此结束。弗朗索瓦·本塞问,他是否应通知其政府,说元首的态度不变。希特勒心神不定地回答说,他将于下午做出答复。

人们一个个进入冬园。中午过后几分钟,汉德逊在接待室内挤开人群,进入冬园。"事情好办些了,"一个德国朋友小声对他说,"只是要吃得住。"在会议室内,希特勒耐心地倾听着。施密特将张伯伦的提议译了出来:他将立刻前来柏林与他磋商。希特勒答道,他得先与墨索里尼通话。

墨索里尼赞成这个想法。他建议大家在慕尼黑开会碰头。希特勒同意后,便匆忙向达拉第和张伯伦发出邀请。发给张伯伦的邀请书是于后者在众议院发表讲话时抵达的。这时,玛丽王后正与哈利法克斯、鲍尔温及其他要员们一起站在走廊里。张伯伦刚宣布希特勒已接受墨索里尼关于推迟总动员的建议一事,财政大臣便递给他一张纸条。首相的脸色立时变了。他断断续续地说:"不止于此,我还有话对诸位说。我得到希特勒先生通知,他邀请本人明日上午在慕尼黑与他相见。他还邀请了墨索里尼先生和达拉第先生。"不知谁喊了一声:"为首相感谢上帝!"此语一出,全场便空前歇斯底里地喊了起来。作为自治象征的玛丽王后,与肯特女公爵和张伯伦夫人一起,竟放声大哭。约翰·西蒙爵士在回忆录中写道:"欢呼声从四面八方传来。未欢呼者为数极少。大家一致同意立即休会。我亲眼看见,男人们(有些人曾蔑视张伯伦)含着泪水,走了过去,使劲地握着首相的手。""众议员中也有少数人未动感情,其中之一是温斯顿·丘吉尔。""捷克斯洛伐克怎么办呢?"有人听他痛苦地说,"难道没人想到要征求他们的意见吗?"

在民主国家内,人民也如释重负,例外者只寥寥无几。在巴黎、伦敦和纽约的街头,人们兴高采烈地争阅宣布危机已经结束的号外新闻。布里特大使从巴黎给他的朋友罗斯福的信中说:"今晚,我真是轻松极了,真想见人就拥抱。我真希望我是在白宫,好在您的秃顶上狠狠地吻一下!"罗斯福总统则从华盛顿给张伯伦发了一封仅有两个字的电报:好人。

从另一位总统贝奈斯那里，首相收到了一封较长的电报——是个请求："本人真诚地求助于张伯伦先生，因为我们真心希望为和平做出贡献。所以，我请求你们，在未听到捷克斯洛伐克的申诉前，勿在慕尼黑做出任何决定。"

大多数德国人也感到松了一口气，但反希特勒集团却惊诧得目瞪口呆。这条新闻破坏了他们武力捉拿希特勒并建立军事统治的计划。当哈尔德悉要在慕尼黑开会时，他觉得"在此情况下已再无法将起义计划付诸实施"。

下午6时，在群众的热烈的欢呼声中，意大利总理的豪华专列离开了罗马。他神采飞扬、眉飞色舞。这是因为，他不但被作为和平的救星而受到全球的欢呼，而且还因帮助希特勒渡过难关而赢得了他的感激。墨索里尼也觉得，他在一场外交战中赢了英国。在与齐亚诺共进晚餐时，他友善地取笑了他们。"在一个人们将动物崇拜到如此地步，以至要为它们建造房屋和医院，为它们修筑墓地，甚至连遗产也可由鹦鹉来继承的国度里，你尽可以相信，它已开始腐朽了。此外，别的原因不说，这也是英国的国民结构的一个后果。有400万妇女盈余，400万妇女的性欲得不到满足，人为地造出一系列问题来——目的在于抚慰她们的理智，或让她们兴奋。因为无法去拥抱一个男人，她们只好去拥抱全人类。"

次日清晨，9月29日，元首在慕尼黑与边界之间迎接墨索里尼。此举不独是给予一个盟友的礼遇，而且还使希特勒有机会将事态的最新情况告诉墨索里尼。当两个独裁者乘坐元首的专列开往巴伐利亚州的首府时，希特勒透露说，"西壁"一旦竣工，他就用不着害怕来自那里的攻击了。假若英法两国真的笨到发动突然袭击的地步，那么，敌人还来不及动员战争便会结束。"我没有必要去动员。德国陆军严阵以待，只需请求行动，我的目标便能实现。"

参加慕尼黑会议的另外两名成员是乘飞机前往的。张伯伦离开赫斯顿时，天下起了小雨。他对记者们说："小时候，我常常说，'第一次若不成功，那就努力，再努力！'这就是我现在的所为。待我回来时，我希望我能够说，正如霍斯帕在《亨利四世》中说过的那样，'冲破艰难险阻'我们摘下了这朵鲜花——安全！"

法国总理在"达拉第万岁！""和平万岁！"的喊声中，在勒布盖机场登上了飞机。飞机是在浓雾中起飞的。上午11时15分，这架双引擎飞机在慕尼黑机场降落了。弗朗索瓦·本塞是看着达拉第走下飞机的。他发现，达拉第双眉紧锁，眼角的皱纹既多又深。他离开时，城里既紧张又可怕。但是，令他惊奇的是，他发现德国人竟兴高采烈。他们用热情的欢呼声迎接他，好像他是个英雄似的。

张伯伦是在午前数分钟着陆的。在前往里奇纳宫旅馆途中，他也受到了盛大的欢迎。在旅馆里仅留数分钟后，他坐上敞篷汽车前往新近落成的元首大楼——会议将在那里举行。这座元首大楼系国家社会主义党围绕科尼希广场而建的大楼群之一，用巨石砌成，建筑紧凑，中央厅宽广异常，高65英尺，宽100英尺。大厅里有两座壮观的石阶，通向会议室。

张伯伦及其两名同事，身穿黑色制服，首先来到会议室。接着前来的是墨索里尼——他抬头挺胸，步履轻快，无拘无束，好像他是主人似的。最后抵达的是元首。他的目光严厉而奇特，使达拉第感受不浅。会议参与者及其助手们的座位设在小餐厅内的长台上，他们彼此互相打量，客气但冷冷地握着手。希特勒极力装出和蔼可亲的样子，他眉宇之间却现出关切，因为客人们大都不讲德语，他不能与他们自由交谈。拘谨地进完自助餐后，希特勒领着众人进了一间四方形的房子——鸟瞰着科尼希广场。房子很是壮观，四周的墙壁用皮革覆盖，还有不少花草和各种画。墙上还有个大理石砌成的壁炉，壁炉上方悬挂着伦巴赫画的俾斯麦的巨幅画像。

由于准备工作极差，且又没组织好，会议一开始便混乱不堪，且越开越糊涂。会议既无主席又无日程安排，也没有大家同意的程序，完全成了各有关人士间的自由交谈。一次，在关于就苏台德地区的财产向捷克人提供赔偿的问题上，张伯伦表示关切而且喋喋不休。这令希特勒坐立不安。他喊道："我们的时间非常宝贵，不能消费在这些鸡毛蒜皮的小事上。"

墨索里尼就如何解决苏台德地区问题提出了一份书面提案，使会议稍稍有了点儿程序（这份提案实际上是德国人起草的，但墨索里尼将它作为自己的提案提出来）。那时已是下午3时了，会议休会进午餐。午餐后，会议开得更加混乱，简直是乱七八糟。经常三四个人同时发言，使施密特无法进行工作。他坚持，发言者应在会议发言译文宣读后再进行。在外边透过玻璃门看热闹的人们看来，他活像是一个正在纠正混乱的课堂秩序的小学校长。使情况更为复杂的是，外人也纷纷闯进会议室。戈林、弗朗索瓦·本塞、汉德逊、阿托利科、威兹萨克等人，带着书记、秘书和随从，大摇大摆地走了进来。他们一进来便围绕主要与会者而坐，而主要的与会者则在大壁炉前形成一个半圆而坐，这样一来，整个会场看上去就像高筹码赌注就要揭晓时的赌场一样。

会议已由墨索里尼主持了。墨索里尼能操四种语言，其余三位会议参与者只能讲各自的语言。他的英语讲得十分吃力，法语讲得像意大利语，德语是否能让人听懂还是一个问题，他仍像一个首席翻译，像个无秩序的合唱队的指挥——唯我独尊但和气可爱，他用德语向希特勒提问，将回答的要点而不是原话分别用英语和法语转告给英法两国代表团。"那天我很开心,"他后来对党卫队上尉多尔曼（他带他前来当译员）说,"所有人的眼光都集中在我身上，不是集中在达拉第先生或张伯伦先生身上。这真是个值得恺撒出席的场合。你记不记得？"

快到傍晚时，室内的空气更加紧张了。后来，英国终于端出了一份提案。除苏台德地区公民投票以及要为捷克的新边境提供国际保证等条件外，其余全被接受。在讨论——冗长但并不特别刻薄——抵达高潮时，多尔曼被召了出去，有个罩着面纱的神秘女人求见。在哨兵室里，他发现此人原来是阿托利科大使的夫人。她要求让希特勒先生"立刻毫无延误"地将会议进行情况告诉她。因为她曾在罗列托的香客教堂向圣母玛利亚许过愿：若会议开得成功、世界和平得以维护，她会携一支金色的大蜡烛回来。她的火车还有半小时就要开了。多尔曼说，此事他不能去问希特勒，问问墨索里尼或齐亚诺还马马虎虎。问他们可不行，她叫他去问无事不晓的希姆莱。多尔曼无计可施，只好去找帝国元首，"起初，他觉得惊奇，一想又觉得好笑。他授权我宣布，和平已有保证。"

协议看来可以签订了，但仍有若干点需要澄清。那时已是晚上8点了，希特勒已不耐烦了。他原已准备好了酒席以庆祝会议结束；此时饭菜已凉了。他建议休会，先去赴宴，因为讨论还可能再拖上几个小时。英法两国代表以要向政府打电话为由婉言拒绝了他的邀请。但施密特却觉得,他们没有心思出席宴会。"和平是取得了,但名声却遭到重大损失。"英方代表匆匆返回里吉纳饭店,法国代表则赶回四季旅馆——回去后,他们让人将饭菜送至房间。与此同时,德国人与意大利人则在元首大楼用香槟酒和各种佳肴欢庆胜利。

当代表回去和他们的顾问们在壁炉前坐下来时,已是晚上 10 点多了。他们重又将协议做了广泛的修改。由于拖拖拉拉,一直到深夜后才达成协议。"实际上,这早已成定局,"戈林后来对一位美国心理学家说,"无论是张伯伦还是达拉第,他们谁都无意为拯救捷克斯洛伐克而做出任何牺牲或去冒险。我对这是再清楚不过的。捷克斯洛伐克的命运在 3 小时内便决定了。他们后来喋喋不休地争吵的是'保证'这个字眼。张伯伦关注两方;达拉第则对事事都不加注意,他就这样坐着。"(戈林滑了下去,半躺半卧地坐着,脸上还做出厌烦的表情。)"他只不时地点头称是,事事都没有一星半点的反对意见。希特勒竟如此轻易地左右了这件事,这令我惊奇不已。毕竟,他们也很清楚,斯科达公司等,在苏台德地区开有兵工厂,捷克斯洛伐克完全受我们摆布……当希特勒建议将苏台德界外的某些军备在占领苏台德地区后立即搬迁进去时,我原以为会大吵特吵的——但是没有,连斜着看一眼也没有。我们得到了所要的一切,可说是如愿以偿了,而且是这样得到的。"(他爽快地弹了一下指头。)

凌晨 1 时 30 分,一份众人皆可接受的文件被正式放置在一张红木台上——靠近做工考究的大墨水池。条约规定,从 10 月 1 日起,苏台德地区的撤退工作将分四阶段完成。协议还规定建立国际委员会,以决定在何区举行公民投票,以及最终划定疆界。

希特勒显得心满意足。由于第一个签字的是他,他发现那个大墨水池是干的,便忙令人取个新的来代替。最迟来的是他,但第一个走的也是他。"希特勒眼中放射着胜利的光芒,大步走下元首大楼的宽阔的石阶。"此情此景,令记者威廉·希拉印象尤深。

张伯伦和达拉第又待了相当长的时间后才离开。他们的责任是相当痛苦的:要把捷克的命运通知捷克人——捷克的两名代表整天在焦急地等待着。凌晨2时15分,他们被带至张伯伦的旅馆房内。这两名代表在听候宣判时,室内的气氛窒息得让人喘不过气来。张伯伦长篇大论,如此这般讲了一通,达拉第便把一份协议书递给捷克人——此时,张伯伦开始打哈欠了。一个捷克人哭了。"相信我好了,"弗朗索瓦·本塞告慰他说,"这些都不是最终的。它不过是一个刚开场的故事的一刹那,而这个故事也必定将此旧事重提。"

达拉第一觉醒来,听见旅馆外欢声四起,简直令人神魂颠倒。他们又唱又跳,高呼"亲爱的小达拉第"快出来——达拉第无奈,只好步出房门,到阳台上与众人相见。

当日上午晚些时候,达拉第乘敞篷车前往希特勒寓所举行最后一次会谈。在街上,他又受到了慕尼黑市民的欢呼。英国首相此次德国之行还担负着一项重大使命。他已草拟了一份简短的声明,希望希特勒能在此声明上签字。这份声明,远远地超过了在元首大楼签署的文件的意义——它表明,两国决心永不再交战。"如果他签字,"吃早餐时,他对议会秘书说,"并遵守之,这很好;如他出尔反尔,那就能说服美国人,使美国人相信他是什么人。"

希特勒一听完这份备忘录的译文,便连声称,"行!行!行!"两人未费多少口舌便在上边签了字。张伯伦将一份正文交给希特勒,另一份则由自己保存——他坚信,希特勒也与自己一样热心。然而,施密特觉得,对于措辞,他虽同意了,但有点勉强;他之所以签字,仅是要使张伯伦高兴。希特勒似乎要散布互相矛盾的印象。他私下高兴地对男仆说,首相如此老迈年高,还专程前来看他。"我给他的东西够多的了,他不会很快又再来。"然而,片刻后,他又对陆军副官格尔哈德·恩格尔少将说,"他喜欢这位老人,希望能继续与他谈判。"希特勒向恩格尔保证,他自己"并不想采取有潜在危险的任何步骤。首先得消化已得成果。解决波兰问题的办法是不会跑掉的"。

张伯伦的座机于清晨5时38分在赫斯顿着陆。他站在机舱门口,带着微笑,挥动着他与希特勒签署的文件。"我将它搞到了!"他对哈利法克斯喊道,"我将它搞到了!"群众的欢呼声仍在耳旁吼叫,他便当众宣读了英王写给他的信,要他"立刻赶至白金汉宫,以便令我本人有机会对您的慕尼黑之行所取得的成功表示最衷心的祝贺"。

从机场至白金汉宫中的途中,他受到盛大欢迎——给予英雄的欢迎,这在英国历史上是罕见的。在一封私函中,他曾描述道,街道上"从头至尾都站满了各个阶级的人。他们高声欢呼,把嗓子都喊哑了。他们跳上汽车的踏板,捶打着玻璃,把手伸进车内与我握手"。整个英国似乎都要向他祝贺并感谢他。"没有一个从沙场得胜回朝的征服者,"伦敦的《泰晤士报》评论说,"曾获得比这更荣耀的桂冠。"

在唐宁街10号前,他被人群包围了。人们尖声欢呼,不愿散开。张伯伦无奈,只好走至一扇敞开的窗户前。欢呼之声越来越大,最终成了"他是个大好人"的喊声。他站在窗前,满面红光。这扇窗户恰好是1878年狄斯累利从柏林会议回国后宣布"光荣的和平"时所站立过的窗户。他说:"在我国的历史上,这是光荣的和平。两次从德国回到唐宁街,我认为,这是我们时代的和平。"

数周来的危机终告结束。英国除少数人外,均兴高采烈。然而,在新总理詹·西洛维将军上任并通过电台宣布由于他们已遭抛弃、孤立无援,本届政府被迫接受慕尼黑的命令时,布拉格并未举行庆祝。他说,这是"领土的减少与国家的死亡"之间做出的选择。

墨索里尼也受到了盛大欢迎。这次欢迎,他自己认为,是他整整20年法西斯生涯中所受到的最盛大的一次。在每个火车站和交叉路口,不计其数的人们在等候他的列车并尽情欢呼。许多人还下跪迎接。在罗马,他乘敞篷车沿国家大街缓缓前行,从用枝叶搭成的凯旋门下驶过——他受到了只有恺撒才配享受的欢迎。车队进入威尼斯广场时,人们齐声高喊:"领袖!领袖!"当他最终在阳台上出现时,群众的欢呼声震耳欲聋。此情此景表明,他也许从未如此受欢迎过。

尽管如此,在慕尼黑会议的参与者中,最受世界推崇的仍首推张伯伦。他的瘦削身材和那个鹰钩鼻,已成为家喻户晓的和平的象征。前继位王子威尔士亲王秘密致函于他,感谢他"拯救了和平"。退位德皇也致函玛丽王后说,他毫不怀疑,首相避免了"一次最可怕的灾难","既有天示又有上帝指引"。大部分德国人均有同感。10月1日早晨醒来,人们均在祈祷:在他们的军队跨进苏台德地区时,切勿受到阻碍。拂晓时,希特勒的专列驶抵捷克边境。第一个向希特勒表忠的将军——莱希瑙——向他报告时所使用的语言,令魏德曼大吃一惊:"我的元首,今天,陆军正在做出一次士兵们所能为他们的最高统帅做出的最大的牺牲,那就是,不发一枪地向敌人的领土挺进!"

魏德曼不相信一个德国将军竟会讲出此等荒唐话来。另一个将军插话说:"不错,我的元首,今天早晨我到了我旧时待过的团。由于禁止进攻捷克的平房,许多士兵都在哭泣!"

希特勒说:"失败主义者一直在向我嘀咕,说什么我的政治会导致战争!"元首说的这种话,且又说得如此尖刻,使站在他身后的魏德曼大吃一惊,他所指的失败主义者是谁?

在首相府,过去几小时的紧张和疲劳已使张伯伦精疲力竭。"在我一生中,我从未那样过。我的精神差点儿垮了,"在一封信中他这样承认道,"我重新振作起来,因为,在议会里,我还得再经受一次酷刑。"10月3日,星期一,议会开幕了。至那时,许多人的兴头已过,耻辱取代了幸免一战的轻松感。在下院,达夫·库柏提出辞呈,辞去了内阁职务,挑起了关于慕尼黑问题的辩论。他说,对捷克斯洛伐克的入侵,必然导致一场欧战。"首相一直相信,用合情合理的语言可打动希特勒先生。我倒相信,他更爱听的是铁甲拳头的语言。"

既疲倦又愤怒的张伯伦起身回答说,他与希特勒在元首的寓所签订的协议,其意义是非常重大的。双方均有诚意和良好的愿望;希特勒曾一再着重说明这点,他要自食其言是异常困难的。人们朝他鼓了掌,但缺乏热情,原因是整个议会笼罩着一种内疚的情绪。辩论持续了三天,丘吉尔雄辩的谴责,使辩论达到了高潮。"一切都过去了,"他说,"捷克斯洛伐克,默默地、悲哀地沉进黑暗。它被抛弃了,且支离破碎。"忠诚而勇敢的英国人民,在得悉这一条约的消息时,自发地兴高采烈并觉得宽慰。这,他并不嫉妒。"但是,他们应该知道真实情况。他们应该知道,长期以来,我国的防御力量不足,且又大遭忽视;他们应该知道,即使未发生战争,我们已蒙受巨大损失,其影响深远……别以为事情就此告终,这仅是算账的开端。"

在此之前,张伯伦及其迁就他的同僚曾就东欧中部(希特勒将做出保证)问题提出过修改后的解决办法。但是,时至今日,事情已很明显,元首的计划与此完全相反,且无法进行调解。张伯伦及其保护伞正在变成怯懦的象征。这令他担心。他于是便求助于阿道夫·希特勒。他秘密致函希特勒,询问元首在当晚于体育馆发表的演讲中,能否"在引导英国的公众舆论方面给首相以某种支持"。希特勒欣然同意,对张伯伦议会内的恶毒攻击者发动了猛攻。然而,这一抚慰和援助其实是不必要的。次日,10月6日,下院匆忙批准了张伯伦的政策,凭这一政策,在新近的危机中,战争被避免了。投票结果是366票赞成,144票反对,35名背叛者——包括库柏、艾登和丘吉尔在内——弃权。

上述三人的攻击在柏林产生的影响要大得多。希特勒把他们攻击张伯伦的每个字都看作是人身攻击。在签订这项协议后,他高高兴兴地从元首大楼出来——他的副官和随从等均同意这点——相信捷克问题已一举永久得到解决,他也有心承担在这桩买卖中他应承担的义务。

英国的齐声谴责改变了所有这一切。在威廉大街,人们已听到窃窃私语,说里宾特洛甫和希姆莱趁希特勒烦恼之机对他说,在慕尼黑,他并未完全利用西方民主国家对战争的恐惧心理,英国谈判的目的是为了争取时间,以便在日后装备较好时发动进攻。

弗朗索瓦·本塞在了解到有此不满情绪后,极力使希特勒冷静下来。为此,他特别建议希特勒与法国签订一项类似与张伯伦签订的协议。"我想在他眼前展现签订更多协议的可能性。这些协议可以是经济上的,也可以是财政方面的。它们或许能引导欧洲组织起来。我也希望能将他的思想引向非暴力的前景和方向上去。"

然而,希特勒却相信,或假装相信,背信弃义的阿尔比昂①已欺骗了他。10月9日,在萨尔布吕肯发表的一篇刻薄的演讲中,他流露了这种想法,把英国的态度比作一个家庭女教师的态度。他继而攻击了丘吉尔、库柏和艾登这心怀恶意的三驾马车,所用言辞较在体育馆的演说更尖酸刻薄得多。

---

① 阿尔比昂,大英帝国的原名。——译注

3天后,希特勒的谩骂产生了效果。当时,专为实施《慕尼黑协定》而建立的国际委员会一致投票赞成不举行公民投票。这个委员会的成员们早已屈从于希特勒的要求,即以1910年的人口普查为准,以决定哪些地区该割让给帝国。事情越来越明显,原来的协定已受到歪曲,捷克将被剥夺最后一道防御工事。

10月中旬,弗朗索瓦·本塞最后一次呼吁希特勒要讲道理。那是在他调任罗马前向元首举行的告别宴会上讲的。希特勒向来喜欢这位大使。为了对法国大使7年来在柏林做的服务表示感谢,希特勒特邀他前往建在克尔斯坦山顶(高出地面一英里)的茶馆。这个茶馆是在鲍曼孜孜不倦地指挥下建成的,据说耗资3000万马克。从工程学上来讲,它是个创举。从贝格霍夫通向山顶长5英里的柏油公路也是如此。这条公路弯弯曲曲,完全是从山间炸出来的一条通道,还有几个人为此丧生。弗朗索瓦·本塞坐着车子,沿这条公路上山,进了凿于峰底的地道。到了走廊的尽头,他被带上一座用黄铜镶嵌的扶手电梯。电梯的梯座完全是从岩石中挖掘而成的。在上升约400英尺后,弗朗索瓦·本塞发现自己已进了一条过道,其柱子全是罗马式的。在通道尽头是一座圆形的玻璃大厅。在敞开的火炉中燃烧着大块大块的木头。大厅的周围群山环抱,使这个法国人有置身于太空之感。沐浴在秋日黄昏的阳光中的这个景色,壮丽辉煌,几乎到了令人幻想丛生的地步。

法国大使和元首就是置身于这奇妙的环境中——希特勒曾来过此处数次,它的富丽堂皇已开始令希特勒生厌——举行最后一次会谈的。希特勒脸色苍白,面容疲倦。他说,《慕尼黑协定》所带来的后遗症使他很失望。危机还远没有结束。事实上,若局势没有好转,危机可能更加深化。他抱怨说,大不列颠"正在高声威胁,号召拿起武器"。

大使指出,在和平得以维护后,人们过度兴奋,这必然会产生某种反动。还有,希特勒自己在萨尔布吕肯发表的严厉的演讲也散布了这种印象,即捷克的牺牲仅增加了德国的胃口,因而加强了《慕尼黑协定》的反对派的地位。

希特勒进行了反驳。目前的麻烦首先是英国人制造出来的,他并未讲过反对法国的只言片语。当希特勒继续为其对待捷克人的方法辩护时,弗朗索瓦·本塞打断了他的话,告诫他勿对过去恋恋不舍,更重要的是未来。民主国家和极权国家均已表明,他们能和睦相处,"逐渐引导欧洲朝更稳定更正常的方向"发展。对打断他的话之举,或对这一概念,希特勒均未予以反驳。他说,为此努力他是做好了准备的。

下山时,弗朗索瓦·本塞重温了这次会谈。"我知道,他是朝三暮四、装聋作哑、矛盾重重、举棋不定,"他向巴黎报告说,"他温文尔雅,酷爱大自然的美景,在饭桌前讨论欧洲政治时讲得头头是道;但是,就是同一个人,他可以变得极度疯狂,如醉如痴,并野心勃勃。有时候他站在地球仪前,恨不得将各国、各大洲的历史和地理一股脑地推翻,活像是个发了疯的造物主。有时候,他又梦想做个和平的英雄,全心全意地致力于竖立最雄伟的纪念碑。"

元首身上这些明显矛盾使许多外国人认为,他不外乎是个疯子。其中之一是现已安居在伦敦的西蒙·弗洛伊德。"疯子会干什么,你是很难断定的,"他对美国的一名追随者说,"你知道,他是个奥地利人,在极度痛苦中度过了许多年。"希特勒接管奥地利时,他似乎头脑发昏。

希特勒先前的一个信徒,在汉夫施坦格尔从德国出逃后曾与其多次议论元首的卡尔·古斯达塔·荣格博士,却又另有一番理论。那年10月,他对刚从布拉格返回的H. R.尼卡博士说:"在医学上,希特勒属于不可思议的人物类型。他的身躯并未显示出力量;他的相貌突出的特点是他那昏昏欲睡的样子。他在捷克斯洛伐克危机中拍的照片尤其令我有这种印象。他的双眼有预言家的神情。"听了这话后,尼卡博士便问,希特勒为何能使几乎每个德国人都对他佩服得五体投地,而外国人却对他不屑一顾?他是第一个将自己在潜意识中对德国命运的想法和感受告诉每个德国人,尤其是在世界大战失败后,使每个德国灵魂都染上色彩的是典型的德国的疾恶观——德国劣于他人,是老二,是参加宴会常常迟到者。希特勒的力量不是政治上的,它是魔术般的。希特勒的秘密在于他容许自己受自己的潜意识支配。他像是这样一个人:他能集中精力倾听某个神秘的小声建议,"然后便依此建议行之。就我们的情况而论,即使我们的潜意识有时也在梦中出现,但我们的理性太多了,运用大脑太多了,因而不服从于它。但是,希特勒不但听了,而且还服从于它。真正的领导人是常常受领导的。"希特勒唱的是纯粹的条顿调,德国人听来顺耳,于是他们便选择他为代表。他是一个能煽动原始人的煽动政治家,是他们的部落历史的回声。

荣格断言,英法两国是不会履行其对捷克做出的新的保证的。"没有一个国家会遵守诺言。国家是一个盲目的大可怜虫。跟随着什么?也许是命运。国家是没有荣誉可言的,它没有诺言可守。"所以,为何要奢望希特勒遵守其诺言?"因为希特勒就是国家。"

第六部 "铤而走险"

1 "水晶之夜"

    1938.11—1939.3

2 狐狸与熊

    1939.1—1939.8.24

3 "史无前例的灾难"

    1939.8.24—1939.9.3

1 "水晶之夜"

1938.11—1939.3

希特勒德国的反犹道路是曲折的。1933年首次对犹太人的限制并未产生多大的效果,好像元首是有意拿其原则去作妥协似的。这是否是一个用合理的方法即用那些只希望将犹太人控制住而不是将其迫害的人能够接受的方法,去解决犹太人问题的一个尝试?此后,党内的种族主义激进分子和政府以及民事部门中的温和派之间便发生了斗争,这一斗争于1935年夏季达到了高潮。此时,温和派采取的是攻势,公开反对继续虐待犹太人,理由是对商业不利。反对犹太人的"不法行为"必须结束——帝国银行总裁沙希特对一群有影响力的人物这样说(这群人物包括内政部长弗里克、财政部长施维林·冯·克罗西克,司法部长古尔特纳和教育部长罗斯特)。否则,他警告说,他便无法完成重振经济的任务。例如,联合保险公司在埃及的犹太代理人,由于不断受到惊扰而辞职,把市场丢给了英国人。许多大犹太进口商都取消了订货。一个国家想在经济上取得成功而又不允许犹太人经商,这种想法是荒唐可笑的。沙希特并不反对公开挂出"不要犹太人"的牌子,因为这种招牌甚至在美国也有,但他坚决反对施特莱彻之流挂出的诸如"谁买犹太人的货,谁就是人民的敌人"的路牌。这群有影响力的人一致认为,"野蛮的单独行动"必须停止,让犹太问题通过法律解决。

几个星期后,元首本人便采取了第一个立法步骤。在纽伦堡大会上,元首颁布了《保护日耳曼血统和荣誉法》,把一系列镇压措施合法化。官方的天主教的《圣职者报刊》立刻将这些措施合法化,认为这些措施"是保护日耳曼人民的质量的无可争辩的"措施。这样连施特莱彻也觉得满意，因为犹太问题正在通过德国的最好的法律系统"一件一件地"获得解决。"我们不把窗户砸碎，也不把犹太人砸碎，"他吹嘘说，"谁要是单独进行那种行动，谁就是国家的敌人，是个挑衅者，甚至是个犹太人。"

纽伦堡法律是希特勒用来解决犹太人问题的比较温和的"可能接受的"方法，还是说，他在等待时机，实现其灭绝犹太人的梦想？不管属于哪种情况，解决犹太人问题的方法，至少在目前，已从党内移至法律。结果，纳粹党内的激进的种族主义者怨声载道，对犹太人的仇恨越来越深。此后，由于希特勒执行发展计划，他们的行动有所收敛。但是，3年后，1938年，他们的仇恨终于爆发了。在慕尼黑、纽伦堡和多特蒙德，犹太教堂被捣毁，一个蹂躏犹太人的浪潮席卷了全国。"在库尔户斯坦达姆，"柏林来的外交官兼记者贝拉·弗朗姆写道，"全城贴满了漫画和涂满了乱七八糟的口号。门上、窗户上和墙壁上全用防水的油彩涂上了'犹太人'一词。在穷苦的犹太人开设小商店的地区，我们发现，情况更糟。冲锋队把该地糟蹋得不成样子。那里到处都悬挂着犹太人被斩首、被吊死、被施重刑、被断肢的血腥的图画，其说明词下流至极，不堪入目。窗户被砸碎，在人行道上，在下水沟里，到处扔着从这些可怜的小商店里掠夺的财物。"

1938年11月7日，一名叫赫尔切尔·格林兹本的犹太青年在巴黎枪杀了德国外交部的一名小官，这件事为反犹浪潮起了推波助澜的作用。格林兹本的父母已被驱逐至波兰；他潜入使馆的目的原是要刺杀大使，却碰上了恩斯特·冯·赖特领事。赖特本人是反犹主义者的仇敌，受到盖世太保的调查。然而，原拟打在他上司身上的子弹却打在他身上。

"当犹太人并不犯罪，"格林兹本哭着对警察说，"我不是一条狗。我有权利活着。在这个地球上，犹太民族也有权存在。不管我走到哪里，我都被人像追逐野兽似的追逐着。"

11月9日下午，赖特与世长辞。当时，希特勒正在慕尼黑市政厅参加党的干部会议。赖特的死讯传到了希特勒耳中。他离开了会议室，与戈培尔交谈了片刻，然后便踏上了他的专列。戈培尔回到会议室后宣布，赖特之死在库尔赫森和马格德堡-安赫尔特地区激起了反犹的骚乱。他说，元首已决定,若骚乱自发地遍及全国,不必加以阻止。

党的领导人把这一指示理解为,既要组织示威游行,又要弄得好像与己无关。然而,冲锋队头子卢泽如果不是误解了戈培尔的意思就是不相信希特勒曾授他这一指挥权。他将在场的队长集合起来,令他们不准参与任何反犹行动。在冲锋队的官员们传达卢泽的指示(在某些地区被置之不理)的同时,党的领导人也用电话向各省传达了与此相矛盾的指示。

开始时,党卫队并未参与捣毁商店和焚烧犹太教堂的行动。在得悉戈培尔下令集体屠杀犹太人后,希姆莱还令其手下不得过分抢掠,之后,便口述了一份备忘录:"这份命令是以宣传部的名义下达的。我本人怀疑,长期以来就对权力梦寐以求的戈培尔,为争权,并出于头脑空虚,在国外政治局势严重的情况下,发起了这一行动。"这一谴责之词也许只供存档使用。几小时前,希姆莱本人曾在为党卫队将领们作的秘密报告中猛烈地攻击犹太人。他说,犹太人一心想将德国毁灭,因此,必须用"空前未有的残酷手段"将他们逐出帝国。德国在这场反犹的全面战斗中若不能取胜,"真正的条顿人便不会有藏身之地,人人都会被饿死或杀死"。

如果说希姆莱是反对正在席卷全国的恐怖主义的话,那么,他的主要助手却在尽全力火上浇油。深夜过后不久,海德里希便向党卫队保安处和警局各总部及分部发出电话传真指示,令他们与党和党卫队领导人合作,"组织示威游行"。"目前监狱能容纳多少人",便逮捕多少犹太人,特别是有钱者,"眼下只抓年纪不太大的、健康的犹太人。一旦将他们逮捕,便需与适当的集中营联系,尽快将他们关进集中营"。

对德国犹太人而言,这是个绝望的夜晚——警察成了破坏和殴打的袖手旁观的见证人。柏林警察局副局长发现一名警察在一个被洗劫一空的鞋店前哭泣——原来,他的职责是维持秩序,但事与愿违,他一筹莫展。按官方的统计,814家商店、171个家庭被捣毁;191所犹太教堂被焚毁;36名犹太人死于非命,36人受重伤。但,海德里希本人也承认,这些数字"肯定被大大缩小了"。

奥托·托利许斯致电《纽约时报》说,他刚目击一场"三十年战争"以来德国从未出现过的毁灭浪潮。"几乎在每一个城市,从一早开始,便出现了烧杀抢掠，持续了整整一天。众多的人群，但往往是沉默不语的人群，在袖手旁观；警察只在指挥交通，并'保护他们'大规模地逮捕犹太人。"

国外立刻对此做出了反应。这次暴行也得到了一个难忘的名字——因窗户大量被砸而得名——"水晶之夜"。德国遭到了来自四面八方的攻击，被称为野蛮的国家。众多的德国人同意此说；党的许多官员与希姆莱一起，谴责戈培尔的暴行。经济部长的夫人丰克太太听见自己的丈夫在电话里骂戈培尔："你是不是疯了，戈培尔？把事情搞得如此乱七八糟！做德国人真是羞耻！我们在国外的威信扫地了。我日日夜夜在为国家保存财富，你却随心所欲地往窗外扔。此事如不立即结束，你会把事情搞得不可收拾。"

戈林当面向元首抱怨说，这些事件使他无法完成他的任务。"为'四年计划'，"他后来证实说，"我尽力将经济力量最大限度地集中起来。在向全国作的多次演讲中，我要求全国人民将每个牙膏瓶、每一个锈钉、每一块废料都收集起来使用。现在，一个不负责这方面工作的人，一方面毁坏了如此众多有经济价值的东西，另一方面又在经济生活中闯出如此多的乱子，从而打乱了我的本就困难的计划。这是不能容忍的！"据戈林说，希特勒听了此话后，"他为戈培尔开脱，但总的看来，他也同意，这些事是不该发生的，日后不允许它们再发生。"

希特勒已在给人以这种印象，即他本人对"水晶之夜"一无所知，他自己也在抱怨。"太可怕了，"他对特鲁斯特太太说，"他们把一切都给我毁了，好像象群进了瓷器店一样……比这还要糟糕得多。我原抱有伟大的希望，要与法国达成谅解的。而现在……"但是，被从伦敦召回慕尼黑参加一次特别记者招待会的弗里茨·赫塞说，在"水晶之夜"开始行动之际，他曾听希特勒亲口说过与此相反的话。在晚餐中间，当元首在吹嘘他如何在慕尼黑恫吓住了英法两国时，有个副官在戈培尔耳边嘀咕了几句。他转身对元首也嘀咕了几句。开始时，赫塞听不清他们在说什么。后来，同桌的人都不作声，他才听清。原来，宣传部长是在向元首解释他和冲锋队在几个小时后就要发动的一次袭击犹太人的店铺和教堂的大规模行动。赫塞回忆说，毫无疑问，元首是批准了这一行动的。"希特勒高兴得尖声笑了起来，兴奋得拍了一下大腿。"（普鲁士财政部长约翰内斯·波比茨也从戈林口中听到过类似的说法。当波比茨说"水晶之夜"的肇事人应受到惩罚时,德国元帅冲口说道:"亲爱的波比茨,你是否也想惩罚元首?")

次日,赫塞拜访了里宾特洛甫。对于未被请去参加前一天的记者招待会,里宾特洛甫仍愤愤不平。首先,他将慕尼黑会议称为第一流的蠢举。它的全部意义在于将敌对行动推迟一年,到那时,英国将强大得多。"请相信我,战争不如现在就打才好。我们拥有军事上的所有王牌。谁知道一年后会发生什么情况?"但是,最糟糕的是,元首自以为已将英国人吓住了。"多年来,我一直想使他明白,他必须小心谨慎地对待英国人,因为他们很危险。但,他就是不信……反之,他却到处瞎走,发表言辞激烈的演说。昨天,你亲耳听到了!至于戈培尔那个小杂种,你有没有听说他那一伙到处在胡作非为?这些笨蛋把犹太人的店铺砸了——而这些店铺历来是雅利安人的财产。他们把我的好戏给破坏了。"(战后,有人宣称戈培尔与"水晶之夜"无关。在为此做出回答时,戈培尔的私人顾问里奥波尔·古特勒签署了一份保证书。该保证书大致说,戈培尔承认自己在 1942 年与一小部分人有牵连。据报道,戈培尔曾说过:"持坚定立场,就是说,我们不可能把犹太人从德国经济生活中清除出去,充其量只能做到目前这种地步。所以,我们便决定:'好吧,我们把大小街道一齐动员起来,用那种方法在 24 小时内解决问题。'")

尽管希特勒一再向温和派表示抗议,集体屠杀却仍在继续。至 11 月 12 日,估计被运往集中营的犹太人就达两万人。同一天,曾以经济原因为由反对破坏财产的戈林,召开了一次部长会议,以便决定由谁负责赔偿。他一开始便宣布,此次会议具有决定性意义。他接着说的一番话意义有多大,是听众当时无法度量的。"我收到鲍曼一封信,是奉元首之命送来的。信中要求现在便用某种方法将犹太人问题一举加以永远解决。昨天,元首来电话再次向我指出,应协调地采取决定性的措施。"在这一指示的鼓舞下,与会者一致同意,损失应由犹太人负责赔偿,所采取的形式是:向犹太人罚款 10 亿马克。

"我当然不愿当一名德国犹太人!"戈林说。在长达 4 小时的会议行将结束时,戈林做了一个阴郁的预测:"在最近的将来,若日耳曼帝国与外国发生抗争,不消说,它首先要在国内与犹太人摊牌。"另外,元首也即将向那些关心德国犹太人处境的外国建议,将犹太人押解到马达加斯加岛上去。"11月9日,他对我做了解释,"戈林最后说,"他还想对其他国家说:'你们为什么老在谈论犹太人?把他们拿去好了!'"

正当把犹太人从德国经济生活中全部消灭的计划实施时,其他德国人,包括党的许多领导人在内,都在私下里对"水晶之夜"的过火行为深表关切。政府的官僚和党的领导人深知,这些暴力行动历来是控制不住的,他们便抗议说,集体屠杀的代价太昂贵了,在反对犹太人的战斗中几乎不算取得什么成绩。其他人则对此种行动的非人道表示反感,但除小心翼翼地发几句牢骚外,什么行动也未采取。例如,格哈特·霍普特曼向一名友人抱怨说,希特勒把德国给毁了。"这个渣滓将给世界带来战争,这个可怜的小丑,这个纳粹的刽子手,正把我们领入战争的世界,领至毁灭!"既然如此,霍普特曼为何不像鲍曼和茨威格那样,用移居国外作抗议?"因为我是个懦夫,"这位著名的剧作家答道,"你明白吗?我是个懦夫!"

那些人,除了未用报复手段外,对希特勒的咒骂已到了无法控制的地步。在美国,几乎每家报纸、电台的每一篇评论,都愤怒地对"水晶之夜"做出反应。狄克霍夫大使自华盛顿给外交部写信说,他"希望目前席卷整个美国的风暴能在可预见的将来平静下去,使我们得以再次工作"。直到"水晶之夜"前,他报告说,大部分美国人对反德的宣传都置之不理,现在呢,连美国的日耳曼人都怒不可遏了。"特别令我印象深刻的是,除一些例外,那些彻头彻尾拥有反共思想也在很大程度上反犹的、颇受尊敬的爱国团体,也避我而去。犹太报纸比先前更加言辞愤激,这是不足为怪的。但是,迄今为止仍与我们保持合作关系,甚至在某种程度上表明同情德国的犹太人。杜威、胡佛、赫斯特等许多美国人士,也公开对德采取强硬的态度,这却是个严重问题……近来,从总的气氛看,抵制德货的思想犹如火上浇油。眼下,贸易谈判是不能考虑的。"

罗斯福总统难得地对此进行谴责,使全国的愤怒达到了高峰。在11月15日举行的新闻发布会上,他向记者宣读了一份预先准备好的声明。他说,从德国传来的消息使美国的公众舆论深为震惊。"我本人也难相信,此事竟然会在20世纪的文明下发生。为了取得德国局势的第一手资料,本人已令我国驻柏林大使立刻回国述职并磋商。"但是,官方的谴责仅限于口头;美国继续与第三帝国保持贸易关系。

也许,国外的抗议对希特勒产生了一些影响。在"水晶之夜"后一周,希特勒支持了文职人员任用制——该制度保护半犹太血统中的"日耳曼血统的那一部分",而不是像国社党那样,把半犹太血统看作是"犹太影响"的传播者。他的支持表现在他签署了《帝国公民法首项规定》。这项公民法把所谓的非雅利安人纳入肯定的范畴。根据该法的定义,至少祖籍三辈是犹太血统的,或祖籍两辈是犹太血统且信奉犹太教或与一犹太人结婚者,才算是犹太人。

接着又出现了奇特的一类:半血统。这系指祖辈只有一人系犹太血统,或祖辈双方有犹太血统但既未信奉犹太教也未与一犹太人成婚的那些人。这实际上,非雅利安人被分成两类,"半血统"者不再受到镇压。希特勒将大笔一挥,便使被他所憎恨的敌人中的一大部分人从他的愤怒下死里逃生。是他灭绝犹太人的决心有所弱化了呢,还是又在等待适合的时机才当机立断地行动?或者,由于在他的祖辈中,有一方可能有犹太血统,他便有意无意地企图拯救自己?"半血统"的规定还救了耶稣,因为,按希特勒的论点,耶稣虽是上帝之子,但祖辈都有犹太血统,他未信奉犹太教,也未与犹太人成婚。

自青年时代起,希特勒便对民主国家及其领导人说一套做一套的本领嗤之以鼻。因此,对1938年整个下半年西方发出的抗议,他不像他忠实的追随者那样关切。例如,鲁道夫·赫斯就异常沮丧。12月23日,他便与元首早期的追随者布鲁克曼一家坐了两个小时。他告诉他们,他曾哀求元首阻止集体屠杀,却徒劳无功。

对于这些老一辈追随者的变节,希特勒想必是知道的。但在新年前夕,他仍兴致勃勃,穿起燕尾服,出席在贝格霍夫举行的新年庆祝晚会。"我姐姐,"伊尔塞·勃劳恩在日记中写道,"花了九牛二虎之力劝他穿得像样一点儿。'你看看墨索里尼,'她常说,'他还有一套新制服。你呢,戴的是邮差帽!'"他吻了伊尔塞的手,并说,他们姐妹俩都是美人。"当他看着我的时候,我胸前的汗珠大个大个地冒出来,我连说'非常感谢'的勇气都没有——虽然,我曾下定决心要发一大通议论。"

在接受了客人和手下的正式祝贺后,希特勒参加了条顿人的一个古老的仪式。人们将熔化的铅倒入一小盆水中。据说,盆中的铅是何形状可决定人们的前途。"希特勒对结果似乎不满意,因为事后他坐在扶椅上,两眼直愣愣地盯着炉火,几乎整晚都没有开口。爱娃为他担心极了。"

数天后,一群银行家群起而攻之,反对希特勒庞大的重新武装的计划,这使元首的情绪更坏。"帝国的无边无际的开支,"由帝国银行总裁赫加尔玛·沙希特起草、由各银行总裁签署的备忘录写道,"是对货币的最严重的威胁。开支的巨额增加使我们无法做出正常的预算;即使加紧税收,它也使国家财政走向崩溃的边缘。同样,它也破坏了帝国银行及我国的货币。"沙希特警告说,面对这种通货膨胀的政策,我国的货币是难以维持稳定的,"停止这种做法的时机已经到了"。

沙希特知道,希特勒肯定会怒不可遏的,因为他这一说实际上是要结束军事冒险。他把自己的所为告诉了施维林·冯·克罗西克,并说,他准备被解雇(他业已丢失了经济部长的职务,由瓦尔特·丰克接替了他,丰克的权力立刻便被戈林以'四年计划'主任的名义吞并)。财政部长说,如沙希特走人,他就主动要求解职。然后,他便草拟了一份类似的备忘录,送给了希特勒。

日子一天天过去了,但什么事也没发生。1939年1月19日深夜,沙希特的电话铃响了。他受令于次日上午9时前往面见元首。在这个时间会见是异乎寻常的,因为希特勒很少在凌晨3时前上床。据沙希特说,元首当时开门见山就说,"我叫你来,目的是要告诉你,你被解除了帝国银行总裁的职务。这是解职书。"沙希特接过了解职书。"你与国家社会主义的图景格格不入。"希特勒说完,等待了片刻,看沙希特有何话说。沙希特依旧沉默不语。接着,希特勒便斥责了他一番,说他不该在圣诞之夜有银行工作人员参加的晚会上谴责"水晶之夜"。"假若我先知道这些都是您批准的,"沙希特终于说话了,"我便可能保持沉默。"

这个回答似乎令希特勒吃了一惊。"反正,"他愤慨地说,"我太伤心了,不想跟你再谈下去。"两人于是商定,沙希特出国作长途旅行。此后不久,沙希特便去了印度。搞掉了他,希特勒如释重负。"若是搞强硬措施,"后来,希特勒对其内层人士说,"沙希特是一颗无价珍珠。"但是,每次叫他拿出性格力量来时,他总是拿不出来。

沙希特被解职后,很快,魏德曼上尉便被召至冬园。近几月来,希特勒待他越来越冷淡,而魏德曼也猜到了自己也会被开除的命运。自"水晶之夜"以来,元首似乎就生活在与现实毫不相干的世外桃源中。每当魏德曼试图讨论体制上的缺点时,希特勒总是对他置之不理。

"身居高位,或置身于内层的人们,若不同意我的政治观点,他们对我就毫无用处。"他简明扼要地对魏德曼说,"我解除你作为我的私人副官的职务,委派你为旧金山领事。对此新职,你可接受也可拒绝。"魏德曼毫不迟疑地接受了此职,但说,希望不要减他的薪水。听到这里,希特勒的语调缓和了一些,"经济上有什么问题,你尽管提。"这样,经过四年紧密相处后,这两个战时的同志便在互无怨恨的情况下分手了。

沙希特与魏德曼的下台标志着约瑟夫·戈培尔重新获宠——他的失宠系他寻花问柳的行径使然。"每个女人都使我热血沸腾,"他在二十多岁时的日记中写道,"像一匹狼似的,我来回徘徊。"与玛格达结婚后,他也没有节制。与此同时,他与众多女人保持性关系,且从不公开妥协。就是说,直到举行奥林匹克运动会那年夏天他爱上了捷克女演员丽达·巴洛娃时为止。玛格达原以为这不过是通常的打情骂俏,后来,到1938年,她失去了耐性,要求离婚。对同性恋行为,希特勒曾表现出惊人的宽容,但是,对于党的领导人抛弃曾助他取得权力的伴侣之举,他却非常难过。他要戈培尔与那个女演员断绝来往。开始时,戈培尔拒绝了,并提出辞去其部长职务,愿到日本或其他遥远的国家去当大使。后来,他在压力面前屈服了,放弃了他的伟大的爱情。在警方的"劝告"下,巴洛娃回捷克斯洛伐克去了。她一走,希特勒马上把戈培尔全家召到贝格霍夫。戈培尔夫妇和三个孩子在克尔斯坦茶馆门口照的照片,被公开发表,以证明这家人诸事如意。

这些戏剧性的妥协表演,刚好发生在"水晶之夜"前几个星期。失去丽达·巴洛娃的痛苦——以及想在诸如希姆莱和罗森堡等人(他们觉得,戈培尔丑闻"给党的道义地位带来最严重的一击")面前恢复名誉的愿望——所有这些,都可能是令他在11月的"水晶之夜"如此肆无忌惮的原因。

戈培尔的官复原职,刚好发生在希特勒对犹太人问题有了新看法的时候。不久前,希特勒曾前往特鲁斯特太太在慕尼黑的画室。她敦促希特勒重新起用亚瑟·皮希勒这位犹太作曲家,允许他在奥格斯堡音乐学校里任教,为什么犹太人就不能个别看待呢?她争辩说。她所认识的那几个犹太人,不但是本行业中的行家,而且也是宝贵的人才。

"那都是你的经历,"希特勒想了想后说,"假若我也有类似的经历。我可能不会走上现在的道路。但,我的经历大不相同——像我在维也纳的经历那样。"他必须把德国人民的命运看得高于一切。"犹太人独立生活着,为自己的法律服务,从来不为他成为公民的那个民族或国家而活着,或服从于那里的法律。他不属于德国人民,在我们中,他仅仅是客。但,做客也与1918年至1933年这个时期不同。那时,他们霸占了艺术界、文学界、新闻界、商界和银行界的最高职务。让我国人民在自己的民族特点的基础上重新建立牢固而健康的前途,这是我的责任。使德国人民,特别是德国工人,能安全地生活,并有光明的前途——这是我毕生的任务。"这番话是为拒绝她"原则上"的要求而说的。奇怪的是,当他再次前往慕尼黑时,他一反常态,居然同意重新起用皮希勒教授。

如同1938年初,伪称捷克在边境上调动军队曾促使希特勒过早地采取行动一样,国外针对"水晶之夜"而发的抗议风暴,也可能加深了他对犹太人的憎恨,并促使他寻找对付他们的新办法。1939年2月21日,他对捷克外交部长契瓦尔科夫斯基说,对一个未消灭犹太人的国家,德国是不会提供保证的。这就表明他已完全失去了客观性。"我们的友善不外乎是软弱,我们也觉后悔,"他说,"这些害人虫必须消灭。犹太人是我们的不共戴天的仇人。到本年底,德国的犹太人将一个不留。"他们绝不会像1918年11月那样,逃脱惩罚,"与他们算账的日子到了。"

几天后,外交部向各外交使团和领事馆发出一份通知,指出犹太人问题系德国外交政策的一个因素。"德国对犹政策的最终目标,"通知说,"是实现住在德国领土上的全体犹太人的移民。"自国社党降临以来,只有10万多一点儿的犹太人从德国移民出去,在新的东道国安家落户。这个移民数量虽小,但已引起美国、法国、荷兰和挪威各国本土居民的抵制。尽管德国在道义上进行了谴责,西方国家像隐士一样,将边界封闭,不准希特勒的犹太人入境。这个地方突然反犹的火药味十足,这就证明将犹太人大规模运送出境的做法是行之有效的。通知在结尾说,德国政策的目标"是在将来将犹太人问题获得国际解决,它决不受对'被驱逐的犹太小教'的虚伪同情所左右,而是基于各民族的成熟的认识,即犹太人将给各国的民族生存带来危险"。

1月29日,希特勒更明目张胆地宣布了其突然改变了的战术。在庆祝纳粹党掌权6周年的大会上向国会做的演讲中,他向世界犹太人宣战。意味深长的是,在几个小时前,他曾令海军在五年内建成一支强大的潜艇舰队。他攻击说,英国、美国和法国,"至今仍不断遭到犹太和非犹太鼓动家的煽动,仇恨德国和德国人民",而他所需要的不外乎是安静和平罢了。他说,这些旨在带来战争的谎言及企图,丝毫影响不了德国解决犹太人问题的态度。这也是自他上台以来首次揭开最终计划的面纱:"在我的生命旅途中,我历来是个预言家,也常因此遭人耻笑……我将再次做个预言家:如欧洲内外的犹太金融寡头将各国再次抛入世界大战中,那么,结果将不是地球的布尔什维克化,不是犹太人的胜利,而是犹太种族在欧洲被消灭!"他这个偏执狂是在向犹太人高喊:"住手!你们在逼迫我杀你们!"

在过去一年中,希特勒毁灭了一个主权国家,瓦解和瘫痪了另一个主权国家,并在这一过程中令西方卑躬屈膝。1939年预示着更大的政治征服。1月1日,墨索里尼终于下定决心,接受了德国在去年秋天所做的提议,将《反对共产国际公约》从只起宣传效果的条约变成不折不扣的军事联盟条约。"在这个月中,"齐亚诺在日记里写道,"他计划让公众舆论接受他的观点——对公众舆论,他不屑一顾。"理由是墨索里尼生怕与西方发生战争,但现已是不可避免了。

在新年文告中,希特勒宣布,德国政府的希望只有一个:"……在新的一年中,我们希望能为世界的和平成功地做出贡献。"在他的"和平"计划中,下一个步骤是全面控制捷克斯洛伐克。一段时间以来,对《慕尼黑协定》,他深觉后悔,因为,很明显,他原可把整个捷克吞并而又不会遭到报复的。现在呢,他却要寻找某种人们接受得了的借口,以便向捷克进军,把残留部分拿到手。

2月,他令戈培尔发动一场反对捷克政府的宣传攻势:它仍在信奉异教的日耳曼公民中制造恐怖,在苏台德地区边境集结军队,暗中与苏联密谋,并粗暴地虐待斯洛伐克的居民。最后的一项指控是最有成效的,因为斯洛伐克的某些激进的民族主义者,早就对此诱饵跃跃欲试,并开始提出实行完全独立。这种局势是爆炸性的,若捷克政府中某个经验不足的高级官员稍有不慎,另一个危机便会随即出现——授希特勒以他所需之柄。

在伦敦,由于德国外交部官员埃里希·科尔特提供了一份假报告,反绥靖的情绪又高涨起来了。科尔特密告一名英国官员,说希特勒计划在不久的将来轰炸伦敦(这是德国国内反希特勒集团故作之举,目的在于使英国与德国发生战争。这只是科尔特及其他与这一阴谋有关的外交部官员发出的一系列的假情报之一)。张伯伦对轰炸之说很是认真,特别为此召开了一次内阁会议。虽然未有纳粹飞机出现,但怀疑的温度仍在上升。英国驻柏林大使汉德逊也奉召回国述职,并就希特勒是否会采取军事行动一事做出汇报。汉德逊费了九牛二虎之力,才使负责外交事务的助理国务大臣贾德干相信,德国人"并未考虑立刻进行冒险,他们的指针正指向和平"。狡猾的贾德干并不那样乐观。他说,希特勒的意图是"极可耻的",但他也不太相信希特勒即将入侵捷克斯洛伐克的报告。

汉德逊回到柏林后,继续发来乐观的估价时局的报告。他报告说,关于纳粹要在乌克兰或者荷兰进行冒险的谣言已销声匿迹,"虽然某些人士说,目前的平静可能是另一次风暴的前奏,但我本人目前并不持如此悲观的观点。"

然而,到次日晚,希特勒在为外交使团举行的年宴上的行动,却令他担心。"在这次晚宴上,在汽车展览会上表现出来的友好,已明显地消失了,"汉德逊在他的回忆录中写道,"他双眼紧盯着我的右肩,只讲一般的话题,但也强调一点:中欧,没有英国的事,别老干预德国。"元首的态度虽然令汉德逊"模糊地感到有点不安",但在下一次给伦敦的报告中却也未提到这点。

德国的阴谋很快便昭然若揭了。3月6日，英国驻捷克大使牛顿从布拉格发回的报告说，捷克与斯洛伐克的关系"似乎朝危机的方向发展"。由于斯洛伐克要求财政援助，事态便发展到了白热化程度。"在这件争执中，德国起了什么作用"——德国若插了手的话——"这还有待人们去猜测，但值得注意的是，斯洛伐克的商业部长和交通部长，在专家的陪同下，于上星期访问了柏林。"

因为某种原因，这封电报被耽搁了48小时。至此时，汉德逊已从"模糊的不安"中苏醒过来。3月9日，他给哈利法克斯写了一封长信。他在信中表示坚信，希特勒和德国人民都渴望和平，"希特勒本人曾在世界大战中作过战，强烈地反对流血或导致德国人死亡的任何方法。"纳粹的极端分子虽有可能吵着要继续进行侵略，但作为煽动政治家的希特勒，却倾向于讨好多数，而不是讨好疯狂的少数，"因为我无法找到可以证实希特勒已发疯或处在发疯边缘的理论的论据，这也是我为何会认为他今天想的并不是战争的原因之一。"

当晚，捷克斯洛伐克新总统艾米·哈查——他曾承认自己不太懂政治——终于犯下了希特勒一直在坐等的一个大错误：他解散了斯洛伐克政府，并令部队准备开进斯洛伐克地区。次日，星期五，哈查宣布实行戒严。

希特勒迅速地作出了反应。他取消了前往维也纳参加德奥合并的庆祝活动的计划，以便为下一次入侵做好准备。他原怕苏联会匆忙援助布拉格，但这小小的恐惧也几乎立即消失了。即使哈查已不得不求助于戒严令，斯大林却在第十八次党代会上说，他们必须小心谨慎，不要让西方利用苏联为它们火中取栗。这是与苏联的政策相一致的：他们公开宣布苏联是捷克斯洛伐克的唯一忠实盟友，却一点儿险也不愿冒。不采取行动的借口是：根据与捷克签订的条约，只有在法国采取行动后，苏联才能提供援助。

星期六，即希特勒最喜欢起事的日子，他以通常的灵巧采取行动了。首先，他指示凯特尔将军起草一份最后通牒，强令捷克不准抵抗，服从摩拉维亚和波希米亚的军事占领。接着，他又向捷克和斯洛伐克领土内的特工人员发出了破坏的指示。与此同时，汉德逊正在给哈利法克斯打电话，要他谨慎行事。他怀疑"希特勒先生此时是否已做出任何决定。所以，本人认为，在本周末不在国外说任何话或发表任何文章是极可取的,因为这会促使希特勒匆忙采取行动"。

什么也不需要。当晚,希特勒派遣两名奥地利傀儡领导人,在五名德国将军的陪同下,乘车过了多瑙河,进了布拉迪斯拉发,冲进斯洛伐克新内阁的会场。他们让阁僚们宣布斯洛伐克独立,但新内阁企图拖延时间,声称他必须首先与布拉格政府讨论局势。前任总理约瑟夫·提索——原是个罗马天主教神父——原被扣押在一座寺院里;现在,他突如其来,戏剧性地出现了。原来,身体肥胖的提索神父("我性子一起便要吃半磅火腿,这才解馋")越狱脱逃。他要求斯洛伐克新内阁于3月12日即星期天上午开会。

在这次秘密会议上,提索透露:他已获得"邀请",去柏林见希特勒。他说,他是在不是德军就是匈牙利军占领的威胁下接受这一邀请的。3月13日晚7时40分整,里宾特洛甫将提索领进希特勒的办公室。元首表情严峻,愤愤不平;两名最高军事领导人即勃劳希契和凯特尔,分列左右;命令业已下达给陆军和空军,令他们做好准备,于15日早晨6时入侵捷克斯洛伐克。

"捷克斯洛伐克,"希特勒指责说,"是多亏了德国才未被进一步肢解。"可是,捷克对德国表现出来的巨大自制力并不领情。他提高嗓门问,他们玩的是哪一种把戏。他认为,斯洛伐克是想独立,他之所以阻止匈牙利占领这块领土,原因也就在于此。有个问题他想在"很短的时间内"得到澄清。说这几个字时,他一声比一声高;然后,他把问题直接向提索提了出来:斯洛伐克想还是不想独立?"明天中午,"他说,"我将采取反对捷克的军事行动,由冯·勃劳希契将军完成。"他指了指这位总司令。"德国并不想将斯洛伐克纳入它的生存空间。这就是为什么你必须立刻宣布斯洛伐克独立的原因。否则,我就对它的命运不感兴趣了。为了让你选择,我把时间定在明日中午以前。到那时,捷克就会被德国这架压路机压碎!"

提索迟疑了片刻,然后给布拉迪斯拉发的内阁挂了个电话,并用德语说,他是在元首办公室挂的电话。他要他们明日上午召开斯洛伐克议会会议。当他确信不知其所以然的听电话者明白了他的话时,他便把电话挂了。他及时赶回布拉迪斯拉发,向议会宣读了由里宾特洛甫起草的独立宣言。

反对宣言的势力垮掉了,一个名义上独立的新斯洛伐克便宣告诞生。

当天下午,在伦敦,张伯伦单枪匹马地在下院英勇地回答关于政府为何不与希特勒对垒的各种愤怒的质问。英国对捷克斯洛伐克的保证跑到哪里去了?一个批评者问。他反驳说,那个保证只在无缘无故受到攻击时才适用。他说:"未发生此类的侵略。"

正当张伯伦在议会里寻找各种借口时,希特勒采取行动了,而且,与通常一样,把它弄得好像是反行动似的。这出戏的最后一节是捷克斯洛伐克总统哈查,被过去几天来的事件搞得昏头昏脑又糊里糊涂的哈查,此时要求紧急会见元首——这是苍蝇自己要求进蜘蛛网。

在吊了哈查的胃口数小时候后,希特勒终于同意见他。心理上已被粉碎了的捷克斯洛伐克总统,在女儿和外交部长的陪同下,登上了开往柏林的火车。由于心脏衰弱,他不能坐飞机前往。

正当哈查离开布拉格时,一个曾常常在近处看见希特勒的英国记者来到了布拉格。此人就是塞夫顿·德尔默。他发现,在文塞斯拉斯广场附近咖啡店的常客们,依然在悠闲自得地喝咖啡,不知外界有何事发生。黄昏时分,脚穿白袜的苏台德日耳曼军突然从天而降。他们六人一排,列队进入广场,打着纳粹旗帜,口中高喊:"胜利万岁!胜利万岁!"跟在他们后边的,是打着捷克的三色旗的法西斯合作者。开始时,人们听从命令,向纳粹旗敬礼。后来,工人们涌到广场上,情况就大不相同了。他们不给游行者让路。斗殴爆发了。警察支持的是游行者,他们边行进边高喊:"一个国家,一个人民,一个元首!"如果说,布拉格只是象征性地失陷给德国,那么,捷克的工业重镇摩拉夫斯卡、奥斯特拉发——位于波兰边界——却在事实上已落入德国之手。希特勒卫队的精兵已在天黑后不久占领了这个地区,目的在于保护这个现代化钢铁厂,防止被波兰人占领。

在柏林,希特勒和他的客人们正集中在总理府的客厅内看电影《大势已去》。坐在希特勒身旁的是凯特尔将军。如果必要的话,凯特尔将随时发出入侵的执行令。晚10时40分,布拉格开来的火车抵达了安哈尔特车站,但直到午夜后一个钟头,希特勒才召见哈查。他对凯特尔说,他之所以要等待如此长的时间,是因为他要让这位老先生好好休息一下,恢复一下旅途的疲劳。然而,这个拖延却增加了哈查的不安。待他与外长契瓦尔科夫斯基打党卫队的仪仗队前走过、进入希特勒的书房时,他的脸"紧张得红了起来"。

哈查向希特勒做了个私人呼吁,声言他从未与政治混在一起。他卑躬屈膝,请求希特勒饶恕。"他坚信,捷克斯洛伐克的命运已在元首手中,"德国的官方记录这样写道,"他也相信,只要在元首手中,它就安全无恙。"

即使如此奴颜婢膝,哈查也免不了要受希特勒一顿呵斥。在将特马萨里克和贝奈斯等人所谓的胡作非为重复说了一遍后,希特勒攻击说:"在新捷克斯洛伐克,贝奈斯精神仍然活着,虽没有表面化。"在希特勒的进攻下,哈查这个可怜虫步步退缩。突然,希特勒——出于同情或改变战术的需要——补充说,他并不是不信任哈查,他的"结论是,总统虽然老迈年高,此次来德,对捷克斯洛伐克可能大有好处,因为过不了几个小时德国就要干预了"。

哈查及其外长好像成了石头人,一动不动地坐着。希特勒继而说,对于任何国家,他都不怀敌意,他依然相信哈查的忠诚。这就给了他们一点希望之光。但是,随着希特勒宣布贝奈斯精神依旧在发扬光大,这点希望之光也就熄灭了。希特勒说,在星期天,大局已定了。令德国陆军入侵的命令业已下达,将捷克斯洛伐克并入帝国的命令也已下达。

这两个捷克人目瞪口呆地坐着。希特勒宣布,他的军队将于清晨6时,从各个方向开进他们的国家;德国空军则将占领捷克的所有机场。

希特勒软硬兼施,又是威胁又是许诺。只要做一个简单的决定,哈查便可为捷克斯洛伐克服务。他必须迅速行动——不然,到6时德国的陆军和空军就要行动了。"如我将此威胁付诸实施,我将不可弥补地要丢脸,"几年后,希特勒回忆说,"因为在我提到的时间里,我们的机场上空将大雾弥漫,没有一架飞机能够出去。"

他建议,哈查及其外长两人先私下商量一下,看事情该怎么办。哈查说:"问题已相当明显了。"此语一出,希特勒松了一口气。他承认,抵抗是蠢举;然而,在不到6小时内,他怎能控制全国?希特勒回答说,这好歹也得做到。接着,他又满怀希望地说,他已看到了"两国人民长期和平"的曙光。"如果你们决定抵抗,"他声色俱厉地说,他看到的是"捷克斯洛伐克的被消灭"。

希特勒说完这番带噩兆的话,会见便告结束。当这两个六神无主的捷克人被带至邻室时,里宾特洛甫在给布拉格挂电话。由于线路出了故障,译员施密特被令再次拨号。拨号时,他听见戈林在邻室喊,说哈查已昏过去了。于是,人们连忙传话让莫雷尔医生进来——原来,莫雷尔医生早被叫来值班,以防年迈多病的捷克总统随时需要他。施密特暗想,哈查若有不测,明天全世界都会说他是在总理府被谋杀的。就在此时,布拉格的线路通了。施密特前去叫哈查,惊奇地发现他已醒转过来——这该感谢莫雷尔医生打的一支维生素针。哈查来到电话机旁。在将发生的情况转告内阁后,他建议投降。

与此同时,施密特在打一份官方公报的清稿——公报是事先草拟好的。公报说,捷克斯洛伐克总统满怀信心地把捷克的国家和人民的命运交给日耳曼帝国元首。这份公报实质上是一份投降书。哈查要求莫雷尔医生再给他打一针。注射后,哈查精神好多了,拒绝在公报上签字——尽管里宾特洛甫和戈林在一旁不断催促。据法国的官方报告说,两人于是便无情地追逐那两个捷克人。"公报就放在桌上,他们绕桌子追逐哈查和契瓦尔科夫斯基,不断把文件推到他们跟前,将笔塞在他们手中,口中不断在说,如果他们继续拒绝,在两小时内半个布拉格就会被炸成废墟,而这还只是开始。数以百计的轰炸机正在待命起飞,一份命令将于早晨6时发出,假如他们不签字的话。"(戈林在纽伦堡承认,他曾对哈查说过:"如不得不轰炸美丽的布拉格,我将觉得遗憾。"但他并不想这样做,因为"不进行轰炸,抵抗力量较容易分崩离析。不过,我想,像那样一件事或许可作为一个论据,加速整个事态的发展"。)

哈查最终让步了。他脸色通红,双手发抖,于凌晨3时55分签了字。签完后,他转向莫雷尔医生,感谢他为他治病。签字笔刚从哈查麻木的手指中间掉落,希特勒便急忙离开会议室,冲进自己的办公室——室内,两名中年秘书正在等候。据克里斯达·施洛德回忆,他当时脸部变形了,喊道:"快!孩子们,吻我吧!快!"施洛德和乌尔夫亲了他的双颊。"哈查刚才签了字,"他兴高采烈地说,"这是我有生以来最大的胜利!我将作为一个德国伟人载入史册！"

尽管夜已很深，希特勒仍无睡意，还在品尝这次胜利。"我为这位老先生难过，"他私下对霍夫曼和其他心腹说，"但是，在这种情况下，动感情是不合时宜的，还可能会危及成功。"

莫雷尔医生插嘴说，要不是有他，公报恐怕签不了。"谢谢上帝，"他说，"好在有我在场，及时给他打了针！"

"去你妈的针！"希特勒喊道，"你把老先生弄得精神奕奕，我还怕他会不签字呢！"凯特尔把这个庆祝会暂时打断了：他报告说，入侵捷克斯洛伐克的执行令已发下去了，但附有一个条件，就是说，除非遇到抵抗，否则不要开火，即使到此时，在诉诸武力前，也可能还会有谈判的可能的。他请求希特勒允许他退场。希特勒指示他几小时后前来报到，以便陪同元首登上开往捷克边境的专列。

3月15日拂晓，两个蓬头垢面的男人，"吓得脸如土色"，来到布拉格美国公使馆，要求避难。据他们透露，他们是在德国的捷克特务，被当地的盖世太保查明。"我把他们打发走时，他们的脸在抽搐，嘴唇在抖动。"乔治·凯南回忆说。片刻后，根据上级的指示，他不得不将这两个从希特勒那里逃出来的德国难民押解到被大雪覆盖的大街上去。在那里，"他们不过是受人追逐的动物罢了"。接着前来的是一个相识的犹太人，使馆只允许他待到能令自己镇静时，"很可怜，他在客厅里走来走去，整个上午都是如此。"

在伦敦，首先听到入侵消息的是哈利法克斯勋爵——他是从驻布拉格大使那里听来的。数小时后，汉德逊从柏林打来电话，要他的上司推迟贸易署总裁访德的行程，"在我看来，阻止德国'恢复秩序'是不可能的，但即使如此，本人反对在此紧要关头有任何英国内阁部长来访。"

不到一个钟头，汉德逊又打来电话，宣读了希特勒与哈查签署的协议。上午11时，他用电话口述了希特勒刚发给德国人民的公告内容：自星期天以来，公告说，在捷克的许多村庄里都出现了反对日耳曼人的"野蛮的过分行为"，受害者和受迫害者提出的呼吁与日俱增。

大为震惊的汉德逊至少应明白，这次他出使柏林"最终翻了船"。"我把去柏林看作是伤害灵魂的工作，这你怀疑吗？"他匆忙给哈利法克斯写了一封非正式的信,"希特勒又在铤而走险了。"

在从柏林开出的火车上,希特勒大部分时间都在睡觉,直到那值得纪念的3月15日的中午才醒来。"我必须第一个到布拉格。"他一边穿衣一边对男仆说。越接近边界他便越紧张。大半晌后,希特勒一行在边境附近下车,转乘汽车前往。希特勒坐的是第一辆车,坐在司机肯普卡身旁。由10辆汽车组成的车队,冒着大风雪,缓缓前行。车队从双方空荡荡的海关驶过,不久后,他们便碰上了在风雪中挣扎着前行的德军。肯普卡把车子驶离大路,沿着弯弯曲曲的泥泞旁道前行,直到黄昏后才驶抵布拉格。车队驶抵赫拉德欣宫时,谁也没有注意他们。希特勒一行决定在堡垒内宿营,便派人进城去搞点布拉格火腿、面卷、奶油、奶酪、皮尔斯纳啤酒等食品和饮料。凯特尔见希特勒喝啤酒,这还是首次。

德国的最新侵略立刻引起了强烈反应。英法两国群情激愤,为了对此做出反应,英法两国政府答应向波兰、罗马尼亚、希腊和土耳其提供军事保证。与此同时,两国政府还主动与苏联进行政治和军事会谈。连希特勒自己的盟友也火冒三丈。当晚,齐亚诺在日记中辛辣地写道,对捷克斯洛伐克的入侵把在慕尼黑建立起来的国家毁灭了。

希特勒早已派菲利普·冯·赫森亲王携解释信前往罗马。他希望,墨索里尼能予以谅解,并以正确的眼光看待最近发生的事件。墨索里尼虽对齐亚诺抱怨"意大利人会笑话我,希特勒每占领一个国家就给我写一封信",他仍决定,尤其是现在,与胜利者结盟是至关重要的。"我们现在不能改变政策,"他说,"毕竟,我们不是政治娼妓。"但,与此同时,向这个年轻的伙伴臣服却又是个耻辱。齐亚诺从未见其岳父如此垂头丧气过。

对国内外的批评,希特勒似乎已忘得一干二净。到3月16日,他的扬扬自得似乎又是不无理由了。当时,他身处波希米亚国王城堡,城堡四周的城垛上飘扬着"卐"字旗帜。他站在城墙上,一方面视察最近被他征服的国家,一方面为占领了一座有如此众多纪念条顿人的历史古迹的古城而感到高兴。1621年,反对哈布斯堡王朝的新教徒起义的27名领导人,就在市政厅前被正法。在共和国广场,德皇威廉、俾斯麦和毛奇在普法战争期间曾在著名的"蓝色的星"旅店下榻。布拉格的富丽堂皇的建筑,其中许多系德国建筑师设计的,在他看来,在很大程度上是受条顿文化影响的结果。只有日耳曼人才能建筑这样的城堡、桥梁和其他建筑物!

一个副官打断了希特勒的遐想。副官通知他,英法两国均未动员。"我知道,"他说着,又做了个预言,"再过两星期便不会再有人谈论它了。"有报告说,亲纳粹的捷克人已走上布拉格街头,用彩色大字"JID"或"JUDE",将犹太人的店铺标出。这才是更令希特勒感兴趣的报告!

当日晚些时候,提索神父电告柏林说斯洛伐克已独立,并请求德国保护。这样捷克斯洛伐克便真正解体了。希特勒的军队毫不犹豫地开进了斯洛伐克。卢西尼亚省,也要求将它纳入他的轨道,但希特勒更感兴趣的是抚慰匈牙利人。他允许匈牙利部队通过边境,占领卢西尼亚省——一直占领至波兰边境。在仅仅独立了20年后,捷克斯洛伐克再次成了被奴役的国家。

英国虽未总动员,却怒不可遏。"我完全了解希特勒先生用不流血的办法取胜的口味,"哈利法克斯警告德国大使,"但用不了多久,他将发现自己面临的将不是不流血的东西!"

好些时候以来,他以及直言不讳的贾德干都反对张伯伦的绥靖政策的某些方面,但出于忠诚,他们还是支持了他。不过,采取某种立场的时刻已经到了。外长找到了张伯伦并做了明确表示,全国、全党和下院均一致要求,公开地、积极地谴责希特勒的侵略。

张伯伦注意到了这种劝告。18日,汉德逊大使奉调暂时离柏林回国。当晚,即首相70岁生日的前夕,张伯伦在伯明翰发表演说,一举改变了英国外交政策的方向。他警告说,人们若认为大不列颠(尽管它憎恨战争)"没有骨气去尽力抵抗这种挑战——一旦这种挑战被做出的话",那就大错特错了。这不能算是号召人民拿起武器,但由于此话出自妥协的象征性人物之口,它便激起了听众的热情,因它的确标志着绥靖政策的结束。

它也表明,希特勒首次大大失算。不错,希特勒用武力威胁的方法把捷克斯洛伐克拿到了手,但他未看到,随着时间的推移,捷克斯洛伐克也终会和平地纳入他的轨道的。而且,由于他撕毁了他的政府自由地参与的国际协议,他便完全扭转了英法两国的官方和公众的舆论。张伯伦及其追随者再也不会相信希特勒的话了。希特勒已违反了游戏的规则——且不是很值得去违反。

那么,元首为何会犯如此明显的一个大错呢?首先,他未料到他的行动会惹起如此强烈的反响。在奥地利问题上,他借口恢复法律与秩序,这西方不是也接受了吗?在慕尼黑,他们不也对那似是而非的论点满意了吗?他认为,趁他体力尚好、德国的军力强于其敌手的机会,他必须占领德国所需要的领土,以保证条顿民族的未来。

当他跨进捷克斯洛伐克时,下一次将在哪里打和打谁,他心中是没数的。他只想到,在进一步采取(或威胁采取)军事行动前,他必须拿到波希米亚和摩拉维亚。所以,在希特勒看来,他并未犯什么大错,只是在公共关系上受点挫折罢了。他关心的是下一步。

2 狐狸与熊

1939.1—1939.8.24

希特勒在赫拉德欣宫宣布对波希米亚和摩拉维亚实行托管的当天,罗马尼亚大使便警告英国外交部,在今后数月内,希特勒将占领罗马尼亚和匈牙利。不久,英国驻巴黎大使又发回一封令人大吃一惊的电报,更是把伦敦仓促地重新制定对外政策的人们引入歧途。这封电报错误百出。因为,为了保密,它是由大使埃立克·菲普斯爵士亲手打印的。"希特勒自己的愿望,"他写道,"在戈林、希姆莱、里宾特洛甫、戈培尔和莱希瑙等人的支持下,是要在六七月间对大不列颠发动战争。"这个谣言大概是德国国内反希特勒集团放出的,因为他们极力要挑起武装冲突。事实上,元首根本无意打英国,所称的对罗马尼亚和匈牙利进行占领,也仅限于经济领域。他的眼光其实是放在解决德国与波兰的令人烦恼的分歧上的。这些分歧是在世界大战后由盟国制造出来的,目的在于遏制德国的侵略。德国不但丧失了西普鲁士和波森的大部分省份,而且还沿维斯杜拉河开辟一条通向波罗的海的走廊,为内陆国波兰提供一个出海口。位于这条走廊尽头的但泽成了自由港,以便作为波兰的一个海港。这条所谓的"波兰走廊",把东普鲁士省与祖国分开,是最能激起德国爱国者民族情绪的一件事,而矛盾的焦点又在但泽上,因为居住在那里的几乎全是日耳曼人。

奇怪的是,在《我的奋斗》一书及其早年的演讲中,希特勒这个最具有民族主义思想的日耳曼人,却未给它以多少篇幅。这倒不是说希特勒对波兰人怀有友好感情——根据他的标准,波兰人是低人一等的下人——而是因为他被苏联这个唯一能满足德国的生存空间的国家所困扰。从他上台伊始,希特勒就将波兰问题降到最小的程度,并于1934年与华沙签订了有效期为10年的互不侵略条约。在公开场合,他炫耀德波友好,而且人们还记得,他邀请波兰人参加了肢解捷克斯洛伐克的慕尼黑会议。波兰人高高兴兴地接受了邀请。但他们并不明白,这种宴会的账最终是要由客人来付的。在慕尼黑会议后一个月,账单被送来了——里宾特洛甫邀请约瑟夫·利普斯基大使前往贝希特斯加登的格兰德饭店与他共进午餐。里宾特洛甫说,解决他们之间的分歧的时刻终于到来了。他建议——他的态度非常友好——波兰将但泽归还德国,允许德国建造联结东普鲁士和德国其余部分的走廊。作为报答,德国允许波兰使用但泽这个自由港,保证其目前的边界不变,并延长双方签订的条约。里宾特洛甫进一步建议,两国在对波兰犹太人实行移民的问题上实行合作,并"在反对共产国际条约的基础上,对俄国实行共同的政策"。

由于许多有影响力的波兰人士也与希特勒一样,既害怕赤俄又仇恨犹太人,和平解决这一分歧似乎不乏希望。但波兰外长约瑟夫·贝克上校,一再拒绝希特勒要他访德的邀请,而暗中却极力加强与俄国的联系。1938年底,两国发表了苏波友好的声明,两国的贸易谈判也得以开始。

对希特勒这样一个人,两面手法是不能无限期地玩弄下去的。贝克终于被迫接受希特勒的邀请。1939年1月初,贝克来到了贝格霍夫。如果他害怕像许士尼格、提索和哈查那样,受到大声呵斥,那他就错了:他又愉快又惊奇。没有威胁,只有引诱,希特勒只暗示可能要消灭捷克斯洛伐克,对波兰,则将给予更多好处。这套手法失败了。贝克大耍外交辞令,连归还但泽一事都不予考虑。

数星期后,里宾特洛甫来到华沙,意在重提德国的建议。波兰人请他跳舞、看戏、打猎,以及没完没了地请他吃鱼子酱和喝绿色的伏特加酒。在谈判桌上,除了得到更多的波兰人迷人的诱惑外,他什么也未得到。威廉大街有谣言说,由于贝克一再拒不接受他认为是最慷慨的建议,希特勒高喊说,对付波兰人的唯一办法是威胁。那年3月,用在奥地利和捷克斯洛伐克身上如此灵验的办法,便确立下来了。里宾特洛甫警告华沙,波兰对日耳曼少数民族的暴行越来越不能忍受了。接着，戈林的报纸《日报》便开展攻势，攻击说，日耳曼妇女和小孩在波兰的街头受到骚扰，日耳曼人的商店和房屋都被涂上了柏油。贝克不但未被吓倒，反而于星期二把德国大使找来，发出了自己的威胁：任何企图改变但泽现状的尝试，均将被看作是反对波兰的侵略行为。

"你想在刺刀尖下谈判？"德国大使喊道。

"那是你们自己的方法。"贝克说。

波兰此次以及在其他场合表现出来的勇气，获得了一个令人吃惊的报答：伦敦主动提出，若波兰遭到纳粹侵略，英国将给波兰提供军援。贝克"毫不迟疑地"接受了。在3月的最后一天，张伯伦"形容憔悴"，步入下院后，一屁股坐在椅子上。几分钟后，他起身宣读一份声明。他读得很慢，语调也很平静。他把头放得低低的，好像看不清楚字似的。"若发生任何明显地威胁波兰独立的行动，"他说，"而波兰政府也认为有绝对必要使用其全国的力量抗击这一行动时，英国政府将立刻认为自己有责任向波兰政府提供力所能及的一切援助。"他补充说，在此之前，关于这点，波兰人已得到保证，而法国也授权他宣布，法国参与英国做出的这些保证。他坐下后，厅内自发地响起了欢呼声。自他从慕尼黑返回后，这是首次表示真正的同意。无条件的支持是张伯伦真正放弃绥靖政策的第一个物证。英国终于团结起来并承担了义务。

次日——4月1日，德国元首发表了一篇演讲，对英国进行讽刺，作为对英国下院团结一致的回答。他问，英国有什么权利对德国的生存权进行干预？"今天，如果某个英国政治家要求将每个有关德国权利的重要问题都得首先拿到英国来讨论，那么，我同样也可要求，英国的每个问题也必须首先与我们讨论。当然，这个英国人也许会回答我说，巴勒斯坦就没有德国人的事嘛。我们不想与巴勒斯坦有什么来往。然而，就像我们德国人管不着巴勒斯坦人的事一样，你英国也管不着我德国的生存空间的事。"假若英国认为德国人做这无权做那也无权，你英国人又有什么权利在巴勒斯坦将只要求保卫家园的阿拉伯人枪杀？

他从讽刺转向威胁恫吓。"日耳曼帝国，"他说，"决不想永远容忍恐吓，连包围的政策也不能容忍。"这威胁,相对而言,是比较温和的,想来他必花了不少毅力才将自己的感情控制得如此出色。私下里,他却慷慨激昂。那天下午,当他从海军上将卡纳里斯口中证实英国确向波兰人做出保证时,他大发雷霆。他气得脸都变了,在室内咆哮不止,以拳击大理石桌面,口中骂声不绝,"我给他们一点颜色瞧瞧!"他是否有意与斯大林签约?

当晚,希特勒又发表演讲。在演讲过程中,他表现得风度不凡。这大概系源于自认从实力地位出发的信念。马德里已落入佛朗哥之手,西班牙的内战刚正式结束。此外,由于当天"传来新的谣言"说"意大利已向阿尔巴尼亚施加压力",英国的注意力正在转移——这一转移正中希特勒的下怀。他把凯特尔召来,对他说,波兰问题亟待解决。他还说,与他签订互不侵犯条约的狡猾的老师毕苏斯基死得过早,这是多大的一个悲剧!不过,此事随时都可发生在他身上。所以,这就是他为什么要将这个有关德国前途的问题,这个在地理上把东普鲁士和帝国其余部分分割开来的、令人不能容忍的问题尽早解决的原因。他不愿将这项工作往后拖,也不愿交给他的继任人去处理。他接着说,他坚信,只要英国看到了德国的决心,英国就会不理波兰的。

由于他没有认识到英国不但在口头上而且也在事实上放弃了绥靖政策,于是,希特勒便于4月3日发布了战争"绝密"令,由专人送给高级将领。"由于德国东部边界的局势已变得无法容忍,而和平解决的一切政治可能性已没有,"该令写道,"本人决定用武力解决。"向波兰发动进攻,即"白色战役",将定在9月1日。

西线若发生冲突,希特勒打算让英法两国首先动手,把发生敌对行动的责任推给英法两国。如英法为报复而进攻德国,陆军应尽量在这个地区保存力量。"下令反攻的权力应绝对由我掌握",是否空袭伦敦,决定权也在他手中。

这一着说明,对于英法两国向波兰做的保证,希特勒是不太相信的。盟国为挽救面子,充其量只宣战,如德国不发动反攻,讨价还价还是可以的。各国的命运也就因此失算而决定了。这份战争令由凯特尔合签。凯特尔,与他所磋商过的将领一样,反对与波兰发生任何冲突。大家都一致认为,德国还未做好战争准备。

希特勒攻击说,与波兰实行和平解决的一切政治可能性已没有,这不是毫无根据的。贝克上校不但避而不与希特勒会谈,而且还跑到多维尔与英国签约。他受到了官方和公众的热烈欢迎。他还享受了热情的款待,特别是还与国王和王后共进午餐。但由于他生性傲慢、隐秘而多疑,所以在进行正式会谈时,他就不那么能接受意见了。英国和波兰同时与苏联建立反希特勒阵线,遭到贝克的激烈反对。贝克更怕俄国向波兰进攻,拒绝参与可能突然导致与希特勒交战的任何事情。在这点上他是纹丝不动,所以,在4月6日他与英国签订的暂时的互助条约中,苏联便被排除在外,不准插手。

在执行其外交政策时,大部分国家都是从实用的角度出发的,就是说,"炉中有两块铁总比只有一块好"。苏联也不例外。其时,它正同时与英国和德国开谈。苏联急需寻求盟友,其原因,乃与两年前斯大林血洗(顺便提一句,系受希特勒清洗罗姆集团一举的影响)图克切夫斯基元帅及其他高级将领,从而削弱了红军的力量有关(后来,海德里希吹嘘说,红军的此次肢解,系他的功劳。在得悉图克切夫斯基集团在密谋推翻斯大林的情报后,海德里希便通过贝奈斯总统,将这一消息以及伪造的证件转给了斯大林。不久,苏联便派代表前往柏林就证据问题与海德里希谈判。苏联向他支付了300万卢布的支票。想来这些支票是做有记号的,因为德国特务每使用一张,便立即被捕。将钱打上记号并不是俄国人耍的唯一的欺骗手段。是斯大林本人将原始材料披露给未起疑心的海德里希?图克切夫斯基的权力过大,威胁了斯大林的独裁统治)。德国秘密地加强在红军中的力量已近20年之久,但此事并非路人皆知。在《凡尔赛和约》的谈判中,德国和苏联双双被排斥在外。由于都是被抛弃的国家,因共同所受的冤屈,常倾向于彼此,所以,苏德两国便暗中进行广泛的军事合作。合作的主要缔造人系战后德国小小的军队的指挥官汉斯·冯·西克特将军。1920年底,他在国防部创立了一个管理机关,在柏林和莫斯科均设有办公室。不久,"容克公司"便在莫斯科郊区开业制造飞机发动机;贝索尔——合资股票公司,也在萨马拉省制造毒气。更有意义的是,德国派出20名技术专家以帮助苏联建立三座兵工厂,另派出60名文武指导员,专门协助训练全由日耳曼人组成的红军空军飞行大队。同样地,德国的坦克军官也在喀山附近所谓"重型车辆测试站"内受训。

人们记得,这种有利于彼此的秘密安排,发展成为政治上的友好关系,于1922年的复活节《拉巴洛条约》的签订而正式确立。这是反对《凡尔赛和约》诸国的有力的联盟。一方面,它向苏联保证,德国不参加任何国际财团,对苏联经济进行剥削;另一方面,它又解除了德国受包围的威胁。但是,希特勒的崛起却成了德苏关系的转折点,至1938年,德苏两国的友好关系实际上已完结。在未与苏联磋商的情况下,德国与英法两国签订的《慕尼黑协定》,又使情况发生急剧变化。

由于西方对它置之不理,苏联再次转向德国。1939年初,苏联接受希特勒的建议,邀请里宾特洛甫的一名副官前往莫斯科,就新的贸易条约一事开始谈判。数天后,伦敦的《新闻记事报》发表一条耸人听闻的消息,说斯大林正与纳粹签订互不侵犯条约。对此,斯大林深信不疑。在向第十八次党代会发表的一篇演讲中,斯大林宣布,苏联决不会被西方拖进对德的任何战争中去,"我们赞成和平,赞成巩固与所有国家的贸易关系。"德国报纸抓住"所有"二字大做文章,认为这是向帝国做的新建议,苏联报纸则对它们能予以识别而表示祝贺。

不到一个月,里宾特洛甫的波兰和波罗的海各国问题的专家彼得·克莱施特便得到指示,要他改善与苏联驻柏林大使馆的人员的私人关系。克莱施特怀疑,这是不是剧烈改变外交政策的前奏。数天后,克莱施特带着复杂的感情,陪同一东欧经济问题的德国专家前往设在"菩提树下"的豪华的苏联大使馆。苏联大使馆临时代办格奥尔基·阿斯塔霍夫——很和蔼,看上去像个苦行僧——请他们喝茶。显然,这是件不平常之事;没有另一个俄国人在场。他们就法国印象派闲聊了一阵后,阿斯塔霍夫建议谈正经事。他说,德国和苏联因为意识形态的一些小分歧而打架,这是荒唐可笑的。为何不制定一共同的政策呢?克莱施特说,意识形态的分歧已成了重要的现实问题。但阿斯塔霍夫把手一挥,不予置听。他说,希特勒和斯大林是这个现实的创造者,但从不让自己受现实统治。

离开大使馆时,克莱施特好一阵沉思。显然,阿斯塔霍夫是在把克里姆林宫的一个信号转给里宾特洛甫。但是,让克莱施特奇怪的是,令他唱这场戏的开场白的里宾特洛甫这时却让他避免与阿斯塔霍夫再接触,"我并不认为元首希望这个对话继续下去。"

斯大林采取了下一个步骤。4月17日,苏联大使阿列克塞·梅利卡洛夫拜访了里宾特洛甫的主要下属冯·威兹萨克男爵。这是10个月以来俄国人的第一次来访,以一件本由较低级官员处理的事为来访的借口。谈话快结束时,梅利卡洛夫问威兹萨克对苏德关系有何看法。他的回答是:德国历来希望与俄国建立双方均满意的商业关系。梅利卡洛夫大使的回答,毫无疑问,是希望建立友好关系的信号:俄国没有理由不与德国在正常的基础上共存,"从正常这点出发,关系可能变得越来越好。"

与此同时,苏联又在讨好另一方。但是,张伯伦并不愿意与苏联匆忙建立更加密切的外交关系。他无法相信苏联也怀有与英国同样的目的和目标,更谈不上对民主有什么同情。首相坚信,与俄国结盟会分裂巴尔干各国抵抗德国的力量。于是,在与苏联玩弄"很难得到"的同时,张伯伦用答应援助罗马尼亚的办法,加强了支援波兰的保证。

4月19日,罗马尼亚外长格里戈伊里·加芬库到总理府拜访了希特勒,从希特勒口中了解到了关于他对这一建议作何反应的第一手材料。一提到英国,希特勒便从椅子上站起来,在室内走来走去。他喊道,英国人为什么看不出他所希望的无非是与他们达成协议?英国如果想要战争,那就让它要吧!"这将是一场破坏力大到无法想象的战争,"他警告说,"战场上连两个武装齐备的师都凑不出的英国,怎能看到现代战争是什么样子?"

4月20日,是希特勒50岁寿辰。近日来他常怒形于色,说明他已没有耐心了。时光在飞逝;他相信,自己只有数年拥有健康体魄的时间去完成任务。与通常一样,1939年希特勒的生日是通过盛大的阅兵来庆祝的。场景雄伟壮观——国防军三军以及武装的党卫队均有代表——目的在于警告敌人。应希特勒的明确要求,阅兵中表演了最新式的中型炮、重型坦克炮、高射机枪和空军的探照灯。一队队战斗机和轰炸机从头上轰鸣而过,又多又吓人。出席阅兵式的外国使节,对德国历史上最大的一次阅兵,各有自己的印象。他们也没有忽视把捷克斯洛伐克总统哈查作为主宾、放在希特勒身旁的意义。

此次阅兵虽使许多人吓破了胆,但是,见到如此强大的武装力量,大部分德国人均引以为豪。50岁寿辰也是掀起另一次颂扬希特勒的宣传浪潮的借口。

对许多崇拜者而言,他是德国的救星:"元首是本世纪唯一能掌握上帝的霹雳并为人类而重新改造它的人。"对其他人而言,他胜过弥赛亚——上帝本人:"我的孩子们把元首看成是为万物发号施令,安排一切的上帝。在他们眼中,元首是万物之主。"

小学生也被教会了唱颂歌:

> 阿道夫·希特勒是救星、是英雄,
> 在辽阔的世界中,他最高尚,
> 为希特勒而生,
> 为希特勒而死。
> 上帝就是希特勒,
> 他统治着勇敢的新世界。

希特勒甚至禁止使用"第三帝国"这样的字眼。对于日益发展的个人崇拜的情形,他也曾对内层圈子里的人抱怨过——在某些情况下,个人崇拜的情况已发展到了滑稽可笑的地步。在党新近布置的学习班上,一个女老师十分认真地讲述过她自己的一次经历:有一条会说话的狗,当被问到"希特勒是谁"时,狗回答说:"我的元首。"有个纳粹分子当场大怒,插嘴喊道:"你竟敢讲这样荒唐的故事,太可恶了!"那女老师作答时,眼泪都快流出来了:"这个聪明的动物知道,不准活体解剖。犹太人做宗教仪式时不准宰动物的法律,是阿道夫·希特勒下令通过的。所以,出于感激,这条小狗的狗脑便认出阿道夫·希特勒是它的元首。"

教会虽未把希特勒看成弥赛亚或上帝,但也对他的50岁寿辰表示庆贺。日耳曼人的每个教堂都特地做了许愿弥撒,"祈求上帝保佑元首和人民"。梅因斯的主教还号召各教区的天主教徒特意为"帝国的鼓舞者、扩大者和保护者元首和总理"祈祷。连教皇也给他发来了贺电。

这些荣耀丝毫未减少希特勒对罗马尼亚大使的愤慨,也未减少他对英国的怨恨。特别令希特勒愤怒的是,不久前,在美国出现了《我的奋斗》的缩写本。这个缩写本未经许可便排印成书,且收进了人人认可的英国版本中删去的各段落,以及由艾伦·克兰斯顿撰写的,提醒读者注意希特勒的歪曲的评论文章。缩写本以袖珍本成书,定价为10美分,10天内便销售了50万册。封面上印有这样的字样:"不给阿道夫·希特勒一分稿费。"(元首的代理人立即上诉,理由是,他的版权遭到侵犯。法庭做出了有利于希特勒的判决,勒令出版商停止印刷和发行克兰斯顿的版本。"这是在实际中民主的漂亮一例。"现当上了代表加利福尼亚州的参议员的克兰斯顿于1974年说。他承认,法律上,希特勒是对的,他是错误的。"但是,我们所销售的50万册书却帮助了许许多多的美国人,使他们看清了希特勒的恐怖政策是何等的错误。正是这些政策不久便把我们抛进世界大战中去。")一次冒犯来了,另一次又来。这一次的冒犯者系罗斯福总统:他同时致电希特勒和墨索里尼(刚侵略阿尔巴尼亚),呼吁他们保证不再进一步侵略。"您曾一再断言,您与德国人民并无战争的愿望,"罗斯福对希特勒说,"这如果属实,那就无须战争。"

这可惹了希特勒。4月28日,他对此做了回答。他的演说从未有过如此多的听众——不但在全德和欧洲进行广播,而且还通过主要的广播网在美国转播。与希特勒在维也纳时的景况相比,这是无法令人相信的:那时,希特勒愿意给任何愿意听的人演讲——假若树木能听,他也愿意。那时,他的听众常对他之所云置之不理,或取笑他。现在,世界在发抖。

听众如此之多使他受到了鼓舞。威廉·夏伊勒就发现,元首从未如此雄辩过。演讲一开始,他便为他的外交政策辩护。他不但辩护得很成功,而且还转而谴责英国的外交政策。他攻击说,英国的外交政策废除了他们1935年的海军条约的基础。这是没有想到的:他自己当年如此急于求得的条约,一下子被取消了。接着,他又对波兰进行毁灭性的攻击,取消了《波德互不侵犯条约》——原因是,波兰人"单方面侵犯了"它。希特勒撕毁了两个条约后,又在继续宣称,只要条款平等,他欢迎重新谈判。"想到这个情景,"

他说,"谁也没有我高兴。"

这阵大脑体操确实做得非常出色,却又被他对罗斯福的攻击所超过。这个攻击——至少是为了取悦德国听众——是讽刺和挖苦的杰作。这是早年的希特勒,是酒吧间侍者和辩论者的希特勒。他将罗斯福总统的电报逐点予以反驳,像中学校长那样,逐点将之抹去。他的重重的讽刺和挖苦,令国会内人人听来顺耳;每次反驳后,笑声和鼓掌声一次高过一次。带头捧腹大笑的是会议主持者戈林。(在纽伦堡审判期间,把这个演讲的电影再次放给戈林看时,他再次大笑不止。)当元首最终接触到总统要求德国应保证不再进行侵略的问题时,他的回答是嘲笑和反击——这使人笑得更加开心——却未能回答这个问题:他是否会侵略波兰?

这篇演讲的目的,与其说是说服敌人,倒不如说是为了满足他的手下。他所需要的是时间,以使波兰问题获得有利的解决。他觉得,自己的讲话已达到了目的,便跑进他的半官方别墅贝格霍夫隐居起来。在之后的酷夏中,他一点儿也不愿触及波兰,但对于俄国,他却张口就来。克莱施特一边喝茶一边狡猾地提出的初步友好的问题现正发展为真正的热恋。在爆炸性的国会演说后不久,在苏联报纸的后版上出现了一条似乎不惹人注目的消息:马克西姆·李维诺夫的职务已由 V. M. 莫洛托夫接替。这是一条耸人听闻的消息,最欣赏它的莫过于德国大使馆了。当晚,德国的临时代办便打电报给威廉大街说,外交委员会未对此事做出解释,但李维诺夫(他的夫人爱维是英国人)的被解职看来是他与斯大林的意见分歧的结果。李维诺夫本人系反对轴心国的集体安全的象征,他的下台意味着斯大林已放弃了这条路线。犹太人李维诺夫被非犹太人替换一事表明,对英国的初步建议业已不相信的斯大林,已将大门向其在柏林的反犹伙伴打得更开了。然而,有件难堪的事不但俄国人对希特勒瞒着,就连他自己的外交官员也对他瞒着:莫洛托夫的妻子是犹太人。

听到李维诺夫被莫洛托夫替换的消息,希特勒如同"中了炮弹"。希特勒与斯大林,两人均强烈憎恨和恐惧犹太人,这是共同的。此外,长期以来,希特勒就对斯大林的残忍多少有点儿佩服。即使如此,希特勒仍不相信与斯大林合作是明智的。5月10日,他将一名俄国事务问题专家召至贝希特斯加登,研究斯大林是否准备与德国达成真正的谅解一题。具有20年对苏经验的古斯塔夫·希尔格,现在德国驻莫斯科大使馆任经济随员,他听了这个问题后,不禁吃了一惊。希尔格"向希特勒提供了一个自1933年以来德苏关系的小结。他提醒希特勒,在斯大林上台后的头几年中,苏维埃政府曾常表示希望能维持旧日的友好关系",但又有所节制。他无非是在提醒希特勒注意斯大林两个月前在苏共党代表大会上所做的苏联没有理由与德国进行战争的声明罢了。令希尔格奇怪的是,无论是希特勒还是里宾特洛甫,谁都记不得斯大林讲话的内容。

希尔格长篇大论地说明,苏联并不是一个军事威胁,因为它需要一个和平环境去搞经济建设。希尔格一走,希特勒便说,他自己已"有点儿俄国味道了",还可能听信于俄国的宣传。"不过,如果他是对的,我便不能同意斯大林的和平建议。我必须尽快中断那个巨人内部巩固的过程。"他令里宾特洛甫在对苏关系中原地踏步。

斯大林则令阿斯塔霍夫恢复对德的贸易谈判。5月20日,莫洛托夫插手这一谈判,把德国大使冯·舒伦堡请到克里姆林宫。平常脸孔冷峻的莫洛托夫,此次却成了和蔼可亲的主人。但是,在亲切的外表下却埋藏着一副铁石心肠。正式谈判一开始,他便抱怨说,希特勒显然不太愿意签订新的经济协议,这给苏联人一种印象,就是说,德国人并非真心诚意,而是出于政治上的原因,在谈判中玩弄花招。

元首更关心的是加强他与墨索里尼的关系,至少目前是如此。墨索里尼对阿尔巴尼亚的突袭虽然使他难过(希特勒要的是取乐,而不是真干),但自那时以来,他一直在与意大利谈判,以缔结一个更有约束力的轴心条约。此条约于5月22日签订,仪式还相当隆重。它被称为《钢铁盟约》,把意大利的命运和德国的命运无可挽回地捆在一起。对希特勒而言,这项条约系外交胜利的产物,因为它保证,在战争期间一方"将用其海陆空三军的全部力量"支援另一方。令人难以相信的是,由于急于取悦希特勒,墨索里尼甚至未让其内阁或政治和法律专家们去核对条文内容——此条约甚至没有明文规定"只是在遭敌进攻时本条约才有效"。这样,墨索里尼便大意地把意大利的命运置于他的伙伴的掌心。

这项条约的签订,好像使希特勒拿到了冒险发动战争的许可证似的。次日,信心十足的元首便把高级军官召至总理府内的书房。他解释说,解决德国经济问题的方法与德国和波兰的分歧有着密切的关系,"但泽根本不是争执的目标。这是我们向东扩大生存空间的问题,也是取得食品供应和解决波兰的争端的问题。"

因此,波兰(尽管与德国有友好条约)必须被消灭。"我们不能重复捷克事件,"他警告说,"那会出现战争的。我们的任务是孤立波兰。"只有在西方不参战的情况下,对波兰一役才能告捷。因此,他把发布进攻令的最后权力保留在自己手中,"这若办不到,那还不如进攻西方,并同时将波兰解决。"

他的矛盾言辞,令听众摸不着头脑。正在此时,忠实的凯特尔自我解释说,元首的意思不外乎是要向各将领表明,他们的疑虑是没有根据的,战争不会真的爆发。希特勒还说,他做一个勇敢预言,要与英法打一场"你死我活"的战争,"我们可轻易逃脱的想法是危险的,不会有这种可能性。我们必须破釜沉舟,同时,这也不再是什么正义和非正义的问题,而是关系到八千万人的生死存亡的问题。"基本的目标是让英国屈服。"我们不会被迫进行战争,"他说,"但是,我们无法避免一场战争。"

这绝不是着了征服迷的某人的胡言乱语,而是一次招供:不进行战争,德国不能再作为一个大国继续下去。只有东方无穷无尽的资源才能拯救帝国;另一个选择,即与西方将就下去,却包含着各种风险,而这是不能接受的。如果他向世界暴露真相,就是说,他一直在恫吓和逃避战争的较量,那么,德国的威信和力量就会像泄气的气球,很快消失。

众人步出冬园时,可能除凯特尔和雷德尔外,大家都非常震惊。元首呢,则神采奕奕地跑到上萨尔茨堡躲难去了。中途还在奥格斯堡停留,观看了当地演出的《罗恩格林》。即使在贝格霍夫休息,希特勒也在探讨与东方达成交易的可能性。对英国在莫斯科谈判一事,虽然他令舒伦堡"要坐得住",自己反而坐立不安了。假若他们先行与布尔什维克签订了协定,那该怎么办?果真如此,德国入侵波兰时,斯大林会采取什么行动?这,他必须搞清楚。5月26日,里宾特洛甫向舒伦堡发出指示,要他通知莫洛托夫,如果希特勒能得到保证,即苏联已在事实上放弃了反对德国的咄咄逼人的态度（如同斯大林在最近的演讲中表明的那样），那么德国将放弃其先前反对共产国际的政策。如果做到了这点，那么，"考虑使德苏的政治与外交关系平稳而正常"的时刻便到了。

希特勒是愿意延长其生存空间的梦想的。他要舒伦堡说服莫洛托夫，让他相信德国根本无意扩张至乌克兰。对新近签订的《钢铁盟约》，俄国人也用不着恐惧，因为它完全是针对英法两国的。舒伦堡又进一步获得指示，要他向莫洛托夫说明，如希特勒认为有必要对波兰动武，苏联也不会遭难。再者，与德国签约要更加实用得多，这一建议是诱人的。因为，在外交辞令后边，还明明白白地邀请苏联去瓜分波兰。英法两国不能或不会及时援救波兰的论点，对斯大林那样一个实用主义者说来，也是有吸引力的。

由于这个建议是如此自发地提出来的，以致使威廉大街也出现了一些小惊慌。首先，里宾特洛甫将希特勒建议的内容通知了日本大使大岛，催促他向东京发电，请日本也同意此建议。在日本，批评大岛将军的人都把他看作是希特勒的应声虫。但是，如果需要的话，他会变得非常顽固不化的，他连电报都拒绝往家里发。他辩解说，任何一个轴心国若与苏联（虽未宣战，苏联的步兵和坦克却在中国东北—内蒙古战线上与日军进行残酷的战争）达成协议，必然会使日本参加日德意同盟条约的全部机会丧失殆尽，而日本的参加正是希特勒所希望的。

里宾特洛甫没了主意，连忙打电话给阿托利科大使征求意见——他说，不是因为他是大使，而是因为他是俄国问题专家。阿托利科同意大岛的看法，认为轴心国若与克里姆林宫接近，俄国人便更容易在巴黎和伦敦"把货物吊起来卖"。苦恼的里宾特洛甫想必与身在贝希特斯加登的希特勒在电话里讨论过此事，并取得了新的指示。当晚，里宾特洛甫便向莫斯科发出另一封电报，取消了先前主动向俄国人提的建议。冯·德·舒伦堡大使若未收到新的指示便不准轻举妄动。

希特勒认为，接触的俄国人级别太高了，便令威兹萨克去探听阿斯塔霍夫的口风。3月31日，他按指示执行。从内容和语调上看，他们的谈话都让人恢复信心。元首于是便于当日晚些时候发电报给舒伦堡，指示他一定要"与苏联进行谈判"。这封电报刚一发出，另一封又发了出去，建议恢复与俄国人进行的经济谈判。然而,斯大林的疑心超过了希特勒的疑心。到6月底,由于未取得重大成果,希特勒便下令中止谈判。双方似乎都急于要共度的蜜月也就告吹。

斯大林所追求的西方,在达成协议方面,并不比希特勒更有所进展。在伦敦,由于克里姆林宫不愿认真谈判,哈利法克斯勋爵已忍无可忍。他向迈斯基抱怨说,什么都说不行,这并不是谈判,它"酷似纳粹对待国际问题的方法"。苏联于6月29日通过《真理报》对此做了回答。《真理报》的这篇题为《英美政府不愿在平等的基础上与苏联签订条约》的文章写得非常辛辣。苏联在迟疑的真正原因是,它积极地怀疑英国的目标是将它卷进对希特勒的一场战争中去,而自己则将军事上的损失减至最小。同样持怀疑态度的日本驻伦敦大使向东京报告说,据自己的印象,英国又与通常一样,在耍两面手法:用与苏联进行的条约谈判威胁希特勒,用与德国保持和平的计划反对斯大林。

与此同时,希特勒整个夏季都躲在贝格霍夫,既不在外交界抛头露面,也不发表重要的演说。这段沉默也许是其自身拿不定主意使然,也许与其信念有关:大部分问题,你若不管它,它们便自行解决了。不管属何种情况,他都不可能做出更能使对手混乱的事情来。这是个被动消极的季节。他耐心地倾听着墨索里尼写来的书面警告——是由一位将军亲自送来的。墨索里尼说,战争是不可避免的,但又说他们两国都需要和平,"要到1943年后战争的努力才会有最大的胜利前景。"当将军念到墨索里尼不大愿意参与欧战时,希特勒并不想与之争辩。他自己的意图还是孤立波兰,把战争限制在局部。至于如何做到这点,他并不需要听一个意大利人的意见。

在他的几个副官看来,他明显地轻松多了。他于7月中旬下山,在慕尼黑作了短暂地停留,在国家歌剧院观看了专场为他演出的《汤豪瑟①》。这部歌剧还有个新的特点,是专为这位国家元首希特勒增加的情节:两名全裸的姑娘,一名演欧罗巴,骑在公牛上;另一名演丽达,带着天鹅。

---

① 汤豪瑟,德国13世纪时,一武士兼抒情诗人,稗史载其在维纳斯堡一山洞里与维纳斯纵情淫乐,后忏悔。瓦格纳据此写的歌剧也叫 Tannhauser,中译为《汤豪瑟》。——译注

一个星期后，他到了白莱特，参加了一年一度的瓦格纳音乐节。这次音乐节除演出了《尼伯龙根的指环》外，还增加了扣人心弦的《帕西法尔》。每次演出他都邀请他中学时期的朋友库比席克前来观看，但直到8月3日，即《戈特达马隆》末场演出后一天，他们才相见。那天下午，党卫队一名军官陪同库比席克来到万弗里德旅馆。希特勒用双手紧紧握住老朋友的右手，库比席克感动得连话都说不出来。

库比席克有点不好意思地拿出一叠印有元首照片的明信片，想让希特勒签名，以便带回奥地利去分发给朋友。希特勒戴上老花眼镜——他很小心，遇有拍照都将眼镜取下——热心地在每张明信片上签名，库比席克则在旁小心翼翼地将墨迹一一弄干。之后，希特勒便领库比席克到花园瞻仰瓦格纳之墓。"我很高兴，"他说，"能在同一地方再次碰到你。这是我们俩过去最崇敬的地方。"

由于当了元首，肩负重任，希特勒的私生活已难得有趣，而这一小插曲是罕有的私生活的一个例子。他给爱娃·勃劳恩的时间也很少；直到1939年年初她才住进总理府内的卧室。她睡在兴登堡生前的卧室里；室内的主要饰物是一幅俾斯麦的大画像。元首有令，窗帘永不准拉开。这间忧郁寡欢的卧室（及一梳妆室）可与元首的书房相通。但他却要她通过用人专用门进出他的房间。

他们虽然过着夫妇生活，但两人都尽力跟工作人员打哑谜，说他们不过是好友而已。上午，她叫他"我的元首"，但久而久之她用得习惯了，据她对好友们说，即使在私下里她也这样称呼他。然而，知道他们的稳私的人越来越多——因为说来也荒唐，他们至少有一次防范不严。这事刚好发生在魏德曼上尉被解职前。一天早晨，魏德曼到元首房里去送急电，惊奇地发现爱娃的小巧玲珑的维也纳鞋竟待在元首的皮鞋旁边——好像住旅馆时让人擦鞋似的。"我不禁想起了拉封丹的寓言，"他在回忆录中写道，"一边下楼梯，一边笑个不停。"

在贝希特斯加登（在那里，爱娃的住房很舒适，与元首的紧紧相连），或在总理府，每逢重要客人来访，她便被关在屋里——这是她最难熬的时刻。她渴望能见到霍尔蒂海军上将、胡佛总统、罗马尼亚国王卡洛尔·阿加·汗和其他要员。然而,她却像孩子一样被关在房里。她私下对友人说,有一次,她求希特勒让她见见温莎公爵夫人,因为,她想,她们两人有许多共同之处;却遭到希特勒的拒绝。这是最令她难过的。但她也明白,来自全世界的伟大人物都敬重她的情人。这,她很高兴,但也只能以此聊以自慰,使她的热切等待着的生活好受些。另外,这怎么也比早年孤单和狐疑的生活要强,那种生活曾两次导致她自杀未遂。

政治战线方面,在希特勒在白莱特欣赏《崔斯坦》的当天,里宾特洛甫批准恢复与阿斯塔霍夫的谈判。谈判结果虽然令外长高兴,但彼得·克莱施特却警告他勿让斯大林看出德国急于求成,尤其不能为一条约而搞特殊姿态。他们应该等待,也许用不了半年,便可达成令双方满意的协议。里宾洛特甫笑了。两个星期内他们便可签约!他对克莱施特劝他要有耐心的忠告置之不理。为了急于完成条约以对付英国,里宾特洛甫令舒伦堡再次会见莫洛托夫,并建议认真进行政治会谈。这次会晤于8月3日举行。德国大使报告说,此次会谈所得的印象是,苏联决心与英美两国签约,"如果他们能完全满足苏联的愿望的话"。肯定的,这印象是莫洛托夫所希望散布的。他与斯大林两人均注意到了威廉大街的焦急情绪:他们一方面在引诱德国,另一方面又牵着英国的鼻子走。

到此时,希特勒已比里宾特洛甫还焦急了,原因是,他为波兰战役所定的截止日期只有不足一个月的时间了,而他仍要得到斯大林的保证——苏联红军将不予干涉。就在这节骨眼上,他若不是运气亨通就是强使之然。在舒伦堡与莫洛托夫会谈后一天,波兰出现了一次危机。但泽的纳粹通知波兰海关官员说,他们接到命令不再受稽查。波兰做出了反应:它愤怒地要求取消命令,但泽自由市参议院总裁也愤怒地否认曾发出过这样的命令,并攻击说,波兰是在寻找借口,威胁但泽。这真是小人得势。他迅速地于8月9日夺过指挥权。同日柏林警告华沙,它若再向但泽发出最后通牒,"必然会使德波关系更加紧张"。原来是一场小小的风波,现却被弄成一场严重的危机——波兰反驳说,德国若出面干涉,波兰将视之为侵略。

受控制的德国报纸已在大喊大叫。"波兰!注意!"报纸的大标题在提出警告,"华沙以轰炸但泽相威胁——波兰自大狂的宣传不可信!"另一标题在狂吹。正当戈培尔在大喊大叫时,外交部却以较低的姿态发动攻势。里宾特洛甫的经济专家尤利乌斯·施努尔向阿斯塔霍夫保证,德国在波兰的利益真是非常有限的。"它与苏联的任何一种利益都不发生冲突,"他说,"但我们必须知道是些什么利益。"

希特勒虽然躲在山上,但也亲自过问此事。他将自己的专机派往但泽,把国联驻此自由城的高级专员卡尔·布克哈特接来。8月11日,布克哈特抵达了上萨尔茨堡,并立即驱车上了克尔斯坦山上的茶楼。

希特勒正忙于另一件事。"某个非常重大的事件也许很快就会发生。"在乘电梯上主要会议室时,他对施佩尔说。他好像自言自语地提到,他要派戈林出差。"不过,若需要我会亲自去的。我把一切都押在这张牌上了。"他所指的是与斯大林签订条约。待布克哈特走进室内时,希特勒已火冒三丈,正为波兰问题大发雷霆。"在事先未得警告时若有什么事情发生,"他喊道,"我就要用他们梦想不到的全部机械化部队,像闪电一样,把波兰人砸个稀巴烂!"他大声喊道,"你明白我的话吗?"

"很好,总理先生,我很明白这意味着一场大战。"

希特勒脸上闪现出痛苦和愤怒的表情。"很好,"他说,"假如我被迫打这场战争,我宁愿今天就打,不愿明天再打,我不会像威廉二世那样打仗。在全面战争开打前,他总是忧心忡忡,小心翼翼。我呢,则将无情地打,粉身碎骨也要打到底!"

像泄了气一样,他安静了下来,心平气和地对他的客人说,他并无进攻英法两国的愿望。"我并无罗曼蒂克的热望,"他快活地说,"没有当盟主的胃口。首要的是,我并不在西方寻求什么,不管是今天还是明天。"但是,在东方,他可要放开手脚干。"我必须为德国搞到足够的小麦。"为取得木材,他也需要在欧洲外搞个殖民地。他的野心就只有这么大。"就这么一次,"他阴郁地说,"重要的是,你应明白,我随时准备就这些事情与人谈判和讨论。"

他一再重申,若在东方得到自由,他将高高兴兴地与英国签订条约,保证英国的所有属地。显然,希特勒是想将这项保证转给伦敦——也想把接着提出的威胁一起转过去,"我心里想的全是如何反对俄国。如果西方竟笨到连这点也不懂,那么,我便只好与俄国人达成协议,先将西方砸碎,然后再倾全力反对苏联。我需要乌克兰,我们才不会像在上次大战那样被征服。"

布克哈特所不知道的是,不久前,英国已通过张伯伦的一名高级顾问向希特勒提出一项秘密建议。霍拉斯·威尔逊爵士与里宾特洛甫的秘密代表弗里茨·赫塞在前者肯辛顿的家里进行过一次会见。在这次密谈中,威尔逊说,首相准备建议与元首结盟,为期25年。它的内容将包括给帝国提供经济好处和"在适当的时候"分期归还德国的殖民地作为报答,希特勒必须保证不再在欧洲采取侵略行动。

赫塞说,他不知听到的是否正确,要求霍拉斯爵士再详细解释一遍。他解释了。"我要是希特勒,"大吃一惊的赫塞说,"就会接受你的建议。不过,他是否会这样做,这就谁也说不准了。"赫塞将此建议发回外交部后不久,他便带着威尔逊用打字机打好的文件——该文件总结了建议的各个要点——坐上专机,飞返德国。里宾特洛甫虽然对此印象深刻,但也不知如何才能让希特勒相信,此事需认真对待。赫塞是否真的相信,如苏联进攻德国,英国将站在希特勒一边参战?在与德国谈判前,他们是否会在莫斯科中断对话?赫塞认为他们会的。

有个目击者告诉赫塞,希特勒第一次听到有此提案时高兴得像什么似的。"这是多时以来听到的最好的消息!"他喊道。喊完,他便像孩子似的想入非非。他毕生的梦想,即与强大的大英帝国结盟,就要实现了!但几乎就在同时,他又心存恐惧,指责威尔逊设圈套,使波兰人免受应得的鞭挞。"希特勒想要什么?"赫塞问向他透露消息者——里宾特洛甫在总理府的联系人瓦尔特·赫威尔。回答是:元首一心想迫使波兰人屈服。

那一星期里,里宾特洛甫问过赫塞,他是否"完全相信"英国会为但泽而战?赫塞回答说,他们所有的消息来源都表明,张伯伦舍此无他。对波兰领土的任何入侵,结果都是战争。"元首一点儿也不相信这点!"里宾特洛甫喊道,"有些笨蛋告诉他,英国人只会恫吓,只要搞点反恫吓,他们就会跪下。"被里宾特洛甫表面一套、暗中一套搞得莫名其妙的赫塞忙问,他是否真的认为英国人在搞恫吓。这位外长说,他曾警告过元首:看样子英国认为,欧洲的力量平衡有赖于它;或大英帝国受到威胁时,英国人是不会软弱和低三下四的。

两天后,里宾特洛甫告诉赫塞,说他已将他们的全部论点转达给了希特勒。但他仍相信,如英国果真为但泽这样一件小事便投身战争,那么,与英国开战是绝对不可避免的。

里宾特洛甫答应再找希特勒谈谈。在考虑赫塞的意见时,元首"镇静得令人惊奇",这使里宾特洛甫赞叹不已。但是,希特勒仍心存疑惧,生怕这纯是愚弄他的一着。有什么可保证英国人不自食其言?"元首,"里宾特洛甫报告说,"只愿意考虑实实在在的保证。"这样强硬的态度,也在8月11日里宾特洛甫在萨尔茨堡会见墨索里尼的女婿这一外交行动中反映了出来。齐亚诺是带着墨索里尼的指示前来的:墨索里尼强调,必须推迟对波兰的任何入侵。这件事必须通过会谈解决。

与元首一样,里宾特洛甫对意大利总理不亲自出马,只派使者前来的做法也很不满。据说,齐亚诺每次前来德国,都要酗酒和搞女人。为此,元首和里宾特洛甫都鄙视他。会谈时,里宾特洛甫忠实地将他主子的想法转告了齐亚诺。也许,这位外长自己也有这些想法。反正,他的行动与希特勒的一般无二,齐亚诺口若悬河,要求和平解决,但里宾特洛甫全然不听。最后,齐亚诺问里宾特洛甫要什么:走廊还是但泽?"已不是这个了,"他答道,"我们要战争。"

齐亚诺与里宾特洛甫之间的冷淡也扩至秘书间。午餐时,他们几乎未交谈只字。其间,齐亚诺脸色苍白,对一个意大利人耳语说:"我们几乎要打起来了。"

奇怪的是,乖乖地受里宾特洛甫恫吓的齐亚诺,竟敢于次日在贝格霍夫与希特勒对垒。午餐时,齐亚诺还拿花饰开玩笑——译员多尔曼猜测,这是爱娃·勃劳恩布置的。正式讨论开始后,齐亚诺机智而有力地反驳希特勒。他警告说,与波兰的战争不可能只局限在波兰。原因是,这一次西方肯定会宣战。齐亚诺用最明确的语言指出,意大利还不准备打总体战,它的战略物资不敷数月战争之用。希特勒温柔地建议,会谈于明日上午继续,趁天未黑驱车去克尔斯坦山。齐亚诺同意了,但明显缺乏热情。希特勒拉他至一扇窗前,向他详细介绍窗外的自然美景。齐亚诺不自然地打了个寒噤。接着,他便一杯接一杯地喝热茶——他很不喜欢这热茶。山上之行使齐亚诺觉得凄凉。当晚他打电话给其岳父说:"情况严重。"

到了次日上午,齐亚诺已一蹶不振。与希特勒进行第二轮会谈时,对意大利无力参战一事他只字未提。他那杰出的辩才一下子不翼而飞了。令译员施密特惊诧的是,"他像折叠小刀一样给折了起来"。昨日的冷静而决断的政治手腕已不复存在了。元首向他保证,英法两国决不会因为波兰而打仗。对此,齐亚诺只洗耳恭听,无动于衷。"从前,当我们的看法与你的相反时,你常常是对的,"齐亚诺说,"这一次,我想,你也许比我们看得更加清楚。"

几个小时后,齐亚诺便没精打采地坐飞机回家了。"我回罗马去了,"他在日记中写道,"我对德国人,对他们的领袖以及他们办事的方法反感透了。现在,他们已将我们拖进一项我们并不需要,且有可能连累政府和整个国家的冒险中去了。"

齐亚诺走后不久,赫塞便被令在萨尔茨堡的一家旅馆里与里宾特洛甫见面。外长呆呆地看着写字台,足有十分钟,然后才抬头阴郁地对赫塞说:"我刚从元首那里来,不幸的是,他不准备讨论张伯伦的建议。"他此处系指威尔逊的建议。"他的意图完全不同。张伯伦的建议不会被抛掉。到时我们再提它。"他指示赫塞立即飞返伦敦,并把耳朵放灵点儿,"元首意在走险着。他能否成功,这我不知道。反正,我们不想与英国开战。危险严重时要及时递个信号给我们。"

虽然希特勒向齐亚诺流露出信心十足的样子,但这实在是演戏。实际上,他对斯大林迟迟不愿达成协议之举深感忧虑。有报告说,不久前,一个英法联合代表团到了莫斯科,与苏联人举行的成功的谈判即将结束。这又加剧了他的疑虑。实际上,俄国人并无心进行谈判,因为他们怀疑盟国是在玩弄他们。首先,英法这个代表团,本可以在1天内抵达莫斯科的,结果却花了6天时间:他们坐的是客货两用火车。其次,一个英国高级官员带的证件又不全;当谈判最终走上正轨时,英国人又似乎没有心思;建立共同防御纳粹的战线由苏联主动提出,它将提供136个师,而英国只愿出11个机械化师和5个步兵师。

由于全然不知这些,德国元首便令里宾特洛甫给克里姆林宫增加压力。舒伦堡与莫洛托夫匆匆进行了会见。8月15日晚,外交委员莫洛托夫对德国大使舒伦堡之所云洗耳恭听,却对问题未做出迅速回答。首先,他说,有几个问题应该明确。例如,德国是否愿意向日本施加影响,让它对苏联采取不同的态度?德国是否愿意签订互不侵犯条约?如愿意,有什么条件?

希特勒急不可耐,未再深思熟虑就令里宾特洛甫立刻与莫洛托夫达成谅解。这样,他便把为事态的发展定步伐的主动权交给了对手。斯大林立刻抓住了这个有利时机。他通过莫洛托夫之口回答说,在签订政治协议前,必须首先签订经济协议。里宾特洛甫以再次请求舒伦堡速办作为回答,并指出,经济协议的第一个阶段业已结束。他的指示几乎是歇斯底里的。他说,下一次与莫洛托夫的会谈必须"着重地……为早日实现本人的俄国之行做出努力,并恰当地反对俄国人可能提出来的新的反对意见。在这方面,你必须牢记这个决定性的事实:德波两国的公开冲突极可能早日发生,因此,我们便对我的立刻访问莫洛托夫具有最强烈的兴趣"。

斯大林明白,每拖延一小时,对希特勒而言都是痛苦的(也许,斯大林的探子已探得了希特勒9月1日这个限期)。于是,他便令莫洛托夫在下次与舒伦堡会谈时(8月19日),与通常一样,采取拖延战术。这样,尽管舒伦堡一再恳求采取行动,外交委员莫洛托夫依然逐点进行冗长的辩论。但是,在舒伦堡走后半小时,苏联人突然改变其战术:莫洛托夫又想把舒伦堡请回克里姆林宫。他于当日下午很晚时才来到克里姆林宫,但一进门他便明白,莫洛托夫有好消息给他。在向舒伦堡表示歉意、不该为他带来诸多不便后,莫洛托夫说,他刚被授权将一份互不侵犯的条约草案交给他,并将在莫斯科接待里宾特洛甫先生。当然,他并未解释说,英法苏之军事谈判已陷入僵局,斯大林已失去了对西方的所有耐心。也许,他历来就有意与希特勒结伙,只是把与英法之谈判作为一种手段,以便从希特勒那里得到更有利的条件。

即使如此,俄国人还是小心谨慎地行事。莫洛托夫告诉舒伦堡,只有在他们的经济协定签字后一星期,他才能接待里宾特洛甫;如今天签字,那就是8月26日,若明天签,那就是8月27日。希特勒想必曾带着复杂的心情阅读舒伦堡的报告——对可能签订这份条约表示高兴,对斯大林坚持先签经济协定表示愤慨。这比讹诈好不了多少,但希特勒又没有别的法子。这份经济协定于凌晨2时匆匆签订。根据这个协定,德国将贷给苏联2亿马克的商品贷款,利息为0.5分,以购买机床和工业设备。"广义上的"军用物资,例如光学仪器和装甲板,也可得到供应,但相比之下数量较小。苏联将用原料偿还这一贷款。

希特勒曾用计战胜了奥地利和捷克,这一回却是斯大林胜了他。莫洛托夫建议他等待一周,他是不能等待的。他草拟了一份给斯大林的电报,以私人名义于8月20日下午4时35分发出。在电报中,他对德苏协定的签订,对将它作为重新安排德苏关系的第一个步骤表示欢迎。他也接受了苏联提出的互不侵犯条约草案,虽然内中有几个问题需尽快得到澄清。然后,他便提到了问题的关键。他说,由于德波两国之间的紧张局势已变得不可容忍,签订互不侵犯条约的速度便极端重要了。危机可在"任何一天"发生。

在舒伦堡将电报交给克里姆林宫后两小时,斯大林将他召到克里姆林宫,亲自向他做出回答:"谢谢您的来信。"他说,他希望,这份条约将成为他们的政治关系已发生决定性转折的标志,"我们两国人民需要彼此建立和平关系。"他同意8月23日会见里宾特洛甫。

20日一整天,希特勒一直在贝格霍夫的大厅里一声不响地来回踱步,焦急地等待着莫斯科的消息。他脸上的表情十分可怕,使谁也不敢打扰他。他期望这一条约能很快签订,已将小型母舰"格拉夫·斯佩"号派往大西洋待命;21艘U型潜艇也在英伦三岛沿岸摆好了进攻的架势。

进晚餐时(据施佩尔说)希特勒收到一封电报。读完电报后,他脸色通红,两眼空虚地望着窗外。猛然间,他双拳猛击台面,连玻璃都嘎嘎作响。"到手了!"他高喊着,声音中充满了感情。"到手了!"喊完,他一屁股坐回原位。谁也不敢问一声,继续默默进餐。

喝完咖啡后,希特勒以和谐悦耳的语调告诉客人们,德国正与俄国签订互不侵犯条约。"在这儿,你们看看,"他说,"是斯大林来的电报。"据霍夫曼回忆,元首当时高兴至极,猛拍膝盖——这是摄影师霍夫曼从未看见过的。总管康能堡端来香槟酒后,众人忙作一团,互相碰杯庆贺,为外交上的一次大胜利而干杯。一会儿,希特勒领大家进了地下室的小型电影院,观看斯大林检阅红军的大型阅兵游行。元首议论说,多么幸运啊,如此强大的军队已被中和了。

霍夫曼担心,在曾与赤色分子数十年如一日进行斗争的忠诚的国社党人中,会出现反响。"党和全世界一样,都会大吃一惊,"希特勒故意答道,"但,我的党员了解我,也信任我。他们知道,我绝不会脱离我的基本原则。他们将会明白,此次冒险一赌的最终目的,是要扫除东部的危险并在我的领导下——使欧洲更快统一。"

从表面上看,希特勒与斯大林是最不可能成为盟友的。他们怎么可能有共同之处呢?其实,他们有许多相似之处。一个佩服彼得大帝,一个把自己看作是腓特烈大帝的继承人。两人都主张使用暴力,都在本质上没有多大区别的意识形态下行动,两者都相信,只要目的正确,便什么手段均可使用。两国都以国家和进步的名义,使非正义的东西变得神圣。

多时以来,希特勒就佩服斯大林,把他看成是"世界历史上非凡人物之一"。一次,他对一群亲信说,他与苏联领导人有许多共同之处,因为两人都出身下层阶级。内中有人不同意元首将自己与先前的银行劫贼相提并论时,他回答说:"如斯大林真的抢过银行,他也不是为了填腰包,而是为党、为运动。你不能把那看成是抢银行。"

元首也不把斯大林看成是真共产党。"实际上,他与沙皇俄国融为一体,只不过复活了泛斯拉夫主义罢了(也许,希特勒是在不自觉地谈他自己和德国)。对他,布尔什维主义不外乎是个手段,是用以欺骗日耳曼民族和拉丁民族的一种伪装。"

斯大林和希特勒都觉得有把握利用对方。这两个独裁者都错了,但在1939年那个忙碌紧张的夏天,没有一个大国不是在某种错误观念指导下行动的。欧洲是充满互不相信、互相欺骗和两面手法的一口大锅。即使在里宾特洛甫准备动身前往莫斯科时,斯大林仍未完全放弃结成英法苏三国军事同盟以反对希特勒的希望。当英国人半心半意地搞这一条约时,他们还秘密地邀请戈林前往英国。无论何处,都是一国背着一国在暗地里与另一国搞交易,嘴里不是喊着"真诚"这个陈词滥调就是满嘴恐吓威胁。

表面上,得胜者是希特勒。8月22日,他一早醒来,觉得信心百倍。里宾特洛甫带着给驻莫斯科的德国外交使团的最终指示离开贝格霍夫后，元首召见了高级将领和他们的参谋，在宽阔的接待室内举行了一次特别会议。由于坐在大桌后的希特勒搞一言堂，这其实是演讲，而不是开会。"把你们找来，目的是要把政治局势向大家描绘一下，这样，你们才能看清我赖以做出行动决定的各种因素，同时也是为了增强你们的信心。"他说，与波兰的矛盾迟早总要爆发的，有许多理由可证明最好是立刻行动。"首先，有两个个人的因素：我自己的个性和墨索里尼的个性。主要的是一切均靠我，靠我的生存，因为我有政治天才。也许，将来不会再有人像我这样对德国人民充满信心。所以，我的生命是大值里的一个因子。但我可在任何时候被一个罪犯或笨蛋消灭。第二个个人因素是意大利总理。他若有个长短，意大利是否仍忠诚于他们的联盟，这是值得怀疑的。"

另一方面，无论是在英国还是法国，那里都没有杰出的人物。"我们的敌人只有水准以下的人。没有个性，没有领袖，没有搞行动的人物……"另外，政治形势也有利，地中海在竞争，东方局势紧张。目前的所有这些有利形势两三年后均将不复存在，"谁也不知道我还能活多久。所以，还是现在就打为妙。"

接着，他把问题讲得更具体了。他说，与波兰的关系已无法忍受。"我们面临的抉择，若不是打便肯定是被消灭，或迟或早。西方有什么作为呢？不外乎是从马其诺防线发动进攻或对帝国进行封锁。前者是行不通的，后者也不会奏效，因为现在苏联会向德国供应粮食、牲口、煤炭、铅和锌。怕只怕到头来哪个猪猡又要提个调停计划出来！"

戈林一带头，其他将领也跟着热烈鼓掌（有一篇花絮说，戈林跳上桌子，像野蛮人一样，趾高气扬地手舞足蹈。这若属实，可称洋相十足了。但这不太可信）。"我的元首，"戈林元帅说，"部队会尽其责任的。"掌虽然鼓了，但戈林和其余将领都一致反战，因为大家都相信，德国还未做好发动战争的准备。弹药只够6个星期之用，钢铁、石油和其他重要物资也奇缺。

与其将领一样，希特勒对此也是了如指掌的，但他考虑的是一种不同的战争：闪电战，即用足以保证迅速取胜的兵力和战斗强度，全面发动突然袭击。这既是战略概念也是战术概念。他曾发誓，永远不让长期战争带来的苦难重新在德意志的国土上出现。对部队,他只在广度上而不是在深度上进行武装,其原因也就在于此。常备武器的生产率较高,不为长期战争组织大规模的生产能力,德国经济的这种组织方法,是希特勒有意这样搞的。他的目标在于迅速地生产武器,而不是增加兵工厂,或改组兵工厂的结构。

一系列的闪电战——靠短期的生产爆发力维持——将使希特勒看来好像很强大。他避免为常规战争进行大规模生产,因为这意味着经济毁灭。他的哲学是穷汉的哲学,只有靠胆识才能成功。用战争冒险的办法,他已取得了一系列廉价的胜利,而这个战争冒险正是他的较富裕的敌人几乎不惜一切代价要避免的。

闪电战不但与其赌徒的天性吻合,而且也与其独裁者的地位相适应。一个民主国家是经受不起这种经济突发力的。例如,在集中生产坦克后,立即又转向民用生产。可能会伤害一个民主国家的东西却不适用于一个具有奇特的经济弱点和力量的国家。

希特勒的闪电战,使其将领也目瞪口呆,因为他们的理论仍源于过去。他们不像希特勒那样明白,论战斗,德国的准备要远比英法两国好。这是一场赌博,但他估计到,他能迅速取胜于波兰,永远无须与英法两国交手。奇特之处就在于,他们会觉得报复是徒劳无益的。他必须用某种方法将西方中和——或恫吓,或动武——以便到1943年时,他能实现自己的真正目标即征服苏俄。阿道夫·希特勒睁大双眼,准备迎接命运。

8月22日上午听过希特勒讲解入侵蓝图的军人,未提出只言片语的批评意见,午餐后被带进来训话的野战将领也未提出任何反对意见。元首劝他们不必发慈悲。"强权即公理。"他说完后便宣布入侵波兰的时间有可能定在星期六即8月26日的拂晓。

当晚早些时候,里宾特洛甫及其一行分乘两架"康多尔"飞机前往莫斯科。总的气氛非常紧张。彼得·克莱施特回忆说,"谁也不敢保证在我们抵达莫斯科后,苏联人不会突然给我们端出个英法协定来。"谁也不敢预言,里宾特洛甫是否会被迫进行苏联人惯于举行的"冗长、绞尽脑汁的谈判"。

里宾特洛甫的莫斯科之行,使日本大使大岛惊奇万分。当晚深夜,他专程前往柏林威兹萨克家拜访他,当面向他表示不悦。原是泰然自若的大岛,此时板着脸孔问,这样一个向后转,他怎样才能向东京解释清楚?

次日下午,即8月23日,汉德逊将张伯伦的信交给了元首。信中,张伯伦斩钉截铁地宣布,英国决心履行其对波兰许下的诺言。与此同时,他又再次呼吁和平。为何就不能签个停战协定,让德国和波兰坐下来讨论他们的问题?"此时此刻,"他在信的末尾说,"我承认,我找不到可以避免一场会把欧洲卷入战争灾难的其他办法。"

希特勒用强硬的语言作答,且很激动。汉德逊表示,只要两国合作,解决的办法还是有的。希特勒简短地反驳说,早该这样做。汉德逊抗议道,英国政府已经下了保证,它必须遵守。"那就遵守吧,"元首咬了一口,"你若是开了一张空白支票,你也得付款。"

汉德逊顽强地为英国的立场辩护。他用的是德语——一种他尚未掌握的语言。希特勒将汉德逊的论点摆在一边,开始了威胁恫吓。他说,波兰若有风吹草动并胆敢在反对德国人或但泽方面再向前挪动一步,他便立刻进行干预。还有,西方若总动员,德国也将用总动员作为回答。

"那是不是个威胁?"汉德逊问。

"不,那是个保护性措施!"

汉德逊妄图令希特勒相信,张伯伦历来是支持德国的。"直到今年春天我也是相信这点的。"希特勒几乎忧愁地说。接着,汉德逊便冲口说道,他个人从不相信英法苏三国条约。他个人倒倾向于由德国而不是英国与苏俄签约。希特勒的回答是不吉利的。"错不了,"他说,"会是个长期条约。"这个话题汉德逊是不会随便放过的。他辩论说,与他一样,元首也明白,俄国人总是在制造困难。不管属何种情况,他坚信,张伯伦并未改变其对德的态度。

"在这个问题上,我必须用行动去判断。"希特勒说完,重又反唇相讥。汉德逊威胁说,德国所采取的任何行动都意味着战争。一听此话,希特勒又几乎歇斯底里起来。他喊道,在这样一场战争中,德国没有什么可输,大不列颠可有许多东西会输掉。他没有战争的愿望,但也决不退缩。比去年9月,他的人民此时更加支持他了。他突然宣布,他会给张伯伦一个书面答复且于下午交给汉德逊。说完,会晤便宣告结束。

威兹萨克是这场力量悬殊的决斗的沉默的见证人。与汉德逊一样,他也坚信希特勒真的是震惊了。但是,汉德逊刚一走,门刚一关上,希特勒便拍了一下大腿(已成了习惯),笑了。"张伯伦熬不过这场对话,"他趾高气扬地说,"他的内阁今晚就得倒台。"

趁等待书面回答的机会,汉德逊返回萨尔茨堡,给在柏林的下属挂了个电话,要他们通知伦敦,希特勒"全不妥协,不能令人满意。不过,在拿到书面答复之前,我不能再说什么"。一会儿,他又被召回贝格霍夫。据汉德逊的报告说,这一次,希特勒恢复了平静,"一次也未提高嗓门",但他的顽固并未减少分毫。他攻击说,"英国已下定决心毁灭德国"。

汉德逊抗议说,两国若交战,受益者是世界上较次要的民族。希特勒回答道,为较次要的民族而战的恰恰是英国,而他则只为德国而战。这一次,德国将战斗到最后一个人。1914年他若当总理,情况就会大不相同!"波兰若再挑衅,"他继而道,"我就要行动了。"他将上午的威胁重述了一遍,但这次却未装模作样,"但泽和走廊的问题总得解决,方法可能这样或那样。请记住这点。相信我,去年——10月2日——我本来要进军的。这,我敢向你保证!"

那天下午,两架德国"康多尔"在莫斯科机场着陆。机场上,看到卐字旗与斧头镰刀旗并排在空中飘扬,里宾特洛甫非常高兴。在检阅空军仪仗队后,里宾特洛甫外长乘车前往下榻处——先前的奥地利使馆(是否是俄国人的讽刺?)。冯·德·舒伦堡公爵通知他,克里姆林宫于下午6时与他会晤,但说不准是莫洛托夫还是斯大林见他。"莫斯科的怪风俗。"里宾特洛甫暗想。

舒伦堡和希尔加汇报完后,双双劝里宾特洛甫不要给人以急于求成的印象,要慢慢来。里宾特洛甫听得不耐烦,把手一挥,打断了他们的话。他叫大使通知俄国人,说他必须于24小时内赶回柏林。他一边说,一边急急忙忙地吃饭,然后便奔克里姆林宫去了。

下午6时,里宾特洛甫见到了斯大林。斯大林和蔼可亲,莫洛托夫却不动声色。首先讲话的是里宾特洛甫,他表达了他的国家愿意在新的基础上建立德苏关系的愿望。从斯大林的3月演说中,他了解到,斯大林先生也有同感。斯大林把脸转向莫洛托夫,问他是否先讲。外交委员顺从地回话说,首先作答是斯大林的特权。

他回答的方式是里宾特洛甫从未碰到过的。"多年来,"斯大林简洁地说,"我们往彼此身上不知泼了多少桶粪。那也不该阻碍我们取得谅解。我3月讲话的主旨就在于此,它的意义你已完全明白了。"他打开一本笔记本,继续不断地谈论实质性问题:划定了在苏联与德国之间的那些国家内苏德各自的势力范围;芬兰,大部分波罗的海沿岸国家以及比萨拉比亚被纳入俄国轨道;若德国与波兰发生战争,他们将在明确的"分界线上"开打。

显然,斯大林到这间屋子里是来谈生意的,不是来玩的。3小时后,除斯大林坚持要纳入俄国势力范围内的两个港口外,其余各点里宾特洛甫均已同意。关于这两个港口,里宾特洛甫说,他得首先征求元首的意见。于是,会谈暂停,好让里宾特洛甫与希特勒磋商。

希特勒也急于要与斯大林达成交易。不过一小时,威廉大街便打来电话,做了言简意赅的回答:"答案是可以,同意了。"与此同时,里宾特洛甫又在下榻地急急忙忙进餐。他一边吃,还一边热情洋溢地谈论斯大林和莫洛托夫。

返回克里姆林宫时,里宾特洛甫外长神采飞扬。他不但口袋中装着希特勒的肯定回答,而且还带着一大帮随员,包括两名摄影师在内,浩浩荡荡地赶赴克里姆林宫。当德国车队缓缓驶进神秘的城内时,秘密警察连忙从黑暗中出来护送。车队从它所处时代的最大口径的大炮——因为大,谁也不敢使用它——前驶过,还从许多小木房和大教堂前驶过,最终驶抵一座现代化的行政大楼。斯大林在那里等候。很快,双方就互不侵犯条约问题达成了最后协议。这是一份简明扼要的合同。双方不对对方采取侵略行动,不支持进攻条约一方的任何国家。条约有效期10年,期满后,将自动延期5年,除非签约的任何一方在期满前一年宣布不再续约。

这是一份常规的协定,但是秘密议定书却不然了。它瓜分了东欧。同样不寻常的是,斯大林竟愿意在签字时拍照。他精神奕奕,导演了签字仪式上最好的一张照片的拍摄。他向里宾特洛甫的党卫队副官理查德·舒尔兹招手,要他与众人一起照相,但年轻的舒尔兹不敢想象斯大林是在叫他。最后,斯大林抓着个子高得出奇的舒尔兹的胳膊,把他拉到里宾特洛甫身边。也许,斯大林有意要为照片增添些青春的气息;也许是因为他知道舒尔兹的弟弟是希特勒的党卫队的军官。

双方频频举杯,祝酒词讲了一篇又一篇,但最值得注意的是斯大林的那篇,也是从未向苏联人民透露过的那篇。"我知道日耳曼民族何等热爱它的元首,"他说,"所以,我要为他的健康干杯!"世界历史上最重要的条约之一,竟在几小时内签妥且未发生争论。这件事本身即证明,斯大林和希特勒两人都需要这份条约;两人都明白,为取得自己所需,他们需要付出什么代价;两人都希望速战速决。

对希特勒而言,条约是他的胜利,不是斯大林的。显然,他已将他在《我的奋斗》一书中所做的预言(德苏联盟必导致战争,而这战争必"令德国完蛋")忘得一干二净了。在作此预言后数年,他曾私下向鲍曼透露过,说打那以后他已改变了主意,希望与苏联人签订的条约是"真诚的,但并非无保留的友好"。他想,在经过多年执政后,斯大林这个现实主义者,会摆脱那模模糊糊的马克思主义的意识形态,只将它当毒药留下,以供外用。他对待犹太知识阶层的残酷方法更令人有此看法。"根据双方的残酷现实,我们原本可以签署长期协定的……总之,这是一份被一只鹰眼所监视、一只手指已扣在扳机上的协定!"

一听到条约已签订的消息,希特勒就从餐桌旁跳了起来,喊道:"我们赢了!"他虽然放弃了夺取整个波兰的机会,却中和了俄国。现在,他可放开手脚去对付波兰了。没有苏联在他们那一边,英法两国充其量只是口头威胁威胁罢了。另外,他也得到保证,他可从东方取得那些因英国封锁,可能被剥夺的原料。

希特勒是在出钱让斯大林去办原可不用签订条约便可办到的事情。苏联的经济及其军事效能,自清洗以来,仍未恢复元气,进攻德意志帝国斯大林连想也不敢想。事实上,他从未认真考虑过建立反对希特勒的保护性同盟。他和他的克里姆林宫同事们最希望获得的就是中立。与德国签订条约不但获得了中立,而且还达到了在资本主义国家间挑动战争的目的。在斯大林看来,纳粹德国只是另一个资本主义国家而已。

约在8月24日凌晨3时,希特勒领着他的随行人员上了贝格霍夫高地。北方和西北方天际烧起了红艳艳的云朵。在山谷那边,发自这种"北方之光"的一道吓人的红光洒在一座名叫温特堡的富有传奇色彩的山上。"戈特达马隆的最后一幕,"施佩尔回忆说,"也没有如此精彩。同样的红光沐浴着我们的脸和手。"

希特勒突然转身对其空军副官贝罗说:"看上去像许多血。这一次,不用暴力可成功不了。"

3 "史无前例的灾难"

1939.8.24—1939.9.3

8月24日,星期四,人们一觉醒来便发现报纸登了大标题,公布了一项不但使普通公民而且也令外交界大吃一惊的条约。"我预料他们会向波兰发最后通牒,"汉德逊在柏林报告中说,"波兰政府重建联系的最后努力是否有用,我是非常怀疑的。但,我将它看成是和平的最后一线希望,如果有最后一线希望的话。"

波兰的报界虽极力将苏德条约贬低为德国软弱的表现,但波兰人民还是极为不安的。政府则表示,它有充分信心,一旦与希特勒发生战争,英法的援助将使局势改观。法国共产党人被夹在中间,左右不是人:一方面要忠于祖国,另一方面又要忠于俄国大妈。他们的美国同行尤其混乱。开始时,《工人日报》对苏德条约置之不理,似乎要等莫斯科的指示。后来,美共领导人白劳德宣称,条约削弱了希特勒。极左的"进步人士"不问情由便乖乖地接受了党的一条新的路线:与希特勒签订条约后,俄国便可为最终反对法西斯主义的战斗做好准备。罗斯福总统的反应是给希特勒发出另一封道义电报,敦促希特勒"在合乎情理的、规定的时间内,勿再采取积极的敌对行动",但与他以前做的一样,他把这封电报束之高阁,忘得一干二净。

在莫斯科,斯大林在自我庆贺。因为他坚信在政治现实面前英国人将会妥协,他更认为,德国已答应给他的势力范围,用不着流血,靠谈判便可到手。希特勒的其他盟友可没有如此乐观。意大利人一方面承认希特勒"这一招打得漂亮",另一方面却又深感不安;而日本人则害怕这一联盟会鼓励斯大林向中国东北部施加压力。日本平沼首相——为了取得与德国和意大利达成协议的一致意见,他的内阁业已开了70多次会议,但仍徒劳——觉得难堪,且为之搞得目瞪口呆。他竟宣布:"由于近来欧洲局势离奇复杂,本内阁即日起辞职。"

一般说来,德国公众是高兴的,也觉得松了一口气:多亏了元首,受包围的威胁和在两条战线上作战的恐惧,一下子奇迹般地烟消云散了。觉得咽不下这项条约的是元首的那些最坚强的老追随者。但是,他们中大多数人也很快说服了自己:领袖对自己之所为了如指掌。

希特勒飞赴柏林,亲身去迎接回来的英雄里宾特洛甫。当晚,他躲在总理府,听取外长汇报。里宾特洛甫口若悬河,大讲特讲克里姆林宫的主子们的事,使希特勒觉得"自己有如置身于党的老同志中间"。还有,冬宫里悬挂着的沙皇尼古拉的那幅肖像也使里宾特洛甫相信,共产党自己也尊敬一位曾为人民办事的沙皇。这些,希特勒虽然也听得津津有味,但更使他入迷的还是霍夫曼拍的那些照片。看来,希特勒曾交代霍夫曼去拍苏联领导人斯大林的近照,因为他想看看斯大林的耳垂"是往里长的犹太人的耳垂呢,还是分开的雅利安人的耳垂"。有一张侧面像是最有说服力的:他的新战友——据耳垂测试——并不是个犹太人。

然而,对最终仪式的那些照片,希特勒却摇头了。每张照片里的斯大林都叼着一支香烟。"条约签字仪式是很隆重的,嘴角上叼一支香烟怎好出席这个仪式!"他说完,便令摄影师霍夫曼把各张照片里的香烟都涂掉,然后再向报界发稿。

元首也详细询问了陪同里宾特洛甫前往苏联访问的那个兵工军官。他汇报说,在开庆贺晚宴时,请客人们入席前,斯大林曾亲自检查桌子,看是否一切就绪。他这一说使施洛德小姐也想起了元首,她轻率地就两人的相似之处说了一些话。"我的仆人和我的屋子,"他有点愠怒地说,"任何时候都是完美无缺的!"

次日,8月25日,星期五,是关键的一天,也是最忙的一天。一大早,希特勒便致函墨索里尼,有点不好意思地向他解释了发生在莫斯科的事情。在向他保证本条约只能加强轴心国的实力后,希特勒表示相信意大利总理会理解他为何会被迫采取如此一个激烈步骤的。希特勒的下一个行动是叫施密特将张伯伦日前在下院讲话中的重要段落翻译出来。希特勒聚精会神地听着——英国首相承认，莫斯科条约的消息传来后，"人们觉得惊奇，且很不高兴"，但如果德国人认为，英法两国从此便不再履行其对波兰的义务，那么，他们是在"危险的幻觉中"操劳了。

"这些话，"施密特回忆说，"使希特勒沉思，但未说什么。"也许，这证实了一个遭人唠叨的举棋不定之举。对波兰的进攻原定在次日一早开始，但由于举棋不定，快到中午时，他向指挥部发出指示，要他们将发出执行令的时间推后1小时——延至下午3时。之后，他把英国大使召到总理府。汉德逊于下午1时30分抵达。他发现，元首有点想重修旧好，准备"像对俄国一样，也向英国采取一个决定性的行动——向俄国采取行动的结果，是最近签订的条约"。希特勒说，他的良心驱使他去做出最后努力，以巩固良好的关系。但，这是他最后一次尝试了。

在汉德逊看来，他很正常，也很平静。但是，一旦他历数对波兰人的指控，例如射击民航飞机时，他便发火。他喊道，这些行径"必须停止"！但泽问题，以及走廊问题，必须立即解决，不得再拖延。张伯伦最近一次演说的唯一后果，有可能是"英德两国间一场血腥的、不可预测的战争"。但是，这一次德国却无须在两条战线上作战了，"俄国与德国绝不会再拿起武器互相厮杀。"

当汉德逊一再强调英国绝不会违背它给波兰许下的诺言时，原来摆好一副威胁恫吓架势的希特勒，也讲起道理来了。波兰问题一解决，他就准备并决心再向英国提出一项全面的建议。例如，他愿意接受大英帝国并亲自保证它的继续存在。但是，如英国拒绝他的建议，他恶狠狠地说，"那就会出现战争。"而这又是他最后的建议。

半小时后，即下午3时零2分，他批准了于拂晓进攻波兰的命令。从表面看来，他这一赌注原系机会主义使然。但是，应该承认，希特勒是个政治方面的狡猾巨匠，他的外交政策确有其基本目标：一步一步地控制欧洲大陆。这个政策是与其激进的反犹计划密切相关的。在罗马，德国大使在齐亚诺的陪同下，带着当日早些时候草就的那封不寻常的信，正步走入维内西亚宫。3时20分,汉斯·格奥尔格·冯·马肯森大使将那份文件递交给了墨索里尼。苏德条约深深地打动了墨索里尼。与所有的政治家一样,他也非常欣赏一举而得的杰出的外交成就。然而,他毕竟讲求现实,不能不面对这个事实:在阿尔巴尼亚表现如此软弱无力的意大利军队,并不具备打一场真正的战争的士气、训练和技能。他未对马肯森如此说,只说他同意:他完全同意莫斯科条约,不管发生什么情况,他都支持元首(这点,他明确地予以强调),且"无条件地、倾全力"支持。

马肯森一走,墨索里尼便自己改变了主意,或别人让他改变了主意。据齐亚诺说,是他,说服墨索里尼做书面回答的,是他让他坦率地承认,意大利未做好战争的准备,只有在德国立即给意大利运送足够的"军需品和原料,以抗击英法两国矛头指向我们的进攻"的情况下,意大利才能参战。

与此同时,意大利驻柏林大使也在向元首解释说,意大利总理的答复已在途中。正当希特勒在等待下一个来访者法国大使考伦德雷时,一名副官送来一份英国的新闻报道。站在希特勒身后的施密特,扫了一眼这份报道。英国和波兰则在伦敦签订了互助条约。希特勒没有作声,思考着。显然,他对此很是关切。几个月以来,这份条约都因这个或那个原因而推迟签订。哪天都不签,恰恰在他向英国提出"最后的"建议后几小时便签——这绝不是偶然。保证军援(即使永远得不到实行)这一承诺,可能会给波兰人带来一些虚伪的安全感,因而令波兰人拒绝与德国谈判。

下午5时30分,考伦德雷终于被领进元首办公室。希特勒对波兰的挑衅大发雷霆,对德法两国间可能发生战争一事表示遗憾。"有时我有这个印象,"施密特回忆说,"就是说,他在机械地重复他对汉德逊说过的话,却心不在焉。显然,他是急于要结束这次会见。"他站起身来,示意会见结束,但高傲的考伦德雷却不反驳,但并不甘休。他的话铿锵有力,使施密特永远不会忘记:"在目前如此严重的局势下,总理先生,误解是比什么都危险的。所以,我要把话说清楚,作为一个法国军官,我可立誓,若波兰遭到进攻,法国的军队将站在波兰一边,与波兰一起作战。"接着,他又向希特勒保证为了维护和平,他的政府准备做出一切努力,一直到最后!

"那么,"希特勒生气地喊道,"你们为什么给波兰一张空头支票,让它为所欲为?"法国大使还未来得及作答,希特勒便跳了起来,再次长篇大论地攻击波兰。"不得不向法国开战,这对我也是痛苦的,但决定权不在我这里。"他把手一挥,将大使打发走了。

法国大使离开后,下午6时,阿托利科进来了。他身上带着墨索里尼的那封信——是齐亚诺用电话口述的。在英波两国条约墨迹未干、在考伦德雷明确宣布法国的意图后,意大利不准备参战的消息,"像一颗炸弹"炸在元首身上。对他来说,这是"盟友"的背叛,是完全没有预料到的。不过,他控制住了自己,只简单地说了一句"我会立即答复的",便打发墨索里尼的使者上路。阿托利科刚出门,施密特便听见希特勒在喃喃自语:"意大利人的行为与他们在1914年的完全一样。"

客厅内,人们在小声地传递着消息,使客厅成了谣言和反谣言的陷阱。战争似乎不可避免了。以威兹萨克为例,他认为,阻止世界大战的可能性以及战争爆发后意大利摆下德国不管让它陷入困境的可能性只有2%。在办公室内,希特勒对凯特尔将军说:"立刻停止一切。马上把勃劳希契找来。我需要谈判的时间。"

凯特尔匆匆出来,进了客厅。"进军令还得再推迟。"他紧张地告诉他的副官。于是,消息便传开了:战争威胁在最后一分钟消除了。元首又回头谈判去了!一听此消息,人人都松了一口气——希特勒的总副官鲁道夫·施蒙特除外。他阴郁地对瓦尔利蒙说:"别高兴得太早。这不过是推迟而已。"恩格尔上校也与施蒙特一样深为关切。这位陆军副官从未见元首如此"大混乱"过。元首甚至与赫维尔——元首历来尊重他的意见——也争得面红耳赤。希特勒打赌说,若与波兰开战,英国肯定不会参战。"我的元首,"赫维尔断言,"千万别低估了英国人。一旦看到别无其他选择时,他们会顽固地自行其是的。"希特勒怒得不想辩论下去,转身走了。

戈林也相信,英国人的警告并非只挂在嘴上,便想偷偷和谈。他是个说干就干的人物,未与里宾特洛甫商量便与英国磋商,因为他不信任里宾特洛甫。但是,这件事并非像看起来那样大胆,因为他将事态的发展一一告诉了元首。他的和平愿望很难说是利他主义的。他是个带有强盗气息的流氓,生活中的首要目标是享受他利用职权豪夺得来的果实。战争有可能结束其醉生梦死的生活。另一方面,希特勒其人又按原则——虽则有点弯曲——办事,不为贿赂所动。他有可能妥协,但只有在能令他更接近其最终目标时他才这样做。戈林明白这一切,所以他才小心翼翼地执行其曲线和平的政策。他挑选了一名富有的瑞典商人比尔格·达勒鲁斯在这项计划中充当非正式的中间人。达勒鲁斯的妻子是德国人,本人又在德国拿利息,所以,他与戈林有共同的愿望,即阻止英德发生战争。还有,他也有条件这样做,因为他有许多有影响力的英国朋友——这些人也愿意暗中为此事奔跑。

当月早些时候,达勒鲁斯做出安排,让戈林与7名英国人见面,地点是在靠近丹麦边境的一间屋子里。在这里,首先向这7名外国商人阐明其观点并表达其和平愿望的是戈林元帅。此后两个星期,他们除会谈外没有多少动作。两个星期后,贝格霍夫军事会议召开了。于是,戈林便电召身在斯德哥尔摩的达勒鲁斯尽快前来。他谨慎地透露,局势已经恶化,和平解决的可能性正迅速地变得越来越小。戈林劝达勒鲁斯尽快飞赴英国。他听从了,身上带有一封致张伯伦政府的非官方信件,敦促英德两国尽速开始谈判。

于是,在多事的8月25日上午,达勒鲁斯乘坐普通客机飞赴伦敦,但直到当晚才被领进哈利法克斯勋爵的办公室。英国外长心绪乐观——因为,读者记得,希特勒刚取消入侵——觉得某个中间人的效劳已不再有用。达勒鲁斯却没有如此乐观,遂电询戈林意见。戈林元帅的回答是令人吃惊的。他怕"战争可能随时爆发"。

达勒鲁斯于次日上午向哈利法克斯重述了这番话,并主动提出,由哈利法克斯致函戈林——达勒鲁斯眼中唯一能阻止战争的德国人——证实英国真心诚意要取得和平解决;此函由达勒鲁斯面交。哈利法克斯告退,以便与张伯伦磋商。半小时后,他回来了,说张伯伦已经同意。信写好后,达勒鲁斯便立即赶往克洛伊顿机场。

在柏林,阿托利科大使带着墨索里尼的另一封信前往总理府。信中,墨索里尼开了一张可怕的货单。如要意大利参战,他要德国提供600万吨煤、700万吨石油、200万吨钢材和200万吨木材。由于阿托利科本人反战,他便故意把墨索里尼的条件搞得无法接受。当里宾特洛甫冷冰冰地问如此庞大数量的原料需于何时交付时,阿托利科回答说:"呀,立刻交,在敌对行动开始前。"

这是一个不合理的要求。若考虑到希特勒所受到的压力,他的回答是平静得惊人的——此回答于下午3时零8分用电报发回给了墨索里尼。他说,多数项目他都能满足意大利的需要,但遗憾的是,由于技术上的原因,他不能在战争爆发前交货。"在此情况下,总理,本人了解您的处境,只要求您积极加强宣传,并用您已向我建议的适当显示武力的办法,钳制英法两国的军事力量。"他最后说,鉴于他已与斯大林签订了条约,"即使要冒与西方关系复杂化的危险,在解决东方问题时,他也不后退一步。"

这可不是空口吓唬吓唬而已。陆军已准备于9月1日发动进攻,现在所差的就是元首最后一句话。星期六下午,柏林上空热浪逼人。尽管报上大登特登"在走廊上,众多德国农户被焚""波军逼近德国边境"之类的消息,许多柏林人仍在市郊四周的湖泊里尽情享受冷水浴,这些幸运者更关心的是气温,而不是政治。

下午6时42分,阿托利科收到了罗马打来的另一个电话。电话是齐亚诺打来的,是给元首的另一封急信。信中,墨索里尼抱歉地解释说,阿托利科误解了交货期。他并不认为一年内可以交货。对在此紧要关头他无力相助表示遗憾;接着,他又出人意料地呼吁和平。他说,现仍有可能取得圆满的政治解决。希特勒一读到这些话,便觉得他的盟友已将他抛弃。他控制住自己的感情,再次做出一个妥协性的答复。"本人尊重导致您做出这一决定的种种原因。"他说,并试图以自己的乐观为伙伴打气。

元首既失望又筋疲力尽,便比平时早些就寝,但午夜一过便被叫醒。戈林有要事求见:那天他提过的那个瑞典中间人回来了,还带回哈利法克斯的一封蛮有意思的信。达勒鲁斯被匆匆领进元首的书房时,已是8月27日零点30分了。希特勒庄重地站着,目不转睛地盯着这个为和平而奔波的中间人。戈林站在他身旁,扬扬自得。在简单交谈几句后,希特勒又大讲特讲德国如何希望与英国达成谅解。议论变为对英国人的谩骂。在将最近向汉德逊做的提议解释了一番后,他喊道:"这是我向英国做的最后一个宽宏大量的建议。"说着,他的脸绷紧了,手势也变得"非常奇特",不断吹嘘帝国的武装力量如何优越。

达勒鲁斯指出,英法两国的武装力量也大大改善了,满可以封锁德国。希特勒不作声,只在室内踱来踱去。猛然间,他站住了,重又开口讲话(据达勒鲁斯回忆),但这次好像是在说昏话。"若战争发生,我就造潜艇,造潜艇,造潜艇,造潜艇,造潜艇。"好像是唱针停滞不前的唱片似的,他的声音也越来越微弱。突然,他又像向大群听众演讲似的,但话仍在重复。"我就造飞机,造飞机,飞机,我就将敌人消灭!"达勒鲁斯目瞪口呆,回首看戈林做何反应。这位帝国元帅纹丝不动,达勒鲁斯被吓坏了:这两个就是行动能影响全世界的人呀!

"战争吓不了我,"希特勒继续说,"包围德国是不可能的。我的人民佩服我,忠实地跟我走。"他能促使他们发挥出超人的力量。他的目光迟钝了。"将来若没有黄油,我第一个停止吃黄油,吃黄油。"他停了停。"如果敌人能坚持数年,"最终他说,"我便利用我对于我的人民的威力,比他们多坚持一年。所以,我知道我比所有的人都优越。"突然,他又问,英国人为何老不与他达成协议。

达勒鲁斯吞吞吐吐,不敢照实回答。后来,他终于说,麻烦在于英国对希特勒缺乏信心。一听此话,元首便捶胸顿足。"笨蛋!"他喊道,"我一生说过谎吗?"他继续走来走去,突然又止步。他说,你达勒鲁斯听了我方的意见了。你必须立即返回英国去,把听到的告诉张伯伦政府,"我觉得汉德逊不了解我,我是真要达成谅解的。"

达勒鲁斯反驳道,他只算是私人,要有英国政府的邀请他才能前往。首先,他得明确赖以达成协议的各项要点。例如,确切地说,希特勒向波兰提出的要求是什么?希特勒笑了。"哎,"他一边说,一边转向戈林,"汉德逊可从未问过这点呀!"戈林元帅撕下一页地图,用红铅笔圈出了德国所要求的土地。

这样,会见便成了澄清希特勒向汉德逊所提建议中的几个要点的讨论:德国需要与英国订立条约,以消除政治或经济上的所有事端;英国要协助德国取得但泽和那个"走廊"作为报答,德国将保证波兰的边界并让它取得一条通向格丁尼亚的走廊;在波兰的日耳曼少数民族应得到保护;还有,无论何时,若大英帝国受到进攻,德国就会提供军事援助。

达勒鲁斯太老实了,戈林说什么他信什么。他也把希特勒往最好处想。另外,他也没有受过外交训练,只有为和平的真诚愿望和令人敬佩的勇气和坚韧不拔的精神。一回到旅馆,他便立即给一个英国朋友挂了长途电话。过了不久他便得到了回话:英国政府欢迎他充当消息传递人。星期天(平安无事)上午8时,他在坦贝尔霍夫机场登上了一架德国飞机。当这架飞机朝伦敦方向低飞时,他暗自思忖,自己是否是某个阴谋中的马前卒?他颇相信戈林是在真心为和平解决而操劳。但,希特勒是吗?

希特勒把安息日也当作工作日。他取消了原定即将在纽伦堡举行的、不恰当地定名为"和平之党日"的庆祝活动,推行了战时粮食和衣服配给制。然后,三军也处于半紧急状态,海陆空三军的武官被令在柏林待命。

就在这种战争气氛的笼罩下,两位重要的波兰外交人员带着一份调解建议,秘密地与里宾特洛甫办公室工作人员彼得·克莱施特接触。他们暗示,贝克外长是被迫向德国采取好战行动的,其目的仅在于使狂热的波兰爱国者感到满意。贝克所需要的无非是时间,以使事态平静。克莱施特忠实地向里宾特洛甫汇报。一会儿,外长便面见元首。希特勒听得很不耐烦,不容分说地宣称,如贝克在波兰连脚都站不住,怎么能指望他帮忙。另外,克莱施特此后也不要再与波兰人搞半官方的接触。元首发出这道命令是有点刻薄的,他还说,这种命令你冯·里宾特洛甫先生早就该发的。克莱施特闷着头走出总理府时,他心下明白,决定已经做出了——是战争!

在那个炎热的星期天,希特勒也花了不少时间去处理另一次和平呼吁——达拉第总理的呼吁。这次交道是作为老兵对老兵打的。"作为一个前线的老兵,"他写道,"我与你一样明白,战争恐怖是什么。"再争论已没有什么必要了,因为自萨尔河还给德国后,德国再没什么要求可向法国提了。在那里恶作剧的是英国,他们发动了"一场反对德国的疯狂的宣传战",而不是劝波兰人讲道理。他请求达拉第这个爱国的法国人设身处地为希特勒想一想。若有人阻止法国的某一城市——比方说,马赛——向法国效忠,原因是吃了败仗,你达拉第会有什么想法?生活在该地区的法国人受到迫害、殴打甚至被残酷杀害,你又有什么想法?"在任何情况下,我都不能想象,达拉第先生,德国会以此为由攻打法国。"对达拉第在信中提到的各点,希特勒均表示同意。他再次呼吁,凭着前线军人的共同经历,达拉第先生应该明白,要一个荣耀的国家放弃近200万人民,并眼睁睁地看着他们在自己的边境上受到虐待,这是万万不可能的。但泽和那条"走廊"必须光明正大地归还给德国。

中午过后不久,一架德国飞机在克洛伊顿降落了。比尔格·达勒鲁斯从机内出来。由于英国与欧洲大陆间的空中交通已陷入停顿,这个机场一片死寂。在乘车前往外交部的途中,他瞥见防空人员在街道上来回巡视,商店的窗户上贴满了纸条。他们绕道偏僻的小巷前往唐宁街10号。张伯伦、哈利法克斯和贾德干正在那里等候。他们脸色严肃,但"非常镇静"。达勒鲁斯讲述了他与希特勒长时间会见的情形,同时也觉察出一些怀疑的气氛。由于他所汇报的有几点与汉德逊的说法不同,张伯伦便问,他是否绝对确信他听明白了希特勒的话。达勒鲁斯——他的德语比汉德逊的要好——回答说,误解是绝不可能的。

在谈话的整个过程中,张伯伦的说话都带有不信任希特勒的色彩。他问元首给达勒鲁斯留下的印象如何?他的回答("我不想让他当我的贸易伙伴")令首相笑了——是当日唯一的笑容。由于英国人对他的解释持有怀疑,他建议让他返回柏林,将他们的反应带给德方。张伯伦迟疑了,原因是,现仍在伦敦的汉德逊大使,当日就要带着对希特勒提议的答复返回柏林。他于是便建议将大使的归程推迟一天。这样,他便可在他们做出官方答复(仅以汉德逊的评估为基础)前让英国人掌握希特勒的确切想法。

他建议与戈林通话并单刀直入地问他,德国政府是否同意让汉德逊推迟一天。"你想在外交部打电话吗?"张伯伦问。达勒鲁斯说"是",张伯伦也就同意了。几分钟后,这个中间人便在贾德干室内与戈林通话了。戈林说,未与元首相商他不能立刻作答。半小时后,达勒鲁斯再次与他通话。这一次,戈林宣布,希特勒接受这项计划,"条件是它必须是真诚的"。贾德干坚持让达勒鲁斯秘密飞返德国。于是,原载他前来英国的那架飞机便从克洛伊顿转至一个较小的机场赫斯顿。

达勒鲁斯抵达戈林在柏林的寓所时,已是晚上11时了。他对戈林说,他个人深信,英国政府和人民都真心诚意要和平,且极守信用。他还扼要地转述了英国政府对希特勒提案的答复。戈林擦了擦鼻子。他说,英国的回答是很难令人满意的,整个局势都处在风雨飘摇中。他得单独与希特勒磋商。回旅馆后,达勒鲁斯一边等待一边在房中踱步。凌晨1时30分,戈林的电话终于来了。他用洪亮的声音说,希特勒的确尊重英国的观点,对他们达成和平协议的愿望表示欢迎。对英国决定承诺其关于波兰边界的保证,坚持此事应由五大国共同作保的态度,他也表示欢迎。特别令达勒鲁斯松一口气的是后边的那个让步,因为它肯定意味着希特勒已将其他有关波兰的计划束之高阁了。

一般而言,业余外交家经常是只会把事情搞坏的,但达勒鲁斯此人却成功地打破了僵局。晚9时,当汉德逊的座机在柏林机场降落时,事情已大有进展。这名大使身上带着达勒鲁斯非正式递交的建议的正式文本,返回柏林任职。该建议中有一项条款:贝克业已刚刚同意立刻与德国正式进行讨论。

由于灯火管制,首都的街道漆黑一团,行人稀少。这些行人使汉德逊不禁想起了幽灵。过去数月来的操劳已使汉德逊大使疲乏不堪。不久前,他曾接受了一次癌切除手术,但发现时已是晚期。他从不对人提起此事,且不抱怨工作之繁重。汉德逊在使馆匆匆进早餐,但早餐还未吃完,总理府便传来话说:希特勒要立刻见他。汉德逊喝了半瓶香槟,打起了精神,便驱车上路。总理府门前,不少人在安静地等待着。他们一声不吭,据汉德逊观察,也没有敌意。

当希特勒读过了英国照会的德文本后,他脸上没有一丝表情——虽然,照会的结尾是元首自己的杰作——许诺与威胁的混合:德国与波兰之间的问题,若能正确解决,则可打开通向世界和平的道路;否则,英德两国便有可能"发生冲突,还可能将世界抛进战争之中。这种结局将是一场史无前例的灾难"。

希特勒未加评论便将照会递给里宾特洛甫。他这一镇定自若的反应令施密特很是诧异。汉德逊接着的一个行动更令人惊奇。他采取攻势,话说得比希特勒还多——这是有生以来第一次。要是在平常,他之此举,必然令元首咆哮如雷;但此时他稳如泰山,只偶尔瞧瞧室外黑黑的花园——这是他的先驱俾斯麦时常漫步的地方。

与此同时,汉德逊宣布,英国说话是算数的,"从未也永不会自食其言"。过去,德国的诺言也有同样的价值。他引用了陆军元帅冯·布鲁克在飞师滑铁卢支援威灵顿时劝告他部下的一句话:"前进吧,我的孩子们,前进;我已向威灵顿许下了诺言,你们不能指望我会自食其言。"希特勒心平气和地评论说,124年前,事情是有点不同的;他坚持说,正当他准备在合理的基础上解决他与波兰之间的分歧时,波兰却在继续用暴力反对日耳曼人。英国人对此种行径似乎无动于衷。

也许是香槟酒在起作用,汉德逊认为这种说法是人身污辱,激烈地回答说,为了阻止战争和流血,他已尽了能力范围内的一切努力。他说,希特勒先生必须在这两者中做出选择:与英国友好或对波兰提出过分的要求。是战是和由他选。希特勒依旧保持镇静,说,时局的正确图景并非如此。他的选择是保护德国人民的权利呢,还是以与英国签订协议为代价将他们抛弃?而其他选择是没有的,他的责任是保护德国人民的权利。

谈话结束时,希特勒再次表达了愿与英国签订协议的愿望。这使汉德逊产生了一点乐观。临别时,施密特说了一句话,使他颇为高兴:"你相当了不起。"

但是,总理府里却出现了悲观情绪。恩格尔在日记中写道,元首"特别生气,特别尖酸刻薄",明确地告诉他们各位副官,在战争与和平的问题上,他不会听从军方的意见,"他就是不了解一名害怕战争的德国军人。腓特烈大帝若看到了今天的将军,他在九泉之下都会睡不着的。"他所需要的就是取消波兰人的不公正条件,而不是要与西方同盟国打仗,"如果他们竟蠢到参与战争,那是他们的过错,他们也难免被消灭。"

在冬园内,希特勒正在草拟给英国人的答复。沮丧和焦急的情绪加剧了。中午,报纸以醒目的标题报道说,在波兰至少有6名德国侨民惨遭杀害。消息传来,冬园内的焦急和沮丧的情绪便成了惊慌。这节报道不管是真是假,希特勒是相信的,且为之气得七窍生烟。于是,当汉德逊于当晚重新出现在总理府内时,不管是在客厅里还是在走廊上,人们都有这种感觉,就是说,差不多只有奇迹才能阻止战争。汉德逊大使仍往最好处想。因为,如同日前一样,他佩戴了一朵红色的荷兰石竹花。这个只有知情人知道的秘密信号表明,他仍怀有希望。然而,在他步入希特勒的书房并拿到一份德方的答复时,他觉察出,德方的态度比昨晚更不妥协了。在元首和里宾特洛甫的注视下,他开始阅读德国的照会。照会开头是很讲道理的。德国准备接受英国的调停,希特勒将在柏林高兴地接待波兰的全权谈判使者。但是,后边的那句话是完全不能接受的:德国政府拟请"这位代表于1939年8月30日即星期三抵达"。

"这听来像是最后通牒,"汉德逊抗议说,"你们只给了波兰不到24小时去做计划。"在里宾特洛甫的支持下,元首慷慨激昂地否认了这一攻击。"时间是短促的,"他解释说,"原因是,还有出现新的挑衅的危险,这可能触发战争。"

汉德逊不以为然,不能接受这一限期。这是巴德·哥德斯堡苛刻协定的翻版。希特勒辩解说,总参谋部在逼他,"我的军队要我说'行'还是'不行'"。陆军早已做好了打仗的准备,军官们已在抱怨,说一个星期已被白白丢掉了。若再等一个星期,雨季可能就来了。

然而,汉德逊大使寸步不让,终于把希特勒给弄火了。他生气地做出反驳:无论是你汉德逊还是英国政府,对有多少德国人在波兰受到屠杀,你们是漠不关心的。汉德逊大声反驳说,无论是出自你希特勒还是别人的口,这种语言他都不听。大使也好像发了火,但在他的汇报里他解释说,这不过是一个把戏;用自己的办法与希特勒先生周旋的时刻终于到来了。他目光直逼他的对手,高声怒斥希特勒,如你希特勒要战斗,那就来吧!英国这一点与你德国一样坚决,而且,"比德国更能坚持长一点时间"。

对英国的新外交步骤,元首是比较宽宏大量的。吵闹渐渐停歇后,元首说,他历来就希望得到英国的友谊,尊重大英帝国,也喜欢英国人。然而,尽管希特勒对英国人的钦佩看来真诚,但在汉德逊看来,两国显然已进入了僵局。在他离开总理府时,"内心充满了最阴暗的预感"。告别时,他阴郁地对德国陪同人员表示,他恐怕不会再在德国佩戴石竹花了。

当晚晚些时候,戈林把达勒鲁斯召到他的官邸,并向他披露了一个秘密:希特勒正在为波兰搞一个"宽宏大量的建议",包括用公民投票的办法一举正确地解决"走廊"的问题。此建议将于次日上午递交给波兰人。戈林再次撕下一页地图,用绿铅笔匆匆勾画出将由公民投票决定的地段,用红铅笔标出希特勒认为完全应属波兰的地域。

戈林叫达勒鲁斯立刻飞赴伦敦,再次向英国人强调德国进行谈判的决心,并"偷偷地暗示",希特勒将向波兰人提出一项建议,因为建议非常慷慨大方,波兰一定接受无疑。

次日上午,系张伯伦需再次下决心的一个上午。日程上最紧迫的一件事是希特勒对波兰人发出邀请之举。英国外长认为,"以为我们今天就能在柏林拿出个波兰代表来,这种想法是不讲道理的",德国人也休想我们会这样做。英国驻华沙的大使来电话说,叫波兰人立刻派贝克或其他代表到柏林去的机会是微乎其微的。"他们宁愿早打并灭亡,而不愿蒙受这种耻辱,特别是有了捷克斯洛伐克、立陶宛和奥地利的前车之鉴之后。"

现在,张伯伦本人已下定决心与希特勒抗衡,连问也不问一声波兰人他们是否愿意屈服,待达勒鲁斯来到唐宁街10号时,谈判似乎已不可能了。对这位瑞典人的讲话,张伯伦、威尔逊和贾德干都洗耳恭听,但他们对希特勒的"宽宏大量的建议"的反应是,这不过是纸上谈兵,是为了争取时间而玩弄的把戏罢了。"为何不给戈林挂个电话,问问这份建议是否已打印出来了?"达勒鲁斯建议。不到几分钟他便与帝国元帅通上了话;对方向他保证说,给波兰的照会不但已经打印好了,其条款比他预言的还要慷慨。

达勒鲁斯大受鼓舞,借戈林勾画过的地图之助,将建议条款讲了一讲,极力要打消英国人的怀疑。这些条款听来虽然合理,但英国人却仍对希特勒坚持让一名波兰代表于30日即当日抵达柏林一事表示不安。除时间界限外,张伯伦及其同僚也反对所定的地方——柏林。看看提索神父和哈查发生了什么事吧!

达勒鲁斯再次打电话给戈林。这一次,他建议将谈判地点改在柏林以外的地方,最好是在一中立国内。"胡说八道!"戈林恼怒地回答说,"希特勒的总部在柏林,谈判必须在柏林举行。把使者派到柏林去,我看不出波兰人会有什么难处。"尽管受到挫折,以及他们自身不断在加深的不信任感,英国人还是将和平的大门敲开了。他们催促达勒鲁斯立刻飞返柏林,并告诉希特勒,英国依然愿意谈判。再者,为了证明他们有良好的信用,哈利法克斯还电告华沙,告诫波兰人勿向日耳曼少数民族中的捣乱分子开枪,并立即停止电台的煽动性宣传。

波兰的回答是下令实行总动员。希特勒非常生气,因为他的外交部一整天都在草拟一份给波兰的建议——条款之慷慨大方连客观的翻译施密特也觉得惊奇,几乎不敢相信自己的眼睛。除建议在一国际委员会监督下在"走廊"内举行公民投票外,还给波兰人一条将通过德国未来领土内的国际公路和铁路。"这才真是国联的建议,"施密特回忆说,"我觉得自己又回到了日内瓦。"尽管波兰的总动员使希特勒非常愤怒,他仍指示勃劳希契和凯特尔将开始入侵波兰的时间延长24小时。他说,这是最后一次延期了。除非华沙接受他的要求,否则,9月1日凌晨4时30分进攻将开始。天快黑了,华沙还是没有消息前来,而来自伦敦的消息又是如此含糊:英国正在"紧急地"考虑希特勒的最新建议,并将于当日晚些时候做出答复。与此同时,他们又通知贝克上校与德国谈判,"勿再拖延"。在他们自己长期拖延后,这个要求是具有讽刺意味的。英国的犹豫不决,可能是由下面这一情况激起(而不是引起)的:一个与陆军关系甚密的文官于当日早些时候向英国人披露了许多密况。此人名叫埃瓦尔德·冯·克莱施特·施门津。他向英国武官泄露了许多德国的军事秘密,还说希特勒新近精神崩溃,陆军总参谋部企图趁机进行军事政变。

汉德逊最终获准将答复交给德国人时,已是晚上10时了。他打电话给里宾特洛甫,建议深夜会晤。这刚好是波兰代表抵达柏林的限期。里宾特洛甫觉得,英国人是故意这样的。会见是非常率直的——因为需要时间去破译伦敦的密电——但气氛却不健康,充满了怀疑。汉德逊建议德方通过正常途径,将他们的建议通过波兰大使馆发回本国。里宾特洛甫跳了起来。"在发生了这些事情后,这是绝对不可能的!"他喊着,自我控制的最后一件伪装都剥光了,"我们要求波兰政府派特命全权代表到柏林来!"

汉德逊气得满脸通红。但此次会晤前,伦敦曾告诫他要保持镇静。在宣读英国对希特勒的备忘录的正式答复时,他双手颤抖。里宾特洛甫怒气冲冲,好像是在胁迫下听他宣读似的。毫无疑问,答复的内容他是一清二楚的,因为英国大使馆的电话,特别是通伦敦的电话,都被一名叫"研究所"的德国情报机关窃听。照会的调子虽是和解的,内容却与日前电话里所说的相差无几。

"这种建议没听说过!"当汉德逊读到,英国建议在谈判期间不采取军事行动时,里宾特洛甫插话说。他怀着敌意,双手交叉在前胸,双眼瞪着汉德逊。"你还有什么要说的吗?"或许他是在为昨天汉德逊敢与元首顶嘴而进行报复。汉德逊对此无礼态度做出了反应说,英王陛下的政府得到情报,知道德国人在波兰搞破坏活动。

这一次,里宾特洛甫可真正是火了。"这是波兰政府散布的他妈的无耻谎言!"他喊道,"我只能告诉你,汉德逊先生,局势他妈的异常严重!"

汉德逊半立半坐,以牙还牙。"你刚才开口闭口'他妈的',"他像发怒的中学教员那样,手指点着里宾特洛甫说,"这可不是一个政治家在如此严重的局势下该用的字眼!"

里宾特洛甫觉得,自己的脸上好像被浇了一杯冷水。霎时间,他成了震惊和愤怒的塑像。挨一个傲慢的英国人的斥责!他一跃而起,"你说什么?"汉德逊也站了起来。两人面面相觑,活像两只斗鸡。"根据外交的常规,"施密特回忆说,"我也该站起来,但坦率地说,我当时并不清楚,双方由动嘴到动手时,一个翻译该怎么办——那时,我怕他们真的会这样做。"他仍坐在位子上,假装在往笔记本里写着什么。当他听到头上的沉重的呼吸声时,他生怕德国的外交部长会把英王陛下政府的大使连头带脚整个儿扔出门外。作为一个翻译,多年来,他经历过许多稀奇古怪的场合,且觉得津津有味,但这样的一个场合却是异常痛苦的。他听到左右两方还有急促的呼吸声;但最终两人,先是里宾特洛甫后是汉德逊,都坐了下来。施密特小心谨慎地抬起头来。天已大晴,风暴已经过去了。

谈话在相对平静中又进行了几分钟。里宾特洛甫从口袋里掏出一张纸。这是希特勒向波兰做的建议——就是令施密特惊奇的那份建议。里宾特洛甫用德语宣读了16个要点。汉德逊听不太懂——他后来抱怨说——原因是,里宾特洛甫快速地将此文件"不清不楚地一读而过"。他要这份文本，以便将它发回英国。这完全是正常的外交程序，施密特认为汉德逊根本无须开口。但他接着听到的话简直不能叫他相信。"不行。"里宾特洛甫心平气和地说，脸上出现了不自然的笑容。他无从解释，因为元首曾明确禁止他将此份文件从他手中泄露出去。

汉德逊也不敢相信自己的耳朵，将自己的要求重复了一次。里宾特洛甫再次拒绝——此次他动了感情，将文件往桌子上摔打。"反正，它已过期了，"他说，"波兰使者到现在还没有来。"

施密特心情紧张地观察着，猛然醒悟到这是希特勒玩弄的一个把戏：他怕的是，如果英国人将此建议转给波兰人，他们可能会接受。作为一个翻译，若发表什么评论，得到的将是杀头大罪。他只好双眼望着汉德逊，默默地希望他提出将之译成英语的要求。这种要求，里宾特洛甫是无法拒绝的，而施密特也下决心慢条斯理地翻译，好让汉德逊逐字逐句记录下来，但是，汉德逊并没有会意，施密特只好在笔记本里画下一条粗大的红线——这是他私人的记号，意思是战争是打定了。

这样，这次激烈的会见便到此告终。据里宾特洛甫说，在此次会晤中，汉德逊"相当无礼"，他自己则是"相当冷静"。虽然时候已晚，外长仍立即在总理府向元首做了汇报，建议给汉德逊一份书面的建议。元首拒绝了。

次日一大早，汉德逊便打电话告诉波兰使馆的秘书，他"从准确得毫无疑问的消息来源处"获悉，"在之后2—3小时内，波兰若不承担些什么，战争便可能发生。"

希特勒的电话窃听者把每个字记录了下来。15分钟后，汉德逊给伦敦去了个电话，除将上述情报重述了一遍外，还加了自己的看法，就是说，这虽然可能是个恫吓，但也有可能不是。这次通话也被完全记录下来。德国人虽不完全熟悉英国的密码，但汉德逊行为不慎，竟使用电话，这样一来却把他们的任务变得容易些了。（顺便提一下，英国驻罗马大使馆的安全工作更加松懈。珀恩勋爵的保险柜每星期均定期被意大利情报机关雇用的一名职业小偷打开。除了将有关英国外交密件密码等抄走外，这个小偷有一晚上竟将珀恩夫人的头饰偷去。即使如此，英国大使馆的安全措施仍未有所改进。英国有幸的是，那时的墨索里尼尚未开始将外国的密件密码等材料交给其盟国。)

8月的最后一天,对善良的人们来说,是疯狂的一天。达勒鲁斯得到汉德逊允许后,于午后不久打电话给伦敦,告诉霍拉斯·威尔逊爵士说,希特勒的建议是"极大方的"。他说,据戈林说,元首之所以提出这样的条款,其意图是要向英国人表明,他是多么急于要与英国友好地解决问题。达勒鲁斯说话时,威尔逊竟听见有人用德语重复这些话。他明白,电话已被窃听,便令达勒鲁斯将这一情况告诉汉德逊。但是,这名业余外交家并未会意。威尔逊告诉他勿"走得太快",他仍不作罢。末了,威尔逊只好说,叫他别再讲下去。他仍不理会,威尔逊便把话筒扔下了。

正当职业外交家与业余外交家都在为获得和平解决而东奔西走时,战争的计划却在无情地发展着。那天中午,在一弥天大谎的驱使下(据希特勒负责与德国新闻社联系的A.I.I.伯恩特说),希特勒发布了第二道入侵令。伯恩特觉得被波兰人屠杀的日耳曼人的数字太小,便自作主张加了一个零。开始时,希特勒不相信数目有这么大。伯恩特回答说,这数字可能有点夸大,但是,既然会这样大,那肯定是发生了可怕的事情。希特勒听完后,大喊大叫道:"他们要为此付出代价!我要好好教训他们一番,让他们永远也忘不了!谁也别想拦阻我!我决不让我的日耳曼人像牲口一样被宰杀!"说到这里,元首便走到电话机前,当着伯恩特的面,便令凯特尔发布"进行战争之一号指示"。

这份指示早已准备就绪,只需将开头的那几句话根据情况稍作改动便可:"由于德国东部边界局势已变得无法忍受,而政治解决的一切可能性均已告罄,本人决定用武力解决。"向波兰发动进攻的日子便定于次日,星期五,即9月1日。在西方则不采取任何行动。这份指示被派人送至各高级军官手中,由他们再以最机密的办法向野战指挥员发布特别令。至下午4时,开始入侵的执行令已经落实;部队和装备已开始向边界附近的前线移动。与此同时,党卫队安全处的头子也向波兰边界上一支秘密的德国部队发布了特别令。在此之前,莱因哈德·海德里希就炮制了一个穷凶极恶的计划——"希姆莱战役"——给希特勒发动进攻提供了一个绝妙的借口。乔装成波兰士兵和游击队的保安处先遣队,将于入侵前夕在边界上挑起事端,在刚好 4 小时后,便向一森林车站发动进攻,击毁一德国海关大楼,并——这是最重要的——短暂地占领格莱维茨的广播电台。在对准麦克风喊完反德口号后,"波兰人"便随即后撤,并要留下不少尸体,以证明这里曾发生过战斗。尸体是不成问题的。海德里希业已在集中营里选好了受害者——他们被称为"罐头食品"。

在柏林,经过 5 个半小时的延误后,利普斯基大使终于于下午 6 时 30 分被领进里宾特洛甫的办公室。利普斯基又疲倦又紧张,宣读了一份简短的声明。声明说,波兰政府"正在赞许地考虑"英国关于德波双方直接进行谈判的建议,并"将就此问题在数小时内做出正式答复"。他直截了当地说,从下午 1 时起,他就力图做此声明。

"你是负有谈判使命的使者吗?"里宾特洛甫冷冷地问。利普斯基回答说,他"目前暂时"得到指示,将他刚才宣读的声明转达给德国。里宾特洛甫驳斥说,他原以为利普斯基是作为负有全权谈判使命的代表前来柏林的。"你是否有权就德国的建议现在就与我们谈判?"他咄咄逼人地问,利普斯基表示无此权,"那么,好啦,我们没有必要再谈下去。"

在施密特的经历中,这是最短暂的会晤之一——它就此宣告结束。利普斯基未要求看希特勒的 16 点建议;即使里宾特洛甫主动出示这一建议,利普斯基也无权领受它。他有他的命令要遵守:"勿进行具体之谈判。"显然,波兰人有信心(在他们的盟友支援下)鞭打德国人,因而无意讨论希特勒的建议。英法两国也不愿劝波兰进行谈判。利普斯基回到大使馆后便往华沙挂电话。线路不通。德国人已将通信线路切断。他们并没有什么需要知道的了。

在总理府,阿道夫·希特勒正与意大利大使阿托利科交谈(他于下午 7 时抵达的)。阿托利科再次要求和平。希特勒是否愿意听意大利总理充当最后一分钟的调停人?"我们首先得等待事态的发展。"元首说。这些事态现正按计划发展。晚 8 时整,海德里希的假"波兰人"向格莱维茨电台发动进攻。一小时后,所有的德国电台均取消了正常节目,改播一份正式声明。该声明一字不漏地重复了那份 16 点的建议,该建议之合情合理,连不友好的外国人都深受感动。

波兰人从未考虑过接受德国建议。他们不但未提出要求恢复谈判的反建议——虽则匆匆,但也有可能全盘打破希特勒的计划——反而于晚11时广播了一份他们自己的咄咄逼人的声明,作为报复。它攻击说,德国的广播使希特勒的目标昭然若揭,"语言再无法遮掩这些新匈奴人的侵略计划。德国正谋求统治欧洲,并以前所未有的犬儒哲学取代各国的权利。这份卑鄙的建议表明,波兰政府发布的军事命令(动员)是何等必要。"

里宾特洛甫前往总理府,看看元首对波兰的广播作何反应。没法子了,希特勒说,一切都动起来了。他很沉着。经过数周来的焦虑和怀疑后,未来的发展方向已经定下来了。他确信,英法两国不会采取行动——他睡觉去了。也许,希特勒当晚得到的最大保证是(不久前,他曾对他的军事将领说过,与斯大林签订的条约"系为了赶鬼而与魔王签订的条约")他收到莫斯科发来的一封简短的电报。电报称,在莫洛托夫发表了一篇"精彩的"演讲后,最高苏维埃最终批准了对德条约。

对希特勒说来,入侵波兰并不是战争,只是为取得理应属于德国的东西的一次行动,是一次区域性的行动,是英法两国在做了些挽救面子的姿态后必然会作为既成事实加以接受的行动。他的副官们曾不止一次在餐桌旁听他说过,"如同对捷克人一样,英国人也会弃波兰人于危难。"

虽然他自己的"研究所"所截获的电报清楚地表明,德波战争爆发,英法两国便有可能出面干预,希特勒仍然不相信这点,因为它(据他的私人副官夏勒说)"扰乱了他的直觉的形成"。他更相信的是他个人的信念,即英法不会采取行动。"英国在恫吓,"不久前他对他的御用摄影师这样说,说完,他露出了罕见的顽皮的笑容,"我也是!"

希特勒最后决定战争的消息传到戈林耳中时,他正在他的专列上。他愤怒至极,把里宾特洛甫找来听电话。"现在,你那个他妈的战争已到手了!全是你搞的!"他喊完,便把话筒一扔。这是具有讽刺意味的。或许,谁也没像里宾特洛甫那样经常警告元首,即若被逼得走投无路,英国必然会战斗。

9月1日,星期五,凌晨4时45分,在但泽港进行礼节性拜访的德国巡洋舰"石勒苏益格—荷尔斯泰因"号,开始炮击这个小半岛——那里有一波兰军火库和88名士兵。与此同时,炮火也猛轰德波边界。接着,德军的步兵和坦克便大规模向东挺进。德国未正式宣战，一小时后，希特勒向其部队广播了一项文告。他说，"除武力对付武力外"，他别无选择。

在罗马，墨索里尼外表上很平静。几小时前，在恐惧心的驱使下，同时也因为劝他小心谨慎的忠告像洪水般涌来，他做出了一个明智但又尴尬的决定：意大利将保持中立。他亲自打电话给阿托利科，要他去请求元首给他发一份电报，解除他在联盟中承担的义务。希特勒迅速地草拟了一封隐藏着愤怒的复电。"本人相信，依靠德国的武装力量，我们有能力完成强加在我们身上的任务。"他这样说，并为墨索里尼未来能为"法西斯主义和国家社会主义的共同事业"所做的一切表示感谢。他于上午9时40分签发了这封电报，接着便前往皇冠剧院向国会发表演说。希特勒身穿灰色制服，步履轻快地走上舞台。旁观者都觉得奇怪。他穿的看来像军服，却又是新颜色的军服。他声音洪亮，讲得很慢，一点一点地将他为何要进攻波兰的原委讲述出来，从头至尾使自己处于愤怒状态中。听众聚精会神地听着。对西方各大国竟认为自己的利益也受到影响的想法，他表示遗憾，"本人曾一再向英国施以友谊，以及，如果必要的话，紧密地合作。然而，单相思可不行，爱，必须有对方做出反应。"身在听众中的爱娃·勃劳恩对妹妹小声说："这意味着战争，伊尔塞，他要走的——我会变得怎样呢？"

也许是因为即席，这篇演说并不是希特勒的最佳演说之一。为了使这篇演讲稿拿得出去见报，迪特里希办公室的赫尔穆·孙德曼与其他工作人员一起，拼命修改语法错误和删除多余的字句。希特勒保证，他永远不会向妇女和儿童发动战争，接着便宣布，波兰军队在德国领土内放了第一枪，德国陆军不过是还击而已。"谁用毒打人，"他威胁说，"必然会遭毒还击。谁不顾人类福利之准则，谁便可指望我们会采取同样的步骤。我会打下去，不管打谁，直到帝国安全和权利得以确保！……此时此刻以后，我的全部生命比过去任何时候都更属于我的人民。现在，我什么也不想当，只想成为日耳曼帝国的第一名军人。所以，我再次穿上了历来对我是如此神圣、如此宝贵的军装。不到胜利我决不脱下军装——除非我死！"

听众尽情地欢呼。在疯狂的兴奋中，谁也没有注意到，爱娃·勃劳恩在双手捂脸哭泣。"他若有个三长两短，"她对妹妹说，"我也死。"希特勒宣布，如他身遭不测,他的继位人是戈林。若帝国元帅也遭不测,赫斯将继其位。这是一个单方面的决定,或许是即兴做出的,但它表明,德国政府实际上已不复存在了。元首就是德国。

在剧院内,人们疯狂地高呼:"胜利万岁!"在剧场外,在街道上,人们却几乎安静得可怕——这是个吓人的对比。稀稀拉拉的行人,他们板着脸孔,似乎对未来的关切压抑着他们。25年前,8月的一天,德皇威廉宣战时出现的那种喜悦,现在连影子都没有了。今天,街道上并没有心情急切的青年阿道夫,也没有眼中闪着喜悦的光芒的希特勒。在1914年,大部分欧洲人都在战争中找到了解脱。"我们永远不应忘记,"D. H. 劳伦斯在他坚决反对的那次战争时写道,"人类是双重的动机生存的:一为和平与增长,二为争斗与武力之凯旋。军事冒险与在争斗中取胜的胃口一旦获得满足,和平和增长的胃口便立刻显示出来——反之亦然。这好像是一条生存规律。"从停战协定签订之日至今天,和平与增长均不见有多少。这一代人并不具有过无聊生活的最近的过去,没有冒险或逃避的欲望。这些德国人明白,上一次战争并未解决任何问题。他们从自身的经历知道,战争是长期的、悲剧性的,也是不光彩的,它可能从根本上改变他们的生活——变得更坏。

当爱娃·勃劳恩垂头丧气地与勃兰特医生一起步出剧场时,他试图让她高兴起来。"别发愁,勃劳恩小姐,"他说,"元首告诉我,用不了三个星期和平又会到来。"听到这话,她勉强一笑。

汉德逊打电报给伦敦说,演讲一完希特勒便回总理府去了,并对他的将领们说,他的政策业已瓦解,现在只有枪炮才能说话。希特勒先生忍不住了,没有讲完便离开了屋子。这可能是真的。那天下午早些时候,戈林把达勒鲁斯召到总理府。元首要见他。元首对达勒鲁斯所做的一切努力表示感谢,随后便责怪英国将此努力化为乌有。时至今日,达成协议的希望已不复存在了。片刻后,他打断了戈林的无关插话,说他决心粉碎波兰的抵抗,令波兰全国蒙辱。然而,如英国仍愿谈判,他准备退让,即所谓半途相会。猛然间,他又大喊大叫起来,且指手画脚。戈林狼狈地将头一歪。"英国若愿打1年,我就打1年……"希特勒停话不语。片刻后,他嗓门喊得更高,疯狂地挥舞着双臂。"英国若想打3年,我就打3年!"他握紧拳头,喊道,"如有必要,我就打10年!"他弯腰击拳,差点儿击到了地板。

一会儿,希特勒来到客厅。此时的他却似乎处在"喜悦和兴奋"之中。他向里宾特洛甫和两名副官喊道,军队进展之神速,超过了他最大胆的想象,整个战役在西方来不及草拟抗议书前便可结束。此时,法国问题专家奥托·阿贝茨主动发表意见,说法国将会宣战。希特勒把脸转向里宾特洛甫,举起双手,做恐怖状。"饶了我吧,你的专家别再发表什么断言了。"他一边说,一边对德国外交人员大加讥讽,说什么他们拿的薪水最高,用的通信工具最现代化,但所做的答案历来是错误的。在征兵,在莱茵兰,在德奥合并,在苏台德危机,在占领布拉格等问题上,他们都预言会发生战争。他的武官们也一样糟糕。"要不是因为早饭吃得太多,搞钝了脑筋,他们在各自的国家收集到的关于时局概况的材料,还没有我在柏林得到的清晰,就是因为我的政策不适合他们的需要,在发来的报告中,他们提供假情况,在我的道路上设置障碍。你必须明白,里宾特洛甫,我已最后决定,不听那些曾屡屡向我伪报或谎报的人们的意见。我要自行其是,依自己的判断行事。在上述这些事件中,它比干练的专家给我的高见还有力。"

在伦敦,波兰大使爱德华·拉仁斯基在唐宁街10号会见了哈利法克斯勋爵。他主动提出,根据《英波互助条约》第一条,他的政府认为,希特勒的入侵应视为侵略。

"这,我没有多少怀疑。"哈利法克斯说。两人来到大厅时,前来参加内阁紧急会议的各位大臣都陆续到了。财政大臣约翰·西蒙爵士抓着拉仁斯基的手说:"我们现在可以握手了。我们同舟共济……英国没有抛弃朋友的习惯。"数分钟后,张伯伦建议内阁向希特勒提出最后警告:除非停止敌对行动,否则,英国将履行其向波兰承担的义务。他警告说,这封电报措辞应谨慎,不用最后通牒的措辞。否则,德国人便有可能立即攻击英国的船只。

全世界对此突然袭击,虽早有所料,却仍大受震惊。梵蒂冈未予谴责,它通过赫隆德红衣主教秘密向波兰政府施加压力,要它与希特勒谈判。罗斯福总统的第一个反应是呼吁交战双方保证不轰炸平民百姓或"未设防的城市"。这是希特勒曾公开许下的誓言;罗斯福的声明仅使他烦恼。此时,他的驻华盛顿临时代办又报告说,美国国务院负责新闻事务的副主任曾对德国新闻局的代表说过:"我们真可怜你们这些人,你们的政府业已自己宣告有罪。他们受到全世界的谴责。如果现在英法两国和德国发生战争,这场浴血将是绝对没有必要的。谈判用的方式是愚蠢到了极点的。"希特勒将美国的敌视态度归咎于受犹太人控制的报纸和"罗申弗尔德"总统周围的犹太人。他对此做出了报复:视德国犹太人为国敌,禁止他们冬季于晚8时后、夏季于晚9时后外出。不久,犹太人的所有电台都被没收充公。

当天傍晚,英国致德国的照会终于送到了汉德逊的手里。根据英国政府的指示,汉德逊必须在其法国同事陪同下立即将此照会交给里宾特洛甫。他应向他解释清楚,这是一个警告,而不是一份最后通牒——如德国的答复不能令人满意,下一阶段便发出限期最后通牒,或立即宣战。当然,后者是仅让大使一人知道的(顺便提一句,也是让希特勒的电话窃听者知道的)。

上午9时30分前,汉德逊和考伦德雷来到了威廉大街,但里宾特洛甫拒绝一起见他们。他首先客气地接见了英国大使。里宾特洛甫说,是波兰首先向德国挑衅的。接着,他便开始争辩,声音虽然不大。这一次,他们并未鼻子对鼻子地争论,而是进行得很有分寸。汉德逊刚一走,考伦德雷便进来了。他带来的照会,几乎与英国的一模一样。里宾特洛甫重又说,是波兰的不是,不是德国的不是。他答应将照会转给希特勒。

在伦敦,张伯伦正把照会内容告诉下院。他说,英国与德国人吵架的唯一原因是,他们竟允许自己受纳粹政府的统治。"只要这个政府存在,并坚持过去两年来所采取的方法,欧洲就不会有和平。我们只会从危机到危机,只会看到各国一个接一个遭到攻击。攻击的方法令人作呕,这我们现在已经熟悉了。我们已下定决心,这些方法必须结束。"他博得了满堂喝彩。

尽管有迹象表明,罗马的任何进一步调停都会遭希特勒之怨,墨索里尼仍决定做最后一次努力。次日上午,他建议召开大国会议,解决争端。但是,元首对此并不热情,英法两国又表现勉强。"现在只有一个机会",弗里茨·赫塞从伦敦打电话给威廉大街的赫维尔说,"那就是,我们立刻撤出波兰,主动提出赔偿损失。希特勒如果愿意这样做,那么,避免灾难的机会仍有1%。"两个小时后,赫维尔回了电话。电话里出现深沉的嗓音——里宾特洛甫。"你知道说话的是谁,"他叫对方不要说出他的名字,"你立刻去找你的密友——你知道我指的是谁（他指的是霍拉斯·威尔逊勋爵）——把这话告诉他：元首准备撤出波兰，如德国能得到但泽和"走廊"上的一条通路，如英国愿意充当德波冲突的调停人，那么，德国便会赔偿损失。元首授权于你将此建议递交给英国内阁，并立即开始谈判。"

赫塞大吃一惊。是否有什么东西显灵，在最后的时刻使元首的思想开了窍，抑或这纯粹是文字游戏，看着德国人的战刀在头上飞舞，能做出多大的妥协？赫塞让里宾特洛甫将建议重述一遍。他重述了，并补充说："不要有什么误解，你要再次指出，你是按希特勒的明确指示行事的，绝不是你个人的私人行动。"

赫塞给唐宁街10号挂了个电话。对方回答说，威尔逊一时没空，无暇见他。数分钟后，即晚7时44分，张伯伦步入下院，发表声明，"我们在那里等待着，与法庭等待陪审团的结论一样。"哈罗德·尼科尔逊回忆道。但是首相的演讲从一开始便令人失望，"他的声音有些特别，好像患了感冒似的。他是个陌生的人。我们原以为他会发表一篇激烈的讲话。但没有。"他向听众保证，除非希特勒将其武装力量撤出波兰，否则，英王陛下政府便肯定要采取行动，接着，张伯伦又断言，若签订这样的协议，便势必把事态推回到入侵前，这使听众又吃一惊。"就是说，德波两国就发生争端的原委进行谈判的大路是畅通的。但应明白，以此求得的解决，不但保护了波兰的最重要利益，而且也是在国际保证下取得的。"

换言之，张伯伦仍在摇摆不定（后来，据肯尼迪大使说，他说过"是美国人和世界的犹太人迫使他进行战争的"）。工党代主席阿瑟·格林伍德跳了起来；有人愤怒地高呼"代英国说话，阿瑟"。"我想知道，"他说，"当英国和英国所维护的一切，还有人类的文明，都处在危险中时，我们还准备摇摆多久？"

有谣言说，国会议员们准备反叛——许多国会议员要求，立刻向希特勒发出最后通牒，不必等待法国。张伯伦却坚持统一行动。晚9时50分，他打电话给达拉第，建议妥协。达拉第支支吾吾：他的内阁坚持把让希特勒从波兰撤退的时间延至次日中午。电话刚放下，赫塞便来到唐宁街10号求见威尔逊。希特勒的撤出波兰新建议令霍拉斯勋爵"明显地动了心"，但又不愿意将它提交给内阁。他说,自上一次两人会晤以来,局势已发生了急剧的变化:罗斯福已秘密地向张伯伦保证,如他宣战,罗斯福便支援他;俄国肯定不会站在德国一边作战。

赫塞坚持不舍。"在这个建议中",他说,"我看到了避免战争的最后的也是唯一的机会。也看到了希特勒已承认自己犯了一个错误的迹象。不然,我怎么能把这项建议搞到手。"

霍拉斯爵士不相信希特勒已经改变主意。他会为其暴力行为公开道歉吗?如果可以,那还有一线希望。赫塞说,这种建议,从心理上说,是一个错误。至少在希特勒眼中,此次危机的责任,并不完全是他的。此语一出,威尔逊便一反常态,大声进行反驳。应为这种局面负责的,是希特勒一人!

"如果说,只是因为希特勒不肯道歉,这建议便流产,"赫塞绝望地说,"那么,人们便会相信,由于可避免而不愿避免,张伯伦要打这场战争。"

威尔逊考虑再三。"好吧,"他说,"将你的建议重述一遍,我或许能转给内阁。"赫塞重述完后,霍拉斯爵士背着双手,在屋内踱来踱去。有人敲门。一个仆人递给霍拉斯一张字条,读了两遍后,他就用烛火将它焚为灰烬——接着又踱起步来。末了,他转向赫塞。"我不能把你的建议转给内阁。"他说。无疑,字条是说张伯伦刚才已决定采取行动——即使没有法国为伍。晚11时30分,内阁再次召开紧急会议。张伯伦说,他拟于次日中午向英国人民发表一项声明。"因此,我建议,"他说,"明日上午9时,由尼维尔·汉德逊爵士会见冯·里宾特洛甫先生,对他说,除非中午12时前获复,否则,从中午12时起,英国和德国之间便存在着战争状态。"他补充说,这项决定有可能促使法国人早些采取行动,但他也怀疑。

西蒙反驳说,若把最后通牒的期限定在中午,那张伯伦便没有时间向英国人民发表声明了;期限应定在上午11时。此建议获通过,会议宣告结束。此时,天空突然传来一声惊天动地的响雷——窗外打着闪电。

据他的仆人说,元首当晚躲在总理府,安静地讨论着波兰的战事。午夜后两小时,赫塞的报告来了。当了解到赫塞与威尔逊会见一无所获时,希特勒便有意发火,借意大利不参战一事责怪里宾特洛甫。外交部长受斥后,工作还没完——约凌晨4时,英国使馆来电话说,汉德逊拟于上午9时将一份重要文件交给里宾特洛甫。显然,这是一份可恶的文件,甚至可能是一份最后通牒。里宾特洛甫不想见他。此时,施密特刚好在旁,里宾特洛甫便叫他替他接见汉德逊。

9月3日,星期天,一大早天气就晴朗、柔和。这是明媚的一天。平时,普通的柏林人便会纷纷到邻近的森林和湖泊中去,尽情享受假日。今天,他们不但精神不振,而且还猛然发现,不知何故他们便糊里糊涂地处在大战的边沿。

哪一天早晨施密特都没有睡过头,偏偏在今天睡过了——他只在家中待了几小时。他坐上出租汽车,匆匆赶到外交部。他看见汉德逊走进大楼,便从旁门跑了进去。上午9时,他有点上气不接下气地站在里宾特洛甫的办公室里,听见有人通报汉德逊已到。大使与施密特握了手,却拒绝就座。"非常遗憾,"他深情地说,"按我国政府的指示,我不得不将一份致贵国政府的最后通牒交给您。"他宣读了这份声明。声明说,除非德国保证于英国夏季时间上午11时前从波兰撤出所有的军队,否则就只有战争。

汉德逊把这份文件递了进来。"本人实在抱歉,"他说,"竟把这样一份文件交给您,特别是您历来都乐于助人。"虽然汉德逊之精明能干不常留于人们的记忆中,且对元首最终仍保留着幼稚的看法,但他却成功地驳倒了希特勒,连续几个晚上盯得里宾特洛甫坐立不安——这些都是值得鼓掌的业绩。

几分钟后,施密特便来到了总理府。元首办公室外挤满了人,他好不容易才挤了进去。人们焦急地问他任务完成得如何,他只是简单地回答:"放学了。"室内,希特勒坐在办公桌前,里宾特洛甫凭窗而立。施密特一进来,两人都期望地转向他。他缓缓地将英国的最后通牒翻译了出来。末了,希特勒转向里宾特洛甫,猛然问:"现在该怎么办?"

"我认为,"里宾特洛甫镇静地说,"用不了一个小时,法国人也会递交一份类似的文件。"

在客厅里,人们把施密特包围了起来,七嘴八舌地询问情况。当施密特告诉他们英国将在两小时内宣战时,室内顿时鸦雀无声。戈林终于开了口:"如果我们输掉了这场战争,请上帝饶恕我们吧!"不管走到哪里,施密特看到的都是严峻的脸孔。连平常热情洋溢的戈培尔也愁眉苦脸,一声不吭地站在角落里。

只有一人不愿意失望——此人就是达勒鲁斯。戈林在专列里找到了他。他说,元帅为何不飞赴伦敦与英国人谈判?戈林给希特勒挂了一个电话;令人惊奇的是,希特勒觉得这个主意不错,但得先征求英方的同意。达勒鲁斯给英国大使馆的顾问打了个电话。对方回答说,德国必须首先对最后通牒做出回答。达勒鲁斯百折不挠,继而给英国外交部挂电话,得到的答复是一样的。他仍坚持不懈。他好歹说服了戈林,让他再次向希特勒挂电话,并建议给英国做一妥协性的正式回答。戈林与元首通话时,达勒鲁斯在列车外来回踱步,焦急地等待着。戈林出来了,一屁股坐在山毛榉树下的一张折叠式大桌前——这里摆了个摊档。他喃喃地说,有架飞机正等着送他去伦敦。但是,从他脸上的"失望"神情,达勒鲁斯便看出,他已遭元首拒绝。但是这个瑞典人并不是独具慧眼(在纽伦堡,他悲哀地承认,他被希特勒和戈林领入歧途),戈林的装模作样可能欺骗了他。达勒鲁斯的幼稚程度可以从记载中关于他对此事所做的反应略见一斑:"眼见这位强有力的人物如此失望,如此一筹莫展,我全身热血沸腾。我知其所为,但我不明白他为何不跳上汽车,直奔总理府,把自己的真正想法告诉他们——我一直认为,过去两个月来他对我讲的每件事,都是真心实意的。"达勒鲁斯为阻止战争而做出的不屈不挠的努力——虽有点儿浅薄——就此告终。

上午11时15分,汉德逊大使收到一份电报,要他拜会里宾特洛甫。15分钟后,他拿到了德国对最后通牒所做的答复——悍然拒绝。汉德逊读完后,抬起头来,发表议论说"让历史去评判究竟该谁负责任"。里宾特洛甫回答说:"为了和平和求得对英国的良好关系,谁也没像希特勒先生那样做出如此巨大的努力。"他祝汉德逊先生本人诸事如意。

中午,柏林街头的大喇叭在高声广播与英国开战的消息,使听众大为震惊。

在伦敦——那是上午11时,天气炎热,犹如夏天。张伯伦硬着头皮准备向他的人民广播。15分钟后,他宣布英国已处在战争中。他说,为了建立和平,英国政府已尽了一切努力,可以心安理得了,"现在,让上帝保佑你们吧,让上帝保护正确的人们吧!"

正当张伯伦在演讲时,考伦德雷将法国的最后通牒交给了里宾特洛甫——里宾特洛甫告诉他，侵略者是法国。但是，希特勒最先怨恨的还是英国。那个如此轻易地看清了英国的弱点的人，却完全低估了英国的力量。他的区域性战争，由于他的失策，正在烧成大战火。这是他的第一个致命错误——决定占领捷克斯洛伐克全境——所带来的僵局。如果他没那样做，只坐待捷克投入其怀抱，那么，英国对其对波兰所提要求是否会做出如此主动的反应，这还是值得怀疑的。希特勒拒绝接受的——即使他已猜测到了——是，英国人该走多远就会走多远，多一寸也不走。尽管赫斯已有情报提供给国内，再加上其他情报资料，希特勒还是被其自身对英国性格的歪曲看法引入歧途。因此当他将西方的最后通牒通知海军上将雷德尔时，他从来没有这样难堪过。

英国宣战，无须多少怀疑，令克里姆林宫里的人们很是惊奇。"战争的消息，"伦敦的《每日电讯》驻莫斯科记者报道说，"使俄国人惊讶。他们原以为会妥协。"奇怪的是，苏联人对参加进攻波兰没有多大劲头，而里宾特洛甫则在当晚发给冯·德·舒伦堡大使的电报中邀请苏联参与对波兰的进攻。"依我们估计，"里宾特洛甫解释说，"对我们，这不但是一个解脱，也符合莫斯科协定的精神，以及苏联的利益。"

此时，希特勒正准备与随员们一起登上开赴前线的专列。在离开柏林前9分钟，元首向在最大的危机中不给予支持的盟友发了一份电报。与发给莫斯科的电报不同，发给墨索里尼的这份电报是用明码发的，且充满了激烈的词句。希特勒说，他明白这是"一次生死攸关的斗争"，他是"有意"选择发动战争这条道路的，他的信念"坚如磐石"。晚9时整，元首的专列缓缓开出车站时，他未发现信中的那份信心。相反，他的一名秘书，格尔达·达拉诺斯基注意到，他很平静，脸色苍白，沉默不语。她从未见他如此过。另一名秘书，克里斯达·施洛德听见他对赫斯说："现在，我的一切工作都崩溃了。我的书算白写了。"

但是，在他的仆人看来，他是信心的缩影。他说，西方没有什么可愁的。英法两国会在"西墙"上"碰掉牙齿"。当列车东驰时，希特勒把林格叫到餐室内，令他此后为他准备更简朴的饮食。"请你注意，"他说，"普通德国人能有什么吃的，你就给我吃什么。我有责任做出典范。"

第七部 诉诸武力

1 西线的胜利
　　1939.9.3—1940.6.25

2 "连胜利者也被胜利毁灭"
　　1940.6—1940.10.28

3 "全世界都将屏息"
　　1940.11.12—1941.6.22

4 "通向漆黑的房间的门"
　　1941.6.22—1942.12.19

1 西线的胜利

1939.9.3—1940.6.25

德军对波兰的入侵进展迅速。手持长矛的波兰骑兵根本不是德国坦克的对手。只经过一次陆空的集中打击,守卫者便被打垮。被空中的战斗机、轰炸机和尖声怪叫的俯冲轰炸机吓得魂飞魄散的波兰地面部队,很快便被有重型自动推进炮和坦克支援的150万德国陆军打散。造成巨大破坏的还是这些强大的所向无敌的装甲部队。他们冲破一切防御,席卷后方。闪电战不但吓坏了受害者,也使外国观察家丧胆,因为它标志着战争艺术的一个转折点。至9月5日上午,波兰空军已被消灭,为"走廊"而战的战斗宣告结束。两天后,波兰35个师中,大部分不是被消灭便是被包围。

希特勒把专列称为"元首司令部"(约德尔将军的指挥人员仍留在柏林),他密切地注视着战争的发展。他只要一穿上军服,生活方式便大大改观。他俨然是大战中的前线的老兵,把"元首司令部"搞得简朴到甚至有点苛刻。他的新座右铭是"司令与士兵同甘共苦"。每天早晨,在向施洛德小姐口述当天的命令后,他便带上手枪和皮鞭向战地出发。只要天气许可,他便坐敞篷车,好让仆人和副官向士兵们扔纸烟,也好让士兵们认识他是谁。使随行人员目瞪口呆的是,他竟孜孜不倦地研究各次战斗的最微小的细节。例如,他会花上几个小时去视察伙房和饭厅,强令军官吃士兵的伙食。这种养生之道很快便结束了,但对于战场上的一切事务他仍兴趣盎然——只有一件事例外。当施蒙特将军要他给第一列车伤员讲讲话时,他拒绝了。他承认,他们受苦的惨象他受不了。

正当单方面的战争快要结束时,"元首司令部"里突然来了个不速之客——弗里茨·赫塞。他报告说,在伦敦的德国官方代表团,不但受到英国高级官员而且也受到普通群众的友好送别。大使馆外一群人曾喊道"圣诞节再见"。赫塞来波兰也是出于个人的关心,他明白,由于力主和平,他已失宠。然而,目前深得希特勒信任的赫维尔却向他保证,元首曾真诚地要与英国人谈判,促使他入侵波兰的是德国侨民受暴行所害的那些报道。赫塞不相信入侵令是在一怒之下发布的。"是的,毫无疑问这就是根源。"赫维尔坚持己见,"他很快便后悔了,他不该受脾气主宰。"在入侵开始后,他允许赫塞与霍拉斯·威尔逊勋爵进行谈判的原因也在于此,"是的,希特勒想必会说:'大家向后转!开步走!开步走!'"

"我的天呀,"赫塞痛苦地喊道,"难道没有人可以向他说明,独裁者可下令:'大家向后转!开步走!开步走!'议会国家要取消经过长期周密考虑后的战争决定是绝不可能的吗?他怎么能想出这件事来?我一再警告,英国有一伙人主战,张伯伦的外交政策一垮,主战派必然得胜。这份报告难道没有人读过吗?"

沉默一阵后,张皇失措的赫维尔承认,元首对民主国家的工作程序有个相当奇怪的概念。"在我向元首解释张伯伦在下院发表的声明时,他对我嗤之以鼻。他就是不相信它。不过,用不着害怕。与此同时,他已认识到你的报告是正确的。但看在老天爷的分上,你可别利用这点。最使元首发怒的是,别人对了他错了。"

英国固然令元首关切,但他更关切的却是苏联不愿意参与进攻波兰——因为西线无战事。显然,斯大林是想坐享其成,等待最后时刻,以便把红军的损失减少到最小。直到9月17日凌晨2时,斯大林曾亲自通知德国驻莫斯科大使,说苏联红军将在数小时内越过波兰边界。当地时间凌晨4时,红军越过了波兰东部漫长的边界。有一处地方,波兰边防兵团的士兵们发现,在清晨大雾中,有一队拉着士兵的马车。"别开枪,"红军战士喊,"我们是来帮你们打德国人的。"边防军战士糊涂了,竟在领头的俄国车上插上白旗——这样,苏联人便大摇大摆地通过了许多地方——未遭一枪一弹的还击。波兰东部便这样陷落了。

里宾特洛甫直到上午 8 时才醒来。当他得悉施密特让他熟睡了 3 个小时时,他生气地喊道:"德军和俄军正彼此迎面冲去,可能会发生冲突!全怪你太懒,不把我叫醒!"施密特想让他安静下来,提醒他说,已竖起了一条分界线。但是,满脸泡沫的外交部长,挥舞着刮脸刀,继续在发火:"你扰乱了世界历史的进程!搞那些事情你经验不足!"真正令里宾特洛甫发怒的是,由于人手不足,时间的耽搁,竟让戈培尔而不是他的办公室向在柏林的外国新闻记者发布消息。

现在,唯一的角逐发生在胜利者之间。俄国人入侵的第一天还未结束,两个盟国便在公报的措辞上——该公报千方百计地使波兰的被征服成为合法——争得脸红耳赤。斯大林反对德国的草案("它把事实讲得太坦率了"),然后亲手起草俄国的文本。希特勒刚屈从于这个文本,斯大林又拿出一个重要得多的文本:彻头彻尾地瓜分战利品、把波兰人象征性的独立都被剥夺掉的文本。从表面上看,俄国的建议是有利于德国的,但希特勒怀疑满腹,足足拖了 4 天,里宾特洛甫才被授权签署此文件。

为新条约开始谈判,德国外交部长于 9 月 27 日下午 5 时 50 分抵达苏联首都。这个时间似乎是良辰吉日,因为华沙刚向德国武装力量投降。后来,里宾特洛甫收到柏林的一份警告,说苏联很快就要进攻爱沙尼亚和拉脱维亚。所以,里宾特洛甫是带着恐惧的心理于当晚前往克里姆林宫的。那时,他已确信,斯大林将向他提出一项诱人的建议,但又害怕付出过高的代价。晚 10 时,会议开始了。不出所料,斯大林建议将维斯杜拉河以东的波兰领土全部割给德国——它包括了波兰大部分有人烟的土地。作为报答,他所需要的是第三个波罗的海国家——立陶宛。

长达 3 小时的会议结束后,里宾特洛甫用电话向元首做了报告。他说,斯大林的建议有个非常吸引人的特点,那就是,在控制了大多数人口后,"波兰的民族问题将按德国认为合适的方法去对待"。

斯大林了解希特勒。除了需要与苏联继续维持友好关系外,元首是不会不要控制这块犹太人的滋生地的机会的。他授权里宾特洛甫签署了这项条约,并将最后一个波罗的海国家拱手交给苏联。为了让东部无后顾之忧以便对付西方,他付出了高昂的代价。从表面上看,它像机会主义的另一例:为了目前而牺牲将来。但是希特勒坚信红军有弱点,想来他必觉得他能用武力夺回在纸上放弃的东西。在次日的最后谈判中,苏联人硬要里宾特洛甫打电话给希特勒,要他肯定地批准这项条约的全部内容。希特勒准允了这项条约。不过,里宾特洛甫觉察到,他是多少带有疑惧批准的。"我要建立稳固和紧密的关系。"他说。当里宾特洛甫将这些话告诉斯大林时,斯大林言简意赅地回答说:"希特勒很精明能干。"

9月29日凌晨5时,莫洛托夫和里宾特洛甫二人在条约上签了字。斯大林大喜。里宾特洛甫说,苏德两国永不再打仗。这句话带来一阵难堪的沉默。末了,斯大林回答道:"理应如此。"由于斯大林语调冷静,措辞特别,里宾特洛甫连忙向翻译要求证实。斯大林的第二句话也同样含混不清:当里宾特洛甫问道,苏联人是否愿意超出友好条约的范围,在未来与西方的战斗中与德国缔结同盟条约,他所得到的答复是:"我永不允许德国变弱。"由于这句话说得非常自然,里宾特洛甫便认为,这句话表达了斯大林的信念。

回到柏林后,里宾特洛甫仍在琢磨斯大林的这两句话。希特勒对此尤其关心,把斯大林的话解释为:他们之间的哲学鸿沟太深,无法填平,两国间必起争端。只在那时元首才解释说,他之所以要在立陶宛问题上做出让步,是因为他要向斯大林证明,"他的意图是要一举解决他与东西邻居的问题,从一开始便建立真正的信心"。里宾特洛甫如同理解斯大林的话一样,也按字面理解元首的话。他依然相信,希特勒是真心诚意要向苏联人寻求谅解。

正当苏联准备接管波罗的海国家和波兰东部时,希特勒则把波兰的其余部分变成巨大的屠宰场。他已下令将来自帝国的犹太人集中在交通方便的波兰城市里。目标"最终解决,将需要一些时日"——9月21日,海德里希向党卫队指挥官们解释说。他所说的系指灭绝犹太人——在许多党的高级官员中,这已经是一个公开的秘密。

正当这些可怕的准备工作进行时,5个被称为"特别小组"的屠杀队对波兰的知识分子、牧师和贵族进行了一次"大扫除",从而加快了这些准备。相对而言,希特勒对波兰人的仇恨,其根源并不久远。他深信,在过去几年中,波兰对日耳曼少数民族犯下了众多的罪行。"数以万计的日耳曼人被带走,受到虐待,并遭残酷杀害。"9月19日,他对但泽的一群游击队员说。

"变态狂的野兽发泄了他们的变态天性——而这个民主的、笃信宗教的国家却在袖手旁观,连一声也不低吠。"但是,他接着说,"万能的上帝已经赐福给我们武器。"现在,他可以报仇雪恨了。至中秋,约3500名知识分子(希特勒将他们看作是"波兰民族主义的传播者")已被消灭。"只有这样,"他解释说,"我们才能取得我们至关重要的领土。毕竟,今天谁还记得对亚美尼亚人的灭绝!"与此同时,约120万普通的波兰人被逐出世世代代生活过的家园。来自波罗的海沿岸和波兰沿海的日耳曼人于是便鹊巢鸠占。在此后痛苦的年月中,在新安置点里死于饥寒的波兰人,比被处决的还多。

当党卫队在东方执行希特勒的激进纲领时,他已把注意力移至西方。(由于党卫队由许多处组成,各处的职责和特点又各不相同,因此,各处应区别看待。例如,武装党卫处是个纯粹的武装组织,由精华分子组成。他们忠于帝国和希特勒,而不是希姆莱。他们参加的动机较好、组织也较为民主,所以,战斗力比陆军强。在武装党卫处里,官兵无多大差别。在陆军中,为了防止失盗,士兵们不准不锁存放私人物件的小箱。但是,武装党卫处自称是"兄弟之盟",却不准锁箱。偷盗由士兵自行治罪;偷盗者,按他们的意见,将被开除。今天仍有许多有关武装党卫处的神话。例如,他们臭名远扬的刺纹,其实并非罪恶的象征,只是血型的标记,便于在战场上负伤时输血。被"兄弟之盟"看作是外人的希姆莱,身上无刺纹。)由于波兰较好的部分成了他的领土,他便试图用各种办法结束与英法两国的战争状态。首先,他利用报纸和电台开展和平攻势。"希特勒会再次与英国人达成谅解,"赫维尔向弗里茨·赫塞说,"并想为他们搞得尽可能容易些。"他说,元首也准备让赫塞重新担负与霍拉斯·威尔逊爵士进行秘密谈判的任务——只要允许德国在东方有绝对的行动自由的话。例如,要希特勒不进攻俄国,他是不会同意的。赫塞感到迷惑不解;要不是出自希特勒的亲信赫维尔之口,他真要摒除这异想天开的主意。元首如有意要进攻苏联,他问,那么,他为何要与斯大林签订条约?

赫维尔解释说,希特勒做这笔交易是有个原因的:使英国人保持中立。由于未达此目的,元首正考虑撕毁条约。斯大林对领土的贪婪激怒了元首;元首是"心里流着血"放弃波罗的海的。赫塞反驳说,这与里宾特洛甫的估计完全矛盾。

"在希特勒眼中,"赫维尔回答说,"里宾特洛甫一点作用都不起。"希特勒只将他看成是某种秘书。元首通过像赫塞、戈林和达勒鲁斯那样的非官方渠道去与英国人周旋,其原因也在于此。9月下旬,他鼓动达勒鲁斯再往伦敦一行。"英国人如果要和平,他们能得到,"希特勒说,"但是他们得从速。"可是,就在他与达勒鲁斯大谈和平时,他却在私下里决心进行战争。几小时后,他便向海陆空三军的将领说,他决定早日向西方发动进攻,"因为英法的陆军尚无准备"。他定下了日期:11月12日。瓦尔利蒙上校注意到,所有的人,包括戈林在内,"显然都大吃一惊"。在介绍他的决定的背景材料和概述战斗的大的设想时,元首偶尔也参阅手中的字条。例如,他不想使用1914年的施利芬计划,而是通过比利时和卢森堡,约莫朝西—西北方向打去,以便取得英吉利海峡沿岸的港口。谁也未作反驳。演讲一完,希特勒便把字条扔入火中。

达勒鲁斯取得了自由来往两国的准许后,于9月28日返回伦敦。当天上午,他便与贾德干交谈了两小时,但可以预期,后者毫不为之所动。"他真的没有多少话好说,"贾德干在日记中写道,"他像是野餐时的一只黄蜂——打也打不走。他从柏林带来的东西很少。"在与张伯伦和哈利法克斯的会晤中,达勒鲁斯也未取得成功,但希特勒毫不气馁。10月6日,他在皇冠剧院发表演说,公开呼吁和平。"西方的这场战争为什么要打?为了恢复波兰吗?《凡尔赛和约》中的波兰永不会再崛起了。"他说,关于建立波兰国,这问题应靠俄国和德国解决——而不是靠西方。那还有什么理由打仗呢?应该承认,许多重要问题或迟或早终是要解决的。在数以百万计的人被屠杀前,在数以十亿计的财产被毁灭前,坐在桌旁来解决这些问题,岂不是更"明智"吗?

讨好一完,马上便是可怕的预言。"命运将会决定谁是谁非。只有一事是肯定无疑的。在世界历史的进程中从未出现过两个胜利者,常常是一方被另一方征服。"他向上帝祈祷,要上帝为第三帝国和其他各国指出正确的途径,"然而,若丘吉尔先生及其他先生的意见占上风,那么,这将是我的最后一份声明。然后,我们就将战斗……在德国历史上绝不会再出现另一个

1918年11月!"

希特勒无意接受与两个能危及帝国安全的大国的永久和平,这几乎是肯定的。然而,暂时的和平却能使他离间英法得手,将之各个击破。他讲得如此真诚的原因就在于此。由于元首呼吁和平,德国全境都出现了如释重负的轻松感,甚至还举行过为时过早的庆祝活动。次日,法国总理达拉第迅速对此做出答复,使欢庆情绪稍微减轻。他宣布,除非保证让法国取得"真正的和平和普遍的安全,否则,法国决不放下武器"。日子一天天过去,伦敦无消息传来,柏林的希望便增加了。然而,元首却做了最坏的打算。10月9日,他发布了"第六号战令"。该战令扼要地说明了入侵将如何通过卢森堡、比利时和荷兰进行。

次日上午11时,7名军事将领前来总理府报到。在发布新的指示前,希特勒宣读了一份备忘录。这份备忘录是他自己写的,表明他对军政历史有些研究。他说,自1648年第一帝国分裂以来,德国和西方就是敌人,而这个斗争"也必然会这样或那样打下去,打个水落石出"。但是"对立刻结束战争",他并不反对,只要在波兰取得的成果能被接受。希特勒未征求这些将领的意见,他们也未提什么。他们只被叫来为德国的战争目标签字画押:"毁灭西方国家的力量和能力,使之永不能再反对欧洲日耳曼人民国家的巩固和进一步发展。"

有人提出反对,认为不宜仓促发动进攻。希特勒承认这点。但时间在敌人那边。由于与俄国签订了条约,在波兰又取得了伟大胜利,德国终于可以——多少年来的首次——在单一的战线上发动战争了。取得了东方后,陆军便可倾全力对付英国和法国。这是个可能突然结束的形势。"不管是什么条约或公约,都不能确保苏联长期保持中立。"令苏联不发动进攻的最大保障是"立刻显示德国的力量"。

再者,是否有希望得到意大利的援助,这主要要看墨索里尼还能活多久。罗马的形势有可能瞬息即变。比利时、荷兰和美国的中立也一样。在许多方面,时间都对德国大大不利。目前,德国虽占有军事优势,但英法两国正在缩短差距,其战争工业可使用世界大多数国家的原料。若持久进行战争,危险必大。帝国的粮食和原料供应有限,而德国战争的生产基地鲁尔又极易受空袭和远程大炮的袭击。

接着,他谈到了纯军事问题。1914年至1918年那种阵地战必须避免。他说,进攻须依靠坦克和在波兰发展起来的空中战术,装甲部队将领头突破。他告诫各位将领,必须随机应变,还有声有色地告诉他们:"向防守薄弱的阵地发动集团进攻,便能动摇对方战线。"

这是出色的表演,但几乎所有的将领都认为,陆军还未做好与西方战争的思想准备和物质准备,却没有人提出反对意见。即使在元首宣布进攻不能开始"过早,最有可能(若可能)在今年秋季开始"后,还未有人反对。(几乎与此同时,他发布命令,宣布让"不治"病人"无痛苦地死去"为合法。也许,他想起了母亲死于癌症时的痛苦,但更有可能是要除掉那些有精神缺陷者,老迈年高无生产能力者,以及他认为有害的民族。)

在伦敦,张伯伦仍在为向希特勒最近的和平建议做出答复而冥思苦想。在元首发布入侵令的当天,张伯伦召开了内阁会议。美国人对"一系列非常吸引人的建议"首次做出的强烈反响,使他感到不安。他心里明白,希特勒在他的演说中并未为合情合理的和平提供多少实质性的东西。于是,他便对内阁成员说,他们的回答必须"强硬"。大臣们同意了这一建议,但众人又决定迟两天再做答复。

10月11日上午,柏林传出谣言,说张伯伦政府已经倒台,停战协定很快就要签订。据《纽约先驱论坛报》的助理记者报道,在首都柏林的街道上,卖菜的老太太们,由于过分高兴,把白菜抛向空中,还把菜摊捣毁。全城充满了节日的气氛——直到柏林电台否认这则报道。

次日下午,经过一周的拖延后,张伯伦终于向希特勒做出了答复。他在下院宣布,德国的建议"既含糊其词又捉摸不定",英国拒绝接受。如果希特勒想要和平,那么,他"就不要光说空话,要拿出行动来";他必须拿出"令人信服的证据",以证明他真诚地倡导和平。下院里发出的掌声并不十分热烈。

在柏林,外交部新闻处立即向各驻外使团用明码发出了电报通知。它谴责了英国首相的答复,说它是无礼的冒犯。对希特勒而言,英国的拒绝是令人失望的,但也在意料之中。他把戈林和负责空军军备生产的两名官员——埃哈德·米尔契元帅和恩斯特·乌德特将军——召来。"我为谋求与西方和平所做的努力失败了,"他说,"继续战争,现在,我们能够也必须制造炸弹。"

希特勒决定进攻西方的风声传出去后,德国内部各抵制派便制订计划,试图进行政变和谋杀。有些人主张将元首处决,有些人则主张将他绑架,建立军人执政团或民主政府。他们列出了各部部长的名单,还向美国和其他中立国伸出了触角。密谋者中最认真的恰恰是最高统帅部里的人,领导者是一个性情鲁莽的骑兵军官汉斯·奥斯特上校。他是海军上将卡纳里斯谍报局的主要情报助手,性情急躁,常常不小心谨慎。他所处的战略地位是再好不过的了。还有,他与陆军内各派均有联系,与沙希特等人,与外交部,甚至与党卫队都有联系。

奥斯特在慕尼黑找到了一个极有价值的人选。他是个律师,名叫约瑟夫·缪勒,他多年来憎恨希特勒。受奥斯特怂恿,缪勒(一个虔诚的天主教徒)于10月上旬秘密访问罗马,以试探英国人是否愿与一个反纳粹政权媾和。他会见了教皇庇护十二世,发现他自愿充当调停人。教皇的秘书从英国公使处打听到,大不列颠并不反对与一个反希特勒的德国达成"软和平"。

缪勒原只有权将此情报口头转达给德国的,但他祈求得到一些书面的东西,以便向谍报局和军方人士证明,这个和平建议是得到教皇亲自批准的。令人惊奇的是,教皇居然同意这一要求,并令私人秘书草拟了一封信——该信大致谈了谈与英国和谈的主要基础。

奥斯特派大受鼓舞。在与西方取得联系的各种尝试中,这次是最有前途的。教皇的参与也许能诱使勃劳希契积极参与这一密谋。然而,这名陆军总司令却不为所动。他深信,德国人民"全心全意拥护希特勒"。哈尔德将军也同样胆怯,但在奥斯特和其他人的压力下,最终同意协助举行起义。霎时间,似乎所有的高级军官都愿意采取行动。密谋者们甚至得到保证说,勃劳希契本人也准备参加——如希特勒不取消入侵的话。

陆军头子与元首之间的摊牌定在星期天进行——11月5日,即陆军拟向西线阵地发动进攻的那一天。勃劳希契按时来到总理府。在递交了一份备忘录后，他详细阐述了反对入侵的主要论点。他说，在秋雨或春雨中，要发动如此巨大的攻势是不可能的。"敌人头上也下雨。"希特勒简洁地回答说。勃劳希契在失望中辩解说，波兰战役表明，德军步兵的战斗精神比大战时期低得多，甚至出现了类似1918年发生过的不服从命令的现象。

希特勒客气地、冷静地听着。这种说法把他弄火了。"在哪一个部队里出现过无纪律的情况？"他问道，"发生了什么事情？在哪里？"勃劳希契原是有意夸大其词，企图"阻止希特勒"的，见元首如此发怒，只好缩回。"陆军的指挥官采取了什么行动？"元首问道，"判了几个人死刑？"

他把尖酸刻薄的言辞的矛头指向陆军。陆军从未忠诚过他，对他的天才也没有信心，且用故意拖延的办法破坏武装计划。事实上，陆军是害怕作战！希特勒猛然转过身去，大踏步走出了房门。勃劳希契回到设在18英里外的佐森的司令部后，仍处在震惊状态中，结结巴巴地叙述了刚才发生的事情。几乎与此同时，总理府打来电话，重申11月12日为入侵的日期。具体的时间也定了：清晨7时15分。哈尔德将军要求书面指示。很快，通信员便把指示送到他手中。

此时，陆军的密谋者万事俱备，只欠一道书面命令便可推翻希特勒了。但是，上边既没有号召起义，又未发令暗杀。相反，他们偷偷地焚毁了可作为罪证的文件。唯一不惊慌失措的是奥斯特上校。通过艾尔布莱希特·冯·伯恩斯多夫伯爵——他父亲是大战期间驻华盛顿的大使——奥斯特上校向比利时和荷兰两租界发出警告，11月12日清晨开始进攻。

星期天发生在总理府的风暴，却又碰上了一件令人泄气的事情。空军需要连续5天好天气才能消灭法国的空军，而星期二（11月7日）的天气预报并不好。希特勒无奈，只好将进攻日期往后拖延。

希特勒对军方的阴谋虽然一无所知，但戈林曾警告他要注意勃劳希契和哈尔德两人："我的元首，把这些丧门星除掉吧！"瑞士占星家卡尔·恩斯特·克拉夫特的忠告更是直截了当（克拉夫特系希姆莱的特务机关雇用的占星顾问）。不久前，他曾提交一份文件，说明希特勒在11月7日和10日之间有遭暗杀的危险。但这份文件被匆忙存档，因为给元首占星卜卦是被禁止的。

11月8日上午,希特勒在慕尼黑参加"老战士"团圆年会时,建筑师特鲁斯特太太也发出一项警告。她问他,为何对安全措施如此马虎,来她画室时身边只带一两名警卫?他回答说,一个人对于上苍应该笃信。说完,他拍了拍裤袋,"喏,我手枪随身带,但连这玩意儿也成为废物。若我的末日已决定,只有这个才能救我。"他用手捂心,"人们应该听从内心的声音,相信自己的命运。我深信,是命运挑选我为日耳曼民族效劳的。只要人民还需要我,只要我还为帝国的生命负责,我就会活下去。"他把自己描述成耶稣第二,"当人民不需要我时,在我完成任务后,我便会被调离这个世界。"

即使在谈话内容转向建筑后,特鲁斯特太太发现希特勒仍然不安。"我必须将今天的日程改一改。"他猛然说。接着,他又自言自语,说要与夏勃对一对表。不过,由于忙于其他事务,他什么也没有做。他看了尤妮提·密福特——她朝太阳穴开枪自杀,那时正在慕尼黑一家疗养院疗养。("如果发生战争,"在白莱特音乐节期间她对妹妹狄阿娜说,"我就自杀。"她说,如果她所爱的两个国家动起干戈,互相厮杀,她就不想再活。在电台传出了英国宣战的消息后,她步行至英吉利花园,用一支小手枪自杀。她被抬进努斯波姆大街的一家医院。根据希特勒的命令,她由著名外科医生马格努斯负责治疗。马格努斯医生认为,从太阳穴中取出子弹的危险太大。有关她自杀的消息均被扣押,此消息系由德国驻伯尔尼公使小心谨慎地转给尤妮提的父母的。)此时,她已恢复了知觉,要求回家。希特勒答应,一旦她适于旅行,他便用专车送她回瑞士。

当天下午,他突然决定当晚在贝格勃劳酒馆发表演讲。所以,他将大部分时间都花在准备工作上。这篇演讲主要是讲给德国人听的,所以它将再次攻击英国。在贝格勃劳酒馆的主厅里,人们挂起了彩旗;黄昏前,麦克风也已装好,且做了调试。黄昏,一个身材矮小、脸色惨白、额头高高、眼睛明亮的男人,扛着一只箱子进来了。他是个技术高超的工匠,名叫格奥尔格·艾尔塞,从前被当作共产党同情分子被关进达豪集中营。此时,他刚被释放出来,此行的目的是要杀死希特勒,以取得和平。箱里装的是个定时装置,与炸药相连。正当服务员和党的官员为此次演讲做好最后的准备时,艾尔塞乘人不备,走上阁楼,躲在柱后——该柱从讲台(有鲜花装饰)后竖起。几天前,他用特种锯将柱子的木板锯开——他是个精工木匠,还是个机械师——装上了几副合页,将那块木板改装成了小门。

厅里的灯灭了,各扇门也关上了。艾尔塞又等了半个钟头,将炸弹置于柱子内,把引爆时间定在晚上11时20分左右,元首将于晚10时开讲,炸弹则于演讲中途爆炸。(在此之前,曾有不少人试图谋杀希特勒。有一次尝试是他完全不知道的,策划者系一名丢掉幻想的党卫队队员。此事发生在1929年。在希特勒即将在体育馆发表演讲前,他在讲台下边安放了一颗炸弹。在演讲过程中,他突然想去解手。某人偶然将他锁在男厕所内——他未能将炸弹引爆。"这是本世纪最大的玩笑,"这个暗杀者的一个朋友回忆说,"如果他不是要去上厕所的话,世界的历史或许已改变。")

希特勒将他的年轻的兵工师梅克斯·维恩舍召至其寓所——位于普令斯雷根坦广场。他问,是否能比原计划早些时候离开慕尼黑?维恩舍向他保证说,这是毫无问题的。为了安全,供元首支配的火车随时都有两列。年轻的兵工师立刻安排元首坐早车离开慕尼黑。

在贝格勃劳酒馆,元首受到了盛大欢迎(欢呼声不绝于耳),直到10时10分他才开讲。他对英国破口大骂。听众听得异常开心。事实上,用不着讲什么,听众便会鼓掌。由于元首的演讲被多次打断,坐在前排的维恩舍唯恐元首赶不上较早的一班车。

11时零7分,元首出乎意料地匆匆结束了他的演讲。在几码外,在那根柱子里,艾尔塞安装的炸弹已在滴滴答答地作响。再过13分钟,炸弹就要爆炸了。往常,希特勒在演讲完毕后总要花相当多的时间与起义时期的老同志握手、聊天;今晚,他未与人握手,便在赫斯和数名副官的陪同下,匆匆步出大楼,钻进了等候在门外的车子。肯普卡开着车子直接赶赴火车站。他们还未抵达——在希特勒离开大楼后刚好8分钟——维恩舍听见远处传来一声爆炸。他不明白这是何故。如希特勒听见了这一声,他也会认为这是不值一提的。

在爆炸过后出现的嘈杂声中——警车、救护车的警笛大作——谣言又起,说战争已经结束。希特勒若站在讲台上,战争可能会结束——他肯定会被炸死。那颗炸弹炸死7人,炸伤63人,包括爱娃·勃劳恩的父亲在内。

（他自己虽是党员，党证号5021670，但这次他是靠一张低号码的党证才得以入场的。）元首坐的列车正要开车时，爱娃在她的密友赫尔达·施奈德的陪伴下赶到了车站。上车后，她们见众人高高兴兴的，无忧无虑。谁也不知道爆炸一事，几乎人人都在喝酒。不喝酒的希特勒很活跃，而使交谈生动活泼的还是有讥讽天才的戈培尔。

车抵纽伦堡，宣传部长戈培尔下车发几封电报和收集最新消息。回到车厢后，他声音颤抖，把炸弹一事告诉了众人。希特勒原以为戈培尔在开玩笑，直到看见他苍白的脸孔时才相信。他自己的脸孔也成了阴郁的假面具。末了，他感情冲动、声音沙哑地喊道："现在，我心满意足了！我比平常离开贝格勃劳酒馆早，这正是上帝的意旨。上帝有意帮助我达到目标。"

他首先询问伤员的情况，然后令夏勃尽力为他们效劳。令毕，他便开始猜测谁是密谋者。他的结论是，炸弹肯定是两名英国特务安放的。斯·潘恩·贝斯特上尉和史蒂文斯少校两人，暗中与海德里希的一名特工人员——他在反纳粹的阴谋团体中假装是最高统帅部的一名上尉——进行谈判。根据希特勒的猜测，希姆莱立刻下了火车，通过电话下令，将两名身在荷兰的英国人绑架回来。

次日下午，史蒂文斯和贝斯特二人于文罗落网，被押进德国受盘问。数小时后，真正的安放炸弹者在瑞士边境被捕，旋即被押回慕尼黑。在盖世太保总部的审讯室内，在强烈的弧光灯照射下，艾尔塞承认，炸弹是他放的，没有同谋。他这样做是为了要结束战争。他详细地描述了他怎样先锯开木板，然后给炸弹定时的。

希特勒读了盖世太保的报告后，在报告上生气地批道："是哪个笨蛋审问的？"他认为，说艾尔塞是个流浪汉是荒唐可笑的，参与这项大阴谋的有他的最凶恶的仇敌：英国人、犹太人、共济会会员，以及奥托·斯特拉塞。这难道不是明摆着的吗？

希姆莱亲自动手，想方设法从犯人口中搞到真实情况。据一目击者说，他一边用靴子猛踢戴着手铐的犯人，一边破口大骂。尽管他拳打脚踢，还用"鞭子或类似的工具"猛抽，那个个子矮小的细工木匠仍一口咬定他先前的证词。即使在被催眠后，他的口供仍然未改。这样，海德里希便相信艾尔塞确实没有同谋。但元首却严厉斥责希姆莱未把真正的罪犯找到。(也许这是希姆莱未公开审判和处决艾尔塞的原因。他被关在一个集中营里,成了一名特权犯人;只有艾尔塞才能证实党卫队保安处已抓到了唯一的罪犯。后来,艾尔塞托人偷带一封信给另一个犯人贝斯特上尉。他在信中发誓,1939年10月,达豪的指挥官曾召他去其办公室,在那里,两个男人——估计系海德里希的特工人员——劝他在贝格勃劳酒馆安放一颗炸弹。这颗炸弹曾在元首一离开那里便爆炸,以便将一群密谋反对元首的叛徒炸死。艾尔塞同意后,便从集中营获释,去安装炸弹。在柏林盖世太保总部,那两名特工人员又要他在审问两名英国特务时出庭,充当检察方的证人。他必须证明,奥托·斯特拉塞曾将他介绍给贝斯特和史蒂文斯,是他们出钱雇他去安放炸弹的。但贝斯特和史蒂文斯从未受审,各在集中营里待了5年,活了下来。)

关于这件阴谋,官方的说法是令人诧异的:艾尔塞是共产党的"偏差分子",是受国家社会主义的"偏差分子"奥托·斯特拉塞的指示才充当英国特务机关的工具的。这是主要情节,宣传家们又添了不少枝叶。有本小册子宣称,英国特务不仅在慕尼黑放了炸弹,还要对许多政治谋杀负责。对吉青纳勋爵、弗朗兹·斐迪南大公和南斯拉夫国王亚历山大等著名人物的神秘死亡,英国特务机关也应负责。

除被用来挑唆起对英国的仇恨外,这次未遂的谋杀还被用来提高元首的知名度。各阶层的德国人向元首发来贺电,庆贺他死里逃生。全德国,天主教的报刊虔诚地宣称,是上帝奇迹般的作用才保佑了元首。福尔哈巴主教发来电报指示,慕尼黑的大教堂应唱《特迪姆》赞美诗,"用总主教管辖区的名义,为元首有幸脱逃劫难,感谢上帝的神威"。教皇因波兰被消灭本来要谴责德国的,也以私人名义发专电祝贺。但希特勒怀疑其是否真诚。"看见这阴谋取得成功他才愿意呢。"晚餐时他对一群人说。当弗兰克反驳说,教皇庇护十二世历来是德国之友时,希特勒说:"这倒有可能,但他不是我的朋友。"

对提早离开啤酒馆,他已感谢自己的心声,也感谢上帝。他对霍夫曼说过:"那时,我有一种奇异的感觉,直至现在,我都不知道是怎么回事,也不知道为什么——我只觉得我必须尽快离开酒馆。"然而,外国观察家们却另有一番说法。"我们大多数人都认为,它有点国会纵火案的味道。"夏伊勒在他的日记中写道。

爆炸事件后12天,希特勒发布了"第八号战令"。陆地上的入侵将如期进行,但"在没有迫不得已的军事需要"时,他禁止轰炸荷兰、比利时和卢森堡的居民中心。这比人道主义更为实际,也披露了希特勒的最终目标。他进攻西方的真正意图是为了巩固后方,突袭俄国,而不是征服欧洲的土地或毁灭英国——他日后或许能诱使英国宽恕其东进之举。

数天后,他召开了一次特别会议。这次,他不但邀请总司令前来参加,还请了将领导此次进攻的人。此次会议于11月23日中午在总理府内举行——开始时调子很低。"此次会议的目的,"他解释说,"是为了让大家对我脑海中的想法有个印象,因为,在未来事件中,引导我的正是这个想法。我不是请你们来听我做决定的。"接着,他便透露了各位听者理应知道的事情:具有值得骄傲自豪传统的军方已蜕变为只服从一人专政的唯唯诺诺的工具。"我一直怀疑,我是否应先打击东方然后再打击西方,"他说,"基本上说,我是为了打仗才组织武装力量的。打仗的决定历来在我手中。我迟早要把问题解决。"

这是公开宣布要当主人,但与会者却未有吭声不同意者。戈林后来作证说,出席者若做了反驳,这是明知故犯。"最高统帅做出决定后,一个军人再没什么可讨论的了;这既适用于一般军人,也适用于元帅。"

希特勒继而"非常谦虚地"说,他是更换不了的。"帝国的命运只在我一人身上。我将按此处之。"他承认,他的全盘计划是一场赌博,但话却咄咄逼人。"我非胜则亡,"他说,"我选择胜利。""这是一个历史性的决定,可与第一次西里西亚战争前腓特烈大帝的决定相提并论。如我要死,我将死而无恨。我是要这样来度过我的一生。"值得注意的是,在结束讲话时,他对自己的命运做了个阴暗的预言,"在这次斗争中,我非站则倒。我的人民若失败,我决不苟且偷生。"这些都是真心话。对希特勒而言,只有黑白之分;不是完全胜利便是"戈特达马隆"——世界末日。

当日下午,希特勒向勃劳希契和哈尔德宣读了他的一份讲稿——关于陆军高级将领中的失败主义。勃劳希契大吃一惊，提出辞职。希特勒不予接受，提醒他说，作为一个将军，他应与"其他军人一样"，尽其职责，履行义务。对陆军而言，这是苦难的一天，就像哈尔德在日记中雄辩而言简意赅地说的一样，是"充满危机的一天"！希特勒曾说过，谁要是妨碍他，他就消灭谁。勃劳希契和哈尔德都被希特勒的这一恫吓吓软了腿。他们双双拼命努力，不使自己沾抵抗分子的边。

刚好在一周后，斯大林又使世界大吃一惊。11月30日，他入侵芬兰。芬兰这个国家，早在1918年，在德国军队的帮助下，曾挫败一次共产党叛乱。斯大林入侵芬兰，令希特勒狼狈不堪。这不仅因为德芬关系较好，还因为它削弱了与墨索里尼本来已薄弱的联盟。从一开始就反对苏德条约的意大利人，与西方一样，对苏联无故入侵芬兰，也表示巨大的愤慨。教皇的官方喉舌《罗马观察家》，跟着教皇，对法西斯或纳粹的入侵只字不予谴责。现在它却与教皇一起，痛斥苏联的入侵系蓄意侵略。齐亚诺写道，教会与国民都给墨索里尼施加巨大压力，令他"设法，让德国失败"。事实上，12月26日，他授权他的女婿通知比利时和荷兰代表说希特勒即将入侵。（比利时驻罗马大使慌忙用电报将此情报转给布鲁塞尔。德国人截获并翻译了这份电报。）

整整一个星期，墨索里尼都坐立不安，既怕元首成功，又希望他成功。元旦前夕，他考虑参战，并与希特勒一起，但是，一看到德国即将入侵西方的迹象越来越多时，他又坐了下来，充当大哥的角色，写信劝解其小伙伴。意大利总理从未如此大胆地直言不讳。但他的直率又令他关切。所以，直到1940年1月5日，他才最终允许将此信拍发。他劝希特勒克制自己，不要入侵西方。打这样一场战争，双方都只有损失，"现在，既然您已取得东部边界，建立了有9000万人口的大帝国，您把一切都拿去冒险——包括自己的政权在内——并牺牲日耳曼民族之花，目的只在于让迟早总会掉落的果实早些掉落，并由我们这些欧洲的新兴力量来收获。这划得来吗？那些民主大国本身就带有令他们的果实腐朽的种子。"

接着，他便批评与俄国签订的条约。这样的态度，他知道，必然会惹元首发怒。"我觉得，您不能丢弃您曾高举20年、许多同志为它而献身的反犹反布尔什维主义的大旗;您不能放弃德国人民曾盲目相信的您自己的福音。"4个月以前,苏联是世界头号敌人,现在,它怎么能成为头号朋友呢,"消灭布尔什维主义之时,也是笃信我们两国革命之日。"

1月8日下午,阿托利科亲手递交了这封信。可以理解,元首是不屑予以回复的,只将它束之高阁。这是墨索里尼为摆脱他的盟友的统治所做的最大努力。但是在维护自己的权益后,几乎立即做出了可以预言的反应,开始再次充当奴颜婢膝的角色。

无论是希特勒还是墨索里尼,都不知道英国正在认真考虑是否就波兰被入侵一事向苏联宣战。英国政府之所以如此,系教派人士和"克莱夫顿小组"施加压力的结果。因为他们认为,真正的敌人系赤俄,不是德国。毕竟,希特勒向波兰所提的要求是合理的,只是方式可憎。与此同时,对希特勒的围攻已名存实亡。在一次乘火车前往法国边境的旅途中,包乘组人员对威廉·夏伊勒说,自战争开始以来,此处边界上未发一枪一弹。他亲眼看到,双方似乎都在遵守非官方的停火协定。"法国只要发一颗'75'炮弹,我们的火车就会完蛋,德军在铁路沿线拉大炮和给养,法军并未打扰他们。真是一场奇异的战争。"事实上,它真是怪到了如此的程度,以致当时海军大臣建议皇家空军去轰炸德国西南部的木材厂时,英国空军大臣金斯利·伍德爵士竟回答说:"啊,不能这样做,那是私人财产。下一次你会让我去炸鲁尔了。"

在这些动荡的日子里,希特勒的主要进攻武器是戈培尔——战争的爆发使他重新受宠。他的宣传的主要矛头是针对法国,目的在于离间它和英国的关系。戈培尔冒着雨雪,亲临"西壁"视察,以获得第一手资料,看看身在几百码外的马其诺防线里的法国兵在干些什么。他的结论是,普通的法国兵精神不振,愁眉苦脸,普遍厌战,完全可作为他自身关切的事物和偏见的牺牲品。"戈培尔知道,"他的秘书维纳·瑙曼回忆说,"普通的法国小兵是需要一张床,一个女人,一间暖屋,一个自己的花园和安逸。"他担心的是犹太人、英国人,以及最重要的,是这场荒谬的战争。因此,宣传部长戈培尔便指示德军向真空地段那边的陆军高声友好地问候,并与法国士兵进行兄弟般的交谈。宣传队用大喇叭广播新闻和消息,以证明德国与法国实在不是敌人。晚间,德军向马其诺防线里的法军播送缠绵的法国歌曲。在节目结束前,广播员大致会说:"晚安,亲爱的敌人,与你们一样,我们也不喜欢这场战争。谁该负责呢?不是你们,也不是我们。所以,我们为什么要互相射击呢?又一天结束了,我们大家又可以酣睡一晚。"最后播送的是一首录制好的催眠曲。白天,传单在法军头上满天飞——上面画的是,一个法国兵在前线发抖,而他的妻子却与一个英国兵同枕共席。

对法国老百姓的宣传却又不同了。德国人用许多秘密电台,劈头盖脸地向他们广播,说他们的政府如何腐败,犹太人如何赚钱,希特勒的陆军和空军如何强大得吓人,等等。有一份传单效果特别好。那是德文版的《诺查丹玛斯预言集》——它预言,法国必将被第三帝国征服。

在国内,戈培尔令德国人咬紧牙关,迎接即将到来的战斗。因为敌人"已决心将德国一举永远消灭",他们的生活已岌岌可危。12月中旬,他下令禁止刊登和平言论,"根据这一指示,在圣诞节问题上,各报刊和各电台均应避免感情调子。"只有一天,12月24日,可以庆祝。为使前线和后方团结一致,1939年圣诞节广播的主题是:"士兵的圣诞——人民的圣诞。"

在法国的英军,对戈培尔的宣传漠不关心。事实上,战争已变成了蹩脚的笑话比赛。英国的百姓也与英军一样厌战,把战争称为"虚假的战争"。张伯伦宣读周报时,越来越多的国会议员打盹。希特勒则在等待一连5个好天气的到来——把笑话变成可怕的战争。他的空军司令也在进退维谷。戈林不得不给人以等得不耐烦的印象,但私下里却希望坏天气得以继续,因他怕空军尚未做好作战准备。他亲自出席每天一次的天气会议,缠着气象台长迪新不放,要他提供更多的情况。希特勒还胁迫迪新做更长时间的预报。他坚决拒绝。"我的元首,"他答道,"我会大胆地预报3天内的天气,但不会蛮干——报不了5天内的!"

戈林绝望了。他用10万马克的巨金雇来一个"造雨者",施维弗勒先生。戈林元帅是想要连续5天的好天气呢,还是要坏天气得以继续,这谁也不清楚。但这其实也没有什么区别,因为施维弗勒仅有的工具是一台不响的收音机。另一方面,米尔契元帅却希望有好天气,因为他同意元首的看法,即时间在敌人的一边。尽管有不足之处,空军仍占有空中优势。但是,由于美国飞机源源不断运往英法两国,这个优势渐渐减弱。

1940年1月10日,等得不耐烦的元首希特勒,再次为入侵定下了时日:一周后,日出前15分钟。那天没结束,命运又来干预。空军的一架轻型飞机在边境迷航,在比利时降落时坠毁。在那天升空的飞机中,这架最重要:机上有个未经准许的乘客赫尔穆特·莱茵伯格少校。少校身上有个公文包,里边塞满了空袭比利时的作战计划。莱茵伯格在焚毁文件时被比利时军房获。但他通过德国驻布鲁塞尔大使馆向空军司令部报告说,他已把计划烧成"微不足道的碎片,顶多只有巴掌那么大"。在惊愕之余,戈林还焚烧了一叠同样厚的纸张作为试验。试验的结果还不能令他信服。于是,他夫人便建议他用"千里眼"——对一个用过"造雨者"的人来说,这个建议并非不寻常。雇来的一群"千里眼"异口同声地说,文件未存下一片纸片。

他们的报告或许已令戈林宽心——希特勒却不然。他估计作战计划已泄露给了敌人,便下令取消入侵计划。正确的是他,不是那帮"千里眼"。残留的纸片已足以使比利时人得悉入侵之事。这份情报被送往伦敦,在那里,人们半信半疑。例如,哈利法克斯告诉内阁说,"我非常怀疑,这份文件是不是真的。"总参谋部同意此说,显然,这份文件是预先安排好的。他们沉醉在自己的攻势中:一支远征军在挪威登陆。这个一举而成大功的想法,使新任海军大臣非常感兴趣。即使上次大战中他曾有过类似的痛苦经历,那时,他据理办事,直到内阁被争取过去,否决此举。

希特勒也准备夺取挪威。在此之前,他从未考虑采取这样的行动——毕竟,这些北欧人,如同在1914年那样,会守中立态度的——直到他的盟友斯大林入侵芬兰,打乱了他的算盘。希特勒害怕,这可能会给盟国以借口,开进挪威,从北面包围德国。他批准对入侵挪威的可能性进行研究,但紧急度极低。后来,2月底,令人吃惊的报告送上来了:英国人在斯堪的纳维亚登陆迫在眉睫,这使希特勒成了入侵挪威的热烈的鼓吹者——他担心,英国若在挪威找到了落脚点,波罗的海便会被封死,他的潜艇便会全部被困。同样可怕的是经济威胁。德国使用的铁矿,半数以上来自挪威和瑞典。铁矿供应就此告终,他的战争经济便告吹。因此,希特勒便于1940年3月1日下令同时占领丹麦和挪威。这要有"和平占领的性质,目的在于用武力保护北欧各国的中立",但是,任何抵抗均"会被可能的手段"击溃。

时间这个因素令希特勒异常关切。两天后,他便决定——"在战争史上最大胆、最重要的决定"——在入侵西方之前发动进攻。进攻将于3月15日开始。

与此同时,他还设法支撑与他的两个盟国正在恶化的关系,特别是与俄国的关系,因为它已进入了令人不安的阶段。在征服波兰不久,两国便开始就贸易协定一事,展开谈判。德国派了一个37人的经济代表团出访莫斯科;苏联派了一个更大的代表团回访柏林——苏联代表团带了采购机器和军用物资的货单,价值15亿马克。德国人目瞪口呆,因为苏联人所需的机械和军备,大都是他们战争生产所必需的。结果双方展开了一场凶狠而长时间的角逐,最后由斯大林本人将之推上高峰。他牢骚满腹地宣布,德国人若不让步,"条约便不签订"。

这,希特勒是不能允许的。2月初,他指示里宾特洛甫致函斯大林,让他重新检讨对德国的立场。显然,斯大林(他的顽固的谈判已从德国人那里得到了某些让步)已醒悟到,他已将他的盟友逼得走投无路。(两个月以前,他的宿敌托洛茨基曾说过:"在希特勒的战败的钟声敲响以前,许多欧洲人已被消灭。斯大林不想居身于其中,所以,他机警得很,不愿过早脱离希特勒。")斯大林以迅雷不及掩耳之势改变策略,要求停止争吵。他同意德国在两年零三个月内交货,答应在一年半内,将原料交给德国。在所有的障碍都被清除后,这份条约于3天后签字。德国代表团兴高采烈。"这份协定,"团长报告说,"意味着通向东方的大门已为我们敞开。"

希特勒既高兴又宽心。比诸克里姆林宫里的同事,他更为入神。斯大林是他唯一想深刻地了解的世界领导人。他详尽地盘问了从莫斯科回来的使者,把有关他的盟友的最微小的细节都问得一清二楚。据克里斯达·施洛德的回忆,他不时打断对方的话,热情地高喊:"斯大林是个残忍的家伙,但你不能不承认,他又是个异乎寻常的人。"这几乎像是在谈论他自己。

解决这个俄国问题的同时,也解决了另一个问题:那年3月,芬兰人被迫接受了苏联的苛刻的和平条件,结束了他们之间短暂的流血战争。希特勒原为要支持这一不受欢迎的事业感到尴尬,现在,他如释重负,把注意力转向更加丰饶的竞技场。其中之一是意大利。不久前,他曾就墨索里尼的不受欢迎的建议做了回答,在这方面跨前了一步。他详尽地为自己的行为辩解,狂热地吹捧意大利,像一个女学生给她最新迷恋的对象写信一样,用了许多斜体字。

自然,信会被如此长时间耽搁,它肯定是要由一位有名望的人士转交的。于是,到了次日,3月9日,外交部长里宾特洛甫带了一大群随员,离开了柏林。他们中有顾问、秘书、理发师、医生、体操教员和按摩师。在首次会见时,墨索里尼对里宾特洛甫所提出的"意大利是否参战"的问题做了谨慎的回答。他说,他有意"对冲突进行干预,打一场与德国的战争相平行的战争"。但是,时日要由他来选择。里宾特洛甫试图使他就范,却未成功,他只同意与希特勒见面。3月18日,星期一,这两位独裁者冒着大风雪,在勃伦纳山口会面。会议开得热烈真诚,希特勒成了会议主宰。他讲得心平气和,故作姿态。他说,他此行的目的是"将局势解释清楚",以便让意大利总理做出自己的决定。

让施密特觉得奇怪的是,墨索里尼利用仅有的几分钟发言时间,着重阐明了他欲参战的意图。他说,这不过是选择最好的时机的问题罢了。两人在永远信任、永远友好的气氛中分了手。但希特勒却指示施密特勿将会谈纪要的副本交给意大利人。"意大利方谁会看到这份文件,会告诉哪个盟国的外交官,这谁也不知道。"墨索里尼似乎觉得,他最近发表的参战誓言是错误的。在返回罗马的途中,他指着窗外纷飞的大雪说,让雪一直落到南方的埃特纳去才能把意大利民族变成武士的民族。希特勒主宰会谈一事虽然使他恼怒,但他确切的知道,他的盟友不会在陆上发动攻势了。

不久前,希拉赫夫妇偶然在总理府发现元首戴眼镜看书(希特勒的秘书用大号字码打字机打印文件,以便元首在公开场合不戴眼镜就可看清楚)。他连忙把眼镜取下(他不准霍夫曼在他戴眼镜时拍照),用手揉眼睛。"你知道,"他承认了,"我要戴眼镜了。我一天天老了。我要在50岁而不是在60岁时发动战争,原因也在于此。"他翻阅着伦敦的画册。"多高兴呀,没有巴洛克式的建筑,"他猛然合起书。"这种东西我不能再看了。"

他下定决心让德国首先到达挪威。4月2日,他下令于一周后开始进攻,时间是清晨 5 时 15 分。反希特勒集团也同样决心不让入侵发生。为此,他们需要哈尔德这个人。不久前,他曾保证助以一臂之力,但一直在动摇。为了让他行动起来,他们让他看了穆勒的备忘录——它提纲挈领地谈到了教皇如何秘密参与和英国和谈一事。总参谋长对此印象深刻,却泪流满面。他哭泣着说,他的良心不允许他行动。

计划的失败并未使勇敢的奥斯特上校泄气。他决心亲自行动以阻止希特勒。4 月上旬,他密告荷兰武官,挪威将遭入侵。但是,由于这份情报只转到挪威驻柏林使团的一个成员手中,而他又觉得不值得将它转给奥斯陆。英国人也不相信收到的类似报告,不相信希特勒正在做他们自己计划在一两天后要做的事情。一种过分自信的气氛笼罩着唐宁街 10 号。

星期天上午,4 月 7 日,德国海军分成 5 队,分别朝挪威 6 个城市进发。在其中 3 个城市——纳尔维克、特隆黑姆和斯塔万格——船舱里装满了战斗队的德国商船正在邻近海面严阵以待。那时,英国的舰艇正在纳尔维克下方海面布雷,为抗击他们的入侵做好准备。皇家海军的舰艇"萤火虫"号发现了两艘德国的驱逐舰。伦敦认为,德国海军企图占领纳尔维克,但所用兵力有限,这两艘军舰系其中的一部分。直到星期一上午,英内阁才得悉,敌军舰也朝至少另外 3 个挪威港口接近。大臣们张口结舌,但要阻止希特勒,现已为时晚矣!

星期二清晨,德军发动进攻了。上午 8 时,纳尔维克已被两营德军占领。这两营德军系希特勒啤酒馆起义时的老战友——爱德华·狄特尔准将率领的特种高山兵。中午前,其他港口也相继陷落。但是,在古老的奥斯卡堡,入侵者遭到抵抗,抵抗者坚守的时间足以令王室家人、政府官员和国会议员等安然乘火车逃离奥斯陆。挪威银行的黄金和外交部的密件,共装满 23 卡车,远离首都。

在丹麦,德军所遇抵抗甚微,计划执行得顺利,有如纸上的计划一样。因为某种原因,丹麦的海军一炮未发,陆军也只打伤入侵者 20 名。至半夜,战斗全部结束。丹麦国王投降,下令停止一切抵抗。他对德国行动部队的参谋长说,他会尽力保持国内的和平与秩序。接着,他便开始吹牛拍马了。"你们德国人,"他说,"又完成了令人无法相信的事情!人们必须承认,你们干得真是出色!"

当天快结束时,希特勒似乎也在挪威取得了完全的胜利——直到英国海军突然出现。星期三上午,5艘英国驱逐舰突然闯入纳尔维克港,打沉两艘德国驱逐舰和所有的商船——只有一艘幸免。3天后,英舰"瓦斯巴特"号率一队驱逐舰反身前来,把余下的德舰全部击沉。

这个消息令希特勒非常紧张。他对勃劳希契说,看来,纳尔维克恐怕守不住了。至4月17日,希特勒的烦恼又非常明显了。他看见谁就骂谁。勃劳希契、凯特尔和哈尔德都不敢吭声,作战部长约德尔唐突地宣布,出路只有一条:"集中力量,坚守,不放弃。"接着,他与希特勒辩论起来,好像他们是同级似的。把旁观者吓得目瞪口呆。后来,作战部长发了火,把门一甩,冲出门去。希特勒一声不吭,从另一扇门走了出去。当晚,他便命令狄特尔:"尽量坚守。"19日,新的危机消息又传了过来。躲在挪威北部崎岖海岸山间的挪威国王哈康七世,即20世纪唯一由民众投票选举的君主,坚决拒绝由挪威法西斯党魁、罗森堡的信徒维德孔·吉斯林组成新政府。

至此时,英军两个旅已在纳尔维克和特隆黑姆附近登陆,共1.3万人。随着英军的攻势加剧,登陆部队不断增加,至周末,德军已陷入四面楚歌的境地。此时,米尔契亲自指挥空军前来救援。他派了两架巨型水上飞机,满载特种高山部队飞往纳尔维克;然后又亲自指挥俯冲轰炸,削弱了挪威中部英军和挪威军的抵抗力量。4月28日,英国下令撤出大部分陆军。次日,哈康国王及其政府成员乘英国巡洋舰转移至北极圈内的特罗姆塞,并在那里临时建都。

现在,除纳尔维克外,挪威的大部分地区已在德军控制之下。在纳尔维克,狄特尔的6000名士兵仍在与盟军的两万名士兵英勇奋战。4月的最后一天,约德尔告知希特勒,奥斯陆与特隆黑姆之间的通信联系已经建立。午餐时,"得意忘形"的希特勒承认了自己的错误,感谢他为胜利做出了贡献。元首也对狄特尔和米尔契表示感谢,双双予以提拔。他把米尔契大加夸奖,在一次会议上说,由于米尔契掌管空军,在挪威看来大势已去时,救德军于危难。"为什么呢?"他抑扬顿挫地问,把与约德尔争论一事忘得一干二净,"只因为有我这样一个人,一个不知什么叫不可能的人!"

巩固了北方后,希特勒再次将精力转向入侵西方的问题上。对原先草拟的进攻计划,他从未喜欢过,因为这是上次大战中使用过的战术的翻版,且缺乏想象力:从法国北部和比利时杀向英吉利海峡各港口。他的目标不但是消灭法国的陆军,而且还要占领海峡沿岸,把英国与其盟国切断。此外,德国还要建立潜艇和空军基地,为进攻英伦三岛做好准备。

"这还是施利芬计划,"他对凯特尔和约德尔说,"只是沿大西洋沿岸向右包抄而已。连续打两次这样的战役是打不赢的。"即使打赢,它也违反了他们闪电战的原则。他曾发誓不让这一代人再受他在弗兰德受过的苦难。按他的计划,他将越过阿登山脉,在南部更远的地方进行大胆的穿插,用机械化部队突破色当,席卷至英吉利海峡。接着,主力便挥戈北上(一反施利芬计划),插进英法两军的后方,挡住他们的退路。他的副官们发现,元首一夜又一夜地研究一幅特制的立体地图,以确定色当是不是应突破之处。

弗里茨·埃里希·冯·曼斯坦因将军或许是陆军中最出色的战略家——也独立地策划了类似的进攻计谋,将它呈给了勃劳希契。勃劳希契不予采纳,理由是风险太大。但当元首听说曼斯坦因有此"风险大"的建议后,要他陈述详情。令曼斯坦因惊奇的是,元首听了很高兴。这样一来,他不但坚定了自己的信念,还对计划做了些改进。最高统帅部既不喜欢希特勒修改后的计划,也不喜欢曼斯坦因的计划。他们群起而攻之,但希特勒力排众议,讥笑反对派为"施利芬的崇拜者"被裹在"僵硬如化石"的战略里。"你们该多读些卡尔·梅依的著作!"

2月末,希特勒-曼斯坦因进攻计划被正式采纳。待挪威战役快结束时,做好了沿西线行动准备的德军已达136个师。他们万事俱备,只待连续好天气的出现。5月1日,希特勒将进攻日期定在5日。但是过了48小时后,由于气象条件不好,他又把5日推迟到7日——然后又推至8日。戈林仍在祈求给他多点时间。但荷兰传来的消息却令人大吃一惊:取消休假,疏散人口,设置路障。希特勒很紧张,同意延期至星期五,即5月10日,但又说:"再多一天也不行!"他说,前线200万官兵处于进攻状态,工作是越来越困难了。

至此,希特勒已下定决心,不再等待连续5天的好天气便发动进攻,因为为此前提他已付出了3个月的时间代价。他是在赌博,靠的是过去证明过的十分有效的工具——"直觉",即产生于不耐烦的逻辑悬念。星期四上午,亚琛附近的一名兵团司令报告说,当天出现了大雾。接着便有人预言,大雾将会消散,10日是个好天。希特勒令他的专列准备从柏林城外的一个小车站出发,并特地采取措施,不让他的心腹左右知道他的目的地和此行的目的。在漫长的旅途中,希特勒外表虽然平静,但是随着进攻期限的即将到来,他内心也备受折磨,很是忧愁。列车在汉诺威停住,以等待最后的天气报告。这一次,气象局长迪新(他后来获一金表,作为奖赏)预言10日是个好天。希特勒确认了进攻令,进攻移于拂晓开始。他虽比平常早些进房休息,但无法入眠。据预报,天气已转好,他仍在为天气发愁。

对成功的更大的阻碍还是来自他自己的情报机关。受到希特勒信任、能得悉此次入侵的始终详情者,屈指可数。其中之一是卡纳里斯海军上将,而他所知的又无一不告诉他的性情暴躁的副手奥斯特上校。当晚早些时候,奥斯特曾在晚餐时告诉他的老友、荷兰的武官说,希特勒已下了最后一道进攻令。晚餐后,奥斯特在最高统帅部稍事停留,并获悉,此次不会在最后一分钟再次推迟。"那猪猡已去了西线。"他对荷兰武官说。荷兰武官首先将此情报转给了他的比利时同事,然后与海牙通话,用密码说:"明日拂晓。严守!"

10日凌晨4时25分,元首的专列抵达了目的地——欧斯寇顿。这是一个小镇,与荷兰、比利时边境相隔不远。在群星密布的天幕掩护下,元首乘车前往其新的指挥部"鹰巢"。当他在炸开林木茂密的山顶而建成的指挥所——地堡内坐定后,天已开始放亮。他对了对表,大为惊奇("我当时大怒")。原来,天亮的时间比人们告诉他的早15分钟。

在西面25英里外,他的部队正在冲过比利时、荷兰、卢三森堡国的边境。他的空军遮黑了天空——为此次进攻,他集中了2500架飞机,比盟军能派上天空的飞机总数多得多。德机一群群向西飞去,把70多个敌机场炸成废墟。空降部队夺取了荷兰的主要据点,滑翔部队从天而降,准备夺取比利时的明碉暗堡。元首最感兴趣的,要算是对埃本·埃马尔的炮台的进攻了。部队出发前,他曾亲自给指挥官们和与此滑翔战斗有关的无衔军官训话,还使用了模型地图。他"热切地"等待着战报。11日中午,这座被认为攻不陷的炮台,连同默兹的一座桥梁,已落入德军之手。听此消息后,希特勒欣喜若狂。不久,更有意义的消息便传来了:敌人反攻了!"当消息传来,说敌人正沿整条战线前进时,"希特勒回忆说,"我高兴得真想哭!他们中计了!进攻时日是一条聪明的计策。我们不得不让他们相信,我们仍然忠实于旧的施利芬计划。"

5月10日,英法两国吃了一惊。两国的总参谋部对布鲁塞尔、海牙或自己的情报专家所提出的警告置之不理。(1938年,英国情报员M1—6,耗费1万英镑,从一名波兰数学家那里买到了代号为"谜"的密码机的秘密资料。他还买到一份英国护照,一张法国居住证,允许他和妻子在法国居住。他记住了这部机器的主要部件的图样,并在巴黎左岸的寓所内复制了一部机器。"谜"工作机成功地翻制出来后,并在布列茨雷公园安装——这是一座维多利亚式的大厦,在伦敦北部40英里外。1939年英国宣战时,这架代号为"厄尔特拉""超级"机密的机器已可以投入使用。它的首次大贡献是将希特勒入侵西方计划的电波截获并破译,告诉了英国总参谋部。)脸色铁青的张伯伦仍拟继任首相,但人家却劝他卸任。英王乔治六世遗憾地接受了他的辞呈,建议由哈利法克斯接替他。但是,很明显,只有温斯顿·丘吉尔才得到全国的信任。于是,清晨6时,英王召丘吉尔进宫。在写给《泰晤士报》的一封信中,丘吉尔曾颂扬过德国元首,但很勉强:"我历来说,如大不列颠在战争中被打败,我希望我们能找到一位有能力引导我们重新在民族之林中取得合法地位的希特勒。"这番话并未能抚慰元首。他把丘吉尔看成是最凶恶的敌人,是伤害英德联盟的英国犹太人的工具。元首钦佩斯大林,对丘吉尔却恨之入骨。这两者是个奇怪的对比。所以,丘吉尔荣升首相的消息令元首又恼又恨。

正当希特勒的步兵和坦克长驱直入荷兰和比利时之际,戈培尔则在令其部下为下一个宣传战做好准备,5月11日的宣传干部秘密会议的记录说:"部长为最近的将来所提的原则是,在敌人的报道中,凡属不正确的或有害于我的,必须立即予以否认。报道的事实是否属实,这无须核查——关键在于,敌之说法是否有害于我。"更重要的是,必须反复对英法两国讲明,宣战的是他们,"现在在他们头上爆发的是他们的战争。无论如何我们不要再次中计,被搞来充当侵略的角色。"

向比利时西部的进军取得了重大胜利。这当然是希特勒的计划的一部分:他想把世人的注意力从他的主攻方向(通过阿登山脉)引开。5月13日,他的部队几处越过了默兹,朝色当逼近。希特勒希望在色当突破马其诺防线的薄弱的一环。

尽管北进节节胜利,希特勒却对数量上处于劣势的荷军的顽强抵抗感到关切。14日上午,他发布指示,令其部属"迅速"将抵抗力量击溃。于是,从比利时飞来一队队空军,"以便迅速征服荷兰这个堡垒"。不到几小时,德国空军便在鹿特丹投下了92吨高效炸弹。这次轰炸原是要消灭涅威马斯河上驻守桥梁的抵抗力量的,但炸弹却投进了市中心,炸死平民814人。此事被民主国家的报界大肆渲染,死亡人数被夸大到2.5万人和3万人之间。西方报纸也未透露双方达成的把轰炸限于军事目标的默契,首先是被英国人破坏的。3天前,英国皇家空军不顾法国的强烈反对,派遣35架轰炸机,袭击了莱茵河的一个工业城,炸死平民4人,包括一名英国女人在内。"5月11日晚的空袭,规模虽然微不足道,却是个划时代的事件,"英国法学家F.J.P.维阿尔评论说,"因为它首次有意违反了文明战争的基本规则,就是说,敌对行动只限于针对敌方的战斗力量。"尽管希特勒在荷兰进行了可怕的报复,他却反对轰炸伦敦的建议。他不愿搞得如此过火——在目前。鹿特丹的悲剧宣告了荷兰抵抗之结束。几小时后,荷军总司令下令全军放下武器。当晚,德军的坦克在色当突破了法国第九军和第二军的防线。在嘶声怪叫的"斯图卡"俯冲轰炸机的掩护下,三条机械化部队的长龙,轰隆轰隆地朝英吉利海峡挺进。

次日清早,从巴黎打来的长途电话把丘吉尔从梦中吵醒。"我们被打败了!"法国总理雷诺喊道,"我们打输了!"丘吉尔不敢相信,他的将领们也是这样——他们把德军装甲部队征服波兰一举,误认为是与笨拙而原始的波军交手的简单行动。

恐怖笼罩着法国——戈培尔又加剧了这一气氛。"此后,秘密电台的任务,"5月17日他对工作队员说,"是千方百计在法国制造惊慌……它必须提出一紧急警告,说要提防'第五纵队'。它还应该指出,在目前的形势下,连德国犹太人都是德国特务。"那天上午,希特勒乘车前往位于阿登山脉腹地的巴斯托尼。"全球都在倾听!"他趾高气扬地宣称。他来A集团军(由格德·冯·伦斯德将军指挥)司令部的目的,是要讨论向海峡主攻的进展问题。他兴致勃勃地留在司令部进午餐,还在流露出胜利神情的士兵行列中漫步。

返回德国后,不分享他的快乐的德国人是罕见的。大部分人曾为希特勒出巡捏一把汗,认为他行动过快、危险不小的人们,都坚信元首是绝无谬误的。当4名工业家,包括阿尔弗里德·克虏伯在内,从广播中听到向荷兰挺进的情况时,个个激动万分,指着西北欧的地图,七嘴八舌地说:"这里,这是你的。那里,那是我们的。要把那人逮捕,他有两个工厂……"其中一个工业家忙给下属打电话,要他去请求陆军允许他们中的两人立刻前往荷兰。

5月19日上午,德军几个装甲师离英吉利海峡仅50英里左右;次日晚,第二师开到了索姆河口的阿布维尔。这样,一个大的陷阱便布好了,陷在里面的有比利时军队、全部英国远征军和法国的3个军。当勃劳希契将攻克阿布维尔的消息用电话通知希特勒时,他惊奇不已,激动得连话都说不出来。他把每个人都夸奖了一番。约德尔在日记中写道,元首欢喜若狂,"谈论中,他夸奖陆军及其领导。他忙着准备和约。该和约的要点是:归还近400年来从德国人手中抢走的土地,还有其他重要问题。"

事态确按其梦想到的一般迅速发展。3天后,A集团军的坦克部队顺利北进,威胁着海峡港口加来和敦刻尔克。敦刻尔克若有失,英军从海上撤回英国的通道便被切断。听到这一消息时,戈林将大手往桌上一击。"这是空军的特殊任务!"他高喊道,"我必须立刻给元首说说。给我挂电话!"片刻后,他便向元首无条件地保证,光凭空军的力量便能将受困的敌残余部队消灭。他只要求德军的坦克和步兵后撤,以免被自己的炸弹炸中。由于希特勒与陆军及其高级将领又不和,他想必将此举看成是加强对陆军的控制的良机。他批准戈林从空中将敌人消灭。

听到这一消息后,约德尔讽刺地说:"戈林又在那里夸海口了!"然后,他便乖乖地与戈林的参谋长通话,为此事做出必要的安排。"我们已经干了!"

回到司令部后戈林兴高采烈地对米尔契说,"空军要去消灭海滩上的英国人。我好说歹说才把元首说服,不让陆军干。"米尔契并不像他那样乐观,说,炸弹掉进沙内很深处才爆炸。另外,执行这样一个任务,空军的力量是不够的。"这不是你的事,留给我干好了。"戈林说完,又吹起牛来,"陆军历来想当君子。他们把英国人包围起来,又想尽量少伤害他们。但是元首却想教训他们一番,让他们好好记住。"

次日,5月24日上午,希特勒到A集团军的前沿指挥部看望了伦斯德及其部属。元首兴致勃勃,预言战争将在6个星期内结束。到那时,与英国人谈判的道路便大开了。他向英国人要求的无非是要他们承认德国在欧洲大陆的地位而已。在讨论战术时,伦斯德将军并不反对用飞机去减少被困在敦刻尔克的敌人的力量,建议坦克部队的前进止于该城下的运河区。希特勒同意了,并说,装甲部队要用来打法国人。中午12时45分,令坦克部队停止前进的命令便以元首的名义发出去了。

当晚,4个装甲师便在阿运河停止前进。坦克部队被搞得摸不着头脑——对岸没有炮火打来。他们还看清了敦刻尔克的塔楼——宁静的塔楼。是否战役有误?更摸不着头脑的是各师的师长。他们很清楚由于英军在里尔附近与德军大规模交手,他们费不了多少手脚便可将敦刻尔克拿下。为何竟不让他们将英军逃往英国的最后一个港口攻下?

陆军参谋总长哈尔德对此表示轻蔑。"我们的左翼装甲机械化部队,"他在日记中写道,"在元首的直接命令下,便这样停止了进攻!被我们包围的敌军竟留给空军去结果!"哈尔德多少有点理由相信,戈林为了追求个人的荣誉,对元首说,如果陆军将领取胜,元首在国内便会威信扫地。这样,元首便被争取过去了。

地面部队的将领们反复阐明观点,要求让坦克和步兵开进敦刻尔克。但希特勒置若罔闻。5月26日,有消息传来说,英吉利海峡内船只来往频繁(是否可能是英军准备撤退?)时,元首才勉强答应从西面向敦刻尔克推进。但是就在同一天,戈林对元首说,空军已摧毁了敦刻尔克港,"只有鱼才能游抵彼岸。我希望英国兵个个都是游泳能手。"

正当英军和法、荷、比联军退进死胡同时,一支约由900艘船只组成的杂乱无章的舰队,从英国的10多个港口同时出发。它们中有战舰,有帆船,有舰艇,还有奇形怪状的荷兰舰只——操纵这支舰队的有职业军官、渔民、拖船船夫、业余航海专家,以及出海从未超过3海里的业余水手等。这就是所谓的"戴纳摩行动",即在两天内撤走4.5万人。这个小小的数字由于希特勒对民主国家的行动的轻视,并未加以考虑。这支由业余和专业航海人员组成的救援队,像搞体育活动似的,英勇地、有效地帮助英军撤退一举,令希特勒万分惊奇。至5月30日,126606名英军已被撤回英格兰——每小时还有人被运回来。

希特勒的将领们并不比他更有远见。哈尔德在当天的日记里写道,被包围的敌军正在瓦解。他承认,有些人"靠凡能漂浮的东西"逃回英国,但他以轻蔑的态度将此比作另一次"溃败"——这是左拉写的关于普法战争中法军溃败的小说。然而到了中午,德军最高统帅部终于了解到了英军撤退的规模,于是便加强了轰炸。然而大雾救了英国人。大雾不但笼罩着敦刻尔克,连德国所有的空军机场都被浓雾吞噬——那里停着3000架轰炸机!

与此同时,很奇怪,德国第八航空兵团的"斯图卡"轰炸机对这支由小型舰只组成的舰队所造成的损失微乎其微,而投入滩头上的炸弹又深陷沙土后才爆炸,造成的伤亡也很小。同样令人惊奇的是英国的"喷火"式新型战斗机给戈林的战斗机群造成重大损失。待大雾慢慢散去,轰炸机起飞后,这些小小的"喷火"式又给它们以致命的打击。

奇怪的是对英军的不停后撤,希特勒竟然无动于衷,似乎这根本不是他的事。当勃劳希契和哈尔德拼命设法阻止英军像流水似的撤回英国时,希特勒的反应是优柔寡断的,甚至是懒散的。在这些日子里,在会议上挥舞拳头的是军事将领,而不是他。与纳尔维克危机形成鲜明对比的是,元首没有拍桌子,没有威胁恫吓,也未采取疯狂的措施去阻止英军蜂拥逃回英国。他竟让下级去挑做出决策这副重担。

敦刻尔克的防线的守军力量虽然薄弱,却也坚守至6月4日才告陷落,但是,至此时,338226名英军和盟军已被运回英国,以备来日再战。关于希特勒的变态行为,此时海峡两岸纷纷进行猜测。一方面,他批准戈林去轰炸被围的敌军,另一方面却又不采取强有力的行动——显然是帮助他们脱逃——这是为什么？他自己的解释令人越听越糊涂。他对海军副官说，他原以为英国远征军会像在他的战争中表现的那样打到最后一兵一卒的；他希望将他们团团围困，待他们弹尽粮绝时，大批俘虏他们，供和谈时使用。但是，当此计——就算是他的计谋吧——不成，几乎未俘获什么英军时，他并未发怒，甚至都未发急。

还有另一种说法。这是在他视察被打得斑斑驳驳到处是被扔下的书籍、照片、破鞋、枪支、自行车以及其他物品的敦刻尔克海滩时对林格说的："让败军回家，给老百姓看看他们挨了多重的一顿打，这历来都是不错的。"他也对鲍曼说过，他是故意饶恕英国人的。他抱怨说："丘吉尔并不理解我的积极精神。我有意不在英国和我们之间制造一条无法修补的鸿沟。"

有人认为，元首的动机系出自政治或人道上的考虑。军方人士，包括副官们在内，对此说均一笑了之。"希特勒故意让英国人脱逃之说，是属于寓言范畴的。"普特卡默说。能同样接近希特勒的人们也确信，是他对英国人的爱使他怜惜他们的。"作为一个个活生生的英国人，他们的鲜血是宝贵的，不能让它流，"他对特鲁斯特太太说，"无论是在种族上还是在传统上，我们两个民族都相同。即使我的将领不明白这一道理，这历来是，现在仍然是我的目标。"有能耐的外国观察家相信这一理论。例如，弗朗索瓦·本塞就认为，希特勒从不愿与英国开战——只想让他们中立。

他曾证明过这点：不久前，他用专列经苏黎世将尤妮提送回英国。他对恩格尔说过，他为她的命运深表遗憾。"就在我首次能真正使用她时，她却失去了勇气。"她要回去的地方是敌对的英国。在希特勒入侵比利时后3天，她姐夫奥斯瓦尔德·莫斯雷爵士以及英国法西斯同盟的其他领袖，便被监禁——没有审判——目的是不让他进行和平宣传。在此之前，莫斯雷就曾忠告其黑衣党徒务必忠于祖国，他的态度是："为阻止战争，为使英德两国仍亲如朋友，我愿战斗到最后一息。然而，一旦战争爆发，我便为我的祖国而战。"不久，仍在哺育只有11周大的儿子的狄阿娜·莫斯雷夫人，也跟着丈夫入狱——入狱令是她的亲戚首相下的。当局准许她将婴儿带进好莱威监狱，却不准她的19个月大的儿子一同进来。按规矩，一个母亲只能带一个婴儿，而她决定两个都不带，省得让他们手足分离。幸好她的牢房内

(地板泡在水中)没有床,只有一张席子。3年后,莫斯雷夫人染重病,夫妇二人于是获释。众人哗然,萧伯纳却对此加以取笑。"我觉得,这次的莫斯雷恐惧是可耻的,"他对一女记者说,"一个人便能把他们吓得魂飞魄散,这些都是什么人?即使莫斯雷龙体欠安,现在也是该释放他的时候了,而且还要向他赔不是,因为竟让他把我们吓得连忙向《人与保护法案》求救……我们仍不敢让莫斯雷为自己辩护,还造出如此荒唐可笑的情况来,说是说,在英国任何一家书店里都能买到希特勒的《我的奋斗》,而莫斯雷的作品却连十行都买不到。这件事被弄得荒唐到无法用语言表达。晚安!"

尤妮提回家后,子弹仍留在头中。她既忧愁又苦恼,无法自己进食。8年后,由于子弹的移动,她死于非命。

在敦刻尔克陷落的前夕,希特勒离开了"鹰巢"。在离开前,他指示要将"鹰巢"完整保存,作为"全国的纪念碑"。"鹰巢"里的每间房子都得按原样保存,每个名牌都得留在地板上。元首司令部被迁至比利时的一个小村内。这个小村名叫布鲁里德贝希,靠近法国边境。当希特勒抵达那里时,村子空无一人,村民已全部撤走。村里建了个花园,还用沙子铺了几条路,但元首的地下碉堡里的水泥地仍是湿漉漉的。他给这个和平的景象取了个好战的名字"狼穴"——是根据他早年在党内活动时的绰号取的。

至此时,比利时国王利奥波德不但让比利时投降,且拒绝流亡。"我决定留下,"他对首相说,"盟国的事业已失败了。"这看来确凿无疑了:6月5日,德军以143个师的兵力转而进攻法军的残部65个师。守卫者的坦克为数甚少,且几乎没有空军掩护,而德军又在沿着长达400英里的战线向前推进。在巴黎,绝望的雷诺向罗斯福呼吁,让他派"足以遮天蔽日的机群来"——之后,他便卷铺盖走了。

对希特勒这边而言,这正是参战的良辰吉日,墨索里尼表示愿意参战,但他的盟友却劝他等一等,待德国空军将法国空军消灭后再说。意大利总理无奈,只好耐住性子,等到6月10日。他的解释信充满了高度信心,却惹得希特勒讽刺挖苦。"过去,我常常不明白他何以如此幼稚,"元首对其将领说,"这封信证明,在政治问题上,我将来必须对意大利人多加小心。很明显,墨索里尼把此事看作是在罗马大街上散步一般。"意大利人会感到吃惊。

"开始时,他们胆小如鼠,不敢参战;现在呢,他们却迫不及待,想分享战利品来了。"

拂晓,意大利以32个师的兵力进攻法国南部。法国守军只有6个师。但意军作战不力,前进的速度只能以英尺计。至此,法国北部战线的两端均已崩溃。德军于14日上午开始进入巴黎。德军B集团军司令冯·包克将军,乘坐联络飞机来到巴黎的凯旋门,刚好赶上接受首批尖兵的敬礼。在现代战争史上,战役的指挥官赶在部队前头,先行抵达目的地的情形不多,包克便是其中之一。德军进入巴黎,说是战斗不如说是游行。包克有空去拜谒拿破仑墓。在里茨吃完午饭后,他还去商店买了点东西。

在"狼穴",戈林正在劝说希特勒对英国轰炸德国居民区进行报复。他们在村子的广场上谈话时,瓦尔利蒙上校偶然听到戈林宣布,他无法再容忍英国人的这些暴行,要"用十颗炸弹回敬英国的一颗"。然而,希特勒却纹丝不动。据瓦尔利蒙回忆,他当时说:"很可能,敦刻尔克一役将英国政府吓破了胆,使它暂时昏了头脑。英国轰炸平民的另一个原因是,英国轰炸机的瞄准器不准,又由未受过训练的机组驾驶。不管属何种情况,我认为应先等待,然后再采取反措施。"

元首此时的心情是想进行谈判。他利用巴黎的陷落带来的兴奋情绪,通过与赫斯特报纸的记者卡尔·冯·维冈会见,向西方发表声明。他宣称,只要巴黎敞开,他原本无心攻打"美丽的法国首都"。接着,他便强烈地否认说,他无意消灭大英帝国,也无此目标。他对美国的要求不外乎是局部的"门罗主义":美洲归美洲人,欧洲归欧洲人。

正当德国军队继续长驱直入时,南方的意大利军队似乎在原地踏步。墨索里尼有幸的是,法国北部战事的发展,排除了在南方采取任何行动的必要性。至16日晚,德军几乎可以随意越过法军松散的防线。次日上午快到中午时,希特勒正与其军事顾问们在"狼穴"商讨战局,忽然有消息说,法国希望停战。听到这个消息,希特勒顾不上尊严不尊严,一拍大腿,高兴得把腿一收,支起了膝部。西方的纪录片将这一短镜头变成了长镜头。据罗伦斯·斯达林斯说,这部纪录片是由当时在加拿大陆军搞宣传工作的制片人约翰·格里埃森剪辑的。他利用把胶片"绕圈"的办法,把希特勒的姿势变成一系列可笑的"趾尖旋转"。希特勒的官方摄影师瓦尔特·弗朗茨将这一情景拍进了镜头。他坚持说,他只拍了8格,并把这些胶片交给了元首。"他欣喜若狂。"施洛德小姐回忆道。人们张口结舌,凯特尔却乘机拍马。"我的元首。"他笨拙地说,"您是有史以来最伟大的指挥官!"

法国的投降使英国受到沉重打击。即使如此,丘吉尔仍在侃侃谈论英国之"最好的时刻",使英国人的勇气得到恢复。从英国广播公司的广播中又传来另一个抗战的声音——专门对法国广播。"法国抗战的火焰是不会熄灭的,"戴高乐将军在第二广播室广播说,"永远不会熄灭!"法国,他说,只是在一次战斗中失利,"它并未输掉战争。"人们并未注意到,那天是6月18日,是滑铁卢战役125周年纪念日,而那次战役的较量最终是由勃吕查的德军决定胜负的。

中午,希特勒与墨索里尼在元首室会晤。这正是希特勒1938年赢得慕尼黑会议历史性胜利的地方。这一次,意大利独裁者明显地屈服了。他的宣战,在军事上是个欺骗,在政治上是个赌博。希特勒不靠他人帮助,单枪匹马出征,取得了胜利;不用说,今天该是他说了算。墨索里尼和齐亚诺两人,发现元首居然宽宏大量地寻求和平,都大吃一惊。希特勒"对消灭大英帝国是否可取的问题,作了许多保留。他认为,即使在今天,这对保持世界均势仍是个重要因素"。接着,希特勒坚定不移地支持里宾特洛甫以宽大的条款与法国议和的建议,尽管墨索里尼一再反对。"现在,希特勒是个赢了大钱的赌徒。他起身离桌不想再冒险了。"齐亚诺在日记中写道,"今天,他话中带有保留,还有机敏。在取得这样一个大胜利后,这真令人吃惊。人们不能指责我对他过于温柔,不过呢,今天我确实佩服他。"

这两个独裁者,还费时在明信片上签名,作为此次会晤的留念。在一张明信片上,墨索里尼以刚劲的笔触写道:"英雄造时势!"下边,是希特勒秀气的题词:"时势造英雄!"墨索里尼回罗马时精神沮丧。"实际上,"齐亚诺当晚写道,"总理怕的是,随着和平的时刻日近,他生平无法实现的梦想,即在战场上显神威,也渐渐消逝了。"

3天后,即夏季的第一天,希特勒乘车前往贡比涅附近的林子,即恺撒的代表曾在那里投降的那个林子。这是个报仇雪恨的行为,也是个有历史意义的选择。铁路上等待着的是那辆恺撒的代表投降时使用过的著名的木制餐车。人们将它从博物馆里吊起,通过倒塌的墙壁,放在原处。下午3时15分,元首的车队抵达了。希特勒面孔严肃,举动庄重,迈着轻快的步伐,朝餐车走去。他在一块花岗石前停住了脚步,那上面写道:

> 1918年11月11日,日耳曼帝国被它试图奴役的自由人民摧毁,其罪恶之骄傲在此地屈服。

威廉·夏伊勒用双筒望远镜注视着希特勒的表情。"在他生平的许多重大的时刻,我都看到过那张面孔。但在今天,它冒着鄙视、慷慨、仇恨、复仇和凯旋的烈火。"林格回忆说,当时,希特勒口中念念有词,听来像是"我们必将把能引得人们回忆起1918年那个耻辱的日子的一切东西全部毁灭"。

在那辆破旧的餐车里,早已摆好了一张长台,两边各放了五六张椅子,供双方代表团就座。施密特站在上首,以便听到双方的谈话。元首在他的译员身旁就座后,戈林、雷德尔、勃劳希契、里宾特洛甫和赫斯分别就座。几分钟后,查理·亨茨格将军带领法国代表团进来了。法国代表团由一名海军上将、一名空军将军、一名前大使组成。他们的脸上还挂着听到谈判将在何处举行时出现的惊愕的表情。

希特勒和他的同僚们起立。一句话也未说。双方相对鞠躬后便各自坐下。首先由凯特尔宣读希特勒起草的停战协定的前言。凯特尔说着元首的话时,施密特想,法国人和德国人就像蜡人一样,面无表情,互相对视。凯特尔说,德国无意用和平的条件去毁谤一个如此英勇的敌人。"德国所提要求的目的是要阻止敌对行动的重新发生,是要使德国得以继续进行不得不与英国人打的战争,并且为新的和平创造条件,使通过战争强加在日耳曼帝国头上的不公正情形得到纠正。"从当时情形看,希特勒似乎是在对英国而不是对法国讲话,并向英国人提出和平——如果他们高兴的话。在条文中,这点变得越来越明显。条文甚至规定,德国放弃对英国的海上霸权进行挑战的企图。他庄严宣布,他不会将法国海军舰只拿来供自己在战争中使用,也不使用法国的海军装备(跨过英吉利海峡)。希特勒在做这一承诺时,德国海军是不同意的,因为在挪威与英国海军的一役中,德国海军损失惨重,他们拟用法国海军装备进行弥补;希特勒直截了当地拒绝了这一建议,究其原因乃系出自恐惧和希望。他恐惧的是,他若把法国舰队抓来,英国可能会横下心来打仗,因为这意味着对英国海上霸权的挑战。他希望的是,他的"绥靖"能导致和平,两国同时又达成君子协定式的默契:大英帝国继续统治海洋,日耳曼帝国则移向东方,谋取生存空间。

施密特读完法国的文本后,希特勒立刻起身。其他人跟着也起身。大家客气地行完鞠躬礼后,元首带着大部分人马离开了会场,留下来的只有凯特尔和施密特。接着,约德尔和另外几个德国将领便进来了。法国代表审阅了停战条款后,他们坚持要将此文本交给设在波尔多的法国政府。"绝对不行!"凯特尔说,"你们必须立即签字。"

然而,法国代表团却顽强地要求德方给法国以1918年法国给德国代表团的同等礼遇。几分钟后,亨茨格便与法军总司令魏刚将军交谈上了。"我是在车厢里给你打电话"——他停了停——"从你知道的那个车厢里。"他报告说,条件很苛刻,但并不可耻。即使如此,亨茨格觉得,这些条件都是"残酷无情的",比上次战争中法国强加给德国的要糟糕得多。谈判拖至黄昏仍无结果。次日(6月22日)上午,谈判继续进行,又拖至下午大半晌后。下午6时,凯特尔完全失去了耐心,派施密特前去找法国人,并下了最后通牒:"1小时内若不能取得协议,谈判便告破裂,法国代表团将被押回法军阵地。"

别无选择了。下午6时50分,在与波尔多多次通话后,亨茨格将军终于在停战协定上签了字。仪式结束后,凯特尔叫他停留一会儿再走。待无他人在场时,两位将军无言地对视着。施密特发现,两人眼中都有泪水。凯特尔控制着自己的感情,对亨茨格如此尊严地代表他的国家的利益表示祝贺。接着,他便伸出一只手。亨茨格握了握它。

德国电台进行了现场广播,将这些事件送回了德国。当自豪但精神不振的亨茨格一走下餐车时,那边便传来了有节奏的录音喊声:"我们打,打打打,打英国!"这肯定令德国人动了心。这是戈培尔玩的花样。不管什么场合,他都要放音乐。但他这次的做法却惹恼了元首——在条约中,他一直在设法给人以相反的印象。

回到"狼穴"后,希特勒便着手计划出游巴黎。他将一个雕塑家和两个最宠爱的建筑师——施佩尔和吉斯勒——召来充当向导。"巴黎历来令我着迷。"他对阿尔诺·布列卡说(布列卡宏伟的古典作品也受斯大林的称赞)。希特勒承认,他长久以来就殷切期望有朝一日能参观"灯光城"。这是个艺术大都市,首先让艺术家陪他游城的原因就在于此。他确信,他定能在巴黎找到重建德国重要都市的灵感,"我想实地看看那些建筑,因为在理论上我对它们熟悉。"

一行人——包括凯特尔、鲍曼和几名副官——来到布鲁里德贝希村外的打谷场上时,天已黑得伸手不见五指。他们爬进飞机——由波尔驾驶。待他们抵达勒布格时,太阳已经升起来了。6月23日是明亮而炎热的一天。希特勒爬进车队里为首的一辆敞篷车,与通常一样,坐在司机身旁。其余的人坐在他身后。当他们朝第一个停留地——大剧院进发时,街上渺无行人,只偶尔有个把宪兵。这宪兵有如履行公事,朝车队潇洒地敬礼。布列卡是在巴黎度过其最美妙的年华的,看到城市如此死气沉沉,他不禁吃了一惊。

当希特勒沉醉于大剧院的建筑奇迹中时,他的表情也慢慢松弛下来了。早年在维也纳,他就对这座大剧院羡慕不已。对它,他就像对总理府一样熟悉,看到这一切,他眼中放射出兴奋的光芒。"这是世界上最美的剧院!"他失声对随行人员喊道。他察看了包厢,发现少了一个房间。一直陪他们参观的白发老仆人,既生硬又自豪地告诉他们,这间房子多年前就没有了。"喂,你们瞧,我多熟悉这里的路!"希特勒带着小学生的自豪说。

在埃菲尔铁塔停留片刻后,他们便前去瞻仰拿破仑墓。希特勒先生以帽捂心,鞠躬行礼,呆呆地望着那圆形的墓穴。他深深地动了心。末了,他转身对吉斯勒平静地说:"我的墓由你建造。"(后来,他向吉斯勒做了详尽的指示。他的墓必须异常简单,须建在慕尼黑。"我出生在这里,"他说,"开始搞运动在这里,我的心也在这里。")说完,他便陷入了沉思。他指示鲍曼,把拿破仑的儿子的遗骨从维也纳迁至他父亲的身旁。

长达3小时的观光以参观蒙马特尔高地——这是学画的人们的圣

地——而告终。或许,它令他想起了自己的学生时代。沉思一阵后,他转身对吉斯勒、布列卡和施佩尔说:"你们的工作现在就开始了。"城市和纪念碑的重建工作便交给了他们。"鲍曼,"他说,"帮我搞这项工作。你要好好照料我的诸位画家。"希特勒再次俯视了延伸在高地下的巴黎城。"感谢命运,我终于看到了历来让我神往的巴黎的魔术般的气氛。"他说,他命令部队绕开巴黎,避免在它附近作战的原因也在于此,"这样,我们下边的那幅图画便可留给未来。"然而,那天早晨看见过他的少数几个巴黎人却被吓得惊慌失措。当他的车队在市场上碰到一群胖女人时,最胖的那个恐怖地指着他惊呼:"是他!是他!"她的喊声吓得众人四散奔逃,混乱不堪。

次日,希特勒叫施佩尔用他的名义起草一份法令,宣布柏林的楼房建筑全部复工。"巴黎不是很美吗?"他说,"应该把柏林搞得比它更美。"希特勒也把布列卡拉到一边,滔滔不绝地谈论日前之所见所闻。"我爱巴黎——自19世纪以来,巴黎就是个艺术重地——就像你爱它一样。大战前,我对艺术也雄心勃勃。如果不是命运将我推入政界,我也会像你一样,在这里求学的。"

停战协定将于午夜后8小时35分生效,所以,众人在用蜡烛照明的桌旁坐下来吃夜宵时,气氛倒也热烈。天空越来越黑,远处传来了隆隆的雷声,午夜来临时,有个副官报告说,敌机来了。灯火熄灭了,众人端坐在黑暗中,只有闪电不时使人们的脸孔闪亮。

香槟酒杯被分发给了众人。大家在对表时,室内安静得令人毛骨悚然。凌晨1时35分,号角声顿起,吓了人们一跳。不知是谁小声告诉布列卡,这是传统的信号,意味着让"武器休息"。另外一人感动得在擤鼻涕。凯特尔站在黑暗中发表了讲话。他举杯祝酒,号召众人为最高统帅希特勒元首"连干三杯"。

于是,众人便起身碰杯。希特勒仍坐着,显得有些不自然——他不喜欢这种做作,但又只好服从陆军的传统。他礼节性地将酒杯碰碰嘴唇,滴酒未饮。之后,他便坐下,低着脑袋。在这欢快的人群中,他成了一个孤零零的人。后来,他用几乎听不见的声音说:"责任非常重大呀。"说完,他便离屋而去。

2 "连胜利者也被胜利毁灭"

1940.6—1940.10.28

那年夏天,希特勒明白地表示,他更感兴趣的是谈判而不是打仗。在法国,他的武器是劝说和把自己打扮成一位宽宏大量的胜利者,一位主动让法国分享团结和繁荣的法西斯欧洲的果实的胜利者——法西斯欧洲,这个霸权的目的,不但要使精神复活,而且要使它成为反对不信上帝的布尔什维主义的堡垒。在这场运动中,他首先采取的措施之一,是要他的部队当解放者,不当征服者。"我不希望我的士兵在法国的行为像第一次世界大战后法国士兵在莱茵兰的行为一样!"他对霍夫曼说,谁要是抢劫,就当场枪毙,"我要与法国达成真正的谅解。"

这样,进入巴黎的部队便不敢大摇大摆,更不敢要人臣服或白吃东西。凡买东西,他们必分毫不差地给钱。在香榭丽舍大街的咖啡馆门外,他们与法国人一起喝咖啡,分享着6月下旬的阳光。这种相处虽然很尴尬,且常常彼此无言,互不理睬,但巴黎人的恐惧已经消失了——他们原以为妇女会遭强奸,商店和银行会被洗劫。现在,大家都知道了,德国军队在帮法国难民返回首都。在巴黎全城都挂满了路牌,上面画着一个怀抱婴儿的友好的德军士兵,还有一句忠告:"法国人!信任德国兵吧!"

希特勒想来会为其士兵感到自豪的。他们穿得整整齐齐,说话和气甚至有点讨好。他们对妇女彬彬有礼,对男人,恭恭敬敬。在无名将士墓前,他们光着秃秃的脑袋站着,其武器仅是照相机。他们更像是坐假日特价火车前来的旅客,而不是刚让法军蒙受奇耻大辱的可怕的人物。这是狡猾的公共关系手段,是旨在把法国变为一个既肯干活又有生产价值的奴仆的计划的一部分。

希特勒本人也当起游客来了。与他同行的一群人中既有他的副官,还包括世界大战中的一名下士梅克斯·阿曼。两天来,在元首的带领下,他们心情愉快地参观了导致此次战争的旧战场。这是富于感情色彩的旅游,元首无时不高兴。他指着弗兰德战场告诉众人说,这里先前是一片沼泽地,还留下一些战壕作为纪念之用,也供游人欣赏。元首并非独自暗暗回首往事,而是滔滔不绝地、极其详尽地向众人解释,这里或那里发生过的事情。当他乘车穿过里尔(他只在水彩画里见过它)时,一个探头窗外的妇女认出了他。"魔鬼!"她惊呼道。他起初觉得有趣,后来他便发誓要将这一形象从被征服者的心头抹去。

这次极富感情的出游于26日结束。他随即便把心思转到眼前的令人不快的任务上去了:让英国人屈服。他对副官们说,此项任务的滋味是不好受的。与英国之战系兄弟之战,大英帝国的毁灭也是日耳曼帝国忧愁的根源。他私下对赫维尔说,他迟迟不入侵英国的原因就在于此。"我不想将它征服,"他说,"我要与它达成协议,强迫它接受我的友谊,并把正在煽动人们反对我的全体犹太暴民赶出去。"

希特勒仍没有入侵英伦三岛的确定的计划。西线的胜利实际上是来得太快了,他还来不及为渡过英吉利海峡准备好登陆艇或驳船——连一艘也未准备好。相反,他似乎在等待英国求和。但是,至7月3日,这种希望破灭了:那天,英国皇家海军突然对停泊在阿尔及利亚港口米尔斯克比尔的法国舰队进行炮击。战舰"不列颠"号在13分钟内沉没,977人丧生。另外3艘,包括"敦刻尔克"号在内,被重创,人员损失惨重。其余舰只脱逃。英国人惧怕希特勒会利用这些舰只去进攻英国,并为这种恐惧付出高昂的代价。英国人从敦刻尔克撤退一举,在大多数法国人脑中都留下了痛苦的印象。这次进攻,特别是它发生在达尔朗海军上将发誓不将军舰交给希特勒以后,在法国全境引起了深深的敌意。"英国人背信弃义"一语,已成了咖啡馆里的口头禅。

此次炮击也证实了某些人的信念:拯救法国的唯一办法就是与希特勒

合作。不久前签订的停战协定,实际上已将法国本土分成了两个部分:北部占领区和南部的维希政府区——以贝当元帅为首。这次炮击把他阻止副总理赖伐尔与希特勒更加紧密合作的任务变得更加困难了。与此同时,它也使让·季洛杜及其他法西斯知识分子寻找新的变节者的努力简化了。阿尔弗雷德·法布尔-卢斯在日记中写道:"英国在一天内杀死的法国水兵比德国在一年内杀死的还多。"英国在米尔斯克比尔铸成的大错,他预言,正在加速希特勒的"一个欧洲"的进程。它也把德国元首从他的千秋大梦中惊醒:他一面强调他无力控制法国舰队或围困英国皇家海军,另一方面又想迅速地与英国解决问题。几乎完全被内陆包围的他,被令人吃惊的海上力量的机动性弄得目瞪口呆。海军的爆炸性的行动加强了他早些时候的恐惧。即使英国舰队未能粉碎对英国的入侵,它也使舰队的领袖能在加拿大或澳大利亚建立司令部,从那里统治海洋。

是谈判还是使用武力?他在犹豫不决的痛苦中徘徊。"我决不能放弃,"他对普特卡默说,"英国人终究会同意我的看法的。"但是,当勃劳希契和哈尔德于7月13日飞到贝格霍夫时,他欣然批准了他们制订的入侵英国的计划,但在片刻后又抗议说,他不想打他的英国兄弟,不想让大英帝国解体。流血只会引狼入室,分享战利品。英国为何仍如此不愿和平?据哈尔德的日记记载,他自问自答:"是因为英国仍然存在着俄国会采取行动的某些希望。"

3天后,他发布了入侵英国的专门指示。入侵的目的在于消灭作为对德作战的基地的英国。并且,如有必要,将它全部占领。这次战役获得了一个具有想象力的代号:"海狮"。希特勒批准这一计划的墨迹未干,便提出了一项他自己的和平建议。"元首将向英国提出一项宽宏大量的和平建议。"里宾特洛甫告诉施密特,"劳埃德·乔治听到这一消息后,恐怕会掐我们的脖子!"7月19日,这一建议出炉了。它开始以嘲笑的口吻攻击丘吉尔,继而便威胁说,两国若打起仗来,被消灭的肯定是英国,最后才是一项含糊其词的建议:"我看不出有什么理由让这场战争继续下去。"

英国对希特勒建议的回答,首先是由熟悉元首的人带来的。此人就是现在为英国广播公司工作的塞夫顿·德尔默。他立时进行了广播。"希特勒先生,"他非常恭顺地用德语说,"从前您有时问我,英国公众的情绪如何?所以,本人今晚拟再次为阁下略效微劳。请允许我告诉您,我们这里的人对被您称之为理智和常识所做的呼吁有何想法吧。元首和总理先生,我们将它扔回给您,扔回给您那副散发着罪恶气味的牙齿!"夏伊勒是在柏林电台广播室中等待着向美国广播时听到这段广播的。他要对此事的影响发表评论。"你能搞清楚吗?"某人对夏伊勒喊了一声,"你能理解那些英国傻瓜吗?拒绝和平建议?他们疯了!"

罗斯福总统同样对希特勒的建议不感兴趣。当晚晚些时候,他在白宫发表的接受总统提名的广播讲话宣布,对付极权主义国家的办法只有一个——抵抗,不是绥靖。狄克霍夫大使向柏林报告说,罗斯福与英国在战争的爆发和拖延方面"串通一气"的情形,从未像在这篇讲话中表述得如此清楚透彻。"英国的方向必不可变,其抵抗必须加强,战争必须继续下去。"(几天后,一个华盛顿大使馆新闻顾问,在与联合广播公司的政治评论员小福尔顿·路易斯交谈后,向德国外交部递交了一份备忘录:"常在国外旅行的路易斯,在谈到美国共和党和民主党在开年会时,与来自各阶层和各地的美国人见面时说,人民不要战争,但在罗斯福的诡计面前,尤其是在他把国会变成只有一个橡皮图章而没有自己意志的傀儡时,他们是相当无能为力的。")

伦敦仍未正式拒绝德国的建议。7月21日,星期天,希特勒将其将领召至柏林开会。他似乎迷惑不解,而不是好战。"英国的局势无望了,"他说,"我们已赢得了战争。要将成功的前景逆转过来的可能性没有了。"他猜测,英国将会出现以劳埃德·乔治为首相的新内阁。接着,他便陷入了阴郁的沉思。

突然,沉默被打破了。他呼吁"迅速结束战争",并说,最有效的途径莫过于"海狮"。但是,他的保证——或者说,表现出来的保证——便几乎立即烟消云散了。他警告说,跨过由敌人把守的英吉利海峡远征英国,并不像对挪威那样,绝不会是单程旅行。偷袭的成分是不可能存在的。后勤供应的问题又将如何解决?他不停地讲着,将严重的问题一一指了出来——这些问题(一直在不停地记录的)海军上将雷德尔暗中同意。完全的空中优势是至关重要的,首批登陆必须在9月中旬完成,否则,日益恶劣的气候将使空军不能完全参战。他转身问雷德尔：关于技术上的准备，海军何时才能有一明确的答复？海岸的炮队阵地何日才能完全布置妥当？对越过海峡之举，海军能掩护到何种程度？

受窘的海军上将雷德尔，却在琢磨其他问题：大部分步兵都得靠内河或运河驳船运送，而所需的驳船仍得从帝国国内拖来。这支弱不禁风的舰队如何抵挡得住英国的皇家海军？在挪威一役中受损后，可供作战的舰只残存 48 艘快艇、1 艘重巡洋舰、4 艘驱逐舰、3 艘鱼雷艇。雷德尔有点狼狈地回答说，关于某些技术上的问题，他希望在几天内获得回答。但是，在空中优势尚未成为事实时，他该如何开始做好准备？勒劳希契用坚定的信心回答了他的悲观。他喜欢"海狮"。戈林的副手说，空军已万事俱备，只要命令一下，便可在空中发动强大的攻势。希特勒未发表看法，令雷德尔尽早将报告呈报上来。"如准备工作无把握在 9 月初完成，那就要考虑其他计划。"于是，"海狮"的重担便落在海军的身上了。

身边无其他人时，希特勒对勒劳希契说："斯大林正与英国眉来眼去，目的在于使英国继续战争并把我们拖垮，以便争取时间，拿到和平时期到来时拿不到的东西。"一方面他承认目前苏联尚未有反对帝国的行动迹象，另一方面他又同意，苏联提出了一个必须认真对付的问题。"这些我们都要开始考虑了。"

不久前，一个有眼光的英国人乔治·奥威尔预见到，希特勒的真正目标是以牺牲苏联为代价取得生存空间。"人们若把希特勒近一年来的讲法与 15 年前的讲法做一比较，"在评论英文版的《我的奋斗》的一篇文章中，他写道，"人们便可发现这点：他的心坚定如一，他的世界观并没有发展。这是偏执狂的确定看法，是不大会受强权政治的一时行动影响的。或许，在希特勒心目中，苏德条约不过是改变一下时间表罢了。在《我的奋斗》中，希特勒订下的计划是要首先消灭俄国，并暗示之后便消灭英国。现在，事情的结果是，他首先对付的是英国。因为，英俄两国中，俄国较易被收买。不过，一旦英国被消灭，就轮到了俄国——毫无疑问，希特勒就是这样看的。"

希特勒在西线取得的战果虽然显赫，但它并不足以为他带来他所需要的政治上的稳定，以便开始向俄国发动圣战。他给予英国的打击，不过是令这个顽强的国家更加顽强罢了。他对法国维希政府采取的抚慰政策——以便让它参加他的十字军——也正在土崩瓦解,因为对方支支吾吾。这样,德国便得不到积极的援助。

尽管有这些失败,希特勒仍信心十足,认为他有能力阻止这场冲突发展成为世界大战,并确信英国即将投降。于是,他便下令立即加强反对英国的宣传战。戈培尔的第一个行动,是通过秘密电台向英国广播业已兑现的诺查丹玛斯预言,以及伦敦将于1940年被毁灭的那个预言。诺查丹玛斯预言的现代解释,是克拉夫特做的。他曾预言啤酒馆爆炸事件。

在这个充满了恐惧的季节里,希特勒又抽空与他的老友库比席克见面。他曾派人给他送去1940年瓦格纳音乐节的入场券。7月23日,在《戈特达马隆》的第一次中场休息时,两人在休息室里见了面。在热情地问候了库比席克后,他抱怨说,战争中断了他的重建计划,"肯定地讲,我还有许多事情要做。别人,谁还能做呢?现在,我只好站在一旁,眼睁睁地看着战争将我的最好年华吞噬……我们都逐年见老了。库比席克,没有多少年了——来不及做完余下应做的事情了。"

这天与库比席克的私人会见是非常难得的,因为希特勒的公共职责正在不断增加。矛盾的是,他与爱娃·勃劳恩的关系更像夫妻了。战争不但没有将他们分开,反而将他们的关系变得更加紧密,因为他有更多时间住在贝格霍夫。那种故意让大家相信他们仅仅是朋友的做作已一去不复返了。工作人员和仆人们对爱娃·勃劳恩非常尊敬,私下里都称她为"老板娘"。对希特勒,她公开使用昵称"你";对她,他也以"你"相称,有时还叫她"萨贝尔"——这是维也纳的"小"称,即把东西或人指小之意。在亲密的朋友们面前,他有时还会公开摸她的手,或做出其他公开表示爱慕的姿势来。据知情人说,若以希特勒现在已年满50且又全神贯注于工作而论,他们的性生活是正常的。爱娃终于成了贝格霍夫的女主人,变得更加自信和高雅。她的生活虽然可能困难,但她自信已不再有竞争对手,而这也已足令她欣慰了。

那年夏天,希特勒确定,消灭布尔什维主义、扩大生存空间的时刻已经到了。他指示陆军着手朝这一目标做好准备。1940年7月29日,约德尔来到巴特赖兴哈尔车站,在最高统帅部计划部主任瓦尔利蒙上校的专车内与他就此事进行磋商。瓦尔利蒙与三名高级军官原以为,这次不寻常的来访,大概与提升晋级有关,或者要进行嘉奖。但是令他们觉得神秘的是,约德尔一到,便叫人把餐车的门窗全部关好。接着,他便突然宣布——他的声音平静而冷漠——希特勒已决定"一举永远"消除布尔什维主义对世界的威胁,尽快向苏联发动突然袭击——于1941年5月进行。"约德尔的话的效果,好像让人触电一般。"瓦尔利蒙回忆说——当时,由于不相信自己的耳朵,他死力抓住椅子。"不行的!"一个名叫罗斯贝格的上校脱口喊道。英国还未战败,希特勒怎么能打俄国!约德尔给了个奇特的回答:"元首生怕战胜英国后的公众情绪,将不允许他向俄国发动一场新的战争。"

反对的意见爆发了。这种打法,是腹背受敌的打法,第一次世界大战中使德国失败的就是这种两条战线的战争。为什么在与莫斯科签订条约后,还来个突然改变?斯大林不是遵守诺言,将原料和粮食准时地全部运来了吗?约德尔对每条反对意见均做了简洁的回答:与布尔什维主义的冲突是不可避免的,不如在德国军威处于高峰时发动进攻。这种回答说服不了瓦尔利蒙。曾向希特勒提出过类似的反对意见的约德尔,打断了辩论。"诸位,"他说,"这不是个让大家讨论的问题,而是元首的决定!"他令瓦尔利蒙立刻以"建设东方"为代号,着手草拟计划。

7月的最后一天,元首将其将领召至贝格霍夫举行会议。这次会议原计划要讨论有关"海狮"的问题,实际上后来却背道而驰。首先发言的是海军上将雷德尔。准备工作正在紧锣密鼓地进行:军需已按计划准备好,驳船的改装工作也将于8月底完成。但是,商船的运输情况却不妙,原因是在挪威受损或中水雷受损。扫雷工作虽然开始,却又受到盟国的空中优势的阻碍。所以,他的结论是,不如把入侵的日期延至次年5月。

希特勒反对。他说,如此长的等待时间不但使英国有可能改良其陆军,而且还可从美国——也许甚至从俄国——得到大量的军事补给。"到5月这个空档我们怎么补得起?"他问。于是他便把期限定在9月15日。他断然做此决定后,立刻又将它推翻。他补充说,那就是,集中力量对南英格兰进行密集轰炸,若在一个星期内能摧毁皇家空军和海军以及主要港口,便于9月15日发动进攻,"否则,便延期至1941年5月。"

如果说这是个决定,那也是个半心半意的决定,使雷德尔高兴。一方面,它给了雷德尔准备"海狮"的最优先的优先权,另一方面,又把重任移交给了空军。更重要的是,它给了希特勒将战争从西方转向东方的选择权。两名海军人士(雷德尔和普特卡默)离开房间后,希特勒便开始贬低"海狮"的能力。"我们的小海军呀,"他叹道,"只有敌人的15％!"再者,英吉利海峡比地图上画的要可怕得多——这是任何一个曾在恶劣天气中越过这块险恶水面的航海家都能证明的。

情况似乎是,希特勒几乎已取消了对英国的入侵。"俄国只需向英国稍作一些暗示,俄国并不想让德国变得过于强大,英国人就会像快被淹死的人一样,重新获得希望:在6—8个月内,形势便会完全改观。但是,如果俄国被消灭,英国的最后一线希望也就破灭了。到那时,德国便成了欧洲和巴尔干半岛的主人。"这一次,他的沉思成了坚定不移的结论。"决定,"他言简意赅地说,"从这些考虑出发,俄国必须被消灭。1941年春。"前几次会议上出现的犹豫不决已一去不复返了。他再次成了旧时的元首,一个掌握命运的人。"将俄国消灭,越快越好。一击便将这个国家打个稀巴烂,只有这样,这次战役才有意义。只征服土地是不够的。"他说,这次进攻一定要一气呵成,中间不能停顿。他不会重犯拿破仑犯过的错误,被俄国的冬天所消灭。我们将耐心等待,他说,一直等待到5月。"有5个月的时间做准备。"他满意地说。

他想象中的良辰美景使他神魂颠倒。"目标是,"他兴致勃勃地说,"消灭俄国的主要能源。"他是个军阀的化身,迅速地描述了此次动用120个师参与入侵的计划:首先向基辅挺进;其次,通过波罗的海向莫斯科挺进;第三,南北夹击,然后便发动一次进攻巴库油田的特殊战役。这个梦想正在变成现实。

不到24小时,那个做出了决定的人又在动摇了。他发布了两道指示,一是号召迅速征服英国,另一道是对此举是否可行表示怀疑。第一道指示开头便颇具信心:"为了制造最后令英国投降的必要条件,本人希望向英国本土进行的海军两栖战得以加强。"德国空军必须尽快征服皇家空军,然后便为"海狮"养精蓄锐。"我保留做出这种决定的权力:进行恐怖进攻,作为报复手段。"他指出。

第二道命令是凯特尔用元首的名义签发的。他命令"海狮"的准备工作务必于9月中旬完成。他接着说:"在8月5日开始的空袭英国后14天,元首将决定是否今年入侵英国;他的决定如何,很大程度上取决于空袭的结果。"

凯特尔虽将命令发了下去,但他仍觉察到了元首的矛盾心情。"表面上看来,元首好像非常热心,全力投身准备工作。为此,他曾要求对准备工作随时做出改进,以加速其进程。但是,我却有这样的印象,那就是,一旦真正要实施这个计划时,他又怀疑起来,举棋不定了。他十分清楚要冒何等巨大的风险,也明白肩上的责任有多重。"凯特尔也感到,最重要的是,元首"不愿意失去用外交的办法解决与英国的战争的最后机会。这点,我相信,他是求之不得的"。凯特尔从未想到过,这不过是摇摆的表演而已。希特勒把对"海狮"所做的准备作为幌子,而真正攻击的却是俄国。

希特勒也想不到,8月1日的两道命令的主要内容已被"超级"机密破译。这些电文使丘吉尔相信,他确已掌握了德国的密码。过了不久,"超级"机密又送来了戈林的指示:把8月13日定为"老鹰战役"(对英国进行全面空袭)的开始。这便使丘吉尔完全相信了。

空袭如期开始,但由于气候条件越来越恶劣,参加这次空袭的只有第三空军大队。空袭的次数高达五百余次,但由于英国的雷达极灵,再加上"超级"机密截获并破译敌方电波的及时警告,英国的损失轻微,德国的损失却惨重:德国空军折机45架,皇家空军只损机13架。次日的战果也使戈林同样失望。15日,德空军3个大队全部出动。这一次,"超级"机密准确地得悉了戈林将使用什么力量和袭击何地。由于这个情报,皇家空军能将有限的歼击机组集中起来,派往准确的地点和高度,有效地将德国机群分割,使德国的每个机群都遭到最顽强的抵抗。在迄今最大的一次空战中,皇家空军击落敌机75架,自己损机34架。"老鹰战役"成了酸酒一瓶;17日,双方的损机比例是70:25。这天,戈林未让飞行缓慢的"斯图卡"俯冲轰炸机——这些飞机曾把法国炸得一塌糊涂——参战,因为它们根本不是"喷火"式的对手。

19日，天气仍然恶劣，使德国空军在之后4天不能离地。戈林利用这个喘息机会，召集各将领开会。对飞机制造厂或类似目标进行的轰炸，原在白天进行，现改在晚间进行。戈林也趁机严厉呵斥单引擎和双引擎歼击机的飞行员，说他们表现不好。"无论哪一种歼击机，都不准因为气候不好而擅自不完成护航任务，"他命令说，"谁擅离职守，谁就要受军法审判。"

8月23日，天气放晴。当晚，德机飞过海峡，大规模进行空袭。一队轰炸机迷了航，将原计划要投放在伦敦城外的飞机制造厂和油库的炸弹投进了城内。8名市民被炸死。英空军认为这是德空军故意干的，便于次日晚轰炸柏林，作为报复。损失虽小，柏林人却大惊失色。"他们料不到会挨炸，"夏伊勒在他的日记中写道，"战争开始时，戈林曾向他们保证，柏林是不会挨炸的……他们相信了他。所以，他们今天的觉醒便更大。你只要看看他们的脸色便可量度出来。"

3天后的夜晚，英机再次前来空袭，炸死市民7人，炸伤29人。希特勒大怒，因为德机轰炸伦敦原系航向错误所致。但他仍不让德机轰炸英国首都。柏林又两度被空袭。希特勒被惹火了。9月4日下午，他在体育馆临时发表演说，扬言要进行报复。一听到要超过丘吉尔，听众中的妇女社会工作者和护士们便同声欢呼。"如果英机投放两千、三千或四千公斤的炸弹，"他说，"那么，我们一夜中便投15万公斤、23万公斤、40万公斤！"大厅内顿时人声鼎沸，他只好停顿，"他们若宣布增加对我们的城市的进攻，我们便把他们的城市夷为平地。我们一定要阻止这些空中强盗的所作所为，让上帝保佑！我们两国总有一国被打得粉碎，但这决不会是国家社会主义的德国！"

听众的回答是疯狂的喊声："不会！不会！"

两天后，海军上将雷德尔到总理府向希特勒汇报。两人小心谨慎地讨论了"海狮"计划，好像两人都不怎么相信这计划似的。末了，雷德尔提了一个本来会惹来激烈反驳的问题。"'海狮'战役万一不打，"他问，"元首的政治和军事指示是什么？"

然而，希特勒却一点儿也不恼怒。雷德尔多少有点满意地告诉他的同事们说："元首关于在英国登陆的决定还不是最后的，因为元首有这个信念，就是说,不进行登陆,英国也可能投降。然而,与先前一样,从各个方面看,元首把登陆看作是结束战争的一种打击性的手段。如果风险太大,元首便不想进行登陆。"很明显,"海狮"若败北,希特勒是不能容忍的,因为这肯定会提高英国的威信。他要的是能一举结束战争的成功的闪电战——没有风险的闪电战。普特卡默对新近在布洛涅举行的登陆演习所做的目击报告说,由于潮水的关系,用拖轮拖的驳船被搞得一塌糊涂。这特别令希特勒担心。普特卡默认为,在英国海岸登陆时,情况若相类似,结果肯定同样是个灾难。

入侵能否成功,英国能否投降,这全要以空袭情况如何而定。于是,在与雷德尔单独会面后次日,希特勒便批准对伦敦进行大规模空袭。一队又一队的德机飞往英国。当天下午晚些时候,320架轰炸机,在僚机的重重保护下,从戈林的头上飞过——他在开普布朗内的悬崖上观察机群。密集的机群像蜜蜂似的飞过英吉利海峡,朝泰晤士河飞去,轰炸伍尔维奇兵工厂、发电站和码头。戈林一听到最后一个目标已成"一片火海"的消息,便急忙走至麦克风前,向听众广播说,伦敦正被毁灭。他吹嘘说,他的计划是要"击中敌人的心脏"。这次毁灭性的进攻一直延续至拂晓,并于次晚恢复。在恐怖的两天内,842名伦敦人被炸死。希特勒利用将"他们的城市夷为平地"的威胁,趁热打铁,批准进行另一次大规模空袭——9月15日举行。这将是最后一次大规模空袭,其目的不仅在于惩罚伦敦,而且要消灭皇家空军。

"超级"机密又一次向丘吉尔提出了警告。于是,在空袭前4天,他发表了广播演说。向全国提出了警告。"毫无疑问,希特勒先生是在高速地消耗其战斗机群。照此下去,经过许多个星期后,他的空中力量将会削弱,其主体将消耗殆尽。"与此同时,他警告说,"德国人正在精心策划对本岛进行全面的大规模入侵。它可能现在就——入侵英格兰,入侵苏格兰,入侵爱尔兰,或同时入侵三岛。对这种危险,我们绝不能视而不见。"入侵或许会在日内发生,"所以,我们必须将之后的一周左右时间看作是我国历史上的紧要关头。它与西班牙舰队已逼近海峡而杜累克还在踢足球,或纳尔逊还站在我们中间而拿破仑已在布洛涅的情形一样紧迫。"他的话提高了这个堡垒岛上人民的士气,使他们受到鼓舞,觉得自己也该参与战斗。

在公开场合，希特勒虽然表现出信心十足，但在9月14日的军事会议上他却露出了担忧的情绪。在表扬了空军在"老鹰战役"中收到了"令敌丧胆"的效果后，他承认"海狮"战役所必需的前提条件"尚未成熟"。由于气候恶劣，空军尚未取得空中霸权。不过，他仍拒绝取消入侵计划。这是因为，空袭正使英国人丧胆，用不了10天或12天，英国便会爆发群众性的狂乱。

戈林的副手抓住这点，提出轰炸平民以迫使英国屈服的计划。除海上入侵外似乎对一切都热情洋溢的雷德尔，对此表示衷心支持，但元首却仍坚持己见，只准空军攻击主要的军事目标，"最后一招才是以引起群众性恐怖为目的的轰炸。"

一切议论都销声匿迹了。原来明明是决定发动"海狮"计划的决议，现在仅成为一纸空文，只同意于9月17日再行议决。与此同时，"不列颠战役"加强了，德国的损失越来越惨重。例如，15日那天，德军折机60架，英国只损失26架。因此，希特勒只好面对现实。17日，星期二，他承认，空袭恐怕永远无法令英国投降。接着，他便简明扼要地宣布：由于无法取得空中优势，"海狮"计划延期，何时发动，另行通知。延期意味着取消；从这时起，入侵英国仅是纸上谈兵。"超级"机密以及一小队英国飞行员，充分体现了人民团结一致的精神，令阿道夫·希特勒首次遭到军事失败。"这块神圣的土地，这个地球，这个王国，这个英国"，也因此得救了。

"我们以3万士兵为代价征服了法国，"决定做出后希特勒对普特卡默说，"若渡过英吉利海峡，一夜之间的损失就会超过这数字的许多倍——而能否登陆还没有把握。"他的海军副官觉得，他好像很高兴，因为"海狮"计划已被束之高阁。

当天，"超级"机密便得悉，希特勒已批准拆除设在荷兰各机场上的装弹设备。晚上，丘吉尔便召开三军参谋长会议。文特波德姆回忆道："当时的情况就像是在一场乏味的音乐会中间，某人突然把所有的小提琴琴弦折断。这些人的脸上出现了压抑的微笑。"空军参谋长说出了所有的人在私下都希望的东西：他认为，希特勒业已放弃了"海狮"计划，至少是在本年内，"丘吉尔点燃大雪茄时，满脸笑容。他还建议大家应吸点新鲜空气。"

希特勒依然希望能迫使英国坐到谈判桌边来，但不是使用空袭或海上进攻的方法,而是占领世界上最大的、有战略意义的要塞:直布罗陀海峡。它被占领后,英国皇家海军不但进不了地中海,从而保证德国能占领北非和中东,而且还可将帝国的生命线急剧地延长至远东。若如是,英国怎能在这样一个基础上继续进行战争?希特勒争辩说。特别是,他愿意给他们以光荣的和平,让他们在远征布尔什维主义的战斗中成为一名不作声的伙伴。

那时,佛朗哥的内政部长拉蒙·塞拉诺·苏涅尔恰好在柏林,与德国商讨西班牙参战问题,特别是向直布罗陀发动进攻的问题。在那天多事的上午,前往总理府的途中他是心有余悸的。昨天与里宾特洛甫的会谈,既令他担忧又令他愤怒,原因是,他生怕里宾特洛甫的傲慢是元首对佛朗哥政权愤怒的反映。

希特勒彬彬有礼地接待了这个西班牙人,令他又高兴又惊奇。他解释说,他是作为佛朗哥的私人代表和西班牙政府的代表被派来柏林的。他的妻子齐达·波罗,是佛朗哥委员长的小姨子。他说,他此行的目的是要澄清西班牙加入德国一方参加大战的各项条件。主要条件是"要确保西班牙的粮食和战略物资的供应"。

元首似乎对政治而不是战争更感兴趣。他说,欧洲必须联合成一个大陆政治体系,确立自己的门罗主义,将非洲置于自己的保护之下。然而,他对西班牙参战的提法是"间接的和模棱两可的"。只是在他的客人强调要对直布罗陀使用大炮时希特勒的态度才比较明确——炮弹不如炸弹优越。他引用各种数字,滔滔不绝地解释说,远程炮在发射两百发炮弹后便要维修,每发炮弹又只有 75 公斤炸药,而由 36 架飞机组成的"斯图卡"俯冲轰炸机机群,一次便可投弹 120 枚,每枚含炸药 1000 公斤,且可无限期地投放。希特勒辩解说,在这些俯冲轰炸机轰炸下,敌人能维持多久?一看见这些飞机,英国海军便会从直布罗陀逃之夭夭。所以,使用大炮是没有必要的。另外,他补充说,德国也无法为直布罗陀战役提供 38 厘米口径的大炮。希特勒口若悬河,言辞锋利,令他的客人目瞪口呆,哑口无言。接着,希特勒又向客人保证,德国将尽力帮助西班牙。

塞拉诺·苏涅尔离开总理府时,心里很是轻松,这是因为,他的主人在劝说佛朗哥接受他们关于两国领导人尽快在西班牙边境会面,并进行更确切的讨论这一建议时,希特勒并未使用恫吓或胁迫的口吻。希特勒对塞拉诺·苏涅尔的印象也同样深刻,决定更直截了当地与其连襟打交道。"西班牙加入轴心国并参战一事,"他次日致函佛朗哥称,"必须以把英国舰队从直布罗陀驱逐出去,并立即占领这一要塞为开端。"他用商人劝人买货的苦口婆心保证,西班牙一旦加入轴心国,德国便会努力向它提供经济援助和军事援助。换言之,速胜便会有厚利。

在9月22日的答复中,佛朗哥似乎同意希特勒的一切建议。但是,两天后举行的塞拉诺·苏涅尔与里宾特洛甫的会谈却预见到了不少困难。德国要求得到非洲大陆外的几个有战略意义的岛屿,遭到了西班牙客气而坚决的反对。连翻译施密特都觉得,在里宾特洛甫提出非洲的土地问题时,塞拉诺·苏涅尔对此表现得相当"吝啬"。施密特评论道:"这是佛朗哥与希特勒的热情中首次出现的寒冷。"

如果说,里宾特洛甫在与佛朗哥的亲戚谈判时,为出现的困难感到沮丧,那么,在当月晚些时候他便有理由为其杰作——与日本和意大利在柏林签订三国条约——感到欢欣鼓舞。在三国条约中,日本承认德国和意大利在建立欧洲新秩序中的领导地位——只要它们承认日本在亚洲的新秩序的话。签字国也保证:"三个签字国中任何一国,若遭到目前尚未卷入欧战或日中冲突的国家的进攻时,彼此将使用政治、经济和军事的一切方式,互相援助。"

在英美两国看来,这进一步证明日本并不比纳粹德国或法西斯意大利好。这三个"强盗"国家业已勾结在一起,企图征服世界。苏联人表示担忧,但里宾特洛甫却对莫洛托夫说,这个条约是针对美国的某些战争贩子而签订的。为何不将它变成四国条约呢?他敦促说。接着,他便给斯大林写了一封长信说:"四国——苏联、日本、意大利和德国——的历史任务是制定一项长期的政策,规定四国人民各自的长远利益,将其人民未来的发展引入正常的渠道。"

10月,希特勒忙于外交。10月4日,他在勃伦纳山口与墨索里尼会面。"战争已打赢了!其余的只是时间问题。"他说。在承认德国空军尚未取得霸权的同时,希特勒又声称,英机正以3∶1的比例被德机击落。然而,因为某种原因,尽管军事形势已完全无望,英国仍在负隅顽抗。英国人民正在经受非人道的待遇。英国为何要顽抗呢?他在抱怨,又自己回答这一问题:希望得到美国或苏联的援助。

他说,那是幻想。三国条约已在懦夫般的美国领导人身上产生了"沮丧的效果",而部署在东线的40个德国师则令俄国人丧胆,不敢出面干预。所以,给大英帝国致命一击的时机已经成熟了:夺取直布罗陀。说到这里,希特勒把话题一转,破口大骂西班牙人——他们参战的代价是40万吨粮食和相当大数量的煤油。还有,当谈话提到偿还的问题时,希特勒抱怨说,佛朗哥竟有脸回答说"这是一个将理想和物质相混淆的问题"。希特勒气得七窍生烟,吼道,人家几乎将他说成是个"渺小的犹太人似的,为人类最神圣的东西进行讨价还价"!

两个独裁者在温暖和信任中分别后,元首便前往贝希特斯加登,"安静地思考这项新的政治计谋"。他在贝格霍夫的房中来回踱步,还到上萨尔茨堡的山坡上做长距离散步。有时,他也会讲讲他的想法,或在餐桌旁,或在会议上。这些只言片语最终却形成了一项决定,即在他去与佛朗哥会晤的途中,试探法国人的口风。然后,只有在那时,他才与俄国人谈。

他的专列(名字很古怪,叫"阿美利加")于12日离开德国,当晚便抵达法国中西部的蒙特瓦尔。在这里,维希政权的副总理赖伐尔在火车上与元首进行了简短的会谈,主要内容是为两天后与贝当元帅会晤做出安排。到此时,元首已下决心把法国降为家奴。为此,他希望得到受害者的自动自觉的帮助,但也随时准备在必要时使用武力,进行残酷的报复。如同对待其他被征服的国家一样,希特勒力图将法国变成戈林所说的掠夺经济(包括掠夺一切有价值的东西,从原料和劳动力到国家的艺术珍品),希望维希政权成为一名积极反对英国的盟友。从赖伐尔的态度看,希特勒相信,这是可以做到的。所以,当他乘火车连夜继续前去与佛朗哥进行关键性的会晤时,他是满怀信心的。

他们会晤的地点是法国边境一个叫昂代的小城,位于法国西南部的疗养区,在比亚里茨下方,有着值得大做旅游宣传的沙滩和棕榈树。所以,与其说它适合召开具有世界意义的会议,倒不如说适合作为疗养胜地。会晤的地点设在城外法国窄轨铁路与西班牙宽轨铁路交轨处。元首的火车按时抵达,赶上了下午2时要举行的会晤。但在邻近的月台上却不见西班牙人的火车。此时正是10月,天气晴朗明快,温度宜人,使按时抵达的德国人没有发火。毕竟,你还能从那些老是拖拖沓沓的西班牙懒汉的身上期待什么呢!

希特勒相信,一旦与佛朗哥晤面,他便能将他说服,就像他曾说服张伯伦、赖伐尔以及其他人那样。要没有德国的帮助,你这个自封的大元帅会在哪里?这决不是你西班牙人所相信的,说什么是靠了圣母的干预他才取得了内战的胜利。实际上,是靠了德国空军"将炸弹如雨点般从天上扔下去才决定胜负的"。

在等候时,希特勒与里宾特洛甫在月台上交谈。"目前,我们还不能,"施密特听见希特勒在说,"给西班牙人提供任何书面的承诺,不能书面答应将领土从法国殖民地移交出去。在这个棘手的问题上,如果让这些碎嘴皮的拉丁人抓到了任何书面的东西,或迟或早法国人都会有所风闻。"明日,他就要诱使贝当开始向英国采取积极的敌对行动了,所以,他今天不能放弃法国的领土。"此外,"他接着说,"若与西班牙人签订的这种协议走漏了风声,法国的海外殖民地便有可能落入戴高乐的手中。"

一个小时后,西班牙人的火车终于出现在横跨在比达索阿河上的国际大桥上。西班牙人的姗姗来迟是故意的,不是被休息所误。"这是我一生中最重要的一次会晤,"佛朗哥对一个军官说,"我必须设法用计——这就是其中之一。我若使希特勒等我,在心理上从一开始他便处于不利的地位。"这位领袖身材矮胖,长着一双乌黑的锐眼。在一个名人辈出的国度里,他似乎是个无足轻重的人物,是靠运气和坚韧不拔的精神才上台的。他的成功来之不易。他是加里西亚人(加里西亚以产出头脑冷静的实用主义者而著称),把对现实的严酷看法和精明能干的品格连同他一起带上了高位。

虽然内心还是个农民,但佛朗哥连人民的一员都不是。他太接近宗教和无政府主义者。他虽然也为长枪会(一个法西斯式的党派)服务,但他并不是它的成员。真正的长枪会会员,例如新近被提升为外交部长的连襟,是更加亲德的。虽然不久前在柏林受到冷遇,塞拉诺·苏涅尔依然相信,德国是不可战胜的,西班牙应投靠得胜一方,佛朗哥却有所怀疑。"我告诉你,英国是永远不会让步的,"他对诸将领说,"他们会战斗,而且会战斗下去;若被赶出英伦三岛,他们便会在加拿大继续战斗下去。他们会叫美国人帮他们打下去的。德国并未赢得战争。"与此同时,他又不愿让希特勒失掉耐心,使西班牙遭受捷克斯洛伐克的命运,也不愿采取那些挡住希特勒道路的小国所采取的成功的路线。

当列车在希特勒的车旁停下来时,佛朗哥心里明白,他的国家的命运如何,就要看他能否使它不陷入欧洲冲突了。内战已使西班牙的经济变得一团糟,去年的农作物歉收又使他的人民面临饥饿。然而,希特勒会允许他保持中立吗?如他直截了当地拒绝元首,用什么能抵抗德国的入侵?解决的办法只有一条:一方面造成要加入轴心国的假象,另一方面要找到某个需要进一步澄清之点。他的加里西亚遗风正是他的铁甲——他步出列车,上了月台,在军乐的伴奏下,朝希特勒走去。

佛朗哥发表了预先准备好的演讲,演讲中充满了对元首的吹捧之词和口头保证。西班牙历来"与德国人民毫无保留地、忠实地在精神上团结在一起",并且,在事实上,"时时刻刻都觉得与轴心国团结在一起"。历史上,两国间只存在着团结的力量。在目前的战争中,"西班牙将高兴地站在德国的一边"。困难嘛,他补充说,元首是非常清楚的:特别困难的是粮食不足,还有,美国和欧洲的反轴心国分子也在为他的可怜的小国制造种种困难,"所以,西班牙必须原地踏步,不得不常常心平气和地注视着它不赞成的事情。"说这话时,他语调中带着悔恨,但很快他便说:"即使有这些问题,西班牙——它非常注意与轴心国的联盟——对于战争,正在采取与去年秋天意大利采取的同样的态度。"佛朗哥的巧妙的躲闪却得到了希特勒的一个承诺。为了报答西班牙在战争中的合作,元首说,德国将让佛朗哥占有直布罗陀——于1月10日,将它占领——以及在非洲的一些殖民地。

佛朗哥蜷缩着身子坐在椅子上,脸上毫无表情。后来,他终于开口了,但讲得很慢,也很小心谨慎。他一边在寻找借口,一边又坚持得到更多的让步。他说,他的国家需要几十万吨小麦,而且刻不容缓。佛朗哥"带着狡猾的神情"问希特勒,德国是否准备发运。还有,为了抵御英国皇家海军对海岸发动的进攻,西班牙需要大量的大炮——高射机枪自不待言了,这又怎么办?他将话题从一个转到另一个,而且转得好像很随便。从赔偿加那利群岛的某些损失谈到为何不能接受外国军人的赠礼——直布罗陀。这个堡垒必须由西班牙人自取。突然间,他现实地估算起希特勒将英国人逐出非洲的机会有多大来了:只能逐至边沿,不可能再远。"我是非洲的老兵,这点我很清楚。"同样,他对希特勒征服英国的能力也表示怀疑。英国充其量会沦陷;丘吉尔会逃往加拿大,在美国的援助下继续作战。

佛朗哥的讲话,声音单调,使施密特不禁想起了催促善男信女前往祷告的教堂叫拜人。他的讲话使希特勒越听越失望。元首终于唰地站起身来,脱口说道,再讲下去也徒劳。说完,他又立即坐下。似乎对自己的冲动觉得后悔,他再次劝佛朗哥签订条约。当然!佛朗哥说。还有什么比这更合乎逻辑的呢?只要德国供应粮食和武器,条约当然签;只要给西班牙决定何时参战最适宜的权力。圈子兜完后,会谈便宣告休会。

希特勒满心不悦,奔自己的车厢去了。两位外长则走下月台朝里宾特洛甫的车厢走去,以便进一步会谈。经过一番争论后,里宾特洛甫透露,元首前来昂代的目的,"是要搞清西班牙的要求与法国的希望是否相符"。不言而喻,佛朗哥委员长理解元首所处的困境,也愿意与元首签订一项秘密议定书——意大利日后再签字。说完,里宾特洛甫便将西班牙文本的协议草案交给对方。协议说,西班牙将从法国的殖民地得到领土,得到多少,"要以法国能从英国得到多少殖民地补偿而定"。

塞拉诺·苏涅尔表示惊奇,大声喊道,在非洲问题上,显然,这是一项新的政策。而德国对法国的态度显然也变了!这样一来,对西班牙参战所做的补偿也就很暧昧了。他带着一丝微笑说,佛朗哥需要对他的人民"更确切地说明能得到些什么战利品"。里宾特洛甫不善于玩弄这种辞令,只好强压住满腔怒火。此时,西班牙外长便戏剧性地、正式地告辞。

当晚,德国人在元首的餐车里举行国宴,款待西班牙人。佛朗哥既热情义友好,他的连襟也表现得迷人,在整个晚餐期间,他们的表现都像是逢迎拍马。也许是因为他们有此表现,希特勒才敢在众人起身离座时,将佛朗哥拉到一边。两人密谈了两小时。由于佛朗哥在每个重要问题上都稳如泰山,而他又无法操纵佛朗哥,希特勒便变得越来越烦躁不安。佛朗哥认为,例如,地中海的东部门户苏伊士运河,应该比其西部门户直布罗陀先行关闭;尽管希特勒连声反对,他还是纹丝不动。由于他如此坚定,原先只是坚持如此这般的希特勒,此时便突然发火。佛朗哥依然无动于衷,坚持说,如果他拿不到10亿公斤小麦,历史(他指的是反对拿破仑的起义)恐怕会重演。元首火冒三丈地离开了餐车。"佛朗哥是个小小的少校!"他对普特卡默说。在对林格谈起他时,希特勒又降了他的格:"在德国,那家伙顶多能当上士!"有人还听见他把佛朗哥降为下士,即他自己在大战中的军阶。对他的外长的狡猾战术,希特勒更加恼火。"苏涅尔把佛朗哥捏在手心里了!"他对凯特尔说。希特勒还发出威胁,让会谈在此时此地便破裂。

  与此同时,里宾特洛甫则在自己的车厢里,设法要与苏涅尔达成协议。但是,这位西班牙人客气而坚决的反对,也同样使他扫兴。在耐心丧失净尽后,他将塞拉诺·苏涅尔及其副官们当作小学生逐了出去,令他们于次日早晨8时,将完成的文本交来。

  24日,塞拉诺·苏涅尔本人没有前来。他将文本交给了他的下级,即前驻柏林大使——此人讲的德语带越南口音——转交。对此,里宾特洛甫大怒,高声怒骂,声音之大,在车外都可听见。"不能令人满意!"在读完塞拉诺·苏涅尔起草的文件后,里宾特洛甫俨然以老师自居,连声喊道。(西班牙要求,摩洛哥的法占区日后应属西班牙。)他要求西班牙递交一份新的草案。之后,他便与施密特一同赶赴最近的一个机场,以便及时赶至蒙特瓦尔,参加希特勒与贝当的会谈。一路上,里宾特洛甫怒气未消,骂苏涅尔是个"阴谋家",佛朗哥是个"忘恩负义的懦夫"。译员施密特却暗暗地为西班牙人使用的策略而高兴。在玩弄自己的花招前,希特勒便输给了对手——这是首次。

  希特勒业已抵达蒙特瓦尔,并在车内等候贝当元帅。为了与旧的共和政府分开,贝当不久前将自己的职务从总理提至国家元首。如果元首早知道佛朗哥曾告诫贝当勿挑起领导法国摆脱混乱局面的重担,他肯定会对佛朗哥更加不悦的。"用您的年龄做借口,"佛朗哥曾说,"让吃了败仗的人去签和约……您是凡尔登的英雄。别让您的名字与那些败将的名字混在一起。""我知道,将军,"贝当答道,"但我的国家在向我召唤,我是属于它的……这也许是我最后一次为它效劳了。"

老迈年高的贝当元帅,穿着一身漂亮的制服前来,在车站的进口处受到了凯特尔的迎接。贝当回了礼,挺着腰板,双目注视着前方,检阅了德国的仪仗队。跟在他后边的是里宾特洛甫和赖伐尔。他们默默地沿着月台朝元首的列车走去。当贝当元帅从售票厅出来时,希特勒伸出一只手,向前走去。众人领着这位老元帅进了秘密车厢。他笔直地端坐着,注视着希特勒,专心听着施密特的译文——为了让老人能听清,施密特的声音响亮,"语调平静"。他像是信心十足,而不是奴颜婢膝。坐在他身旁的赖伐尔却是个生动的对比。他极想抽烟,但又知道,对希特勒和贝当两人而言,烟都是禁物。赖伐尔用搜索的眼光看看希特勒,又看看里宾特洛甫。希特勒说,他很明白,贝当元帅并不属于主张对德宣战的一派。"如果不是这样的话,"他说,"这次会谈便不可能举行。"

在用温和的语调历数了法国的罪恶后,元首把对佛朗哥讲过的话重述了一遍。"我们已赢得了战争。英国已战败;它迟早总要承认这点。"还有,他意味深长地补充说,战争打输了,总得有人为它付出代价,"不是法国便是英国。如果这个代价由英国承担,那么,法国便可在欧洲谋求一个位置,保持其殖民大国的全部地位。"为此,法国当然要保护其海外殖民地,使之不受侵犯;此外,法国还需重新征服中非的殖民地,因为它们已投靠戴高乐。说到这里,他委婉地建议让法国参与反对英国的战争——他问贝当,假若英国像在米尔斯克比尔以及几星期后在达喀尔一样继续进攻它的军舰,法国将怎么办?

贝当承认,这两次进攻冒犯了大多数法国人,但他的国家无力再发动另一次战争。他反而请求签订一项终极的和平条约,"这样,法国便能确知它的命运,200万法国战俘也能尽早回来与家人团聚"。希特勒将这个问题支吾过去,而两位法国人对另一次暗示——法国参与反英战争——也未作反应。双方各自心怀鬼胎;贝当虽然对元首表示钦佩,似乎对元首的许多意见都表示同意,但他说话言简意赅,令施密特觉得他是在公开拒绝。"希特勒下的一笔大赌注,"这位翻译回忆说,"由于贝当和赖伐尔的小心谨慎而输光了。"在他看来,法国这两位代表在蒙特瓦尔的表现,并未使法国丢脸。

几天后，在一篇广播演说中，贝当对其国人说，他接受与德国的合作是光明磊落的，目的在于维持法国的团结。它也会减轻法国的苦难，使法国战俘的命运变得好些。"合作必须真诚，"他警告说，"必须剔除侵略的念头。要身体力行，既要有耐心，也要有信心。"法国对胜利者承担了许多义务。希特勒不是允许法国维持其主权吗？在此之前，贝当继续说："我一直像慈父般向你们讲话。今天，我以领袖的身份向你们演讲。跟着我。要相信永恒的法国。"

元首列车上的气氛可就阴郁了。在昂代和蒙特瓦尔两地，希特勒都未得到预期的东西。在"阿美利加"越过法国的边境前，墨索里尼6天前写的信被送来了——这是令元首失望的第三件事。在信中，他恶毒地攻击了法国人。他写道，在内心深处，他们是憎恨轴心国的，维希政府的嘴巴虽然甜，"人们却不能不想到他们的合作"。希特勒生怕墨索里尼要报仇雪恨的态度会破坏其将维希政权拖入反对民主国家的十字军中去的计划，便急忙令里宾特洛甫把原定在佛罗伦萨与墨索里尼会晤的时间提前至10月28日。几分钟后，里宾特洛甫便给齐亚诺挂了个电话。这在罗马引起一阵小小的恐慌。"刚与贝当会谈，便赶来意大利，"齐亚诺在日记中写道，"元首此举，实在令人扫兴。希望他不至于因为我们声言反对法国而让我们喝一杯毒汁。这是让意大利人民吞的毒丸，比凡尔赛的欺骗有过之而无不及。"

希特勒未按原计划返回柏林，而是令火车开往慕尼黑，以便休息一阵并为仓促提前的意大利之行做好准备。10月27日下午，正当他要乘火车南下时，德国驻罗马大使馆武官传来消息说，现在"几乎可以肯定"，墨索里尼将于次日清早进攻希腊。据施密特说，听到这一消息，元首"怒不可遏"。当晚进餐时，里宾特洛甫反映了他的主子的怒气。"秋天下大雨，冬天下大雪，意大利人此时去攻打希腊，哼，休想前进一步！"他说，"另外，在巴尔干半岛打仗，后果是很难预料的。元首想不惜一切代价去支撑意大利总理的这项疯狂的计划，所以要马上去意大利，好亲口和墨索里尼谈。"

里宾特洛甫的这番话，不可能真是针对这件事。这次会晤是他自己在两天前定下来的。再者，他自己清楚，元首刚才拒绝在一份发往罗马的电报上签字，而这份电报又是他手下的工作人员起草的，内容是用直截了当的语言批评这种进攻。"里宾特洛甫，"电报起草人威兹萨克说，"批准了这封电报。希特勒却说他不想去惹墨索里尼生气。希特勒的沉默是个间接的迹象,让意大利继续进行其向巴尔干半岛挺进的、决定性的、危险的步骤。"

次日上午10时,正当"阿美利加"疾驰过波罗尼亚时,希特勒得悉,意大利的军队已开进希腊。据恩格尔的回忆,希特勒听到这消息后,破口大骂,但他并不是骂墨索里尼,而是骂德国的联络官和武官,说他们"多次坏了他的好事"。之后,他才改口骂意大利人口是心非。"这是为挪威和法国报仇!"他喊道。接着,他又抱怨说,"两个意大利人中,有一个不是卖国贼就是间谍。"发泄了一通后,希特勒稍稍清醒地分析了一下形势。他猜想,意大利总理进攻希腊的目的,是要与德国经济对巴尔干半岛越来越大的影响力相抗衡。"我非常担心。"他说。他生怕意大利的入侵会产生"严重的后果,给英国在巴尔干半岛建立空军基地以良机"。

一小时后,火车慢慢开进了装饰得喜气洋洋的佛罗伦萨火车站。墨索里尼满面春风,大步流星地前去拥抱他的盟友。"元首!"他喊道,"我们正在进军!"希特勒控制住了自己。事情已坏,抱怨已无益。他的问候是傲慢的,与通常给予墨索里尼的热情大相径庭。但这冷淡却转瞬即逝。片刻后,这两位独裁者和政客,听见皮蒂宫外的群众高喊"元首!元首万岁!领袖①!领袖!"时,两人又都神采奕奕。(会谈将在皮蒂宫内举行。)两位独裁者不得不几次三番走到阳台上,让群众安静下来。"罗马人只有对他们的恺撒才这样欢呼,"希特勒后来对仆人说,"但是,他们并没有将我骗住。他们是想软化我,因为他们把我的计划搞得乱七八糟。"

在会谈中,希特勒将自己控制得很好,令施密特觉得惊奇,连"思想里咬牙的一点迹象都没有"。墨索里尼却异常高兴。如果说墨索里尼为做了希特勒勉强同意他做的事而内疚,那么,这种内疚的心情也被自己的悔恨驱散:在勃伦纳山口,两人曾双双保证维护巴尔干的和平,但是,不到几天,希特勒便派兵入侵罗马尼亚。"希特勒常常是造成既成事实后再来见我,"他向齐亚诺埋怨说,"这次,我要以牙还牙。他会在报上发现,我已占领了希腊。这样,平衡便会得以重新确立。"

---

① 墨索里尼在政府内任总理,在法西斯党内被称为"领袖"。——译注

显然,他已取得了成功,因为希特勒对希腊之事只字未曾埋怨。相反,他将大部分时间花费在驱使他前来佛罗伦萨的那件事情上。他把与贝当和赖伐尔会见的情形告诉了墨索里尼,说贝当的尊严给他留下了深刻的印象——却未被赖伐尔的一副奴颜婢膝相骗住。他把与佛朗哥的会谈说成是个酷刑,说若要再与他会谈,他"还不如拔掉三四颗牙齿"。他抱怨说,关于参战,佛朗哥的态度"非常暧昧";他当上西班牙的领袖肯定是出于偶然。

这次长时间的会谈结束时,两人又亲如手足。希特勒再次重复了在勃伦纳山口所做的保证,就是说,他将"无论如何都不与法国签订和约,假如意大利的要求得不到满足的话"。墨索里尼则说,德意两国,与历来一样,意见完全一致。然而,一登上"阿美利加",希特勒便大肆谴责墨索里尼的新的"冒险",说其结果只能是个军事灾难。他喊道,墨索里尼为何不攻打马耳他或克里特?这样做,在他们与英国在地中海的战争中,还算有点意义。尤其是在意大利军队在北非处于困境,刚刚要求德国派一装甲师援救时!

对元首而言,通过被白雪覆盖的阿尔卑斯山的回程,是阴郁的旅程。在半年多一点的时间里,他征服了比最乐观的德国人所能想象的还要多的土地。挪威、丹麦、卢森堡、比利时、荷兰和法国都成了他的。他超过了亚历山大和拿破仑。然而,什么也未像成功那样令人失败;跟着这一连串令人难以置信的胜利的,是在昂代、在蒙特瓦尔和在佛罗伦萨的失败。一个二流国家的平庸的领袖和一个战败国的首领,竟躲躲闪闪,不愿加入反对英国的十字军,而他的可靠的盟友,出于要在战场上取得个人荣誉的需要,正在危害轴心国在地中海的地位。这似乎还不算,原拟把英国带到绿桌旁来的空战,现已成为公认的失败——代价是损失了数量可怕的飞机。

在返回祖国的漫长而乏味的旅途中,希特勒无法掩饰他的烦恼,怒斥"骗人的"合作者,及其背信弃义的、不可靠的朋友。哪个征服者要经受这种多余的失败呢!他的许多表现肯定是戏剧性的。肯定地讲,对贝当的不置可否,希特勒并非像他装出的那样忧虑。他肯定知道,如他肯于向墨索里尼施加压力,他是能阻止他入侵希腊的。但是,对佛朗哥的拒绝承诺,他是真正恨之入骨的。必须迫使佛朗哥就范,因为能否进入直布罗陀,他是关键,而占领了这个堡垒后,希特勒就能把英国人"将"死,并为东征扫清道路。

3 "全世界都将屏息"

1940.11.12—1941.6.22

对与日本和意大利签订的三国条约,希特勒只勉强予以支持。虽然如此,他仍接受了三国条约的创始人里宾特洛甫的建议,邀请苏联参加,将它变成四国条约。于是,苏联外交委员莫洛托夫便于1940年11月12日抵达柏林,举行关于联合的谈判。会谈是在旧总统府内里宾特洛甫的新办公室里举行的。希特勒没有出席。主人笑容满面,竭力让苏联代表团不必拘礼。施密特回忆说:"莫洛托夫很久才在他那聪明得像棋师一样的脸上泛起一丝微笑,作为报答。"里宾特洛甫高声保证,三国条约绝非针对苏联。莫洛托夫不动声色地听着。里宾特洛甫说,事实上,日本已转身面向南方,为了巩固其在东南亚得到的领土,日本需忙上几个世纪。"为了取得生存空间,德国也将向南面扩展,就是说,向中非洲和德国旧日的殖民地扩展。"他满有信心地说,现在大家都在南进——他好像是在赶时髦。他建议苏联也向南进,还指名道姓地提出了波斯湾和其他德国不感兴趣的地区。显然,这是指印度。但是,莫洛托夫一声不吭,只透过他那副老式的夹鼻眼镜,朝他看了一眼。

里宾特洛甫心绪慌乱,建议苏联加入三国同盟条约。但是,莫洛托夫——他头脑清楚,逻辑性强,施密特不禁想起了他的数学老师——却把子弹省下来对付希特勒。当天下午,莫洛托夫又在不动声色地倾听元首的陈词。希特勒说完后,他客气地抱怨说,元首的说法太一般化了,一点也不具体。他所需要的是细节。紧接着,他便提出了一系列令人难堪的问题:"1939年的苏德协定是否仍适用于芬兰?欧洲和亚洲的秩序是什么样子?

苏联在其中有什么作用可起？保加利亚、罗马尼亚和土耳其的地位又如何？在保护苏联在巴尔干半岛和黑海的利益方面，现在的情况如何？"

在此之前，没有一个外国人敢斗胆把话说得如此明白。这使施密特不由得想到，希特勒是否会像在两年前当霍拉斯·威尔逊将张伯伦的信件递交给他时那样，愤愤不平地夺门而去。但他未这样做，只乖乖地做出答复。他说，三国条约只会调整欧洲的情况，如没有俄国的合作，任何问题都不能获得解决——不仅在欧洲如此，在远东也如此。

莫洛托夫表示怀疑。"如果你们待俄国为平等的伙伴，而不是当作笨蛋对待，"他说，"我们在原则上可以加入三国条约。但是，首先要弄清楚的是这个条约的目的和目标。你们必须把大亚细亚地区的疆界划在哪里准确无误地告诉我。"这样一问，显然，希特勒便只有招架之功。于是，他便突然宣布，讨论暂时中止，"否则，我们会被空袭警报所困。"

希特勒原不喜欢与外国人在一起进餐，但仍邀请俄国人于13日中午与他一起共进午餐。然而，他让步做出的殷勤却改变不了他的客人的顽固。第二次会谈时，莫洛托夫继续咄咄逼人，提出了芬兰问题。希特勒原来暗中算计，若与苏联发生战争，他将把芬兰变成军事盟友。一提到芬兰，元首便从殷勤的午宴主人变成了暴躁的诉讼当事人。"在那里，我们没有政治利益。"他抗议道。

莫洛托夫不太相信。"如果苏德两国维持良好的关系，"他故作镇静地说，"芬兰问题便可不用通过战争解决。但是，在芬兰不得有德国军队，也不得有反对苏维埃政府的游行示威。"希特勒耐住性子，用平静而有力的语调回答说，在芬兰的德军，不外乎是开往挪威的过境的部队罢了。

莫洛托夫的疑心依然未除，希特勒快快不乐，把话说了又说。"为了取得他们的镍和木材，我们必须与芬兰和平。"但他的下一句话——可能是说得太不策略——却暴露了他的最终目标，"在波罗的海发生的任何冲突，都将使苏德关系紧张——后果不堪设想。"如果说莫洛托夫未看出这是一个威胁，那就是他将这点忽视了，这是一个严重的外交错误。"这不是波罗的海问题，而是芬兰问题。"他严肃地回答。

"不与芬兰打仗！"希特勒顽强地说。

"那么,你们便违背了我们去年的协议。"莫洛托夫同样顽强地说。

这次较量,虽不及英国人的辩论有声有色,却要冷酷得多。里宾特洛甫立刻发觉他所主张的德苏缓和的政策已处在十万火急之中。他以妥协的语调插话。希特勒会意,以里宾特洛甫的南进计划为题,向莫洛托夫进行旁敲侧击。"在英格兰被征服后,"他说,"面积达4000万平方公里的大英帝国便会分崩离析,变成一个世界范围内的、破产的庄园。"希特勒活像一个新房地产业的推销员,描绘出一幅引人入胜的图景。"在这个破产的庄园内,俄国将得到终年不冻的、真正的公海。时至今日,人口只有4500万的英国,却统治了拥有6亿人口的大英帝国。我很快要把这个小小的民族砸得粉碎。"他说,德国不想转移目标,不想把目标从反对欧洲的心脏——英伦三岛——转移开去。他反对任何波罗的海战争的原因就在于此。

然而,希特勒的这次离题,并未能抚慰莫洛托夫。他仍然在抱怨。"你向罗马尼亚做过保证,令我们很不高兴。"他唐突地说,这里指的,是德国向罗马尼亚的新边境做的保证,保证它不受外国侵略,"这保证也适用于反对我们?"

在外交上,把对手逼得走投无路是个大错。"谁进攻罗马尼亚,它就适用于谁。"希特勒直率地说。片刻后,他宣布休会,用的是昨天用过的借口——英机可能前来空袭。

希特勒未出席当晚在俄国大使馆举行的宴会。正当莫洛托夫在为友谊而祝酒时,英机前来空袭,宴会于是中断。里宾特洛甫陪着莫洛托夫前往威廉大街,进了他自己的防空洞。

之后,他便借此机会,将他孜孜以求的四国条约草案交给莫洛托夫过目。这份条约要求德国、苏联、日本和意大利尊重各自的自然形成的势力范围,"友好地"解决任何争端。它将苏联的"领土愿望"定在"朝印度洋方向"延伸的南方。

莫洛托夫并未动心。他说,俄国更感兴趣的是欧洲和达达尼尔海峡,而不是印度洋。"因此,"他说,"纸上的协议并不能令苏联满意。"他坚持要求得到能确保苏联安全的有效保证。接着,便列举了一长串其他要求:让瑞典中立;掌握波罗的海,以及罗马尼亚、匈牙利、保加利亚、南斯拉夫和希腊的命运。

据当晚会谈的记录,里宾特洛甫当时吃了一惊,不断重复说:"关键问题是,苏联是否愿意并准备与我们合作,消灭大英帝国。"莫洛托夫讥讽地回答说,假若德国发动的是一场反对英国的殊死之战,如同希特勒当天下午说过的那样,那么,德国是"为死而战",英国是"为生而战"。里宾特洛甫坚持说,英国业已战败而自己并不觉察。莫洛托夫回答说:"情况若真如此,我们为何还要蹲防空洞?扔在附近、到处在爆炸的炸弹究竟是谁的?"

辩论,莫洛托夫是赢了;官司,他却输了。当希特勒读到防空洞辩论的书面汇报时,立即恼羞成怒。他坚信,对四国条约苏联并无诚意。于是,他便放弃了与苏联和平相处的微弱希望,决心去做自1928年以来便发誓要做的事情。他终于下定了进攻苏联的决心。此后不久,他私下对鲍曼说,莫洛托夫的来访使他相信,"斯大林迟早会抛弃我们,投靠敌人"。在芬兰、罗马尼亚、保加利亚和土耳其等问题上,他不会在苏联的讹诈面前屈服。"作为欧洲的守卫者和保护者的第三帝国,决不会让这些友邦白白牺牲在共产主义的祭坛上。这种行径是无耻的;若这样做,我们必将遭到惩罚。无论在道义上还是在战略上,这都是一着臭棋。不管做了什么,与俄国交战势在必行。拖延开战的时间,便意味着在不利得多的条件下作战。因此,我决定,莫洛托夫一走,我便开始向俄国算账——只要天气许可。""值得庆幸的是,在对芬兰一战中,红军表现极差。"他还把自己看作是掌握命运的人,比任何人都优越,其天才和意志足以征服任何敌人。由于被政治上和军事上的胜利冲昏了头脑,他对一名纳粹指挥官说,他是唯一进入了"超人状态"的人。他的本性"更像是神,不是人"。所以,作为超人的新种族的为首者,他"不受人类的道义传统的任何约束",完全"超出法律"。

然而,希特勒却未泄露其决定,其三军将领依然认为首要的目标是英国。在莫洛托夫抵达柏林的当天,他曾发布一道命令,在无须跨过英吉利海峡的条件下,迫使英国投降。这项计划规定,德国将采取一系列联合行动,完成意大利在埃及和希腊的未竟之业。这些打击,加上夺取直布罗陀、加那利群岛、亚速尔群岛、马德拉群岛以及摩洛哥的一部分,势必将英国与其海外的帝国切断,迫使它投降。

这项计划虽然巧妙，但却靠不住。这是因为，联合行动的参加者，一个持有怀疑，一个是不牢靠的盟国，另一个是中立国。这是个极其复杂的战役，其中的困难只有元首本人才最清楚。虽然新近受挫，元首仍有信心让贝当、墨索里尼和佛朗哥就范。他首先向佛朗哥开刀。11月18日，他对佛朗哥的特使塞拉诺·苏涅尔说：“我决定进攻直布罗陀，只待开始的信号。必须有个开端。”

但是，佛朗哥的妹夫却一如既往，无法制服。他再次说西班牙极需粮食，重又提出了先前的领土要求。希特勒直截了当地拒绝了后者。他指出，若加入胜利的一方，西班牙得到的待遇将是多么的优厚。塞拉诺·苏涅尔说，如同拿破仑目瞪口呆地发现的那样，西班牙时刻准备抗击对它的领土发动的任何侵略。接着，他又最后说了一句话——这句话半是威胁，半是同意：西班牙需要利用余下的中立的日子向西方购买小麦。这是个令人难受的做法，既使希特勒恼怒，也使他悔恨。后来，他对亲信们说，塞拉诺·苏涅尔是"万恶的魔鬼……是现代西班牙的掘墓人！"

希特勒在坚信佛朗哥终将参战后，便于12月上旬就夺取直布罗陀的问题，做了最后一次部署。他告诉各位将领，关于"菲力克斯战役"，毫无疑问，在不久的将来他便能逼得佛朗哥就范。他的人选卡纳里斯海军上将却是灾难性的——自1938年以来，他一直在反对希特勒。在正式场合，他把元首的论点一五一十地告诉西班牙人，私下里却劝佛朗哥不要参战，因为这场战争轴心国是输定了的。（战后，德·瓦尔德格勒西阿斯侯爵当着佛朗哥的面问维贡将军——卡纳里斯的密友说，卡纳里斯海军上将反对西班牙的利益，这是否属实？佛朗哥从座椅上跳起来。"不，不，"他解释说，"卡纳里斯是西班牙的好朋友！""也许，"侯爵评论说，"比起他的祖国，他更亲近西班牙。"侯爵回忆说，听到这点，"佛朗哥非常激动。这证实了我的印象：真是这样。"）

卡纳里斯回禀说，只有"当英国接近崩溃时"佛朗哥才愿参战。听到这点，希特勒失去了耐心。12月10日，他命令各军将领放弃"菲力克斯"。但是，几星期后，他又一次向佛朗哥呼吁。在一封调子哀伤的长信中，他向佛朗哥保证，如果他尽快进攻直布罗陀，他便立刻向西班牙运送粮食。他保证永远不抛弃佛朗哥——接着又最后做了一次请求:"本人坚信,将军,最难平息的历史力量已将我们三人,您、我和意大利总理紧紧地联系在一起了。因此,在这场历史性的斗争中,我们理应服从最高的圣诫;应该明白,在目前的严重时刻,只有坚强的决心而不是小心谨慎,才能救国家民族于水火。"

佛朗哥再次表示同意希特勒说的话,实际上却按兵不动。靠了他的意志的力量,他挫败了"菲力克斯",为英国拯救了直布罗陀,把阿道夫·希特勒限制在欧洲大陆,保持地中海向西方敞开。地中海若遭关闭,那么,整个北非和中东都很可能落入第三帝国之手。物产富饶的整个阿拉伯世界都可能加入轴心国——出于他们对犹太人的仇恨。佛朗哥之所以决定反对希特勒,究其原因,除西班牙绝望的经济形势和与最终的失败者结盟的恐惧外,还有另一层原因:佛朗哥是半个犹太人。(英国驻西班牙大使萨姆埃尔·霍里爵士和外交界的其他人士都知道这点。但是,不久前曾抱怨佛朗哥、把他当作一名爱讨价还价的犹太人对待的希特勒,是否曾从自己的外交人员口中听说过这点,这还是非常值得怀疑的。德国的外交官员也向希特勒隐瞒了这个事实:莫洛托夫的妻子是个犹太人。)

斯大林几乎过了两星期才通知德国人,苏联愿意参加四国条约,但有几个条件——例如从芬兰撤军。这些要求并不过分,但令外交部奇怪的是,希特勒并不想讨价还价——甚至连一个答复也没给莫斯科。

他一心只想动武。当月晚些时候,希特勒的各战场指挥官进行了一系列模拟战争演习,包括对俄国的模拟进攻。12月5日,即模拟战争演习后一天,三个集团军的参谋总长会见了希特勒、勃劳希契和哈尔德。元首批准了哈尔德的进攻计划的要点,但反对模仿拿破仑,反对向莫斯科进军。他说,占领苏联的首都"并不十分重要"。勃劳希契抗议说,莫斯科是至为重要的,因为它不仅是苏联的交通中心,而且是军备中心。这引来一阵尖锐的反驳。"只有脑袋成了化石,满脑子是古旧思想的人,"希特勒说,"才认为值得去夺取苏联的首都。"他的兴趣在布尔什维主义的滋生地列宁格勒和斯大林格勒。这两个巢穴一旦被捣毁,布尔什维主义也就会死亡。他们进攻苏联的目标恰恰就在于此。

勃劳希契反驳说,这是政治家的目标。他的话惹来一顿训斥:政治和战争是互相依赖的。"能否在欧洲取得霸权,"希特勒说,"这要取决于对俄战争。"例如,打败苏联后,他便能迫使第二号敌人英国屈服。5天后,为了让自己人为即将到来的远征有所准备,希特勒在柏林发表演说,讲的是地球上财富的分布如何不平均。他说,每平方英里要居住360个日耳曼人,而其他国家却人口稀少,这是不公平的。"我们必须解决这些问题,"他说,"我们一定能解决它们。"

与此同时,戈培尔则让德国为未来的艰苦岁月做好准备。他对同事们说,圣诞的节日气氛只准延续两天,"即使到了那时,圣诞欢宴也应与目前发生的事件的气氛相符。到处挂圣诞树,一搞就是几星期,这种气氛与德国人民的战斗情绪是不合拍的。"必须提高德国人民的士气——在大都市外"不准在农村、小城镇和士兵们跟前演出脱衣舞"。喜剧也不准讽刺政治,或演出"淫秽、黄色的笑剧"。

修改后的进攻计划于12月7日呈给了希特勒。他把向莫斯科进军的时间改在波罗的海沿岸各国被消灭、列宁格勒被占领后,并把这次战役的代号"奥托"改为一更有意义的名字:"巴巴罗萨"("红胡子")。这是神圣罗马帝国皇帝腓特烈一世的绰号——他曾于1190年率军东征,夺取"圣地"①。他说:"驻扎在西部边境的大部分苏联红军将被消灭,方法是用机械化尖兵,像一把尖刀,深深地插进苏联腹地。"这样,那些仍有战斗力的红军,也无法撤回苏联的后方,"此次战役的最终目标是要在伏尔加—阿尔汉格尔一带竖起屏障,挡住俄国的亚洲部分。这样,如有必要,俄国赖以生存的最后地区乌拉尔便可用空军加以消灭。"

哈尔德怀疑,希特勒仅仅是在恐吓。他于是便问恩格尔:这是不是一份真正的计划?这个副官认为,希特勒本人也不知道。然而,骰子业已掷出,远征计划已付诸行动。对那些主张胜利后应有节制,要德国停止侵略,一心只想坐享征服果实的人,希特勒是没有耐心的。这些人宣称,欧洲的大部分已落入希特勒之手,假以时日,英国也只好承认他在欧洲的霸权。但是,阿道夫·希特勒是不会接受这种消极政策的。国家社会主义的目标是要消灭

---

① 圣地,即巴勒斯坦。——译注

布尔什维主义。他怎么能放弃平生之志?

"我先前曾认为我们应不惜一切代价避免两线作战,"他后来对鲍曼说,"不过,请你放心,我长时间思考过拿破仑及其在俄国的经历。那么,你可能会问,为何要打一场反对俄国的战争,为什么又要在我选择的时间打?"若入侵英国,结束战争便会无望,冲突会没完没了地进行下去,美国人起的作用会越来越大。征服苏联的唯一的机会是采取主动。为何在1941年进攻?因为时间对苏联越来越有利,对德国越来越不利。只有在他占领了苏俄的领土后,时间才会有利于德国。

表面上,这两个不自然的盟国之间的关系还是良好的。在将"巴巴罗萨"计划付诸实施后的数天(于1941年1月10日付诸实施),希特勒批准公布了与苏联签订的两项协定:一是经济协定,规定双方互运商品;二是秘密议定书,德国宣布放弃先前提出的对立陶宛的一块土地拥有主权的要求,代价是750万美元的黄金。

然而,在友好的背后,两国贸易代表团之间的意见冲突却与日俱增。从苏联输往德国的原料,不但交货稳定,而且很准时,但德国交货却既不快又不准时。比如,每当机床准备出运至苏联时,空军或战争部的督察便大摇大摆地走来,先是交口称赞工艺何等精美,然后便以国防的名义将机床劫走。这种有组织的摊牌甚至涉及军舰。为了生产更多的潜艇,希特勒亲口下令停止制造一艘他曾答应给斯大林的巡洋舰。德国人确曾主动提出将该舰拖至列宁格勒并装上克虏伯制造的380毫米口径的大炮。但由于他们在价格问题上斗得很凶,这艘巡洋舰依然停在威廉港。

关于德国交货问题的争论,斯大林本人也卷了进去,但他总是遏制他的谈判人员。他决心与他的吵吵嚷嚷的盟友保持良好的关系,时间越长越好。在斯大林致力于取得和平的同时——至少保持到红军发展到具有作战力量——希特勒则继续要他的人民为战争和"新秩序"做好准备。1月30日,在体育馆一年一度的演讲中,他就是这样做的,虽然所用方法拐弯抹角。在戈培尔简短而带有煽动性的引荐讲话后,希特勒严肃地走上讲台,庄严地抬起右臂,在欢呼声中行了党礼。在沉默片刻后,他才开始演讲。"开始时,"哥伦比亚广播公司记者夏伊勒的继任人回忆说,"他的声音很低沉。"

然后,突然强度大增,希特勒挥动双臂,大做手势。

他说:"我坚信,对欧洲的伟大的新秩序而言,1941年是关键的一年!"他说这话时,想来他脑中装的是"巴巴罗萨"和之后的民族清洗。但是,他攻击的敌人却是"冥府民主国家"的头子英国。他攻击说,"冥府民主国家"受国际犹太集团控制,得到叛逆亡命之徒的支持。这番话一方面掩盖了他对苏联的进攻,另一方面又使德国人为最后向犹太人发动突袭做好思想准备。4天后,当他听到哈尔德报告说,德军力量已与俄国旗鼓相当,但在素质上远为优良时,希特勒喊了起来,"'巴巴罗萨'一开始,全球都将屏息,不敢作声!"事实上,他的征服目标远远超出了欧洲大陆。2月17日,他下令为向大英帝国的心脏印度进军做好准备。在进攻印度的同时,他将发动钳形攻势,夺取近东:左方,从俄国起,穿过伊朗;右方,从北非向苏伊士运河逼近。这项庞大计划的主要目标虽然是要迫使英国站到德国一边,但它也表明了希特勒的野心究竟大到何等程度。俄国已被视为得手;他的永无宁静之日的思想,业已在寻找可供征服的新世界,可令屈服的新敌人,特别是美国的罗斯福。

作为一个梦想家,希特勒又常常讲究实际。在他计划征服大片土地后不久,他便开始致力于较小规模的征服。意大利军队在阿尔巴尼亚和希腊的失败,用他自己的话说,间接地"打击了我们是不可战胜的这个信念。无论是敌人还是朋友,都同样怀有这种信念"。因此,必须在占领希腊并在这一地区重建秩序后,才能安全地发动"巴巴罗萨"战役。这却不是他的唯一的目标。希特勒也将意大利在巴尔干半岛的失败视为取得更多领土和经济资源的一个黄金机会。

占领希腊,这原就不是一件易事。由于受地理条件限制,它又变得更加复杂。在希特勒与其目标间,横卧着四个国家——匈牙利、罗马尼亚、保加利亚和南斯拉夫。前面两国,匈牙利和罗马尼亚,实际上已成为德国的卫星国,德国已占领它们达数月之久;第三个,即保加利亚,在相当大的压力下,于3月1日签署了三国条约。这样,德军进军希腊的道路虽已扫清,但是,无论在军事上还是在政治上,南斯拉夫仍令希特勒关切。南斯拉夫的领导人既不想让俄国人也不愿让德国人对巴尔干半岛进行干预。于是,在为诱使它加入轴心国而使出了遮遮掩掩的威胁和模糊的许诺等手段后,希特勒把南斯拉夫摄政王保罗请到贝格霍夫亲自向他施加影响。

希特勒向他保证,南斯拉夫的领土会保持完整。这一承诺虽然有诱惑力,但保罗说,要做出决定还是非常困难的。这里有三个个人的问题:他夫人有希腊血统,她对英国抱有同情,以及他本人对墨索里尼抱有敌意。摄政王走时并未留下肯定的回答。3天后——对希特勒而言,这是无休止的等待——他回复说,假若南斯拉夫无须提供军事援助或允许德军从其领土上通过,他便准备签署三国条约。这是不能令人满意的。但希特勒按捺住怒火回答说,这些条件他都接受。这次的妥协却出乎意料地遭到拒绝。南斯拉夫不愿做任何会将它卷入战争的事情,这场战争"可能与美国甚至苏联打"。

到3月中旬,南斯拉夫不愿屈服的态度已经明朗化。元首所受的压力也显而易见了。3月16日,元首在柏林战争博物馆"纪念日"上发表的讲话便表明了这点。"他脸色难看,面容憔悴,"路易·罗希纳回忆道,"他的皮肤灰白,双眼失去了通常具有的光芒。他身上打满了操劳和担惊受怕的烙印。但是最引人注目的还不在于此。令我吃惊的是,在宣读与这种场合相适应的讲稿时,他竟是如此一本正经,如此漠不关心,如此心不在焉。"他宣读这篇简单的讲稿时,好像很厌烦,根本不想去激发数以百万计的听广播的听众。

次日,南斯拉夫风云突变。加冕议会同意签署三国条约,惹起公众一片愤怒的抗议声。三名部长辞职以示抗议。接着,空军的高级军官领导了一次起义。3月27日拂晓,叛军推翻了政府。年轻的王位继承人彼得当上了国王。

当天上午,在柏林,希特勒正在自我庆贺南斯拉夫问题已圆满解决。他刚收到的一封电报说,对南斯拉夫接受新条约一事,当地居民"普遍印象深刻",政府"已完全控制了局势"。11时55分,正当他准备与日本外相松冈举行一次重要会谈时,他又收到贝尔格莱德拍来的一封电报。当希特勒读到"前政府成员均已被捕"时,他还认为这是个笑话。接着,他便怒火满腔。眼看到手的胜利在最后一分钟被人抢了去,这是无法忍受的。这次,他真是发火了。他觉得,这是对他的"人身污辱"。他高声喊叫,令三军首脑立刻到总理府报到;给正在威廉大街与松冈外相会谈的里宾特洛甫发了个加急电报;然后便突然闯进会议室——约德尔和凯特尔每天在这里听取汇报。希特勒挥舞着电报喊道,他要消灭南斯拉夫,叫它永世不得翻身!

像一个刚被接受便被抛弃的情人一样,他越说越生气,越说越激动。他发誓,他将立刻从北面和东面同时进攻南斯拉夫。凯特尔抗议说,这个野心勃勃的计划是不可能实现的。由于部队已按计划好的最大铁路运输量开始行动,"巴巴罗萨"的限期不能再延期了。另外,保加利亚的李斯特的兵力太弱,对付不了南斯拉夫,而只有傻瓜才会指望从匈牙利得到援助。

"我把勃劳希契和哈尔德叫来的原因恰恰在于此。"希特勒说,解决的办法要他们来找,"我要一举横扫巴尔干半岛——是让人们好好认识认识我是谁的时候了!"

勃劳希契、哈尔德、戈林、里宾特洛甫以及他们各自的副官们,三三两两地前来参加会议。大家诚惶诚恐地听着。希特勒声音嘶哑,用复仇雪恨的语调宣布,他决心"在军事上把作为一个国家的南斯拉夫消灭"。里宾特洛甫反对,说应先给南斯拉夫发个最后通牒。希特勒冷冷地答道:"你就是这样看待时局的吗?南斯拉夫是善于颠倒黑白的。他们当然会说他们没有好战的企图,但一旦我们把军队开进希腊,他们就会背后插刀。"他喊道,进攻必须尽早开始!"对南斯拉夫进行无情打击,这在政治上是非常重要的。在军事上,则采取闪电战将它消灭。"这可把土耳其和希腊吓住了。戈林的主要任务是消灭南斯拉夫空军的地面设施。然后,才用"轮番进攻的办法"消灭首都。

希特勒迅速地将他仓促召来的匈牙利和保加利亚两位部长打发走了。他与匈牙利部长的会见只有15分钟。在会见中,他把对贝尔格莱德起义的评价用一句引语概括:"上帝欲消灭者,他们必先疯狂。"接着,他便做出一个承诺:"在这场危机中,匈牙利如能助一臂之力,它便可拿回垂涎已久的巴纳特地区。对匈牙利而言,这是唯一的机会。舍此,它多年也不会有此良机。相信我,我并不是在装模作样。我不言过其实。我为自己说的话负责。"

第二次的会见只有5分钟。希特勒对保加利亚部长说,南斯拉夫事件使他心头的一块大石放下了。"对那里的事情,我久久拿不定主意。这下可好了。"他说。接着,他便用马其顿作为诱饵,诱使保加利亚继续与轴心国合作。慷慨的赠予——别人的财产——的话音未落,希特勒便怒火满胸。"暴风雨,"他喊道,"将降临南斯拉夫,来势的迅猛将使这些先生目瞪口呆!"

由于进攻的命令业已发布,加上两个犹豫不决的盟友又被买通,希特勒便于当天下午会见了日本的使者。希特勒希望能使美国不参战。他建议,日本最好夺取新加坡,并速战速决。因为此机若失,则时不再来。他补充说,由于德军力量强大,日本用不着害怕俄国会在满洲发动进攻,与日本抗衡。

日本外相,俄勒冈大学的毕业生松冈,故意慢吞吞地用英语做了回答。他说,他坚信,德国的建议是正确的,"但在目前,我不能代表日本做肯定的回答。"希特勒很是失望。松冈看出了这点,连忙说,他自己是支持这一行动的。说真的,松冈是急于采取这个行动的——为了证实他对于新加坡问题所做的保证不会过于仓促鲁莽,他早已派出纳吉对新加坡进行侦察。这样一来,每当希特勒提到英国的这一堡垒时,他都不得不支支吾吾。在接受了一幅富士山的画卷后,戈林开玩笑地保证,"如果日本拿下了新加坡",他就要去看看富士山的真面目。日本的特使松冈朝性情暴躁的纳吉上校点点头说:"你得问他。"

松冈喋喋不休地说,他希望在最近的将来能与斯大林签订一项条约。里宾特洛甫说:"此时此刻你怎么能与苏联签订这种条约?你要记住,苏联是不会白给人家东西的。"这话使松冈好生奇怪,因为要搞四大国条约的想法是里宾特洛甫对他说的。纳吉认为这是个警告,但松冈仍兴致勃勃,即使奥深玛大使私下告诉他,苏德两国有可能很快交战时,他仍兴致盎然。

与松冈会见后,希特勒一天的日程仍未结束。他签发了第 25 号命令,号召同时进攻南斯拉夫和希腊。当天午夜,他把南斯拉夫一事告诉了墨索里尼。"说真的,我现在并不认为这一局势是灾难性的,"他写道,"但是,局势仍然很困难。就我们而论,我们必不可犯错误,以免最终危及整个局势。"所以,他便采取了一切必要的措施,采用必要的军事手段,对付正在发展的危机。"总理,我现在紧急地请求你,在今后数天内切不可在阿尔巴尼亚进一步采取军事行动。"在客气地提醒对方切不可再进行无望的冒险从而危害局势后,他要求"绝对保密",并在这四字下画了一道,以加重其重要性。

这封既客气又拘泥形式的信强调了两人之间的新的关系。在希腊和非洲的冒险遭到失败后,墨索里尼已不再是"老大"了。在元首眼中,他身上已打上了不可原谅的、失败的记号。希特勒所受的委屈是可怕的——虽然仍可争议:希腊战役的破产,不但推动了英国在利比亚成功地发动反攻并使佛朗哥不敢支持直布罗陀战役,而且迫使德国在最不适宜的时刻去对付反叛的南斯拉夫。"巴巴罗萨"不得不向后推迟最少一月。

希特勒虽然将"巴巴罗萨"计划推迟的责任推给南斯拉夫战役,但是,陆军装备的大大不足——他的责任——却是更加主要的原因。无论如何,希特勒并未把计划的推迟视为灾难,尽管他有这个恐惧:"我生怕俄国人会采取主动,发动进攻。"但是,当他把主要将领召至总理府并向他们宣布进攻的确切日期以及——这是更加重要的——就"两种相反的意识形态之间的斗争"向他们训话时,他似乎并不担心。3月30日上午11时,执行"巴巴罗萨"计划的几个高级将领,连同他们的参谋人员,都集中在内阁的小屋里——那里已放好一个讲台。与会的200余人,按军阶和职务的高低,坐成几个长列。希特勒是从后面进来的。一阵椅子的挪动声后,与会者肃然起立,待希特勒走上讲台后,众人方才坐下。他表情很严肃,谈到了军事和政治形势。在4年内,美国不可能达到生产和军事力量的高峰。因此,现在是在欧洲进行大扫除的大好时机。他说,与俄国的战争是不可避免的,坐着等待是灾难性的。进攻将于6月22日开始。

他说,延迟是不可能的。原因是,没有一个继承人能有足够的权威去承担发动这一战争的责任。他,只有他,才能在欧洲屈服之前阻止布尔什维克这架压路机的滚滚向前。他号召众人起来将布尔什维克的国家一举毁灭,并消灭红军。他还保证说,他们将很快取得胜利,辉煌的胜利。唯一的问题是如何处置被征服了的俄国人,如何对待战俘和非战斗人员。

军方的首领们僵硬地坐着,一动不动,脑子里在想着自己会不会被派去执行这项计划。这些人都是职业军人,对希特勒在征服波兰后对波兰犹太人、知识分子、牧师和贵族所采取的残酷措施十分反感。他们的恐惧又因希特勒的又一个大声恐吓而加深了:"对俄战争,绝不能讲什么义气!这场战争是意识形态和种族差别的战争,必须用空前的决心去打。要毫不留情,坚决不发慈悲!"会场上未出现反对意见,就跟入侵波兰时一样,连无意的反对意见也未听到一声。

那天上午,希特勒要求他的军事将领,将战士的荣誉拿出来妥协,使他们蒙受了最后一次的屈辱的考验。与许多一如希特勒既憎又怕犹太人和斯拉夫人的人一样,他们也不大愿意加入他的"十字军"。今天,他们认为只为补偿在战争中得到在凡尔赛失去的俄国领土的生存空间业已退居幕后,希特勒的真正的入侵理由已昭然若揭:消灭布尔什维主义——就是说,消灭犹太人。

与此同时,对南斯拉夫和希腊的入侵准备已告完成。在贝尔格莱德街头,每天都发生示威游行。其中,有些是当地的共产党为执行苏维埃的巴尔干政策而煽动的。事实上,俄国是急于要支持南斯拉夫去反对德国的入侵的,因为它于4月5日与南斯拉夫的新政府签订了一项条约。但这并未令希特勒泄气。次日拂晓,德军以压倒优势的兵力跨过了南斯拉夫的边界。德机开始有计划地轰炸贝尔格莱德——很有意思,希特勒为这次行动取的代号暗语是"惩罚"。苏联领导人与南斯拉夫签订的条约墨迹未干,对此事作的反应是明目张胆的"事不关己",只在《真理报》的后版上刊登德国进攻南斯拉夫和希腊的消息,对于德机对贝尔格莱德进行的24小时破坏性的轮番轰炸也只顺便提了一下。

希特勒警告戈培尔,整个战役将历时两个月。戈培尔将这一消息也转告了众人。这个结论系根据对敌人的力量做了粗略的估算后得出的。不到一星期,德国和匈牙利的部队便开进了与废墟相差无几的贝尔格莱德。在"惩罚"过程中,1.7万名平民死于非命。17日,南斯拉夫的残余部队投降。10天后,德国坦克开进了雅典,希腊战役宣告结束。德军以高昂的能源、燃料和时间为代价,沿着原始的铁路和公路,将29个师开进了战区。在这支庞大的部队中,只有10个师参战,而且6天多来才作战一次。德国是以大锤砸蚊。"巴巴罗萨"的推迟,更应负责的是德国情报机关的惊人的失败,而不是墨索里尼。

入侵巴尔干半岛所付出的代价令希特勒目瞪口呆。但是北非事态的惊人发展,却大大减轻了元首的吃惊程度。埃尔温·隆美尔将军仅以3个师的兵力,攻破了昔兰尼加,离埃及只有几英里之遥。这次胜利令希特勒和敌人都同样惊奇。它抵偿了英国对地中海东部的占领,破坏了英国的威望,也说服了斯大林与德国保持良好的关系——虽然也受到挑衅。苏联领导人除了对巴尔干半岛发生的侵略视而不见外,对希特勒正计划入侵他的国家的谣传亦充耳不闻。许多消息来源处,包括美国国务院,都向他提出了警告,在莫斯科的外交人士已在公开谈论即将发生的冲突。"这样,美国大使斯坦哈特的夫人(犹太人)说,"一个德国外交官向柏林报告说,"她想在军队开进莫斯科前离开那里。"

几个月来,苏联自己的情报机关也在预言德国将进攻苏联。但是斯大林并不相信他自己的情报人员。随着报告的增加,他的偏执也与日俱增。他相信,德国若不先与英国议和,便不敢进攻苏联。他认为德国不会如此愚蠢,这些谣言纯属西方资本主义国家的捏造,这些国家希望在他和希特勒之间渔利。在捷克特工人员发来的一份令人瞠目的报告上,斯大林用红笔批道:"这情报系英国的挑衅。务必查清其出处并惩罚罪魁祸首。"

耶列绵科元帅在他的回忆录中,也证实了斯大林的无理怀疑,"他未能在整条战线上采取紧急或决定性的防卫措施的原因就在于此。他生怕相信这些谣言,便会给希特勒分子一个口实,他自己的希望是让资本主义和纳粹互相毁灭。无论如何,在红军得以全面武装以前,他不想去惹希特勒进攻。"

对抚慰日本,他也同样急切。对刚从柏林前来的日本外相松冈,他待之如贵宾。在签订中立条约后,他公开表示高兴。在克里姆林宫举行的庆祝宴会上——是在贝尔格莱德陷落当天举行的——斯大林亲自端着盘子给日本的几个使者送菜,拥抱了他们,吻了他们,还在他们周围跑来跑去。这份条约是他的外交策略的胜利,令人信服地证明,对德国将进攻苏联的谣言,他完全可以不予理睬。若德国有进攻苏联的想法,它当然不会允许日本与苏联签订这种条约的。

斯大林兴高采烈,亲自送日本代表团上月台,醉醺醺地与日本人道别。他拥抱了纳吉将军,还将个子矮小的松冈搂在怀里,给了他几个亲吻。"在欧洲并没有什么可怕的,"他说,"因为日苏已签订了中立条约!"

几分钟后,也就是日本人乘坐的火车开出站台后,他一手搂着德国大使冯·德·舒伦堡,说:"我们一定要继续当朋友。你现在的一切工作都要为了达到这个目标!"他转身看见一个上校,当知道他也是德国人时,便吼叫道:"我们会继续当你的朋友——不管发生什么事情!"这里,他所指的或许是诸多德国飞机飞越俄国领空一事。因为在过去两周来,这类事件便发生过 50 起。然而,在拥抱了舒伦堡后仅两天,由于一架德国飞机在深入苏联领空几乎 100 英里后紧急着陆,斯大林便采取了行动(机上发现一架照相机,几卷未曝光的胶卷和一张破烂不堪的苏联地形图)。苏联向柏林正式提出抗议,并称,自 3 月底以来,德机入侵苏联领空的事件就达 80 起。即使如此,抗议的调子还是温和的。对继续如潮水般涌来的情报——最新的一份是英国大使克里普斯提供的,他预言希特勒将于 6 月 22 日发动进攻(长期以来,英国情报机关的"超级"机密就试图将重要的情报转给苏联而不泄露其来源)。"为此,"休·特里沃-罗帕回忆说:"我们在莫斯科专门设了一个联络官。但是,由于得不到苏联人的信任,他无法与俄国的有关人士联系。我记得,他有一次告诉我,他接近苏联人最成功的一次,是在剧场里一位俄国将军向他招手。"

"与在伦敦的俄国人打交道,我们倒幸运一点,"阿舍尔·李说,"我们把'超级'机密的主要情报给了他们。"李与五花八门的人物来往:苏联秘密警察的一名军官、空军武官、飞机试飞驾驶员、一名戴上校军衔的最高苏维埃成员。但是,这些人也疑心重重。据李称,"他们实际上置'超级'机密的情报于不顾,至少在斯大林格勒战役之前是这样。"——依旧置若罔闻。

在德国外交部,虽然人人都认为对苏联的进攻迫在眉睫,但直到此时希特勒才将"巴巴罗萨"一事告诉里宾特洛甫。快快不乐的外长"要求再向莫斯科展开一次外交行动,但希特勒不允许再改变行动方针"。他禁止里宾特洛甫与任何人讨论此事,然后便向身在莫斯科的冯·德·舒伦堡大使保证:"我并不想与俄国交战。"两天后,希特勒再次确定了进攻的日期,即克里普斯提过的 6 月 22 日。

至此,德国要与世界上最强大的武装力量角力,这已用不着怀疑了。但是它并没有一个得力的盟友。日本远在天涯；意大利又有缺憾；西班牙坚决不妥协；维希的法国又靠不住。胜利反而削弱了希特勒的联盟。他对他国的轻易征服令他的所有朋友——包括南斯拉夫、匈牙利和罗马尼亚这些小朋友在内——都很不安。他的唯一力量就是陆军，而对一个征服者而言，只依赖武力是个致命伤。打赢战争，靠的是政治，不是武器。拿破仑从英国人那里得到了这条痛苦的教训——英国人有这个传统：宁愿输掉几仗，却要打赢战争。在欧洲大陆上，英国打输了对德的战争，却赢得了英联邦各国的支持和美国的援助。

希特勒想在东方取得胜利的唯一希望是与苏联内部数以百万计的反对斯大林的人结成联盟。但是，除非他听从罗森堡集团的劝告，即温和地对待他们，否则，他不但会丧失建立一个真正的"大联盟"的最后一个机会，而且还会把潜在的盟友变为残忍的敌人。

希特勒的三军将领开始时虽被他入侵俄国的想法吓得魂飞魄散，但至此时，大家都与他一样，相信胜利会很快到来。众将领的一致意见是，这场战役将在三个月内胜利结束。勃劳希契元帅对这一估计大大加以削减。在"最多经过四个星期"的主要战役后，他预言，战争将转为扫荡战，"抵抗力甚微"。头脑顽固的约德尔同意此说，并使瓦尔利蒙不敢作声——原来，瓦尔利蒙曾对此武断之说提出过疑问："事实将证明，俄国巨人不外乎是个猪小肚，一捅即破。"

据古德里安将军说，元首的"毫无根据的乐观情绪，成功地感染了他身旁的军事将领。最高统帅部和陆军总司令部稳如泰山，对冬季到来前取得胜利满怀信心。所以，在陆军中，寒衣只准备了五人一套"。在高层中当然也有叛逆者。从一开始，里宾特洛甫和海军上将雷德尔便反对"巴巴罗萨"。凯特尔也持有严重的保留意见，但他学会了不发表反对意见的本领。在希特勒的内层圈子里也有人反对"巴巴罗萨"。鲁道夫·赫斯——仅次于戈林的希特勒的第二号接班人——是完全赞成生存空间理论的，但他反对在德英战争仍继续进行时便进攻俄国。他曾私下对施维林·冯·克罗西克说过，在这场冲突中，唯一得利的是布尔什维克。前一年夏天，他在格鲁纳瓦尔德会见了政治地理学家卡尔·豪斯霍弗教授，决心解决如何与英国媾和的问题。两人就举行和谈的最好方式问题展开讨论,直至凌晨2时。豪斯霍弗建议在某中立城市与某显赫的英国人士秘密会晤。这原是个小小的开端,不料却产生出了一个令全球感兴趣的冒险事件。

一想到未来的秘密任务,赫斯便很兴奋,便把这项计划告诉了希特勒,希望此举能恢复他的正在被削弱的影响。赫斯的职务虽然很高,一年多来,希特勒并未认真考虑过他的意见。"我希望他永远成不了我的继承人。"据说他曾这样对汉夫施坦格尔说过,"我也不知更对不起谁,是赫斯呢,还是党。"但是,他对他的第二个库比席克的爱并未有所衰减,勉强同意让副元首通过教授的大儿子、在外交部工作的艾尔布莱希特·豪斯霍弗进行了解。

多年来就是抵抗运动的成员之一的小豪斯霍弗不在意地对赫斯说,最好与他的英国好友汉密尔顿公爵会面,因为他随时可见到丘吉尔和英王。赫斯高高兴兴地走了。艾尔布莱希特在给父亲的信中说:"这纯粹是白跑。"但是,与此同时,作为一个爱国的德国人,他又决心为谋求与英国的和平而尽力。他致函汉密尔顿公爵,建议他与赫斯在里斯本会晤。他在信中的签名是"A",通过赫斯的弟弟转交给里斯本的一位V. 罗伯茨太太。她将此信转往英国时被查获。信检官将信交给了英国的秘密警察机关,该机关后来便让英国皇家空军情报部采取适当的行动。由于时间已花费了许多,赫斯于是便决定瞒着豪斯霍弗父子和希特勒单独去执行任务。他所要采取的方式极富戏剧性,要使英国人觉得他之所为系一项运动。他计划飞往汉密尔顿公爵的庄园,跳伞着陆,用假名与他进行和谈。他是个飞行专家;在第一次世界大战中,他当过空军军官,是1934年在加米施附近举行的绕德国最高峰祖格施皮茨峰飞行比赛的优胜者。独自飞越敌军防线至苏格兰的遥远的乡间一举,肯定会令第一个飞过珠穆朗玛峰的、年轻的汉密尔顿感兴趣的。"这个决定很难做。"赫斯后来对审讯员说,"我跟前不断出现一条望不到头的盛着孩子的棺材的队伍,后边跟着一长串在痛哭的母亲,有英国的也有德国的。另一条是盛着母亲的棺材队,跟着的是哭丧的孩子们。要不是这样,我想,那个最后的选择我也是做不出来的。"赫斯相信,只有采取这种富有独创性的策略,元首的关于英德联合的梦想才能实现。失败了,这也不会连累希特勒;成功了,他便把功劳归于元首。应该承认,他活着抵达苏格兰的机会是微乎其微的——也许九死一生。但是得大于失,值得冒险。

赫斯坚信,对这样一个新颖的和平事业,希特勒会深表欢迎,却不会允许他冒生命危险去尝试。他不是禁止他在前线飞行吗?所以,保密是至关紧要的。据魏德曼副官说,赫斯是元首"最忠心耿耿的部下"。但这个决定却很幼稚可笑,也很不聪明。赫斯为人审慎过度,其最大的野心莫过于使其主子的事业锦上添花。他双唇紧闭,表情严峻;长就一副宽下颔和一双狂热的眼睛。但他绝不是条顿式的奥力瓦·克伦威尔。他一笑,严酷便消失了。

就是这个帕西法尔①,这个无判断力的文人,这个忠心耿耿的臣仆,正是他,唤起了飞往敌人后方的梦幻,坚信这是在执行其主子的真正的意志。这项计划虽然杂乱无章,准备工作却做得井井有条。他说服了航空工程师威利·梅萨施密特,以练习飞行为由,借来一架ME-110型双座飞机,还对它评头品足,说航程不远云云。他说,应该在双翼上各装一个700升的副油箱。梅萨施密特勉强装上副油箱后,赫斯又叫他装上特别无线电设备。末了,赫斯便以娱乐为由,做了20次飞行,掌握了改装后的飞机的性能。与此同时,他违反战时规定,搞到了一套皮制飞行服,从波尔(希特勒的飞机驾驶员)那里弄到一幅航空禁区密图,还在慕尼黑郊区的家里装了一个新电台。

后来,他在狱中给妻子写信说,那时,他可能"已不很正常。因为我老念念不忘飞行及其目的。它老缠住我。其余的,我好像视若无睹或置若罔闻……"在5月上旬的那些日子里,他是在仪器仪表、汽缸压力、活动油箱、辅助气泵、冷却温度、无线电轴承……的世界中生活的。

他的秘书希尔德加德·法特发现,她说话时赫斯常常心不在焉。他的妻子也同样注意到他有心事。但是,更使她惊奇的是,他常与4岁的儿子在一起玩,所费时间多得异乎寻常。赫斯原极不愿照相,可在不久前,他主动提出父子二人一起照相。这也是令人惊异的。

5月10日,星期六,赫斯起了个大早。一听天气预报说是个好天,他立刻便准备飞行。对妻子,他从未像今天这般殷勤。吃完茶点后,他吻了妻子的手,然后便站在育婴室门口,表情严肃,"好像在沉思,又好像在犹豫不

---

① 帕西法尔,瓦格纳歌剧主人公。——译注

决"。她问他什么时候回来。他说,最迟不超过星期一。妻子脱口说道:"我不信。你不会那么快回来!"她猜想,他此行定是去与像贝当那样的人会晤,他却以为妻子已猜到了真情。他的脸"红一阵,白一阵",不待她再开口,便冲进育婴室,去最后看一眼正在熟睡的儿子。

下午6时,他给副官一封信,叫他转交给希特勒。之后,他便从奥格斯堡机场起飞,朝北海方向飞去。与预报相反,天气突然转晴,掩护云层消失,他于是便起了返回的念头。不过,他仍向前飞去,发现英格兰笼罩在一层薄雾中。为了寻找隐蔽,他全速下冲,没想到一架"喷火"已跟上他。他甩开了"喷火",以450英里的时速,低空飞过漆黑的乡间,几乎擦着屋顶和树梢。波尔常说,赫斯这种飞行员,是要从机库开机起飞的,而赫斯这个不受约束的飞行员正是带着这种精神朝渐次出现在前方的山头飞去的。这山可说是他的导航站。他贴着山坡爬高,又贴着另一面山坡冲下,离地面常常只有几码。晚11时光景,他折向东飞,发现一条铁路和一个小湖泊——他记得,这是在公爵住所的南面。他爬至6000英尺的高空(可安全跳伞的高度),关掉发动机,打开座舱盖——猛然间,他醒悟到,自己在精心训练时忽略了一点:"我没问人家如何跳伞,认为这太简单了!"正当他的座机ME-110在下坠时,他想起了一件事:有个朋友曾提到过,应该机肚子朝天。他将飞机一翻,自己便脑袋朝下,靠向心力的作用使自己留在舱内。这样一来,他只见眼前金星乱舞。就在昏过去之前,他脑中闪过一个想法:"很快就要与地相撞了!"醒过来后,他瞥见速度表指针指着零。他跃出舱外,猛拉伞圈。幸运的是,在他失却知觉前,他已不自觉地飞完了半圈环飞,机头已朝上,机尾朝下。这样,他惊奇地发现,自己已安全地吊在半空中。

着陆后,他禁不住身体前倾,摔倒在地,再次失去知觉。一个农夫发现了他,将他交给了"民团"。"民团"又将他送进格拉斯哥的一个兵营。他一口咬定自己是阿尔弗雷德·韩上尉,要求会见汉密尔顿公爵。

直到星期天上午,他的信才交给了身在贝格霍夫的希特勒手中。正当恩格尔在向希特勒做每天一次的汇报时,马丁·鲍曼的兄弟艾尔伯特闯进来通报说,赫斯的副官有急事求见元首。"你没看见我在做军情汇报,不想受人打扰吗?"艾尔伯特被赶了出来。片刻后,脸色白得像纸的艾尔伯特又挤了进去。这次,他说什么也不肯出去了。他说,有件事非常重要,或许非常危险。说完,他便把赫斯的信掏了出来。希特勒戴上眼镜读信。开始时他还不以为然。当他读到"我的元首,当您读到这封信时我已到了英国"时,他一屁股坐在椅子上,喊了一声,声音之大连楼下都能听见:"啊,我的上帝!我的上帝!他已飞到英国去了!"他接下去读到,此次飞行技术上如何困难,他此行的目的是为了进一步推动元首自己拟与英国联盟的计划,他之所以要保密,是因为他明白元首是不允许他这样做的。

"还有,我的元首,如果这项计划失败——我承认,成功的机会微乎其微——命运与我作对,此事也不致为您或德国带来致命的后果,您在任何时候都可否认一切责任。就说我疯了。"

元首气得脸色苍白,令恩格尔把戈林元帅找来听电话。戈林在纽伦堡附近。希特勒喊道:"戈林,立刻到我这里来!"他大声令艾尔伯特·鲍曼把他哥哥和里宾特洛甫找来,下令逮捕活该倒霉的赫斯的副官。接着,他便在室内不停地踱步,心下还愤愤不平。当马丁·鲍曼上气不接下气赶来时,希特勒问,赫斯开ME-110飞机去英国飞得到吗?第一次世界大战时的王牌驾驶员、空军将军乌德特对此问题做了回答。飞不到的,他说,因为它的航程有限。元首喃喃地说:"希望他掉入大海!"

当天,随着时间的推移,希特勒也从生气发展成大怒。那些躲在楼上的几个朋友,一面害怕,一面在猜度,不知发生了何事。此时,希特勒躲在书房里,绞尽脑汁地想搞出个能令人相信的解释来,以便向公众交代。日本和意大利是否会怀疑德国单独与英国议和?他自己的士兵是否会不再努力作战?最糟的是,赫斯是否已泄露了"巴巴罗萨"计划?稿子一改再改后,一项公报终于出来了。它说:"赫斯违反命令,驾机出走失踪,估计已坠毁,他留下的一封信不幸表明,他已有神经错乱的迹象。这便使人们有理由相信,他是幻觉的受害者。"

法特太太是在吃晚饭时听到这个广播的。广播的语调很不友好,不禁使她想到:"他一生忠心耿耿。这就是对他的感谢吗?"她连忙给赫斯的兄弟阿尔弗雷德打电话。两人在电话中便对各种可能性进行推测。赫斯夫人在和众司机、仆人和副官一起看电影时被最年轻的一个副官叫了出去。他懊丧极了,叫她立即把衣服穿好。由于这个要求太愚蠢,她心头不觉一惊。一听说电台在推测她丈夫已死,她便生气地答道:"胡说八道!"她不相信会有惨剧发生,立刻挂加急电话去贝格霍夫,想与希特勒通话。但接电话的是鲍曼,说,他一点消息也没有。她不相信他,因为她了解她丈夫的助手。她挂电话至柏林找到了阿尔弗雷德。他也不相信鲁道夫已死。

还未有消息从英国传来。赫斯已向汉密尔顿公爵承认了自己的身份,给他讲述了自己此行的任务,以及他如何与艾尔布莱希特·豪斯霍弗商议,试图在里斯本与他会晤,等等。汉密尔顿立刻去见丘吉尔。丘吉尔说:"什么赫斯不赫斯,我看完《马克斯兄弟》再说。"看完电影后,首相才详尽地询问赫斯的情况。

在德国广播赫斯失踪的消息后几小时,英国终于透露,赫斯已抵达英格兰。没有任何细节。其时,德国报界正准备刊登广播稿。由于伦敦已有消息传来,他们便不得不搞个更加详尽的官方说法出来。这项公报于13日星期二面世,一方面承认副元首已在英国着陆,另一方面又对其精神状态添枝加叶:

> 党内人士尽悉,近年来,赫斯曾数度身染重病。近来,为了减轻肉体痛苦,他不断求助于催眠术师和占星学家所施的各种法术。现正在判定,此等人士对导致其出走的精神错乱应负何等责任……

这种说法在德国产生的混乱,延至最高层。戈培尔对其人员说,"目前,我们的任务是保持缄默,不作任何反应,不作任何解释,不参加论战。今天下午事态便能澄清。我会从上萨尔茨堡发出详细的指示。"他试图向他的人保证,赫斯的出走,虽然应承认是令人尴尬的,但从未来看,仅是一个戏剧性的插曲而已。"然而,我们无理由灰心丧气,或认为无法渡此难关。"

会开完后,戈培尔便飞往贝希特斯加登,参加地方长官和帝国长官紧急会议。鲍曼宣读赫斯留言完毕后,元首露面了。汉斯·弗兰克已多时没见到希特勒了,看见元首"满面愁容",不禁大吃一惊。关于赫斯出走一事,元首开始还讲得"心平气和,断断续续,表现出非常忧郁"。但是,过了不久,他的语调便变了,变得很生气。他说,赫斯的出走,完全是疯人之举。"首先,赫斯是个叛逃者,如果我抓到了他,与一般卖国贼一样,他必须为此举付出代价。再者,我本人觉得,赫斯受他身边的占星术士的影响很深。所以,结束所有夜观星相者胡闹的时日已经到了(被怀疑为赫斯的占星术士、神秘论者等的人都因此遭大规模逮捕。属神秘呼神唤鬼、千里眼、精神传导、占星等性质的表演,一律被宣布为非法)。由于赫斯的疯狂之举,我们的地位虽未动摇,但也被搞得十分困难,尤其是对本人的信念——我的信念,在这场反对国家社会主义的敌人即犹太人的战争中,胜利属于我们的洁白的旗帜。"他的听众早已听说赫斯对养狮子的兴趣颇浓,还服用各种疗法的药物,又对占星津津有味,便相信他确已神经错乱。然而,他们也同一般公民那样在思考:既然如此,希特勒何故仍让他留任重职?

对行将发动的对俄国的入侵,以及赫斯可能已将此事泄露给英国人一事,元首对他的几个党的领导人竟只字未提,这是颇有些意义的。他无须忧虑。尽管汉密尔顿和艾冯·寇克派特里克爵士对他进行严格讯问,赫斯仍一口咬定"现在流传的关于希特勒正考虑早日向俄国发动进攻的谣言,是毫无根据的"。希特勒所需要的是与英国媾和。他说,他此行是获希特勒准许的,目的在于"说服(英国的)负责人士,既然英国打不赢这场战争,最明智的办法莫过于现在就讲和"。

艾尔布莱希特·豪斯霍弗听到赫斯出走的消息后,立刻跑进他父亲的书房。"我们竟与这样的傻瓜谈政治!"他喊道。英国人是不会在如此荒唐可笑的情况下与这样一个人打交道的!他父亲同意此观点,他阴郁地说:"这种牺牲既可怕又毫无意义。"小豪斯霍弗受命前往上萨尔茨堡,在监管下给元首写书面报告——元首不愿见他。这份报告以"与英国人的联系以及应用此种联系的可能性"为题,较详尽地讲了实情,但又不连累其抵抗运动的一些朋友。艾尔布莱希特谈到了他与汉密尔顿的关系和在赫斯的请求下给汉密尔顿写的信。他还说,由于他在英国有着广泛的联系,将来若与英国谈判,他是个少不了的人物。这份报告劝说希特勒勿仓促采取行动。希特勒下令将小豪斯霍弗送至柏林艾尔布莱希特王子大街的盖世太保监狱,以便进一步审讯。他父亲虽获得宽恕,却使希特勒特别愤怒。"这个带犹太色彩的教授对赫斯问心有愧!"他说。他还责怪自己未早日采取措施,"将慕尼黑那一窝子分开,让他们闭口。"

与赫斯有关的其他人——他弟弟阿尔弗雷德,他的几个副官、警卫员、秘书和司机——都被逮捕。伊尔塞·赫斯未遭监禁,但鲍曼却尽力让她受辱。鲍曼尽量与其前主子疏远。他改变了他的两个孩子鲁道夫和伊尔塞(随赫斯夫妇取名)的第一个名字,为他们指派了更加合适的教父母。他被选为赫斯的继任人后,将凡能勾起人们对其前主子的回忆的东西全部荡涤净尽。赫斯的所有照片,以及凡印有他的照片的书籍和官方文件,全被销毁。他甚至要没收赫斯的房子,但此举连希特勒都觉得过分。希特勒拒绝在下令没收的文件上签字。

贝格霍夫顶楼上的客人们终于被释放了,但谁也不敢提起出走英国一事。有人故意问,为何赫斯的副官不来吃饭? 鲍曼回答说,他已进了监狱——"他不会再出来了"。恩格尔在他的日记中评论道:"敢在这个蜂窝前走来走去的,只有鲍曼一人。我们都认为,他以为这是他横行的时刻。"在英国,政府决定不向公众公布对赫斯审讯的情况,最好是让纳粹自己去猜。5月16日晚,赫斯被秘密押往伦敦塔,成了世界上最著名的战俘。几天后,A.P. 赫伯特用诗歌的形式,总结了英国人对赫斯的看法:

> 他疯了。他是和平鸽。
> 他是基督,他是希特勒的侄儿。
> 他是他们最诚实的一员。
> 他是他们最狠的杀手。
> 他是维护人类的使者。
> 他不是酒鬼,他是"瞎子"。
> 他自十岁起就成为疯子,
> 但历来是希特勒的高士……

对赫斯的出走,斯大林比墨索里尼更加担心。据墨索里尼的女婿说,他"对此事表示高兴,因为它能使德国股票下跌,即使对意大利人也如此"。克里姆林宫里的人们听到有入侵的谣传,怀疑英国真的在与希特勒玩弄阴谋。他们实行了新的规章制度:除极少数情况外,外国人不准到莫斯科城外旅行。

希特勒虽然万分生气,但对几名亲信私下说过,对赫斯自愿牺牲自己去执行如此危险的任务,他深表尊敬。细想之下,他省悟到,他的副手的冒险出走,完全是为了他。希特勒并不相信赫斯已疯;他只是太笨,看不出自己犯了一个多大的政治错误。

这个较清醒的看法,后来得到了证实。几个月后,布鲁克曼太太的丈夫逝世。希特勒安慰她说:"我们都有各自的坟墓,我们也变得越来越孤单。但是,我们得克服一切,继续活下去呀,我亲爱的贵夫人!在我周围的人中,只有两人是我内心真正喜爱的:托特博士("西壁"和高速公路的建造者)和赫斯。这两人都不在了。托特已去世,而赫斯又从我身旁飞走了!"

"你现在对我说这些了,"据报道坦率得有名的布鲁克曼太太回答说,"但是,你的官方报纸说了些什么?年复一年,我们都前往白莱特,而且深受感动,但是谁明白它的真正意义?当我们的不幸的时代产生了一个像死亡将士引进万灵殿的婢女瓦尔奇里一样的人物时,一个能深刻了解华通命令的意义的人物,一个追求用英雄的胆略和自我牺牲的精神去实现你最神圣的愿望的人物时,他却被说成是疯子!"说了这番话后,她原以为会遭到元首的反驳,但他一声不吭,闷头沉思。"关于我的真实的感情,我给你说的——只对你一个人说——难道还不够吗?"他最后说,"你还觉得不够吗?"

至于赫斯,他的所作所为已足够了。他在伦敦塔里给他的妻子写信说,他很高兴能飞往英国,因为有一种他称之为"顽固的龙"的欲望在驱使他,死死地缠住他。"不错,我一无所成。我无力阻止这场疯狂的战争,阻止我眼见着要发生的事情。我未能拯救人民,但一想到我试图这样做时,我就很高兴(作为一种报答,赫斯——魏德曼称之为纳粹领导人中"最正直的人"——已在孤独的囚禁中度过了30多年。他是施潘道狱中盟国的最后一名犯人。在过去的那些年代里,一张大桌将他与探监者分开。他从未获允与亲人接吻或拥抱)。"

在得悉赫斯出走的次日,希特勒便发布了两道镇压的法令。第一道法令宣布,在即将到来的入侵中,凡持武器反抗德军的俄国人,均系不法分子,可以格杀勿论。另一道法令则授权希姆莱执行"两个相反的政治制度之间的斗争所产生的特殊任务"。希姆莱可以不受陆军制约而独立行动,"自行负责"。任何单位均不得干预。"政府和党的最高人士"不得进入业已占领的俄国领土,因为在这些地区里,被称之为"特别行动队"的党卫队的特别暗杀队,将对犹太人和其他捣乱分子进行"清洗"。

这两道法令使艾尔弗雷德·罗森堡发愁——不久前,他已被任命为"东欧问题中央控制委员会"专员。罗森堡本人是波罗的海地区人,认为应把苏联人当作反斯大林分子,而不该当作帝国的敌人对待。他对希特勒说,他们会欢迎德国人的,会把德军当作把他们从布尔什维克——斯大林暴政下解放出来的解放者看待的。我们应该信任他们,给他们一定的自治权。每个加盟共和国都应区别对待。例如,乌克兰"应是与德国联盟的独立国家",但高加索却要由一名德国"全权大使"统治。

罗森堡坚信,在东方采取高压政策,势必毁灭生存空间的精神。于是,他便草拟了一份备忘录,上书希特勒,反对这两道法令。如果不使用现在在治理苏联人的文官和行政官员,德国怎么能在占领区建立起一个文明政权?他建议,只"清洗年老的或暮年的官员"。希特勒未作肯定回答。希特勒的特点是,他不愿积极参与希姆莱和罗森堡的权力之争——这种斗争,只要德军一跨进苏联,势必发生。在这场权力角逐中,正在国社党内飞黄腾达的新星鲍曼将是一个决定性的因素。他已加盟希姆莱。

与此同时,"巴巴罗萨"的最后准备工作在继续进行。5月20日,海军上将雷德尔告知希特勒,他将停止向苏联交付重要的原料。事实上,在此之前,从东方来的到货很多,而运往苏联的货物已相对减少。除150万吨粮食外,苏联交付了10万吨棉花、200万吨石油产品、150万吨木材、14万吨锰和2.5万吨铬。斯大林虽然怀疑赫斯出走一事,但仍急于抚慰希特勒,批准用快车从远东向德国运送重要原料(例如铜)。

同一天,舒伦堡会见了莫洛托夫。早些时候,舒伦堡曾猜测,斯大林新近巩固政权之举,只意味着苏联的外交大权完全掌握在斯大林手中。此次会见加强了他这个看法。在汇报中,舒伦堡对"巴巴罗萨"避而不谈,只是说，在过去几个星期中，苏联对德国的态度大有改善。但是，无论是海军上将还是外交官员，都无法再说服希特勒。5月30日，即德国军队从英国人手中夺得克里特岛后3天，雷德尔敦促希特勒向埃及和苏伊士运河展开大规模攻势，试图将他的注意力从东方引开。他敦促说，打击，此其时也。若有援军，隆美尔将军定能取得决定性的胜利。他说："这一招，对大英帝国来说，比夺取伦敦更为致命！"

这种劝告希特勒是不会听了。"巴巴罗萨"已在行动，除了大祸临头，否则什么也无法将它推迟。他最关心的莫过于保密。一年前在比利时的不幸至今仍令他心有余悸，所以，时至今日，他们未将入侵俄国一事通知墨索里尼。6月2日，当他与他的年长的盟友在勃伦纳山口会晤时，他还大谈迫使英国投降（此次将使用潜艇）的决心、赫斯的出走以及巴尔干半岛的形势。对"巴巴罗萨"，他只字不提。这不但是为了保密，而且是因为墨索里尼曾明确告诫希特勒不要进攻苏联。这已成了德国的"痛脚"。

"巴巴罗萨"最后阶段的准备工作开始时，通往东部的公路和铁路线非常繁忙。6月6日，希特勒将日本大使大岛召至贝希特斯加登，并向他透露，由于苏联侵犯边境，大量德军已开往东部。"在这种情况下，"他说话时的信心给大岛留下了深刻的印象，"我们之间的战争或许是不可避免的。"在大岛看来，这等于是宣战，于是便立刻警告东京，（德国）入侵俄国已迫在眉睫。

这是对元首很有意义的一天。他命令冯·勃劳希契元帅起草一份指示，宣布消灭所有被俘的苏联政委，因为这些人代表了与国家社会主义完全相反的意识形态，以便把发动一场残酷的意识形态之战的威胁合法化。他的总司令激烈地反对。

希特勒简短地说："我并不要求诸位将军理解我的命令，但我要他们执行。"这项指示的措辞是不可能被误解的。"这些政委是野蛮的亚洲战法的发明者，因此，必须从严从速予以处置……不管是否在战争中或抵抗中被俘，均应立即枪决。"这道源于意识形态的命令，将由陆军和希姆莱的特别行动队共同执行。而这道命令由最高统帅部发布这一事实，对希特勒而言，是对军方的另一次胜利。它把军方与他的政治纲领捆在一起，将他们变成不心甘情愿的同谋,同党卫队一起,去完成未来的宏伟计划。

为达到这一目标,他必须首先消灭红军。为此,他又必须得到与苏联交界的可以信任的各国的帮助——这些国家,由于对布尔什维主义抱有恐惧和仇恨,也有自己的账要与斯大林清算。被迫接受苛刻的条款以结束与俄国的短暂的流血战争的芬兰人,用不着多少言语,便愿意参加这次远征。6月8日,德军步兵师的先头部队便在芬兰登陆。两天后,曼纳兴元帅下令部分动员。希特勒也信任罗马尼亚;6月11日,他私下对伊昂·安东奈斯库将军说,他决定进攻俄国。他说,他绝不是要求安东奈斯库援助他打这样一场战争,"仅仅希望罗马尼亚能为自己的利益,尽力为成功地结束这场冲突提供方便"。由于对未来的战利品和军事荣耀动了心,罗马尼亚的独裁者便匆忙宣布,从第一天开始,他便参加战斗。

6月14日,苏联特务佐尔格从东京发出一个明确的警告:"战争于6月22日开始。"但是,斯大林仍不相信这一警告或其他类似的情报。虽然心存疑惧,斯大林依然自信,不到1942年,战争是不可能发生的。于是,就在同一天,他命令塔斯社发表一项公报,对各种战争的谣言进行嘲讽:"所有这些不外乎是仇视苏联和德国的势力和对扩大战争感兴趣的人们的笨拙的宣传而已。"由于这个声明信心十足,在前线的红军中,紧张的情绪居然有所缓和。

在柏林,精选出来参加战斗的军官们陆续来到总理府,听取一次特别训话并参加午餐会。至此,每人对自身所受命令均已心领神会,对希特勒强加在敌人头上的惨无人道的做法也不再说什么(虽然不太愿意)。下午2时,众人休会共进午餐。这顿饭,与在总理府吃的许多次饭不同,大家吃得既香又轻松愉快。当希特勒登上讲台,以劝说的口吻讲述发动"巴巴罗萨"战役的必要性时,室内的同志式的友好气氛依然未消。希特勒说,俄国的崩溃将导致英国的投降。

6月17日,最后一个信号发出了,再次肯定6月22日,星期天,凌晨3时半开始①。就在那天,有个德国下士,因为打死了一个军官,害怕被处决,

---

① 即进攻时间。——译注

越过前线向苏军投降。他透露,进攻将于6月22日拂晓开始。听到这一消息后,前沿的军官都深为忧虑,但负责指挥的将军的反应是:"慌也没有用。"

零时快到了,希特勒显得镇静而有信心。20日,星期五,他把弗兰克——原是他的私人律师,现在是波兰占领区总督——找了来。"我们与苏联正面临一场战争。"他说。对方一听,惊得目瞪口呆。希特勒连忙说:"镇静!"他保证,德国的进攻部队将很快通过弗兰克的地区。弗兰克还要反对,希特勒挥手让他住口。"我很理解你的问题。但我一定要你与希姆莱达成谅解。"他这里说的,是指他们关于如何处理占领区的看法分歧,"我再不能容忍分歧了。你们两人必须达成谅解。"当晚,希特勒向士兵们发的通告被秘密散发了出去。在黑暗的掩护下,尖兵开始向前移动。至21日拂晓,300多万德军已各就各位,摆好了进攻的架势。

在伦敦,回国磋商的克里普斯,也敲响了希特勒即将入侵俄国的警钟。"嗯,"他对苏联大使迈斯基说,"我们得到可靠的情报,这次进攻将于明日,6月22日发动,最迟不超过6月29日……你知道,希特勒是惯于在星期天发动进攻的。"迈斯基向莫斯科发了一封密码急电。斯大林终于批准向武装部队发布警备令。他还指示驻柏林大使向里宾特洛甫就4月以来德机80次侵入苏联领空事件,提出口头抗议,说这是"有系统的和具有国际性的"事件。

凌晨1时30分即可撤销此次进攻的最后时刻快到时,本德勒大街出现了紧张的气氛。总理府里无话传来。"巴巴罗萨"开始了!在总理府,希特勒正在向墨索里尼解释他为何要发动"巴巴罗萨"战役。"总理,"他写道,"这封信是在这样一个时刻写的:数月来的焦虑和伤透脑筋的等待已经结束了。我作出了一生中最难做出的决定。"他说,苏联武装力量在帝国边境的集结是大规模的,而时间又在敌人的一边,"所以,在绞尽脑汁后,我决定在圈套拉紧前将圈绳砍断。"

对意大利在希腊和非洲的灾难性的冒险,希特勒未予批评,也未暗示有什么别的怨气。整封信的调子是尊敬的,甚至接近恳求,在信的结尾,他几乎是在忏悔,"尽管我们十分真诚地做出努力,以求得最后的和解,但是,与苏联的伙伴关系常常使我讨厌。这是因为,我觉得,它这样或那样与我的出身、我的概念,和我先前的义务格格不入。现在,我高兴了,因为这些思想痛苦业已解除。"

在莫斯科,莫洛托夫刚刚召见冯·德·舒伦堡大使。这位外交委员想给苏联驻柏林大使还未向里宾特洛甫转达的口头照会增加分量。"有许多迹象表明,"他对舒伦堡说,"德国政府对苏联政府不满,更有谣言说,德苏战争一触即发。"这是很令人尴尬的,舒伦堡只能说我将会把你的问题转给柏林。他回到办公室后,与莫洛托夫一样,仍然不知德国将在几小时后进攻苏联。

东线的一名指挥官给士兵宣读了希特勒的训话稿。"多少个月来,不安和焦虑压得我抬不起头来,不得不保持缄默。现在,我终于可以公开向你们讲话了,我的将士。"他谈到了俄军在德国边境的集结,以及对德国边境的许多次的侵犯。让他们与芬兰和罗马尼亚的盟友一起走上"有史以来最伟大的前线"的原因就在于此,"德国的士兵们!你们将要参战了。这是一场艰苦的又是关键的战斗。欧洲的命运,日耳曼帝国的前途,我们民族的生存,现在就在你们的手中了!"

在长达930英里的曲折的战线上,从波罗的海到黑海,300万官兵在洗耳恭听,且信其所云。他们龟缩在战壕里,既恐惧又怀着希望。这天是夏至。夜,是一年中最短的。但是,对那些在鱼肚白光中等候进攻令的官兵来说,真是此夜绵绵无尽期。午夜片刻,莫斯科到柏林的快车隆隆通过边境大桥,开进了德国领土。接着,一长列装满粮食的火车,也是斯大林向其盟友阿道夫·希特勒最后一次交货,开了过去。

在柏林,当晚出现了期望的气氛。各国记者集中在"外国记者俱乐部",希望能从一群外交部官员中得到一点消息。午夜快到了,由于还没有外交部官员前来,记者们便开始回家安歇了。在总理府,由于活动异乎寻常,连像希特勒的新闻发布官迪特里希(他对"巴巴罗萨"一无所知)那样的人也觉得,"这样反对俄国的巨大行动正在发展"。希特勒是人格化的信心。"最迟在3个月内,"他对一名副官说,"俄国将会崩溃,其规模是前所未见的。"但这不过是欺骗而已,与入侵西方的前夕一样,希特勒当晚无法入眠。

6月22日凌晨3时半——刚好是法国贡比涅投降后一年——德军步

兵开始向前移动。15分钟后,硝烟便弥漫了整条东线。炮弹的闪光把鱼肚白的夜空变得如同白昼。长期以来只是一种梦想的"巴巴罗萨",现在成了现实。但是,"巴巴罗萨"的创始人已经开始忧心忡忡。在南斯拉夫的冒险,将"巴巴罗萨"推迟了5个星期。这一推迟所带来的后果,现在慢慢变得不祥了。希特勒是爱好历史的。他也许会想到,129年前的6月的同一天,在向莫斯科进军的途中,拿破仑跨过了涅曼河。

进攻前30分钟,冯·俾斯麦大使向齐亚诺递交了希特勒的那封长信。齐亚诺立刻给墨索里尼总理挂了个电话。由于消息不灵,再加上深更半夜来电话,墨索里尼气得七窍生烟。"我深夜都不去打扰仆人,"他对女婿抱怨,"不过,德国人却能令我翻身下床,不管在什么时刻,而且不加任何考虑。"

在莫斯科,舒伦堡正在赶赴克里姆林宫的途中。德国指责说,由于苏联正准备"从德国背后扑来",元首已命令德国陆军"尽一切力量和办法,反对这一威胁"。舒伦堡大使庄严地宣读着这一声明。莫洛托夫默默地听着,然后痛苦地说:"这是战争。你们的飞机刚才轰炸了近10个不设防的村庄。你认为我们该得到这样的对待吗?"

在威廉大街,里宾特洛甫传下话来,说他将于凌晨4时接见俄国大使。施密特从未见到他的主子这样紧张过。像一头关在笼子里的野兽,他在室内来回踱步,口中不断重复说着:"现在进攻俄国,元首是绝对正确的。"施密特想,里宾特洛甫好像是在给自己打气,"现在如不进攻他们,俄国人肯定会进攻我们。"

凌晨4时整,俄国大使杰卡诺索夫进来了,还天真地伸出了右手。大使试图转达苏联的抱怨,里宾特洛甫却打断了他的话。"现在这已不是问题了。"说完,他便宣布,苏联政府的敌意迫使帝国采取军事上的反措施。"很抱歉,我不能再往下说了,"他说,"特别是我自己已得出结论,尽管我严肃认真地做出了种种努力,还是未能在两国间建立起合理的关系。"

杰卡诺索夫很快恢复了平静。他对事态的发展表示遗憾,把责任全部归咎于德国的不合作态度。他起身,例行公事地鞠了一躬,未与里宾特洛甫握手,便离开了房间。

柏林的所有记者都被叫醒,参加早晨6时在外交部举行的记者招待会。几名记者在赴威廉大街的途中便从户外的大喇叭广播中听到了消息。电台广播的元首的咨文说:"德国人民!国社党党员们!这个时刻到了!由于忧虑和关切的压抑,几个月来,我不得不沉默。现在,我终于能开诚布公地讲话了。"他说在美国物资的援助下,苏联和英国阴谋粉碎轴心国,"所以,我今天便决定将日耳曼帝国的命运和前途交给我们的士兵。在这场战争中,让上帝保佑我们吧!"

4 "通向漆黑的房间的门"

1941.6.22—1942.12.19

6月22日清晨,柏林各报发的单页号外在街头散发。突然向一个盟友发动进攻的消息虽然使人产生混乱,但公众却有一种如释重负之感。这是因为,如何要与赤色分子首先签订条约,这只有少数人才明白。希特勒叫戈培尔赶快做解释工作。于是,这位宣传部长当天上午便向其部下宣布几项宣传要点:"现在,元首已揭露了布尔什维克统治者背叛的真面目,我们国家社会主义,为反对财阀政治和布尔什维主义而斗争!"他接着说,元首曾向他保证,对俄战争将在4个月内结束,"但我告诉你们,8个星期的时间便够了!"

当天下午,在一次社交集会上,戈培尔又在向客人们重复他的预言。他对电影女明星奥尔加·契诃娃(契诃夫的侄女)说:"你是俄国问题专家。圣诞节前我们到得了莫斯科吗?"提问题的方式和问题的本身惹恼了她。她简短地回答说:"你了解俄国,它的土地广阔无垠。连拿破仑都不得不撤退。"戈培尔一时竟无言以对,只说了一声:"是这样。"10分钟后,他的副官便对这名女演员说:"夫人,我想您要走了,车子已在外边了。"

苏联陷入一片混乱。只在几小时内,红军空军便丧失了1200架飞机,步兵的抵抗也很不协调。斯大林不相信问题如此严重,命令红军不得进入德国领土,空军也只能将空袭距离限制在边境附近90英里内。他相信,纳粹系误入苏联,战争能通过外交途径加以阻止。他一面与威廉大街保持无线电联系,一面请日本出面,就德苏两国间存在的任何政治和经济的分歧进行调解。

苏联驻伦敦的大使可不抱这样的幻想。在拜访外交大臣艾登时,迈斯基直截了当地问,英国政府是否准备多少削减其战争努力,听从希特勒的"和平攻势",艾登坚定地做了否定的回答。当晚,在向全国发表的一篇感人的广播讲话中,丘吉尔(不久前,他曾说过:"如果希特勒进攻地狱,我至少可在下院里发表有利于魔鬼的讲话。")将它变成了官方意见,"我们决心粉碎希特勒和清除纳粹政权的任何痕迹。什么也阻挡不了我们——阻挡不了。我们永不会谈,永不与希特勒或其任何同伙谈判。"他保证尽最大努力援助俄国人,"我们将向世界各地的朋友和盟友呼吁,让我们也采取并执行同样的决策。我们将忠实地、坚定不移地执行到底!"

在美国大使馆工作的乔治·凯南却有保留意见。他将他的看法写成书面材料,作为个人意见转给了国务院的一个友人:"我觉得,在保卫民主的过程中,若将俄国当作朋友欢迎,会引起对我们的立场的误解,并免费为德国的战争努力提供迫切需要的道义支持。若采取这种政策,我看不出我们能有什么作为,只能表明与俄国人同流合污,毁灭了波罗的海各国,向芬兰的独立发动了进攻,瓜分了波兰和罗马尼亚,毁灭了整个东欧的宗教信仰,从而便同意了苏俄的国内政策——其政权在国内广泛地引起恐惧和憎恨,统治的方法也极不民主。"但这不应禁止"扩大物质援助,若我们自身的利益要求这样做的话。然而,它应把有可能导致人们认为我们在政治上和意识形态上与俄国的战争努力一致的东西排除在外"。

对斯大林的独裁政策,对其隐秘的领土贪婪心,罗斯福也是心中有数的,但他更惧怕的是希特勒。他立刻批准了国务院的一项声明——该声明宣布,援助共产主义有利于美国的安全。他对记者们说"我们当然会尽力援助俄国"——但未讲明什么时候和如何援助。

罗马教皇的态度却一点也不含糊。他虽然不明确地支持德国的入侵,却也明明白白地表示,他支持纳粹反对布尔什维主义的斗争,称它为"保卫基督教文化基础的高尚的英勇行为"。可以预言,许多德国神甫都支持这次进攻。有人竟称之为"欧洲的十字军东征",与条顿武士的行动相差无几。罗马教皇号召所有的天主教徒都要为取得"能使欧洲重新自由地呼吸,为所有国家带来新的前途的胜利"而斗争。

不过24小时,德国公众的兴趣便开始减弱了。在第一次抢购报纸(只载来自前线的一般报道)后,市民们重又正常地生活,似乎此事不外乎是希特勒的另一个丰功伟绩而已。6月23日17时30分,希特勒及其随行人员乘元首专列离开首都。"狼穴",即设在离东普鲁士拉斯登堡只有几英里的森林里的新指挥部。在指挥部里,对于取得迅速胜利,人人皆信心十足(指挥部是木屋或钢筋水泥平房)。希特勒却百感交集。"我们只要往门上一踢,整座败落的建筑物便会倒塌。"他对约德尔说。片刻后,他又对一名副官说:"每次战役开始时,我们推的是一扇通向漆黑的房间的门。我们不知道里边究竟藏着什么。"

初期所取得的胜利似乎证明崇高的希望并非无理。两天后,大批战俘便被抓获,桥梁也完整无损。德军的坦克冲破苏军防线,恣意横行,未遇到多少有组织的抵抗。一周来,当局未向德国公众公布详情。29日,星期天,由希特勒亲自准备的十项特别战役,在电台播发了——每一小时广播一项。戈培尔曾反对这种让消息突然涌来的做法,但希特勒对此却自鸣得意。然而,当天晚些时候,希特勒便听到许多抱怨,说当局故弄玄虚,故意在炫耀战争。当奥托·迪特里希向他反映,星期天在家听广播的人觉得讨厌,说天气如此好,却不得不留在房内听广播时,他反驳说,他比迪特里希和"所有的知识分子加在一起"还更加了解群众的思想感情。

德军势如破竹,苏军频频集体投降——时至今日,投降人数已近50万。7月3日,哈尔德在日记中写道:"说对俄战争在两周内便打赢,这并不过分。"元首也对其随行人员说:"俄国实际上已输掉了战争。"他兴高采烈地说,多幸运呀,"一开始我们便消灭俄国人的装甲部队和空军!"他说,俄国永无能力补充。西方许多军事专家也同意这一说法。五角大楼里谈论的是,红军将在一个月左右时间内崩溃。

跟在先头部队后边的是4个党卫军特别行动队,每队由3000人组成。他们的任务是确保战区的安全,就是说,阻止平民反抗。这些人是很特别的警察,承担着他们的首领莱因哈德·海德里希布置的额外任务。即兜捕和消灭布尔什维克领导人,所有的犹太人、吉卜赛人、"亚洲劣种人",以及像神经错乱和患有不治之症的"饭桶"。

为了监督这种集体屠杀,海德里希和希姆莱特地挑选了具有专门知识的人去当军官,其中包括一名新教牧师,一名内科医生,一名职业歌唱演员和许多律师。他们中大部分是年纪在二十开外的知识分子。人们或许会认为这些人不能胜任这项工作。恰恰相反,他们将他们的技巧和训练用于这项残酷的任务,并成了效率很高的刽子手——虽然心不甘情不愿。

受害者大部分是犹太人。由于苏联报刊报道德国的反犹暴行不多,许多人并不知道希特勒有"种族清洗"的计划。这样一来,许多人便把德国人当作解放者欢迎,轻易地上了特别行动队的当。"国社党人认为,犹太人的组织很严密。情况恰恰相反,"党卫军高级军官、俄罗斯中部警察指挥官冯·德姆·巴希·泽莱斯基证实,"令人吃惊的事实是,他们毫无准备,完全被打了个措手不及。先前制造的说法是,犹太人正阴谋独霸世界,有高度的组织。此事证明这全是谎言。没有一个民族对自己的灾难竟如此不加防范。什么准备也没有,绝对没有。"

灭绝的行动是按计划从容地进行的,是个干脆利落、例行公事式的行动。报告所用的是枯燥无味的官方语言,似乎这些刽子手所斩的是白菜,而不是人。杀人队的工作,由于经过周密的安排,很少因遭反抗而受阻。"奇怪的是,犯人被枪决时非常镇静,"有个指挥官报告说,"犹太人是这样,非犹太人也是这样。他们对死亡的恐惧好像已被在苏维埃统治的20年间产生的某种冷漠所冲淡。"

海德里希最棘手的问题是如何对付在行刑队员身上产生的心理效应。有些士兵的精神崩溃了,有的学会了酗酒。不少军官患有严重的肠胃病。有些人在执行任务时过于热情,违反希姆莱尽量用人道的方法处决的命令,毒打犯人取乐。

他自己也目击了天天杀人所造成的道德败坏的后果。那年夏天,在明斯克巡视时,由于想亲眼看看是怎样进行消灭的,便叫特别行动队的指挥官枪杀100名犯人给他看。行刑队举枪后,他发现犯人中有个青年,金发碧眼,有着真正条顿人的特征,在犯人群里显得很不协调。希姆莱问他是不是犹太人。是的。双亲呢?也是的。祖宗里有没有不是犹太人的?没有。希姆莱一跺脚，"那我就无力帮你了。"

行刑队开枪了。一心前来观看的希姆莱却双眼瞪着地面，紧张得不住地挪动双脚。第二阵枪声响了。他再次立刻将视线挪开。他抬头一看，见有两名妇女在蠕动挣扎。"别折磨这些妇女！"他喊道，"快开枪！"这正是巴希·泽莱斯基所要等待的时机。他要希姆莱记住行刑队所受到的震动有多大。"他们此后的余生完了！"这个党卫军军官说，"我们用这些方法造就的是些什么追随者啊？不是神经病患者就是暴徒！"

希姆莱心血来潮，命令大家集合，听他演讲。他说，他们的工作是一件令人讨厌的工作，作为德国良民，他们也不要以此取乐。然而，他们的良心不应受到任何影响，因为他们是军人，而军人是要不折不扣地执行每一道命令的。在上帝和元首面前起誓，他一人将承担由此产生的一切可怕的责任。他们一定注意到了这项工作也令他憎恶，也触动了他的灵魂深处。但是，他也是在服从最高法律，履行职责。

有关这些暴行的传闻令罗森堡发愁。希特勒令他为被征服的东方土地制订占领蓝图。他的计划有很大的不同，允许一定程度的自治。因为元首早些时候曾同意在已征服的俄罗斯土地上建立"微弱的社会主义邦"，罗森堡便乐观地认为，希特勒已在原则上批准了他的计划，并将在7月16日在"狼穴"中为这项计划举行的特别会议上获得通过。"重要的是，"希特勒说（据鲍曼参加此次会议所做的记录），"我们不要在世界面前公布我们的观点。没有必要这样做。主要的是，要什么我们自己要心中有数。"如果说希特勒的这番话还不足以让罗森堡醒悟到，希特勒已改变了关于建立"微弱的社会主义邦"主意的话，那么，他接着讲的却足够了，"这并不阻碍我们采取一切必要的措施——枪杀、重新安顿，等等——我们将会采取这些措施……原则上，我们面临着这样一个任务：根据我们的需要分割这块大饼，目的是为了，第一，统治它；第二，治理它；第三，利用它。俄国人已下令在我们的后方开展游击战。这个游击行动对我们也有一个好处，使我们能消灭每一个反对我们的人。"

罗森堡离开会场时，虽然戴上了帝国东方部长的头衔。但这是个空衔，而他也明白，自己关于东方的梦想，已无多少实现的希望了。多大的一个悲剧呀,他暗想,希特勒依然对斯拉夫人抱着错误的观念,这种观念产生在他年轻时在维也纳的那些日子里。那时,他读了许多煽动性的小册子,它们把斯拉夫人描述成懒惰成性的原始人,是不可救药的二等民族。希特勒对苏联的体制的完全误解,也同样招来灾祸。在大俄罗斯人桎梏下的乌克兰人和其他民族,原是第三帝国的潜在的盟友,如果待他们得当,给他们一点自治权,本可以成为反对布尔什维主义的堡垒的。但元首听了鲍曼和戈林的话,说这些人应该用鞭子才控制得住。要把希特勒从这条道路上劝说回来,看来已属无望,但罗森堡仍决心试一试。这个决心也是虚弱的,因为谁也没有他自己清楚,只要元首双眼向他一瞪,与通常一样,他也会吓得不敢作声的。

> 有什么能令你苦恼啊,
> 你,武装的骑士,
> 无力地闲荡的骑士?

1941年初夏的这些日子里,希特勒染上了疾病。首先,他经常胃痛——可能是不可抑制性的。这是由于服药过量——每星期口服120—150片防毒药,外加注射10支烈性的磺胺。接着,他又染上了痢疾——这是"狼穴"周围沼泽地区的常见病。他除了痢疾、恶心和四肢酸痛外,还发冷发热。7月下旬,在与里宾特洛甫进行的一次激烈辩论中,一种更加严重地威胁他的健康的病发作了。从一开始便反对"巴巴罗萨"的外交部长大发雷霆,高声反对入侵苏俄。希特勒被这异乎寻常的攻击气得脸色发青。他力图为自己辩护,但话到一半便说不下去了。他捂住胸口,一屁股坐在椅子上。他一声不响,很是吓人。"我以为患心脏病了,"他终于开了口,"以后你再不要这样反对我了!"

莫雷尔医生非常关心,把元首的心电图特地送给巴德瑙海姆心脏医院的卡尔·韦伯博士(著名的心脏病科权威)复检。他并不知道他的病人是希特勒,只知道他是一个"工作很忙的外交家"。他的诊断是:急剧发展的冠状动脉硬化,是一种不治之症。莫雷尔医生很可能未将这一消息告诉希特勒。

一次,他当面对元首说,他的心脏很好。但是,莫雷尔却在他的处方中加进了多种药:补心剂(有益无害的药水,专治循环系统功能欠佳、昏厥和疲劳过度)、肾上腺素等。

希特勒的病刚好是在他与其将领间的矛盾(关于东面的战争应如何打的问题)达到最尖锐的时候爆发的。他已下令取消向莫斯科发动直接进攻。他剥夺了中央集团军最精锐的装甲部队:一部被派往北部,目的是拿下列宁格勒;另一部被派往南部,以便向乌克兰进军。这两个地区,在希特勒看来,都比莫斯科更重要。前者是重要的工业中心(以列宁的名字命令),后者是因为有其经济上的重要性。乌克兰不仅是工业重地和粮食盛产地,克里米亚也是苏联轰炸罗马尼亚普洛耶什蒂油田的潜在的空军基地。再者,一旦占领了克里米亚,德军便能顺利进军高加索。

希特勒的病为勃劳希契和哈尔德破坏元首的战略提供了机会。他们不声不响地试图将他们自己的计划付诸实施,由哈尔德向约德尔施加个人的影响,以获得他的支持。直到8月中旬,希特勒的身体渐渐复原时,他才发觉他们在背后搞了些什么:执行的既不是他的战略,也不是哈尔德的方针,而是两者的混合物。为了澄清形势,希特勒于8月21日发布了一道命令。这道命令是不可能有误解的:"冬季要达到的最重要的目标不是莫斯科,而是克里米亚半岛。"不到列宁格勒已被孤立和南方的第五军被消灭,向莫斯科的进攻不得开始。接着,在这道命令下达几小时后,希特勒生气地口述了一份冗长的备忘录。它比教人如何打仗的严厉的讲稿稍好一些。希特勒是在愤怒中宣读这份备忘录的。他攻击说,某些指挥官已受"自私的欲望"和"恶霸脾气"的驱使,他把陆军总司令部说成是"死抱着过量理论"的集合体。

"这是陆军的凶日!"恩格尔在日记中写道。"无法忍受!"哈尔德在日记里是这样写的,"闻所未闻!极限!"22日,哈尔德与勃劳希契一起,大发牢骚几小时,抱怨元首干预陆军内部事务的"无法接受的"做法。末了,他建议两人一起辞职。身体瘦弱多病、精神不振的老元帅拒绝这样做,理由是"这不可行,也改变不了什么"。他甚至要尽力在自己的人员中平叛。他向他们说,元首曾亲口保证,在乌克兰的胜利一经在握,所有能腾出来的兵力都将投入向莫斯科的进攻中去。此后,叛乱——如果可以这样说的话——便在一阵低一阵的喃喃叫苦声中平息下去了。

这次小危机,不久便被墨索里尼到前线视察的声浪淹没了。这次视察被大肆宣扬。墨索里尼此行的目的,是要说服希特勒,扩大意大利远征军在俄国战场上的兵力,以便分享一些粉碎共产主义的荣耀。然而,当意大利总理的专列驶抵"狼穴"时,墨索里尼的情况很糟——他的儿子布鲁诺不久前因飞机失事丧生,他仍为此悲伤不已——无法与他的盟友斗智。

希特勒在"狼穴"附近的小火车站迎接墨索里尼。当天,希特勒根本不让意大利总理有开口的机会。元首喋喋不休地谈论即将在东方取得的胜利,法国的愚蠢,以及罗斯福身旁的犹太集团的罪恶阴谋。当他的客人好不容易开口提到扩军的事情时,他又改变了话题。在以后的几天里,他依然在不停地独白。只是在墨索里尼听烦了德国的光荣和丰功伟绩时,他才长篇大论地讲述古罗马的凯旋,和曾在他们正在视察的地区作过战的古罗马皇帝图雷真的业绩。

当天晚些时候,在乌克兰的乌曼,他们视察了一个意大利师。当钢盔上飘着羽毛的意大利士兵高喊着"领袖",骑着摩托车从他跟前呼啸而过时,墨索里尼高兴得满脸红光。但是,当他们走进依然冒着硝烟的乌曼,希特勒受到他的士兵的欢呼时,希特勒重又成了风头人物。午餐后,他把墨索里尼留在后边,自己则到部队去走一走。意大利总理觉得受辱,但在回程的航行中报了一箭之仇。他跑到前边与希特勒的飞机驾驶员波尔交谈。波尔因墨索里尼的热心颇为高兴,特别是他竟请求让他驾驶飞机。希特勒被打了个措手不及,只好表示同意,但立刻又感到后悔。当他先前崇拜的偶像像孩子一样高兴地操纵飞机时,希特勒坐立不安。

这个胜利一瞬即逝。在漫漫的归国途中,墨索里尼一直垂头丧气。他非但未得到扩军的许可,反而产生一个令人不安的感觉,那就是:东方的战争将是一场长期的流血战争。当墨索里尼得悉关于这次视察里宾特洛甫不发表双方同意了的联合公报以及好像把外长的名字排在凯特尔以后时,他的沮丧变成了愤怒。

这一次,希特勒向墨索里尼屈服了,叫里宾特洛甫赶快与他合作,为他的名誉报仇后,墨索里尼的情绪高涨了。他把意大利驻柏林大使狄诺·阿尔非里召来,叫他为他们的前线之行做一报道。"这点别忘了提,"他说,"那就是,在颇长的一段航程中,是我亲自驾驶元首的四引擎座机的。"

在"狼穴",希特勒改变了主意,认为进攻莫斯科的时机到了。在俱乐部与秘书和副官们一起喝茶时,他目不转睛地盯着墙上的大地图。"几星期后我们便在莫斯科,"他用又粗又深沉的声音说,"这是没有疑问的。我会把这个城市夷为平地,会在那里建一个人工湖,和许多中心建筑物。莫斯科这个地名将永远消失。"于是,在9月5日下午,他便对哈尔德说:"在8至10日内,中央战线开始进军。"当天晚餐时,他情绪轻松,几乎是在作乐。他的话全被罗森堡派往元首总司令部的联络员维尔纳·柯本记录下来。打从那年7月上旬起,应罗森堡的请求,他便慎重地把元首在餐桌旁的讲话记录在案。柯本猜测,希特勒是知道他在干什么的,便偷偷地先在餐巾纸上记下元首谈话的大意,然后立刻将清晰地记得的内容补充上去。原稿和复写稿则由信使送往柏林。

柯本有所不知的是,同桌另有一个包斯威尔①。在他们来到"狼穴"后不久,鲍曼随口向他的副官海因里希·海姆建议,让他偷偷地把领袖的谈话记录下来。为了不让希特勒发觉他的谈话已被人偷记,鲍曼叫他的副官完全依靠记忆。但是,为准确起见,海姆自作主张,把卡片放在膝上记,做了大量的记录。鲍曼大吃一惊,却又默许他继续记下去。(后来,部分记录在英国、法国和德国出版,版本各式各样。最后一本的题目叫《希特勒谈话录》,由亨利·皮克主编。1942年3月至7月,他代表海姆当上了法庭记者。任何一家出版商均未与海姆相商或叫他写评论,或给他机会改正关于它们的出处的不确切的提法。已出版的部分虽然听来很精确,但许多重要段落均未收入。例如,在皮克本中,只有约六分之一的记录被收集进去。海姆坚信,希特勒压根儿就不知道自己餐桌旁的谈话已被记下。战后,希特勒的私人副官肖布向他证实了这点。海姆现居慕尼黑,离柯本寓所只有一箭之遥,但直到不久前柯本才知道,原来海姆也在做记录。他们所做的两种记录可互相补充。为了保密,海姆故意略去军事部分不记;柯本则记了下来。另

---

① 包斯威尔,1740—1795年,苏格兰律师及作家,以为他人做传记著称。——译注

外,柯本的记录在证实海姆所记之细则方面,很有价值。)"这件事便这样下去了,"海姆回忆说,"鲍曼再没作任何指示,也未表示有什么希望或别的什么。他只暗中表示高兴,因为这样便可将更多的资料保存下来。"

海姆常常面临两个问题:选择最有意义的段落(有时候,已记录下来的没有后来讲的重要)和不让元首发现。在进午餐或晚餐时,他还能马马虎虎掩盖其活动。一到吃茶点时,因为茶点是在暗堡里吃的,他就只好凭记忆了。偶尔也会记下一两个字什么的。由于海姆申(人们对他的昵称)不惹人注目(柯本亦然),又兼谦逊,希特勒说话时继续毫无顾忌,自发地、漫无边际地对各种话题滔滔不绝地发表了看法。

海姆和柯本的记录,为洞察每天在东线展开的重大的事件提供了依据。例如,在9月17日,希特勒对决心做了阐述。希特勒说:"决心系指当某种内在的信念命令你行动时,你毫不犹豫。去年,下决心攻打布尔什维主义时,我需要巨大的精神力量。我不能不预见到,斯大林或许会在1941年发动进攻。所以,我们动手便宜早不宜迟,不让对方先发制人。这在6月前是实现不了的。即使是战争,人们也要有运气。现在回想起来,我们那时的运气多好啊!"他说,目前正在发展的重大的军事行动,曾受到广泛批评,说这是行不通的,"为了强行通过,我不得不调动我的所有权威,孤注一掷。我偶然注意到,许多胜利是在我们敢于去犯的错误中取得的。"

他向听得出神的听众保证,世界霸权在占领俄国的土地后便决定了。"这样,欧洲便是个不可摧毁的碉堡,不怕任何封锁的威胁。所有这些都将为欧洲带来美好的经济前景,人们可以期望,使西方甚至最自由化的民主派也对新秩序趋之若鹜。目前,最重要的是要去征服。征服以后,剩下的纯粹是个组织问题了。""斯拉夫人,"他说,"是生就的奴隶,自己就觉得需要一个主人。"德国对俄国所扮演的角色,一如英国之对印度,"与英国人一样,我们也可用几个人去统治这个帝国。"

他详细地谈到如何将乌克兰变成全欧洲的粮仓,让它被征服的人民高高兴兴地戴上头巾挂上玻璃珠子。他接着供认:人人都在梦想召开一次世界和平大会,他倒愿意再战十年,不愿受战利品的欺骗。

3天后,基辅被攻陷。这给"狼穴"带来了喜悦。希特勒预言,它意味意整个乌克兰可早日征服,也证明他坚持优先在南方发动进攻的意见是正确的。9月21日午餐时,希特勒满面红光,告诉大家说,在基辅附近的山谷里,俘获敌军14.5万名。他宣称,这次包围战是整个战争史上最大的混战。苏联已处于崩溃边缘。

在9月25日的午餐桌上,他泄露了他对本部的"次人"的恐惧。不把这些亚洲人赶到乌拉尔山后去,欧洲总是有危险的。"他们是野兽,布尔什维主义也好,沙皇也好,都没有区别——他们是自然的野兽。"当晚夜深时,他对沙场道德发表评论,把士兵首次上战场比作女人的首次性交,把男人的每次这种行为都看作是一次侵略。"不到几天,小伙子成了男人。我自己若不是受过这种锻炼,也承担不起让一个人去重建帝国这个巨大的任务。"1914年,他是带着纯理想主义走上前线的,"那时,我亲眼看见成千上万的士兵在我身旁倒了下去。这样,我便明白了,生活就是斗争。除了保存物种外,它没有其他目的。"

餐桌旁的谈话几乎只涉及东线的战事,因为在另一条战线即北非战线上战事不多。英军企图击退隆美尔,却遭到惨败。秋季到来时,双方都按兵不动,不准备再发动攻势。希特勒和陆军的精力均集中在向莫斯科发动全面进攻上。包克陆军元帅警告说,在季节上已经晚了。为何不在钢筋水泥工事内越冬呢?希特勒的回答是一种讽喻:"在当总理前,我常以为总参是一条猛犬,得紧紧抓住它的衣领,不让它见人就咬。"现在看来呢,它一点也不凶猛,它反对重新武装,反对占领莱茵兰,反对入侵奥地利和捷克斯洛伐克,甚至连波兰战争也反对,"这条猛犬倒是常常要靠我去刺激。"

他坚持对苏联首都发动大规模进攻。这次战役的代号叫"台风",于9月的最后一天打响,由包克指挥。他的任务是用69个师的强大兵力,消灭苏联的中央军,然后进军莫斯科。他的基本战略是,以莫斯科为目标,用坦克南北夹攻,双钳于红军后方80英里处相遇。

苏联的总指挥部,由于认为已是秋末,敌人不可能再发动大规模攻势,结果被打了个措手不及。古德里安的第二机械化集团军竟于第一天的24小时内突入红军阵线,纵深达50英里。德军步兵冲入真空地带,扫荡正在瓦解的小规模抵抗。

10月2日,希特勒已有取胜的足够信心,乘专列返回柏林。他已有几个月未向人民演讲了。于是,次日下午,他便大步走进体育馆,原是要向人民呼吁,要他们支持"战时冬季援助计划"的。然而,他却发表了一项重要通告。"6月22日早晨,"他的声音,通过大喇叭,在帝国全境震响,"世界上最大的一次战役开始了。"他说,一切都按计划发展。接着,他便宣布,敌人"已被打倒,再也爬不起来了",听众中爆发出疯狂的欢呼声。

他向听众列举了一连串数字:俘获敌军250万,击毁或缴获大炮2.2万门,坦克1.8万辆,消灭敌机1.45万架。数字继续滚滚而来:德军已前进了1000公里("这还是按直接统计"),2.5万公里的俄国铁路已恢复通车,而且大部分已改用德国的窄轨。刚才还说敌人已被打倒,再也爬不起来的希特勒,却又忧心忡忡。他承认,东面的战争是一场不同意识形态之间的战争,因此,现在就必须将德国的精华熔炼成不可分解的一体,"只有当全体德国人民结成愿意牺牲自己的一体,我们才有希望。上苍会站在我们一边,万能的上帝不会保佑懒汉,也不会帮助懦夫。"

这是一篇出色的演讲。一方面,它吹嘘胜利,另一方面又号召人们再度做出牺牲以免毁灭。傍晚,古德里安的坦克部队迅速攻占了奥廖尔的消息传来,人们沉浸在胜利的喜悦中,电车上的乘客竟向人们招手,好像他们是俄国人似的;原定要撤退至乌拉尔的主要工厂设备,也被完整无损地缴获。

次日,希特勒回到"狼穴"。据柯本的记录,晚餐时他特别高兴。10月6日午餐时,他谈论的完全是捷克斯洛伐克,说那里有相当多的地下活动。他的解决办法:把所有的犹太人押解至"东面的远方去"。这又提醒了他,他们也应把犹太人从柏林和维也纳押解至同一目的地,因为他们是散布敌方消息的来源。

白天,古德里安拿下了布良斯克,完成了对苏联三个整军的包围。晚餐时,希特勒心情愉快,没有谈论政治,说了一句俏皮话:恩格尔少校刚才被一条狗咬了,总司令部里风行狂犬病的原因就在于此。胜利继续在取得,两天后,前线的战报表明,红军"可大体上认为已被打败"。由于莫斯科已指日可下,希特勒便命令,一个德国人也不准进城。他说:"莫斯科城将被毁灭,完全从地球上抹掉。"

10月9日，希特勒开完军事会议后，对奥托·迪特里希高声说道，现在可把最新的战况向公众发布了。半小时后，希特勒在书房一边大步地走来走去，一边一字一句地向迪特里希口述一份胜利公报，以便交给报界。次日，迪特里希在柏林将公报交由报界发表后，高举着拳头喊着："先生们，关于这点，我敢用我的新闻名声作保！""轴心国和巴尔干半岛的记者们鼓掌欢呼，"《纽约时报》的记者霍华德·K. 史密斯回忆说，"然后起立，伸出胳膊，向迪特里希致意。"

那天上午，德国报纸报道了获得大胜利的消息：两个苏联集团军已被包围。公众的反应有如触电一般。原来愁眉不展的苍白面孔，现在也容光焕发了。在啤酒馆里，当电台广播《霍尔斯特·威塞尔之歌》和《德意志高于一切》时，人们竟起立致敬。在柏林，谣言四起，说莫斯科已被攻陷。

意味深长的是，就在同一天，陆军元帅莱希瑙，即第一个支持国家社会主义的将军，向第六军发布了一道命令，令他们严惩游击队。这不是一场普通的战争，他说，而是日耳曼文化和犹太—布尔什维主义之间的生死存亡之战，"所以，军人必须完全了解对似人非人的犹太人采取严厉而公正的补偿措施的必要性。"其他高级将领，例如伦斯德和曼斯坦因，也发布了类似的命令。

希特勒宣布，苏联已被打败，全面胜利已在握。这不仅仅是宣传，在国内提高士气；而且他是相信自己所说的。但是，他并未令他的宣传部长完全信服。10月4日，约瑟夫·戈培尔以迪特里希的乐观精神向部下发表讲话："在军事上，这场战争的胜负已决。余下的，就国内外而言，主要是政治性事务。"接着，他又自相矛盾地警告说，德国人民必须准备在东面再战10年。因此，德国报纸的任务是要加强德国人民的"坚持力"，只要这样做了，"其他便会自动跟上来，这样，在短期内，谁也不会注意到，和平根本没有实现。"

希特勒如果也有类似的保留看法，那么，当他听说莫斯科的外交使团于10月15日朝东面600英里外的古比雪夫逃跑时，这些看法也就烟消云散了。全城确实惊慌失措。有人说有两列德国火车已开进郊区，火车站里便人潮汹涌。高级党政官员，坐着小汽车，也加入了狼狈逃窜者的行列，引起了苏联有史以来最大的交通堵塞。行人朝进退不得的小车涌去,向车内的人敲诈勒索,特别是那些被认为是犹太人的人。

一群群的逃亡者和工人在店铺里大抢出手,因为没有警察前来阻止。有谣言说,列宁的遗体已移出红场另行保管;另有谣言说,斯大林自己已溜之大吉。只有少得可怜的人们在街上构筑路障,准备决一死战,不让一个纳粹通过。大部分的莫斯科人士气低落,以半是期望半是冷漠的复杂心情,等待德军进城。许多人买了德俄词典,以便用征服者的语言向他们致意。

在柏林,在威廉大街的大厅小厅里,人们在谈论,说斯大林已通过保加利亚国王鲍里斯向德国求和。弗里茨·赫塞问里宾特洛甫这是否属实。里宾特洛甫绝对秘密地告诉他,希特勒已拒绝了这个请求,"拒绝得很明确,因为他坚信他能经受目前的考验,最终取得胜利"。希特勒的大部分将领也有同样的信心。例如,约德尔就毫不怀疑,说苏联已用尽了后备力量。17日进晚餐时,希特勒所谈的,大都与光明的前途有关。就他而言,生存空间论已变成了事实。

在希特勒发表动听的演讲后两天,受他钦佩也受他嘲笑的斯大林,业已恢复了镇静。他重新在克里姆林宫出现。他问莫斯科市苏维埃主席:"我们该不该保卫莫斯科?"不待对方回答,他便宣布了被围状态下的措施。破坏法律与秩序者,立即处置;对间谍、叛乱者、特务分子、煽动者,格杀勿论。由于上边的指示坚决,全城的士气又开始提高。

在莫斯科城外,在苏军的坚决抵抗下,已插入离城只有40英里的地段的德国先头部队,其进展已慢了下来。接着,天气突然一变,秋雨开始了。德军重型的马克Ⅰ-Ⅴ型坦克陷入泥泞无法活动;而性能较好的苏联T-34型坦克则可继续自由地行驶。在过去两年中,希特勒所取得的胜利,是靠了在空军战术掩护下的大规模钳形攻势带来的部队高度机动性和火力的优势。现在,下面是一片稀泥,坦克动弹不得;上面,由于能见度低,拥有空中优势的德国空军一筹莫展。机动性一失,火力优势也跟着消失——还有闪电战。须知这是希特勒的希望之所在呀。

说"台风"受阻原因是稀泥、冷入骨髓的秋雨和红军的英勇抵抗,这只是部分正确。失败的主要原因,据希特勒大多数将领的看法,是希特勒拒绝早一个月发动这项战役。如果他听从了他们的意见，莫斯科恐怕早已成为瓦砾和废墟，苏联政府和它的军队也已被打败。但普特卡默上尉却认为，勃劳希契和哈尔德在元首患病期间对他的基本计划进行的破坏才是主要原因。

到10月下旬，雨变成了雪，稀泥冻结成冰。部队的条件差到几乎无法忍受。在整条战线上，只有少数几处取得进展，而且甚微。月底，由于局势已成绝望，建筑师吉斯勒便奉命停止德国的城市建设，立刻将所有的工人、工程技术人员、建筑材料和机械等等运往东面，以便修筑公路，修铁轨，建车站和机车库等。

在餐桌旁，希特勒仍与先前一样有信心。在出发参加纪念慕尼黑起义的一年一度的庆祝活动前夕，进晚餐时，他又是讲笑话又是回忆往事，使气氛很是活跃。在莫斯科，他佩服的敌人正在地铁马雅可夫斯基站的大厅里发表演讲——那是一年一度的十月革命节前夕举行的大会上。这次演讲，是沮丧和信心的古怪的混合物。首先，斯大林承认，由于战争，社会主义建设已遭到巨大的阻碍，战场上的伤亡人数几乎已达170万。但是，纳粹鼓吹的所谓苏维埃政权正在崩溃是毫无事实根据的。"相反，"他说，"苏维埃的后方比过去任何时候都巩固。换一个国家，若像我们失去了这么多土地，它可能已经崩溃了。"应该承认，摆在俄国面前的任务是艰巨的，因为与德国一起作战的有许多盟友——罗马尼亚、意大利和匈牙利——但是，却没有一个英国兵或美国兵准备援助苏联。

他激动地列举了普列汉诺夫和列宁，别林斯基和车尔尼雪夫斯基，普希金和托尔斯泰，高尔基和契诃夫，格林卡和柴可夫斯基，塞切诺夫和巴甫洛夫，苏沃洛夫和库图佐夫等人的名字，让大家牢记俄国的民族骄傲，"德国侵略者要打的是一场反对苏联各民族的灭绝人性的战争。很好嘛！如果他们要打一场灭绝战，那就让他们打吧。"

斯大林重返指挥岗位后第二天，11月7日，他以同样的感情，向集合在红场上的部队发表讲话。远处，炮声隆隆；天空，苏联的巡逻机从头上飞过。他将目前局势与23年前的情况做了一番比较。他们能够也必须打败德国侵略者，这，谁还会有怀疑呢？他很机灵，再次用历史人物的名字——条顿武士的征服者，鞑靼人，波兰人和拿破仑——作为号召人民的口号，"让我们伟大祖先的英雄人物,亚历山大·涅夫斯基,季米特里·唐斯柯依,米宁和波萨斯基,亚历山大·苏沃洛夫,米歇尔·库图佐夫等,鼓舞你们前进吧!"

次日下午,希特勒来到慕尼黑,向正在参加一次会议的帝国长官和地方长官发表了一篇动人的讲话。稍后,他又在罗文布劳酒馆发表另一篇讲话,演讲中还向罗斯福总统提出一项警告:如果美国军舰敢于朝德国舰只开炮,"它自己就得冒同样的危险"。他的威胁之词却没有斯大林的强有力的演讲的回声大。事实上,东线的僵局令他沮丧。次日,他便提醒手下的人注意,不要忘记拿破仑的军队在俄国发生的事情。"如果认识到,任何一方都不能用武力消灭另一方,"他预言,"双方便会妥协言和。"

但是,冯·包克元帅却反对这种悲观论调,要求继续发动进攻。勃劳希契与哈尔德也一样。11月12日,哈尔德乐观地宣称,在他看来,俄国正处在崩溃的边缘。希特勒颇为之动心,于是,3天后,向莫斯科的进军又开始了。

开始时,天气很好,但好景不长,不久战场上便到处是冰雪和泥水。当大岛将军出现在"狼穴"时——他经常前往该处——希特勒解释说,冬季来得比他的气象人员预报得早。然后,他秘密地告诉大岛,年内是否能拿下莫斯科,这还是值得怀疑的。开心的时刻已一去不复返了。餐桌旁已没有笑话可讲,要求与他同桌吃饭的人也减少了。

天越来越冷了。人们激烈地谴责希特勒先前颁布的禁止准备冬衣的命令。11月21日,古德里安打电话给哈尔德,说,他的部队已无法再熬下去了。他亲自去见包克,要求更改他刚收到的命令,因为他根本"无法执行"。然而,包克元帅根本不听古德里安的请求,因为他直接受到元首的压力。他命令向莫斯科的进攻重新开始。在短暂地、零星地向前推进一阵后,进攻再次失败。包克亲自挂帅,指挥一支前沿部队,于11月24日再次下令出击。尽管德军攻势异常猛烈,但由于风雪交加,加上苏军的拼死抵抗,此次进攻又告败北。

5天后,南方出现一次危机,与中区的失败遥相呼应。冯·伦斯德元帅被迫撤离一星期前攻陷的、通往高加索的大门罗斯托夫。这30英里的后撤,使希特勒非常生气,电告伦斯德原地待命。伦斯德立即复电称:

试图固守是疯狂之举。第一,部队无法这样做。第二,部队若不后撤必被消灭。我再重复说明,此令必须撤销,否则请换别人。

电文是一个下级军官起草的,最后一句才是伦斯德亲自加上去的。最后的那句话激怒了希特勒。在未与陆军总司令磋商的情况下,他于当晚做如下答复:

本人接受你的请求。请交出你的指挥权。

在冯·莱希瑙元帅接替伦斯德的职务后(莱希瑙是少数几个敢公开向希特勒讲话的人之一),元首便飞往美利托波尔,了解第一手情况。他找到一名老同志,党卫军指挥官之一的塞普·迪特里希。但是当他听说这支精锐部队的军官们也同意伦斯德的看法,即若不后撤,他们恐怕早已被消灭时,希特勒非常生气。

在命令莱希瑙去完成他为此而罢黜伦斯德的任务后,希特勒召见了伦斯德。伦斯德正准备卷铺盖回家,以为元首会向他表示某种歉意。不料,他们之间的讨论变成威吓,希特勒说,他不再允许人提出辞呈,"以我为例。我不能去找我的上级,全能的上帝,并对他说'我不想干了,因为我不想负责'。"

罗斯托夫得而复失的消息在柏林特别是在宣传部和外交部,投下了阴影。然而,不久,这个失败与中区战线已隐约出现的灾难相比,就算不得一回事了。向莫斯科发动的全面进攻失败了。12月初,一支步兵侦察队摸到了莫斯科的边沿并看见了克里姆林宫的尖塔,但他们被数辆红军的坦克和工厂工人组成的紧急部队驱散。患着严重胃病的冯·包克元帅在电话里向勃劳希契承认,整个进攻都缺乏深度,部队的体力已消耗殆尽。12月3日,包克打电话给哈尔德。此次通话表现得更加悲观。当包克建议采取守势时,总参谋长企图用远离战线的人们惯用的忠告为他打气。他说:"最好的防御就是坚持进攻。"

次日,古德里安报告说,气温已下降到零下31摄氏度。因为天冷,坦克需在发动机下用火烤才能发动,望远镜里的图像也看不清楚了。更糟的是,冬大衣和长筒毛袜还未运来,士兵们苦不堪言。12月5日,气温又下降5摄氏度。古德里安不但中止了进攻,而且将前边的部队撤回防线。

同一天晚上,新上任的苏联中部战场指挥官格奥尔基·朱可夫将军,在长达200英里的战线上,用100个师的兵力,发动了一次大规模反攻。这次步兵与坦克联合行动的反攻,把德军打了个措手不及。希特勒不但丢掉了进入莫斯科的梦想,而且似乎注定要在俄国的大雪中遭受拿破仑的命运。绝望和惊愕横扫德军最高统帅部。陆军总司令勃劳希契,又生病又气馁,遂要求辞职。

希特勒自己也糊涂了。在大战中,俄国的步兵打得很糟,现在却成了猛虎。这是怎么回事?12月6日,消沉的希特勒向约德尔承认:"胜利再也无法取得了。"

过去两年来,希特勒一直小心翼翼地避免与美国对抗。他坚信,美国整个国家都受"犹太集团"控制。这个集团不但统治着华盛顿,而且还控制着报纸、电台和电影。于是,在罗斯福不断增加对英国的援助面前,希特勒只好竭力控制自己。他虽然鄙视作为战士的美国人,但的确承认他们的工业力量。因此,他便极力使他们保持中立——直到他做好了适当地对付他们的准备时为止。

虽然战争物资源源不断地运往英伦三岛,但他为了避免意外,便禁止攻击美国海军舰只和商船。他下令:"只有在美国船只首先开第一炮的情况下方可使用武器。"但是,罗斯福对"巴巴罗萨"做出的急速反应却有可能使希特勒的耐心终结。在希特勒进攻俄国的第二天,总统授权代理国务卿塞姆纳尔·威尔斯发表一项声明。声明宣称,即使意味着要给另一个极权国家提供援助,也必须阻止希特勒。关于如何做到这点,罗斯福虽然说得含糊,但他很快便把它澄清了。首先,他将冻结的约4000万美元的苏联资产解冻,然后宣布《中立法案》的规定不适用于苏联——这样,港口符拉迪沃斯托克便可向美国船只开放了。

两星期后，7月7日，德国加紧宣传。罗斯福正在干预欧战。据透露，美国武装力量已开抵冰岛，以便最终代替占领该战略要地的英军。德国驻华盛顿临时代办汉斯·托姆森致电威廉大街说，这是罗斯福的进一步的企图，目的在于通过某种海军事件，惹起希特勒进攻美国，以便向德国宣战。

这些报告使希特勒不安。7月中，希特勒向大岛大使提出一项建议，将其先前的决定，即将日本的任务局限在抵抗英国、使美国中立的范围内，来了个彻底改变。"美国和英国永远是我们的敌人，"他说，"这种认识应该是我们的外交政策的基础。"这是在经过长时间的慎重思考后得出的神圣信念。"英美两国将永远反对任何一个在他们看来已被孤立的国家。今天，只有两个国家的利益不会互相矛盾。这两个国家就是德国和日本。"罗斯福统治下的美国，一心想搞帝国主义，对欧洲和亚洲的生存空间交替施加压力。这不是显而易见的吗？"所以，"他说，"我的意见是，我们必须共同将它们消灭。"作为诱饵，他建议由日本去协助"清理"战败后的苏联的"资产"，并占领其远东部分的领土。

东京收到这一建议后，表现得既客气又有保留。日本早已决定不从东面进攻俄国，而是南下印度支那。他们这样做了；它很快占领了印度支那，使罗斯福于7月26日做出了迅速的反应。总统接受了哈罗德·伊克斯等人的劝告（他们长期以来就敦促总统对所有侵略者采取强有力的行动），下令将日本在美国的资产冻结。这个行动剥夺了日本石油的主要来源。《纽约时报》认为，这个行动"是除战争外最激烈的打击"。在日本领导人看来，这是美国、英国、中国和荷兰四国包围日本的最后一个步骤；否认了日本是亚洲的领袖的合法地位，同时也是对它的生存的一个挑战。不管怎么说，这是朝远东战争迈出的一大步，也是——在某些观察家看来——朝罗斯福从后门开战反对希特勒迈出的一大步。

一个月后，总统与丘吉尔在纽芬兰外海会晤，签订《大西洋宪章》——这是英美两国关于战争目标的联合声明。这样，总统便走得更远了。从声明的条款看，毫无疑问，罗斯福是希特勒的不可调和的敌人。然而，具有讽刺意味的是，这个声明使元首国内的敌人大失所望，因为它未将纳粹分子和反纳粹分子加以区分。"抵抗运动"的人士把宪章看成是罗斯福向全体德国人宣战的非正式宣战书。他们对第八点尤其反感,因为它规定,战后所有的德国人均须解除武装;这个要求,哈塞尔在他的杂志上写道:"破坏了取得和平的每一个合理的机会。"

罗斯福消灭希特勒的决心是与数以百计的美国人的感情背道而驰的。右翼的查尔斯·林白的"美国首创者"和"德美同盟"以及传统的孤立主义者的组织"中西部",他们虽然同情英国和中国,但都不愿参与流血的战争。其他美国人,因为憎恨共产主义,则反对向苏联提供任何援助。尽管遭到报纸、电台的猛烈攻击,罗斯福仍毫不动摇。在9月11日发表的广播讲话中,他说:"从此以后,如果德国或意大利的舰只敢于进入这些水域(冰岛和受美国保护的其他类似的岛屿),他们便会遭到危险。"虽然这是希特勒借以解除潜艇战最后限制的现成口实,但他却不会因此而失去民心。他命令海军上将雷德尔,在"10月中旬以前,避免在战争中造成商船事件"。到那时,他解释说,对俄战争已经结束了。

10月31日,美国驱逐舰"卢本·詹姆斯"号在为一商船队护航时,在冰岛以西600英里海面被鱼雷击中。这样,希特勒避免事端的希望便破灭了。这艘驱逐舰带着100个美国人沉入海底。罗斯福对此事不加评论,但他的海军部长却告诉一群海军陆战队员,载有400架飞机开往摩尔曼斯克的法国班轮"诺曼底"号将被没收。《旧金山纪事报》要求立刻撤销《中立法案》;克利夫兰的《老实人》则要求立刻"采取行动"。然而,孤立主义派参议员尼埃却呼吁要有节制:"你要是参与了酒吧间的争吵,不打架是做不到的!"另一名非孤立主义派参议员劝告说:"让我们保持冷静。"

对罗斯福来说,反德思想的风暴趁此时爆发是再顺当不过的了。一星期后,他令"租借法案办公室"尽一切努力向苏联提供军事和经济援助。为此,立刻拨款10亿美元。

次日,11月8日,希特勒在慕尼黑发表了一篇好战的讲话。它实际上是为"卢本·詹姆斯"号的沉没开脱。"罗斯福总统已向他的舰只下令,看到德国舰只就开火!"他喊道,"我已向德国舰只下令,不要看见美国船只就开火。不过,若遭攻击,就必须自卫。"虽然表面上怒气冲冲,实则表明,元首仍想避免一场战争。不管他怎么说,他还是害怕富兰克林·罗斯福和美国的工业力量的。

那年初秋,在"狼穴"的一次会见中,他情不自禁地泄露了许多情况。"我会比你们的罗斯福总统长寿的,"他向国际新闻社记者皮埃尔·胡斯解释说,"我等得起,可以慢慢来,用自己的方法赢得这场战争。"因为是在户外,希特勒穿上了灰军服长大衣。他站立着,双手反剪在背后,双眼空虚地注视着前方沉思着。他猛然说:"我是一个帝国的元首,还可以安然度过一千年。"他用手套拍打左手掌。"现在,没有什么力量可以动摇日耳曼帝国。上帝的意志叫我完成日耳曼民族的任务。"他虽然在谈论自己的命运,对被他看作是世界舞台上的小人物的丘吉尔和罗斯福却仍耿耿于怀,"他们坐在财阀、政治的小天地里,被过去10年来已证明过时的东西包围和奴役。在幕后操纵的是摇钱树和犹太人。他们的人民的权利本来已所剩无几,却又遭到议会小丑们的践踏。我有我的人民做后盾。他们信任我,信任他们的元首。"两人继续散步(后边跟有一群卫兵和下级人员),希特勒再次抱怨迫使他进行战争的"疯子","我有为我的人民服务的今后50年的计划。我并不像达拉第和张伯伦之流需要战争才能留任。在这个问题上,罗斯福先生也是如此。"

胡斯注意到,一提到总统,他便眉头稍稍一皱。"我突然觉得,而且非常清楚地感觉到,"胡斯回忆说,"我触到了元首心中的一个秘密,一个他永不泄露、也永不会承认有的秘密。"希特勒本能地害怕富兰克林·D.罗斯福。"是呀,罗斯福先生——还有他的犹太人!"希特勒叹道,"他想接管全世界,连太阳上也不给我们一块地方。他说他要拯救英国,意思是他要当大英帝国的统治者和继承人。"

希特勒对美国越来越强硬的态度也在里宾特洛甫身上反映出来。11月28日晚,他召见大岛将军,敦促日本向英美两国宣战。大岛颇觉奇怪:"阁下是否说,在德国和美国之间已实际处于战争状态?"里宾特洛甫说,并未走得那么远,"罗斯福是个疯子",他解释说,"他会做什么,谁也不清楚。"他答应,如果日本故意打美国,德国会和它结盟,"在这种情况下,德国绝对不会与美国单独媾和。这点,元首是下了决心的。"

对日本统帅部而言,这条消息使他们大为振奋。一队由航空母舰组成的行动队业已起程前往珍珠港。11月的最后一天，大岛受命立即通知希特勒和里宾特洛甫，说英美两国正计划向远东运送部队，对此，必须采取反措施：

……秘密地告诉他们，日本与盎格鲁-撒克逊国家间极有可能通过某种武装冲突，突然爆发战争。还要告诉他们，战争爆发的时间可能比任何人料想的来得更早。

这些指示刚发出，要他从德国人那里拿到具体保证的指示又发了出去。然而，当大岛于12月1日深夜拜访里宾特洛甫时，这名外长却有意躲避他，使他好生奇怪。他借口首先要与元首磋商，而元首还在"狼穴"。他们两人都清楚，希特勒没有多少时间去过问在世界的另一端孕育着的戏剧性事件。所以，在5日凌晨3时才拿到一份条约草案，大岛便不感到惊奇了。在条约中，德国保证同日本结盟与美国开战，决不单独媾和。

在"狼穴"，第一个听到珍珠港事件消息的是奥托·迪特里希。12月7日黄昏，他匆匆走进元首的碉堡，说他有一个非常重要的消息报告。由于刚收到俄国前线发来的令人沮丧的报告。希特勒生怕迪特里希又带来更多的坏消息。当他的首席新闻发布官念完电报时，他脸上现出了惊奇的神色。他精神振奋，非常激动地问："消息确凿吗？"

迪特里希说，他收到办公室打来的电话，证实了这一消息。希特勒一把抓起电文，不穿大衣也不戴帽子，大步朝军方暗堡走去。看见他手里拿着一封电报，脸上带着"惊异"的表情，凯特尔和约德尔不禁目瞪口呆。凯特尔觉得，日美之间的战争顿时解下了希特勒心头"梦魇般的重负"。与赫维尔一起时，元首几乎无法掩饰他的喜悦。"我们不会输掉战争了！"他喊道，"现在，我们有一个3000年来没被打败过的伙伴！"

在珍珠港事件当天，绝望的报告源源不断地从俄国战场发来，迫使希特勒草拟了一项新的指示，这个指示于24小时后发出。"由于今年东方寒冬早到，"他说，"无法运送给养。冬天的严寒迫使我们立刻取消大规模攻势，并改攻为守。"在为防御定下几条原则后，他把发布有关指示的任务交给了哈尔德,自己则前往柏林,以亲自处理珍珠港事件引起的危机。至此,日本袭击美国最初带来的喜悦,已被关切所取代。只珍珠港事件一举,斯大林便无须再担忧会从东部受到袭击了,他几乎可将亚洲的全部兵力调去打德军。"这个反美战争是个悲剧,"希特勒后来向鲍曼承认,"不合乎逻辑,也缺乏现实的基础。这也好像由我掌握德国的权力,而犹太人则挑选罗斯福指挥美国一样,是历史的古怪变形。若没有犹太人,若没有他们这个奴仆,事情可能会大不相同。不管从哪一点看,德国和美国,如果不能互相谅解和互相同情,至少可以互相支持,无须给任何一方加上不必要的压力。"

9日,最早到柏林拜访他的人是里宾特洛甫。他带来一个不受欢迎的消息:大岛将军要求德国立刻对美宣战。外长认为,德国并没有承担这样的义务,因为,根据三国条约,只有日本直接遭受进攻时,它才有义务去援助它的盟国。

希特勒不钻这个空子。"假若我们不站在日本一边,那么,这个条约在政治上便已死亡,"他说,"但主要理由还不在于此。主要理由是,美国正在向我们的船只射击。在这场战争中,他们是个强有力的因素。通过行动,他们实际上已制造了一种战争状态。"

他向美国宣战的决定并不是轻易做出的,也不是出于单纯的动机。除了维护三国条约的精神外,还有分量重得多的理由:从日本得到的援助将大大抵消由美国参战所带来的各种不利因素。从宣传角度看,得到一个强大的新盟友,将大大鼓舞人心,尤其是新近在俄国遭受挫折后。再者,立刻宣战也是符合他的世界观的。为何不在1941年便向人类生存的两个主要敌人——国际马克思主义(俄国)和国际金融资本主义(美国)这两个世界犹太滋生的怪物——宣布全面战争?

外交部却认为,这个决定是巨大的错误。除了显而易见的理由外,它干脆利落地解决了罗斯福的又一个国会问题。总统是不会对德宣战的,因为国内有一大批人反对,他不会冒这个险。珍珠港遭偷袭后出乎意料地出现的美国全国大团结,将牢不可破。

12月11日,希特勒召开国会。"我们将永远首先进攻!"他说。罗斯福与伍德罗·威尔逊一样"疯狂","首先,他挑起战争,然后篡改战争原因,然后又用基督教伪君子的外衣将自己打扮起来,令人讨厌之极;同时还慢慢地但必然地将人类引向战争,还要把上帝找来,证明他的进攻是何等的诚实公正。"在将世界犹太民族与布尔什维克俄国和罗斯福的政权相提并论后,希特勒发表了敌对宣言,"因此,我今天已安排好了照会,准备递给美国的临时代办,声明……"他的话音被疯狂的欢呼声淹没。过了好久,他才得以宣布,"从今天起",德国便与"美国处在战争状态中"。最高统帅部作战部主任听到此话时,关切多于热情。而约德尔一走出皇冠剧院便立即给他的在"狼穴"的副手瓦尔利蒙将军打电话:"你听说了吗?元首刚才向美国宣战了。"

这时,瓦尔利蒙刚好在与参谋人员讨论此事,便说,他们不可能再惊奇了。"参谋部,"约德尔说,"现在就得研究一下,看美国会首先往哪里发兵,向远东还是向欧洲。这点如不搞清,其他决定便无从做起。"

"同意。这项研究显然是很必要的,但是,到目前为止,我们还未考虑与美国打仗的问题,所以没有资料可资借鉴。因此,这项工作很难搞。"

"想想办法吧,"约德尔说,"明天我回去后我们再详谈。"

对美国的焦虑不久便被东方传来的不幸消息所冲淡。德军在中部军区的撤退有变为溃逃的危险。莫斯科以西地区和图拉地区则成了被遗弃的大炮、卡车和坦克的坟场。德军士气消沉,苏军士气逐渐上升。12月13日,苏联正式公开宣布希特勒包围莫斯科的企图已失败。两天后,政治局便令政府的主要部门迁回首都。

精疲力竭的勃劳希契要求继续后撤。但希特勒拒绝了他的要求,并发布了一道使陆军绝望的命令:"坚守,不得后退一步!"身患严重胃病的中区司令冯·包克元帅说,他身体欠佳,不能胜任此职。接替他的是克鲁格。次日,即19日,心脏病初愈的勃劳希契鼓足勇气去面见希特勒。他们私下辩论了两个小时。勃劳希契离开元首时,脸色惨白,全身战栗。"我滚蛋了,"他对凯特尔说,"他把我撤职了。我混不下去了。"

"那,现在该怎么办?"

"我不知道。你去问他好了。"

几个小时后,凯特尔也被召了去。元首向他宣读了一份亲手写的日志。陆军将由他亲自指挥,把德国的命运与他自己的命运紧紧地捆在一起。此事目前需要保密，但他又觉得必须立即通知哈尔德。希特勒尽快这样做了。"指挥作战这点小事是谁都干得了的，"他说，"总司令的职责是用国家社会主义的精神去训练部队。我还没发现有哪个将军能按我的要求去这样做的。因此，我把陆军的指挥权自己拿过来了。"

先前，他是事实上的陆军总指挥，但却躲在背后，让他的将领去承担一切挫折的责任。现在，他已是正式的总司令了，应对一切发生的事情负责，不管是功是过。

第八部　第四位骑手

1　"阴曹地府也随着他"
　　1941—1943

2　与家人在一起
　　1943

3　"与人间野兽一起"
　　1943.4—1944.4

1 "阴曹地府也随着他"

1941—1943

在入侵苏联后两天,负责放逐犹太人的莱茵哈德·海德里希书面抱怨说,这不是解决犹太人问题的办法。例如,必须改变把这些"不合天命"的人放逐到法国的马达加斯加岛去的做法,而采取一个更加可行的解决办法。7月31日,海德里希收到一封简短的命令(按元首指示由戈林签字),指示他"在组织上和财力上做好一切必要的准备,在欧洲的德国势力范围内,彻底解决犹太人问题"。(三个星期前,希特勒曾向赫维尔暗示过他将怎么办。"我好像是罗伯特·科赫医生搞政治一样。"这话是在闷热的暗堡里的一次晚间冗长的讨论会上说的,"他发现了病菌,随即医学也就发现了一个新方法。我发现了犹太人这个让社会解体的病菌和发酵剂……我已证明了一件事,那就是,一个国家没有犹太人也能生存;没有犹太人,经济、艺术、文化等,会发展得更好。这就是我所能给予犹太人的最大的打击。")

隐藏在乏味的官僚语言后边的,是给予党卫军去灭绝欧洲犹太人的压倒一切的权力。作为第一步,希姆莱——在明斯克的经历仍令他心惊肉跳——问党卫军的主治医生,集体灭绝的最好办法是什么。回答是:毒气室。第二步,他把波兰最大的集中营指挥官鲁道夫·霍斯召来,秘密地授以口头指示。"他告诉我,"霍斯作证说,"大意是这样——我记不清原话了——元首已下令解决犹太人问题。我们党卫军必须执行这道命令。现在若不执行,将来犹太人就会消灭德国人民。"希姆莱说,他特意挑选了霍斯的集中营,因为在战略上奥斯威辛地处德国边境附近,有足够的空间,可达到隔离的要求。霍斯警告说,这种行动应按帝国国家级机密对待。他不准与自己的顶头上司讨论这个问题。于是回到波兰后,霍斯便背着集中营的检察官,偷偷地扩充地盘,以便将它变成人类历史上最大的杀人中心。他的所为甚至连妻子也没有告诉。

希特勒之所以会产生"集中营"这个概念,以及认为集体屠杀可行,据他宣称,是他研究英美两国历史的结果。他非常欣赏南非为波尔战俘设的集中营和美国在荒凉的西部为印第安人设的集中营;他常在内层亲信中称赞美洲灭绝——用饥饿甚至打仗的方法——那些靠囚禁不能驯服的印第安"野蛮人"。

时至今日,他仍在小心翼翼地将自己的政府与德国的结合起来,因为两者的总目标是一致的。日耳曼人的荣誉与军力的复兴,日耳曼国土的收复,甚至向东扩展的生存空间,这些都得到了他的大多数同胞的支持。但是,一条十字路终于摆在他面前。希特勒必须绕道行之,一举而永远解决犹太人问题。在许多德国人愿意参加这种民族主义的远征的同时,大多数德国人只希望继续对犹太人进行有限制的迫害,因为它已获得数以百万计的西方人的默许。

希特勒的意图是,开始消灭犹太人时一定要保密,然后再一点一点地将消息泄露给他自己的人们,最终待时机成熟时再向他们披露详情。这便能将德国人民的命运与自己的命运捆在一起,而他的命运也就成了德国的命运。这样联系起来进行他的清洗欧洲犹太人的远征,将成为全国的任务,并将动员全国人民做出更大的努力和牺牲。它也能割断迟疑不决、心肠慈善的人的后路。

至此时,这一切都仍向希特勒的贴身人员保密——包括秘书、副官、仆人和贴身参谋。届时,到1941年秋,元首便在餐桌旁公开发表评论。这或许是披露真情的试探。10月中旬,在讲完民众在生活中必须讲礼貌和规矩后,他说:"但是,首要的是铲除犹太人。没有这点,污垢清除得再干净也是徒劳。"两天后,他把话说得更加明白:"在议会的讲台上,我向犹太民族预言,如果战争不可避免,犹太人将从欧洲消失。在第一次世界大战中,有200万人死亡,对此,这个罪恶民族心中已有愧;现在又有成千上万人死亡。

你别对我说,你也不能把他们关进俄国的沼泽地呀!谁为我们的部队操过心?顺便说一下,公众中谣传,说我们有个灭绝犹太人的计划。这个想法不错嘛。恐怖是个有益的东西。"他预言,建立犹太国家的企图是注定要失败的,"我有许多账要算,但今天我不能想。这并不是说我忘了它们。到时候我会拿出厚厚的一本来!即使是关于犹太人的问题,我发现自己仍很不积极。目前够困难的了,再去增加困难,这是毫无意义的。善于坐待良机的人,其行动才机灵。"

希特勒推迟实行"最后解决"的一个原因是,他希望通过暗示要灭绝犹太人这个威胁,能使罗斯福不参加战争。但是,珍珠港事件使这个微弱的希望成了泡影。于是乎,希特勒的希望变成了怨恨,"灭绝"也成了国际报复的一种形式。

决定做出后,元首便告诉参与"最终解决"的有关人员,屠杀时应尽量做到人道这一点。这是符合他的信念的。就是说,他是遵奉上帝旨意,扫除世界上的害人虫的。尽管他憎恨罗马教堂的教阶组织("我现在是将来是永远是天主教徒"),他仍是个颇有资格的天主教徒,还牢记着天主教教义。即是说,耶稣系犹太人所杀。因此,灭绝犹太人便是替耶稣报仇,无须引起良心上的痛苦——只要做得客观,做得不残忍,仁慈地进行屠杀——这使希姆莱很高兴。他令专家们建造既高效能地又能"人道地"大规模灭绝犹太人的毒气室。然后,他便把受害者装进货车厢,送往东部,让他们先在山洞里生活,待波兰的屠杀中心完工后,再送到那里去。

现在,建立清洗机构的时刻到了。负责筹建这一机构的海德里希,向许多国务秘书和党卫军主要办公室的领导都发出邀请,让他们参加1941年12月10日举行的"最终解决"的会议。应邀的人们只知道要将犹太人押解至东部,并不太明白"最终解决"的含义。于是,他们便怀着浓厚的兴趣期待着会议的召开。

由于会议推迟6个星期举行,他们的好奇心也就慢慢消失了。德占区的波兰政府首脑弗兰克,由于等不耐烦,便派他的副手菲利普·波勒前往海德里希处打听详情,于12月中旬在克拉科夫自行召开会议。"我要公开告诉你们,"希特勒的前律师说,"无论用何种方法,我们总是要把犹太人干掉的。即将在柏林召开的会议是个重要的会议,将由波勒代表首脑出席。肯定的,大规模移民即将开始。但犹太人身上会发生什么情况呢？你们以为他们真的会在东部的村子里定居下来吗？在柏林,人们对我们说,为什么要无谓纷扰？'在东部,我们也用不了他们呀。让死人去埋葬他们的死人呢！'"他敦促听众,切勿同情他们,"不管在哪里发现,只要有可能,便要把犹太人消灭。"这是一件艰巨的任务,无法通过法律途径去完成。法庭和法官均负不起执行如此极端之政策的重任。他估计——粗略地估计——在德占区就有350万犹太人,"我们不能枪毙这350万人,不能将他们毒死。但我们可采取措施,成功地灭绝他们。我指的是柏林正在讨论的措施。与帝国一样,德占区也将会没有犹太人。在什么地方搞,何时搞？我们将在这里设立机关,这是他们的任务。到时,我会告诉你们他们将怎样搞。"

1942年1月20日,波勒来到柏林参加海德里希召开的会议时,比大部分与会者都了解会上之所云。上午11时许,坐落在格罗森·万塞街56至58号"帝国安全主要办公室"的一间房子里,集合了15条大汉,有罗森堡的东方部的代表,有戈林的空军计划处的代表,有内务部、司法部、外交部的代表,还有党务部的代表等。众人随便在桌旁坐定后,主席海德里希便开始讲话。他说,他"身负重任,把最后不分疆界解决犹太人问题的办法搞出来"。说完这番委婉话后,他接着又遮遮掩掩地说了一句令人摸不着头脑的话(此话涉及希特勒)。"现在不搞移民了,"他说,"有一种更好的解决办法,元首已表示同意——那就是,将他们驱逐至东方。"

说到这里,海德里希拿出一张图表,该图表显示出何处的犹太人聚居点要撤走。他还暗示了他们的命运。适合劳动的将组成劳工队,但是,苦难中侥幸活下来的人也不准自由行动。因为这样一来他们便会"组成新的细菌细胞,让犹太民族重新崛起。历史已给了我们这个教训"。罗森堡办公室的代表格奥尔格·勒伯兰德摸不着头脑。外交部的马丁·路德也被搞得糊里糊涂。他抗议道,大规模撤走犹太人将给丹麦和挪威等国带来严重的困难。为何不把驱逐地限于巴尔干半岛和东欧？与会者离开柏林时,脑中的印象五花八门。波勒完全明白海德里希所说的。但路德却对弗里茨·赫塞说,没有屠杀犹太人的计划。勒伯兰德和他的上司阿尔弗雷德·梅尔,也向罗森堡做了类似的汇报。他们说,会上只字未提灭绝一事。

30份会议记录被分发给各部和党卫军的各主要办公室。这样,"最终解决"一词便在帝国机关内为人所共知了。然而,海德里希之所云的真正意思却只有接近灭绝行动的人才能心领神会。不过,说来也怪,在这些精选人员中,许多人竟相信,阿道夫·希特勒本人并不知道他们阴谋进行集体屠杀。例如,主管盖世太保的"犹太人撤退办公室"的党卫军中校阿道夫·艾希曼就认为这是个神话。万湖会议后,他与盖世太保头子缪勒和海德里希一起,"舒舒服服地围壁炉而坐",一边喝酒,一边唱歌。"过了一会儿,我们登上椅子,互相祝酒;然后又爬上桌子、登上椅子来回闲走。"埃希曼加入了此次欢庆,一点儿也不反感。"那时,"他后来作证说,"我真有点儿彼拉多①的感觉,因为我内心完全无愧……我要审判谁?在这件事情上,我有心事又向谁说?"他、缪勒和海德里希,不过是在执行元首本人制定的法律罢了。

数天后,希特勒本人不自觉地证实,"最终解决"的确是他提出来的。"我们必须采取激烈的行动,"1月23日午餐时他当着希姆莱的面说,"拔牙时,只要使劲一拔,痛苦便很快消失。欧洲必须清除犹太人。犹太人阻碍了一切。一想到这点,我只觉得自己真是人道到了异乎寻常的地步。在执行教堂的规定时,犹太人在罗马还受到虐待。直至1830年,每年还有8名犹太人骑驴在罗马游街。至于我,我只限于告诉他们,他们应该走路。中途要是出了什么事,我就无能为力了。但是,如他们不自动自觉地走,没办法,我只好搞灭绝了。"在此之前,他从未向共餐者如此开诚布公地讲过。对此问题,几乎全神贯注。到1月27日,他再次要使所有犹太人从欧洲消失。

数天后,为庆祝国社党执政九周年,他在体育馆发表演讲,公开暴露了他对犹太人的忧虑。"对犹太人,我真不愿开口议论。"他说。接着,他便长篇大论起来:"他们是我们的宿敌。因为我们,他们的计划破了产,所以,他们恨我们,我们也恨他们。我们明白,这场战争结束时,不是日耳曼民族从欧洲消失,便是犹太人消失。"他提醒听众——其中有40名左右高级军官——注意,早在1939年,他就曾预言,犹太人将被消灭。"流血至死的不是别人,

---

① 彼拉多,判耶稣钉十字架者。——译注

正是犹太人,这还是第一次;犹太人的古老的法律'以牙还牙,以眼还眼'的应用,这也是第一次。这场斗争越展开,反犹斗争也越将继续——这一点,请全球的犹太人相信好了。他们会在每个战俘营中找到归宿,在每个被唤醒为何要它做出牺牲的家庭中找到归宿。除掉世界上最凶恶的敌人至少一千年才能做到的时刻,将会到来的。"

对那些正在设计毒气室的人们说来,对那些在波兰建造屠杀中心的人来说,特别是对那些正在使用"最终解决"的机关的人来说,这是集体屠杀的号角。但是,对外国观察家,例如阿维德·弗雷堡来说,希特勒那天下午的露面和讲话,似乎是德国将遭受灾难的先兆。"他的脸孔,"这名瑞典记者写道,"似乎饱经风霜,他好像拿不定主意。"

在元首看来,消灭犹太人和斯拉夫人,就跟生存空间一样重要。他已把对俄国的入侵变成了意识形态之战,所以,只有这样去看待他的军事上的决策,人们才能明白它们。将军们认为不合理的,并不是他一时心血来潮的产物,而是1928年所做决定的成果。具有讽刺意味的是,在军事上,在莫斯科大门外遭受惊人的失败之前,他从未表现出如此的敏锐。将军们士气低落,哀求总撤退。他虽身受这些人的包围,但并未失魂落魄,坚决拒绝后撤。最有成绩的坦克指挥官古德里安辩论说,在如此不利的地形上作战,必将导致最精锐部队的无谓的牺牲。希特勒不为古德里安此说所动,指责他太同情士兵们所受的苦难。"你太同情他们了。你该再靠后站一站。相信我好了,从长远的观点去看待事物时,你会看得更清楚些。"

希特勒残酷地强迫施行其命令,使他得以将陆军集合在他周围,并阻止俄军的前进。代价是惨重的,但许多将领,包括约德尔在内都不得不承认,是他拯救了他们的部队,使他们免遭拿破仑的军队的命运。"我毫不留情地进行干预。"他对米尔契和施佩尔说。他还解释道,他的最高级的将领竟愿意撤至德国边境以挽救他们的部队,"我只能告诉这些先生,'你们自己尽快回德国去吧,把军队交给我指挥好了'。"

在其他战场上,一切都进展顺利。在法国,依旧支离破碎的"抵抗运动"可不屑一顾;在地中海,意大利的"人雷"和水雷在不久前曾炸沉母舰一艘、战舰三艘、巡洋舰两艘,从而把大不列颠作为一支战斗力量的东方舰队消灭。还有,隆美尔已几乎做好准备,在北美发动另一次大型攻势;德国的日本盟友则在太平洋取得一系列的胜利。与此同时,希特勒也深知,东方危机绝未过去,于是便下令对帝国全国的工业和经济总动员。他说,目前的努力仍不足,闪电战的战略必须放弃。他虽然用带有希望的语言号召进行长期战争,自己却心存恐惧——一如不久前他私下向约德尔透露过的,即他怕胜利再也无法取得了。

在餐桌旁的谈话中,这些阴暗的思想是从未暴露过的。他继续谈论抽烟的种种坏处,开汽车的喜悦,各种狗,《崔斯坦和伊索德》的来源,汉夫施坦格尔太太的美丽以及犹太人。关于前线的残酷的斗争,他谈得很少,若谈起,也表现乐观。例如,在冬季危机到达顶峰时,他声称,只要领导站得稳,没有哪种事业是无望的,"只要有一名坚强的战士在高举战旗,那就什么也未失去。信念可移山。在这方面,我是冷酷的。为了自保,德国人民又不准备奉献一切的话,那很好!就让他们消失好了!"

进餐时的这些表演已被他泰然自若的外表所掩饰。"他与先前大不相同。"赫维尔对一个友人说,"他变得既阴郁又固执。他不惜一切牺牲,表现得一点儿也不仁慈,也不谅解他人。你若看见他,你会认不出来的。"2月8日,西壁和高速公路的建造者弗里茨·托德坠机身亡,使希特勒的思想受到一次粉碎性的打击。早餐时,人们在猜测谁将取得托德的职位,出任武器弹药部长——这是帝国最重要的职位之一。整夜都在与希特勒研究柏林和纽伦堡的城建工程的艾伯特·施佩尔,次日一早便被元首任命为该部部长。施佩尔真如雷击!这位建筑师抗议说,他对此种事务一无所知,但元首打断了他的话,"我对你有信心,我知道你能担任此职。另外,我也没有别人了。"

在总理府的"玛赛克厅"里举行的托德的葬礼上,希特勒悲恸至极,致悼词时几乎连话都说不下去。葬礼一结束,他便躲进自己的寓所。过了几天,他好歹恢复平静后,便在体育馆向新近任命的一万名陆军和武装党卫军尉官发表演讲。他脸色严峻,讲到了在俄国所受的灾难,但未谈及详情。他说,你们这些青年军官,即将奔赴东部战场,从赤色分子的铁蹄下拯救德国和西方文明。这篇演讲感人肺腑,听众中许多人失声痛哭。站在希特勒身旁、被晋升为贴身副官的理查德·舒尔兹也深受感动,竟想亲身参加战斗,

"我觉得,在这样一个时刻待在家里,这真是个耻辱。"这些新任尉官原被命令不得鼓掌,但是,当希特勒从过道上走过时,他们再也控制不住自己了,他们疯狂地欢呼,许多人还跳上椅子。

对希特勒而言,这阵自发的欢呼真是灵丹妙药,令他振奋,但是,一回到"狼穴"他又精神萎靡了,显得既疲惫不堪又面黄肌瘦。四周厚厚的一层大雪加深了他的愁闷。"我历来讨厌雪,"他对他的影子鲍曼说,"鲍曼,你是知道的,我历来讨厌雪。现在我知道为什么了,它是一种预感。"

在读到俄国战场上截至 2 月 20 日的伤亡数字时,希特勒绝望了:死亡 199448 人,受伤 708351 人,失踪 44342 人,冻伤 112627 人,但他很快又恢复了神态,重又获得信心。在餐桌旁,他又开始谈论德国士兵如何成功地、奇迹般地熬过了酷刑般的俄国的严冬。他松了一口气,向众人宣布,星期天就是 3 月 1 日了。"弟兄们,你们想象不到这对我意味着什么——过去 3 个月来我的力量消耗了多少,我的精神抵抗力又受到多大的考验。"他透露,仅在 12 月的前两周,他就丧失了 1000 辆坦克,还有 2000 台机车被打瘫。但是,冬季最严酷的时刻已经过去。"一二月份已过去了,敌人也休想盼望我们遭受拿破仑的命运了……现在,我们将要与他们算账了! 多叫人宽慰呀!"他之兴高采烈的精神已不是虚伪的了,他又开始吹嘘:"我注意到,听到这些事情时,大家都失魂落魄,只有我一人保持镇静。这与为夺取政权而斗争时的情况相同。"

与此同时,"最终解决"的各项准备工作已渐趋完成,希姆莱的特别行动队也开始进行另一次致命的荡涤。在军事地区,对犹太人、红军政委们和游击队员们的兜捕进行得较为顺利;但在非军事区,此事进展却不很如意。即使如此,死亡人数仍非常庞大,致使罗森堡的工作人员再次哀求他去敦促希特勒,叫他勿将占领区人民视为仇敌,而应视为盟友。罗森堡主张分别成立州,给各州不同程度的自治权。这种较为自由的思想得到了他的助手们的热情支持。但是,他虽然转向自由主义,而他的性格并未同时变得坚强起来。一想到要与元首对垒,他便怕得全身发抖。换一个更坚强的人也同样不会产生效果:要见希特勒,必须通过鲍曼,而鲍曼又与希姆莱和海德里希结成了死党。罗森堡派往"狼穴"的联络员柯本,要将东部战场的真实情况转告希特勒,他觉得越来越难了。在赫斯出走前,他可将备忘录直接交给希特勒;现在呢,鲍曼坚持由自己转交,借口是,元首光军务都忙不过来。这样,柯本认为,希特勒是通过他的左右手的眼去看待东线占领区的问题的,"所以,有些事情是致命的,以东方的胜利作为代价。"

的确,希特勒很少顾及内部事务,这可能导致了鲍曼常常自己发号施令。然而,希特勒常抽空顾及"最终解决",这也是用不着怀疑的。在这件事情上,他既不听别人的意见,也用不着去听。这些他在给2月下旬举行的纪念党的纲领颁布大会的贺信中已说得很明白了。"我曾预言,"他说,"在这场战争中,被消灭的不是雅利安人,而是犹太人。这个预言要实现了。在战争的进程中,不管产生何种情况,也不管战争会持续多久,最终的结果就是如此。犹太种族的灭绝,将超越胜利本身。"

希特勒虽然公开做过这种暗示,但时至今日,洞悉这一秘密的人却仍寥寥无几。连戈培尔本人也不知道正在准备的各种措施究竟有多么庞大。有个名叫汉斯·弗里茨彻的雇员,从一个党卫军成员由乌克兰写来的信中得悉了特别行动队进行大屠杀一事。写信者抱怨说,在得到屠杀犹太人和乌克兰的知识分子的命令后,他们精神垮了。他不能通过官方途径进行抗议或取得帮助。弗里茨彻立刻找到了海德里希,开门见山地问:"党卫军到那里去就是为了进行集体屠杀吗?"海德里希愤怒地否认了这一指责,答应马上进行调查。次日,他汇报说,背着元首干此事的罪魁祸首是地方长官科赫。之后,他便发誓,说屠杀将就此停止。"相信我,弗里茨彻,"海德里希说,"谁要是有残忍的名声,谁就不会残忍。他能仁慈地行动。"

只是到了那年3月戈培尔才明白"最终解决"的确切意义。希特勒坦率地告诉他,犹太人必须从欧洲清洗净尽,"如果有必要,便使用最残暴的方法。"元首说得明白,戈培尔也在日记中写得清楚:"……正在对犹太人进行判决,方法虽然野蛮,却也是罪有应得……在这些问题上,人们不能多愁善感。我们若不打击犹太人,他们便会将我们毁灭。这是雅利安族和犹太病菌之间的生死存亡的斗争。没有一个其他的政府或政权有力量去解决这个全球问题。"

到了春季,已在波兰建立起了六个屠杀中心,其中四个在弗兰克的德占区,即特莱勃林卡、索比波尔、贝乌泽茨和卢布林;两个在合并区内,即库姆霍夫和奥斯威辛。前面四个灭绝营是用发动机的废气毒杀犹太人的,但奥斯威辛附近一个大型灭绝营的指挥官鲁道夫·霍斯认为,这种办法"效率不高",在他管辖的集中营采用了一种更毒的毒气即氰化氢。这种毒气在市场上很容易得到,商品名叫"济克隆乃"。

春天给希特勒带来了活力。他的健康有所改善,精神也好多了。苏联的冬季攻势搁浅,并完全停了下来。这样,整个战线便出现了间歇。这就使他有时间去考虑未来的各项政策。4月24日,他用电话通知戈培尔,说他要在国会发表重要演讲。星期天下午3时,他谴责了布尔什维主义,称它是"犹太人专政",污蔑犹太人是"寄生细菌",必须残酷无情地对付它。但他演讲的主要目的,是再次用口头重申最后胜利的信念。与此同时,他又毫不隐瞒陆军已大难临头的事实。为了抬高自己,说明自己的作用何等重要,他又故意把局势讲得过于严重。"代表们,"他戏剧性地宣布,"一场世界斗争的胜负就要在今冬决定了。"他把自己与拿破仑做了一番比较,"我们已掌握了130年前让一个人折腰的命运。"为了阻止类似的危机的发生,他接着便要求通过一项法律,授他以全权。这项法律的措辞是横扫一切的。此后,每个德国人都必须服从他个人的命令——要不,就受到严厉的惩罚。现在,他已正式高于法律,握有生死大权。实质上,他已自封为上帝的代表,可以替上帝行事:灭绝"害人虫",创造"超人之种族"。

深为希特勒的态度和语言所感动的国会议员们,一致"热烈地、吵吵闹闹地"通过了这项法律。在外国观察家看来,通过这条法律是没有多少理由的。希特勒的权力比斯大林或墨索里尼的更大,这已是既成事实;事实上,比恺撒或拿破仑的权力还大。他宣称,他之所以要这样做,是为了阻止发国难财和打击黑市活动,削减国家机构中的多余人员,以充实生产战斗。造成德国经济流血的原因,不仅有文职机关和司法机关的保守主义,而且也有党内的贪污腐化。过去10年来,在戈林这种人的掠夺下,加上国社党各级官员的贪污和低效能,帝国国力已江河日下。

3天后,元首在萨尔茨堡附近的巴洛克式的克莱斯海姆堡会见了墨索里尼。与体育馆里喜不自胜的听众不同,意大利人是多少带着凶多吉少的预感前来参加会谈的,因为元首的演讲令他们沮丧。元首滔滔不绝,但有意思的不多,且对东线遭受的灾祸进行掩饰("今年冬天,德国陆军在历史上写下了最辉煌的一页")。他宣称,美国是在装腔作势唬人。他再次把自己与拿破仑相比,且称胜他一筹。他还对印度、日本和几乎每个欧洲国家进行评论,武断地称它们属何种范畴。次日,午餐后,虽然话已说尽了,希特勒又滔滔不绝地讲了1小时40分钟,墨索里尼则不断地在看表。连希特勒自己的将领都听烦了。"约德尔将军,"齐亚诺回忆道,"在进行了一场史诗般的斗争后,终于在沙发上睡着了。"

在党卫军保安处内,希姆莱不信任海德里希,这已不是什么秘密了。海德里希给党内每个人,包括元首在内,都立了厚厚的一本档案,因此便受到他人的鄙视。(一天,海德里希让他的下级昆特·西鲁普看了一幅希姆莱的照片。他捂着希姆莱的脸的上部说:"上半部是教师,下半部是'虐待狂'。")但是,希特勒却为海德里希安排了大计,甚至考虑让他当继承人——由于空军表现令人失望,戈林失宠——除仍让他享有高官厚禄外,还让他出任"摩拉维亚和波希米亚代理摄政王"一职。在捷克斯洛伐克制造白色恐怖,迅速地粉碎了抵抗运动后,海德里希又做巫婆又做鬼,充当了恩人的角色,尤其是对工人和农民。他提高了产业工人的脂肪定量,改善了社会安全系统,为工人阶级征用了不少高级旅馆。"他与捷克人玩猫捉老鼠的游戏。"他的知识分子同事戈培尔评论道,不管他放什么在他们跟前,"捷克人都一口把它吞掉。他采取了许多极受欢迎的措施,尤其是他几乎完全征服了黑市。"

海德里希在捷克斯洛伐克所取得的成就,刺激起捷克流亡政府采取行动。由于捷克斯洛伐克的居民,在这位仁慈的恶霸管辖下,有可能服服帖帖地接受第三帝国的统治,他们便决定暗杀海德里希。于是,曾在苏格兰一所学校里受过破坏训练的两名无衔军官杨·库比斯和约瑟夫·加拜克,便乘坐英国飞机,空降至这个托管国。

5月27日上午,这两名暗杀者,在两名捷克爱国者陪同下,藏在海德里希的乡间别墅与布拉格赫拉德欣堡之间的一拐弯处。当海德里希的绿色的敞篷车"麦塞蒂斯"开过来时,加拜克跳了出来,扣动他的轻机枪的扳机。枪没响,他再次扣动扳机,枪再次卡壳。站在他身后的库比斯连忙朝小汽车甩出一颗手榴弹。手榴弹滚了滚,不动了。海德里希喊道:"踩油门!司机!"但是,最后一分钟换上来的司机却仍在踩刹车。

手榴弹爆炸了,炸掉了小车的尾部。表面上看未受伤的海德里希,跳到路上,手中提着手枪,边打边喊,活像是"任何一部西部片中某一场戏中的主人公"。库比斯骑自行车跑了;加拜克并未受伤,枪卡壳时他呆立了片刻,然后脱逃。突然,海德里希手中的枪掉落在地上,他摸了摸右半边屁股,摇晃着身子。车子表面的装饰物碎片和弹簧碎片打进了他的肋骨和胃部。人们立刻将他送进附近的一家医院。但是,由于他的伤势看来不重,他只接受德国医生为他诊治,其余一概拒绝。人们终于找到一名德国医生,他宣布,必须进行手术治疗,因为碎片已打进肋部与肺部之间的隔膜,有的还打进了脾脏。

身在"狼穴"附近的临时指挥部内的希姆莱,听说自己的得力干将生命垂危,不禁哭了出来。但有些党卫军官兵却认为,希姆莱流的是鳄鱼眼泪,因为海德里希平步青云,深得希特勒的宠爱一事令他非常恼火。在布拉格,海德里希已奄奄一息,他小声警告其手下人西鲁普,必须提防希姆莱。

后来,在检查海德里希的死因时,希姆莱对党卫军外国情报处主任瓦尔特·舒伦堡说:"不错,正如元首在他的葬礼上说的,他确是个有钢铁般意志的人。但正当他身处权力巅峰时,命运有意将他调走了。"他的语调非常阴郁,但舒伦堡却永远不会忘记,"在讲这些话时,他像老佛爷似的点头称许,夹鼻眼镜后的那双小眼,突然射出光芒,活像是非洲沙漠中似龙非龙、似蛇非蛇的怪物的双眼。"

那2名暗杀者,连同另外5名捷克抵抗运动的成员,终于被党卫军在布拉格一座教堂内捕获,并被处决。但这只是报复的开始。在波希米亚和摩拉维亚,出现了恐怖统治,使海德里希的所作所为都变成了仁政。包括利迪策的所有男人在内的1300多名捷克人被立即处死,其莫须有的罪名是这些居民窝藏凶手。利迪策被焚,连废墟也被炸毁和推平。这座不出名的村庄之被铲除,不但引起了西方世界的厌恶和愤怒,而且在捷克斯洛伐克内部也点燃了抵抗精神的火焰。("我们飞往捷克斯洛伐克去刺杀海德里希时,总的想法就是如此,"战后,英国工党议员帕古特承认,"捷克的抵抗运动的主力是后来党卫军采取报复手段的直接结果。")

海德里希被谋杀后,受苦最深的是犹太人。在他被谋杀的当天,柏林就处决了152名犹太人,还有3000名被从德莱西恩施塔特集中营运往波兰。——在波兰,灭绝营已开始源源不断地接收受害者。

在"最终解决"问题上,最可怕的一个发明恐怕是"犹太人委员会"了。这个委员会除主管驱逐工作外,还担任毁灭工作。它是由犹太社会中认为最好的政策莫过于不抵抗并与德国人合作的头领们组成的。"我不惜牺牲5万名犹太人,"一个名叫摩西·梅林的典型的头领说,"去拯救另外5万人。"

6月初,集体屠杀的暴行已在希姆莱的书面命令下进行了。艾希曼曾把这份命令让他的一名助手狄埃特·维斯里塞尼看过。他还向他解释说,"最终解决"的意思,是把犹太种族灭绝。"上帝可千万要禁止我们的敌人也对德国人做类似的事情!"大吃一惊的维斯里塞尼喊道。

"别感情用事,"艾希曼说,"这是元首的命令。"这一点,在7月末希姆莱写给"党卫军主要办公室"的一封信中也得到证实,"东部占领区的犹太人必须清除干净。元首已把执行这道命令的艰巨任务加在我肩膀上了。不管在何种情况下,谁都无法帮我卸下这副重担。所以,我非禁止任何人的干预不可。"

武装党卫军技术消毒服务处处长库特·格斯坦因所听到的消息,已经使他绝望了。"纳粹的恶魔行径令他大惊失色,"一位友人回忆说,"也使他觉得,他们并不是不可能取得最后胜利的。"那年夏天在德占区4个灭绝营进行的一次巡察中,格斯坦因亲眼看到了他所谈到的东西。在第一个灭绝营,他和两名同事——艾希曼的副手和一名叫普芬南斯狄埃尔的卫生教授——被告知说,希特勒和希姆莱刚下令"全面加速行动"。两天后,在贝乌泽茨,格斯坦因见到,这些话已变成了现实。

"看了那么多,或能看到那么多的人,"负责人克里斯蒂安·维尔特告诉他,"活着的不到10个了。"格斯坦因观看了灭绝的全过程。那天货车运来6000人,其中1450人业已死亡。活下来的人被用鞭子赶下车后,便命令他们将衣服剥光,把假肢、眼镜等取下,把贵重物品和钱交出来。女人和少女

"阴曹地府也随着他"

的头发全被剪下。"给潜艇人员做好东西，"一个党卫军人员解释说，"做漂亮的拖鞋。"

格斯坦因眼见着他们列队进入死亡室，内心非常反感。男女老幼，赤条条的，列队打他跟前走过，非常可怕。一个身材高大的党卫军士兵，用牧师讲道的口吻，大声地向众人保证，不会有可怕的事情发生的，"你们只要深呼吸就行了。这可加强肺的功能。吸氧是防止传染病的方法之一，是消毒的一种良方。"有些人胆怯地问，他们的命运如何？这个党卫军士兵做了进一步的保证：男人修路、造房子，女人做家务或在厨房里帮工。但是，死亡室里发出的臭味却不言自明，前面的人站着不动，是后边的人硬把他们挤进去的。大多数人都默默无语，只有一个女人，眼中闪着愤怒的光芒，大骂谋害她的凶手。维尔特用鞭子抽她，迫她前行（维尔特是斯图加特前刑警局局长）。有些人在祈祷，有些人则在问："谁给我们水去洗死者？"格斯坦因与他们一起祈祷。

至此时，毒气室已挤得水泄不通。但是，要柴油车用其废气毒杀犹太人时，司机却发动不着车子。因为耽搁而气得发疯的维尔特，便用鞭子去抽司机。2小时又49分钟后，柴油车发动了。又过了25分钟后，格斯坦因往毒气室里瞧了瞧。里边，大多数人业已死亡；32分钟后，全部死亡。格斯坦因回忆说，他们全都笔挺挺地站着，"像玄武岩柱子似的，因为连倒地或倾斜的空间都没有。各家人都手拉着手，死后仍拉着"。恐怖仍在继续：一群工人用铁钩将死者的嘴巴撬开找金牙，其他人则在肛门里或阴道里寻找珠宝首饰。维尔特很得意。"你自己看看，"他指着一大箱金牙说，"有多少黄金呀！昨天、前天也收了这么多。每天我们能找到什么，你是想象不到的；有美金，有钻石，有黄金，明白吗？"

格斯坦因硬着头皮看完了最后一个程序。他们把尸体扔进壕沟。壕沟有许多条，每条长数百码不等，就在毒气室旁，很是方便。人们告诉他，因为中了毒，尸体数天后便会肿胀，尸堆高达两三米。消肿后，尸体被堆在铁路枕木上，加上柴油，烧成骨灰。

次日，格斯坦因一行驱车来到华沙附近的特莱勃林卡。在那里，他们看到的设施几乎毫无二致，但规模更大。"8个毒气室，衣裳堆积如山，高35

米至40米不等。"为庆祝他们的来访,营方特为雇员们举行了一次宴会。"当人们看到这些犹太人的尸体后,"普芬南斯狄埃尔教授说,"他们便会明白,你们做的工作是何等伟大!"晚宴后,主人向客人们分发奶油、肉和酒,作为临别赠礼。格斯坦因撒了个谎,说这些东西他农场里供应充足。于是,教授便拿了他的那份和自己的一份。

到达华沙后,格斯坦因马上动身返回柏林,决心将自己眼见的可怕情景告诉人们。他成了一个现代的"古老水手",他把真情传播给他的同事们——他们怎么也想象不到会有这种事!如同扔进池塘中涟漪越泛越大一样,库特·格斯坦因的故事也越传越广。

1942年到了,但德国的军事形势几乎一成不变。东线依旧停滞不前,而隆美尔之沙漠攻势又尚未完全准备好。所听到的报道,除了说日军节节胜利外,并无多少令人喜悦之处。希特勒对日军的胜利颇为高兴,但又因其盟友客气而坚决地拒绝按其意愿进行战争而精神沮丧。里宾特洛甫通过大岛大使,逼迫日本把进攻的矛头转向印度,但未取得任何效果。希特勒把大岛请到"狼穴",重提这一要求,也没有成功。他说,德国陆军马上就要入侵高加索了,一旦取得了那个产油地区,通往波斯的道路便大开了。到那时,德日两国便可展开大规模钳形攻势,消灭英国的远东军。这虽然诱人,日本却拒绝了这一机会。他们业已在考虑与西方进行谈判的可能性。日本天皇召首相东条英机入宫,指示他"切不可失去结束战争的任何机会"。东条英机召见德国大使欧根·奥特将军,向他建议,德日两国秘密与盟国接触;如希特勒派远距离航程的轰炸机前来,他愿以天皇私人代表的身份飞往柏林。元首的回答很客气,却不热心,他不愿冒东条英机乘德机坠毁身亡的险。

希特勒决心在没有日本援助的情况下打败俄国。于是,他便按计划进军高加索。他用书面文字强调了这一地区的重要性,令他的陆军将领大吃一惊。如果他们不拿下迈科普和格罗兹尼的油田,他说,"我就不得不结束这场战争了。"

由于春雨滂沱,这个代号为"勃劳"的野心勃勃的战役,被拖了几个星期,直到6月28日才由包克元帅发动。6个匈牙利师和17个德国师直插库尔斯克。48小时后,由18个师组成的强大的第六军向正南发动进攻。苏军犯了个错误:将他们的坦克很少量地投入战斗。所以,不到 48 小时,两支德军便会了师,包围了一大批苏军。前方就是顿河和战略要地沃罗涅什,但包克却不急于乘胜追击,于 7 月 6 日才攻下该城。但,此时的希特勒早已厌烦了包克这种慢吞吞的战术,永远解除了他的职务。

正当包克一边抱怨受到虐待,一边西行返家退休时,希特勒将他的司令部移至乌克兰的腹地,在文尼察东北数英里处的林子里安营,亲自将它命名为"狼穴"。这是个很凄凉的地方,所谓司令部,其实只有几间木屋,连掩护都没有。那里没有山,没有树,只有一望无边的空旷地带。7 月,天空万里无云,阳光普照,热得人喘不过气来。这明显地影响着希特勒,也使争论和争吵——数星期后达到了顶峰——显得更加激烈。

也许,炎热也助长他们犯下了一个关键的错误。希特勒做出了一个不切实际的决定:在继续进军高加索的同时,向伏尔加河上的工业重镇斯大林格勒发动大规模进攻。哈尔德曾公开抱怨,同时攻占斯大林格勒和高加索是不可能的,建议集中力量攻占前者。但希特勒仍坚信俄国人已经"完蛋"。

在苏联的最高统帅部里出现了深切的忧虑。斯大林撤换了斯大林格勒前线的指挥员,令该城做好被围的准备。在莫斯科和列宁格勒,工人们已开始在城四周筑起三道防线。民团和工人民兵,一营一营地被派往西线,支援正在后撤的红军。

在"狼穴"里进行的辩论也激烈化了。在一场暴风雨般的争吵后,希特勒对他的贴身副官说:"如果我再听哈尔德的意见,我自己都会变成和平主义者了!"在 7 月 30 日举行的元首日会上,约德尔庄严地说,高加索的命运将由斯大林格勒决定,早些时候开往高加索的第四装甲军,必须改派斯大林格勒。希特勒大发雷霆——这样,争论便成了攻击——但后来又同意这样做。倘使这支坦克部队未被调往南方,斯大林格勒可能已落入德军之手。但是,到了此时,苏联已在伏尔加河前方集结了足以延缓(不是打垮)任何新的袭击的兵力。大事的成败往往与这些表面看来无足轻重的决定有关。斯大林格勒若在仲夏便被包围,苏军整条战线可能到冬季便会分崩离析,不可收拾。希特勒冒险分兵,此又系一例。在此之前,他首先坚持同时攻打列宁格勒和乌克兰,然后才迟迟提出进军莫斯科,而伴随这一切的又是在追求灭绝犹太人这一个人目的的同时,发动了政治和思想的斗争,以及因此而进一步消耗了精力。在目前的困境中——打斯大林格勒还是高加索?——同样地,他又坚持夺取两者,这又冒了两地均不可得下的危险。这种情况,古代希腊人称之为"自信过度",也就是过分骄傲,终将使所有征服者身败名裂。

如果说,出于野心,希特勒将其陆军置于险境而对此他又觉得于心不安的话,那么,这种情况也不很明显。一个星期后,他又向一个意大利的来访者心平气和地保证,斯大林格勒和高加索两地均可夺得。他的乐观似乎是很有理由的。军事上,总的形势是好的。在北非,隆美尔出人意料地获胜,攻下了英军防线重镇托布鲁克,然后又朝离亚历山大港只有65英里之遥的阿拉曼进逼。接着,又传来了一个更大的胜利的消息:中途岛大捷。希特勒原相信这是日本人的胜利,因为他相信日本人的公报比美国人的准确。但是,这次却是他的盟友撒了弥天大谎。日本不但丧失了4艘母舰和海军航空部队的精华,而且因这一战役,太平洋战争的局势已经改变了。接着又有消息传来,说美国人刚在地处日本防卫圈腹地、具有战略意义的瓜德尔卡纳尔岛上大规模登陆。这便证实了日本失败得何等惨重。

这是一个惨重的挫折,且来得如此突然。"狼穴"里争论得更加激烈,这便不足为怪了。8月24日,哈尔德要求将一支受苏军重创的部队后撤以缩短战线。这一要求使一场激烈争论爆发了。希特勒吼道,他的陆军总参谋长所提建议都是一模一样的——撤退,"我希望,我的指挥官们与战士们一样坚韧不拔!"

平常,哈尔德是可以忍气吞声的。今天,他却反驳了。他说,成千上万英勇的德国人倒卧沙场,其原因不外乎是有人不让他们的指挥官做出合理的决定。希特勒不禁一愣。他双目直视哈尔德,粗声粗气地说:"哈尔德将军,你怎敢在我面前使用这种语言!你以为你可以教训我,前线的士兵在想些什么吗?前线的情况你知道些什么?第一次世界大战时你在哪里?你还装模作样,说我不懂前线的情况。我不能容忍!这简直是无法无天!"其他军事将领一个个低着头溜到会议室外去了。显然,哈尔德待在最高统帅部的日子已屈指可数了。

8月下旬,战斗打到了斯大林格勒北郊。德军的狂轰滥炸业已使全城大火熊熊；红军的通信系统被破坏了，致使该城暂时与外界隔绝。但是，希特勒并不能立即取胜。他觉得，前线的指挥官们向他撒了谎，他也受了指挥部里的人的骗。由于对这两种人均产生了怀疑，且慢慢成了病态，他便几乎不听别人的劝告，对批评意见则一概不听。夏季的炎热令他窒息；他常在愤怒和反唇相讥中仓促做出决定。他对接替包克职务的李斯特元帅尤其不满。当李斯特离开了8月31日会议的会场后，希特勒破口大骂这位元帅。李斯特的日子也屈指可数了。

8月下旬，德国破获了一个名叫"红色管弦乐队"的间谍组织。这便证实了希特勒的信念：他周围的人都是卖国贼。这个间谍组织成功地将进攻迈科普的情报，以及德国的燃料情况、帝国进行化学战的化学原料的储存地点，希特勒坚持攻打斯大林格勒等情况，告诉了莫斯科。当局进行大规模逮捕后，处决了包括美国公民密尔德·韩纳克在内的46名该组织的成员。然而，秘密情报依然接连不断地流到莫斯科。这是另一个间谍鲁道夫·罗斯勒提供的。此人系一出版商，在卢塞恩从事出版左派天主教书籍的工作。罗斯勒（代号为卢西）在德国拥有不少消息提供者。包括最高统帅部信息组织的第二号人物弗里茨·提尔将军在内；所以，他的情报远比"红色管弦乐队"提供的重要，他甚至可为苏联红军提供德军的作战日程。

希特勒怀疑，在最高统帅部内可能有间谍，因为他的每个行动似乎都不出苏军所料。由怀疑发展成为愤怒，而首当其冲的又是陆军将领。9月7日的争论是最激烈的一次。那天上午，希特勒派约德尔——少数几个依旧受宠的参谋人员中的一个——前往高加索，了解李斯特在通往里海的山道上何以进展如此缓慢。在与李斯特和山区兵团司令进行长时间的会见后，约德尔得出结论：局势已无望。他飞返文尼察，向希特勒汇报称，李斯特是严格按照他所得到的指示行动的。

元首霍地站起身来。"谎言！"他喊道。他接着便指责约德尔与李斯特勾结，说他的任务仅限于传达命令。约德尔从未见有谁这样大发雷霆。他深深受到刺激，便不顾一切进行反击。他说，如果你希特勒要的仅仅是一名信差，你何不派个青年尉官去高加索？由于约德尔当着他人的面"伤害了"他，希特勒大怒，气冲冲地走出房间，还向众人瞪眼。希特勒比任何时候都更加相信自己是谎言的受害者,便匿身于地堡内,闭门不出。

简单汇报情况的会议现改在他的室内举行了。他拒绝与任何一个参谋人员握手。会议的气氛冷若冰霜,只由记录员把元首的指示的每个字都记录下来。他已下定决心,不让众人对他的命令有所争论。餐桌旁的那种亲热的同志情谊已宣告结束。此后,元首便独自一人在自己室内进餐,与他做伴的只有那条德国狼狗——这是鲍曼不久前送给他的,目的在于在越来越多的问题面前能得到一点休息。(海姆此后不再记录餐桌旁的谈话。数月后,希特勒回到了餐室的桌旁,柯本继续做记录,直至次年1月。此后,鲍曼和一名叫缪勒的新闻记者也做了些记录,但大都无关紧要。)

在文尼察,德军司令部在沉默中焦急地等待着。谁也不觉得自己安全。9月9日,希特勒断然解除了李斯特的职务,由他自己亲任A集团军司令。接着便有谣言传来,说哈尔德、约德尔和凯特尔也将很快被解除职务。凯特尔与瓦尔利蒙将军历来私交不深,现在却跑去向他请教。他问他,是否仍有可能保持自己的地位和自尊。"只有你自己才能回答。"瓦尔利蒙尴尬地回答。他忆起,一次,希特勒生气地把卷宗往桌上一扔,凯特尔便吓得面如土色,不敢动弹。卷宗落地后,这个参谋长竟忘了自己是个高级军官,一动不动地站着,好像是个低级军官似的。瓦尔利蒙暗想,"这是不称职"的一个典型例子。可怜的凯特尔因不自量力而失败,但悲剧却是,他从未想担任此职。

在会议上,希特勒继续表现出既坚韧不拔又信心十足。当B集团军司令冯·威克斯将军和负责夺取斯大林格勒的弗雷德里希·保卢斯将军提出,顿河战线长,防守又薄弱,必须小心警惕时,元首对他们的关切不以为然。他向他们保证,俄国人已山穷水尽,在斯大林格勒的抵抗"仅仅是局部的"。俄国人既已无力发动大规模反攻,顿河战线也就不会有真正的危险了。最重要的,他说,是要"集中人力,尽快拿下斯大林格勒全城和伏尔加河两岸"。他提出用3个师的兵力去增援保卢斯的第六军的原因就在于此。

这一次,希特勒的乐观确有些理由了。在斯大林格勒地区,苏军秩序大乱。在顿河与伏尔加河之间,由于军官和士兵开小差或逃亡后方,许多部队业已解体。在通往东部的大小道路上,成群结队的难民,牵着牲口,扛着农具,向东逃窜。有个不久前才被任命的司令官发现,在没有命令的情况下,他的装甲部队已不翼而飞,炮队、反坦克部队和工兵部队的指挥员(有些是将军)也已离营逃亡。到了9月14日,大难似乎已快临头。德机狂炸斯大林格勒城后的伏尔加河,步兵冲进了市中心,拿下了主要的火车站,还逼近了河边。

猛然间,苏军加强了抵抗。援军渡河后,与德军展开激战。15日,主要的火车站竟数次易手,保卢斯不得不缩小其进攻范围。战斗打得没精打采,明显地影响了希特勒的情绪。缺席两周后回到情况汇报会桌旁的瓦尔利蒙注意到了这一点。当元首久久地恶狠狠地注视他时,他暗想:"他明白了,苏联是打不败的,他的信心也烟消云散了。"他再也无法容忍曾目击过"他的缺点,他的错误,他的幻想和他的白日梦"的将军们的原因就在于此。

"他不信任他的将领,连一个也不信任。"恩格尔在日记中写道,"……他会将一名少校晋升为将军,并让他当参谋长——只要他知道有这样一个人。好像什么也不适合他的口味,他常常咒骂自己竟与如此拙劣的将军们一起打仗。"希特勒决心除掉哈尔德,因为元首最讨厌的就是他,说他是灭亡的预言家,但又不得不容他,因为他有才干。9月24日,末日来了。"你我两人一直在受精神折磨,"希特勒说,"我之所以筋疲力尽,一半是因为你。不值得再这样下去了。我们现在需要的是国家社会主义热情,不是职业才干。这些我并不想在你这样一个老式军官身上得到。"哈尔德双眼噙着泪水——在希特勒看来,这是软弱的象征,这也是将他解职的进一步的理由。哈尔德一声不吭。待希特勒发完长篇议论后,他站起身来。"我走了。"说着,他便昂首阔步离开了房间。他相信,希特勒受女性特点的支配。"支配他的是直观而不是纯逻辑,"他后来写道,"这是许多能证明这一事实的证据之一。"

希特勒要求接替哈尔德之职的人,一定要与哈尔德相反,于是便挑选了库特·蔡茨勒。由于是新晋升的少将,蔡茨勒没有哈尔德具有的资格老、有权威等优点。他对最高统帅部和陆军集团军各将领是否拥有影响力,这是值得怀疑的。蔡茨勒比较年轻,也较缺乏经验,但深得希特勒赏识的却正是这一点。他连升两级,当了上将。

从外表看,他并不适合此职。他身材又矮又胖,好像是用三个球连成的。但是，在与希特勒第一次见面时（有20名左右军官在场），蔡茨勒并未拍马屁。总参谋部因怀疑和恐惧而受到元首的责骂时，他无动于衷地听着，一声不响。待几乎针对室内每个人的猛烈攻击结束后，蔡茨勒便说："我的元首，如您对总参还有什么意见，请单独告诉我好了，不要当着这么多军官的面说。否则，您就得另找一位参谋长。"他向元首敬了个礼，便步出室外。其他军官都等着希特勒发火，但希特勒却深为感动。"哎，"他微微一笑，他问，"他会回来吧，是不是？"

期望在最高统帅部出现新的反抗精神的人们，很快便幻想破灭了。在为庆祝陆军总司令部落成向军官们发表的讲话中，蔡茨勒说："我要求每个军官做到下列诸点：他必须相信元首和他的指挥方法；他必须利用各种场合让此信心感染他的下级和他周围的人；在总参谋部，凡达不到此要求的，不管是谁，对我都是无用之徒。"

希特勒觉得，他终于找到了一个合适的总参谋长，便动身前往柏林发表演说。这篇演讲是在9月的最后一天，在体育馆为"冬季救济"而举行的群众集会上发表的。听众是经过严格挑选的，他们不知道元首会说些什么，一个个拭目以待。但，这篇讲话很短也不激动人心，他演讲时也缺乏通常应有的那种魅力。许多外国听众觉得，他之所说纯系无关紧要的牛皮大话，但，他们却未抓住在保证夺取斯大林格勒时讲的反犹的那段话。也许，这是因为他的反犹的语言重复太频繁之故。那年中，他第三次重申他的预言，就是说，如果犹太人挑起"一场灭绝雅利安人的国际战争，被消灭的将是犹太人本身，而不是雅利安人"。重复此话的动机是什么，除了对"最终解决"的秘密有所闻的人了解外，别人是不清楚的。每次提起此事，都得到大众的公认——公认其灭绝计划；也是给那些担负集体屠杀的精英之师以保证和权威。他重提首次预言的日期，且弄虚作假，这是值得注意的。这日期应是1939年1月30日，不是他反复说的9月1日。这不可能是失言，因为希特勒重复了三次。把日期改在进攻波兰那天，也就是第二次世界大战爆发的那天，他便把他的种族纲领与这次战争联系在一起了。他是让人们对终将面临的残酷现实思想上有所准备：从战斗打响的第一天起，将犹太人灭绝就是战争不可分割的部分。

他已在宣布——不明显地——他的孪生纲领——"最终解决"和"生存空间"——正按计划进行。听众离开礼堂时,都觉得周身不舒服。唯一提高大会气氛的工作是他们自己同声高唱《东方战斗之歌》。这首歌的曲调,即使在外国记者们听来,也是很优美动人的:

> 保卫德意志,
> 我们常备不懈;
> 东方徐徐升起的太阳,
> 号召千百万人奔赴疆场。

许多官员并没有他们这种精神,因为在东方采取的镇压措施令他们震惊。最有力的谴责发自罗森堡的"东方领土部",虽然它的部长并不愿意与强大得怕人的希姆莱-鲍曼-埃利希·科赫(科赫系派往乌克兰的帝国总督)联盟开战。科赫此人曾当过火车司机,迷恋炫耀之举,常坐着马车转来转去,活像个土皇帝。慑于"三人团"所采取的残酷措施,罗森堡不久前还主动向他们求和:开除了象征他自己对占领区采取的更自由的政策的格奥尔格·莱勃兰特。但是,余下的下级人员继续向罗森堡施加压力,要他绕过鲍曼,直接面见元首;他们不断地向他呈交各种建议和报告。控告希姆莱-鲍曼-科赫"三人团"最有力的起诉书,要算是曾在苏联待过7年之久的奥托·勃劳蒂加姆起草的、长达13页的备忘录。他说,德国人原被作为解放者而受到欢迎。但是,占领区的人民很快发现,"从布尔什维主义下解放出来"的口号,不过是奴役他们的诱饵罢了。德国人不但得不到反对斯大林主义的盟友,反而制造了死敌。"我们的政策,"勃劳蒂加姆控告说,"迫使布尔什维克与俄国民族主义者结成反对我们的统一战线。今天,俄国人作战英勇无比。仅仅为了人类的尊严,他们勇于做出不平常的牺牲。"勃劳蒂加姆的结论是,解决的办法只有一条:"必须告诉俄国人民,他们未来能得到什么具体的东西。"若希特勒曾读到过这份备忘录,那么他也未听其提出之劝告。他已决心破釜沉舟,是胜是败,全按自己的意志行事。

对德国而言,11月是个灾难月,因为东西两方的敌人都节节取胜。在希特勒的优先等级中,征服埃及属于低等,故未给隆美尔送去足够的给养和援兵,这就使北非的失败不可避免。虽然金字塔已在眼前,"沙漠之狐"还是被迫打防御战。当他的南翼(由意大利军把守)被英国的蒙哥马利将军攻破时,隆美尔便电请允许他撤退。12月2日晚,元首做了答复:不准后撤"寸步",部队"不成功,便成仁"。

在收到这封电报前片刻,隆美尔又发电说,他被迫后撤;撤退已事实上进行了5小时。这一消息于凌晨3时抵达了最高统帅部。由于值班的作战参谋并不知道希特勒先前的电报内容,便觉得此电不很重要,未将其交给元首。当然,希特勒对未叫醒他是很生气的。他要召见瓦尔利蒙。当瓦尔利蒙朝元首的办公室走去时,凯特尔从远处朝他高喊,态度很不像是个军人:"你,瓦尔利蒙,到这儿来!希特勒再也不想见你了!"他得到通知,他已被解除职务。

隆美尔的撤退,是沙漠地区全面失败的预兆。紧接着,11月7日,又传来令人不安的报告:同盟国的一支庞大的舰队已驶入地中海,正在向北非海岸靠近。这支舰队数天前就在直布罗陀发现过,但希特勒以及最高统帅部却认为它们是开赴撒丁或西西里的。约德尔解释说,德国人感到惊奇的主要原因"可能是这样,在贡比涅森林垮台后,法国从德国得到了正当的待遇,说得更确切点,是崇高的待遇。此后,我们并未想到法国会玩一手虚假的政治——因为这次登陆只有得到法国人的同意,才能进行"。

对其军事将领的惊慌,希特勒既不屑于去寻找借口,也不去思考。他中断了中午举行的情况汇报会,在大多数"狼穴"的"高级居民"的陪同下,登上了他的专列。他们的目的地是慕尼黑,到那里庆祝啤酒馆起义19周年。正当德国元首在安睡时,英美两国的先头部队在阿尔及利亚和摩洛哥的海滩登陆了。报告很早就到了,它表明,法军在阻击登陆部队。于是,希特勒便斥责他的几个顾问,说他们惊慌失措。接着。他便下令增援地中海另一端的克里特岛,令众人目瞪口呆。表面上,至少表明,他更加关心的是下午6时要在罗文布劳酒馆向老同志发表的演讲。这是一篇战斗性的演讲。有人攻击他,他为自己辩护说,他坚持夺取"碰巧也叫斯大林"的那座城市,让德军付出的代价,就像在凡尔登付出的一样昂贵。但是,他警告说,他不是软骨头,不是只因有几个卖国贼想与西方媾和便把帝国在东部征服的大片土地拱手交了出去的威廉二世,"请我们的所有敌人都放心,那时的德国是在11时45分放下武器的,而我,从原则上讲,从不在12时5分以前放下。"

晚上,从非洲发回的报告,因为太严酷,希特勒不敢置之不顾。他令里宾特洛甫把墨索里尼立刻叫来开会。在24小时内第二次被从床上叫起来的齐亚诺,在被说服后,便把墨索里尼叫醒。但墨索里尼却拒绝前往巴伐利亚。他不想在失败的阴影下会见希特勒,何况他又身体有病。待替代他的齐亚诺到达慕尼黑时,希特勒已接受了非洲登陆的现实。他已看得很明白,"战神已离德国而去,跑进了对方的营垒"。与此同时,里宾特洛甫建议,通过苏联驻斯德哥尔摩大使科隆泰夫人找斯大林。希特勒对此做出了强烈的反应。他又建议"必要时"放弃在东方征服的土地,元首跳了起来。"我所要讨论的,"他说话的猛烈吓坏了里宾特洛甫,"是非洲——没有别的!"

日本也试图让德国与俄国讲和,但遭到元首的拒绝。日本的另一个正式请求,即请求德国在东方采取守势,将大部分兵力调至西方,也遭希特勒的拒绝。"我明白你日本人讲的道理,"希特勒对大岛大使说,"主意不错,就是无法实行。"在如此寒冷的国土里,挖防御工事是非常困难的。但这不过是唱高调,让盟友听起来顺耳罢了。希特勒的计划能否成功,全靠能否战胜布尔什维主义。对这样一个人来说,与斯大林妥协是万万做不到的。如不能在东方取得胜利,由于任务使然,他必须挡住红军,直到将犹太人从欧洲清除出去。

在柏林,谣言四起,说希特勒已经疯了。据说,在一个大型集会上,冯克部长太太对弗里克部长太太说,"元首正把我们引进灾难中去。""不错,"弗里克太太说,"那人已经疯了。"著名的外科医生费尔迪南·绍埃勃鲁赫也有同样看法。他对友人们说,新近一次去看元首时,他发现希特勒既苍老又颓丧,还断断续续地喃喃自语,说的是"我一定要去印度","一个德国人被杀,十个敌人必亡"之类。

在斯大林格勒,希特勒又面临另一次失败。数星期来,保卢斯的第六军进展甚微。前进的距离只能以码计,而每一码都得付出高昂的代价。保卢斯和东方情报部主任莱茵哈德·格伦都发出危险警告,说敌人正向北面大规模集结部队。"对敌方的情况,我们尚无法做出全面的估计,因为目前局势尚摇摆不定,"格伦于 11 月 12 日报告说,"但是,敌军会尽早进攻罗马尼亚的第三军,切断通向斯大林格勒的铁路,置我东部部队于险境,以迫使我军撤离斯大林格勒。"

其时,希特勒正在贝格霍夫,未读到这份不吉利的报告。但对罗马尼亚军队他也是很关切的,曾特意询问此地区是否有情况。那个星期一直参加军事会议的普卡默尔回忆说,回答是没有,一再说没有。由于坏消息传递缓慢,元首并不知道局势的严重性。苏军的力量如何,人们还有些怀疑,而被希特勒新近的批评("一而再,再而三地高估敌人的力量")刺痛了的陆军总司令部,又不愿重复他们在波兰和法国的失算。

11 月 19 日拂晓,苏军以 40 个师的兵力攻打罗马尼亚军。守卫者虽然打得出色、英勇,但终被占压倒多数的敌军打垮。B 集团军司令迅速地做出反应。首先,他令保卢斯停止进攻斯大林格勒,让部队准备对付左翼的威胁;然后,鉴于罗马尼亚军垮台已成定局,他建议第六军立即后撤。

希特勒武断地否决了这点。早些时候的报告使他相信,苏联已流血过多,眼看要死亡了,这次反攻不外乎是垂死挣扎。他于是便令在斯大林格勒的部队死守,援军已在半途中。然而,这些话并未反映出希特勒的司令部本身是何等的混乱。恩格尔少校在日记中记载说:"那里一片混乱。元首自己也完全不知如何是好。在这几个痛苦的小时里,他在贝格霍夫的大厅里不停地走来走去,斥责他的将领们又重犯老毛病。"

他不太情愿投入战场的坦克部队已被打退。11 月 21 日,罗马尼亚军(因为老鼠咬破了电线,其半数以上的坦克抛了锚)被分割。"绝对丧胆,"一个罗马尼亚军官在日记里草草写道,"我们或是我们的祖先犯了什么罪过呀?我们为何要受这等苦?"只是到了那天,保卢斯和他的参谋长亚瑟·施密特才醒悟到自身的危险。苏军的坦克出现在离司令部只有几英里的地方。这就证明,第六军的交通要道已被苏军占领。在将司令部匆匆转移后,他便请求后撤。他的上司批准了这一建议,并请示了最高统帅部。在当晚于贝格霍夫举行的会议上,约德尔建议让第六军全面撤退。元首再次说不行:"不管发生什么情况,我们都必须守住斯大林格勒周围地带。"

次日上午，也就是22日，苏军庞大的钳形攻势之双钳会师了，将第六军全部包围。20万德军最精锐的部队，连同100辆坦克，1800门大炮和1万多辆各种车辆，被困在一大盆地里。在第六军当天上午举行的会议上，有人建议向西南方向突围。"不行，"参谋长施密特说，"燃料不够。如强行突围，结果必然是拿破仑遭遇过的浩劫。"他说，我们不得不打"刺猬"防御战。下午，由于情况严重恶化，施密特对自己的论点开始产生怀疑。就在此时，保卢斯收到了新的命令：就地坚持、待命。"噢，"保卢斯转身对参谋长说，"现在我们有时间去考虑怎么办了。咱们分头考虑吧，1小时后前来见我，看两人的结论是否相同。"结论是一模一样的：朝西南方向突围。

此时，希特勒正在返回"狼穴"途中。撤退，这是他无法考虑的。当晚，他以私人名义致电保卢斯。"第六军必须明白，"他说，"本人正在尽力援助你，等待解围。我将迅速发布命令。"保卢斯接受了这一决定，但他的一个兵团司令却自行其是，将部队后撤，以迫使保卢斯下令全面撤退。保卢斯原是有权将他撤职或逮捕的，但他未这样做，原因是情况确实危急。具有讽刺意味的是，希特勒得悉撤退一事后，竟把责任加在无辜的保卢斯头上，给应负责任的罪人——希特勒非常信任他——以独立指挥权，以示嘉奖。

11月23日晚，第六军军长以个人名义请求允许他突围。希特勒置之不理，原因之一是，他对保卢斯抱有怀疑。戈林向他保证：德国空军可向被围的第六军空投给养。尽管这个元帅过去的战绩甚差，希特勒还是听从了他。次日上午，希特勒便令保卢斯"不惜一切代价"坚守，给养将由空军空投。希特勒迫不及待地抓住戈林的轻率诺言，只凭主观想象，宣布斯大林格勒是个堡垒。这样，他便将25万名德国及其盟国的官兵的命运一笔勾销了。

对保卢斯的上级丧失信任后，希特勒便把那个指挥官的大部分指挥权移交给了冯·曼斯坦因元帅（这个元帅的入侵西方的巧妙计划，与他的非常接近）。即将由曼斯坦因指挥的是一支新的部队，即顿河集团军，任务是阻止苏军西进，以便减轻斯大林格勒保卫者身上的压力。那天中午，曼斯坦因给保卢斯发了一封恢复信心的电报："我们将尽力解脱你的困境。"他补充说，保卢斯眼下的任务是："按元首的命令，固守伏尔加和北部战线，并准备用重兵向后方突围。"保卢斯以为,曼斯坦因在叫第六军固守的同时,将打开一条走廊。这样,保卢斯和施密特便放弃了他们自己的计划:不待希特勒允许,自行突围。

那天天黑前,为斯大林格勒运送给养的飞机,有22架被击落。25日,另外9架又被毁。保卢斯只拿到75吨食品和弹药。26日,陆军总参谋长蔡茨勒回到"狼穴",不顾希特勒的愤怒,悍然建议给保卢斯以"行动自由",就是说,强行突围,那若失败,默许他投降。希特勒当即拒绝了这一建议,只同意叫曼斯坦因采取解围行动。对各种反对意见,希特勒都以戈林一再做出的空洞保证——空运足够的给养——作为回答。"如此强烈的乐观情绪把我给吓坏了,"恩格尔在日记中写道,"如此的乐观甚至连空军总参谋部的人都不敢有!"

那天,保卢斯手书感谢信一封,感谢曼斯坦因新近做的关于援助第六军的保证。他告诉曼斯坦因,他已向希特勒请求行动自由——在必要时。"我之所以要这个权力,"他解释说,"是因为我要避免这种情况:要发那唯一可能的命令,却又为时过迟。我无法证明我只能在极端紧急的情况下发布这样一道命令。我只能请求你接受我关于此事的诺言。"

保卢斯在午夜前5分钟收到元首的答复。希特勒以私人的名义发电给第六军全体官兵,命令他们坚守岗位,并保证尽力为他们解围。

解围行动,即"冬季风暴",是比较不充分的。它只包括一次性的单向穿插,兵力只有两个装甲师。此次行动原计划在12月上旬进行,由于集结这支必需的最低限度的兵力时,碰到诸多拖延和周折,致使12月12日上午才开始。230辆坦克沿东北方向朝近百公里外的斯大林格勒滚滚前行。一路上,抵抗很少;有些地方竟毫无抵抗,这使德军摸不着头脑。即使如此,坦克也只前行了19公里——在阳光照射下,道上的冰开始融化,使斜坡变成了滑溜溜的陷阱。

在中午举行的例会上,希特勒问的第一个问题是:"出现了灾难吗?"当人们回答说只有意大利军队把守的阵地遭到进攻时,他便开始喃喃诉苦:"南方的事使我度过了更多的不眠之夜。我们还不知道那里的情况怎样。"

六天来,第六军的官兵眼巴巴地望着友军的坦克前来,但他们见到的却是一队队苏军吃力地朝西面走去——阻击"冬季风暴"。曼斯坦因也同样沮丧,于18日提出请求,让保卢斯突围,以拯救大多数士兵的生命。蔡茨勒"非常紧急"地批准了这一措施,但希特勒仍坚持不应允。因为意大利的第八军于那天崩溃,在解围部队的北面留下一个巨大的缺口。

次日下午,曼斯坦因再次电请希特勒允许第六军突围。开始时,希特勒予以拒绝;后来,在蔡茨勒的不断催促下,才开始有松动的迹象。他的犹豫不决,使有些军官存在一线希望:保卢斯会主动地设法突围。如有能力,保卢斯会这样做的。他已准备不服从元首原来的命令;但是,到此时,他拥有的坦克已不到100辆,燃料最多只够行驶32公里。还有,所存弹药供防御用尚属不够,谈何进攻。他和施密特都把希望寄托在前来解围的援兵身上。

然而,前来援救他们的坦克再也不能东进了。12月23日,曼斯坦因令解围部队停止进攻,原因是其中一师装甲部队必须赶去堵塞正在逃窜的意军所留下的缺口。下午5时40分,他用电传与保卢斯取得了联系。他问:"若情况坏到极点",他能否突围?保卢斯问,这是不是意味着他现在有权主动采取这一行动?"一旦行动,"他说,"那就不再回头。"

"今天我不能把全部权力给你,"曼斯坦因回答说,"但我希望明天能做出决定。"

在其司令部内,希特勒仍不愿做此决定。于是,在圣诞节前夕,曼斯坦因给第六军的只有阴郁的语言和节日的问候。那天晚上,曼斯坦因电告"狼穴",斯大林格勒的官兵的体力已大大下降,而且还会加速下降。"看来,他们虽仍能支持短暂时日,但无力杀开一条路出来。我认为,本月月底是最迟的一天。"这封电报虽由曼斯坦因本人签发,但他知道,希特勒是不会听的。第六军业已灭亡。保卢斯虽极想突围,但他明白,突围即自杀。他同意曼斯坦因的意见:末日已到了。但,是否要把局势向官兵们做一解释呢?没有希望的士兵是不愿作战的。

戈培尔试图在他的新年咨文中将希望给他们。在一篇专为前线士兵发表的讲话中,他保证,1943年将使帝国接近"最后胜利"和"最终胜利"。他对自己的人员讲得坦率得多。

他说,未来数月内的宣传必须避免在群众中造成基本上是防守的印象。

"自开战以来,我们的宣传工作采取了一条错误的发展路线。战争的第一年,我们打赢了;第二年,我们会打赢;第三年,我们必须打赢;第四年,我们是打不败的。这样发展下去,便是灾难。相反,我们必须让德国公众明白,我们是有能力打赢的。因为,一旦全国的工作和努力都转到全部为战争服务上来,打赢的先决条件是存在的。"这是一幅阴郁的图景,是元首两星期后发表告示,命令全国实行战争总动员的先声。

新年前夕,希特勒派其私人飞机驾驶员波尔前往斯大林格勒,将第十四装甲兵团司令、在第一次世界大战中失掉一条胳膊的汉斯·休伯将军带回德国。休伯摸不着头脑。他回到元首司令部后,希特勒便叫他将第六军的处境准确、详细地告诉他。休伯直言不讳,毫无顾忌地将他的同志们所处的绝境告诉了希特勒。元首默默地听着,大受感动。"许多情况我都是第一次听到。"他说。接着,他便保证派党卫军装甲兵团——此时在法国——前去为斯大林格勒解围。与此同时,空运物资将不惜一切代价地增加。元首深情地说,他誓将斯大林格勒的挫折变成胜利,就像去年冬季危机后他之所为一样。

休伯带着要给同志们灌输新的希望的命令,飞返战地。他于8日抵达。就在当天,苏联飞机空投了传单,其中包括一份最后通牒:不投降便灭亡。在受到休伯带来的新闻的鼓舞后,保卢斯告诉其各兵团司令,投降是绝不可能的。

两天后,苏军开始进攻。第六军的西部战线慢慢受到压缩,食品和弹药的供应迅速减少;大部分大炮每天只有一发炮弹可发,每个士兵只有一块面包和少许马肉。能运抵战场的给养比戈林保证运到的要少得多。希特勒已丢掉了幻想,说话差不多到了尖酸刻薄的地步,他骂戈林"这家伙是个脑满肠肥的肥猪"!最大的污辱也许是选择了他的一名下级去重新组织空运,解救第六军。元首曾两次夸奖米尔契元帅,称他是不知道"不可能"一词为何物的人物。1月中旬,他来到"狼穴"。希特勒令他每天运送300吨给养至斯大林格勒。为此,他被授予特殊权力,包括有权向任何一个指挥官下令。米尔契大力进行改革,把日运量从60吨增至80吨,使被困官兵有了一线希望。然而,不久后连米尔契也无能为力了。他终于醒悟到,这个任务是不可能完成的。

1月20日，业已缩小了一半的战场，眼看就要瓦解了，特别是战斗打得最激烈的地段。保卢斯目睹官兵们所受苦难如此惨重，觉得有责任再次向上级呼吁。那天，他把亚瑟·施密特和另外两名参谋召来征求意见。3人中，只有1人（作战参谋）主张继续打下去。于是，保卢斯便将一份电文相同的电报分别发给了曼斯坦因和元首司令部，要求在无法再战时"避免全部被歼"。

曼斯坦因和蔡茨勒都力促希特勒做出有利的回答。但他却继续要求第六军"打到最后一兵一卒"。作为最后一项绝望的措施，一个名叫齐泽维茨的少校飞出斯大林格勒，将该处的绝境作为第一手资料向希特勒汇报，想使他回心转意。1月22日，当齐泽维茨晋见他时，希特勒紧紧地抓着他的双手。"你是从危急的地方来的。"他说。然后，他便谈到了另一次解围计划——用一营坦克部队，突破敌阵线，前往解围。

齐泽维茨惊得目瞪口呆，一整军的装甲部队都失败了，一个营怎能胜得了？趁希特勒谈话停顿之机，少校取出一张预先准备好的纸条，念了一连串的数字。他动人地讲述了被困官兵如何忍饥挨饿，如何被冻坏，给养如何日益减少，以及他们被一笔勾销后的感受。"我的元首，"他末了说，"请允许我说，不能再令斯大林格勒的官兵打到最后一发子弹了，因为他们的体力不能再战，也没有最后一发子弹可打了。"

希特勒惊奇地转向他，并且，在齐泽维茨看来，双眼直视着他。"男人可很快恢复体力。"希特勒说。他把少校打发走后，便令向保卢斯发报："决不可投降。部队抵抗到底。"

希特勒本人也疑虑重重，烦恼不已。但在两天后，他的精神又振奋了。原因是，在卡萨布兰卡举行的盟国会议一结束，罗斯福便要轴心国无条件投降（一些时候以来，德国人相信，卡萨布兰卡是白宫的代号，会议是在华盛顿召开的）。由于总统不可能使世界冲突用政治方法解决，所以这桩事实际上成了希特勒极端宝贵的宣传资料，唆使他的人顽抗到底。这是一线光明的希望，因为希特勒本人终于被迫接受斯大林格勒的无望的局势。据说，他已令助理主任施蒙特飞往斯大林格勒，给保卢斯带去一支手枪，供他自杀用——在最后的时刻。

德军已开始零零星星地投降,总数量还不少,但保卢斯自己仍坚定不移。他对两名提出投降问题的师长说,总的局势不允许他们采取这一行动。他们必须遵守元首关于打到最后一刻的训谕。他虽然做出了这个决定,良心却受到压抑,因为他十分清楚他的官兵所受的折磨。直到不久前,他们的战斗意志仍然旺盛。他们信任自己的领导,以为援兵必到。今天是国社党夺取政权十周年纪念日,士兵中出现了绝望的气氛。伤员已无地可安置,因为斯大林格勒的每个地下室都拥挤到窒息的程度。药物、绷带等,正在迅速地用完。在冻土中已无法再埋葬死者。

保卢斯迫于无奈,只好挺身应付残局,电告希特勒称:

> 在您执政十周年纪念之际,第六军向元首致意。卐字旗仍在斯大林格勒上空飘扬。让我们的斗争成为未来世世代代人的榜样。不管如何敌众我寡,永不投降。届时,德国必将胜利。

在另一封私人电报中,保卢斯通知元首,说他的外甥雷奥·拉波尔已受伤,是否用飞机将他撤走?回答是否定的:作为军人,他应与他的同志们在一起。这样,希特勒真正心爱的情人吉莉的弟弟,便处于几乎必死的境地。(在这条战线上,希特勒还有两个亲戚:汉斯·希特勒,其父系元首的大堂兄;海茵茨·希特勒,系元首的同父异母兄弟小阿洛伊斯之子。汉斯逃往德国;雷奥和海茵茨双双被俘。据斯大林的女儿说,德国人曾提出用一名德国战俘,很可能不是雷奥便是海茵茨交换她哥哥雅可夫。斯大林对她说:"我不干。战争就是战争。"据说斯大林年轻的女儿被德国人枪杀。海茵茨在囚禁时死亡。吉莉的弟弟于1955年回到了家园,对他的舅父未营救他一事未予追究,且更加相信,希特勒对他姐姐之死"绝对无知"。)

保卢斯在给他夫人(是个出身名门的罗马尼亚人)的最后一封信中写道:"我坚持并战斗——这就是我的命令!"1月30日晚,为参加最后一场战斗,他用一支步枪武装自己。这时有命令从"狼穴"传来,说元首已晋升他为陆军元帅。这个荣誉是每个军人梦寐以求的,但在此时此刻这似乎已无关紧要了。午夜后,蔡茨勒发来一封电报——这便是晋升的标价:"元首要我指出,斯大林格勒这个堡垒继续多坚持一天,都至关重要。"

31日拂晓,亚瑟·施密特参谋长向窗外望去,看见了一个令人不敢相信的景象。在无数炮火的闪光中,在市场上,一大群德国兵和俄国兵站在一起,一边抽烟,一边热烈交谈。亚瑟·施密特告诉保卢斯,结束的时刻到了。再进行局部抵抗是毫无意义的,除非他们愿意自相残杀。保卢斯同意,投降是唯一的出路。不到一小时,两人便坐着俄国小车,朝 M. S. 苏米洛夫将军的第六十四军指挥部驶去。

当苏米洛夫建议去进午餐时,保卢斯说,除非俄国人答应为他的部下提供粮食和药品,否则,他一口饭也吃不下。"我们是人,"苏米洛夫同情地说,"我们当然会这样做。"他们走下车子。天气虽然很冷,但阳光灿烂。苏米洛夫伸开双臂:"啊,美妙的春天!"午餐时,苏米洛夫提议为红军的胜利干杯。犹豫一阵后,保卢斯举起酒杯:"我为德军的胜利干杯!"苏米洛夫觉得自己受到污辱,便放下自己的酒杯,然后和蔼地说:"算了,为您的健康干杯!"

次日清晨,2月1日,莫斯科宣布了保卢斯和亚瑟·施密特投降的消息。在中午的例会上,蔡茨勒不相信这是真的,希特勒却坚信不疑。"他们正式投降了。绝对是这样,"他坚持说,"否则,他们会集中起来,聚集在一起,然后用残存的子弹,集体自杀。"蔡茨勒依旧不相信保卢斯已经投降。也许他已身受重伤,躺在某处?"不,是真的投降了。"希特勒说,"他们会直接被带至莫斯科,交给内务人员委员部处理,他们还会不假思索地发布命令,让北方战区也投降。"他继续漫无边际地说下去,称赞朝自己脑袋上开枪解决自己的军人。"这样做多简单! 一支手枪——便把它变得轻而易举了。要是怕这个,那是多大的怯懦。嘀! 还不如被活埋! 像这样的情况,他非常清楚,他的死能为邻近战场的官兵树立一个榜样,如果树立这样一个榜样,怎么还想让别人继续打下去。"

他继续大骂保卢斯:"最令我痛心的是,我把他提升为元帅。我本想让他最后满足一下。这是我在这次战争中提升的最后一名元帅。你们切不可卵未孵化先数鸡。我一点儿也不明白。当一个人看到这么多人死去后——我真的要说:这是多么容易……"他语无伦次了,"……那他是不可能想到的。荒唐可笑,做那种事。这么多人不得不死去,像这样的一个人便把其他许多人的英雄主义给玷污了。他本可以超脱尘世,永垂千古,为世人垂青。但他却宁愿去莫斯科。这是什么选择呀?简直毫无道理!"

次日,北部战场投降了。苏联宣布俘虏战俘9.1万人,包括24名将军和2500名军官。由于希特勒残酷地虐待苏联战俘,这些人也受到惨无人道的虐待。据报道,在1943年2月至4月间,40多万德国、意大利和罗马尼亚的战俘被虐待致死,使用的主要方法是饥饿。吃人的现象很普遍。只有身强体壮的人才活了下来,而这些人又是靠拣粪便中未消化掉的玉米和小米(洗干净后)活命的。在斯大林格勒一役俘获的战俘中,只有几千人得以返回德国。其中之一是保卢斯——他公开谴责希特勒和纳粹,使苏联人很高兴。

在参观了斯大林格勒的废墟后,戴高乐将军对一名记者发表评论说:"啊,斯大林格勒,伟大的人民,非常伟大的人民。"记者以为他说的是俄国人,"不,不是,我说的不是俄国人,是德国人。竟搞到这个地步!"

2 与家人在一起

1943

在与约德尔闹别扭心灵受到创伤后,希特勒隐居"狼穴"的暗堡内,起居饮食,独自一人。陪伴他的只有那条狼犬"勃隆迪"。当斯大林格勒一役达到高潮时,元首回到"狼穴",逐渐抛弃了单独拘禁式的生活。有时他也会邀请一两名副官或柏林来客前去,分享他的粗茶淡饭。随着这个圈子的扩大,几个秘书和其他经过挑选的一家人也包括了进来。于是,吃饭的地方又移回公共餐厅里去了。军事将领们仍被排除在外;在情况汇报会上,他仍拒绝与他们握手。他们呢,总觉得有他在,便周身不自在;大部分人都认为他是个暴君,患有神经病。

即使情绪沮丧,元首对待副官们仍是彬彬有礼的。对年轻些的工作人员,例如理查德·舒尔兹(原系里宾特洛甫的一名副官),他像是叔伯长辈。希特勒的这另外一面是哈尔德这些人从不知道的。他们不相信希特勒对仆人会仁慈相待,对司机和秘书能变得和蔼可亲。与军方之分离,迫使他对这些家里人更加亲近。这样,新来的秘书特劳德尔·亨姆普斯便有了特别机会去了解她的元首。她是那年初冬来"狼穴"的,替下了美貌动人又热情洋溢的格尔达·达拉诺斯基。"达拉"把工作交给伊丽莎白·阿尔登后,便与希特勒的空军联络官结婚去了。

特劳德尔·亨姆普斯22岁,是一名将军的孙女儿,既幼稚又易受感动。第一次记录元首的话时,她显得非常紧张。希特勒像安慰孩子似的安慰她。"没有必要紧张,"他说,"听写时我写错的比你还多得多。"1943年1月3日,希特勒再次召她前来。希特勒问她是否愿意做他的常务私人秘书。这份工作既令人振奋又令人喜爱，所以，她便毫不犹豫地接受了。很快，她便习惯了这个陌生的世界。由于办公室里没有固定的工作，上班时间也不固定，白天她也有许多时间到被大雪覆盖的林子里去闲逛。她特别喜欢观看她的新雇主玩他的"勃隆迪"。这条大狼犬会钻圈，能跃过1.8米高的木墙，能爬梯，还能在梯顶向人求乞。希特勒若是发现了特劳德尔，必叫她过来，与她握手，还问她生活得如何。在汇报军事情况的会上，这个和蔼可亲的希特勒可就不存在了。在斯大林格勒陷落后，由于常常怒发冲冠，他出席形势分析会的次数便减到最低限度。自攻打莫斯科不成后，古德里安就未见过元首。他注意到，元首虽未苍老很多，但"很容易发火，不知他会说些什么，做些什么决定"。

进餐时，他倒能控制自己，与家里人和睦相处，但他谈话内容的质量可变低了。"在斯大林格勒战役后，"施洛德小姐回忆说，"希特勒再不听音乐了。每晚，我们不得不听他喃喃自语。他在餐桌旁的谈话就像他那架放得过多的留声机一样，内容都是雷同的：他早年在维也纳的生活，人类的历史，还有什么大宇宙、小宇宙。不管哪个话题，他还没开口我们便知道他会说什么。随着时间的推移，这些谈话我们都听厌了。但是，他从不提世界大事和前线的事：凡与战争有关的事都是禁忌。"

在柏林，戈培尔宣布为在斯大林格勒阵亡的将士致哀三天。在那期间，所有的娱乐场所，包括影院和剧院，统统关闭。他也让全国人民做好思想准备——日后的生活会很艰苦的。在火车上、墙壁上、橱窗上、路牌上——在所有的地方都贴上了这条口号："车轮必朝胜利方向转动。"2月15日，他向帝国长官、地方长官以及陆军的所有指挥部发出指令，要求为胜利而进行全体动员。

同一天，在杜塞尔多夫发表的题为《你们要全面战争吗？》的演讲中，他宣布了希特勒的"最终解决"。他说，俄国人若取得胜利，两千年的西方文明便会处于险境，因为这个胜利系国际犹太人取得的。他的话音一落，听众中便响起了"绞死他们"的喊声。戈培尔保证，他们会"全面地、彻底地灭绝和铲除犹太种族"，并以此作为报复的！这又在听众中引起一阵狂叫声和狂笑声。次日,鲍曼在给他夫人的一封信中(他称她为"最亲爱的干瘪姑娘"),着重强调了军事形势的严重性。"若战争形势恶化,不管是现在或晚些时候,你还是迁往西方为宜,因为你必须尽一切力量使你的——我们的——孩子们不致遇险。他们终将继承未来的事业的。"

18日,在体育馆举行的一次大会上,戈培尔在对经过挑选的、忠实的党员听众发表的演讲中,再次提出了全面战争这个命题。这次大会的每个细节都跟演戏一样。为了取得直观效果,听众不穿制服而穿便服。他们或唱歌,或高喊同意,或同声称颂,都配合得非常出色。讲台上的戈培尔,更像是在演戏而不是在演讲。他讲的内容并没有他的技巧重要。他使出了演讲的绝技,把听众弄到了疯狂的程度。当他问到"你们要不要全面战争,如果有必要,你们是否要打一场比今天能想象得到的更全面、更彻底的战争"时,听众异口同声地、强有力地喊道:"是的!"当他问到"你们是否接受这个事实,就是说,凡损害战争努力者便会掉脑袋"时,听众喊声雷动,表示同意。"多么愚蠢的时刻!"后来,他对随从人员恶毒地说:"如果我让这些人从哥伦布大厦的四楼往下跳,他们肯定会往下跳的!"

戈培尔热衷于全面战争,主动出面组织了一个特别行动委员会,由党内最高层人士组成。3月上旬,他亲往上萨尔茨堡面见戈林求助。他说,事态将由不得希特勒控制;自战争爆发以来,他已老了15岁;他深居简出,过着如此不健康的生活,这实属悲剧。因此,由他们来改变目前内外政策中均缺乏领导的状况是十分重要的。"我们不要事事都去打扰元首。"他极力说服戈林,打仗一定要打政治仗,而帝国的政治领导权又必须由帝国国防部长会议掌握。部长会议的成员应是一群愿不惜任何代价去取得胜利的、残酷无情的人。

戈培尔再次向戈林保证,他们是代希特勒行事的,"我们的目的不外乎是互相支持,在元首周围建立一个坚强的领导集团。例如做一件事情,如果这件事从各个角度向元首提出,在做决定时,元首有时候就会摇摆不定。有时候他对别人做出反应的方式也不对。他需要帮助的地方就在于此。"

戈林答应尽力将希姆莱拉进来。戈培尔透露,他已将丰克、莱伊、施佩尔等要员争取过来了,他们对元首都是忠诚无比的,"这个事业比我们任何人都伟大,这是不言而喻的。曾帮助元首取得革命胜利的人们,现在应该帮助他取得战争的胜利。那时候他们不是官僚,现在也不应该变成官僚。"

戈林从未考虑过找空军武装部部长米尔契元帅的问题。除了说他没资格当国社党党员外,他还公开反对戈林元帅。在戈林与戈培尔密谋后数天,在一次单独与元首进餐时,米尔契建议撤换戈林,因为他怀疑戈林吸毒。他也敢当面向希特勒讲戈林与戈培尔的最新的笑话:两人升天后,圣彼得令戈林跑到远处的云里去,然后再跑回来,作为对他常常撒谎的惩罚。圣彼得然后东看西看,寻找戈培尔。"那个长着畸形足的矮家伙跑到哪里去了?"他问。"啊,"有一位天使解释说,"他回人间取摩托车去了。"

晚餐后,米尔契说,他有许多建议要提,希望元首不要为他的坦率而生气。首先,他敦促元首放弃攻打库尔斯克的计划,从反攻转向防御。由于陆军势单力薄,供应又少得可怜,战线必须缩短。"你说服不了我。"希特勒温和地说着,在印台上打了个点儿。米尔契的回答也同样干脆利落:希特勒应该取消天天都举行的讨论会,并委派一名新的参谋总长——例如,曼斯坦因,"把各条战线都交给他控制,别只给他一个地区。全在你指挥下嘛。你仍是最高统帅,他是你的助手。"希特勒未说什么,又用铅笔做了个记号——米尔契以为这是神经质。这位元帅又谈了一个小时,提出了许多同样尖锐的建议。最后,他提了一个最不合口味的建议,"我的元首,"他说,"对帝国和陆军,斯大林格勒都是最严重的一次危机。你要当机立断,让德国退出战争。我向你保证,许多人同意我的意见,还来得及。你必须立即行动,不必拘泥于形式。现在就行动——这才是首要的!"

时间已过午夜。米尔契又累又怕,满身大汗淋漓。他为自己提出20个问题而向元首表示歉意。希特勒看了一眼印台上的记号,"你提了24个问题,不是20个。"他说,他既不觉得难过,也不生气,"谢谢你把这些都告诉我。谁也没对我这样详尽地说过。"

记者路易斯·罗希纳曾几次将德国国内的抵抗运动的情况告诉罗斯福,希望能使他相信,并非所有的德国人都是纳粹。他也准备将两组反抗希特勒分子的电报密码告诉罗斯福,以便他直接告诉他们,在德国建立何种政权盟国才能接受。罗希纳通过专门安排会见的总统秘书,试图晋见总统,却未成功。于是,他便草拟私函一封,署明了这两个电报密码,一再声明只准交给总统本人。没有回音。数日后,罗希纳得到通知,说他所坚持的意见官方人士已阅,觉得"非常令人难堪"。罗希纳有所不知的是,罗斯福拒绝与他相见,此系美国之官方政策,与无条件投降的政策相符。此政策的目的,不单是为了不鼓励德国的抵抗分子,而且也是为了避免重要的接触。承认在德国境内存在反希特勒的抵抗运动,这是禁止的。

抵抗运动虽然受阻,它仍在策划推翻希特勒政权。人们一致同意,只夺取政权还是不够的。第一个该被暗杀的就是元首本人。于是,奥斯特将军及其一伙,便挑选了冯·克鲁格陆军元帅的参谋长海宁·冯·特莱斯科夫将军作为执行人。他决定将希特勒引上前线,在他的座机内安放定时炸弹,在返回时爆炸。1943年3月13日晚,特莱斯科夫的一名青年军官费边·冯·施拉勃伦道夫,带着一个包裹(里边装着两瓶所谓的白兰地酒)来到机场。这是个炸弹,用的是英国的塑料炸药。施拉勃伦道夫拿钥匙用力将导火线压下,给炸弹定了时。片刻后,他将这个包裹交给了希特勒随行人员中的一名上校——上校曾答应帮他带给"狼穴"里的一个朋友。

元首上机后,飞机便起飞了。这颗炸弹原定在明斯克上空爆炸。但是两小时已过去了,还无任何坠机消息传来。后来,消息来了:飞机已在拉斯登堡安全着陆了。密谋者惊得目瞪口呆。现在,他们不得不在炸弹爆炸前或被发现前将它取回。施拉勃伦道夫将它取回后发现,虽然撞针顶上了,但雷管没引爆。

数天后,这些密谋者又做了另一次尝试。3月20日午夜时分,在柏林艾登饭店的客房内,施拉勃伦道夫将这包塑料炸药交给了克鲁格的情报主任鲁道夫·克里斯多夫·冯·格斯道夫上校。他的任务是自杀性的。希特勒将参加次日在柏林军械库举行的"英雄纪念日"的庆祝活动。他将趁机接近元首,将希特勒和自己炸成碎片。

次日,格斯道夫穿着大衣,左右口袋里各装着一枚炸弹,出现在军械库。上午11时,希特勒来了。在听了柏林交响乐团演奏的布鲁克纳的一段作品后,元首便在里院作了一次简短的演讲。当元首前往大厅观看从俄国缴获的战利品的展览时,格斯道夫将手伸进左边的口袋把英制引线的酸囊卡破了——至少需要 10 分钟才能引爆。陪同希特勒的有希姆莱、凯特尔、戈林,以及十来个其他随从人员。这位未来的杀手轻易地靠近了元首左边。

施蒙特曾对格斯道夫说过,元首将参观展品半小时。不料,元首对展览兴趣不浓,不到 5 分钟便出了大楼,使格斯道夫惊得目瞪口呆。紧跟希特勒出去,这已是不可能了,而他只有 5 分钟去处理导火线,且不能被发现。他挤开一条路,进了一条走廊,找到了一个男厕所——幸好,里边没有人。他匆匆地将口袋中的引线取下,在预定爆炸前数秒钟,将它扔进便池,用水将它冲了下去。他带着炸弹离开了大楼。

对这两次要取希特勒的命的尝试,盖世太保虽未曾怀疑,却疑心陆军里盘踞着不少卖国者。15 天后,他们在陆军司令部逮捕了汉斯·冯·杜那尼。奥斯特虽然及时毁灭了罪证,过了不久也被逮捕。密谋者不但失去了一个干练的领袖,而且也失去了彼此间的联系,以及与西方的任何友人通信联络的最佳方式。

4 月上旬,希特勒及其随从登上了开往贝希特斯加登的火车。因为"狼穴"的环境阴郁,到贝希特斯加登稍事休息,这是颇受欢迎的。这虽是个冬夜,但天气不冷,天空也晴朗。要离开拉斯登堡被大雪覆盖的森林,特劳德尔·亨姆普斯却也颇觉难过,但一想到未来的经历,她又高兴了。火车上有着各种各样的设施,包括一节特挂车厢,里边可洗澡,既有喷淋,也有浴缸。车上的饭菜也非常可口,座椅还可变成舒适的床。次日上午,当列车静静地朝目的地奔驰时,她不禁想起了帝国的其他火车——没有灯,没有暖气,旅客们饥寒交迫。有人前来请她与元首一起进午餐,打断了她的思路。次日早晨,与她一起吃早餐的并不是日前的那些显贵,而是仆人和秘书。他们议论的是爱娃·勃劳恩——她将在慕尼黑上车。在他们的心目中,她是"贝格霍夫里的夫人";所有的客人也都接受了这个称谓,但里宾特洛甫、戈林和戈培尔三人的老婆除外。里宾特洛甫的老婆,自恃雍容华贵,对她不予理睬;其余两人则公开对她嗤之以鼻,虽然元首曾请求待她以礼。

有个年长些的秘书领着特劳德尔在贝格霍夫转了一圈。她们是从元首起居的二楼开始参观的。过道两边的墙上挂满了老派画师们的杰作,过道上还装饰有漂亮的雕塑作品和华丽动人的各式花瓶。特劳德尔暗想，一切都那样奇妙，又都那样陌生和自然。由于元首仍在梦中，四周鸦雀无声，一片死寂。在一扇门前坐着两条短脚粗卷毛的苏格兰黑狗——是爱娃的爱犬施达西和尼古斯。下一间便是希特勒的卧室。这两间卧室通过一大浴室彼此相连；显然，他们暗中过着夫妻生活。特劳德尔被领至楼下的大客厅。这客厅仅以一大型丝绒帘子与那个以画作窗而著名的房子分开。厅内的装饰虽然豪华，那个高市林丝帘虽然漂亮，铺的地毯虽然很厚，她却有一种冷漠的感觉。居住条件远比"狼穴"优越，她却周身不舒服。在这里，她虽是个客人，但她来此并非自愿，而是个雇员。

在贝格霍夫，日常工作虽然千篇一律，倒也有点费力。希特勒的中午汇报会从不在下午3时前结束，最后一个军官通常要在4时才离去。只有在此时，元首才进入客厅——饥肠辘辘的客人们就在那里等候。好像通了信号似的，爱娃便及时出现，陪同她的是那两条又蹦又跳的小狗。希特勒首先吻爱娃的手，然后才向众人致意、握手。肩负战争悲剧重任的国家元首，突然变成了殷勤好客的快乐的主人，这实在令人感到意外，也有点儿滑稽可笑。事实上，在私生活方面，他与一个成功的商人相差无几。

男宾们称爱娃为"尊敬的小姐"，还得微微鞠躬；女宾们则称她为"勃劳恩小姐"。有些人似乎很亲密，特别是她中学同学赫尔达·施奈德。一见面，女宾们便开始谈论孩子、时装和个人的私事。希特勒插嘴了，讥笑爱娃的爱犬是"手动扫除器"，爱娃则尖刻地反驳说，希特勒的爱犬"勃隆迪"是一头小牛犊。

宾主一起，说东道西，本来就颇为快乐，加上一点儿饭前酒，大家便更觉身心愉快。待希特勒陪着某个夫人到餐桌前就座时，交谈才得以告终。鲍曼和爱娃也跟着就座。爱娃非常讨厌鲍曼，主要是因为他对女人不忠，朝三暮四（他倒也说服了妻子——他令她不间断地怀孕——他对她不忠，大都是为国家社会主义之故。在一封信中，她表现绝佳，竟建议他将最新的情妇M带到贝希特斯加登的家中去，希望"今年M生孩子，明年她生，这样，你便走到哪里都有一个妻子"）。"凡穿裙子的，不管是什么东西，都是他追求的目标，"一个副官评论道，"当然，爱娃是个例外。"

客人们喜欢醋焖牛肉,希特勒却坚持吃素——他的菜饭是在贝希特斯加登在维尔纳·札贝尔医生监督下烧好后,送到贝格霍夫厨房加温的。元首喝稠稀饭和麦片汤,吃烤土豆片蘸麻油;无论他怎样诱爱娃吃上一口,她总是不吃。元首也拿爱娃的粗茶淡饭开心。"我首次碰到你时,"他说,"你胖得叫人开心。现在呢,你瘦得可以了。"他讽刺地说,女人之所以要做出这些牺牲"完全是要叫女友们妒忌"。

谈话本来是东拉西扯、令人快活的。不料,为了宣传吃素的好处,希特勒竟将他不久前在乌克兰见过的一个屠宰场的可怕情形,详尽地讲了一番,说在那里工作的女工,穿着靴子,站在齐脚踝的血泊中干活。众人大倒胃口,脸色惨白。内中有个叫奥托·迪特里希的客人,放下刀叉,说他肚子已不饿了。

午餐后,希特勒便步行20分钟前往他常去的茶馆。他天天来此。这是个圆形的石砌建筑,位于贝格霍夫下方。有些客人说,这个建筑像贮存草料的地窖,又像一个发电厂。茶是在一个大圆屋子里喝的,那里有六扇大窗户,视野开阔。从屋子的一头望去,可看见阿希河从山边像火柴盒似的房屋中间倾泻而下,煞是好看。远处,萨尔茨堡的巴洛克式的塔楼依稀可见。

希特勒坐在那儿喝苹果皮茶。爱娃在一旁谈论话剧和电影。他之唯一评论是,当那么多人在做出牺牲时,他不能去看电影,"另外,我还得省点视力去看地图和读战报。"那天的谈话令希特勒生厌。他闭上眼睛,一会儿便入睡了。客人们放低声音,继续闲聊。元首一醒,便与众人一起聊天,好像他刚才并未入睡,只闭上眼睛思考片刻似的。

早晨7时,贝格霍夫来了一列车队,公务又开始了。两小时后,希特勒离开会议室,领众人进入膳堂。他吃的是马铃薯泥和土豆色拉,客人们则吃冷盘肉。他给众人讲他青年时期的故事,他们听得津津有味。后来,他发现了爱娃的餐巾上的口红。他问道,你知道口红都有哪些成分吗?爱娃反唇相讥,说她只用最佳原料做的法国口红。希特勒笑了,笑中带着可怜的神情,"若是你们女人知道口红——特别是巴黎的,是用废水里的油脂做的,你们便肯定不会再涂嘴唇了。"大家都笑了。他又赢了一着——但没有人附和。

一个副官小声地告诉希特勒，参加晚间军事会议的人都到齐了。他让客人们原位坐定，因为他不想让他们，特别是女人们，与他的军事将领相见。"我去不久就来。"他低着头边说边走，脚步稳健。宴席终了，秘书们纷纷前往办公室，用打字机将空袭情况打出来。爱娃和大多数客人则去地下室看电影。电影未完电话铃便响了：有个仆人报告说，会议已开完，元首在大厅里等他们。爱娃急忙进屋重新化妆；她妹妹格利特抽完最后一支香烟后，嚼起了薄荷糖，以掩盖其烟味；其余客人则乖乖地前往大厅。待希特勒从楼梯上走下来时已近午夜。他挨着爱娃和她的两条爱犬，靠壁炉而坐。

由于这两条小犬与"勃隆迪"合不来，后者便被排斥在外——除非希特勒叫爱娃抛弃她那两个小宝贝，让他的爱犬去出出风头，但此情形罕见。

饮料上来了，但希特勒只喝茶和吃苹果糕。人们在半明半暗中围着壁炉默默地坐着，让元首先把话匣子打开。他提高嗓门，讲了一通吸烟的坏处。他的牙医说，吸烟可为口腔消毒，若吸得适度，则万无危险。希特勒不同意此说。"我决不向我所敬佩或爱慕的人让烟，我不愿加害他们。人人都承认，不抽烟的人比抽烟者长命，有病时，抵抗力也强些。"对反对污染身体的十字军东征，他孜孜不倦，从不厌烦；在这个圈子内，若有人戒烟，他奖金表一块，这一诺言，永久有效。他向爱娃发出最后通牒："戒烟或失去我，二者必居其一。"

争论的话题转向饮料——这他倒觉得没有那样危险——和绘画。只喝了一杯葡萄酒的莫雷尔医生，正在挣扎着以免睡去。他懒洋洋地靠着，一双胖手放在肚子上，双眼突然紧闭。在他戴的深度眼镜的放大下，他的眼睛显得煞是怕人。贝罗上校用胳膊肘碰了碰莫雷尔。他惊醒过来，放声大笑，以为元首刚说了个笑话。"你累啦，莫雷尔？"希特勒问。

"不累，我的元首，我在想事儿呢。"他说。为了证明他醒着，便又老生常谈，说起了他在北非的遭遇。元首用口哨吹起一首流行歌曲。"不对，"爱娃说，"曲子该是这样唱的。"他们又友好地争论起来了。她要打赌。希特勒却抱怨说，如果他赢了，就得发扬慷慨大方的精神，放弃赌金；她若赢了，他就得出钱。爱娃寸步不让，说要把曲子奏出来，看谁对。艾尔伯特·鲍曼乖乖地做了记录。胜利者是爱娃。"是作曲家错了，"年轻时曾写过一部歌剧的希特勒说,"他若真有天才,他早用了我的旋律。"希特勒讲的这个笑话令众人大笑不止。末了,下午4时,希特勒叫来一个仆人,并问,空袭情况报告是否到了;除非确实证明德国上空没有敌机,否则,他不能进房安息。

希特勒希望能将自己的战斗精神输送些给墨索里尼,便再次要求与他会见。4月7日,他前往萨尔茨堡火车站与其盟友相会。两个独裁者相见后,百感交集。墨索里尼的深陷的双颊和苍白的脸孔令希特勒大吃一惊。在4天的会议期间,墨索里尼大都躲在克莱施海姆堡的房内,除与希特勒相见外,很少见外人。所有的会谈都是在秘密中进行的;墨索里尼精神不振。希特勒的结论是,墨索里尼的问题在于年事已高——已60岁,身体又很差。他时刻想着这点,在会谈中,极力为墨索里尼打气。意大利总理此行的目的,是决心劝希特勒与苏联人讲和,将意大利军队从国外全部撤回,但由于身体太弱,未能实现其决心,也因为精神沮丧,希特勒的劝解,并未能打起他的精神。在4月10日举行的最后一轮会谈后,两人同时从金碧辉煌的大厅楼梯上下来。自墨索里尼来到此地后,大多数意大利代表才首次看见他。"像两个病人。"一名意大利代表小声说。"更像是两具尸体。"墨索里尼的私人医生评论说。

当日下午,一个副官用电话通知贝格霍夫,说元首正离开克莱施海姆。元首要他的客人全部集中在茶馆里等他,以便他一到就可重过作为这一家人的家长的私生活。陀思妥耶夫斯基塑造的一个人物说过:"人们,即使是邪恶者,也比我们所想象的要幼稚和头脑简单得多,这是一个规律。我们自己也是这样。"

不久,一列车队飞驰而来。顿时,贝格霍夫便塞满了身穿制服的人们。接着,元首本人抵达了。没怎么张罗,他便领着一群人步行前往茶馆。显然,与墨索里尼的会谈令他高兴,气氛于是变得轻松些了。他已成了个履行公事式的人物,他的私生活也与先前一样,无多大花样可变。当观看无声纪录片,担任解说员的副官与通常一样朗读错了时——如,他宣布一场战斗正在进行,但画面上出现的却是一群村妇——他仍与通常一样,大笑不止。

他虽然很少向"家里"提及战争或政治,但他却也对不得不身穿军服表示遗憾。"战后,我会把它挂起来的。我就在这里退休,让别人去处理政事。

到那时，我已老迈年高，专门写回忆录，只准有聪明才智的人们待在我身边。"一想到死后贝格霍夫便会成为博物馆，他便脸色发白。"我也可看到贝希特斯加登的导游正领着一群参观者，到我寓所内各间房子参观：'这是他进早餐的地方！'"他宁愿与贝格霍夫内的一切一起化为灰烬——它是"火葬的好柴堆"！

特劳德尔按捺不住了："我的元首，战争什么时候才能结束？"阿迪叔叔的慈祥脸孔立时变了（埃贡·汉夫施坦格尔称他为"道尔夫叔叔"，吉莉则叫他"阿道夫舅舅"）。"我不知道，"他粗暴地说，"但只有在胜利后才结束！"情绪的突变，使室内人人毛骨悚然。在耶稣受难节那天也发生过类似的情形。刚从荷兰回来的亨科埃特·冯·席拉赫，自恃与希特勒有长久的友谊，便信口开河，讲述了她在阿姆斯特丹看到的一幕惨象：三更半夜把犹太妇女揪下床，以押解出境。一片死寂，令人痛苦难熬。她正要继续批评荷兰采取的其他限制措施时，希特勒被激怒了。客人们很尴尬，纷纷将头转了开去。希特勒转向她。他的脸拉得很长，皮肤和眼睛好像毫无血色。"魔鬼正将他吞噬"，她想——虽然这想法有点儿古怪。他盯了她好一会儿，然后慢慢地站起身来。她也起身。表面上他是在极力控制自己的感情，但，他突然十分生气地喊道："你太感情用事！这关你什么事？那些犹太女人的事根本用不着你管！"他还在那里喊；她急忙跑进自己房内。一个副官在她关上门前赶上了她。"你干吗要说这些？"他说，"你把他给弄火了。请你马上离开这里！"

在他54岁生日的前夕，为祝寿，希特勒把爱犬"勃隆迪"也领到茶馆，让它表演。它表演了求乞，扮演了女学生，甚至举行了音乐会——主人越夸奖，它演得越起劲。午夜来临时，各扇大门突然开了，勤务兵托着盘子，端来了一杯杯香槟酒——希特勒的除外，他喝的是甜白葡萄酒。12时最后一响敲完后，众人便碰杯，客人们有的小声祝贺，有的发表简短的祝寿词。

4月20日，希特勒比平常早些下了楼，以便看寿礼。午餐时，陪特劳德尔的是希姆莱。她讨厌他，原因不在于他给予她残酷的印象，而在于他老想取悦于她。他吻了她的手，说话时细声细气，还赔着一副和蔼仁慈的老脸，连他那双眼睛也在不住地笑。戈培尔却给了她深刻的印象。"他长得一点儿也不好看，"她回忆说，"但我现在才明白这名宣传部长离开部里时为何总理府的姑娘们都跑到窗口去看他。她们对元首几乎不予理睬。"他注意到,在贝格霍夫,大多数女人都向他献殷勤,一是因为他是个才子,二是因为他的外貌迷人。

在祝寿后不久,希特勒便听说特劳德尔与他的一名侍从汉斯·荣格订了婚。"在用人方面我真不走运,"午餐时他还假装叹了一口气说,"先是克里斯蒂安娶了'达拉',把我最好的一个秘书弄走了。后来,我找了一个满意的接替人;现在呢,特劳德尔·亨姆普斯又要离我而去——还要把我最好的侍从带走。"他建议他们立即结婚,因为荣格很快要去东线。由于认识时间短,特劳德尔要求推迟这一决定性的步骤。"但你们相爱呀!"希特勒这一回答,令人惊奇。"你们最好还是立刻结婚。你知道吗,你结婚后,要是有人欺负你,我可以保护你;只订婚,我便没法子这样做。你结婚后还可为我工作呀。"特劳德尔忍住笑,真想问他,爱情若真是如此重要,他何不与爱娃·勃劳恩结婚。

5月7日,希特勒怀着沉重的心情,前往柏林参加一个老战友的葬礼。罗姆的继承人维克多·卢泽在一次车祸中丧生——至少,这是官方的说法;但罗姆叛乱中的某些幸存者却怀疑其中有诈。葬礼后各帝国长官和地方长官便到总理府进午餐。午餐后,众人详细地讨论了目前的总形势。希特勒首先发表讲话说,1939年的德国——一个革命的德国——面临的只是资产阶级的国家。他解释说,要打倒这些国家是比较容易的,因为无论在教养上或态度上,它们都不如德国。一个具有思想的国家历来比资产阶级国家更锋芒毕露,因为它是建立在坚实的精神基础之上的。然而,这种优越性与"巴巴罗萨"一起结束了。在那里,德国碰到了一个也有思想的国家——虽然这种思想是错误的。他对斯大林将失败主义者清洗出红军,并在战斗部队中安插政治委员,大加赞赏。并说,斯大林还有一个好处:他进行了多次清洗,使自己身边不再存在"高层社会",致使布尔什维主义能集中全力,反对敌人。

导致东线失败的另一个原因是,德国的盟友表现得很糟,尤其是匈牙利。他的结论是,由于战斗的胜利与意识形态紧密相关,能在欧洲进行长期抵抗的只有德国一国。因此,曾使党员积极起来的反犹主义,必须再次成为精神斗争的焦点,也是团结部队战斗的口号。军队若不能众志成城,东方的野兽便有可能席卷欧洲。因此,必须不间断地集中精力,采取必要措施,保障欧洲文化的安全。"如果说东方布尔什维主义今天主要是受犹太人的领导,犹太人在西方的金融政治中占统治地位,那么,我们的反犹宣传便必须立刻开始。"与苏联不可能进行任何妥协的原因就在于此,"必须将他们打垮,就像先前我们要取得政权时必须将我们自己的共产党打垮一样。那时,我们也从未想到过妥协。"

希特勒讲话时声音虽然洪亮,但,他的健康显然在变坏。莫雷尔医生把荷尔蒙的日注射量增加了一倍,还加了另一味药即普鲁斯达克林,他的健康仍无多大起色。另一次心电图表明,他的心脏病正在加重。莫雷尔医生怕札贝尔对元首的饮食控制得过死会加剧元首的病情,便向元首建议雇用一名专门厨师。他们雇用了维也纳一名女厨师冯·艾克斯纳太太。她肯定知道奥地利人的口味的。但两人均有所不知的是,她娘家有犹太血统。

5月12日,希特勒回到"狼穴"。由于他的领导,自斯大林格勒一役后出现的撤退结束了,这使他很满意。但是,他的扬扬自得次日便烟消云散了——他得悉,德意两国联军近30万人,在突尼斯被盟军包围。这是另一个斯大林格勒。一周后,更有坏得多的消息传来,墨索里尼的政权已濒临崩溃。在意大利的高层人士中,已开始出现"谁知道会发生什么情况""战争结束后"等语。在街头,德军已开始被视为敌人,公开挨骂。

6月中,希特勒的最年轻的秘书与他的侍从荣格结了婚。共度短暂的蜜月后,荣格上了东线,特劳德尔则回"狼穴"上班。"你脸色苍白,人也瘦多了。"希特勒一见她便这样说。这本来是无恶意的,不料却使特劳德尔非常狼狈——林格、夏勃、鲍曼等人在那里挤眉弄眼。她不像初来元首司令部时那样天真烂漫了。很奇怪,在帝国最高层里的日常工作,却给她带来某种沮丧。她试图在日记中做某些表述,继而又向别人,特别是对好心肠的赫维尔,谈到她的恐惧。她发现,别人也有某种模糊的不满和阴郁感。他们也害着"木屋热",但为何不安,谁也说不出个所以然来。

那年6月,希特勒好说歹说才把克里斯蒂安·达拉说服回来。她回来了,随身带着许多手提箱。很快,在兵营和暗堡内,都充满了她带来的兴奋和喜悦。她的歌声、笑话和喜悦,提高了众人的情绪。此时,特劳德尔已失去了少女的羞怯。一天,她竟单刀直入地问希特勒,他何故急于让别人统统结婚,而他自己则按兵不动?他的回答是,他不愿当父亲。"我觉得,在这个世界上,天才人物的孩子的日子是很不好过的。人们以为,天才的孩子应该与父亲一样也是天才,他若与众人一样平庸,人家便不原谅他。"在此之前,他一直显得谦虚;听到他不自谦地宣布自己是个天才,她颇觉不安。

尽管北非战事失败,希特勒仍考虑要向库尔斯克发动全面进攻——这正是米尔契激烈反对的。装甲车专家古德里安来到柏林,当面陈述了他反对此役的理由:首先,新添的美洲虎坦克的零件供应有限;其次——为答复希特勒的论点,即出于政治原因,这次战役是必要的——库尔斯克在何处(在中部战区南翼),知道的人很少。希特勒承认,一想到此次战役,胃口便倒了,但在之后数天内,蔡茨勒和克鲁格两人又说服了他:趁时间仍来得及,此役需快打。7月1日,希特勒向高级将领发表讲话,将此次战役定名为"城堡"。他说,德国若不是顽强地坚守已被征服的土地,就是垮台,二者必居其一。德国军人必须明白,他必须顽强坚持,战斗到底。他承认,"城堡"是一场赌博,但又觉得一定会赢。他虽逆军方的劝告而行,在奥地利、捷克斯洛伐克、波兰和苏联等问题上,他不也是对了吗?他将苏联也列了进去,使听众为之毛骨悚然。

曼斯坦因从北往南进攻,其部队共有18个师,但适于作战的坦克不足1000辆,大炮不足150门。南面,莫德尔将军仅有兵力15个师,坦克900辆。进攻时间,与通常一样,定在7月4日下午3时。那天天气炎热,远处雷声隆隆。开始时,苏联人好像被打了个措手不及,因为红军的大炮直到天黑后才回击。然而,随着滂沱的大雨,速战速胜的幻影破灭了。至拂晓,大小道路均成了泥潭。天亮后不久,一阵大雨便使溪流汇成了大河;工兵们花了12个小时才架好简易桥,让坦克通过。

到7月9日,打头阵的德国坦克离库尔斯克仍有88公里之遥。众人大失所望。不料,次日又有消息传来,说英美联军已在西西里岛登陆,所遇抵抗有气无力。希特勒不以为怪,于7月13日下令停止他勉强支持的这次攻势,以便向西欧派遣包括党卫军装甲车兵团在内的援军。曼斯坦因辩解说,库尔斯克战役若不继续,通向黑海的一条狭长的地带便有危险。希特勒这个赌徒,宁愿接受库尔斯克一役的失败,把注意力转移至更有可能取胜的地方。然而,从结果看,"城堡"并非仅为一场未取胜之役。此后,东线的主动权便属于苏联人了。

希特勒将精力转向西线后,便于7月19日动身前往意大利北部,与墨索里尼进行第十三次会谈。会谈地点设在费尔特雷附近的富丽堂皇的加吉亚别墅。会议于上午11时准时开始。希特勒与墨索里尼面对面坐在太师椅上。围绕他们而坐的是军事将领和外交要员。由于希特勒和墨索里尼互相在等待对方首先发言,会场上出现了片刻令人难堪的沉默。这是个很奇怪的前奏,更像是男女两家安排嫁妆的会议。元首终于首先开口,谈了政治和军事的总的形势,讲得心平气和。墨索里尼叉着双腿坐着,双手抱着膝盖,不动声色地听着。他的座椅太宽太深,他只好坐在椅边上。突然,希特勒向意大利人猛攻,说他们散布失败主义。此时,墨索里尼坐立不安,紧张得伸出一只手去摸脸的下半部。

墨索里尼不时地压迫背上的某一点——显然,那里在作痛;有时,他又深深地叹一口气,像是顺从,又像是讨厌——希特勒依旧在独白,嗓门越来越粗。为了掩饰其痛苦,墨索里尼用手巾擦了擦脑门。希特勒毫不留情,继续滔滔不绝。12时55分,一个副官在他耳旁嘀咕了几句,希特勒仍口若悬河,不断地向已吃不消的意大利总理保证,只要意大利与德国一样,毫不动摇,决心战斗下去,危机便很快会被克服。他说,每个德国人都怀有进行征服的意志,15岁的孩子都已在操纵高射机关炮了,"假若有人对我说,我们的任务可以留给下一代人去完成,那么,我就回答说,情况并非如此。谁也不能说,未来的一代将是一代巨人。德国花了30年才得以恢复元气,而罗马却一蹶不振。这是历史的声音。"

1时整,那个副官又在对希特勒耳语。别人以为这肯定是急事。这次,他脸上露出了不悦的神色,结束了他的讲话。他宣布,会议到此结束,众人进午餐。在希特勒高谈阔论中,墨索里尼始终一言不发,使其他意大利人愁肠百结。他连一次也未反驳,也不想进行解释。他未告诉德国人,用不了一个月,意大利军队就不再会有办法或意志去进行有效的抵抗。

5天后,意大利总理又再次硬着头皮去听任别人谩骂——这次是他自己的"法西斯大议会"在骂。自1939年以来,这是首次召开的会议。大会就他在战时的行为进行长时间的、详尽的辩论后,提出了一项决议案,要求恢复君主立宪制,将武装力量交由国王指挥。此议案以18比9的票数获得通过。次日,7月25日,酷热的星期天,墨索里尼晋见维克多·爱麦虞埃三世。他试图控制自己,但他手中的讲稿纸却在咯咯作响。国王令他勿再辩解,再战已徒劳,意大利已被打败。军人已不再愿意为法西斯主义作战。他要求墨索里尼辞职,跟着便披露,他已指派彼得罗·巴多格里奥元帅为政府首脑。"对不起,对不起。"门外,人们听见他在说,"解决办法只能如此,没有别的。"个子矮小的国王陪他走到前门,与他热烈握手。正当墨索里尼步出大门时,一个手持卡宾枪的军官迎了上来,说国王陛下令他保护他的人身安全。墨索里尼嘴里正在说"这没有必要",便被领进警车。他被捕了。

当晚9时30分,希特勒向他的军事顾问们宣布"墨索里尼已辞职",令他们大吃一惊。政权已被他们的死敌巴多格里奥接管。希特勒为众人压了惊;约德尔建议,在收到罗马发来的详尽的报告前,切不可轻举妄动。希特勒直率地答道:"这自不待言,但我们必须提前筹谋。毫无疑问,他们一方面叛变,一方面又会宣布仍然忠于我们;但这是叛变。不消说,他们是不会忠于我们的……反正,某某先生(巴多格里奥)直截了当地说过,战争将得以继续,但此话一文不值。他们不能不这样说。不过,我们也可玩同样的把戏;我们要做好准备,把烂摊子抓过来,还有那些贱民。我明天派人带命令去见第三装甲师司令,叫他带一支特种先遣队去罗马,把政府成员、国王——把那些渣滓,最主要的是即位王子——抓来,把那些流氓,特别是巴多格里奥及其同伙,全都抓来,一个不漏。然后你再看他们如何爬来爬去告饶吧。用不了两三天,那里又会发生政变。"

在午夜的一次会议上,希特勒又发布了更多的指示。第二伞兵师必须做好在意大利首都地区空降的准备,"必须占领罗马。谁也不准离开罗马,让第三装甲师开进去。"有人问,通向梵蒂冈的通道是否应该占领。"没有关系,"希特勒说,"我要去梵蒂冈。你以为我会为梵蒂冈犯愁吗?把那个权力取消。所有的外交使团都会跑到那里去躲藏。我才不管那一套。如果全都在那里，我把所有的猪猡都赶出来。完事后我们再对他们说一声对不起。这很容易办到。我们在打仗呀。"

在他的几个秘书面前，他勉强控制住了自己。"墨索里尼比我想象的要软弱得多。"他喃喃地说着，好像在自言自语，"我亲自为他把守后方，他却缴了械。嗯，我们永远也不要靠意大利这个盟国。我相信，没有这个不负责任的国家，我们的日子会好过些。"

他派人把他认为在危机中最值得信任的两人找来——戈培尔和戈林。（关于后者，他曾对他的将领说过，"在目前时局下，谁也比不上戈林元帅这个顾问。在危急中，元帅残酷无情，镇静自若。我常注意到，在危险时刻，他是个铁人，毫无恐惧。"）上午10时，三人见了面；半小时后，里宾特洛甫（肺炎刚愈）也赶来参加。希特勒镇静而"自信地"怀疑，墨索里尼之退休并非自愿。他已被捕。这就意味着法西斯主义已危在旦夕，他们必须设法，尽一切可能，不让它垮台。他谈了他的计划，准备在罗马周围投下一个空降师，把国王和王室，巴多格里奥及其一伙走卒，全部逮捕。

几乎就在意大利发生的灾难一结束，汉堡便遭到了地毯式的轰炸。至8月3日上午，全城已烈火熊熊，成了一片废墟。占地面积约24平方千米的住宅、工厂和办公楼被夷为平地，7万多人被炸死。希特勒大怒，认为这一恐怖袭击系犹太人干的。他指责包括波特尔和哈里斯在内的英国空军指挥官为犹太人或半犹太人。从心理上说，汉堡的覆没与斯大林格勒战役一样，都是毁灭性的。这对普通公民是如此，对希特勒的一帮武士也是如此。据他的新闻官的日记说，在视察汉堡被毁的情况后，戈培尔"大惊失色"，首次向下级提出了这个问题："要是失败了，我们怎么办？"他随身携带一支手枪。

不久前被称为"镇静自若"的德国空军头子戈林，更是被这次轰炸搞得沮丧不堪。"我们看到的是一幅令人心碎的惨象"，被匆匆召至戈林办公室的人们之一的阿道夫·格兰德回忆说，"戈林完全垮了。他一手放在桌上，一手托着脑袋，嘴里喃喃自语，听不出字句。我们在那里站了一段时间，很是狼狈。最后，戈林强打起精神，我们目击了他最失望的时刻。他已丧失了元首对他的信任。"

斯大林格勒战役后不久,斯大林便向德国做了一次和平试探。此后,与敌和谈便成了德国外交部常常谈论(非公开)的一个话题。卡纳里斯海军上将(他自己就曾试图通过宾夕法尼亚州前州长乔治·埃勒秘密地与罗斯福打交道,但未成功)认为,苏联的这一提议是严肃认真的。于是,他便劝说里宾特洛甫将此建议提交给元首。里宾特洛甫以备忘录的形式将它呈送给希特勒。希特勒很生气,将它撕得粉碎,还威胁说,谁自作主张在暗中调停就将谁处决。他说,如果陆军没有重新获得主动权,谈判是绝无可能的。他甚至禁止里宾特洛甫再提此事。外长胆怯地建议,缩小在欧洲的征服计划,使之易被同盟国接受。希特勒气得七窍生烟。"相信我好了,我们必取胜,"他说,"我们所受到的打击是个教训,它告诉我,我们应越来越坚强,应冒一切风险。这样做后,我们便能取得最后的胜利。"

里宾特洛甫极端秘密地将此事透露给了弗里茨·赫塞。为安全起见,他们的谈话是在"狼穴"附近的林子里散步时进行的。其时是3月某日,天突然下起了雪。"现在的唯一希望是,"他说,"在我们的对手中至少有一人能变得明智些。英国人当然必须明白,把我们交给俄国人是疯狂的举动。"他眼中噙着泪水,但他很快便振作起来。他叫赫塞绝对保密。

数天后,两人又在雪中散步。"得想想法子,"里宾特洛甫说,"说服英美两国,他们正在打的这场反对德国的战争是愚蠢的。"难道他们还不明白。德国的失败不仅帮助了斯大林,而且还会打破欧洲的力量平衡吗?难道他们没看到,他们自己的世界地位也将受到损害吗?苏联的军事潜力业已较西方同盟国的优越。"我们就不能找到法子,让英国人和美国人明白,苏联的胜利不是与他们所需要的正好相反吗?"在英国待过多年的赫塞认为,这是不可能的。对苏联的取胜,这两个同盟国并不过分担心。与德国不同,英美两国均未直接经受过布尔什维主义造成的恐怖。

里宾特洛甫手下一个名叫彼得·克莱施特的工作人员,已在私下做出努力,与俄国议和,虽然希特勒已有明确指示在先,不准再与苏联驻瑞典大使科伦泰夫人联系。他的中间人叫埃德加·克劳斯,是一个来自东欧的来历不明的商人,俄语和德语都讲得不好。他住在瑞典,妻子是有俄国血统的瑞典人。十月革命前,克劳斯见过斯大林和托洛茨基,现与苏联驻斯德哥摩大使馆有联系。当地的德国人都把他看作"不是牛皮大王就是间谍"。在与大使馆的官员进行两次长谈后,克劳斯于1943年6月18日向克莱施特报告说,苏联人决定:"不再为英美两国的利益多打一天,甚至一分钟。"他们觉得,被意识形态所蒙蔽的希特勒,中了资本主义国家的奸计,被他们推进了战争。他们一方面觉得红军能战胜德军,另一方面又怕在战后与西方国家的"钢制武器对垒"时会处于极端软弱的地位。苏联不信任英国和美国,这是因为,时至今日,他们还未就战争目标和疆界问题明确表态;对欧洲的所谓第二战场,也未明确地许诺什么。英美两国在非洲的登陆,似乎更像是保护他们自己的阵线不受苏联的侵犯,而不是对轴心国的进攻。所以,对罗斯福和丘吉尔所做的许诺,克劳斯说,苏联是不会信以为真的。另一方面,被希特勒占领的大片苏联领土,又是一个值得谈判的目标。一项具体的买卖立刻可以成交。

斯大林只需要两样东西:和平得以维护的保证和经济援助。这个建议似乎很有点儿引诱力,因为克劳斯的消息显然是直接从苏联人那里得来的。但是,克莱施特本人却时时都有可能是苏联玩的把戏的受害者。当晚,他在街上漫无目标地瞎转了几个小时,拿不定主意。最后,他决定,只要有结束战争和使欧洲免遭苏联入侵的可能性,哪怕最小,他就没有别的选择。次日上午,他飞赴柏林,以"坦白交代"他破禁进行的对话内容。但是,他在坦贝尔霍夫机场一下飞机便被逮捕,理由是,他一向与"犹太人克劳斯"密谋。

克莱施特受到了海德里希的继任人恩斯特·卡尔登·勃鲁纳的审问。此人身材魁梧,身高两米出头,尖下巴,苍白的脸上横着一条刀痕;双臂瘦长,活像猿猴的上肢。克莱施特直言不讳的阐述打动了他。他说,这听来不假。克莱施特否认克劳斯是犹太人。这点,卡尔登·勃鲁纳相信了;克劳斯仅被判软禁。两周后软禁便被取消。此后,他便转向另一项危险较小的工作:重新安置爱沙尼亚籍的瑞典人。令他惊奇的是,过了不久,和平的问题又被提出来了——这次是里宾特洛甫提出来的。那年夏季,德军在库尔斯克遭受失败后,里宾特洛甫便觉得,德国的失败已不可逆转,他应该冒犯元首的虎威。8月16日,他在"狼穴"召见克莱施特,对他说:"我把你找来,目的是要你讲讲北方那件荒唐的事。我指的是你在斯德哥尔摩与那个犹太人见面的事——在它归档盖棺定论前,我再听听。"在之后数小时内,两人详尽地分析了克里姆林宫的种种动机。

希特勒虽有令不准再提谈判一事,里宾特洛甫对此却置之不理,把与克莱施特的谈话情形告诉了元首。元首并未发火,只重申他的观点,即永远不与莫斯科谈判,战争将要无情地打下去,直至胜利。与此同时,他又允许克莱施特保持与克劳斯的联系,并说,克里姆林宫一有新的建议,要立刻转送柏林。

克莱施特几乎3个星期未见克劳斯。9月上旬当他们相见时,这个中间人(他与俄国人和德国人的关系究竟有多密切,苏德两国均很模糊)显得怏怏不乐。他说,他讨厌与连自己需要什么都不知道的人搞政治。有个苏联人在斯德哥尔摩足足等了克莱施特9天,却不见来人。柏林拒绝与否却不作答!克莱施特安慰了克劳斯一番,并劝他去拜访科伦泰夫人,重新建立联系。

克劳斯带着坏消息回来了。在一连串战斗胜利的鼓舞下,苏联人已不愿进行谈判——除非德国人做出姿态,例如解除罗森堡和里宾特洛甫的职务,以示真诚。克莱施特禁不住笑了,在呈交给外交部长的报告中,这倒是令人欣喜的一条;但他毕恭毕敬地指出,希特勒无意和谈。克劳斯一点儿也不惊奇,只叹了一口气。德国人一点儿也不懂什么叫谈判,要谈判,你就得有耐心,并对谈判对手有所了解。这两条却恰恰是元首所缺少的。

奇怪的是,4天后,克莱施特发觉克劳斯异常兴奋。苏联大使馆的消息提供者刚通知他,莫斯科即将采取另一个激烈的行动!苏联驻柏林前大使,现任副外交委员杰卡诺索夫将于一周内抵达,他有权直接与克莱施特对话。但这是有条件的:克莱施特必须于杰卡诺索夫抵达前回到斯德哥尔摩;德国人必须公布双方预先达成协议的信号——让里宾特洛甫与罗森堡辞职一信号也表明,克莱施特有权参加谈判。"你觉得如何?"克劳斯问,脸上露出了焦急和迫不及待的神情,"我们费了九牛二虎之力才把沉船打捞起来!现在,希特勒只需上船起航便可以了。从此,他便可摆脱困境。他愿意干吗?"

9月10日,克莱施特将一切向里宾特洛甫做了汇报。可以预言,这位外长很是伤心,也很生气。德苏关系是他一手培植出来的,现在呢,谈判的前提条件却是要他辞职！他也怀疑，资历像杰卡诺索夫那样的人，是否会被用来玩弄和谈这种把戏。片刻后，他的新闻发布官插话说，莫斯科电台刚刚宣布：杰卡诺索夫即将离苏赴索非亚担任大使。里宾特洛甫说，这正好证明了他的疑点。更加了解苏联人的策略的克莱施特说，这是克里姆林宫提供的证明。它表明，杰卡诺索夫确与此事有关，他之所以在中立国国土上出现，为的是要谈判。他建议宣布一条消息：舒伦堡刚被指派为德国驻索非亚的大使。里宾特洛甫大摇其头。元首是永远不会把舒伦堡派到索非亚去的！克莱施特耐心地解释说，斯大林也不是真的要把杰卡诺索夫派到那里去，"两国公布的消息只是作为一个信号，只有'算命先生'才明白，别人是不会明白的。"

里宾特洛甫看到了光明之所在，重又积极起来，立即起程前往"狼穴"。他于当天深夜回来，表现有点儿愚钝，因为希特勒所给的指示含糊其词：克莱施特必须私下告诉克劳斯，他目前尚不能返回瑞典。"想办法不要断线，"里宾特洛甫说，"元首想弄清楚俄国人打算走多远。"次日，克莱施特又被叫了去。这次会见是绝对令人气馁的。元首业已做出决定，无论如何不与苏联人正面接触，即使是短暂的接触。克莱施特垂头丧气地走了。他们已如此接近了——却又没有成功。

希特勒断然拒绝与斯大林谈判一事，刚好发生在一个奇特的时刻。48小时前，9月8日，即盟军渡过了西西里岛与意大利南端之间的狭窄的海峡后不久，巴多格里奥元帅领导的意大利新政权便宣布已与西方签订了停战协定。希特勒虽曾预言巴多格里奥定会出卖德国，但此事仍令他深为震惊。他料想不到的是这次的出卖竟会干得如此卑鄙（他曾对被匆忙召来的戈培尔这样说过）。

希特勒对在撒丁和科西嘉岛上5.4万名德军的命运很是关切，但又生怕盟军会利用这一机会开辟第二战场——不久前英国进行的狂轰滥炸，不消说，是很令人担忧的。东线的另一危机情况也令他生畏：在苏军的重压下，德军正向第聂伯河节节败退。

在此情况下，戈培尔觉得不知是否可与斯大林搞点儿什么。"绝对不行，"希特勒说，"与英国讨价还价倒还容易些；到一定的火候，他们会变得明智起来的。"戈培尔不同意此说,他认为斯大林是个讲究实际的政客,较容易接近。丘吉尔是个浪漫的冒险家,连道理都不讲。"或迟或早,"戈培尔预言,"我们都会面临这样一个问题:倒向这个敌人一边呢,还是倒向另一边?时至今日,德国还未赢过两条战线的战争;这次,它终究也会吃不消。让步是不能不做的。"他指出,1933年因要求提得不适当,未能取得政权,"1932年8月13日,我们提出了绝对的要求,因此我们才失败的。"首先,必须承认意大利已丢掉了;他敦促元首立即就此问题向全国发表讲话,人民有权听到坦率的讲话,也有权听到元首的鼓励和安慰。

希特勒勉强同意了。9月10日晚,希特勒在"狼穴"发表了一篇长20页稿纸的演讲。这篇演讲是录音后,在柏林向全国播放的。"我无条件坚信胜利,"他说,"这个信念不只是建立在我自己的生命的基础上,而且也是建立在我们的人民的命运上。"不管是时间还是武力,均不能把德国人民压倒。

在演讲结束后,与他一起喝茶的人们,由于希特勒神采飞扬,也都恢复了元气。"我必须承认,"戈培尔的新闻官在日记中写道,"我一时竟完全被蒙骗了。这个人的神秘力量从何而来呢!和我一样头脑清醒的人们,只要被他看上一眼或与他一握手,头脑便完全糊涂了!"即使如此,他在广播讲话中所使用的矫揉造作的词汇,在受到猛烈空袭的民众听来,想必是空洞无物的。在东线以蒙受巨大损失为代价而后撤的德军听来,无疑也会如此。

希特勒心里也明白,光凭大话是提高不了人民的士气的。于是,他便决定采取紧急而激烈的行动,营救被关押在大萨索山山顶附近一家旅馆中的墨索里尼。这座山是亚平宁山脉中最高的,离罗马约160公里。若沿乱石突出、山坡陡峭的山路攻打上去,不但会出现重大的伤亡,而且还使卫兵来得及杀害墨索里尼;若向此地空投伞兵,危险大小也差不多。所以,他便决定使用滑翔机。为完成此项惊心动魄的"壮举",希特勒挑选了一个奥地利同胞,党卫军上尉奥托·斯科尔兹内。此人系维也纳人,身高1.95米,除身材高大外,相貌令人生畏。他脸上挂着学生时代14次与人决斗所留下的又大又深的伤疤,举止中带着的神气,活像是10世纪的意大利卫队长。斯科尔兹内不但勇于行动,且善于筹谋,认为突击行动时动用的人力必须少到最低限度,双方的伤亡也应尽量减少。9月12日(星期天),下午1时,他率领

107名士兵,登上多架滑翔机。滑翔机升空后,拖绳猛烈地摆动。按计划,他们将依据照片在墨索里尼的旅馆附近的草坪上着陆。

不断以自杀相威胁的墨索里尼正叉着双手站在一扇敞开的窗户跟前。猛然间,他瞥见一架滑翔机由小到大飞将过来。一个起制动作用的降落伞在机后开了花。但飞机仍在约百米外降落,发出惊天动地的声响。四五个身穿卡其军服的士兵一个跟一个出来,立即架起机枪。墨索里尼搞不清他们是谁,只知道不是英军。霎时警报大作;手持卡宾枪的卫兵和警察,慌忙从兵营中冲出来——其他滑翔机也相继着陆了,其中一架滑至离旅馆不到20米的地方停住了。这是斯科尔兹内的座机。他抬头一瞧,只见墨索里尼在目不转睛地盯着他。"快离开窗户!"喊完,他便冲进大厅。

斯科尔兹内及其突击队将敢于抵抗的卫兵几乎全部消灭。他冲上楼梯,三步并作两步,上了二楼,猛地推开一扇门。墨索里尼正站在房中央。"领袖,"他说,"我是元首派来的。你自由了!"墨索里尼拥抱了他。"我知道我的朋友阿道夫·希特勒是不会抛弃我的。"说着,墨索里尼对他的救星千恩万谢。墨索里尼的外表使斯科尔兹内感到奇怪。他看上去病容满面;穿着一身怪不合适的便服,他满面胡须,先前的光头,现在却长着又短又粗的头发。

下午3时,他们登上一架"菲埃斯特—斯多希"型小飞机——这架飞机在此之前安全地降落在倾斜的草地上。墨索里尼一方面为获得自由而高兴,另一方面又恐惧万分。他是个飞机驾驶员,懂得在这块并非机场的地方起飞有多么危险。飞机加速了:它在石块上跑过,激烈地跳动着,朝着张着大嘴的山谷冲去。"斯多希"终于离地了,但几乎就在同时,它左边的轮子几乎碰到地上。这架小飞机跳跃着升空,直接朝山谷俯冲下去。斯科尔兹内闭上双眼,等待着不可避免的坠机。驾驶员终于制服了飞机。在聚集在草地上的德国人和意大利人的欢呼声中,飞机安全地沿着山谷飞走了(斯科尔兹内的士兵们乘缆车逃走,仅有10人受伤,且是在滑翔机坠地时受伤的)。

谁也没有说一句话。只有在此时,斯科尔兹内才"以极度非军人的举止",用手按在墨索里尼肩上,要他安心。不到一小时,他们便在罗马着陆。接着,他们便换乘双发动机的"汉克尔"前往维也纳,于当天深夜时抵达,住进"帝国饭店"。斯科尔兹内给墨索里尼拿来两件睡袍,但遭拒绝。"晚上我从不穿东西的,"他说,"我也劝你什么也别穿,斯科尔兹内上尉。"他下流地笑了,"特别是跟女人睡觉的时候。"

午夜的钟敲过后,斯科尔兹内的电话响了。电话是希特勒打来的。在此之前,由于未听到拯救行动的消息,希特勒"像关在笼内的狮子,不停地走来走去,每次电话铃响都去听"。他的声音,因动感情而变得粗声粗气。"他完成了军事上的一个创举。它将成为历史的一部分,"他说,"你把我的朋友墨索里尼归还给了我。"

在慕尼黑作短暂停留期间,墨索里尼与家人团聚了。9月14日清晨,他与斯科尔兹内一起前往东普鲁士。元首在"狼穴"机场等候。他热烈地拥抱了他的盟友,两人手拉着手站立了一阵。后来,希特勒转身对还在小心谨慎地等待下机的斯科尔兹内连声称谢。这次壮举使他永远成了希特勒的宠儿,也使他赢得了朋友和仇敌的尊敬和崇拜。更重要的是,德国人的士气不但因为墨索里尼得救,而且还因为救他的方法而大大高涨起来。

元首期待着墨索里尼对巴多格里奥及其政权进行报复。但是,墨索里尼只想隐于罗马尼亚。他内心知道,他的政治生涯业已终结,他的唯一前途是当希特勒的人质。但希特勒却带讥讽和怨恨作答,"多年来,我一直在向我的将领们解释,法西斯主义是德国人民最可靠的同盟。对意大利的君主,我历来是不予信任的。然而,在您的坚持下,我并未做任何会妨碍您的有利于您的国王的工作的事情。不过,我得向您承认,在这方面,您的态度我们德国人是向来不明白的。"在说了这番恐吓话后,他又立即做出承诺——更是个凶兆——尽管巴多格里奥曾出卖他,他要善待意大利——如果他愿意在新共和国里重任旧职的话,"战争一定得打赢。待战争胜利后,意大利的权力一定要恢复。最根本的条件是:法西斯主义必须再生,卖国贼必须受到法律制裁。"否则,希特勒便会被迫将意大利当作敌人对待。德国将占领意大利并进行统治。墨索里尼服软了。如果让希特勒自行其是,意大利人民可就要遭殃了。他放弃了隐退归田的计划,发表了一项正式声明,宣布从今日起指挥意大利法西斯主义的大权由他掌管。同时发表的还有四项命令,宣布被巴多格里奥解除职务的政府官员官复原职,重新组织法西斯民兵,指示党支持德军，并调查与7月25日政变有关人员的行径。希特勒完全以其意志力，扭转了意大利的乾坤。不过，对他的伙伴他已不再抱任何幻想了。"我承认我受了骗，"他对左右说，"墨索里尼原来是个渺小的人物。"

在他的客人短暂逗留期间，希特勒说过，他要与俄国做一了结。这本来是说给墨索里尼听的，但刚好在场的里宾特洛甫却信以为真，立即向他请示。希特勒支吾了过去。一到单独与他在一起时，希特勒又禁止外长采取任何行动。他肯定注意到了里宾特洛甫的怏怏不乐的心情，因为后来他竟前往其住处拜访他。"你知道吗，里宾特洛甫，"他说，"倘使我今日与俄国做了了结，明日又会跟他打起来——这我也没有办法。"

里宾特洛甫向来就是一个一厢情愿地思考问题的人。他觉得，希特勒可能会软下心来。9月20日深夜，他打电话给克莱施特，问他是否可以于次日飞往斯德哥尔摩。克莱施特大吃一惊。他说若没有肯定的指示，跑这一趟是毫无意义的。里宾特洛甫承认，他无指示可发，只令克莱施特不管有无指示，尽快上路。

次日晚餐时，戈培尔趁坐在希特勒身旁之机，敦促他寻求某种和平。与英国或俄国均可。希特勒说，与丘吉尔谈判是毫无用处的，因为此公的"指导思想是仇恨，而不是伦理"，而斯大林又不会接受德国向东方提出的种种要求。

于是，就在这种背景下，克莱施特再次前往瑞典——此次，他心情复杂，从烦恼到绝望，样样兼有。看来，很明显，希特勒只是在玩弄和平。到斯德哥尔摩后，精神萎靡不振的克劳斯告诉克莱施特，由于德国不久前拒不接受谈判条款，他已成了不受苏联大使馆欢迎的人。他说，德国已失去了在东方的最后一个机会。他是对的。10天前，斯大林拒绝了日本出面的求和，并立即将此事告诉了华盛顿。接着，在经过多少个月来的借口后，斯大林同意在德黑兰与丘吉尔和罗斯福举行会议。此次会议于11月下旬召开，建立了看来是牢不可破的"大同盟"。

3 "与人间野兽一起"

1943.4—1944.4

在大多数德国人看来,希特勒如此对待犹太人是无关紧要的。被强迫戴上"大卫王之星"的犹太邻居的命运,他们向来漠不关心——毕竟,他们不是该当如此吗？即使这些邻人失踪后,他们也只以为是被驱逐走了。在一个听外国电台广播都可处以死刑的国度里,听到一些无法启齿的谣言后,对它不予理睬,这是明智之举。

知道有屠杀中心的人并不多。这些屠杀中心大都设在波兰,四周有好几英里宽的不毛之地与外界隔绝,界口上还挂出牌子称：不得入内,违者格杀勿论。为了保密,从押解至屠杀的整个过程都进行得极为神速,且散布出动听的烟幕："特殊处理"。作为一个整体,这些屠杀中心被统称为"东方"；单独的中心则被称为劳动营、集中营、转运营或战俘营；毒气室和火葬场分别称为"浴室"和"尸窖"。

暴行的传出是以谎言作答的。当纳粹要员汉斯·拉麦斯给希姆莱带来数份报告说犹太人正遭受大规模屠杀时,希姆莱矢口否认。他辩解说,元首通过海德里希传下的所谓的"最终解决"的命令,不过是将犹太人从德国本土撤走罢了。在撤退过程中,由于疾病和遭受敌机袭击,有些人不幸死亡。他承认,由于叛乱,不少犹太人不得不被处决,以儆效尤。希姆莱向拉麦斯保证,绝大部分犹太人已在东方的各集中营中得到"安置",还拿出相簿给他看,证明犹太人也在为战争出力：他们有的当鞋匠,有的当裁缝,或诸如此类。"这是元首的命令,"希姆莱加重语气说,"如果认为应采取行动,你得把向你提供这些报告的人名告诉元首和我。"拉麦斯拒绝吐露秘密,并拟从希特勒本人的口中得到更多的消息。但,希特勒的说法也一模一样。"把这些犹太人带到哪里去,这我以后再决定。"他说。为让他安心,希特勒还说:"在此之前,他们将在那里得到照顾。"

在希特勒的亲信中,确有些人不知道在"东方"发生的事情。其他许多人,那些受自我欺骗之苦的受害者,尽管不确切知道这些惨剧,却也猜到了几分。"别听人说希特勒没有主意,"汉斯·弗兰克后来在起诉书中(包括控告自己)写道,"大家都感觉到了,我们这个制度有可怕的缺憾,虽然知道得不那么详细。只是我们不想知道!靠这个制度生活,日子过得太舒服了,简直像王室的生活。大家都觉得这样好。"

此话系出自这样一个人之口:不久前,他曾对部下说过,他们都是参与灭绝犹太人的帮凶。此举虽可憎,"为欧洲利益故,却是必需的"。他是波兰总督,深知此项命令系直接出自元首。然而,德国人一般都相信,希特勒未参与过任何暴行。"人们都殷切希望,元首对此事一无所知,或无法得知,否则,他定会采取措施的。反正,他们认为他无从得知此事。或不知有多大规模。然而,我觉得,这事儿瞒不了多久了,人们希望归希望。"这番话是一个激烈的女纳粹在给友人的一封信中提及"最终解决"的前奏"安乐死亡计划"时说的。

希特勒身边的侍从人员,根本不敢想象"阿迪叔叔"会下令屠杀犹太人,施蒙特和恩格尔两人,不是成功地说服了元首,让陆军中有部分犹太血统的军官继续留任吗?背着元首搞名堂的恶棍不是鲍曼就是希姆莱。但是,这两人均不外乎是希特勒的代理人罢了。"最终解决"是他独自想出来的,也只有他才能下令执行。没有他,就不会有"最终解决";而他也坚信,只要向世人拿出一个既成事实,他就可免遭惩罚。人们会以报复相威胁的,但人类的记忆短促。在第一次世界大战中,土耳其人屠杀了100万亚美尼亚人因而遭到强烈谴责,今天又有谁还记得?

在1943年6月9日的一次秘密谈话中,元首指示希姆莱"尽管在此后三四个月内会出现某种骚乱",他必须立即着手将犹太人押解至"东方"。他接着指出,这项计划必须"全面地、不折不扣地执行"。这些话自然不能让元首身旁的侍从人员相信他是策划集体屠杀的元凶。但不久后他对鲍曼讲的一番话却令他们深信不疑了。在自豪地承认他已将日耳曼世界的犹太毒素洗涤净尽后,他说:"对我们,这是个主要的消毒过程,我们也已做到了最大限度。没有这个过程,我们可能已被窒息而死或消灭。"在与犹太人打交道中,他不是向来都绝对公平合理吗?"在战争前夕,我向他们发出了最后警告。我告诉他们,如果你们促成另一次战争,人们是饶不了你们的,我会在全欧洲灭绝这些害人虫。这决定是一劳永逸。他们用宣战反驳我这个警告,并重申,不管在世界何处,只要哪里有一个犹太人,哪里就有纳粹德国不共戴天的敌人。好了,我们已捅了犹太人的疮疤。未来的世界将永远感激我们。"

希特勒的"最终解决"的最可怕的一面在不久前结束了——启示性地结束了。拥挤在华沙犹太区的 38 万犹太人中,只有 7 万人未被押至屠杀中心,余皆束手就擒。此时,余下的人们业已明白,押解意味着死亡。犹太区的犹太政治领袖们,牢记了这点,消除了分歧。团结一致,武装抵抗押走犹太人之举。这使希姆莱目瞪口呆,遂下令全面消灭华沙犹太区。1943 年 4 月 9 日凌晨 3 时,2000 多名武装党卫军的步兵,在坦克、火焰喷射器和爆破队的配合下,向华沙犹太区发动了进攻。他们原以为会迅速取胜,却不料遭到顽强抵抗。犹太战士共约 1500 人,使用的武器是长期偷运进该区的,计有数架轻机枪,许多手榴弹,100 支左右步枪和卡宾枪,数百支手枪和左轮,还有莫洛托夫鸡尾酒。希姆莱原以为 3 天便可结束战斗,但至当日傍晚,他的人马不得不撤退。这场单方面的战斗日复一日地继续着,令党卫军指挥官施特罗普将军狼狈不堪。他不明白的是,"这些废物和劣等人"为何不放弃这一眼看已无望的事业。他报告说,开始时,他的手下虽然抓获了"相当数量生来就是懦夫的犹太人",但事情已越来越难。"由 20—30 个男人组成的新的战斗小组,在同样数量的女人的配合下,不断掀起新的抵抗。"他注意到,妇女的举动尤其使人为难——她们常把藏在她们的灯笼裤里的手榴弹甩出来。

在遭受挫折的第五天,希姆莱下令"用最严厉的手段和最凶残的办法"将犹太区夷为平地。施特罗普于是便决定把整个犹太区变为火海——一幢幢房子被烧。他报告说,房子虽然起火,里边的犹太人却坚持到最后一刻,然后才纵身从楼上跳下。"骨头摔碎了,他们仍力图爬到街道另一边未着火的楼房里去……犹太人和土匪们冒着被活活烧死的危险,爬行在烈焰中,而不愿被我们生俘。"

守卫者们以不朽的英雄气概,战斗了两三个星期,由于弹尽粮绝,最后不得不躲进下水道。5月15日,犹太人残存的抵抗据点已寥寥无几,枪声也稀疏下来。次日,施特罗普将军下令炸毁位于华沙市内"雅利安人"区的特罗麦基犹太教堂,以庆祝此次战斗的结束。在刚好4个星期的时间里,一支小小的犹太军,抗击了数量上占优势、装备又精良的德军,打到最后一兵一卒。被俘的5.6万人中,7000人被当场枪毙;2.2万人被送至特莱勃林卡和卢布林;其余则被送进劳工营。德军的官方伤亡数字——显然已被缩到最小——死16人,伤85人。更重要的是,它打击了希特勒的"犹太人是懦夫"的观念。

那年6月上旬,教皇庇护十二世就灭绝犹太人问题,秘密地,向"红衣主教神圣学院"发表讲话。"在这个问题上,我们向有关当局要讲的每个字,以及我们要发表的一切公开讲话,"在解释他如何不愿意公开进行谴责的原因时说,"都必须根据受害者的利益,仔细地推敲和衡量,以免事与愿违,使他们的处境更加困难。"但,他未说出口的是为何要小心从事的另一个原因,他认为布尔什维主义要比纳粹危险得多。

罗马教皇教座的处境是可悲可叹的。这一讲话却成了无意的伤害。在教皇的指引下,天主教会所拯救的犹太人,比其他任何教会、宗教机关和拯救组织所拯救之和还多。眼下,在教堂内,在修道院里,甚至在梵蒂冈城内,还藏着成千上万的犹太人。盟国的记录要可怜得多。英美两国,尽管大唱高调,却未采取任何有分量的行动,只对少数几个受害的犹太人进行庇护。那年的《莫斯科宣言》——由罗斯福、丘吉尔和斯大林共同签署——将受希特勒之害者按惨重程度依次排列为:波兰人、意大利人、法国人、荷兰人、比利时人、挪威人、苏联人和克里特人。很奇怪,犹太人竟未提及(这是美国战争情报处立下的政策),对此,世界犹太人委员会进行了强烈抗议,结果却无济于事。将波兰犹太人随随便便地算成波兰人,如此等等,在"三巨头"对纳粹恐怖主义的总分类中,"最终解决"便石沉大海了。

丹麦人的正义感和勇气,与"三巨头"迟迟不敢面对有计划有步骤地灭绝犹太人的这一事实,形成了鲜明的对照。他们虽受德国人的占领,却毅然将国内6500名犹太人几乎全部运到瑞典。还有希特勒的盟友芬兰人,他们"拯救"了国内4000名犹太人(只有4人未幸免于难)。还有德国的另一个盟友日本人,他们为报答在日俄战争中(1904—1905)犹太人开的昆-劳埃伯公司给予日本的资助,在中国东北为5000名流离失所的欧洲犹太人提供庇护所。

然而,为阻止在"东方"发生的暴行而出力最多的要算是一名年仅34岁的德国人了。他是希姆莱的律师,名叫康拉德·摩根,其父是铁路管理员。从学生时代起,摩根就沉溺于法律伦理学,甚至在就任党卫军法官一职后,对不法之举(不管犯者为谁)仍直言反对。由于他严格按证据所做的判决触怒了上司,摩根便被派往前线某党卫军师部工作,以示惩罚。由于他名声太大,他遂于1943年被调至党卫军保安处经济犯罪案办公室任职,不准他处理政治案件。那年夏初,他奉命到布痕瓦尔德集中营,对一桩长期悬而未决的贪污案件进行常规调查。涉嫌者系该营的指挥官卡尔·科赫。人们怀疑他将集中营的劳工租给民间雇主,从而吃粮食空额等,总的说来,为牟取私利而办集中营。初步调查的结果仍不足以将他定罪;另外,还有一大群人支持科赫,认为他无辜。

7月间,摩根前往魏玛,下榻于希特勒最喜欢的当地旅馆——大象旅馆,不声不响地开展调查研究。令他奇怪的是,他发现,坐落在魏玛上方一座山头上的集中营,竟景色宜人,里边的设施油漆一新,很干净;地面上铺满了青草和鲜花。营内的犯人看上去很健康,晒得黑黝黝的,吃得也不错。他们能定期通邮;营内有一个大图书馆,藏有各种外文书籍;演杂技、放电影、举行体育比赛——甚至还有一所妓院。在深入进行了解后,摩根发现,布痕瓦尔德营内的贪污案始于"水晶之夜",大批犹太人来营之后。不幸的是,案情越接近科赫,证据便越不足。他发现,知情的犯人常凑巧死亡。从他们的案卷中,他发现,各人死亡的日期又相隔数年,死因也各不相同。他怀疑系谋杀,便下令调查。他的调查人员找不到线索,拒绝继续调查。

要是常人,他就会放弃调查了。但摩根确信,他们肯定犯了罪,便亲自进行侦探。他出入于当地各家银行,向他们出示看上去像官方的证件,并假称自己是奉希姆莱之命,前来查阅科赫的账户的。他的努力得到了报偿。在一家银行里,他发现了一份无法否认的证据——科赫侵吞了 10 万马克。摩根还深入调查了监狱记录,发现证人们已在秘密牢房内被处决。他终于拿到了谋杀的罪证。

摩根带着一皮包的材料和证据去了柏林。他的上司刑警局长对他搞的证据却嗤之以鼻,未料到摩根对他的差使如此认真,连忙指使他去找卡尔登·勃鲁纳——海德里希的接任人。他也同样表示厌烦——并假惺惺地说:"这不关我的事。到慕尼黑找你自己的老板去吧。"摩根忠于职守,将证据转至党卫军法律部。他们也不愿负责。"这些事你得告诉希姆莱。"部长说。于是,摩根又赶赴希姆莱的指挥部,但希姆莱拒绝见他。有个在希姆莱身边工作的人员对他深表同情;在他的帮助下,摩根草拟了一份措辞谨慎的电报,扼要地说明了案情。现在的问题是如何将此电报亲手交给希姆莱。不知何故,此电竟溜过了官僚机构这个障碍,落到了希姆莱手中。没有想到,希姆莱竟授全权予摩根,让他继续调查科赫和他的老婆,以及与此案有关的所有人员。此举几乎令所有的人都惊诧不已。有人认为,这是希姆莱不信任各集中营的总管奥斯瓦德·波尔之故;其他人则相信,他并不了解此案是个潜在的"潘多拉魔盒"。最深知希姆莱的秉性的人们觉得,这是他的奇特的荣誉感的另一例。

残忍也有一颗人心。

——威廉·布莱克

在国社党的高层人物中,恐怕找不出一个比海因里希·希姆莱更矛盾的人物了。他的魅力,他的彬彬有礼以及他在会议上表现出来的谦虚和对道理的深明,在许多人脑中留下了深刻的印象。外交界人士将他描述成一个具有冷静判断力的人物;抵抗运动的同人则认为,在纳粹的领导层中,他是唯一可用来结束希特勒统治的领导人。在霍斯巴赫将军看来,他是元首的罪恶精灵,既冷静又善筹谋,"是第三帝国里最厚颜无耻的人物"。

梅克斯·阿曼则认为,他是"罗伯斯庇尔或热衷巫术的耶稣会之流"。国联驻但泽前高级总督卡尔·布克哈特觉得,希姆莱之所以成为一个罪恶人物,是因为"他有集中精力于小事的能力,善于欺上瞒下,且有一套非人道的方法论;他有点像机器人"。在他的小女儿古德伦眼中,他是个慈父。"不管人们说我爸爸什么,"不久前她说过,"不管人们怎样骂他,或将来骂些什么——他都是我的父亲,是最好的父亲。我过去爱他,现在仍爱他。"

希姆莱的部下大都觉得他是个待人热情、事事深思熟虑的领导,具有深刻的民族感。他与秘书们玩纸牌,与副官们一起踢足球。一次,他竟请了十多个女杂工去参加他的生日晚宴,还令军官们任意挑选她们共席。军官们有点儿不愿意;希姆莱自己把她们的领班带走了。

他的性格像谜一般,何以如此,在他的青年时期里找不到答案。他出身于巴伐利亚的一个富裕的中产阶级家庭,是以他父亲最著名的门生海因里希·冯·维特尔斯巴赫亲王的名字命名的。青年时的希姆莱并不比巴伐利亚他那个阶级的一般青年更加反犹。从他在日记中对犹太人的评论可以看出,他是个盲从者,不是种族主义者,他想公正地对待犹太人。对于性,他有顽固的信念。这在他所处的时代并不是异乎寻常的。总而言之,他似乎是可预言的、巴伐利亚教育和训练的产物——前途光明的青年官僚,既严肃认真又循规蹈矩。

1922年,22岁的希姆莱成了满脑子反犹思想的典型的民族主义者。他还带着浪漫的眼光向往军事生涯。那年,他在日记本的扉页上写了一首诗,流露出他愿为某项事业而献身的梦想:

> 虽然他们可将你刺死,
> 却要战斗、抵抗、挺立!
> 你自己可以灰飞烟灭,
> 却要令旗帜高高举起!

所以,一个有这种意志和决心的青年会受到国家社会主义的理论及其迷人的领导者吸引,这就不足为怪了。他所受的训练是为了做官,其天性又是忠诚;这样,他当个职业纳粹,可说是十全十美了。当他在党内平步青云时,他成了自身思想斗争的受害者。他是巴伐利亚人,但他崇拜像腓特烈大帝那样的普鲁士国王,不断颂扬普鲁士人的朴实无华和吃苦耐劳的精神。他自己长得黑,中等身材,外表有点像东方人。他疯狂地相信,理想的日耳曼人是北欧人。同时,与他的主子一样,喜欢身边有金发碧眼、身材细高的部下。希姆莱下定决心,要在100年内,用标准黑种日耳曼人(如同他自己与希特勒)与金发碧眼的女人交配的办法,培育出黑种日耳曼人来。为推行其种族政策,他建立了一个名为"生命之泉"的党卫军妇幼保健组织,其主要作用在于为党卫军内无子女的家庭收养种族上合适的孩子服务,并帮助种族上合适的未婚母亲和她们的孩子。在占领区,数以千计的小孩被绑架,并在党卫军的特别设施内得到抚养。"世界上的所有好血统,"希姆莱对党卫军将领们说,"所有不在帝国这一边的日耳曼血统,在未来的某一天,都可能将我们毁灭。所以……将每个能被带回德国的最好血统的日耳曼人培养成自觉的德国人后代,对我们说来,都是一个战士,对方也就少了一个人。把全世界有日耳曼血统的人都接回来,我确实有这种想法;能偷则偷,能抢则抢。"战后,有些传说很可怕,说"生命之泉"是"种马场",在那里,党卫军分子与合适的年轻女人交配,繁殖最优秀的民族。希姆莱的计划,虽未阻止不合法的生育,但也没有证据可证明他提倡不洁性交,也无证据证明绑架孩子是大规模进行的。在所有"生命之泉"设施中,雇员只有700人。这一事实使人对这些说法产生怀疑。可以肯定地说,希姆莱确曾计划要大规模地开展这一运动,但是,由于急需安置和灭杀犹太人,"生命之泉"从未发挥其潜力。他羡慕体格上的完善和运动技巧,自己却不断遭受胃痉挛的折磨;他的滑雪和游泳的姿势好得出奇。一次,他身体垮了还力图争夺1英里赛跑的铜牌。

在德国,除希特勒外,谁的个人权力也没有他的大,但他依旧那么谦恭,那样勤奋。他生来就是一个天主教徒,现在却无情地攻击天主教会,而他,据他的一个亲密的合作者说,又按耶稣会的原则奋力重建其党卫军——他勤奋地抄袭"伊格纳狄乌斯·罗若拉[①]规定的祈祷教令和精神锻炼的

---

① 伊格纳狄乌斯·罗若拉,西班牙僧人,耶稣会教祖。——译注

方法"。

数以百万计的人惧怕他,但在元首面前,他却吓得全身发抖。他曾向一个下级承认,一见元首,他就觉得自己像没做功课的小学生一样。与元首一样,希姆莱对物质享受漠不关心;他又与戈林等人不同,从不利用地位去牟取私利。他的生活非常简朴、节约;吃得很简单,喝得也很少,一天只限抽两支雪茄。他在特格恩西为妻子和女儿安了一个家,在科尼西附近为他的私人秘书赫特维希·波达施特(她为他生了一子一女)安了另一个家。他是一个富有责任感的男子汉,每个家都安置得很舒适——这样,自己能花的钱也就所剩无几了。

在他的教义中,有些是非常古怪的,连他的忠实的追随者都觉得无法接受:冰河宇宙进化论、磁学、以毒攻毒疗法、催眠术、自然优生学、千里眼、信仰治疗术,以及巫术等。他开始了在煤上浇水提取煤油,以及从含金矿石中提炼黄金的试验。

他的所有权力都来自希特勒,但元首私人却不想与他有什么来往。"我需要这样的警察,"他对夏勃说(希姆莱曾求他为他搞个前往贝格霍夫的请柬),"但我不喜欢他们。"希特勒甚至令他的私人副官党卫军上尉舒尔兹,别把每天的军事讨论情形告诉他的名义上的首领。

与此同时,他又把完成隐藏在他心底的任务——"最终解决"——的全权交给了希姆莱。在某些方面,这项任务是适合他的。从一开始,希姆莱就对希特勒俯首帖耳,完全成了希特勒的人,成了他的信徒,他的臣民。再者,希姆莱是国家社会主义的缩影,因为,正是由于他是个勤奋的党的职业工作者他才能克服自身的问题。他是元首的左右手;尽管见了血或殴打便会呕吐,他却成了一个遥控集体屠杀的刽子手,一个高效率的职业谋杀者。

他一方面这样做,另一方面又依然多愁善感。"我常常杀鹿,"他私下对他的医生说,"但每次看到它的死眼,我良心上就过不去。"不久前,他冒着危及自身的风险,与陆军元帅米尔契一起策划,拯救了在荷兰的1.4万名熟练的犹太劳工的生命。他也释放了被关在拉文斯布吕克集中营的一个空军上校的母亲——她拒绝放弃作为一个"耶和华的证人"的信仰。(在受希特勒之害的人中,这些人属最坚强的。狱中有个长期有效的规定:谁要是放弃他的信仰,谁就可获得自由。但大多数被关押者都拒绝这样做。)他这样做的原因是,米尔契曾以不再与他说话相威胁,他也很想让别人将他看成"好人"。

假若人们用外交手腕找他请求宽恕,只要求得有理,他便觉得很难拒绝。他曾释放过一名逃兵,还原谅过一名曾写文章尖锐地批评党卫军虐待波兰人的官员。但是,他的荣誉感却不允许他宽恕自己的亲属。他有一个外甥,是党卫军一名军官,被告搞鸡奸。状子告到他那里后,他立刻签署命令,将他送进了惩罚营。在囚禁期间,这个青年又一犯再犯,多次鸡奸;希姆莱下令将他处决。党卫军法官罗尔夫·维塞替他求情,请求宽大,遭希姆莱拒绝。"我不想让别人指责我说他是我的外甥我便宽恕他。"后来,希特勒亲自出面,才取消了死刑的判决。

在希姆莱的监督下,到1943年秋,屠杀中心的工作效率达到了最高峰。在奥斯威辛,那些被挑选出来处死的人,竟列队从吹吹打打的管弦乐队前走过,而这个乐队是由犯人们组成的,由犹太小提琴手阿尔玛·罗塞指挥。然而,特莱勃林卡的情况却全然不同。处死前,被囚的犹太人通常都知道自己即将去死,因受刺激,常常大喊大叫或大笑,恼怒的看守便用鞭子抽打他们;在狱卒替母亲们剃光头时,婴儿常碍手碍脚,便被抓来抛到墙上摔死。犯人若有丝毫反抗,看守们和模范囚犯便用鞭子将全身一丝不挂的受害者驱上开往毒气室的卡车。

行刑队员的脑中从未闪现过拒绝执行屠杀令的念头。"我只能说'是'",奥斯威辛集中营的指挥官霍斯后来供认说,"我从未想到过自己要负什么责任。你知道,在德国,人人都明白,如果某件事出了差错,只有发号施令的人才能负责。"行刑队员们也从不问一声这些犹太人是否该死,"你们难道不明白吗,我们这些党卫军士兵是不能思考这些事情的;我们连想都没想过……我们受的是服从命令的训练,根本不动脑筋;我们谁都不会想到不执行命令。反正,我要不干别人也会干。"另外,参加灭绝行动的所有人都受过严酷的训练,"如果有令,他会开枪射杀自己的兄弟。命令是高于一切的。"(斯坦利·米尔格莱姆在美国做过多次试验,证明盲从并非只限德国人才有。在试验中,米尔格莱姆发现,只有35%的被试验者拒绝做给别人带来痛苦的事。大部分人只盲从权威的声音。1960年做的这些试验的结果在越南战场上,在某种程度上也在"水门事件"中,得到了证实。上述情形,在米尔格莱姆的《对权力之服从》一书中已有所阐述。)

有些行刑队员还很欣赏自己的工作,但这些人都是虐待狂,是冒着遭上司惩罚的危险这样干的。多年前,希姆莱就禁止党卫军的任何人单独对犹太人采取行动。"党卫军的指挥官必须坚强,但不是冷酷无情,"他指示特别行动队队长说,"在你的工作中,如果你发现某个指挥官越权,或其自我约束力已有含糊的迹象,你要立刻干预。"不久前,他曾就未经批准便枪杀犹太人事件向党卫军法律部发出了类似的指示:"如动机系出于自私、虐待或性爱,应根据情况,分别按谋杀罪或杀人罪量刑。"毫无疑问,这便是他授权摩根将布痕瓦尔德的指挥官拿来受审的原因。

将手下的人训练得坚强却又不冷酷,这确是希姆莱的一件难办之事。为达此目的,希姆莱打出"忠贞即荣誉"的口号,试图把党卫军变成武士。因此,他不但向党卫军灌输种族优越感,还灌输忠君爱国、同志情谊、忠于职守、忠诚忠实、勤奋努力,以及武士情操等各种道德观念。他的党卫军是党的"精华",德国人民的"精华",因而也是全世界的"精华"。在建立起了向党卫军灌输他的理想的组织体系后,他希望能培养一代新人,"比迄今世界上见到过的要优良得多、宝贵得多"的新人。他亲自向党卫军演讲,告诫他们要有礼貌、要有教养。"无论请客夜宴,或是组织游行,只要有客人在场,我就要求你们注意,哪怕是最小的细节,因为我要使党卫军成为讲礼貌的典范,让他们对全体德国同胞都彬彬有礼。"党卫军也应成为整齐清洁的模范,"我不想看见哪一件白衬衣上有一个哪怕是最小的污点。"再者,喝酒时应像绅士,不准暴饮,"否则,我就让人送一支手枪给你,叫你结果了事。"

事实上,不管他们的任务何等凶残,他们都应该是绅士。1943年10月4日,希姆莱正是怀着这种想法将党卫军的将领召至波森的。这次召见的基本目的是要扩大对灭绝犹太人一事的知情人范围。摩根不久前披露的情况,以及关于集中营不乏恐怖的谣言源源不断地传来,使元首的最忠诚的追随者也产生恐惧和感情上的突变。现在,既然秘密已经泄露,希特勒便决定把党和军方人士也牵扯进"最终解决"。这样,从效果上看,把他们变成同谋后，他便可迫使他们打下去，一直打到底。战争可能已经失败了；这却能给他时间去实现他的主要目标。从最坏打算，他也可带着几百万犹太人与他一起死亡。

向党卫军发表的讲话，是希姆莱尔后发表的一系列讲话的首篇。通过这些讲话，希姆莱将许多文职领导人和陆军军官卷了进来。在某种意义上，首篇演讲是最重要的，因为他必须说服党卫军：完成这一令人讨厌的任务与执行他们的组织的最高原则是不矛盾的。他说，有一件极严肃的事情他想跟他们谈谈。"在我们内部，我要开诚布公地提一提，但我们永远不会公开讲它。"他显得有点迟疑，但最终还是开了口，"我是说犹太人撤退的问题，也就是消灭犹太种族的问题。这件事说来很容易——'犹太种族正在被消灭'，有个党员说，这很明显，我们的纲领里写着——消灭犹太人，我们正在这样做，将他们灭绝。"

尽管摩根和库特·格斯坦提出了不受欢迎的怀疑，在喊了多年动听的言辞和口号后，这些不加掩饰的语言，着实令人震惊。更令人震惊的还是希姆莱对那些利用"最终解决"一直在牟利的人们的谴责，"有些党卫军成员——人数虽然不多——有负众望，他们死有余辜。我们有这个道义权力，有我们的人民的职责，去消灭这个种族——当他们要消灭我们的时候。但是，我们无权去发财，哪怕只是一件皮大衣、一只手表、一个马克或一支香烟或别的东西。因为我们消灭一个病菌后，并不想最终自己受到感染或死于这种病菌。我不允许在这里出现腐败现象并让它站稳脚跟，哪里出现腐败现象，就在哪里追究。然而，我们最终却可以说，我们完成了这项最困难的任务，得到了我们的人民的爱戴。而我们的精神，我们的灵魂，我们的性格等，都未因此遭到它的伤害。"

两天后，希姆莱又向一群帝国长官和地方长官发表了同一精神的讲话，"'犹太人一定要被消灭'，这句话，只短短几个字，是很容易出口的。但是，这句话要求执行它的人要做到的，却是最困难、最难办到的。"听众很清楚，他们即将听到的正是多少个月来充斥耳中但不想听到的东西，"我要说的只限这个范围的人听，且只准听，永远不准议论。当人们提出这样一个问题，'对妇女和儿童该怎么办'时，我在这里也决定采取一个明确的解决办法。

我觉得,我没有理由一方面消灭犹太人,就是说,杀犹太人或让他们被杀,另一方面又让他们的孩子长大后找我们的儿子、孙子报仇雪恨。必须做出一项强硬的决定——这个民族必须从地球上消失。"

他说,这是党卫军有史以来要承担的最繁重的任务,"执行此任务——我可以这样说——我们的人,我们的领导者,无论在精神上或灵魂深处,都未受到哪怕是最小的损伤。即使进行了集体屠杀,他们仍是武士。"厅内鸦雀无声。尼尔杜尔·冯·希拉赫回忆道:"谈到如何屠杀男女老幼时,他非常冷漠无情,就像商人谈他的货借以对比一样。在演讲过程中,他没有一星半点儿感情,其内心也完全一样。"

在讲完执行这项令人毛骨悚然的任务碰到的各种困难后,希姆莱便结束了这个话题,"现在,你们都知道真实情况了,大家必须保密,不可对别人讲。也许,在过了很长时间后,我们会考虑是否把这件事告诉德国人民。但是,为了替我们的人民承担责任(为这个主意和行动负责),我们还是把这个秘密带进坟墓为好。"他与布鲁特斯①一样,强迫他的同事的手伸进恺撒的血泊。"最终解决"已不再是希特勒和希姆莱两人的负担,而是他们的担子了——这副担子他们只好闷着头挑。

鲍曼宣布散会后,请大家到隔离大厅用午餐。吃饭时,希拉赫和其他长官们都无言地避免视线相触。大多数人都已猜到,希姆莱之所以向他们泄露真相,目的是要把他们变成同谋。当晚,他们大喝特喝,喝得许多人都要别人扶着才能上火车——开往"狼穴"的火车。在希姆莱讲话前曾向同一听众演讲的艾伯特·施佩尔,对这一醉酒的场面很是反感。次日,他竟敦促希特勒向这些党的领导人就自我克制问题进行训话。(时至今日,施佩尔仍声称他对"最终解决"一无所知。有些学者指责他,说他参加了希姆莱的演讲会,因为在开会过程中,希姆莱的话有些是专为他讲的。施佩尔坚持说,他一讲完话便立即去了拉斯登堡。米尔契陆军元帅证实了这点。就算施佩尔不在场,人们也很难相信他会对灭绝营一无所知。从希姆莱的讲稿中,人们看得很清楚,他以为自己是直接向施佩尔讲话——并认为,他是高级同谋

---

① 布鲁特斯,古罗马共和派首领,暗杀恺撒团成员。——译注

之一。）

　　希特勒的"新秩序"的受害者并不限于犹太人。数以百万计的其他人，尤其是在占领区，被枪杀、毒死或打死。不久前，当他前往"狼穴"时，彼得·克莱施特曾向元首本人递交了一份冗长的备忘录，反对这一政策。"关于俄国占领区内的情况，你给我描述得很可怕，"希特勒在读后说，"用向民族主义政客所提的野心勃勃的要求让步的办法，去改善那里的条件的设想，这难道不是幻想吗？这些民族主义分子只会认为我们软弱，他们的野心就会驱使他们提出越来越多的要求。"克莱施特大胆地开口了。他解释说，他的意思并不是向他们的要求让步，而是创造使东方人民选择德国而不是苏联的条件。他继续往下说时，希特勒若有所思地听着，双眼看着地板。这就给了克莱施特一个难得的机会去随意观察他的脸，"他的表情常常分成许多不同的单位，好像是由许多单独的成分组成似的，而这些成分又组不成一个真正的统一体。这给我的印象很深。"

　　希特勒终于打断了他的话。他一点儿也不生气，而是非常冷静。他边说边沉思，好像是自言自语："我不能走回头路了。"说着，他两眼注视着空中，"我的态度若有改变，人们便会将它误解为让步，因为军事形势就是这个样子。它会引起山崩。"他虽然也答应，一旦在军事上获得了主动权，他会考虑采取较温和的措施，但克莱施特觉得，这只是说得好听而已。这种人的心怎么变得了？

　　猛然间，希特勒抬头望着克莱施特。平静的、沉思的情绪已不翼而飞了。"这是个幻想，"他有点粗暴地喊，"你有权只想到目前，只考虑眼下压制着我们的形势，但这正是你的不足之处。我有责任想到明天和后天。我不能为目前短暂的某些小的成功而忘却未来。"用不了一百年，德国就会成为一个有1.2亿人的国家，"为了这些人，我就需要空间。我不能答应给予东方人民任何独立的主权，不能用一个新的民族主义的俄国去取代苏维埃俄国。为取代苏俄，新俄国会组织得更严密。政策不是用幻想决定，而是用事实决定的。对我，对东方来说，空间是一个决定性问题！"

　　于是，他的压迫政策得到了继续执行。伴随着这种政策的是苏联战俘的残酷的饥饿。在致凯特尔的一封尖酸刻薄的信函中——这封信想必是由更加强烈的下级起草并扔给东部占领区部长的——艾尔弗雷德·罗森堡为此作了证。该信指控说,在360万苏联的战俘中,只有几十万人的身体健康。绝大部分苏联战俘不是挨饿便是被当场枪杀,从而制造了一系列置"潜在的谅解"于不顾的暴行。

他们还进行了一系列的医药试验,使无数的其他苏联战俘和集中营内非犹太犯人濒临死亡:有些人赤条条地躺在雪地里或冰水中,有些人在进行高空试验,有些人成了试验芥子气和毒气弹的牺牲品。拉文斯布吕克集中营内的波兰妇女染上了毒气造成的坏疽;在达豪和布痕瓦尔德集中营,吉卜赛人成了满足医生们的好奇心的牺牲品——这群医生在试验:靠喝海水人类究竟能活多久。

作为对破坏行动和叛乱的报复,全欧洲的占领区行政部门也处决了许多犯人,方式五花八门。这种行动由于元首在"珍珠港纪念日"那天发布的命令而合法化了——是在希特勒省悟到不但占领莫斯科无望,连胜利也值得怀疑时发布的。这项标题叫"夜雾法令"(非常合适!)的命令说:凡危害德国安全者,除需立即处决者外,其余必须"消失",不得留下蛛丝马迹,不得将他们的命运告诉家属。

到1943年秋,旨在维护共同利益而合并欧洲各国的"西欧新秩序",已现了原形:一种掠夺经济。在数以百万计不愿只当臣民的人面前,希特勒恼羞成怒,用武力代替了劝说。他用强迫劳动和处决人质的办法去回答消极怠工、停工或破坏。在荷兰和法国,死亡人数已达两万多。合法的抢掠已成家常便饭,一车车的战利品(包括食品、衣物和艺术珍品)从挪威、荷兰、比利时、卢森堡、法国和丹麦源源不断地运回德国本土。这还不包括庞大的占领费在内。光法国一国每年就得为加入"新秩序"而支付70亿马克的费用。

在柏林召开的一次会议上,希特勒向全党的领导人透露了真情:"仍然存在于欧洲的那些小国垃圾,必须尽快予以清除。我们的斗争目标是要创立一个统一的欧洲,只有德国人才能真正将欧洲组织起来。"

所谓统一的欧洲,当然,就是受德国统治的欧洲,由盖世太保及与之同流合污的警察力量实行统治的欧洲。然而,尽管这个"新秩序"对人民群众进行残酷压迫和报复,它并未在他们中燃起叛逆的精神。占领区的绝大部分人仍与纳粹政权采取合作的态度，以维持比较正常的生活。他们相信，实行总罢工，袭击德国监工或骚扰他们的政权机构或经济，势必导致大规模的报复或使他们的生活水平降低。这样，在他们看来，还不如与也许会无限期地统治下去的占领者搞好共同的事业。这样做不但容易些而且能够做到。正是这种求生存的欲望把抵抗活动减到了最低限度。事实上，参加地下活动的人寥寥无几，且在共产党和非共产党的游击队间，例如在法国，又常常发生互相削弱的和流血的斗争。唯一较大规模的抵抗运动发生在南斯拉夫，而这个运动也由于共产党人铁托(他力图团结反希特勒的一切力量)和塞尔维亚民族主义分子米哈依洛维奇之间互相残杀而遭到削弱。

希特勒要将欧洲变为日耳曼帝国的目标现在虽昭然若揭，但其野心大到何等程度却仍未为人所知，甚至连他的许多敌人也猜想，这只局限在欧洲。在这个问题上，如他们看到了他手写的秘密笔记，肯定会大惊失色的。

为全世界利益故，英国目前的形势不予改变。

由于种种原因，在取得最后胜利后，我们必须与之和解。

国王必须下台——由温莎公爵接替。我们将与他签订永久友好条约，而不是和平条约。

斯堪的纳维亚半岛和埃比利亚半岛(西班牙半岛的古称)将在"新秩序"下联合起来，从而实现查尔士大帝、尤金亲王和拿破仑梦想实现的欧洲统一。

最后胜利的最重要的一点是把美国永远排除在世界政治之外，消灭他们的犹太社会。

为达到目标，戈培尔博士必须具有一个总督的独裁权力，以完成对种族混杂的劣等居民的全面再教育。在这方面，戈林也应尽一臂之力，主要是把有日耳曼血统的居民全部或至少百分之五十动员起来，进行军事教育，以获得民族主义的新生。

正当希特勒在制订征服包括五大洲在内的征服计划时，他的部队却在东方朝本土节节败退。在粉碎"堡垒战役"的胜利鼓舞下，苏维埃统帅部满怀信心,勇敢地转入反攻。在1943年后半年,红军在某些地方推进了400公里,把中部和南部的德军驱至第聂伯河彼岸。

这促使希特勒加速执行其"最终解决"的计划。1944年初,他批准向一大群非党员、非党卫军泄露这个秘密。1943年1月26日,希姆莱作了第三次讲话,是在波森的剧场里向260名左右的陆海军军官作的。他冷静地告诉他们,希特勒已把消灭犹太人的任务交给了他。"我可以告诉你们,犹太人问题已经解决了。"一阵掌声席卷了整个礼堂。有个靠近冯·格斯道夫上校(那个要把希特勒和自己炸死的军官)的陆军军官激动地跳上椅子。在礼堂的后边,有个脸色难看的将军正在检查,看他的同事中有几个人没有鼓掌。他数了数,一共5人。

在此后的数星期内,希姆莱继续在进行他的"启蒙运动"。他向一群海军将领承认,他曾下令屠杀妇女和儿童。"如果我允许这些充满了仇恨的儿童在这场人反对非人的战斗中长大成人,那么,我就是个弱者,就是我们的子孙后代的罪人……但我们必须更加清楚地认识到,我们进行的是一场原始的、独创的、自然的种族战争。"在宗特霍芬,他对另一群将领也讲了几乎同样的话,"在德国,以及在占领区,一般来说,犹太人问题已经解决了。"他说。当他说到这个问题"未作妥协"便解决时,厅内出现了掌声。希姆莱在"最终解决"问题上共作了15次演讲,听众广泛,但,意味深长的是,外交部的人一个也没有。

1943年的最后几天,压得希特勒喘不过气来。他的军队在列宁格勒和整个乌克兰面临着新的挫折。不仅如此。由于党卫军法官摩根终于挖出了布痕瓦尔德贪污案的网络,希特勒的灭绝计划受到了威胁。集中营指挥官科赫的同案人科勒害怕了,同意出庭作证。他被关进监狱,作为人证,但不到3天,他便死在狱中。在铁证面前,在摩根的无形审问下,科赫顶不住了。他供认,除了靠犯人发财外,为了保住秘密,他处决了不少犯人。

对科赫的起诉虽然成功,但摩根并未因此而满足。他沿着贪污的线索追至波兰。在卢布林,集中营的指挥官热烈欢迎了他。该指挥官名叫维尔特,曾在贝尔赛克任格斯泰因的向导。他自豪地透露,他不但在卢布林地区建造了4座灭绝营,灭绝系统也是他建立的。他说,每个营都建得像一个波特金村庄。当火车开进假站台时,乘客都以为到了一个新城镇。维尔特津津有味地说,火车一到,他或他的代表,便向新来者致辞表示欢迎(欢迎词是固定的):"诸位犹太人,把你们带到这里来,为的是要将你们重新安置。在犹太州建立之前,你们当然得先学会如何工作。你们必须学会一门新手艺。"这些定心丸式的话讲完后,犹太人便无辜地列队走向死亡。

在摩根听来,维尔特的描述是"完全荒唐的",但,在他参观了贮藏战利品的屋子后,他可不这样想了。看到堆积如山的宝物——其中有大得令人不敢相信的手表堆——后,他明白了,"某种可怕的事情正在这里发生"。他从未一次看到过这么多的钱,特别是外币,有世界各国的硬币。看见炼金炉及一大堆金砖,他惊奇得张大了嘴。

摩根参观了维尔特建造的4个集中营——马伊达内克、特莱勃林卡、索必波尔和贝尔赛克。在每座集中营内,他都亲眼看到了处决犯人的证据——毒气室、焚尸炉,以及大片大片的墓地。这里在大规模地犯罪,但他又无力采取行动,因为命令是从元首的总理府直接下达的。摩根的唯一依靠是对"武断地屠杀"犯人一事进行起诉——这些官司倒可以打到党卫军的法庭上去。他立即着手搜集证据,终于找到了足以控告马伊达内克两名高级官员犯有谋杀罪的证据。

维尔特是一个基督徒,他帮了很大的忙。他继续与摩根无拘无束地谈论这4个营的指导思想。一天,他无意说到,有个名叫霍斯的人,在奥斯威辛附近建立了另一个大型的灭绝营。在摩根听来,这地方有大量证据可以搜集。但摩根的权力有限,要到如此遥远的地方去,非有正当理由不可。很快,他找到了借口:有件悬而未决的黄金走私案涉及霍斯手下的数名职员。于是,在1944年初,刚强的摩根便在奥斯威辛附近调查死亡营的事件了。他不费什么手脚便找到了众多的堆满财物的小屋子、毒气室和焚尸炉。但是,在调查"不合法"的屠杀事件中,一到手下某个工作人员快接近事实真相时,调查工作便受阻。于是,摩根便决定返回德国去处理一件更重要的事情——官方的集体屠杀事件本身。抵柏林后,摩根决定面见希姆莱,向他阐述清楚,这项灭绝政策正直接把德国"引入深渊"。为了见他,摩根又不得不再次通过种种渠道。首先要找的是他的顶头上司即刑警局局长。奈比听后,大吃一惊("我向他汇报时,我看出他毛骨悚然"),说不出话来。待他能说话时,他叫摩根立即将此事向卡尔登·勃鲁纳汇报。卡尔登·勃鲁纳听后也大惊失色,答应将此事直呈希姆莱和希特勒。接着,他又找了党卫军法庭的首席法官勃赖豪特。此人听完后,气得发昏,答应安排摩根与希姆莱会晤。但是,由于官僚机构的种种限制,摩根的官司只能打到希姆莱的接待室。这下,摩根便认识到,要打这场官司,他非走另一条更加实际的道路不可,"那就是,利用这个制度本身提供的条件去把它的领导人和重要分子从这个制度中清除出去。对国家元首直接下令屠杀的案子我虽然无办法,但对不属此令或违反此令的屠杀,或对其他严重的控告,则可这样做。"

他回去后,情绪高涨,决心搞好诉讼程序,尽可能多地搞掉领导人,以期破坏集体屠杀的整个制度。他不顾恐吓和报复,把调查范围扩展至集中营。在奥拉宁堡,他的一个消息提供者——一名叫罗德的犯人——在被公开处死的最后一分钟获救——他之被处死,是为了杀一儆百,不让其他犯人与摩根合作。即使如此,他还得了个外号叫"猎犬法官"。在他努力下,约800个贪污案和谋杀案得到审理,其中200个案子的当事人被判刑。布痕瓦尔德的卡尔·科赫被枪毙;马伊达内克的指挥官也被处决,他的主要助手也被处死刑。塞尔托亨博斯的指挥官,由于虐待犯人,被绑在一个法庭前示众;佛罗森堡的指挥官则因酗酒和好色而被开除。

1944年早春,这些审判在德国的官僚机构中引起了强烈的震动。于是,希姆莱——显然是受希特勒的指使——便令摩根停止调查。"猎犬法官"做得太过火了,太成功了;他正准备全面调查鲁道夫·霍斯和奥斯威辛各营。摩根一人大扫除的冲击波业已冲倒了卢布林的屠杀营的建筑。维尔特营长受命将他建造的4个营中的3个营——特莱勃林卡、索必波尔和贝尔赛克——全部毁灭,不准留下任何痕迹。任务完成后,维尔特便被派往意大利去护路,以免游击队侵犯。在这里,在摩根的法网下死里逃生的维尔特,不久便被一项更粗暴的法律打倒——背上中了游击队的一颗子弹。与此同时,尽管希姆莱——希特勒有令,康拉德·摩根仍偷偷地继续进行他的赤手空拳的调查工作,以期结束"最终解决"。(摩根也尽力证明布痕瓦尔德的指挥官的妻子伊尔塞·科赫有罪。他相信,她犯有虐待罪,但对她的指控却又无法证实。战后,一个美国官员要求摩根证实科赫夫人用犯人的人皮做灯罩。摩根回答说,她犯的罪行肯定很多,但这个指控却是不存在的。他曾亲自对此事进行调查,但最终只好将此案放弃。即使如此,这个美国人坚持让摩根签署一个文件,以证实科赫夫人确曾用人皮做过灯罩。对纳粹的威胁尚且不怕的人,自然不大可能向民主国家的一个代表屈服的。由于他拒绝,人们便威胁他说,要将他交给俄国人——俄国人肯定会将他活活打死的。摩根一而再再而三地拒绝,于是便遭毒打。他虽然憎恨科赫太太,但什么也不能诱使他作假证。幸运的是,摩根活了下来。)

第九部 坠入深渊

1 陆军的爆炸计划
   1943.11—1944.7.21

2 最后一次反攻
   1944.7.21—1945.1.17

3 "这一次,我们切不可
   在午夜前五分钟投降"
   1945.1.17—1945.4.20

4 午夜后五分钟,或"船
   长与船一起下沉"
   1945.4.20—1945.4.30

1 陆军的爆炸计划

1943.11—1944.7.21

在啤酒馆起义二十周年纪念前夕,约德尔将军坦率地将德国的战略地位透露给了 100 名左右的帝国长官和地方长官。在慕尼黑举行的一次绝密会议上,他谈到了德军在俄国遭到的惨败,谈到了为何未能将西班牙拉入战争,因而也未能夺取直布罗陀的原因(就是那个"耶稣会外长塞拉诺·苏涅尔在作怪")以及"历史上最大的叛卖"——意大利人的叛卖。约德尔即兴谈到了未来:他承认,西方具有空中优势,如在德国大规模着陆,按目前德国的防御力量,德军是无法加以阻挡的。这种讲法,使听众大吃一惊。他的结论是,解决办法只有一个,那就是:把每个能扛枪的德国人都动员起来。他说,从东方抽调兵力和给养是不可能的,因为在那里事情"正在变得暖和起来"。为了解决西线人力不足的困难,他们必须找到新的方法,"我认为,用坚韧不拔的精神和决心,在丹麦、荷兰、法国和比利时,强迫成千上万游手好闲的人去修筑工事——这比任何工作都重要——的时候已经到了。关于这项工作的命令已经发出。"

他描述的目前形势,可以说是一幅阴郁的图画。在结束时,他承认,"国内所受的最大的压力"是西方的恐怖空袭,以及由于敌人在大西洋享有空中优势的缘故,用潜艇进行报复的机会已大为减少。与此同时,他说,对最后胜利应坚定信心。原因有几个:他们幸运地有一位领袖,他"不但是在政治上而且也是在军事上如何进行战争的灵魂",只有他的意志力,"才使德国的全体武装力量,在战略上、组织上和武器上"得以活动起来,"同样地,如此重要的政治和军事上的统一指挥,也是由他体现的,体现的方式也是自腓特烈大帝以来人们未曾见过的。"末了,他所用的夸张手法堪称无愧于希特勒。在未来的黑暗中隐藏着什么,这谁也无从预言;但有一件事是肯定的:德国永不停止为欧洲大陆的文化和自由而斗争,"在美国犹太人鞭子下或苏维埃政委统治下的欧洲是无法想象的。"

政客们高声欢呼。约德尔的讲话可说是公正和希望相结合的力作。两天后,希特勒作了一次纯粹是为鼓舞人心的表演。演讲是在罗文布劳饭店作的;他所表现出来的炽烈信心,不但令现场听讲者,还使收音机前的听众都大受鼓舞。

几星期后,由于政治和军事形势的恶化,这些旨在鼓舞党心和民心的表演都有些黯然失色。匈牙利人怀着嫉妒的心情看待意大利人的背弃,罗马尼亚人则因18个师在顿河和伏尔加河被消灭而痛苦万分。在过去的十二个月中,德国陆军本身的死伤人数也高达168.6万余人。由于兵源缺乏,缺员无法补充,原来免征家中最小的儿子或独生子服役的征兵法也暂停执行,连50岁的老人和第一次世界大战的老兵也被认为适合服役。

东线可能再次出现灾难性的冬天的情景,使"狼穴"里的气氛变得阴郁不堪。元首对节日视而不见,完全不予理睬。没有圣诞树,也没有一支蜡烛去庆祝这个和平与爱的节日。1944年1月26日,他把数百名海陆军将领召至拉斯登堡。在解释了此次战争的意识形态的基础后,他明确宣布,他的将领必须对国家社会主义采取毫不动摇的立场,必须从内心信念里支持国家社会主义的各项原则。说这些话时,他很平静,又把话说得一本正经,所以,当他异常真诚地讲出下面的一番话时,听众完全被打了个措手不及。"我们各位将领,"他说,"在这场生死存亡的战斗中,如果上苍果真不让我们取胜,如果全能的上帝的旨意是要德国人民在浩劫中结束这场战争,那么,你们作为我的三军将领,就应该举起战刀,团结在我的周围,为德国的荣誉战斗到最后一滴血!我说,各位,只能如此,别无选择!"

室内出现一片死寂。人人都似乎屏住了呼吸。沉默终于被一个坐在第一排的军官打破了——他觉得自己受到了侮辱。冯·曼斯坦因陆军元帅用讽刺的语调说:"我的元首,会是这样子的!"希特勒在等待着,以为他的三军将领会肃然起立,齐声高呼这句话的——即使这句话是用讽刺的方式说出的。但是,随之而来的是另一次沉默,可怕的沉默。没有一点声响,也没有一点动静。站在台上的希特勒,脸色一下子惨白了。他的目光像探照灯一样,搜索着全室,最终落在坐在第一排的曼斯坦因身上。"元帅,"他粗暴地说,"我完全有理由怀疑你在回答中含蓄地表达的忠诚。"室内又出现了长时间的、令人难堪的肃静。最后,他说,对陆军里的反希特勒运动的情况,以及众多军官所持的强硬的否定态度,他都了如指掌。他有确凿证据证明,有些先生拒绝执行元首的某些命令。是呀,被苏军俘虏的某些军官搞的"自由德国"运动的情况,他是一清二楚的!

这些即席作的指责打乱了他的注意力,使他再无法按计划作完演讲。他突然宣布散会,昂首离开会场。片刻后,曼斯坦因奉命立即前往元首的书房。希特勒瞪着眼睛盯着他。"元帅,"他说,"我不准你再打断我的演讲。你向下级讲话时,若有人打断你,你会怎么样?"

在那些凄凉乏味的冬日里,希特勒生活中有一项乐趣,就是新来的厨子给他做的可口的饭菜。玛莲娜·冯·艾克斯纳不但是维也纳人,而且年轻动人。他很愿意与她在一起,常聊起奥地利和她的家——在国社党处于非法时期,她的家曾支持过国家社会主义。她唯一不满的是,希特勒的食谱很有限。她私下对特劳德尔·荣格抱怨说,光靠喝素汤,吃胡萝卜、土豆和煮得半生不熟的鸡蛋过活,这日子多么单调!她怕希特勒会吃烦她做的饭菜,将她打发走——而她已爱上了一个党卫军青年副官。她之注定要走还有一层理由,因为提拔受到冯·艾克斯纳小姐阻挠的鲍曼,发现她母亲的家族中有犹太血统,便进行报复,紧追硬逼,弄得原想将此事压下的希特勒只好将她解雇。但他多给了半年的薪金,还将艾克斯纳一家封为名誉雅利安人。

为防俄机空袭,"狼穴"需进行加固,希特勒遂于2月下旬回到上萨尔茨堡。然而,在贝格霍夫的生活却并不愉快。"强打起的欢颜,轻松的谈话以及各色客人的来访,"特劳德尔·荣格回忆说,"却掩饰不了我们感觉到的内心的不平静。"爱娃未见她的情夫已颇有些时日了,他的容颜令她大吃一惊。"他已变得这样苍老和忧郁,"她私下对荣格说,"你知道是什么使他烦恼吗?"

这个秘书被问得很狼狈。"对元首,你比我了解得多。元首未讲的你也一定猜得出来。"她说,军事形势就够使他深为忧虑的了。当天晚些时候在喝茶时,爱娃骂他老,腰直不起来。希特勒借机将它变成笑话:"这是因为我口袋里的钥匙太多的缘故。另外,我还背着一满包的麻烦。"他滑稽地笑了,"现在,你我可更好地相处了。你总穿高跟鞋,身子高了些,所以,如果我稍微弯弯腰,我们便很和谐了。"

2月底,一个不速之客突然来到贝格霍夫。来客是汉娜·莱契,是个飞行员和滑翔机驾驶员,来访的目的是要告诉元首如何赢得战争。她说,新型的V-1火箭太不准确了。解决的办法是:火箭必须有人驾驶;她自告奋勇,愿第一个去驾驶火箭。希特勒当场予以拒绝。他说,要德国人民接受这样一个自杀主意,在心理上,这还不是时候,他将话题转向喷气式飞机——他的秘密武器之一。汉娜知道,喷气推进技术仍处在初期发展阶段。所以,不待希特勒把话说完,她便插嘴道:"我的元首,你谈的还是胚胎中的孩子呀。"她说,关于喷气式飞机的情况,他的消息太不灵通了。她再次提到让飞行员自杀的问题。奇怪的是,他竟怒冲冲地答应开始就此进行试验——条件是,在开发阶段,他不受干扰。

上萨尔茨堡的大雪下个不停,使元首与外界隔绝,但这似乎使元首的精神好了些。午餐时,他讥笑了他在维也纳作的、现在售价昂贵的那些水彩画。他说,这些都是业余之作,人家出200马克,这已是疯狂之举了。"我当时并不真是想当画家,"他承认,"是为了生活和学习我才画的。"这些画他早已处理掉了,但他还保存着建筑设计草图——"是我最宝贵的东西,是我的脑力财富,我永远舍不得丢掉。不要忘记,我现在的许多想法,我的建筑计划,都可追溯到我夜以继日地工作的那些年头"。

贝格霍夫的生活似乎重新给了他信心。3月,戈培尔来到贝格霍夫,对美机首次在白天轰炸德国表示忧虑。元首不得不用未来的希望去为他打气。然而,到了次日,神经紧张的却是他本人了。在3月17日于邻近的克莱施海姆堡举行的一次会议上,他对匈牙利摄政王霍尔蒂海军上将大发脾气,指责匈牙利在计划搞意大利式的叛卖。守候在外边的施密特,看见年迈的霍尔蒂满脸通红地急急出来,已是大吃一惊,不料后边还跟着个希特勒——他又生气又难堪,还高声叫霍尔蒂回来!

受到侵犯的霍尔蒂连忙把专列叫来,但列车还未开动,里宾特洛甫便搞了一次假空袭。这次假空袭搞得很像,连城垒上空都放了烟幕弹。这样,这位摄政王便做了俘虏。待他冷静下来后,里宾特洛甫告诉他可以走了,但要他读一份联合公报——公报称,经双方同意,德军可开进匈牙利,而且已做出了安排。"你还可加上这句话,"海军上将抗议说,"说是我乞求希特勒让斯洛伐克和罗马尼亚军队去占领匈牙利的!事实上,这是他的另一个威胁!"这句话被删了去。待霍尔蒂抵达布达佩斯时,他发现,他的国家已被德军占领,兵力达11个师!

这使希特勒在精神上获得了一个小小的安慰,但在军事上和政治上这却是个大错误,因为他不得不将兵力从东西两线调走,而种种迹象表明,西线即将遭到入侵;东线呢,据情报专家格伦报告说,敌人即将在乌克兰发动大规模反攻,这次反攻"对欧洲其余战场将产生深远的政治、军事和经济反响"。格伦说,他重新获得主动权的唯一希望是大胆的战略撤退。元首拒绝了这一建议,顽固地执行其"在占领区寸土不让"的政策。

他这个决定也许是受了恶化的健康状况的影响。爱娃及其他人都注意到,他若站立过久,双膝便会发抖;左手抖动,尤其连茶盘里的杯子都会咯咯作响。5月初,他的胃痉挛病复发,使他痛苦难熬。莫雷尔医生曾建议他接受轻微的按摩和进行长距离散步,但他置之不理,只同意服用卡的唑和注射另外两种抗疲劳药物(格鲁卡德和特斯托维隆)。莫雷尔还劝他早点睡觉,但他说做不到。直到最后一架英国轰炸机离开帝国后,他才能入睡。

那年春天,敌机狂轰滥炸巴伐利亚。尖声怪叫的警报几乎天天不断;希特勒不得不走下65级的楼梯,躲进贝格霍夫地下的防空洞。但并没有炸弹掉在上萨尔茨堡——这些飞机径直飞往维也纳、匈牙利或其他人口稠密的地区。碰到晴朗的天气,人们可以看到慕尼黑大火的红光。爱娃哀求允许她乘车前往慕尼黑,看看坐落在华塞布格大街的房子是否安全。元首开始不允,但她坚持要去,他只好答应。她回来后,大受震惊,希特勒也立誓为她报仇。"英国将会一片惊慌!"他保证说。接着,他便把火箭一事告诉了她,"这件武器产生的效果,是谁的神经都受不了的。对那些正在屠杀妇女和儿童,正在毁灭日耳曼文化的野蛮人,我一定要以牙还牙!"

由于空袭警报响得过于频繁,贝格霍夫的某些客人开始对它不予理睬了。一天清早,特劳德尔忽地从床上爬起,到防空洞后,却不见一人。她转身回去看个究竟,发现希特勒站在门口,像是蛇尾三头的冥府守门犬,焦急地瞧着天空。他用手指点她,进行忠告:"别大意呀,小妮子。快回地堡去,警报还未解除。"她未告诉他其他客人仍未起床,乖乖地顺着长长的楼梯走了下去。午餐时,希特勒又对不钻防空洞的愚蠢性发了一通议论。"与我一同工作的人,有些人是无法替补的,他们有义务到防空洞里去,"他斥责说,"让自己蹲在有挨炸弹的危险的地方,以证明自己如何勇敢,这完全是愚蠢的做法。"

然而,他自己却置身于险境——他拒绝运动、休息或按摩,只越来越依赖药物。除服用其他药物和打别的针剂外,他还服用一种心肝精,以及每天4片多种维生素。他的健康似乎已无关紧要了;他让自己活着,是为了完成他的人生任务。不过,他却也抛掉了沮丧情绪,重新向众人宣扬他的希望。一天,他向贴身人员保证,整个局势会得到改变。盎格鲁-撒克逊人终将明白,他们的利益与他的反布尔什维克的十字军息息相关。事实如此!

盟军用联合集中的战略轰炸作为回答。到5月上旬,由于美机对中部和东部的油厂白天进行轰炸,希特勒的整个军备计划受到了严重的影响。日产汽油从5850吨猛降至4820吨。"敌人猛击了我们最薄弱的环节,"艾伯特·施佩尔向希特勒汇报说,"如果他们这样坚持下去,我们很快便不会有什么油了。我们的唯一希望是,敌方的空军总参谋部也像我们的一样疏忽大意!"

凯特尔连忙抗议,说燃料的储量仍很大。希特勒却更加现实,几天后便召开会议,讨论燃料问题。四位工业家取得了一致意见,认为如敌空袭继续这样进行下去,局势是毫无希望的。(在前一年秋天类似的一次会议上,工业家保罗·普赖格声称,国内已无足够的煤和焦炭去扩大钢铁生产了。"使我非常惊奇的是,"一个证人回忆说,"在交谈过程中,希特勒干巴巴地说,如不能生产更多的煤和钢,战争便失败了"。)起初,希特勒只以平常惯用的道理作答,说再困难的危机都渡过了——凯特尔与戈林两人同时点头——但是,当这些工业界人士用资料和相对数字证明他们的结论时,希特勒立刻来了一个大转弯。施佩尔觉得,元首似乎急于想"听到不愉快的真情";他希望元首最终能明白,这是德国经济崩溃的开始。

在战争初期,德国人用得得心应手的运动战,现在却反过来于他们不利了。在第一次世界大战中,长时间的相持使德国的宣传机器得以成功地一直争辩到最后,说战争是可以打赢的。在第二次世界大战中,在目前的军事现实里,这种说法便行不通了。德军再无可能发动另一次夏季攻势。去年在库尔斯克吃的败仗,使一切希望都化为乌有:现在的问题仅仅是,在势如潮涌的红军面前,德军还能支撑多久?在过去三年中,俄国的人力损失虽然惨重,参战的部队仍有300个师500多万人,与之匹敌的德军只有200个编制不足的师计200万人。最令德国吃惊和痛苦的倒不是红军后备兵力惊人的充足,而是它的顽强的战斗精神。在斯大林格勒被围期间,希特勒曾吹毛求疵地解释说,保卢斯元帅之所以未能攻克该城,是因为俄国人打起仗来像"沼泽里的野兽"一样。不管叫什么名堂,这些东方"非人"所表现出来的精力和勇敢精神,是条顿民族望尘莫及的。希特勒的东方政治的根基如何,这自不必说了。1944年,他连象征性的胜利都未想过。事实上,他关心的是西方的入侵,"它不但决定本年的胜负,而且还决定整个战争。"6月初,他对军事顾问们说——说话时他心不在焉地望着窗外,"如果能将西方的入侵打退,那么,这种行动便不能也不会在短期内再次发生。也就是说,我们便可将后备力量调至意大利和东方使用。"到那时,东方战场便至少可以得到稳定,但是,如果不能击退西方入侵者,这便意味着最后失败。"在西方不能采取对峙战的另一个原因是,我们若后退一步,都意味着在法国境内将战线拉宽。由于没有战略后备兵力,要沿这条战线部署足够的兵力是不可能的。"所以,他得出结论说,"敌军一开始入侵便必须将他们打败,"但他并未将他私下里对豪辛格将军讲的话也说出来:"如入侵成功,我就必须用政治办法结束战争。"

希特勒把打败西方的任务交给了隆美尔。由于北非的丢失(不是因为他的过错所致),隆美尔已蒙受过一次灾难,他认为,阻止入侵的最好地段莫过于海滩,因为这是敌人最薄弱的地方。"这些军队未站稳脚跟,甚至有可能晕船,"他辩解说,"他们不熟悉地形,能启用的重武器也不够。这是打败他们最好的时刻。"他的年迈的上司、西线的总司令格德·冯·伦斯德将军,看法却刚好相反。决战必须在远离海岸的后方打。所以,所有的装甲部队和战术后备兵力必须放在法国,以便包围进犯之敌并将他们消灭。希特勒用妥协的办法解决了争论,但双方对此都不高兴。他把隆美尔的装甲部队全部调来,但部署的地方却比伦斯德要求的离海岸近得多。

6月4日上午,隆美尔乘小车前往德国作一短暂的休假,此段时间也由于巴黎的空军气象站刚预报有暴风雨,预计两星期内不会发生入侵。他此行表面上是为庆祝夫人的生日(6月6日),主要目的却是前往贝希特斯加登,以说服希特勒再调两个装甲师和一个炮兵旅至诺曼底。"最迫切的问题,"他在日记中写道,"是用交谈的办法把元首争取过来。"

在英吉利海峡的另一边,盟军总司令德怀特·艾森豪威尔将军,也面临进退两难的境地。以"霸王战役"为代号的入侵原定于次日举行,由于天气不好,他又有意将这次伟大的冒险至少推迟24小时。那天大部分时间,他都待在拖车房里——位于朴次茅斯附近的一座林子旁——反复衡量得失:是在恶劣的气候条件下冒险进攻呢,还是等到7月?20多万士兵业已听过了关于此次战役的命令,若待至7月,秘密肯定会泄露出去。当晚,新的天气预报传来了:天气较好,6日则恶化。艾森豪威尔征求各位司令官的意见。空军元帅阿瑟·特德爵士认为,云层可能会阻碍其计划的实现;蒙哥马利的回答是:"我说,行。"艾森豪威尔做了裁决:6月6日,盟军进攻诺曼底海滩。

英国双重夏令时间①6月6日的0点6分,空降开始,一个18岁名叫慕菲的伞兵跳进了圣梅尔埃格利斯一所女子中学校长的花园里。这就是D日的开始。1小时后,含混不清而又相互矛盾的报告便如潮水般涌进德国第七军的各指挥部。德国时间凌晨3时,伦斯德通知最高统帅部(其时设在上萨尔茨堡)说,敌伞兵和滑翔机在诺曼底大规模着陆。3小时后,伦斯德的参谋长通知瓦尔利蒙说,这极可能便是入侵的开始。他敦促将最高统帅

---

① 英国双重夏令时间,比格林尼治时间早两小时。——译注

部保留的4个后备装甲师立即开赴登陆地区附近。

然而,约德尔却肯定,这不过是个声东击西的牵制战罢了。在此之前,他曾上过盟军代号为"警卫员"的秘密战役的当:一个伪战争计划,巧妙地泄露给了最高统帅部。该计划表明,登陆地点选在更北的地方,在加来附近,即海峡的最狭窄处。因此,约德尔便拒不叫希特勒起身议事。

此举令伦斯德的指挥部愕然。据作战部长说,这个年迈的陆军元帅"怒不可遏,满面通红;连说话人家都听不懂了"。要是换一名司令官,可能会直接给希特勒拨电话,但伦斯德是个老贵族,公开称元首为"那个波希米亚下士"。他是不会低三下四地去求他的。他把请求一事留给下级去做——他们缠住统帅部不放,企图叫约德尔回心转意,将元首叫醒。

直到上午9时,元首才终于被叫醒。这实际上已比平常叫早了些,因为他要接见提索、霍尔蒂和安东奈斯库——斯洛伐克、匈牙利和罗马尼亚三国的独裁者(接见地点在克莱施海姆堡)。希特勒穿着睡衣从卧室出来,平静地听着有关最新消息的报告,然后便叫人把凯特尔和约德尔两人找来。两人来到后,希特勒却不那么镇静了。"嗯,是,还是不是入侵?"他喊了起来。喊完,他扭头便走。过了一会儿,他的气又突然消了。他亲热地拍拍人家的肩背,好像终于与西方交手一事给他带来了活力,"现在,我们可以给他们一点颜色瞧瞧了!"他喊着,还拍了一下大腿。在乘车前往克莱施海姆堡的1小时途中,他的情绪很高,"我可以挡住俄国人,要多久就多久。"他对同伴们说。接着他又吹嘘,他将会把盎格鲁-撒克逊人消灭在"大西洋墙"前。

发生在西线的事件成了午间形势分析会议的全部话题。(会议结束后,他便会见那三个独裁者去了。)希特勒进入会议室时,他的军事顾问们正焦急地围着看地图和各种图表。见元首进来,他们连忙紧张而惊恐地转过身去。使他们惊异的是,元首满面春风,迈着信心百倍的步伐,走了进来。他带着浓厚的奥地利口音说:"是呀,我们出发了!"说完,他便轻松地笑了起来。他对大家说,他一直梦寐以求的时刻终于到来了,"我与真正的敌人迎面相对了!"

在柏林,在一名下级官员的授命下,德意志通讯社宣布,入侵已经开始了。显然,戈培尔对此事并不十分相信。根据新闻发布官威乐弗莱德·冯·欧文的日记,那天最重要的安排是参加一次聚会,戈培尔要在聚会上与一位伯爵夫人演奏钢琴二重奏:"他坦率地发表了对文化的看法,然后与伯爵夫人一起到酒吧后边弹钢琴去了。"他记载说,"她唱了不少歌。大家都喝醉了。"

下午4时,希特勒回到了贝格霍夫,刚好赶上与爱娃以及一群党的要员和他们的夫人一起用茶点。茶点的最精彩的场面是他对吃素的评论:"大象是身体最强健的动物,它连吃肉都受不了。"吃完茶点后,与通常一样,人们又前往茶馆。元首喝的是莱姆花茶。然后,他小睡了1小时;于晚间11时召开了另一次军事会议。他说,这是否真是入侵,他是怀疑的。这是一次佯攻,引他上当,将兵力分散到错误的地方去。肯定地说,入侵主要将集中在加来,因为跨过英吉利海峡的捷径在于此地。通过"警卫员"如此煞费苦心散布的谎言他是难以忘怀的——也许那条路正与他计划入侵英格兰时所选择的路线相同,不过是方向相反罢了。

当天深夜,盟军已在30英里长的战线上攻进了希特勒的西部"堡垒"。德军被打了个措手不及,海空两军无能为力,海岸防御工事全被粉碎。敌人以折兵不到2500名的代价取得了一次伟大的胜利,但德军仍来得及将他们赶回英吉利海峡——假如立即做出正确的决定的话。

6月3日,戈培尔戒了烟。3天后,他喝得酩酊大醉。7日,他向他的新闻发布官保证,这是货真价实的入侵。同日中午,据前大使哈塞尔的日记记载,他向一群高级官员和工业家发表讲话,说:"终有一天'各大国'将同席而坐,'互相握手',并彼此明智地互问:'喏,这事究竟是怎样发生的?'"这番话使在座者大吃一惊,这里,戈培尔不过是转达他的主子的观点而已。到了10日,他又极力劝希特勒说,德国的希望在于"抗击入侵,流血在所不惜"。到那时,西方便会急于寻求谅解。

希特勒仍然坚信,诺曼底登陆系一出把戏。因此,他未采取坚决的行动拔除这个桥头堡。另外,由于拒绝给战地指挥官们以自由行动权,他便将他们采取主动的最后一个机会也剥夺了。这次战役业已失败。至此,盟军显然已取得了在法国上空的绝对空中优势。希特勒尖酸刻薄地问几天前他曾夸奖过的戈林,他所吹嘘的空军是否真的已向西方按"一架对一架"的条件投入保险。

在绝望中,元首提前两天于6月12日开始用V-1火箭向伦敦发动攻击。然而,发射场的士兵仅发射了10枚飞弹,4枚立刻爆炸,2枚失踪,其余4枚只击毁了一座铁路桥。在这次惨败后,戈林提醒希特勒说,这是米尔契的事,与他无关。两天后,在第二次发射中,他们共发射了244枚火箭,把伦敦变成一片火海。这一下,这位元帅又急急忙忙地声称,这是他的功劳。

所有的这些,对诺曼底的局势均毫无影响。不到10天,盟军便有100万人和50万吨军用物资登陆。由于局势严重,希特勒急忙于6月17日乘车西行至苏瓦松北面的一个村庄。在这里,自D日以来,他首次与伦斯德和隆美尔会面。"看上去,他脸色苍白,缺乏睡眠,"汉斯·斯派达尔将军回忆说,"神情紧张地玩弄着眼镜和夹在手指中间的几支有色铅笔……之后,他大声地说,对盟军在诺曼底取得的成功,他很不高兴。他试图让他的将领为此负责。"

承担反驳这个重任的是隆美尔,而不是伦斯德。他"坦率地无情地"指出,联军占有海、陆、空的压倒优势,与之做斗争,是毫无希望的。机会只有一个:放弃寸土必争的自杀性的政策,让德军立即撤退,将所有的装甲部队重新整编,在敌海军的炮火射程外进行决战。希特勒向他的将领们保证,他的新火箭炮"能使英国人愿意和平"。这是使伦斯德和隆美尔心痛的话题,因为他们曾要求用这些火箭去轰击为这次入侵提供物资供应的英格兰南部各港口,但遭到希特勒拒绝,理由是,所有的火箭必须集中用来轰击某个具有政治意义的目标。然而,这两位陆军元帅却只批评了空军:连最低限度的空中支援都得不到,地面部队怎能打赢?希特勒的回答是:"成群结队的喷气式战斗机"将会把英机和美机从空中扫除净尽。他未做解释的是,不顾米尔契的强烈反对,正在生产的喷气式飞机,其实是歼击机和轰炸机的混种,对完成这两种任务的效能都不高。

自远而近的飞机嗡嗡声,迫使他们转入建造得非常巧妙的钢筋水泥地堡。地点的改变使隆美尔变得更加激动。他说,西方必然会粉碎诺曼底防线,并长驱直入德国本土。希特勒抿嘴听着,一声不吭。隆美尔进而预言,东线也将崩溃,帝国在政治上将受到孤立。因此,他紧急要求结束战争。"战争未来进程如何,这用不着你操心,"希特勒尖刻地说,"注意你自己被入侵的防线好了。"

休息时，他们进午餐。午餐只有一盘食物。在希特勒进餐前，两个站在他身后的党卫军先尝了一口饭菜。斯派达尔说，这是希特勒不信任军方的明证。会晤刚完，一枚飞往伦敦的V-1火箭，竟奇怪地掉转头来，落在地堡上爆炸了。希特勒未受伤，急忙返回上萨尔茨堡的隐蔽所。回来后，他非常生气地宣布："隆美尔已被吓破了胆，成了个悲观主义者。在目前情况下，只有乐观主义者才会有所作为。"

不到两天，他又收到了另一悲观主义者打来的令人失望的电话。伦斯德解释说，美军已突破了防线，正横跨科唐坦半岛向前推进。德军必须紧急地从瑟堡撤出，否则便有被切断的危险。"瑟堡必须不惜一切代价守住。"元首回答说。他接着又指示，守军须坚持至最后一分钟，若实在无法固守，为避免被俘，方可后撤。这是明智的。

他虽然做了妥协，但这并不意味着他的决心已有所减弱——尽管从他的强大的日本盟友传来的消息令人沮丧。在菲律宾海的一役中，日本受到了致命的打击，损失重型巡洋舰3艘，飞机475架。在四面楚歌的情况下，希特勒仍面无惧色，表现得泰然自若，令其左右惊诧不已。说他对批评意见已置若罔闻，这也是不真实的。在6月23日晚举行的会议上，希特勒就芬兰投降俄国一事讥笑了芬兰。这使狄特尔将军大怒，以拳击桌。"我的元首，现在我必须像一个巴伐利亚人一样跟你说话！"他用方言喊道。他指责希特勒讲话不公平。使大家目瞪口呆的是，希特勒对狄特尔说，狄特尔是绝对正确的。他热情地与他告别，还对众人说："先生们，我希望我的所有将领都像他那样。"

对海军上将邓尼茨从被任命为海军部长的第一天起，希特勒就对他表示钦佩，情况与对狄特尔相似。邓尼茨曾非常坦率而强硬地反对过希特勒的提案。打那以后，希特勒便对他彬彬有礼，满怀信任地倾听他的意见。在这个令人不安的时期，元首甚至听取了他最年轻的秘书的批评意见。一天，元首在察看空袭情况的照片时，特劳德尔·荣格禁不住说，照片永远也反映不出现实中的真正痛苦。他应该走出去，哪怕是一次，看看人们"如何在烧焦的橡木上烘手取暖，因为他们的一切财物都化为硝烟了"。希特勒一点儿也不生气。"情况我都知道。"说着,他叹了一口气,"不过,这一切我都要加以改变。我已造了许多新飞机,用不了多久,这个梦魇全都会结束的!"

有一群人的意见他是坚决不听的。他们是在诺曼底的陆军指挥官。结果,诺曼底的局势变得不可救药。6月26日,瑟堡陷入美军之手。德军已无法再掌握主动权了。究其原因,主要有两点:其一,希特勒总怕主要的入侵会发生在加来;其二,"超级"机密截获的电报——常常是,在原电发出后不到几分钟,伦敦便读到了它们。由于德军此时打的完全是一场消极抵抗的消耗战,第三帝国正面临一场灾难。

在普拉达霍夫饭店的咖啡室里(就在贝格霍夫上方不远处),元首在向近百名军火工业的代表保证,私人财产神圣不可侵犯,自由企业将予以保留。元首好像有点张皇和心神不定。在演讲就快结束时,元首向商人们保证,一旦和平得以恢复,他将再次向他们表示感激。但是,由于掌声稀稀拉拉,希特勒便以威胁结束其演讲:"战争若失败了,毫无疑问,德国的私营商业也就不能生存。"他带着讥笑的口吻说,若失败真的来临,他的听众也无须为转向和平经济而操心,"到那时,大家所要考虑的是如何完成从这个世界到另一个世界的转变,是他自己自行解决呢,还是让别人将他绞死,或者,是饿死呢还是在西伯利亚服苦役——这些都是作为个人将会碰到的一些问题。"

3天后,希特勒将伦斯德和隆美尔召至贝格霍夫。隆美尔建议,在塞纳河沿岸打一场后卫战,将法国南部的部队撤回,并沿塞纳河建立一条一直通向瑞士的战线。希特勒对此根本不予考虑。相反,他还很乐观,说要再次反攻。总撤退是不可能的,连对战线做些战术调整都不行。

他自言自语地说,这场战争会打赢的,因为他有奇迹般的新武器。这句独白,在伦斯德的参谋长听来,"完全是牛头不对马嘴"。在承担了大胆顽强而又徒劳的抵抗义务后,两名陆军元帅离开了会场,心中老大不满。凯特尔也与他们一样垂头丧气,听天由命地向隆美尔承认:"我也知道没有办法了。"

不到两天,希特勒的反攻便遭到惨败。伦斯德于是警告凯特尔说,这可能是失败的征兆。"那我们该怎么办?"凯特尔问。"该怎么办?求和,你们这些笨蛋!"伦斯德大声喊道。"你还有什么办法?"凯特尔向希特勒做了报告(其时,希特勒刚好在与古恩特·冯·克鲁格陆军元帅交谈)。希特勒凭一时冲动,命克鲁格负责西线,给伦斯德写了一封客气而妥帖的信,解除了他的职务。

那些用白兰地酒瓶盛炸药,企图炸毁希特勒的座机(未遂)的人,那些在大衣里藏炸弹,企图将他炸死的人,并未因失败而灰心丧气。在1943年9月至1944年2月11日之间,他们又做过4次尝试。第一次是,一个名叫赫莫特·施蒂夫的将军,试图在"狼穴"里安装定时炸弹,让它在午间开会时爆炸,但在最后时刻这个将军丧了胆。1个月后,一个名叫布舍的陆军上尉,同意在展览一件新军大衣时,将自己与希特勒一起炸死。但是,命运以敌机投掷炸弹的形式进行了干预。在展览的前一天,柏林遇到空袭,展览的大衣样品被毁。布舍只好返回前线。

1943年圣诞节次日,另一个从前线归来的军官,提着内装定时炸弹的手提箱,走进了午间开会的会议室。因某种缘故。这次午间会议在最后一刻被取消了。几星期后,他们又搞了一次"大衣"计划。这一次,自愿承担这一任务的是埃瓦德·海因里希·冯·克莱施特,他是其中一个阴谋发起人的儿子。英国皇家空军再次救了希特勒一命。展览即将开始时,因英机空袭,展览被迫取消。

最后一次失败后两星期,抵抗运动遭到了一次惨重的打击。希特勒下令将谍报局与党卫军保安处合并。这意味着阴谋的心脏部分已实际上被毁灭。奥斯特将军因涉嫌已被解职。他虽然仍行动自由,但因为已被严密监视,用处也就不大了。看来,命运似乎真的在保护希特勒;在密谋者的营垒中充斥着绝望感。反对希特勒的秘密战争可能就此结束——若不是来了个新领导者的话。此人是个参谋,军衔为中校,名叫克劳斯·菲利普·沈克·冯·施道芬堡,还是一个伯爵。施道芬堡是反对拿破仑的解放战争中的英雄格奈斯瑙的曾孙。他放弃了当建筑师的计划,于1926年步入军界。与众多的军官一样,他为希特勒的征兵制而鼓掌,赞成德奥合并和占领捷克斯洛伐克,为在荷兰和法国取得的胜利而欢呼。是"巴巴罗萨"使他丢掉幻想的。他全心全意地支持罗森堡在苏联将非俄国人解放的政策;后来这项政策被压迫和谋杀代替了。他对一个军官说,解决德国问题的办法现在只有一个,那就是把希特勒杀掉。一个偶然的机会,使他结识了抵抗运动的领导人,与他们一拍即合。然而,他的作用似乎是短命的;他的车子碾上了地雷,使他失去了一只眼睛,失去了右手和左手的两个指头。若换一个人,肯定会退伍的,但施道芬堡却坚信,只有他才能将希特勒杀掉。于是,在1943年底,他重新归队。圣诞节次日他提着装有炸弹的公事包进入元首的会议室。他失败了,但失败本身却促使他搞更野心勃勃的计划,虽然与前者相似。这一次,他精心做好筹谋:暗杀一成功,便同时在柏林、巴黎和维也纳实行军事接管。

施道芬堡到柏林后,担任国内驻防军总司令的参谋长。这个新职务使他得以将受到削弱的阴谋集团重新建立起来。他从年迈的领导人手中接过领导权,靠着坚强个性的活力,从陆军一个强大集团那里得到肯定的保证:他自己的上司,陆军后勤将军,最高统帅部信号长,在暗杀后将逮捕的柏林的将军,以及其他主要的中级军官。

然而,时至今日,尚无哪位陆军元帅全心全意支持这项计划。克鲁格态度暧昧,曼斯坦因又不愿过早地承担义务,因为他觉得"此类政变必导致东线的崩溃"。最有希望的候选人是隆美尔,但即使是他,也有很大程度的保留意见。"我相信,拯救德国是我的责任。"他说——但他反对暗杀一举。那只会将希特勒变为一个受人尊敬的烈士。陆军应将元首逮捕,将他交给德国法庭,让他为自己所犯的罪行负责。

1944年春,由于来了一个新参谋长汉斯·斯派达尔中将,隆美尔在这项阴谋中越陷越深。斯派达尔既是军人又是哲学家,曾以最优秀成绩获图宾根大学哲学博士学位。他说服了隆美尔,让他与法国军事总督卡尔·施图尔纳格尔将军在巴黎附近的乡间秘密会见。在他们的参谋长的积极帮助下,两人在这里制订了一项用签订停战协定的办法结束西线战争的计划。全部德军将撤回德国本土,盟军则停止对德国的轰炸。希特勒将被逮捕,德国由抵抗运动的军队暂时接管。与此同时,东线的战争仍将继续,估计英美两国的军队将加入反对布尔什维主义的十字军。隆美尔很热心,竟要把伦斯德也拉进来。伦斯德虽然同意这一计划,却不愿直接涉及此事。"你年轻，"伦斯德说，"你了解人民，热爱人民。你干吧。"

隆美尔参与此项阴谋，施道芬堡及其集团并不十分高兴，因为他们认为他是一个因战争失败了才背叛希特勒的纳粹分子。他们也不同意继续攻打俄国的计划，觉得单独与西方媾和是不现实的。再者，施道芬堡等人一心想暗杀希特勒而不是将他逮捕。时至1944年6月1日，他们觉得，必须在盟军入侵前了却此事；敌军一旦打进本土，任何一种体面的和平都是不可能的了。现在，他们已有了一个政变的详细计划。这计划，具有讽刺意味的是，它是以元首批准的一项措施为基础的。官方的行动叫"女神"，是希特勒用以镇压战时士兵和德国境内的外国苦役工人骚乱的一项计划。为了镇压任何一种叛乱或起义，计划要求可以宣布紧急状态和立即动员足够力量。施道芬堡的计谋是，利用"女神"作为在全国和在每一条战线上发动政变的信号。希特勒曾明确说过，"女神"的警戒令将由后备军司令弗雷德里希·弗洛姆将军发布——而弗洛姆对抵抗运动却又半心半意。

D日在密谋者中引起了惊慌。年长些的说，即使政变成功，德国也难以免遭占领。最佳办法莫过于依靠西方，希望他们能公正地对待德国，阻止俄国蹂躏本土。但是，施道芬堡却决心做最后一次暗杀的尝试——机会也几乎立刻出来帮忙。他被提升为上校，任弗洛姆的参谋长。现在，政变一事并不用靠这个半心半意的将军了。施道芬堡本人便有权向后备军发布命令，从而夺取柏林。这个新的职务也使他能常常接近元首。7月上旬，他便定下了行动计划：在每天举行的向元首汇报的会议上，在会场里放置一颗定时炸弹，将元首、戈林和希姆莱一齐炸死，得手后，他便飞回柏林，亲自指挥首都的军事接管工作。

这样一个复杂的计划，他却进行得井井有条，使总参谋部的几个同谋倍受鼓舞。一名叫乌班·提埃希的青年中尉回忆说："你看他打电话那股劲头，真叫人高兴！他的命令既简短又明确。对重要人物，他彬彬有礼而又自然得体。他总能把握局势。"

施道芬堡的时机终于来了。7月11日，希特勒召见他，要他汇报补充兵员的情况。他带着公事包，里边装着许多文件和一枚英制炸弹来到贝格霍夫。然而，出乎意料的是，希姆莱不在会议室内。他找了个借口，给坐落在本德勒大街的总参大楼(在柏林动物园附近)挂了个电话。"我们是不是干?"他问陆军总办公室主任奥尔布里希特将军道。这颗炸弹仍能炸死希特勒和戈林。奥尔布里希特告诉他,待能同时炸死三人时再说。

4天后,机会又来了。施道芬堡再次奉命去见希特勒——他已将司令部迁至"狼穴"。他带着炸弹去了"狼穴"。这一次,密谋者们志在必胜;奥尔布里希特将军于上午11时,即会议前两小时,下令执行"女神行动"计划。这便可给会议后备军和邻近的机械化军校的坦克以时间,能够于下午早早地将部队开进首都。

会议于下午1时准时开始。施道芬堡向希特勒简短地汇报后,便出去给本德勒大街打电话,告诉他们希特勒在会议室内,他立即回去安装炸弹。待他回会议室后,他发现希特勒因故离去,不再回来。15分钟后,施道芬堡才再次找到借口,将消息告诉柏林。此时是下午1时30分,部队已直扑柏林。奥尔布里希特匆忙下令取消"女神",部队只好悄悄返回营地。

新近的失败使一些密谋者锐气大减,产生了动摇。施道芬堡却不然,他约较年轻的同事们在他家中(位于万湖)议事。施道芬堡的表弟(与在法国的隆美尔-斯派达尔集团联系的联络官)报告了一条让大家振奋的消息。他说,盟军即将突破(德军阵线),隆美尔已下定决心,不管接替伦斯德职务的冯·克鲁格元帅如何动作,他都支持他们的计划。然而,命运再次出面干预。就在次日,盟军的飞机炸中了隆美尔的小汽车,他身受重伤。

返回"狼穴"的军官们再也认不出这个地方了。原来又矮又小的地堡,已经不翼而飞,代之而起的是高大的钢筋水泥建筑物,屋顶上还有移植的草木掩蔽。由于天气炎热,希特勒常待在新地堡里,因为地堡比木头建的兵营凉爽。"他的情绪很坏,"特劳德尔·荣格回忆道,"常说睡不着,头痛。"副官们为了使他开心,常让他与客人们玩。比先前喝酒喝得更凶的霍夫曼已令他生厌,但建筑师吉斯勒教授却常用制作巧妙的模型使他笑逐颜开。在这炎热的日子里,希特勒的脾气可能不好,却表现出乐观情绪。他对戈培尔(又抽上了烟,靠安眠药睡觉)说,历史的钟摆很快要摆回来了——对德国有利。

7月18日下午,"狼穴"命令施道芬堡两天内前来汇报。他要向希特勒汇报的内容是能向东线投进多少后备兵员。东线的中部战区,由于两翼新近连战皆败,已面临崩溃。19日整天,施道芬堡都待在本德勒大街,做好了最后的准备。下午,他主持了密谋者的最后一次会议。他们匆忙地安排好了次日的行动信号;大家一致议决,大部分信息都按预先安排好的次序口头传达。用电话或电传时必须使用暗号,而且只准在传达重要事情时使用,因为整个电话系统都被盖世太保窃听。

  这密谋者是知道的,因为他们中有一些人是盖世太保的官员,包括在柏林接管了盖世太保主要办公室的党卫军将军在内。事实上,在整个党卫军内,都出现了相当严重的反希特勒情绪。例如,菲立克斯·施坦因纳将军自己就大致想出了一个绑架元首的计划,得手后,便"宣布他精神失常"。不久前,他还与其他武装党卫军指挥官一起,向隆美尔保证,他支持任何反叛希特勒的起义。连党卫军保安处也充满了叛乱的气氛。为了德国的生存,外国情报处的主任舒伦堡也与陆军的密谋者一样,急于要除掉希特勒。1942年底,他曾诱使希姆莱签署一项实现与西方媾和的计划,如需要,可以叛变希特勒为代价。在希姆莱的同意下,抵抗运动的一名文官卡尔·兰格本在斯德哥尔摩分别会见了英美两国的代表,以探讨和谈的可能性;之后,他便前往伯尔尼,面见美国战略情报局瑞士代表艾伦·杜勒斯的助手——此人生在德国。这时,一切都弄糟了。盖世太保偶然截获并破译了一封电报,得悉"希姆莱的律师"已为和谈抵达瑞士。盖世太保将此电直接交给了希特勒。希姆莱当面向希特勒发誓,说自己完全无辜并永远忠于元首。希特勒相信了他,这或许是因为他的工作太重要了。希姆莱逮捕了兰格本,把他送进了集中营,自己立刻割断了与抵抗运动的所有联系,以免他的主子进一步调查。另一方面,舒伦堡仍在密谋,与美国在西班牙的军事人员搭上了关系,共同策划绑架希特勒,并将他交给盟国。这一精细的筹谋简直可以写成侦探小说。

  使人难以置信的是,7月19日无论是舒伦堡还是希姆莱,对陆军的地下阴谋即将实现一事,均一无所知。他们知道在保守的官员中,在退伍军官中,在右翼基督教知识分子中,以及在国家社会主义的政客中,确有抵抗势力,但对施道芬堡及其年轻的伙伴却从未怀疑过。几个月前,舒伦堡曾就能否铲除希特勒一事问过威廉·乌尔夫——由党卫军支付薪金的一名占星学家。乌尔夫说："只解除他的职务并不能改变事件发展的进程。发生的事情太多了。20年来，我一直在研究希特勒的星辰，他终将如何，我心里一清二楚。他可能被暗杀致死，而且肯定是在'海王星'——这是不可思议的情况下，在其中起作用的是个女人。对于他的死，全世界可能永远无法得知详情，因为在希特勒的天宫图中，海王星对其他行星的方位历来很坏。另外，在他的天宫图中，海王星非常强。可以预料，他的军事计划的结果是值得怀疑的。"

19日下午，在本德勒大街，施道芬堡已为次日的行动做好了安排。他叫司机——他对此事一无所知——到波茨坦去找一位上校，把一个手提箱取来。施道芬堡解释说，箱内有两个非常重要的保密包裹，务必保管好。司机执行了这一指示，晚上把它放在床边。手提箱里边放着两颗炸弹。

在"狼穴"，晚上喝茶时，希特勒心神不定，神情紧张。施洛德小姐问他为何如此恐惧。"我希望不致发生什么事。"他简短地答道，在一阵难堪的沉默后，他说，"现在无法承受任何麻烦事的发生。我不能生病，因为德国现时的处境很困难，没有人能接替我。"

1944年7月20日。

早晨6时刚过，施道芬堡便坐车离家进城。在城内，一名副官（中尉）赶来与他会合。在兰格斯多夫机场，他们见到施蒂夫将军后，一同上了主管后勤的将军为他们准备的飞机。10时30分，这架飞机在拉斯登堡附近的空军基地着陆。飞行员奉命就地待命，于中午将乘客送回柏林。

车子在林子里行驶了半小时后，3个密谋者便过了最高统帅部的第一道门。他们继续行驶，穿过了长约2英里的地雷带和碉堡群，来到了第二道门。进门后，他们便到了一个四周有电网围绕的大院。又过了1英里他们才到军官检查站。与通常一样，卫兵只检查了他们的通行证，未检查公事包。再前进约200码，他们便到了第三道门。这是安全圈A，是希特勒和他的随身人员生活和工作的地方。这个最里边的院子，四周有铁丝网围绕，由党卫军和秘密警察日夜巡逻。如要进入院内，连陆军元帅都得有希姆莱的安全主任签署的特种通行证才行。但是，这个里边装着炸弹的闪闪发亮的公事包,又再次未受检查。

　　这个公事包由施道芬堡的副官提着,他自己提的却是一箱公文。他满不在乎地走进饭厅,与营房指挥官的副官共进了一顿舒适的早餐。外表上他泰然自若,举止也很随便。随后,他便找到了最高统帅部的联络通信主任菲尔基贝尔将军。因为,一旦炸弹爆炸,此人便是能否取得成功的关键——通知柏林的密谋者行动时刻已到,这要靠他;切断电话、电机和无线电联系,将"狼穴"与外界隔绝,这还要靠他。

　　在确知菲尔基贝尔已做好了准备后,施道芬堡与最高统帅部的另一名军官闲聊了一阵,然后便信步朝凯特尔的办公室走去。这位元帅告诉他一个令人有些难过的消息:由于墨索里尼下午要到,午间的形势分析会将提前半小时开始——即在30分钟后。凯特尔叫施道芬堡长话短说,因为元首要尽早离开这里。凯特尔不断焦急地看表,快到12时30分时,他说,该到对面的营房里开会了。半路上,施道芬堡走到凯特尔的副官恩斯特·约翰·冯·弗雷恩德跟前,问他哪里可以洗手。他去了邻近的一间厕所。他的副官带着那个棕色的公事包在那里等候。由于这间厕所不适于安装炸弹,他们便回到厅内,向弗雷恩德打听,哪里可以更换衬衣。弗雷恩德将他们领进自己的卧室,自己走了,将他们留在里边。他用仅有的一只手的三个指头,抓着一把钳子,把引线塞进其中的一颗炸弹内,引线将一个小玻璃瓶压碎——玻璃瓶内盛着某种酸,这酸在15分钟内可将一根很细的铁丝腐蚀,从而将炸弹引爆。第二颗"后备"炸弹则由他的副官安装。

　　他们刚把炸弹小心翼翼地装进棕色的公事包。有个下士便进来催促。弗雷恩德也在厅内朝他们喊道:"快点,施道芬堡!首长在等我们呢!"施道芬堡出来后,弗雷恩德便要帮上校提那个棕色公事包。施道芬堡婉言谢绝。接着,两人便沿一条小路朝会议所在地的兵营走去。他们边走边聊,来到了通往安全圈的检查站。快到目的地时,弗雷恩德再次提出帮他减轻负担。这次,他接受了,还提出个要求:"请安排我尽量靠近元首就座好吗?这样我才听得清。"他的耳朵有毛病。

　　凯特尔不耐烦地等候在门廊里。会议已经开始了。他领着他们,走过中央走廊,从电话室前走过,由一双扇门进入会议室。会议室有10扇左右的窗户,由于午间天气炎热,它们全敞开着。室内放一张橡木长桌,平常供看地图用的。桌板很厚,由两个大支架支撑着。参加会议的人们站立在这张长桌的周围,只有希特勒一人坐着。他坐在桌子中间,背对着门。地图上放着一副眼镜。当站在他右边的阿道夫·豪辛格将军阴郁地宣读一份关于东线的战报时,希特勒在玩弄放大镜。希特勒看了看新来者,对他们的敬礼表示感谢。施道芬堡缓步走到豪辛格的另一边,把棕色公事包往尽可能靠近希特勒的地方随便一放,公事包靠大橡木桌的支架内侧立着,离元首只有6英尺远。当时的时间是12时37分,再过5分钟炸弹就会爆炸。趁其他人对豪辛格讲失败的故事听得入神之际,施道芬堡便偷偷溜了出去,居然未被人发现。他三步并作两步冲出走廊,出了大楼。

豪辛格也是反希特勒分子,但属外围组织,对这次爆炸计划一无所知。施道芬堡进来时,他是看见了他的,却未想到马上就要出事,因为密谋者曾答应,下次谋杀时会预先通知他。然而,当施道芬堡把棕色的公事包放在桌下时,他脑中突然闪过一个念头:"可能会出事!"由于希特勒正全神贯注,豪辛格多少受他的影响,所以,他的念头立刻便消失了。他的副官探身看地图,却受到那个公事包的阻碍。他用脚去挪动它,挪不动,便弯下身去,把公事包移到支架的外侧。这一移动本来是微不足道的,却改变了历史的进程。

海军上将普特卡默走到窗前,因为那里的空气好些。他坐在窗台上,心里正拿不定主意:墨索里尼下午就要来访,是否偷偷溜出去把最好的裤子换上?那时是12时41分。元首远远地探出身子看地图,正看得入神。豪辛格正在说着"除非将集团军最后从贝帕斯湖撤离,否则,灾难……"。

12时42分,震耳欲聋的响声把他的声音全淹没了。火焰猛然上蹿,玻璃碎片、木头和灰泥如雨点般打下来。室内浓烟滚滚。在爆炸前的片刻,普特卡默觉得肌肉奇怪地痉挛了一下。倒下去时,他看见了窗台下的暖气片,便想:"我的上帝,暖气爆炸了!"但他马上醒悟到,不对,现在是夏天,也许这是在工地上做工的外国劳工搞的鬼。他虽然头昏目眩,却也觉得,最好还是待在地板上。接着,他听见有人喊了一声:"火!"他于是便向门口冲去。门板已平躺在地板上,他便跃身跳了过去。他突然问自己:其他人在哪儿呀?

想着,便折身回去寻找元首。就在这时,希特勒与凯特尔一起出来了。元首的脸被烟灰弄黑了,裤子也被炸得破碎不堪。两人都满身是土和木屑。他们像梦游者似的打他跟前走过。这时,普特卡默才感到几乎无法呼吸,因为空气辛酸刺鼻,他跟着希特勒和凯特尔沿着长长的走廊走去。一到外边,他一条腿的膝部就支持不住了,倒在地上。他贪婪地吸着新鲜空气,瞥见希特勒和凯特尔朝最高统帅部的地堡走去,后边还有人跟着,但不知是谁。

党卫军副官根舍连爆炸声都未听见。他的耳膜破裂了。他前额流着血,眉毛也被烧掉了。室内烟尘滚滚,看不见亮光;地板至少凸起了3英尺高。"元首在哪里?"他想。军人的天性使他从一扇被炸碎的窗户爬了出来,急忙朝兵营的另一边走去。到那里后,正好赶上凯特尔和希特勒从里边出来。元首的裤子破烂不堪,头发乱成一团,身上却不见有血。根舍领着他沿小路走去时,希特勒问:"怎么回事?是不是俄国飞机扔的炸弹?"

施道芬堡离开会议室后,便直奔设在48号地堡内的通信联络办公室。他与菲尔基贝尔将军站在外边,等待炸弹爆炸。他们尽量随便地交谈着。司令部的一名通信官员前来报告说,施道芬堡的车子已准备好了;然后又提醒他,司令官等他吃午饭。施道芬堡说,这他知道,不过他得先回会议室去。就在这时,爆炸声响了。

"出了什么事?"菲尔基贝尔喊了一声。通信官不在意地解释说,大概是某种动物又踩响了一颗地雷。施道芬堡出尔反尔了:他说,他不回会议室去了,要直奔司令官那里吃午饭。他与菲尔基贝尔心照不宣,互道再见。接着他便与副官一起,钻进汽车走了。不一会儿司机(他不明白施道芬堡为何既不戴军帽又不系皮带)在第一个检查站前停住了车。卫兵听到爆炸声后,关上了门;这时,他拒绝为他们开门。施道芬堡一声不吭,急忙走进哨所,向一名值班的中尉(他们认识)借用电话。他拨了号后,小声地说了几句,放下听筒,泰然自若地说:"中尉,我已获准通过。"哨兵未再提问题,路障挪开了。中午12时44分,施道芬堡一行便出了门。

90秒后,里边响起了警报。施道芬堡再不能靠嘴巴把路障打开了。警卫营的一名军士长坚持不让任何车辆通过。施道芬堡再次使用了电话。这次,与他通话的是司令的副官。"我是冯·施道芬堡上校伯爵,"他说,"我在南检查站给你打电话。上尉,你记得吧,今天早晨我们在一起吃早饭。因为有爆炸声,卫兵不让我通过。我有急事呀。"接着,他撒了个谎,"弗洛姆将军在机场等我。"他把电话匆匆挂了。"同意让我过去了,你听见了,军士长。"但这名军士长未被吓到,连忙打电话去对证。果然不错。施道芬堡松了一口气。

当施道芬堡和副官坐车赶至海因克尔Ⅲ型飞机跟前时,已经快到下午1时30分。片刻之后,他们便升空了。前面还有3小时的航程。由于飞机上的无线电没有柏林广播的波段,他除了担心外,再也无事可做。菲尔基贝尔是否已把消息传给了本德勒大街的密谋者?如果传出去了,他们是否有决心夺取首都,把事先准备好的电文发给两线的各个司令?

那个棕色公事包如果不是被挪至橡木桌支架的外侧,希特勒恐怕已一命呜呼了。元首同样幸运的是,他身后的那扇门直接与一条又窄又长的过道相通,爆炸所产生的冲击波从那里冲出去了。好运气,令人难以置信的运气,再次救了阿道夫·希特勒一命。

爆炸发生后几分钟,医务人员和抢救人员便行动起来。重伤者被救护车运往拉斯登堡的陆军医院抢救。首先为元首治疗的是他的私人医生汉斯卡尔·冯·哈塞尔巴赫。他为希特勒包扎好伤口,用吊腕带将他的右臂吊起来——肘部严重扭伤。"有了,那些家伙!"他喊道,与其说是生气,倒不如说是高兴,"现在我可要采取措施了!"

莫雷尔医生赶来,为元首检查了心脏,还给他打了一针。病人处在兴奋状态,不断重复说:"想一想,我什么事也没有。想一想!"他的脉搏正常,这使莫雷尔医生很是惊异。三个秘书闯了进来,亲眼看见元首还活着。看见他的头发竖了起来,像豪猪似的,特劳德尔·荣格差点笑了出来。他用左手向她们打招呼。"嗯,我的女士们,"他微笑着说,"我再次安然无恙。这再次证明,是命运选择了我去完成我的任务。否则,我就活不成了。"他的话很多,把这次阴谋归咎于某个"懦夫",毫无疑问的是哪个建筑工人。"我不相信有别的可能性。"他加重语气说,还把脸转向鲍曼,要他证实。与通常一样,鲍曼点了点头。

接着前来祝贺的是希姆莱。他也认为是建筑工人把炸弹筑在墙里。还是一个外行人把线索弄清了。侍从林格去了会议所在地的兵营,从主管电话室的下士那里得悉,施道芬堡曾在那里等柏林的紧急电话。后来,不知谁想起,施道芬堡上校把一个公事包放在桌下。他们忙给机场挂电话,证实了施道芬堡已于下午1时多一点匆忙飞返柏林。现在,希特勒再也不怀疑了,施道芬堡就是罪魁祸首。他下令将他逮捕。

由于一连串奇特的偶然事件,这道命令未发往柏林。爆炸发生后不久,希特勒的一名副官命令统帅部通信官山德尔上校把电话、电报线切断。任务完成后,他把此事向通信联络主任菲尔基贝尔做了汇报。作为一个密谋者、担负孤立统帅部的任务的菲尔基贝尔庄严地说,采取这个行动完全正确。但是,片刻后,在得悉希特勒未死时,他往自己的办公室挂了个电话。"发生了一件可怕的事情,"他对他的参谋长说,"元首活着。将一切堵死!"这名参谋长对这惊人的消息心领神会,因为他也是个密谋者。几分钟后,统帅部和陆军司令部的主要变电室都关闭了。

通信的切断为柏林的密谋者提供了夺取首都的时间,但他们并未采取行动,原因是,本德勒大街已乱成一团。由于不知道希特勒是否已死,阴谋起事者不愿将"女神行动"付诸实施。"狼穴"传来的消息含混不清,他们不敢冒险再来一次7月15日的虚惊。

于是,在总参谋部大楼,人人都不安地等待着施道芬堡回来——施道芬堡仍在半小时飞机航程以外。阴谋起事的两个有名无实的领导人,贝克将军和陆军元帅冯·维茨勒本,本应发布事先准备好的通告和命令的;本应向全国广播,希特勒的暴虐统治终于结束了。但两人都未来到本德勒大街。

也许是因为天气的关系。天空阴沉沉的,空气很压抑。有个密谋者阴郁地说,这不是搞革命的天气,但有人又指出,法国人是在7月间令人同样难熬的一天冲击巴士底狱的。他们坐等菲尔基贝尔把"狼穴"的进一步情况报来。什么消息也没有。这样,宝贵的时间便白白过去了。

午餐前,希特勒拒绝休息,坚持独自外出作长距离散步,与开始时受到怀疑的建筑工人们交谈。他的党卫军副官远远地看着他,心里猜想,他是有意让人们知道他还活着,他已不再认为工人们与此事有牵连。午餐时,施洛德小姐惊奇地发现,他的面容变得年轻了,即使在简朴的餐室内无罩电灯的照射下,他也显得很镇静。不等人们催他开口,他便把发生的事情详细地告诉他们。"我的运气好得令人难以置信。"说着,他便向众人解释,那张桌子的支架如何保护了他。他自豪地把炸得七零八落的裤子拿给众人看。如果爆炸发生在地堡里的大会议室内而不是在用木头建成的兵营里,那么,他知道,所有的人都会被炸死,"怪事! 好长时间以来我都有一种预感,觉得会有异乎寻常的事情发生。"

午餐后,他乘车前往"狼穴"附近的小车站月台。天空乌云密布;稀稀拉拉的几个雨点,解除不了下午的闷热。他把帽檐拉得低低的,挡住了脸,还披着一件黑色的斗篷,在月台上走来走去,直至墨索里尼的火车进站。他的客人似乎成了自身变的鬼;他重建了一个新的法西斯政权,但在这一过程中,在希特勒的逼迫下,处决了不少"叛国者",包括他的女婿齐亚诺在内。元首脑中想的只有当天发生的事件。"总理,"他一边伸出左手,一边激动地说,"几小时前,我经历了有生以来最大的一次好运!"他坚持立刻带客人前往犯罪现场。在3分钟的行程中,希特勒述说了事情的经过,他的"声音非常单调,好像他与此事无关似的"。

两人默默地视察着被炸毁的会议室。墨索里尼在椅子上就座后,希特勒坐在一个箱子上。希特勒以罗马废墟向导的熟练技巧,把爆炸情形原原本本地做了解释。墨索里尼听得好生惊讶,眼珠子骨碌碌直转。之后,希特勒又向他出示被炸破的裤子,相当轻松地说,让他不高兴的是,他的一条新内裤给弄坏了。墨索里尼苦笑了一下。接着,希特勒便让他看后脑勺——那里的头发给烧焦了。

墨索里尼被吓坏了。最高统帅部里怎能发生这种事情? 希特勒兴奋起来。他再次告诉总理,参加会议的人,有许多受了重伤,还有一人被炸到窗外去了。"你看看我的军服! 看看我的烧伤!"他还谈到,在几次针对他的暗杀行动中,他是如何死里逃生的。"今天在这里发生的算是高潮!"他喊道。最后一次的死里逃生,毫无疑问,是一个信号,表明他为之服务的伟大事业定能渡过目前的险关。在他的热情的感染下,墨索里尼也开朗了。"我们的处境很糟,"他说,"甚至可以说是绝境,但是,今天发生在这里的事情却给了我新的勇气。"

他们离开被炸坏的会议室，步行下了小路，准备一边喝茶一边讨论。中间，希特勒走到铁丝网前，再次与工人们交谈。他告诉他们，他起初对他们的怀疑是没有根据的，他的调查人员已发现了真正的罪魁祸首。到了茶室后，他的情绪突然变了。他坐立不安，心神不定——由于通信已局部恢复——他与墨索里尼的会谈不时地被将军们的电话打断，将军们想要知道，外边报道他已死亡的消息是否属实。希特勒的情绪一落千丈，沉默着，还疑心重重。他目不转睛地注视着前方，吸吮着颜色鲜艳的药丸，对戈林、凯特尔和里宾特洛甫3人间进行的舌战充耳不闻——3人在互相指责，都说是由于对方的错误才把德国引入绝境。当海军上将邓尼茨（刚从柏林北面的指挥部来）指责陆军叛变时，他们之间的明争暗斗又进入新的回合。当戈林随声附和、同意邓尼茨的意见时，邓尼茨却又把矛头一转，把一肚子怒气全发泄在空军身上，说他们表现恶劣。里宾特洛甫连忙插话表示赞同。空军元帅戈林戳起司令杖，好像要打他似的，"闭嘴！里宾特洛甫，你这个香槟酒贩子！""我还是外交部长呢，"他反驳说，"我叫冯·里宾特洛甫！"

天下起了小雨，雨点不停地打在玻璃窗上。不知是谁提到罗姆叛乱一事，只有在这时希特勒才活了过来。他探身向前，一而再再而三地说，他是命运之子。他勃然生怒，跳了起来。"在自己人的怀抱里叛卖的人罪该万死！他们会被碎尸万段的！"他声音中带着威胁，很是刺耳，"将他们灭绝，不错，灭绝他们！"他的怒气生得快，消得也快。复仇的幻影一消失，他便突然变得空虚了。他双眼失去了活力，脸色惨白。

凭着意大利人的、锐敏的洞察力，墨索里尼想必觉得该由他去解围。他将一只手放在希特勒手上，微笑着看了看他。此举令元首从沉思中醒转过来。不知是谁把外边的门开了。希特勒忙派人去取墨索里尼的外衣。他解释说，下午一般会起东风，他不能让他的客人着凉呀。墨索里尼用意大利语回答说："在这样的时刻，意大利的总理是不会着凉的！"但他却穿上了军大衣。

下午3时42分，施道芬堡终于在柏林城外的一个机场着陆了。他感到奇怪的是，不管是敌是友，机场上无人等待他。他的副官给本德勒大街去了个电话，找到了奥尔布里希特将军。他用暗语告诉他，暗杀已经成功。奥尔布里希特的答话很含混,这说明"女神"并未行动。施道芬堡夺过话筒,要他们立即行动,不必等他回来。他叫了一辆空军的车回柏林。

时至下午 3 时 50 分,奥尔布里希特才开始行动,要陆军柏林军区司令科茨弗莱契将军立刻向警卫营各单位、施潘道卫戍区,以及两所陆军武器训练学校发出戒备令,要他们做好一切准备。并未参与这一计划的科茨弗莱契依命行事。

为加速事态发展,奥尔布里希特将军亲口向另一名密谋者、柏林的城防司令冯·哈斯将军发出戒备令。下午 4 时 10 分,他的部队已准备好开拔。柏林城外的部队亦然。在本德勒大街,哨兵们已做了戒备。奥尔布里希特向警卫营营长做了口头指示:若有党卫军强行进入,便以武力对待。不到几分钟,过境车辆被令停驶,所有外出通道均被堵塞。

奥尔布里希特现在做的,理应在 3 个小时前做完。他突然闯入弗洛姆将军的办公室(对于这一阴谋,弗洛姆没有完全卷入,但也没有完全脱身出来),解释说,希特勒真的已死亡,他敦促弗洛姆,作为后备军司令,向各军区司令发出"女神行动"的戒备令。有野心又喜欢装腔作势的弗洛姆,与几个月来的表现一样,又犹豫不决。他坚持先给凯特尔挂电话,待证明希特勒真的已死再说。

"一切都跟平常一样。"凯特尔从茶室回话说。弗洛姆说,他刚收到一份报告,说元首已被暗杀。听到这话,凯特尔发火了:"全是胡说八道。"元首依然健在,不过受了点轻伤而已。"我顺便问你一下,你的参谋长冯·施道芬堡哪里去了?"弗洛姆很紧张,连忙回答说,上校还未向他报到——他也就此暗暗放弃密谋,洗手不干了。

几分钟后,大多数密谋者都集中在奥尔布里希特的大办公室里,焦急地等待着施道芬堡。有人宣布:施道芬堡的车子已进了大院!片刻后,上校神采奕奕地闯进办公室,带来了热情和信心。施道芬堡把自己看到的告诉了他们——一声巨响,火焰和浓烟。"可以断定,"他说,"希特勒已经死了。"他们必须立即行动,一秒钟也不能再浪费了!即使希特勒仍然活着,他们也要尽一切努力,推翻他的统治。贝克同意这一意见。

施道芬堡给他的表弟挂了个电话——他表弟在巴黎,在施图尔纳格尔将军的司令部工作。他把爆炸一事告诉了他。"行动的道路已敞开了!"他说。听到这条好消息后,施图尔纳格尔将军便立即行动起来。他命令在法国的高级通信官将法国与德国之间的无线电通信和电话通信全部切断——他们自己与柏林的通信除外。

在本德勒大街,施道芬堡正在使出全身的解数,力图将弗洛姆将军再次争取过来。他向他保证,希特勒确实死了。但弗洛姆却一再重复凯特尔的话。"与通常一样,陆军元帅凯特尔又在撒谎。"施道芬堡说。紧接着,他自己撒了个谎,"我亲眼看见人们将死了的希特勒抬出去的。"

"根据这点,"奥尔布里希特插话说,"我们已向各军区司令发出了内部发动兵变的暗号。"弗洛姆从椅子上跳了起来——他的身体如此笨重,此举确实令人吃惊。他一边捶桌子一边高喊(像在操场上训话时那样):"这分明是不服从上级。你说'我们'这是什么意思?"他下令取消"女神"的戒备令。

施道芬堡再次努力,试图让弗洛姆相信希特勒真的已死。"那屋里的人没有一个能活的。"他争辩着。但弗洛姆却无动于衷。"冯·施道芬堡伯爵,"他说,"这次行动失败了,你必须立即开枪自杀。"施道芬堡断然拒绝。奥尔布里希特也请求弗洛姆立刻采取行动,否则,德国便将永远地被毁灭了。弗洛姆把矛头转向了他:"奥尔布里希特,这是否意味着,你也参与了政变?""是的,将军。不过,我只是外围边上的人物。"

身材高大的弗洛姆,低头对奥尔布里希特怒目而视:"那么,我正式将你们2人逮捕。"奥尔布里希特面无惧色,同样怒目而视:"你无权逮捕我们。你不明白谁在掌权。是我们要逮捕你!"两位将军从唇枪舌剑发展成拳脚交加。施道芬堡前去解围,脸上挨了一拳。弗洛姆这个庞然大物,只是在手枪的威逼下才被制服。他被捕了,被关在隔离房间。下午5时许,大楼的各大小进出口,以及楼后被炸的地段,都安了岗哨。持有由施道芬堡签署的橙色通行证者,方得进楼或出楼,没有类似的通行证或有签字的命令,谁也不准离开大楼一步。

虽然本德勒大街终于被密谋者完全控制,在"菩提树下"办公的冯·哈斯将军却陷入了困境。1小时前,他以柏林卫戍区司令的名义,命令警卫营封锁政府区,谁都不准外出,不管是将军还是部长。原系"希特勒青年团"的领导人之一的警卫营营长奥托·雷麦少校,要求首先证实元首确实已死。哈斯说,他确实已死,是被党卫军谋杀的。谁接替希特勒?雷麦问——因为他觉得"事情有点可疑"。哈斯要他别再傻问,赶快让警卫营行动。

雷麦的伙伴汉斯·哈根中尉(就是在柏林向警卫营演讲国家社会主义者)也同样产生了怀疑。趁周围没有别人时,哈根对雷麦说,这好像是军事政变。雷麦相信了。哈根请求允许他去找他的老上司戈培尔澄清局势。雷麦给他找来一辆摩托车,并令他立刻将情况报回。雷麦在检查对内城的封锁情形时,哈根(入伍前是个作家)已坐在摩托车的车斗里,直奔宣传部长的官邸去了。他远远地听见戈培尔在喊,像是条顿人的保罗·列维尔①似的:"军事政变!"

戈培尔的官邸已成了混乱的中心。柏林市长带着一名市政议员,也前来找戈培尔;相互矛盾的谣传把两人搞得糊里糊涂。施佩尔也是如此。刚才施佩尔看见雷麦的一群士兵,扛着机枪,朝布兰登堡大门跑去;还有的就在宣传部门口站岗。满头大汗的戈培尔,正在给党的官员和军区司令打电话询问情况。看来,驻扎在波茨坦的部队和省卫戍区的部队正朝城市开来。形势非常危急,但戈培尔却发现了一线曙光:叛军尚未在电台发表政变成功的通告。于是,他便急忙草拟自己的公告。这件事是很难处理的,因为将事实草草说上几句便会引起惊慌。

就在这时,被摩托车颠得难受的哈根,推开人群,挤到戈培尔跟前。这个军人兼作家上气不接下气地叙述了一通,戈培尔听得很不耐烦。末了,戈培尔问,雷麦其人是否可以信赖?哈根回答说,绝对可信!他不是在战场上8次负伤吗?戈培尔仍有疑心,令哈根把雷麦找来。如果两人半小时内不回,那么,戈培尔说,雷麦少校不是叛徒便是被武装扣押——他便派党卫军去夺取"菩提树下"的卫戍区司令部。

片刻之后,即下午5时30分,戈培尔再次被叫去听电话。电话是希特勒打来的,他督促戈培尔立刻广播,让人民知道他依然健在。戈培尔立刻将广播稿用电话传给了广播电台。电台已被步兵学校叛军占领,但戈培尔的

---

① 保罗·列维尔,1735—1818 年,美国爱国志士。——译注

声音却把叛军的指挥官搞糊涂了——或者说吓坏了。他连忙答应不干预这份公告的广播。

与此同时,希特勒已为坐立不安的顾问们所动,怀疑宣传部长戈培尔也是个叛贼。他再次给戈培尔打电话,严厉斥责他长时间拖延,不广播告示。戈培尔激烈地反驳说,此事不该由他负责,责任该由无线电广播处的人来负。希特勒信了他——至少是他说他信任他——把电话挂了。

最初谣传的希特勒的死讯,给几十个女电话接线员带来了歇斯底里和眼泪。它传开后,人们感到愕然和恐惧。证明元首未死的新闻广播又给人们带来了眼泪——喜悦的眼泪。贺电、贺信纷纷向"狼穴"飞来。陆军元帅米尔契在电报中称,他"感到由衷的高兴,因为仁慈的上帝保佑了您,使您幸免于难。未遭怯懦暗杀者之毒手,为德国人民和陆军保存了您"。这些欣慰之辞,并非全是为了自己。绝大部分德国人都觉得,民族的前途有赖于元首。

在柏林,雷麦少校刚将政府区封锁完毕。他怏怏不乐,因为到现在他仍未听到元首仍健在的消息。他是怀着恐惧的心情执行任务的。任务完成后,他向哈斯做了汇报。对他所提的问题,哈斯的回答都含混不清,这更加深了他的恐惧。雷麦很是不满。后来,哈根前来找他,说戈培尔部长要立刻见他!此时,他已有心反叛他们了。雷麦暗想,这是内战。于是,他便同哈根上楼去见哈斯,把戈培尔的话又说了一遍。哈斯将军佯作吃惊,而当雷麦说哈斯必须立刻去见宣传部长时,哈斯竟命令他不准离开客厅。另一位少校,也是一个密谋者,出面干预了——他对哈斯眨了眨眼,心照不宣。他说,见戈培尔是雷麦的职责——还应将他逮捕。雷麦出了大楼,心下十分烦乱。"哎,我不得不拿命去赌博了。"他对副官说。之后,他便带了20个人,直奔宣传部去了。

戈培尔正在核对时间。他曾几次打电话找雷麦,均未成功。现在,离截止的时间——晚7时——只有两分钟了。雷麦进来了。他并未告诉戈培尔他已奉命将他逮捕,他也不相信戈培尔之所云——戈培尔说,他刚与元首通话。他说,只有他亲耳听到元首说话他才相信元首还活着。

"悉听尊便,少校。"说着,戈培尔便给拉斯登堡挂了个电话。不到一分钟,他便对希特勒说:"警卫营营长雷麦少校跟您说话。"雷麦机警地接过话筒。里面的声音可能是录音,也可能是某人模仿元首说话的声音。"是你吗,雷麦少校?"他听到的声音说。"你现在在干什么?"这声音当然是像希特勒的,雷麦把迄今之所为告诉了他。但他的话肯定露出了怀疑的破绽。"你是否相信我还活着?"雷麦回答说,他相信——实际是,他还不完全相信。

希特勒说,他赋全权予雷麦,要他保证政府的安全。"你认为需要做的,你就做。每个军官,不管其军阶如何,都由你指挥。"他命令雷麦立刻全面恢复秩序。"如有必要,可动用暴力。"一个"暴"(brachial)字,便使雷麦完全相信对方确是希特勒无疑了。他唰的一声来了个"立正"。"你仅对我负责。"希特勒重复了一句,并立即晋升他为上校。

雷麦把宣传部变成了指挥部。他首先给冯·哈斯将军打了个电话,说他刚与元首通完话,元首给了他指挥全权。他命令哈斯立刻向他报到。哈斯愤怒地拒绝了:"从什么时候开始,一个大将军要跑到一个小少校那里去报到?"

"将军,如果你不想来,我就叫人把你抓起来。"雷麦说完,便派人去占领哈斯的司令部。接着,他又通知柏林地区各部队,说现在他们全归他指挥。各单位的指挥官,不管军阶高低,未提一声抗议,全都接受了他的指挥,这他并不觉得奇怪。末了,雷麦上校将全营官兵集中在宣传部的花园里,听戈培尔亲口讲述暗杀的详细情形。

此时,被制服的冯·哈斯将军也来了。他已不再生气,实际上,好像要拥抱雷麦似的。他满口恭维,还问题提个不休。雷麦无奈,只好客气地将他打发走,以便继续进行恢复秩序的工作。戈培尔对哈斯可有点降格以待,向他提了几个简短的问题。哈斯有点结结巴巴地做了回答。如果他给妻子打个电话,让她弄点吃的,部长会介意吗?"那就是我们的革命家,"将军出去吃东西后,戈培尔讥讽地说,"他们脑中装的全是吃、喝和给女人打电话。"

本德勒大街的电话总机忙个不停。军官们不断打来电话,询问新闻广播的详细情况。收到"女神"戒备令的各单位也想从弗洛姆口中证实早些时候关于希特勒已死的报道是真是假。问题是由施道芬堡答复的,他坚持说,希特勒已死。如果询问人是密谋者,他就说计划仍在执行。他告诉他们,广播新闻是一个把戏。陆军在掌权，一切都很好。

最后，起义的名义领导者之一，陆军元帅冯·维茨勒本，全副军装前来接管了。一整天，他都高高在上，但为了弥补他的姗姗来迟，在晚上7时30分左右，他以陆军新统帅的身份，发出了一份措辞强硬的指示：

> 元首阿道夫·希特勒死了。一群寡廉鲜耻的、非战斗人员的党的领导人，利用这一局势，企图对战斗力量背后插刀，夺取政权，以达到自己的目的。
>
> 在此危急关头，为维持法律与秩序，帝国政府业已宣布处于军事紧急状态，委任本人为德国武装力量的最高统帅……

这封电报给另一位陆军元帅带来了新的希望。正要抛弃巴黎的密谋者的克鲁格喊道："历史性的时刻到了！"他建议马上与西方签订停战协定。德国的新政权会同意停止用火箭对伦敦进行攻击的，如果盟军——作为报答——停止轰炸德国的话。克鲁格的热情被凯特尔发来的一份电报泼了冷水：元首仍活着，切勿理睬本德勒大街的维茨勒本-贝克叛逆集团发出的命令。

克鲁格的决心动摇了。他叫他们的参谋长设法弄清最高统帅部里发生的事情。但他无法用电话找到瓦尔利蒙，也找不到约德尔或凯特尔。他们蹊跷的缺席使克鲁格的希望重又复活。也许贝克说的是真话，希特勒果真死了！他给"狼穴"的一个密谋者挂了个电话，但他证实的却是坏到不能再坏的消息：希特勒活着！克鲁格失望地撂下电话。"嗯，"他说，"想要他的命的行动失败了！"就元帅而言，此事到此结束。"先生们，"他说，"别再来打扰我了！"

在柏林，曾下令夺取政权的那个人也放弃了这项阴谋。冯·维茨勒本陆军元帅，对本德勒大街的混乱表示厌烦，快步出了大楼，坐上小车，向设在措森的陆军司令部驶去。到了那里，他对军需官格纳将军说，计划全失败了。说完，他又坐上汽车，回到他的农庄。

在"狼穴"，凯特尔刚发出一道命令，让希姆莱担任后备军的司令。凯特尔补充说,"只有他和我发出的命令才必须服从。"这道命令于晚 8 时 20 分用电传发出。10 分钟后,党的秘书鲍曼发出一封急电,将"某些将领企图暗杀元首的行径"通知所有的地方长官。他要他手下的人马只服从元首本人的命令。

晚 9 时,电台向全国发出通知,元首不久将亲自向全国人民发表讲话。然而,由于"狼穴"没有直播设备,广播大大延迟。离他们最近的录音车也只有在东普鲁士首府科尼斯堡才能找到,而这又得花上几个小时。

希特勒最宠爱的突击队长奥托·斯科尔兹内刚好也在柏林。当他听到元首仍健在的消息时,便立即前往维也纳视察他训练蛙人的学校。黄昏,正当他在安哈尔特车站要登上火车时,一个军官沿着月台跑了过来。他边跑边喊,说城内发生了军事叛乱,斯科尔兹内已被授命在那里恢复秩序。

他匆匆赶至党卫军保安处总部。在那里,他得到消息说,某些反叛的陆军领导人正在夺取首都。"局势不明朗,而且很危险。"舒伦堡说。他脸色苍白,跟前的桌上放着一支手枪。他做了一个戏剧性的姿式,说:"如果他们来这里,我就在此处保卫自己!"这是荒谬可笑之举。斯科尔兹内忍不住笑了。他劝舒伦堡把手枪拿走,别搞什么自杀了。

斯科尔兹内向设在柏林郊区的一个专门训练破坏者的学校里的一个连队发出戒备令后,便亲自进城察看。政府大院里非常安静。有报告说,武装党卫军也在搞阴谋。为了核对这一情况,他便前往里希特弗尔德视察党卫军的兵营。全都非常平静。接着,他又驱车去党卫军的一个师部打听消息,没听到什么,便又开快车前往万湖附近的空降部队指挥部。斯科尔兹内在施图顿将军的别墅旁的土墩上发现了他。将军穿着一件睡袍,正聚精会神地阅读一大堆文件,妻子在一旁做针线活。从某种意义上说,这真是一件滑稽事:在军事叛乱中,德国最主要的司令官之一竟这样悠闲自得。施图顿对斯科尔兹内所说的并不信以为真。直至戈林打来电话才得到证实。戈林说:除陆军司令部发出的命令外,其余一律不予理睬。施图顿将这份命令往下转达时,斯科尔兹内便跑回舒伦堡办公室去了。他一进门便被叫去听电话。"你有多少人?"约德尔问。知道只有一个连,他说:"好。把部队带到本德勒大街去支援雷麦少校的警卫营。他们刚奉命包围大楼。"

在本德勒大街,绝望的情绪越来越浓。一直在保卫陆军总司令部的警卫营,在营长的命令下,正开赴戈培尔官邸的后花园集合。正门只有35名士兵留守。大楼内,奥尔布里希特将军于晚10时30分第三次将军官们召集起来,说,警卫营已撤走,他们应将保护大楼的任务接过来。他说,6个出口处都得有总参的军官把守。

无人反对。不过,一群武装的忠诚分子,却暗暗下了决心,忠于他们对元首立下的誓言,晚10时50分左右,这些人(一共8人)腰间挂着手榴弹,手持冲锋枪或手枪,突然闯进奥尔布里希特的办公室。正当奥尔布里希特劝他们镇静时,施道芬堡进来了。他急忙转身逃走,冲进客厅。一阵扫射。施道芬堡身子一歪,好像中弹似的,接着便窜进隔壁一个办公室。但是,过了不久,他便与贝克、奥尔布里希特和其他密谋分子一起被生擒。片刻后,他们便见到了已被释放的弗洛姆。"呀,先生们,"身材高大的弗洛姆将军挥舞着手枪说,"我现在要像你们对付我那样对付你们。"他叫他们放下装器。

"你没有资格叫我这样做,你原是归我指挥的,"贝克小声说,"这不幸局面的后果我自己会负责。"说着,他便伸手去手提箱内取手枪。

弗洛姆警告他,要他将枪口对准自己。年迈的贝克回忆起往事,"在这样的一个时刻,我不禁想起了以往……""我们现在不想听那个,"弗洛姆打断了他,"我叫你别说话,要你行动。"贝克喃喃自语了些什么,开了枪。子弹划破了他的头皮,他踉跄后退,一屁股坐在椅子上。"帮帮这位老先生的忙。"弗洛姆对两名青年军官说。他们走到贝克跟前,试图夺下他的枪。贝克不允,想自己再射,却又跌坐在椅子上。弗洛姆对其他密谋者说:"听着,先生们,如果有信要写,你们还有几分钟。"5分钟后,他回来宣布,"以元首的名义"开的军事法庭,刚刚判处奥尔布里希特、施道芬堡和他们的两名副官死刑。袖口上沾满了鲜血的施道芬堡和他的3名同事一起被领到院子里,笔直地站立着。

贝克的脸上沾满了血。他要一支手枪。枪给了他后,他自己一人待在客厅里。外边的人听见他说:"这次若还不行,就请帮帮我。"一声枪响,弗洛姆往里一瞧,只见贝克这次又失败了。"帮帮这位老先生。"他对一个军官说。军官拒绝了。一个下士将失去知觉的贝克拖到室外,朝他的脖子上开了一枪。

外边,一辆军车的车灯把院子照亮了,由于车灯上了罩,院里并不很亮。这时已是深夜。被判处死刑的4人站在一个沙堆前——沙是防空时用的。奥尔布里希特很镇静。听见下令开枪时,施道芬堡喊道:"我们神圣的德国万岁!"他死了(本德勒大街现在更名为施道芬堡大街)。

弗洛姆庞大的身躯出现在大楼的门廊上。他打院子里走过,检阅了行刑队。他简短地讲了话,以"希特勒万岁!"一语作结束。然后,他便有点故作姿态地朝大门走去,把车叫了来,消失在黑暗中。在本德勒大街的电报中心,一封电传电报正在拍发出去:"不负责任的将军们试图政变,已被血腥镇压。所有罪魁已被枪决……"

正当弗洛姆步出大门时,一辆白色的赛车嘎的一声在门前停住了。开车人是施佩尔,乘客是雷麦上校。"终究是个诚实的德国人!"弗洛姆说,好像他自己是个无辜者似的,"我刚把一些罪犯处决完毕。"当雷麦说要是他就不这样做的时候,弗洛姆咆哮了:"你是否要给我下命令?"

"不。但你要为你的行动负责。"雷麦建议弗洛姆立刻向戈培尔报到。弗洛姆与施佩尔一起走后,奥托·斯科尔兹内带着人马来了。他不明白,一个如此重要的将军,为何在这样一个时刻离去。他问雷麦:"发生了什么事?"雷麦也一无所知,他只是奉命前来包围大楼的。

斯科尔兹内说,他要进里边去。把连队在院里安插好后,他便大步流星地上楼了,朝总参谋长的办公室走去。在走廊上,他碰到了几个他认识的参谋。他们把情况简要地向他说了一下。这些听起来很放肆,却证实了他的猜测。他试图给最高统帅部打电话,却打不通,于是便决定自行其是,"为这紊乱的马蜂窝"恢复和平与秩序。为做到这点,最好的治理办法莫过于恢复大家的工作。他把认识的参谋召集起来,让他们继续原来的工作。前线仍急需援军和给养。

参谋们一致表示赞同。但谁来签署命令?身居指挥要职的,不是死了便是失踪了。斯科尔兹内说,命令由他签,一切责任由他负。陆军总司令部的机器重新开始运转后,斯科尔兹内与约德尔取得了联系。约德尔让他继续指挥。"派个将军过来吧。"斯科尔兹内建议。约德尔却坚持让他以元首的名义进行指挥。斯科尔兹内于是下令取消"女神"戒备令,要所有的指挥官听候新的命令。

施佩尔将弗洛姆拉到宣传部。弗洛姆要与希特勒私下通话,戈培尔对此不予理睬。戈培尔来到自己的办公室门前,命令在弗洛姆的房门口安一名卫兵。

希姆莱也在部里。他带着希特勒授权镇压叛乱的命令,刚从拉斯登堡回到柏林。"敢于反抗者,不管是谁,一律格杀勿论。"希特勒曾对他说过。尽管握有如此大的权力——外加后备军的临时总司令衔——他却让戈培尔出面,自己则与先前一样,闲适而泰然自若。在戈培尔的助手瑙曼看来,希姆莱甚至是漠不关心,戈培尔则兴高采烈。这天他干了什么呢?按他的说法,人们有这样的印象,那就是,柏林的叛乱实际上是他赤手空拳粉碎的。"他们要不是这样笨的话!"他向希姆莱吹嘘说,"他们本来是有大好时机的。多笨呀!多幼稚呀!假若这事由我来干的话!他们何不夺取电台并散布最大的谎言?"

希姆莱不动声色,客气地点点头。他没有泄露的是,到戈培尔这里来以前,他已开始了制造反政变的恐怖,并建立了调查此次叛乱的专门机构。

在"狼穴",菲尔基贝尔将军心里明白,他的命运已经决定,但又不想自杀,原因是,他拟在官方的法庭上证明他的动机。"假若你相信来世的话,"他向年轻的副官告别时说,"我们就可以说:'再见!'"

希特勒坐在茶室里,焦急地等待着科尼斯堡的录音车前来,以便向全国发表讲话。在等待的过程中,他把贴身人员召集起来,让他们听他宣读匆忙草就的讲稿。几个秘书和副官,还有凯特尔和打着绷带的约德尔都来了,但录音车还是没有来。希特勒便利用这段时间为此次谋杀事件添油加醋。"这些懦夫!"他喊道,"他们就是这样的东西!如果他们有胆量开枪把我打死,我倒有点尊敬他们!但是,他们不想冒生命危险!"

录音车终于来了。7月21日凌晨1时,德国的每个广播电台都吹吹打打奏起军乐,略微停顿后,希特勒便开始广播演讲。他谈到了这个阴谋,谈到了他亲密同事的受伤和死亡。他重复了他的错误的信念,那就是,搞阴谋诡计者仅仅是极小的一小撮,他们与德国军民的精神毫无共同之处。一小撮犯罪分子将被立刻无情地处决。"我已避免了这样一个命运：就我自己而言，这并不可怕，但对于德国人民而言，它将带来可怕的后果。从这个命运中，我看到了上帝发出的信号，那就是：我必须，因而我也将继续我的工作。"

他讲完后，戈林也作了简短的讲话。他代表空军向元首表示他的忠诚和热爱；邓尼茨代表海军说，对于"暗杀元首的罪恶行径，海军无比愤怒"。接着，官方便正式宣布，发动这次阴谋政变的罪魁祸首，那些罪恶的军官，不是已经自杀就是被陆军枪毙，"任何地方都没有发生事变，一直没有。与这一罪恶行径有关的人员会被清洗。"

这些话使身在巴黎的密谋分子全身都凉了——他们在拉法耶旅馆的军官俱乐部里围着收音机听广播。不久前，他们成功地占领了这个地区党卫军的每个军营，逮捕了在法国的两名党卫军高级官员即卡尔·奥伯格和赫尔穆特·克诺森。冯·施图尔纳格尔将军一边听一边想，觉得这也是在宣判他们的死刑。不过，倒还有一线希望。也许奥伯格和克诺森二人会包庇他们。这两人均获释，还被送至拉法耶旅馆。当施图尔纳格尔起身致意时，奥伯格向他冲了过去。奥托·阿贝茨大使进行干预。"柏林发生的事是另一码事。"他说，"在这里，诺曼底战役正打得如火如荼，我们在这里的德国人理应搞统一战线才是。"奥伯格冷静下来，同意与克诺森秘密会师，共同反对希姆莱的德国中央保安局。他们将伪称，党卫军人士和保安处人士的被捕，完全是奥伯格和施图尔纳格尔共同玩的把戏，目的在于欺骗起义者。

演讲一完，希特勒便回到他的暗堡。莫雷尔医生再次为他做了检查。元首要他证实自己受的伤害不重。他的心腹正在茶室里等候结果。莫雷尔回来后宣布，希特勒的脉搏正常，一切都很好。元首自己虽然受到白天发生的事件的惊吓，却还未意识到反对他的阴谋范围有多广，对自己奇迹般的死里逃生，仍感到高兴，决定把被炸破的裤子送给身在贝希特斯加登的爱娃·勃劳恩保管。它将成为具有历史意义的文物，证明上帝确要他完成他的使命。

7月21日午夜过后不久，奥托·斯科尔兹内便完全控制了本德勒大街，陆军总司令部的日常事务又重新得以进行。他在施道芬堡的保险柜里发现了起义的详情，下令逮捕了一大批军官。

在宣传部,戈培尔和希姆莱正在审问一批将军,包括弗洛姆在内。将军们得到了礼遇,喝到了酒,抽到了雪茄,有些将军,例如科茨弗莱契,在被证明无辜后还获准回家。凌晨4时,调查结束。戈培尔满脸笑容地从办公室走出来。"先生们,"他宣布,"叛乱已经结束了。"他送希姆莱上车,与他的老对手长时间握手告别。然后,他便回到楼上,用自己的丰功伟绩去款待他的心腹。戈培尔得意忘形,蹲在桌子上,倚靠着一尊元首的半身铜像。"这是一个纯化心灵的风暴,"他说,"今天下午可怕的消息传来时,谁敢想象,这一切竟能如此神速地结束,而且结束得如此漂亮?"这真是不折不扣的奇迹。希特勒倘若死了,人民便会说是上帝的审判,"后果会无法估计。因为,在历史上,只有事实才能作为证据。这次呢,它们在我们这一边。"因此,应该指示报界将此次阴谋事件贬低。

在"狼穴",鲍曼仍在向地方长官发指示。凌晨3时40分,他通知他们"叛乱可以认为已经结束"。上午11时35分,他转达了希姆莱的紧急请求,"你们应立即停止向态度暧昧甚至应列为公开的敌对分子的军官们独立采取行动。"换言之,他自己握有恢复秩序和彻底进行调查的全权。实际上,他业已建立起了由11个处400名官员组成的机构,对此事进行仔细调查。

在巴黎,克鲁格的参谋长——在法国的两名强有力的党卫军官员奥伯格和克诺森的合作下——正竭力掩盖克鲁格和施图尔纳格尔的罪证。但是,在得到回柏林报到的命令后,不久前还是"光明之城"(巴黎)的铁腕人物的施图尔纳格尔,以为一切均已无望,竟不坐飞机,而于那天上午乘小汽车冒雨回柏林。他要司机从第一次世界大战时的战场经过——狄埃里堡、阿尔贡森林,以及1916年许多达姆施塔特特种兵团的老同志血染沙场的地方色当。整个下午,他都在感伤的途中,最后走下车来"散散步"。在默兹运河附近,他消失在一个小山丘后。不久,司机便听到一声枪响——也许是两声。他在运河里找到了这位将军——浮在水上,脸朝天。施图尔纳格尔虽然没有死,但自杀未遂一举,却无疑证明他有罪。他注定要被绞死。

在"狼穴",希特勒头部所受之伤显然不轻。他的右耳失聪,双眼不断向右方跳动。当晚,他在外边散步时,两次走离了路。卡尔·勃兰特医生要他卧床休息几天,但元首不听。"不可能的。"他要做的工作太多了。另外,让外国客人看见一个如此健康的人竟然卧床,这会是荒谬可笑的。

次日,尽管耳痛不止,他坚持到邻近的一家陆军医院去探望受伤的军官们。两人濒临死亡。施蒙特将军伤势严重。希特勒非常关切,向两位海军人士(他们同住一室)普特卡默和阿斯曼倾诉衷肠。他坐在阿斯曼的床沿,对他们成了此次阴谋的受害者表示遗憾。"这些先生悼念的是我,只有我。"然而,他再次奇迹般地死里逃生。"这是命运要我完成分配给我的任务的一个迹象。难道你们不这样认为吗?"他说,7月20日,这天"只能证实这个信念,即,上帝唤我去领导德国人民——不是向最后失败而是朝最后胜利前进"。

随着时间一小时一小时地过去,希特勒的耳痛也越来越厉害;莫雷尔医生只好请范·埃肯教授前来。他是柏林有名的眼耳鼻喉专家,1935年曾给元首的喉咙动过手术。由于这位教授不在家,只好从邻近一家陆军医院请个耳鼻喉专家来。他是埃文·吉辛医生,在自己开业前曾在埃肯教授的医疗室工作过两年,医术也颇高明。吉辛医生发现,元首的耳膜已经破裂,内耳也受到破坏。但,他说,如果中耳不发炎,情况就不会变得很严重。

正在此时,莫雷尔医生气呼呼地来了。在尖锐地斥责吉辛,说他未首先向他报到,生硬地对他说:"一个军官只能向他的上级报到,而不是向一名文官报到。"希特勒虽然听不太清楚他们在吵什么,却注意到了莫雷尔的怒气。"得啦,我亲爱的教授,别再吵啦,"他抚慰着,"吉辛当过范·埃肯的助手,他告诉我,如果流血不止,明天他便给我做个小手术,灸灸耳膜。"莫雷尔先生说要打一支止血针,却又不太愿意派人去柏林取药,因为药方是他的对手开的。

希特勒虽然坚信他的右耳再也听不到东西了,但他的情绪还相当不错。他还像鸡吃食似的用打字机给"小丫头"写信——这是他对爱娃·勃劳恩的爱称。这封信还有被炸后的兵营的一幅草图。他告诉她,他很好,只是有点累,"我希望能早日回来,把我交给你,好让我休息休息。我非常需要安静。"

她立刻回了信(用的是由她的姓名的第一个字母组成图案的信纸),说她很是忧郁。"得悉你险遭暗算,我痛不欲生。"她声言,如他身遭不测,她就活不下去。"从我们初遇时起,我就立誓跟随你走遍天涯海角,即使死后也是如此。你知道,我的整个生命的意义就在于爱你。"

7月23日,盖世太保的调查人员偶然在一间被炸毁的房屋废墟中发现了不少日记,证明卡纳里斯海军上将及其他重要官员与此次政变有关。卡纳里斯海军上将以及前经济部长沙希特被捕。开始时,希特勒怎么也不相信,如此高级的人物——且又如此众多——竟会与政变有关。他原以为只有一小撮卖国者;上述发现无疑是对他这个信念的一个打击,而他也因此受到伤害。"我生活中充满了忧愁,是如此沉重,"他对特劳德尔·荣格说,"只有一死才能解脱。"另一个秘书听见他在斥责自己的爱犬,原因是它不听话:"看我,看我的眼睛。你是否像我的将军们一样,也是个叛徒?"

次日上午,他在形势分析会上宣布,英国人支持过施道芬堡,他试图让听众相信,搞阴谋的人并不是很多。"重要的是要向全世界宣布,军官团的绝大部分人都与这些猪猡无关。"应在报上强调,本德勒大街的指挥官们,拒绝与一小撮叛徒同流合污,当场处决了4名叛徒,"我太像是个心理学家了,"他说,"居然看不到有一只神手,在对我们最有利的时刻,把身上带着炸弹的人引到这里来。如果我和所有的人员都被炸死,那才是真正的灾难呢。"

根据希特勒的指示,戈培尔向全国发表了广播演说。这篇讲话很精彩,既激烈地指出此次事件的教训,又激动人心。他把施道芬堡描述成一个魔王,跟他走的不过是一小撮军官而已,根本不能代表整个陆军。他攻击施道芬堡,说他与西方盟国勾结,共同密谋。他举出4条证据:在他们的报纸中,不断提到有一群德国将军在反对希特勒;使用了一枚英制炸弹;施道芬堡与英国贵族的关系;在炸弹爆炸的消息传到伦敦后,伦敦报界希望德国政府不日便会垮台。

地方长官作的报告表明,戈培尔的宣传有效地动员了人民。例如,在不伦瑞克的一家医院里,病人们自发地将元首的每幅画像都饰以鲜花;在许多城市里还组织了表忠游行;在中学里,教师们对学生们说,此次谋反解释了德国在非洲和俄国军事上失利的原因;是叛逆们在捣乱,使元首的命令达不到各师。

7月25日,范·埃肯医生从柏林前来,受到了元首的热烈欢迎。元首自己预言,由于有着诸多烦恼,他"只能再活2—3年"。只有一点值得欣慰:到那时,他的任务已经完成,余下的工作可由别人继续去做了。他痛苦地坐在椅子上,详细地诉说了他的症状。

具有良好记忆力并为此感到自豪的吉辛医生,偷偷地将希特勒的话全记在一个黄色的袖珍日历上。为了不使别人看懂他的笔记,他用暗语书写,用了拉丁文,还用了只有自己能懂的符号。范·埃肯教授证实,吉辛医生的诊断和治疗方法是正确的。但元首拒绝最少卧床一周的建议,"你们预谋好了,要把我变成病人!"

次日,希特勒向吉辛诉说,他的左耳依然内出血,要他再灸一下——不管有多痛苦。"我已不觉得痛了,"他想了想后说,"痛苦能使人变得坚强。"一分钟后,他便证明了这点:有个副官送来了关于暗杀事件的报告。"是呀,"他一边翻阅一边说,"真没想到赫尔道夫竟是这样一个流氓。"他发誓"要将那些叛徒斩草除根",还骂施道芬堡是个懦夫,"至少他也要有提着他那个手提箱站在我身旁的勇气。用子弹结果他,这实在是太便宜他了。"

两天后,希特勒自诉失眠。吉辛建议,取消每晚的茶会;希特勒回答说,他已试过了,更难睡着。"我得先放松一下,谈谈别的事情。不然,我面前还会出现总参谋部的那些地图,我的脑子还在不断活动。我得花上几个小时才能消除这些幻影。如果把灯开着,我可把每个集团军的准确位置标出来。我知道每个师的位置在哪里——就这样,一小时一小时地下去,直到我入睡,但这已是五六点钟了。我知道这对我的健康不利,但这个习惯我又改不了。"

炸弹爆炸后次日,希特勒撤换了抱病的总参谋长蔡茨勒。换上来的是曾因意见与他不合被他从前线发配走的古德里安。当这个在陆军中也许是最受尊重的机械化专家来到拉斯登堡走马上任时,他发现陆军总司令部的各办公室几乎空空如也:蔡茨勒已在半丢脸的情况下走了,豪辛格也不在了,许多部门的头头都已被盖世太保撤换。

古德里安上任后首先要完成的一项任务,是公布一项表忠令并向希特勒保证:"将领们将团结一致,军官团团结一致,陆军官兵也团结一致。"一星期后,古德里安走得更远了;他令总参的每个军官都成为国家社会主义的领导人兼军官,"要根据元首的主义,积极地对青年指挥员进行政治教育"。凡不服从此令的军官必须立即申请调动。没有不服从者。于是,1933年开始组建的这支精锐的部队屈服了,得了个堕落的结局。

此时,诺曼底滩头的西翼遭到美军坦克的猛烈进攻,西线已濒临崩溃。7月30日黄昏,为争夺阿弗朗什小道,美德两国坦克发生了一场恶战——阿弗朗什小道是美军突破后进入法国空旷地带的必经之地。瓦尔利蒙等人要求立刻从法国撤退,但约德尔却向元首递交了一份命令草案,要求"在可能情况下,从海岸撤离"。

次日傍晚,美军的坦克已涌进了阿弗朗什小道。希特勒想赶赴西线亲自指挥,但吉辛和埃肯两人都禁止他乘飞机。由于医生们只允许他在"狼穴"活动,对乔治·巴顿的第六师大军开进阿弗朗什一筹莫展。法国的命运因而已成定局,他也无可奈何。然而,这仅是他诸多忧患之一。8月1日,3.5万名装备极劣的波兰军(各种年龄的都有)向华沙的德国驻军发动猛攻;次日,土耳其与帝国断绝外交关系。

他竭力将这些烦忧置之脑后。8月2日,他扮演了初次学医的学生的角色。他向吉辛医生提了许许多多有关内耳的问题,接着便穿起外科医生的白大褂,脑门上挂着一面镜子,专心致志地观看林格的右耳。他什么也看不到。他又看了看,还是什么也看不见。这时,吉辛便建议他用电镜。"呀!"他惊奇地喊道,"我看见东西了……我看到了一条淡黄色的线,很清楚;那大概是人人皆知的耳膜。"他让林格转过身去,把矫光器塞进他的左耳。他入了迷,用音叉和秒表去测试林格的听力。"你知道,医生,"他有点不好意思地说,"我年轻时老想当医生。不过呢,我有了别的职业,才醒悟到我的真正使命是什么。"吉辛刚走,希特勒医生又研究起来了。他把林格和两名党卫军的卫兵召来,一一给他们做耳朵检查,直到他学会了使用电镜为止。然后,他要了一本尼克教授写的关于治疗眼、耳、喉的著作。

希特勒的精神是好些了,但他仍觉得晕眩,走路还得叉开双腿,就像水手在颠簸的船上行走一样。尽管如此,他仍坚持要于8月4日向地方长官训话。他与他们一一握手。许多人,例如杜塞尔多夫的弗莱德里希·卡尔·弗罗里安,看见他如此情景,都流下了眼泪。"你们不会误解我的,"希特勒说，"我对你们说，在过去一年半中，我总相信，终有一天我会被我的左右开枪打死。"他要他们想象一下，若明知某种凶杀随时可能发生，这究竟有多么可怕。"为了维护我们的人民，我需要拿出多少精力来呀！要思索，要考虑，还要解决这些问题。这些，都要我自己干，得不到别人的支持，而且常常在沮丧中进行。"哀伤的演讲完毕后，大家便进午餐，一人一壶茶。希特勒慢慢站立起来。"我要走了，"他说，"先生们，你们……"他把两个指头放在嘴边，示意让大家抽烟。他摇摇晃晃地走了，还故意装着不晃的样子。

不久前，希姆莱曾向这些人保证过，他不但会让阴谋分子而且也会让他们的家属受到法律的制裁。"施道芬堡全家，"他说，"将会被铲除，连根铲除！"热烈鼓掌。"杀一儆百，坚定不移！"他就是用这种精神进行调查的。主谋的近亲和其他亲戚均被逮捕，其中有年过七旬的老太太十多人。为了对阴谋案件从每个角度进行调查，希姆莱派出了几十名侦探——调查进展神速、彻底，8月7日便开始审判首批罪犯。被带上"人民法庭"的共8名军官，法官是通晓苏联法律和刑罚的罗兰·弗赖斯勒——希特勒称他为"我们的维辛斯基"。办理此案时元首曾指示他要严厉，"要用闪电般的速度"。

被告穿着破旧的衣服，走进柏林高等法院的大审判室。他们形容憔悴，头发蓬乱，衣着不整。这次审判还被拍成电影，为的是让德国人民看看叛逆分子的下场。陆军元帅维茨勒本，由于不准戴假牙，加上不断地在系紧没有皮带、尺码又过大的短裤，看上去就像是喜剧里的流浪汉似的。像演戏似的穿着红衣服的弗赖斯勒，同他所钦佩的苏联法官一样，朝他喊道："你这肮脏的老家伙，老在摆弄裤子干什么？"

这次做给人看的审判的调子和水准就是如此。"在德国的审判史上，从未有被告受到过如此残暴、如此残忍的对待。"一个速记员回忆说。判决是事先定好了的；弗赖斯勒像吹喇叭似的宣布，8人均犯有反对元首的叛逆罪（事实如此），和反对德国历史的叛逆罪（这却不是事实）。按照希特勒的具体指示，8人被用卡车运至普洛陈塞监狱。接着，他们便被送进一间小屋——在那里，天花板上吊8个肉钩。被判处死刑的8人，上身被剥光后，被用富有弹性的细钢条吊死。他们痛苦地挣扎的情形被摄影机记录了下来，当晚便在"狼穴"的银幕上再现。据施佩尔说，"希特勒爱看这个影片，让人反复放给他看",但贝洛夫副官和其他贴身人员至今仍说希特勒从未看过。

对这一事件,希姆莱还做了进一步调查,也还有其他审判,但公布的只有8人。另外还有5000人左右——男男女女,大部分人与7月20日的起义没有直接关系——也被处决。

8月15日,盟军在法国南部登陆。古德里安就此评论说,机械化部队虽然强大,却弥补不了空军和海军的失败。这一说法触怒了希特勒,为遏制自己,他走到另一房间,与古德里安单独谈话。但他们的声音越来越大,致使一名副官不得不提醒元首说,他说的每个字外边都听得很清楚。是否把窗户关上?

当晚晚些时候,当希特勒得悉陆军元帅冯·克鲁格已神秘地失踪时,不禁大怒——当天早些时候的发怒,若与这次相比,简直是小巫见大巫!克鲁格的失踪似乎是这样发生的:当天上午,这名西线总司令乘车去前线与装甲兵司令进行会谈,但他压根儿就未到会晤地点。希特勒大喊大叫说,克鲁格肯定与炸弹阴谋有关,已趁机溜走,和敌人进行秘密和谈去了!

事实上,由于遭到敌人战斗轰炸机的攻击,克鲁格的车子,连同两台发报机一起被炸毁,他抵达前线的时间被推迟。他不但被困在拥挤的道路上并与外界隔绝,而且还面临着进退维谷的局面。一方面,他尽力阻止盟军的突破,另一方面,他又深信自己的任务已毫无希望完成。自从在俄国发生一次严重车祸以来,他一直精神萎靡。他常在自己的办公室走来走去,非常痛苦,这一方面是因为他曾向希特勒宣誓效忠,另一方面他又觉得自己"对上帝,对自己的民族,和对自己的良心,都负有责任"。

当天夜深,克鲁格终于抵达了前线,但那时希特勒已决定让陆军元帅莫德尔接替他的职务。8月17日,莫德尔带着元首的手谕来到法国,接过了西线的指挥权,克鲁格被这突如其来的解职搞得晕头转向。"我的名誉全在阿弗朗什,"他指着地图对他的参谋长说,"现在,我全完了。"第二天,他坐上小汽车,懒洋洋地东行,像施图尔纳格尔一样,重游了法国的旧日战场。与施图尔纳格尔一样,他也想自杀。克鲁格成功了。在克莱蒙顿阿尔贡附近的一棵树下吃完午餐后,他将一封写给他兄弟的信交给了副官——然后便吞了氯化物。

另一封写给元首的信已在途中。在简要地说明了他为何阻止不了盟军的前进后,他恳求元首结束战争,结束人民所受的不可言喻的痛苦。在"狼穴",希特勒读完这封信后,未作评论便将它递给了约德尔。在信的末尾,克鲁格称颂了希特勒的钢铁意志和天才,以及他进行的"伟大而光荣的斗争"。"现在,就请结束——如果有必要的话——这场毫无希望的战争,证明您是个伟大人物吧!"这封信似乎要扼要地叙述陆军最后蒙受的耻辱,但这不是为了他自己。克鲁格没得到什么好处。他不过想最后一次做出努力,用敲响警钟的办法,为国服务罢了。

这是徒劳的;希特勒仍一心想完成其最终的历史使命:把犹太人从世界上清除干净。这个任务,据艾希曼8月的报告说,已接近尾声。他告诉希姆莱,600万犹太人已被消灭——其中400万是在屠杀营里杀的,其余是在运动战中丧生的。由于红军进展迅速,加上康拉德·摩根不屈不挠地进行调查(他估计被杀的犹太人数已达600万),希特勒便让希姆莱拆除全部屠杀中心——奥斯威辛除外(拆除屠杀中心的命令是希姆莱于1944年11月24日下达的)。还有来自匈牙利、罗兹、斯洛伐克和特莱西恩施塔特的犹太人未被毒死,如果东部的军队能阻止苏军突破,指挥官霍斯是拥有足够的设备去完成整个工作的。

军事形势已严重到只有怀有某种动机的人才会不考虑投降。从波罗的海至乌克兰的整条东线,红军发动反攻,不是将德军消灭便是将他们包围。在南面,苏军正在攻占罗马尼亚的油田;在北面,苏军刚将50个师的德军包围;在中部,红军正在包围华沙。在这种情况下,希特勒亲自下令将冯·兴登堡总统的棺木从他在第一次世界大战中取得伟大胜利的地方坦能堡移走。

在这紧急情况下,戈培尔于8月24日颁布了新的"德拉寇政策":所有的剧场、音乐厅、戏剧学校,以及有歌舞助兴的餐馆,必须在一周内关闭。他警告说,用不了多久,所有的管弦乐队、音乐学校和学院等,除几个主要的外,也将全被停业或关闭;艺术家不是应征入伍便是到兵工厂干活。除两家有插图的报纸外,其余书籍,例如小说和其他文学作品,一律不准出版。

次日,经德国占领4年后,巴黎解放了;罗马尼亚和芬兰双双求和。24小时后,通过政变推翻了安东奈斯库元帅统治的罗马尼亚,向德国宣战。面临全线失败的希特勒仍毫不动摇。他对陆军内出现的瓦解迹象所做的回答是,逃兵的亲属将被逮捕。

8月的最后一天,他对凯特尔和另外两名将军说,做政治决策的时机尚未成熟。"这种时刻只有在你取得胜利后才能到来。"成功的希望还是有的,他说。盟军之间的紧张关系越来越严重,最终将导致分裂。"唯一的办法是等待,不管有多困难,等待适当的时刻的到来。"对他在东西两线面临的问题,他阴郁地沉思着,然后便可怜起自己来。"我想,这场战争对我来说,显然并不开心。我已与世隔绝5年了。没去过剧院,没听过一场音乐会,没看过一部电影。"他的嗓门因愤怒渐渐高了,"我要指责总参谋部,他们未表现出钢铁般的决心,从而影响了从战军官的士气。总参军官上前线去时,我说他们是要散布悲观主义!"他将战斗下去,直到德国取得的和平足以保证德国人民今后百年内的生活,"尤其重要的是,要使我们的荣誉不再像1918年那样,受到玷污。"他的思想又暂时回到爆炸阴谋上去了。"死亡,"他说,"是忧愁、不眠之夜和精神痛苦的解脱。只一眨眼的工夫,人便从一切中解脱出来,永远安息。"

他这种宿命主义的情绪可能是健康状况恶化的结果。他虽然也拿他的右手和秘书们开玩笑——他右手发抖,已不能自己刮脸——却受伤风的严重影响,而伤风又因不停的耳痛而加剧。几天后,他觉得头脑发涨,特别是在眉区,这便使他的病情更加复杂化了。他的嗓子嘶哑了;他说胃痛,却又对吉辛医生的警告——此系服用莫雷尔医生开的各种药丸的结果——置之不理。9月初,为了减轻瘘管疼痛,他同意按吉辛医生的处方使用10%的可卡因溶液,并且每天早晚老老实实地在吸入器上伏吸几个小时。

吉辛的出诊,使希特勒很是高兴。如同对莫雷尔医生一样,他对吉辛也开始表示感激。感激发展为信任——不久,他与元首的私交便好得罕见。治疗完毕后,两人便久久地交谈,话题海阔天空,从帝国的前途一直聊到吸烟的害处。交谈中,吉辛继续做详细的笔记。他甚至承担了更危险的任务:秘密地进行心理试验。这项工作做得非常巧妙,致使希特勒长期都未想到,自己竟是,用吉辛的话来说,"相当原始的心理试验"的目标。吉辛对他做的诊断是"恺撒迷的精神病患者"。

在这些日子里,他虽然痛苦、精神不振且易发怒,但对他的最年轻的秘书特劳德尔·荣格却从不发火,对她私人的利益依然很关心。但是,一天午餐时,她发现他行动反常。对她未说一句话。当他们的目光相遇时,她发现他眼神严肃,好像在试探什么。她暗想,是不是有人说了她的闲话。当天晚些时候,党卫军将军奥托·赫尔曼·菲格莱因打来电话,问她是否可到他的兵营去一趟。将军像慈父似的一手扶住她的肩膀,告诉他,她的丈夫在战场上牺牲了。他解释说,元首昨天就知道了这个消息,但不敢把噩耗告诉她。后来她被叫到元首的书房。他抓住她的双手,温柔地说:"啊,孩子,我多么难过。你丈夫是个多好的人呀。"他叫她继续工作下去,并答应"经常帮助"她。

9月上旬,埃肯教授再次前来检查。当听说莫雷尔给他打了那些针和吃了那些药后,他与吉辛医生和希特勒另外两名外科医生勃兰特和哈塞尔巴赫一样,他也很担心。4名医生秘密商量,但埃肯教授担心元首也不会听他的警告,就像不听3位医生的一样,因为元首完全信任莫雷尔。

一星期后,希特勒诉说他几乎不能入眠。由于胃痉挛,他整夜不能合眼。瘘管发炎也未见减轻,头部的左边继续疼痛。而他的病情又被日夜不停的汽锤声加重——为防止遭苏机的突然轰炸,他所居住的地堡正在被加固。健康的损坏又带来一个副作用:原来很好的记忆力,现在衰退了。长期以来,对冗长的文件他都能过目不忘,能一字不漏地重述出来;现在呢,连记人名都觉得困难了。他苦笑着说,幸运的是,近日来,需要他对付的人只有那么几个。

9月12日,吉辛给他做完可卡因治疗后,他立刻觉得头晕。他说他眼前一片漆黑,连忙扶着桌子,以免摔倒。他的脉搏跳得快而弱,90秒后,这次病的发作——很可能是轻度的冠心病发作——便过去了,脉搏恢复正常。接着,他便出了一身冷汗。他把莫雷尔找来,打了3针;病暂时减轻了些。9月16日,心脏病第三次轻度发作。这次,他同意做几个月来吉辛医生一直要他做的事情:对头部进行放射检查。

2 最后一次反攻

1944.7.21—1945.1.17

同一天,希特勒发布了一道命令,要求在西线作战的有能力的战士拿出"狂热的决心来"。美军已打到德国边境,而在亚琛的南面,业已突破了防线。"就我们这方面而言,不会有大规模的战事了。我们所能做的就是死守阵地。"看来,希特勒只是号召死守本土,实际上却是一条奸计,目的在于愚弄敌人。(他怀疑在最高统帅部内敌人安有探子,探子对所有的命令都很熟悉。当然,这个探子不是别人,正是"超级"机密。)定期的最高级会议一结束,希特勒便请了4人进入内室——新的会议室。走在前边的是凯特尔和约德尔,接着是参谋总长古德里安和戈林的代表克莱佩将军。正当他们在低声猜测元首有什么令人惊奇的事告诉他们时,希特勒弯着腰进来了。由于第三次心脏病发作,他仍脸色苍白,精神倦怠。他失神的碧眼水汪汪的,嘴巴也很松弛。

他朝约德尔点了点头。约德尔简要地把情况说了一番:他们的盟友不是已被消灭,就是已经或正在试图转向。武装的陆军总数达900多万,但在过去3个月中伤亡就达120余万人——几乎半数是在西线。东方出现了短暂的间歇,因为苏联的夏季攻势似乎已经结束。"但在西线,我们正在阿登山脉受到一次真正的考验。"这是在比利时和卢森堡境内的最后一个丘陵地区——早在第一次世界大战期间,以及在1940年,德军就是通过这条大路取得胜利的。

一听到"阿登山脉",希特勒便立刻又活跃了。他把手一挥,喊道:"别提了!"室内鸦雀无声。末了,还是希特勒自己开口,"我已做了一个重大决策。我要反攻。在这里,在阿登山脉外!"他以左拳猛击摊开的地图,"跨过默兹,朝安特卫普挺进!"其他人听得目瞪口呆,面面相觑。他挺着胸,眼睛闪闪发光,劳累和疾病的迹象一扫而光。此时的希特勒又是1940年时精力充沛的希特勒。此后好几天,他也像从前那样充满了活力,催促赶快为大规模的反攻做好各种准备。他下令重建一支机械化部队,并想方设法将25万人和数以千计的机械绝对秘密地运上阿登山脉。

只是在这时,他才同意对他的头部进行 X 光检查。9月19日近黄昏时,他乘车到拉斯登堡的陆军医院,被带进放射室——为提防有人安放炸药,此室曾被悉心搜查过。检查完毕后,他又去看望受伤的军官们;这次,看见施蒙特即将死亡的惨相,他流了泪。(施蒙特死后,希特勒再次流了泪。"别以为我会安慰您,"他对施蒙特夫人说,"您应该安慰我,因为我受到了重大损失。")在医院外,一群市民和在休养的伤员高喊着"胜利万岁!"向他欢呼。看见他们的元首——也许是第一次——他们会如此激动,这是可以理解的,但最使吉辛医生难忘的却是断了肢的伤员和其他重伤员眼中的炽烈的热情。

次日上午,吉辛与莫雷尔一起,检查了3张 X 光底片。莫雷尔把颊骨当作瘘管,使吉辛大吃一惊。此后,他们每天都到地堡内检查病人。吉辛注意到,在灯光照射下,希特勒的脸上出现了一种奇特的淡红的色泽。后来,因为胃痛难忍,希特勒坚持要服用莫雷尔医生开的"黑药丸",一服就是五六片。由于剂量继续增大,吉辛医生很是关切,便开始小心地进行询问。林格把药瓶拿给他看。药瓶上的说明书写着:"消毒丸,科斯特医生,柏林,士的宁浓缩丸,0.04;浓缩颠茄片,0.04。"

吉辛大为震惊。希特勒一直在服用两种毒药——士的宁和阿托品。他的身体越来越虚弱,心脏病几次三番发作;他的易怒和怕光;他的喉咙沙哑和皮肤色泽淡红等,其原因或许就在于此。两次心电图都出现 T 形波。这可能是动脉硬化或高血压,但是,不管是何种情形,由于他还有其他疾病,这情况都是够吓人的。在定期检查时,希特勒又向吉辛医生诉说他肠胃不适,"痉挛得厉害,有时忍不住要喊出声来。"

9月25日,在再次为他诊治后,吉辛偶然在地堡外看见他的病人。奇怪的是,在阳光下,希特勒的皮肤不是呈红色,而是黄色。眼睛也开始变黄——显然,他患了黄疸病。由于一整晚痛苦难忍,次日早晨希特勒竟起不了床。他的秘书、副官和仆人,全都惊慌不已;谁也记不得元首有过起不了床的情况,不管病有多重。他谁也不想见,也不想吃饭。根舍焦急地对特劳德尔·荣格说,元首如此坐卧不安,如此冷漠,他从未见过。连东线如此危急的局势,也无法让他打起精神来。

莫雷尔让他整天卧床,但他坚持要起身让吉辛医生检查。吉辛再次劝说勿用可卡因治疗,希特勒却疲乏地摇摇头。"不行,医生,"他说,"我觉得,前几天我会如此虚弱,主要是肠胃不好和胃痉挛引起的。"吉辛犹豫了,他告诉他的病人,要保重,否则,身体会再次崩溃。在出去时,他取了一瓶莫雷尔医生的黑药丸,并拿给哈塞尔巴赫医生看。在得悉药丸中含士的宁和阿托品后,他也大惊失色。他劝吉辛先不要声张,待与勃兰特医生磋商后再说。

与此同时,莫雷尔下令,不让别的医生为元首诊治。27日,吉辛前来为元首诊治时,卫兵把他赶了出去。连从柏林赶来为元首诊治瘘管的埃肯教授也被拒之门外。在以后几天里,莫雷尔竭力将他的病人和其他医生隔离开来。他坚持己见,说元首未患黄疸病,更可能是急性胆囊炎。在这段时间,希特勒的体重减轻了6磅,他痛苦难忍,卧床不起。他不吃不喝,对前线的战事兴趣淡薄。偶尔,他也想见见他的秘书,但一见之后,又几乎立即叫她们走开。"这事叫我绝望,"特劳德尔·荣格回忆说,"他原可大笔一挥便阻止这一悲剧的,可他躺在床上,对什么事情都没有兴趣,用疲乏的目光望着周围的一切——而他周围的一切都成了地狱。我似乎觉得,他已突然醒悟到,大脑的力量和意志都已罢了工,一切是那样没有意思。他刚躺下便说:'我再也不想干什么事了'。"

希特勒精神萎靡,肉体的痛苦并非唯一的原因。在措森的陆军司令部的保险箱内,又出乎意料地发现了不少暗杀的罪证,牵涉到一大批陆军领导人,这使元首大受打击。在他的贴身人员中,有些人觉得,使他精神崩溃的原因,这件事情居多,黄疸或胃痛(这他已经忍受了多年)居少。

29日,勃兰特医生回到了"狼穴"。对最终能有机会揭露莫雷尔这个江湖术士的真面目,勃兰特很是高兴和热心,并于当天下午进了希特勒的房间。起初,希特勒对勃兰特的指责很认真;但,莫雷尔说自己并无半点做错,元首对此也心悦诚服。倘若消毒丸在希特勒身上产生了副作用,那是由于他自作主张,增加剂量。勃兰特很是悲伤,揭露莫雷尔一事只好由他的同事们去完成了。哈塞尔巴赫找到了鲍曼。鲍曼这个人,为医者绝不可与之为伍,因为几个月以来,他一直处心积虑,想方设法要搞掉勃兰特。他把勃兰特看作是施佩尔的同谋——而施佩尔对元首的"危险的"影响,必须不惜一切代价予以削弱。在客气地听完哈塞尔巴赫的诉说并对药丸之说表示震惊后,鲍曼立刻去找希特勒并告诫元首,为了达到自己的目的,勃兰特与哈塞尔巴赫和吉辛等人,正在努力毁灭可怜的莫雷尔医生。

除莫雷尔一人外,没有一个医生被允许去看希特勒。看来,鲍曼已经取胜。10月1日黄昏时刻,林格给吉辛挂了个电话,说,元首头痛得很厉害,叫他立刻到他那里去。元首穿着睡袍,躺在简朴的床上。见吉辛进来,他把头往上抬了抬,以示问候,但他的头立刻又跌回枕上。他目光空虚,毫无表情。他诉说头胀痛得不行,也不能用左鼻孔呼吸。吉辛在床边坐下后,希特勒突然改变了话题。"医生,"他问道,"消毒丸的事你是怎么知道的?"

吉辛做了解释。希特勒皱了一下眉头:"你怎么不直接来找我?你不知道我非常相信你?"吉辛医生觉得全身发冷——倒不是因为室内冷气过冷。他急忙解释说,是人家不让他来。希特勒一耸肩了之。吉辛认为,他的肠胃病系士的宁所致。希特勒又耸耸肩了事。他说,类似情况他有过多次,只是没有这样严重罢了。"长期不断的忧虑和发怒使我不得安宁。为了德国人民,我不得不日夜思考和工作。"他已觉得好多了,用不了几天便可下床了。"你把莫雷尔吓了一大跳,"他说,"他吓得脸色发白,忧心忡忡,还责怪自己。不过,我已说服了他。我自己就历来相信,简简单单的药丸便能吸收我肠子里的气。每次服后我都觉得很舒服。"吉辛解释说,舒服的感觉是幻觉。"你说得也许不错,"希特勒插嘴说,"但这药吃了也没有坏处,在过去一个月中,由于我神经高度紧张,肠子反正都会痉挛的。7月20日的事有时还在我身上有所反应。迄今为止,我还有将这些藏在心里的毅力——现在呢,它已爆发了。"

吉辛的诊断是，他患了黄疸，但希特勒却矢口否认。"不，你是想把我变成你的胆囊炎病人！来吧，你检查检查我的胆囊吧。"他把被单往后一卷，让吉辛进行检查。这是吉辛首次为他的病人做全身检查。他检查了希特勒的神经反应，腮腺，以及身体的每一部分。吉辛满意了：例如，关于元首的性器官有缺憾的谣传纯系误传，他的性器官正常而完整。至少还有两名医生为希特勒做过全身体格检查。莫雷尔医生发现，他的性器官"完全正常"。元首当权后不久，柏林"西头医院"的一位医生也为他检查过，情况相同——这位医生曾听人说过，希特勒"有同性恋的倾向，便特别注意他的阴茎和睾丸"。

希特勒对检查的每个过程都入了迷，再次成了学医的学生。"你知道，医生，"林格和吉辛帮他穿睡袍时，他说，"除神经过分活跃外，其余神经系统都非常健康。我希望不久一切都会恢复正常。"说着说着，他似乎陷入了一种虚假的幸福感中。对吉辛为他解除痛苦，他表示感谢，"现在，命运又派遣你去打探出这个消毒丸的事情，使我免受更进一步的破坏。因为，要不是你，我身体复原后还会服用这药的。"这个结论已是前后矛盾，却又突然对吉辛大加赞扬，使他摸不着头脑，"我亲爱的医生，是上帝让您做这一检查，并发现了其他医生注意不到的东西。无论如何，我对您给我所做的一切都很感激。我将一如既往地忠实于您——尽管您攻击了莫雷尔——对您所做的一切我再次表示感谢。"他抓起吉辛的双手，紧紧地握着，要求再来一剂"可卡因那东西"。治疗后，元首立刻腹泻。他说，他的头脑慢慢清醒了，不久便可下床了。但他说话的声音弱了下去，眼睛转动着，脸唰的一下全白了。吉辛连忙给他号脉：脉既弱且快，"我的元首，您没事吧？"没有回答。希特勒已昏迷过去。

吉辛四下里瞧了瞧，未见有人。林格已开门去了——有人敲门。吉辛猛然醒悟到，希特勒是死是活，全靠他是否开恩了。躺在他眼前的是一个暴君——他对人民的了解是很不够的。"在那个时刻，"他在日记中写道，"我真不想让这样一个人活着，不想让他再完全按自己的主观愿望去操人们的生死大权。"在内心的某种命令驱使下，他将一根药签伸进可卡因——再有一剂便可能致命——瓶内，用刚才使他昏过去的药物，迅速地洗涤他的鼻孔。吉辛洗完他的左鼻孔后,有个声音吓了他一跳:"还要多长时间才能治完?"那人是林格。

吉辛只好说就快完了。就在这时,希特勒的脸(比先前更白了)抽搐了一下,双腿往上一收,好像很痛苦似的。"元首又患肠痉挛了,"林格解释说,"让他休息吧。"吉辛表面上很镇静,与林格道了再见,骑上自行车,急急地赶回陆军医院。到医院后,他心里仍在打鼓,不知自己是否已将希特勒置于死地。在恐怖中,他打电话给哈塞尔巴赫,把发生的事情告诉了他,并请了一天假,说是要去看看柏林的办公室,因为它挨了炸弹。

次日,吉辛从首都打了个电话,得悉希特勒依然活着。谁也未怀疑双倍可卡因治疗一事。回"狼穴"去是不会有什么问题的。他是在怀疑的气氛中回来的。但这怀疑却不是来自元首。元首仍与先前一样友好。尽管如此,元首还是说要把问题说清楚。他说,消毒丸一事就算作过去了吧,因为他对莫雷尔"完全信任"。他要亲手把问题澄清。为此,他已让人叫勃兰特医生当天下午前来。

希特勒辞退了勃兰特和哈塞尔巴赫二人,借此将事情做了了结。当晚,吉辛被召到鲍曼的住处。"不过,我亲爱的医生,"鲍曼看见他全副军装,便说,"你为何如此正式? 我只想与你商量点事儿。"吉辛有些害怕;鲍曼觉得有趣:"没有必要把这件事搞得如此悲切,我们没有什么要反对你的。相反,元首对你赞不绝口,叫我将这封信转交给你。"这是一封感谢信,感谢他出色的治疗。信内还有一张1万马克的支票。医生把支票撂在桌上。但鲍曼强将支票塞给了他,说,拒绝便是对元首的污辱。

打点好行装后,吉辛到地堡向元首辞行。希特勒向他伸出一只手。"你会明白的,"他说,"消毒丸一事一定要澄清。我知道,你的行动完全出自理想主义,动机纯是为了业务。"他再次对他的出色的治疗表示感谢,并当场提升了他的职务。

这样,小黑药丸一事到此便告一段落——辞退了3位有名望的医生。这时,传闻越来越多,说莫雷尔医生有意要毒杀元首,但元首的贴身人员却完全不信。格尔达·克里斯蒂安认为,莫雷尔虽然衣冠不整,不拘小节,却是个良医。大多数人都同意这一看法。连责备莫雷尔无能的那3名医生也不相信他会给元首下毒。他们记得,当勃兰特指出这些药丸——少量服用则无害——含有士的宁时,他脸上确曾出现震惊的神情。看来,莫雷尔从未认真阅读药瓶上的说明,只看到药名。发现此药竟含士的宁,这真是当头一棒。

待希特勒下得来病床时,证明隆美尔参与炸弹阴谋的证据已相当多了。元首叫来两名将军,要他们去执行一项令人讨厌的任务:建议他了却此生。10月14日,他们走访了正在乌鲁姆附近一座城堡里养伤——因车祸受伤——的隆美尔。1小时后。他们走了。他对夫人说:"15分钟后我就要死去。"他解释说,他被指控参与了暗杀希特勒的阴谋。希特勒提出两条出路供他选择:服毒自杀或上人民法庭。

与妻儿诀别后,他把副官拉到一边。"阿尔丁格,"他说,"事情是这样。"他把希特勒的建议和计划原原本本地告诉了他:将与那两名将军一同乘车去乌鲁姆,途中便服毒。半小时后,死于车祸的消息便向全国公布。当局会给他举行国葬,家人不会受到迫害。阿尔丁格恳求他进行反抗,隆美尔说,这不可能了,因为村子已被党卫军包围,与他的军队的通信线路也被切断。"我已决定去做我显然必须去做的事情。"

下午1时5分,他穿着非洲兵团的皮夹克,带着陆军元帅杖,乘车出发了。在前往乌鲁姆医院的途中,隆美尔服毒自杀。据他的医疗报告称,他的死亡是先前脑壳破裂引起的脑血栓所致。隆美尔陆军元帅的脸上,据他的亲属回忆,出现了"十分蔑视的表情"。

到1944年9月底,希特勒已丧失了3个同盟者:芬兰、罗马尼亚和保加利亚。10月间又出现了进一步的背叛。没有海军的匈牙利海军上将霍尔蒂——没有国王的王国名义上的统治者——派使者去莫斯科求和。那年早些时候,由于纳粹占领了匈牙利,他的虚构的独立就此告终——其时,苏军离匈牙利首都已不到100英里。在布达佩斯,任何一个秘密通常都是在咖啡馆里被大声议论的。因此,希特勒也就知道谈判的详情。正当匈牙利的代表们在莫斯科为争取更好的条款而进行无谓的争论时,希特勒派遣了他最得意的突击队队长奥托·斯科尔兹内前往匈牙利,教训他的领导人,以求得合作。这次行动的暗号很合适,叫"米老鼠"。斯科尔兹内以最小的流血代价完成了这一任务,所用的方法恐怕也是这次战争中最难以想象的。他绑架了霍尔蒂的儿子米奇——用地毯裹着(他这个主意是从萧伯纳的话剧《恺撒与克娄巴特拉》那里学来的)——将他带至机场。接着,他只用了一个伞兵营便拿下了霍尔蒂在里边生活和统治的城堡。前后只用了半小时,代价是7条人命。

6天后,希特勒便以"干得好"一语在"狼穴"热情地欢迎他的突击队队长。他向元首讲述了他是如何绑架小霍尔蒂的,希特勒听得津津有味。斯科尔兹内起身告辞时,希特勒将他留住了。"我要分给你一份工作,是你一生中最重要的。"他把偷袭阿登山脉一事告诉了他。他说,斯科尔兹内在此役中将要扮演主角——将他的人进行训练,让他们假扮成美国人,穿美国军服,使用美国车辆,在美军后方活动。他们必须夺取默兹河上的桥梁,散布谣言,发布假命令,制造混乱和惊慌。

此时,约德尔向希特勒呈交了一份他自己的反攻计划。它原有个代号叫"基督玫瑰",后来,那天上午,元首亲自将它改名为"莱茵河看守",目的在于欺骗谍报分子。根据这个计划,德军需使用3个军的兵力,外加12个机械化师和18个步兵师。"莱茵河看守"是以下述两个前提为基础制订出来的:突袭和使盟军飞机不能起飞的气候。它的目的是要在广阔的战线上强行突破,于次日跨过默兹河,于第7天抵达安特卫普。这次战役不但能消灭美军和英军30个师,而且还能在英美两军之间打下一个庞大的楔子——心理上和实际上均如此。盟军将遭惨重失败,不得不单独求和。然后,德军便挥戈东进,全力对付红军。

为绝对保密,只有几个人被告知这次反攻的计划;各级指挥机构将使用不同的暗号,而且每两星期变更一次;凡涉及此次反攻之事,一律不得使用电话或电传,各种文件将由宣誓决不开口的军官们递送;希特勒说,只有采取这些防备措施,才能瞒过在他的司令部内的间谍。

元首亲自点将,他点了莫德尔去指挥这次大反攻。读了这份计划后,莫德尔不禁目瞪口呆。"这他妈的玩意儿连一条腿都没有!"他抱怨说。伦斯德与他一样,也为此担忧,另外还制订了一个计划。根据这个计划,反攻的规模较小,只动用20个师,在长达40英里的战线上发动进攻。"很明显,你已记不得腓特烈大帝了,"希特勒讽刺说,"在罗斯巴赫和洛伊登,他打败了兵力两倍于他的敌人。怎样打的呢?勇敢地进攻!"这仍是旧话:对于"大解决",他的将领们缺乏想象力,"你们怎么不研究研究历史?"

他耐心地解释了腓特烈大帝是如何冒大险的。他说,后来,好像报答他的英勇似的,天上打了一个晴天霹雳——发生了一个无可预言的历史事件:反普鲁士的联盟一下子便四分五裂了。此后,被欧洲的每个专家判定要失败的腓特烈大帝,却取得了德国历史上最伟大的胜利。

"历史会重复它自己的。"他说。他双目放射着光芒——这是旧时的希特勒,充满了信心和幻想的希特勒,"阿登山脉将成为我的罗斯巴赫和洛伊登。另一个不可预言的历史事件将会发生:反对帝国的联盟也会一下子四分五裂!"

顺便提一下,他自己与日本的结盟已无多大价值了。日本不久前遭到了另一次惨败。麦克阿瑟不仅在菲律宾的莱特岛大规模登陆,而且还在接着发生的莱特湾大海战中,使日本丧失了30万战斗吨位:4艘航空母舰,3艘战舰,6艘重型巡洋舰,3艘轻型巡洋舰,以及10艘驱逐舰。此后,日本海军一蹶不振,在保卫本土的无谓的战斗中,所起作用甚微。在中国东北的日军,对希特勒的强敌红军,也毫无威胁了,因为他们正被大批运去与英国作战。

11月10日,希特勒下令为阿登战役做好准备,他明确宣布,这是最后一次赌博,决定是战斗还是死亡的一役。这道命令的口气惹得西线的指挥官同声抗议。希特勒无奈,只好离开"狼穴",亲赴前线解释其目的——尽管他身心都突然崩溃,他的嘶哑声加剧。埃肯教授检查的结果表明,他左声带上长了一块息肉。他精神萎靡又经常发怒;访客们见他半卧半躺在备用的小床上,脸色又如此苍白,无不大为震惊。他置莫雷尔的命令于不顾,强行下床,像个老人似的,摸索着走进地图室。他大口大口地喘着气,一屁股坐在椅子上,擦拭着眉毛。为使他的身体在此后的碰头会中能支持得住,莫雷尔医生不得不连连给他打针。

在前往西线前,人们劝他稍事休息后再走,因为按他目前的健康情况,途中即便不发生危险,也会很艰辛。但是,希特勒却坚持前往;他惦念前线,必须前去鼓励指挥此次战役的诸位将领。11月20日,他带上随行人员,登上了火车。他想必知道这是他最后一次看到"狼穴"了,但他仍抱着回来的幻想,让建筑工人们继续干下去。因为希特勒想在天黑后抵达柏林,他乘坐的火车直到拂晓才开出。希特勒乘坐的包厢,窗帘全部放了下来。午餐时,他与大家一起在餐车用膳。特劳德尔从未见过元首如此垂头丧气,如此心不在焉的,"他的声音又轻又小,双眼不是盯着盘子就是盯着白台布的某一点。气氛如此沮丧,使大家都有不祥的感觉。"

希特勒开门见山地宣布,范·埃肯教授将第二次为他的咽喉动手术。他说,这不会有什么危险——好像在安慰自己似的,"不过,很有可能,我说话会没有声音和……"但这句话他未把它说完。此后几天,他与世隔绝。他的贴身人员只知道埃肯教授给他除去了一块小米粒大小的息肉。一天,他出人意料地前来吃早餐;显然,他是在找人做伴。人人都将香烟熄灭;窗户也开了,好让空气清新。他只能小声说话。他说,这是医生的命令。顷刻间,大家都不自觉地模仿他的声音说话。"我的耳朵很好,没有必要宽恕它们。"他喃喃说道。大家都笑了——与其说是被这个笑话引得发笑,倒不如说是为元首的精神得以恢复而笑。

希特勒恢复工作后所表现出来的坚韧不拔的精神,令他的随行人员惊叹不已。他全力投入了将会改变战争进程的阿登山脉反攻战役。12月7日,他批准了最后的作战计划。这个计划几乎与他先前提出来的雷同。为了保密,无线电台故意将密码电报发给假司令部,将假电报发给真司令部,将真电报发给距广为宣传的司令部100英里外的司令部。在较低层中,在啤酒馆,在饭馆等地,他们则故意散布谣言,有意让盟国的谍报人员听。

此时,手中的权力远远超过中尉甚至超过将军的奥托·斯科尔兹内,他所开设的"美国人学校"已到期终。他虽从未去过美国,他的志愿军却学得很好。学校的课程包括:美国俚语、习惯、民俗,以及如何假装美国大兵在敌后散布惊慌。至12月11日,组织工作已基本就绪。德国的铁路创造了运输奇迹,将首批军队运抵"反攻区"而未被敌人发现。那天清早,希特勒将指挥部移至中世纪的泽根堡城堡。这就是"鹰巢",是他1940年入侵西方时的司令部;现在,他与他的随从只好深居于地下隐蔽所内。

当天晚些时候,他会晤了半数左右的师长;其余的将于次日前来。第一批将领及随行人员抵达后,盖世太保收缴了他们的手枪和手提箱。每个人都要用生命起誓,对即将听到的内容只字不吐。谁也不知道为何被召了来;他们只知道,过去几星期里,每个师都在兜圈子。

会议在地下一间大屋内召开。元首坐在一狭窄的桌后,左右分别为凯特尔和约德尔。对面坐的是伦斯德、莫德尔和哈索·冯·曼特菲尔中将——他将指挥3个军中最强大的一个军。他是普鲁士著名的将军世家的后裔;是出色的骑士,又是德国五项运动①的冠军。他身高5英尺余,坚韧不拔,精力过人,是少数几个敢于公开与希特勒对垒的人之一。

希特勒向到会的60多名军官滔滔不绝地讲述腓特烈大帝、德国历史和国家社会主义,足足讲了一个多钟头。当讲到发动全面反攻的政治动机时,他的声音响亮有力,兴奋得目光四射。然后,他便将"秋雾"——此役的最终代号——详尽地解释了一番。此役将于12月15日清晨5时30分打响。各师的将领们听得诚惶诚恐,不但为这一庞大计划,而且也为元首的精力和良好的健康感到兴奋。然而,近得几乎可碰到他的曼特菲尔却看得真切。他实际上"很颓丧,肤色很不健康,外表塌陷,双手发抖;他坐在那里,好像被责任的重负压得伸不直腰。若与12月初召开的上一次会议时相比,他的躯体似乎更加衰老了——他已是个老朽了"。曼特菲尔还瞥见,元首还偷偷地把双手伸到桌下,用一手去翻动另一只几乎全废的手。

坐在外围的当然看不到这一切,自始至终都颇为兴奋。会议结束时,元首响亮地宣布:"这一仗必须残酷地打,任何抵抗都要予以粉碎!在祖国危急的关头,我要求每个军人都英勇再英勇。必须打败敌人——良机勿失,时不再来!德国就得这样生存!"

次日,12月12日,另一群将领聆听了同样的训示。不同的只有一点:反攻时间再次推迟(如同1940年那样)。"秋雾"被推迟至12月16日。希特勒说,这个日子不变了。所谓不变了,就是说,这天天气很坏,坏得令盟军的飞机无法起飞。

---

① 德国五项运动,跳远、标枪、200米赛跑、铁饼和1500米赛跑。——译注

在阿登山脉前线,12月15日晚,天气寒冷,全线平静。战线穿过像新英格兰的伯克郡那样的地形,长达85英里,弯弯曲曲,只有美军6个师把守。这6个师中,3个师是新兵,另外3个师又战得筋疲力尽,可说是流血流得全身都白了。这就是著名的"魔鬼前线"——在这个又冷又静的地方,两个多月来,双方都在休整,互相察言观色,彼此都避免招惹对方。

那天晚上,盟军的指挥官谁也未料到德军会发动进攻。几小时前,蒙哥马利曾断然说过,德军已"无法发动大规模进攻"。事实上,由于全线沉寂,蒙哥马利曾问艾森豪威尔,他是否同意他下星期回英国。

德军3个军的兵力,计25万人,以及数以千计的机械,已被偷偷地运至出发线——低空飞行的飞机声将半履带车的响声淹没。15日深夜,集结在各突击阵地上的士兵,在寒冷中站着,全身瑟瑟发抖,却以真正的热情聆听伦斯德元帅发来的一封电报:

我们孤注一掷!你们身负神圣的义务,为取得我们祖国和元首的超人的目标,奉献一切吧!

昔日取得胜利时的激动和兴奋又在士兵中高涨起来了。他们再次采取攻势了。德意志高于一切!

清晨5时30分,战火和硝烟在"魔鬼前线"全线爆发了。在长达85英里的战线上,迫击炮咚咚,火箭嗖嗖飞出发射台,88毫米口径大炮隆隆,真是地动山摇!数以千计的坦克摇摇摆摆地滚向前方,沉闷的炮声从后方传来——远程炮将14英寸口径的炮弹射向美军战线后方数英里外的目标。

1小时后,炮击停止了。战地上突然出现了令人恐惧的沉寂,但转瞬即逝。在新近下的大雪的映照下,身穿白衣的德军,几乎看不清人形,像魔鬼似的从阴霾中冒身出来,12—14人排成横排,迈着缓慢而可怕的步子,朝美军走去。当希特勒的士兵渗入美军的前沿阵地后,一群群新型飞机,尖声怪叫着,以难以置信的速度,从东方飞了过来。德军不禁抬头仰望自己的机群;许多人还高声欢呼,兴奋得像什么似的。希特勒的"奇迹武器"可不是空谈而是事实！

德军的进攻虽然强大而疯狂,而且又是突袭,但遭到了美军的新兵和打得筋疲力尽的老兵的顽强抵抗,尽管众寡悬殊。炊事兵、烤面包兵、文职人员、乐师、伐木兵和汽车兵……一齐上阵,仓皇应战,阻击德军。有些人吓得大惊失色,转身就跑;许多人巍然屹立,英勇奋战。有些地段有美军坚守;许多地段被突破,德军如入无人之地。在北面,有个狭窄的洛斯海姆山谷,是东方通向西方的古道,地势虽险要,却只有轻兵把守。早在1870年,以及1940年,德国的大军就是从这个长7英里的走廊势如潮涌般地通过的。现在,德军——这次是在坦克、装甲车以及突击炮火掩护下——又再次未受阻击,从容地通过山谷。

黄昏,美军的北部战线业已瓦解。但是,比美国历史上任何一位将军所统率的战斗部队都多的奥马·布莱德雷将军,尽管收到的报告只是一鳞半爪,却向艾森豪威尔宣称,这只是一次"骚扰性进攻"。艾森豪威尔不同意这一看法。"这可不是局部的进攻,布莱德雷,"他说,"德军向我最弱的一环发动局部进攻,这不符合逻辑。"他认为,情况紧急,救兵如救火,便命令布莱德雷派两个装甲师前去救援。

听到美军北面阵线已被突破,希特勒欣喜若狂。当晚,他打电话给B集团军司令——他在阿登山脉以南很远的地方。"从今以后,巴尔克,"希特勒说,"我们寸土不让。今天我们就开拔!"巴尔克告诉他,他的坦克已在通往巴斯托尼的道路上方的山头上隐蔽好了。天气依然是"希特勒天气"。据预报,未来的天气将有雾、细雨或阴霾,使盟军的飞机继续不能起飞。"巴尔克!巴尔克!"他喊道,"西线一切都将大改观!成功——绝对成功——已在握!"

德军继续取胜。18日中午,德国的广播增强了人民的希望。"我们的部队又向前挺进了,"一位广播员说,"我们将在圣诞节与安特卫普一起将元首介绍给大家。"在"鹰巢",希特勒得悉,曼特菲尔的一个纵队已打通了通向巴斯托尼的通道。大规模的穿插正按计划进行。希特勒充满信心,大谈将取得足以改变形势的胜利。他自我感觉良好,竟在乡间散步了好一阵子。由于散步使他提神醒脑,他决定每天都去散步。

在巴黎,在法国政府的许多办公室里,都出现了惊慌情绪。1940年的闪电战仍在许多人中留有痛苦的回忆。在盟国远征军最高统帅部里(设在凡尔赛),一个由瑞安将军率领的法国高级官员代表团,神情紧张地来到这里,探听阿登山脉事件的原委。见各办公室仍按部就班、泰然自若,法国人觉得莫名其妙,"我不明白,"一位将军紧张地说,"你们还不卷铺盖!"

至深夜,阿登山脉战场已混乱不堪,许多曾身经百战的老兵都认为,当时的混乱实在无法形容。谁也不知道——无论是德国人还是美国人,无论是兵还是官——究竟发生了什么事情。在之后两天内,一连串的灾难降临在守军的头上。约8000名美军——也许是9000,因为混乱不堪,无法精确统计——被希特勒的军队围困在大雪覆盖的施尼·埃菲尔峰上。这次美军集体投降的规模,除巴丹一役外,是美国历史上最大的。

斯科尔兹内的化装成美军的士兵,只有几吉普车的人越过了前线,但这些人造成的破坏,却远远超过了原来的计划。例如,有一小队长,竟能让一整团的美军走上错路;他手下的士兵则在更换路标,剪断电话线等。另一车德军,被一支美军拦住问话时,装出惊慌不已的样子,使美军也惊恐起来,逃之夭夭。第三队则把布莱德雷司令部与北面的指挥官科特尼·霍吉斯将军联络的电话线切断。

然而,造成最大损失的还是被俘的一支人马。当这4人向美国一名情报官员供认了他们的任务后,美军便立即广播说,在后方,数以万计的德军,穿着美军军服,正在进行破坏活动。人们立刻便将这一消息与已证实的另一个报告联系起来——该报告称,在马尔梅迪北面,德军在大片地区空投了伞兵。实际上,这次空投已破产,比斯科尔兹内这一招失败得更惨。但在这两次惨败中却孕育出一个巨大的胜利。

12月20日,在整个阿登山脉地区,在荒野的路上,在茂密的松林中,以及在荒无人烟的村庄里,约50万美军挤成一团。暗语和识别牌已不能再证明身份。只有说出宾夕法尼亚州的首府,谁是"修脸"或贝伯·路斯打了几个全垒,你才是美国人。

在巴黎,对斯科尔兹内和他的士兵产生的恐怖已达到了顶峰。有一份歇斯底里的报告说,斯科尔兹内的士兵,穿着牧师和修女的衣裳,刚刚从天而降。据一俘获的斯科尔兹内分子的供称,他们的目的地是和平饭店,在那里会师后,便劫持艾森豪威尔。美国的保安人员对编造出来的这些谣言笃信不疑,连盟国远征军最高统帅部四周也装上了铁丝网,卫兵人数也翻了两番。大门口停放着坦克,进门的证件被检查了又检查。若那扇门被重重一关,艾森豪威尔办公室的电话便响个不停,询问他是否仍然活着。斯科尔兹内的28名士兵,工作得确实很出色。

21日上午,这次战役才初露端倪:原来是一次大规模的反攻。在中区,即在巴斯托尼,由101空军师师长安东尼·麦科里夫少将指挥的一支五花八门的美军,已陷入重围。德军代表人敦促他投降,他随口答道:"屁!"这个字成了暗语,在阿登山脉传开后,提高了守军的士气。逃跑停止了。抵抗精神提高后,又出现了好天气,"希特勒天气"随即告终。次日阿登山脉上空一碧万里,艳阳高照。中午前,16架大型的C-47飞机在巴斯托尼上空为被困官兵空投给养。

战役的主流已有可能逆转,但希特勒此时仍不知晓。曼特菲尔的坦克部队已远离美军被困的巴斯托尼,正朝默兹接近。然而,曼特菲尔本人却忧愁不安;他左翼的德军步兵还远远落在后面。12月24日,他从拉罗什附近的一个城堡里给最高统帅部挂电话。"时间越来越少了。"他对约德尔说。他的左翼已经暴露,制订崭新计划的时刻已经到了。他不能继续朝默兹进发并夺取巴斯托尼。约德尔反驳说,元首是永远不会同意放弃向安特卫普进军的。曼特菲尔争辩说,如果他们按他的计划行事,取得伟大胜利的机会还会有的。"我从默兹这边向北挺进,我们将在河东让盟军陷入重围。"这个建议使约德尔大吃一惊,但他答应将此计转告希特勒。

但是,希特勒并不相信他不能取得完全的胜利。他的信心延长到圣诞节——他用一杯酒庆祝这个节日,这使他的贴身人员目瞪口呆。这是施洛德小姐头一次见他多少有点高兴地喝酒,当天晚些时候,曼特菲尔再次请求放弃对巴斯托尼的进攻,再次遭到希特勒的拒绝。尽管冲在最前面的装甲师已被美国一个装甲师切断,正被打得七零八落。12月26日是盟军大显神威的一天。覆盖阿登山脉全地区的白雪已被染红,但是,屠杀得最厉害的要算是离默兹河只有几英里的一片洼地里。在那里,"刺耳声"恩斯特·哈尔蒙将军的第二装甲师与曼特菲尔的第二装甲师分成100个较小的战场，混成一团。

在"鹰巢"，关于"秋雾"问题的辩论从清晨开始，一直在继续。约德尔说："我的元首，我们必须公允地面对事实。我们不能强渡默兹河。"第二装甲师已面临灾难，而巴顿又刚在南面为被围困的巴斯托尼打开了一条狭窄的走廊。在整个阿登山脉，情况依然如故。目前，战役陷入僵持阶段；大规模攻势已暂告终结。

人人都有自己的计划，希特勒只好洗耳恭听。最终发言的是他，"我们出乎意料地受到挫折——因为我的计划未被彻底执行。"他皱着眉头。接着，他脸色一亮，新的希望又来了。"但是并不是一切都完了。"他发布了新的命令：曼特菲尔折向东北部，把在那里的大部分美军包抄起来。"我要3个师和最少25万名补充兵员立刻赶到阿登山脉去"，他向一群人宣布——这群人围成半圆形站着，一个个板着阴郁的面孔。在一次沉重的打击下，盟军就算消灭不了，"秋雾"仍可变成一次成功的消耗战。这无疑可为德国带来一次巨大的政治胜利。

这些话均被"超级"机密截获并送到了艾森豪威尔那里。他得到保证说，希特勒这次进攻大势已去。"超级"机密有所不知的是，希特勒与他挑选出来的继任人刚激烈地争吵了一次。戈林建议设法签订停战协定，希特勒大动肝火。"战争已经失败了，"戈林说，"我们现在必须与伯纳多特伯爵接触。"福尔克·伯纳多特是瑞典国王古斯塔夫五世的弟弟的儿子，他肯定同意为任何停战谈判充当调停人。

过了一会儿，脸色惨白的戈林向夫人报告说，希特勒大喊大叫，说什么叛变和懦弱云云，但他却泰然处之，认真地回答说："我的元首，我永远不会在你背后搞什么名堂。"他向希特勒保证，不论时局是好是坏，他都忠诚于他。接着，他又再次说，最主要的是立刻停战。他说希特勒安静下来了，但又尖刻地回答说："在这件事上。我禁止你采取任何行动。你若是违反我的命令，我就枪毙你。"戈林给夫人说这些时，戈林夫人从未见丈夫这样惊恐过。"这是最后一次分手了，"他阴郁地说，"参加每天的例会已没有什么意义了。他不会再相信我，也不会听我的。"

对德国而言,这个经典性的战役叫"阿登山脉大反攻",但对于美国人,这不过是"突出部之役"。至12月28日,此役的第三阶段也是最后阶段已迅速到来。在那天举行的一次高级将领会议上,希特勒承认形势已经绝望,但又说,他从未学过"投降"一词,他将用最大的热忱去追求他的目标,"我精神上也许会受忧虑的折磨,身体也可能会垮,但我要战斗下去,直到形势转而有利于我。什么也改变不了我这个决定。"所以,他就要在新年发动另一次反攻,代号叫"北风",地点在阿登山脉南面。取胜的前途是很光明的。部队已集结完毕;盟军一点也没发觉,甚至连飞机也未派去侦察该地区。"这些人觉得没有必要看看周围。他们完全不相信我们有可能采取主动。也许,他们还以为我死了,或患了癌症……"他母亲逝世(因为癌)的周年纪念日即将到来时,他竟牛头不对马嘴地提到癌,这倒是蛮有意思的。

他接着说,第一个目标是用反攻的办法,澄清西线的局势。"为达到这一目标,我们必须狂热,"说着,他又讽刺起来,"也许还有人暗中在反对,说:'行呀,不过,能成吗?'诸位先生,同样的反对意见早在1939年就提出来了。那时,人们用笔头和口头告诉我,这件事是干不得的,是干不成的。到了1940年冬还有人对我说:'你不能这样做。我们干吗不躲在西壁后面呢?'"他的声音变得强硬了,"那时若不进攻他们,我们会变成什么?今天的形势与那时完全一样。"

在那天的军事会议上,伦斯德犯了个错误,劝希特勒放弃"秋雾"并在盟军反攻前撤退。希特勒顿时火冒三丈。他说,"北风"一开始,他便重新向默兹挺进。他用一手指点着墙上挂着的大地图——指点着凸地南面约100英里的地方说,在德国整个历史上,新年之夜向来是给德国武装力量带来好兆头的,而今年新年之夜,将使历来只庆祝新年而不庆祝圣诞节的敌人既惊奇又不愉快。"北风"的必然胜利,他说将"使阿登山脉大反攻左翼所受之威胁自行消灭"——他对下边几个字加重了语气——"只要有成功希望,大反攻就将重新开始"。他的热情令在座者感动至极——虽然,他左手在抖动,脸色也苍白得很。"同时,"他接下去说,"莫德尔要巩固其阵地,重新组织对默兹的攻势,还要对巴斯托尼发动另一次强大的进攻。最主要的是,要拿下巴斯托尼!"深夜,9个机械化和步兵师便向希特勒不惜一切代价要取得的城市扑去。

"在沙盘模型上进行的演习是显不出军事素质来的,"次晚,他对巡视装甲部队的托马勒将军说,"归根结底,军事素质是要在坚持中,在毅力和决心中才能显示出来。这是取得任何胜利的决定性因素。若不是建立在毅力和坚韧不拔的决心上,天才也不过是难以捉摸的鬼火罢了。在人类的生存中,这是最重要的。"世界历史,他说,只能由具有坚韧不拔的决心,有勇气去实现其信念的人们来铸造,"谁都不能永垂青史。我们不能,我们的对立面也不能。这仅仅是谁能坚持久些的问题。谁咬得住,谁就能得到一切。"美国若投降,他不会有什么事;纽约仍然是纽约。"但是,如果我们今天说,'我们受够了',那么,德国便不能再生存下去。"希特勒之所以要顽强地将一场看来已经失败的战争打下去,原因就在于此。对像他那样的赌徒来说,只要有千分之一的机会,那都是值得去碰的。对别人纯属疯狂之举,对他那种人却是合乎逻辑的。他的首席宣传家却不像他那样嗜血成性——至少在私下里不像。在新年前夕的晚宴上(著名的"斯图卡"驾驶员汉斯·乌尔里希·鲁德尔在座),约瑟夫·戈培尔刻薄地说,他的帝国总体战全权大使的头衔是空的。"现在,再也没有什么需要实施的了,"他说,"一切,包括花店在内,都被英国轰炸机关闭了。"

戈培尔说到这里,他的夫人打断了他,说了一句令客人们难以相信的话:"为什么不告诉这些老将,三年半来,你很少与元首单独在一起。"戈培尔很狼狈,叫她别再往下说,但她却不愿住嘴,"这些人有权知道这点。"戈培尔转向海茵·卢克——在希特勒任总理后不久,卢克就曾警告戈培尔,在冲锋队里,许多人都与他一样,对希特勒向德国民族主义者妥协,深感不满。这种妥协,卢克认为,最终必将导致国家社会主义的死亡。那时,戈培尔曾气愤地指责他为机会主义者;现在,这名宣传部长后悔地说:"我本应在1933年就听你的话。"话题转到了近几年来所犯的政治和军事错误上。大家几乎一致同意,末日即将来临,只有鲁德尔一人声称,元首的新的秘密武器将带来惊人的胜利。

快到午夜时,旨在消除盟军对凸出地带的压力的"北风"战役开始了。德军的8个师兵力,锐不可当,从"西壁"冲杀出来。他们的目标是袭击阿尔萨斯北部边界附近的美军第七军。深夜12时钟声一敲响,在北面的阿登山脉,炮声像火山一样爆发了。原来,乔治·巴顿压抑不住,令属下所有的大炮同时开火,庆贺新年。

5分钟后,希特勒的声音——有点刺耳但充满信心——在全德国广播了。他说,德国将像一只凤凰,从它的城市废墟中升起,飞向最后的胜利。广播结束后,他在自己的暗堡里款待他的贴身人员。大家都轻松愉快地喝着香槟酒,但气氛却有点压抑。最殷勤的是希特勒——他用不着烈酒去刺激。他预言,1945年德国将取得伟大胜利。其他人细心听着,一声不响。起初只有鲍曼一人同意他的预言;后来,由于希特勒滔滔不绝地讲了一个多钟头,大家不知不觉也为他的热情所感染。

凌晨4时35分,元首离开了联欢会,去听"北风"的首批消息。开始时倒也顺利,但"超级"机密成功地将他的战斗命令传给了艾森豪威尔。于是,艾森豪威尔便迅速地缩短了第七军的战线,阻止了德军切断凸角之企图。由于事先得到警告,美军便抵挡住了德军的进攻——这次进攻,德军在前进了15英里后便停止不前了。

在阿登山脉,盟军于1945年1月3日转入反攻。他们南北夹击,对中部发动大规模进攻,企图将这块大凸角分成两半。德军顽强抵抗;每英寸雪地都是在双方付出重大损失后才让出来的,与通常一样,他们充分利用地形,掘壕自卫。由于雾大,美军得不到空援,大炮掩护也相对减少,所以进展缓慢。在冰雪覆盖的大小道路上,坦克和自动推进炮常常打滑,不时前后相撞。

丘吉尔坐着飞机,从英格兰飞来视察反攻情况。原来,在凸角的西端,英国发动了相当大规模的袭击,以支援这次反攻。1月6日,丘吉尔会见了艾森豪威尔,后来对英美两国军队的缓慢而艰苦的进展感到恼火。他问道,能不能取得俄国人的帮助,消除阿登山脉的压力?丘吉尔知道斯大林要发动一次新的反攻,却不知道何时开始。"一到下边就会一拖再拖的,"他对艾森豪威尔说,"不过,我知道如果我开口问他,他就会告诉我的。是否试一试?"回答是"可以"——这使丘吉尔松了一口气。当天,丘吉尔便致电斯大林,要求他于1月间发动一次攻势。莫斯科立刻做出回答。斯大林说,他将发动一次大规模反攻,时间不迟于1月下半月。

1月7日上午,旨在拦腰卡住凸地的南北夹击,开始获得进展。次日,由于盟军两军已相距甚近,希特勒不得不下令撤退留在凸地西半部的部队。一个小时后,业已跨过默兹河的装甲兵部队,全部掉头回转,朝巴斯托尼——列日公路东边退去。

希特勒的黄粱梦就此结束。现在的问题是:德军残余的坦克和自动推进炮,数量仍相当可观,它们能及时越过公路吗?会不会被包围?这次撤退是否会成为另一个斯大林格勒?

1月9日,古德里安再次前往"鹰巢"。他第三次警告希特勒:红军即将发动一次大规模攻势。今天,他带着许多地图和图表前来——这些图表都是他的情报主任盖伦绘制的,它们清楚地标明了双方兵力的分布情况。他还带来了盖伦的建议:如若坚守柏林,则需立即从东普鲁士撤退。

古德里安把地图、图表等展开后,希特勒称它们是"极端愚蠢的",并下令将绘制这些图表的人关进疯人院。古德里安火了。"绘制这些图表的人,"他说,"是盖伦将军,是我最好的参谋长。如果我不同意绘制这些地图和图表,我就不会带它们来见你。如果你要把盖伦送进疯人院,你也把我送去好了!"希特勒的怒气慢慢消了。他又是保证,又是夸奖。"东线嘛,"他说,"从未像现在这样具有如此雄厚的后备力量。那是你的功劳。我感谢你。"

古德里安的气却没有消。"东线,"他说,"像即将崩溃的房子。战线一处被突破,全线就会崩溃。因为战线拉得这样长,十二个半师的后备兵力,实在是太小了。"与通常一样,又是希特勒最后说了算。他拒绝动用阿登山脉的后备兵力,理由是,那里还能取得局部的胜利。"东线,"他最后说,"只能依靠自己,只能使用现有的兵力。"古德里安返回佐森司令部时,心里闷闷不乐。他明白,希特勒和约德尔都知道,只要苏联发动一次大规模的进攻,得不到增援的战线就会被突破。是不是因为他们二人都不是出生在那个地区,便对东方即将出现的灾难视而不见?对他那样一个普鲁士人来说,这是用昂贵的代价获得的故乡——也应不惜一切代价保卫它。

3天后,斯大林恪守了向丘吉尔许下的诺言。从波罗的海至波兰中部长达400多英里的战线上，300万红军——比盟军D日在诺曼底登陆的兵力多出10多倍——向装备极差的75万德军展开猛攻。在猛烈的炮火和似乎无穷无尽的"斯大林"和"T-34"坦克的掩护下，一群群苏联红军步兵开始向古德里安装备少得可怜的防线猛冲。由于天气不好，红军的空军大都不能出动，无法给予战术支援。尽管如此，至黄昏，红军的第一梯队已推进了12英里之多。

现在，德国已受到东西两面强兵的夹攻，因为同一天盟军也在阿登山脉取得相当大的胜利。美军的步兵师——包括副总统杜鲁门的老部队第三十五师在内——与第六装甲师一起，在巴斯托尼东面将数以万计的德国第一流军队团团围住。

在"鹰巢"，特劳德尔·荣格刚从慕尼黑过圣诞节回来，在她看来，希特勒很沉静。午餐时，她阴郁地谈到了慕尼黑遭到惨重轰炸的情况。对此，希特勒做了个保证。"这个梦魇将在几星期后结束，"他说，"我们正在大量生产新型的喷气式飞机，到那时，盟国的飞机便不敢随便飞到德国来了。"1月中旬，希特勒及其随从人员离开了"鹰巢"，前往柏林的新司令部。表面上，希特勒并不沮丧。当有人开玩笑说到柏林是唯一适合设司令部的地方，因为去东西两线都可坐车前往时，他还与别人一道笑了。

在正在消失的凸角，盟军又一次发动南北夹攻。1月16日，两军在巴斯托尼北面几英里处会师。盟军一口便咬去了大半个凸角，切断了近2万名德军的退路。由于英军和美军的明争暗斗，这一壮举未免黯然失色。事情是在几天前发生的：负责"突出部之役"北半部分的蒙哥马利给记者们造成了这样的印象，就是说，胜利是他自己赢得的，强大的英军正在帮助美国人从他们的洞里走出来。对此，大多数美国记者都很生气。他们觉得，蒙哥马利说话的调子好像在施恩于人，而在事实上，众所周知，参战的英军数量较少，且大多数美国将领都觉得，蒙哥马利谨慎小心的战术，实在是碍手碍脚。在那几天内，希特勒企图挑拨这两个盟国之间的关系的梦想，得助于人的本性，似乎已经实现。但是，既是军人又是外交家的艾森豪威尔，很快便消除了双方营垒中的不满情绪。

1月17日，希特勒已无可奈何了。曼特菲尔的部队加入了全面撤退的行列。只有少数步兵留在后边——太年轻的、老的以及无用的士兵。这些人,既无援兵也无希望,反而打了一场英勇的掩护战。年仅十三四岁的士兵战死了,冻僵了的手还拿着步枪;五十多岁的士兵死在地窖里,双脚因腐烂而变黑。后撤的德军又受到飞机和大炮的骚扰。侥幸活下来的人们,谁也忘不了美军的炮火是何等的猛烈。一队队的卡车、坦克和自动推进炮,沿着被冰雪覆盖的大小道路,朝德国本土隆隆开去,一队队望不到头的士兵,踏着大雪,艰难地行进着——他们既受到天气的折磨,又受到正在追击的敌人的折磨。

"突出部之役"就此结束。它扔下的是两个被蹂躏了的小国,被破坏了的家园和农庄,死亡的牲口,死亡的灵魂,死亡的心——以及 7.5 万多具尸体。

"秋雾"像一头受伤的巨兽爬回希特勒那里。它使许多人想起了拿破仑当年从莫斯科的溃退。他们脚上裹着麻布,头上缠着披肩,拖着被冻僵的双脚,艰难地在雪中走着,还要忍受刺骨的寒风以及敌人的炸弹和炮弹。伤病员带着正在腐烂的内脏,流着渗出物的溃疡伤口,和正在流脓的耳朵,爬回本土。他们的双脚麻木,满腔失望,一跌一撞地朝东方走去。他们中许多人又患了痢疾,在雪中的血路上又添加了污秽。

他们的意志崩溃了。在这次大溃败中活下来的人们,只有极少数人相信德国还能取胜。回来的人们几乎人人都说,(德国)会灭亡,美国强大,以及阿登山脉的可怕的武器:美国的歼击机。从战斗中出来的美国士兵是美国人的精华,是希特勒不相信会存在的人。

3 "这一次，我们切不可在午夜前五分钟投降"

1945.1.17—1945.4.20

至1945年1月17日，苏联红军已消灭或绕过了波罗的海地区的德军，并在华沙渡过了维斯杜拉河，抵达了下西里西亚。苏联人业已逼近奥斯威辛，灭绝营里面的人们都听见了苏军的炮声。过去几星期来，守卫灭绝营的党卫军就一直在焚毁一仓库一仓库的鞋子、衣服和头发，企图掩盖集体屠杀的痕迹。两天后，在这地区的德国官员大部分已逃之夭夭。那天下午，卫兵们将5.8万名衣着褴褛、饥肠辘辘的犯人集中在刺骨的寒风中，并将他们赶往西面，有可能便将他们用作人质。约6000名身体太弱、无法站立的犯人则被留了下来；德国人希望能利用前进中的苏军的炸弹和炮弹将他们处置掉。但是，当红军于1月27日像流水般流进这座灭绝营的大门时，里面仍有5000人幸存下来。他们骨瘦如柴，弱得连欢呼的力气都没有。在巨大的营内销毁屠杀罪证的努力一直继续到早晨；他们最后炸毁了毒气室和5个火化场。但是，这也不能将希特勒的死亡工厂里的可怕的罪证销毁掉。尽管被焚和被炸毁，红十字会的官员们仍找到369820套男人的服装，836255件女外衣，13 984块地毯和7吨头发。他们也发现了堆积如山的牙刷、眼镜、鞋子、假肢——以及埋葬着数以十万计的受害者的墓群。

在柏林，古德里安将军及其副官于当天下午爬上了总理府门前那座十多级的台阶，前往参加最高级的军事会议。进了总理府后，他们绕了个大圈子才抵达了希特勒的办公室；因遭盟国飞机的轰炸，捷径已被堵塞。他们所走过的地方，窗户用硬纸板覆盖，走廊和房间没有画幅，也没有地毯和挂毯。

最后,他们来到一个客厅前——那里有卫兵用手提轻机枪把守。一名党卫军军官彬彬有礼地要他们将手枪留下,还仔细检查了他们的公事包。这条7月20日后实行的规定,甚至适用于陆军总参谋长。

至下午4时,室内已挤满了军方领导人,包括戈林、凯特尔和约德尔在内。片刻后,通向元首办公室的门开了——这是一间宽敞的办公室,几乎没有什么装饰。在一扇墙中部,放着一张大办公桌;桌后是一张套着黑罩的椅子,面朝花园。参加会议的各位高级将领坐的是皮椅,他们的副官或级别较低的军官们,或是站立,或是坐在靠背笔直的椅子上。

4时20分,阿道夫·希特勒弯腰曲背,左胳膊吊挂着,曳步进来。他用无力的右手与数人握了握手,以示问候,然后,便一屁股坐在由一名副官推来的椅子上。会议开始后,古德里安报告了东方日渐发展的灾难的情况,讲得非常客观。希特勒所提的建议少得可怜,几乎像无能为力似的;但是,一旦西线问题被付诸讨论时,他的兴趣便浓厚起来了,时而批评,时而又用对他的战争("在第一次世界大战期间,在1915年至1916年间,我们通常有弹药津贴,津贴之多,足令你毛发倒竖")的怀念之词做点缀。接着,他就退伍军官复员后所获军衔偏低的问题,与戈林展开了长时间的辩论。会议于下午6时50分结束后,古德里安便返回佐森。他恼透了——他们空谈了两个半小时,对如此吃紧的东线的种种问题,连一个决定也未做出。

这些问题的其中之一是希姆莱。他刚奉命担任一应急集团军司令,此军的主要任务是要阻止G. K.朱可夫元帅的主力。在古德里安看来,决定这样一个人选明明是蠢举;但希特勒争辩说,只有希姆莱能在一夜间组织起一支主力来,他的名字本身便能激励人们奋战到底。鲍曼曾在一旁鼓动委任希姆莱一事,但是接近希姆莱的人们都相信,这是一个旨在毁灭他的主子的奸计。把他派往东方不但使他远离最高统帅部和使鲍曼能加强其日见增长的对希特勒的控制,而且还必定能令人信服地证明希姆莱在军事上何等无能。

希姆莱曾是陆军军官学校的学生,早年就梦想带兵打仗。这次,他上钩了——虽然有点儿勉强。他虽然惧怕鲍曼,却从未想到过他的对手是在为他的倒台做准备。他坐上专车驶向东方,决心截击俄国人于维斯杜拉河。

他能用于阻击俄军的只有几名参谋,一张过时的地图和他的部队的空名:维斯杜拉集团军。除了几支零星的部队外,其余不过是纸上谈兵罢了。新增援的部队抵达后,希姆莱便开始布阵,由东向西即从维斯杜拉河至奥得河设下一条防线。这是蠢举,因为它只保护了波美拉尼亚湾及其以北。换言之,他把守了旁门,却让大门敞开着。

结果,朱可夫绕过这道单层防线,继续西进,只受到零星的阻击。1月27日,即希特勒之最高级军事会议结束的那天,朱可夫的部队离柏林只有100英里左右。横在他们面前的是奥得河,也就是他们占领总理府前必须克服的最后一道主要的天然屏障。3天后,希特勒向全国人民发表讲话。他提到了国际犹太人这个魔鬼和亚洲的布尔什维主义。紧接着,他便号召德国要人人尽责到底。"不管目前的危机有多么严重,"他最后说,"无论如何,它终将被我们始终不渝的意志,被我们准备牺牲的决心和被我们的能力所驾驭。我们能战胜这个灾难;这场战争也会被欧洲而不是被中亚所赢得。站在它前列的是过去1500年来代表欧洲反对亚洲的民族,并将永远代表欧洲的民族:大日耳曼帝国和日耳曼民族。"

当日下午,鲍曼抽空叫"心爱的小丫头"保存一些干蔬菜,和"比方说,50磅蜂蜜"。在信中,他还谈到了布尔什维克在血洗每个村庄时犯下的种种暴行,"你和孩子们千万不要落入这些野兽之手!"尽管有这些消息,元首依旧神采奕奕。晚间的碰头会结束后,有些会议参加者没走,希特勒便非正式地向他们谈到了政治局势。他讲得很轻松,好像是教授向一群得意的门生讲课似的。他解释说,他发动"秋雾"的目的是要分裂盟国。这仗虽然打败了,他说,英美两国却在为谁打赢这仗的问题公开吵得面红耳赤——两个盟国之间的分裂已近在咫尺。

古德里安老大不耐烦地看表,但青年军官们却听得入了迷。元首预言,用不了多久,西方便一定会醒悟到,他们的真正敌人是布尔什维主义,因此,他们便会与德国一道,共同讨伐。丘吉尔和他都清楚,柏林若被红军征服,半个欧洲便成了共产党的天下,用不了几年,另一半也会被消化掉。"我从不想真打西方,"他痛苦地说,"是他们强迫我打的。"但是,俄国的纲领却越来越明显。在波兰,当斯大林承认共产党支持的卢布林政权时,罗斯福想必是开了眼界。"时间是我们的盟友。"他说。他要求死守东线的原因就在于此。他们坚守的每一个要塞终将成为德国—美国—英国联合征讨并消灭犹太布尔什维主义的跳板,这难道还不明显吗?他提高嗓门,提醒听众注意,1918年时,德国曾遭陆军总参谋部暗算。若不是投降得过早,德国原可得到荣誉和和平的,战后原也不会出现混乱,不会出共产党夺权的企图,不会有通货膨胀,不会出现经济萧条。"这一次,"他说,"我们切不可在午夜前五分钟投降!"

1月31日,希特勒醒来后便听到一条惊人的消息:苏联坦克跨越过了奥得河!这样,在敌人和柏林之间再也没有大的天然屏障了。3天后,柏林遭到自开战以来最惨重的轰炸,这又加剧了恐慌情绪。前来轰炸的美机几乎有千架之多,把市中心几乎夷为平地。受害者中就有人民法院院长罗兰·法顿斯勒——其时,他正在审判7月20日阴谋分子费边·冯·施拉勃伦道夫。现在,法顿斯勒已高挂在一根巨梁上,死于非命,腋下还紧夹着施拉勃伦道夫的罪证卷宗。"上帝的法术真是妙不可言,"施拉勃伦道夫暗想,"我是被告,他是法官。现在呢,他死了,我却活着。"

他和另外两名被告被匆匆用小车送至盖世太保的监狱。时间还早,但因为烟雾弥漫、尘土飞扬,天空显得很黑。到处火光冲天。坐落在阿尔布莱希特王子大街的盖世太保监狱正在燃烧,但它的防空洞却只受到轻微的破坏。当他从另一名犯人——卡纳里斯跟前走过时,施拉勃伦道夫喊了出来:"法顿斯勒已经死了!"这个好消息很快便在犯人中传开了。他们若走远,盟军便能在下一次审判前将他们解救出来。

在这次空袭中,希特勒的司令部也遭到严重破坏。次日,鲍曼向妻子描述了司令部的惨象:与外界断绝了通信,无灯、无电、无水。"总理府前有一辆运水车,做饭、洗涮的水就全靠它供应!据缪勒告诉我们,最糟糕的还是厕所。这些打冲锋的猪猡不断地使用它们,可谁也没想到要带一桶水去冲一冲。"至此时,可以参加每天军事会议的鲍曼,用迂曲的方式,与元首建立了巩固的关系。论信任与恩宠,戈林、施佩尔和希姆莱已不再是他的竞争对手,而戈培尔也终于醒悟到,他自己的影响力如何,要靠他与鲍曼之不稳定的联盟能否继续而定。

2月初,荣耀的最后标志降临到了鲍曼的身上。元首向他口述了一份政治证词。如帝国果真崩溃——他依旧抱有一线希望,即某种奇迹定会发生——他要做下记载,让历史知道他已差不多要实现他的美梦了。他要做遗嘱,这倒是有象征意义的。于是,2月4日,当布尔什维克已抵达柏林的大门口时,不知疲倦的鲍曼便开始记下希特勒为历史所做的关于错在何处的最后解释。他说,英国本来可在1941年初就结束战争的,"但是,犹太人却不愿这样做,他们的走狗丘吉尔和罗斯福也在那里阻拦。"这种和平原可阻止美国对欧洲事务的干预,并且,在德国领导下,欧洲将迅速实现统一。犹太人这个毒瘤被消除后,统一就很简单。后方巩固后的德国便可实现"我毕生的雄心壮志,以及国家社会主义之存在的条件——布尔什维主义的消灭"。英国人当时若深明大义,一切事情将会变得多么简单!但他们却不是如此。这样,他作为德国利益的保护人迫于无奈,便只好发动全面战争。

两天后,他又再次口述。"我们的敌人,"希特勒口述说,"正在集中全力,准备发动最后一次进攻。这是最后15分钟了。情况已异常危急。摆在我们面前的是一种极不适宜的联合,是仇恨和嫉妒建立起来的联合,是对国家社会主义理论的恐慌巩固起来的联合。"这种要消灭帝国的愿望令德国只有一个选择:战斗到底,"最后的哨声不响,球赛便没有完。"倘使丘吉尔突然失踪,一切事情都会在眨眼间改变!他痴人说梦,大声地说,英国的贵族有可能向后转,"我们仍可取得最后胜利!"

除鲍曼外,这些日子里他见得最多的是最受他宠爱的建筑师赫尔曼·吉斯勒。两人常在一起,一待就是几个钟头。有时,他们谈论建筑和布尔什维主义,或谈论艺术和西方盟国,或议论他之拯救欧洲,将它变为一个大统一体的梦想,或此或彼,一谈就谈到天亮;有时,他们会对着被灯光照得通明的新林嗣的大模型——新林嗣将超过奥地利的明珠维也纳——思考着、讨论着。林嗣是他的模范大城市,使他不断受到鼓舞。有时候,他竟把戈培尔从床上揪起来,用灯光向他表示,林嗣的早晨、中午、晚上该是什么样子的。他简直可说是青年时代的希特勒,是在向库比席克讲解重建后的林嗣的奇观时的希特勒。

2月12日,"三巨头"宣布,他们刚在雅尔塔召开了一次会议,在打败轴心国问题和未来世界问题上取得了一致意见。在美国、英国和苏联,会议的公报受到了热烈欢呼。这项公报也令戈培尔高兴,因为它给了他一个复活无条件投降这个怪物的机会。他辩解说,罗斯福、丘吉尔和斯大林在雅尔塔做出的肢解德国和强迫它支付巨额赔款的决定,证明德国必须加倍努力,斗争到底——要不就被消灭。

宣传上的意外收获,令希特勒很是满意。次日中午,在军事会议上,希特勒对古德里安大动肝火,他的满意心情因此被冲淡。古德里安将军粗暴地宣称,在奥得河向朱可夫的精锐部队发动反攻,希姆莱没有经验也不是当这个领导的料。"你竟敢批评帝国长官!"希特勒喊道。古德里安不甘示弱,坚持让他的副手瓦尔特·温克将军去指挥这次战役。希特勒怒不可遏。于是,两人便大声争吵起来,越吵越凶,使会议参与者一个个溜了出去,室内只剩下希姆莱、温克和几个脸色铁青的副官。他们辩论了整整两个小时。希特勒每次高喊"你大胆"后便要深呼吸一次。古德里安顽强地重申其要求,让温克去当希姆莱的助手。每次他提出这一要求,希姆莱的脸似乎又更白了一些。

希特勒一直在室内狼狈地来回踱步。末了,他在希姆莱的椅子前停住脚步,无可奈何地说:"得啦,希姆莱,温克将军今晚就到维斯杜拉集团军去接任参谋长!"他坐下后,显得筋疲力尽。"让我们继续开会吧,"他喃喃地说,苦笑了,"将军先生,今晚陆军总参谋部赢了一仗。"

次日,希特勒花更多的时间口述。他对鲍曼说,纳粹党人用行动而不是只动嘴皮把犹太毒素从日耳曼人的世界中洗涤净尽。"对我们说来,这是个主要的消毒过程。我们已实行到了尽头。不这样做,我们自己可能被窒息而死。"他透露,灭绝犹太人已成为他这次战争的最重要的目的。在进攻波兰前夕,他曾警告他们,"如果他们突然挑起战争,他们是得不到饶恕的,我会将全欧洲的这些害人虫灭绝。这次必定是一劳永逸的!"他说,这可不是个威胁,而是他的主要历史任务,"喏,我们把犹太人这个脓疮刺破了;未来的世界将永远感激我们。"

次日晚上,吉辛医生偶然在总理府的防空洞里碰到了希特勒。元首脸色苍白,右胳膊在抖动;要不抓住点儿什么他便不能走动。希特勒似乎心不在焉,几次问同一问题,好像唱针在唱片上不走似的。"您打哪儿来,医生?啊,是的,克莱弗尔德,克莱弗尔德,是的,克莱弗尔德……"他喃喃不止,先是向吉辛保证,美国人永远也突破不了"西壁",后又宣称,德国若输掉战争,他将与他的士兵共存亡,最后,他又吹嘘说,他有一种新式武器,叫原子弹,"即使英国的白崖会躲到水中去",他都要使用这种武器。说着,他便走了开去,未与吉辛道再见。

别人也注意到,他偶尔会心不在焉。2月13日,盟国轰炸德累斯顿,加剧了他的坏脾气。在这次暴风雨般的大火中,这个古老的城镇几乎被炸成平地——废墟达647万公顷,相当于伦敦在整个战争中所遭破坏的3倍。初步的报告表明,在连续两次空袭中,至少有10万人,有可能更多,被炸死。当地警察局长的最后报告说,被炸死的"首先是妇女和儿童",人数达2.5万;另有3.5万人被列为失踪。

开始,戈培尔不相信德累斯顿已被炸毁;后来,他痛哭了。当他能说话时,他一开口便谴责戈林:"这个寄生虫,只知懒怠和关心自己的舒适。现在,瞧他惹来多大的罪过。元首为何不听我早先的警告?"希特勒把一肚子气泄在扔炸弹的英美飞行员身上,却又拒绝了戈培尔的建议,即是说,将被俘的盟国飞行员处决,作为报复。他说,他原则上同意,但要等一等,然后再最后做出决定。里宾特洛甫等人是有能力劝阻他的。

那年2月,欧洲中立国家的报纸上出现了和谈的谣传,这大都是因为彼得·克莱施特最近做的努力所引起的——希特勒曾明令他不得与俄国人再有往来。他这样做了,但到了后来,他又自作主张地在瑞典进行冒险活动,这些活动最终导致另一次和平努力——此次是与西方。开始时,他同意与"世界犹太人代表大会"的重要代表吉莱尔·斯托茨会谈。在斯德哥尔摩旅馆内举行的首次会谈中,斯托茨建议,从各集中营释放4300名左右犹太人。克莱施特说,靠这样个人的活动是解决不了犹太人问题的。它只能用政治办法解决。"如果用保存犹太人的办法能换取欧洲的保存,"克莱施特说,"这倒是一桩真正的'交易',值得我去冒生命危险。"

斯托茨热心起来了。他建议由克莱施特出面与美国驻斯德哥尔摩大使馆的一名外交官员伊沃尔·奥尔逊谈谈,这人是罗斯福总统"西北欧战争难民委员会"的私人顾问。斯托茨前往联系后,回来激动地说,罗斯福总统愿意"用政治"去赎买150万被关进集中营的犹太人的生命。这正中克莱施特的下怀,便把斯托茨的话向纳粹驻丹麦总督瓦尔纳·贝斯特说了一遍。贝斯特的建议是,此事最好去找希姆莱的助手卡尔登·勃鲁纳。

回柏林后,克莱施特果然找了卡尔登·勃鲁纳,却被当场逮捕,如同他与克劳斯打交道时那样。但是,数天后,卡尔登·勃鲁纳却通知他,说希姆莱"愿意考虑瑞典建议的可能性"。他要克莱施特前往斯德哥尔摩开始谈判,为了表示守信用,要他带2000个犹太人前去,作为见面礼。以犹太人做交易,对希姆莱而言,并不是什么新玩意儿。在别的场合,他就这一问题一直在进行初步的谈判,用犹太人进行讹诈,以通过谈判求和。他也受到两个值得怀疑的人的鼓励。一个是他的按摩医师,叫菲力克斯·克尔斯坦。此人是没有学位的医生,波罗的海地区人,生在爱沙尼亚。另一个是希姆莱的情报主任舒伦堡,一个唯利是图者。他也试图说服希姆莱,向政治犯和战俘表示人道,能向全世界证明,他并不是个怪物。舒伦堡坚信,希特勒正在把德国和他自己引向毁灭,因此,他一直不知疲倦地敦促希姆莱去开拓每一条有可能通向和平的道路。

这却不是一个轻而易举的差使,因为这些谈判必须瞒着希特勒进行。另外,卡尔登·勃鲁纳忠诚于他的元首,又讨厌和不信任舒伦堡。卡尔登·勃鲁纳曾不断地劝谏希姆莱,敦促他切不可搞使希特勒不快——或更糟糕——的谋划。这都是在他听说克莱施特的最新建议前的事情。对克莱施特,他是信任的,毫无疑问,希姆莱会把克莱施特派回瑞典去,这是原因之一。

但是,党卫军的暗中策划却成了这个样子:克莱施特刚开始准备行动,便被召至卡尔登·勃鲁纳的办公室并获通知,此事已与他无关。卡尔登·勃鲁纳不能向他解释的是,他的敌人舒伦堡刚把希姆莱说服,即叫他不要与外交部共享任何荣誉——于是,希姆莱便改派克尔斯坦前去做这笔交易。克尔斯坦立即就集中营内之斯堪的纳维亚人的自由问题与瑞典外长开始谈判。由于谈判进展顺利,双方同意让福尔克·伯纳多特伯爵前往柏林,与希姆莱本人做出最终的安排。

由于克莱施特已被告知不准作声,他的顶头上司里宾特洛甫对此事竟一无所知。后来,瑞典驻柏林大使无意中给希姆莱发了个正式照会,要求准许伯纳多特与帝国长官会见一次——由于这是官方文件,不消说,它必须经过外交部。里宾特洛甫这才首次明白,原来他的对手早就瞒着他在进行和谈。他把弗里茨·赫塞找了来——此人在战前曾不倦地为谋得与英国的和平而奔波。赫塞是否认为,伯纳多特伯爵适合传递"和平触角"？赫塞用自己的一个问题作答:元首是否已允诺进行谈判？没有,里宾特洛甫承认说,不过,也许可以将他说服。他们一起就这个问题草拟了一份备忘录,并呈交给了希特勒。它虽未用"投降"这个字眼,赫塞也未被骗住。他议论说,它比主动提出投降也好不了多少。他怀疑西方是否会考虑这些建议,但又说:"很好,你可试试,不过,我想不会有任何结果的。"

里宾特洛甫是以与政敌希姆莱谈判为开端的。令他惊奇的是,希姆莱十分愿意合作；当听说元首可能发觉伯纳多特前来柏林谈判的事情将超出人道主义时,希姆莱被吓坏了。首先,他保证外交部将来会得到他个人的全力支持；然后,他答应下令取消希特勒关于消灭战俘和关押在集中营内的犯人、不让他们活着留给敌人的指示。里宾特洛甫喜出望外,在向赫塞透露这点时好容易才忍住欢喜之泪。"是呀,我们现在总可以设法拯救德国人民了。"他说。于是,他便于2月17日派赫塞前往斯德哥尔摩。

想来希姆莱必定是立刻便为其过早地向里宾特洛甫所许下的诺言而后悔莫及的。一想到元首可能发现并误解其之所为,希姆莱便吓得魂飞魄散。伯纳多特抵达柏林后,他竟拒不接见——除非他的两个敌手(卡尔登·勃鲁纳和里宾特洛甫)先行会见伯爵。他暗想,这便可阻止他们在希特勒面前说三道四。两人都很高兴。首先会晤伯爵的是卡尔登·勃鲁纳,但伯纳多特却要求直接与希姆莱打交道,便不愿与他的助手多言,只提议让瑞典的红十字会派人到集中营内去工作。卡尔登·勃鲁纳连连点头,还说他"非常同意"让伯纳多特亲自面见希姆莱。此举令伯纳多特好生惊奇。

不出一个小时,伯纳多特便在外交部与里宾特洛甫会谈了——或者说,在听他讲。由于不知要听里宾特洛甫发言多久,伯纳多特偷偷地上好了他的跑表。里宾特洛甫口若悬河,讲了一个题目又一个题目,滔滔不绝地讲着纳粹的陈词滥调。末了,他宣布,给人类做出了最大贡献而迄今仍健在的人是"阿道夫·希特勒,毫无疑问是阿道夫·希特勒!"他沉默了。伯纳多特将跑表一按——里宾特洛甫竟一口气讲了67分钟!

次日,伯纳多特伯爵乘车前往格赫德医生的疗养院。这家疗养院设在柏林北面约75英里的霍亨里亨,系希姆莱非正式的总部。伯纳多特觉得他和蔼可亲得令人难受。从外表看,希姆莱毫无穷凶极恶的样子;他温文尔雅,说话细声细气,两只小手的指甲修得整整齐齐。伯纳多特告诉他,在瑞典引起公愤的是抓人当人质和屠杀无辜的百姓。希姆莱认认真真地回答说,显然,伯爵的消息不确切。他问伯纳多特是否带有具体的建议。

伯纳多特提议,希姆莱释放集中营内的挪威人和丹麦人并交由瑞典关押。这个要求本来微不足道,却引出一连串对瑞典人的猛烈指责。这与伯纳多特是风马牛不相及的;希姆莱之所以这样,恐怕是突然生出的恐惧心理所致。"我要是同意了你的建议,"他说话时,眼睛不时地眨巴着,"瑞典的报纸恐怕会登出大标题,说战犯希姆莱,因怕受惩罚吓破了胆,正设法赎买自由。"接着,他又改变主意,说他或许会按伯纳多特请求的去做——假若瑞典和盟国能向他保证停止在挪威的破坏活动的话。

"那是不可想象的。"伯爵回答说。接着,他又要求得到几个小的让步。希姆莱同意了。伯纳多特的勇气大了些,问,是否可让嫁给德国男人的瑞典妇女返回家园。希姆莱当即予以拒绝。由于被逼至尽头,希姆莱的态度变了。"你也许会觉得我多愁善感,甚至荒唐可笑,但是,我是发了誓要忠于阿道夫·希特勒的。作为一个军人和一个德国人,我不能违背我的誓言。因此,我不能做出任何违反元首的计划和愿望的事情来。"只在片刻前他还做出了可能会令希特勒大怒的让步,现在呢,他却在随声附和,跟着希特勒大谈"布尔什维克威胁",还说如东线崩溃,欧洲便会完蛋。然后,他又带着感情,回忆了纳粹运动初期的"光荣的"日子——"我一生中最美妙的年华"。

伯纳多特勉强插进一个客气的问题:关于德国对待犹太人的问题。"难道你们不承认犹太人中有好人,就像其他民族一样吗?我的朋友中很多是犹太人。""你说得对,"他答道,"但是,在你们瑞典可没有犹太人的问题,所

『这一次,我们切不可在午夜前五分钟投降』

以你便理解不了德国的观点。"会谈进行了两个半小时。会谈结束时,希姆莱答应在伯纳多特回瑞典前对他所提的要求全部做出答复。作为馈赠,伯纳多特送给希姆莱——对斯堪的纳维亚的民俗极感兴趣——一本有关战鼓的、成书于十七世纪的作品。

　　伯纳多特回到了里宾特洛甫的办公室。这位外交部长似乎比先前更愿出力,但是,他的过分高涨的情绪却使伯纳多特非常生气。于是,伯纳多特便伺机客气地告辞而去。里宾特洛甫立刻找来克莱施特,询问谁是伯纳多特的后台。除了拯救斯堪的纳维亚人外,他真正要的是什么?克莱施特瞥见椅子上有个皮夹,鼓鼓囊囊的,装满了文件。这是伯纳多特的皮夹。克莱施特将它拾起,递给里宾特洛甫,以为他会翻阅里边的文件。不料,里宾特洛甫把皮夹装进大信封,叫人送回给失主。克莱施特大受感动。"在大战行将瓦解中",这似乎是独一无二的"侠骨仙风的姿态"。

　　里宾特洛甫在斯德哥尔摩的代理人赫塞,并未从瑞典的银行家瓦伦堡处得到多少鼓励,因为后者认为,罗斯福和丘吉尔二人都决心摧毁德国。他建议让德国人去探探东方。措辞明确的提案或许会令斯大林感兴趣。"斯大林,"他说,"未向西方承担义务。"数日后,赫塞在瑞典的报纸上看到一幅照片,使他又产生了希望。这幅照片照的是瓦伦堡的兄弟与俄国大使科隆泰夫人胳膊挽着胳膊,站立在俄国使馆的台阶上。这可能是克里姆林宫对西方不满,准备与希特勒和谈的信号。赫塞大受鼓舞,立刻赶回柏林,但他发现他的主子对瑞典传来的消息完全不感兴趣。里宾特洛甫卧病在床,精神不振。他有气无力地说,一切都成了徒劳,与西方对话的机会一点儿也没有了,"我们的敌人要将德国全部毁灭。他们拒绝进行任何能拯救德国人生命的谈判的原因就在于此。"

　　赫塞坚持说,开始谈判的真正的可能性还有两个,一个是与西方(罗斯福的私人顾问奥尔逊曾告诉他,总统愿意谈判),另一个是与东方。听到这话后,里宾特洛甫活了过来。他把赫塞留在自己的床边,直到深夜。次日上午,他又将赫塞找来。3月16日这天是个晴天,阳光灿烂。里宾特洛甫起了床,不耐烦地踱着步。"你的报告和意见我已仔细考虑过了。"他说。令赫塞目瞪口呆的是,他竟令他返回斯德哥尔摩,开始与科隆泰进行对话。他的指示几小时后便可拿到,"我已把它交给元首最后审批。你的机票已买好了,今晚你便可去斯德哥尔摩。"

当天下午以及当晚整晚,里宾特洛甫和他的工作人员都在教赫塞应如何对付俄国人。午夜刚过,他们便被电话声打断了。电话是外交部的赫维尔——他仍是最受元首信任的顾问之一——打来的。里宾特洛甫一听,脸色立刻白了。"请再说一遍。"他简短地说。片刻后,他将电话撂下。他表面上似乎平静,声音却不然。"先生们,"他说,"元首禁止再与任何一个外国对话!我谢谢你们。你们可以走了!"

后来,赫维尔将总理府发生的事情告诉了赫塞。开始时,希特勒是同意与俄国人接触的,但在读完那份指示后,他犹豫了。他在屋里走来走去——留声机还放着《众神的黄昏》的音乐——然后将文件一页一页地撕掉。"我禁止再与敌人接触,"他对赫维尔说,"全都毫无意义。谁与敌人对话谁就背叛了我们的主义。我们对布尔什维主义只有斗争,没有谈判的余地。晚安!"

一个月前,希特勒曾向施洛德小姐抱怨说:"各方面都向我撒谎。"他谁都不能信赖,他若身有不测,德国便会没有元首。他的继任人戈林已失去人民的同情,而帝国长官希姆莱又会遭到党的拒绝。对在午餐时谈论政治,他表示歉意,但又说:"再动一动脑筋,告诉我谁会是我的接班人。这是我不断问自己的问题,却得不到一个答案。"

一个星期后,爱娃·勃劳恩回到柏林,他的精神便好了些。她是在一个月前为安全的缘故受令离开柏林去了慕尼黑的。在那里待了两个星期后,她便向朋友们宣布,不管发生什么事情,她都要在她的男人身边。她对他们说,死亡对于她已无关紧要,她要与她所爱的人同呼吸共命运。对她突然重新出现,希特勒假装发怒,故意责骂了她一顿,但当晚一整晚他却反复说,勃劳恩小姐如此忠贞,他觉得自豪。

数天后,即快到2月底时,希特勒召开了最后一次地方长官会议。他的外观令他们大吃一惊。他得由夏勃搀扶着;他的声音很小,左臂抖动得很厉害。大家原以为他会发表激动人心的讲话的,不料,他所讲的却是前后矛盾的说教,既令人受到鼓舞,又令人沮丧。末了,他向地方长官们保证,虽然在

『这一次,我们切不可在午夜前五分钟投降』

877

最后时刻他没有奇迹般的武器去拯救德国,但是,只要他们在德国人民身上灌输"条顿人的愤怒精神",战争还是可以打赢的。若全国不予响应,这说明它没有道义价值,灭亡活该。

他对地方长官们的合作和忠诚表示感谢。接着,他做了一件完全出人意料的事情:他坦率地告诉他们,他的健康情况正在变坏。他承认,腿上的抖动已发展到左臂。他还说了一句笑话:有希望不会发展到头部。他最后说的话意思含糊,但兆头不吉:将来,他会被迫采取严厉措施。他希望,如果他采取了他们不理解的措施,请他们不要以为他出卖了他们。

希特勒面临灾难,在此后的日子里,他的主导情绪是蔑视和愤怒。他破口大骂业已屠杀了50万平民的盟国飞行员,也辱骂那些把英国人当作解放者加以欢呼的德国人。3月7日,他愤怒到了极点。这是因为,雷马根的莱茵桥,来不及炸毁便被霍季斯的第一军占领。在希特勒看来,这是另一次叛变;他决心惩罚应对此负责的人。在紧要关头,他命令最受他信任的捣乱者奥托·斯科尔兹内将这座桥炸掉。一队斯科尔兹内突击队带着塑料炸药接近了该桥,却被盟国的秘密武器"运河防御灯"发现——这种灯可发出强大的光柱,光源却无处可寻。

至此时,德国的西部防线已全线告急。莫德尔的B集团军已被消灭,它的残部已退至莱茵河这边。在南部,霍塞尔的C集团军已退至莱茵河西岸,也即将被包围。东线的局势也相差无几。在3月中旬这些绝望的日子里,希特勒决定到东线视察。他的将领们警告他,由于局势变化莫测,他可能被俘或被杀,但他就是不听。作为一个妥协,他让肯普卡用"人民之车"而不是著名的"麦塞蒂斯"送他前往,目标是奥得河附近的一个古堡。到那里后,他恳求第九军的各位指挥官阻击俄军,不让他们向柏林进军。他说,每一天,每一小时都是宝贵的,因为新式秘密武器随时可用。在返回柏林的途中,希特勒无言地坐在肯普卡身旁,沉思着。他知道,他的新式秘密武器之说是幻想,而他在不久前也曾向地方长官们承认过:原子弹的造成还不知是何年何月,而其他的所谓秘密武器又仅是非现实的政治武器而已——例如,希望西方会与德国一道征讨布尔什维主义。待他回到城里时,前线的情况他已看够了。此后他将不再冒险出总理府一步。他的唯一希望是,在最后一分钟出现政治奇迹。

希特勒心里明白,密谋者就在他周围。例如,他知道里宾特洛甫在瑞典搞谈判,也知道希姆莱在拿犹太人做买卖。但他继续允许这些人去谈判,如像用他的名义去谈似的,即使他宣称所有谈判都属徒劳。若某个谈判失败,他就抵赖说他不知道;若谈判成功,功劳便可归他自己。

深得希特勒信任的施佩尔敦促各位将领,例如曼特菲尔,抵制"勿将桥梁、水坝、工厂等留给敌人而将它们炸毁"的命令,希特勒是否知悉这项命令,还是值得怀疑的。3月18日,施佩尔将反对"焦土政策"的抗议,直呈元首。"战争到了这个阶段,"他在一份备忘录中写道,"把会直接影响全国人民生活的设施毁掉,对我们而言,这是毫无意义的。"如果说,希特勒把德国变成焦土的决心曾经有所动摇,那么,施佩尔的话便促使他采取行动。在读了这份备忘录后,他便立刻把过去当过建筑师的施佩尔找来,闷闷不乐地对他说:"战争若失败了,人民也就丧失了。在维持基本生活方面,德国人民将会有什么需要,这用不着去担心。相反,我们最好连这些东西都给毁掉。因为我们的国家被证明是个弱者,未来只属于东方较强的国家(苏联)。不管如何,在这次斗争后只有劣者才会生存下来,因为优者已经被杀掉了。"

在公元900年时,德国的疆界是奥得河和莱茵河。至1945年3月初,希特勒的大德意志帝国已被压缩至上述两条河之间,他的千年帝国正在走向灭亡。他的敌人已在东西两面摆好架势,准备大举进攻。他们深信,这次进攻将迅速地带来最后的胜利。3月3日上午,蒙哥马利在莱茵河彼岸发动攻击。为了支援步兵,盟国在那里空投了两个师的兵力——英美各一个师。黄昏,德军开始全面退却。在上游150英里处,不可预测的乔治·巴顿也越过了莱茵河,令蒙哥马利和德国人都惊奇不已。这是一次漂亮的秘密行动,且是即兴之作,未打一发炮弹,付出的代价仅是死伤28人。他们在莱茵河上架设了一座浮桥;过桥时,巴顿在桥中间止住了脚步。"这,我已盼望很久了。"说完,他便往河心撒尿。

在此后数星期内,蒙哥马利和巴顿东进神速,令最高统帅部惊恐不已。尤其令希特勒生气的是红衣主教加伦的行径——他竟开车出城,将特蒙斯特城献给美军的一支部队。"我若抓住了那只猪猡,"希特勒喊道,"我就把他绞死!"对他的脾气不好而又直言不讳的陆军总参谋长,他也再无法容忍了。古德里安知道这点,遂于3月28日上午去了柏林,决心与希特勒摊牌。特别令他难过的是被包围在俄国战线数百英里后边的库尔兰的20万德军的命运,而他们本来是不应该被围的。一走进部分已被毁的总理府,他和副官便由一名卫兵引下台阶,至一扇用钢条加固的门前,那道门由两名党卫军把守。这是希特勒的新家的入口处:深深地埋在总理府花园下的一个大型地堡。

他们下了台阶,来到一条狭窄的走廊上,那里水深约1英尺。他们踏着放在地面上的木板、平衡着身子,摇摇晃晃地走到一扇门前,又下了一小段台阶,才来到地堡的上层。那里有12个小房间,门全向一条共用的走廊开着,这走廊也当饭厅使用。古德里安和他的副官走完这段路后,沿一弧形台阶下去。之后,他们又下了10多级台阶,才最后抵达下层。这里,在元首的地堡内,共有18个小房间,由一前厅将它们隔开。前厅本身也被分成两半,一半做客厅,另一半做会议室。在这些房间的尽头,有一条小走廊,里边有个紧急出口。出口外有4个陡峭的楼梯,台阶全用水泥铺成,直通总理府花园。在会议室的左方有一个小地图室、一个元首的卫兵的休息室和6间一套的元首和爱娃·勃劳恩的居住地。地堡内虽设有通风系统,里边的空气仍然很闷——那通风系统发出的单调的尖声长鸣刺透了每个房间。地堡上边,由一厚达12英尺的钢筋水泥天花板作保护;天花板上又另加了30英尺厚的水泥。这就是希特勒未来之墓或取得奇迹般的胜利的堡垒。也许,它能引他忆起第一次世界大战期间可怕而英勇的战壕生活。

希特勒从隔壁房间曳步出来,午间的军事会议便开始了。首先由布赛将军报告他为奥得河东岸一城镇解围未遂的情况。希特勒批评了布赛,但被古德里安的强烈辩护所打断。希特勒被刺痛了,唰地站了起来,动作之灵活令与会者惊诧不已。古德里安不甘示弱,他勇敢地把他与希特勒争论了多少个星期的问题提了出来。"元首是否要将困在库尔兰的部队撤出来?"他问。"不撤!"希特勒把手一挥,喊道。在他苍白的脸上立时出现了大块红斑。古德里安站在原地,一动不动,然后,他便朝希特勒走过去。约德尔和他的副手连忙把古德里安拉开,但他说话声仍很大。后来,他的副官叫他

"听电话",将他骗到厅里。待古德里安重返会议室时,他已控制住了自己。

希特勒已回到座位上,脸绷得紧紧的。他双手虽仍在抖动,却也恢复了平静。他安静地叫大家出去,只留下古德里安和凯特尔。他说,"古德里安将军,你身体不好,需要立刻请病假六个星期"。古德里安准备走时,希特勒又叫他开完会再走。会议继续进行,好像什么也未发生似的。几小时后——古德里安觉得长得不得了——会议结束了,但他还不走。"请多多保重,"元首请求地说,"六个星期后局势将变得非常严重。到那时,我会急需你的。"古德里安说,他会找个周末前不会失陷的地方休息的。说完,他便行了个抬手礼,走了出去。

在复活节,鲁尔区的抵抗全部崩溃,希特勒于是被迫面对全面失败的局面——帝国将被胜利者肢解,他的人民将受苏美两国的蹂躏。但是,在向鲍曼做的口述中,他预言:"历史和地理的规律将迫使这两个大国进行较量,或在军事上,或在经济和思想领域内。同样,这些规律也将不可避免地把这两个大国变成欧洲的敌人。同样可以肯定的是,或迟或早,这两个大国会觉得,从欧洲唯一生存下来的民族即日耳曼人民那里寻求支持是可取的。我要尽可能强调说,我们日耳曼人应不惜一切代价避免为两个阵营中的哪个扮演马前卒的角色。"

鲍曼于第二天,4月2日,写信给妻子,描述了柏林最近一次遭空袭的情况,以及笼罩柏林全城的绝望的情绪。他警告她,在维也纳也要做最坏的打算;如俄国人占领了那个堡垒,她就该逃离上萨尔茨堡。数日后,红军像流水似的开进了维也纳;身怀偷来的通行证,臂戴伪造的"人民冲锋队"袖章的抵抗力量战士,公开在街道上游弋,见到穿德军制服者便开枪射击。至傍晚,人们疯狂地逃离维也纳。逃难者越来越多,消防队员、防空纠察队员甚至连警察也加入了混乱的逃难行列。

尽管前线处处崩溃,希特勒仍竭力向人们灌输最后一分钟会出现奇迹的希望。他指出,他的敌人在雅尔塔为"勇敢的新欧洲"奠下的基础已经出现裂缝。这不是主观臆测。在草拟这个计划时,"三巨头"是比较和谐的,但在执行时,他们已卷入纷争。为了建立波兰新政府,他们的代表在莫斯科举行会议,已陷入僵局。一方面,莫洛托夫宣布,卢布林政府真正代表了波兰人民；另一方面，阿弗列尔·哈里曼和英国大使则争辩说，必须建立一个更有代表性的政府，以便把逃亡的波兰人也包括进去。

这个冲突不外乎是更深刻的分裂的前奏罢了。数月来，卡尔·沃尔夫将军——希姆莱的原私人副官，现任党卫军驻意大利首脑——就一直通过美国战略情报处瑞士代表艾伦·杜勒斯的一名代理人，与美国人进行谈判。元首曾含混地答应让他去探讨此事，但是，沃尔夫却自作主张，建议让驻意大利的德军投降。接着，他便在瑞士的阿斯科纳秘密地会见了盟国的两名将军，讨论如何瞒着希特勒去将此事办完。

从一开始，盟国便把"日出战役"通知了斯大林；从一开始，他便强烈要求派一名代表积极参加谈判。盟国据理解释说，在这种情况下，沃尔夫是永远不会前来谈判的，但这却增加了斯大林的疑心。当他得悉在阿斯科纳会晤的消息时，他做出了强烈的反应。他指责盟国"瞒着在对德战争中首当其冲的苏联"，与德国私通，并将此事称为"不是一个误解，而是更糟的什么"。

3月底，斯大林指责说，由于阿斯科纳会晤之故，德国人觉得将3个师从意大利调至东线也无妨。他进一步抱怨说，在雅尔塔达成的从东西南三方同时进攻希特勒的协议，盟国在意大利就未遵守。对此，罗斯福做了解释，但结果却惹出斯大林一封愤愤不平的电报，公开指责盟国玩弄欺骗的把戏。这便激怒了罗斯福总统。4月5日，他向斯大林发出了一封最咄咄逼人、最愤怒的电报："坦率地说，对您之情报提供人，不管他们是谁，本人均不能不觉得愤恨，因为他们如此恶毒地曲解了我本人和我忠实的部下的行为。"斯大林匆匆复电说，他对罗斯福的正直和可靠从未怀疑过。但这是强硬的道歉；他补充说，阿斯科纳会议本应有苏联人参加的。他将自己的看法说成是"唯一正确的观点"。

盟国营垒中不和的详情，希特勒是不清楚的，只知道有这回事，且是他预见到的。他又抱着会有奇迹出现的一线希望。当戈培尔将卡利勒对"七年战争"的年月的描写读给他听时，他听得津津有味：在普鲁士，由于眼看着要失败，腓特烈大帝闷闷不乐，于是宣布，若在2月15日前改变不了战局，他就服毒自杀；"勇敢的国王呀，"卡利勒写道，"再待一会儿吧，你受苦受难的日子即将过去。你的好运的太阳已经站在云彩的后头，很快就会升起，照临在你的身上。"2月12日,沙皇之妻去世。形势急转直下,发生了令人不能置信的变化。

"听了这动人的故事后,"戈培尔后来对施维林·冯·克罗西克说,"元首眼中出现了泪花。"它也勾起了他对自己的星宿的兴趣,派人把希姆莱的研究部门里那两名占星学家找来。两人都预言,1941年前是胜利,然后是一系列失败,高峰是大灾难——时间是1945年4月中上旬。但是到4月下半月,将会出现暂时的胜利,接着是一个间歇,8月取得和平。德国在1948年前将忍受困苦,1948年后将东山再起。

生性多疑的戈培尔是不会反对抓稻草的。这个历史先例给了他深刻的印象,所以,在4月12日到奥得河附近的布赛将军的司令部视察时,他又讲了这个故事。有个军官刻薄地问:"嗯,这次沙皇之妻什么时候死?""我不知道,但命运掌握着各种各样的可能性。"戈培尔答道。说完,他便趁慢慢黑下来的天色返回柏林去了。

在大西洋彼岸,佐治亚的温泉,富兰克林·罗斯福喃喃地说:"我头痛得很。"说完他便失去了知觉。2小时20分钟后,他便与世长辞。戈培尔一回到办公室便得悉了这个消息。"这就是转折点!"他喊了一声。接着,他便不相信地问:"这确是真的吗?"他给元首打电话时,十多个人弯腰曲背地将他团团围住。"我的元首,"他说,"我祝贺你!罗斯福死了。星星上写着4月下半月是我们的转折点。"这是奇迹!他听了听希特勒说话,然后说,杜鲁门可能会比罗斯福温和些。现在,什么事都可能发生。戈培尔把电话挂了,眼中放射出光芒,即时发表了慷慨激昂的讲话,好像战争就快完了似的。

里宾特洛甫可没有他那份热情!次日上午,4月13日,他与希特勒一起外出短暂视察回来,情绪很坏。"元首已上了七重天了!"他对他的工作人员说。戈培尔那个流氓已令元首相信,罗斯福之死是扭转乾坤的转折点。"多么胡说八道,多么罪恶!罗斯福之死怎么能产生有利于我们的变化?"

关于杜鲁门,戈培尔要报界客观地、含糊地发表评论,不说会惹怒新总统的话,要掩藏罗斯福之死带来的喜悦。但是,到了下午,这位宣传部长的兴奋便开始减弱了。当布赛将军来电询问罗斯福之死是否就是他日前暗示的情形时,戈培尔半心半意地回答说:"啊,我们不知道。我们还要看一看。"

前线发回来的报告表明,美国总统之更迭丝毫未影响敌人的军事行动。当日晚些时候,戈培尔向工作人员承认:"也许命运再次对我们太残酷并愚弄我们,也许我们是未孵化好的鸡。"

希特勒给人的印象却恰恰相反。他召开了一次特别会议,并透露了一个拯救柏林的古怪战略:由向柏林退却的德军组成坚强的防卫核心,把俄国军队引来。这便能减轻其他部队的压力,使他们能从外围攻打布尔什维克。决战之役将在柏林赢得——他对一群半信半疑的听众说。为了鼓舞将士,他也将留在城内。有几个人劝他去贝希特斯加登,但他对此不予考虑。作为德国武装部队的总司令和德国人民的领袖,他有义务留在首都。他草拟了一份长达8页的通告——这是他最后给部队起草的文件——交给了戈培尔。连宣传部长都觉得它的激烈言辞太荒谬可笑。他用绿色铅笔着手修改,但改不下去,只好将它扔进废纸篓。过一会儿,他又将它拾起来,改了几句。15日,戈培尔连最后的清稿都未过目便在前线散发。通告说,东线的士兵若人人尽责,亚洲的最后攻击便会失败。因为命运已将罗斯福这个历史上最大的战犯铲除,战争肯定会有决定性的转机。

令人不能置信的是,许多士兵都受到了希特勒的鼓舞,被他的话打动。连大多数公民都仍信任他,尽管西方仍在狂轰滥炸以及帝国的地盘在日渐缩小。在普通德国人看来,元首不只是一个人,他是一个超自然现象。他们相信他是不可战胜的;许多人都相信这个广为流传的神话:墙上挂有他的画像的屋子是能经受任何炸弹的。7月20日他的死里逃生,恰恰证明他是坚不可摧的;它比"希特勒就是胜利"之类的口号更能打起他们的精神,更能提高他们的希望。

在私下里,这条口号的创作者已丧失了信心。戈培尔很凄凉,正在为结局做好准备:焚毁文件和私人的纪念品。在焚毁他的爱人丽达·巴阿洛娃的一张大照片——有她的亲笔签名——时,他犹豫不决。"呀,多漂亮的女人啊!"他说。在久久地看过这幅照片后,他将它撕成碎片,扔进了火堆。

次日,德国受到两个重大打击:一是来自西线——鲁尔战区的德军全部投降;二是来自东线——朱可夫向柏林的全面进攻,在奥得河西岸突破了防线,打开了缺口,离元首的地堡只有45英里。希特勒虽仍在大谈胜利,实际上却在为最坏情形做出打算。他将两项任务交给了一个来访的党的官员：一是将德国的黄金储备转移至图林根的一个盐矿里，二是将鲍曼交给他的加封包裹转移至安全处。这个包裹包的是希特勒的口述材料，是他向德国和全世界立下的遗嘱（这个党的官员把这份文件藏在巴特加施泰因的一家银行的地下室里。后来，这个官员因犯有战争罪被捕入狱。因怕遗嘱会加重他的罪，他便叫他的一个律师朋友将它毁灭。这个律师将它影印后才销毁。1959年，这份文件才公之于世，因鲍曼被指定为这份遗嘱执行人，所以这份文件题目叫《阿道夫·希特勒的政治遗言，希特勒—鲍曼文件》）。

在这个时刻超人该显身手了——当日晚些时候，希特勒便让一名超人指挥所有的喷气式战斗机。此人叫汉斯·乌尔里希·鲁德尔，早已是个传奇人物。他用"斯图卡"俯冲轰炸击沉了一艘战舰，炸毁500辆红军的坦克。数月前，他在一次坠机事故中丧失了一条腿，但现在已能行走，可以继续进行更多的战斗了。戈林的参谋长对这一选择大为震惊，因为鲁德尔对喷气机一窍不通，但希特勒就是不听。"鲁德尔这人不错。"他说。空军里的所有人都不外乎是演员和小丑罢了。

鲁德尔本人对此也大加反对，原因是他自己还想驾机飞行。他开诚布公地拒绝这一工作，找了不少借口。他对希特勒说，俄国与盟国的会师只不过是个时间问题。这将会把德国分成两个区域，用喷气机作战便成为不可能。你希特勒为何不与西方停战，以便在东方取得胜利？"说来容易。"希特勒带着困倦的微笑说。自1943年以来，他就曾试图取得和平，但盟国一直坚持要无条件投降，"所以，我们要想尽一切办法克服这场危机，以使我们的决定性的武器为我们带来胜利。"

鲁德尔被打发走时，已过了午夜。当他一拐一跳地走进客厅时，厅里已挤满了祝贺元首56岁寿辰的人们。

在格哈特的疗养院里，希姆莱也在准备祝寿。但，这远不是个喜庆之日。他满面愁容、精神紧张，不住地在摆弄戒指。与希特勒一样，他的身体也似乎到了崩溃的边缘。这是有相当理由的。他的办公室是人们出谋划策的老窝。他手下的人们，在他勉强支持下，有些正在瑞典秘密进行谈判；而党卫军的沃尔夫将军呢，尽管希姆莱已明确下令停止一切活动，却仍在瑞士与盟国谈判。

这种行动希特勒知道多少,希姆莱心中并没有数,所以他惶惶不可终日。过去数天来,人们不断敦促他做出重大的决策。人人似乎都要他干点儿什么。凯斯坦和舒伦堡二人要他发动政变,推翻希特勒的统治。当天早些时候,施维林·冯·克罗西克伯爵请他劝希特勒让教皇出面调停与盟国谈判,实现和平。希姆莱却只能说元首有不同的想法,"但他不愿透露他的想法是什么。"

伯爵大怒:"那么,不管用何种方法,你都得将元首搞掉。"

"一切都完了!只要元首活着,要恰当地结束战争是不可能的!"希姆莱一听,吓得左看右看,使伯爵怀疑他是否"即时发了疯"。希姆莱歇斯底里大发作,反复说他连一件事也不答应做。为躲避,他逃往疗养院,不料却又碰到更多的问题。凯斯坦刚在坦贝尔霍夫机场着陆,身边还带着一名"世界犹太人大会"的代表。他名叫诺尔伯特·马苏尔,是在最后一分钟代替斯托茨的。这还不算,伯纳多特还在柏林等他,要他疾速回去再次见面。希姆莱的所有问题似乎全挤在一起了。

希姆莱已完全丧失了勇气,开始寻找借口,但找的借口又有气无力。他怎么能同时会见两人?这两个会见都不能延期吗?末了,在无可奈何的情况下,他叫舒伦堡与马苏尔初步磋商。舒伦堡同意了。由于时间已过午夜,大家便用香槟酒向元首祝寿。

4　午夜后五分钟，或"船长与船一起下沉"

1945.4.20—1945.4.30

盟国是用千机轰炸向元首祝寿的。但希特勒的信心似乎坚不可摧。4月20日一整天，他都对前来祝寿的客人们说，他仍坚信俄国人将会败在柏林。下午，他在总理府花园内接见了一群"希特勒青年"，感谢他们在首都英勇奋战。之后，他便钻进地堡，接见海军上将卡尔·邓尼茨。邓尼茨觉得，希特勒像是不堪负重的老人。接着，元首又热情地问候了凯特尔。"在Atlentat期间，你救了我，也是你把我弄出拉斯登堡的。我不会忘记你。你决策做得对，行动得也对。"

凯特尔冲口说道："谈判应立即进行，不然柏林会成为战场。"希特勒插嘴说："凯特尔，我需要什么我心里清楚。我要打下去，不管是在柏林里边还是外边打。"与约德尔面对面磋商后，他便走了。文武官员们——包括鲍曼、里宾特洛甫和施佩尔在内——列队欢送他；他与众人一一握手，还说了一两句话。几乎人人都劝他趁现在道路仍然畅通，快去贝希特斯加登，但他坚决不去。他说，从此以后帝国将分成两个战区，北区由邓尼茨负责指挥。南区指挥合乎逻辑的人选是西线指挥艾伯特·凯塞林，但他又想让戈林担任——或许系政治上的权宜之计。他说，他会让上帝去做抉择。他建议，各战区的参谋人员分成两半，选往南区的需于当晚南下贝希特斯加登。戈林问，是他自己南下呢，还是派他的参谋长科勒前往？"你自己去。"元首说。先前如此亲密的两个老同志，便客气地在冷漠中分别了。戈林立即动身前往卡林霍尔——在那里，他的管家已将衣服和艺术珍品装好了14辆车。

希特勒独自与爱娃和几个秘书进餐。她们再次劝他南下,他却说,这样一来,他便像西藏喇嘛转动空经轮一样,"我必须在柏林强行做决定——否则便灭亡。"午夜后,他把两位年纪较大的秘书召到他的私室内,叫她们在半小时左右内乘车与普特卡默海军上将和另外80人一起,前往上萨尔茨堡。(南下的人们中有莫雷尔医生。他是被发配至南方的,发配的原因是,他建议给希特勒注射咖啡因,以解除他的疲劳。"你大概还会给我注射吗啡呢!"希特勒吼叫完后,当场令他脱下元首私人医生的制服。"你走!像从未见过我那样。"莫雷尔当场瘫倒在希特勒足下,被人架了出去,战后不久,他身心崩溃,死了。)这两个女人吃惊地瞪着大眼。他的解释是,跟他最久的是她俩。另外呢,沃尔夫小姐还有个老母亲要供养。"我会尽快与你们会合。"他说话声很小,想掩盖左手的颤抖又掩盖不住。他叹了一口气,这口气,施洛德小姐觉得,是从绝望的人口中叹出来的。一会儿,他打电话告诉她,柏林已被包围。她只能在拂晓时出发。几分钟后,他又来电话说,空袭警报一解除,飞机便立刻起飞。她听不太懂(因他说话时喉咙咯咯作响),便叫他重复说一次。他什么也没说。他向她的同事沃尔夫小姐说的最后一句话是:"一切都完了。"

当晚天色尚早时,向元首祝寿完毕后,希姆莱便离开了地堡,乘车在滂沱大雨中行进了几小时,才见到"世界犹太人大会"的代表马苏尔。希姆莱说,他曾被授权解决犹太人的问题,他最初的计划是要通过移民的办法,人道地解决这个问题。但是,连那些自称与犹太人友好的国家都拒绝接受他们。"通过战争,"希姆莱说,"我们接触了东方的犹太无产阶级大众。这便带来了新的问题,那就是,我们身后不能藏着这样一个敌人。"这些犹太人不但在援助游击队,还传染诸如斑疹、伤寒等疾病。"为了刹住流行病,"他解释说,"我们不得不造了些焚尸场,以便焚毁大批死于这种病的人的尸体。现在呢,他们倒打一耙,对我们这种做法说三道四!"

"做过的许多事情是无法弥补的,"马苏尔说,"但是,我们如果要给我们人民的未来架起一座桥梁,那么,现在仍活在德国统治区内的犹太人就必须继续活下去。"希姆莱抗议说,他历来就主张将集中营移交给盟国。他不是将卑尔根贝尔申和布痕瓦尔德这样做了吗?但是,请看看他得到了什么报应吧:美国人伪造暴行照片,到处散发!当他让2700名犹太人前往瑞士时,外国报纸便宣称,他之此为系为自己开脱,以示与己无关,"我无须自我开脱。我历来都是如此做的,我觉得这才能满足我的人民的需要。我会负完全责任。我肯定没有靠它发财。"

马苏尔出门后,希姆莱突然问,他的前任格斯坦是否能飞到艾森豪威尔的总部去,讨论立刻停止敌对行动的问题,"请努力叫艾森豪威尔相信,人类的真正敌人是苏俄,只有我们德国人才能打败它。我会将胜利让给西方同盟国,他们只需给我们时间去打败俄国就行了。如果给我以装备,我还能这样做的。"

待马苏尔回来后,希姆莱说,为了表明他恪守信用,他会立即从腊文斯勃鲁克释放1000名犹太妇女。他规定,应为这些人抵达瑞典之事保密,还建议称她们为"波兰人",不叫"犹太人"。拂晓,希姆莱告诉了马苏尔,乘车前往格哈特疗养院——伯纳多特伯爵在那里等候他。两人共进早餐。希姆莱虽然乘车劳顿,胃口却好像未受影响,虽然他不得不时时用指甲去轻敲他的门牙。伯纳多特提出,允许斯堪的纳维亚的被俘人员从丹麦转入瑞典。这个要求本来微不足道,却遭希姆莱的拒绝,这实在无法解释。伯纳多特主动提出,把腊文斯勃鲁克的妇女全部交给瑞典红十字会去处理。之后,他便睡觉去了。当天下午,希姆莱将舒伦堡召至他的卧室,说,他感觉很不舒服。他们二人坐上小汽车,沿着拥挤不堪的公路爬行,回附近的司令部时,希姆莱说:"舒伦堡,我怕已劫数难逃。"

"这该给你勇气采取行动才是。"

希姆莱沉默不语。当舒伦堡批评将所有集中营都撤退的不现实的政策时,他像个挨骂的孩子,噘着嘴。"舒伦堡,你可别干这事,"他说,"因为没将布痕瓦尔德和卑尔根贝尔申全部撤完,元首已咆哮了好几天了。"

希姆莱向马苏尔保证,目前,一切撤退工作已告终止;地处朱可夫进军柏林途中的萨克森豪森,其犯人正被驱出兵营,冒雨上路出发;东面10英里外,朱可夫的炮火正在轰鸣。红十字会要求集中营主管将萨克森豪森移交给他们,但遭拒绝,理由是,希姆莱有令,待俄国人逼近时,除医院外,一切均需撤离。于是,近4万名腹中无食,病魔缠身,衣着褴褛的犯人,便排成两队,被驱出集中营。在滂沱大雨中,哨兵们驱赶着他们,朝西北方向走去。凡赶不上队伍的,一律被枪毙并抛尸沟中。

"某个民族,他们的女人遭人强奸,男人们连架也不打,对这样一个民族,你拿他有什么办法!"当日晚些时候,戈培尔痛苦地向他的副官们承认,战争的败局已无可挽回了——不是因为希特勒之故,而是人民让他失败了。"所有的计划和国家社会主义的思想,对人民说来,实在是太高尚了……他们活该承受即将降临在他们身上的命运。"他甚至连自己的副官也斥责一番,"还有你们——你们为什么要与我一道工作?现在,你们去割你们的小喉咙吧!不过,待我们下台时,让整个地球都发抖吧!"整天,戈培尔又是失望又是悔恨,一听到两名秘书骑自行车逃亡乡下,便抱怨道:"我现在问你们,这种事情怎么可能发生呢?现在怎能保证正常的办公时间呢?"

东线谣言四起,说柏林的领导人已放弃了一切希望,说最高统帅部已逃至贝希特斯加登去了。在维斯杜拉河战线上,俄国人已打开了五六个突破口;红军的一支先头部队,离柏林和元首的地堡,只有20英里。至4月21日中午,它已近在大炮射程之内了,在元首的地堡内已能隐约听到炮声。约德尔报告说,朱可夫的一个纵队正在包围曼特菲尔的那个军。为了阻击这个纵队,由党卫军将军菲力克斯·施坦因纳指挥的一支小型后备队,则在柏林北面25英里处布防。

希特勒一听,立时伸直了腰。与斯科尔兹内和鲁德尔一样,施坦因纳是个有魔力的名字;2月间,朱可夫进军之所以受阻,就是由于他从波美拉尼亚湾拼命进攻之故。希特勒伏身看了一阵地图,抬起头来,双眼闪光。"反攻!"他激动地说,"由施坦因纳直插东南,切断朱可夫的先头部队:以此大胆的一击,柏林便可保住,曼特菲尔也不致被围。"他亲自向施坦因纳下令,禁止他向西退却。"凡不是无条件服从此令之军官,便将他逮捕,立即枪决。你,施坦因纳,要用你的脑袋保证这份命令得以执行。"施坦因纳从元首那里收到的无法执行的命令中,这份是最愚蠢的。他的装甲兵团只是在名义上还存在。他不想在一项毫无希望的事业中让自己的部队做无谓的牺牲,所以,他只好做点表面功夫,来个阳奉阴违——对一个曾考虑要绑架元首的人来说,这个决定是很容易做的。

鲍曼也知道局势已无望。他给身在贝希特斯加登的妻子打电话,告诉她他在蒂罗尔给孩子们找到了一个"奇妙的藏身之地"。她应扮作寻找避难所的、流离失所的孩子们的监护人。为了使他们装得更像,他已在加米施的一家幼儿园里绑架了6个孩子。

4月22日上午,施坦因纳成了地堡内谈话的主题。他从北面发动进攻为柏林解围的战役是否已经开始?如已开始,进展如何?陆军参谋总长,即古德里安的继任人汉斯·克莱勃斯将军总是说,没有肯定的消息可以报告。希特勒的忧虑与时俱增。在下午的最高统帅部会议上,在听到柏林已三面被围的消息后,希特勒最后一次问,施坦因纳进攻的进展如何了?克莱勃斯迫于无奈,只好将实情相告:施坦因纳兵团仍处在组织阶段,没有消息可以报告。

希特勒的头震了一下,接着,他便大口大口地喘气。他严厉地令众人离开房间——除了他的将领和鲍曼外。其他人一听,连忙争先恐后地逃到房外去了。他们在客厅内等候着,一声不吭,诚惶诚恐。房门一关,希特勒便立刻站起来。他前俯后仰,猛烈地挥动右臂,大声呵斥说,他周围全是卖国贼和谎言家。他喊道,所有的人都太低级、太庸俗,根本无法理解他的伟大目标。他深受腐败和懦弱者之害,现在所有的人都抛弃了他。听他说话的人从未见他发过这么大的脾气。他用手指指着各位将领,指责他们给战争带来了灾难。唯一进行了反驳的人是鲍曼。军官们很是惊奇,但鲍曼说的一番话,与其说是为军方辩护,倒不如说是让希特勒冷静下来。

关于施坦因纳,希特勒喊了些什么,人们未听清。他喊完便一屁股坐到椅子上去了。他痛苦地说:"战争已失败了!"接着,他又用颤抖的声音说,第三帝国以失败而告终,他现在唯有一死了之。他脸色惨白,全身不时地发抖,好像受人重击一样。猛然间,他坐着不动了,下巴松开,两眼空虚地注视着前方。这比他的愤怒更令旁人害怕。时间一分钟一分钟地过去了——谁也不知过了多少分钟。后来,元首的脸色慢慢恢复了,他抽搐了一下——或许是冠心病发作。鲍曼、凯特尔及陆军人事部长格道夫,都求他拿出信心来,如果连他都丧失信心,那一切真是完了。他们劝他立即前往贝希特斯加登。他慢慢地摇着头,用疲乏而可怕的声音说,他们如果要走,都请自便,他自己要在首都了却残生。他叫人把戈培尔找来。

站在外边的人们几乎听清了一切。菲格莱因抓起电话,把这边发生的一切情况都告诉了希姆莱。大受震惊的希姆莱打电话给希特勒,叫他不要失望,并答应立刻派党卫军部队前来。与此同时,希特勒又派人去找特劳德尔·荣格、格尔达·克里斯蒂安和他的新厨子康斯坦泽·曼齐阿里。她们一同来到他的客厅——他和爱娃·勃劳恩已在那里等候。他脸上毫无表情,双眼已完全失神。他用客观而专横的口吻,令这4个女人准备在一小时内乘飞机南下。"一切都完了,毫无希望了。"他说。

这4个女人大受震惊,一动不动地站着。首先动身的是爱娃。她走到希特勒跟前,抓起他的双手。她微微一笑,好像对孩子说话似的:"你是知道的,我要与你在一起。我不许你叫我走。"这又给他的双眼带来了生气,做了一件贴身人员从未见他做过的事:他吻了爱娃的嘴唇。

特劳德尔禁不住也说:"我也留下。"格尔达和厨子也加入了这个行列。希姆莱再次令她们走,但她们全然不听。希特勒依次抓住她们的手,百感交集地说:"我的将领们要是像你们这样勇敢就好了!"他好像精疲力竭似的,拖着沉重的步子,走进邻室——一群军官在那里等候。"先生们,"他说,"事情就此结束。我要留在柏林,时机一到,我便开枪自杀。每个人走的时间由你们自己定。"

听说元首要找他时,戈培尔仍然在家,正当他准备离开时,又传来了希特勒的话:他也想见见玛格达和孩子们。5时,戈培尔太太镇静地叫保姆给孩子们做好准备,因为他们要去见元首。孩子们很是高兴。阿迪叔叔还会像先前一样,给他们吃巧克力糖和点心吗?做母亲的已猜想到,他们可能全都要去赴死,便强打起笑容:"你们每个人只许拿一件玩具,不准多拿。"

凯特尔打发众人走后,会议室内只剩下他和希特勒二人。他要元首直接前往贝希特斯加登,从那里开始投降谈判。希特勒打断他的话:"我知道你要说什么,'必须立即做出决定!'"他的声音变得刺耳了,"我已经做出了决定。我永远不离开柏林,我要保卫这个城市,直到最后一息!"约德尔来了,希特勒又将决定自杀一事向他说了一遍,"我这个决定,也是我一生中最重要的决定,本应在1944年11月做出的。我本不该离开东普鲁士的司令部。"希特勒把鲍曼找来,令他与约德尔和凯特尔一起,飞往贝希特斯加登。那个司令部由凯特尔指挥,由戈林任元首和私人代表。凯特尔不同意。希特勒说:"反正一切都四分五裂,我已无能为力。"他补充说,其余的就交给戈林了,"仗已没有什么可打的了。如果要谈判,帝国元帅会比我干得更出色。在保卫柏林一战中,我不是战斗至胜利便死在柏林。"他不能冒险落入敌手。他说,他会在最后时刻开枪自杀的,"这是我的最后的决定,不可撤销!"

将军们立誓说,大势并非完全已去。温克的第十二军应回师解救柏林。希特勒立时双眼亮了起来。令人难以置信的是,希望又回来了,决心也回来了。他开始是发问,然后便详细研究如何解救柏林。凯特尔起身前去向温克下令。他刚一走,希特勒又沮丧了起来,对贴身人员说,希望已没有了。有人指着腓特烈大帝的画像问他是否仍相信会有类似的历史奇迹出现时,元首疲倦地摇摇头。"陆军出卖了我,我的将领都是饭桶。"他说,"他们不执行我的命令。一切都完了。国家社会主义也已死亡,永远不会东山再起!"也许在100年后会出现类似的思想,其势有如宗教,在全世界传播,"但德国已经失败了。说真的,它还未完全做好准备,也不够强大,还接受不了我给它定下的使命。"

那天晚上,德国空军作战部长埃卡德·克里斯蒂安将军突然闯进柏林城外的科勒的司令部:"元首已处在崩溃状态中了!"他把发生的可怕的事情说了一遍。科勒不敢相信,坐上小车,直奔新的最高统帅部,向约德尔询问克里斯蒂安之所云是否属实。约德尔平静地答道:"这是真的。"科勒问元首是否会真的自杀。"是的。在这点上他是很顽固的。"科勒非常生气。他说,他必须前去亲见戈林,把元首说的话告诉他:"如果要谈判,帝国元帅会比我干得更出色。"

4月23日拂晓,科勒及其参谋人员,分乘15架JU-52飞机前往慕尼黑。在贝希特斯加登,戈林已获悉了许多情况。那天上午,他对侍者——身边无他人——说,鲍曼给他发来一封密电,通知他元首患了精神崩溃症,叫他接过指挥权。戈林犹豫不决,将信将疑。他该怎么办?是立刻行动呢,还是等待?

科勒直到中午才抵达戈林位于上萨尔茨堡的那个舒适而又朴实无华的

住地。他激动地把希特勒崩溃一事全告诉了戈林。当然,大部分戈林已知道,所以他未作多少反应,这使科勒好生奇怪。他问,希特勒是否仍然活着。他是否已指定鲍曼为其继位人?科勒回答说,他离开柏林时元首仍然活着,出逃的路尚有一两条,首都约可坚守一星期左右。"反正,"他说,"现在要靠你去采取行动了,帝国元帅!"

戈林拿不定主意。希特勒不也可能已任命鲍曼为他的接班人吗?他再次问道。鲍曼这个宿敌给他发电报的目的,有可能故意让他抢班夺权,"如果我行动,他会称我为卖国贼;假如我不行动,他就会指责我,说我在最危急的关头不敢挺身而出。"他派人把汉斯·拉麦斯找来。此人是法律专家,又是1941年希特勒亲手立他为继位人的法律文件的保管者。文件规定,在希特勒死后,戈林是他的继位人。它也规定,元首若无法行使职权——永久或暂时——戈林便是希特勒的接班人。

戈林想要搞清楚的是,柏林的军事形势是否到了应该由他来接管权力的地步。拉麦斯不敢做决定。他深知,他对元首的影响力已经下降,鲍曼的影响力已经上升。所以他便问,自1941年来,元首是否发布过废除立他为接班人的文件的命令。"没有。"拉麦斯说,他不时都要核对,看是否会将它废除。他宣称,这项法令具有法律效力,用不着再次宣布。

有人建议发一封电报给元首,问他是否仍需戈林当他的副手。于是便草拟了一封电报:"我的元首,鉴于您决定镇守柏林,您是否希望我本人根据1941年6月29日的命令,接管帝国的一切权力?"戈林读后,加了"……全权处理国内外事务"一语,以便使他有权与盟国进行谈判。他忧心忡忡,说:"若得不到答复呢?必须定个时间界限才行,就是说,在此之前我必须获复。"

科勒建议将它定在8小时内,戈林便写了个时限,接着,他又匆匆写道:"您必须明白,在我一生最困难的时刻里,我对您所抱的感情,是无法用语言加以表述的。让上帝保佑您,让您早日来此地。您最忠诚的赫尔曼·戈林。"写完后,他重重地往后一靠,说:"可怕!"若在晚10时前得不到答复,他必须采取激烈的行动,"我得立刻结束战争。"

在地堡内,最被戈林的电报激怒的——英国"超级"机密截获的戈林的最后一封电报——似乎是鲍曼。他要求将戈林处决。希特勒拒绝做得如此过火,给戈林发出3封互相矛盾的电报。第一封电报提出,戈林若辞去一切职务,因叛国罪的死刑便可置之不理;第二封电报废除了立戈林为接班人的法令;第三封——也许是最准确地反映了希特勒思想的混乱的一封——的措辞模糊:"您认为我已受阻,无法实现自己的愿望的想法,是非常错误的,此错误想法从何而来,我不知道。"致使鲍曼觉得,这可能是赦免的前奏。鲍曼自作主张,电告上萨尔茨堡的党卫军指挥官,以叛国罪将戈林逮捕。

克莱勃斯在地堡内给凯特尔挂了个电话。将戈林被解职一事详细告诉了他。凯特尔被吓坏了,不住地说里边一定有误解。突然间,鲍曼的声音插了进来。他大声喊道,戈林已被开除,"甚至连德国猎人协会主席的职务也没有了"。凯特尔没作答。他暗想,"时局太严重了,不好讲这些冷嘲热讽的言辞。"当日下午,凯特尔会见了希特勒。会谈失败了,他与约德尔一起乘车返回司令部。"途中,我们谈得很坦率。两人同意,我们不能听之任之——我们讨论了在地堡内劫持元首的可能性,必要时还要使用武力。"但他们又放弃了这个想法,原因是他们无法取得元首的卫队和保安队的合作。

由于俄国人正从四面八方朝首都围了上来,爱娃·勃劳恩平日那种欢愉的性格已变成了恐惧,但又不太敢露出来。一次,她抓住特劳德尔·荣格的双手,用颤抖的声音承认她很害怕。"最终一切都能过去就好了!"她给她的好友赫尔达写了一封诀别信,"这是我最后一封信,也就是我生命的最后象征。"她写道。她还解释说,她已将首饰寄给了她,要她按她的遗嘱分配。她对她的信的语无伦次表示歉意,原因是,戈培尔的6个孩子正在隔壁房间闹翻了天。"我真不明白,这些事怎么可能发生!简直足以使人失去对上帝的信奉!"在后语中,她补充说,希特勒自己已完全失望。但是,到了次日,即4月23日,星期一,爱娃又给妹妹写信说,现在机会还有一个,"然而,不用说,我们是不会让自己被他们活捉的。"她叫妹妹将她的公文信件全部毁掉,把元首的来信和她的复信收在一防水包里,埋在地下。信是以一段带着可怜的希望的后语结束的:"我刚与元首说过话。我想,对前途,他今天的态度要比昨天乐观些。"

希姆莱也在为最后一分钟做准备,在午夜前,他再次与福尔克·伯纳多特会晤,地点是瑞典领事馆——设在波罗的海岸边的港口吕贝克。"战争必须结束,"他出乎意料地说,还无可奈何地叹了一口气,"我承认,德国已被打败了。"元首可能已经死了,所以,他已不再受自己的誓言约束。他说,他愿让西线投降;东线却不行,"我历来是,也将永远是布尔什维主义的死敌。"他问伯纳多特伯爵是否愿意将这一建议转给瑞典外交大臣,由他再转给西方。

伯纳多特不喜欢这个主意,但同意将它转达给瑞典政府。这个建议若遭拒绝,你希姆莱将做何打算?"要是那样的话,"他回答说,"我把东线的指挥权拿过来,战死在沙场。"希姆莱又说,他愿与艾森豪威尔会面,立刻向他无条件投降。"就你我作为老世故之间说说,我问你,我是否应该向艾森豪威尔求降?"他问。

他议论道,这是他一生中最痛苦的一天。他朝黑暗中走去,进了驾驶室。才踩开离合器,他的车子便冲过一个灌木丛,撞在一铁丝网上。瑞典人和德国人通力合作,总算把车拉了出来。希姆莱蹒跚走后,伯纳多特伯爵评论说,这件事有点儿象征性。

在次日即4月24日举行的军事会议上,希特勒得悉,曼特菲尔的第十二军已完全被苏联坦克的纵深穿插所切断。"奥得河是个宽阔的天然屏障,"在一阵沉默后他说,"俄军却胜过了第三坦克军。从这点看,俄国的胜利只能说明那里的德国军事领导人无能!"克莱勃斯试图为前线指挥官辩护,但他此举却惹起了希特勒对施坦因纳之破产进攻的回忆。他颤抖地指着地图说,在24小时内必须从柏林北面发动另一次攻击,"第三军必须利用一切可以利用的力量发动这次攻击,让我方未遭进攻的阵线空着。柏林北面与柏林城市的联系必须于明晚前恢复。立刻把这道命令传下去。"有人建议让施坦因纳领导这次进攻,这使希特勒火冒三丈,"那些党卫军军官,态度傲慢,行动拖拉,办事犹豫,对我已毫无用处了!"

戈培尔走了,准备给柏林的市民们发布最后一个公告。他希望用将真情告诉市民们的办法,能把他们吓住,使他们继续将反对赤色分子的远征进行到底。"我们的心切不可动摇,切切不可颤抖。布尔什维克已发动了大规模进攻,像潮水般从东面涌到了帝国首都的城墙下以反对欧洲的心脏地带。"最后的这些话虽然已散布了出去,尤利乌斯·夏勃仍在焚烧元首的私信。烧完后,元首的贴身副官便带着命令登上飞机南下,销毁放在慕尼黑寓所和贝格霍夫的私人文件。

贝希特斯加登的党卫军指挥官,在收到鲍曼的逮捕戈林及其全家的电报后,立即采取了行动。在帝国元帅戈林的戏剧性的生涯中,过去两天是最狂暴的:他的元首崩溃了,他自以为是叫他将第三帝国继承,然后是希特勒的三封电报;现在呢,他怕自己会被处决。那天上午——4月25日——数名党卫军军官,当着戈林夫人和他的管家的面,劝戈林签署一份文件声明因身体不好,辞去一切职务。戈林拒绝了;虽然有那三份电报,他仍相信希特勒是言不由衷。党卫军军官拔出枪来,戈林只好急忙签字。这个仪式被由远及近的飞机的嗡嗡声打断。

在飞往上萨尔茨堡、林嗣和其他目标的途中,盟军飞机常从贝希特斯加登上空飞过。但,时至今日,希特勒的老巢还未受到破坏。然而,今天前来的318架"兰克斯特"轰炸机,却有意要将它抹掉了。上午10时,第一队轰炸机从山头上擦过,朝最高统帅部的边沿地区投下了高能炸弹。半小时后,更大一队的轰炸机又飞了过来。一架接着一架,将高破坏力炸弹直接扔在上萨尔茨堡。整整扔了一小时。在最后一架轰炸机消失后,德国空军将军罗伯特·里特·冯·格莱姆(慕尼黑第六空军大队指挥官)驱车前往贝格霍夫。他左右观察了一阵,被弄得目瞪口呆。元首的住家直接中弹;一边已被炸毁,被炸坏的马口铁屋顶高高地悬挂在空中。

格莱姆是个忠实的纳粹党徒(1920年希特勒首次坐的就是他的飞机)。他收到柏林来电,令他到地堡内报到;现在,他正在寻找科勒,因为他曾听说,科勒也收到一封内容相似的电报。格莱姆痛斥戈林,说他不该离开柏林,更不该有"叛国"行为。科勒为他的首长辩护,但格莱姆却不以为然。他宣称,戈林的行径是辩解不了的。说完,他便奔柏林去了。

苏联红军包围柏林之双钳已差不多要合拢了。定在10时30分举行的会议的参加者,军官们在阴郁的气氛中等待希特勒的到来。希特勒已六神无主。后来,德国官方通讯社的海因茨·罗伦茨报告说他刚收听到某中立国家宣布的一条消息:苏美两国的军队在穆尔德河上首次相遇时,他们之间便发生了争吵,在占领区问题上发生了分歧;俄国人指责美国人侵犯了在雅尔塔达成的关于占领区的协定。听到这一消息,希特勒才一改常态。

他笔直地坐着,双眼闪闪发光,"先生们,"他说,"这又是我们的敌人不团结的明证。假若明天敌人仍有可能闹翻,而我今天便求和,德国人民和历史必然会称我为罪人!"说话间,他浑身似乎又有了力量。"布尔什维克和盎格鲁-撒克逊人之间,因为在德国问题上分赃不均不是每天——呀,是每时每刻都有爆发战争的可能性的。"他把脸转向克莱勃斯,微微一点头,示意他会议开始。这位陆军总参谋长便开始汇报,其间两次被希特勒打断:温克哪里去了?回答是一句腼腆的"没有报告"。

截获的消息令希特勒担忧。在之后的一小时内,他又大做白日梦,梦想另一个奇迹会在最后一分钟发生。他说,盎格鲁-撒克逊人出于自保的意识必须要反对赤色分子的时刻已经到了。"若盟国在旧金山(参加首届联合国大会的代表们正在那里集合)果然出现分歧——会出现的——而我又能在布尔什维克巨人身上某处给他一击,转折点是有可能出现的。便有可能令其他人相信,只有一个人能遏制布尔什维克巨人,而那人正是由我代表的党,是现在的日耳曼国家。"德意志官方通讯社的消息是不正确的。美苏两国的前锋部队之间并未出现分歧。其实,他们是在次日,即26日才相遇——当时,是两名美国巡逻哨兵分别在易北河上的斯特热拉和托尔高与红军联系上的。两军的会合把日渐缩小的帝国切成了两半。

半日过后,温克将军的部队好像在前去解救希特勒。电台报告他正在稳步前进的消息,使柏林人振奋了起来。等得最焦急的是希特勒。他指望温克至少能将战役拖至5月5日,使他能与拿破仑在同一天死去。这是个妄想。温克只有一个兵团,即第二十兵团,在朝首都攻去。而它的任务又只限于打到波茨坦,为柏林的卫戍部队开辟一条退却的走廊。温克的大部分兵力正攻向东面——违反元首的命令——以解救被围困的第九军。

当晚早些时候,另一位赤胆忠心的将军也冒死向元首报告。他就是里特·冯·格莱姆。此时,他正驾着一架小型观察机,沿着树梢,低空飞行在战火纷飞的柏林市内。头顶上空,一场恶战正打得激烈。突然间,驾驶室的底板上出现了一个洞,格莱姆倒下了。正当飞机失控、朝地面栽下去时,机上的唯一乘客汉娜·莱契连忙探身向前,抓住了操纵杆,稳住了飞机。飞机在通往布兰登堡门的宽阔的大街上安全着陆。她不管三七二十一抢占了一辆车,把格莱姆弄进车内。

格莱姆的左脚受伤。伤口包扎好后,他乘担架下了地堡。半路上,他们碰到了玛格达·戈培尔。她吃惊地睁着大眼,说任何活着的人都能找到这个地方。她先前虽未见过汉娜·莱契,却也拥抱了她,还啜泣起来。片刻后他们在狭窄的过道上碰上了希特勒。他低垂着头,双臂不停地抽动着,目光迟钝。但,格莱姆的报告给希特勒带来了新的生命。他抓住格莱姆的双手,转身对莱契说:"勇敢的女人!世界上毕竟还有些忠诚和勇气存在!"

希特勒把戈林拍来叛逆电报一事告诉了他们,"是最后通牒!一份货真价实的最后通牒!现在,一切都荡然无存。你瞧瞧我要经受什么吧:没有人履行效忠的诺言,也没有人顾及荣誉。没有什么失望或叛卖是我未曾经受过的——这次尤其如此。"他停住了口,好像说不下去似的。然后,他眼睛半开半闭,注视着格莱姆,用比耳语稍大一点儿的声音说:"我现在宣布,你是戈林的接班人,就任德国空军总司令。我以德国人民的名义,向你表示欢迎。"两位新来者深受感动,要求留在地堡内,以弥补戈林的欺骗所带来的损失。同样受感动的希特勒,同意了这个请求。他说,他们的这一决定,将会在德国空军的历史上名留青史。

4月27日拂晓,柏林已完全被包围,最后的两个机场也被红军占领。尽管如此,当温克拍来电报说,第二十兵团离波茨坦只有几英里之遥时,地堡内顿时出现了一阵乐观情绪。戈培尔办公室立刻在电台宣布,温克已抵临波茨坦,并预言他将很快来到首都。温克能做到的,别人为何就不能?"局势已经改变,肯定有利于我们,"他告诉柏林人说,"美国人正朝柏林进军。战争的伟大转变就在眼前。我们一定要坚守柏林等待温克的部队前来。不管代价有多大!"

每天在电台上广播的战报,泄露了温克的确切的位置。他大惊失色:"明天我们将寸步难移了!"温克朝他的参谋长喊道。毫无疑问,俄国人必定也听到了这些广播了。他们必然会集中一切力量攻击他的阵地。他说这几乎是出卖。

在午间的军事会议上,希特勒表示对温克完全信任——他称温克"是一条真正的汉子"。但在片刻后,他似乎又觉得救援的希望非常渺茫,说:"我今天想躺下歇一歇,安静安静。除非俄国坦克已开到卧室前,否则就别叫醒我,让我做做准备。"可是,他马上又希望俄国人会在柏林流血致死,然后,他马上又引用了黎希留①的富有哲理的名言,作为会议的结束:"我失去了什么!最宝贵的记忆!这些都是什么意思呢?或迟或早,这乱七八糟的一团,终将全部被抛在后头。"

会议结束后,希特勒将一枚铁十字勋章别在一个矮小的眼中带着倦意的小兵胸前——他刚炸毁一辆俄国坦克。这个小兵默默地转过身,朝走廊走去。到那里后,他倒在地板上,立时熟睡。克莱勃斯的两名副官高声抱怨局势的难熬。鲍曼走到他们身后,伸开双手,亲热地扶住他们的肩膀。希望还是有的,温克正在途中,柏林很快会解围。"元首最困难的时刻,你们仍留在这里,保持对元首的信任,"他油腔滑调地说,"作为报答,他会给你们大庄园的。"这两个副官张着大嘴,不敢置信。作为职业军人,他们历来受到鲍曼和他的左右的最大怀疑。

当天,汉娜·莱契大部分时间都待在戈培尔的住所内。戈培尔似乎忘不了戈林的背叛。他指手画脚地说,戈林元帅是个无能之辈;由于他愚蠢,他毁灭了祖国,现在呢,他却要领导全民族!这本身便证明,"在内心深处,他历来空虚,历来是个卖国贼"。戈培尔像讲经的牧师似的抓住椅背宣称,那些留在地堡内的人正在创造历史,正为帝国的光荣,为德意志这个名字之永垂不朽而献身。

莱契觉得,戈培尔太做作了。她钦佩他的太太。在6个孩子面前,玛格达总是高高兴兴的;待她觉得控制不住时,便外出。"我亲爱的汉娜,"她说,"你得帮我,让孩子们摆脱这种生活。他们属于第三帝国和元首。如果这两者都不再存在,他们便没有立足之地了。"她最怕的是到了最后的时刻自己会手软。莱契给孩子们讲了她的飞行经历,还教他们唱歌。孩子们学会后,便唱给阿迪叔叔听。她也去看了爱娃·勃劳恩。她觉得,爱娃是个浅薄的妇人,整日忙着修染指甲,换衣裳和梳头。莱契见元首公开与一女人同居,

---

① 黎希留,1585—1642年,法国政治家。——译注

想必吃惊不小,因为她佩服元首,可说是五体投地。

在当天举行的第二次会议上,希特勒忆起了往事。他谈到了1933年为了取得政权而做的妥协,以及这个局势如何延续至兴登堡逝世的情况。这又使他再次保证留在柏林。他说,他这样做后,便可严厉地对付软弱分子,"不然我就不会去行使这个道德权。在危急关头如果我从首都跑掉,我便不能时时去威胁别人。现在,我必须服从命运的命令。即使我能救自己一命,我也不会这样做。船长要与船一起下沉。"

在晚间的碰头会上,柏林军区司令赫尔慕特·威德林将军,试图让希特勒明白,柏林全城已被包围,防御圈正迅速地缩小。他说,靠空投给养已不可能了。他继而谈到了民众和伤员所受的苦难,但希特勒却对背叛了他的人们的抱怨不感兴趣。"许多人不了解我的痛苦。我真无法想象,我给他发过命令的党的领导人,居然不执行命令,这便把结果全给破坏了。作为个人,也受苦受难。个人的责任范围越大,就越有必要服从命令。"他回忆起,冯·勃洛姆堡陆军元帅曾给他说过,服从命令只限到将军一级。他讽刺说:"这是个允许用虚伪的报告去躲避不妙局势的制度,尤其是出现困难时。"

他开始为自己的命运担忧了。他不想让斯大林将他关在笼子里展览,"我决不能让俄国人施奸计用坦克将我生俘。"同时,他又不能离开柏林。连他自己都拒绝在祖国的心脏指挥战斗的话,他怎能叫人去为祖国献身?

有一次,当元首又在回首往事时,戈培尔的助手维尔纳·瑙曼被叫到室外听电话,他被告知,据美国报纸报道,"一群高级纳粹分子,虽未经希特勒批准,却在陆军总司令部的支持下",刚向西方投降。通过瑞典政府转达的希姆莱的建议,走漏了风声,但报上并未点名,也未泄露消息的出处。

瑙曼回到会议室后,在希特勒耳旁嘀咕了几句,把这消息告诉了他。希特勒小声与戈培尔交谈了几句。柏林军区司令威德林被叫出去——他来到客厅,发现鲍曼、元首的副官和两个女秘书正在聊天。由于在会议室内受诘责,威德林(他的部队称他为"瘦皮猴卡尔")便把希特勒拒绝听取的事情统统说了出来。他说,他们的唯一希望是及时离开柏林。大家一致同意,包括鲍曼在内,这使他受到鼓舞。回到会议室后,威德林将此建议重又向克莱勃斯提了出来。克莱勃斯也接受此建议,答应在下次会议上提出详细的突围计划。

在50英里外,在温克的第十二军军部,一名报务员正向威德林发电:

十二军之反攻在波茨坦南面受挫。
部队正拼死自卫。建议突围来我处。温克。

报务员在等待对方的确认信号。没有任何信号。

希特勒最密切的盟友也末日来临。自斯科尔兹内救他脱险后,墨索里尼便在考虑用某种"意大利的政治解决办法",去结束这场灾难性的战争。他派遣他的儿子维多里奥,带着与西方开展谈判的口头建议,去找米兰的总主教。梵蒂冈将此建议及时转给了盟国——但遭拒绝。

墨索里尼未将此举告诉希特勒,因他近来与他联系很少。他也不向记者们隐瞒他的观点:他不同意希特勒向俄国发动的"夸大狂式的"进攻。他承认,他不过是德国的阶下囚罢了。他自己的运星已经陨落。4月25日,他离开米兰(他的车队只有10辆车),前往北面,最后一次与其忠心耿耿的"黑衣队"见面。车队中有一辆"阿尔法-罗密欧"牌小车,挂的是西班牙的车牌,里边坐着的是他的情妇克拉拉·贝塔西。"我只认命,"她在给友人的信中写道,"我不知道我会怎样,但我不能对我的命运提出疑问。"墨索里尼未带妻子同行,把包括丘吉尔来信在内的全部文件交给了她。他希望,这些文件能使她与孩子们一起安全地通过边境。"如果他们阻挡你或伤害你,"他说,"你就叫他们将你交给英国人。"

26日拂晓,墨索里尼一行沿着科莫湖西岸(尽管天下着毛毛雨,这湖光山色仍美不胜收)弯弯曲曲的道路北上。车行25英里后,他们在一家旅馆中歇息,等待3000名黑衣队员前来与他们会合,但一个也没有前来;次日,他们只好继续北上。他们在东戈附近被游击队俘获,游击队中出现了两派:一派主张立刻将这些法西斯分子处死,另一派则主张将他们交给盟国。双方发生了争吵。4月28日,米兰来了3名行刑队员,把这一问题解决了。他们用手提机枪射杀了墨索里尼和克拉拉·贝塔西。

到了那天上午,东线的德军已几乎全部解体,部队的指挥员也几乎公开叛变。例如,曼特菲尔的第三装甲军,违抗希特勒坚决抵抗的命令,边打边朝西面退却。他们的目标是向英美两国投降。

军事组织的解体在地堡内也很明显了。拂晓,鲍曼、克莱勃斯和布格道夫3人醉后争得脸红脖子粗。"9个月前,我是怀着所有的理想,全力接受现在这个任务的,"布格道夫吼道,"我一而再再而三地试图将陆军与党协调起来。"因此,他说,他的同事们都鄙视他,甚至说他背叛,"今天看来,这些指责都是有道理的。我完全徒劳了。我的理想放错了地方。不仅如此,我既幼稚又愚蠢!"

克莱勃斯原想要他安静下来,但室内的喊声已经将睡在隔壁房间的两名副官吵醒。他们听见布格道夫的怒吼,把试图妥协的克莱勃斯喊得哑口无言。"放开我好了,汉斯——这一切我都得说!也许,再过48小时这些话就说不了啦……既忠诚又富有理想的青年军官们,已成千上万地死了。为了什么?为祖国?不!他们为你而死!"布格道夫把攻击矛头转向鲍曼。他吼道,数以百万计的人牺牲了,为的是让党员能够往上爬,"为了奢侈的生活,为了你的权力欲。你毁灭了我们的古老文化,毁灭了我们日耳曼民族!这是你犯下的弥天大罪!"

"亲爱的老兄,"鲍曼安抚他说,"你可不要人身攻击。即使别人已中饱私囊,你也拿不了我去负责。这,我可凭着一切圣物起誓。小心伤了身体,我的朋友!"在隔壁房内,两个偷听者听见了碰杯声。之后,便无声无息了。

整个上午,威德林将军都在悉心制订突围出柏林的计划——分成三个梯队突围。显然,俄国人很快就要冲进总理府了。"瘦皮猴卡尔"蛮有把握,认为在晚间的军事会议上定能得到希特勒的批准。所以,他命令所有的指挥官于深夜到地堡内报到。

戈培尔夫人在给她与前夫生的儿子写信——儿子已成了盟军的俘虏。她告诉他,纳粹主义的"光荣理想"已成泡影,"我一生中所认识到的美好的、崇高的东西也与之一起付诸东流。"没有希特勒和国家社会主义的世界,是不值得在里边生存的。她把6个孩子带到地堡内的原因就在于此。孩子们太高贵了,失败后的生活是不值得他们去过的,"仁慈的上帝会明白我不让他们去过那种生活的原因的……让我的上帝给我力量去尽我最后也是最困难的责任吧。"鲍曼也在给妻子发电报说"一切都完了",他已没有希望了。她应立即离开贝希特斯加登,带着孩子们和6个绑架来的小孩,前往蒂罗尔。

在旧金山,为成立联合国组织而举行的会议正在进行。路透社一个记者获悉,希姆莱已主动提出德国将无条件投降。由于他发给路透社的电报未经检查,一份公报便被发往世界各地。住在地堡上层的一个德意志官方通讯社记者,于28日晚间9时许听到了英国广播公司的广播,并将这个消息告诉了希特勒。读完这份电文后,他一点表情也没有,好像听天由命地接受末日的来临似的。他把戈培尔和鲍曼叫了来,3人在紧锁的房间内磋商。

那天一整天,鲍曼都在高声怒骂,指责大家临阵背叛。一小时前,他还致电邓尼茨说:"忠诚似乎已被叛逆代替。"爱娃·勃劳恩的妹夫是受严重怀疑的对象之一。希姆莱驻地堡内的联络官奥托·赫尔曼·菲格莱因已被盖世太保在市内的家中逮捕。因为他身穿便衣,身上带着珠宝首饰和不少现钞,内中还有瑞士法郎,盖世太保便认定他有意逃往中立国家。他被带回地堡后,威风已经扫地;是爱娃出面救了他。她的理由是,他的妻子,即她的妹妹,快生孩子了。希特勒只是叱责他懦弱无能,撕下了他的肩章和武士十字勋章,把他关进附近一个房间,以示惩罚。但是,英国广播公司的广播却使元首相信,菲格莱因肯定是前往瑞士举行和谈的。仅在短短的一个小时内,他便受到军法审判,被认定有罪并处以死刑。这一次,爱娃虽然眼睛哭红了,却未为他辩护。她得悉,手提箱内的首饰有些是她的——还有,他也出卖了她的妹妹。菲格莱因好像要与一匈牙利外交官的迷人的妻子一起离开柏林。

待威德林赶来参加晚间的会议时,地堡内已乱成一团。他把俄国人进军的最新消息告诉了希特勒。所有的武器,粮食和军需供应站都已陷入敌手,或遭炮火轰击。再过两天,他的部队便会弹尽粮绝,不能再战。"作为军人,我建议立刻冒险突围。"希特勒还未表态,他便一五一十地解释他的突围计划。纯粹是歇斯底里!戈培尔喊道。克莱勃斯说,从军事观点看,这是可行的。"自然,"他飞快地补充说,"这必须由元首做决定。"希特勒一言不发。突围若真的成功了又怎样呢?他后来问,"这不过是出虎穴又入龙潭而已。

我作为元首,难道就睡在田间,或某农庄里,坐待末日不成?"

他离开会议室,便去看望受伤的格莱姆。汉娜·莱契已在那里了。他坐在格莱姆的床沿上,脸色灰白,把希姆莱背叛一事告诉了他们。"我们唯一的希望是温克了,"他说,"为了使他能进来,我们应动员所有的飞机掩护他。"他令莱契用飞机将格莱姆运至莱希林机场,在那里组织机群。只有在空军掩护下,温克才能打进来。"要你离开地下避弹室的第一个原因就是这个。其次是,必须阻止希姆莱之所为。"他的嘴唇和手在抖动,声音也在颤动,"一个卖国贼是不能继我之位当元首的。你一定要出去,不能让他这样做。"格莱姆忍痛穿起衣服。莱契流着眼泪,要求准许他留下。希特勒拒绝了:"上帝保佑你。"

戈培尔太太交给莱契两封写给她儿子的信。她取下一个钻石戒指,要莱契戴上,作为纪念。爱娃也交给她一封给她妹妹菲格莱因太太的信。后来,莱契禁不住偷读了它,她觉得,这封信"很庸俗,很做作,充满了拙劣的少女情趣",所以她便将它撕了。

格莱姆和莱契坐上装甲车,前往布兰登堡门,那里藏着一架"阿拉多"96型的教练机。一路上,许多大楼火光冲天,把黑夜照得如同白昼,轻武器的密集响声也不绝于耳。她将这架小飞机开至由东向西的大道上,在大火中起飞。当飞到屋顶那样高时,俄国的探照灯抓住了小小的"阿拉多"。霎时间,高射机枪嗒嗒作响,把它打得像羽毛似的。她开足马力,摆脱了这个大旋涡——下边就是柏林,一片火海的柏林。她朝北面飞去。

> 与其在天堂侍人,不如在地狱统治。
>
> ——弥尔顿《失乐园》

希姆莱的叛变,结束了希特勒的犹豫不决,也使他的最后一丝希望破灭。尽管他对格莱姆表示他仍有信心,但他内心承认,温克也无济于事,为末日做准备的时刻已经来临。他把特劳德尔·荣格叫来。她原以为他有话要口述;她发现,他那里有张桌子,装饰得很漂亮,好像过节似的:上边铺一条绣有 A. H① 两个字母的台布,一套银质茶具,还有香槟酒杯。他是否想庆祝一下他与人们的永别?

他眨了眨眼,"可以开始了吧。"说完,他便领着她进了会议室。与通常一样,他站在放地图的台前——今天未放地图——目不转睛地盯着光滑的台面。"我的最后的政治遗嘱。"他说。她一边记录,手一边在发抖。这是正在形成的历史呀!她敢肯定,这定然是供词,是辩护词。在死亡的边缘上,谁还愿意撒谎?但是,她所记下的却是反唇讥讽之词,叱责之词。通常,他是要做许多改动的,还要把每句话都理顺。今晚呢,他几乎讲个不停,双眼还不离台面。他攻击说,不管是他还是德国任何一个人,都不想进行战争;战争"完全是那些犹太人或为犹太人利益效劳的国际政治家挑起来的"。

他宣称,他将"满心欢喜"地死去,但他已令他的将领"继续参加全国进行的斗争"。令特劳德尔吃惊的是,他竟为新政府提出人选。他提名海军上将邓尼茨为他的接班人——既是帝国的总统,又是武装部队的统帅。由戈培尔出任总理,鲍曼任党务部长。特劳德尔不明白的是,如果一切都已失去,德国已被毁灭,国家社会主义也已死亡,这些新官有什么可做的?

他口述完后,两眼仍未离台面。一时间他竟无话可说;之后,他便开始口述私人遗嘱:"我觉得,在斗争年代里,我无法承担婚姻的责任。现在我决定,我在这个世界上承担的职务结束之前,娶……"特劳德尔暗吃一惊,抬起头来,终于明白了那张桌子何以要装饰得像过节似的。她想起了一小时前爱娃对格尔达·克里斯蒂安和她说的简短的一句话:"今晚我会哭的!我与你打赌!"但特劳德尔并未流泪。"那位多年来与我真诚友好相处,现在又自愿来到这个几乎完全受包围的城市,与我共享命运的姑娘为妻。她主动要求,作为我的妻子,与我一起结束她的生命。在我为我的人民操劳服务中,我们被剥夺的东西,死亡会给我们补偿。"他把自己的财产遗赠给了党,"党若不存在了,便给国家。"并指定他的最忠诚的党内同志马丁·鲍曼为遗嘱的执行人。他在遗嘱末尾说的话,可说是受瓦格纳的激励后说的,也可说是他年轻时编写的歌剧里说过的:"为躲避被推翻或投降的耻辱,我和我的

---

① A. H,阿道夫·希特勒之首字母。——译注

妻子选择了死亡的道路。我们希望将我们的尸体立即焚化,地点就在这里,就在过去12年中我为人民服务时本人完成大部分日常工作的地方。"

特劳德尔进了一间小屋,前去将这两份文件用打字机打出来。希特勒来到地图室,加入了前来参加婚礼的人群。他先前曾常常在朋友们面前提到,他不能"承担婚姻的责任"。也许他是害怕婚姻会减弱他作为元首的独一无二的地位——在大多数德国人的眼中,他是个耶稣式的人物。现在,这一切都过去了,他天性中的资产阶级的一面迫使他用婚姻的神圣去报答他的忠实的情妇。

客人一共有8个:鲍曼,戈培尔夫妇,格尔达·克里斯蒂安,首席副官布格道夫,克莱勃斯,阿图尔·阿尔斯曼("希特勒青年团"首领)和厨子曼齐阿里小姐。他们在附近的人民冲锋队的一个单位里找来一个小官,由他充当司仪——非常合适,他的名字也叫瓦格纳。爱娃穿着一条黑色的塔夫塔绸长袍,希特勒则穿一身军服。仪式很简短,只有两个不妥之处,还有一事令人有点儿狼狈:戒指太大了,是匆忙在盖世太保的金库里找来的。后来,与许多新娘那样,爱娃在结婚证书签字时,写错了字。她开始时签的是"爱娃·勃……"后来她急急忙忙将"勃"字画掉,写上了爱娃·希特勒·勃劳恩氏。瓦格纳,就是那个小官,签了字后,戈培尔与鲍曼以证婚人身份也签了字。此事发生在4月28日快到午夜时。(由于结婚证上写的日期是4月29日,人们便一般都认定婚礼是在4月29日凌晨举行的。事实是,在匆忙中,瓦格纳在墨迹未干时便把两张文件又叠在一起。约在半小时后,他发现原来的日期已被污点盖掉了,便想重新将日期填好。修改前,他看了看表,其时已是深夜12时35分了。于是,他便把日期改成4月29日。在原件上,这个修改是很明显的——原件在艾森豪威尔图书馆,复印件里却没有。)

希特勒挽着他的新娘,走进书房参加婚宴。他开了一阵玩笑,还喝了些匈牙利产的托凯牌葡萄酒。他让人把只有一张唱片《红玫瑰》的留声机给取来,又到走廊上去接受工作人员的祝贺。消息传出去后,整个地堡内,人们三五成群地在庆贺。希特勒兴致勃勃,却又精神不集中,不时地出去看看特劳德尔打文件的工作进展如何。她刚打完,戈培尔便闯了进来。他脸色惨白,神情紧张。他高喊道,元首命令他离开柏林,以便在新政府里任要职,但是,他怎么能离开他的身边?他突然停住了口,忘记了滚下双颊的热泪。"许多决定元首都做得太迟了!为什么这一个决定,最后的决定,却又做得太早?"他叫特劳德尔离开打字机,让她记下他的遗嘱,以便与元首的附在一起。"在我的一生中的最后时刻,"他口述道,"我断然拒绝服从元首的命令。"他继续说,在希特勒的周围,有的是梦魇式的叛逆,但就在这叛逆中,至少有一人无条件地与他待在一起,直至死亡。

打完这三个文件时,已快凌晨4时了。此时,鲍曼、戈培尔和希特勒三人,俯身看她打字,其中一人把最后一页从打字机上撕下来。三人回到会议室后,希特勒便在正式的政治遗嘱上签了字。戈培尔、鲍曼、布格道夫和克莱勃斯也作为证人签了字。他将消灭犹太人的功劳归于自己,以此重申了他一生的政治生涯中萦绕于心头的恐惧。他说,战争是他们发动的,而他也让他们为"他们的罪恶"付出了代价,"即使他使用的是较为人道的方式"。他并不为自己之所为而懊悔。相反,他为自己从未软弱下来而自豪。"最重要的是,"他在结尾说,"我已吩咐国家领导人及他们的手下,最大限度地维护种族法,毫不留情地反对国际犹太人这个各民族的共同毒素。"他为完成了灭绝犹太人这个使命而感到骄傲。他重申,他虽有众多的同谋,但若没有他,是不会有"最终解决"的。

4月29日上午,苏联的地面部队分三路,即从东、南、北三面,朝地堡逼近。当苏军的先头部队打进动物园时,对这个正在死亡的城市实施的包围圈紧缩了。在1英里外的地堡内,马丁·鲍曼正准备将希特勒的遗嘱及他自己的私人遗言交给他的接班人邓尼茨。为了保证安全送达,鲍曼派两名使者分路出发:他自己的私人顾问和海因茨·罗伦茨。戈培尔想让他的遗言也为外人所知,也给了罗伦茨一份。

希特勒遗嘱之第三份,由布格道夫将军交给了元首的陆军副官。布格道夫令他将这份遗嘱交给新任陆军总司令舒埃纳尔陆军元帅。送信人随身也带有布格道夫的手谕;该手谕解释说,元首的遗嘱是在"听到希姆莱叛变的致命的消息后"写成的,是元首的"不能更改的决定","一俟元首有令,或元首之死得以证实后"便将它公之于世。

爱娃直到中午才起床。有个警卫员不好意思地叫了她一声"小姐",她微笑着说,以后就称她"希特勒太太"好了。她叫贴身丫头列塞尔将她的结婚戒指和睡袍交给她的好友赫尔达·施奈德。然后给了列塞尔一个戒指,作为纪念。一会儿,她把另一件心爱之物即银狐裘皮大衣送给了特劳德尔。"我历来喜欢我周围的人穿得好,"她说,"拿着吧,希望它能给你带来诸多快乐。"特劳德尔大受感动,一时竟没想到,她怎么能穿着这种衣裳逃离柏林。

地堡内,人们度日如年,除了聊天和抽烟外,没多少事可做。此时,大家都公开抽烟了——包括爱娃在内,元首似乎对室内的烟雾不以为意。末了,他于下午6时,将贴身工作人员召至他的书房(书房与客厅用红色金边天鹅绒帘布隔开)。他首先宣布温克无法前来。接着,他说,除非出现某种奇迹,否则,他将与夫人一起自杀。他把盛有氰氨的药瓶分给众人。他对两名秘书说,作为永别的礼物,这太不像样了。他再次夸奖了她们的勇气。戈培尔怀疑,由于时间久了,药不知是否已失效。希特勒也有怀疑,但性质不同:这些药是卖国贼希姆莱提供的。他把新来的外科医生卢德维希·施图姆菲格找来,医生建议,先拿希特勒的爱犬勃隆迪做试验。希特勒同意了。后来,他突然想起,施图姆菲格自己也是党卫军,便差人往地堡医院另找一个医生前来。这人忠实地将药水灌入狗嘴。希特勒大喜——狗被药死了。

当晚早些时候,消息传来了:墨索里尼和他的情妇已被意大利游击队杀死,尸体被倒挂在米兰的一个加油站里。"不管是生是死,我都不能落入敌人之手!"希特勒说,"我死后,把我的尸体焚毁,这样便永远不会被发现!"从意大利传来的消息令希特勒沮丧;如果他已得悉,党卫军将军沃尔夫刚成功地将驻意大利的全体德军,秘密地交给了盟国,向盟国投降,那么,他的沮丧必加重无疑。

在当天的最后一次碰头会上,威德林将军汇报了柏林市内巷战情况。战斗打得很残酷,已没有什么希望了。他挥动着一份战地通讯——里边充斥着种种乐观的奇谈怪论,说温克立刻便可援救柏林——心情沉重地说,他的部队已几乎弹尽粮绝。他指责说,部队不会愚蠢到如此的程度,这些欺骗只能加深他们的痛苦。戈培尔严厉指责说,威德林在散布失败情绪;这样,争论又像火山一样爆发了。鲍曼出来做调解,叫双方冷静,好让威德林继续说下去。在汇报结束时,威德林预言,战斗将在24小时内结束。

众人大吃一惊,沉默无语。希特勒有气无力地问总理府区的指挥官,据他的看法,情况是否真的如此。他说,的确如此。威德林再次请求突围。希特勒指着地图,带着听天由命和讽刺的口吻说,根据外国电台的报道,他已将部队的位置标出来了,因为他自己的部下已不屑于再向他汇报了;他的命令已无人执行,所以,再有其他的希望也属徒劳了。

他起身向众人道别时,威德林再次乞求他趁现在弹药未完全断绝,尽快改变主意。希特勒向克莱勃斯喃喃数语,然后转向威德林:"我允许少数人突围出去。"但他又补充说,投降是绝不可能的。威德林边走边想:希特勒的话是什么意思?少数人突围就不是投降吗?他给几个指挥官发了电报,令他们于次日上午全部到本德勒大街司令部报到。

午夜过后,希特勒在大饭厅内向20名左右的军官和女秘书道别。他双眼湿润;在特劳德尔看来,他似乎看着远方。众人排着队送他;他与众人一一握手,然后沿螺旋形楼梯走下,回自己的卧室去了。

在地堡内,官兵的障碍消失了。高级将领们与他们的下级军官随便交谈,很是亲热。在士兵和卫兵们用膳的膳堂内,人们自发地跳起舞来。由于声音太大,致使鲍曼的一名卫兵前来干预,让大家把声音放小一点儿。鲍曼正在起草发给邓尼茨的电报。在电报中,鲍曼埋怨说,所有发进来的电报均受到凯特尔的"控制或压着不发或加以歪曲",令邓尼茨"立刻毫不留情地进行反对所有卖国贼的斗争"。

4月30日快近中午时,苏军占领了动物园。据报告说,一支先头部队已占领了与地堡相隔的一条街。很难看出这条消息在希特勒身上产生了什么影响。进午餐时,他与两个女秘书和厨子闲聊,好像是与贴身人员进行另一次聚会一样。他泰然自若,如果有什么不同,那就是比平常安静了些。在特劳德尔看来,"这是在听天由命和泰然自若的假面具掩盖下的一次死亡的宴会"。

然而,这却不是平常的一天。这三名女士一走,希特勒又把她们召了回来。一起前来的有鲍曼,戈培尔夫妇,还有另外数人。他弯着腰(比先前更厉害了),与爱娃一同从房内出来。爱娃穿着她最心爱的黑裙,头发梳得整整齐齐。希特勒开始与众人一一握手。他脸色惨白,眼中含着泪花,与特劳德尔握手时,他两眼直盯着她,却又似乎视而不见;口中喃喃地说了些什么,但她没听懂。她神志恍惚,一动不动地站着,忘记了室内的一切。爱娃·希特勒,带着悲哀的微笑,一手将她搂住,她这才有点醒转过来。"求求你,至少你也得离开这里,"她说,接着她便抽泣起来,"然后替我向慕尼黑问好。"

希特勒将根舍拉到一旁说,他与妻子一起自杀,他希望将他们的尸体焚毁。"我死后,"他解释道,"我不想让俄国人拿我到蜡人馆去展览。"根舍连忙给住在地堡里的肯普卡挂电话要酒喝,还说他立刻过去。肯普卡知道事情有点儿不妙,因为近几天来谁也没想到喝酒。他找来一瓶干邑白兰地,等根舍前来。电话响了,又是根舍打来的电话。"我要200升汽油,立刻就要。"他声音沙哑着说。肯普卡认为他在开玩笑,问他要这么多汽油有什么用场。

根舍不好在电话里把用途告诉他。"把它弄到元首的地堡入口处来。一定要弄到!"肯普卡说,剩下的汽油——约4万升——都埋在动物园底下,而动物园又在猛烈的炮火打击下,要到5点钟炮击才会有间歇。

"我一个钟头也等不及。看是否能从打坏的车里吸点儿出来。"

与他多年来的私人飞机驾驶员告别时,希特勒大动感情。两人紧紧地握着手。波尔劝他乘飞机逃往阿根廷,或逃往日本,或逃往某个阿拉伯国家——由于希特勒反犹,他成了阿拉伯人的忠实而坚强的朋友。但是元首不听。"一个人要有勇气去面对后果——我将在这里结束一切。我知道,明天千千万万的人都会咒骂我——是命运要这样子的。"他对波尔长期为他服务表示感谢,并将他心爱的腓特烈大帝的画像送给他作为礼物,"我不想让这幅画丢失。要给未来留下,它有很大的历史价值。"

波尔说,若允许他将来交给某博物馆或画院他才接受。希特勒坚持说,这是送给他本人的。接着,他微微一笑,说,过去,要把这幅大画像从这个总部运到那个总部时,你不是颇有怨言吗?他紧紧地握着波尔的手。"波尔,"他痛苦地说,"我要他们在我的墓碑上写这句话:'他是他的将领之受害者!'"

在卧室内,希特勒夫妇坐在睡椅上。他们的身后是曾悬挂腓特烈大帝之画像的地方。首先自杀的是爱娃——服毒自杀。下午3时30分许,希特勒拿起他那支7.65毫米口径的瓦尔德式手枪（吉莉自杀时用的就是瓦尔德式手枪，爱娃也曾用它自杀未遂）。这支手枪系他多年来的伴侣：在建党初期，曾用它防卫赤色分子的袭击；1923年，在贝格勃劳酒馆，他用它作为引人注意的工具。在数次情绪低落时，他曾威胁用它自杀。这一次，他自杀的念头是一点不假了。他用手枪对准他右边的太阳穴，扣动了扳机。

为使戈培尔的孩子们不到楼下去，特劳德尔正在给他们讲神话故事。潮湿的地堡内传来一声枪响。年轻的赫尔穆认为是敌人的炸弹，还说了一声："炸中了！"在会议室内，戈培尔、鲍曼、阿尔斯曼，还有根舍，听到枪声后，犹豫了片刻，才在戈培尔率领下，冲进元首的客厅。根舍看见，元首脸朝下，俯卧在一张矮桌子上。在一个架子上放着他母亲年轻时的照片。他的左边躺着爱娃，她倒在扶手上，死后嘴唇紧闭。由于她服用了氰氨，她的两个鼻孔变了颜色。她的裙子湿了，但那不是血。想必是，元首中弹倒下时，打翻了放在小桌上的水罐，湿了她的裙子。根舍大惊失色，跌跌撞撞地跑回会议室，碰到了肯普卡。

"看在上帝的分上，奥托，"司机肯普卡问，"出了什么事！你叫我派人冒死去取200升汽油，你定是疯了！"根舍将他推开，把衣帽间的房门一甩，将它关紧，省得有人进来。之后，他把通向元首卧室的门关紧，转过身来，瞪着大眼："元首死了！"

肯普卡所能想到的死因是，希特勒心脏病复发。根舍说不出话来，虽然他亲眼看到了希特勒右太阳穴上的子弹洞，他以手指作手枪，伸进自己嘴里。他这一在惊慌失措中做出的姿势，令许多人相信了这一说法：希特勒是朝嘴内开枪自杀的。

"爱娃在哪里？"

根舍用手指了指希特勒的客厅，慢慢地缓过气来，说"与他在一起"。根舍结结巴巴地讲了几分钟才把事情说清楚。

林格从希特勒的客厅伸出头来，说是要汽油。肯普卡说，他只有170升左右，系罐装，现放在花园的进口处。林格和施图姆菲格用深棕色的军毯将希特勒的尸体裹住了，抬了出来。元首的脸半遮掩着，左臂下垂，摇摇晃晃。鲍曼抱着爱娃跟在后边。她披头散发。看见鲍曼抱着爱娃，肯普卡便受不了。她生前历来就恨鲍曼,肯普卡暗想,"别再走一步!"他向根舍喊道,"我抱爱娃。"喊完他便把爱娃从鲍曼怀中夺过来。在这个地堡里,从下到上共有四级楼梯。肯普卡走到半途时,爱娃的尸体差点儿滑了下去。他止住了脚步,无力再上。后来还是根舍赶来帮忙,两人将爱娃的尸体抬至花园。

苏联人另一次炮击开始了,炮弹不断在瓦砾中爆炸。总理府只剩下了败瓦残墙,随着每个炮弹的爆炸,犬牙般的残墙又摇摇欲坠。透过一阵尘埃,肯普卡看见元首的尸体离地堡进口处不到 10 英尺。他的裤腿上卷着;右脚向内屈——这是他乘长途车时的典型姿势。

肯普卡和根舍两人,将爱娃的尸体放在希特勒的右边。突然间,炮火更加密集了,使他们不得不到地堡进口处躲避。肯普卡等待了几分钟光景,抓起一罐汽油,跑到两具尸体前。他把希特勒的左臂移至身边。此举更使他难以完成本来就不愿意做的工作,他怎么也不忍往元首的尸体上浇汽油。忽地吹来一股风,将希特勒的头发吹了起来。肯普卡把油罐打开。此时刚好有颗炮弹炸响了,瓦砾沙石像雨点般朝他打来,还有一块弹片从他头顶上飞过。他只好又跑回来躲避。

根舍、肯普卡和林格三人待在进口处,等待炮击的间歇。炮击停止了,三人又跑回尸体旁。肯普卡全身发抖,把汽油浇在尸体上,他心里在想:"我不能这样做,却又在这样做。"他从林格和根舍的脸部表情看出,他们在浇汽油时的反应也是一样的。在入口处,戈培尔、鲍曼和施图姆菲格,带着恐怖而关切的心情,偷偷地看着这一切。

尸体上的衣裳全浇透了,大风吹来,衣裳一动不动。炮击又开始了,但他们三人依旧一瓶一瓶地往尸体上浇汽油,直到停放尸体的浅洼地都盛满了汽油。根舍建议用手榴弹点火,肯普卡不肯。他瞥见进口处消防水管旁有一块烂布,便指给根舍看。根舍用破布蘸上了汽油。

戈培尔把一盒火柴递给肯普卡。肯普卡将破布点着,扔在尸体上。霎时间,一团火球在空气中翻滚,形成蘑菇状,跟着便是一大股浓浓的黑烟。在一个到处火光冲天的城市中,这是小火,但令人毛骨悚然。人们精神恍惚,眼睁睁地看着大火慢慢地将希特勒和爱娃吞没。根舍和肯普卡,蹒跚着回到入口处,人们又往尸体上浇汽油;在此后三个小时内,他们不断地往冒火的尸体上淋汽油。

根舍头晕眼花,慢慢爬回地堡。在地堡顶层,他见特劳德尔坐在凳子上,身旁放着一瓶施坦因哈根牌白兰地。他喝了一口,两只大手不住地发抖。"我执行了元首的最后一道命令,"他轻轻地说,"他的尸体被焚毁了。"她没说什么。待根舍再次前去检查尸体时,她禁不住前去察看希特勒的居室。门开着,睡椅旁的地板上,放着装毒药的铜罐,看上去像装口红的空罐。在睡椅右边的坐垫上,她发现了血——希特勒的血。在一个铁衣架上挂着那条拴狗带和他的灰大衣,上边挂着他的有金色党徽的帽子和轻软的鹿皮手套。她决定将手套带回去做个纪念——最少带一只回去,但有一件东西让她停住了手。她发现衣橱内有一件银狐裘皮大衣,就是爱娃遗赠给她的那件,但特劳德尔不愿要它。那东西有什么用?她所需要的是一小瓶毒药。

当晚,希特勒和爱娃的骨灰被扫到一张帆布上,根舍回忆说:"倒进地堡进口处外边的一个弹坑里,用土埋了,还用木桩将土夯得结结实实。"

他被埋葬在失败的瓦砾中;不是像他指示建筑师吉斯勒的那样,埋葬在慕尼黑("我出生在这里,开始搞运动在这里,我的心也在这里")。在埋葬他时,本应有人在场,朗诵巴尔杜·冯·希拉赫根据元首自己的话编成的诗歌的:

> 一队队士兵,
> 屹立在这里;
> 身穿灰色制服的战士,
> 一排排,望不到边际。
> 在风雨中,他们散开,散开……
> 有可能,他们将我抛弃——
> 但,即使孤身一人,摇摇坠地,
> 我也要将我们的旗帜高举!
> 我的微笑着的嘴唇,
> 也许会说出狂语,
> 但是,只有我先倒下,

才会倒下我们的旗帜,
并化作一件寿衣,
骄傲地盖住我的尸体!

旗帜在他倒下的地方倒下了,与他一起死亡的是国家社会主义和想要生存千载的第三帝国。因为他,他热爱的德国躺在废墟上。

他的生命的动力——对犹太人的仇恨和恐惧——烟消云散了。这是最大的讽刺。他原拟消灭 600 万犹太人,并以此作为奉献给世界的厚礼。但是,这反而导致一个犹太人国家的建立。

尾 声

令全世界感到惊奇的是,希特勒一死,国家社会主义也突然地、绝对地结束了。在失去了唯一的、真正的领袖后,它就像肥皂泡一样破灭了。在那些疯狂的追随者中,没有人想将希特勒的远征继续下去;那令人望而生畏的"阿尔卑斯山堡垒",到头来也不过是幻想而已。原看来是20世纪最强大、最可怕的政治力量一夜之间便烟消云散了。自拿破仑逝世以来,没有哪个政权随着领导人之死如此干净利落地被铲除。

即使在死后,德国元首仍是一个神秘人物,使人们喋喋不休地争议。即使他的尸体已在冒烟,地堡内还谣言四起,说"希特勒青年团"的领导人阿克斯曼,已将一部分骨灰装进一个盒子,按指示在柏林城外安葬。听到元首自杀的消息,有些德国人拒不相信。例如,菲格莱因的父母就曾对美国的一名反间谍情报人员说,他们的儿子派人送来一封信,说他和希特勒"均在阿根廷,一切都很好"。斯大林也有过怀疑,他对哈里·霍普金斯说过,他觉得希特勒之死是"可疑的",希特勒肯定已出逃,与鲍曼一起在某处隐姓埋名。直至1968年,苏联的历史学家还是持这种说法。1968年,苏联一位新闻记者,列夫·贝济孟斯基,出版了一本书。该书透露,俄国人确曾于1945年5月4日在地堡外发现了阿道夫·希特勒和爱娃的尸体。作为证据,贝济孟斯基还将苏联红军法医委员会的验尸报告收入书内。该报告称,在希特勒嘴里发现有毒药瓶的玻璃碎片——头上没有子弹洞。换言之,苏联人含沙射影地说,希特勒死得像个懦夫。报告还说,他只有一个睾丸——这个结论被一些历史心理学家一再引用,尽管3个曾对希特勒进行体格检查的医生都称他正常。苏联很久之后才披露这一情况,人们不禁产生怀疑。这份详细的报告虽然有5位病理学家和法医签名证实,但它只有希特勒的尸体照片作为依据。贝济孟斯基本人也承认,遗骸已被"完全烧化,骨灰被撒在空中"。

对此怀疑的人们不明白,明知希特勒的尸体已被发现,斯大林为何要在1945年散布希特勒已出逃的谣言。对贝济孟斯基的解释,他们一点儿也不信服。贝济孟斯基说:"首先,当局决定不公布验尸的结果,而是将之'留用',以防有人声称'元首已为奇迹所救'。其次,为了排除错误的可能性或故意欺骗,他们已决定继续进行调查。"这两种理由,没有一种能解释为何要等待23年(才公布),更不能解释尸体如何毁灭。尸体的假牙照片一直存档,有案可查;1972年,加利福尼亚大学洛杉矶分校的牙科法医专家雷达·索格纳斯医生发现,这些牙与1943年用X光拍照的希特勒的头壳照片所示的牙齿完全吻合。在爱丁堡召开的第六届国际法学会议上,索格纳斯医生说,这个铁证证明,希特勒已死无疑,苏联人所验之尸确系希特勒之尸。但是,希特勒未开枪自杀的证据又在哪里?"证明"无子弹洞的头骨已被毁。另外,地堡内的目击者,谁也未去注意,希特勒的嘴唇是否因服食氰氨而变了颜色;而发现的毒瓶又只有一个。

戈培尔之死就没有什么神秘了。5月1日,在试图与苏联谈判失败后,他对他的副官昆德·施瓦格曼说:"一切都完了。"他把一幅银框的希特勒的照片交给施瓦格曼,与他道了别。戈培尔夫人把6个孩子从床上弄醒。"孩子们,不要怕,"她说,"医生要给你们每人打一针,就是给孩子们和士兵们打的那种针。"一个名叫昆兹的牙医给每个孩子注射了一支吗啡令他们昏昏欲睡后,戈培尔夫人亲手在每个孩子口中放了一个盛有氰化钾的药瓶(已敲碎)。

地堡内的其他人,正在听取如何出逃的最后指示。他们被分成6组。晚9时,第一组将朝最近的一个地铁进口处跑去,沿着地铁铁轨,步行至弗莱德里希大街站,然后从地铁出来,越过施普雷河,往西或西北走去,直至找到西方盟军或邓尼茨为止。其余5组的路线相同,但要相隔一段时间出发。

有些人被俘获，死者却寥寥无几。真是奇迹。

晚8时45分，肯普卡前往戈培尔居室道别。孩子们已经死了。戈培尔太太镇静地请肯普卡向她的儿子哈拉尔德问好，并告诉他她是如何死的。戈培尔夫妇手挽着手出了房门。戈培尔泰然自若，对瑙曼的忠诚与谅解表示感谢；玛格达只向他伸出一只手。瑙曼吻了她的手。戈培尔讽刺地说，他们要走到花园里去，省得朋友们去抬他们。与瑙曼握别后，戈培尔伴着他的夫人——她一言不发，脸色惨白——朝出口处走去，消失在陡峭的楼梯上。接着便传来一声枪响。又是一枪。施瓦格曼和戈培尔夫妇的司机连忙奔上楼梯，发现戈培尔夫妇已倒卧在地上。一个党卫军卫兵目不转睛地盯着他们——是他开枪射杀他们的。他和后来的两人在尸体上浇四瓶汽油，点着了火。他们未观察焚烧效果如何，便回地堡去了（他们原是被令要毁尸灭迹的）。他们把最后一瓶汽油倾泻在会议室里，点着了火。

马丁·鲍曼的命运比他的主子的更有争议。人们一般认为，他在逃离柏林途中死于非命，但已撤销机密的英美两国的情报资料表明，他可能已逃亡至意大利的波尔萨诺；他的妻子带着9个孩子，从贝希特斯加登逃出来后，就在那里等候。在之后的27年中，对鲍曼的露面，报上时有报道，特别是在阿根廷。1972年底，美国作家拉狄斯拉斯·法拉戈宣称，他有确凿证据，证明鲍曼仍活着，是在南美。这个消息轰动了一阵。数天后，又是一阵轰动。德国当局宣布，他们在元首的地堡附近发现了鲍曼的尸体。曾验明希特勒的尸体的索格纳斯医生，要求检查头骨，以便与牙齿相对证。开始时，由于他未获准，人们便更怀疑这是一具假尸。后来，及至1973年秋，索格纳斯才获准去检查头骨和在头骨出土3个月后发现的门牙和额骨架。索格纳斯医生返回加利福尼亚大学洛杉矶分校后，便着手准备法医分析报告。1974年9月，他向在伦敦召开的"国际牙医联盟世界大会"提交了他的材料。他的结论是，这个头壳确是鲍曼的。希特勒之最忠实的奴仆之谜终于真相大白。

一直到最后，海因里希·希姆莱都希望能与盟国做出某种安排，但又小心翼翼，生怕出一点差错。希特勒死后，他逃至北方，要求元首的继位人委任他为德国新政权的第二号人物。邓尼茨却说："这是不可能的。我没有工作给你做。"在绝望中,希姆莱向施维林·冯·克罗西克求教。"请告诉我,我会变成什么人?"他问这位新外交部长。"你或别人会发生什么情况,本人一点儿兴趣也没有,"他愤怒地回答说,"我感兴趣的是我们的使命,不是我们个人的命运。"克罗西克给他提供两条出路:自杀,或隐姓埋名,"不过,我若是你,我就开车去找蒙哥马利,说'我来了,我是党卫军首领希姆莱,准备替我手下的人承担责任'。"

当晚,希姆莱只对亲友们简短地说,有一个新的重要任务未完成,只能让几个人与他一起前往。他刮掉胡子,往一只眼上贴了一块布片,改名换姓——同行共9人,包括他的武装党卫军的首席副官维尔纳·格洛特曼在内——躲藏起来了。当格洛特曼发现他的主子有个氰氨药瓶并准备在必要时使用它时,他指责希姆莱企图走捷径逃避责任——这条道路又是不对他的追随者开放的。他说,作为帝国长官,你希姆莱的责任不但是要替下级官兵的行动承担责任,而且要明确宣布,武装党卫军、党卫军保安队以及集中营的卫队是属完全不同的组织的。希姆莱踌躇了。"在我服毒后,"他说,"你们这些青年军官要将发生在德国的事情告诉全世界——我干了什么和我没干什么。"两个星期后,希姆莱被英军俘获。有位医生在进行常规检查时,发现他嘴里有东西,待他伸手去取时,希姆莱咬破了药瓶,立时死于非命。自杀事件仍时有发生,但数量却比估计的要小,尤其是在政府人员中。只有位叫罗伯特·雷伊的,在纽伦堡等候审判时自杀。

在纽伦堡,最顽固的囚犯显然是戈林。他来到监狱时,身上带着一大包巴拉多辛丸,每天服用40丸之多。然而,到他出庭做证时,他已完全戒掉了服毒的习惯,体重减了40%,只有153磅。在法庭上,他几乎单枪匹马地为他的元首辩护。与其他许多被告不同,他从不把责任推给别人,或拿希特勒做挡箭牌。他负责领导犯人,咄咄逼人地发号施令,采取统一策略进行辩护。回到牢房后,他热情地搓着手,称自己为最佳球队队长,还吹嘘说,他会令原告和听众激烈相争的。若被告中有人反对或软弱下去,元气得以恢复的戈林便会进行恐吓,把他们骂得不敢吭声。"看到德国人向敌人出卖灵魂,令我作呕!"在一次进午餐时,他这样说,还以拳击桌。"他妈的,"他又说,"我只希望大家有勇气把我们的辩护词归结为简单的五个字:舔我的屁股！"在22名主要被告中,只有3人(沙希特、巴本和弗里茨彻)被判无罪,8人被判长期徒刑,其余被判处死刑。1946年1月15日晚10时45分,戈林用一瓶氰氨欺骗了绞刑刽子手。两小时后,处决开始了。第一个走绞刑架那十三级台阶的是里宾特洛甫。"让上帝保佑德国,"他大声说,"我的遗愿是保持德国的统一,让东西方达成谅解。"只有在纽伦堡看到许多无可争辩的证据后,他才相信确有成千上万的犹太人被杀害,因为希特勒曾一再对他说,犹太人的问题将用驱逐出境的办法解决。"我做梦也未想到,"他对美国心理学家G. M. 吉尔伯特说,"事情会落得这个结局!"

第二个上绞刑架的是凯特尔。几分钟前,当牧师为他最后一次祈祷时,他哭了。现在,他鼓足了勇气。"我呼吁全能的上帝饶恕德国人民。为了德国——一切！谢谢你们！"他转身面对牧师——是一个美国人,"我衷心感谢你和派你前来的人们。"刽子手约翰·伍兹上士早就盼望行刑。他将绳索套住凯特尔的脖子,给他的头蒙上黑布。在最后的时刻,这位陆军元帅高呼:"德意志高于一切！"在审判过程中,凯特尔曾私下对吉尔伯特说过,希特勒出卖了他,"他若不是以弥天大谎故意欺骗我们,那他就是故意让我们蒙在鼓里,让我们在虚伪的印象下打仗！"

在激烈的动荡的最后的日子里,一大批希特勒的贴身人员竟活了下来:4名秘书;2名最得意的建筑学家,施佩尔和吉斯勒;他的飞机驾驶员波尔;他的司机肯普卡;他的仆人林格;偷录餐桌谈话的两人,海姆和科本;他妻子的挚友施奈德太太;他的两个得意的战士斯科尔兹内和鲁德尔;他特别崇敬的3个女人,里妮·莱芬斯达尔、格迪·特鲁斯特和赫仑纳·汉夫施坦格尔。

他的许多副官和军官不但活了下来,且对其经历侃侃而谈:普特卡默,恩格尔,贝洛夫,伍恩施彻,舒尔兹和根舍。在苏联和东德被监禁12年后,根舍回到了西德。看见青年留胡子和长发,他大吃一惊。"亲爱的朋友,"舒尔兹对他说,"我们输掉了战争,现在一切都变了。现在的青年已不像我们那时了。"为了让根舍回到现实中来,舒尔兹带他去了一次贝格霍夫。建筑物早已于1945年5月4日被党卫军放火烧为平地,剩下的败瓦残墙也被美国人逐渐毁灭了。一切都不同了,连通向房屋的那个大阶梯的位置都难以分辨了。两人在察看这个地方时,舒尔兹的妻子给他们拍了照。从他们的惊异的脸上,她拍下了——这是语言做不到的——曾被他们佩服得五体投地的那人的最终结局。20世纪最不平常的人物消失了——除一小撮忠实信徒外,谁也不为他悲伤。

ADOLF HITLER: THE DEFINITIVE BIOGRAPHY by JOHN TOLAND
Copyright: © 1976 by John Toland
This edition arranged with Brandt & Hochman Literary Agents, Inc.
through Big Apple Agency, Inc., Labuan, Malaysia.
Simplified Chinese edition copyright:
2016 ZheJiang Literature and Art Publishing House
All rights reserved.
著作权合同登记图字：11-2022-312

图书在版编目(CIP)数据

希特勒传:从乞丐到元首:全二册 / (美)托兰著;郭伟强译. —杭州:浙江文艺出版社,2016.6(2025.3 重印)
ISBN 978-7-5339-4434-6

Ⅰ.①希… Ⅱ.①托…②郭… Ⅲ.①希特勒,A.(1889~1945)—传记 Ⅳ.①K835.167=5

中国版本图书馆 CIP 数据核字(2016)第 015670 号

责任编辑	王莎惠　周易　邵劼		版式设计	吴瑕	
责任印制	吴春娟		封面设计	柏拉图创意机构	

希特勒传——从乞丐到元首

[美]约翰·托兰 著
郭伟强 译

出 浙江出版联合集团
版 浙江文艺出版社

地址	杭州市环城北路177号　　310003
网址	www.zjwycbs.cn
经销	浙江省新华书店集团有限公司
制版	杭州天一图文制作有限公司
印刷	浙江新华印刷技术有限公司
开本	710毫米×1000毫米　1/16
字数	872千字
印张	58.75
插页	2
版次	2016年6月第1版　2025年3月第35次印刷
书号	ISBN 978-7-5339-4434-6
定价	168.00元(全二册)

版权所有　违者必究